westermann

Jürgen Gratzke

Wirtschafts- und Geschäftsprozesse für IT-Berufe

Kaufmännische, allgemeine Kompetenzen und WISO

7. Auflage

Bestellnummer 225429

Die in diesem Produkt gemachten Angaben zu Unternehmen (Namen, Internet- und E-Mail-Adressen, Handelsregistereintragungen, Bankverbindungen, Steuer-, Telefon- und Faxnummern und alle weiteren Angaben) sind i. d. R. fiktiv, d. h., sie stehen in keinem Zusammenhang mit einem real existierenden Unternehmen in der dargestellten oder einer ähnlichen Form. Dies gilt auch für alle Kunden, Lieferanten und sonstigen Geschäftspartner der Unternehmen wie z. B. Kreditinstitute, Versicherungsunternehmen und andere Dienstleistungsunternehmen. Ausschließlich zum Zwecke der Authentizität werden die Namen real existierender Unternehmen und z. B. im Fall von Kreditinstituten auch deren IBANs und BICs verwendet.

Zusatzmaterialien zu „Wirtschafts- und Geschäftsprozesse für IT-Berufe“

Für Lehrerinnen und Lehrer

BiBox westermann inkl. E-Book

BiBox Einzellizenz für Lehrer/-innen (Dauerlizenz): 978-3-14-104735-6
BiBox Kollegiumslizenz für Lehrer/-innen (Dauerlizenz): 978-3-14-104737-0
BiBox Kollegiumslizenz für Lehrer/-innen (1 Schuljahr): 978-3-14-107718-6

Für Schülerinnen und Schüler

BiBox westermann inkl. E-Book

BiBox Einzellizenz für Schüler/-innen (1 Schuljahr): 978-3-14-104736-3
BiBox Klassensatz PrintPlus (1 Schuljahr): 978-3-427-81514-3

www.westermann.de

Druck und Bindung: Westermann Druck GmbH, Georg-Westermann-Allee 66, 38104 Braunschweig

ISBN 978-3-14-**225429**-6

Vorwort

Dieses Fachbuch ist der kaufmännische Band zur dreiteiligen Fachbuchreihe für die Ausbildung in den IT-Berufen oder für den Unterricht in IT-bezogenen Schulformen. Die Autoren der Fachbuchreihe haben sich zum Ziel gesetzt, auf der Basis des Rahmenlehrplans für IT-Berufe handlungs- und geschäftsprozessorientierte Unterrichtsmedien und -hilfen zur Verfügung zu stellen, um Auszubildende in einem modernen Unterricht für ihre vielfältigen Aufgaben im Berufsleben sowie für die Zwischen- und Abschlussprüfung zu qualifizieren.

Band 1 bezieht sich auf die allgemeinen und kaufmännischen Inhalte sowie WISO aus den Rahmenrichtlinien für die dreijährige Ausbildung, geht aber insbesondere in den Kapiteln 1 und 2 auch auf die Inhalte des Lernbereiches Politik bzw. WISO (Elemente für den Unterricht in Wirtschafts- und Sozialkunde) ein. Daher kann Band 1 gut in den kaufmännischen Fächern bzw. Lernfeldern einschließlich des Faches Politik eingesetzt werden. Auch für andere Schulformen mit einer IT-Orientierung, z.B. die BFS oder FOS Informatik, kann dieser Band gut verwendet werden.

Alle drei Bände stellen ihre Inhalte handlungsorientiert anhand des Modellunternehmens ACI dar, das ein typisches Systemhaus der IT-Branche repräsentiert. Damit sollen zugleich auch ein stärkerer Praxisbezug und eine größere Schülernähe erreicht werden.

Wichtig war den Autoren, durch unterschiedlich komplexe Aufgaben trotz verschiedener Rahmenbedingungen in Betrieb und Schule und unterschiedlicher Voraussetzungen der Schüler einen guten Lernzuwachs und eine gute Prüfungsvorbereitung sicherzustellen. Im Rahmen der Darstellung des Portfolios des Modellunternehmens ACI werden zehn mehr oder weniger komplexe Auftragssituationen (AS1 bis AS10) dargestellt.

Jedes Kapitel und jeder Lernabschnitt wird durch eine Situationsbeschreibung für einen Handlungsschritt eingeleitet. Diese Vorgehensweise soll einerseits die Geschäftsprozessorientierung der Bücher verbessern und andererseits eine größere Nähe zu Handlungsschritten der Prüfungsaufgaben schaffen.

Fachwissen wird im Handlungskontext oder kompakt in sogenannten Wissenscontainern zur Verfügung gestellt, die auch gleichzeitig für Zusammenfassungen, als Nachschlageregister oder für Wiederholungen gut geeignet sind. Vielfältige Aufgaben, auch unter Einbeziehung von Anwenderprogrammen, Tools, Arbeitsheften, Vorlagen und Präsentationen in den zu den Fachbüchern gehörenden Downloadbereichen, sollen den Unterrichtserfolg sichern. Das Arbeitsheft zu Band 1 erleichtert die Bearbeitung insbesondere komplexerer Aufgaben und dient der Wiederholung und Vertiefung.

Der kompetenzorientierte Unterricht wird insbesondere durch
- Handlungssituationen zu Anfang jedes Kapitels,
- kompakte Wissenscontainer, die flexibel für die Aufgabenbewältigung eingesetzt werden können,
- die Vielzahl der geforderten Handlungsprodukte,
- die Möglichkeit einer fächerübergreifenden Bearbeitung komplexer Auftragssituationen sowie
- die Ausrichtung auf die handlungsorientierten Prüfungsaufgaben der Kammern

unterstützt.

Folgende Hinweise in den Kapiteln dienen zur Orientierung:

S	Situationsbeschreibung
G	Geschäftsprozessübersicht
W	Wissenscontainer
Aufgaben	Aufgaben zur Übung und Vertiefung
AH	Hinweis auf Aufgaben im Arbeitsheft
AS	Komplexe Auftragssituation (vgl. Kapitel 1.2)
DL	Zusatzmaterial im Download

Zu diesem Produkt sind digitale Zusatzmaterialien kostenlos online für Sie erhältlich. Sie können diese ganz einfach über die Eingabe des nachfolgenden Webcodes im Suchfeld unter www.westermann.de abrufen.

BVE-225429-007

In der 7. Auflage wurden Aktualisierungen vorgenommen, Fehler korrigiert und Kapitel, insbesondere zum Projektmanagement, ergänzt.

Zur Bezeichnung von Angehörigen gemischter Personengruppen wird aus Gründen der besseren Lesbarkeit meist die männliche Form verwendet. Selbstverständlich sind damit immer sowohl Männer als auch Frauen ebenso gemeint wie Personen, die sich keinem binären Geschlecht zugehörig fühlen.

Gerne nimmt der Buchverfasser auch Anregungen oder Kritik unter info@juergen-gratzke.de entgegen.

Der Verfasser

Inhaltsverzeichnis

5 Informationsquellen und Arbeitsmethoden

Anhang

1 Der Betrieb und sein Umfeld

Neue Auszubildende beginnen bei ACI ihre Ausbildung. In diesem Kapitel werden ihnen das Modellunternehmen, seine Geschäftspartner und die Informationswirtschaft sowie die Ausbildung vorgestellt. Sie lernen wichtige Grundlagen des Wirtschaftens aus dem Bereich „Wirtschaft und Soziales" (WISO) kennen, auf die sie in den folgenden Kapiteln aufbauen können.

1.1 Das Modellunternehmen ACI stellt sich vor

S Anna, Kerstin, Kai und Stefan beginnen heute ihre Ausbildung bei ACI. Sie werden von der gesamten Belegschaft herzlich begrüßt. Der Geschäftsführer, Herr Muster, erläutert den neuen Auszubildenden das Geschäftsmodell von ACI, bespricht mit den Schülern den Ausbildungsplan, berichtet über seine Erfahrungen im Ausbildungsbereich und gibt Ratschläge und Hinweise über die Arbeit bei ACI und das Unternehmen allgemein. Über eine PowerPoint-Präsentation zeigt er die auf den nächsten Seiten gezeigten Schaubilder.

Das Modellunternehmen ACI mit seiner Zentrale in Hamburg-Sachsenfeld (Vertrieb Nord), einem Ladengeschäft in Eppendorf und einer Geschäftsstelle in Frankfurt am Main (Vertrieb Süd) ist ein größeres IT-Systemhaus mit insgesamt 38 Mitarbeitern. 1984 gegründet, hat sich ACI bis heute zu einem breit aufgestellten IT-Unternehmen entwickelt. Neben einem umfangreichen Softwareangebot **(Applications)** über

die Anwendungsberatung und -schulung **(Consulting)** bis hin zur Konzeptionierung und Installation von **IT-Systemen** werden fast alle Arbeitsfelder eines IT-Systemhauses abgedeckt. Der eigene Internetshop wird von Kunden immer öfter aufgesucht.

Das Organigramm auf der folgenden Seite zeigt den organisatorischen Aufbau und die Zuständigkeiten auf.

Im **Anwendungs- oder Applikationsbereich** hat sich ACI einen guten Namen als Systempartner der DATEV eG erworben und betreut nunmehr über 400 Steuerberaterkanzleien in ganz Deutschland. Bedingt durch diesen Kundenkreis werden neben dem Verkauf von Standard- oder Office-Programmen auch kaufmännische Programme zum Rechnungswesen, zur Auftragsbearbeitung, zur Lohn- und Gehaltsabrechnung sowie Dokumentenmanagementsysteme (DMS) immer stärker nachgefragt. Das eigene Programm zur Hausverwaltung ist zurzeit bei über 200 Kunden installiert. Aufgrund der großen Zahl von Unternehmenskunden ist individuelle Softwareanpassung ein besonderes Merkmal der Leistungskraft von ACI und sichert dem Unternehmen eine gute Kundenbindung. Drei fest angestellte Softwareentwickler und bei Bedarf freiberufliche Programmierer bieten Programmanpassungen an, programmieren kleine Applikationen in Java, C# oder PHP, richten Homepages oder Internetshops für ihre Kunden ein, beraten und unterstützen bei Datenbankapplikationen oder schulen Mitarbeiter „on the job".

Consulting- und Schulungsmaßnahmen zu neuen IT- und Kommunikationstechnologien sowie Applikationen werden in der Zentrale Sachsenfeld und in Frankfurt am Main laufend angeboten.

Der **IT-Systems-Bereich** erstreckt sich von der Lieferung einzelner IT-Komponenten bis hin zur Konzeptionierung und Installation komplexer IT-Netzsysteme.

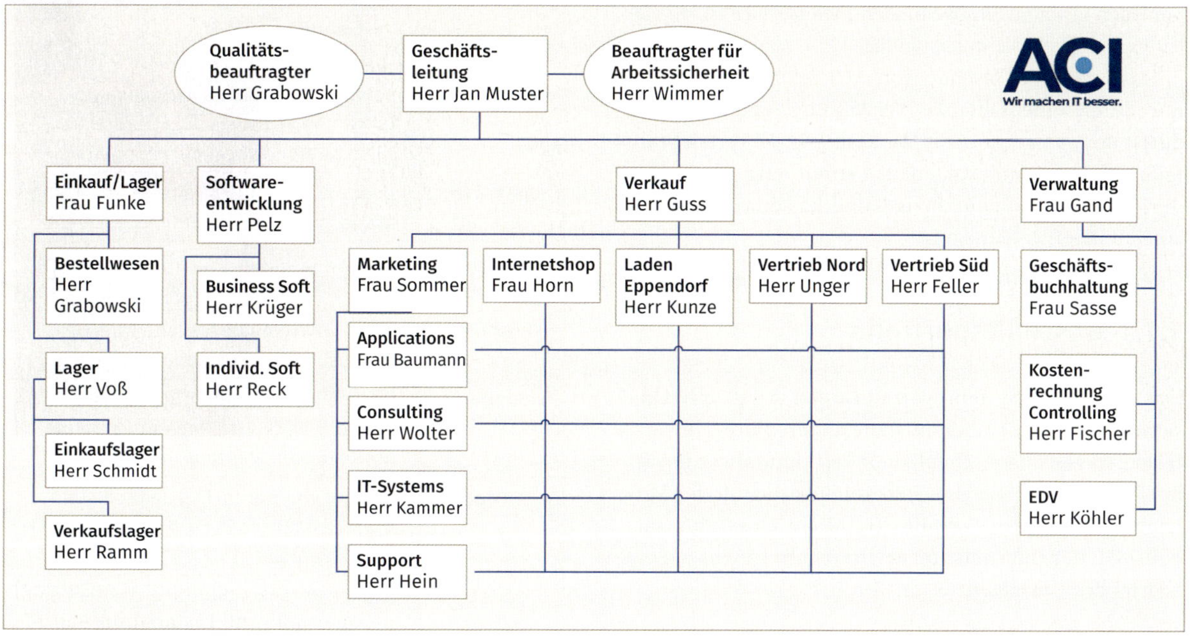

Organigramm ACI

Aufgrund des Full-Service-Ansatzes von ACI gewinnt der **Support- und Aftersales-Bereich** immer größere Bedeutung. Individuell geschneiderte Hard- und Softwarebetreuung wird bis hin zu standardisierten Wartungsverträgen und einem 24-Stunden-Vor-Ort-Service angeboten. Die eigene **Werkstatt** ist für viele Kunden ein wichtiger Faktor, ACI als Systemhaus zu wählen.

Das **Ladengeschäft** in Hamburg-Eppendorf wird von Geschäfts- und Privatkunden gleichermaßen positiv angenommen. Die gute Geschäftslage führt viele Laufkunden in die Geschäftsräume, die nicht selten aufgrund der guten Beratung und des Services zu Stammkunden werden. Verkauft wird das gesamte Spektrum der IT-Komponenten und Verbrauchsgüter. Die Artikel und Verkaufsaktionen im Ladengeschäft werden parallel auch im Internetshop von ACI angeboten.

Mit dem eigenen **ACI-Internet-Powershop** OTEGO werden den Stammkunden über ein Intranet Großhandelspreise für eine Vielzahl von IT-Kom-

ponenten geboten. Ein 24-Stunden-Lieferservice ist bei vielen Lagerartikeln selbstverständlich.

Das operative Geschäft von ACI zeichnet sich nicht nur durch eine schlanke Verwaltung, sondern auch durch eine professionelle Marketing- und Vertriebsabteilung aus, die ihr Angebotsportfolio eng an die Bedürfnisse der Kunden anpasst und kostengünstige Lösungen bereitstellen kann.

1.1.1 Geschäftsportfolio

Der Bereich IT-System ist traditionell der größte Umsatzträger bei ACI, aber auch die anderen drei Umsatzträger tragen einen erheblichen Teil zum Jahresumsatz bei. Bezogen auf die Umsatzbereiche erbringt der Vertriebsbereich Nord fast die Hälfte am Gesamtumsatz von ACI, der Internetshop erwirtschaftet mehr als ein Viertel des Umsatzes.

Kleines Glossar	
after sales	„Geschäft" nach dem Verkauf, z. B. durch Service, Reparaturen, Wartungen, Schulungen, Vertrieb von Zusatzprodukten wie Literatur, evtl. auch unentgeltlich
operatives Geschäft	operativ = kurzfristig, strategisch = langfristig, hier: kurzfristiges Management
Organigramm	Schaubild, das die Organisationsstruktur der Stellen in einem Unternehmen aufzeigt
Portfolio	franz. „Portefeuille", Brieftasche, Geschäftsbereich, Bestand, Sortiment
Support	Begriff: Unterstützung; Service und Support: Werkstatt, Reparaturservice, Aufrüstungen, Wartung, Notdienst u. a.
Umsatz	Verkauf von Waren, Erzeugnissen und Dienstleistungen in Euro ohne USt, auch Umsatzerlöse
Umsatzträger	Artikel, Produkte, Aufträge, die die Kosten des Unternehmens zu tragen haben

W

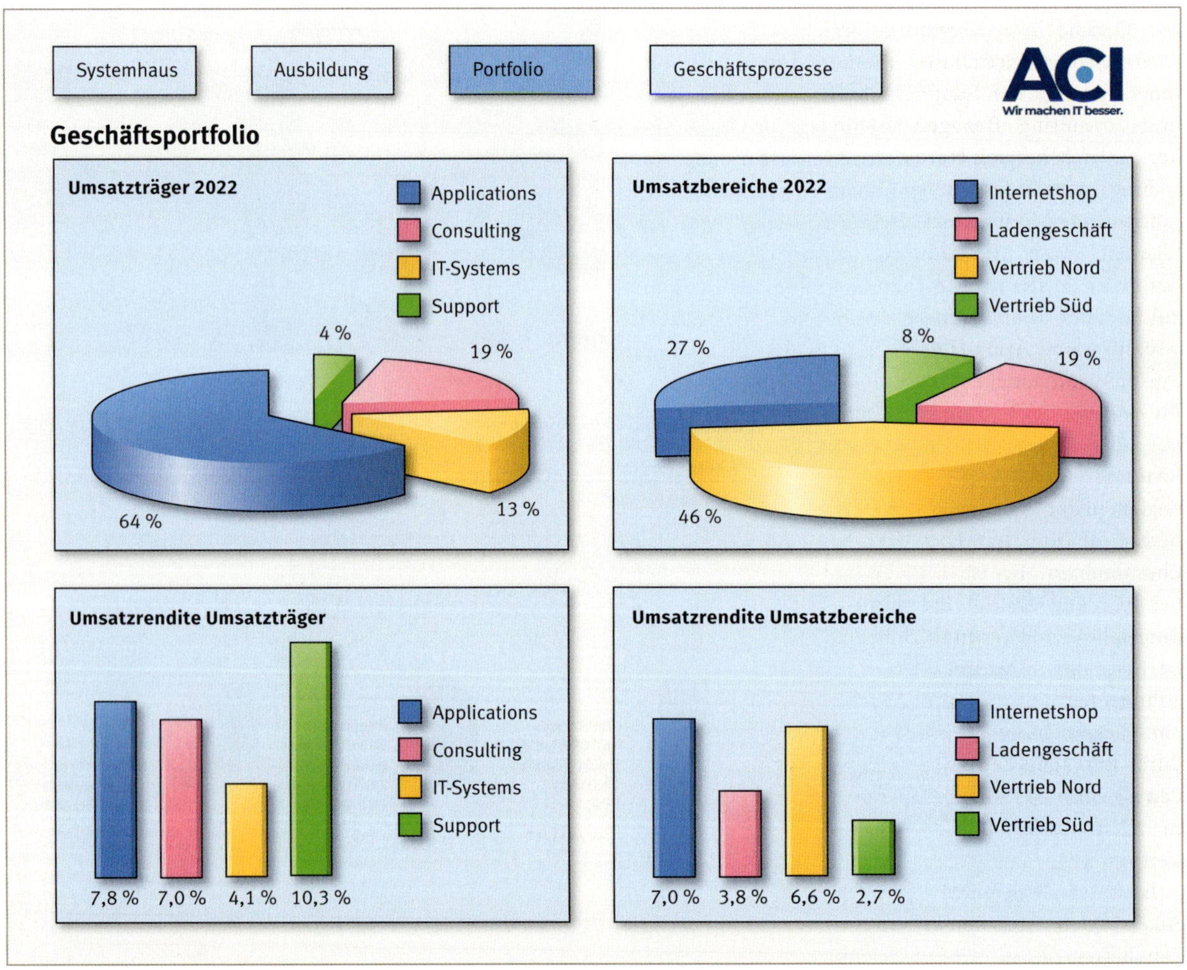

Schwerpunktbereiche der Ausbildung

Lehrjahr	Monat	IT-Systemelektroniker/-in	Kauffrau/-mann IT-Systemmanagement	Fachinformatiker/-in
1	1–3	Werkstatt	Lager, Einkauf	Internetshop
	4–6	Lager	Ladengeschäft	Softwarevertrieb
	7–9	Ladengeschäft	Werkstatt	Support
	10–12	Werkstatt, Außendienst	Internetshop	Entwicklung
2	1–3	Außendienst	Ladengeschäft	Entwicklung
	4–6	Werkstatt	Rechnungswesen	Vertrieb, Frankfurt
	7–9	Außendienst	Vertrieb, Frankfurt	Entwicklung
	10–12	Werkstatt, Außendienst	Ladengeschäft, Außendienst	Entwicklung, Vertrieb
3	1–3	Werkstatt, Außendienst	Ladengeschäft, Außendienst	Entwicklung, Vertrieb
	4–6	Werkstatt, Außendienst	Ladengeschäft, Außendienst	Entwicklung, Vertrieb
	7–9	Werkstatt, Außendienst	Ladengeschäft, Außendienst	Entwicklung, Vertrieb
	10–12	Werkstatt, Außendienst	Ladengeschäft, Außendienst	Entwicklung, Vertrieb

Ganz anders sieht es bei ACI bezogen auf die Rendite aus. Den höchsten Gewinn (Überschuss) bei den Umsatzträgern erwirtschaftet nicht der Bereich IT-Systems, sondern der Support, gefolgt von Applications und Consulting. Bezogen auf die Umsatzbereiche ist der Vertriebsbereich Nord besonders erfolgreich.

Ein wachsendes Unternehmen wie ACI versucht, kompetente Mitarbeiter durch gezielte Ausbildung im eigenen Haus zu gewinnen. Kai Dreyer ist Auszubildender als IT-Systemelektroniker, Stefan Fischer ist Auszubildender als Fachinformatiker Anwendungsentwicklung und Anna Hedder wird zur Kauffrau für IT-Systemmanagement ausgebildet. Im kaufmännischen Bereich steht ein Ausbildungsplatz für Kerstin Raabe zur Ausbildung im Büromanagement zur Verfügung. Die Ausbildungsleitung hat Herr Köhler übernommen. Er ist EDV-Leiter bei ACI und erstellt die Ausbildungspläne, hält Kontakt mit der Berufsschule, führt mit allen Auszubildenden einmal pro Woche eine Besprechung oder Schulung durch und steht den Auszubildenden als zentraler Ansprechpartner in allen Ausbildungsfragen zur Verfügung.

Es hat sich bewährt, dass die Auszubildenden in den ersten beiden Jahren alle drei Monate den Arbeitsbereich wechseln. So lernen sie möglichst viele Bereiche des Unternehmens kennen, wobei je nach Ausbildungsberuf besondere Aufgabenbereiche vertieft werden. Die Auszubildenden der IT-Berufe durchlaufen die einzelnen Arbeitsbereiche von ACI nach dem oben abgebildeten Ausbildungsplan.

Das erste Jahr der Ausbildung dient insbesondere der Einarbeitung in verschiedene Aufgabenbereiche. Im zweiten Ausbildungsjahr erhalten die Auszubildenden schon mehr Eigenverantwortung. Zum Ende des zweiten Ausbildungsjahres und im dritten Jahr sollen die Auszubildenden möglichst selbstständig Aufga-

benbereiche wahrnehmen und an größeren Kundenprojekten teilnehmen.

Die Auszubildenden haben zum besseren Verständnis der Anwendungen auf Basis der Software Microsoft Access eine eigene ERP-Software (Enterprise Resource Planning) mit der Bezeichnung **„ACI Teach Business Software“** entwickelt. Mit dieser Software werden wesentliche Vorgänge der Auftragsbearbeitung und des Bestellwesens sowie die Lohn- und Gehaltsschreibung, das Personalwesen und das Rechnungswesen abgebildet, erklärt und geübt. Die Software entwickeln die Auszubildenden laufend weiter.

1.1.2 Visionen

S In seinem Vortrag berichtet Herr Muster über die Vision seines Vaters, selbstständig zu sein und sich als Unternehmer immer wieder neuen Aufgaben zu stellen, Mitarbeiter sozial verantwortlich zu führen und durch neue Produkte und guten Service möglichst viele Arbeitsplätze zu schaffen und zu sichern. Er hat das Unternehmen von seinem Vater übernommen und will es mit innovativen Produkten und einem Komplettservice in die Zukunft führen. Mit den folgenden Schaubildern und Übersichten erläutert er seine Vorstellungen und sein Geschäftsmodell.

Herr Muster möchte ein modernes Systemhaus entwickeln, in dem das Personal so wirtschaftlich wie möglich eingesetzt wird. Es ist für ihn selbstverständlich, dass dazu alle Mitarbeiter möglichst eigenverantwortlich in ihren Kompetenz- und Zuständigkeitsbereichen tätig sind.

ACI hat vielfältige Geschäftsbeziehungen. Die Berücksichtigung der Interessen zwischen dem Unternehmen ACI und seinen **Stakeholdern** sind für Herrn Muster eine wichtige Grundlage für die Schaffung, Erhaltung und Förderung nachhaltiger Geschäftsbeziehungen. Er erwartet daher von allen Mitarbeitern, die Interessen des Unternehmens gegenüber allen Stakeholdern gut zu vertreten.

Stakeholder	
Begriff	**Stakeholder** sind mit einem Unternehmen kooperierende Gruppen, wie Geschäftspartner, Kunden, Lieferanten, Mitarbeiter, Kapitalgeber oder der Staat mit seinen Behörden, da sie alle durch eine Zusammenarbeit ihre Ziele besser erreichen können. Deswegen halten sie dem Unternehmen den „Stake“ (Stab).
Interessen	**Mitarbeiter:** hohes Einkommen, Arbeitsplatzsicherheit, guter Arbeitsplatz **Kapitalgeber:** hohe Rendite, Kapitalsicherheit, Sonderausschüttungen, Tilgungen **Lieferanten:** Zahlungsfähigkeit, hoher Umsatz, Kundentreue, Vertrauen **Kunden:** niedriger Preis, guter und persönlicher Service, hohe Qualität, hoher Nutzen, schnelle und gute Mängelregulierung, bevorzugte Bedienung **Staat:** hohe Steuereinnahmen, viele Arbeitsplätze, großes Ansehen (Image) **Mitbewerber (Konkurrenz):** fairer Wettbewerb, Kooperation, Innovation **Öffentlichkeit und Medien:** ethisches Handeln, Umweltschutz, Ansehen (Image), hohes Gemeinwohl, Innovation, Unterstützung der Pressearbeit

W

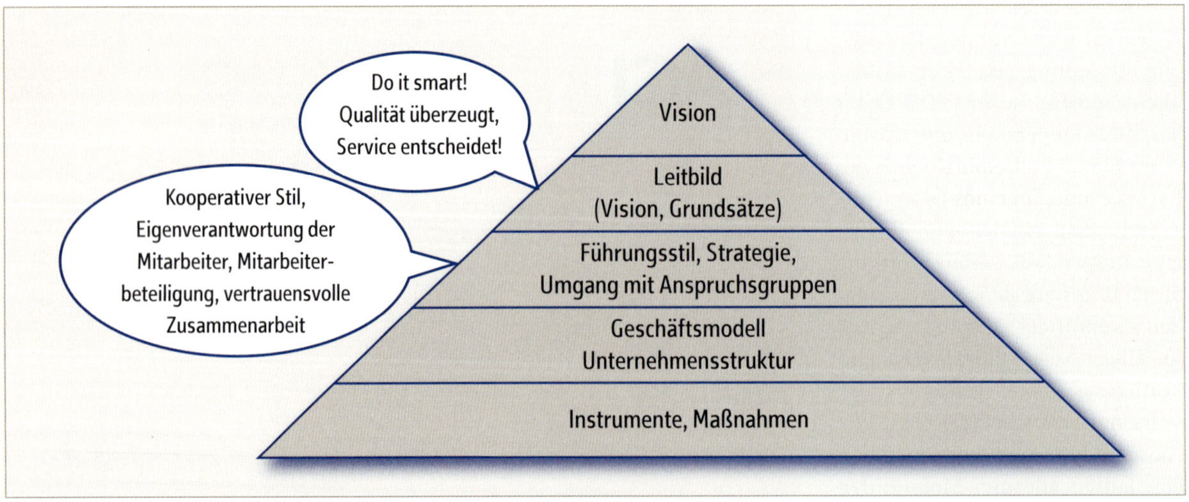

Nach § 278 BGB trägt das Unternehmen ACI im Außenverhältnis für das Verschulden aller Mitarbeiter und damit auch der Auszubildenden die Verantwortung. Es muss für Schäden durch „Erfüllungsgehilfen" geradestehen. Ist dem Mitarbeiter jedoch Fahrlässigkeit oder sogar Vorsatz nachzuweisen, kann ACI Schadensersatz von diesem Mitarbeiter fordern. Da Mitarbeiter und Auszubildende bei Kunden Kenntnis von vertraulichen Informationen und Zugang zu nicht öffentlichen Dateien erhalten, weist Herr Muster die Auszubildenden besonders auf ihre Pflichten hinsichtlich **Verschwiegenheit, Ehrlichkeit, pfleglicher Behandlung fremden Eigentums** und der **Wahrung von Diskretion** hin (Schutz vertraulicher Informationen, vgl. auch Kapitel 1.5.1 und 1.5.2).

Aufgaben

1. Sie haben einen Computer für 300,00 € eingekauft. Zusätzliche Handlungskosten von 110,00 € entstehen für den Verkauf. Der Computer wird für 499,00 € zzgl. Umsatzsteuer (19 %) verkauft.
   a) Wie hoch ist die Verzinsung oder Umsatzrendite dieses Geschäfts?
   b) Wie hoch wäre die Umsatzrendite, wenn Sie den Computer inklusive 19 % Umsatzsteuer für 499,00 € verkaufen?

DL 2. Rufen Sie, soweit noch nicht geschehen, im Downloadbereich die PowerPoint-Präsentation „ACI – Ausbildung im Systemhaus" auf und erkundigen Sie sich über ACI. Überprüfen Sie, ob Sie noch Fragen zu Schaubildern und Übersichten haben, und notieren Sie sich die Fragen.

3. Was ist richtig, was ist falsch?
   a) Unter Applications versteht man die EDV-Ausstattung in einem Unternehmen.
   b) Consulting bedeutet Beratung. Ein Consultant ist ein Berater.
   c) Das Organigramm nennt alle Mitarbeiter des Unternehmens.
   d) After-Sales-Services sind Dienstleistungen vor der Bestellung.
   e) Ein Geschäftsportfolio zeigt die Produkte und Leistungen eines Unternehmens auf.
   f) Rendite bedeutet Rente, betrifft somit alle zusätzlichen Zahlungen nach dem Verkauf.
   g) Kunden und Lieferanten sind Stakeholder, Banken und Staat nicht.
   h) Wenn ein Auszubildender einen Schaden mit Vorsatz oder fahrlässig erzeugt, muss er als Auszubildender nicht für den Schaden haften.
   i) EDV-Anwendungen bezeichnet man auch als Applications.
   j) Rendite bedeutet „Verzinsung".

1.1.3 Geschäftsmodell von ACI

S

Am ersten Ausbildungsgespräch nimmt der Geschäftsführer Herr Muster teil, um das Geschäftsmodell von ACI vorzustellen.

Geschäftsmodell (business model) – Businessplan

Ein Businessplan ist eine Beschreibung eines Geschäftsmodells unter verschiedenen Aspekten und Zielsetzungen. Insbesondere von Start-up-Unternehmen verlangen Geschäftspartner (Teilhaber, Kreditgeber) Geschäftsmodellbeschreibungen oder Businesspläne zur Bewertung der Kreditfähigkeit und der Marktchancen. Insofern ist der Begriff Businessplan mit dem herkömmlichen Begriff Geschäftskonzept vergleichbar. Ein Businessplan kann die Grundlage für eine Neuausrichtung des Unternehmens darstellen. Je nach Zielsetzung und Adressatenkreis wird der Businessplan unterschiedliche Aspekte behandeln und das Unternehmen entweder allgemein und knapp oder sehr detailliert und mit Zahlen belegt beschreiben.

Businessplan zum ACI-Geschäftsmodell (vereinfacht)	
Unsere Leistungen (Portfolio)	Wir wollen als IT-Systemhaus zu den Marktführern für ausgewählte Leistungen zählen und hierbei insbesondere ertragsreiche und zukunftsorientierte Leistungen im Portfolio führen. Diese Leistungen sollen möglichst mit Komplettservice angeboten werden. Zurzeit gehören zum Portfolio der Hard- und Softwarevertrieb, IT-Installation, Service und Support, IT-Beratung (Consulting), Anwendungsentwicklung (Hausverwaltungsprogramm HVP) und IT-Schulung. Wir wollen unsere Kunden langfristig an uns binden und sind daher besonders um gute Geschäftsbeziehungen zu unseren Kunden und Stakeholdern bemüht.
Wachstum	Die Projektierung von größeren IT-Systemen und der E-Business-Bereich sind Wachstumsbereiche bei ACI. Wir wollen zum größeren Teil organisch, d. h. durch eigene finanzielle Mittel wachsen. Ein bisheriges durchschnittliches jährliches Wachstum von 6 % unterstreicht unsere ehrgeizigen Ziele.

(Fortsetzung auf folgender Seite)

Businessplan zum ACI-Geschäftsmodell (vereinfacht)	
Wertschöpfung und Ertragsvorstellungen	Unseren Gesellschaftern und Mitarbeitern gegenüber sind wir zu einer hohen Wertschöpfung verpflichtet. Wir wollen übertarifliche Löhne und Gehälter zahlen und unseren Gesellschaftern eine hohe Eigenkapitalrendite (mindestens 10 %) sichern.
Kernkompetenzen	Wir wollen insbesondere Kernkompetenzen im Bereich der kaufmännischen Programmanwendungen und der Projektierung komplexer IT-Systeme weiterentwickeln und dabei unsere Mitarbeiter und Geschäftsausstattung optimal einsetzen. Wir stellen hohe Erwartungen an die Leistungs- und Innovationskraft unserer Mitarbeiter.
Organisation	Unsere Geschäftstätigkeit ist auf ganz Deutschland ausgerichtet und wird regional durch die Zentrale in Hamburg-Sachsenfeld, eine Vertriebsstelle in Frankfurt am Main, einen Onlineshop und das Ladengeschäft in Hamburg-Eppendorf unterstützt. Unser Organigramm besteht derzeit aus den Abteilungen Einkauf/Lager, Produktion, Verkauf, Rechnungswesen, EDV und Personalwesen sowie den Stabsstellen zur Arbeitssicherheit und zum Qualitätsmanagement. Der Führungsstil ist kooperativ mit klaren Stellenbeschreibungen und Zielvereinbarungen. Der gesamte Geschäftsverkehr soll über ein Inhouse-Netzwerk bzw. ein Intranet erfolgen, an das möglichst alle Geschäftspartner online angebunden sind.
Kommunikation	Alle Geschäftspartner sollen optimal in das Geschäftsmodell eingebunden sein. Durch Onlineangebote erfolgt die Kommunikation schnell und kostengünstig. Der Zugriff auf interne oder vertrauliche Informationen soll durch unterschiedliche Benutzergruppen gesteuert werden. Auch auf persönliche Kontakte und Kommunikation wird großer Wert gelegt.
Kooperation und Koordination	Wir sind der Auffassung, dass wir einen optimalen Full Service kostengünstig nur durch eine enge Kooperation mit leistungsstarken Partnern ermöglichen können. Kooperationen sind daher wichtige Elemente der Portfoliogestaltung, Organisation und Kommunikation. Die Koordination wird durch ein durchgängiges Prozessmanagement und ein Projektmanagement in gemeinsamer Verantwortung der Projekt- und Abteilungsleiter gewährleistet.

Aufgaben

Versuchen Sie für ein „Wirtschaft-Live-Projekt" eine Vision und ein Geschäftsmodell mit einem Businessplan zu entwickeln.

S

Der Geschäftsführer präsentiert auf einer Folie die Daten, wie sie Geschäftspartner von einer Wirtschaftsauskunft erhalten. Er ist sehr zufrieden mit der Analyse der Wirtschaftsauskunftei.

Wirtschaftsauskunft über ACI

Rechtsform: GmbH
Gründung: 1. Juli 1984
Handelsregister: HRB 90777
Gesellschafter: Jan Muster jun. (80 %), Karla Sander geb. Muster (20 %)
Geschäftsführer: Jan Muster, Diplom-Wirtschaftsinformatiker (FH), geb. 5. Juli 1974, verheiratet, 2 Kinder, Am Golfplatz 3, 21365 Adendorf, alleinvertretungsberechtigt
Prokuristen: Rainer Guss, geb. 12. Mai 1978, Diplom-Kaufmann, Sandra Gand, geb. 29. März 1987, Personalfachwirtin
Geschäftsgegenstand: Vertrieb von Hard- und Software, IT-Beratung, IT-Projektierung
Das Unternehmen ist zertifiziert nach DIN ISO 9000-2000.
Mitarbeiter Vorjahr: 32 Angestellte, 4 Auszubildende
Mitarbeiter akt. Jahr: 34 Angestellte, 4 Auszubildende
Jahresumsatz Vorjahr: 6.200.000,00 €
Jahresumsatz akt. Jahr: 6.600.000,00 €
Umsatzerwartung nächstes Jahr: 8.000.000,00 €
Immobilien:
Im Eigentum der Firma:
Bürogebäude der Zentrale, Sachsenfeld 14, Verkehrswert: 0,8 Mio. €
Gemietet: Vertriebsbüro in Frankfurt am Main, Ladengeschäft in Hamburg-Eppendorf
Aktiva:
Anlagevermögen: 1,4 Mio. €
Forderungen und sonstige Vermögensgegenstände: 210.800,00 €
Passiva:
Gezeichnetes Kapital (Stammkapital): 525.000,00 €
Darlehen: 612.500,00 €
Verbindlichkeiten aus Lieferungen und Leistungen: 170.000,00 €
Sonstige Verbindlichkeiten: 76.600,00 €
Sonstiges:
Nicht haftendes Immobilieneigentum von Jan Muster
Einfamilienhaus, Am Golfplatz 3, 21365 Adendorf, Verkehrswert: 380.600,00 €
Vierfamilienhaus, Uelzener Straße 25, 21335 Lüneburg, Verkehrswert: 540.000,00 €
Doppelhaus, Bardowicker Weg 15, 21337 Lüneburg, Verkehrswert: 245.000,00 €

Banken:
Hamburger Sparkasse, Konto-Nr. 115 522,
BLZ 200 300 00
Deutsche Bank, Hamburg, Konto-Nr. 8 527 569,
BLZ 240 700 24
Zahlungsweise: innerhalb vereinbarter Ziele
Zahlungserfahrung: unter Skontoausnutzung
Geschäftsentwicklung: positiv
Auftragslage: gut
Bonitätsindex: 1,4
(Der Bonitätsindex errechnet sich aus den erfassten Daten und bewegt sich zwischen 1,0 [sehr gut] und 6,0 [ungenügend]. Bei nicht ausreichenden Informationen beträgt der Wert 0,0.)

W

Glossar der Fachbegriffe	
Aktiva	Vermögensposten oder Posten der Investition, Mittelverwendung
Bonität	Kreditwürdigkeit
Darlehen	Langfristige Schulden
GmbH	Unternehmensform: Gesellschaft mit beschränkter Haftung
ISO-zertifiziert	Das Unternehmen wird nach national und international genormten Kriterien überprüft.
Passiva	Posten von Eigenkapital und Schulden oder Finanzierung; Mittelherkunft
Prokurist	Mitarbeiter mit höchster Vollmacht nach dem Geschäftsführer
Skonto	Bar- oder Frühzahlerrabatt
Stammkapital	Haftendes Kapital der Gesellschaft
Umsatz	Summe der Verkäufe in Euro, Beträge aller Ausgangsrechnungen (ohne USt = Umsatzsteuer)
Verbindlichkeiten	Schulden
Verkehrswert	Aktueller Wert

Aufgaben

1. Erläutern Sie jeweils an einem Beispiel die Begriffe Betriebs- und Geschäftsausstattung, Darlehen, Verbindlichkeiten und Bonität.
2. Berechnen Sie nach der Wirtschaftsauskunft für ACI:
   a) Umsatz/Mitarbeiter
   b) Umsatzsteigerung vom Vorjahr auf das aktuelle Jahr und auf das nächste Jahr in Prozent
3. Was hat wohl Marco Börries als junger Mann bewogen, sich selbstständig zu machen? Schauen Sie im Internet nach, was er jetzt macht (z. B. Recherche bei Wikipedia).

Marco Börries – Pioniere der IT

Für Deutschland sind nicht nur die Gründer des größten Softwareunternehmens SAP besonders herauszustellen, sondern z. B. auch der Lüneburger Marco Börries. Ihn hat mit 16 Jahren die Begeisterung um die Entwicklung von Software derart ergriffen, dass er so jung eines der besonderen Softwareunternehmen der Welt gründete. Er machte Microsoft Konkurrenz, entwickelt wie Microsoft Office-Programme und eine bekannte Finanzsoftware. Er verkaufte sein Unternehmen weiter und ermöglichte so, dass die Office-Programme heute als Open-Office vielen Anwendern kostenlos zu Diensten sind.

4. Präsentieren Sie zu Pionieren der IT:
   Recherchieren Sie zu deutschen und auch internationalen Pionierinnen und Pionieren der IT. Entscheiden Sie, ob Sie Kurzpräsentationen mit 1 bis 3 Folien in Partnerarbeit erstellen und präsentieren. Wählen Sie z. B. deutsche Pioniere wie v. Neumann, Zuse, Hopp, Plattner oder Börries. Recherchieren Sie auch nach bedeutenden internationalen Pionierinnen und Pionieren wie Radia Perlman, Ada Lovelace, Bill Gates, Edgar. F. Cood, Jack Ma, Steven Jobs, Sergey Brin, Marc Zuckerberg oder z. B. auch Larry Ellison.

1.2 Komplexe Auftragssituationen bei ACI

S In den Ausbildungsgesprächen sollen verschiedene Auftragssituationen erläutert werden.

Die Beschreibung des Unternehmens ACI und seines Leistungsportfolios hat gezeigt, wie vielfältig und breit das Systemhaus aufgestellt ist. Auszubildende von ACI gehören nicht nur wegen des breiten Erfahrungsbereichs seit Jahren zu den besten Absolventen des jeweiligen Jahrgangs. Der Erfolg wird nach Meinung von Herrn Muster durch ein solides Fundament getragen:

- Nur leistungsorientierte Schüler mit mindestens einem guten Realschulabschluss erhalten einen Ausbildungsvertrag.
- Eine Ausbildungsleitung kümmert sich um eine systematische und geordnete Ausbildung.
- Alle Auszubildenden werden sowohl mit Standardaufgaben als auch mit unterschiedlich komplexen Projektaufgaben vertraut gemacht.
- Die Auszubildenden erhalten zunehmend komplexere Aufgabenstellungen zur eigenverantwortlichen Bearbeitung.
- Die Auszubildenden werden alle drei Monate mit einem Feedback-Bogen über ihren Leistungsstand informiert und es werden ihnen Wege zur Weiterentwicklung aufgezeigt.

Ebenso trägt die systematische Besprechung von unterschiedlich komplexen Auftragssituationen zu einer guten Berufsausbildung bei. Ein Leitspruch für professionelles und erfolgreiches Handeln lautet daher:

Nichts ist so praktisch wie eine gute Theorie!

Dieses Fachbuch soll neben kleineren Aufgaben die folgenden komplexen Auftragssituationen aus unterschiedlichen Perspektiven der jeweiligen Kapitel zur Bearbeitung anbieten. Diese Auftragssituationen werden Ihnen zur Orientierung durch das Randsymbol „AS“ angekündigt.

S Anna, Kai, Kerstin und Stefan erkundigen sich, welche Aufgaben und Arbeiten sie in den ersten Monaten als Auszubildende zu bewältigen haben.

Lagerarbeiten und Verkauf von IT-Komponenten im Ladengeschäft und im Internetshop AS1

Für Herrn Muster ist es wichtig, dass die Auszubildenden erst einmal die Produkte von ACI kennenlernen. Hierzu eignet sich gut der Einsatz im Lager, in der Werkstatt, im Ladengeschäft oder für den Internetshop. Im Lager kommen laufend Warenlieferungen an, die vom Frachtführer übernommen und geprüft werden. Bei bestellter Ware müssen die Artikel entsprechend dem Lieferschein oder der Rechnung kommissioniert und für die Auslieferung an die Kunden bereitgestellt werden. Waren, die von Kunden per Internetshop geordert wurden, müssen umgehend kommissioniert und für den Versand verpackt werden.

Im Internetshop sind alle Artikel genau beschrieben. Eventuell muss der Auszubildende im Lager oder im Support (Werkstatt) weitere Informationen anhand der Produktbeschreibungen oder durch Erfahrungsberichte der Kolleginnen und Kollegen einholen.

In der Werkstatt kann insbesondere Kai als Auszubildender im Beruf IT-Systemelektroniker viel über die Produkteigenschaften erfahren.

Anna möchte wissen, was für sie im ersten Ausbildungsjahr ein typischer Kundenauftrag sein wird. S

Beratung eines Kunden zu Aufrüstung oder Neukauf eines IT-Systems AS2

Herr Muster nennt hier als häufigen Fall, dass ein Privat- oder Geschäftskunde darum bittet, den Arbeitsplatzrechner zu überprüfen und eventuell aufzurüsten. Der Kunde klagt, dass ihm die Performance des Rechners nicht ausreicht. Obwohl der Rechner noch nicht alt sei, würde er für den Systemstart sehr viel Zeit benötigen. Auch sei die Festplattenkapazität zu gering. Während Privatkunden den Computer meist direkt in das Geschäft mitbringen, legen Geschäftskunden Wert darauf, dass die Systeme vor Ort überprüft oder im Austauschverfahren mit einem Ersatzrechner bei ACI durchgecheckt und aufgerüstet werden.

S Anna fragt nach, an welchen größeren Aufgaben Auszubildende im zweiten und dritten Ausbildungsjahr mitarbeiten.

AS3

Angebot, Beschaffung und Lieferung von IT-Systemen nach öffentlicher Ausschreibung entsprechend VOL

Nicht wenige Kunden von ACI sind z. B. Behörden mit einer eigenen EDV-Stelle oder EDV-Abteilung. Diese bündelt den Bedarf an EDV-Systemen und Komponenten und erstellt eine Ausschreibung über Lieferungen und Leistungen von EDV-Systemen und EDV-Komponenten gemäß VOL (Verdingungsordnung für Leistungen). ACI erstellt dann auf der Basis der Angaben in der Ausschreibung ein Angebot und hofft auf den Auftrag, wenn im Vergleich mit den anderen Anbietern das wirtschaftlichste Angebot abgegeben wurde.

S Kai möchte wissen, welche Standardaufgaben auf einen IT-Systemelektroniker zukommen.

AS4

Auswahl, Beschaffung und Implementierung eines Serversystems

Unternehmen und Behörden müssen regelmäßig ihre Serversysteme den aktuellen Anforderungen anpassen. Unterschiedliche Servertypen (z. B. Client-Server, Terminalserver, Mailserver, Druckserver) werden nachgefragt und müssen häufig individuell konfiguriert werden. Das ist für den IT-Systemelektroniker eine Routineaufgabe. Zunächst müssen die Anforderungen festgestellt und mit dem Kunden abgesprochen werden. Danach erhält der Kunde ein Angebot, z. B. für die Lieferung und Installation des Servers. Nach der Bestellung wird der Server dann entsprechend konfiguriert, geliefert und implementiert. IT-Systemelektroniker oder IT-Systemkaufleute werden häufig bei solchen Aufträgen in alle Phasen des Beschaffungsprozesses eingebunden, beginnend bei der Anfrage des Kunden über den Anforderungscheck bis hin zur Implementierung beim Kunden.

Serverschrank im Ausbau

S Kai möchte wie Anna wissen, welche größeren Aufgaben auf ihn im zweiten und dritten Ausbildungsjahr zukommen.

AS5

Ausstattung eines Unternehmens, einer Behörde oder Organisation mit einem Netzwerk für 20 und mehr Arbeitsplätze

Systemhäuser wie ACI sind besonders gefragt, wenn es um die Neuausstattung eines gesamten Computernetzwerkes mit Verkabelung, Server, Arbeitsplatzrechnern und der notwendigen Software geht. Im Rahmen der Bedarfsanalyse sowie der Lasten- und Pflichtenhefterstellung muss ein Raumplan mit den entsprechenden Komponenten und der Vernetzung erstellt werden. Bei ACI wurden schon Netzwerke für 300 und mehr Arbeitsplätze geplant und realisiert.

S Anna hat schon erfahren, dass ACI mit Consulting gut verdient, und möchte wissen, welche Aufgaben in diesem Geschäftsfeld anfallen.

AS6

Beratung eines Unternehmens zur Planung und Umsetzung eines Datensicherungskonzeptes

Bei ACI ist mittlerweile jeder achte Auftrag ein Beratungs- oder Consultingauftrag. Unternehmen erteilen ACI einen Beratungsauftrag, wenn sie nicht unmittelbar im IT-Bereich tätig sind, in bestimmten IT-Bereichen nicht über das erforderliche Spezialwissen verfügen oder auch nur einen unabhängigen Berater einschalten möchten.

Ein Beispiel ist die Beratung zur Erneuerung eines Datensicherungskonzeptes. Der Kunde hat sensible Daten (selbst entwickelte Software, Kundendaten, Projektdaten) auf dem Server gespeichert, der mit 20 PC-Arbeitsplätzen im LAN (lokales EDV-Netzwerk) verbunden ist. ACI erhält die Aufgabe, erste Analysen und Befragungen im Betrieb durchzuführen und zunächst ein Lastenheft zu erstellen. Aufbauend auf dem Lastenheft wird dann ein Pflichtenheft entwickelt, das als Grundlage für die Ausschreibung von IT-Komponenten dient. Parallel zur Ausschreibung muss ein Organisationskonzept entwickelt werden. Nach der Ausschreibung folgt ein Angebotsvergleich, danach müssen Lieferanten für die IT-Komponenten bestimmt sowie das Datensicherungskonzept umgesetzt und getestet werden.

S Anna und Kai fragen, ob sie auch wie Stefan in der Softwareentwicklung eingesetzt werden.

AS7

Softwareentwicklung einer Datenbankanwendung nach Lasten- und Pflichtenheft sowie Anwenderschulung

Die Softwareentwicklungsabteilung bei ACI beschäftigt sich überwiegend mit der Weiterentwicklung des eigenen Hausverwaltungsprogramms, erstellt jedoch auch Webseiten oder kleinere Anwendungsprogramme im Kundenauftrag. Aufgrund des geringen Ausbildungsanteils der Softwareentwicklung in der Ausbildung der IT-Systemelektroniker und Kaufleute für IT-Systemmanagement werden diese Auszubildenden hier nicht schwerpunktmäßig eingesetzt. Herr Köhler wird als Ausbilder jedoch dafür sorgen, dass die Ausbildungsinhalte behandelt werden. So ist es Tradition bei ACI, dass die Auszubildenden gemeinsam und selbstständig ein Softwareprojekt entwickeln, z. B. eine „Musik-Media-Verwaltung". Hierzu müssen sie das Softwarekonzept (Maskenentwürfe, Programm- und Datenstrukturen) erstellen und dann das Konzept arbeitsteilig mit einem Softwaretool umsetzen.

S Anna und Kai haben gehört, dass sie für die Abschlussprüfung ein größeres Projekt selbstständig bearbeiten und eine Projektarbeit mit einer PowerPoint-Präsentation erstellen sollen. Sie hätten gerne gewusst, welche Projekte bei ACI dafür geeignet sind.

AS8

Komplette Neuausstattung eines Multimedia-Unternehmens mit einem vernetzten EDV-System und Anbindung der Außendienstmitarbeiter (Beratung, Ausstattung, Schulung)

Im Ausbildungsberuf Fachinformatiker/-in Anwendungsentwicklung ist eine betriebliche Projektarbeit im Umfang von 80 Arbeitsstunden (inklusive Arbeiten für das Konzept und die Dokumentation) zu erstellen. In den anderen IT-Berufen ist der Umfang der Projektarbeit durch die Ausbildungsordnung auf 35 Arbeitsstunden festgelegt. Je nach Umfang des betrieblichen Projektes bearbeitet der Auszubildende das gesamte Projekt allein oder nur einen Teil des Projektes. Bei einem Teilprojekt ist genau festzulegen, welche Arbeiten in dieses Teilprojekt fallen und wie die Schnittstellen zu den anderen Projektbeteiligten festgelegt werden (vgl. auch Kapitel 1.5.1 und 5).

Als Projekt hält Herr Köhler den Auftrag eines Multimedia-Unternehmens zur kompletten Neuausstattung der EDV für besonders geeignet. ACI soll die Multitax GmbH, ein Multimedia-Unternehmen für Steuerberater und Wirtschaftsprüfer, mit einem neuen EDV-System ausstatten. Da der Projektumfang mit der Planung, Konzepterstellung, Umsetzung und dem Controlling über die vorgeschriebenen 35 Arbeitsstunden hinausgeht, muss vorher geklärt werden, welche Aufgaben den Auszubildenden zugewiesen werden. So könnte z. B. Anna als Assistentin der Projektleitung tätig werden oder Kai übernimmt einzelne Teilprojekte, wie z. B. die Konzepterstellung, die Installation der Systeme und Komponenten oder den Abschlusstest. Obwohl das Projekt möglichst eigenständig und eigenverantwortlich von den Auszubildenden bearbeitet werden soll, sind genaue Absprachen mit der Verkaufsleitung und bei großen Projekten mit einem verantwortlichen Projektleiter notwendig, um den erfolgreichen Abschluss des Projektes nicht zu gefährden.

AS9

Beratung eines Unternehmens zur Verbesserung der Unternehmensabläufe und der Produktivität im Personalwesen (Übernahme der Projektleitung und Projektdurchführung)

Für die Projektarbeit eignet sich auch ein Auftrag mit Schwerpunkt im Consulting-Bereich. Als Beispiel nennt Herr Köhler den Auftrag der Firma CMW, Verbesserungen im Personalbereich vorzuschlagen und an der Umsetzung mitzuwirken. Herr Köhler umschreibt das Projekt kurz:

Bei CMW klagen die Mitarbeiter der Personalabteilung schon seit Jahren über zu viele Überstunden. Insbesondere die hohe und steigende Zahl der Bewerbungen macht der Abteilung zu schaffen. Die Geschäftsleitung ist jedoch nicht zur personellen Aufstockung der Abteilung bereit und einigte sich mit der Abteilungsleiterin, ACI als unabhängiges Beratungsunternehmen zu beauftragen. ACI soll zusammen mit den Mitarbeitern der Abteilung nach Wegen suchen, die Abläufe zu verbessern und die Mitarbeiter zu entlasten. Im ersten Briefing erhielt ACI ebenso den Auftrag, zu prüfen, ob ein Terminal-Server-Netz mit sechs Thin-Clients (Netzwerkcomputer) für die Personalabteilung Vorteile bringen könnte. Die Vor- und Nachteile eines separaten Netzes für die Personalabteilung sollen geprüft werden. Dazu sollen die Arbeitsplätze bei Bedarf mit neuen Computern ausgestattet werden.

Dieses Projekt ist sicherlich so komplex, dass man sich zunächst die Frage stellen muss, welches Teilprojekt der Auszubildende bearbeiten kann und wie die Zusammenarbeit im Projektteam erfolgen soll. Da Auszubildende gerade in größeren und komplexen Projekten und in der Teamarbeit mehr lernen können als in kleineren „Einpersonenprojekten", würde Herr Köhler solche Teilprojekte bevorzugen.

S In folgendes Projekt können Auszubildende der IT-Berufe im dritten Ausbildungsjahr arbeitsteilig und mit größerer Eigenverantwortung einbezogen werden.

AS10 **Ziel im Lastenheft: Zwei entfernte und bisher unabhängige Betriebsstätten eines Unternehmens sollen zukünftig in einem gemeinsamen virtuellen Netzwerk zusammenarbeiten und über das IT-System wie bei einem Unternehmen mit einem Standort Daten austauschen und miteinander kommunizieren können. Aufgabe: Pflichtenheferstellung, Ausschreibung, Angebotsvergleich, Lieferung und Abnahme.**

Zwei Steuerberaterbüros, die in gegenüberliegenden Gebäuden ihren Sitz haben, wollen zukünftig als „Controltax & Partner" zusammenarbeiten. Die Büros sollen mithilfe einer neuen Raumaufteilung (siehe Entwurf) effizienter zusammenarbeiten.

Das rechte Büro besitzt nach der Umgestaltung keinen Zugang mehr für Kunden. Die EDV-Ausstattung beider Büros soll neu beschafft und ein neues lokales Netzwerk (LAN) installiert werden. Die Handskizze verdeutlicht die geplante Situation.

W

Glossar der Fachbegriffe	
Kommissionieren	Entsprechend einem Lieferschein oder einer Rechnung wird die Ware im Lager zusammengestellt und mit den Frachtpapieren versehen.
Frachtführer	Unternehmer, der aufgrund eines Frachtvertrages die Auslieferung der Fracht übernommen hat.

VOL	Verdingungsordnung für Leistungen: Detailvorschriften für die Vergabe von Leistungen (Liefer- und Dienstleistungsaufträge) öffentlicher Auftraggeber, vgl. Downloadbereich.
Lastenheft	Von der Fachabteilung werden die Anforderungen aus Anwendersicht festgelegt: **Was** wird benötigt und **wofür?**
Pflichtenheft	Wird auf der Basis des Lastenheftes des Auftraggebers vom Auftragnehmer erstellt und beschreibt, **wie** und **womit** das Problem oder der Auftrag gelöst wird.

DL

Aufgaben

Auszubildende, die schon einmal größere EDV-Projekte (privat oder geschäftlich) bearbeitet haben, berichten über ihre Erfahrungen in der Projektarbeit.

1.3 Informationswirtschaft

S Anna, Stefan und Kai wollen sich erkundigen, wie vielfältig der IT-Bereich und die Informationswirtschaft aufgestellt sind.

Im Schaubild auf der folgenden Seite ist die Wirtschaft in die vier Sektoren Landwirtschaft, Produktion, Dienstleistungen und Information eingeteilt. Im letzten Jahrhundert wurden durch den Einsatz von Maschinen, modernen Techniken und Verfahren massiv Arbeitsplätze in der Landwirtschaft abgebaut. Durch Technologien und Maschinen wuchs zwar die Herstellung im Produktionssektor

Entwurf Raumaufteilung

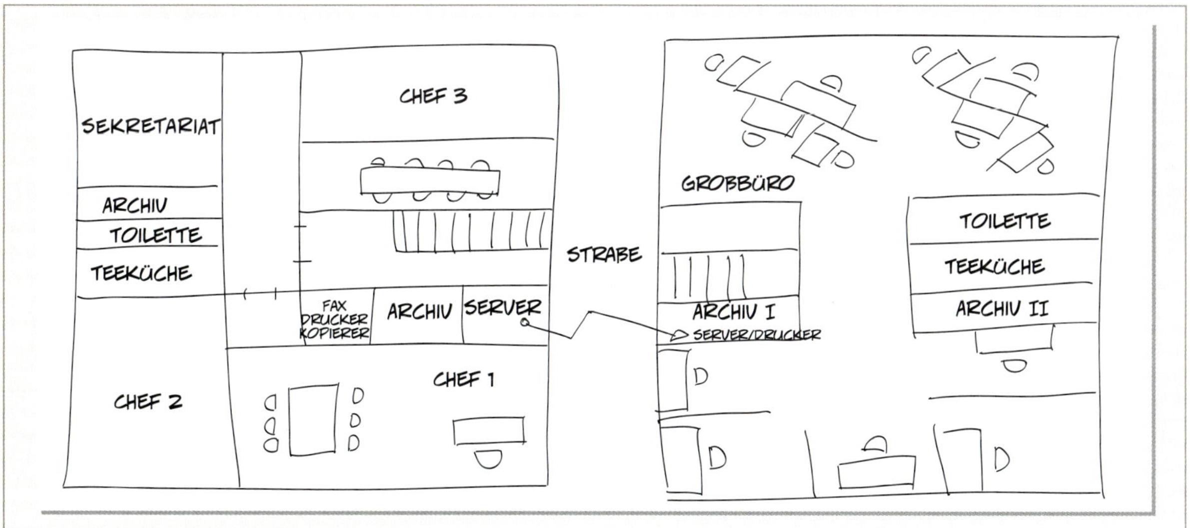

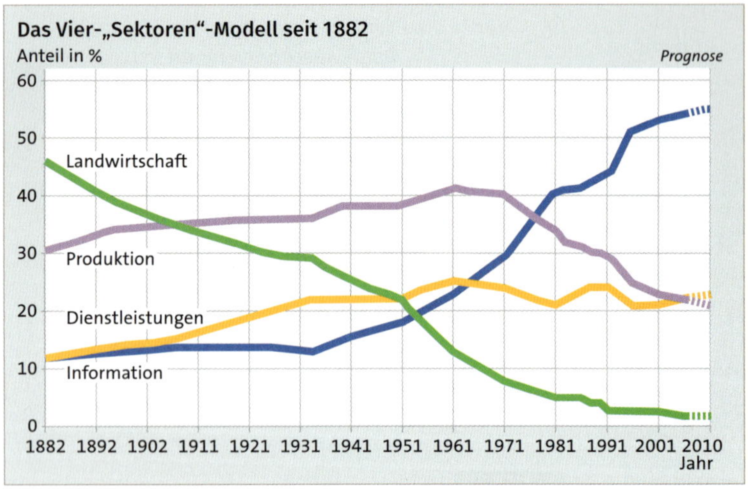

immer mehr, doch gerade in den letzten 30 Jahren wurden Arbeitsplätze in diesem Sektor abgebaut. Wie wir täglich aus der Zeitung erfahren, hat sich in den letzten Jahren der Abbau von Produktionskapazitäten und Arbeitsplätzen in der Herstellung aufgrund der Öffnung der Weltmärkte (Globalisierung) weiter verstärkt. Dagegen entstanden Arbeitsplätze im Dienstleistungssektor und hier insbesondere in der sogenannten Informationswirtschaft.

Die Zahl der weltweit zur Verfügung stehenden Computer stieg seit Beginn der 1990er-Jahre stark an, sodass heute weltweit über 4 Mrd. Menschen eine Internetzugang haben und jährlich über 350 Mio. Computer verkauft werden.. Fast jeder Haushalt verfügt gegenwärtig über mehrere Handys, um ständig und mobil kommunizieren zu können. Virtuelle (nicht reale) Märkte machen über das Internet den Ladengeschäften Umsatz streitig. Neue Technologien auf der Basis des 5G-Standards (vgl. www.5g-anbieter.info) läuten ein neues Zeitalter der mobilen Kommunikation ein und sichern oder schaffen durch innovative Produkte

ITK-Marktzahlen

ITK-Markt Deutschland	Marktvolumen (in Mrd. Euro)				Wachstumsraten		
	2019	2020	2021	2022	20/19	21/20	22/21
Summe ITK + CE	**170,7**	**171,7**	**178,4**	**184,9**	**0,6%**	**3,9%**	**3,6%**
Consumer Electronics	8,8	9,3	9,2	9,0	6,3%	-1,6%	-2,3%
Summe ITK	161,9	162,4	169,2	175,9	0,3%	4,2%	4,0%
Informationstechnik	**95,2**	**96,4**	**102,5**	**108,6**	**1,3%**	**6,3%**	**5,9%**
IT-Hardware*	28,1	29,0	31,4	33,2	3,1%	8,3%	5,7%
Software	26,2	27,5	29,8	32,4	5,1%	8,0%	9,0%
IT-Services	40,9	39,9	41,4	43,0	-2,4%	3,7%	3,9%
Telekommunikation	**66,7**	**65,9**	**66,7**	**67,3**	**-1,1%**	**1,2%**	**0,9%**
TK-Endgeräte	11,3	11,6	11,6	11,2	3,0%	0,2%	-3,1%
TK-Infrastruktur	6,9	6,8	6,7	6,9	-2,1%	-0,9%	2,2%
Telekommunikationsdienste	48,5	47,6	48,4	49,2	-1,9%	1,7%	1,7%

*inkl. Halbleiter

Wirtschaftsbereiche der Informationswirtschaft (ITK, Druck und Medien)		
▪ Hardwareherstellung ▪ IT-Handel ▪ Multimediaentwicklung ▪ Rechenzentren ▪ IT-Sicherheitsunternehmen	▪ Druckereien ▪ Verlage ▪ Filmwirtschaft ▪ Telekommunikationsunternehmen ▪ IT-Systemhäuser	▪ Softwareherstellung ▪ IT-Beratung ▪ Kommunikationsprovider ▪ IT-Bildungsträger ▪ Sonstige IT-Dienstleistungen

Arbeitsplätze in der Informationswirtschaft.

Die Marktzahlen zeigen die große Leistungskraft der Unternehmen im ITK-Bereich Deutschlands. (ITK: Abkürzung für Informations- und Telekommunikationsindustrie bzw. Informationstechnik und Telekommunikation).

Über eine Mio. Arbeitsplätze zählt der Bundesverband Informationswirtschaft,

Telekommunikation und neue Medien e. V. (BITKOM, 2021) in der IT-Branche.

Der Internethandel und hier insbesondere der Handel zwischen den Unternehmen (Business-to-Business oder B2B), der Markt der digitalen Downloads und der Telekommunikationsbereich mit der LTE-Technologie boomen zurzeit und schaffen neue Arbeitsplätze.

Die Informationswirtschaft bildet in zahlreichen Berufen aus. Weit über 20.000 Ausbildungsplätze werden jedes Jahr neu besetzt. Hierbei sind insbesondere die Ausbildungen in den IT- und Medienberufen gefragt, aber auch im kaufmännischen Bereich ist das Interesse an den Büroberufen groß.

Nach der Ausbildung findet man in der Informationswirtschaft die unterschiedlichsten Stellenangebote. Fast 200 verschiedene Stellen- und Berufsbezeichnungen können im IT- und Medienbereich genannt werden (vgl. DL z. B. www.medien-it-berufe.de).

Aufgaben

1. Diskutieren Sie über die Digitalisierung und welche Entwicklungen Einfluss auf die Informationswirtschaft in Deutschland haben.
2. DL Rufen Sie über www.medien-it-berufe.de die Vielfalt der Stellen- und Berufsbezeichnungen auf und diskutieren Sie darüber, welche Stellen auch in Ihrer Stadt oder näheren Umgebung angeboten werden könnten.
3. Stellen Sie als Hausaufgabe eine Liste von Unternehmen der Informationswirtschaft in Ihrer Umgebung oder Stadt zusammen. Welche Arbeitsstellen könnten diese Unternehmen anbieten?

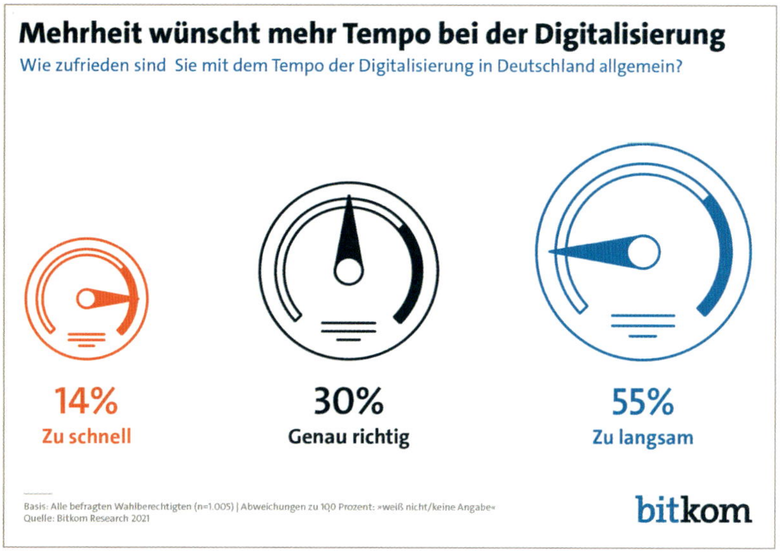

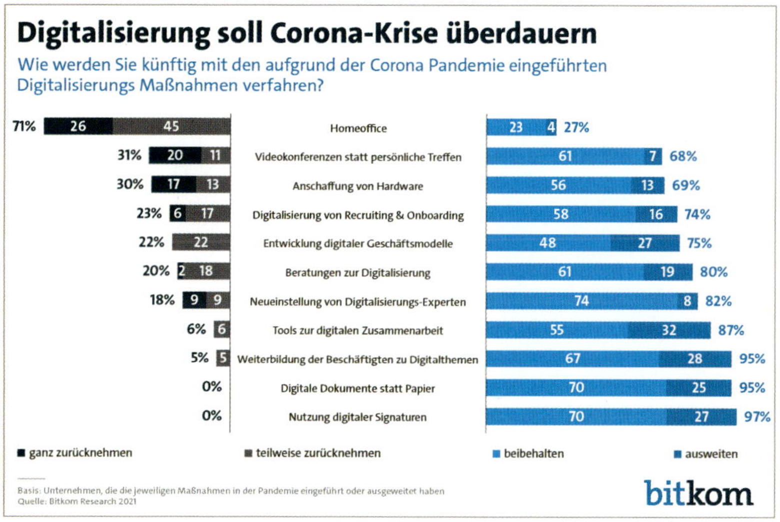

Eckdaten der Prognose für Deutschland

	2018	2019	2020	2021	2022	2023
Reales Bruttoinlandsprodukt[1]	1,1	1,1	–4,6	2,4	4,8	1,9
Erwerbstätige[2] (1 000 Personen)	44 858	45 268	44 898	44 918	45 368	45 764
Arbeitslose (1 000 Personen)	2 340	2 267	2 695	2 636	2 448	2 356
Arbeitslosenquote BA[3] (in %)	5,2	5,0	5,9	5,7	5,3	5,1
Verbraucherpreise[1,4]	1,8	1,4	0,5	3,0	2,5	1,7
Lohnstückkosten[1,5]	3,0	3,1	3,4	0,8	0,0	1,8
Finanzierungssaldo des Staates[6]						
In Mrd. Euro	64,4	51,1	–145,2	–173,7	–80,5	–35,1
In % des nominalen Bruttoinlandsprodukt	1,9	1,5	–4,3	–4,9	–2,1	–0,9
Leistungsbilanzsaldo						
In Mrd. Euro	264,2	258,6	233,9	224,8	237,1	254,0
In % des nominalen Bruttoinlandsprodukt	7,8	7,4	6,9	6,4	6,3	6,5

[1] Veränderung gegenüber Vorjahr in %.
[2] Inlandskonzept.
[3] Arbeitslose in % der zivilen Erwerbspersonen (Definition gemäß Bundesagentur für Arbeit).
[4] Verbraucherpreisindex (2015 = 100).
[5] Im Inland entstandene Arbeitnehmerentgelte je Arbeitnehmerstunde bezogen auf das reale Bruttoinlandsprodukt je Erwerbstätigenstunde.
[6] In der Abgrenzung der Volkswirtschaftlichen Gesamtrechnungen (ESVG 2010).

Quellen: Statistisches Bundesamt; Bundesagentur für Arbeit; Deutsche Bundesbank; 2021 bis 2023: Prognose der Institute.

1.4 Wirtschaftliches Handeln

S Anna, Kai und Stefan wollen mehr über die Grundlagen des wirtschaftlichen Handelns erfahren. Ohne kaufmännisches und rechtliches Wissen kommt man heute im Privat- und Geschäftsleben nicht mehr aus. Im Vorteil sind alle, die darüber gut Bescheid wissen.

1.4.1 Bedürfnisse, Bedarf, Nachfrage

S In der Schule soll über die Bedürfnisse der Menschen und deren Auswirkungen auf den Markt und die Wirtschaft gesprochen werden. Jeder Schüler erstellt eine Liste mit Bedürfnissen, die ihm gerade wichtig sind. Kai hat auch eine Liste verfasst und seine persönlichen Bedürfnisse spontan aufgeschrieben. Er hat es ganz gut, da er noch bei den Eltern wohnen kann und etwa 500,00 € (netto, ausbezahlt) Ausbildungsvergütung erhält. Zu Hause muss er als Haushaltsgeld für Unterkunft und Essen monatlich 100,00 € beisteuern. Ebenso hat er sich verpflichtet, mindestens 100,00 € im Monat zu sparen.

Kais Bedürfnisliste:
Eigenes Zimmer zu Hause mit modernen Möbeln, extra Sitzecke, Fernseher und Schreibtisch, eigenes Telefon; Kleidung (modisch, gute Auswahl, schöne Schuhe); Führerschein, Auto (gebraucht); Essen zu Hause oder gelegentlich auswärts, am Mittwochabend, Freitag und Samstag mit Freunden zusammen sein oder z. B. in die Disco gehen; eigener Computer zu Hause mit Internetanschluss und Office-Programmen; Kino- oder Theaterbesuch einmal im Monat; für Bücher oder Bildung ca. 40,00 € im Monat; Sommerurlaub im Ausland und vielleicht einen Kurzurlaub oder alle zwei Jahre fünf Tage Skiurlaub mit Freunden; Fitnessstudio regelmäßig, Basketball im Sportverein; Einzahlung in eine Altersversorgung, mindestens 100,00 € monatlich sparen als Sicherheit; eine nette Freundin (gut aussehend, sportlich, gebildet, lustig, nett, höflich, anerkannt) für schöne Stunden zu zweit.

Aufgaben

1. Konzentrieren Sie sich nur auf die Bereiche EDV und Information: Überlegen Sie, ob aus Ihrer Sicht Bedürfnisse nicht genannt wurden oder Ihre Bedürfnisliste ganz anders aussehen würde. Schreiben Sie weitere Bedürfnisse auf Zettel oder Karten und heften Sie sie an eine Präsentationswand.
2. Versuchen Sie, für sich eine Rangfolge Ihrer Bedürfnisse aufzustellen. Welche Bedürfnisse müssen als Erstes, Zweites usw. erfüllt sein, bevor andere Wünsche oder Bedürfnisse größere Bedeutung erlangen?
3. Nehmen Sie kleine Zettel oder Karten und nennen Sie Voraussetzungen, die erfüllt sein müssten, damit sich bestimmte Bedürfnisse überhaupt erfüllen lassen.
4. Erstellen Sie eine Liste mit ca. 20 Bedürfnissen, die sich ohne Geld oder mit nur geringen Geldmitteln befriedigen lassen.
5. Erstellen Sie ebenfalls eine Liste der Bedürfnisarten und nennen Sie andere Beispiele.
6. Durch welche Bedürfnisse wurden die Ausgangssituationen AS2, AS4 und AS6 ausgelöst (vgl. S. 16 ff.)? AS

W **Bedürfnisarten**

Unterscheidung nach	Bedürfnisarten	Beispiele
Dringlichkeit oder Bedeutung	**Primärbedürfnisse** oder **Existenzbedürfnisse** zur Erhaltung des Lebens **Sekundärbedürfnisse** (**Kulturbedürfnisse** zur Verfeinerung der Lebensart und **Luxusbedürfnisse** nach hohem Lebensstandard und Prestige)	Essen, Wohnung, Kleidung Bildung, Unterhaltung, modische Kleidung, Weltreisen, Sportwagen, teurer Schmuck, teures Essen
Grad der Bewusstheit	**Offene Bedürfnisse** **Latente** (versteckte) **Bedürfnisse**	Sind schon bekannt, z. B. Jeans, Reise nach Berlin Müssen erst geweckt werden, z. B. die Eissorte „Kuami", eine Reise nach Stromboli
Konkretheit	**Materielle** (greifbare, zu bezahlende) **Bedürfnisse** **Immaterielle** (nicht greifbare, kostenlose) **Bedürfnisse**	Brot, Grundstück, Haus Freundschaft, Frieden, gute Laune, Freiheit
Art der Befriedigung	**Individualbedürfnisse** (wird vom Einzelnen gewünscht und befriedigt) **Kollektivbedürfnisse** (werden von der Gemeinschaft gewünscht und befriedigt)	Schuhe, Essen, Reise Müllabfuhr, polizeiliche Sicherheit, Krankenhaus, Schule

S Kerstin möchte den Bedürfnissen weiter auf den Grund gehen. Sie holt Informationen über Bedürfnisarten ein.

Bedürfnispyramide nach Maslow

S Im Internet finden Sie auf der Suche nach Informationen zum Thema „Bedürfnis“ die Maslow'sche Bedürfnispyramide. Sie überlegen, ob die Ergebnisse von Maslow heute noch zutreffen. Sie diskutieren darüber in der Klasse und wollen am Schluss abstimmen, ob diese Theorie bzw. die Bedürfnispyramide

a) das Bedürfnisverhalten der Menschen widerspiegelt,
b) für die Wirtschaft und die Politik hilfreich sein kann,
c) insgesamt ungeeignet ist, das Verhalten der Menschen zu beschreiben.

Abraham H. Maslow hat in den 1940er-Jahren das menschliche Verhalten untersucht und in einer fünfstufigen Bedürfnispyramide beschrieben. Der Mensch kann einen physiologischen Mangel (Hunger, Durst) oder einen psychologischen Mangel (nach Erfolgserlebnissen, Zuneigung, Liebe, Schutz, Geborgenheit usw.) empfinden, der je nach Mangelzustand zwischen Unlust und Anspannung liegen kann. Maslow stellte fest, dass das Anstreben höherwertiger Bedürfnisse davon abhängt, ob grundlegende Bedürfnisse bereits befriedigt wurden. Erst wenn sich Grundbedürfnisse nach Essen, Wohnung, Sicherheit und sozialer Zugehörigkeit erfüllt haben, werden Bedürfnisse nach größerer Wertschätzung (durch höhere Leistung und Kompetenz, nach Prestige, Status, Ruhm und Macht), danach erst nach Selbstverwirklichung (Entwicklung der eigenen Persönlichkeit, Suche nach der „Wahrheit“, Streben nach Gerechtigkeit, Güte, Freundlichkeit, Mut, Ehrlichkeit und anderen Tugenden) in den Vordergrund treten.

Aufgaben

1. Wie haben sich die Bedürfnisse der Menschen seit der Antike verändert? Surfen Sie im Internet und untersuchen Sie, was zur Zeit Platons die Bedürfnisse im Staat waren und ob der Staat jedem erlaubt hat, seine Bedürfnisse zu befriedigen. Was gilt heute? Welche Bedürfnisse unterdrückt der Staat bzw. verbietet er laut Gesetz und welche Bedürfnisse weckt und unterstützt er?
2. Wie verändern sich die Menschen in ihren Bedürfnissen, wenn ein Land einen gewaltigen Wirtschaftsaufschwung erfährt (z. B. wie in China, Russland und anderen Ländern) oder wenn durch Misswirtschaft oder Bürgerkrieg die Wirtschaft des Landes zusammenbricht und immer mehr Menschen arbeitslos werden? Wie stark ist von diesen Entwicklungen die Informationswirtschaft betroffen?

Bedürfnis – Bedarf

Kai will wissen, was der Unterschied zwischen einem Bedürfnis und einem Bedarf ist. **S**

W Bedürfnisse werden zum **Bedarf**, wenn sie sich durch bestimmte **Güter** befriedigen lassen und damit **konkret** benannt werden können (erfüllbare Bedürfnisse), ohne dass schon die Entscheidung für die Bedarfsdeckung gefallen ist.

Maslow'sche Bedürfnispyramide

Beispiele (wenn Kaufkraft gegeben ist):

1. Bedürfnis: Im Sommer hat Christian großen Durst und das Bedürfnis, etwas zu trinken.
   Bedarf: nach einer Flasche Wasser oder Cola, einem Bier, einem Milchshake, Leitungswasser
2. Bedürfnis: Die Temperaturen sinken und Caroline will sich warm kleiden.
   Bedarf: alten Wintermantel anziehen, neuen Wintermantel kaufen, Winterjacke von der Schwester leihen, lieber warmen Pullover anziehen und alten Übergangsmantel anziehen.
3. Bedürfnis: Tilo soll ein wichtiges Referat zum Thema „Wie erstelle ich eine Homepage?" abliefern.
   Bedarf: Recherche im Internet, Referat aus Informationen im Internet zusammenstellen, passendes Buch kaufen, in einer Bibliothek passende Bücher entleihen, Internetzeitschrift mit passendem Artikel kaufen.
4. Bedürfnis: Karla will ihren Geburtstag mit einer Party für 20 Personen feiern.
   Bedarf: Sie plant eine Feier zu Hause im Keller mit Musik, eigenem Büfett und Getränken für 100,00 € oder sie lädt für 300,00 € in eine Musikkneipe ein oder sie feiert auf einem öffentlichen Grillplatz für 130,00 €.

Bedarf – Nachfrage

S Anna hat festgestellt, dass beinahe jedes Bedürfnis zu einem Bedarf an Gütern, aber nicht jeder Bedarf an Gütern zu einer Nachfrage auf einem Markt führt. Woran liegt das?

W Der **Bedarf** führt unter bestimmten Voraussetzungen dann zur **Nachfrage** am Markt, wenn es zum Kaufentschluss kommt.

Gründe für die Nachfrage

- Umfang der vorhandenen Geldmittel (ersatzweise: Kredit)
- Dringlichkeit der Bedürfnisbefriedigung
- Kaufstimmung
- Attraktivität des Angebots (Qualität/Preis)
- Bequemlichkeit der Bedarfsdeckung

Für die Werbung und die Preisgestaltung ist insbesondere die Fälligkeit des Bedarfs von besonderer Bedeutung. Es gibt aus zeitlicher Sicht folgende Unterschiede im Bedarf:

W

Zeitlicher Bedarf	Beispiel	Werbung, Preisgestaltung
Ständiger, täglicher Bedarf	Brot	Aktionen, Aktionspreis, sonst marktgerecht
Periodischer Bedarf	Badekleidung	Kurz vor und in der Saison Werbung, Preis in der Saison im Mittel, zum Ende durch Abverkauf niedrig, außerhalb der Saison hoch
Rhythmischer Bedarf	Zeitschrift	Abonnement bewerben, Prämie für Abschluss
Unregelmäßiger Bedarf	Kino, Reisen	Kontokarte anbieten, Preis je nach Dringlichkeit und Auslastung
Dringlicher Bedarf	Grippe-Medikamente	Kurzfristig bewerben, hoher Preis möglich

Aufgaben

1. Benennen Sie für folgende Bedürfnisse verschiedene Beispiele für den Bedarf zur Bedürfnisbefriedigung:
   a) Sie sind in der Schule oder am Arbeitsplatz und verspüren jeden Tag um 10:00 Uhr morgens ein Essbedürfnis (Hunger).
   b) Sie bewahren bisher Ihr Geld lose in der Tasche auf und haben nun das Bedürfnis, es geordnet und sicher aufzubewahren.
   c) Sie haben sich drei Monate lang jeden Tag ohne viel Freizeit auf eine große Abschlussprüfung vorbereitet und sind völlig erschöpft, sodass Sie einen Ausgleich suchen.
   d) Sie haben am Nachmittag in der Innenstadt Freunde getroffen und diese spontan für 19:00 Uhr nach Hause eingeladen.
   e) Sie haben durch viel sitzende Tätigkeit mehr Körpergewicht und fühlen sich unwohl.
   f) Ihre Freunde berichten, dass sie sich in ihrer Freizeit weiterbilden, und sind darauf ganz stolz. Auch Sie wollen in Ihrer Freizeit etwas für Ihre Kultur und Bildung tun.
   g) Es ist kurz vor Weihnachten und Sie wollen anderen eine Freude bereiten.
   h) Ein kleines Kind begleitet seine Eltern in einen Supermarkt. Das Kind sieht die vielen Spielsachen und Süßigkeiten. Es nimmt viele Waren in die Hand und bettelt, diese behalten zu dürfen.
2. Finden Sie ebenfalls Beispiele für zeitlich bedingten Bedarf in der Informationswirtschaft und ergänzen Sie diese Beispiele mit Vorschlägen zur Preisgestaltung und Werbung.

3. Nennen Sie Beispiele, wo die Wahl eines bestimmten Bedarfs aus speziellen Gründen (Geldmittel, Attraktivität oder Bequemlichkeit) den Ausschlag gab.
4. AS Müssen die Bedürfnisse aus den Auftragssituationen AS2, AS4 und AS6 unbedingt zum Bedarf werden oder sind auch Bedingungen vorstellbar, unter denen sich die Bedürfnisse nicht zum Bedarf entwickeln?

W **Zusammenfassung**

Bedürfnisse: Wünsche oder Gefühl des Mangels mit dem Bestreben, ihn zu beseitigen, Primär- und Sekundärbedürfnisse (Existenz-, Kultur- und Luxusbedürfnisse), offene und latente (versteckte) Bedürfnisse, Individual- und Kollektivbedürfnisse

Bedarf: Bedürfnisse werden zum Bedarf, wenn sie sich an bestimmte Güter fixieren und damit befriedigt werden können (erfüllbare Bedürfnisse).

Nachfrage: Durch Kaufwille, Kaufentschluss und Kaufkraft am Markt wird der Bedarf durch Nachfrage wirksam.

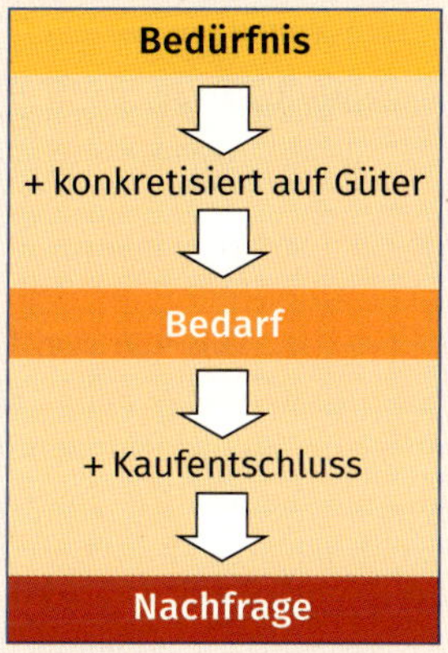

1.4.2 Güter und Produktionsfaktoren

S Im Vergleich zu früheren Zeiten müssen den Kunden heute laufend neue Produkte und Dienstleistungen offeriert werden und der Wettbewerb zwischen den Anbietern ist nicht selten groß. Welche Güter soll ACI jetzt anbieten? Dieser Frage will Anna nachgehen.

Nicht jedes Bedürfnis ist **wirtschaftlich interessant**. Drei Bedingungen müssen erfüllt sein, damit Bedürfnisse für die Wirtschaft von Nutzen sind:

1. Das Bedürfnis muss mit **einem Gut** (das produziert bzw. hergestellt werden kann) befriedigt werden können. Das Bedürfnis nach Liebe kann nicht mit einem Gut befriedigt werden, obwohl die Werbung z. B. für teuren Schmuck versucht, die Liebe „mitzuverkaufen“. Der Wunsch nach schönem Wohnen jedoch kann durch eine Reihe von Gütern (z. B. schöne Fliesen, Kücheneinrichtungen, Möbel) und durch Dienstleistungen (Bauplanung, Architekturberatung) befriedigt werden.
2. In der Wirtschaft geht es immer um **knappe Güter**, damit sie wirtschaftlich genutzt werden können. Die sogenannten freien Güter, wie Tageslicht, Luft, Wasser, sind normalerweise beliebig verfügbar. Die Natur bietet sie uns unentgeltlich an. Allerdings gibt es auch hier Einschränkungen. Trinkwasser z. B. ist heute meist aufbereitetes Wasser, sodass sauberes Wasser (einst ein freies Gut) immer mehr zu einem Wirtschaftsgut wird.
3. Wirtschaftlich interessant sind Bedürfnisse zudem nur, wenn jemand bereit ist, für ihre Befriedigung Geld auszugeben und auch über das nötige **Geld** dazu verfügt (**Kaufkraft**). Erst jetzt wird das Bedürfnis zur wirtschaftlichen Nachfrage und erzeugt wirtschaftliche Wirkungen, d. h., es werden Unternehmen aktiv, um die gewünschten Güter zu produzieren.

Aufgaben

Nennen Sie Güter, die früher (z. B. 1947–1960) aufgrund der oben aufgeführten drei Gründe für die Wirtschaft noch nicht interessant waren, heute jedoch angeboten werden.

Stefan hat sich über verschiedene Güterarten (vgl. folgende Seite) informiert und Beispiele zugeordnet. S

Aufgaben

1. Mit welcher Güterart würden Sie folgende Güter treffend bezeichnen (Mehrfachnennungen möglich)?
   a) DVD
   b) Tablet
   c) Kostenloser Hotspot im Sony-Center Berlin
   d) Digitaler Kopierer im Kopierladen
   e) Akkus für Notebooks
   f) Kostenpflichtiger Telefonsupport
   g) Computer
   h) Towergehäuse
   i) Glasfaserkabel
   j) Fotopapier
2. Das Güterangebot hat sich zu früher erheblich gewandelt: Geben Sie an, was heute aktuell zu diesen Gütern neu angeboten wird und wohin der Trend geht.
   a) CD
   b) Gebührenpflichtiges Festnetztelefon
   c) Monitor mit Bildröhre (CRT)
   d) Stereoanlage mit CD-Laufwerk
   e) Barverkauf von Hard- und Software über ein Ladengeschäft
3. Nennen Sie fünf Güterarten zu Gütern und Dienstleistungen, die sich gerade in den letzten drei Jahren neuen Marktbedingungen anpassen mussten.
4. Nennen Sie die anzubietenden Güterarten zu den Auftragssituationen AS2 und AS6 (vgl. S. 16 ff.). AS

W

Güterarten (Güter sind Mittel zur Bedürfnisbefriedigung)		
Kriterium	**Güterarten**	**Beispiele**
Beschaffenheit	Materielle Güter	Gebäude, Auto, Computer, Schokolade
	Immaterielle Güter	Dienstleistungen, Informationen, Rechte
Ort und Zweck	Konsumgüter: Verbrauchsgüter Gebrauchsgüter	CDs, Druckerpapier, Strom, Telefondienste Maschinen, Regale, Werkzeuge, Autos, Bücher
	Investitionsgüter: Betriebsmittel Werkstoffe Erzeugnisse, Waren	Gebäude, Maschinen, Werkzeuge, Testgeräte Rohstoffe, Hilfsstoffe, Betriebsstoffe Hergestellte Produkte, Handelswaren
Beziehung zueinander	Komplementäre Güter	CD und CD-Player, Drucker und Toner
	Substitutive Güter	Tintenstrahl- zu Laserdrucker, Auto zu Bahn
	Unverbundene Güter	Lebensmittel und PC, Blumen und Zigaretten
Knappheit	Freie Güter	Atemluft, Naturerlebnisse, Sonnenschein
	Wirtschaftliche Güter	Sauerstoff, Musik-CD, Sonnenbank, Buch
Ausschließbarkeit	Private Güter	Kinovorstellung, Porsche, Pauschalreise
	Öffentliche Güter*	Stadtfest, Parkanlage, Leuchtturm, Ratssitzung

* Öffentliche Güter stehen allen zur Verfügung, können gemeinsam genutzt werden und keiner ist ausgeschlossen.

1.4.2.1 Wirtschaftskreislauf

S Die wirtschaftliche Situation der Unternehmen, Mitarbeiter und Verbraucher ist von der wirtschaftlichen Lage abhängig. Die Auszubildenden sollen ein größeres Verständnis der wirtschaftlichen Zusammenhänge des Güter- und Geldmarktes erhalten. Anna soll ein Schaubild des einfachen Wirtschaftskreislaufs beschreiben.

Das folgende Schaubild zeigt, dass die Haushalte (Endverbraucher) den Unternehmen die Faktorleistungen Arbeit (durch ihre Bereitschaft, für Geld zu arbeiten), Kapital (z. B. Geld) und Boden (z. B. Grundstücke) zur Verfügung stellen, die sie einsetzen, um Konsumgüter zu erstellen. Die von den Unternehmen produzierten Konsumgüter kaufen die Haushalte. Das Geld, das die Haushalte für die Konsumgüter als Konsumausgaben zahlen, erhalten die Unternehmen. Die Unternehmen können davon Löhne, Gehälter, Miete, Pacht oder Zinsen begleichen.

Aufgaben

1. Argumentieren Sie mithilfe des Schaubildes „Einfacher Wirtschaftskreislauf“. Nehmen Sie an, die Haushalte stellen den Unternehmen Arbeitsleistungen im Wert von 100 Geldeinheiten, Land und Gebäude im Mietwert von 50 Geldeinheiten und gespartes Geld im Wert von 20 Einheiten bereit.

Einfacher Wirtschaftskreislauf

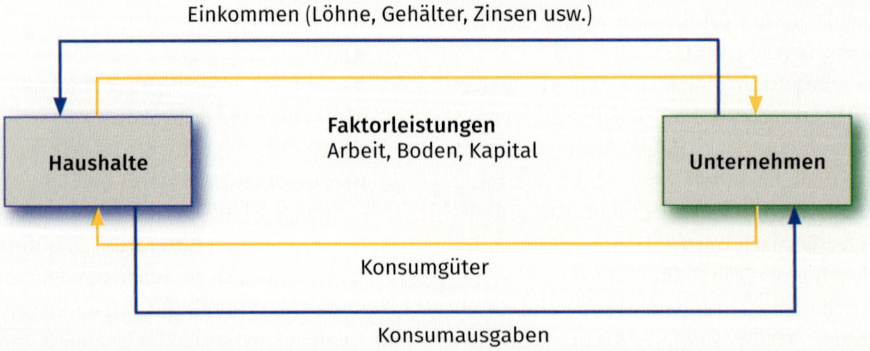

a) Wie viel Einkommen steht den Haushalten daraus zur Verfügung?
b) Was würde sich ändern, wenn die Unternehmen die Löhne erhöhen?
c) Was würde sich ändern, wenn sich der Wert von Boden und Gebäuden zum Teil mehr als verdoppelt, wie z. B.derzeit in Deutschland?

2. Prüfen Sie anhand des Schaubildes „Erweiterter Wirtschaftskreislauf des Geldes“ die folgenden Aussagen:
   a) Wenn die Unternehmen höhere Einkommen an die Haushalte zahlen, werden auch die Konsumausgaben steigen.
   b) Wenn die Haushalte Zukunftsängste haben, kann es sein, dass die Haushalte bei höheren Einkommen mehr sparen und trotzdem weniger konsumieren.
   c) Wenn sich die Stimmung bei den Verbrauchern bessert, werden die Verbraucher weniger Kredite von den Banken in Anspruch nehmen und damit weniger Geld für den Konsum ausgeben.
   d) Wenn die Haushalte sparen, steht dieses Geld den Unternehmen in Form von Unternehmenskrediten für Investitionen zur Verfügung.
3. Wenn Banken Kredite gewähren, werden Zinsen gezahlt oder Darlehen getilgt. Wie werden diese Leistungen im Schaubild unten berücksichtigt?
4. Nehmen Sie Stellung zu folgenden Aussagen:
   a) In schlechterer Wirtschaftslage steigen eher die Transferleistungen an die Haushalte.
   b) Subventionen sind besondere Steuern der Unternehmen.
   c) Staatsausgaben und Subventionen muss der Staat allein durch Steuereinnahmen decken.
   d) Wenn der Staat einen Großteil seiner Einnahmen durch Zinszahlungen und Kredittilgung wieder ausgeben muss, kann er seinen Verpflichtungen an Staatsausgaben, Subventionen und Transferzahlungen häufig nur noch durch weitere Kredite nachkommen.
   e) Steuern der Haushalte und Unternehmen an den Staat sind dem Geldkreislauf völlig entzogen.

Bei der Bearbeitung der Aufgaben wird deutlich, dass die wirtschaftlichen Zusammenhänge wesentlich komplizierter sind, als im Schaubild „Einfacher Wirtschaftskreislauf“ dargestellt. Eine große Rolle im wirtschaftlichen Geldkreislauf nehmen die Banken ein. Haushalte verfügen heute zum Teil über erhebliche Ersparnisse, die sie für eine möglichst hohe Rendite oder Verzinsung versuchen anzulegen. Andererseits sind Unternehmen und Haushalte heute zum Teil stark verschuldet bzw. bereit sich zu verschulden, was auch einen großen Einfluss auf den Wirtschaftskreislauf des Geldes hat.

Der Staat nimmt einen erheblichen Einfluss auf den Wirtschaftskreislauf. Je nach politischer Ausrichtung der Regierung werden Gesetze verabschiedet, um ihrer Meinung nach eine „gerechte Politik“ zu verfolgen. Durch direkte Steuern von den Haushalten (z. B. Einkommensteuer, Grundsteuer, Kfz-Steuer) oder indirekte Steuern, vereinnahmt durch die Unternehmen, (z. B. Umsatz-, Mineralöl-, Tabak- oder Kaffeesteuer) erhält der Staat einen Teil des Einkommens (Staatsquote). Mit den Staatseinnahmen muss er die Staatsausgaben für seine gesetzlichen Aufgaben (z. B. Bildung, Verkehrsinfrastruktur, Verteidigung oder Sicherheit) decken, kann an die Privathaushalte Transferzahlungen (z. B. Kindergeld, Sparzulage, Sozialhilfe) leisten oder den Unternehmen Subventionen (z. B. zur Investitionsförderung oder zur Arbeitsplatzschaffung) zahlen.

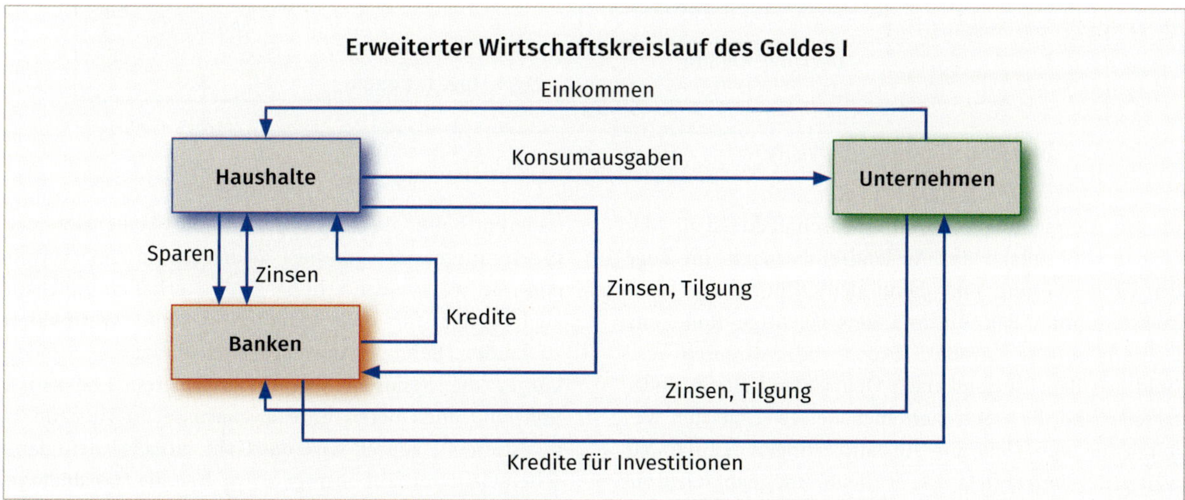

Hinweis: Betrifft ausgewählte Geldströme.

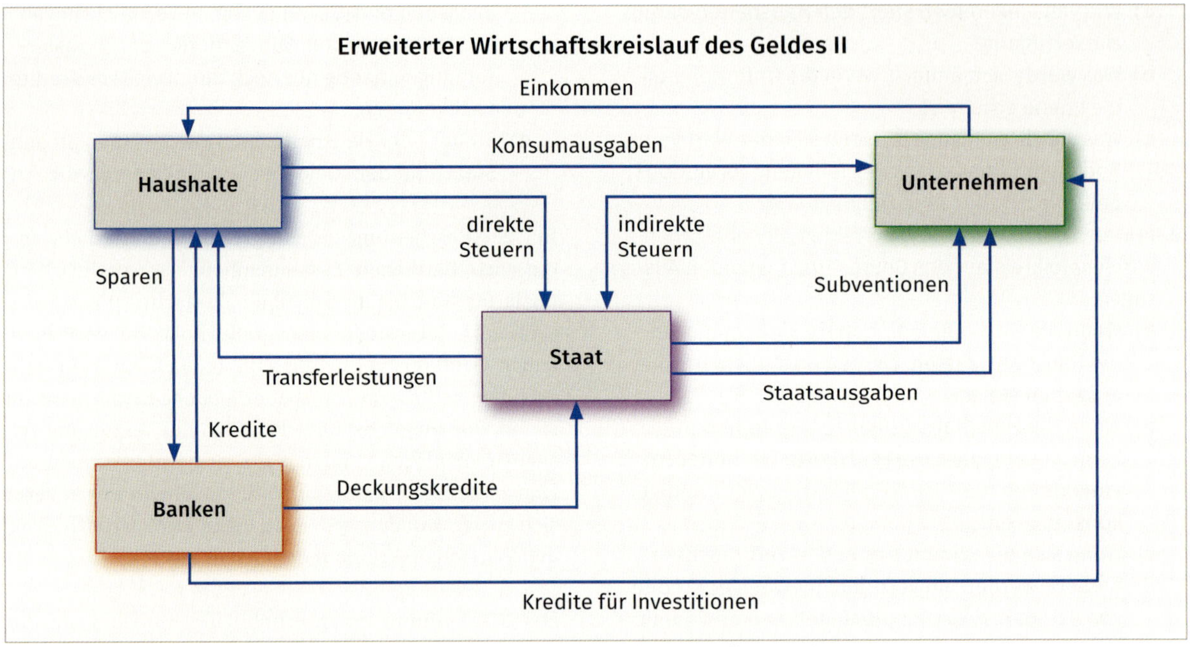

Hinweis: Betrifft ausgewählte Geldströme. Frage: Welche Geldströme können ergänzt werden?

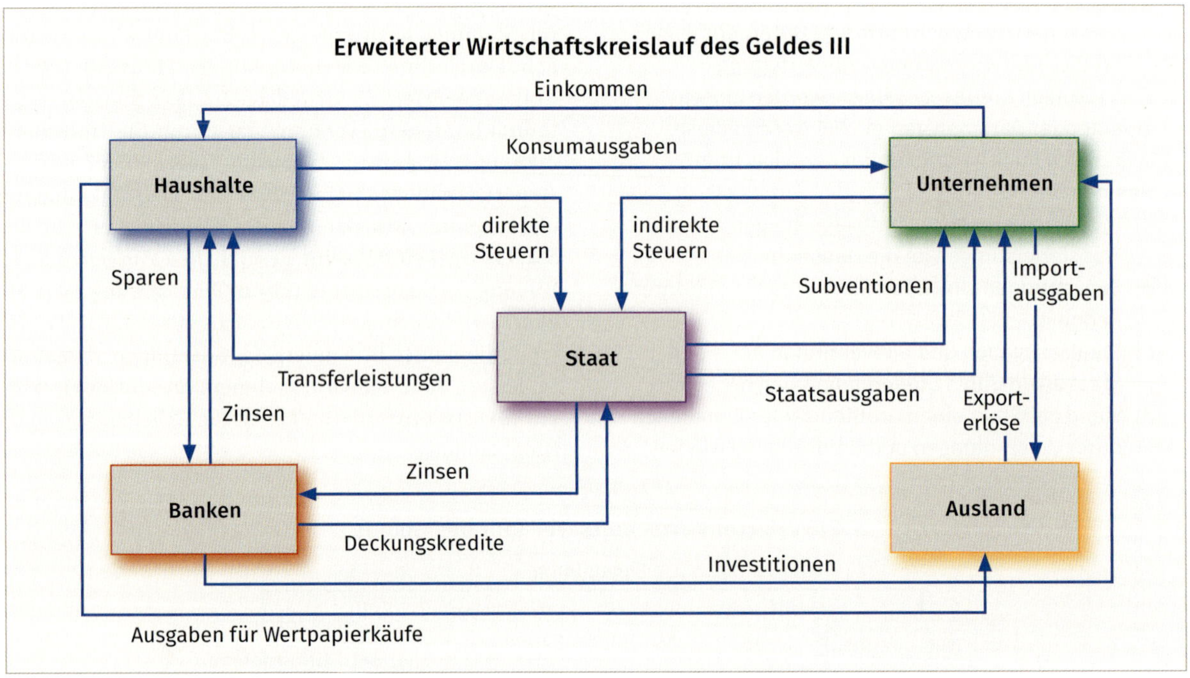

In die Betrachtungen zum Wirtschaftskreislauf des Geldes wird zuletzt das Ausland einbezogen. Im Zuge der Globalisierung und damit der Öffnung der Weltmärkte nimmt das Ausland eine wichtige Rolle ein. Deutschland ist großes Exportland, wodurch viel Geld aus dem Ausland nach Deutschland fließt, andererseits sind die Deutschen auch Reiseweltmeister, wodurch sie viel Geld ins Ausland bringen. Durch das weltweite Bankennetz ist es heute möglich, Geld in nur wenigen Sekunden von einer Seite der Erde zur anderen Seite zu transferieren. Die Haushalte verfügen insgesamt gesehen über riesige Sparvermögen. Sie wollen dafür hohe Zinsen erhalten und sind auch bereit, für gute Renditen riskante Wertpapiere zu kaufen. Sehr genau vergleichen daher die Bundesbürger die Renditen für die angelegten Ersparnisse und sind auch bereit, ihre Ersparnisse im Ausland zu investieren. Dadurch wird das Geld zunächst dem deutschen Geldkreislauf entzogen. Erhalten die Haushalte jedoch hohe Renditen, kommt auch wieder Geld zurück, was wiederum besonders schnell in Konsumausgaben umgesetzt werden und die Wirtschaft stärken kann. Auch ausländische Haushalte können sich für Wertpapiere deutscher Unternehmen oder Banken interessieren und ihr Geld nach Deutschland transferieren, was wiederum dem deutschen Geldmarkt besonderen Schwung verleiht. Es ist somit möglich, in dieses Schaubild noch weitere Geldströme einzuzeichnen und die Folgen für den nationalen Geldkreislauf zu diskutieren.

Aufgaben

1. Welche Aussagen sind korrekt, welche falsch?
   a) Durch Exporte fließt Geld nach Deutschland.
   b) Wertpapierkäufe deutscher Haushalte im Ausland entziehen dem nationalen Geldkreislauf zunächst Geld.
   c) Wenn Deutschland auf der Welt hoch verschuldet ist, fließt dem nationalen Geldkreislauf Geld durch Zins- und Tilgungszahlungen zu.
   d) Steigen die Preise im Ausland (z.B. für Erdöl und Eisenerz), müssen die Unternehmen die Einkommen auch in Deutschland erhöhen, damit sie weiterhin den gleichen Gewinn erzielen.
2. Ordnen Sie die mit Ziffern bezeichneten Geldströme den unten beschriebenen Zahlungsvorgängen a–l richtig zu:

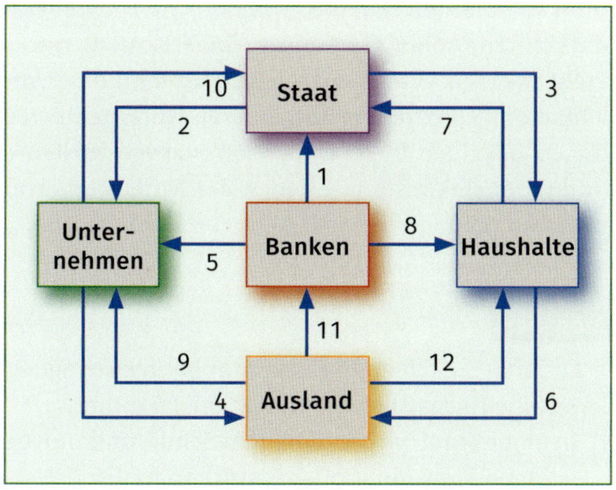

   a) Sony Japan überweist deutschen Aktionären ihre Dividende aus den Sony-Aktien.
   b) ACI erhält einen Kredit von der Volksbank gutgeschrieben.
   c) Das Kindergeld soll erhöht werden.
   d) Jedes Jahr schreiben die Banken ihren Privatkunden Milliarden Euro an Zinsen gut.
   e) Ausländer legen ihr Geld wegen hoher Zinsen in Deutschland an.
   f) IBM Deutschland kauft Computer in China.
   g) Deutsche kaufen verstärkt Aktien asiatischer und osteuropäischer Unternehmen.
   h) Der Staat nimmt Kredite auf dem Geldmarkt auf.
   i) Von Anna Hedders Konto bucht das Finanzamt die Kfz-Steuer ab.
   j) Das deutsche Unternehmen XANTIA MP3 AG hat seine Tochterfirma an ein Unternehmen in Frankreich verkauft.
   k) Unternehmen sollen Investitionszulagen erhalten.
   l) Viele Kommunen (Gemeinden, Städte) erhöhen die Gewerbesteuer.
3. Die Bundesregierung möchte die Konjunktur beleben. Welche der folgenden Maßnahmen stärken kurzfristig eher die Konjunktur und welche dämpfen sie?
   a) Verringerung der Staatsausgaben
   b) Senkung der Lohn- und Einkommensteuer
   c) Gewährung von Investitionszulagen
   d) Senkung der Abschreibungshöchstbeträge
   e) Tilgung von Krediten aus dem Ausland
   f) Zulassung von Sonderabschreibungen
   g) Abbau von Subventionen
   h) Erhöhung der Umsatzsteuer
4. Welche Auswirkungen würden durch
   a) hohe Steuern oder
   b) hohe Investition der Deutschen in Auslandswertpapiere

   auf die Ausgangssituationen AS2, AS3 oder AS4 entstehen (vgl. S. 16ff.)?

1.4.2.2 Produktionsfaktoren

S

In der IT-Schulklasse wird über die Bedeutung der verschiedenen Länder auf der Welt hinsichtlich Informationstechnik (IT) und Telekommunikation gesprochen. Es gibt für die Entwicklung bedeutsame Länder mit großen Forschungs- und Produktionsstätten. Andere Länder haben vorwiegend Vertriebsfirmen und Dienstleistungsfirmen der IT-Branche und müssen daher fast alle Produkte aus dem Ausland einkaufen. In den letzten Jahren veränderten sich die IT-Märkte jedoch erheblich. Die Klasse diskutiert darüber, warum es volkswirtschaftlich und betriebswirtschaftlich zu solchen Veränderungen kommt.

Die Reichsten der USA aus der IT-Branche (Forbes)

1. W. H. (Bill) Gates (Microsoft)
2. Mark Zuckerberg (Facebook)
3. Lawrence Ellison (Oracle)
4. Larry Page (Google)
5. Sergey Brin (Google)
6. Steve Ballmer (Microsoft)

Mit EDV und insbesondere mit Software und Dienstleistungen konnte man in den vergangenen 30 Jahren sehr viel Geld verdienen. Einige der reichsten Amerikaner haben mit IT-Produkten und Dienstleistungen ihr Vermögen aufgebaut.

Die bedeutendsten IT-Unternehmen der Welt konzentrieren sich auf wenige Länder. Die meisten bedeutenden Unternehmen findet man in den USA und Japan. Deutschland ist international mit Unternehmen wie Siemens und SAP präsent. Was waren dafür wichtige Erfolgsfaktoren?

Erfolgsfaktoren für IT-Unternehmen sind

- große Innovationsbereitschaft der Investoren und Mitarbeiter,
- hohes Bildungs- und Forschungsniveau des Landes,
- hohe Risikobereitschaft und die Möglichkeit, viel Gewinn zu erzielen,
- gute staatliche Rahmenbedingungen für junge und wachsende Unternehmen sowie
- Nähe zu Märkten, wo auch begierig neue Produkte nachgefragt werden.

Aktiennotierte Unternehmen und IT-Weltmarken

USA	Japan	Div. Staaten
Microsoft	NTT DoCoMo	**Deutschland:**
Intel	Softbank	Siemens
Cisco Systems	Toshiba	Telekom
Alphabet	Fujitsu	SAP
Oracle	Sony	
Apple Computer	Hitachi	**Frankreich:**
eBay	Canon	Alcatel
Yahoo	Sharp	France Telecom
Dell	Sanyo	
Symantec	Nikon	**Großbritannien:**
Qualcomm	NEC	Vodafone
Veritas Software	Trend Micro	Sage
Adobe Systems	Kyocera	
NVIDIA	Casio	**Asien:**
Red Hat	Olympus	Lenovo
Electronic Arts	TDK	Alibaba
Facebook	Ricoh	Samsung, BenQ
Salesforce		LG Electronics

Mittlerweile hat sich die Lage weltweit erheblich verändert. Neue und stark wachsende Märkte findet man insbesondere in China, Indien und Osteuropa. Die Kosten sind in den „alten" Ländern im Vergleich zu den Weltmärkten zu hoch und damit werden die Chancen für hohe Gewinne in den neuen Wachstumsregionen zunehmend größer.

Viele Unternehmen verlagern Produktionsstätten, die hohe Kosten verursachen, in Billiglohnländer und zugleich in die Nähe der zukünftigen Märkte. China und Indien mit zusammen knapp 2,8 Milliarden Menschen (und damit einer mehr als 30-mal so großen Bevölkerungszahl wie Deutschland) erhalten dabei besonderes Gewicht. Japan besitzt in Asien aufgrund der Nähe zu den neuen Märkten besonders günstige Standortfaktoren (kurze Wege, Sprachvorteile, bereits langjährige Partnerschaften).

US-amerikanische Unternehmen bauen zurzeit erheblich Personal in Europa ab und stellen dafür mehr Arbeitskräfte in Indien, Russland und anderen asiatischen Ländern ein. IBM hat z. B. seine PC-Produktion komplett an das chinesische Unternehmen Lenovo verkauft und ist in dieser Sparte ein Vertriebspartner geworden. Auch deutsche Weltunternehmen wie Siemens und SAP müssen aufpassen, dass sie auf dem Weltmarkt konkurrenzfähig bleiben. SAP hat daher große Entwicklungsabteilungen in Indien eingerichtet und Siemens baut insbesondere neue Fertigungsstätten in Russland und China.

Unternehmen müssen sich ständig neuen Bedingungen anpassen, wenn sie das Unternehmen und seine Arbeitsplätze nicht in Gefahr bringen wollen. Jedes Unternehmen muss die eingesetzten Produktionsfaktoren so kombinieren, dass die gesetzten Ziele (hoher Marktanteil, hoher Gewinn, geringe Kosten usw.) erreicht werden. Volkswirtschaftlich steht das Unternehmen in Konkurrenz mit anderen Unternehmen der Region oder der Welt. Daher müssen die Kosten der Produktionsfaktoren mit denen der Mitbewerber mithalten können.

Aufgaben

Diskutieren Sie folgende Fälle unter Berücksichtigung der volkswirtschaftlichen Produktionsfaktoren:

a) In einer Stadt wird neben dem Schul- und Universitätsgelände ein großer Gewerbepark für IT-Hersteller und IT-Dienstleister errichtet. Die Unternehmen erhalten die notwendigen Grundstücke zum symbolischen Preis von 1,00 € je m². Sie errichten darauf ihre Betriebsgebäude und kostengünstige Fertigungsanlagen. Die hier neu entstehenden Unternehmen sollen insbesondere Dienstleistungen online, per Datenträger oder durch Mobile-Services anbieten und miteinander kooperieren. Je nach Einschätzung des Geschäftsmodells können staatliche Zuschüsse in Höhe von bis zu 40 % der Investitionskosten der ersten drei Jahre gewährt werden. Gutes Personal soll aus dem Schulzentrum und der Universität rekrutiert werden.

Volkswirtschaftliche Produktionsfaktoren

Ursprüngliche Produktionsfaktoren

Boden
- Grundstücke
- Bodenschätze
- Wasser
- Klima
- EnergieträgerArbeit

Arbeit
- geistige
- körperliche

substituierbar (ersetzbar)?

Abgeleiteter Produktionsfaktor

Kapital
- Geldvermögen
- Gebäude
- Maschinen
- sonst. Ausstattung

werden kombiniert im Betrieb

Aufgabe:
optimale Faktorkombination

Ziele, z. B.:
Gewinnmaximierung
Kostenminimierung

b) In der Nähe von Hamburg soll ein Ferienpark entstehen. Die Nähe zur Lüneburger Heide, ein großer Freizeitpark, eine Badelandschaft, eine Kunstschneebahn zum Skifahren, Möglichkeiten zum Reiten, Radeln und Wandern in der Heide sowie Wohnparks für Camper, Pensionen und sogar Luxushotels sollen jährlich mehrere Millionen Gäste in diese Umgebung von Hamburg einladen. Niedrige Löhne und Gehälter in dieser ländlichen Region mit einer Arbeitslosenquote von über 12 % bewirken moderate Preise.

c) Investoren wollen in Nähe der Nordsee einen großen Windpark mit über 200 Windrädern errichten. Die guten Windbedingungen, niedrige Grundstücks- und Erschließungskosten und eine ökologisch positiv eingestellte Bevölkerung sind gute Voraussetzungen für eine zügige Errichtung der Windräder. Der Staat subventioniert den Strompreis für mindestens sieben Jahre.

Betriebswirtschaftliche Produktionsfaktoren

Dispositiver Faktor + **Elementarfaktoren** → **Endprodukt**

Geschäftsleitung
- Leitung
- Planung
- Organisation
- Kontrolle

Werkstoffe
- Rohstoffe
- Hilfsstoffe
- Betriebsstoffe
- Fertigteile

+ Betriebsmittel

+ ausführende Arbeit

W

Güter zur Leistungserstellung	
Einkauf	**Erläuterung**
Rohstoffe	Hauptbestandteile eines Erzeugnisses, z. B. Eisen für Gehäuse
Hilfsstoffe	Nebenbestandteile eines Erzeugnisses, z. B. Farbe, Klebstoff, Heftklammern
Betriebsstoffe	Nicht direkt einem Erzeugnis zuzurechnen, z. B. Schmieröle, Brennstoffe
Einbaubauteile	Komponenten, die für die Herstellung eines Produktes verwendet werden (wenn nicht als Rohstoffe oder Hilfsstoffe angesehen)
Handelswaren	Güter, die an den Endverbraucher weiterverkauft werden
Dienstleistungen	Fremdleistungen (Dienste), die zur Leistungserstellung notwendig sind
Lizenzen, Rechte	Markenrechte, Softwarenutzungsrechte, Patente und Urheberrechte, die bei der Leistungserstellung zu berücksichtigen sind

Betriebswirtschaftlich, d. h. auf das Unternehmen bezogen, muss ein Betrieb die Elementarfaktoren Werkstoffe, Betriebsmittel (Betriebsgebäude, Maschinen, Betriebs- und Geschäftsausstattung, Fuhrpark) sowie den Faktor „ausführende Arbeit" einsetzen, um Produkte herzustellen. Damit diese Produktionsfaktoren optimal kombiniert werden, kommt der dispositive Faktor „Leitung, Planung, Organisation und Kontrolle" hinzu.

Für die Leistungserstellung können unterschiedliche Güter eingesetzt werden.

Aufgaben

1. Für den innerbetrieblichen Transport wollen Sie Hubwagen einsetzen. Zu welchem betrieblichen Produktionsfaktor gehören Hubwagen?
   a) Zum Produktionsfaktor „Ausführende Arbeit", weil durch den Einsatz von Hubwagen die menschliche Arbeitsleitung effektiver eingesetzt wird
   b) Zum Produktionsfaktor „Werkstoffe", da Hubwagen für den Transport der in der Produktion benötigten Werkstoffe vorgesehen sind
   c) Zum Produktionsfaktor „Ausführende Arbeit", da Hubwagen in der Regel von Arbeitern und nicht von Angestellten bedient werden
   d) Zum Produktionsfaktor „Dispositive Arbeit", weil Hubwagen eine viel flexiblere Lagerung der Güter erlauben
   e) Zum Produktionsfaktor „Betriebsmittel", weil Hubwagen als Betriebs- und Geschäftsausstattung und damit als Betriebsmittel eingesetzt werden
2. Geben Sie jeweils an, welche betriebswirtschaftlichen Produktionsfaktoren (Werkstoffe, Betriebsmittel, ausführende Arbeit, dispositive Arbeit) eingesetzt bzw. miteinander kombiniert werden:
   a) Für einen Großauftrag müssen bei ACI vier Mitarbeiter 180 PCs in Serie montieren.
   b) Bei dem Prozessorhersteller AMD in Dresden werden Waferscheiben aus Silizium eingesetzt.
   c) Fertigungsroboter packen bei Infineon die Komponenten auf das Motherboard und verbinden die Leiterbahnen mit den Kontaktstellen der Komponenten.
   d) Vertriebsmitarbeiter erhalten neue Notebooks.
   e) Die Tonerkartusche des Laserdruckers wird ersetzt.
   f) Für den Aufbau des neuen LAN wird ein genauer Vernetzungsplan erstellt.
   g) Herr Müller druckt 300 Werbebriefe als Serienbrief über den Laserdrucker aus.
   h) Im Controlling werden die Kosten aller Vertriebsfahrzeuge überprüft.
   i) Drei Servicewagen werden eingesetzt, um Kunden zu erreichen und vor Ort Wartungs- und Reparaturaufträge auszuführen.
3. Welche Güter bzw. Werkstoffe, Handelswaren, Dienstleistungen und Rechte sollten bei folgenden Leistungen berücksichtigt werden (Diskussionsbeiträge)?
   a) Wir bieten einen PC-Tower mit Open-Source-Software an.
   b) Wir installieren einen Voice-over-IP-Anschluss, auf Wunsch auch mit Lieferung einer Telefonanlage oder Telefonen.
   c) Wir bieten ein Notebook mit Microsoft Windows und Office an.
4. Nennen Sie betriebswirtschaftliche Produktionsfaktoren der Auftragssituationen AS4, AS8 und AS9 (vgl. S. 17 ff.). AS

1.4.2.3 Leistungen der Unternehmen

S Die Unternehmen setzen ihre Produktionsfaktoren ein, um Leistungen für ihre Kunden und manchmal auch für sich selbst zu erbringen. Die Leistungen eines Unternehmens können ganz verschieden sein. Anna, Kai und Stefan wollen sich erkundigen.

Die Unternehmen können aufgrund ihrer Faktorkombinationen unterschiedliche Leistungen anbieten, um ihre Unternehmensziele zu erreichen.

1.4.2.4 Arbeitsteilung

Der Preisverfall hat bei vielen IT-Produkten in den vergangenen Jahren erheblich zugenommen. Produkte, die früher einige tausend Euro kosteten (z. B. Drucker), sind heute zum Teil schon für weniger als ein Zehntel des Preises zu bekommen. Die IT-Unternehmen müssen sich daher anstrengen, ihre Leistungen möglichst innovativ, servicebewusst und kostengünstig anzubieten. Dies geht nur, indem man flexibel ist und arbeitsteilig vorgeht.

W

Leistungen der Unternehmen

Erlöse und Erträge	Erläuterungen
Umsatzerlöse mit Fertigerzeugnissen	Verkauf von (selbst erstellten) Fertigerzeugnissen, z. B. Individualsoftware oder PCs aus Eigenbau
Umsatzerlöse mit Handelswaren	Weiterverkauf von vorher eingekauften Waren an Kunden, z. B. Drucker, Tintenpatronen
Umsatzerlöse durch Dienstleistungen	Erstellung einer Rechnung für erbrachte Dienstleistungen, z. B. Erstellung eines Konzeptes, Durchführung einer Schulungsmaßnahme oder Einrichtung eines Telefonanschlusses
Lagerbestandserhöhung an Halb- und Fertigerzeugnissen	Erhöhung des Lagerbestandes durch eigene Erzeugnisse (zu Herstellungskosten), z. B. bei Fertigung von PCs werden 200 Stück halb fertig montiert und erst nach Kundenwunsch mit restlichen Komponenten versehen
Provisionserträge	Erträge des Unternehmens für die Vermittlung von Geschäften
Erträge durch Rechte und Lizenzen	Umsatzerlöse durch Vergabe von Softwarelizenzen, Nutzungsrechten und Urheberlizenzen aufgrund von eigenen Patenten und Rechten
Eigenleistungen	Das Unternehmen setzt eigene Dienste und eigene Produkte für den eigenen Bedarf im Unternehmen ein, z. B. die Erstellung eines eigenen LAN.
Eigenverbrauch	Handelswaren werden selbst verbraucht.

Aufgaben

Um welche Art von Leistungen handelt es sich?

a) Das Hausverwaltungsprogramm von ACI wird deutschlandweit direkt vermarktet.
b) Der Geschäftsführer von ACI erhält ein neues Notebook.
c) Bei Infineon werden Speicherkomponenten auf Lager produziert.
d) Bei ACI wird von den Mitarbeitern ein neuer Serverschrank mit leistungsstärkeren Netzkomponenten aufgestellt.
e) Die Hausverwaltung von ACI wird jetzt auch von anderen Systemhäusern vermittelt.
f) Auszubildende von ACI haben zur Prüfungsvorbereitung eine Datenbank entwickelt.
g) Ein Systemhaus bietet Schulungen an.
h) Ein Softwarehaus verkauft zur Spielesoftware eine 3-D-Grafikkarte eines Hardwareherstellers.
i) Die EDV-Beratung Meier erarbeitet ein Konzept für das Computernetzwerk und erhält dafür 5.000,00 €.

In der IT-Branche ist es keine Seltenheit, dass der Preis durch technischen Fortschritt fällt oder sich nach Marktlage ändert, was auf der Folgeseite an zwei Beispielen gezeigt wird. Nur durch Marktbeobachtung, ständige Innovation und durch Verbesserung der Produktivität können Unternehmen solche Entwicklungen schadlos überleben.

Nach Auskunft des Statistischen Bundesamtes hat sich die allgemeine Arbeitsproduktivität in Deutschland in den letzten 35 Jahren über die verschiedenen Branchen hinweg durchschnittlich mehr als verdreifacht. Zurückzuführen ist diese Entwicklung insbesondere auf Rationalisierungen und den technischen Fortschritt. In Krisenjahren wie die der Finanzkrise oder der Corona-Pandemie sank statistisch auch die Arbeitsproduktivität.

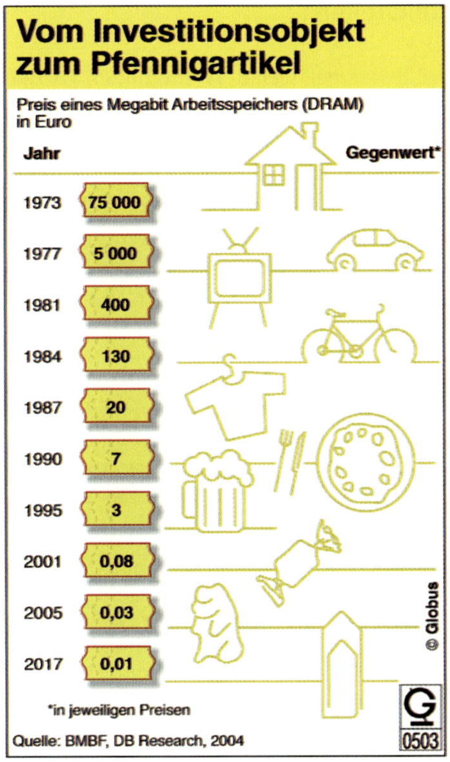

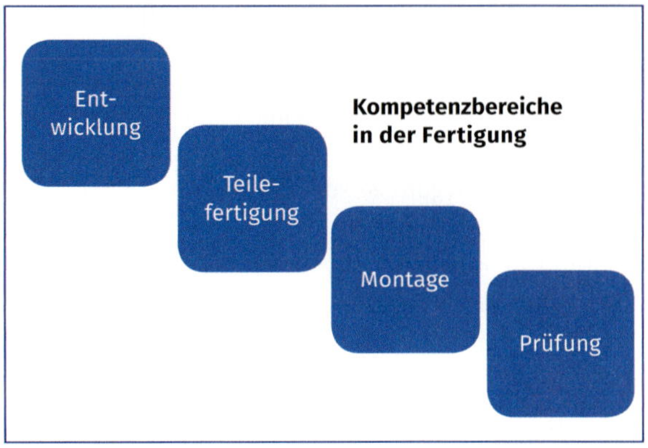

Verbesserung der Arbeitsproduktivität durch:

- bevorzugte Großserienfertigung aus Komponenten
- verstärkten Einsatz von Maschinen
- Automatisierung und Optimierung von Geschäftsabläufen
- Verstärkung von Kooperation und Zusammenarbeit

Im Gegensatz zu früheren Zeiten, als Firmen versuchten, das gesamte Leistungsspektrum in ihrem Bereich anzubieten, haben sich viele Unternehmen heute spezialisiert, um im Wettbewerb standhalten zu können. Unternehmen versuchen sich insbesondere auf ihre Kernkompetenzen zu konzentrieren. Leistungen, die andere Unternehmen besser anbieten können, werden ihnen überlassen oder es wird mit ihnen kooperiert.

Große Technologiekonzerne, wie z. B. Cisco oder Microsoft, haben zwar größere Forschungsabteilungen, können jedoch ihren Bedarf an Know-how in der Regel nur durch Unternehmenszukäufe und Partnerschaften decken. Die Geschäftsleitungen vergleichen laufend Soll- und Istzustand ihrer Kernkompetenzen und verbessern diesen Zustand dann durch Übernahme oder Zukauf der notwendigen Kernkompetenzen bzw. durch Ausgliederung (Outsourcing) nicht mehr benötigter oder eher unwichtiger Unternehmensteile. In der IT-Branche ist der Erfolg von der Bereitschaft und der Umsetzung notwendiger Veränderungen abhängig.

W

Arbeitsteilung	
Arbeitsproduktivität	stellt fest, wie effizient oder wirkungsvoll gearbeitet wird, z. B. durch die Kennzahlen Umsatz/Mitarbeiter, Stück/Mitarbeiter, Stunden/Stück, Stück/Stunde
Betriebliche Arbeitsteilung	**Stellen- und Abteilungsbildung**, z. B. Einkauf, Lager, Verkauf, Verwaltung **Arbeitszerlegung**, z. B. Bedarfsermittlung, Bestellung, Warenprüfung, Warenlagerung, Warenbereitstellung, Kommissionierung, Warenauslieferung
Überbetriebliche Arbeitsteilung durch Spezialisierung	**Berufe** Kaufmann/-frau: Informatik-, Büro-, Versicherungskaufmann/-frau **Vertikal:** Produktion (z. B. Chips), Weiterverarbeitung (PC-Herstellung), Verkauf (Fachhandel, Discountmärkte usw.), Schulung **Horizontal** im PC-Bereich: Tastaturen, Mainboards, Monitore, Grafikkarten usw.
Volkswirtschaftliche Arbeitsteilung	In einem Land und auch international arbeiten Unternehmen arbeitsteilig an Baumaßnahmen (z. B. Architekten), in der Finanzierung (z. B. Banken), der Entwicklung (z. B. Forschungsabteilungen, Universitäten), der Herstellung in verschiedenen Produktionsstufen und im Vertrieb (z. B. Beratungsunternehmen, diverse Handelsunternehmen).
Vorteile der Arbeitsteilung	Bessere Produkte, höhere Wertschöpfung, höhere Produktivität, Spezialmaschinen können eingesetzt werden, leichtere Arbeit durch Maschineneinsatz, Mitarbeit je nach Qualifikation und Neigung

Nachteile der Arbeitsteilung	Verlust von Arbeitsplätzen durch Maschinenarbeit, durch Spezialisierung einseitige Beanspruchung von Körper und Geist, größerer Stress. An einfachen Arbeitsplätzen geht der Bezug zum Gesamtzusammenhang verloren. Es werden überwiegend einfache oder hoch spezialisierte Arbeitsplätze benötigt bzw. Managementaufgaben oder Arbeitsplätze für Dienstleistungen.
Maßnahmen zur Vermeidung und Verringerung der Nachteile	Jobrotation: Arbeitsplatz- bzw. Aufgabenwechsel Jobenlargement: Aufgabenerweiterung Jobenrichment: Aufgabenbereicherung Team-, Gruppen- und Projektarbeit, fortschrittliche und ergonomische Arbeitsplätze, Sozialmaßnahmen zur Erhaltung der Gesundheit der Mitarbeiter

Aufgaben

1. Nennen Sie Abteilungen und Arbeitsstellen in Ihrem Ausbildungsbetrieb bzw. in einem Ihnen bekannten Betrieb, die arbeitsteilig produzieren.
2. Geben Sie weitere Beispiele für eine vertikale oder horizontale Spezialisierung an.
3. Sie wollen folgendes Produkt oder folgende Dienstleistung anbieten. Wie könnten Sie arbeitsteilig vorgehen und welche Spezialkenntnisse/Fähigkeiten sollte jeder haben?
   a) Sie haben 50.000,00 € geerbt und wollen nun eine Diskothek übernehmen.
   b) Sie eröffnen einen Computerhandel.
   c) Sie betreiben ein Fast-Food-Restaurant.
   d) Sie wollen mit fünf Freunden moderne Internetseiten für Firmen, Vereine und Ärzte erstellen.
   e) Sie wollen die „Neuen Wochenblätter“ (Anzeigenheft der Region) auf den Markt bringen.
4. Ein PC-Produzent hat seine Fließbänder abgebaut und die Fertigung von PCs in Gruppenarbeit eingeführt. Welche Gründe könnten zu der Entscheidung geführt haben?
5. Im Jahr 2022 gab es rund 330 staatlich anerkannte Ausbildungsberufe, 1950 waren es noch ca. 900 Ausbildungsberufe, 1970 gab es ca. 600 Ausbildungsberufe. Welche Gründe könnten für die Reduzierung der Berufe verantwortlich sein?
6. In welchem Fall handelt es sich um eine berufliche, zwischenbetriebliche, volkswirtschaftliche oder internationale Arbeitsteilung? ACI
   a) lässt PC-Gehäuse bei den Lüneburger Eisenwerken fertigen;
   b) bietet IT-Systeme an, während Verbrauchsmaterial von der Büromarkt GmbH geliefert wird;
   c) lässt das Hausverwaltungsprogramm in Prag auf Linux und Internetanwendungen (Browseroberfläche) umschreiben;
   d) stellt zwei IT-Kaufleute ein, einen für den Vertrieb von Telekommunikationsanwendungen, den anderen für die Schulung von Neukunden;
   e) bezieht PC-Komponenten aus China.
7. Die PC Profi AG baut an verschiedenen Standorten in Deutschland jährlich 18.000 PCs nach Kundenwunsch „on demand“ aus Komponenten zusammen. Es wird diskutiert, ob zukünftig die Konzentration auf einen Fertigungsstandort in Frankfurt am Main günstiger sei. Der Controller bringt das Thema Arbeitsproduktivität in die Diskussion ein. Eine Statistik mit der durchschnittlichen Produktionsmenge pro Monat liegt vor.

Fertigungsstätte	Arbeitsstunden	Produktionsmenge
Hamburg	5.200	1.200
Hannover	3.200	700
Düsseldorf	12.300	3.400
Frankfurt/M.	23.200	5.600
Regensburg	16.900	4.200
Dresden	10.400	2.900

   a) Berechnen Sie die Arbeitsproduktivitätskennzahlen der einzelnen Standorte.
   b) Berechnen Sie, wie viele Arbeitsstunden eingespart werden könnten, wenn alle PCs die Arbeitsproduktivitätskennzahl des besten Standortes erfüllen würden (in Stunden und in Prozent).
   c) Diskutieren Sie, welche Vorteile und Nachteile eine zentrale bzw. eine dezentrale Fertigung hat. Nehmen Sie Stellung dazu.
8. Die Mitarbeiter diskutieren über Maßnahmen wie Jobrotation, Jobenlargement und Jobenrichment. Schlagen Sie ebenfalls zwei Maßnahmen für die Unternehmen vor:
   a) Herstellung von PC-Systemen
   b) Bürokräfte bei ACI
   c) Unternehmen für Hausverwaltungssoftware
9. Zeigen Sie bezogen auf die Auftragssituationen AS6, AS8 und AS9 Möglichkeiten für eine arbeitsteilige Vorgehensweise auf (vgl. S. 17 ff.). **AS**

1.4.3 Märkte und ökonomisches Prinzip

S „Auf dem Markt treffen Angebot und Nachfrage zusammen und bestimmen den Preis." Anna, Stefan und Kai sollen dieser Aussage auf den Grund gehen. Dazu haben sie das folgende Diagramm erstellt.

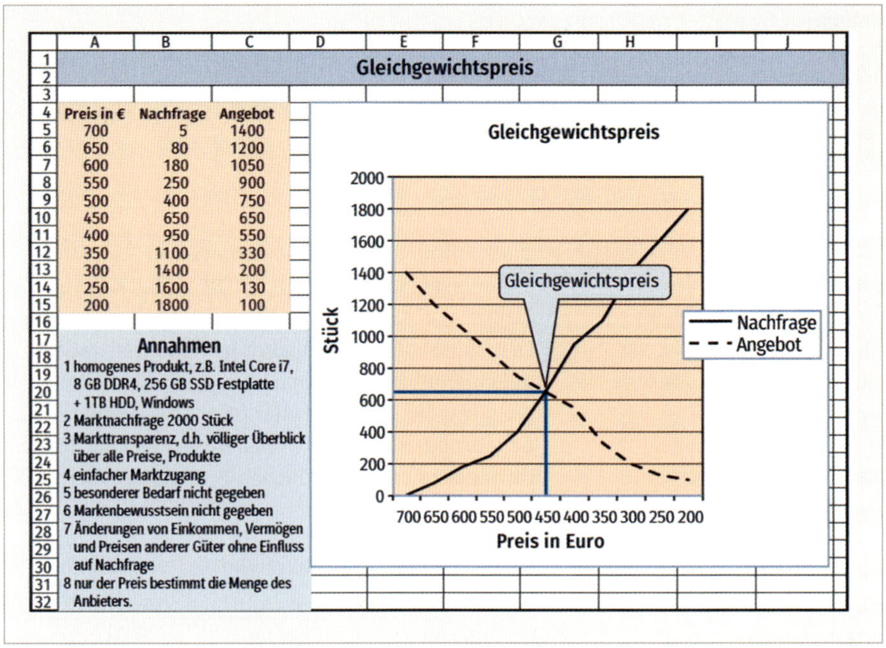

Preis in €	Nachfrage	Angebot
700	5	1400
650	80	1200
600	180	1050
550	250	900
500	400	750
450	650	650
400	950	550
350	1100	330
300	1400	200
250	1600	130
200	1800	100

Annahmen
1 homogenes Produkt, z.B. Intel Core i7, 8 GB DDR4, 256 GB SSD Festplatte + 1TB HDD, Windows
2 Marktnachfrage 2000 Stück
3 Markttransparenz, d.h. völliger Überblick über alle Preise, Produkte
4 einfacher Marktzugang
5 besonderer Bedarf nicht gegeben
6 Markenbewusstsein nicht gegeben
7 Änderungen von Einkommen, Vermögen und Preisen anderer Güter ohne Einfluss auf Nachfrage
8 nur der Preis bestimmt die Menge des Anbieters.

Aufgaben

1. Erläutern Sie das Diagramm. Welche Aussage steht im Mittelpunkt? Welche Annahmen sind zu beachten, damit sich überhaupt solche Angebots-Nachfrage-Relationen ergeben können?
2. Erstellen Sie auf einem Blatt Papier bzw. mit Microsoft Excel nach den Angaben in der Tabelle ebenfalls ein Diagramm. Vertauschen Sie auf Papier die Bezugsgrößen der x- und y-Achse.
3. Erläutern Sie die nachfolgenden Schaubilder.

Verschiebungen der Nachfrage- und Angebotskurve

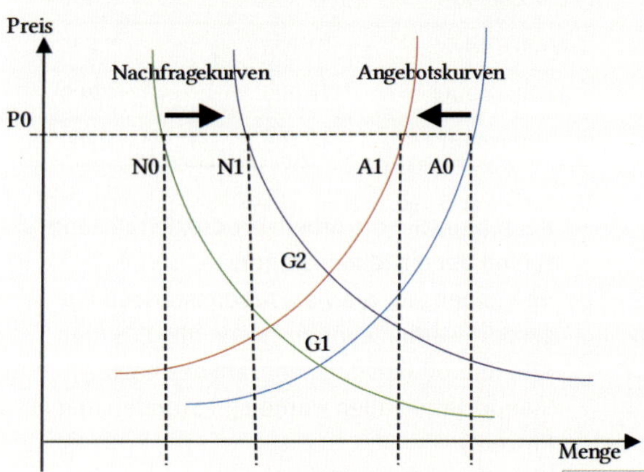

Verschiebung der Nachfragekurve N0 nach N1 durch: Nachfrageerhöhung durch Steuersenkung, Einkommenserhöhung etc.

Verschiebung der Angebotskurve von A0 nach A1 durch: schlechte Konjunkturaussichten, höhere Produktionskosten etc.

Elektronikmärkte

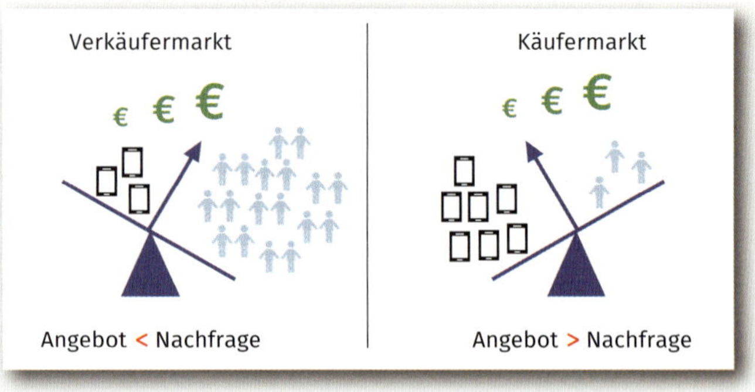

W

Bedingungen des vollkommenen Marktes	
Bedingungen	**Erläuterungen**
Vollkommene Konkurrenz	Viele Anbieter und Nachfrager treffen sich auf dem Markt.
Güterhomogenität	Es werden nur gleichartige Güter angeboten.
Markttransparenz/-überblick	Marktteilnehmer haben den Überblick über Anbieter und Preise.
Präferenzlosigkeit	Nachfrager haben keine besonderen Vorlieben.
Anpassungsfähigkeit	Die Marktteilnehmer passen ihr Verhalten sofort dem Preis an.

W

Marktarten		
Marktarten	**Erklärung**	**Beispiele**
Freier Markt	Jeder hat Zugang zum Markt.	Automarkt, Lebensmittelmarkt
Geschlossener Markt	Nicht jeder hat Zugang zum Markt.	Waffenmarkt, Großhandelsmarkt
Gütermarkt (Konsumgütermarkt, Investitionsgütermarkt)	Verbrauch oder Gebrauch durch Endverbraucher oder Investoren/Unternehmen	Automarkt, Textilmarkt, Gemüsemarkt, Musikmarkt Maschinenmarkt, Büroflächenmarkt
Faktorenmarkt (Boden, Arbeit, Kapital)	Märkte je nach Produktionsfaktoren	Immobilienmarkt Köln, Arbeitsmarkt, Finanzmärkte
Vollkommener Markt	Kriterien (weitgehend) erfüllt	Lebensmittelmarkt (Butter, Milch)
Unvollkommener Markt	Kriterien nicht erfüllt	Benzinmarkt, Schmuckmarkt

Aufgaben

1. Vom „vollkommenen Markt“ kann man nur unter bestimmten Voraussetzungen sprechen. Gibt es heute überhaupt noch einen „vollkommenen Markt“? Diskutieren Sie und finden Sie Beispiele.
2. Geben Sie an, welche Bedingungen des vollkommenen Marktes (vollkommene Konkurrenz, Güterhomogenität, Markttransparenz, Präferenzlosigkeit, Anpassungsfähigkeit) hier angesprochen werden:
   a) Die Menschen wissen nicht, zu welchen Preisen ein Produkt in den unterschiedlichen Geschäften zu kaufen ist.
   b) Der Ketchup wird in so vielen unterschiedlichen Varianten und Größen angeboten. Wer blickt da noch durch?
   c) Es gibt viele Friseure. Daher muss man sich schon sehr um die Kunden bemühen.
   d) Während Oliver immer Markenartikel trägt, achtet Meike nur auf Qualität.
   e) Die Menschen vergleichen die Benzinpreise in der Region genau und reagieren sofort.
3. Verkäufermarkt oder Käufermarkt?
   a) Zur Abwehr eines „Supervirus“ wird dringend die Software „Supisec“ benötigt.
   b) Auf dem Gebraucht-PC-Markt gibt es viel zu viele Anbieter und PCs.
   c) In Hamburg werden dringend Grundstücke in guter Lage gesucht.
   d) Ein Konjunktureinbruch brachte ein reichhaltiges Angebot an Speicherbausteinen (RAM).
4. Geben Sie für die Preise A, B und C die Marktbedingungen an.

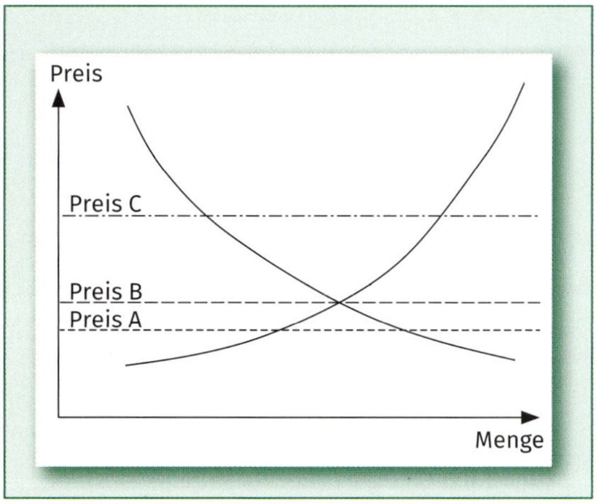

5. In einem vollkommenen Markt bieten drei Chiphersteller ihre Speicherbausteine zu den Preisen A, B oder C an. In der Tendenz besteht eher Preisdruck auf die Chippreise.

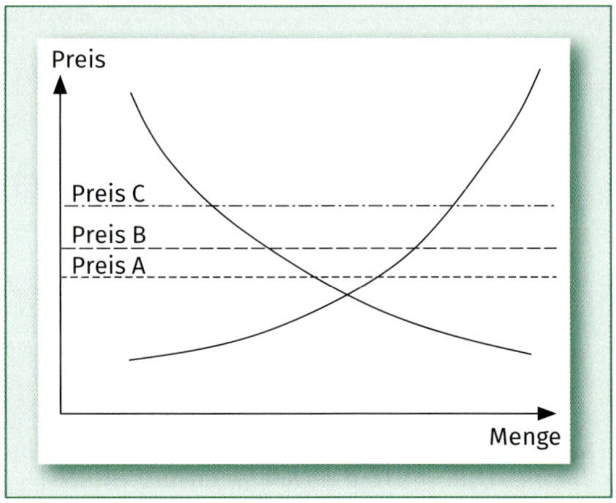

Bezeichnen Sie die Kurven. Welche Anbieter müssten ihre Preise senken, um nicht vom Markt verdrängt zu werden?

6. Bezeichnen Sie die Kurven und geben Sie an, welche der folgenden Aussagen die dargestellte Situation zutreffend beschreiben:
   a) Die abgesetzte Menge hat sich nicht verändert.
   b) Eine Steuersenkung hat die Kurve verschoben.
   c) Das Preisniveau hat sich gesenkt.
   d) Das Angebot hat sich erhöht.
   e) Die Nachfrage hat sich vermindert.
   f) Durch die höheren Preise sind weitere Anbieter auf den Markt gekommen.

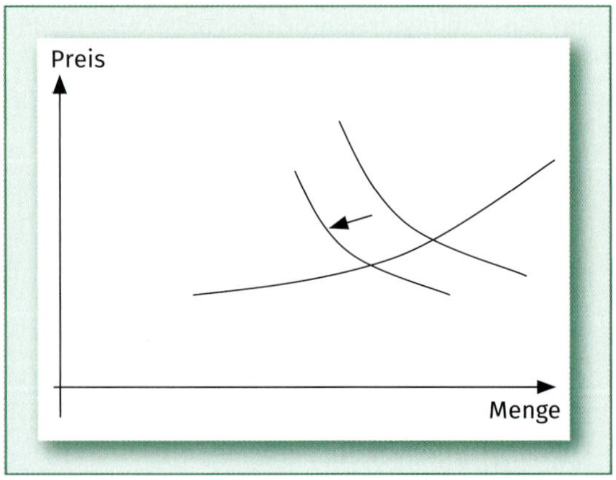

S Die Marktteilnehmer lassen sich von bestimmten Faktoren in ihrem Handeln leiten. Stefan möchte z. B. sehr „wirtschaftlich" handeln. Was versteht man darunter?

Zielsetzungen von Wirtschaftssubjekten allgemein **W**

Wirtschaftssubjekte		Zielsetzungen
Haushalte	Private Haushalte	Nutzenmaximierung
	Öffentliche Haushalte	Bedarfsdeckung
Unternehmen	Privatwirtschaftliche Unternehmen	Gewinnmaximierung
	Öffentliche Unternehmen	Kostenminimierung

Bestimmungsfaktoren für das Verhalten der Marktteilnehmer **W**

Anbieter	Nachfrager
▪ Preis des Gutes ▪ Kosten der Produktion ▪ Gewinnstreben ▪ Konkurrenz ▪ Zukunftserwartungen	▪ Preis des Gutes ▪ Preis vergleichbarer Güter ▪ Dringlichkeit des Bedürfnisses nach dem Gut ▪ Verfügbares Einkommen ▪ Zukunftserwartungen

Ökonomische Prinzipien
Wirtschaften: Planvolles Handeln nach ökonomischen Prinzipien **W**

Prinzip	Erläuterung	Beispiel
Maximumprinzip	Mit gegebenen Mitteln (Einsatz) maximalen Erfolg erzielen	Für 5,00 € möglichst lange ein E-Bike mieten
Minimumprinzip	Einen bestimmten (festgelegten) Erfolg mit minimalen Mitteln (Einsatz) erzielen	Eine bestimmte Nachricht mit geringsten Telefonkosten übermitteln

Aufgaben

1. Nennen Sie eine naheliegende Zielsetzung, nach der das Wirtschaftssubjekt handelt:
   a) Ein Schwerarbeiter kauft sich in der Mittagspause ein Mittagessen.
   b) Das Finanzamt benötigt 100 neue PCs.
   c) Ein Callcenter für IT-Systems benötigt Mitarbeiter, die angelernt werden können.
2. Nennen Sie je fünf Beispiele, bei denen die Marktteilnehmer nach dem Minimum- oder Maximumprinzip handeln.

3. Geben Sie an, ob hier das Minimum- oder Maximumprinzip zum Tragen kommt:
   a) Für den neuen MP3-Player soll ein bestimmter Marktanteil mit einem möglichst geringen Werbeetat erreicht werden.
   b) Die Lkw für die Auslieferung werden so eingeteilt, dass sie insgesamt an jedem Tag möglichst viele Kunden beliefern.
   c) Für die Ausstattung der Mainboards mit X GB RAM werden die günstigsten Speicherbausteine beschafft.
   d) ACI-Mitarbeiter überlegen, wie sie die Installation der Komponenten und Software auf 100 PCs für einen Kunden mit möglichst wenig Aufwand durchführen.
   e) Bei der Vernetzung eines Betriebsgebäudes soll möglichst wenig Kabel verbraucht werden.
   f) Die WG der drei Azubis will monatlich mit einem Haushaltsgeld von 550,00 € auskommen.
   g) Der IT-Azubi möchte möglichst viel Fachliteratur für monatlich 20,00 € bekommen.
   h) Wegen der Inventur bei ACI soll das Geschäft möglichst wenige Stunden geschlossen sein.
4. Nennen Sie Produkte, bei denen die Konsumenten sofort auf ein Sinken oder Steigen des Preises reagieren (Produkte mit hoher Preiselastizität).
5. Nennen Sie Produkte, bei denen die Hersteller oder Märkte sofort mit ihrem Angebot auf ein Steigen oder Sinken des Preises reagieren.
6. Welche Auswirkungen haben andere Faktoren als der Preis auf das Angebot und die Nachfrage, z. B. Subventionen durch den Staat, Rente, Erbschaft, Steuererhöhungen?
7. Wie reagiert der Konsument auf eine Preiserhöhung/einen hohen Preis, wenn er
   a) ein Produkt dringend benötigt (z. B. Fast Food am Bahnhof),
   b) das Produkt ganz neu auf dem Markt ist und mit großem Marketingaufwand bekannt gemacht wird (Werbung, Verkaufsförderung usw., Nachrichten, redaktionelle Artikel in Zeitschriften)?

1.4.4 Grundzüge staatlicher Wirtschaftspolitik

S Die „Fünf Weisen" des Sachverständigenrates übergeben der Bundesregierung vor der Presse das jährliche Gutachten zur gesamtwirtschaftlichen Entwicklung mit der Bitte, bestimmte Maßnahmen und Reformen besonders zu berücksichtigen. Anna und Kai wollen wissen, welche Bedeutung dieses Gutachten besitzt.

Der Sachverständigenrat ist ein von der Bundesregierung beauftragtes Gremium, das regelmäßig im November die gesamtwirtschaftliche Entwicklung in Deutschland begutachtet und damit der Bundesregierung und allen wirtschaftspolitisch verantwortlichen Instanzen Ratschläge geben soll, wie im Rahmen der marktwirtschaftlichen Ordnung gleichzeitig die Stabilität des Preisniveaus, ein hoher Beschäftigungsstand und ein außenwirtschaftliches Gleichgewicht bei stetigem und angemessenem Wachstum gewährleistet werden können. Diese Zielsetzung fußt auf dem **Stabilitäts- und Wachstumsgesetz** des Jahres 1967. Mitunter wurde versucht, das „Magische Viereck" z. B. durch die Ergänzung des ökologischen oder sozialen Gleichgewichts zu einem Fünf- oder Sechseck auszubauen. Diese Bestrebungen scheiterten jedoch daran, dass die zu ergänzenden Ziele nicht eindeutig quantifiziert werden konnten. „Magisch" heißt das Viereck deshalb, weil es wohl magischer Kräfte bedarf, um alle Ziele gleichzeitig umzusetzen. So hat beispielsweise eine restriktive Geldpolitik der Zentralbank (durch hohe Zinsen) zwar einen günstigen Einfluss auf die Geldwertstabilität, jedoch einen ungünstigen Einfluss auf Konjunktur und Wachstum.

IW-Prognose für Deutschland 2021 und 2022

Veränderung gegenüber dem Vorjahr in Prozent

	2020	2021	2022
Entstehung des realen Bruttoinlandsprodukts			
Erwerbstätige	-0,8	0	1
Arbeitslosenquote	5,9	5 3/4	5 1/4
Arbeitsvolumen	-4,9	1 1/2	3
Produktivität	0,4	1	1
Bruttoinlandsprodukt	-4,6	2 1/2	4
Verwendung des realen Bruttoinlandsprodukts			
Private Konsumausgaben	-5,9	0	5
Konsumausgaben des Staates	3,5	3	2
Anlageinvestitionen	-2,2	1 3/4	3 1/2
– Ausrüstungen	-11,2	3	5
– Sonstige Anlagen	1,0	1	4
– Bauten	2,5	1 1/2	2
Inlandsnachfrage	-4,0	2	4
Export	-9,3	7 1/4	6
Import	-8,6	6 1/4	6 1/4
Preisentwicklung			
Verbraucherpreise	0,5	3	2 1/2
Staatshaushalt			
Finanzierungssaldo	-4,3	-4	-2

Arbeitslosenquote: registrierte Arbeitslose in Prozent der Erwerbspersonen; Produktivität: reales Bruttoinlandsprodukt je Erwerbstätigenstunde; Finanzierungssaldo: in Prozent des nominalen Bruttoinlandsprodukts

Quellen: Statistisches Bundesamt, Institut der deutschen Wirtschaft

iwd

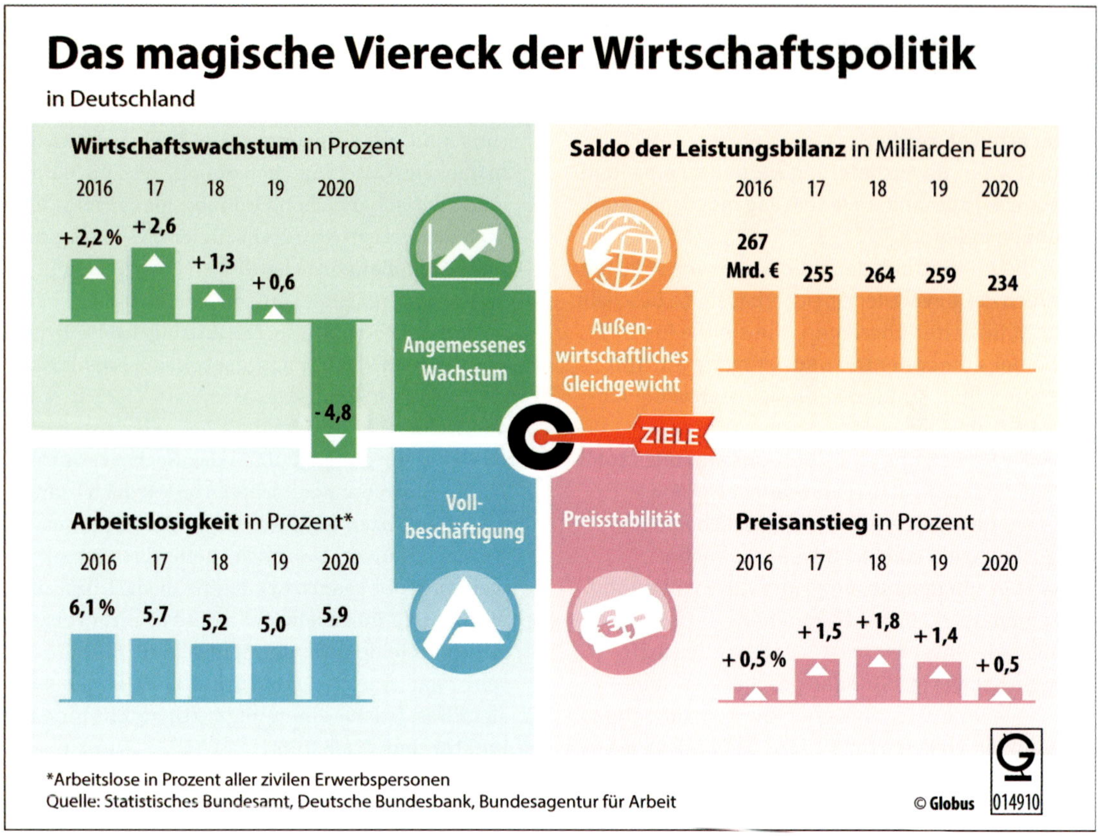

Um die sozialen Folgen eines ungehemmten Kapitalismus zu mildern, wurde in der Bundesrepublik Deutschland die **soziale Marktwirtschaft** durch Wirtschaftsminister Erhard schon Ende der 1940er-Jahre ins Leben gerufen. Dabei fällt in einem marktwirtschaftlichen System dem Staat die Rolle zu, auf sozialen Ausgleich hinzuwirken. Die Reichweite staatlicher Eingriffe in das Marktgeschehen wird aber gerade heute in der Zeit hoher Staatsverschuldung und Globalisierung (Öffnung der Weltmärkte) kontrovers diskutiert. Ursachen der Misere sind unter anderem die zunehmende Überalterung der Gesellschaft sowie die schrumpfenden Staatseinnahmen, die auch aus der hohen Arbeitslosigkeit resultieren. Die Eigenverantwortung des Einzelnen für Rente, Gesundheit und soziale Absicherung hat an Bedeutung gewonnen. Verschiedene Expertenkommissionen wurden einberufen, um nach zukunftsweisenden Rezepten zu suchen.

Ein Ansatz, das deutsche Sozialsystem und den Arbeitsmarkt zu reformieren, war z. B. die **Agenda 2010**.

Aufgaben

Bilden Sie drei Arbeitsgruppen. Jede Arbeitsgruppe hat 15 Minuten Zeit, eine der folgenden Grafiken zu bewerten und die wichtigsten Erkenntnisse durch einen Gruppensprecher vorzutragen und mit den Mitschülern zu diskutieren. Hierbei sollten folgende Aspekte berücksichtigt werden:

a) Warum ist es so weit gekommen und wie wird es höchstwahrscheinlich weitergehen?
b) Welche Vor- und Nachteile entstehen daraus für Deutschland?
c) Welche Maßnahmen müssten zum Vorteil des Landes getroffen werden?

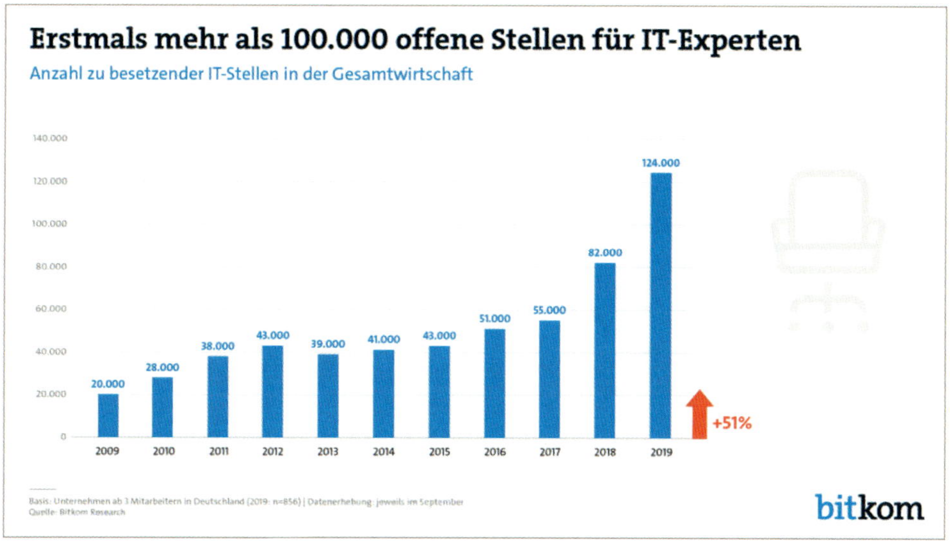
Erstmals mehr als 100.000 offene Stellen für IT-Experten
Anzahl zu besetzender IT-Stellen in der Gesamtwirtschaft
140.000
120.000
100.000
80.000
60.000
40.000
20.000
0
20.000
28.000
38.000
43.000
39.000
41.000
43.000
51.000
55.000
82.000
124.000
+51%
2009
2010
2011
2012
2013
2014
2015
2016
2017
2018
2019
Basis: Unternehmen ab 3 Mitarbeitern in Deutschland (2019: n=856) | Datenerhebung: jeweils im September
Quelle: Bitkom Research
bitkom

Mehr als 1,3 Millionen Arbeitsplätze in der Digitalbranche
Umsatz mit Produkten und Diensten und Arbeitsplätze in der ITK (in Deutschland)*
2021
2022
Umsatz
178,2 Mrd.
+4,0 %
184,3 Mrd.
+3,4 %
Arbeitsplätze
1.270.000
+3,5 %
1.310.000
+3,1 %
190
185
180
175
170
165
160
155
150
167,7
170,7
171,4
178,2
184,3
2018
2019
2020
2021*
2022*
+2,4 %
+1,8 %
+0,4 %
+4,0 %
+3,4 %
*Prognose
Quelle: Bitkom, EITO, IDC, GfK, Bundesagentur für Arbeit, BNetzA
bitkom

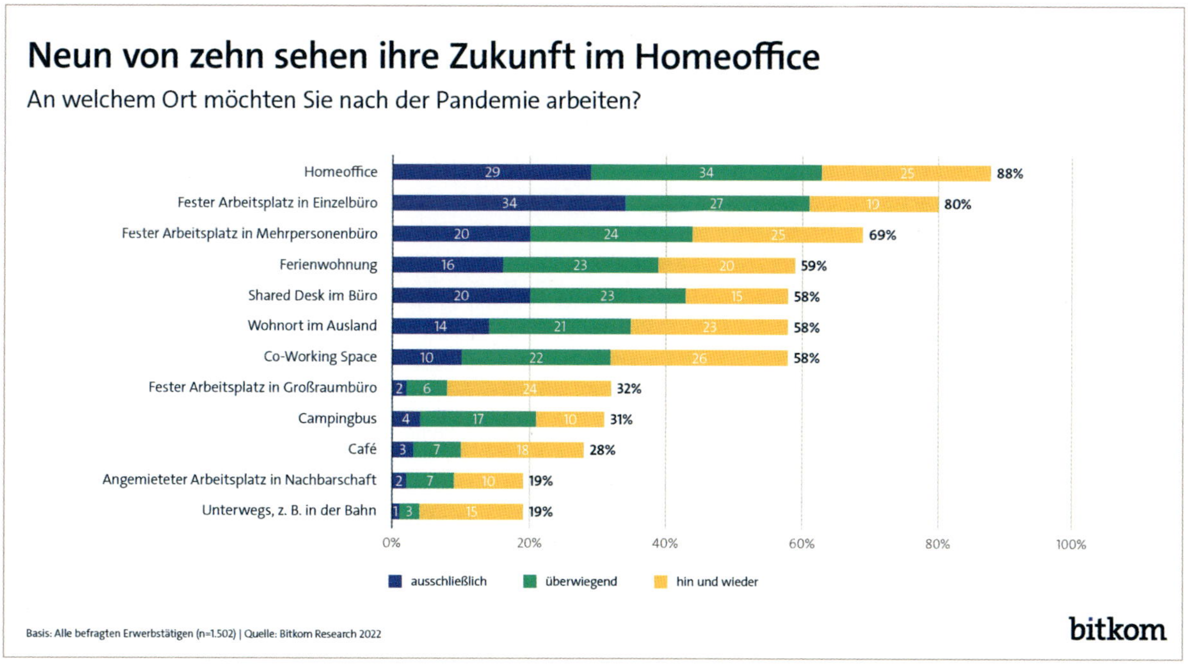
Neun von zehn sehen ihre Zukunft im Homeoffice
An welchem Ort möchten Sie nach der Pandemie arbeiten?
Homeoffice 29 34 25 88%
Fester Arbeitsplatz in Einzelbüro 34 27 19 80%
Fester Arbeitsplatz in Mehrpersonenbüro 20 24 25 69%
Ferienwohnung 16 23 20 59%
Shared Desk im Büro 20 23 15 58%
Wohnort im Ausland 14 21 23 58%
Co-Working Space 10 22 26 58%
Fester Arbeitsplatz in Großraumbüro 2 6 24 32%
Campingbus 4 17 10 31%
Café 3 7 18 28%
Angemieteter Arbeitsplatz in Nachbarschaft 2 7 10 19%
Unterwegs, z. B. in der Bahn 1 3 15 19%
0%
20%
40%
60%
80%
100%
ausschließlich
überwiegend
hin und wieder
Basis: Alle befragten Erwerbstätigen (n=1.502) | Quelle: Bitkom Research 2022
bitkom

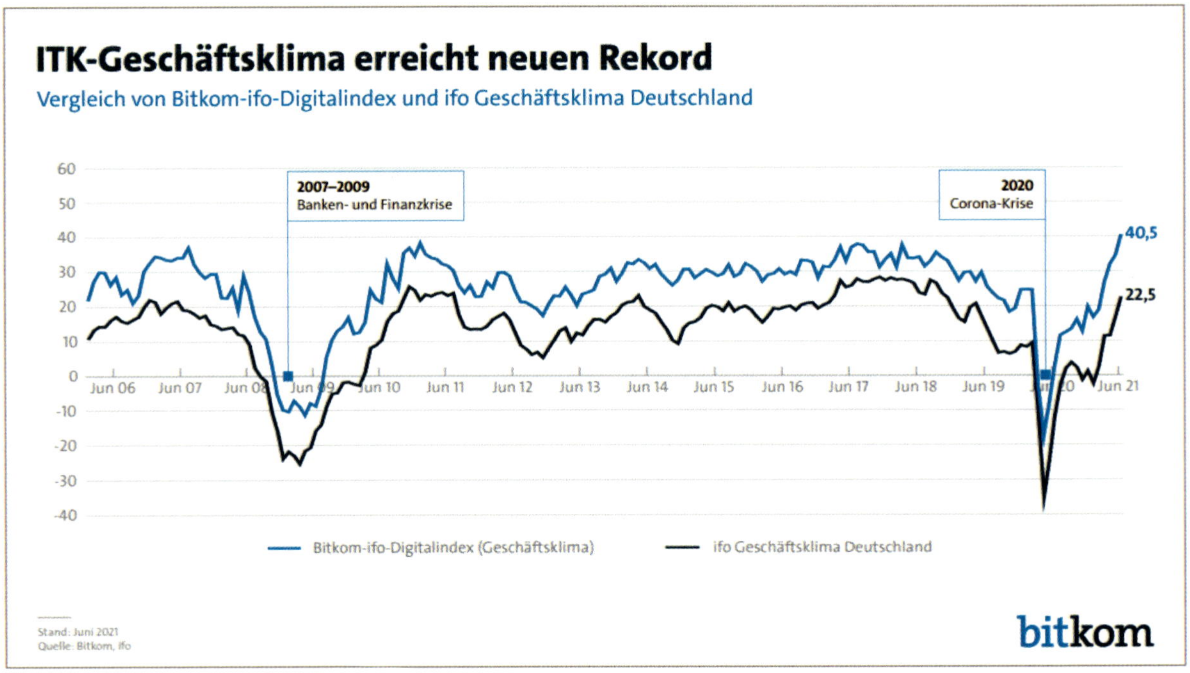

Mit Maßnahmen der Wirtschafts-, Geld- und Steuerpolitik kann die Regierung Entwicklungen entgegentreten, die den Zielen des Stabilitätsgesetzes zuwiderlaufen.

W

Maßnahmen der Wirtschafts-, Geld- und Steuerpolitik

Ziele	Auswirkungen	Mögliche Gegenmaßnahmen der Politik
Preisstabilität	Hohe Inflation (Preissteigerung)	Leitzinssätze erhöhen und damit Kredite verteuern, Staatsausgaben und Subventionen senken; zusätzliche Steuern erheben und Einnahmen festlegen
	Deflation (Preissenkung)	Leitzinssätze senken, Staatsausgaben und Steuern erhöhen, Bereiche mit Preissenkungen durch Wirtschaftsförderung stärken; evtl. Zölle einführen oder erhöhen
Außenhandelsgleichgewicht	Außenhandelsüberschuss	Auslandsanleihen kaufen; deutsche Konzerne ermutigen, Unternehmen im Ausland zu kaufen
	Außenhandelsdefizit	Auslandsreisen und Importe erschweren, damit die Verschuldung im Ausland nicht weiter zunimmt
Wirtschaftswachstum	Zu gering	Fördermaßnahmen erhöhen, um mehr Investitionen in Zukunftsbereichen zu ermöglichen; Leitzinssätze senken und Möglichkeiten für Kredite verbessern; Staatsausgaben erhöhen
	Zu hoch	Leitzinssätze erhöhen und Kreditvergabe erschweren; Staatsausgaben reduzieren, höhere Steuern einnehmen; Unternehmen zur stärken Zukunftsvorsorge verpflichten; Verbraucher ermutigen, mehr Geld zu sparen
Vollbeschäftigung	Hohe Arbeitslosigkeit	Maßnahmen ergreifen, damit noch offene Stellen besetzt werden; neue Arbeitsplätze in Zukunftsmärkten fördern; Bildung verbessern; zusätzliche Stellen im staatlich geförderten zweiten Arbeitsmarkt schaffen (z. B. öffentliche Hilfsarbeiten, Ein-Euro-Jobs)
	Große Zahl offener Stellen	Bildungssystem, Aus- und Weiterbildung verbessern; Arbeitslosenunterstützung senken, Arbeitsverwaltung verbessern

Aufgaben

1. Recherchieren Sie im Internet zur deutschen Wirtschaftspolitik, z. B. über www.staatsverschuldung.de oder www.sachverstaendigenrat-wirtschaft.de, und erstellen Sie einen Katalog der zurzeit intensiv diskutierten Maßnahmen.
2. Erläutern Sie die Konjunkturlage in der IT-Branche. Erkundigen Sie sich z. B. beim Verband BITKOM (www.bitkom.org) über die Wirtschaftslage in der IT-Branche. Was kann der Staat tun, um die deutsche IT-Branche zu unterstützen und langfristig Arbeits- und Ausbildungsplätze zu sichern oder sogar zu schaffen? Verwenden Sie zur Diskussion auch die Grafiken auf dieser Seite.
3. Erstellen Sie in Gruppenarbeit anhand der Schaubilder und eigener Rechercheergebnisse im Internet eine Präsentation zu Trends in der IT-Branche. Gehen Sie evtl. nach der Methode Gruppenpuzzle vor, indem Sie mehrere Gruppen zu vier Personen bilden. In jeder Gruppe beschäftigt sich eine Person mit einem der Themenbereiche zu Trends in der IT-Infrastruktur, Hardware, Software und in der Internettechnologie. Sie besprechen sich in Stamm- und Expertengruppen nach der Methode Gruppenpuzzle ab und erstellen in den Stammgruppen die Präsentationen. Verwenden Sie dazu auch die Methodensammlung im Downloadbereich. Wenn möglich, vereinbaren Sie Bewertungskriterien für die Bewertung der Gruppenpräsentationen und reflektieren Sie damit die Präsentationen der Gruppen.

DL

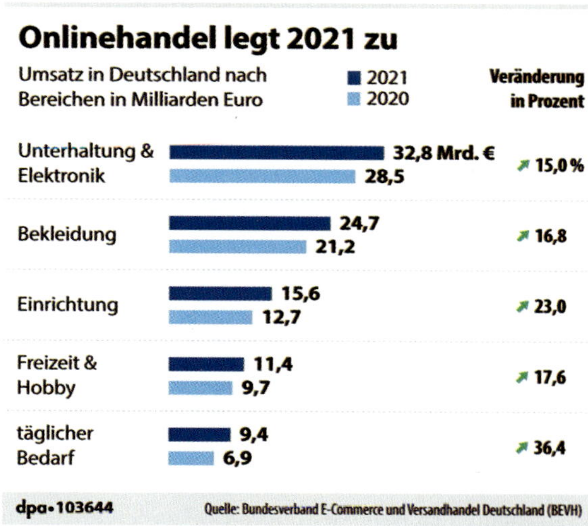

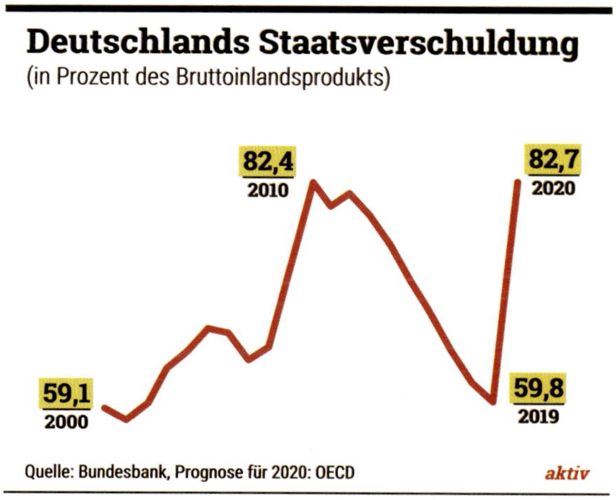

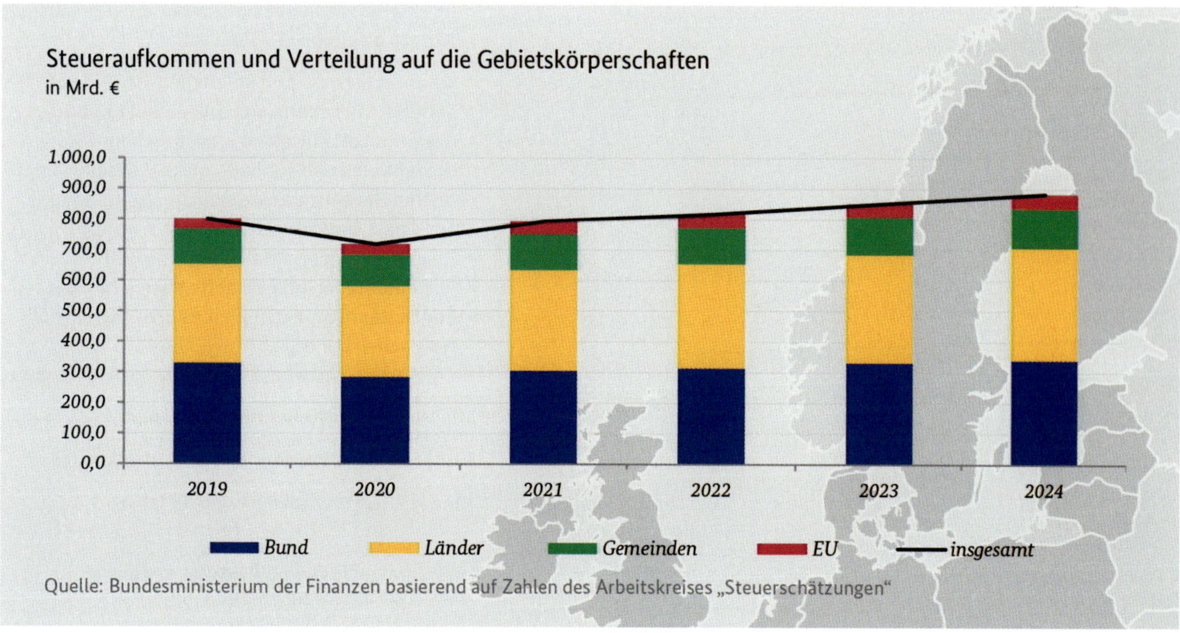

1.4.5 Rechtliche Rahmenbedingungen wirtschaftlichen Handelns

1.4.5.1 Rechtsordnung

S In einem Internetshop bestellt ein Siebenjähriger ein Computerspiel per Nachnahme. Die Eltern verweigern jedoch die Annahme.

Jeder Staat versucht mit seiner Rechtsordnung das Privat- und Geschäftsleben seiner Bürger so reibungslos wie möglich zu gestalten. Das oberste Gesetz jedes Staates ist die **Verfassung** (Grundgesetz). Alle anderen **Gesetze** und **Verordnungen**, die von den Ministerien erteilten **Erlasse** oder die von Behörden erstellten **Verfügungen** dürfen nicht mit höherrangigen Rechtsvorschriften kollidieren. Die in den Rechtsvorschriften genannten Rechte und Pflichten können sich auf **Menschen** oder auch auf **juristische Personen** beziehen. Verträge und Rechtsgeschäfte dürfen jedoch nur **geschäftsfähige** Personen abschließen. Die volle Geschäfts- und Deliktfähigkeit erlangen Bürger erst mit dem 18. Geburtstag, sofern keine Beschränkungen gelten.

Aufgaben

1. Ausgangssituation: Dürfen die Eltern nach Ihrer Meinung die Annahme einer Bestellung ihres Sohnes verweigern?
2. Was ist richtig, was ist falsch?
   a) Wenn ein Finanzamt eine Verfügung schreibt, deren Inhalt nicht mit den Gesetzen konform geht, muss nach Absenden des Schreibens das Gesetz geändert werden.

W **Rechtsordnung**

Rang in der Rechtsordnung		Verfassung > Gesetz > Verordnung > Erlass > Verfügung	
Rechtsordnung unterscheidet	Öffentliches Recht	Rechtsbeziehungen zwischen den Einzelpersonen und dem Staat	Z. B. Steuerrecht, Strafrecht, Straßenverkehrsrecht
	Privates Recht	Rechtsbeziehungen zwischen den Einzelpersonen	Z. B. Bürgerliches Recht (BGB), Arbeitsrecht, Handelsrecht (HGB)

Rechtsfähigkeit	Fähigkeit, Träger von Rechten und Pflichten zu sein	Natürliche Personen	Menschen von Geburt bis Tod
		Juristische Personen	Vereine, Stiftungen, Kapitalgesellschaften mit Eintrag in das jeweilige Register (z. B. GmbH, AG)
Geschäftsfähigkeit	Fähigkeit, selbstständig und wirksam Rechtsgeschäfte abschließen zu können	Geschäftsunfähig (Willenserklärungen sind nichtig)	▪ Kinder bis zum vollendeten 7. Lebensjahr ▪ Geschäftsunfähige Personen (§ 104 BGB) Ausnahmen: volljährige Geschäftsunfähige, die Geschäfte des täglichen Lebens mit geringen Mitteln bewirken (§ 105A BGB)
		Beschränkt geschäftsfähig	▪ Kinder zwischen dem vollendeten 7. und vollendeten 18. Lebensjahr (§§ 106 bis 113 BGB) ▪ Betreute Volljährige mit gerichtlichem Einwilligungsvorbehalt für bestimmte Handlungsbereiche. Hinweis: Der gesetzliche Vertreter kann auch nachträglich genehmigen. ▪ Taschengeldgeschäfte nach § 110 BGB ▪ Vorteilhafte Rechtsgeschäfte nach § 107 BGB ▪ Selbstständiger Betrieb eines Erwerbsgeschäftes nach § 112 BGB ▪ Genehmigte Arbeitsverhältnisse nach § 113 BGB
		Voll geschäftsfähig	Alle (sonstigen) volljährigen Personen
Deliktfähigkeit (vgl. § 828 BGB) Schuldfähigkeit (vgl. § 19 StGB)	Verantwortung für unerlaubte Handlungen (Aufsichtspflicht beachten)	Deliktunfähig	Kinder bis zur Vollendung des 7. Lebensjahres
		Beschränkt deliktfähig	Minderjährige zwischen 7 und 18 Jahren
		Voll deliktfähig	Personen ab Vollendung des 18. Lebensjahres, sofern geschäftsfähig

b) Eine nicht geschäftsfähige erwachsene Person darf sich kein Eis kaufen.
c) Das Umsatzsteuergesetz zählt zum öffentlichen Recht.
d) Wenn das Parlament im Schulgesetz und oder in einer neuen Schulverordnung das Rauchverbot in Schulen beschließt, müssen alle Erlasse und Verfügungen der Behörden diese Vorgabe beachten und durchsetzen helfen.
e) Ein 14-jähriges Kind darf ohne Einwilligung der Eltern sein Sparbuch auflösen und sich für 1.000,00 € einen Computer kaufen.
f) Ein fünfjähriges Kind kann vor Gericht nicht bestraft werden.
g) Ein achtjähriges Kind darf sich für das Taschengeld kindgerechte Sachen kaufen.
h) Ein Minderjähriger darf ein Erwerbsgeschäft führen, wenn der Erziehungsberechtigte (gesetzlicher Vertreter) dies zusammen mit dem Vormundschaftsgericht genehmigt.
i) Das Jugendschutzgesetz zählt zum Privatrecht.
j) Ein Minderjähriger darf Geld, das ihm zur freien Verfügung gegeben wird, auch ohne Erlaubnis der Eltern ausgeben.
k) Ein fünfjähriges Kind darf sich für das Taschengeld kaufen, was es will.
l) Ein 17-Jähriger darf in keinem Fall ein eigenes Geschäft eröffnen.
m) Der Rechtsanwalt Jan Michaelis ist eine juristische Person.

3. Wie beurteilen Sie folgende Fälle?
   a) Der achtjährige Fritz soll vom Onkel 1.000,00 € erhalten, wenn er auf dessen Geburtstagsfeier ein Lied vorsingt. Er geht diese Vereinbarung ohne Absprache mit den Eltern ein und trägt ein Kinderlied vor. Das Lied gefällt dem Onkel jedoch nicht und er will nicht zahlen.
   b) Der zwölfjährige Tim hat sich für 777,00 € einen PC gekauft. Die Eltern lehnen den Kauf ab und verlangen vom PC-Lieferanten, die Ware wieder zurückzunehmen.
4. Im Internet finden Sie alle deutschen Gesetze. Eine gute Übersicht erhalten Sie unter www.gesetze-im-internet.de. Informieren Sie sich dort über die Gesetzeslage. Rufen Sie die in der Tabelle aufgeführten Gesetze auf. Suchen Sie auch über Suchmaschinen danach. Das BGB ist eines der wichtigsten Gesetze, da es Regelungen für den allgemeinen Rechtsverkehr enthält.

Gesetzessammlung (vgl. www.gesetze-im-internet.de)	
AO	Abgabenordnung
BBiG	Berufsbildungsgesetz
BGB	Bürgerliches Gesetzbuch
BetrVG	Betriebsverfassungsgesetz
BildscharbV	Bildschirmarbeitsschutzverordnung
EStG	Einkommensteuergesetz
GewO	Gewerbeordnung
GewStG	Gewerbesteuergesetz
GG	Grundgesetz
HGB	Handelsgesetzbuch
JArbSchG	Gesetz zum Schutz der arbeitenden Jugend
JuSchG	Jugendschutzgesetz
KSchG	Kündigungsschutzgesetz

1.4.5.2 Verbraucher, Unternehmen und Rechtsgeschäfte

Anna weiß, dass Verbraucher durch Gesetze besonders geschützt sind. **S**

Verbraucher (= Privatpersonen bzw. Endverbraucher) kennen sich häufig mit Gesetzen nicht so gut aus wie Unternehmen (als unternehmerisch tätige Personen, Personengesellschaften oder Kapitalgesellschaften = juristische Personen). Sie müssen daher besser geschützt werden, sodass in Gesetzen häufig zwischen Verbrauchern und Unternehmen unterschieden wird. Verbraucher schließen Verträge für private Zwecke, Unternehmer sind als natürliche oder juristische Personen selbstständig tätig. Je nach der rechtlichen Stellung spricht man vom einseitigen oder zweiseitigen Handelskauf bzw. vom Privatkauf.

Rechtliche Stellung der Vertragspartner **W**

Verkäufer / Käufer	Unternehmen	Verbraucher
Verbraucher § 14 BGB	Verbrauchsgüterkauf (einseitiger Handelskauf)	Privatkauf
Unternehmen § 13 BGB	Zweiseitiger Handelskauf	Sonstiger einseitiger Handelskauf

W

Rechtsgeschäfte			
Rechtsgeschäfte durch Willenserklärungen	Einseitige Rechtsgeschäfte	Eine Willenserklärung reicht zur Wirksamkeit.	Empfangsbedürftig, z. B. Kündigung
			Nicht empfangsbedürftig, z. B. Testament
	Mehrseitige Rechtsgeschäfte	Zwei oder mehrere übereinstimmende Willenserklärungen sind zur Wirksamkeit notwendig, z. B. Kauf-, Miet-, Arbeitsvertrag.	
	Vertretung und Vollmacht	Ein Vertreter kann im Rahmen der Vollmacht Rechtsgeschäfte für andere eingehen.	
	Grundsatz: Vertragsfreiheit	Vertragsschließende Parteien sind in den Vereinbarungen frei, wenn diese nicht gegen Gesetz und Rechtsprechung verstoßen.	
Nichtige Verträge (von vornherein ungültig)	▪ Verträge mit Geschäftsunfähigen, § 105 BGB ▪ Vertreter verweigert Zustimmung bei beschränkt Geschäftsfähigen, § 108 BGB ▪ Verträge, die nur zum Schein abgeschlossen wurden (Scheingeschäfte), § 117 BGB ▪ Nicht ernst gemeinte Verträge (Scherzgeschäfte), § 118 BGB ▪ Vertragserfüllung verstößt gegen geltendes Recht und Gesetz, § 134 BGB ▪ Verträge verstoßen gegen gute Sitten, z. B. bei Wucher (§ 138 BGB) ▪ Verstoß gegen Formvorschriften: Schriftform, notarielle Beurkundung, öffentliche Beglaubigung, § 125 BGB		
Anfechtbare Verträge	Erklärungsirrtum § 119 Abs. 1 BGB	Vertragsbestandteil wird unwissentlich falsch erklärt oder falsch geäußert (Verschreiben, Versprechen)	
	Übermittlungsirrtum § 120 BGB	Unbewusste Falschübermittlung durch einen Dritten	
	Eigenschaftsirrtum § 119 Abs. 2 BGB	Irrtum über eine wesentliche Eigenschaft in der Sache oder in der Person	
	Arglistige Täuschung § 123 Abs. 1 BGB	Es kann durch Tatsachen nachgewiesen werden, dass ein Vertragspartner arglistig (mit Vorsatz) getäuscht hat.	
	Widerrechtliche Drohung § 123 Abs. 2 BGB	Die Willenserklärung wurde durch Androhung eines Übels erzwungen.	

S Anna hat erfahren, dass nicht alle Rechtsgeschäfte gültig oder wirksam sind. Im konkreten Fall muss daher genau geprüft werden, was für ein Rechtsgeschäft vorliegt, wer die Träger des Rechtsgeschäfts sind und ob die Voraussetzungen zum Zustandekommen gegeben sind.

Aufgaben

1. Ist ein Rechtsgeschäft zustande gekommen?
   a) Die Großmutter vererbt dem Lieblingsenkel und nicht ihrem Sohn ein Haus, ohne dass beide etwas davon wussten.
   b) Die 18-jährige Julia kündigt ohne Zustimmung der Eltern und des Ausbilders den Ausbildungsvertrag.
   c) Der 18-jährige Daniel mietet eine Wohnung für 800,00 € monatlich und übernimmt die Einrichtung mit einer Abschlagzahlung von 5.000,00 €, obwohl er das Geld nicht hat und die Eltern die Zahlung verweigern.
   d) In einem Reisebüro werden einem Kunden statt 2.000,00 € nur 1.300,00 € in Rechnung gestellt. Der Reiseverkäufer hatte die Preiskategorie im Katalog verwechselt.
   e) Der 16-jährige Tim hat Rum für 200,00 € gekauft. Der Verkäufer besteht auf Erfüllung des Kaufvertrages (Zahlung).
   f) Der Ehemann verkauft den gemeinsamen Pkw ohne Einwilligung der Ehefrau. Als der Käufer das Auto und den Fahrzeugbrief abholen will, verweigert die Ehefrau die Einwilligung zum Verkauf des Fahrzeuges (vgl. auch § 1369 BGB).
   g) Familie Maier bekommt von einem Nachbarn 1.000,00 € für 10 % Zinsen auf ein halbes Jahr geliehen.
   h) Jan Kaiser nimmt bei einem Freund eine Stelle zum Schein an, damit dieser die Kosten von der Steuer abziehen kann.
   i) Im Internet wurde ein BMW mit einer Fahrleistung von 30.000 km zum Preis von 8.000,00 € angeboten. Geliefert wurde jedoch ein Matchboxauto.

j) Über einen Freund lässt Gundi ausrichten, dass die Band am Samstag spielen soll. Die Band erscheint jedoch am Samstag vorher, will spielen und verlangt die Gage von 500,00 €.
k) Dustin muss seine Lederjacke an Ronny für nur 30,00 € verkaufen, weil er sonst Schläge befürchtet.
l) Der 18-jährige Oliver verkauft sein Computersystem „wie besehen" und im Kaufvertrag beschrieben für 800,00 € in vier Raten an Herrn Kubier.

AH 2. Im Arbeitsheft finden Sie einen Lückentext zum Thema „Rechtsgrundlagen – Tim macht sich selbstständig". Ergänzen Sie folgende Begriffe: Amtsgericht, anfechten, beschränkt geschäftsfähig, BGB, Eigenschaftsirrtum, Einzelunternehmer, „e. K.", Einkommensteuer, Erklärungsirrtum, Handelsregister, HGB, nichtig, Unternehmer, Verfügung.

1.4.5.3 Vertragsarten

S Anna sucht im Internet nach Gesetzestexten und ruft das Bürgerliche Gesetzbuch (BGB) auf. Sie findet Gesetzestexte zu verschiedenen Vertragsarten, die für sie beruflich und privat von Bedeutung sind, und stellt folgende Übersicht zusammen.

Aufgaben

1. Entscheiden Sie, welche Vertragsart vorliegt:
a) ACI verkauft Software an die Schülerin Kerstin Schuhmann.
b) ACI verkauft zehn PCs an die Wunder AG.
c) ACI überlässt einem Mitarbeiter einen gebrauchten PC zur unbefristeten Nutzung.
d) ACI schenkt Anna einen neuwertigen Monitor.
e) ACI nimmt den Auftrag an, bei einem Kunden in der EDV-Abteilung mitzuhelfen.
f) ACI erhält den Auftrag eines Kunden, eine Datenbank zu entwerfen.
g) Der EDV-Verlag IT-Pro AG liefert seinen Kunden monatlich einen Band der zwanzigbändigen Lexikonreihe „EDV-Profi".
h) Herr Muster schließt einen Vertrag mit einem Teichbesitzer. Er darf für ein monatliches Entgelt von 90,00 € das Teichgelände samt Anglerhütte nutzen und so viele Fische fangen, wie er will.
i) ACI stellt zwei Programmierer für ein neues Softwareprojekt ein.
j) ACI überzieht das Geschäftskonto bei der Hausbank.
k) ACI erhält vom Hersteller ein Diagnosegerät für einen Monat zur kostenlosen Nutzung.

W

Wichtige Vertragsarten nach dem BGB

Vertragsart	Inhalt	BGB
Kaufvertrag	Verkauf von Sachen und Rechten gegen Entgelt, vgl. auch Kapitel 3	§ 433 ff.
Verbrauchsgüterkauf	Verkauf von beweglichen Sachen gegen Entgelt von Unternehmen an **Verbraucher**, vgl. auch Kapitel 3	§ 474 ff.
Darlehensvertrag	Überlassung eines Geldbetrages vom Darlehensgeber an den Darlehensnehmer auf Zeit und Zahlung eines vereinbarten Zinses an den Darlehensgeber, vgl. auch Kapitel 3	§ 488 ff.
Ratenlieferungsvertrag	Lieferung mehrerer zusammengehörend gekaufter Sachen in Teilleistungen oder regelmäßige Lieferung von Sachen gleicher Art sowie entgeltliche Entrichtung in Teilzahlungen	§ 510 ff.
Schenkungsvertrag	Unentgeltliche Zuwendung des Beschenkten aus dem Vermögen des Schenkers	§ 516 ff.
Mietvertrag	Entgeltliche Überlassung der Mietsache zum vertragsmäßigen Gebrauch	§ 535 ff.
Pachtvertrag	Entgeltliche Überlassung der Pachtsache zum Gebrauch sowie Genuss der Früchte	§ 581 ff.
Leihvertrag	Unentgeltliche Überlassung von Sachen zum Gebrauch	§ 598 ff.
Dienstvertrag	Hier wird die Tätigkeit vereinbart und geschuldet, z. B. beim Arbeitsvertrag. Bei Schlechtleistung gelten die Vorschriften über die Pflichtverletzung (§§ 280 ff. BGB).	§ 611 ff.
Werkvertrag	Herstellung eines versprochenen Werkes (Herstellung oder Veränderung einer nicht vertretbaren Sache durch Arbeit oder Dienstleistung gegen Entgelt). Beim Werkvertrag wird ein bestimmter Erfolg geschuldet, auch für die Herstellung nicht körperlicher Werke (z. B. Software, Bauplan, Gutachten).	§ 631 ff., § 651
Gesellschaftsvertrag	Gegenseitige Verpflichtung der Gesellschafter, die Erreichung eines gemeinsamen Zweckes in der durch den Vertrag bestimmten Weise zu fördern und die vereinbarten Beiträge zu leisten	§ 705 ff.

l) Anna und Stefan wollen gemeinsam einen Pkw kaufen und vereinbaren die Bedingungen für die Nutzung.
m) Kai lässt seinen Pkw in einer Werkstatt reparieren.
n) Stefan leiht sich für zwei Wochen von der Schwester 300,00 € zur Begleichung einer Reparaturrechnung.
o) ACI rüstet bei der Sander GmbH den Server mit einer neuen Festplatte auf.

S Anna kauft einen Pkw ohne einen schriftlichen Vertrag. Stefan behauptet, der Vertrag sei nicht zustande gekommen.

Für das Zustandekommen von Verträgen gelten unterschiedliche Formvorschriften. In der Regel kommt ein Vertrag durch zwei mündliche Willenserklärungen zustande, wenn nicht besondere Formvorschriften gelten. Bei mündlich geschlossenen Verträgen ist jedoch bei einer gerichtlichen Auseinandersetzung häufig die Beweislage schwierig, sodass bei größeren Anschaffungen schriftliche Vereinbarungen vorzuziehen sind.

Aufgaben

1. Welche Formvorschriften gelten in den folgenden Fällen?
   a) ACI will das Nachbargrundstück kaufen.
   b) ACI will zwei Auszubildende einstellen.
   c) Annas Großmutter will Anna ihr Auto vererben.
   d) ACI will Frau Sasse Prokura erteilen.
2. Ist aus formalen Gründen in folgenden Fällen ein Vertrag zustande gekommen?
   a) Stefan hat einen Pkw mit den Fahrzeugpapieren erhalten und den Kaufpreis übergeben.
   b) Anna hat in einem Versteigerungsraum beim Aufruf eines Ölbildes und der Nennung des Gebotes von 400,00 € mit der Hand gewunken.
   c) ACI hat auf ein Schreiben eines langjährigen Lieferanten, der 5.000,00 € für eine Leistung nachforderte, nicht geantwortet.
   d) Herr Muster von ACI hat Jan Krause mündlich einen Ausbildungsvertrag zugesagt.
   e) Frau Müller und Herr Fuller haben einen Vertrag über den Kauf eines Hauses aufgesetzt und unterschrieben.

1.4.6 Kaufmannseigenschaft

S Ein Schüler der IT-Klasse würde auch gerne Unternehmer sein. Er hat schon beim Internetauktionshaus eBay mit seinen gebrauchten Sachen gehandelt und gute Erlöse erzielt. In der Schule wird diskutiert, wie man Unternehmer oder Kaufmann wird und was man zu beachten hat.

Wann ist ein eBay-Verkäufer Unternehmer?

Landgerichte haben mit diversen Urteilen entschieden, dass allein die Tatsache, dass ein Verkäufer bereits viele einzelne Geschäfte über eBay getätigt hat, noch nicht ausreicht, ihn als Unternehmer zu behandeln. Allein die Anzahl der Geschäfte eines „eBayers“ sage noch nichts über dessen Unternehmereigenschaft aus. Anders mag der Fall zu beurteilen sein, wenn Gegenstand der Geschäfte stets ähnliche Waren (etwa Computerbauteile) gewesen wären. Insbesondere, wenn diese Geschäfte auch noch in engem zeitlichen Zusammenhang stehen, lege es näher anzunehmen, der Verkäufer betreibe über eBay einen Nebenerwerb. Bei Powersellern dürfte die Schwelle zum Unternehmer stets überschritten sein.

W

Formen für den Vertragsabschluss	
Mündlich	Bei geringen Werten oder unter Zeugen oder im Vertrauen, soweit keine Schriftform vorgeschrieben ist
Durch Handlungen	Z. B. bei Versteigerungen, Geldeinwurf bei Automaten
Schriftform, elektronische Form	Vertrag mit Unterschriften (durch Signaturgesetz Unterschrift als elektronische Signatur). Schriftform ist z. B. zwingend notwendig beim Ausbildungsvertrag, bei Bürgschaften, befristeten Mietverträgen über 1 Jahr Laufzeit, handschriftlichem Testament (§ 126 BGB).
Schweigen	Unter Kaufleuten, die in ständiger Geschäftsverbindung stehen, kann Schweigen Zustimmung zu einer Erklärung bedeuten, unter Privatleuten und Nicht-Kaufleuten bedeutet Schweigen immer Ablehnung.
Beglaubigung	Vertrag (Urkunde) und notarielle Beglaubigung der Echtheit der Unterschrift des Erklärenden, notwendig z. B. bei Eintragungen ins Handelsregister, Vereinsregister, Grundbuch (§ 129 BGB)
Notarielle Beurkundung	Vertrag (Urkunde) und notarielle Beurkundung des Inhaltes der Willenserklärungen und der Echtheit der Unterschriften, z. B. notwendig bei Grundstückskaufverträgen, Eheverträgen, Schenkungsversprechen (§ 128 BGB)

Unternehmer kann grundsätzlich jeder sein, der **geschäftsfähig** ist. Für bestimmte selbstständige Tätigkeiten, z. B. im Handwerk (Meisterprüfung) oder in den Gesundheitsberufen (Approbation als Arzt, Apotheker), muss man zur Ausübung die erforderliche Qualifikation haben und eine Genehmigung zur Ausübung der Geschäftstätigkeit haben. Jedes Jahr werden allein über 700.000 Gewerbeanmeldungen vorgenommen, allerdings auch je nach Konjunktur mehrere zehntausend neue Insolvenzen von Unternehmen wegen Zahlungsunfähigkeit oder Überschuldung beantragt.

Als Kaufmann oder Kauffrau im juristischen Sinne wird derjenige bezeichnet, der ein Gewerbe bei der Gemeinde oder dem Ordnungsamt der Stadt anmeldet und das Unternehmen mit seinem Namen (der Firma) beim zuständigen Amtsgericht in das Handelsregister eintragen lässt. Meldet man die Firma als GmbH an, so ist diese GmbH als juristische Person ein Formkaufmann.

Wenn man nur ein Kleingewerbe anmeldet, so muss man dieses Gewerbe nicht im Handelsregister eintragen lassen. Man wird dann als Nichtkaufmann behandelt. Wer also bei eBay nicht nur privat seine Sachen einkaufen oder verkaufen will, muss ein Gewerbe anmelden und kann sich dann je nach Größe des Gewerbes im Handelsregister eintragen lassen.

Unternehmer und Kaufmann bzw. Kauffrau

W

Unternehmer nach § 14 BGB:

(1) Ein Unternehmer ist eine natürliche oder juristische Person oder eine rechtsfähige Personengesellschaft, die bei Abschluss eines Rechtsgeschäfts in Ausübung ihrer gewerblichen oder selbstständigen beruflichen Tätigkeit handelt.

(2) Eine rechtsfähige Personengesellschaft ist eine Personengesellschaft, die mit der Fähigkeit ausgestattet ist, Rechte zu erwerben und Verbindlichkeiten einzugehen.

Kaufmann im Sinne des HGB:

- Alle, die ein Handelsgewerbe betreiben (§ 1 Abs. 1 HGB = Istkaufmann)
- Ein Handelsgewerbe ist jeder Gewerbebetrieb unabhängig von der Branche, also auch das Produktions-, Handels- und Dienstleistungsgewerbe (§ 15 EStG).
- Der Kaufmann hat die Pflicht zur Eintragung in das Handelsregister.

Kleingewerbe:

- Kleingewerbe sind Unternehmen, die einen in kaufmännischer Weise eingerichteten Geschäftsbetrieb nicht benötigen (§ 1 Abs. 2 HGB), d. h. zum Beispiel keine größere Buchhaltung führen, nicht mehrere Mitarbeiter beschäftigen, keinen Umsatz über 600.000,00 € oder keinen Gewinn über 60.000,00 € pro Jahr (§ 141 AO) erzielen.
- Sie sind dem Nichtkaufmann, also der Privatperson, gleichgestellt.
- Gewerbesteuer- und Umsatzsteuerpflicht sind zu beachten.
- Sie haben das Wahlrecht zur Eintragung in das Handelsregister und sind dann vollwertiger Kaufmann = Kannkaufmann (§ 2 HGB).
- Sie haben auf Antrag das Recht auf Löschung aus dem Handelsregister.

W

Kaufmannseigenschaft (Kaufmann nach HGB)			
Kaufmann kraft Handelsgewerbe	Kaufmann kraft Rechtsform	Kaufmann kraft freiwilliger Eintragung	
Istkaufmann	**Formkaufmann**	**Kannkaufmann**	
§ 1 HGB	§ 6 HGB	Kleingewerbe nach § 2 HGB	Land- und Forstwirtschaft oder Nebengewerbe nach § 3 HGB
Ohne Eintragung wirksam, Eintragung deklaratorisch	Konstitutiv/rechtsfähig durch Eintragung in das Handelsregister beim Amtsgericht		
Merkmal: Es besteht ein in kaufmännischer Weise eingerichteter Geschäftsbetrieb.	Merkmal: Handelsgesellschaften in der Rechtsform der Kapitalgesellschaft (AG, GmbH) und der Personengesellschaft (OHG, KG)	Merkmal: Es besteht kein in kaufmännischer Weise eingerichteter Geschäftsbetrieb.	Merkmal: Es besteht ein in kaufmännischer Weise eingerichteter Geschäftsbetrieb.
Kaufleute sind an besondere Gesetze gebunden, insbesondere an das HGB. Für Nichtkaufleute sind die Gewerbeordnung (GewO), das BGB und das Einkommensteuergesetz (EStG) zu beachten.			

Unterschied zwischen Kaufmann und Nichtkaufmann

W **Besonderheiten und Pflichten für Kaufleute (Auswahl)**

- Nur der Kaufmann im Sinne des HGB ist berechtigt, eine Firma (Name, unter dem er verklagt werden und klagen kann) zu führen. Diese Firma kann einen Fantasienamen haben (nicht nur Vor- und Zuname wie beim Kleingewerbe) und genießt einen besonderen Schutz (§ 37 Abs. 1 HGB, § 5 Markengesetz). Ein Nichtkaufmann kann jedoch eine Geschäftsbezeichnung (z. B. Computer-Meier) führen.
- Nichtkaufleute haften stets mit ihrem gesamten Privatvermögen.
- Bei Handelsgeschäften verlangt das Gesetz eine gegenüber dem gewöhnlichen Maßstab erhöhte Sorgfaltspflicht, die es als „Sorgfalt eines ordentlichen Kaufmanns" beschreibt. Dazu gehört zur Verhinderung von Missbrauch z. B. die Pflicht zur sorgfältigen Behandlung aller Brief-, E-Mail, Telegrammein- und -ausgänge, zur ausreichenden Versicherung wichtiger Sendungen, zur Prüfung von Unterschriften auf Schecks sowie zur sorgfältigen Aufbewahrung von Firmenbriefbögen und Firmenstempeln.
- Kaufleute sind verpflichtet, die Ware unverzüglich nach der Lieferung zu untersuchen. Finden sich dabei Mängel, so muss der Käufer dem Verkäufer diese Mängel wiederum ohne schuldhafte Verzögerung mitteilen.
- Der gesetzliche Zinssatz beträgt für Kaufleute beim beiderseitigen Handelsgeschäft fünf Prozent (§ 352 HGB), bei Verzugszinsen sogar 9 % (über dem Basiszins der Bundesbank, § 288 BGB)
- Nur der Kaufmann kann an die Mitarbeiter besondere Vollmachten wie Prokura erteilen.
- Nur der Kaufmann kann eine selbstständige Zweigniederlassung gem. § 13 HGB errichten.
- Nur der Kaufmann (im Sinn des HGB) ist handelsrechtlich verpflichtet, Bilanzen gem. § 238 ff. HGB aufzustellen.
- Eine Vertragsstrafe, die von einem Kaufmann im Betrieb seines Handelsgewerbes versprochen ist, kann nicht wegen unverhältnismäßiger Höhe kraft Urteils herabgesetzt werden (§ 348 HGB).
- Im Handelsrecht gilt der Grundsatz, dass Schweigen eine rechtliche Wirkung hat. So muss der Kaufmann, der mit einem anderen Kaufmann in Geschäftsverbindung steht, ein kaufmännisches Bestätigungsschreiben umgehend prüfen und eventuell widersprechen. Ansonsten gilt der Inhalt des Schreibens durch Schweigen als bestätigt. Unter Nichtkaufleuten gilt Schweigen als Ablehnung.
- Viele Banken und Handelsunternehmen, insbesondere ausländische Unternehmen, machen die Aufnahme einer Geschäftsverbindung mit einem Unternehmen von der Eintragung im Handelsregister (Kaufmannseigenschaft) abhängig.
- Nur der im Handelsregister eingetragene Kaufmann kann das Ehrenamt eines Handelsrichters ausüben.
- Auch die Mitgliedschaft in Fachverbänden wird häufig von der Eintragung im Handelsregister abhängig gemacht.

Aufgaben

1. Herr Müller möchte eine Firma namens Trendshop GmbH gründen. Wann wird die GmbH rechtsfähig?
   a) Anmeldung der GmbH beim Amtsgericht
   b) Tag der Geschäftseröffnung
   c) Einzahlung der Stammeinlage
   d) Eintragung der GmbH in das Handelsregister
   e) Beurkundung durch den Notar
2. Entscheiden Sie: Was ist richtig, was ist falsch?
   a) Ein eBay-Powerseller mit vier Lagermitarbeitern, zwei Büroangestellten und einem Umsatz von 800.000,00 € ist kein Kaufmann.
   b) Thorsten muss seinen kleinen Internetshop „DVD-Hammer" ohne Mitarbeiter und mit einem Umsatz von 100.000,00 € pro Jahr nicht in das Handelsregister eintragen lassen. Er kann dies jedoch freiwillig tun.
   c) Thorsten will seinen Betrieb „DVD-Superhammer GmbH" nennen. Er behauptet, nicht er sei der Kaufmann, sondern die GmbH sei ein Formkaufmann.
   d) Ein Kannkaufmann muss sich in das Handelsregister eintragen lassen. Er kann sich jedoch von Auftrag zu Auftrag entscheiden, ob er Kaufmann oder Kleingewerbetreibender ist.
   e) Ein Kleingewerbetreibender ist nur zu einer einfachen Buchführung verpflichtet.
   f) Thorsten darf sich als Kleingewerbe zwar „DVD-Hammer" nennen. Da er keine Firma hat, wird sein Geschäft aber unter seinem Vor- und Zunamen verklagt.
   g) In Thorstens DVD-Superhammer-GmbH herrscht „Büronotstand". Seit Wochen werden nicht alle Briefe geöffnet oder bearbeitet. Ein Geschäftspartner hat ihn wegen eines daraus entstandenen Schadens auf Zahlung von 5.000,00 € verklagt. Thorsten meint, er müsse nicht zahlen.
   h) Thorstens DVD-Superhammer-GmbH ist mit ihren Zahlungen weit im Rückstand. Er erhält Mahnungen mit Verzugszinsen von 10 %. Er will die Zinsen nicht oder nur mit 4 % zahlen (Basiszinssatz 1 %).
   i) Thorstens kleiner Internetshop „DVD-Hammer" soll durch seine Freundin Katrin verstärkt wer-

den. Er will ihr Prokura erteilen, damit sie erhöhte Vollmachten erhält.

j) Thorsten erzählt seiner Freundin, dass die angelieferten Waren im Kleingewerbe sofort auf Mängel überprüft werden müssen.

k) Thorsten bietet Katrin die Mitinhaberschaft des Kleingewerbes „DVD-Hammer" an, da Katrin ein Erbe von 30.000,00 € erhalten hat. Beim Gewerbeamt wurde die Änderung vorgenommen. Zwei Monate später ist das Kleingewerbe insolvent. Beide Inhaber müssen nun für die Schulden mit ihrem gesamten Privatvermögen einstehen.

l) Thorstens DVD-Superhammer-GmbH hatte sich gegenüber einem Lieferanten zur Zahlung einer Konventionalstrafe von 10.000,00 € bereit erklärt, wenn sie die Leistung nicht abnimmt. Im Nachhinein ist Thorsten die Strafe viel zu hoch. Er will nicht zahlen.

3. Untersuchen Sie aktuelle amtliche Statistiken, z. B. vom Statistischen Bundesamt (www.destatis.de) oder vom Anbieter Statista (https://de.statista.com). In welchen Bereichen erfolgen die Gewerbeanmeldungen? Werden mehr Gewerbebetriebe angemeldet oder abgemeldet? Wie entwickelt sich die Zahl der Insolvenzen und welche Wirtschaftszweige sind am stärksten betroffen? Werten Sie die Fakten aus und präsentieren Sie die Ergebnisse.

S Annas Schulfreund Timo ist Softwareentwickler. Er hat schon einige Programmieraufträge erledigt. Muss er auch ein Gewerbe anmelden?

Selbstständige, die vorrangig „geistig und schöpferisch" tätig sind und keine „Serienprodukte" anbieten, gehören zu den „freien Berufen" und müssen sich nicht gewerblich anmelden. Auch bezüglich der Buchführung und im Steuerrecht werden sie nicht wie Kaufleute behandelt.

Freiberufler und freie Berufe

Bedeutung freier Berufe: ca. 1.450.000 Selbstständige, über 2 Mio. Erwerbstätige im Jahre 2020
Zum Vergleich die Bedeutung der Gewerbebetriebe anhand folgender Zahlen im Jahre 2020:

- Produzierendes Gewerbe: ca. 7,4 Mio. Erwerbstätige
- Dienstleistungen: 33,7 Mio. Erwerbstätige, davon 1,4 Mio. aus den Bereichen Information und Kommunikation

Ausschlaggebendes Entscheidungskriterium ist die **geistige, schöpferische Arbeit**, die bei einer freiberuflichen Tätigkeit im Vordergrund steht. Nach § 18 Abs. 1 Nr. 1 EStG gehören insbesondere zur freiberuflichen Tätigkeit

- die selbstständig ausgeübte wissenschaftliche, künstlerische, schriftstellerische, unterrichtende oder erzieherische Tätigkeit, z. B. als EDV-Trainer oder EDV-Autor;
- die sogenannten Katalogberufe, wie die selbstständige Berufstätigkeit der Ärzte, Zahnärzte, Tierärzte, Rechtsanwälte, Notare, Patentanwälte, Vermessungsingenieure, Ingenieure, Architekten, Handelschemiker, Wirtschaftsprüfer, Steuerberater, beratenden Volks- und Betriebswirte, vereidigten Buchprüfer (vereidigten Bücherrevisoren), Steuerbevollmächtigten, Heilpraktiker, Krankengymnasten, Journalisten, Bildberichterstatter, Dolmetscher, Übersetzer, Lotsen und
- die den Katalogberufen ähnlichen Berufe. Damit ein Beruf dem Katalogberuf ähnlich ist, muss er in wesentlichen Punkten mit diesem übereinstimmen. Dazu gehört, dass Ausbildung und berufliche Tätigkeit selbst mit dem Katalogberuf vergleichbar sind.
- EDV-Freiberufler gelten nach einem Urteil des Bundesfinanzhofs (BFH) als Freiberufler, wenn sie EDV durch klassische ingenieurmäßige Vorgehensweise (durch Planung, Konstruktion und Überwachung) entwickeln, also z. B. beim Kunden vor Ort auf dessen Bedürfnisse anpassen – unabhängig davon, ob es sich um System- oder Anwendungssoftware handelt.

Alle anderen Tätigkeiten, die nicht in § 18 Abs. 1 EStG aufgeführt sind oder zu den „ähnlichen Tätigkeiten" zählen, sind gewerblich, wenn sie nicht zur Land- und Forstwirtschaft gehören.
Freie Berufe können sich nicht in das Handelsregister eintragen lassen. Sie können sich jedoch zusammenschließen und ihr Rechtsverhältnis in das Partnerschaftsregister beim Amtsgericht eintragen lassen (PartGG). Eintragen lassen können sich nur natürliche Personen, z. B. Heidecke, Philipp & Partner – Rechtsanwälte und Steuerberater, IT-Beratung Schulze & Willich Partnerschaft, Torsten K. Bork & Partner Unternehmens- und Managementberater, Peter Mohn und Partner – Softwareentwicklung.
Vorteile der freien Berufe:

- Sie brauchen kein Gewerbe anzumelden,
- sie sind nicht gewerbesteuerpflichtig,
- sie müssen nicht Mitglied der IHK sein,
- sie benötigen gesetzlich nur eine vereinfachte Buchführung.

Aufgaben

1. Sie werden gefragt, ob in diesen Fällen eine freiberufliche Tätigkeit oder ein Gewerbebetrieb vorliegt:
   a) Karlas Computershop (selbstständig, Verkauf von EDV und Zubehör)
   b) Dozentin bei der Volkshochschule für Office-Kurse
   c) Verkauf der Nutzungsrechte einer selbst erstellten Vereinssoftware über das Internet, bereits 120 Lizenzen im Einsatz
   d) EDV-Beratung als Auftragnehmer, die angebotene EDV-Software auf Kundenwünsche in der Programmiersprache C++ anpasst
   e) Verkauf der eigenen gebrauchten EDV-Bücher (ca. 200) über das Internet
   f) Private Verwaltung von eigenem Vermögen (z. B. sechs Wohnungen)
   g) EDV-Altteilehandel (An- und Verkauf)
   h) EDV-Berater, der hauptsächlich Office-Programme an Unternehmen verkauft und auf Wunsch auch Einführungsberatung leistet
   i) EDV-Berater, der Kommunen bei der Umstellung auf die EDV-Buchführung berät und unterstützt
   j) Handelsvertreter für Versicherungen in der EDV-Branche
   k) An- und Verkauf gebrauchter EDV-Literatur
   l) Selbstständiger Musiklehrer der Digitaltechnik
   m) Selbstständige Buchhalterin
   n) Selbstständiger Steuerberater
   o) Selbstständiger Journalist für EDV-Fachfragen und -Literatur
   p) Kunstmaler „Modern Art mit IT-Teilen", bisher acht Bilder und Objekte für insgesamt 6.300,00 € verkauft
   q) Firma zur individuellen Computer-Vernetzung von Firmen
   r) Ingenieurbüro für EDV-Dienstleistungen
   s) CMW GmbH – Druckerei für Digitaldruck
   t) Aufbau eines EDV-Netzwerkes (LAN) im Ausbildungsbetrieb

AH DL

2. Im Arbeitsheft finden Sie ein Formular zur Gewerbeanmeldung (im Downloadbereich auch als Gewerbeschein.pdf). Füllen Sie den Gewerbeschein als Muster aus, weil Sie einen EDV-Verbrauchsmaterialservice eröffnen wollen. Die Gebühren für eine Gewerbeanmeldung liegen je nach Gemeinde bei ca. 30,00 €.
   Was kostet eine Gewerbeanmeldung (Gewerbeschein) in Ihrer Gemeinde?

1.4.7 Firma, Unternehmensformen und Prokura

1.4.7.1 Firma

S

Anna darf ihren ersten Geschäftsbrief auf einem Kopfbogen von ACI unterschreiben. Die Unterschrift soll wie im Beispiel platziert werden.

> Mit freundlichen Grüßen
> ACI GmbH
> *Anna Hedder*
> i. A. Anna Hedder

Die Firma ist der Name des Unternehmens, unter dem es seine Geschäfte betreibt und damit seine Geschäftsbriefe unterschreibt. Die Mitarbeiter des Unternehmens handeln als Erfüllungsgehilfen für das Unternehmen im Auftrag oder in Vertretung. Nach außen muss das Unternehmen für alle Rechtsgeschäfte und seine Folgen einstehen, die die Erfüllungsgehilfen tätigen.

W

Firma eines Unternehmens	
Bedeutung	Die Firma eines Kaufmanns ist der Name, unter dem er seine Geschäfte betreibt und die Unterschrift abgibt. Ein Kaufmann kann unter seiner Firma klagen und verklagt werden (§ 17 HGB). Nur Kaufleute sind berechtigt, eine Firma zu führen. Die Firma muss die Rechtsform angeben (§ 19 HGB). Kleingewerbetreibende, die nicht im Handelsregister eingetragen sind, dürfen lediglich eine sogenannte „Geschäftsbezeichnung" verwenden, z. B. „Boutique XARA", ansonsten müssen sie im Geschäftsleben immer mit Vor- und Zunamen auftreten, bei einer BGB-Gesellschaft (GbR) immer mit den Vor- und Zunamen aller Gesellschafter.
Arten	**Personenfirma:** Name des Firmeninhabers (Familienname genügt), z. B. Kai Müller e. K. **Sachfirma:** Gegenstand der unternehmerischen Tätigkeit, z. B. Müller EDV e. K. oder Sporti Vereinssoftware e. K. **Fantasiefirma:** jegliche Namensgestaltung, z. B. Sysygy e. K., und Mischformen daraus, z. B. Müller Sysygy EDV e. K.

Grundsätze	**Firmenausschließlichkeit (Unterscheidung):** Geprüft wird die ausschließliche Führung des Namens am Ort. Hierbei wird nicht nur auf eine sprachliche Übereinstimmung, sondern auch auf allgemeine Ähnlichkeiten geprüft. Es ist wichtig, einen regionalen Bezug im Firmennamen herzustellen: z. B. Viva Deutschland GmbH. Da eine Firma spätere Konflikte wegen der Namensgebung mit einer anderen Firma an einem anderen Ort vermeiden will, sollten vorab weitreichende Recherchen zur Firma vorgenommen werden. **Firmenwahrheit:** Hierbei ist insbesondere das Irreführungsverbot zu beachten (§ 18 Abs. 2 HGB). So darf man nicht durch die Angaben in der Firma über die geschäftlichen Verhältnisse täuschen. **Firmenbeständigkeit:** Der Schutz der Firma ist durch verschiedene Gesetze gewährleistet: z. B. § 12 BGB, § 37 HGB, § 15 Markengesetz. Die Firmenfortführung ist auch bei Inhaberwechsel gesichert: Man darf die Firma eines Unternehmens veräußern, z. B. die Firma „Prof. Müller EDV-Orga e. K." (Irreführungsverbot beachten). Eventuell ist ein Inhaberzusatz zu ergänzen.
Beratung	Kammern (IHK, Handwerkskammer), Recherche beim Markenregister des Deutschen Patent- und Markenamtes (DPMA)

Aufgaben

1. Jana Otto aus Frankfurt am Main möchte einen Internetshop für Frauen einrichten und IT-Zubehör anbieten. Ist es möglich, ihrer GmbH folgende Firmenbezeichnung zu geben?
   a) IT-Shopping GmbH
   b) Versandhaus Otto GmbH
   c) Jana Otto Internetshop
   d) Das große IT-Frauen-Shopping-Portal GmbH
   e) Otti Deutschland GmbH
   f) IT-Service Otto GmbH
2. Was ist richtig, was ist falsch?
   a) Aus der Firma muss die zutreffende Branche erkennbar sein.
   b) Die Firma ist der Name eines Kaufmanns, unter dem er seine Geschäfte betreibt.
   c) Unter der Firma setzt der Kaufmann seine Unterschrift.
   d) Unter der Firma kann das Unternehmen verklagt werden.
   e) Nur wer in das Handelsregister eingetragen ist, verfügt über eine Firma.
   f) Der Zusatz „e. K." weist darauf hin, dass das Unternehmen mit der Firma im Handelsregister eingetragen wurde.

1.4.7.2 Handelsregister

S

Anna erfährt, dass eine Firma nur führen kann, wer diese im Handelsregister beim Amtsgericht eingetragen hat. Sie ist neugierig und will recherchieren, welche IT-Unternehmen im Handelsregister stehen.

Das Handelsregister ist ein bei den Amtsgerichten geführtes Verzeichnis, in dem alle Unternehmen eingetragen sind, die eine kaufmännische Rechtsform (z. B. e. K., GmbH, AG, KG, OHG) führen. Kleinunternehmen müssen sich nicht in das Handelsregister eintragen lassen. Eingetragene Unternehmen haben den Rechtsstatus eines Vollkaufmanns und müssen die hierfür geltenden Richtlinien und Gesetze (insbesondere das HGB) beachten.

Das Handelsregister soll als öffentliches Verzeichnis Sicherheit und Vertrauen im Geschäftsleben verbessern, zur Bekanntmachung der für die Öffentlichkeit relevanten Unternehmensdaten dienen sowie Beweis-, Kontroll- und Schutzfunktionen für alle Geschäftspartner und Mitarbeiter bieten.

Mit dem gemeinsamen Registerportal www.handelsregister.de der Bundesländer bietet die deutsche Justiz die Möglichkeit, zu jeder Zeit Einsicht in die Handelsregister aller Bundesländer zu nehmen. Kostenlos kann man überprüfen, ob ein Unternehmen registriert ist. Für Einsichtnahmen in die Register werden i. d. R. Gebühren fällig.

Europaweit können über Portale (z. B. www.firmenwissen.de) Firmeninformationen (z. B. aus dem Handelsregister) eingeholt werden.

Aufgaben

Recherchieren Sie im Internet mit dem Suchbegriff „Handelsregister". Unter https://www.handelsregister.de werden Anzeigen im Handelsregister auch ohne Gebühren bekannt gemacht. Im Downloadbereich finden Sie zusätzlich verschiedene Auszüge und Beispiele in der Datei „Handelsregistereintragungen.doc".

DL

Handelsregistereintrag (Beispiel)	
Tag der Eintragung	22..-11-08
Art	Neueintragung
Amtsgericht	Amtsgericht Hamburg – Registergericht –
Firma	Akademie für IT-Schulungen UG (haftungsbeschränkt)
Firmensitz	Hamburg
Firmenadresse	Berliner Tor 5, 20099 Hamburg
Registernummer	HRB 101234
Veröffentlichung	Gesellschaft mit beschränkter Haftung. Gesellschaftsvertrag vom 08.11.20. Geschäftsanschrift: Berliner Tor 5, 20099 Hamburg. Gegenstand: Erbringung von Seminardienstleistungen und Durchführung von Fortbildungsveranstaltungen. Stammkapital: 2.000,00 €. Allgemeine Vertretungsregelung: Ist nur ein Geschäftsführer vorhanden, so vertritt er die Gesellschaft allein. Sind mehrere Geschäftsführer bestellt, so wird die Gesellschaft durch zwei Geschäftsführer oder durch einen Geschäftsführer gemeinsam mit einem Prokuristen vertreten. Geschäftsführer: Jan Müller, Hamburg, *05.11.1985, mit der Befugnis, im Namen der Gesellschaft mit sich im eigenen Namen oder als Vertreter eines Dritten Rechtsgeschäfte abzuschließen.

W

Handelsregister beim Amtsgericht	
Zweck	Das Handelsregister ist eine der wichtigsten Informationsquellen für die Wirtschaft. Es dient der Offenlegung der wesentlichen Rechtsverhältnisse der eingetragenen Einzelkaufleute, Personen- und Kapitalgesellschaften sowie von Geschäftsdaten in begrenztem Rahmen. Durch die Eintragung in das Handelsregister erlangt die Firma die Kaufmannseigenschaft und muss das HGB einhalten.
Publikationsfunktion	Jeder kann zu Informationszwecken Einsicht nehmen. Abschriften, Nachweise oder Bescheinigungen können erstellt werden. Veröffentlichungen erfolgen auch im Bundesanzeiger und in Tageszeitungen. Mit der Eintragung wird eine Rechtsform rechtsfähig.
Schutzfunktion	Schutz der Betroffenen (z. B. Kunden, Lieferanten) durch die Bekanntmachung
Abteilungen	A: insbesondere für Einzelkaufleute und Personengesellschaften (OHG, KG) B: insbesondere für Kapitalgesellschaften (GmbH, AG)

Aufgaben

Was ist richtig, was ist falsch?

a) Im Handelsregister werden die Firma und eine Haftungsbeschränkung genannt.
b) Die Gemeinden führen das Handelsregister.
c) Eine Handelsregistereintragung macht eine Gewerbeanmeldung entbehrlich.
d) In das Handelsregister werden alle Personen- und Kapitalgesellschaften, jedoch keine Einzelunternehmen eingetragen.
e) In das Handelsregister müssen keine Kleingewerbebetriebe eingetragen werden.
f) Mit der Eintragung in das Handelsregister erlangt die Firma die Kaufmannseigenschaft und muss die Pflichten des Kaufmanns erfüllen.
g) Das Handelsregister wird in zwei Abteilungen geführt.
h) Eintragungen in das Handelsregister dürfen nur Personen einsehen, die einen besonderen Grund nachweisen können.

1.4.7.3 Rechtsformen der Unternehmen

S

Bei ihrer Recherche der Handelsregistereintragungen ist Anna auf die verschiedensten Rechtsformen wie z. B. GmbH, KG, OHG und Limited gestoßen. Sie will nun vergleichen, worin sich die Rechtsformen unterscheiden.

Die Entscheidung für eine bestimmte Rechtsform kann die unterschiedlichsten Gründe haben. Daher ist in jedem Fall genau zu prüfen, welche Kriterien von besonderer Bedeutung sind.

Je nach Rechtsform unterliegen Unternehmer bzw. Unternehmen unterschiedlichen Gesetzen. Für Unternehmen, die sich beim Amtsgericht im Handelsregister eintragen lassen, gilt zusätzlich das HGB (Handelsgesetzbuch), für alle nicht eingetragenen Unternehmer insbesondere das BGB (Bürgerliches Gesetzbuch).

Entscheidungskriterien für die Wahl der Rechtsform eines Unternehmens

1. Rechtsgestaltung, insbesondere die Haftung
2. Leitungsbefugnis (Vertretung nach außen, Geschäftsführung, Mitbestimmung)
3. Gewinn- und Verlustbeteiligung sowie Entnahmerechte
4. Kapitalbedarf und Finanzierungsmöglichkeiten mit Eigen- und Fremdkapital
5. Flexibilität bei der Änderung von Beteiligungsverhältnissen und bei Eintritt und Ausscheiden von Gesellschaftern
6. Steuerbelastung
7. Gesetzliche Vorschriften über Umfang, Inhalt, Prüfung, Offenlegung des Jahresabschlusses
8. Aufwendungen zur Rechtsform (z. B. Gründungs- und Kapitalerhöhungskosten, besondere Aufwendungen für die Rechnungslegung)
9. Verkauf des Unternehmens oder Nachfolgeregelung

Die GbR (Gesellschaft bürgerlichen Rechts), manchmal auch die „Mutter aller Personengesellschaften" genannt, unterliegt dem BGB und ist formal einfach nur über einen (eventuell sogar mündlichen) Vertrag zu schließen. Sie erfordert kein Haftungskapital, keine Eintragung in das Handelsregister und keine Unternehmensorgane wie Geschäftsführer oder Aufsichtsrat. Die Gesellschafter müssen die Gewinne und das Vermögen anteilig im Rahmen ihrer individuellen Steuerbescheide versteuern. Obwohl jeder Gesellschafter mit seinem privaten Vermögen für die Schulden und Verpflichtungen der GbR und auch solidarisch für die anderen Gesellschafter mit seinem Privatvermögen haftet, ist die GbR rechtsfähig, soweit sie im Rechtsverkehr eigene Rechte oder Pflichten begründet. Die GbR kann insoweit auch klagen und verklagt werden.

<table>
<tr><th colspan="6">Rechtsformen</th></tr>
<tr><td rowspan="4">Einzelunternehmen
(z. B.: e. K., e. Kffr.)</td><td colspan="5">Gesellschaften</td></tr>
<tr><td colspan="3">Personengesellschaften</td><td>Kapitalgesellschaften</td><td>Sonstige Gesellschaften</td></tr>
<tr><td colspan="2">keine Personenhandelsgesellschaften</td><td>Personenhandelsgesellschaften</td><td rowspan="2">AG, GmbH</td><td rowspan="2">Eingetragene Genossenschaft (eG), Versicherungsverein auf Gegenseitigkeit (VVaG)</td></tr>
<tr><td>Gesellschaft des bürgerlichen Rechts (GbR)</td><td>Partnergesellschaft (z. B. für Steuerberater)</td><td>OHG, KG, GmbH & Co. KG</td></tr>
<tr><td colspan="4">Jeder Einzelne ist selbst Rechts- und Steuersubjekt. Für Verbindlichkeiten haftet jeder mit seinem gesamten Vermögen gesamtschuldnerisch (jeder für die gesamten Schulden). Jeder Einzelne wird mit seinem anteiligen Gewinn oder Verlust zur Einkommensbesteuerung herangezogen. Das Unternehmen muss nicht in das Handelsregister eingetragen werden, wenn es keinen größeren kaufmännischen Umfang hat. Bei Eintragung in das Handelsregister muss die Einzelunternehmung den Zusatz „e. K.", die GbR den Zusatz OHG (oder vergleichbar) führen und dann die Pflichten und Rechte des HGB bzw. eines Kaufmanns beachten.</td><td colspan="2">Die Gesellschaft ist als juristische Person rechtsfähig: Sie ist selbst Rechts- und Steuersubjekt, kann selbst haftbar gemacht werden, d. h., für Verbindlichkeiten der Gesellschaft haftet diese mit ihrem eigenen Vermögen, und wird selbst mit ihrem Gewinn zur Körperschaftsteuer herangezogen.</td></tr>
<tr><th colspan="6">Ertragsbesteuerung</th></tr>
<tr><td colspan="4">Einkommensteuer jeder Person (§§ 15 und 18 EStG)</td><td colspan="2">Körperschaftssteuer der Gesellschaft (§ 1 KStG)</td></tr>
</table>

Aufgaben

Was ist richtig, was ist falsch?

a) Wenn Katrin und Julia eine GbR gründen, haftet jeder für die Schulden des Unternehmens mit seinem Privatvermögen.

b) Bei einer GmbH haftet nur die GmbH mit ihrem Vermögen, jedoch nicht jeder Gesellschafter mit seinem Privatvermögen.

c) Wenn sich Katrin Meyer in das Handelsregister eintragen lässt, erhält ihre Firma den Zusatz „e. K.".

d) Der Gewinn der GmbH unterliegt der Einkommensteuer.

e) Eine GbR ist rechtlich eine Personenhandelsgesellschaft, jedoch keine Personengesellschaft.

f) Eine OHG ist als Kapitalgesellschaft eine juristische Person.

W

Merkmale / Rechtsform	Einzelunternehmen	Gesellschaft bürgerlichen Rechts (GbR)	Offene Handelsgesellschaft (OHG)	Kommanditgesellschaft (KG)	Gesellschaft mit beschränkter Haftung (GmbH)	Aktiengesellschaft (AG)
Zweck	Jegliches gesetzlich zulässige Unternehmen	Einfachste Form einer Mehrpersonengesellschaft	Betrieb eines Handelsgewerbes	Betrieb eines Handelsgewerbes	Nicht auf ein Handelsgewerbe festgelegt	Nicht auf ein Handelsgewerbe festgelegt
Name der Firma	Vor- und Zuname des Inhabers; bei Eintragung in das Handelsregister Name frei wählbar mit dem Zusatz „e. K.", „e. Kffr." oder „e. Kfm."	Keine Firma; Namen der Gesellschafter, evtl. mit Zusatz „GbR"; wird durch Eintragung in das Handelsregister zur OHG	Name frei wählbar mit Zusatz „OHG" oder „& Co."	Mindestens Familiennamen eines Vollhafters und „KG"	Name frei wählbar mit Zusatz „GmbH"	Name frei wählbar mit Zusatz „AG"
Anzahl der Gründer	Ein Inhaber	Mindestens zwei Gesellschafter	Mindestens zwei Gesellschafter; auch eine juristische Person möglich	Mindestens ein Vollhafter (Komplementär), auch juristische Person, Teilhafter (Kommanditist)	Mindestens ein Gesellschafter	Mindestens ein Aktionär
Mindestkapital	Keine Untergrenze	Keine Untergrenze	Keine Untergrenze	Keine Untergrenze	Mindestens 25.000,00 € Stammkapital, 50 % sofort, Nennbetrag jedes Anteils auf volle Euro	50.000,00 € Grundkapital
Haftung nach außen	Persönlich und unbeschränkt	Persönlich und unbeschränkt, solidarisch	Persönlich und unbeschränkt, solidarisch	Komplementär wie bei der OHG, Kommanditist mit Einlage	Nur die Gesellschaft haftet ab der Veröffentlichung	Nur die Gesellschaft haftet
Geschäftsführung und Organe	Inhaber/Einzelkaufmann allein	Alle Gesellschafter verpflichtet, im Innenverhältnis Beschränkungen möglich	Jeder Gesellschafter	Nur Komplementäre, für Kommanditisten nur Kontrollrecht, bei ungewöhnlichen Rechtsgeschäften Zustimmung notwendig.	Geschäftsführer, notariell beurkundet; bei großer GmbH auch Aufsichtsrat	Hauptversammlung der Aktionäre, gewählter Aufsichtsrat, bestellter Vorstand
Gewinnverteilung	Einzelkaufmann erhält Gewinn allein	Gewinn-/Verlustverteilung nach Köpfen, so weit nicht näher bestimmt (§ 722 BGB)	Soweit keine vertragliche Regelung: 4 % der Kapitaleinlage, Rest nach Köpfen	Soweit keine vertragliche Regelung: 4 % der Kapitaleinlage, Rest in angemessenem Verhältnis	Im Verhältnis der Geschäftsanteile	Dividende im Verhältnis der Aktienanteile
Rechtsgrundlage	§ 14 BGB, § 19 HGB	§ 705 ff. BGB	§ 19, 105 ff. HGB	§ 161 ff. HGB	GmbH-Gesetz	Aktiengesetz
Gründungskosten [1)]	Ca. 30,00 €	Ca. 30,00 € je Gesellschafter	Ca. 500,00 €	Ca. 500,00 €	Ca. 1.250,00 €	Ca. 1.500,00 €
Vorteile	Einfach, überschaubar, geringe Rechtsformkosten, durch Privathaftung evtl. eher kreditwürdig, alleinige Geschäftsführung	Unkompliziert, per Vertrag (auch mündlich) geschlossen	Durch Privathaftung eher kreditwürdig	Gut, wenn Teilhafter, nicht in der Geschäftsführung, die Haftung einschränken will	Haftungsbeschränkung, freie Wahl eines Geschäftsführers, nur ein Gesellschafter notwendig	Einfacher bezüglich Mitarbeiterbeteiligung am Unternehmen, Kapitalbeschaffung
Nachteile	Ohne Eintragung in das Handelsregister keine Firma und Prokura, riskant, Leitung nur durch Inhaber	Keine eigene Firma, keine Prokuraerteilung möglich bei Gewerbebetrieb nur für Kleingewerbe	Hohes Risiko durch Privathaftung	Vollhafter haftet mit Privatvermögen (gut für Teilhafter)	Steuerlich benachteiligt gegenüber Personengesellschaft, Gründungs- und Verwaltungsaufwand höher	Aufwendige Rechtsform (Organe, Mitbestimmung, Veröffentlichung, Wirtschaftsprüfung)

1) Notar-, Gerichts- und Veröffentlichungskosten für Gewerbeanmeldung und Handelsregistereintragung, ohne Beratungskosten; bei Einzelunternehmen als Kleingewerbetreibender gerechnet

Besondere Rechtsformen	
Stille Gesellschaft	Personengesellschaft zur Beteiligung an einem Handelsgewerbe, ohne dass dies öffentlich bekannt wird. Die Haftung des stillen Gesellschafters ist beschränkt auf die Einlage, beinhaltet keine Geschäftsführung des stillen Gesellschafters. Die Gewinnverteilung erfolgt als angemessener Anteil, vgl. §§ 230 bis 236 HGB.
UG (beschränkt)	**Unternehmergesellschaft (UG) – Mini-GmbH oder 1-Euro-GmbH nach § 5a GmbHG:** Ein Kernanliegen der GmbH-Novelle war die Erleichterung und Beschleunigung von Unternehmensgründungen sowie die Bekämpfung von Missbräuchen im GmbH-Recht (Gesetz: MoMiG). Für kostengünstige Standardgründungen (Voraussetzungen u. a. Bargründung, höchstens drei Gesellschafter, ein Geschäftsführer) werden zwei beurkundungspflichtige Musterprotokolle zur Verfügung gestellt (vgl. MoMiG). 1,00 € als Stammkapital reicht bei der Gründung aus. Sacheinlagen sind dafür ausgeschlossen. Die Gesellschaft ist verpflichtet, 25 % des Jahresgewinns als Rücklage einzustellen, bis das Stammkapital von 25.000,00 € erreicht ist. Zum besseren Gläubigerschutz muss die Gesellschaft mit dem Zusatz Unternehmergesellschaft bzw. UG (haftungsbeschränkt) firmieren. Zu beachten ist, dass bei geringem Stammkapital schnell Insolvenzgefahr durch Insolvenzantragspflicht bei Unterkapitalisierung besteht.
Ltd.	**Limited Gesellschaft (englische Rechtsform), auch in Deutschland zulässig:** Ähnlich wie UG geringes Grundkapital (1 Pfund), haftungsbeschränkt, niedrige Gründungskosten und zügige Gründung; Nachteil: Anmeldung auch in Großbritannien notwendig.

Aufgaben

1. Was ist richtig, was ist falsch?
   a) Eine GmbH ist eine Personengesellschaft.
   b) Bei der KG ist der Komplementär ein Teilhafter.
   c) Bei der OHG erfolgt die Gewinnverteilung nach HGB: 4 % auf Kapitaleinlage, Rest nach Köpfen.
   d) Die Gründung eines Einzelunternehmens erfolgt durch notarielle Beurkundung.
   e) Die GbR ist eine BGB-Gesellschaft.
   f) Eine GmbH kann schnell mit einem Stammkapital von 1,00 € gegründet werden.
   g) Einzelunternehmer haften unbeschränkt.
   h) Die GbR wird durch Eintragung in das Handelsregister gegründet.
   i) Bei der OHG hat der Komplementär ein Kontrollrecht, jedoch kein Widerspruchsrecht.
   j) Bei der GmbH wird ab 500 Arbeitnehmern ein Aufsichtsrat zwingend eingerichtet.
   k) Bei der AG ist die Hauptversammlung das überwachende und der Aufsichtsrat das geschäftsführende Organ.
   l) Eine OHG ist eine Kapitalgesellschaft.
   m) Für die Gründung einer AG sind mindestens 100.000,00 € Stammkapital notwendig.
   n) Das Einzelunternehmen entsteht schon mit der Aufnahme der Geschäftstätigkeit.
   o) Bei der OHG haften alle Gesellschafter unbeschränkt, unmittelbar und solidarisch.
   p) Die Gesellschafter der GmbH haften bei Verlust nach Köpfen.
   q) Bei der GmbH ist die Gesellschafterversammlung das beschlussfassende Organ.
   r) Eine GmbH ist eine Kapitalgesellschaft.
   s) Gesellschafter einer OHG oder KG kann auch eine juristische Person sein.
   t) Die GbR darf nur Kleingewerbe betreiben.
   u) Wenn ein Gesellschafter der OHG im Gesellschaftsvertrag die Haftung eingeschränkt hat, muss er zwar nach innen haften, jedoch nicht im Außenverhältnis.
2. Welche der unten stehenden Aussagen treffen nach der gesetzlichen Regelung
   1) nur auf eine GbR,
   2) nur auf eine OHG,
   3) nur auf eine KG,
   4) auf eine GbR, KG und OHG,
   5) auf keine der zuvor genannten Unternehmungsformen zu?

   Aussagen:
   a) Die im Handelsregister eingetragenen Gesellschafter sind zur Geschäftsführung verpflichtet.
   b) Die Gesellschafter sind nicht im Handelsregister eingetragen.
   c) Ein Geschäftsführer, der nicht Gesellschafter ist, leitet das Unternehmen.
   d) Es gibt auch Gesellschafter, die nur mit ihrer Einlage haften.
   e) Es gibt Gesellschafter, die mit ihrem Privatvermögen haften müssen.
3. An einer GmbH sind die drei Gesellschafter A, B und C in folgendem Verhältnis beteiligt:
   A mit 30 % des Stammkapitals,
   B mit einem Viertel des Stammkapitals,
   C mit dem Rest von 80.000,00 €.

A und B erhalten für die Geschäftsführung jeweils vorab 70.000,00 € aus dem erzielten Gewinn von 300.000,00 €. C, der vertraglich auf die Geschäftsführung verzichtet hat, ist nur im Verhältnis seines Anteils am Stammkapital am Restgewinn beteiligt. Wie viel Euro Gewinnanteil erhält der Gesellschafter C?

4. Welche der unten stehenden Aussagen treffen nach der gesetzlichen Regelung
   1) nur auf eine GbR,
   2) nur auf eine GmbH bzw. UG,
   3) nur auf eine AG,
   4) sowohl auf eine GmbH als auch auf eine AG zu?

   Aussagen:
   a) Die Haftung der Gesellschaft kann auf unter 100,00 € begrenzt sein.
   b) Die Gesellschaft entsteht schon durch mündliche Vereinbarung.
   c) Das Unternehmen könnte einen Aufsichtsrat haben.
   d) Es wird eine Dividende ausgezahlt.
   e) Die Geschäftsführung erfolgt durch mindestens einen Geschäftsführer.
5. Karla und Jan haben ihre GbR in das Handelsregister eintragen lassen. Eine Regelung zur Gewinnverteilung besteht nicht. Die Einlagen betragen 50.000,00 € von Karla und 20.000,00 € von Jan. Bisher haben sich beide aufgrund ihrer Tätigkeit im Unternehmen vorab auf folgende Verteilung des Jahresgewinns von 120.000,00 € geeinigt: 30.000,00 € an Karla und 40.000,00 € an Jan. Empfehlen Sie die Verteilung des Restbetrages. Wie ist die Rechtslage?
6. Sie unterhalten sich über die Unterschiede der Rechtsformen GmbH, KG, OHG und AG. Ordnen Sie diesen Rechtsformen jeweils eine der folgenden Rechtsvorschriften zu.

   Rechtsvorschriften:
   a) Jeder Gesellschafter hat die Pflicht, die Geschäfte der Gesellschaft zu führen und persönlich Dienste zu leisten.
   b) Den Gläubigern gegenüber haftet mindestens ein Gesellschafter unbeschränkt.
   c) Jeder Gesellschafter hat Anspruch auf vier Prozent seines Kapitalanteils. Der Restgewinn wird nach Köpfen verteilt.
   d) Alle Gesellschafter haften lediglich mit ihrer Einlage.
   e) Der Vorstand wird vom Aufsichtsrat bestellt.
   f) Der Aufsichtsrat wird von der Hauptversammlung gewählt.
7. Entscheiden Sie sich für die richtige Unternehmensform und begründen Sie Ihre Wahl:
   a) Ein Informatikkaufmann möchte sich selbstständig machen: Kapitaleinsatz ca. 70.000,00 €, fünf Mitarbeiter, Umsatzschätzung 1 Mio. € pro Jahr, Eigenkapital 30.000,00 € bar, Immobilienwert 300.000,00 €.
   b) Zwei bereits selbstständige Kaufleute (Einzelunternehmen) möchten sich zu einem gemeinsamen Unternehmen zusammenschließen, ohne die Selbstständigkeit des eigenen Unternehmens aufzugeben. Es sollen möglichst geringe Gründungs- und Verwaltungskosten entstehen.
   c) Sechs Kaufleute für IT-Systemmanagement wollen gemeinsam ein IT-Service-Unternehmen gründen. Weitere Personen, insbesondere die Mitarbeiter, sollen sich ohne großen Aufwand beteiligen können. Kapitaleinsatz: mindestens 100.000,00 €, Umsatzerwartung mind. 3 Mio. € pro Jahr.
   d) Ein größeres Unternehmen bietet Ihnen als Abteilungsleiter/-in eine Beteiligung an. Bisher firmierte das Unternehmen als Einzelunternehmen. Welche Beteiligungsform streben Sie an?

1.4.7.4 Handlungsvollmachten der Mitarbeiter

S

Bei ACI schreiben einige Mitarbeiter ihren Namen hinter „i. V.“, andere Mitarbeiter setzen ihren Namen hinter „i. A.“. Auszubildende dürfen erst eigenständig für die Firma handeln, wenn sie dazu befugt sind. Anna wird erklärt, dass sie erst dann eigenmächtig und eigenverantwortlich handeln kann, wenn sie dazu eine Artvollmacht bekommt. Sie will sich erkundigen, was das überhaupt ist.

Neue Mitarbeiter müssen sowohl ihre als auch die Zuständigkeiten und Vollmachten der Kolleginnen und Kollegen kennen, um korrekt handeln zu können. Bei ACI sind die wesentlichen Zuständigkeiten im Rahmen von Stellenbeschreibungen geregelt. Jan Muster ist Hauptgesellschafter und Geschäftsführer der ACI GmbH und hat damit laut HGB und GmbH-Gesetz alle rechtlichen Vollmachten. Als Prokuristen haben Herr Guss als Verkaufsleiter und Frau Gand als Leiterin der Verwaltung besondere Vollmachten. Der Geschäftsführer Herr Muster behält sich vor, Gesamtvollmacht zu erteilen. Nur mit dieser Vollmacht soll bei ACI auch mit „i. V.“ unterschrieben werden. Diese Vollmacht haben alle sonstigen Abteilungsleiter. Diese Abteilungsleiter können an ihre Mitarbeiter Artvollmachten oder Einzelvollmachten erteilen. Einzelvollmachten kön-

W

Vollmachten				
Arten	**Prokura** **§§ 48 bis 53 HGB**	**Handlungsvollmachten §§ 54 bis 58 HGB**		
	Alle gewöhnlichen <u>und</u> außergewöhnlichen Geschäfte und Rechtshandlungen	**Gesamtvollmacht (allgemeine Handlungsvollmacht)**	**Artvollmacht**	**Einzelvollmacht**
Umfang	Einzelprokura: allein Filialprokura: nur für Filiale Gesamtprokura: gemeinschaftlich	Alle gewöhnlichen Geschäfte und Rechtshandlungen, z. B. Filialleiter	Eine bestimmte Art von wiederkehrenden Geschäften, z. B. Einkäufer, Kassierer	Ein einzelnes Rechtsgeschäft, z. B. Geld zur Bank bringen
Zeichnung	Mit Zusatz pp. oder ppa. (per procura) Bsp.: ACI GmbH ppa. Gaud	Mit Zusatz „i. V." (in Vollmacht) oder „i. A." Bsp.: ACI GmbH i. V. Pelz		I. d. R. mit Zusatz „i. A." (im Auftrag) Bsp.: ACI GmbH i. A. Schulze
Nicht zulässig	Bilanz und Steuererklärung unterschreiben, Eintragung im Handelsregister vornehmen, Eid für das Unternehmen leisten, Aufnahme von Gesellschaftern, Prokura erteilen und entziehen, Rechtsgeschäfte zur Änderung und Beendigung des Unternehmens			
Mit besonderer Ermächtigung	Grundstücke verkaufen und belasten nach § 49 Abs. 2 HGB	Grundstücke verkaufen und belasten, Darlehen aufnehmen, Wechselverbindlichkeiten eingehen, Prozesse für das Unternehmen führen	Alle nicht zu der bestimmten Art gehörenden Geschäfte	Alle sonstigen Rechtsgeschäfte
Beschränkung	Im Innenverhältnis möglich, nicht im Außenverhältnis	Grundsätzlich möglich, jedoch sind Dritte geschützt, wenn sie davon keine Kenntnis hatten		
Beginn der Vollmacht	Mit der Erteilung, Eintragung der Prokura in das Handelsregister nur deklaratorisch	Mit der Erteilung		
Erteilung	Nur durch Kaufmann (Inhaber, Geschäftsführer) mündlich, schriftlich, Eintragung in das Handelsregister vorgeschrieben	Formlos, mündlich, schriftlich, konkludentes (ausdrückliches) Verhalten; keine Eintragung in das Handelsregister möglich. Regel: Die höhere Vollmacht kann die niedrigere Vollmacht erteilen, z. B. allgemeine Handlungsvollmacht wird durch Geschäftsführer oder Prokurist erteilt, Einzelvollmacht kann von Artbevollmächtigten dieses Rechtsgeschäfts erteilt werden.		
Widerruf	Jederzeit möglich (auch wenn durch Anstellungsvertrag erteilt)			

nen wiederum alle Mitarbeiter erteilen, die mindestens eine Artvollmacht haben. Art- und Einzelvollmachten können durch Anweisung auch mündlich erteilt werden. Mitarbeiter mit Art- und Einzelvollmacht unterschreiben bei ACI mit „i. A.".

Prokura kann von allen Personen- und Kapitalgesellschaften sowie von Einzelkaufleuten erteilt werden. Das gilt allerdings nur für Unternehmen, die im Handelsregister eingetragen sind.

Aufgaben

1. Welche Vollmacht muss mindestens vorliegen, wenn keine Einzelvollmacht erteilt wurde?
   a) Für ACI ein Darlehen aufnehmen.
   b) Die Firma vor Gericht vertreten.
   c) Für alle Verkäufer von ACI eine Mitarbeiterreise (Gratifikation) buchen.
   d) Das Grundstück von ACI belasten.
   e) Die Steuererklärungen für ACI unterschreiben.
   f) Geld vom Geschäftskonto abheben.
   g) Einen Mitarbeiter entlassen.
   h) Einen teuren Lkw kaufen.

2. Was ist richtig, was ist falsch?
   a) Die Eintragung der Prokura in das Handelsregister hat deklaratorische Wirkung.
   b) Die Prokura von Frau Schulze gilt erst, wenn sie im Handelsregister eingetragen ist.
   c) Der Prokurist Herr Rudolph kann Frau Schwarze zu seiner Entlastung und mit Duldung des Chefs rechtswirksam Prokura erteilen.
   d) Eine Artvollmacht kann zwar mündlich erteilt werden, muss aber danach schriftlich bestätigt werden.
   e) Auszubildende haben nach ihrer Ausbildung automatisch Handlungsvollmacht.
   f) Prokura kann man nur als GmbH erteilen.
3. Zu welcher Rechtshandlung benötigt ein Prokurist eine zusätzliche Vollmacht?
   a) Aufnehmen von Darlehen
   b) Veräußern von Grundstücken
   c) Kauf von Grundstücken
   d) Führen von Prozessen für den Betrieb
   e) Erteilen einer Handlungsvollmacht
4. In der PC-Profi GmbH existieren folgende Vollmachten:
   Frau Sander: Prokura; Herr Meier: Artvollmacht; Tim Kaiser (Auszubildender): Einzelvollmacht. Wie unterzeichnen diese Mitarbeiter im Rahmen dieser Vollmacht ihre Geschäftspost?

1.4.8 Unternehmensziele

1.4.8.1 Wertschöpfung

Anna, Kai und Stefan nehmen heute an einer Betriebsversammlung teil, die bei ACI mindestens einmal im Jahr stattfindet. Ziel dieser Betriebsversammlung ist es, sich über neue Entwicklungen im Unternehmen und die Zufriedenheit im Betrieb auszutauschen. Herr Muster will heute mit den Mitarbeitern über die Ziele, die das Unternehmen zukünftig anstreben soll, diskutieren. Er spricht dabei zunächst nicht von hohen Gewinnen, die das Unternehmen erwirtschaften soll, sondern von einer hohen Wertschöpfung. Anhand einer PowerPoint-Folie stellt er die Wertschöpfung des Betriebes dar und zeigt die Notwendigkeit ihrer Verbesserung auf. Eine gute Wertschöpfung würde insbesondere auch den Arbeitnehmern bzw. dem Erhalt der Arbeitsplätze zugute kommen.

Als Wertschöpfung wird der Teil der Leistungen eines Unternehmens bezeichnet, der den Mitarbeitern, den Unternehmern, den Banken und dem Staat für die Gegenleistungen (Arbeitskraft, Eigenkapital, Kredite, Staatsleistungen) zugute kommt. Unternehmer wünschen sich natürlich, dass ihr Anteil an der Wertschöpfung, der Gewinn, möglichst hoch ist. Das Beispiel in der Grafik zeigt jedoch, dass der größte Anteil der

Wertschöpfung bei ACI in Mio. €

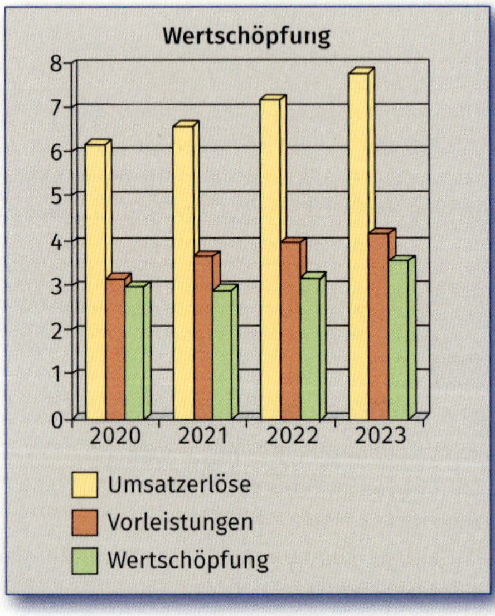

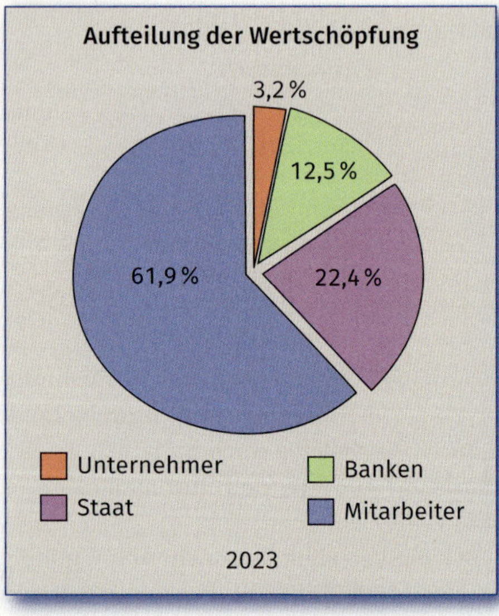

Wertschöpfung = Umsatzlöse – Vorleistungen – Abschreibungen
Vorleistungen = EDV-Ausstattung, sonstige Aufwendungen (ohne Löhne, Gehälter, Zinsaufwendungen, Steuern)
Anteil Mitarbeiter an Wertschöpfung = Löhne/Gehälter, soziale Abgaben u.Ä.

Wertschöpfung = Wertzuwachs, der sich durch die wirtschaftliche Tätigkeit des Betriebes ergibt. Damit können im Betrieb Löhne, Gehälter u.Ä., Zinsen u.Ä. sowie Gewinne gezahlt werden.

Wertschöpfung an die Mitarbeiter in Form von Löhnen, Gehältern und Zulagen geht. Verringern sich die Umsatzerlöse oder erhöhen sich die Vorleistungen im Wert, so wird dies schnell auch Auswirkungen auf den Personalbereich und den Gewinn des Unternehmers haben. Ebenso wirken sich Steuererhöhungen oder erhöhte Zinsen für Kredite aus.

Aufgaben

1. Erläutern Sie mit eigenen Worten, was unter Wertschöpfung zu verstehen ist und worin der Unterschied zum Gewinn besteht.
2. Welche Anteile an der Wertschöpfung lassen sich reduzieren bzw. reduzieren sich kurzfristig, wenn die Umsatzerlöse massiv einbrechen?
   a) Zinsen
   b) Gehälter
   c) Löhne
   d) Leistungsprämien
   e) Soziale Abgaben
   f) Altersversorgung
   g) Gewinnanteile für den Eigentümer (Verzinsung des Eigenkapitals)
   h) Gewerbesteuer
   i) Grundsteuer
3. Mit welchen Maßnahmen kann man die Wertschöpfung erhöhen?

Berechnungsbeispiel:

Umsatzerlöse inkl. USt
– Umsatzsteuer 19 % (von Nettoumsatzerlöse)
= Nettoumsatzerlöse
– Vorleistungen:
  – Aufwendungen EDV
  – Miete
  – Werbeaufwendungen
  – Fremdreparaturen
  – Kommunikationskosten
  – Beratungsaufwendungen
  – Büromaterial
  – sonstige Gemeinkosten
= Bruttowertschöpfung
– Abschreibungen
= Nettowertschöpfung
  aufgeteilt in:
  Steuern und Abgaben
+ Löhne, Gehälter u. Ä.
+ Zinsen, Kapitalaufwand
+ Gewinn

4. Berechnen Sie die Wertschöpfung:
   a) Umsatzerlöse (ohne USt) 4,3 Mio. €, Vorleistungen 1,9 Mio. €, Abschreibungen 0,2 Mio. €. Berechnen Sie auch den Anteil an der Wertschöpfung, wenn für Steuern und Abgaben 200.000,00 € gezahlt wurden, für Löhne, Gehälter, Sozialabgaben und andere Personalaufwendungen 1,6 Mio. €, für Zinsen 300.000,00 €.
   b) Umsatzerlöse (ohne USt) 6,8 Mio. €, Aufwendungen EDV 3,2 Mio. €, Miete 500.000,00 €, Werbeaufwendungen 200.000,00 €, Fremdreparaturen 100.000,00 €, Kommunikationskosten 100.000,00 €, Beratungsaufwendungen 50.000,00 €, Büromaterial 20.000,00 €, sonstige Gemeinkosten 0,3 Mio. €, Abschreibungen 0,3 Mio. €. Berechnen Sie auch den Anteil an der Wertschöpfung, wenn für Steuern und Abgaben 330.000,00 € gezahlt wurden, für Löhne, Gehälter, Sozialabgaben und andere Personalaufwendungen 1,3 Mio. €, für Zinsen 200.000,00 €.
   c) Umsatzerlöse (inkl. 19 % USt) 8,8 Mio. €, Aufwendungen EDV 3,3 Mio. €, Miete 200.000,00 €, Werbeaufwendungen 300.000,00 €, Fremdreparaturen 150.000,00 €, Kommunikationskosten 60.000,00 €, Beratungsaufwendungen 100.000,00 €, Büromaterial 50.000,00 €, sonstige Gemeinkosten 0,25 Mio. €, Abschreibungen 0,4 Mio. €. Berechnen Sie auch den Anteil an der Wertschöpfung, wenn für Steuern und Abgaben 380.000,00 € gezahlt wurden, für Löhne, Gehälter, Sozialabgaben und andere Personalaufwendungen 1,7 Mio. €, für Zinsen 200.000,00 €.

1.4.8.2 Unternehmensziele bei ACI

S

Auf der Betriebsversammlung wurde auch über andere Unternehmensziele als die Wertschöpfung diskutiert. Anna und Stefan recherchieren im Internet und in Fachbüchern und stellen eine Übersicht zusammen (siehe folgende Seite oben).

Aufgaben

1. Erläutern Sie die einzelnen Ziele mit eigenen Worten. Geben Sie je ein Beispiel an. Stellen Sie eine Rangfolge der Ihrer Meinung nach fünf wichtigsten Unternehmensziele auf:
   a) aus Ihrer persönlichen Sicht,
   b) aus der Sicht des im Unternehmen aktiven Eigentümers,
   c) aus der Sicht des im Unternehmen nicht aktiven Eigentümers,

Unternehmensziele		
Begriff	**Erläuterung**	**Beispiele**
Leitbild	Oberste ausformulierte Zielvorstellungen	Vgl. Leitbild oder Businessplan der ACI GmbH
strategische und operative Ziele	Strategisch = langfristig, i. d. R. von Unternehmensleitung festgelegt, operativ = mittel-/kurzfristig, i. d. R. von Abteilungsleitung/Teamleitung festgelegt	Strategisch: z. B. Gewinnmaximierung, Marktführerschaft Operativ: z. B. Kostenminimierung, Absatzmaximierung
Sachziele oder Leistungsziele	Ziele, die sich auf das **konkrete** Handeln eines Betriebes bei der **Leistungserstellung** beziehen, d. h. auf die Art, Menge, Qualität, den Ort und die Zeit der zu produzierenden Güter oder einer zu erbringenden Dienstleistung	Herstellung und Absatz von 5.000 PCs, Fertigung und Vertrieb hochwertiger Server, Nutzung vollautomatischer Fertigungsverfahren, mehr Onlinekommunikation in der Verwaltung, Bearbeitung von 500 Bewerbungen in einer Woche, höhere Kundenzufriedenheit, weniger Arbeitsunfälle
Formalziele	Sollen **allgemein** den Erfolg des unternehmerischen Handelns widerspiegeln, werden daher i. d. R. vor den konkreten Sachzielen formuliert	Steigerung von Umsatz, Absatz, Marktanteil, Produktivität (z. B. Stück/Mitarbeiter), Wirtschaftlichkeit (z. B. Erträge/Aufwendungen), Gewinn, Umsatzrentabilität, Senkung von Kosten, Überstunden, Schulden etc.
Nachhaltigkeit	Nachhaltige Zieldimensionen: a) Ökonomische Ziele b) Ökologische Ziele c) Soziale Ziele	a) Umsatzsteigerung, höhere Produktivität b) Höhere Recyclingquote, weniger Energieverbrauch c) Mehr Arbeitssicherheit, sicherer Arbeitsplatz, bessere Arbeitsbedingungen

- **d)** aus der Sicht der gut qualifizierten Mitarbeiter,
- **e)** aus der Sicht der eher angelernten Mitarbeiter,
- **f)** aus der Sicht des Betriebsrates,
- **g)** aus der Sicht des Staates,
- **h)** aus der Sicht der Kunden.

2. Welche Unternehmensziele ergänzen sich (Zielkombination) und welche Unternehmensziele stehen eher kontraproduktiv zueinander (Zielkonflikte)?

3. Ordnen Sie die folgenden Kennzahlen den Formalzielen zu (Mehrfachnennung möglich):

- **a)** Steigerung des Gewinns
- **b)** Hohes Image der Produkte
- **c)** Sparsamer Ressourcenverbrauch in der Produktion
- **d)** Sicherung des Arbeitsplatzes
- **e)** Hohe Eigenkapitalquote
- **f)** Umsatz um 20 % erhöhen
- **g)** Möglichst geringe Verschuldung
- **h)** Corporate Identity
- **i)** Optimale Geschäftsprozesse

Wachstumsziel
Erfolgsziel
Finanzziel
Soziales Ziel
Gesellschaftliches Ziel
Ökologisches Ziel
Formalziel
Sachziel
Nachhaltigkeit
Ökonomisches Ziel
Ökologisches Ziel
Soziales Ziel

4. Ordnen Sie die Formeln den Kennzahlen richtig zu:

- **a)** Gleich Summe der Ausgangsrechnungen ohne USt minus Selbstkosten
- **b)** Gleich Umsatzerlöse – Vorleistungen – Abschreibungen
- **c)** Wertminderungen an Sachanlagen
- **d)** Gleich Summe der Ausgangsrechnungen
- **e)** Verkaufte Menge
- **f)** Gleich Materialaufwand und sonstige Aufwendungen (ohne Löhne, Gehälter, Zinsaufwendungen, Steuern)

Umsatzerlöse
Gewinn
Absatz
Nettowertschöpfung
Abschreibungen
Vorleistungen

5. In welchen der folgenden Beispiele überwiegt die ökonomische Zielsetzung?

- **a)** In der Kantine werden Getränke in Pappbechern statt in Einwegflaschen ausgegeben.
- **b)** Statt Einweg-Druckerpatronen werden nachfüllbare Patronen eingesetzt.
- **c)** Um einer Berufsschule möglichst viele Bildschirme anbieten zu können, werden überwiegend No-Name-Produkte eingekauft.
- **d)** Veraltete CD-ROMs werden nicht in den Müll geworfen, sondern gesammelt und fachgerecht entsorgt.
- **e)** Für die Dauerbeleuchtung in Räumen werden Energiesparlampen gekauft.
- **f)** Getränke werden in der Kantine von ACI nur in Pfandflaschen angeboten.

6. Welche der fünf Filialen der Soft-X-AG arbeitet nach diesen Zahlen am wirtschaftlichsten?

	Filialen				
	1	2	3	4	5
Gesamterträge (€)	193.000,00	100.000,00	370.000,00	66.000,00	54.000,00
Gesamtaufwendungen (€)	150.000,00	80.000,00	300.000,00	50.000,00	40.000,00

7. Legen Sie mit Beispielen Sachziele SMART fest (vgl. SMART-Methode in Kapitel 5.5.3).
8. Was ist richtig? Rentabilität ist das Verhältnis zwischen ...
   a) dem eingesetzten Kapital und den Aufwendungen eines Jahres.
   b) den Umsatzerlösen und den dafür eingesetzten Kosten.
   c) dem erzielten Gewinn und dem dafür eingesetzten Eigenkapital.
9. Unternehmen und Betriebe können erwerbswirtschaftlich oder gemeinwirtschaftlich ausgerichtet sein. Welche der folgenden Unternehmen sind in erster Linie erwerbswirtschaftlich orientiert?
   a) Rhein-Main-Bank AG
   b) Museum für Kunst und Gewerbe, Hamburg
   c) Ost & Western Schulbuchverlage GmbH
   d) Verkehrsbetriebe Hannover AG
   e) Volkshochschulverband Niedersachsen e.V.
   f) Arbeitsvermittlungsdienststelle einer Arbeitsagentur

1.4.8.3 Immaterielle Vermögenswerte und Erfolgsfaktoren

S Herr Muster spricht in seinem Vortrag von der Bedeutung guter Mitarbeiter für eine hohe Wertschöpfung und den Erfolg des Unternehmens. Er sei froh, dass viele Mitarbeiter schon sehr lange im Unternehmen tätig seien, den Betrieb gut kennen und sehr selbstständig arbeiten würden. In der Regel werde neuer Personalbedarf durch die Übernahme von Auszubildenden nach der Ausbildung gedeckt.

Jedes Unternehmen verfügt über **materielle Vermögenswerte**, um den Betrieb aufrechtzuerhalten. Dies sind z.B. das Betriebsgebäude, der Fuhrpark, maschinelle Anlagen, die Betriebs- und Geschäftsausstattung sowie das Umlaufvermögen mit dem in das Lager investierten Vermögen oder die finanziellen Mittel auf den Bankkonten oder in der Kasse.

Unternehmen verfügen z.T. auch über unkörperliche oder **immaterielle Vermögensgegenstände**. Hierzu zählen z.B. Lizenzen und Nutzungsrechte wie z.B. Softwarelizenzen.

Immaterielle Werte können im erheblichen Maße auch im **Geschäfts- und Firmenwert** enthalten sein.

Das Fachwissen der Mitarbeiter, eine gute Organisation, ein guter Kundenstamm oder gute Geschäftsbeziehungen tragen erheblich zu einer hohen Wertschöpfung des Unternehmens bei. Zum Beispiel kann ein großes EDV-Systemhaus mit einem Anlagevermögen von über 3 Mio. € und geringen immateriellen Vermögenswerten nur 50.000,00 € Wertschöpfung pro Mitarbeiter erwirtschaften, ein anderes (z.B. kleines) Systemhaus mit hohen immateriellen Vermögenswerten dagegen 120.000,00 € Wertschöpfung erbringen. Nach dem BilMoG ist für entgeltlich erworbene immaterielle Vermögensgegenstände des Anlagevermögens eine Nutzungsdauer von 3 bis 5 Jahren anzunehmen. Für selbst geschaffene immaterielle Vermögensgegenstände sind i. d. R. 10 Jahre zugrunde zu legen.

Beispiele für Erfolgsfaktoren

- Besonders erfolgreiches Marketing
- Betriebliche Ausbildung
- Einsparung an Energie
- Einsparung an Kommunikationskosten
- Einsparung im Management
- Einsparung an Material
- Einsparung im Personalbereich
- Engagierte Mitarbeiter
- Forschung und Entwicklung
- Funktionierendes Qualitätsmanagement
- Kundenbeziehungen
- Lieferantenauswahl
- Logistik Einkauf, Produktion, Vertrieb
- Mängelbearbeitung
- Marktanalysen, Marktanteile
- Personalbeschaffung
- Personalentwicklung
- Richtige Entscheidungen bei der Wahl der Betriebsmittel
- Qualifizierte Mitarbeiter
- Service für Kunden
- Standort des Ladengeschäftes
- Umweltschutzmaßnahmen
- Zusammenarbeit mit dem Betriebsrat

Aufgaben

1. Nennen Sie Gründe, warum einzelne Erfolgsfaktoren so wichtig für den Erfolg des Unternehmens sind.
2. Nennen Sie weitere hier nicht aufgeführte Erfolgsfaktoren.
3. Ein Unternehmen, z. B. eine „In-Kneipe", ein EDV-Systemhaus, eine Internetfirma mit 20 Mitarbeitern (Provider), ein Softwareunternehmen (Schwerpunkt Lager- und Warenwirtschaft im Einzelhandel), ein Ladengeschäft für den Computerhandel, soll verkauft und daher bewertet werden. Was wären ihre materiellen und immateriellen Vermögenswerte und wie könnte man diese bewerten?

1.4.9 Kooperation und Konzentration

S Täglich liest man in der Zeitung, dass Unternehmen Kooperationen eingehen oder fusionieren. Als Begründung wird nicht selten davon gesprochen, dass man Synergien nutzen wolle. Anna und Stefan diskutieren, was das bedeutet.

Unternehmen können aus den unterschiedlichsten Gründen miteinander kooperieren oder sich zusammenschließen, z. B.:

- Der gemeinsame Kundenstamm ist größer.
- Das gemeinsame Waren- und Leistungsangebot ist größer.
- Einkaufskonditionen verbessern sich durch eine größere Einkaufsmenge.
- Gemeinsam verfügen Unternehmen über mehr Fach- und Branchenkenntnisse.
- Der Verwaltungsaufwand verringert sich durch eine gemeinsame Verwaltung.
- Unternehmensbereiche können gemeinsam wirtschaftlicher betrieben werden.
- Zusammengeschlossene Unternehmen sind eventuell finanziell besser abgesichert.

Die Vorteile einer Zusammenarbeit bzw. den Zusatznutzen durch Kooperation und Zusammenschluss bezeichnet man auch als **„Synergien"**.

Eine Verbindung von Unternehmen auf horizontaler oder gleichartiger Ebene kann dazu führen, die Stellung auf dem Markt zu verbessern oder im idealen Fall sogar eine marktführende Position einzunehmen.

Ein vertikaler Zusammenschluss kann z. B. sinnvoll sein, wenn es um Technologieführerschaft geht, da man sich auf dem Markt durch die Schnelligkeit in der Umsetzung von neuen Produkten besser durchsetzen oder behaupten kann.

Ganz anders kann der diagonale oder anorganische Zusammenschluss von Unternehmen motiviert sein. So kann sich dadurch z. B. ein Mischkonzern völlig unterschiedlicher oder anorganischer Unternehmen bilden, da die Investoren ausschließlich auf Finanz- und Renditegesichtspunkte Wert legen und Synergien zwischen den Unternehmen so gut wie keine Rolle spielen.

Konzentrationsformen von Unternehmen

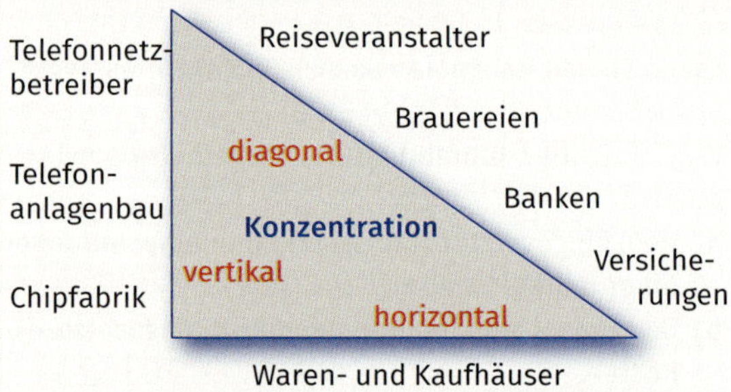

Vertikal: Zusammenschluss von Unternehmen aufeinanderfolgender Produktions- und Handelsstufen, um Kosten- und Technologievorteile zu erlangen und den Absatz zu fördern (Synergien: gering bis mittel).
Diagonal/anorganisch: Branchenfremde Zusammenschlüsse (Konglomerate), um Risiken zu streuen (Synergien eher gering), Zusammenschluss von Unternehmen mit hoher Rendite oder auf Gelegenheitskäufe bezogen.
Horizontal: Unternehmen gleicher Produktions- und Handelsstufen schließen sich zusammen, um Kosten einzusparen. Vorteile: Reduzierung der Zahl der Mitbewerber, Reduzierung der Mitarbeiter, z. B. durch gemeinsamen Einkauf und gemeinsame Verwaltung (Synergien möglicherweise hoch).

Gesetz gegen Wettbewerbsbeschränkungen (GWB – Kartellgesetz) – Auszug –

Die missbräuchliche Ausnutzung einer marktbeherrschenden Stellung durch ein oder mehrere Unternehmen ist verboten. Ein Unternehmen ist marktbeherrschend, soweit es als Anbieter oder Nachfrager einer bestimmten Art von Waren oder gewerblichen Leistungen auf dem sachlich und räumlich relevanten Markt ohne Wettbewerber ist oder keinem wesentlichen Wettbewerb ausgesetzt ist.

Viele Unternehmen sind heute in Konzernen eingebunden, werden als Filialbetriebe geführt, gehören zu einflussreichen Einkaufsgemeinschaften und verfügen durch die Übernahme der Mitbewerber über eine bedeutende Stellung im Markt. Da Unternehmen mit einer marktbeherrschenden Stellung Preise und Konditionen diktieren könnten, wurde das Bundeskartellamt beauftragt, die Entstehung von verbotenen Kartellen zu verhindern und genehmigungspflichtige Kartelle und Fusionen auf Zulässigkeit entsprechend dem Gesetz gegen Wettbewerbsbeschränkungen zu prüfen.

Aufgaben

1. In welchen der unten stehenden Beispiele liegt ein
   1) vertikaler Unternehmenszusammenschluss,
   2) horizontaler Unternehmenszusammenschluss,
   3) diagonaler/anorganischer Unternehmenszusammenschluss vor?

   Beispiele für Unternehmungszusammenschlüsse:
   a) Mediamärkte GmbH und PC-2000 Fachmärkte GmbH
   b) Automobilhersteller und Softwarehersteller
   c) Druckerhersteller und Scannerhersteller
   d) Versicherungsgesellschaft und Werbeagentur
   e) Haus und Grund Software AG und WOWA Wohnungsverwaltungssoftware GmbH
   f) PC-2000 Fachmärkte GmbH und PC-Recycling GmbH
   g) German Energie AG und Hotel Alpia GmbH
2. Welches der nachstehenden Gesetze soll den freien Markt sicherstellen?
   a) Bürgerliches Gesetzbuch
   b) Handelsgesetzbuch
   c) Gesetz gegen Wettbewerbsbeschränkungen
   d) Gesetz gegen den unlauteren Wettbewerb
3. Nennen Sie mögliche Synergien, wenn folgende Zusammenschlüsse von Unternehmen zustande kommen.
   a) Zwei bundesweit agierende Softwareunternehmen von Branchensoftware (z. B. für Arztpraxen) schließen sich zusammen.
   b) Ein großer Hersteller von Druckern übernimmt einen bedeutenden Hersteller von Faxgeräten.
   c) Eine in Norddeutschland tätige Handelskette (PC-Märkte) schließt sich mit einer in Süddeutschland tätigen Elektronikhandelskette zusammen.
   d) Ein bedeutendes EDV-Beratungsunternehmen in Hamburg übernimmt die Mitbewerber in Hamburg.
4. Geben Sie an, ob eine ARGE, ein Konsortium, ein Kartell, ein Joint Venture, ein Konzern oder eine Fusion vorliegt.
   a) Die „PC-Praktiker AG“ hat in Deutschland bereits 50 IT-Systemhäuser aufgekauft, indem die bisherigen Inhaber Aktien der AG erhalten haben. Diese Unternehmen firmieren nun alle als Filialen der „PC-Praktiker AG“.
   b) Zur Weiterentwicklung eines MP3-Standards wollen sich Hersteller zusammenschließen und sich über gemeinsame Verfahren und Normen absprechen.
   c) Zwanzig führende Unternehmen drahtloser Übertragungstechnologien gründen einen Verband „Wireless Pro e. V.“, um ihre Technologien zu fördern.
   d) Die „Germania Software AG“ hat sich an zehn größeren Softwareunternehmen in Deutschland mit Mehrheit beteiligt. Die Germania Software AG nimmt erheblichen Einfluss auf die Arbeit der einzelnen Unternehmen, obwohl diese weiterhin ihre Firma beibehalten haben.
   e) Nokia und Sony melden die Gründung eines neuen Unternehmens, das gemeinsame Technologien und Rechte auf dem Gebiet der Bildverarbeitung zur Entwicklung neuer Technologien nutzen und ausbauen soll.
   f) Elektro Meier, IT-Systemhaus Schulz und Möbel-Müller treten für die neue Büro- und EDV-Ausstattung eines großen Versicherungsunternehmens als Bietergemeinschaft auf.
5. Die IT-Alt AG fusioniert mit der IT-Neu GmbH zur IT-Big AG. Was ist richtig, was ist falsch?
   a) Fusionen führen immer zum Abbau von Arbeitsplätzen.
   b) Alle Fusionen müssen vom Bundeskartellamt genehmigt werden.
   c) Fusionen können zu Rationalisierungs- und Einspareffekten führen.
   d) Mitarbeiter von fusionierten Unternehmen dürfen nicht entlassen werden.
   e) Durch die Fusion wird der Wettbewerb verbessert.
   f) Eine Fusion kann von der Kartellbehörde untersagt werden, wenn durch die Fusion eine marktbeherrschende Stellung zu erwarten ist.
   g) Fusionierte Unternehmen haben normalerweise durch die Unternehmensgröße Wettbewerbsvorteile.
   h) Fusionierte Unternehmen verlieren ihre wirtschaftliche Unabhängigkeit.
   i) Fusionierte Unternehmen verlieren ihre rechtliche Unabhängigkeit.
   j) Fusionen sind organisatorisch schnell und einfach umzusetzen.
6. Empfehlen Sie in den folgenden Fällen einen Unternehmenszusammenschluss?
   a) 20 Unternehmen in einem kleinen Gewerbegebiet wollen gemeinsam für Kunden werben.
   b) Der zweitgrößte Hersteller von Druckern, nach dem Umsatz gemessen, will in Deutschland zum Marktführer werden.

W

Unternehmenszusammenschlüsse					
Grad der Selbstständigkeit: Hoch					Gering
Kooperation (Mitglieder bleiben wirtschaftlich und rechtlich selbstständig)				Konzentration (Zusammenschluss)	
Arbeitsgemeinschaft (ARGE)	**Konsortium**	**Kartell**	**Gemeinschaftsunternehmen/Joint Venture**	**Konzern**	**Fusion (Merger)**
Zusammenarbeit als Gelegenheits- oder Interessengemeinschaft, z. B. für einen Auftrag als Bietergemeinschaft, als Werbegemeinschaft, als Interessenvertretung; z. B. durch Vertrag geregelt, GbR oder als Verein organisiert, alle Mitglieder normalerweise gleichberechtigt. Eine ARGE arbeitet auf gemeinsame Rechnung und Gefahr.	Zeitlich begrenzter Zusammenschluss von rechtlich selbstständigen Unternehmen zu einer Zweckgemeinschaft oder ARGE, i. d. R. befristet und BGB-Gesellschaft, z. B. als Bietergemeinschaft, Arbeitsgemeinschaft (ARGE) für Bauprojekte oder als Bankenkonsortium, insbesondere zur Verringerung des Geschäftsrisikos Einzelner. Ein Konsortialvertrag regelt die Zusammenarbeit und die Haftung, ein Konsortialführer kann die Federführung in der Gesellschaft übernehmen.	Es erfolgt ein vertraglicher Zusammenschluss rechtlich selbstständiger Unternehmen, um Wettbewerbsvorteile zu erlangen. Preiskartelle (Preisabsprachen) oder Gebietskartelle (Gebietsschutz) sind verboten, bestimmte Kartelle können genehmigt werden, z. B. Rabatt-/Konditionenkartell (Unternehmen einer Branche vereinbaren denselben Rabattsatz oder allgemeine Konditionen), Normungskartell (Mitglieder entwickeln gemeinsam Normen und Typen).	Gründung eines rechtlich selbstständigen Unternehmens durch zwei oder mehr Unternehmen, um gemeinsame Ziele besser erreichen zu können (Joint Venture), z. B. Zusammenschluss der Forschungsabteilungen zweier Unternehmen in ein gemeinsames Unternehmen zur Durchsetzung einer Technologieführerschaft. Bei vielen Mitgliedern im Gemeinschaftsunternehmen ist der Zusammenschluss in einer Genossenschaft (eG) gut möglich, vgl. z. B. www.denic.de, www.datev.de, www.osadl.org	Zusammenschluss mehrerer rechtlich selbstständiger Unternehmen zu einer wirtschaftlichen Einheit unter einer einheitlichen Leitung. Die dabei verbundenen Unternehmen nennt man Konzernunternehmen. Das übergeordnete Unternehmen (leitendes Unternehmen) wird häufig Holding genannt. Steuervorteile, die Umgehung von Rechtsvorschriften für Großunternehmen oder die Möglichkeit einer flexiblen Einbindung, Steuerung und Kontrolle kleinerer Unternehmen können Gründe sein.	Zusammenschluss mehrerer Unternehmen zu einer wirtschaftlichen und rechtlichen Einheit, wobei ein Unternehmen von einem anderen Unternehmen durch Eingliederung übernommen wurde oder durch Neugründung zwei oder mehrere Unternehmen zu einem neuen Unternehmen verschmolzen wurden. Fusionen von Unternehmen mit Einfluss auf den Wettbewerb müssen beim Bundeskartellamt angezeigt bzw. genehmigt werden (vgl. www.bundeskartellamt.de).

Hinweis: Vgl. auch Kapitel 3.8.4 bei virtuellen Organisationen.

c) Zwei in Deutschland im Markt gut eingeführte Softwarefirmen für Spielesoftware, allerdings mit geringen Renditen aufgrund eines Preiskampfes auf dem Spielemarkt, diskutieren über Kooperation und Konzentration.

d) Ein Großauftrag zum IT-Ausbau der Universität mit einem Auftragsvolumen von 15 Mio. € steht an und wurde ausgeschrieben.

7. Was ist erlaubt, verboten oder muss erst genehmigt werden?
   a) Sechs in Deutschland führende Monitorhersteller mit einem Marktanteil von 90 % legen gemeinsam Preise fest.
   b) Führende Unternehmen der IT-Branche wollen sich darauf einigen, einen Skontosatz von 3 % bei Zahlung innerhalb von 10 Tagen zu gewähren.
   c) Zwei IT-Systemhäuser in Hannover und Frankfurt mit je einem Jahresumsatz von 6 Mio. € fusionieren.
   d) Ein Hersteller von Telefonanlagen teilt Deutschland in 200 Verkaufsgebiete auf und verkauft seine Produkte ausschließlich über Gebietsvertreter, die garantierten Gebietsschutz bekommen haben.
8. Nennen Sie organisatorische Probleme, die durch eine Fusion von zwei großen Softwareunternehmen auftreten können.

S

Besonders wichtig sind für jeden Betrieb die Geschäftsbeziehungen zu den Kunden, Lieferanten und Banken, da diese Beziehungen für den Erfolg des Unternehmens und insbesondere für den Absatz, den Einkauf und die Zahlungsfähigkeit von großer Bedeutung sind. Daneben stehen die Unternehmer und Mitarbeiter in vielfältigen Beziehungen zu Behörden und Organisationen aller Art, um ihren gesetzlichen Verpflichtungen nachzukommen oder ihre Interessen wahrzunehmen. Anna und Kai sollen das unten stehende Schaubild erläutern.

Damit das Wirtschaftsleben nach demokratischen Grundsätzen funktioniert, müssen sich alle Interessengruppen für ihre Mitglieder Gehör verschaffen können. Der Staat stellt durch Bundes-, Landes- und Kommunalbehörden sicher, dass Gesetze eingehalten werden. Für viele übergreifende Aufgaben (z. B. Sozialversicherung, Bildungswesen) hat der Staat selbstverwaltende Organisationen in der Rechtsstellung einer Körperschaft des öffentlichen Rechts eingerichtet, die gesetzliche Aufgaben wahrnehmen. Interessenvertretungen können sich einfach und flexibel in der Rechtsform eines Vereins organisieren. Die folgende Übersicht stellt wichtige Organisationen, Verbände und Behörden kurz vor.

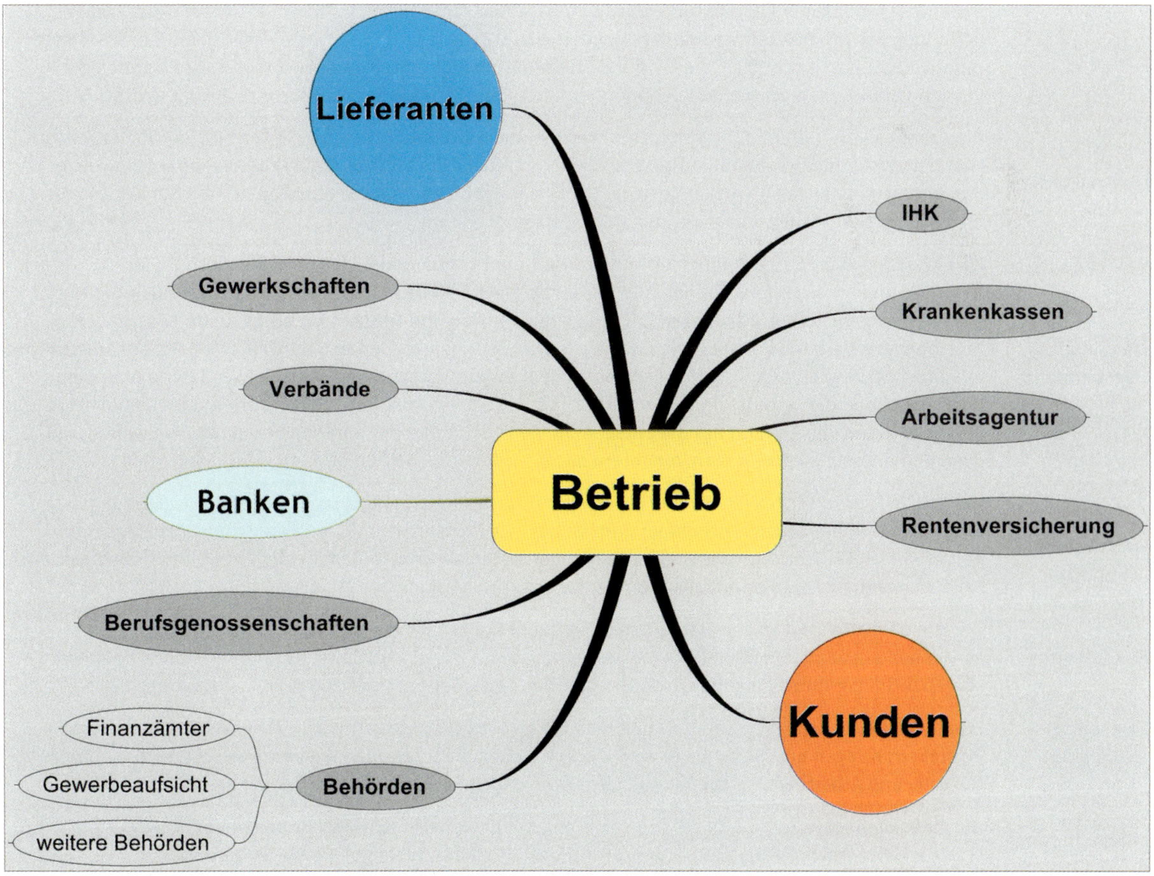

W	Organisationen, Verbände, Behörden, Gewerkschaften und ihre Aufgaben
Industrie- und Handelskammer (IHK)	Die Industrie- und Handelskammern sind Selbstverwaltungsorganisationen der gewerblichen Wirtschaft. Sie haben die Rechtsstellung einer Körperschaft des öffentlichen Rechts, was ihnen das Recht zur Selbstverwaltung gibt. Die gewerblichen Unternehmen sind grundsätzlich zu einer Mitgliedschaft verpflichtet. Die IHK vertritt die gewerbliche Wirtschaft gegenüber der Regierung und den Behörden, den Parlamenten und den Gerichten durch Stellungnahmen, Gutachten, Vorschläge und Berichte. Sie ist aufgrund des Berufsbildungsgesetzes die zuständige Stelle für alle Fragen der Berufsbildung, insbesondere für das Prüfungswesen. Sie registriert jeden Ausbildungsvertrag in einem Verzeichnis der Berufsausbildungsverhältnisse und überprüft bei der Eintragung die Eignung des Ausbildungsbetriebes sowie des Ausbilders. Sie hat Schlichtungsausschüsse und hilft, wenn ein Mitgliedsunternehmen Beratung, Vermittlung und Information benötigt. Für Handwerksbetriebe übernehmen diese Aufgaben die Handwerkskammern.
Sozialversicherungsträger	Jeder Zweig der Sozialversicherung hat nach dem Sozialgesetzbuch eigene Versicherungsträger, die als Körperschaften des öffentlichen Rechts selbstverwaltend und unabhängig ihre gesetzlichen Aufgaben wahrnehmen. Die wichtigsten Körperschaften sind ▪ für die **Arbeitslosenversicherung** die Arbeitsagentur, ▪ für die **Krankenversicherung** die Krankenkassen, z. B. Allgemeine Ortskrankenkassen, Betriebskrankenkassen, Innungskrankenkassen, Ersatzkrankenkassen, ▪ für die **Unfallversicherung** die Berufsgenossenschaften, ▪ für die **Rentenversicherung** die Deutsche Rentenversicherung Bund (DRV-Bund).
Berufsgenossenschaften	Die Berufsgenossenschaften sind die Träger der beruflichen Unfallversicherung und nach Branchen organisiert. Sie sind als Körperschaften öffentlichen Rechts unabhängig und selbstverwaltend und handeln nach dem Sozialgesetzbuch und ihren Satzungen. Mitarbeiter und Unternehmer dieser Betriebe sind bei der zuständigen Berufsgenossenschaft pflichtversichert. Bei Arbeitsunfall oder Berufskrankheit erhalten sie Leistungen zur Wiederherstellung ihrer Gesundheit und Arbeitskraft, beispielsweise ärztliche Behandlung, Versorgung mit Hilfsmitteln sowie Hilfen zur Erhaltung/Erlangung eines Arbeitsplatzes. Darüber hinaus ist auch für die finanzielle Absicherung gesorgt. So zahlt die Berufsgenossenschaft z. B. während der unfallbedingten Arbeitsunfähigkeit Verletztengeld oder Verletztenrente. Neben der Rehabilitation und Entschädigung bei Arbeitsunfall und Berufskrankheit hat sie den gesetzlichen Auftrag zur Prävention, d. h. zur Verhütung von Arbeitsunfällen, Berufskrankheiten und arbeitsbedingten Gesundheitsgefahren. Sie erlässt Unfallverhütungsvorschriften, die für die Betriebe verbindlich sind. Ihre Aufsichtspersonen beraten die Betriebe branchenspezifisch und bedarfsorientiert in allen Fragen des Arbeits- und Gesundheitsschutzes.
Arbeitsagentur	Die Arbeitsagentur dient der Information, Berufs- und Studienberatung sowie Vermittlung von Arbeitssuchenden, zahlt entsprechend den gesetzlichen Vorgaben Arbeitslosen-, Kurzarbeiter- oder Insolvenzgeld und andere Leistungen an Arbeitslose, ist die zuständige Stelle für das Kindergeld (Familienkasse) und hilft bei der beruflichen Qualifizierung oder Existenzgründung.
Wirtschaftsverbände	Wirtschaftsverbände sind Interessenvertretungen der Unternehmen, bekannt auch als Industrie-, Handels- und Arbeitgeberverbände. Die Anzahl der Verbände geht in die Tausende. Sie sind in der Regel als Verein organisiert und vertreten entsprechend den von den Mitgliedern aufgestellten Satzungen ihre Ziele. Die Verbände sind häufig nach Wirtschaftszweigen gegliedert und können übergreifend auch in Spitzenverbänden organisiert sein, wie z. B. dem Bundesverband der Deutschen Industrie oder dem Bundesverband der mittelständischen Wirtschaft. Sie zählen wie die Gewerkschaften oder Kammern zu den Lobbyisten, die Einfluss auf die Entscheidungen von Parlament und Regierung nehmen wollen und deshalb Kontakte zu politischen Vertretern suchen oder über Medien ihre Interessen vertreten.
Gewerkschaften	Die Mitgliedsgewerkschaften des DGB (Deutscher Gewerkschaftsbund) sind die Interessenvertretungen der Arbeitnehmerinnen und Arbeitnehmer und handeln als Tarifpartner mit den Arbeitgebern bzw. Arbeitgeberverbänden Tarifverträge und andere Leistungen zu Einkommen, Arbeitsbedingungen und Urlaub aus. Im Falle eines Arbeitskampfes organisieren sie den Streik und zahlen den Mitgliedern Streikunterstützung.
Kartellämter	Das Bundeskartellamt soll zusammen mit den Landeskartellämtern die Aufsicht über das Wirtschaftsgeschehen ausüben und für die Aufrechterhaltung eines freien Wettbewerbs unter den Unternehmen sorgen. Arbeitsgrundlage ist das Gesetz gegen Wettbewerbsbeschränkungen (vgl. auch vorige Seiten).
Gewerbeaufsichtsbehörden	Staatliche Gewerbeaufsichtsämter (auch Amt für Arbeitsschutz, staatliches Umweltamt) stellen durch Betriebsprüfungen und Genehmigungsverfahren sicher, dass nationale und europäische Vorschriften zum Umwelt- und Arbeitsschutz, zur Produktsicherheit und zum Verbraucherschutz eingehalten werden.
Finanzbehörden	Die Finanzbehörden bearbeiten Steuererklärungen der steuerpflichtigen Personen und Unternehmen und erstellen Steuerbescheide, führen Überprüfungen durch und verfolgen Steuervergehen.

Aufgaben

1. Wer ist zuständig bzw. der richtige Ansprechpartner?
   a) Ein kleines Systemhaus will zum ersten Mal in den IT-Berufen ausbilden.
   b) Mitarbeiter sollen zu Maßnahmen der Arbeitssicherheit aufgeklärt werden.
   c) Ein Internetcafé soll eingerichtet werden. Fragen zur zulässigen Anzahl der Geräte, zu Notausgängen, zur Anzahl der Toiletten oder zum Gefahrenschutz der Kunden sollen beantwortet werden.
   d) Ein Spitzenprodukt wird ausschließlich über bestimmte Vertriebsgesellschaften angeboten, die untereinander Gebietsschutz vereinbart haben. Sie selbst wollen dieses Spitzenprodukt importieren und bundesweit über das Internet anbieten, werden im Wettbewerb jedoch von den Vertriebsgesellschaften behindert.
   e) Sie stellen fest, dass ein Mitbewerber Produkte viel günstiger und ohne Umsatzsteuer anbietet.
   f) Ein Mitarbeiter fragt nach, wo er sich über seine Rente erkundigen kann.
   g) Jugendliche Auszubildende sollen nach den gleichen Arbeitsbedingungen wie die Erwachsenen arbeiten. Sie wünschen eine Rechtsauskunft.
   h) Sie wollen sich erkundigen, ob Sie nach der Ausbildung eine staatliche Unterstützung bei Arbeitslosigkeit erhalten.
   i) Sie wollen eine Auskunft einholen, unter welchen Bedingungen Sie die Ausbildung verkürzen können.
   j) Auf dem Weg zum Ausbildungsbetrieb wurden Sie durch einen Unfall verletzt. Wer trägt die Krankheitskosten?
   k) Als Betreiber von Internetcafés wollen Sie mithelfen, dass Gesetze über das Aufstellen von Spielgeräten in Intercafés gelockert werden.
2. Mit welchen Organisationen steht ein Betrieb in ständiger Geschäftsbeziehung und mit welchen nur gelegentlich? Erstellen Sie eine Liste mit Nennung der Anlässe.
3. Bearbeiten Sie den Abschlusstest Nr. 1 im Arbeitsheft. AH

1.5 Berufsausbildung, Arbeits- und Tarifrecht

S Anna, Kai und Stefan wollen sich einen Überblick über ihre Berufschancen, ihre Berufsausbildung sowie über Pflichten und Rechte im Betrieb verschaffen.

1.5.1 Berufsausbildung in den IT-Berufen

S Die Auszubildenden Anna, Kai und Stefan wollen sich näher über ihre Ausbildung informieren. In einer Ausbildungsstunde mit dem Ausbildungsleiter bei ACI, Herrn Köhler, erhalten sie eine Einführung in die Ausbildung, die Rechte und Pflichten sowie die gesetzlichen Ausbildungsvorschriften.

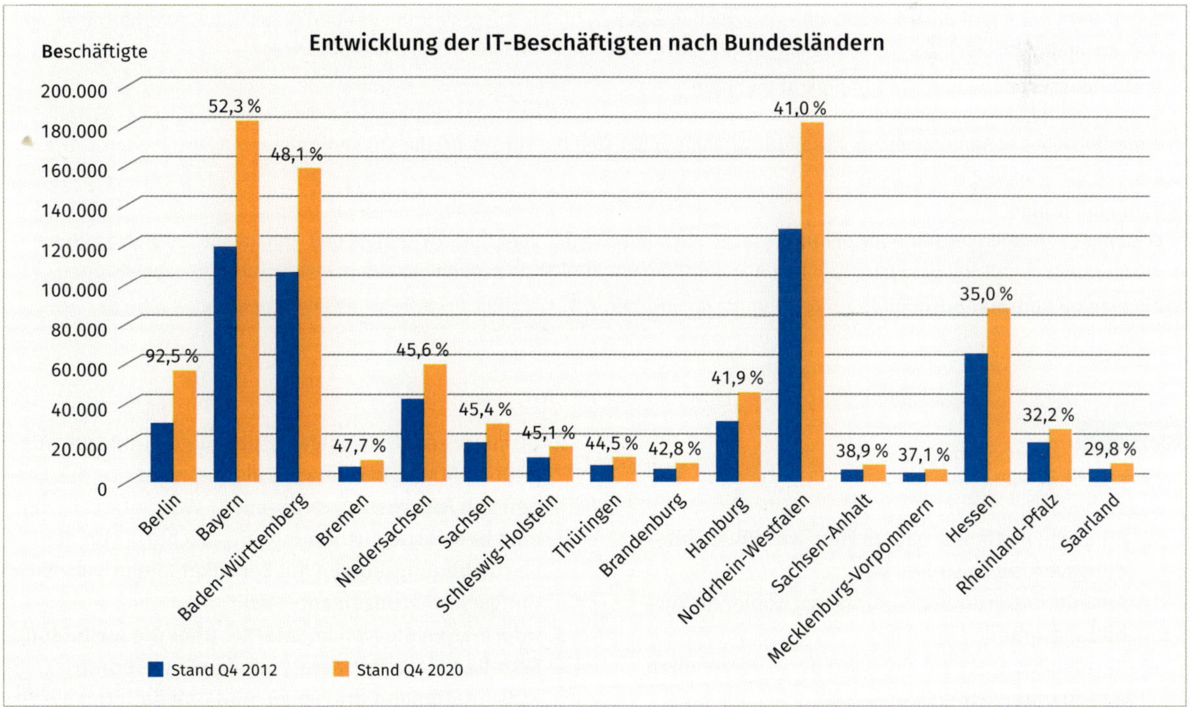

Quelle: Institut der Deutschen Wirtschaft (IWD), Köln, 27.05.2021, MINT-Frühjahrsreport 2021, S. 62; eigene Berechnungen

Unter den ca. 325 anerkannten Ausbildungsberufen zählen nach der Anzahl der Auszubildenden die IT-Berufe zu den „Großberufen“. Zunehmend nachgefragt werden Fachinformatiker beider Fachrichtungen.

W

IT-Berufe	
Bezeichnung	**Tätigkeitsfelder und Schwerpunkte**
IT-System-elektroniker/-in	Tätigkeitsfelder sind z. B. Computersysteme, Netze, Telekommunikationseinrichtungen, Sicherheitssysteme. Schwerpunkte: Planen und Installieren von IT-Systemen, Montage, Wartung und Instandhaltung
Fachinformatiker/-in	Fachrichtung **Systemintegration**: Einsatz in Rechenzentren oder für Anbieter von Netzwerken und Telekommunikationsnetzen; Konzipieren und Realisieren komplexer IT-Systeme Fachrichtung **Anwendungsentwicklung**: Einsatz bei Softwareanbietern für kaufmännisch oder technisch orientierte Programme, Multimediaprodukte, E-Commerce-Anwendungen. Schwerpunkte: komplexe Hard- und Softwaresysteme, kundenspezifische Lösungen Fachrichtungen **digitale Vernetzung** sowie **Daten- und Prozessanalyse**: Einsatzbereiche z. B. Industrie mit IIoT und breites Feld der KI, Prozess- und Datenanalyse
Kaufmännische IT-Berufe	**Kaufleute für IT-Systemmanagement**: Vermarktung von IT-Systemen und Dienstleistungen, Management und Administration von IT-Systemen **Kaufleute für Digitalisierungsmanagement**: Fachkräfte im Umgang mit Daten und Prozessen sowie für die betriebswirtschaftliche Umsetzung

W

Duale Ausbildung der IT-Berufe

Allgemeine Ziele der Berufsausbildung (KMK-Vereinbarung)

- Berufsfähigkeit vermitteln, die Fachkompetenz mit allgemeinen Fähigkeiten humaner und sozialer Art verbindet
- Berufliche Flexibilität entwickeln zur Bewältigung der sich wandelnden Anforderungen in der Arbeitswelt und Gesellschaft, auch im Hinblick auf das weitere Zusammenwachsen Europas
- Bereitschaft zur beruflichen Fort- und Weiterbildung wecken
- Fähigkeit und Bereitschaft fördern, bei der individuellen Lebensgestaltung und im öffentlichen Leben verantwortungsbewusst zu handeln

Berufsbildungsgesetz (BBiG)

Seit 1969 in Kraft, gibt dieses Gesetz den gesetzlichen Rahmen für die Ausgestaltung der Berufsausbildungsverhältnisse vor (z. B. Ausbildungsberechtigung, Ausbildungsvertrag, Ordnung der Berufsausbildung, Prüfungswesen).

Ausbildungsordnung und Ausbildungsrahmenplan

Neben dem Rahmenlehrplan der KMK (Kultusministerkonferenz) werden hier Festlegungen für die Ausbildung des Ausbildungsbetriebes vorgenommen. Im Ausbildungsrahmenplan sind die vorgeschriebenen Kenntnisse und Fertigkeiten sowie die zeitliche Planung für die betriebliche Ausbildung genannt.

Rahmenlehrplan

Er ist mit der Ausbildungsordnung der Berufe abgestimmt und regelt über Unterrichtsziele und -inhalte die Berufsausbildung. Die einzelnen Bundesländer können den Rahmenlehrplan unmittelbar übernehmen oder in eigene Lehrpläne umsetzen.

Allgemeine Informationsquellen zur Ausbildung im Internet, z. B.: www.ihk.de, www.arbeitsagentur.de, www.bibb.de

Aufgaben

1. Welche Rechtsgrundlage wird in den folgenden Aussagen angesprochen?
   a) Anna will im Gesetz nachprüfen, was im Ausbildungsvertrag zu stehen hat.
   b) Ausbildungsgrundlagen für Herrn Köhler als Ausbildungsleiter
   c) Berufsbildenden Schulen wird darin vorgegeben, was zu unterrichten ist.
2. Diskutieren Sie die allgemeinen Ziele der Berufsausbildung (KMK). Warum wird als Ziel nicht nur das Lernen von Fachwissen vorgegeben? Was unterscheidet eine berufliche Ausbildung mit Abschluss von den IT-Fortbildungskursen mit Zertifikat, die private Bildungseinrichtungen anbieten?
3. Informieren Sie sich im Internet über die Ausbildung. Erstellen Sie in Partnerarbeit eine PowerPoint-Präsentation mit drei Folien und präsentieren Sie Ihre Ergebnisse.

Wichtige Regelungen zur Ausbildung sind im BBiG (Berufsbildungsgesetz) festgelegt.

Im Ausbildungsvertrag sind nach § 11 BBiG 10 Regelungen aufzunehmen und damit Rechte und Pflichten für den Ausbilder und den Auszubildenden zu vereinbaren. Die Dauer der Ausbildung beträgt grundsätzlich drei Jahre, kann aber auch verkürzt werden. Wird die Abschlussprüfung nicht bestanden, kann der Auszubildende die Prüfung zwei Mal wiederholen. Das Ausbildungsverhältnis kann auf Verlangen des Auszubildenden bis zur nächsten Wiederholungsprüfung verlängert werden, jedoch höchstens um ein Jahr.

W

Regelungen im Ausbildungsvertrag

- Auszubildende Berufstätigkeit
- Beginn und Dauer der Berufsausbildung
- Außerbetriebliche Ausbildungsmaßnahmen
- Dauer der täglichen Ausbildungszeit
- Dauer der Probezeit
- Zahlung/Höhe der Ausbildungsvergütung
- Dauer des Urlaubs
- Kündigungsmöglichkeiten
- Ansprüche aus Tarifverträgen u. Ä.
- Form des Ausbildungsnachweises.

Quelle: § 11 BBiG

Die Berufsausbildung im dualen System wird nach dem Berufsbildungsgesetz (BBiG) an zwei Lernorten vermittelt: im Ausbildungsbetrieb und in der Berufsschule. Betrieb und Berufsschule sind eigenständige Lernorte und arbeiten bei der Berufsausbildung als gleichberechtigte Partner zusammen. Die Ausbildung in den IT-Berufen dauert drei Jahre. Bei besonders guten Leistungen oder bei bestimmten schulischen Voraussetzungen kann die Ausbildung verkürzt werden. Die Berufsausbildung erfolgt auf der Grundlage bundeseinheitlicher Ausbildungsordnungen. Der Lernort Betrieb ist sehr vielgestaltig. Er reicht vom Kleinbetrieb mit einer engen persönlichen Beziehung zwischen Ausbilder und Auszubildenden bis zur gegliederten Ausbildungsorganisation in Großbetrieben, oft mit eigenen Ausbildungsabteilungen und speziellen Ausbildungszentren. In der Berufsschule wird fachtheoretischer, fachpraktischer und allgemeinbildender Unterricht erteilt. Der Unterricht – im Durchschnitt ein bis zwei Tage wöchentlich – wird bei bestimmten Berufen auch zu verschiedenen Formen des Blockunterrichts zusammengefasst. Universitäten bieten auch ein duales Studium der Informatik an und ermöglichen ergänzend eine Prüfung in IT-Berufen der IHK.

W

Ausbildung im Betrieb	Ausbildung in der Berufsschule
Ausbildungsplan: Auf der Basis der Ausbildungsordnung erstellt der Betrieb einen Ausbildungsplan für die betriebliche Ausbildung des Auszubildenden. **Berufsausbildungsvertrag:** Er kommt durch Einigung der Vertragsparteien (Auszubildender bzw. gesetzlicher Vertreter sowie Ausbildender/Betrieb) als privatrechtlicher Vertrag zustande und ist in schriftlicher Form (§ 4 Abs. 1 BBiG) zu erstellen. Die Mindestanforderungen des Ausbildungsvertrages werden in § 11 BBiG geregelt (siehe oben). Ausbildender ist der Ausbildungsbetrieb, Ausbilder die mit der Ausbildung beauftragte Person. **Berichtsheft:** Der Auszubildende hat ein Berichtsheft zu führen. Es wird in der Regel im Rahmen der Abschlussprüfung dem Prüfungsausschuss vorgelegt. **Aufsicht:** Industrie- und Handelskammern (IHK) bzw. Stelle entsprechend BBiG	**Schulischer Stoffplan:** Der Unterricht erfolgt entsprechend einem schulischen Stoffplan, den die Schulen auf der Basis des Rahmenlehrplans/Lehrplans erstellen, z. B. in den technischen IT-Berufen der ersten beiden Jahre: 1. Das Unternehmen und die eigene Rolle im Betrieb beschreiben 2. Arbeitsplätze nach Kundenwunsch ausstatten 3. Clients in Netzwerke einbinden 4. Schutzbedarfsanalyse im eigenen Arbeitsbereich durchführen 5. Software zur Verwaltung der Daten anpassen 6. Serviceanfragen bearbeiten 7. Cyber-physische Systeme ergänzen 8. Daten systemübergreifend bereitstellen 9. Netzwerke und Dienste bereitstellen **Aufsicht:** Schulleitung bzw. die obere Schulaufsichtsbehörde

Ausbilder und Auszubildende haben nach dem BBiG Rechte und Pflichten.

W

Pflichten des Ausbildenden/ Rechte des Auszubildenden	Pflichten des Auszubildenden
Ausbildungspflicht Der Ausbildende ist verpflichtet, dem Auszubildenden Fertigkeiten, Kenntnisse und Erfahrungen planmäßig zu vermitteln, die zum Erreichen des Ausbildungszieles erforderlich sind.	**Lernpflicht** Der Auszubildende hat sich zu bemühen, die Fertigkeiten, Kenntnisse und Erfahrungen zu erwerben, die zum Erreichen des Ausbildungszieles erforderlich sind.
Freistellung für Berufsschulunterricht, außerbetriebliche Ausbildung und Prüfungen Der Ausbildende muss den Auszubildenden zum Besuch anhalten und ihn dafür freistellen.	**Teilnahme am Berufsschulunterricht, außerbetriebliche Ausbildung und Prüfungen** Der Auszubildende hat die Pflicht, an Ausbildungsmaßnahmen teilzunehmen und sich aktiv um den Erwerb der dargebotenen Lernstoffe zu bemühen.
Benennung weisungsberechtigter Personen Der Ausbildende ist verpflichtet, dem Auszubildenden die weisungsberechtigten Personen bekannt zu machen.	**Weisungsgebundenheit** Der Auszubildende ist verpflichtet, den Weisungen weisungsberechtigter Personen zu folgen.

Die folgenden Auszüge aus dem BBiG sollen wichtige Regelungen noch einmal herausstellen.

Pflichten des Ausbildenden/ Rechte des Auszubildenden	Pflichten des Auszubildenden
Aufsichtspflicht Der Ausbildende ist verpflichtet, minderjährige Auszubildende während der betrieblichen Ausbildung zu beaufsichtigen.	**Einhaltung der Ordnung** Der Auszubildende hat die für die Ausbildungsstätte geltenden Ordnungsvorschriften zu beachten.
Ausbildungsnachweiskontrolle Der Ausbildende hat dem Auszubildenden Ausbildungsnachweise für die Berufsausbildung kostenfrei auszuhändigen und deren ordnungsgemäße Führung zu überwachen.	**Ausbildungsnachweisführung** Der Auszubildende ist verpflichtet, die Ausbildungsnachweise schriftlich oder elektronisch zu führen.
Bereitstellung der Ausbildungsmittel Der Ausbildende hat dem Auszubildenden kostenlos die Ausbildungsmittel zur Verfügung zu stellen, die zur Berufsausbildung und zum Ablegen von Prüfungen erforderlich sind.	**Pflegliche Behandlung der Ausbildungsmittel** Der Auszubildende hat die ihm zur Verfügung gestellten Ausbildungsmittel und sonstigen Einrichtungen der Ausbildungsstätte pfleglich zu behandeln.
Urlaubsgewährung Dem Auszubildenden ist ein möglichst zusammenhängender Urlaub nach gesetzlichen bzw. tariflichen Bestimmungen zu gewähren.	**Erholungspflicht** Der Auszubildende ist verpflichtet, während des Urlaubs jede dem Urlaubszweck widersprechende Erwerbstätigkeit zu unterlassen.
Vergütungspflicht Der Ausbildende hat dem Auszubildenden eine angemessene Vergütung zu zahlen.	**Benachrichtigungspflicht** Der Auszubildende ist verpflichtet, bei Fernbleiben von der betrieblichen Ausbildung, vom Berufsschulunterricht oder von sonstigen Ausbildungsveranstaltungen dem Ausbildenden unter Angabe von Gründen unverzüglich Nachricht zu geben und ihm bei Krankheit oder Unfall spätestens am dritten Tag eine ärztliche Bescheinigung zuzuleiten.
Zweckgebundene Übertragung von Aufgaben Der Ausbildende darf dem Auszubildenden ausschließlich Aufgaben übertragen, die dem Ausbildungszweck dienen und seinen körperlichen Kräften angemessen sind.	**Sorgfältige Ausführung von Aufgaben** Der Auszubildende hat die Aufgaben, die ihm im Rahmen einer zweckgebundenen Berufsausbildung aufgetragen werden, sorgfältig zu verrichten.
Zeugnispflicht Der Ausbildende hat dem Auszubildenden bei Beendigung des Ausbildungsverhältnisses ein Zeugnis auszustellen.	**Geheimhaltungspflicht** Der Auszubildende ist verpflichtet, über Betriebs- und Geschäftsgeheimnisse Stillschweigen zu bewahren.

Quelle: IHK und insbesondere §§ 13 bis 17 BBiG

Berufsbildungsgesetz (BBiG) Auszüge aus dem Gesetz (teilw. vereinfacht)	
§ 5:	Die Ausbildungsdauer soll nicht mehr als drei und nicht weniger als zwei Jahre betragen.
§ 7:	Auf Antrag kann eine Anrechnung auf die Ausbildungsdauer erfolgen, Teilzeitberufsausbildung ist möglich.
§ 8:	Die Ausbildung ist auf Antrag zu verkürzen, wenn das Erreichen des Ausbildungsziels zu erwarten ist. Auch eine Verlängerung ist auf Antrag des Auszubildenden möglich.
§ 11:	Der Ausbildende hat dem Auszubildenden umgehend einen Ausbildungsvertrag auszuhändigen.
§ 13:	Auszubildende sind verpflichtet, die angetragenen Verrichtungen sorgfältig auszuführen, Weisungen zu befolgen, Einrichtungen pfleglich zu behandeln, über Geschäftsgeheimnisse Stillschweigen zu wahren.
§ 14:	Ausbildende haben Auszubildende zum Berufsschulunterricht anzuhalten, ihnen die Fertigkeiten und Kenntnisse zu vermitteln, um das Ausbildungsziel zu erreichen, und ihnen kostenlos Ausbildungsmittel zur Verfügung zu stellen. Ihnen dürfen nur Aufgaben übertragen werden, die dem Ausbildungszweck dienen und ihren körperlichen Kräften angemessen sind.
§ 16:	Ausbildende haben Auszubildenden bei Beendigung der Ausbildung ein schriftliches Zeugnis auszustellen.
§ 17:	Ausbildende haben Auszubildenden eine angemessene Vergütung mit einer festgelegten Mindestvergütung zu gewähren. Eine über die tägliche Arbeitszeit hinausgehende Beschäftigung ist besonders zu vergüten.
§ 20:	Die Probezeit beträgt mindestens einen Monat und höchstens vier Monate.
§ 21:	Die Ausbildung endet mit Ablauf der Ausbildungsdauer bei vorzeitiger Prüfung mit Bestehen der Prüfung (Bekanntgabe des Ergebnisses).
§ 22:	Während der Probezeit kann das Ausbildungsverhältnis ohne Grund und ohne Kündigungsfrist gekündigt werden, danach aus wichtigem Grund. Eine Kündigung ist jedoch unwirksam, wenn dem Kündigenden die der Kündigung zugrunde liegenden Tatsachen länger als zwei Wochen bekannt sind. Der Auszubildende kann aus bestimmten Gründen mit einer Frist von 4 Wochen kündigen.
§ 23:	Ausbildende und Auszubildende können bei vorzeitiger Kündigung Schadensersatz geltend machen.
§ 24:	Wird der Auszubildende nach der Ausbildung weiterbeschäftigt, ohne dass hierzu ausdrücklich etwas vereinbart wurde, so gilt das Arbeitsverhältnis als unbefristet.
§§ 27 bis 33:	Ausbilden darf nur, wer persönlich und fachlich geeignet ist und wessen Betrieb für die Ausbildung geeignet ist.

Aufgaben

1. Welche Aussagen oder Maßnahmen entsprechen den Bestimmungen des BBiG? (Prüfen Sie, wenn möglich, auch die genauen Gesetzestexte.)
   a) Claudia kann in der Probezeit ohne Angabe von Gründen gekündigt werden.
   b) Andre hat erst sechs Wochen nach Beginn seiner Ausbildung einen Berufsausbildungsvertrag erhalten.
   c) Tony soll als Azubi gekündigt werden, da er sich mehrfach in der Öffentlichkeit über die schlechte Zahlungsmoral seines Ausbildungsbetriebes geäußert hat.
   d) Kai will man wegen eines Vorgangs kündigen, der schon sechs Wochen zurückliegt.
   e) Ann-Kathrin will ihre Ausbildung verkürzen. Ihr Berufsschulzeugnis ist gut, die Zwischenprüfung gut verlaufen, auch der Betrieb kann nicht über ihre Leistungen klagen. Der Betrieb lehnt jedoch eine Verkürzung ab.
   f) Eine Kündigung des Berufsausbildungsverhältnisses durch den Auszubildenden ist nach der Probezeit möglich, wenn er eine Ausbildung in einem anderen Beruf beginnen will.
   g) Vereinbarungen über die Tätigkeit nach der Ausbildung können bereits im Berufsausbildungsvertrag festgelegt werden.
   h) Sina soll nach Beendigung des Ausbildungsverhältnisses kein Zeugnis vom Ausbilder erhalten, da ihre Ausbildung bereits durch die Abschlusszeugnisse der Berufsschule und der IHK bescheinigt wird.
   i) Tim darf nach der Ausbildung im Betrieb weiterarbeiten. Nach einer Woche sagt der Ausbilder zu Tim, dass die Ausbildung seiner Meinung nach abgeschlossen sei und er sich nun nach einer anderen Arbeitsstelle umsehen könne.
2. Welche der unten stehenden Angaben muss ein Berufsausbildungsvertrag mindestens enthalten?
   a) Dauer der Probezeit
   b) Ziel der Ausbildung
   c) Name des Ausbilders
   d) Beginn und Dauer der Ausbildung
   e) Dauer der Ausbildung in der Werkstatt
   f) Urlaubsanspruch
   g) Höhe der Vergütung
   h) Prüfungsordnung der zuständigen Industrie- und Handelskammer
   i) Datum der IHK-Abschlussprüfung
   j) Art des Ausbildungsnachweises

3. Welche Pflichten hat jeder Auszubildende nach dem BBiG? Er muss
   a) das Berichtsheft führen.
   b) den Ausbildungsrahmenplan in das Berichtsheft abheften.
   c) die für die Ausbildungsstätte geltende Ordnung beachten.
   d) die Lohnsteuerkarte abgeben.
   e) in der Jugend- und Auszubildendenvertretung mitarbeiten.
   f) am Berufsschulunterricht teilnehmen.
4. Rufen Sie über das Internet das BBiG auf und klären Sie folgende Fragen:
   a) Wann ist die monatliche Ausbildungsvergütung spätestens zu zahlen?
   b) Darf der Ausbilder im Ausbildungsvertrag Vertragsstrafen für Fehlverhalten festlegen?
   c) Kann der Ausbildungsbetrieb bei vorzeitiger Kündigung des Ausbildungsverhältnisses vom Auszubildenden Schadensersatz verlangen?
   d) Muss eine Kündigung des Ausbildungsverhältnisses schriftlich erfolgen? Welche Formvorschriften sind weiterhin im Gesetz genannt?
   e) Muss der Betrieb Auszubildende für den Berufsschulunterricht freistellen oder kann er verlangen, dass die Auszubildenden anstelle des Unterrichts im Betrieb arbeiten?
5. Welche der folgenden Angaben über Probezeit und Ausbildungszeit müssen in den Berufsausbildungsvertrag aufgenommen werden?
   a) Probezeit (maximal vier Monate)
   b) Termin der Abschlussprüfung
   c) Dauer der regelmäßigen täglichen Ausbildungszeit
   d) Zeiten des Berufsschulunterrichts
   e) Art des Berufsschulunterrichts (Blockunterricht, Teilzeitunterricht)
   f) Höhe der Ausbildungsvergütung
6. Eine Auszubildende ist nach sechs Monaten überzeugt, den falschen Beruf gewählt zu haben, und will die bisherige Berufsausbildung aufgeben. Kann sie das Ausbildungsverhältnis kündigen? Wie ist die Kündigungsfrist?

Ausbildungsbegleitende Hilfen (abH)

Nicht immer verläuft der Berufsstart für Auszubildende reibungslos. Verpasster Lernstoff durch Krankheit und Fehlen in der Berufsschule, Verständnis- und Lernprobleme oder Stress im Betrieb bzw. zu Hause können Gründe sein, dass man ohne fremde Unterstützung in der Schule nicht mehr zurechtkommt. Damit Berufsschüler bei ihrer Ausbildung nicht scheitern oder die Ausbildung abbrechen, bietet die Arbeitsagentur für Berufsschüler und Ausbilder einen kostenlosen Nachhilfe- und Unterstützungsunterricht an. Gefördert werden Jugendliche, denen ohne diese Unterstützung ein Abbruch der Ausbildung droht. Dies kann durch Unterlagen oder einen Nachweis aus der Berufsschule bestätigt werden. Die Arbeitsagentur bezahlt allerdings keine Nachhilfe, wenn man nur eine „Vier" im Berufsschulzeugnis hat und über eine kostenlose Nachhilfe gern ein gutes Berufsschulzeugnis erreichen möchte. Weitere Informationen sind über die Arbeitsagentur und im Internet erhältlich.

Lernen im Ausland und Europass

S

Das Lernen im Ausland wird mit zahlreichen Maßnahmen unterstützt. Sie wollen deshalb prüfen, wie Sie im Rahmen Ihrer Ausbildung einen Auslandsaufenthalt organisieren können.

Auslandsaufenthalte gehören heute fast schon zum Standard in beruflichen Lebensläufen. Schon in der Berufsausbildung werden daher Möglichkeiten gefördert, internationale Berufskompetenz zu erwerben. Schlüsselqualifikationen der Mitarbeiter wie interkulturelle Kompetenz, Fremdsprachenkenntnisse oder Wissen über ausländische Märkte sind für die Wirtschaft in der globalisierten Welt von besonderer Bedeutung. Mobilität spielt in der heutigen Gesellschaft eine immer wichtigere Rolle. Daher werden von der Europäischen Union zwischen 2021 und 2027 Auslandsaufenthalte und internationale Zusammenarbeit über das Programm „Erasmus+" mit über 26 Milliarden Euro gefördert. Menschen sollen mit dem neuen EU-Programm für Bildung, Jugend und Sport „Erasmus+" Lernerfahrungen im Ausland sammeln. Das Programm richtet sich an alle Sektoren des Bildungssystems (Schulbildung, Hochschulbildung, berufliche Aus- und Weiterbildung sowie Erwachsenenbildung) und deckt ebenso das nichtformale Lernen Jugendlicher ab. 17 % des Gesamtbudgets sollen für die berufliche Aus- und Weiterbildung und die Erwachsenenbildung (davon 2 % für die Erwachsenenbildung) bereitgestellt werden. Mobilitätsprojekte sollen von Berufsbildenden Schulen, IHK oder Unternehmen organisiert werden und Lernaufenthalte im europäischen Ausland in Form von beruflichen Praktika, Ausbildungsabschnitten und Weiterbildungsmaßnahmen ermöglichen (vgl. www.eubuero.de, www.erasmusplus.de, www.meinauslandspraktikum.de).

BERUFSBILDUNG OHNE GRENZEN

Gefördert durch:
Bundesministerium für Wirtschaft und Klimaschutz
aufgrund eines Beschlusses des Deutschen Bundestages

Erasmus+
Enriching lives, opening minds.

Europass

Europass ist ein kostenfreies und mehrsprachiges Instrument der EU für Bewerbung und Jobsuche sowie für die Dokumentation und den Vergleich von Kompetenzen. Ziel ist es, das grenzüberschreitende Lernen und Arbeiten in Europa zu fördern. Europass besteht aus dem europäischen Karrieremanagement-Portal www.europass.eu und den Europass Dokumenten Europass Mobilität, Europass Zeugniserläuterungen und Europass Diploma Supplement. Im Europass-Portal können Nutzer/-innen z.B. ein persönliches Profil anlegen, Lebensläufe und Anschreiben erstellen, länderspezifische Informationen finden und nach Jobs und Weiterbildungen recherchieren. (www.europass.eu; Information und Beratung: www.europass-info.de)

europass

Aufgaben

1. Welche der folgenden Aussagen begründen einen beruflichen Auslandsaufenthalt während der Ausbildung?
   a) Im Ausland viel mit deutschen Mitbürgern kommunizieren und feiern.
   b) Andere Kulturen und ihre Bedeutung für das Arbeitsleben kennenlernen.
   c) Viel Geld als Reisegast in das Ausland bringen und damit das Reiseland finanziell unterstützen.
   d) Den Gastgebern im Ausland die Gelegenheit geben, ihre Deutschkenntnisse zu verbessern.
   e) Fremdsprachenkenntnisse erlernen und erweitern.
   f) Wissen über ausländische Märkte und Geschäftsgepflogenheiten verbessern.
   g) Den Gastgebern in den Betrieben zeigen, wie vorbildlich in Deutschland im Vergleich zum Gastland gearbeitet wird.
   h) Berufliche Erfahrungen im Ausland sammeln und positiv im eigenen beruflichen Werdegang verwerten.
2. Erkundigen Sie sich, ob in Ihrer Schule Auszubildende betriebliche Auslandsaufenthalte absolviert haben und ob Sie Berichte darüber erhalten können.
3. In der Abschlussprüfung werden im Teil WISO Fragen zum Europass gestellt. Erläutern Sie, wie Sie während Ihrer Ausbildung über „Erasmus+" einen Auslandsaufenthalt organisieren und gefördert bekommen können. Beschreiben Sie mit eigenen Worten, welche Unterstützungen Sie durch Europass bei der Planung von Auslandsaufenthalten erhalten.

W

Europass: Bausteine	
Europass Profil	Im Europass-Portal www.europass.eu können Nutzer/-innen ein persönliches Profil anlegen, in dem sie alle ihre Kompetenzen beschreiben.
Europass Lebenslauf	Mit dem Europass-Lebenslauf-Editor können Lebensläufe in verschiedenen Designs erstellt und jederzeit aktualisiert werden.
Europass Mobilität	Das Dokument erfasst Fähigkeiten und Kompetenzen, die während eines Lernaufenthaltes im europäischen Ausland erworben wurden. Der Europass Mobilität wird von der entsendenden Einrichtung erstellt, wie z. B. Berufsschule, Kammer oder Unternehmen.
Europass Zeugniserläuterung	Es gibt sie für duale und viele schulische Ausbildungsberufe. Sie ergänzen die im Originalzeugnis enthaltenen Angaben.
Europass Diploma Supplement	Der Diplomzusatz ergänzt die im Original-Hochschulabschluss enthaltenen Angaben und wird von der Hochschule ausgestellt.

Prüfungen

S Die Auszubildenden bei ACI wollen sich rechtzeitig über die Prüfungen informieren.

Die Übersichten (siehe Tabelle unten) sollen erste Informationen über die Zwischenprüfung und die Abschlussprüfungen geben:

Aufgaben

Informieren Sie sich über das Internet und insbesondere bei folgenden Websites über Zwischenprüfungen und erstellen Sie weitere Übersichten: www.ihk-aka.de, www.azubiworld.com, www.fachinformatiker.de, www.ihk-koeln.de, www.it-berufe.de, www.u-form-shop.de

Die Abschlussprüfungen in den IT-Berufen sind weitaus umfangreicher, offener und handlungsorientierter gestaltet als die Zwischenprüfung.

<table>
<tr><th colspan="2">Gestreckte Abschlussprüfung der IHK nach der Ausbildungsordnung</th></tr>
<tr><td colspan="2">Zwei zeitlich auseinanderfallende Prüfungsteile sollen feststellen:
▪ Berufliche Handlungsfähigkeit
▪ Beherrschung erforderlicher beruflicher Fertigkeiten
▪ Berufliche Kenntnisse und Fähigkeiten
▪ Im Berufsschulunterricht zu vermittelnde Kompetenzen</td></tr>
<tr><td>1. Teil etwa Mitte des zweiten Ausbildungsjahres, schriftliche Prüfungsaufgaben</td><td>2. Teil schriftlich und mündlich: fünf Prüfungsbereiche zum Ausbildungsende</td></tr>
<tr><td colspan="2">Die gestreckte Abschlussprüfung ist mit folgenden Leistungen bestanden:
1. Gesamtergebnis Teil 1 und Teil 2 mindestens „ausreichend“
2. Ergebnis Teil 2 mindestens „ausreichend“
3. Mindestens zwei Prüfungsbereiche Teil 2 mindestens „ausreichend“
4. Kein Prüfungsbereich von Teil 2 „ungenügend“, mind. „ausreichend“ im Prüfungsbereich „Anbindung von Geräten, Systemen und Betriebsmitteln an die Stromversorgung“ der Prüfung IT-Systemelektroniker</td></tr>
</table>

<table>
<tr><th>1. Teil/Prüfungsbereich 1: Schriftliche Fachaufgabe (20 %)</th></tr>
<tr><td>„Einrichten eines IT-gestützten Arbeitsplatzes“
Etwa in der Mitte des zweiten Ausbildungsjahres werden über die ersten 15 Monate der Ausbildung ganzheitliche schriftliche Prüfungsaufgaben in Handlungsschritten gestellt. Die Prüfung ist für alle Berufe gleich, es werden nur die berufsbildübergreifenden Fertigkeiten, Kenntnissen und Fähigkeiten geprüft, also die Lernfelder 1–6. Dieser Prüfungsbereich hat das Leitthema „Einrichten eines IT-gestützten Arbeitsplatzes“. Die Prüfungszeit beträgt 90 Minuten, die Gewichtung in der Gesamtbewertung liegt bei 20 %.</td></tr>
<tr><th>2. Teil: Schriftliche Prüfungsbereiche und Fachgespräch (Gewichtung insgesamt 80 %)</th></tr>
<tr><td>Teil A: Prüfungsbereich 2/Erstellung einer betrieblichen Projektarbeit (50 %): In 40 Stunden (FI AE: 80 Stunden) soll ein betrieblicher Auftrag/Teilauftrag bearbeitet und mit praxisbezogenen Unterlagen dokumentiert werden. Im Projektantrag ist der IHK bzw. dem Prüfungsausschuss das Thema der Projektarbeit mit einer Kurzbeschreibung zur Genehmigung vorzulegen. Bei der Wahl und Ausgestaltung des Projektthemas sollte neben dem Umfang der Anspruch der Projektarbeit beachtet werden, wobei das systematische Planen, Konzipieren, Durchführen und Kontrollieren des Projektes sichtbar werden sollte. Auch Wirtschaftlichkeitsüberlegungen sollten nicht fehlen. Die Projektarbeit wird vor der Prüfung der IHK bzw. dem Prüfungsausschuss zur Prüfung und Vorbereitung auf das Fachgespräch vorgelegt.
Am Prüfungstag soll die Projektarbeit dem Prüfungsausschuss in einem 30-minütigen Fachgespräch präsentiert werden. Auszubildende sollten sich daher auf Nachfragen zum Projekt oder zu Fachfragen aus den Lernfeldern der Ausbildung und der Berufsschule einstellen.</td></tr>
</table>

Teil B: Dieser Prüfungsteil besteht aus zwei schriftlichen Prüfungsteilen:
Zwei speziell auf den jeweiligen IT-Beruf abgestellte ganzheitliche Aufgaben nach Handlungsschritten müssen in jeweils 90 Minuten bearbeitet werden.
Prüfungsbereich 3: Berufsspezifische Aufgabe (10 %)
Prüfungsbereich 4: Berufsspezifische Aufgabe (10 %)

Teil B/Wirtschafts- und Sozialkunde bzw. WISO (10 %)
Prüfungsbereich 5: In 60 Minuten werden fallbezogen allgemeine wirtschaftliche und gesellschaftliche Zusammenhänge der Berufs- und Arbeitswelt dargestellt und dazu gebundene Fragen gestellt.

Ergänzungsprüfung: Es besteht die Möglichkeit einer Ergänzungsprüfung von 15 Minuten während der mündlichen Abschlussprüfung, wenn damit ein mit **mangelhaft bewerteter Prüfungsbereich noch ausgeglichen** werden kann. Bei der Ermittlung des Ergebnisses für diesen Prüfungsbereich sind das bisherige Ergebnis und das Ergebnis der mündlichen Ergänzungsprüfung im Verhältnis 2:1 zu gewichten.

Hinweis: Angaben ohne Gewähr; die IHK berät Ausbilder und Auszubildende (siehe ihk.de).

Aufgaben

Informieren Sie sich über das Internet und erstellen Sie weitere Übersichten zur Berufsausbildung in den IT-Berufen.

1.5.2 Pflichten des Arbeitnehmers und Arbeitgebers

S Herr Köhler klärt die Auszubildenden über Pflichten der Arbeitnehmer und Arbeitgeber auf.

Arbeitnehmer (AN) und Arbeitgeber (AG) haben sich durch den Arbeitsvertrag gegenseitig zur Leistung und Gegenleistung verpflichtet. Für Auszubildende besitzen die meisten Pflichten des Arbeitnehmers ebenfalls Gültigkeit.

W **Pflichten des Arbeitnehmers (AN)**

- **Arbeitspflicht:** Die vereinbarte Arbeit ist nach den Fähigkeiten und Kräften des AN zu leisten.
- **Verschwiegenheitspflicht:** Vorsätzlich oder fahrlässig dürfen durch den AN keine Geschäftsgeheimnisse oder persönlichen Umstände und Verhaltensweisen des AG bekannt gemacht werden, die das Unternehmen schädigen oder den Geschäftsinhaber herabwürdigen können.
- **Treuepflicht:** Der AN hat die Arbeit so zu verrichten, dass die Interessen des Arbeitgebers (AG) und des Betriebes gewahrt sind.
- **Arbeitsschutzpflicht:** Der AN ist angehalten, alle Maßnahmen zum Arbeitsschutz zu beachten.
- **Wettbewerbsverbot:** Während des Arbeitsverhältnisses hat der AN jeden Wettbewerb mit seinem AG zu unterlassen. Nach Beendigung des Arbeitsverhältnisses endet auch die Verpflichtung, dem AG keine Konkurrenz zu machen. Ein Wettbewerbsverbot bis zu zwei Jahren nach Beendigung des Arbeitsverhältnisses kann schriftlich vereinbart werden. Der AG hat dafür eine Entschädigung zu zahlen.

Folgen der Verletzung der Pflichten durch den AN:
- **Lohnminderung** (bei bewusstem Arbeiten mit Verzögerung oder in schlechter Qualität)
- **Kündigung** (ordentliche oder außerordentliche Kündigung)
- **Schadensersatz** für Schäden, die schuldhaft herbeigeführt wurden (meist fahrlässig: Vorsatz oder grobe Fahrlässigkeit wurde nachgewiesen). Bei normaler Fahrlässigkeit kann der Schaden zwischen Arbeitgeber und Arbeitnehmer aufgeteilt werden.

Aufgaben

Folgende Vorgänge passierten. Gegen welche Pflichten hat der Arbeitnehmer verstoßen? Welche Folgen könnte das haben? Nennen Sie zehn weitere Pflichtverletzungen.

a) Er erzählt am Stammtisch, dass die Firma schlechte Produkte zu überhöhten Preisen verkauft.
b) Er führt seine Arbeiten nachlässig aus. Dadurch wurden IT-Systeme nicht sachgemäß installiert.
c) Zwischendurch raucht er auch gerne mal eine Zigarette, wenn es keiner sieht, und schmeißt die Kippe schnell in die Ecke, wenn jemand kommt.
d) Er hat bei der Einstellung behauptet, er beherrsche ein bestimmtes Computerprogramm. Dies ist jedoch nicht der Fall.
e) Obwohl er genau weiß, dass er im Betrieb feste Schuhe tragen muss, zieht er gerne Sandalen an.
f) Damit er sich sein tolles Auto leisten kann, erstellt er abends nebenbei Homepages für Firmen und Vereine. Das bringt gutes Geld.
g) Er macht Witze über den Chef und macht sich über persönliche Eigenheiten des Chefs lustig.
h) Während der Posttransporte geht er immer wieder für eine halbe Stunde in eine Spielhalle.

W

Pflichten des Arbeitgebers (AG)

- **Lohn- und Gehaltszahlungspflicht**
- **Gleichbehandlung** aller Arbeitnehmer (vgl. Gleichbehandlungsgesetz, AGG)
- **Beschäftigungspflicht:** Der AN hat das Recht, beschäftigt zu werden.
- **Pflicht zum Schutz von Leben und Gesundheit:** Der AG ist verpflichtet, Arbeitsräume, Arbeitsmittel und Arbeitsablauf so zu regeln, dass der AN gegen Gefahren für Leben und Gesundheit geschützt ist (vgl. Kapitel 1.7).
- **Fürsorgepflicht:** Der AG ist verpflichtet, den AN gegen ungerechte Behandlung oder rechtswidrige Handlungen von Arbeitskollegen in Schutz zu nehmen.
- **Wahrung der Persönlichkeitsrechte des AN:** Persönliche Daten und Informationen müssen vertraulich behandelt und Personalakten sorgfältig aufbewahrt werden. Der AN oder eine von ihm beauftragte Person hat zu jeder Zeit das Recht zur Einsichtnahme in die Personalakte.
- **Verschwiegenheitspflicht:** Der AG darf keine Informationen herausgeben, an denen der AN ein berechtigtes Interesse auf Verschwiegenheit hat, z. B. über Einkommen, Gesundheitszustand, persönliche Verhältnisse. Der AG kann bei Verletzung der Pflichten schadensersatzpflichtig gemacht werden.
- **Urlaubsgewährung:** Arbeitnehmer haben Anspruch auf Urlaubsgewährung (vgl. Bundesurlaubsgesetz, Tarifverträge).
- **Pflicht auf Erstellung eines Arbeitszeugnisses:** vgl. Kapitel 1.8

Verletzt der Arbeitgeber seine Pflichten, so kann der Arbeitnehmer je nach Lage des Einzelfalls

- die Erfüllung der Pflichten verlangen,
- seine Arbeitsleistung zurückhalten,
- den Arbeitsvertrag außerordentlich kündigen,
- Schadensersatz geltend machen.

Personalakteneinsicht: Jeder Arbeitnehmer und damit auch der oder die Auszubildende hat das Recht, jederzeit und ohne besonderen Anlass in seine Personalakte Einsicht zu nehmen (§ 83 BtrVG). Die Einsicht ist grundsätzlich während der Arbeitszeit zu gewähren, das Entgelt für diese Zeit ist fortzuzahlen. Das Einsichtsrecht schließt die Befugnis ein, in angemessenem Umfang Notizen zu machen, Auszüge und Abschriften zu fertigen und auf eigene Kosten Kopien herzustellen. Der Mitarbeiter kann eine weitere Person, z. B. ein Betriebsratsmitglied, hinzuziehen, die dann eine besondere Schweigepflicht hat. Der Arbeitnehmer hat das Recht, schriftliche Erklärungen zum Inhalt seiner Personalakte abzugeben und der Akte beifügen zu lassen.

Aufgaben

1. Folgende Vorgänge passierten. Gegen welche Pflichten hat der Arbeitgeber verstoßen? Welche Folgen könnte das haben? Nennen Sie noch fünf weitere mögliche Pflichtverletzungen des Arbeitgebers.
   a) Urlaub gibt es in der Firma nur dann, wenn der Chef es will. Viele Mitarbeiter haben im Juni noch nicht den halben Urlaub vom letzten Jahr genommen.
   b) Eine Auszubildende bemüht sich zwar ständig um Arbeit, sie wird ihr jedoch immer wieder versagt, weil sie sich nicht „auskennt“. Sie langweilt sich.
   c) Der Chef zahlt die Ausbildungsvergütung nicht pünktlich. Manchmal zahlt er nur einen Abschlag.
   d) Im Lager müssen die Arbeitnehmer im Keller ohne natürliches Licht und in feuchten Räumen arbeiten.

e) Eine Auszubildende muss 14 Monate nur im Lager arbeiten, während eine andere Auszubildende in dieser Zeit die Abteilungen Lager, Rechnungswesen und Verkauf kennengelernt hat.
f) Als Azubi muss sie fast jeden Freitag von morgens 07:00 Uhr bis spätabends um 21:00 Uhr arbeiten.
g) In der Firma wird gemobbt. Der Chef weiß davon und macht sich ebenfalls über den betreffenden Kollegen lustig.
h) Torsten hat der Firma gekündigt. Der Chef ist sauer, will Torsten das Gehalt nicht zahlen und ärgert ihn während seiner letzten Arbeitstage ständig. Auch ein Arbeitszeugnis will er ihm nicht ausstellen.
i) Im Betrieb ist das „Gerücht" im Umlauf, dass das Gehalt eines Mitarbeiters gepfändet wurde.

2. Sie wollen Einsicht in Ihre Personalakte nehmen. Welche der folgenden Aussagen beschreibt zutreffend die Rechtslage?
   a) Sie haben das Recht, Ihre Personalakte einzusehen, allerdings nur im Beisein des Betriebsrats.
   b) Sie haben kein Recht, Ihre Personalakte einzusehen.
   c) Sie haben das uneingeschränkte Recht, jederzeit Ihre Personalakte einzusehen.
   d) Sie haben das Recht, Ihre Personalakte einzusehen, allerdings nur, wenn eine Höhergruppierung bei der Gehaltseinstufung ansteht.
3. Zu Ihren Pflichten als Netzwerkbetreuer/-in gehört u.a. die Einhaltung des Wettbewerbsverbots. Worum handelt es sich bei diesem Verbot?
   a) Sie dürfen ohne Zustimmung Ihres Arbeitgebers an keinem Wettbewerb teilnehmen.
   b) Sie haben alles zu unterlassen, was den Wettbewerb mit anderen Unternehmen beeinträchtigen könnte, z. B. Mitteilungen von günstigen Bezugsquellen an Dritte.
   c) Ohne ausdrückliche Erlaubnis des Unternehmens dürfen Sie in dessen Geschäftszweig keine Geschäfte auf eigene Rechnung machen oder vermitteln.
   d) Ihnen sind alle Handlungen und Verhaltensweisen untersagt, die geeignet sind, den Wettbewerb der Mitarbeiter im Betrieb zu beeinträchtigen.
   e) Sie dürfen grundsätzlich keinerlei eigene Geschäfte machen oder vermitteln.

1.5.3 Mitbestimmung der Arbeitnehmer

Der Staat bzw. der Gesetzgeber hat Regelungen getroffen, damit die Mitbestimmung der Auszubildenden und Mitarbeiter im Betrieb sichergestellt ist und der Betrieb den Arbeitnehmern und Auszubildenden einen guten Arbeitsplatz zur Verfügung stellt. Die Zielsetzung des Staates besteht darin, eine vertrauensvolle Zusammenarbeit zwischen Arbeitnehmer und Arbeitgeber zum Wohle von Betrieb und Mitarbeitern zu erreichen.

1.5.3.1 Mitbestimmungsgesetze

Die Arbeitswelt hat sich in den letzten Jahrzehnten immer wieder grundlegend geändert. In den 1950er- bis 1970er-Jahren waren es die großen Aufbauleistungen, z. B. in der Bau-, Energie-, Stahl- und Metallindustrie, heute sind die Entwicklungen in der Informations- und Kommunikationsindustrie, Outsourcing, Globalisierung oder Standortsicherung entscheidende Faktoren, die betriebliches Handeln bestimmen. Damit die Mitarbeiter bei diesen Veränderungen als gleichwertige Partner mitwirken können, wurden Mitbestimmungsgesetze verabschiedet und laufend den Veränderungen angepasst.

W

Mitbestimmungsgesetze		
Montanmitbestimmungsgesetz	**Betriebsverfassungsgesetz**	**Mitbestimmungsgesetz und DrittelbG**
Dieses Gesetz entstand im Jahre 1951 in Zeiten wirtschaftlich großer Bedeutung der Branchen Bergbau, Eisen und Stahl (Montanindustrie) für Kapitalgesellschaften mit **mehr als 1.000 Arbeitnehmern** oder bergrechtliche Gewerkschaften. Bedeutend war in diesem Gesetz die Mitbestimmung der Arbeitnehmer im Aufsichtsrat der Unternehmen dadurch, dass der Aufsichtsrat je zur Hälfte aus Vertretern der Arbeitnehmer und der Arbeitgeber bestand und **ein weiteres neutrales Mitglied** von beiden Seiten gewählt werden musste. Auch sieht das Gesetz einen Arbeitsdirektor im Vorstand für das Personal- und Sozialwesen vor.	Dieses Gesetz aus dem Jahre 1952 bzw. 1972 regelt die betriebliche Beteiligung der Arbeitnehmer an Entscheidungen des Betriebes, die Bildung von Betriebsräten, Jugend- und Auszubildendenvertretungen, die Mitwirkungs- und Beschwerderechte der Arbeitnehmer, Maßnahmen der Personalplanung und der Berufsbildung, die Einrichtung eines Wirtschaftsausschusses ab 100 Arbeitnehmern oder die Berücksichtigung der Interessen bei Betriebsänderungen.	Das Mitbestimmungsgesetz aus dem Jahre 1976 regelt die Mitbestimmung in **Kapitalgesellschaften** mit mehr als **2.000 Arbeitnehmern.** Anders als beim Betriebsverfassungsgesetz müssen im Aufsichtsrat sogar die **Hälfte** der Vertreter von **der Arbeitnehmerseite** kommen. Bei einer **Pattsituation erhält der Aufsichtsratsvorsitzende zwei Stimmen.** Für Unternehmen mit 500 bis 2.000 Beschäftigten ist auch das Drittelbeteiligungsgesetz (DrittelbG) anzuwenden. Der **Aufsichtsrat** muss zu **einem Drittel aus Arbeitnehmern bestehen.**

S Anna hat das Betriebsverfassungsgesetz aus dem Internet heruntergeladen und eine Zusammenstellung von für sie wichtigen Informationen zum Betriebsrat erstellt.

Aufgaben

1. Bereiten Sie ein Rollenspiel mit folgenden Rollen vor. Es können auch vier Rollenspiele geplant werden, wobei sich jeweils a) und b) sehr freundlich, offen und entgegenkommend oder sich andererseits eher zurückhaltend, unfreundlich und starr verhalten sollten.
   a) Die Gruppe „Betriebsrat" und eine Gruppe „Arbeitnehmer", die sich ungerecht behandelt fühlt und das BetrVG nicht kennt, stehen sich gegenüber. Sie müssen dazu Beispiele finden. Die Gruppe „Arbeitnehmer" bittet um Unterstützung bei der Gruppe „Betriebsrat", die beraten und eventuell schlichten soll.
   b) Die Gruppe „Betriebsrat" und die Gruppe „Geschäftsleitung" stehen sich gegenüber. Der Betriebsrat trägt Wünsche oder Probleme vor, die Geschäftsleitung nimmt dazu Stellung.
2. Anna hat die Übersicht zum BetrVG (siehe unten) nur bis § 87 zusammengestellt. Arbeiten Sie auch die anderen Paragrafen durch und notieren Sie wichtige Erkenntnisse in einer Merkliste. Den Gesetzestext finden Sie im Internet oder im Downloadbereich. DL

1.5.3.2 Betriebsrat

S Aufgrund unterschiedlicher Interessen zwischen Arbeitgebern und Beschäftigten können sich die einzelnen Arbeitnehmer und Arbeitnehmerinnen nur schwer allein durchsetzen. Bei ACI wurde daher ein Betriebsrat eingerichtet. Er vertritt die Interessen aller Arbeitnehmer und Arbeitnehmerinnen im Betrieb.

Betriebsrat W

Der Betriebsrat ist die Interessenvertretung der Arbeitnehmer/-innen im Betrieb. Er ist auch für die Auszubildenden und Jugendlichen zuständig. In der Regel arbeitet er eng mit der Jugend- und Auszubildendenvertretung zusammen.
In jedem Betrieb mit mindestens fünf Beschäftigten einschließlich Auszubildenden und Aushilfen, die über 18 Jahre alt sind, kann (muss aber nicht) nach dem Betriebsverfassungsgesetz ein Betriebsrat gewählt werden.
Der Betriebsrat verhandelt mit dem Arbeitgeber über Fragen wie Arbeitszeit, Lohn und Gehalt, Urlaubsregelungen, Arbeitsbedingungen oder die Berufsausbildung.
Bei bestimmten Maßnahmen (z. B. Kündigungen oder Neueinstellungen) hat der Betriebsrat ein Mitbestimmungsrecht, d. h., der Unternehmer muss den Betriebsrat vor der Maßnahme informieren und dessen Stellungnahme einholen.
Größe des Betriebsrates je nach Mitarbeiterzahl: 5 bis 20 Mitarbeiter = ein Mitglied, 21 bis 50 Mitarbeiter = drei Mitglieder, 51 bis 150 = fünf Mitglieder, 101 bis 300 = sieben Mitglieder usw.
Amtszeit des Betriebsrates: 4 Jahre
Mit dem Arbeitgeber hat der Betriebsrat zum Wohl der Arbeitnehmer und des Betriebes zusammenzuarbeiten (§ 2 Abs. 1 BetrVG). Der Betriebsrat kann Antragsteller, Antragsgegner oder sonstiger Beteiligter in betriebsverfassungsrechtlichen Streitigkeiten vor dem Arbeitsgericht sein.
Mitglieder sind im erforderlichen Umfang freizustellen. Eine ordentliche Kündigung der Mitglieder ist während der Amtszeit und ein Jahr danach nicht zulässig.
Ein Betriebsrat hat eine(n) Vorsitzende(n) und eine(n) Stellvertreter(in). Ab neun Mitgliedern muss er einen Betriebsausschuss bilden und kann weitere Ausschüsse einrichten.

W **Wichtiges aus dem Betriebsverfassungsgesetz (BetrVG) in Auszügen**

§ 1:	Die Einrichtung von Betriebsräten gilt ab fünf ständigen wahlberechtigten Arbeitnehmern.
§ 3:	Besteht keine tarifliche Regelung und gilt kein anderer Tarifvertrag, so kann die Regelung durch Betriebsvereinbarung getroffen werden. Besteht kein Betriebsrat, so kann auf Antrag von mindestens drei wahlberechtigten Arbeitnehmern mit Stimmenmehrheit die Wahl eines unternehmenseigenen Betriebsrates beschlossen werden.
§§ 5, 7:	Dieses Gesetz findet, soweit nicht anders bestimmt, keine Anwendung auf leitende Angestellte. Wahlberechtigt sind alle (anderen) Arbeitnehmer ab dem vollendeten 18. Lebensjahr.
§ 8:	Wählbar sind Wahlberechtigte mit mindestens sechsmonatiger Betriebszugehörigkeit.
§ 26:	Der Betriebsrat wählt aus seiner Mitte den Vorsitzenden und dessen Stellvertreter.
§ 27:	Hat ein Betriebsrat neun oder mehr Mitglieder, so bildet er einen Betriebsausschuss, der die laufenden Geschäfte des Betriebsrates führt.
§ 28:	Ab 100 Arbeitnehmern können Ausschüsse für besondere Aufgaben gebildet werden.
§ 30:	Betriebsratssitzungen finden in der Regel während der Arbeitszeit statt.
§ 43:	Der Betriebsrat veranstaltet regelmäßige Betriebs- und Abteilungsversammlungen, zu denen der Arbeitgeber einzuladen ist und sprechen darf. Eine Betriebsversammlung ist einmal pro Kalendervierteljahr durchzuführen.

§ 60: Die Einrichtung einer Jugend- und Auszubildendenvertretung ist möglich bei mindestens fünf Arbeitnehmern unter 18 Jahren bzw. 25 Jahren, wenn sie noch in der Ausbildung sind.

§ 80: Allgemeine Aufgaben: Der Betriebsrat
- hat darüber zu wachen, dass die zugunsten der Arbeitnehmer geltenden Gesetze, Verordnungen, Unfallverhütungsvorschriften, Tarifverträge und Betriebsvereinbarungen durchgeführt werden;
- beantragt beim Arbeitgeber Maßnahmen, die dem Betrieb und der Belegschaft dienen;
- fördert die Durchsetzung der tatsächlichen Gleichstellung von Frauen und Männern, insbesondere bei der Einstellung, Beschäftigung, Aus-, Fort- und Weiterbildung und dem beruflichen Aufstieg;
- fördert die Vereinbarkeit von Familie und Erwerbstätigkeit;
- nimmt Anregungen von Arbeitnehmern und der Jugend- und Auszubildendenvertretung entgegen und, falls sie berechtigt erscheinen, wirkt durch Verhandlungen mit dem Arbeitgeber auf eine Erledigung hin, wobei er die betreffenden Arbeitnehmer über den Stand und das Ergebnis der Verhandlungen zu unterrichten hat;
- fördert die Eingliederung Schwerbehinderter und sonstiger besonders Schutzbedürftiger;
- bereitet die Wahl einer Jugend- und Auszubildendenvertretung vor, führt sie durch und arbeitet mit dieser zur Förderung der Belange der in § 60 Abs. 1 genannten Arbeitnehmer eng zusammen. Er kann von der Jugend- und Auszubildendenvertretung Vorschläge und Stellungnahmen anfordern;
- fördert die Beschäftigung älterer Arbeitnehmer im Betrieb;
- fördert die Integration ausländischer Arbeitnehmer im Betrieb sowie das Verständnis zwischen ihnen und den deutschen Arbeitnehmern und beantragt Maßnahmen zur Bekämpfung von Rassismus und Fremdenfeindlichkeit im Betrieb;
- fördert und sichert die Beschäftigung im Betrieb;
- fördert Maßnahmen des Arbeitsschutzes und des betrieblichen Umweltschutzes.

§ 87: Mitbestimmungsrechte: Der Betriebsrat hat mitzubestimmen bei
1. Fragen der Ordnung des Betriebs und des Verhaltens der Arbeitnehmer im Betrieb; 2. Beginn und Ende der täglichen Arbeitszeit einschließlich der Pausen sowie Verteilung der Arbeitszeit auf die einzelnen Wochentage; 3. vorübergehender Verkürzung oder Verlängerung der betriebsüblichen Arbeitszeit; 4. Zeit, Ort und Art der Auszahlung der Arbeitsentgelte; 5. Aufstellung allgemeiner Urlaubsgrundsätze und des Urlaubsplans sowie Festsetzung der zeitlichen Lage des Urlaubs für einzelne Arbeitnehmer, wenn zwischen dem Arbeitgeber und den beteiligten Arbeitnehmern kein Einverständnis erzielt wird; 6. Einführung und Anwendung von technischen Einrichtungen, die dazu bestimmt sind, das Verhalten oder die Leistung der Arbeitnehmer zu überwachen; 7. Regelungen über die Verhütung von Arbeitsunfällen und Berufskrankheiten sowie über den Gesundheitsschutz im Rahmen der gesetzlichen Vorschriften oder der Unfallverhütungsvorschriften; 8. Form, Ausgestaltung und Verwaltung von Sozialeinrichtungen, deren Wirkungsbereich auf den Betrieb, das Unternehmen oder den Konzern beschränkt ist; 9. Zuweisung und Kündigung von Wohnräumen, die den Arbeitnehmern mit Rücksicht auf das Bestehen eines Arbeitsverhältnisses vermietet werden, sowie die allgemeine Festlegung der Nutzungsbedingungen für diese Wohnräume; 10. Fragen der betrieblichen Lohngestaltung, insbesondere die Aufstellung von Entlohnungsgrundsätzen und die Einführung und Anwendung von neuen Entlohnungsmethoden sowie deren Änderung; 11. Festsetzung der Akkord- und Prämiensätze und vergleichbarer leistungsbezogener Entgelte, einschließlich der Geldfaktoren; 12. Grundsätze über das betriebliche Vorschlagswesen; 13. Grundsätze über die Durchführung von Gruppenarbeit – Gruppenarbeit im Sinne dieser Vorschrift liegt vor, wenn im Rahmen des betrieblichen Arbeitsablaufs eine Gruppe von Arbeitnehmern eine ihr übertragene Gesamtaufgabe im Wesentlichen eigenverantwortlich erledigt.

Kommt eine Einigung über eine Angelegenheit nach Absatz 1 nicht zustande, so entscheidet die Einigungsstelle. Deren Spruch ersetzt die Einigung zwischen Arbeitgeber und Betriebsrat. Zu weiteren Paragrafen bis § 130 vgl. Gesetzestext im Downloadbereich/Internet.

DL

www.betriebsrat.com/urteile-gesetze-fachinfo, www.gesetze-im-internet.de

Aufgaben

1. Was ist richtig, was ist falsch?
   a) Ein Betriebsrat muss in jedem Betrieb eingerichtet werden.
   b) Wahlberechtigte für den Betriebsrat sind mindestens 18 Jahre alte, jedoch nicht leitende Mitarbeiter.
   c) Betriebsratswahlen finden alle fünf Jahre statt.
   d) Betriebsratsmitglieder sind während der Amtszeit und ein Jahr danach nicht kündbar.
   e) Eine Kündigung einer Mitarbeiterin ohne Anhörung des Betriebsrates ist unwirksam.

2. Bei welchen Veränderungen im Betrieb muss der Betriebsrat zustimmen?
   a) Errichtung einer neuen Lagerhalle
   b) Einführung eines neuen Personalbeurteilungssystems
   c) Durchführung von Rationalisierungsmaßnahmen
   d) Änderung der Kernarbeitszeit im Betrieb
   e) Planung des zukünftigen Personalbedarfs
   f) Planung neuer Arbeitsverfahren und Arbeitsabläufe
   g) Einstellung einer neuen Mitarbeiterin

h) Aufstellung allgemeiner Urlaubsgrundsätze
i) Durchführung eines „Tages der offenen Tür“
j) Kündigung einer Mitarbeiterin, die bei einem Diebstahl erwischt wurde
k) Verlängerung der betriebsüblichen Arbeitszeit
l) Stilllegung einer Filiale
m) Schließung der Kantine aus Kostengründen
n) Installation einer Kamera im Kassenbereich zur Kontrolle der Kassierer

3. Welche Aussagen zur Wahl eines Betriebsrates sind richtig? Vergleichen Sie auch das Betriebsverfassungsgesetz.
   a) Ein Betriebsrat muss in jedem Betrieb gewählt werden.
   b) Befristet Beschäftigte dürfen nicht an einer Betriebsratswahl teilnehmen.
   c) Wahlberechtigte müssen, soweit der Betrieb länger als sechs Monate besteht, mindestens sechs Monate im Betrieb beschäftigt sein.
   d) Betriebsversammlungen werden zweimal pro Jahr durchgeführt.
   e) Alle Arbeitnehmer haben ein aktives Wahlrecht.
   f) Befristet Beschäftigte dürfen für den Betriebsrat kandidieren.
   g) Wer als Wahlberechtigte(r) an der Wahl verhindert ist, kann schriftlich wählen.
   h) Ein Mitarbeiter ist am Tag der Betriebsratswahl arbeitsunfähig krank. Ein Kollege kann für ihn stellvertretend wählen.
   i) Wahlberechtigt sind alle Arbeitnehmer, die das 21. Lebensjahr vollendet haben.
   j) Der Betriebsrat wird auf fünf Jahre gewählt.
   k) Eine englische Mitarbeiterin, die schon zwei Jahre im Betrieb arbeitet, darf für den Betriebsrat kandidieren.
   l) Der Betriebsrat setzt sich aus Arbeitnehmern und außerbetrieblichen Beratern (z. B. Gewerkschaftsfunktionären) zusammen.
   m) Die Bildung eines Betriebsrates ist von der Zustimmung des Arbeitgebers abhängig.
   n) Der Betriebsrat kann laut Betriebsverfassungsgesetz in allen Betrieben, die ständig mindestens fünf Arbeitnehmer beschäftigen, gewählt werden.
   o) Die regelmäßige Amtszeit eines Betriebsrates beträgt für eine Wahlperiode vier Jahre.
   p) Auch jugendliche Arbeitnehmer haben das aktive Wahlrecht bei Betriebsratswahlen.

S Der Betriebsrat von ACI will mit dem Arbeitgeber speziell für den Betrieb ausgerichtete Vereinbarungen treffen. Es soll geprüft werden, ob eine Einigungsstelle und Betriebsvereinbarungen Möglichkeiten dazu schaffen.

Einigungsstelle

W

Arbeitgeber und Betriebsrat können zur Beilegung von Meinungsverschiedenheiten, z. B. über Regelungen der betrieblichen Arbeitszeit, der Aufstellung von betrieblichen Grundsätzen der Urlaubsgewährung oder der Ausgestaltung vorhandener betrieblicher Sozialeinrichtungen, eine Einigungsstelle im Betrieb errichten. Eine gesetzliche Verpflichtung dazu gibt es nicht. Mit einer Einigungsstelle sollen betriebliche Angelegenheiten auf betrieblicher Ebene geregelt und damit arbeitsgerichtliche Auseinandersetzungen vermieden werden.

Eine Einigungsstelle auf betrieblicher Ebene kann durch schnelle Absprachen und Beschlüsse einvernehmliche Regelungen bei Schlichtungsfällen ermöglichen.

Betriebsvereinbarungen sind ebenfalls gut geeignet, um die betrieblichen Belange zu berücksichtigen.

Betriebsvereinbarungen

W

Betriebsvereinbarungen bieten die Möglichkeit, betriebliche Angelegenheiten durch Vereinbarung zwischen Unternehmensleitung und Betriebsrat zu regeln. Gegenstand von BV-Regelungen können die Arbeitsbedingungen im Betrieb oder auch Arbeitsentgelte sein, soweit diese nicht durch Tarifverträge geregelt sind.

Fehlt ein Betriebsrat, scheidet der Abschluss einer Betriebsvereinbarung von vornherein aus. Regelungen betrieblicher Angelegenheiten können dann nur durch die Aufnahme in die einzelnen Arbeitsverträge erfolgen. Sofern Betriebsvereinbarungen abgeschlossen werden, gelten diese einheitlich für alle Arbeitnehmer des Betriebes.

Aufgaben

1. Was ist richtig, was ist falsch?
   a) In einer Einigungsstelle entscheiden Gewerkschaften und Arbeitgeberverband über betriebliche Einzelentscheidungen bei ACI.
   b) Die Einrichtung einer Einigungsstelle ist in jedem Betrieb vorgeschrieben.
   c) Eine Einigungsstelle kann von einem Stellenbewerber angerufen werden, wenn der Bewerber mit dem Gehaltsvorschlag des Arbeitgebers nicht einverstanden ist.
   d) Betriebsvereinbarungen werden dann im Betrieb getroffen, wenn kein Betriebsrat eingerichtet ist.
   e) Werden Betriebsvereinbarungen im Betrieb beschlossen, beziehen diese sich nur auf die in der Gewerkschaft organisierten Arbeitnehmer.

2. Zwischen der Geschäftsleitung von ACI und dem Betriebsrat werden Betriebsvereinbarungen abgeschlossen. Welcher der folgenden Sachverhalte kann in einer Betriebsvereinbarung geregelt werden?
   a) Kündigungsfristen
   b) Mindesturlaubsansprüche
   c) Gleitende Arbeitszeit
   d) Mindestlöhne entsprechend dem Tarifvertrag (Recherche: vgl. www.boeckler.de: Betriebsvereinbarungen, www.imu-boeckler.de)

1.5.3.3 Tarifvertrag

S Bei ACI wird über die Gültigkeit von Tarifverträgen für die Mitarbeiter diskutiert. Es wird behauptet, dass nur dann die Regelungen eines Tarifvertrages für die Mitarbeiter gelten, wenn der Betrieb tariflich gebunden ist.

Die Arbeits- und Einkommensbedingungen der großen Mehrheit der abhängig Beschäftigten werden in der Bundesrepublik Deutschland durch Tarifverträge geregelt. Tarifverträge werden nach dem verfassungsrechtlichen Grundsatz der **Tarifautonomie** (Artikel 9 Abs. 3 Grundgesetz) zwischen den **Arbeitgeberverbänden** oder einzelnen **Unternehmen** und den **Gewerkschaften** geschlossen. Sie gelten zunächst für die **jeweiligen Mitglieder**. Aber auch nicht tarifgebundene Unternehmen und Arbeitnehmerinnen und Arbeitnehmer, die keiner Gewerkschaft angehören, sehen in den tariflichen Standards eine zentrale Orientierungsgröße für **individualrechtliche Vereinbarungen** bei der Arbeitsvertragsgestaltung. Im Arbeitsrecht wird grundsätzlich zwischen **individuellem** und **kollektivem** Arbeitsrecht unterschieden.

W

Arbeitsrechtsbereiche	
Individuelles Arbeitsrecht	Das individuelle Arbeitsrecht regelt das Verhältnis zwischen Arbeitgeber und Arbeitnehmer. Es umfasst insbesondere Fragen der Gestaltung der wesentlichen Arbeitsbedingungen wie Arbeitsleistung, Arbeitszeit, Arbeitsentgelt, Entgeltfortzahlung im Krankheitsfall, Erholungsurlaub, Teilzeitarbeit, Befristung von Arbeitsverträgen sowie Kündigungsschutz.
Kollektives Arbeitsrecht	Zum kollektiven Arbeitsrecht gehört die Unternehmensmitbestimmung und die betriebliche Mitbestimmung sowie das Koalitions-, Tarifvertrags- und Arbeitskampfrecht. Bedeutung für beide Bereiche des Arbeitsrechts haben insbesondere die gesetzlichen Regelungen zur Arbeitszeit und zum Ladenschluss.

Von den über 70.000 als gültig in das **Tarifregister** eingetragenen Tarifverträgen werden zurzeit über 400 Verträge als allgemein verbindlich geführt (vgl. z. B. www.tarifregister.nrw.de).

Tarifvertrag W

Die Arbeits- und Einkommensbedingungen der großen Mehrheit der Beschäftigten werden durch Tarifverträge geregelt. Sie werden zwischen den **Gewerkschaften** und den **Arbeitgeberverbänden** bzw. **einzelnen Unternehmen** als Tarifparteien abgeschlossen.

Es wird zwischen dem **Rahmentarifvertrag** für die Lohn- und Gehaltstarife und dem **Manteltarifvertrag** für die sonstigen Arbeitsbedingungen unterschieden.

Vier Wochen nach Ende des Tarifvertrages endet die **Friedenspflicht** (es dürfen dann keine Arbeitskampfmaßnahmen mehr durchgeführt werden). Erklärt eine oder erklären beide Tarifparteien das Scheitern der Verhandlungen, kann entweder das Schlichtungsverfahren eingeleitet werden oder in einer **Urabstimmung** (mit 75 % der Stimmen der Mitglieder) der **Streik** beschlossen werden. Aber auch die Arbeitgeber können im Arbeitskampf Druck ausüben. Sie können für eine bestimmte Zeit die Betriebstore schließen und niemand zur Arbeit lassen. Das nennt man **Aussperrung**. In dieser Zeit können die Arbeiter und Angestellten nichts verdienen, Gewerkschaftsmitglieder erhalten als Ausgleich Streikgeld. Streiken Einzelne oder Gruppen von Arbeitnehmern „spontan“ oder „wild“, sind sie gesamtschuldnerisch haftbar. **Arbeitskämpfe** müssen den Grundsatz der Verhältnismäßigkeit beachten. Auch vor und während des Streiks ist noch eine **Schlichtung** möglich. Der neue Tarifvertrag wird von den Tarifvertragsparteien unterzeichnet.

Tarifverträge gelten grundsätzlich nur für die tarifgebundenen Arbeitgeber und Beschäftigten. Tarifgebunden sind die Mitglieder der Tarifvertragsparteien und der Arbeitgeber, der selbst Partei des Tarifvertrages ist. Tarifverträge können jedoch vom Bundesministerium für Arbeit und Soziales laut § 5 Tarifvertragsgesetz im Einvernehmen mit dem Tarifausschuss auf Antrag einer Tarifpartei für **allgemein verbindlich** erklärt werden. Sie erlangen dadurch Gültigkeit auch für alle nicht tarifgebundenen Arbeitgeber und Beschäftigten des tariflichen Geltungsbereichs.

Mit einem Arbeitgeberverband kann für einen bestimmten räumlichen Geltungsbereich eines Wirtschaftszweiges („Fläche“) ein **Flächentarifvertrag** abgeschlossen werden.

Informationen z. B. über www.tarifvertrag.de, www.arbeitgeber.de, www.tarifregister.nrw.de

Aufgaben

1. Was ist richtig, was ist falsch?
   a) Tarifverträge zählen zum individuellen Arbeitsrecht.
   b) Tarifverträge kommen durch freie Vereinbarung der Tarifpartner, d. h. ohne staatliche Mitwirkung zustande.
   c) Ein Tarifvertrag kann auch nur für eine Region, z. B. ein Bundesland, gültig sein.
   d) Tarifverträge bedürfen grundsätzlich der Zustimmung des Staates.
   e) Einen ordentlichen Streik können Arbeitnehmer jederzeit umsetzen.
   f) Es dürfen keine Gehälter über Tarif gezahlt werden.
   g) Nach Ende der Gültigkeit des Tarifvertrages gilt für vier Wochen eine Friedenspflicht.
   h) Kommt es nach Auslaufen eines Tarifvertrages zu keiner neuen Vereinbarung, muss eine staatliche Zwangsschlichtung herbeigeführt werden.
   i) Tarifverträge gelten, wenn sie nicht für allgemein verbindlich erklärt wurden, nur für gewerkschaftlich organisierte Arbeitnehmer.
2. Bei ACI wird Ihnen eine Stelle im Vertrieb angeboten. Sie wollen nun feststellen, wie viele Urlaubstage Ihnen zustehen. Wo sehen Sie nach, wenn ACI dem zuständigen Arbeitgeberverband angehört?
   a) im Haustarifvertrag
   b) in der Betriebsvereinbarung
   c) im für die ACI geltenden Manteltarifvertrag
   d) im Bundesangestelltentarifvertrag
   e) im für die ACI geltenden Lohn- und Gehaltstarifvertrag
3. Welche der folgenden Partner sind in den unten stehenden Fällen zuständig?
   1) Arbeitnehmer und Arbeitgeber
   2) Arbeitgeber und Betriebsrat
   3) Gewerkschaften und Arbeitgeber(verbände)

   Fälle
   a) Änderung der Betriebsordnung
   b) Abschluss eines Manteltarifvertrages
   c) Abschluss eines Arbeitsvertrages
   d) Festlegung eines Werktarifvertrages
   e) Vereinbarung über die regelmäßige tägliche Arbeitszeit
   f) Planung zusätzlicher Ausbildungseinrichtungen in einer Unternehmung
   g) Abschluss einer Betriebsvereinbarung
4. Welche der folgenden Arbeitskampfmaßnahmen werden in den unten stehenden Fällen angesprochen?
   1) Wilder Streik
   2) Warnstreik
   3) Aussperrung
   4) Schwerpunktstreik

   Fälle
   a) In allen Unternehmungen einer Branche wird die Arbeit auf Betreiben der Gewerkschaft für eine Stunde niedergelegt.
   b) Die Arbeitsverhältnisse aller Arbeitnehmer bestimmter Betriebe werden während eines Streiks vorübergehend aufgehoben.
   c) Die Gewerkschaften beschließen für den Bereich Handel einen Streik in fünf großen Logistikzentren.
   d) Arbeitnehmer eines Unternehmens haben sich während der Laufzeit des Tarifvertrags spontan und ohne Abstimmung mit der Gewerkschaft zu einer vierstündigen Arbeitsniederlegung entschlossen, um ihrer Meinung nach berechtigte Forderungen durchzusetzen.
5. Bringen Sie folgenden Ablauf beim Zustandekommen eines neuen Tarifvertrages in die richtige Reihenfolge:
   a) Urabstimmung über das Ergebnis der neuen Tarifrunde und Ende des Streiks
   b) Erklärung des Scheiterns der Tarifverhandlungen durch einen Tarifpartner
   c) Aufnahme der Tarifverhandlungen durch die Tarifpartner
   d) Der Gehaltstarifvertrag läuft fristgemäß ab.
   e) Urabstimmung über einen Arbeitskampf mit nachfolgendem Streik und gegebenenfalls Aussperrung
   f) Neue Verhandlungen während des Streiks

1.5.4 Mitbestimmung für Jugendliche

S Bei ACI wurde auch eine Jugendvertretung eingerichtet. Ein Jugendvertreter hat aus dem Jugendschutzgesetz die wichtigsten Festlegungen zusammengestellt.

W **Jugend- und Auszubildendenvertretung (JAV)**

Die Jugend- und Auszubildendenvertretung ist die gewählte **Interessenvertretung** aller Jugendlichen und Auszubildenden im Betrieb. Wahlberechtigt sind alle unter 18-Jährigen und alle Auszubildenden bis zum 25. Lebensjahr. Wählbar sind alle, die das 25. Lebensjahr noch nicht vollendet haben.

Die JAV kümmert sich entsprechend § 70 BetrVG (Betriebsverfassungsgesetz) um die Probleme der Auszubildenden. Die JAV überwacht, ob Gesetze wie z. B. das Berufsbildungsgesetz (BBiG), das Jugendarbeitsschutzgesetz (JArbSchG) oder Betriebsvereinbarungen eingehalten werden, und sie kontrolliert die Einhaltung der Tarifverträge. Die JAV arbeitet eng mit dem Betriebsrat und der zuständigen Gewerkschaft im DGB zusammen. **Über den Betriebsrat** reicht sie Vorschläge zur Verbesserung der Ausbildung oder Beschwerden an den Arbeitgeber weiter, wacht über die Gleichstellung männlicher und weiblicher Auszubildender und die Integration ausländischer Auszubildender. Gemeinsam mit dem Betriebsrat verhandelt sie mit dem Arbeitgeber über Verbesserungen der Ausbildungssituation. Die JAV setzt sich auch für die Verbesserung der Ausbildungsinhalte sowie für die Übernahme der Auszubildenden nach abgeschlossener Ausbildung ein. Was eine JAV erreichen kann, hängt vor allem davon ab, welchen Rückhalt sie bei den Auszubildenden besitzt. Erachtet die Mehrheit der JAV-Vertreter einen Beschluss des Betriebsrats als erhebliche Beeinträchtigung wichtiger Interessen jugendlicher Arbeitnehmer und Azubis, so ist auf ihren Antrag hin der Beschluss für **eine Woche auszusetzen** (§ 66 Abs. 2 BetrVG), damit in dieser Zeit versucht werden kann, eine Verständigung zu erreichen.

Die **Jugend- und Auszubildendenversammlung** kann während der Arbeitszeit vor oder nach jeder Betriebsversammlung im Einvernehmen mit dem Betriebsrat einberufen werden, zu anderen Zeiten im Einvernehmen mit Betriebsrat und Arbeitgeber. Im Mittelpunkt stehen Fragen zur Ausbildung, über die sich die Auszubildenden austauschen und diskutieren.

Eine besondere Schutzregelung gilt für die Mitglieder der Jugend- und Auszubildendenvertretung. Sie haben nach Beendigung des Berufsausbildungsverhältnisses ein **Recht auf Übernahme in ein Arbeitsverhältnis auf unbestimmte Zeit** (§ 78 a BetrVG).

Aufgaben

1. Welche Aussagen zur JAV sind richtig oder falsch? Prüfen Sie die Aussagen auch anhand des BetrVfG (Internetrecherche).
   a) Wahlen zur Jugend- und Auszubildendenvertretung finden jährlich statt.
   b) Mitglieder der JAV müssen nach der Ausbildung in ein unbefristetes Arbeitsverhältnis übernommen werden.
   c) Wahlberechtigt sind nur alle noch nicht volljährigen Arbeitnehmer bzw. Auszubildenden eines Betriebes.
   d) Der Betrieb muss mindestens fünf Arbeitnehmer beschäftigen, die das 18. Lebensjahr noch nicht vollendet haben oder die er zu ihrer Berufsausbildung beschäftigt, wobei sie das 25. Lebensjahr noch nicht vollendet haben.
   e) Die Jugendvertretung kann eigenständig mit den Arbeitgebern über Verbesserungen verhandeln und direkt Anträge an die Arbeitgeber stellen.
   f) Mitglieder der Jugend- und Auszubildendenvertretung können in den Betriebsrat gewählt werden.
   g) Versammlungen der JAV finden viermal im Jahr statt.
   h) Die Jugend- und Auszubildendenvertretung kann Vertreter zu den Betriebsratssitzungen entsenden.
   i) Die JAV kann zu allen Sitzungen des Betriebsrates einen Vertreter entsenden.
   j) Die JAV kann Beschlüsse des Betriebsrates befristet aussetzen.
2. Sie sind Vertreter/-in in der JAV und sollen eine schwangere Auszubildende beraten. Prüfen Sie im Mutterschutzgesetz (Internetrecherche), welche Erleichterungen und Freistellungen die betreffende Auszubildende erhalten kann. Erstellen Sie dazu eine PowerPoint-Präsentation.

Bei ACI werden auch jugendliche Auszubildende beschäftigt. Die JAV prüft, ob es für Jugendliche Erleichterungen nach dem Jugendarbeitsschutzgesetz gibt. S

Jugendarbeitsschutzgesetz W

- Gültigkeit für Kinder (unter 15 Jahre) und Jugendliche (15 bis 17 Jahre); wie Kinder: Jugendliche mit Vollzeitunterricht
- Die Beschäftigung von Kindern ist verboten; Ausnahmen: Ab 14 Jahren ist leichte Beschäftigung für Kinder mit Erlaubnis der Sorgeberechtigten erlaubt, wenn nicht nachteilig für die Entwicklung und nicht mehr als zwei Stunden täglich. In den Ferien bis insgesamt vier Wochen ist für Jugendliche die Beschäftigung erlaubt.

- Für Veranstaltungen können Ausnahmen behördlich erteilt werden.
- Bei Jugendlichen ist die Arbeitszeit auf täglich acht, maximal 8,5 Stunden, sowie 40 Stunden/ Woche mit fünf Arbeitstagen beschränkt. Samstagsarbeit ist nur in bestimmten Einzelfällen erlaubt. Für den Berufsschulunterricht ist dieser Tag freizustellen (ganztägig bei über fünf Unterrichtsstunden, einmal in der Woche).
- Freistellung am Tag vor der schriftlichen Prüfung
- Urlaubstage von Jugendlichen unter 16 Jahre: 30, unter 17 Jahre: 27, unter 18 Jahre: 25
- Urlaub sollte in den Berufsschulferien gegeben werden, ein Berufsschultag während des Urlaubs ist kein Urlaubstag.
- Mehrarbeit ist in den folgenden drei Wochen auszugleichen.

(vgl. Original-Gesetzestext, z. B. www.gesetze-im-internet.de)

Aufgaben

1. Für welche Gruppe von Auszubildenden gelten grundsätzlich die Vorschriften des Jugendarbeitsschutzgesetzes?
   Sie gelten für Auszubildende, die
   a) noch nicht 21 Jahre alt sind.
   b) schwerbehindert sind.
   c) noch nicht 25 Jahre alt sind.
   d) noch nicht 18 Jahre alt sind.
   e) der Jugend- und Auszubildendenvertretung angehören.
2. Entscheiden Sie, ob nach den genannten Angaben folgende Beschäftigungen zulässig sind:
   a) Kerstin ist 13 Jahre und möchte Zeitungen austragen.
   b) Hauke ist 14 Jahre und will nach der Schule bei ACI als Werbebote täglich zwei Stunden arbeiten.
   c) Katrin möchte mit 16 Jahren in den Sommerferien und Herbstferien je acht Stunden täglich an fünf Tagen pro Woche in einem Restaurant arbeiten, um ihr Taschengeld aufzubessern.
   d) Dustin kann als Gymnasiast mit 17 Jahren als Bauarbeiter täglich drei Stunden für gutes Geld arbeiten.
   e) Marlin ist Auszubildende und arbeitet seit vier Wochen wöchentlich sechs Tage im Betrieb, häufig auch bis 21:00 Uhr. Die Berufsschule kann sie manchmal nicht besuchen, da im Betrieb so viel Arbeit zu erledigen ist.
   f) Jenni ist 18 Jahre und in der Ausbildung. Der Betrieb verlangt, dass sie nach der fünften Unterrichtsstunde in den Betrieb kommt und bis 17:00 Uhr arbeitet.
   g) Lisa soll mit 17 Jahren als Auszubildende 25 Urlaubstage bekommen.
3. Rufen Sie über das Internet das Jugendarbeitsschutzgesetz auf und prüfen Sie folgende Sachverhalte:
   a) Katrin soll als jugendliche Auszubildende zur Informatikkauffrau an einem Feiertag dringend im Büro aushelfen.
   b) Toni arbeitet als Gymnasiast mit 17 Jahren jeden Sonntag in einer Gaststätte acht Stunden als Kellner.
   c) Daniela soll als auszubildende Bäckereiverkäuferin am Samstag arbeiten.
   d) Lennart ist 16 Jahre und soll schon um 05:00 Uhr morgens seinen Ferienjob beginnen.
   e) Jana ist 17, hat abends bis um 23:00 Uhr gekellnert und soll am nächsten Tag um 09:00 Uhr morgens wieder im Restaurant erscheinen.
   f) Sandra kellnert mit 17 Jahren von 15:00 bis 22:30 Uhr. Der Chef rechnet sieben Stunden und 30 Minuten für zwei Pausen.
   g) Der Ausbildungsbetrieb will bei Tore (17 Jahre) nur die Unterrichtszeit auf die Arbeitszeit anrechnen, jedoch nicht die Pausen.
   h) Christinas Vater behauptet, dass für sie die Vorschriften eines Kindes gelten, obwohl sie 17 Jahre alt ist.
   i) Vicki soll als Kinder-Superstar mit acht Jahren fünf Tage pro Woche täglich drei Stunden Konzerte geben, üben oder sonstige Auftritte im Fernsehen absolvieren.
   j) Der Gymnasiast Kemal (17 Jahre) möchte abends ab 18:00 Uhr drei Stunden im Restaurant arbeiten.
4. Welche der folgenden Gesetze enthalten die unten stehenden Bestimmungen?
   1) Jugendarbeitsschutzgesetz
   2) Berufsbildungsgesetz
   3) Betriebsverfassungsgesetz

   Bestimmungen
   a) Bei einer Arbeitszeit von mehr als 4,5 Stunden sind Pausen von mindestens 30 Minuten, bei mehr als 6 Stunden von mindestens 60 Minuten vorgesehen.
   b) Der Betriebsrat ist vor jeder Kündigung anzuhören. Eine ausgesprochene Kündigung ist ohne Anhörung des Betriebsrates unwirksam.
   c) Nach Ablauf der Probezeit kann das Ausbildungsverhältnis vom Ausbildenden nur aus einem wichtigen Grund gekündigt werden.

1.6 Personalbeschaffung und Personalentwicklung

S Der Geschäftsführer von ACI benötigt dringend mehr Mitarbeiter. Er klagt, dass es schwer sei, die richtigen Mitarbeiter zu bekommen.

1.6.1 Personalbedarfsplanung

Vor der Schaffung neuer Stellen muss der Personalbedarf geprüft werden. Dabei sind nicht nur stellenbezogene Aspekte zu prüfen, sondern auch übergreifende Bestimmungsgründe von Bedeutung.

Für jede neue Stelle wird in der Regel eine **Stellenbeschreibung** erstellt. Damit sollen Weisungskompetenzen klargestellt und Kompetenzstreitigkeiten von vornherein vermieden werden. Die Stellenbeschreibung wird von der Geschäfts- oder Personalleitung zusammen mit der Fachabteilung der neu zu besetzenden Stelle erstellt. Auf dieser Grundlage erfolgen die Stellenausschreibung und die Stellenbesetzung. Neue Stelleninhaber können anhand der Stellenbeschreibung schnell in den Tätigkeitsbereich eingeführt werden.

Auf der Basis der Stellenbeschreibungen kann ein **Stellenplan** erstellt werden, der für die einzelnen Abteilungen den Sollbestand an Stellen aufzeigt.

Kleines Glossar	W
Stellenprofil	Es enthält kurz die wichtigsten Merkmale einer Stelle für das Stellenbesetzungsverfahren, dient auch als Vorlage für die Stellenbeschreibung.
Stellenbeschreibung	Ausführliche Beschreibung der Stelle mit den Zuständigkeiten und Anforderungen der Stelle. Angaben zum Stelleninhaber selbst werden nicht gemacht.
Stellenplan	Plan oder Liste, in der alle von der Geschäftsleitung genehmigten Stellen aufgeführt sind. Eventuell ist auch enthalten, mit welchem Stelleninhaber die Stelle zurzeit besetzt ist und ob zusätzliche Vermerke gelten (z. B. „vakant“ oder „kw“ für „künftig wegfallend“).

Aufgaben

1. Bei ACI soll ein IT-Bildungszentrum für Tages- und Abendkurse eingerichtet werden. Was ist hinsichtlich der Personalplanung zu berücksichtigen?
2. Bei ACI wurden im letzten Jahr in Hamburg 1.800 und in Frankfurt 2.900 Überstunden der Vertriebsmitarbeiter festgestellt. Die Mitarbeiter sind überlastet. Diskutieren Sie den Einstellungsbedarf aus Sicht der Mitarbeiter und aus Sicht der Geschäftsleitung.
3. Wie würden Sie als Geschäftsleitung entscheiden?
   a) Im nächsten Jahr gehen vier Arbeiter und zwei Angestellte in den Ruhestand.
   b) Im nächsten Jahr sollen sechs Auszubildende eingestellt werden. Es stehen drei gut geeignete und sieben eher ausreichend geeignete Bewerber zur Verfügung.
   c) Eine Personal-Service-Agentur bietet der Geschäftsleitung an, 60 % aller Arbeiten in der Personalabteilung zu übernehmen. Kostenvorteil 15 %; Nachteil: Diese Aufgaben müssen langfristig vergeben werden.
   d) Bei Ihnen geht die Bewerbung eines Topverkäufers ein. Vom Bedarf her brauchen Sie gerade keinen neuen Verkäufer.
   e) Der Gesetzgeber lockert den Kündigungsschutz.

Personalbedarfsplanung W

Quantitativer Personalbedarf	Qualitativer Personalbedarf	Einsatzort	Einsatzzeit
Anzahl der Personen nach Alter und Geschlecht, die benötigt werden	Anforderungen, die an die neuen Mitarbeiter gestellt werden, um die zukünftigen Aufgaben gut zu bewältigen	Wo wird der neue Mitarbeiter eingesetzt (z. B. Zentrale, Filiale, Außendienst oder als Springer)?	Für welche Zeit und für welche Dauer werden Mitarbeiter benötigt (befristet, unbefristet, tagsüber, Nachtschicht, Wechselschicht)?

Bestimmungsfaktoren

- Derzeitige Nachfrage nach Waren, Erzeugnissen und Dienstleistungen
- Erwartete Nachfrage nach Waren, Erzeugnissen und Dienstleistungen
- Erwartete technische und logistische Neuerungen im Betrieb, Rationalisierungsmaßnahmen
- Maßnahmen zur betrieblichen Auslagerung von Arbeit oder Geschäftsprozessen (Outsourcing)
- Möglichkeiten, Mitarbeiter flexibel zu beschäftigen
- Entwicklung des Arbeits- und Sozialrechts (z. B. Änderung des Kündigungsschutzes, sonstige Rechtsansprüche der Mitarbeiter) und der damit verbundenen Personalkosten

1.6.1.1 Interne und externe Personalbeschaffung

S Bei ACI müssen jährlich mehrere Mitarbeiter aufgrund von Personalabgang durch Kündigungen, Entlassungen oder den Wechsel in den Ruhestand eingestellt werden. Durch die Übernahme von Auszubildenden in die Vollbeschäftigung können neue Mitarbeiter einfach rekrutiert werden, trotzdem müssen zusätzlich auch extern geeignete Mitarbeiter beschafft werden.

Aus dem Schaubild wird der mögliche Ablauf eines Einstellungsverfahrens deutlich. In diesem Verfahren kann sowohl die Bewerberseite als auch die Arbeitgeberseite viele Fehler begehen. Für die Bewerberseite würde im schlechten Falle eine gute Stellenchance nicht genutzt, auf Arbeitgeberseite die Chance auf eine gute Stellenbesetzung ausgelassen. Es ist daher für beide Seiten wichtig, sich so gut wie möglich vorzubereiten.

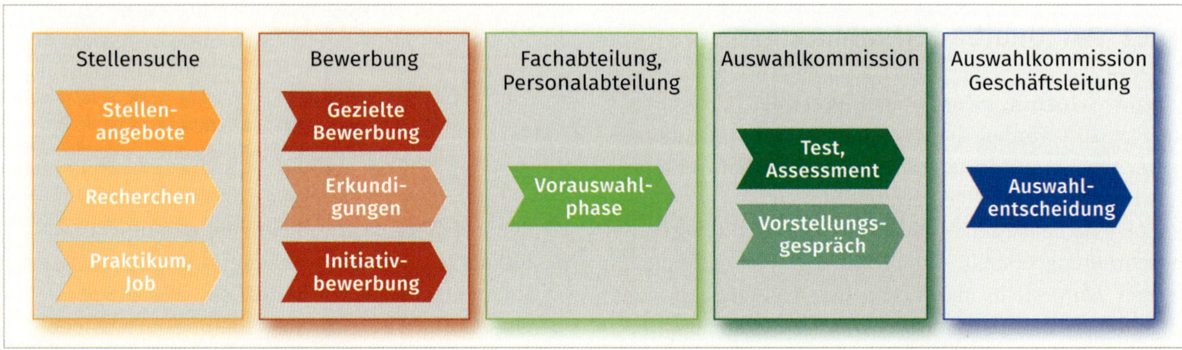

S Anna will sich auf ein mögliches Bewerbungsverfahren vorbereiten, auch für einen Ausbildungsaufenthalt oder einen Job im Ausland.

Erkundigungen: Informieren Sie sich über die Unternehmen, für die Sie sich bewerben wollen (z.B. über Grundsätze und Wertvorstellungen des Unternehmens, Corporate Identity, Produkte und Dienstleistungen, Abteilungen, Kunden usw.), auf deren Website, über Pressemitteilungen, im Internet durch Suchmaschinen oder persönlich über Ihnen bekannte Mitarbeiter. Mit den erhaltenen Informationen können Sie im Bewerbungsschreiben und im Vorstellungsgespräch gezielter Ihre Bewerbung auf die zu besetzende Stelle ausrichten.

Europass-Dokumente für europaweite Mobilität und Lernaufenthalte

Lebenslanges Lernen und internationale **Mobilität** werden vom Europäischen Parlament gefördert, z.B. mit **Europass**. Europass ist ein kostenfreies und mehrsprachiges Instrument der EU für Bewerbung und Jobsuche sowie für die Dokumentation und den Vergleich von Kompetenzen. Es besteht aus dem europäischen Karrieremanagement-Portal www.europass.eu und den Europass-Dokumenten **Europass Mobilität**, **Europass Zeugniserläuterungen** und **Europass Diploma Supplement**. Die Tools von Europass sollen Auszubildenden und Jobsuchenden helfen, sich z.B. von Italien aus in Deutschland oder von Deutschland aus in Spanien zu bewerben.

W

Personalbeschaffung (Recruiting)			
Intern		**Extern**	
Aktiv – Direkt	**Passiv – Indirekt**	**Aktiv – Direkt**	**Passiv – Indirekt**
Durch mündliches oder schriftliches Ansprechen von guten Mitarbeitern, Auszubildenden und Praktikanten, eventuell auch Geschäftspartnern	Interne Stellenausschreibung am Mitteilungsbrett, über Rundschreiben oder im Intranet	Einsatz von Personalberatern und Headhuntern, Anschreiben bzw. Ansprechen von schon bekannten (möglichen) Bewerbern, Durchführung von bzw. Teilnahme an Recruiting-Veranstaltungen (z. B. Jobbörsen, Infoveranstaltungen, auf Messen), Suche in Jobangeboten, Jobbörsen, im Internet, bei Zeitarbeitsfirmen	Stellenanzeigen in Tages- und Fachzeitungen, in Internet-Jobbörsen, auf Plakaten, im Rundfunk, Imageanzeigen, Zeitarbeitsfirmen, Sichten von Initiativbewerbungen
Kosten entstehen für Inserate und Anzeigen, für Personalberater, Schriftverkehr, Reisekostenerstattung, Raumkosten für Besprechungen oder Recruiting-Veranstaltungen, Prämien, Telefon- und Kommunikationskosten sowie sonstige Verwaltungskosten.			

Gezielte Bewerbung: Schriftlich oder online bewerben Sie sich gezielt auf eine bestimmte Stelle. Sie können aufgrund des Stellenangebots Ihr Anschreiben, Ihren Lebenslauf und Anlagen speziell auf dieses Stellenangebot ausrichten und damit aus der Menge der Bewerbungen positiv auffallen. Bei Onlinebewerbungen zeigen Sie zusätzlich, dass Sie mit Internetanwendungen gut umgehen können. Eventuell werden über ein Onlineformular wichtige Informationen abgefragt. Ein Bild von Ihnen muss im JPG-Format ergänzt werden und möglicherweise werden Hinweise auf weitere EDV-Produkte erwartet, z. B. eine von Ihnen entwickelte Website mit Datenbankanbindung.

Initiativbewerbung: Bei einer Initiativbewerbung liegt kein Stellenangebot vor, sondern Sie bewerben sich „blind" (Blindbewerbung, ohne Sicht auf eine konkrete Stelle) für eine Aufgabe im Unternehmen. Auch hier sollten Sie sich über das Unternehmen informieren und Ihre Bewerbung auf mögliche Stellen im Unternehmen ausrichten. Darüber hinaus sollten Sie im Anschreiben oder in den Anlagen Ihr Bewerberprofil herausstellen (Was können Sie? Was sind Ihre Interessen? Für welche Stelle oder Tätigkeit eignen Sie sich besonders?).

W

Bewerbungsanschreiben

Merke: Das Anschreiben wird meistens am genauesten gelesen, also überzeugend und knapp darstellen, warum Sie sich bewerben und was Sie für diese Stelle auszeichnet.

- Umfang: Eine Seite für das Anschreiben verwenden, nicht mehr.
- Inhalte: Einleitung („... bewerbe ich mich um ..."), kurze Angaben zur Person, Gründe für die Bewerbung (Kenntnisse, Erfahrungen, Interessen), kurze Schlussformulierung (z. B. „Über eine Einladung zu einem Vorstellungsgespräch würde ich mich sehr freuen.")
- Nicht schreiben, wie man spricht, nicht „plaudern", sondern gut überlegte Sätze, auf die Stelle bezogen, keine Allgemeinplätze oder Standardsätze formulieren.
- Schriften: Standardgröße 12 Punkt, Standardschriften sind Times sowohl für Überschrift und Text oder Arial für die Überschriften und Times für den Text (die Serifen [Schnörkel] von Times am Zeichen begünstigen den Lesefluss.). Auf keinen Fall mehr als zwei Schriftarten verwenden. Alternative Schriften wie z. B. Verdana, *Georgia* oder ***Tahoma*** können verwendet werden, wenn sie stilgerecht zum Stellenangebot und zum Unternehmen passen und zurückhaltend eingesetzt werden.

Bewerbungsmappe/Bewerbungsunterlagen

W

- Titelseite oder Deckblatt ist eigentlich unnötig und kommt nicht immer an.
- Anschreiben, Lebenslauf und Zeugniskopien nicht in Folien legen, nur in besonderen Fällen aufwendige Bewerbungsmappe verwenden, sondern einfach (am besten mit Heftlasche o. Ä.) zusammenheften, damit Portokosten auf beiden Seiten gespart werden und die Handhabung der Bewerbungsunterlagen einfach ist.
- Bewerbung „Pfiff" verschaffen, z. B. durch digitale Bewerbung mit vielfältigem Kenntnisnachweis und Links zu eigenen digitalen Erzeugnissen.
- Anlagen der Bewerbungsmappe auf wesentliche Zeugnisse beschränken und keine zu dicken Bewerbungsunterlagen einreichen. Je länger ein Nachweis zurückliegt (z. B. Zeugnis der Grundschule), desto eher kann der Nachweis entfallen. Im Lebenslauf sollten alle Ausbildungen und Tätigkeiten lückenlos aufgeführt sein.
- Für eine Initiativbewerbung (Initiative geht von Ihnen aus) genügen Anschreiben und Lebenslauf. Rückumschlag mit Rückporto bedenken. Eventuell persönlich vorstellen.
- Anlagen (Nachweise): Letzte oder wichtige Schulabschlüsse zuerst, Zeugnisse über Praktika und Aus- und Weiterbildung, Nachweise über Auslandserfahrung, Arbeitszeugnisse, Zeugnisse über Ferienjobs u. Ä., Empfehlungsschreiben, falls verlangt Führungszeugnis oder Handschriftenprobe, falls sinnvoll Arbeitsprobe (z. B. auch Hinweis auf selbst erstellte Website oder Multimedia-Programme), keine Zeugnisse im Original, sondern Kopien

Aufgaben

1. Viele Bewerbungsanschreiben werden unter www.jova-nova.com im Internet besprochen. Erkundigen Sie sich nach den besten Tipps und stellen Sie gute Tipps in einer Präsentation oder auf einer „Wandtapete" zusammen.
2. Im Internet finden Sie als Tipps für die Bewerbungsmappe: „Mit Liebe zum Detail, kurz, informativ und individuell, Akzente setzen und Stärken hervorheben, eine Bewerbung ist wie ein Heiratsantrag, das Anschreiben muss neugierig machen, Bewerbungsmappe als Gesamtkunstwerk, auch ein Praktikumszeugnis kann den Personaler überzeugen." Nehmen Sie zu diesen Tipps Stellung.
3. Im Internet finden Sie viele Hinweise zum Schreiben guter Bewerbungen. Recherchieren Sie unter www.aubi-plus.de, www.stepstone.de, www.planet-beruf.de oder www.europass-info.de.

W

Lebenslauf
▪ Textseite mit „Lebenslauf“ überschreiben; rechts oben ein ansprechendes Passfoto der Person anheften oder aufdrucken, maximal 1,5 Seiten Umfang ▪ Möglichst keine Standardlebensläufe, sondern Text speziell auf die Stelle ausrichten (z. B. unter Hobbys/ „Sonstige Kenntnisse“ Hinweise auf besondere Erfahrungen, Interessen und Kenntnisse, Praktika) ▪ Möglichst lückenlos Tätigkeiten im Lebenslauf belegen ▪ Unnötige Angaben (z. B. Vermögensverhältnisse, politische Zugehörigkeit usw.) weglassen ▪ Original versenden, keine Kopie ▪ Zum Schluss Ort und Datum angeben und linksbündig handschriftlich unterschreiben (vgl. auch Europass-Lebenslauf).

S **Stefan will sich online bewerben.**

Insbesondere bei Onlinebewerbungen erhalten Sie die Aufforderung, eine profilierte Darstellung Ihrer Person abzugeben (Bewerberprofil). In der Regel wird dafür ein Formular vorgegeben. Es kann aber auch vorkommen, dass von Ihnen ein formfreies Bewerberprofil verlangt wird.

W

Bewerberprofil	
Aufgabe	Kurzübersicht Ihrer Fähigkeiten, Kenntnisse, Interessen und Erfahrungen
Form	Max. zwei bis drei Seiten A4, in Form dem Anschreiben und Lebenslauf entsprechend, eventuell auch als Online- oder PowerPoint-Präsentation, Überschrift: „Profil“, darunter Vorname und Name, keine Unterschrift
Inhalt	Ausrichtung auf ausgeschriebene Stelle, soll inhaltlich den Lebenslauf ergänzen, Wiederholungen vermeiden: z. B. Kenntnisse und Erfahrungen, Weiterbildung und Seminare, Projekte, Vorträge, Lehrtätigkeit, Veröffentlichungen, Auszeichnungen, EDV-Kenntnisse, persönliche und soziale Kompetenzen (Welche Merkmale zeichnen Sie persönlich aus?), verwertbare Geschäftskontakte, Sprachkenntnisse, Mitgliedschaften in Fachgremien und -verbänden, außerbetriebliche Aktivitäten, ehrenamtliche Tätigkeiten, Führerscheine

Aufgaben

1. In der Presse finden Sie folgende Mitteilung:
   Etwa 71 % der mittelständischen Firmen in Deutschland erwarten für das kommende Jahr eine Verstärkung des Trends zur Personalbeschaffung via Internet; ergo wollen 30 % im Jahr den Rekrutierungsbereich ihrer unternehmenseigenen Internet-Homepage ausbauen. 48 % der Mittelständler rechnen außerdem damit, in den folgenden Jahren mindestens die Hälfte ihrer offenen Stellen über das Internet zu besetzen – damit würden sie in nur drei Jahren ein Ziel erreicht haben, an dem die deutschen Großunternehmen schon heute angekommen sind.
   Beschreiben Sie mit eigenen Worten den Trend. Wie muss ACI danach vorgehen?
2. Nehmen Sie zu folgenden Überlegungen zum Lebenslauf Stellung:
   a) Sie haben den Lebenslauf handschriftlich frei gestaltet.
   b) Sie haben einen Standardlebenslauf und Anschreiben mit dem Computer erstellt und wollen diesen unverändert und an zehn Firmen versenden.
   c) Sie haben ein Jahr „gegammelt“ und wollen für diese Zeit „diverse Praktika“ schreiben.
   d) Sie haben in Ihrem Lebenslauf viel mitzuteilen. Sie haben vier Seiten formuliert und wegen der Textfülle eine kleine Schriftgröße (10 Punkt) und einen geringen Zeilenabstand verwendet.
   e) Sie bewerben sich in einem IT-Unternehmen und wollenIhre Glaubensrichtung, gewerkschaftliche und politische Orientierung sowie verschiedene ehrenamtliche Tätigkeiten angeben.
3. Bei www.jobber.de, www.krankenkassen-direkt.de, www.promotionbasis.de und www.karriere.de können Sie Bewerberprofile eingeben. Schauen Sie einmal, wie das Bewerberprofil aufgebaut ist, ob sich dort schon Personen mit einem Profil eingetragen haben und ob eine Eintragung für Sie sinnvoll ist.
4. Untersuchen Sie Internetjobbörsen aus Sicht der Personalbeschaffung bzw. Arbeitgeberseite. Was bieten diese Börsen an? Welche Vorteile werden sichtbar? Schauen Sie z. B. bei www.arbeitsagentur.de, www.monster.de, www.jobber.de, www.jobs.de, oder www.stepstone.de nach.

1.6.1.2 Bewerberauswahl

Auszubildende, die nach der Ausbildung vom Ausbildungsbetrieb kein Übernahmeangebot erhalten, müssen sich rechtzeitig während der Ausbildung bewerben. Wer es geschafft hat, aus der Fülle der Bewerbungen entdeckt zu werden, erhält oft eine Einladung zum Auswahltest.

Je nach Anzahl der Bewerbungen, Bedeutung der Stelle für den Betrieb oder Engagement des Unternehmens bei der Personalauswahl werden unterschiedlichste Wege beschritten, um geeignete Bewerberinnen und Bewerber in die engere Wahl zu nehmen oder für die Stelle auszuwählen. Die folgende Übersicht gibt einen Überblick über verschiedene Auswahlverfahren.

W

Auswahlverfahren	
Sichtung der Bewerbungsunterlagen	Sind die Bewerbungsunterlagen vollständig (Anschreiben, Lebenslauf mit Passbild, Zeugniskopien)? Inwieweit ist die Bewerberin oder der Bewerber gut (A-Stapel für Einladung zum Auswahlverfahren), eventuell (B-Stapel für Zwischennachricht) oder nicht geeignet (C-Stapel für Absage)? Erstellung einer Bewerbervergleichsübersicht. Ein polizeiliches Führungszeugnis muss nur beigelegt werden, wenn dies vom Unternehmen oder der Organisation ausdrücklich gewünscht wird.
Telefoninterview	Aufgrund der zahlreichen Bewerbungen auf Stellenangebote behelfen sich Personalplaner eventuell damit, zusätzliche Informationen oder einen zusätzlichen Eindruck über ein Telefonat zu erhalten.
Arbeitsproben	Für bestimmte Stellen oder Tätigkeiten können Arbeitsproben sehr hilfreich sein; für einen Fachinformatiker bieten sich z. B. Softwareprodukte an, die er selbst entwickelt hat.
Assessment	Um Bewerberinnen und Bewerber besser kennenzulernen und mehr über die „Soft Skills" (schwer beurteilbare „weiche" Kriterien, wie z. B. Persönlichkeitsfaktoren, Team- und Kommunikationsfähigkeit) zu erfahren, werden sie zu mehrstündigen „Bewertungsveranstaltungen" eingeladen. Bestandteile von Assessments können z. B. sein: Vorstellungsrunde, Selbstpräsentationen (z. B. „Wenn ich ein Bild wäre, ..."), Interviews, Fachpräsentationen, Kurzreferate, Bürosimulationen/Rollenspiele oder Gruppendiskussionen.
Vorstellungsgespräche	Vorstellungsgespräche gehören zu jedem Bewerbungsverfahren und schließen häufig verschiedene vorangegangene Auswahlverfahren ab. Nicht selten fühlen sich Bewerber im Vorstellungsgespräch wie in einer Prüfungssituation, doch kann ein gut verlaufendes Vorstellungsgespräch die Entscheidung für eine Stellenzusage bringen (vgl. folgende Seiten).

1.6.1.3 Vorstellungsgespräche

S Anna und Stefan sollen sich bei einem IT-Unternehmen vorstellen.

Das persönliche Gespräch oder das Vorstellungsgespräch ist in der Regel das entscheidende Gespräch. Eingeladen werden Bewerber nur, wenn sie im Vergleich des Stellenprofils mit den Bewerbungsunterlagen und weiteren Testergebnissen in die engere Wahl gelangt sind. Da in der Regel mehrere Bewerber für eine Stelle eingeladen werden, muss man sich anstrengen, damit man nicht der unglückliche zweite Kandidat ist. Allerdings kommt es nicht selten vor, dass der zunächst ausgewählte Bewerber viele „Eisen im Feuer" hat und dadurch auch die weiteren Kandidaten im Nachrückverfahren eine Chance erhalten.

Aufgaben

1. Welche der folgenden Unterlagen sollten Sie für eine schriftliche Bewerbung zusammenstellen?
   a) Lebenslauf
   b) Berichtsheft
   c) Passbild
   d) Polizeiliches Führungszeugnis
   e) Lohnsteuerkarte
   f) Anschreiben
   g) Zeugniskopien
   h) Ausbildungsrahmenplan
2. Erstellen Sie Bewerbungsunterlagen zur Probe und lassen Sie diese von einer „Auswahlkommission" bewerten. Proben Sie in einem Rollenspiel einen Anruf bei einem „Gesprächspartner" in einem Stellenbesetzungsverfahren, wo Sie sich beworben haben.
3. Nennen Sie Berufe oder Tätigkeiten, wo Soft Skills besonders wichtig sind.
4. Diskutieren Sie, ob ein Assessment das gerechtere Auswahlverfahren ist, und welche Probleme Sie im Assessment-Center (AC) erwarten. Losen Sie vorab fünf Mitschüler aus, die 15 Minuten Zeit erhalten, ihre Selbstvorstellung vorzubereiten, nach dem Motto: „Wenn ich ein Bild wäre, ..."
5. In einem Bewerbungsverfahren werden Sie gefragt, was Sie von den folgenden Punkten halten und wo Sie Grenzen sehen. Geben Sie eine kurze schriftliche Stellungnahme ab.
   a) Anteilnahme an den Sorgen und Bedürfnissen der anderen Mitarbeiter
   b) Herzlichkeit im Umgang mit Menschen
   c) Ansprechbarkeit von allen Menschen
   d) Friedfertigkeit und Geduld im Umgang mit Menschen

e) Einhalten von Regeln und Ausführen von Anweisungen
f) Mitteilsamkeit gegenüber Vorgesetzten, Mitarbeitern und Mitmenschen
g) Respekt gegenüber Vorgesetzten, Lehrern, Mitarbeitern und Mitmenschen
h) Loyalität gegenüber Vorgesetzten
i) Verlässlichkeit im Arbeits- und Privatleben
j) Vertrauen geben und Vertrauen erwarten

W

Vorstellungsgespräche – bereiten Sie sich vor!	
Kleidung	Gepflegte Kleidung und gepflegtes Schuhwerk, entsprechend der Stellung und den Vorstellungen im Betrieb (dem Anlass angemessen) gekleidet sein
Mögliche Fragen/ Gesprächspunkte	▪ Stellen Sie sich bitte kurz vor und berichten Sie über Ihren bisherigen Werdegang. ▪ Was hat Sie motiviert, sich gerade auf diese Stelle zu bewerben? ▪ Wo haben Sie sich noch beworben? ▪ Was sind Ihre beruflichen Wünsche und Vorstellungen? ▪ Welche Ziele haben Sie? ▪ Was machen Sie in der Freizeit? ▪ Was wissen Sie über unser Unternehmen? ▪ Wie gehen Sie mit Stress um? Was sind Ihre Stärken und Schwächen? ▪ Wie würden Sie unseren Anforderungen gerecht werden wollen? ▪ Wie urteilen Sie über Ihr eigenes Arbeits-, Sozial- und Kommunikationsverhalten? ▪ Können Sie die genannten Vertragsbedingungen mit Ihrer Familie vereinbaren? ▪ Haben Sie noch Fragen an uns?
Sie fragen auch!	Wem werde ich unterstellt sein? Erhalte ich einen unbefristeten Vertrag? Wie sehen die Arbeitszeiten aus? Wie lange dauert die Probezeit? Welche Entwicklungschancen könnten sich bei guter Mitarbeit ergeben? Wie hoch ist die Vergütung? Wie kann ich mich vorab schon einmal auf die Tätigkeit vorbereiten?
Eher provokante Fragen	▪ Wie kommen Sie darauf, dass diese Stelle zu Ihnen passt? ▪ Warum haben Sie sich gerade bei uns beworben? ▪ Was hält Ihre Lebenspartnerin von diesem Berufswunsch? ▪ Wie haben Sie sich auf die Berufsentscheidung vorbereitet? ▪ Was machen Sie, wenn wir Ihnen die Stelle nicht geben?
Nicht zu beantwortende Fragen	Nicht alle Fragen müssen beantwortet werden, z. B. zu folgenden Themen: ▪ Partei-/Religionszugehörigkeit ▪ Öffentliche Ämter, Ehrenämter ▪ Vereins-/Verbands-/Gewerkschaftsmitgliedschaften ▪ Bevorstehende Heirat, Familienplanung, Schwangerschaft ▪ Hobbys, Freizeitgestaltung ▪ Kündigungsgründe im vorherigen Betrieb ▪ Vermögensverhältnisse

1.6.2 Ausbildungs- und Arbeitsverträge

S Anna, Kai und Stefan interessieren sich für Arbeitsverträge und was dabei zu beachten ist.

1.6.2.1 Ausbildungsvertrag

S Anna soll die Bearbeitung der Ausbildungsverträge für neue Auszubildende vorbereiten.

Das **Berufsbildungsgesetz** schreibt vor, den wesentlichen Inhalt des Vertrages zwischen dem/der Ausbildenden und dem/der Auszubildenden **schriftlich** niederzulegen.

Zu Beginn der Ausbildung hat der/die Auszubildende

- Steueridentifikationsnummer,
- Sozialversicherungsausweis/Versicherungsnachweisheft,
- Mitgliedsbescheinigung der Krankenkasse (soweit vorhanden) und
- gegebenenfalls Aufenthalts-/Arbeitserlaubnis für ausländische Auszubildende

vorzulegen.

Der Vertrag ist vom Ausbildenden, dem/der Auszubildenden und bei Jugendlichen auch vom Erziehungsberechtigten zu unterschreiben. Die IHK bietet Standardverträge für die Ausbildung an.

Aufgaben

DL Im Downloadbereich finden Sie Hinweise zum Ausbildungsvertrag. Auch die IHK gibt im Internet dazu Informationen. Ergänzen Sie Ihr Wissen mit einer Zusammenstellung wichtiger Hinweise zum Ausbildungsvertrag auf einer A4-Seite.

1.6.2.2 Arbeitsvertrag

Für den **Arbeitsvertrag** gilt grundsätzlich das Prinzip der **Vertragsfreiheit**. Diese Vertragsfreiheit ist jedoch in zahlreichen Fällen durch zwingendes Gesetzesrecht, Tarifrecht und richterliche Entscheidungen beschränkt. Arbeitnehmer, die für einen längeren Zeitraum als **einen Monat** eingestellt werden, haben einen Anspruch darauf, dass die wesentlichen Inhalte des Arbeitsvertrages **schriftlich niedergelegt** werden. Diese Niederschrift ist vom Arbeitgeber zu unterzeichnen und dem Arbeitnehmer auszuhändigen. Geregelt ist dies in dem relativ unbekannten **Gesetz über den Nachweis der für ein Arbeitsverhältnis geltenden wesentlichen Bedingungen**. Dieses Gesetz wird kurz **Nachweisgesetz** (NachwG) genannt.

In die Niederschrift ist nach § 2 des Nachweisgesetzes mindestens aufzunehmen:

- Name und Anschrift der Vertragsparteien
- Zeitpunkt des Beginns des Arbeitsverhältnisses
- Bei befristeten Arbeitsverhältnissen: die vorhersehbare Dauer des Arbeitsverhältnisses
- Arbeitsort oder, falls der Arbeitnehmer nicht nur an einem Arbeitsort tätig sein soll, ein Hinweis darauf, dass der Arbeitnehmer an verschiedenen Orten beschäftigt werden kann
- Kurze Charakterisierung oder Beschreibung der vom Arbeitnehmer zu leistenden Tätigkeit
- Zusammensetzung und Höhe des Arbeitsentgelts einschließlich der Zuschläge, Zulagen, Prämien und Sonderzahlungen sowie anderer Bestandteile des Arbeitsentgelts und Fälligkeit der Zahlung
- Vereinbarte Arbeitszeit
- Dauer des jährlichen Erholungsurlaubs
- Fristen für die Kündigung des Arbeitsverhältnisses
- In allgemeiner Form gehaltener Hinweis auf die Tarifverträge
- Betriebs- oder Dienstvereinbarungen, die auf das Arbeitsverhältnis anzuwenden sind

Aufgaben

DL Im Downloadbereich zum Buch finden Sie verschiedene Vorlagen zum Arbeitsvertrag. Verwenden Sie diese in einer Gruppenarbeit und stellen Sie die Bestandteile der Verträge gegenüber.

Urlaubsgewährung W

- Jeder Arbeitnehmer hat Anspruch auf bezahlten Erholungsurlaub.
- Die gesetzliche **Mindesturlaubsdauer** beträgt für Erwachsene ohne Rücksicht auf das Lebensalter **24 Werktage**. Die durchschnittliche tarifliche Urlaubsdauer liegt jedoch weit höher. Für Jugendliche gelten die urlaubsrechtlichen Bestimmungen des Jugendarbeitsschutzgesetzes.
- Der volle Urlaubsanspruch besteht nach einer **Wartezeit** von **sechs Monaten** nach Beginn des Arbeitsverhältnisses. Bei **kürzerer Dauer** des **Arbeitsverhältnisses** als sechs Monate ist der **Urlaub** für jeden vollen Beschäftigungsmonat zu **zwölfteln**.
- Bei der zeitlichen Festlegung des Urlaubs sind die **Urlaubswünsche** des Arbeitnehmers zu berücksichtigen, dringende betriebliche Belange sind jedoch zu beachten.
- **Betriebsferien** kann der Arbeitgeber für alle oder die meisten Arbeitnehmer anordnen. Er muss dazu die Interessen der Arbeitnehmer berücksichtigen, der Betriebsrat hat ein Mitbestimmungsrecht.
- **Krankheitstage** während des Urlaubs, durch ärztliches Attest nachgewiesen, werden nicht auf den Urlaub angerechnet.
- **Unbezahlter Urlaub** kann vom Arbeitgeber wegen dringender persönlicher Angelegenheiten des Arbeitnehmers gewährt werden (vgl. Bundesurlaubsgesetz).

Informationen zum Arbeitsvertrag W

Vertragsfreiheit: Grundsätzlich besteht Vertragsfreiheit der Vertragspartner über die inhaltliche Ausgestaltung des Vertrages. Zum Schutz des Arbeitnehmers sind jedoch alle Klauseln unwirksam, die gegen Gesetze, gültige Tarifverträge oder Betriebsvereinbarungen verstoßen.

Befristeter Arbeitsvertrag: Grundlage ist das **Teilzeit- und Befristungsgesetz** von 2001. Die Befristung muss schriftlich und kalendermäßig oder durch den Zweck der Arbeitsleistung vereinbart werden. Die Befristung bedarf eines sachlichen Befristungsgrundes, z. B. vorübergehender Bedarf, Befristung im Anschluss an eine Ausbildung, um den Übergang in eine Anschlussbeschäftigung zu erleichtern, zur Vertretung eines anderen Arbeitnehmers oder Befristung zur Erprobung, in der Person des Arbeitnehmers liegende Gründe oder aufgrund zeitlich beschränkter Mittel. Ohne sachlichen Grund können befristete Arbeitsverträge nur bei Neueinstellungen (erleichterte Befristung) mit einer Höchstfristdauer bis zwei Jahre erstellt werden. Innerhalb dieser Zeit sind bis zu drei Verlängerungen des befristeten Arbeitsvertrages möglich. Bei Arbeitnehmern ab dem 58. Lebensjahr gelten diese Einschränkungen nicht. Für junge Unternehmen gelten Sonderbedingungen. Arbeitnehmer müssen beachten, dass sie die Unwirksamkeit einer Befristung nur binnen drei Wochen nach dem vereinbarten Ende des befristeten Arbeitsvertrages beim Arbeitsgericht geltend machen können.

Probezeit: Längstens für die Dauer von sechs Monaten vereinbart, kann das Arbeitsverhältnis mit einer gesetzlichen Frist von zwei Wochen gekündigt werden. Die Probe ist als sachlicher Grund für ein befristetes Arbeitsverhältnis anerkannt.

Arbeitsvertrag oder Niederschrift: Wurde kein Arbeitsvertrag abgeschlossen, so muss der Arbeitgeber spätestens einen Monat nach dem vereinbarten Arbeitsbeginn dem Arbeitnehmer eine Niederschrift der wesentlichen Arbeitsbedingungen aushändigen. Wesentliche Bestandteile sind: Name/Anschrift der Vertragsparteien, Beginn des Arbeitsverhältnisses, Arbeitsort, kurze Beschreibung des Tätigkeitsbereiches, Höhe und Fälligkeit des Arbeitsentgelts, Arbeitszeit, Urlaub, Kündigungsfristen, Hinweis auf geltende Tarifverträge oder Betriebsvereinbarungen, Zusatzinformationen für geringfügig Beschäftigte.

Arbeitsleistung: Je genauer die Tätigkeit im Arbeitsvertrag abgesprochen ist, umso eingeschränkter ist das Weisungsrecht des Arbeitgebers, im Einzelnen die zu leistende Arbeit zu bestimmen. Die Zuweisung einer niedriger bezahlten Arbeit ist ohne besonderen Vermerk im Arbeitsvertrag oder ausdrückliche Zustimmung des Arbeitnehmers grundsätzlich unzulässig. Der Arbeitgeber ist dafür verantwortlich, dem Mitarbeiter Beschäftigung anzubieten. Bietet der Arbeitgeber selbstverschuldet keine Beschäftigung an und bietet der Arbeitnehmer vertragsmäßig seine Arbeitsleistung an, so behält der Arbeitnehmer seinen Anspruch auf Vergütung.

Höchstarbeitszeit: Die Höchstarbeitszeit wird durch Gesetze festgelegt. Grundsätzlich darf die werktägliche Arbeitszeit im Durchschnitt nicht mehr als acht Stunden, maximal nicht mehr als zehn Stunden betragen. Pausen von mindestens 30 Minuten sind ab sechs Stunden Arbeitszeit einzuplanen. Für Nachtarbeit zwischen 23:00 Uhr und 06:00 Uhr morgens bestehen besondere Schutzvorschriften.

Nebenbeschäftigung: Grundsätzlich darf der Arbeitnehmer mit Kenntnis des Arbeitgebers mehrere Arbeitsverhältnisse eingehen oder nebenbei selbstständig arbeiten, solange die Arbeitszeiten sich nicht überschneiden, seine Arbeitskraft darunter nicht leidet, er/sie dem Arbeitgeber keine unlautere Konkurrenz macht und die gesetzlichen Höchstarbeitszeiten nicht überschritten werden.

Informationen: www.gesetze-im-internet.de, www.bmas.de, www.internetratgeberrecht.de

Aufgaben

1. Einige Bewerber sollen nun eingestellt werden. Welche der folgenden Aussagen zu Gestaltungsmöglichkeiten des Arbeitsvertrags sind zutreffend?
   a) Einzelarbeitsverträge für die Arbeitnehmer werden vom Betriebsrat mit dem Arbeitgeber abgeschlossen.
   b) Trotz Bindung an den Tarifvertrag kann das Unternehmen Mitarbeiter während der Probezeit auch unter Tarif entlohnen.
   c) Befristete Arbeitsverträge sind unwirksam.
   d) Die Arbeitsverträge müssen auch vom Betriebsrat unterzeichnet werden.
   e) Die Arbeitsverträge müssen schriftlich abgeschlossen werden.
   f) Auf ein Jahr befristete Einzelarbeitsverträge müssen keine Urlaubsregelung enthalten.
   g) Arbeitsverträge sind auch rechtswirksam, wenn das darin vereinbarte Arbeitsentgelt höher ist als das im Tarifvertrag festgelegte Arbeitsentgelt.
   h) Wenn für das Unternehmen gültige Tarifvereinbarungen vorliegen, können keine Einzelarbeitsverträge abgeschlossen werden.
   i) Ein Einzelarbeitsvertrag ohne Urlaubsregelung ist ungültig.
   j) Der Einzelarbeitsvertrag ist auch rechtswirksam, wenn das vereinbarte Arbeitsentgelt höher ist als im Tarifvertrag festgelegt.
   k) Ein Einzelarbeitsvertrag muss schriftlich abgeschlossen werden.
2. Bei welchem der folgenden Inhalte handelt es sich um eine Vereinbarung nach dem kollektiven Arbeitsrecht (vgl. auch Kapitel 1.5)?
   a) Einstellung als Angestellte
   b) Eingruppierung in eine bestimmte Gehaltsgruppe
   c) Art der Tätigkeit
   d) Beginn des Arbeitsverhältnisses
   e) Betriebsvereinbarung über die wöchentliche Arbeitszeit
   f) Die Höhe des Gehalts beträgt 2.100,00 €.
   g) Tätigkeit ist die IT-Kundenbetreuung.
   h) Das Arbeitsverhältnis beginnt am 1. Juli 2022.
   i) Die wöchentliche Arbeitszeit beträgt gemäß Betriebsvereinbarung 40 Stunden.
3. Recherchieren Sie im Internet über Inhalte von Ausbildungs- und Arbeitsverträgen.

1.6.3 Entgeltabrechnung

S Anna, Stefan und Kai diskutieren über ihr späteres Gehalt. Kai behauptet, man erhält nicht mal die Hälfte des Bruttogehaltes ausgezahlt. Der Staat würde den Rest einbehalten.

1.6.3.1 Lohnformen und Zusatzleistungen des Arbeitgebers

Die Leistungen der Mitarbeiterinnen und Mitarbeiter können auf unterschiedlichste Weise honoriert werden. In der Regel wird die Entlohnung im Tarifvertrag, in der Betriebsvereinbarung oder im Arbeitsvertrag festgelegt.

W **Lohnformen und Zusatzleistungen des Arbeitgebers**

Geldlohn: Als **Barlohn** oder **bargeldlose Lohn- und Gehaltszahlung** (Regelfall)

Naturallohn: Z. B. zusätzlich bei der Seeschifffahrt, im Nahrungsmittelbereich als „freie Kost und Logis"

Zeitlohn: Nach Länge der Arbeitszeit bemessen

Zuschlag: Als Zuschläge für besondere Leistungen oder Belastungen des Arbeitnehmers, wenn diese durch Tarifvertrag, Betriebsvereinbarung oder Einzelvertrag begründet sind (Beispiele: Überstunden, Nachtarbeit, Spätschicht, Schmutz-/Hitzezuschlag, Montage, Ortszuschlag, Kinderzuschlag, Leistungszuschlag)

Akkordlohn: Nach erzieltem Arbeitsergebnis unabhängig von der Arbeitszeit

Prämiensystem: Zeitlohn und zusätzlich entsprechend der Leistung eine Prämie.

Provision: Als prozentuale Beteiligung am Wert der Geschäfte. Der Arbeitgeber hat monatlich abzurechnen, der maximale Abrechnungszeitraum beträgt drei Monate.

Gratifikation: Sonderzuwendung bei besonderen Anlässen, z. B. Weihnachten, Jubiläum, Erreichung eines besonderen Ziels. Auf die Gewährung besteht kein Rechtsanspruch, wenn nicht der Tarifvertrag, eine Betriebsvereinbarung, der Arbeitsvertrag oder eine wiederholte Gewährung sie begründet. Durch eine Rückzahlungsklausel kann der Arbeitnehmer auch zur Rückzahlung verpflichtet werden, z. B. bei Beendigung des Arbeitsverhältnisses vor dem 31. März des Folgejahres.

Gewinnbeteiligung: Am Geschäftsergebnis des Unternehmens durch Einzelverträge oder Betriebsvereinbarungen

Vermögenswirksame Leistungen: Auf Wunsch des Arbeitnehmers ist der Arbeitgeber verpflichtet, einen Teil des Arbeitsverdienstes vermögenswirksam anzulegen. Die Beiträge sind vom Arbeitgeber auf einen Anlagevertrag oder mehrere Anlageverträge des Arbeitnehmers zu überweisen. Mit staatlicher Sparzulage werden unterhalb einer Einkommensgrenze insbesondere das Bausparen und die Entschuldung von Wohneigentum sowie der Erwerb von Aktienfonds gefördert. Ohne Sparzulage ist die Anlage in bestimmte Lebensversicherungen und andere Sparverträge möglich. Durch individuelle Vereinbarung mit dem Arbeitgeber oder durch Tarifverträge kann sich der Arbeitgeber an den Beiträgen beteiligen.

Aufwendungsersatz: Der Arbeitgeber hat Aufwendungen des Arbeitnehmers im Zusammenhang mit der Arbeit zu ersetzen, z. B. Reisespesen oder Auslagen zur Beschaffung von Werkzeugen.

Aufgaben

1. Schauen Sie in den Musterarbeitsverträgen des Downloadbereichs nach, welche Lohnformen vereinbart wurden. DL
2. Prüfen Sie über das Internet, welche Lohnformen es gibt, und suchen Sie dazu Beispiele.

1.6.3.2 Abzüge: Sozialversicherungsbeiträge

Mitarbeiter erhalten das Bruttoentgelt nicht ausgezahlt. Die Sozialversicherungsbeiträge werden vom Arbeitgeber einbehalten und zusammen mit dem Arbeitgeberanteil zu den Sozialabgaben an die Krankenkasse überwiesen.

Sozialversicherungsbeiträge W

- Die Sozialversicherungsbeiträge zur Renten- und Krankenversicherung, Pflegeversicherung und zur Arbeitsverwaltung werden insgesamt vom Arbeitgeber an die Krankenkassen überwiesen. Diese leiten die Beiträge der Rentenversicherung an die Deutsche Rentenversicherung Bund (www.deutsche-rentenversicherung-bund.de) sowie den Beitrag zur Arbeitslosenversicherung an die Arbeitsagentur.
- Die Rentenversicherungsbeiträge dienen der Vorsorge des Arbeitnehmers im Rentenalter (z. B. für Rente, Rehabilitationsmaßnahmen).
- Die Krankenkassen (z. B. AOK, IKK, DAK) übernehmen für die Versicherten die Arzt- und sonstigen Krankheitskosten und sind für die Pflegeversicherung zuständig.

- Die Arbeitsverwaltung (Bundesagentur für Arbeit) finanziert aus den Beiträgen z. B. Arbeitslosengeldzahlungen, Berufsberatung oder die Vermittlung von Arbeitsstellen.
- Der Arbeitgeber führt die gesamten Sozialversicherungsbeiträge der Kranken-, Pflege-, Renten- und Arbeitslosenversicherung bis zum drittletzten Bankarbeitstag des Monats an die Krankenkasse des Arbeitnehmers ab.
- Für versicherungspflichtig Beschäftigte sind die aus dem Bruttoarbeitsentgelt zu bemessenden Beiträge **je etwa zur Hälfte** vom Mitglied und vom Arbeitgeber zu tragen.
- Ein gesonderter Krankengeld-Zusatzbeitrag von z. B. 0,9 % wird zusätzlich erhoben. Kinderlose Personen, die das 23. Lebensjahr vollendet haben, müssen einen um 0,35 % höheren Beitrag zur Pflegeversicherung zahlen.
- Für Auszubildende trägt der Arbeitgeber die Beiträge zur Kranken-, Renten-, Arbeitslosen- und Pflegeversicherung in voller Höhe bei einem Bruttoarbeitsentgelt bis 325,00 € monatlich (Stand: 2022).
- Das Erheben von **Zusatzbeiträgen zur Kranken- und Pflegeversicherung** wurde bei der Einrichtung des Gesundheitsfonds eingeführt. Die Krankenkassen rechnen seitdem zunächst mit einem Einheitssatz (2017: 14,6 %). Kommt eine Kasse mit dem ihr aus dem Gesundheitsfond zugeteilten Geld nicht aus, kann sie im beschränkten Rahmen einkommensabhängige Zusatzbeiträge von ihren Versicherten erheben (vgl. www.krankenkassen.de). Dies soll einen Wettbewerb unter den Kassen ermöglichen. Eine Sonderregelung gilt für **Auszubildende**, deren Ausbildungsvergütung weniger als 325,00 € beträgt. In diesen Fällen trägt der Arbeitgeber auch die Zusatzbeiträge allein.
- Die **Versicherungspflichtgrenze** bezeichnet für Arbeitnehmer die Grenze, bis zu der Versicherungspflicht in der gesetzlichen Krankenversicherung besteht. Die Versicherungspflichtgrenze wird jährlich von der Bundesregierung festgelegt. Im Jahre 2022 lag die Versicherungspflichtgrenze bei 64.350 € im Jahr. Wer regelmäßig mit seinem Bruttoeinkommen über dieser Grenze liegt, kann in die private Krankenversicherung wechseln. Dafür muss die Versicherungspflichtgrenze in drei aufeinanderfolgenden Jahren überschritten werden.
- **Beitragsbemessungsgrenze:** Der Beitrag zur Sozialversicherung wird nach dem erzielten Arbeitsentgelt, höchstens jedoch bis zu den jährlich neu festgesetzten Beitragsbemessungsgrenzen erhoben. Liegt das Einkommen also höher, zahlt der Arbeitnehmer keine höheren Beiträge.
- In den neuen und alten Bundesländern gelten u. a. unterschiedliche Beitragsbemessungsgrenzen.
- Die Bemessungsgrenzen und Beitragssätze ändern sich laufend. Die Angaben beziehen sich hier auf das Jahr 2022 und sind entsprechend zu aktualisieren.

Die Beitragssätze zur Kranken-, Renten-, Arbeitslosen- und Pflegeversicherung werden gesetzlich festgelegt. Die Krankenkasse kann Zusatzbeiträge zur Kranken- und Pflegeversicherung in beschränktem Umfang erheben, wenn die aus dem Gesundheitsfonds erhaltenen Mittel nicht ausreichen. Im umgekehrten Fall können auch Prämien an die Versicherten ausgezahlt werden.

Von der **Versicherungspflichtgrenze** ist die **Beitragsbemessungsgrenze** im Bruttoentgelt zu unterscheiden. Bis zur Versicherungspflichtgrenze sind die Versicherten verpflichtet, sich in einer gesetzlichen Versicherung zu versichern, während das Bruttoentgelt oberhalb der Beitragsbemessungsgrenze beitragsfrei bleibt.

W

Beitragssätze zur Sozialversicherung und Beitragsbemessungsgrenzen (Stand 2022)		
Krankenversicherung (allgemeiner Beitragssatz, Arbeitnehmer und Arbeitgeber 7,3 %, ohne Zusatzbeitrag)		14,6 %
Krankenversicherung (Arbeitnehmer davon 50 %, je nach Krankenkasse)		z. B. 0,9 %
Rentenversicherung (Arbeitnehmer davon 50 %)		18,6 %
Arbeitslosenversicherung (Arbeitnehmer davon 50 %)		2,4 %
Pflegeversicherung (Arbeitnehmer davon 50 %); in Sachsen z. B. anderer Satz		2,4 %
Pflegeversicherung (Arbeitnehmerbeitragssatz für Kinderlose über 23 Jahre)		0,35 %
Beitragsbemessungsgrenzen	**Jährlich**	**Monatlich**
Kranken- und Pflegeversicherung	64.350,00 €	5.362,50 €
Renten- und Arbeitslosenversicherung (alte Bundesländer)	80.400,00 €	7.050,00 €
Renten- und Arbeitslosenversicherung (neue Bundesländer)	84.600,00 €	6.700,00 €

Aufgaben

1. Welche der folgenden Leistungen werden von der Krankenversicherung übernommen?
   a) Leistungen zur Verhütung und Früherkennung von Krankheiten (Vorsorgeuntersuchungen)
   b) Leistungen zur Wiederherstellung der Erwerbsfähigkeit nach einem Arbeitsunfall
   c) Krankenhausbehandlung und häusliche Krankenpflege nach einem Sportunfall
   d) Berufsunfähigkeitsrente
   e) Haushaltshilfe bei Schwangerschaft
   f) Maßnahmen zur ersten Hilfe bei Arbeitsunfällen
   g) Kosten für eine Kur aufgrund einer Hauterkrankung
2. Welche der folgenden Leistungen werden von der gesetzlichen Rentenversicherung übernommen?
   a) Leistungen zur Erhaltung, Besserung und Wiederherstellung der Erwerbsfähigkeit
   b) Zuschüsse zur Förderung der Arbeitsaufnahme, vor allem zur Ausbildung und Umschulung
   c) Verletztenrente als Folge einer Verletzung in der Werkstatt
   d) Befristete Zahlungen der Versicherung aufgrund eines Unfalls mit dem Auto
   e) Beiträge zur Kranken- und Unfallversicherung der Arbeitslosen
   f) Zahnersatz älterer Personen

1.6.3.3 Abzüge: Lohn- und Kirchensteuer, Solidaritätszuschlag

W

Abzüge für das Finanzamt	
Lohnsteuer	Der Lohn wird entsprechend der Lohnsteuerklasse (I bis VI) und dem Kinderfreibetrag aus dem Bruttolohn bzw. Bruttogehalt berechnet. Für die Berechnung können z. B. Lohnsteuertabellen, ein Lohn- und Gehaltsprogramm oder ein einfacher Lohnrechner im Internet verwendet werden.
Kirchensteuer	Soweit Arbeitnehmer der katholischen oder evangelischen Kirche angehören, muss der Arbeitgeber die aus der Lohnsteuertabelle ablesbare Kirchensteuer monatlich an das Finanzamt abführen. Sie beträgt je nach Bundesland acht Prozent (z. B. Hamburg) oder neun Prozent (z. B. Niedersachsen) der Lohnsteuer.
Solidaritätszuschlag	Der „Soli" 1995 zum Aufbau Ost eingeführt und zusätzlich erhoben. Der Arbeitnehmer hat zz. über hohe Freigrenzen 5,5 % von der Lohnsteuer zu tragen.
Lohnsteueranmeldung	Der Arbeitgeber behält die Abzüge an das Finanzamt ein und führt sie spätestens am 10. des Folgemonats an das Finanzamt ab. Als Beleg dient das Formular zur Lohnsteuervoranmeldung.
Lohnsteuerkarte **Seit 2013 elektronisch**	Seit 2013 ist die elektronische Lohnsteuerkarte ELSTAM (Elektronische Lohnsteuerabzugsmerkmale) eingeführt. Anschriftenänderungen und standesamtliche Veränderungen, wie z. B. Kirchenein- oder -austritt und Eheschließung, werden nach wie vor von den Bürgerbüros der Städte und Gemeinden verwaltet. Sämtliche Änderungen, wie Wechsel der Lohnsteuerklasse oder Eintragungen von Freibeträgen, nimmt nur noch das Finanzamt vor. Der Arbeitgeber erhält dann mithilfe der Steueridentifikationsnummer des Arbeitnehmers die Angaben aus der Lohnsteuerkarte, wie Steuerklasse, Kirchensteuer, Kinderfreibetrag oder andere Freibeträge, elektronisch übermittelt.

1.6.3.4 Wahl der Steuerklasse

Durch die Wahl der Steuerklasse werden beim Abzug der Lohn- und Einkommensteuer Steuervorteile durch den Familienstand berücksichtigt. Die Steuerklasse wird vom Finanzamt in die elektronische Lohnsteuerkarte eingetragen. Über das Internet können Sie ermitteln, welche Steuerklasse für Sie optimal ist. Wählen Sie eine ungünstige Steuerklasse, können Sie eine Steuerrückzahlung über den Lohnsteuer-/Einkommensteuerausgleich erreichen.

W

Steuerklassenzuordnung (vereinfacht)	
Steuerklasse	Geeignet für Steuerzahler, wenn ...
I	... ledig, geschieden, verwitwet
II	... Steuerklasse I mit mindestens einem Kind
III	... verheiratet, ein Verdiener
IV	... verheiratet, zwei Verdiener in IV
V	... verheiratet, Partner in III
VI	... mehrere Lohnsteuerkarten

Die folgende Beispielrechnung gibt die Brutto-Netto-Rechnung der Gehaltsabrechnung wieder.

Beispiel einer Gehaltsabrechnung
Gehaltsabrechnung an einen Angestellten (verheiratet, Kinderfreibetrag 1,5, Steuerklasse III):

Brutto-Netto-Rechner des Gehalts

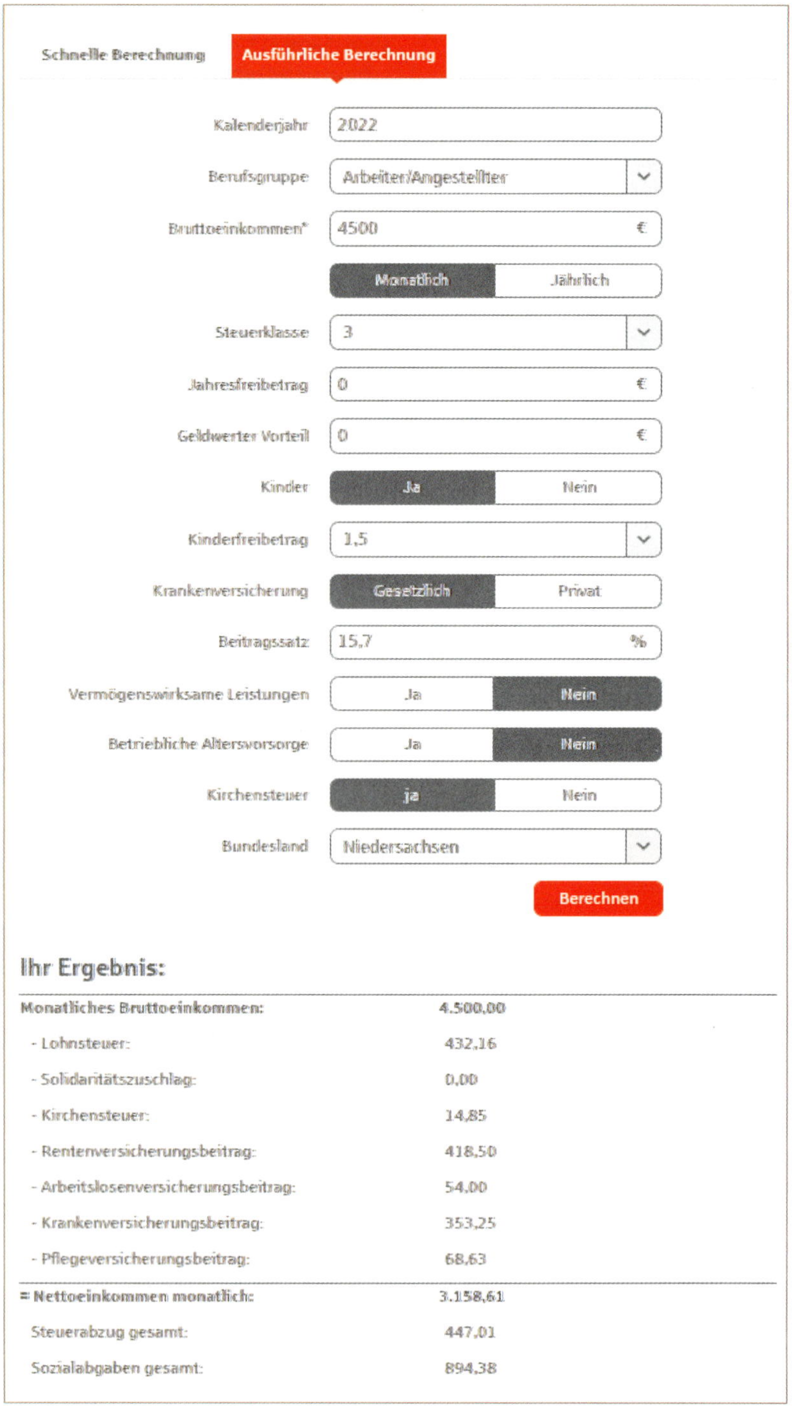

Schnelle Berechnung | Ausführliche Berechnung

Kalenderjahr	2022
Berufsgruppe	Arbeiter/Angestellter
Bruttoeinkommen*	4500 €
	Monatlich / Jährlich
Steuerklasse	3
Jahresfreibetrag	0 €
Geldwerter Vorteil	0 €
Kinder	Ja / Nein
Kinderfreibetrag	1,5
Krankenversicherung	Gesetzlich / Privat
Beitragssatz	15,7 %
Vermögenswirksame Leistungen	Ja / Nein
Betriebliche Altersvorsorge	Ja / Nein
Kirchensteuer	Ja / Nein
Bundesland	Niedersachsen

Berechnen

Ihr Ergebnis:

Monatliches Bruttoeinkommen:	**4.500,00**
- Lohnsteuer:	432,16
- Solidaritätszuschlag:	0,00
- Kirchensteuer:	14,85
- Rentenversicherungsbeitrag:	418,50
- Arbeitslosenversicherungsbeitrag:	54,00
- Krankenversicherungsbeitrag:	353,25
- Pflegeversicherungsbeitrag:	68,63
= Nettoeinkommen monatlich:	**3.158,61**
Steuerabzug gesamt:	447,01
Sozialabgaben gesamt:	894,38

Im Internet werden unter Suchbegriffen wie „Gehaltsrechner“, „Brutto-Netto-Rechner“ Webseiten zur Berechnung des Nettogehalts aus dem Bruttogehalt und den individuellen Steuer- und Beitragssätzen angezeigt, siehe auch folgendes Kapitel zum Arbeitgeberbeitrag.

Kindergeld

Der Antrag auf Kindergeld muss schriftlich bei der Familienkasse der Agentur für Arbeit (vgl. www.familienkasse.de) gestellt werden. Das Kindergeld wird monatlich in folgender Höhe gezahlt: für das erste und zweite Kind im Jahr 2022 219,00 Euro, für das dritte Kind 225,00 Euro und ab dem vierten Kind 250,00 Euro.

Die Auszahlung des Kindergeldes erfolgt (außer bei öffentlich-rechtlichen Arbeitgebern) ausschließlich von den Familienkassen der Arbeitsagenturen, nicht vom Arbeitgeber.

Aufgaben

1. Welche Steuerklasse ist zu wählen?
   a) Alleinverdiener, ledig
   b) Doppelverdiener, beide erhalten gleich hohes Einkommen
   c) Doppelverdiener, einer erhält wesentlich höheres Einkommen
   d) Witwe, ohne Kinderfreibeträge
   e) Alleinverdiener, ein Kind
   f) Alleinverdiener, geschieden, keine Kinder
2. Recherchieren Sie im Internet nach Hilfen zur Steuerklassenwahl.
3. Welche der unten stehenden Aussagen zur Sozialversicherung treffen auf die gesetzliche
   1) Krankenversicherung
   2) Rentenversicherung
   3) Arbeitslosenversicherung
   4) Pflegeversicherung

   zu?

Aussagen

a) Die Beiträge werden bis 325,00 € vom Arbeitgeber allein getragen.
b) Die Arbeitnehmer müssen einen zusätzlichen Beitrag zahlen.
c) Ein Angestellter kann aus dieser Versicherung ausscheiden, wenn sein Verdienst 3 Jahre über der Beitragsbemessungsgrenze liegt.
d) Träger ist die Arbeitsagentur.
e) Sie belastet die versicherten Arbeitnehmer mit dem höchsten Beitragssatz aller Zweige der Sozialversicherungen.
f) Übernahme der Operationskosten für eine Blinddarmoperation
g) Zahlung von Arbeitslosenhilfe
h) Kinderlose Arbeitnehmer über 23 Jahre zahlen einen Zusatzbeitrag.
i) Zahlung von Rente im Ruhestand
k) Sie übernimmt u. a. die Kosten für die Berufsberatung.
l) Der Arbeitgeber muss die Abzüge bis zum drittletzten Bankarbeitstag des Monats überweisen.
m) Der Träger ist zuständig für das Kindergeld.

4. Beantworten Sie die Fragen zur elektronischen Lohnsteuerkarte.
   a) Wer ist für die Ausstellung der Lohnsteuerkarte zuständig?
      1) Arbeitsagentur, 2) Krankenkasse, 3) Gemeindeverwaltung, 4) Finanzamt
   b) Was muss der Arbeitnehmer seinem Arbeitgeber mitteilen?
      1) Lohn- und Gehaltsgruppe, Steuersatz
      2) Steueridentifikationsnummer, Haupt-/Nebentätigkeit, Geburtsdatum
   c) Wer ist befugt, einen Freibetrag für erhöhte Werbungskosten auf der Lohnsteuerkarte einzutragen?
      1) Arbeitgeber 2) Gemeindeverwaltung
      3) Finanzamt 4) Steuerberater
   d) Welche der folgenden Angaben werden u. a. vom Arbeitgeber auf der Lohnsteuerkarte bescheinigt?
      1) Beiträge zur Unfallversicherung 2) Lohn- und Gehaltsvorschüsse 3) Spenden des Arbeitnehmers 4) Jahresbruttoeinkommen
5. Führen Sie Gehaltsabrechnungen für Mitarbeiter von ACI mit Beispieldaten durch.
   a) Gehalt brutto: 2.900,00 € (Steuerklasse I, ledig, keine Kinder)
      Lohnsteuer: 525,00 €, Kirchensteuer: 47,25 €, Solidaritätszuschlag: 28,87 €
      Arbeitnehmerbeiträge zur Krankenversicherung: 221,85 €, Rentenversicherung: 282,75 €, Arbeitslosenversicherung: 94,25 €, Pflegeversicherung: 24,65 €.
   b) Gehalt brutto: 4.900,00 € (Steuerklasse III, verheiratet, 1 Kind, nicht Mitglied einer Kirchengemeinde)
      Lohnsteuer: 797,66 €, Solidaritätszuschlag: 35,96 €, Arbeitnehmerbeiträge zur Krankenversicherung: 272,53 €, Rentenversicherung: 477,75 €, Arbeitslosenversicherung: 159,25 €, Pflegeversicherung: 39,19 €.
   c) Ausbildungsvergütung brutto: 700,00 € (Steuerklasse I, ledig, keine Kinder)
      Lohnsteuer: 0 €, Kirchensteuer: 0 €, Solidaritätszuschlag: 0 €, Arbeitnehmerbeiträge zur Krankenversicherung: 53,55 €, Rentenversicherung: 68,25 €, Arbeitslosenversicherung: 22,75 €, Pflegeversicherung: 5,95 €.
6. Berechnen Sie das Nettoentgelt (Auszahlungsbetrag) mit einem Online-Gehaltsrechner:
   a) Gehalt 3.800,00 € brutto, Angestellter, verheiratet, 0,5 Kinderfreibeträge eingetragen, Steuerklasse III, Krankenkassenbeitrag 15,9 %, Kirchensteuersatz Ihres Bundeslandes.
   b) Gehalt 4.000,00 € brutto, Angestellte, nicht verheiratet, 24 Jahre, keine Kinderfreibeträge, Steuerklasse I, Krankenkassenbeitrag 16 %, ohne Kirchensteuer.
   c) Gehalt 2.600,00 € brutto, nicht verheiratet, 28 Jahre, keine Kinderfreibeträge, nicht Mitglied einer Kirchengemeinde, Krankenkassenbeitrag 15,8 %.
7. Berechnen Sie die Nettobezüge für den Arbeitnehmer. Hinweis: Hier werden als Beispieldaten Beträge und Prozentsätze vorgegeben).
   a) Angestellte, ledig, kinderlos, 24 Jahre, 2.100,00 € brutto, Lohnsteuer: 287,33 €, Kirchensteuer: 25,85 €, Solidaritätszuschlag: 0,0 €, Beitragssatz der Krankenkasse: allgemeiner Beitragssatz: 14,6 %, zusätzlicher Beitragssatz: 0,9 %, Beitragssatz zur Rentenversicherung: 18,7 %, Beitragssatz zur Arbeitslosenversicherung: 3,0 %, Beitragssatz zur Pflegeversicherung: 2,25 %, zusätzlicher Beitragssatz zur Pflegeversicherung für Kinderlose ab 23 Jahre: 0,25 %.
   b) Angestellte, ledig, 23 Jahre, keine Kinder, ohne Kirchenzugehörigkeit, 3.100,00 € brutto, Lohnsteuer: 589,66 €, Solidaritätszuschlag: 0,0 €, Beitragssatz der Krankenkasse: allgemeiner Beitragssatz: 14,6 %, zusätzlicher Beitragssatz: 0,9 %, Beitragssatz zur Rentenversicherung: 18,7 %, Beitragssatz zur Arbeitslosenversicherung: 3,0 %, Beitragssatz zur Pflegeversicherung: 2,25 %, zusätzlicher Beitragssatz zur Pflegeversicherung für Kinderlose ab 23 Jahre: 0,25 %.

c) Angestellter, verheiratet, Kinderfreibetrag: 1, 3.500,00 € brutto, Lohnsteuer: 407,66 €, Kirchensteuer: 22,57 €, Solidaritätszuschlag: 0,0 €, Beitragssatz der Krankenkasse: allgemeiner Beitragssatz: 14,6 %, zusätzlicher Beitragssatz: 0,9 %, Beitragssatz zur Rentenversicherung: 18,7 %, Beitragssatz zur Arbeitslosenversicherung: 3,0 %, Beitragssatz zur Pflegeversicherung: 2,25 %.

1.6.3.5 Entgeltabrechnung für den Arbeitgeber mit Hilfe eines Gehaltsrechners

S Anna und Stefan wollen im Internet einen Gehaltsrechner aufrufen und einmal die Kosten für den Arbeitgeber ermitteln.

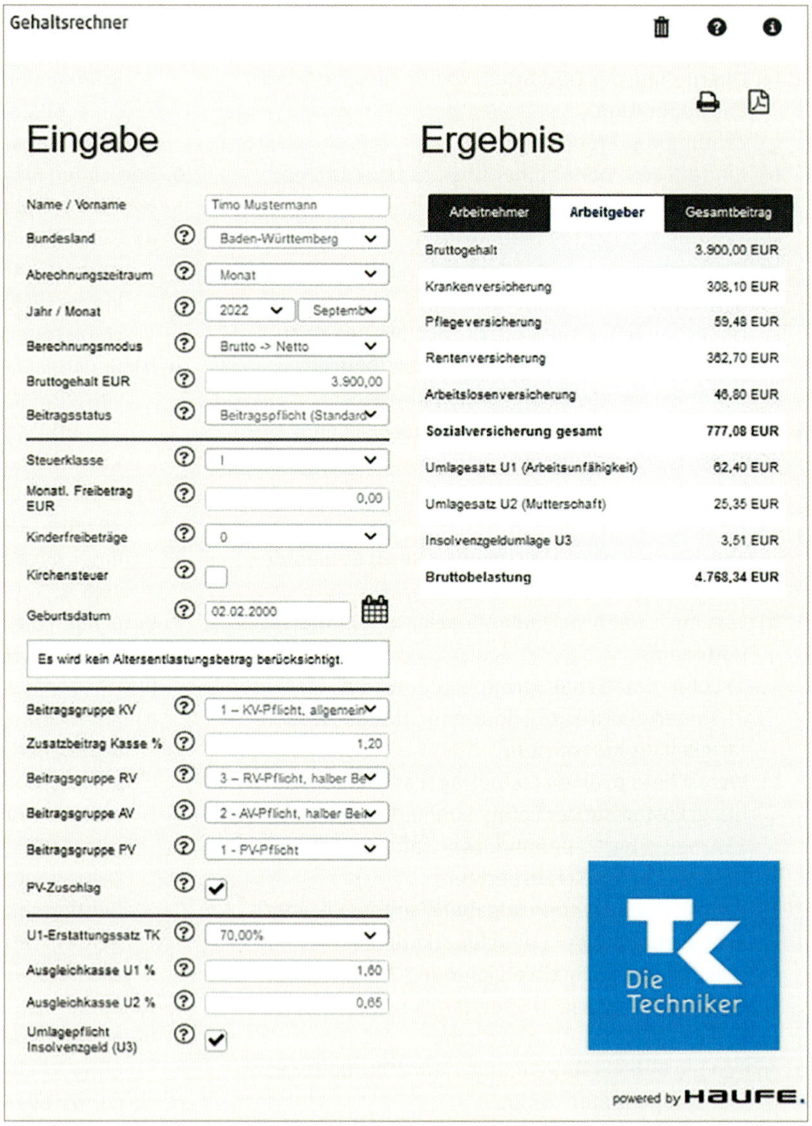

Die Arbeitgeber zahlen mehr als die an Arbeitnehmer ausgezahlte Nettogehälter und auch mehr als die Bruttogehälter. So kommen noch die Arbeitgeberbeiträge zur Sozialversicherung hinzu und auch Erstattungs- und Umlagesätze für U1 (Arbeitsunfähigkeit) und U2 (Mutterschaft) sowie für mögliches Insolvenzgeld. Darüber hinaus zahlen Arbeitgeber zu 100% die Beiträge zur betrieblichen Unfallversicherung der Mitarbeiter. Insgesamt kommt damit ein erheblicher Kostenbetrag für die Arbeitgeber zusammen. Ferner entstehen dem Arbeitgeber durch die Bereitstellung des Arbeitsplatzes und sonstiger den Arbeitnehmern zur Verfügung gestellter Betriebsmittel weitere Kosten. Um den Kostensatz des Arbeitgebers pro Stunde auszurechnen, müssen die dem Betrieb tatsächlich zur Verfügung stehenden Arbeitsstunden ermittelt werden.

Aufgaben

Recherchieren Sie nach einem Gehaltsrechner im Internet.
Erfassen Sie Beispieldaten. Informieren Sie sich zu Personalkosten für Arbeitgeber.

1.6.3.6 Sonstige Gründe für geringere Lohn- und Gehaltszahlung

Das ausgezahlte Arbeitsentgelt kann aus verschiedenen Gründen niedriger sein als angenommen.

W **Pfändung und Abtretung des Einkommens**

- Kommt der Arbeitnehmer seinen finanziellen Verpflichtungen nicht nach, so kann der Gläubiger über ein vollstreckbares Gerichtsurteil oder einen Pfändungs- und Überweisungsbeschluss einen Teil der Lohn- und Gehaltszahlung pfänden lassen.
- Bestimmte Bezüge des Arbeitnehmers sind absolut unpfändbar (z. B. Reisespesen) bzw. nur bedingt pfändbar.
- Je nach Anzahl der Personen, für die der Arbeitnehmer Unterhalt gewährt, ist ein Teil des Lohnes/Gehaltes unpfändbar (Pfändungsgrenze).

W **Krankheit und Arbeitsunfähigkeit**

Alle Arbeitnehmer und Auszubildende, auch kurzfristig und geringfügig Beschäftigte, die dem Betrieb mehr als vier Wochen angehören, haben bei unverschuldeter Arbeitsunfähigkeit Anspruch auf Fortzahlung ihres zustehenden Arbeitsentgeltes bis zu einer Dauer von sechs Wochen.

Der Arbeitnehmer ist verpflichtet, dem Arbeitgeber unverzüglich die Arbeitsunfähigkeit und die voraussichtliche Dauer mitzuteilen. Bei einer Krankheit, die länger als drei Tage dauert, hat der Arbeitnehmer spätestens am darauffolgenden Arbeitstag eine ärztliche Bescheinigung vorzulegen.

Hat der Arbeitgeber Zweifel an der Arbeitsunfähigkeit des Arbeitnehmers, kann er dies der Krankenkasse mitteilen. Diese ist dann verpflichtet, die Arbeitsunfähigkeit durch ihren medizinischen Dienst überprüfen zu lassen.

Erfüllt der Arbeitnehmer seine Verpflichtung zur Erbringung einer ärztlichen Bescheinigung nicht, hat der Arbeitgeber das Recht auf Verweigerung der Entgeltfortzahlung.

W **Kurzarbeit**

Kurzarbeit mit entsprechender Lohnminderung, z. B. bei Auftragsmangel, darf der Arbeitgeber nicht einseitig anordnen.

Ist die Kurzarbeit beim Arbeitsamt angezeigt, so bezahlt die Bundesanstalt für Arbeit 67 % oder 60 % des wegen Kurzarbeit ausgefallenen (pauschalierten) Nettoarbeitsentgelts, abhängig davon, ob ein Kinderfreibetrag ausgewiesen ist oder nicht.

Aufgaben

1. Recherchieren Sie im Internet, welches Einkommen überhaupt pfändbar ist.
2. Informieren Sie sich im Internet über Kurzarbeit.

1.6.4 Personalentwicklung und Weiterbildung

1.6.4.1 Personalentwicklung bei ACI

S Um die Fluktuation bei ACI gering zu halten und die Mitarbeiter gut zu motivieren, haben Geschäftsleitung und Betriebsrat ein Personalentwicklungskonzept erstellt. Regelmäßig finden Personalentwicklungsgespräche der Mitarbeiter mit dem oder der Vorgesetzten statt. Es soll herausgearbeitet werden, wo jeder Mitarbeiter noch Entwicklungspotenziale hat und was der Betrieb tun kann, um diese Potenziale auch auszuschöpfen. Verschiedene Instrumente wie interne und externe Weiterbildungsmaßnahmen, Leistungsanreize oder Qualitätszirkel wurden installiert.

Aufgaben

1. Durch Personalentwicklungsmaßnahmen konnte die Mitarbeiterfluktuation von jährlich 23 auf 19 reduziert werden. Wie viel Prozent beträgt die Reduzierung?
2. Bei Personalentwicklungsgesprächen haben Sie Folgendes herausgefunden. Was würden Sie tun?
   a) Zwei Mitarbeiter sind körperlich im Lager überfordert. Beide haben eine Ausbildung als Großhandelskaufmann absolviert, ein Mitarbeiter ist 30 Jahre, der andere 53 Jahre alt.
   b) Eine Mitarbeiterin von 26 Jahren ist in der Buchhaltung mit der Kontierung von Belegen unterfordert. Beide haben eine Ausbildung zur Bürokauffrau absolviert und besitzt die Fachhochschulreife.
   c) Die Mitarbeiter in der Verwaltung sind unglücklich über das neue Office-Programm. Viele haben während der Arbeitszeit kaum Zeit für die Einarbeitung in dieses Programm.
   d) Herr Kramer würde gerne als Gruppenleiter arbeiten. Er weiß jedoch, dass er dann freiwillig und unbezahlt pro Woche ca. vier Überstunden leisten muss.
3. Rollenspiele: Bilden Sie Zweiergruppen nach den Aufgabenbereichen der IT-Service GmbH (Lager, Einkauf, Werkstatt, Verkauf Laden, Vertriebsaußendienst, Multimedia-Entwicklung, EDV, Buchführung, Kostenrechnung, Personalwesen, Betriebsrat, Qua-

W

Personalentwicklung	
Maßnahmen, mit denen die Qualifikation und Arbeitsmotivation der Mitarbeiterinnen und Mitarbeiter sowie das Streben nach höheren Kompetenzen und Zuständigkeiten bzw. die Loyalität (Bindung) zum Unternehmen erhöht werden.	
Laufbahnplanung	Vorgesetzte sprechen mit den Mitarbeitern über Möglichkeiten, sich im Betrieb weiterzuentwickeln (Karriereplanung).
Potenzial-beurteilung	Vorgesetzte versuchen zusammen mit den Mitarbeitern herauszufinden, wo besondere Potenziale (Kenntnisse, Fähigkeiten) zu finden sind bzw. entwickelt werden können.
Leistungsanreize	Durch Leistungsanreize wird gute Arbeit und höhere Leistung belohnt und damit die Motivation zu mehr Leistung erhöht.
Betriebliche Weiterbildung	Durch Weiterbildungsmaßnahmen können Mitarbeiter in ihrer Stelle auf neue Aufgaben oder für andere Stellen und Aufgaben vorbereitet werden. Betriebe unterstützen daher besonders Weiterbildungsmaßnahmen zur Umschulung oder Kompetenzerweiterung. Immer mehr Bedeutung erhalten CBT-Programme (Computer-Based-Training) im Betrieb.
Qualitätszirkel	In Gruppen besprechen Mitarbeiter Probleme ihrer Arbeit oder ihres Arbeitsumfeldes. Dadurch sollen nicht nur die Prozesse und das Arbeitsleben besser gestaltet werden, sondern die Kreativität der Mitarbeiter und deren Beziehungen verbessert werden.

litätsbeauftragter usw.). Eine Person übernimmt die Aufgabe des Personalentwicklers (Vorgesetzter), die andere Person die Position des Mitarbeiters. Simulieren Sie interessante Gespräche (Vorbereitungszeit ca. 20 Minuten, Rollenspielzeit ca. 5 Minuten).

1.6.4.2 Fortbildung und Aufstieg

W

Fortbildungsarten
Erhaltungsfortbildung Anpassungsfortbildung Aufstiegsfortbildung Innerbetriebliche und überbetriebliche Fortbildung
Arbeitsförderungsrecht: Durch das Arbeitsförderungs-Reformgesetz (AFRG) wurde das Arbeitsförderungsrecht 1998 als Drittes Buch (SGB III) in das Sozialgesetzbuch eingeordnet. Die Agentur für Arbeit in Nürnberg setzt mit ihren regionalen Arbeitsagenturen das Arbeitsförderungsgesetz in die Praxis um, um möglichst vielen Menschen eine berufliche Beschäftigung zu ermöglichen. Die Aufgaben gliedern sich in: a) Arbeits- und Berufsberatung b) Vermittlung von Arbeits- und Ausbildungsplätzen c) Hilfen zur Verbesserung der Beschäftigungschancen d) Sonstige Förderung der beruflichen Eingliederung e) Soziale Hilfe bei Arbeitslosigkeit Informationen: z. B. unter dem Suchbegriff „Arbeitsförderung“ der www.bmas.de

Die ITK-Branche hat weit über 1,2 Million Beschäftigte (vgl. www.bitkom.org). So wird es für einen IT-Mitarbeiter immer Möglichkeiten für Herausforderungen im Beruf und den beruflichen Aufstieg geben.

Im Downloadbereich finden Sie zwei Textdokumente (IT-Berufe und Stellen, Medienberufe und Stellen), die zeigen, wie vielfältig das berufliche Umfeld in der ITK-Branche ist. DL

In vielen Bereichen der ITK-Branche müssen Sie sich laufend fortbilden, wenn Sie auf dem Stand der technischen Möglichkeiten bleiben wollen. Ständige Fortbildung ist wohl für keinen Beruf so überlebenswichtig wie in der ITK-Branche.

Aufgaben

1. Diskutieren Sie den Fortbildungsbedarf in den IT-Berufen. Diskutieren Sie auch über das Schaubild auf der folgenden Seite.
2. Nennen Sie für jede der Fortbildungsarten zwei Beispiele.

Die Studienmöglichkeiten in Informatik sind in Deutschland sehr vielfältig. Allerdings sollte man auch bedenken, dass nach einer Studie der Universität Hannover eine hohe Zahl derjenigen, die an einer Fachhochschule ein Informatikstudium begonnen hatten, dieses Studium vorzeitig abbrachen.

IT-Unternehmen, Hochschulen, (Weiter-)Bildungsdienstleister, Kammern, Berufs- und Industrieverbände bieten heute eine Vielfalt an Aus- und Weiterbildungsmaßnahmen an:

- Arbeiten als Quereinsteiger/-in und „IT-Training on the Job“

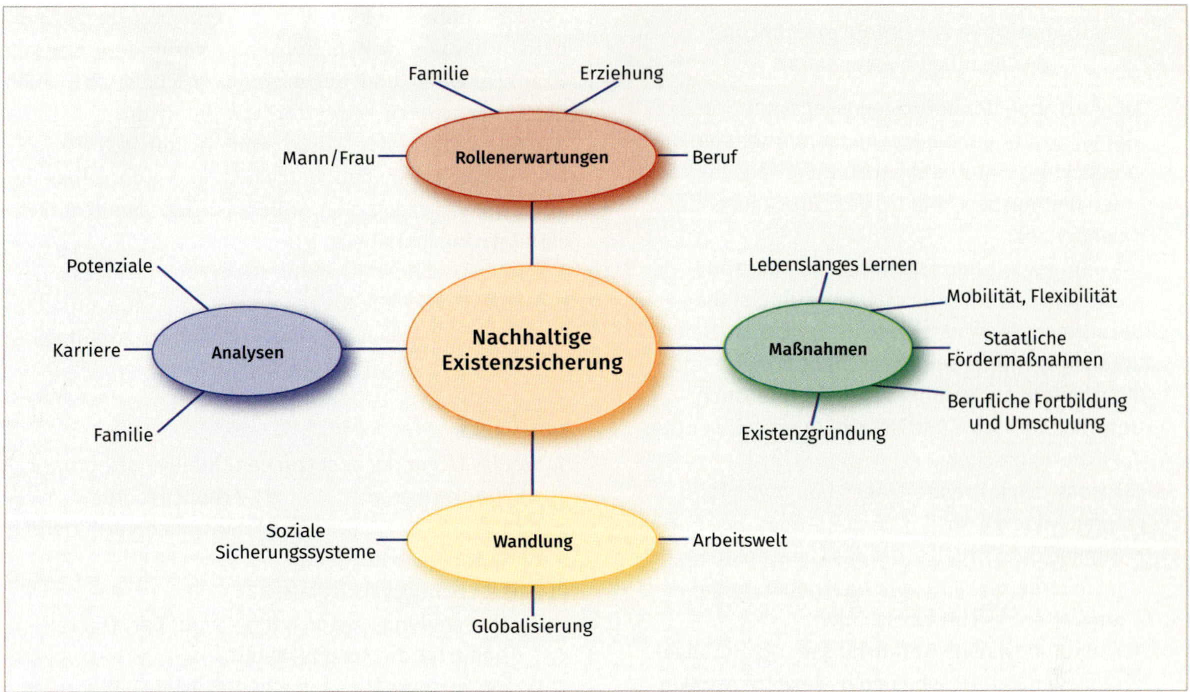

Nachhaltige Existenzsicherung

- Besuch von Weiterbildungskursen diverser Anbieter (z. B. VHS, vgl. www.weiterbildung.de)
- Qualifizierung mit Hersteller- und Produktzertifikaten (z. B. Microsoft, Cisco)
- Absolvierung der Fachoberschule nach der Ausbildung und Besuch der Fachhochschule, eventuell danach Aufbaustudium an einer Universität
- Suche über das Weiterbildungs-Informations-System der IHK, WIS-, https://wis.ihk.de
- Qualifizierung zum „Operativen IT-Professional" bzw. zum „Strategischen IT-Professional" im arbeitsprozessorientierten IT-Weiterbildungssystem (APO/AITTS, vgl. https://wis.ihk.de)
- Qualifizierung und Zertifizierung zum/zur IT-Spezialist/-in im arbeitsprozessorientierten IT-Weiterbildungssystem (APO/AITTS)
- Belegung einzelner Module oder eines Studiums in einem Präsenz-, Fern- oder Online-Studiengang (vgl. z. B. www.studieren-im-netz.org, www.oncampus.de, www.uni-online.de).
- Absolvieren eines klassischen Hochschulstudiums (Fachhochschule oder Universität) im Studienbereich Informatik mit Bachelor- oder Masterabschluss
- Promotion im Fachbereich Informatik – Lernen und Arbeiten in Europa (Mobilitätsprogramme)

Aufgaben

Informieren Sie sich über die Möglichkeit, sich nach der Ausbildung in einem IT-Beruf als IT-Professional oder IT-Spezialist (APO-IT) weiterzubilden (vgl. www.it-berufe.de, www.bitkom.org, www.gi.de).

1.7 Arbeitsschutz und betriebliche Unfallversicherung

S

In Deutschland passieren jährlich über 30 Arbeitsunfälle je 1.000 Mitarbeiter. Kerstin will wissen, ob sie sich dagegen privat versichern muss. Nach Auskunft der AOK kosten krankheitsbedingte Fehlzeiten die deutsche Wirtschaft jährlich über 50 Mrd. €.

Neben den Kosten sind Fehlzeiten von Mitarbeitern für Unternehmen mit einer Vielzahl weiterer Probleme verbunden: Die Einhaltung von Lieferterminen und Qualitätsstandards kann gefährdet sein, hohe Krankenstände müssen durch anderes Personal aufgefangen werden, Überstunden und Zusatzschichten werden angesetzt, zusätzlicher Planungs- und Organisationsaufwand fällt an. Mitarbeiter müssen häufig die Arbeit ihrer erkrankten Kollegen mit übernehmen, worunter Arbeitsmotivation und Betriebsklima leiden können.

W

Informationen zur Unfallversicherung der Berufsgenossenschaft

- Alle Ausgaben der Berufsgenossenschaft werden einmal im Jahr auf die Mitgliedsunternehmen umgelegt. Jedes Unternehmen erhält jeweils im März einen Beitragsbescheid für das zurückliegende Kalenderjahr.
- Die Beiträge zur Berufsgenossenschaft zahlt ausschließlich der Arbeitgeber. Dafür löst die Berufsgenossenschaft seine Haftung für Arbeitsunfälle gegenüber seinen Mitarbeiterinnen und Mitarbeitern ab. Darüber hinaus stehen auch Unternehmerinnen und Unternehmer selbst unter Versicherungsschutz.
- Die Höhe des **Jahresbeitrages** hängt von folgenden Faktoren ab:
  - Summe der **Entgelte**, die das Unternehmen an Mitarbeiter zahlt (bei Unternehmern die gewählte Versicherungssumme)
  - Einstufung in eine **Gefahrklasse:** Die Unfallgefahr ist in den verschiedenen Gewerbszweigen sehr unterschiedlich. Um den Beitrag gerecht abstufen zu können, werden die Unternehmen in Gefahrklassen eingeteilt.
  - **Nachlass/Zuschlag:** Unternehmen, die weniger Unfälle als der Durchschnitt oder keine Unfälle haben, erhalten einen Nachlass auf den Beitrag von bis zu 10 %. Für eine überdurchschnittliche Unfallbelastung wird ein Zuschlag von bis zu 10 % erhoben.
- Je nach Branche sind **unterschiedliche Berufsgenossenschaften** zuständig.
- Arbeitnehmer und Auszubildende sind kraft Gesetz versichert.
- **Leistungen:** Heilbehandlung, berufliche Rehabilitation, Geldleistungen nach einem Arbeitsunfall, Beratung, Rente
- Versichert sind alle Arbeitsunfälle oder Unfälle mit betrieblicher Tätigkeit, jedoch nicht bei Benutzung von Betriebseinrichtungen zu privaten Zwecken.
- Auch **Wegeunfälle sind versichert**, d. h., die Versicherung beginnt und endet an der Außentür der Wohnung des Arbeitnehmers.
- Nach dem Sozialgesetzbuch erlassen die Berufsgenossenschaften als Träger der gesetzlichen Unfallversicherung **Unfallverhütungsvorschriften** (BGV), die vom Bundesministerium für Arbeit und Soziales genehmigt werden müssen.

Viele Fehlzeiten können durch eine bessere Gesundheitsförderung in den Betrieben verhindert werden. Krankenkassen und Berufsgenossenschaft, aber auch die Unternehmen selbst fördern daher die Erhaltung der Gesundheit der Mitarbeiter. Beauftragte für Arbeitssicherheit in den Betrieben und Kontrollen der Berufsgenossenschaften sollen helfen, den Krankenstand gering zu halten.

Die betriebliche Unfallversicherung (Berufsgenossenschaft) deckt alle Kosten bei einem Arbeitsunfall im Betrieb und auf dem Weg zur und von der Arbeit ab.

Aufgaben

1. Wer ist Träger der gesetzlichen Unfallversicherung?
   a) Krankenkasse
   b) IHK
   c) Berufsgenossenschaft
   d) Arbeitsagentur
   e) Haftpflichtversicherung
2. Was ist richtig, was ist falsch?
   a) Umschulungskosten infolge einer Berufskrankheit trägt die Arbeitsagentur.
   b) Verletztenrente nach einem Betriebsunfall trägt die Rentenversicherung.
   c) Operationskosten für eine Blinddarmoperation trägt die Berufsgenossenschaft.
   d) Entgeltfortzahlung bis sechs Wochen bei unverschuldeter Krankheit leistet der Arbeitgeber.
   e) Beiträge zur Berufsgenossenschaft hängen von der Gefahrklasse ab.
   f) Krankheitskosten durch einen Wegeunfall zur Arbeitsstätte trägt die Berufsgenossenschaft.

Arbeitssicherheitsgesetz

W

Das deutsche Arbeitssicherheitsgesetz (in vollem Wortlaut: Gesetz über Betriebsärzte, Sicherheitsingenieure und andere Fachkräfte für Arbeitssicherheit [ASiG]) soll erreichen, dass

- die dem Arbeitsschutz und der Unfallverhütung dienenden Vorschriften den besonderen Betriebsverhältnissen entsprechend angewandt werden,
- gesicherte arbeitsmedizinische und sicherheitstechnische Erkenntnisse zur Verbesserung des Arbeitsschutzes und der Unfallverhütung verwirklicht werden können,
- die dem Arbeitsschutz und der Unfallverhütung dienenden Maßnahmen einen möglichst hohen Wirkungsgrad erreichen.

Je nach Art und Größe des Betriebes ist das Unternehmen verpflichtet, zur Umsetzung Betriebsärzte, Sicherheitsingenieure und Fachkräfte für Arbeitssicherheit zu bestellen und Arbeitsschutzausschüsse zu bilden, die mindestens vierteljährlich tagen.

Fünf Sicherheitsregeln beim Umgang mit elektrischen Anlagen und Betriebsmitteln (nach VDE 0105, VBG 4, www.vgb.de)	
1. Freischalten (Trennen der Anlage vom Strom) 2. Gegen Wiedereinschalten sichern (z. B. Entnahme der Sicherungen, Schild aufstellen) 3. Spannungsfreiheit feststellen (mittels Spannungsprüfer) 4. Erden und Kurzschließen 5. Benachbarte, unter Spannung stehende Teile abdecken oder abschranken	 **Es wird am Stromnetz gearbeitet!** Ort: Bereich der Werkstatt Entfernen des Schildes nur durch: Herr Fuchs, Elektro-Müller KG

W

Arbeitsschutzgesetz

Das **Arbeitsschutzgesetz (Gesetz über die Durchführung von Maßnahmen des Arbeitsschutzes zur Verbesserung der Sicherheit und des Gesundheitsschutzes der Beschäftigten bei der Arbeit)** hat zum Ziel, die Gesundheit aller Beschäftigten durch Maßnahmen des Arbeitsschutzes zu sichern und zu verbessern. Der Arbeitgeber kann Aufgaben und Pflichten auf geeignete Mitarbeiter übertragen, bleibt aber in jedem Fall verpflichtet, die Erfüllung der übertragenen Aufgaben zu kontrollieren. Die Mitarbeiter haben ihrerseits die Hinweise des Arbeitgebers zu beachten und dafür Sorge zu tragen, dass durch ihre Tätigkeit andere Personen nicht gefährdet werden. Sie sind ferner verpflichtet, festgestellte Mängel, die Auswirkungen auf Sicherheit und Gesundheit haben können, dem Arbeitgeber zu melden. Auf der Grundlage dieses Gesetzes wurden Verordnungen wie die Arbeitsstättenverordnung und die Bildschirmarbeitsverordnung erlassen.

Ziele:

- Unfälle, Berufskrankheiten und arbeitsbedingte Erkrankungen sollen verhütet werden.
- Es ist ein ständiger Verbesserungsprozess für Arbeits- und Gesundheitsschutz im Betrieb zu gewährleisten.
- Arbeitsbedingungen sind nach festen Grundprinzipien zu gestalten.
- Gefährdungsbeurteilungen sind zu dokumentieren.
- Beschäftigte sind über Gesundheitsfragen am Arbeitsplatz zu unterweisen.
- Die arbeitsmedizinische Vorsorge für Betroffene ist zu sichern.

Aufsicht:
Amt für Arbeitsschutz und Sicherheitstechnik (Gewerbeaufsichtsamt)

Aufgaben

1. Die Unfallverhütungsvorschrift mit der Bezeichnung „Elektrische Anlagen und Betriebsmittel" (BGV A3) wurde nicht beachtet. Sie enthält fünf sehr wichtige Sicherheitsregeln für Arbeiten an unter Spannung stehenden Teilen. Sortieren Sie die folgenden Regeln in der vorgeschriebenen Reihenfolge.
   1) Benachbarte, unter Spannung stehende Teile abdecken
   2) Erden und Kurzschließen
   3) Spannungsfreiheit feststellen
   4) Gegen Wiedereinschalten sichern
   5) Freischalten
2. Informieren Sie sich über den korrekten Umgang mit Leitern und ergänzen Sie die PowerPoint-Präsentation „Arbeitsschutz und Arbeitssicherheit" im Downloadbereich. DL

Leiterunfälle

Ungefähr 30.000 betriebliche Leiterunfälle werden jährlich in Deutschland aufgrund ungeeigneter Leitern, falschen Aufstellens der Leiter, falschen Begehens der Leiter oder unsachgemäßer Arbeit auf der Leiter verzeichnet (vgl. z. B. https://inform-online.ukh.de).

3. Im Betrieb bricht ein Brand aus. Was ist in verschiedenen Situationen zu beachten? Ergänzen Sie die PowerPoint-Präsentation „Arbeitsschutz und Arbeitssicherheit“ im Downloadbereich.

DL

4. IT-Fachkräfte haben bis zu viermal häufiger als der Durchschnitt der Beschäftigten in Deutschland unter Beschwerden wie chronischer Müdigkeit, Nervosität, Schlafstörungen und Magenbeschwerden zu leiden. Stressphasen von mehr als acht Wochen Dauer sollen, so die Untersuchung, zu einer Zunahme chronischer Erschöpfung führen – worin ein Frühindikator für das sogenannte Burn-out-Syndrom gesehen wird. Welche Maßnahmen können dieser Krankheit vorbeugen?

Verbots-, Warn- und Hinweisschilder

Bedeutung der Formen und Sicherheitsfarben				
Farbe	**Form**	**Bedeutung**	**Anwendungsbeispiel**	**Beispielzeichen**
Rot		**Halt** **Verbot**	Notausschalteinrichtungen Verbotszeichen, im Beispiel „Eingeschaltete Mobiltelefone verboten“	
		**Brandschutz**	Kennzeichnung von Material, Gegenständen und sonstigen Anlagen zur Feuerbekämpfung, hier Brandmelder	
Gelb		**Warnung** **Vorsicht!** **Mögliche Gefahr**	Hinweis auf Gefahren (Feuer, Explosion, Strahlen, chemische Einwirkungen usw.) Kennzeichnung von Schwellen, gefährlichen Durchlässen, Hindernissen, hier: Warnung vor magnetischem Feld	
Grün		**Gefahrlosigkeit** **Rettung** **Erste Hilfe**	Kennzeichnung von Rettungswegen und Notausgängen, Rettungsduschen, Erste-Hilfe- und Rettungsstationen, hier das Rettungszeichen „Rettungsweg/Notausgang (rechts)“	
Blau		**Gebot**	Besonderes Verhalten oder besondere Tätigkeit, z. B. Verpflichtung zum Tragen perönlicher Schutzausrüstung, im Beispiel „Vor Wartung oder Reparatur freischalten“	
		**Hinweise**		

Aufgaben

1. Informieren Sie sich im Internet über sicherheitsrelevante Schilder am Arbeitsplatz, z. B. unter www.wikipedia.de und die Zeichenarten (z. B. Verbotszeichen) als Suchbegriff bei Wikipedia.
2. Welche der rechts stehenden Zeichen gehören zu den **a)** Verbotszeichen, **b)** Gebotszeichen, **c)** Warnzeichen, **d)** Rettungszeichen, **e)** Brandschutzzeichen und worin liegt ihre Bedeutung?

1.8 Personalfreisetzung

Mitarbeiter verlassen aus verschiedenen Gründen das Unternehmen. Wenn die Mitarbeiterin oder der Mitarbeiter dem Unternehmen kündigt, um sich räumlich zu verändern oder sogar beruflich eine verbesserte Stellung zu erhalten, so scheidet man von dem Mitarbeiter „mit einem lachenden und einem weinenden Auge". Nicht selten müssen jedoch Mitarbeiter aus anderen Gründen freigesetzt werden.

1.8.1 Abmahnung von Mitarbeitern

S Ein Mitarbeiter von ACI ist am 10. und 11. November erst um 10:00 Uhr zur Arbeit erschienen und hat am 12. November ohne Nennung eines Grundes den Betrieb verlassen. Eine Krankmeldung hat er nicht vorgelegt, einen Grund wollte er nicht nennen. Es wird diskutiert, ob man den Mitarbeiter sofort kündigen kann oder zunächst abmahnen muss.

W **Abmahnung**

- Insbesondere Vertragsverletzungen des Arbeitnehmers können eine Kündigung bewirken. Handelt es sich um eine Pflichtverletzung im Leistungsbereich (z. B. geringe oder schlechte Arbeitsleistung), so ist grundsätzlich eine Abmahnung erforderlich. Nur nach rechtzeitiger und deutlicher Abmahnung, in der die Leistungsmängel beanstandet sind und für den Wiederholungsfall auf eine Kündigung hingewiesen wird, kann ordentlich gekündigt werden. Bei einem Fehlverhalten im Vertrauensbereich (z. B. Diebstahl) oder im betrieblichen Bereich (z. B. Verursachung von Arbeitsunterbrechungen) ist eine Kündigung grundsätzlich auch ohne vorherige Abmahnung zulässig.
- Beispiele für Pflichtverletzungen:
  - Arbeitsverweigerung
  - Fehlerhafte oder unzureichende Arbeitsleistungen
  - Häufiges Zuspätkommen
  - Bummelei während der Arbeitszeit
  - Verletzung der Anzeigepflicht bei Arbeitsunfähigkeit
  - Verspätete Vorlage von Arbeitsunfähigkeitsbescheinigungen
  - Weigerung der Beachtung von Arbeitsschutzvorschriften
  - Unzulässige Nebentätigkeiten
  - Unerlaubte private Telefongespräche
  - Unerlaubtes privates Surfen im Internet
  - Nebentätigkeiten in einer Periode der Arbeitsunfähigkeit
  - Eigenmächtiger Urlaubsantritt
  - Wiederholtes Überziehen der Pausenzeiten
  - Verstöße gegen den Datenschutz
  - Verstöße gegen ein betriebliches Rauch- oder Alkoholverbot
  - Verletzungen der Geheimhaltungspflicht
  - Beleidigungen von Kollegen oder Vorgesetzten
  - Verweigerung einer gesetzlich vorgeschriebenen ärztlichen Untersuchung
  - Weigerung, gesetzlich erlaubte und zumutbare Überstunden zu leisten
  - Beteiligung an einem rechtswidrigen Arbeitskampf
  - Teilnahme an Demonstrationen während der Arbeitszeit
  - Behinderung und Nötigung von Vorgesetzten
- Bestandteile der Mahnung:
  - Datum, Uhrzeit, Ort
  - Beanstandetes Verhalten des Mitarbeiters
  - Gegebenenfalls beteiligte Personen
  - Mögliche Zeugen
  - Sonstige Beweismittel
- **Wichtig:** Rechtzeitige Abmahnung, genaue Beschreibung des Fehlverhaltens, keine Sammelabmahnungen, sondern für jede Pflichtverletzung eine gesonderte Abmahnung

Aufgaben

1. Ist in den folgenden Fällen eine Abmahnung vor einer eventuellen Kündigung notwendig?
   a) Der Mitarbeiter geht unsachgemäß mit Arbeitsgeräten um und hat in mehreren Fällen schon Geräte beschädigt.
   b) Eine Mitarbeiterin mischt sich, während der „Chef" im Gespräch mit einem Kunden ist, in das Kundengespräch ein und diskutiert mit. Das verunsichert den Kunden.
2. Im Downloadbereich finden Sie eine Vorlage für eine Abmahnung. Erstellen Sie einen Entwurf für eine Abmahnung an einen Mitarbeiter, der sich wiederholt Kunden gegenüber unfreundlich verhalten hat. DL

1.8.2 Kündigung

S Frau Elke Sommer ist erst kurze Zeit in der EDV-Abteilung beschäftigt. Nach Ablauf der Probezeit stellte sich jedoch bald heraus, dass sie mit der Bewältigung der Aufgaben überfordert ist.

Kündigungen erfolgen aus den unterschiedlichsten Gründen.

W

Beendigung des Arbeitsverhältnisses

- **Tod** des Arbeitnehmers und eventuell Tod des Arbeitgebers
- **Befristeter Arbeitsvertrag:** Das Arbeitsverhältnis endet ohne Kündigung.
- **Erreichen einer vereinbarten Altersgrenze:** Das Arbeitsverhältnis endet bei Erreichen einer tariflichen oder durch Betriebsvereinbarung erreichten Altersgrenze.
- **Ordentliche Kündigung:** Das Arbeitsverhältnis endet mit Einhaltung der gesetzlichen oder vereinbarten Kündigungsfrist.
- **Außerordentliche Kündigung:** Es handelt sich um die fristlose Kündigung bei Vorliegen eines wichtigen Grundes. Die außerordentliche Kündigung muss die unausweichlich letzte Maßnahme für den Kündigenden sein und ist nur dann anwendbar, wenn die Fortsetzung des Arbeitsverhältnisses unzumutbar ist und andere Maßnahmen (z. B. Versetzung, Änderungskündigung, ordentliche Kündigung) erschöpft sind.
- **Der Betriebsrat** muss vor der Kündigung unterrichtet werden. Er kann der außerordentlichen Kündigung innerhalb von **drei Tagen** schriftlich widersprechen.
- **Aufhebungsvertrag:** Er ist jederzeit möglich, muss jedoch schriftlich abgeschlossen werden. Der Arbeitnehmer kann den Aufhebungsvertrag im Nachhinein wegen Irrtums über den Inhalt, widerrechtlicher Drohung oder arglistiger Täuschung anfechten. Der Arbeitgeber kann eine Abfindung anbieten.
- **Änderungskündigung:** Eine erhebliche Änderung der Vertragsbedingungen bedarf einer Änderungskündigung.
- Während eines Kündigungsstreits hat der gekündigte Arbeitnehmer Anspruch auf **Weiterbeschäftigung** über den Ablauf der Kündigungsfrist hinaus bis zum rechtskräftigen Abschluss eines Kündigungsverfahrens.

Aufgaben

1. Bei welchen der folgenden Sachverhalte ist eine „außerordentliche Kündigung ohne Fristeinhaltung" (fristlose Kündigung) möglich?
   a) Wegen vereister Straßen kommt ein Mitarbeiter verspätet zur Arbeit.
   b) Im Urlaub bricht sich ein Mitarbeiter ein Bein und ist anschließend vier Wochen arbeitsunfähig.
   c) Trotz mehrfacher Mahnung hat ein Mitarbeiter seit zwei Monaten kein Gehalt erhalten.
   d) Durch eine Fehlbedienung an seinem Computer löscht ein Mitarbeiter versehentlich den Inhalt der Festplatte.
   e) Ein Mitarbeiter gibt Geschäftsdaten an einen Freund weiter, der bei der Konkurrenz arbeitet.
   f) Bei einer Taschenkontrolle wird ein originalverpacktes Speichergerät aus dem eigenen Unternehmen gefunden. Ein Kaufbeleg ist nicht vorhanden.
2. Prüfen Sie folgende Angebote und entwerfen Sie die Vereinbarungen in Gruppenarbeit.
   a) Frau Elke Sommer soll einen Änderungsvertrag als Sachbearbeiterin in der Buchhaltung bei gleichen Bezügen erhalten. Erstellen Sie einen Entwurf des Änderungsvertrages.
   b) Frau Sommer und die Geschäftsleitung entschließen sich, einen Aufhebungsvertrag zu unterzeichnen. Frau Sommer soll von heute (12. November d. J.) an noch einen Monat Gehalt beziehen und eine Abfindung von 1.000,00 € erhalten. Erstellen Sie den Entwurf des Aufhebungsvertrages.
   c) Frau Sommer soll ordentlich gekündigt werden. Erstellen Sie ein Kündigungsschreiben, wobei die Kündigungsfrist vier Wochen zum 15. des Monats betragen soll.
   d) Frau Sommer hat vor der Kündigung keine Abmahnung erhalten. Muss sie die Kündigung akzeptieren? Erstellen Sie ein Antwortschreiben aus der Sicht von Frau Sommer.

Kündigungsfristen

W

- Mindestens zwei Wochen in der Probezeit, in der Probezeit der Ausbildung ohne Frist
- Grundkündigungsfrist: vier Wochen zum 15. des Monats oder zum Monatsende
- Ausnahmen:
  - Für Aushilfen kann in den ersten drei Monaten eine kürzere Kündigungsfrist vereinbart werden.
  - In Betrieben mit weniger als 20 Mitarbeitern kann eine vierwöchige Grundkündigungsfrist ohne festen Kündigungstermin vereinbart werden.
- Verlängerte Kündigungsfristen nach Dauer des Beschäftigungsverhältnisses:
  - Nach 2-jähriger Betriebszugehörigkeit: 1 Monat zum Monatsende
  - Nach 5-jähriger Betriebszugehörigkeit: 2 Monate zum Monatsende
  - Nach 8-jähriger Betriebszugehörigkeit: 3 Monate zum Monatsende

- Nach 10-jähriger Betriebszugehörigkeit: 4 Monate zum Monatsende
- Nach 12-jähriger Betriebszugehörigkeit: 5 Monate zum Monatsende
- Nach 15-jähriger Betriebszugehörigkeit: 6 Monate zum Monatsende
- Nach 20-jähriger Betriebszugehörigkeit: 7 Monate zum Monatsende
- Durch **Tarifvertrag** können die Kündigungsfristen verlängert oder verkürzt werden. Der Datenschutzbeauftragte hat einen besonderen Kündigungsschutz nach § 4f Abs. 3 BDSG. Ihm kann nur aus wichtigem Grund gekündigt werden.
- **Unzulässig** ist die Kündigung durch den Arbeitgeber bei folgenden Anlässen:
  - Während der Schwangerschaft
  - Innerhalb der ersten vier Monate nach der Entbindung
  - Während des Erziehungsurlaubs
  - Von Schwerbehinderten ohne Zustimmung des Integrationsrates
  - Wegen der Einberufung zum Wehr- oder Zivildienst
  - Tätigkeit als Datenschutzbeauftragte/r
- **Informationen:** § 622 BGB, § 9 Mutterschutzgesetz, § 85 Sozialgesetzbuch, § 622 BBiG

Aufgaben

1. Die folgenden Mitarbeiter erhalten zum 15. Juni d.J. eine ordentliche Kündigung. Wann wird die Kündigung nach Gesetz wirksam?
   a) Alter 25 Jahre, ein Jahr im Betrieb beschäftigt
   b) Alter 55 Jahre, 21 Jahre im Betrieb beschäftigt
   c) Alter 40 Jahre, 10 Jahre im Betrieb beschäftigt
2. Die Kündigungen gehen den unten genannten Arbeitnehmern am 4. März d. J. zu. Errechnen Sie, wann das Arbeitsverhältnis nach dem Gesetz endet.

Arbeitnehmer	Alter	Beginn des Arbeitsverhältnisses
a) Kim Heine	55 Jahre	1. Februar 2005
b) Stephan Sulke	41 Jahre	1. August 2008
c) Sandra Meier	27 Jahre	1. Mai 2018

3. Welche der folgenden Gruppen von Beschäftigten genießen **keinen besonderen** Kündigungsschutz?
   a) Jugendliche Arbeitnehmer
   b) Jugend- und Auszubildendenvertreter
   c) Werdende Mütter (2. Monat der Schwangerschaft)
   d) Wehr-/Zivildienstleistende
   e) Verheiratete Arbeitnehmer
   f) Handlungsbevollmächtigte
   g) Auszubildende
   h) Ungelernte Kräfte
   i) Personen über 45 Jahre
   j) Ausbilder
   k) Schwangere
   l) Schwerbehinderte
   m) Betriebsratsmitglieder
   n) Sicherheitsbeauftragte
   o) Gewerkschaftsmitglieder
4. Welcher der folgenden Gründe kann vom Betrieb zum Abbruch der Ausbildung führen?
   a) Die Chancen auf Übernahme nach der Ausbildung sind nicht gut.
   b) Erst nach Beginn der Ausbildung hat der Auszubildende erfahren, dass es bei ACI keine Fünftagewoche gibt.
   c) Der Auszubildende fehlt häufig in der Berufsschule ohne Krankheitsnachweis und teilt dies dem Betrieb auch nicht mit.
   d) Bei einer ärztlichen Nachuntersuchung des Auszubildenden stellt sich heraus, dass er den Anforderungen des Berufs nicht gewachsen ist.
   e) Der Klassenlehrer in der Berufsschule teilt dem Betrieb mit, dass der Auszubildende in den meisten der Lerngebiete keine ausreichenden Schulleistungen erbringt.
   f) Die Ausbildungsvergütung ist geringer als erwartet.
   g) Durch einen Auftragsrückgang müssen Mitarbeiter aus betrieblichen Gründen entlassen werden.
5. Welcher besondere Kündigungsschutz wird schwangeren Auszubildenden vom Mutterschutzgesetz gewährt?

1.8.3 Arbeitszeugnisse

S

Aus unterschiedlichsten Anlässen werden Arbeitszeugnisse erstellt. Die Sätze in den Zeugnissen klingen immer recht fremd und juristisch. Anna hat gehört, dass ein Kodex bestimmt, was die Sätze in den Arbeitszeugnissen wirklich bedeuten.

Nach Beendigung des Arbeitsverhältnisses haben Mitarbeiter Anspruch auf Ausstellung eines **Zeugnisses** sowie Aushändigung des **Sozialversicherungsnachweises** und einer Bescheinigung über die Höhe des bereits erteilten **Urlaubs**. Diese Urlaubsbescheinigung kann der neue Arbeitgeber verlangen. Hierdurch soll vermieden werden, dass der Arbeitnehmer bei einem Wechsel seiner Stelle seinen Jahresurlaub doppelt in Anspruch nimmt.

Mitarbeiter können zwischen einem **einfachen Zeugnis (Arbeitsbescheinigung)** und einem **qualifizierten Zeugnis** wählen. Das qualifizierte Zeugnis erstreckt sich insbesondere auf eine Tätigkeitsbeschreibung und eine Beurteilung von Leistung und Führung. Der Arbeitgeber muss bei Beendigung des Arbeitsverhältnisses die notwendigen Papiere herausgeben. Gelingt dies dem Arbeitgeber nicht, so kann dies bei schuldhaftem Handeln auch zur Schadensersatzleistung führen. Bei einer langen Kündigungsfrist kann der Arbeitnehmer schon die Erteilung eines **Zwischenzeugnisses** verlangen, um sich während der Kündigungsfrist bewerben zu können. Sollte sich aus irgendeinem Grund die Ausfüllung der Arbeitspapiere verzögern, so ist der Arbeitgeber verpflichtet, dem Arbeitnehmer wenigstens eine **Zwischenbescheinigung** zu erteilen, aus der sich alle Daten ergeben, die z. B. für die Lohnsteuerklasse oder die Berechnung des Arbeitslosengeldes bei der Arbeitsagentur erforderlich sind. Grundsätzlich muss sich der Arbeitnehmer die Arbeitspapiere im Betrieb abholen (Holschuld).

W

Arbeitszeugnis

- Nach der Beendigung eines Arbeitsverhältnisses besteht ein Anspruch auf ein Zeugnis. Der Arbeitgeber muss das Arbeitszeugnis rechtzeitig zum Ausscheiden aus dem Arbeitsverhältnis aushändigen.
- Das Zeugnis muss wahr und gleichzeitig wohlwollend sein.
- Das Zeugnis muss auf einem gültigen Briefpapier der Firma/Behörde geschrieben und vom Vorgesetzten selbst unterschrieben sein.
- Das Zeugnis darf keine Schreibfehler, Verbesserungen oder Flecken enthalten.

Zeugnisarten

- **Zwischenzeugnis:** Aus besonderen Gründen kann ein Zwischenzeugnis verlangt werden (Wechsel des Vorgesetzten, für Bewerbungen um eine andere Stelle, vor längerer Beurlaubung usw.).
- **Einfaches Zeugnis (Arbeitsbescheinigung):** In einem einfachen Zeugnis sind nur Grunddaten zur Person sowie Name und Berufszweig des Arbeitgebers, Länge des Arbeitsverhältnisses, Tätigkeitsmerkmale bzw. Tätigkeitsbeschreibung enthalten. Es darf jedoch keine Bewertung der Leistung und des Verhaltens der/des zu Beurteilenden vorgenommen werden.
- **Qualifiziertes Zeugnis:** Für dieses Zeugnis gibt es eine bestimmte Gliederung. Das Abweichen oder das Weglassen von wesentlichen Punkten kann schon als negative Bewertung betrachtet werden:

Gliederung

1) Bezeichnung der Zeugnisart: Arbeitszeugnis, Zwischenzeugnis usw.
2) Einleitung: Daten zur Person sowie Dauer des Arbeitsverhältnisses
3) Tätigkeitsbeschreibung: Stellung im Betrieb sowie Beschreibung der Kompetenzen
4) Beurteilung der Leistung: Arbeitsweise, Arbeitsleistung und Arbeitserfolge
5) Beurteilung des Verhaltens zu Vorgesetzten, zu Kollegen/Kolleginnen und ggf. zu Kunden
6) Schlusssatz: Grund für das Ausscheiden, Dankesformel und Zukunftswünsche

Was die Sätze im Zeugnis wirklich aussagen

So wurden Sie im Zeugnis beurteilt:	Das ist gemeint:
Die übertragenen Arbeiten wurden stets zu unserer vollsten Zufriedenheit erledigt.	Sehr gute, außergewöhnliche Leistungen
Die Aufgaben wurden stets mit äußerster Sorgfalt und größter Genauigkeit erledigt.	
Den Erwartungen wurde in jeder Hinsicht und in allerbester Weise entsprochen.	
Wir bedauern das Ausscheiden sehr und bedanken uns für stets sehr gute Leistungen.	
Die Leistungen haben in jeder Hinsicht stets unsere vollste Anerkennung gefunden.	
Das Verhalten zu Vorgesetzten und Mitarbeitern war stets vorbildlich.	

Die übertragenen Arbeiten wurden zu unserer vollsten Zufriedenheit erledigt.	Gute Leistungen
Wir bedauern das Ausscheiden und bedanken uns für sehr gute Leistungen.	
Den Erwartungen wurde in jeder Hinsicht und in bester Weise entsprochen.	
Die Leistungen haben in jeder Hinsicht die volle Anerkennung gefunden.	
Das Verhalten zu Vorgesetzten und Mitarbeitern war vorbildlich.	
Die Aufgaben wurden mit äußerster Sorgfalt und Genauigkeit erledigt.	
Die übertragenen Arbeiten wurden zu unserer vollen Zufriedenheit erledigt.	Befriedigende Leistungen
Die Erwartungen wurden in jeder Hinsicht erfüllt.	
Den Erwartungen wurde in bester Weise entsprochen.	
Die Aufgaben wurden mit großer Sorgfalt und Genauigkeit erledigt.	
Wir bedauern das Ausscheiden und bedanken uns für gute Leistungen.	
Das Verhalten zu Vorgesetzten und Mitarbeitern war gut.	
Die übertragenen Arbeiten wurden zu unserer Zufriedenheit erledigt.	Ausreichende Leistungen
Die Aufgaben wurden mit Sorgfalt und Genauigkeit erledigt.	
Das Verhalten zu Vorgesetzten und Mitarbeitern gab zu Beanstandungen keinen Anlass.	
Wir danken für die Mitarbeit.	
Die übertragenen Arbeiten wurden im Großen und Ganzen zu unserer Zufriedenheit erledigt.	Unzureichende Leistungen
Die Aufgaben wurden im Allgemeinen mit Sorgfalt und Genauigkeit erledigt.	
Die übertragenen Arbeiten wurden mit Eifer bearbeitet und termingerecht beendet.	
Wir danken für das Streben nach einer guten Leistung.	
Das Verhalten war insgesamt angemessen.	
Sie/er hat sich bemüht, die übertragenen Arbeiten zu unserer Zufriedenheit zu erledigen.	Mangelhafte Leistungen
Unseren Erwartungen wurde entsprochen.	
Wir danken bei dieser Gelegenheit.	
Sie/er bemühte sich, die Aufgaben sorgfältig zu erledigen.	
Sie/er bemühte sich um ein gutes Verhältnis zu Vorgesetzten.	

Formulierungen und ihre Bedeutung W

Formulierung im Zeugnis:	Das bedeutet es wirklich:
… in Pünktlichkeit war sie/er stets ein gutes Vorbild.	… in jeder Hinsicht eine „Niete".
… zeigte für die Arbeit Verständnis.	… war faul und hat nichts geleistet.
… hat sich im Rahmen ihrer/seiner Fähigkeiten eingesetzt.	… hat sich den Fähigkeiten entsprechend angestrengt, war aber nicht viel.
… hat alle Arbeiten ordnungsgemäß erledigt.	Es sind keine eigenen Initiativen erkennbar.
… bemühte sich, den Anforderungen gerecht zu werden.	… willig, aber hat versagt.
… die Arbeiten werden mit großem Fleiß und Interesse erledigt.	… war eifrig, aber nicht besonders tüchtig.
… war immer mit Interesse bei der Sache.	… hat sich angestrengt, aber nichts geleistet.

(Fortsetzung auf folgender Seite)

W **Formulierungen und**

Formulierung im Zeugnis:	
… war sehr tüchtig und wusste sich gut zu verkaufen.	
… kommt mit den Vorgesetzten gut zurecht.	
… tüchtig und wusste sich gut zu verkaufen.	
… hat durch die gesellige Art zur Verbesserung des Betriebsklimas beigetragen.	
… bewies Einfühlungsvermögen für die Belange der Belegschaft.	
… engagiert sich für Arbeitnehmerinteressen.	tung besonders aktiv.
… haben uns im gegenseitigen Einvernehmen getrennt.	… wurde gekündigt, wenn kein besonderer Grund genannt wird.
Eine Kündigung mitten im Monat wurde ohne plausible Begründung ausgesprochen.	Es handelt sich um eine fristlose Kündigung.
Es werden Selbstverständlichkeiten wie Pünktlichkeit und Verständnis für Arbeit erwähnt.	Das kann als generelle Abwertung gedeutet werden.
Das Sozialverhalten wird besonders herausgestellt.	Es bescheinigt eine schlechte Arbeitsleistung.

Aufgaben

1. Was ist bei der Freisetzung des Mitarbeiters richtig, was ist falsch?
   a) Der Arbeitgeber muss keine Bescheinigung über den in Anspruch genommenen Urlaub erstellen.
   b) Der Chef behauptet, wenn dem Mitarbeiter im Zeugnis eine „befriedigende Leistung" bescheinigt wird, hat der Mitarbeiter auch durchschnittliche Leistungen erbracht.
   c) Dem Mitarbeiter muss ein qualifiziertes Zeugnis ausgehändigt werden.
   d) Der Sozialversicherungsnachweis muss vom bisherigen Arbeitgeber an den neuen Arbeitgeber des Mitarbeiters per Einschreiben versendet werden.
   e) Ein einfaches Zeugnis enthält auch eine kurze Beurteilung der Leistung des Mitarbeiters.
   f) Im Zeugnis darf nichts Negatives stehen.
   g) Der Arbeitgeber ist nicht gezwungen, dem Arbeitnehmer schon vor Beendigung des Arbeitsverhältnisses eine Bescheinigung über die Tätigkeit und die Personaldaten auszustellen.
   h) Auszubildende können in der Probezeit fristlos gekündigt werden.
2. Im Downloadbereich finden Sie eine Vorlage eines qualifizierten Zeugnisses für Sachbearbeiter. Wie müsste dieses Zeugnis angepasst werden, damit eine befriedigende, gute oder sehr gute Beurteilung entsteht? Welche Informationen müssten vom Abteilungsleiter zusätzlich erfragt werden? DL

- **Verhaltensbedingte Kündigung:** Bei einem Fehlverhalten im Vertrauensbereich (z. B. Diebstahl) oder betrieblichen Bereich (z. B. Verursachung von Arbeitsunterbrechungen) ist eine Kündigung grundsätzlich auch **ohne Abmahnung** zulässig. Ansonsten ist bei geringer oder schlechter Arbeitsleistung eine Abmahnung notwendig (vgl. oben).
- **Betriebsbedingte Kündigung:** Aus innerbetrieblichen (z. B. Rationalisierungsmaßnahmen) oder außerbetrieblichen Umständen (z. B. Auftragsmangel), wenn der Arbeitgeber soziale Gesichtspunkte bei der Auswahl unter mehreren Arbeitnehmern berücksichtigt hat.
- **Kündigungsschutzverfahren:** Eine Klage gegen die Kündigung muss der Arbeitnehmer innerhalb von **drei Wochen** nach Zugang der Kündigung vor dem Arbeitsgericht erheben. Der Arbeitnehmer muss jedoch nach Ablauf der Kündigungsfrist den Betrieb vorerst verlassen. Gewinnt der Arbeitnehmer den Kündigungsstreit, hat er Anspruch auf Lohnfortzahlung.
- **Abfindung:** Ist die Kündigung unwirksam, jedoch eine weitere Zusammenarbeit nicht mehr zumutbar, besteht auf Antrag einer Partei die Möglichkeit, das Arbeitsverhältnis gegen Zahlung einer Abfindung zu beenden. Die Höhe der Abfindung kann je nach Lebensalter und Betriebszugehörigkeit bis zu 18 Monatsgehälter betragen.

1.8.4.2 Sozialgericht und Sozialcharta

Nach dem Sozialgerichtsgesetz (SGG) ist die Sozialgerichtsbarkeit für Streitfälle in vielen Bereichen des Sozialrechts bzw. für Rechtsstreitigkeiten über gesetzliche Sozialleistungen zuständig. Das sind zunächst **Angelegenheiten der Sozialversicherung** (Kranken-,

Europäische Sozial…

Die **Europäische Sozialcharta** (ESC) ist ein …
Abkommen, um mit insgesamt 31 …
Sicherheit, Gesundheit …

Die übertragenen Arbeiten wurden zu unserer vollsten Zufriedenheit erledigt.	Gute Leistungen
Wir bedauern das Ausscheiden und bedanken uns für sehr gute Leistungen.	
Den Erwartungen wurde in jeder Hinsicht und in bester Weise entsprochen.	
Die Leistungen haben in jeder Hinsicht die volle Anerkennung gefunden.	
Das Verhalten zu Vorgesetzten und Mitarbeitern war vorbildlich.	
Die Aufgaben wurden mit äußerster Sorgfalt und Genauigkeit erledigt.	
Die übertragenen Arbeiten wurden zu unserer vollen Zufriedenheit erledigt.	Befriedigende Leistungen
Die Erwartungen wurden in jeder Hinsicht erfüllt.	
Den Erwartungen wurde in bester Weise entsprochen.	
Die Aufgaben wurden mit großer Sorgfalt und Genauigkeit erledigt.	
Wir bedauern das Ausscheiden und bedanken uns für gute Leistungen.	
Das Verhalten zu Vorgesetzten und Mitarbeitern war gut.	
Die übertragenen Arbeiten wurden zu unserer Zufriedenheit erledigt.	Ausreichende Leistungen
Die Aufgaben wurden mit Sorgfalt und Genauigkeit erledigt.	
Das Verhalten zu Vorgesetzten und Mitarbeitern gab zu Beanstandungen keinen Anlass.	
Wir danken für die Mitarbeit.	
Die übertragenen Arbeiten wurden im Großen und Ganzen zu unserer Zufriedenheit erledigt.	Unzureichende Leistungen
Die Aufgaben wurden im Allgemeinen mit Sorgfalt und Genauigkeit erledigt.	
Die übertragenen Arbeiten wurden mit Eifer bearbeitet und termingerecht beendet.	
Wir danken für das Streben nach einer guten Leistung.	
Das Verhalten war insgesamt angemessen.	
Sie/er hat sich bemüht, die übertragenen Arbeiten zu unserer Zufriedenheit zu erledigen.	Mangelhafte Leistungen
Unseren Erwartungen wurde entsprochen.	
Wir danken bei dieser Gelegenheit.	
Sie/er bemühte sich, die Aufgaben sorgfältig zu erledigen.	
Sie/er bemühte sich um ein gutes Verhältnis zu Vorgesetzten.	

W

Formulierungen und ihre Bedeutung

Formulierung im Zeugnis:	**Das bedeutet es wirklich:**
… in Pünktlichkeit war sie/er stets ein gutes Vorbild.	… in jeder Hinsicht eine „Niete“.
… zeigte für die Arbeit Verständnis.	… war faul und hat nichts geleistet.
… hat sich im Rahmen ihrer/seiner Fähigkeiten eingesetzt.	… hat sich den Fähigkeiten entsprechend angestrengt, war aber nicht viel.
… hat alle Arbeiten ordnungsgemäß erledigt.	Es sind keine eigenen Initiativen erkennbar.
… bemühte sich, den Anforderungen gerecht zu werden.	… willig, aber hat versagt.
… die Arbeiten werden mit großem Fleiß und Interesse erledigt.	… war eifrig, aber nicht besonders tüchtig.
… war immer mit Interesse bei der Sache.	… hat sich angestrengt, aber nichts geleistet.

(Fortsetzung auf folgender Seite)

W

Formulierungen und ihre Bedeutung	
Formulierung im Zeugnis:	**Das bedeutet es wirklich:**
... war sehr tüchtig und wusste sich gut zu verkaufen.	... rechthaberisch und als Wichtigtuer(in) unangenehm.
... kommt mit den Vorgesetzten gut zurecht.	... als Mitläufer(in) gut angepasst.
... tüchtig und wusste sich gut zu verkaufen.	... ein(e) unangenehme(r) Mitarbeiter/-in.
... hat durch die gesellige Art zur Verbesserung des Betriebsklimas beigetragen.	... hat eine Schwäche für Alkohol.
... bewies Einfühlungsvermögen für die Belange der Belegschaft.	... sucht Sexkontakte bei Betriebsangehörigen.
... engagiert sich für Arbeitnehmerinteressen.	... ist für die Gewerkschaft oder in der Arbeitnehmervertretung besonders aktiv.
... haben uns im gegenseitigen Einvernehmen getrennt.	... wurde gekündigt, wenn kein besonderer Grund genannt wird.
Eine Kündigung mitten im Monat wurde ohne plausible Begründung ausgesprochen.	Es handelt sich um eine fristlose Kündigung.
Es werden Selbstverständlichkeiten wie Pünktlichkeit und Verständnis für Arbeit erwähnt.	Das kann als generelle Abwertung gedeutet werden.
Das Sozialverhalten wird besonders herausgestellt.	Es bescheinigt eine schlechte Arbeitsleistung.

Aufgaben

1. Was ist bei der Freisetzung des Mitarbeiters richtig, was ist falsch?
   a) Der Arbeitgeber muss keine Bescheinigung über den in Anspruch genommenen Urlaub erstellen.
   b) Der Chef behauptet, wenn dem Mitarbeiter im Zeugnis eine „befriedigende Leistung" bescheinigt wird, hat der Mitarbeiter auch durchschnittliche Leistungen erbracht.
   c) Dem Mitarbeiter muss ein qualifiziertes Zeugnis ausgehändigt werden.
   d) Der Sozialversicherungsnachweis muss vom bisherigen Arbeitgeber an den neuen Arbeitgeber des Mitarbeiters per Einschreiben versendet werden.
   e) Ein einfaches Zeugnis enthält auch eine kurze Beurteilung der Leistung des Mitarbeiters.
   f) Im Zeugnis darf nichts Negatives stehen.
   g) Der Arbeitgeber ist nicht gezwungen, dem Arbeitnehmer schon vor Beendigung des Arbeitsverhältnisses eine Bescheinigung über die Tätigkeit und die Personaldaten auszustellen.
   h) Auszubildende können in der Probezeit fristlos gekündigt werden.
2. Im Downloadbereich finden Sie eine Vorlage eines qualifizierten Zeugnisses für Sachbearbeiter. Wie müsste dieses Zeugnis angepasst werden, damit eine befriedigende, gute oder sehr gute Beurteilung entsteht? Welche Informationen müssten vom Abteilungsleiter zusätzlich erfragt werden? DL

1.8.4 Arbeits- und Sozialgerichtsbarkeit

S Bei Kündigungsverfahren kommt es immer wieder zu Fehlern, sodass die Kündigung nicht wirksam ist.

Im Arbeitsleben gibt es zahlreiche Anlässe, die zu einem Streit führen können:

- Es existieren vor allem viele Fälle, in denen das Arbeitsverhältnis fristlos oder fristgemäß gekündigt wird und der Arbeitnehmer die Kündigung für unrecht hält.
- Es wird eine Lohnabrechnung nicht akzeptiert, weil vermutet wird, sie sei nicht korrekt und der Lohn müsse höher sein.
- Es wird dem Betrieb bei Ausübung der Arbeit ein Schaden zugefügt, dessen Erstattung verlangt wird.
- Es besteht Streit darüber, ob ein Betriebsrat wirksam gewählt worden ist.

1.8.4.1 Arbeitsgericht

In den o. g. und noch vielen anderen Fällen lassen sich Konflikte nicht immer im direkten Gespräch zwischen den Betroffenen lösen. Ist eine **friedliche Einigung** über den Streitfall auch nach Einschaltung der zuständigen Verbände (Gewerkschaften, Arbeitgeberverbände) oder des Betriebsrats nicht möglich, kann Klage beim Arbeitsgericht erhoben werden.

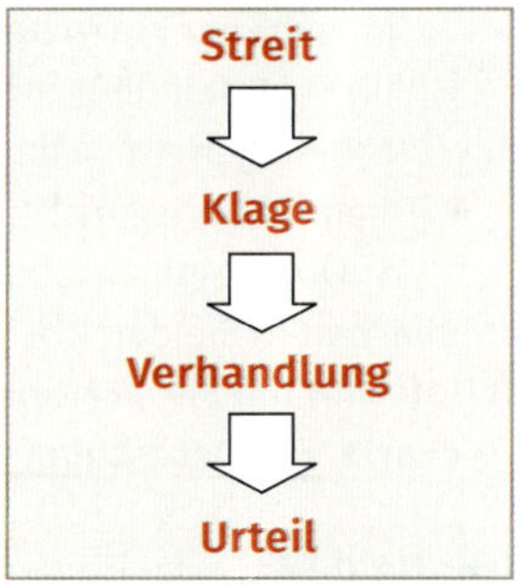

Die **Klage** vor dem Arbeitsgericht kann auch **ohne Rechtsanwalt** bei der Rechtsantragstelle des Arbeitsgerichts zu **Protokoll** gegeben werden. Dort wird auch bei der Formulierung geholfen und für die Weiterleitung gesorgt. Nachweise, aus denen ein Anspruch herzuleiten ist, sollten dabei erbracht werden. Vor den Arbeitsgerichten und vor dem Landesarbeitsgericht kann man sich von der Gewerkschaft sowie von Rechtsanwälten vertreten lassen. Nach der Klageerhebung wird ein Termin zur **Güteverhandlung** festgesetzt. Hierbei wird der Sachverhalt mit den Parteien erörtert, auf wichtige rechtliche Gesichtspunkte hingewiesen und versucht, eine gütliche Einigung der Parteien zu erreichen. Kommt es zu keiner Einigung, wird ein weiterer Termin zur **Verhandlung** des Rechtsstreits vor der Kammer bestimmt. Hier wird die Streitsache förmlich verhandelt und vom Gericht entschieden. Gegen den Beschluss des Arbeitsgerichts ist die **Beschwerde an das Landesarbeitsgericht** und – bei Zulassung durch das Landesarbeitsgericht – die Rechtsbeschwerde an das **Bundesarbeitsgericht** zulässig.

Folgende formale Aspekte der Kündigung können Anlass eines Rechtsstreites werden und sollten beachtet werden:

Form der Kündigung W

- Die Kündigung muss deutlich und zweifelsfrei sein (Zeitpunkt) und **schriftlich** erfolgen.
- Bei einem **abwesenden Arbeitnehmer** geht die Kündigung erst mit der Aushändigung durch die Post (Einschreiben) zu. Urlaub oder grundlose Verzögerung wird nicht anerkannt.
- Die **Rücknahme** der Kündigung kann nicht einseitig erfolgen.
- Die **Angabe von Gründen** ist bei einer ordentlichen Kündigung nicht vorgeschrieben, wenn die Angabe von Gründen nicht durch Tarifvertrag oder Betriebsvereinbarung vereinbart ist.
- Das **Nachreichen von Kündigungsgründen** im Arbeitsgerichtsprozess ist grundsätzlich zulässig.
- Ein gesetzliches Kündigungsverbot liegt z. B. vor, wenn ein Arbeitnehmer eine Kandidatur zum **Betriebsrat** angekündigt hat.
- Eine ordentliche Kündigung ist bei **befristeten Arbeitsverhältnissen** nur zulässig, wenn dies einzelvertraglich oder im Tarifvertrag vereinbart ist.
- Eine Kündigung ist bereits **vor Arbeitsaufnahme** zulässig.
- Der Betriebsrat kann einer ordentlichen Kündigung innerhalb **einer Woche** schriftlich **widersprechen**, wenn
  - soziale Gründe nicht ausreichend berücksichtigt wurden;
  - die Kündigung sich gegen Betriebsvereinbarungen richtet;
  - der Arbeitnehmer an einem anderen Arbeitsplatz im Betrieb weiterbeschäftigt werden kann;
  - eine Weiterbeschäftigung nach Schulungsmaßnahmen oder geänderten Vertragsbedingungen möglich ist.
- Sozial gerechtfertigt ist eine Kündigung in folgenden Fällen:
  - **Personenbedingte Kündigung:** Z. B. unverhältnismäßiges Nachlassen der Leistungsfähigkeit, mangelnde Eignung, mangelnde Anpassungsfähigkeit. Eine Kündigung wegen Krankheit ist nur zulässig, wenn die krankheitsbedingte Minderung der Leistungsfähigkeit unzumutbare betriebliche und wirtschaftliche Belastungen zur Folge hat.

- **Verhaltensbedingte Kündigung:** Bei einem Fehlverhalten im Vertrauensbereich (z. B. Diebstahl) oder betrieblichen Bereich (z. B. Verursachung von Arbeitsunterbrechungen) ist eine Kündigung grundsätzlich auch **ohne Abmahnung** zulässig. Ansonsten ist bei geringer oder schlechter Arbeitsleistung eine Abmahnung notwendig (vgl. oben).
- **Betriebsbedingte Kündigung:** Aus innerbetrieblichen (z. B. Rationalisierungsmaßnahmen) oder außerbetrieblichen Umständen (z. B. Auftragsmangel), wenn der Arbeitgeber soziale Gesichtspunkte bei der Auswahl unter mehreren Arbeitnehmern berücksichtigt hat.

- **Kündigungsschutzverfahren:** Eine Klage gegen die Kündigung muss der Arbeitnehmer innerhalb von **drei Wochen** nach Zugang der Kündigung vor dem Arbeitsgericht erheben. Der Arbeitnehmer muss jedoch nach Ablauf der Kündigungsfrist den Betrieb vorerst verlassen. Gewinnt der Arbeitnehmer den Kündigungsstreit, hat er Anspruch auf Lohnfortzahlung.
- **Abfindung:** Ist die Kündigung unwirksam, jedoch eine weitere Zusammenarbeit nicht mehr zumutbar, besteht auf Antrag einer Partei die Möglichkeit, das Arbeitsverhältnis gegen Zahlung einer Abfindung zu beenden. Die Höhe der Abfindung kann je nach Lebensalter und Betriebszugehörigkeit bis zu 18 Monatsgehälter betragen.

1.8.4.2 Sozialgericht und Sozialcharta

Nach dem Sozialgerichtsgesetz (SGG) ist die Sozialgerichtsbarkeit für Streitfälle in vielen Bereichen des Sozialrechts bzw. für Rechtsstreitigkeiten über gesetzliche Sozialleistungen zuständig. Das sind zunächst **Angelegenheiten der Sozialversicherung** (Kranken-, Pflege-, Renten-, Unfallversicherung). Weitere wesentliche Bereiche sind Arbeitslosenversicherung und Arbeitslosengeld, Schwerbehindertenrecht oder Sozialhilfe. Sämtliche Streitfragen um Hartz IV (Viertes Gesetz für moderne Dienstleistungen am Arbeitsmarkt vom 24. Dezember 2003) fallen ebenfalls in den Aufgabenbereich des Sozialgerichts.

Aufgaben

1. Was ist richtig, was ist falsch?
   a) Das Amtsgericht ist bei allen Personalangelegenheiten zuständig.
   b) Bei Rechtsstreitigkeiten der Mitarbeiter ist die IHK zuständig.
   c) Einen Streit über das Arbeitslosengeld schlichtet das Arbeitsgericht.
   d) Eine Kündigung muss schriftlich und persönlich ausgehändigt werden.
   e) Eine Kündigung eines Mitarbeiters kann vom Arbeitgeber ohne Zustimmung des Arbeitnehmers zurückgenommen werden.
   f) Ein Mitarbeiter muss mindestens einen Tag arbeiten, bis ihm gekündigt werden kann.
   g) Befristete Arbeitsverträge können nicht vorab gekündigt werden.
   h) Der Betriebsrat kann einer Kündigung innerhalb einer Woche widersprechen.
   i) Innerhalb von vier Wochen kann ein gekündigter Mitarbeiter Klage beim Arbeitsgericht erheben.
   j) Im Streitfall über das Arbeitslosengeld kann beim Arbeitsgericht geklagt werden.
   k) Beim Arbeitsgericht kann man auch ohne Rechtsanwalt Klage erheben.
2. Bearbeiten Sie den Abschlusstest Nr. 2 im Arbeitsheft. AH
3. Informieren Sie sich über die Erfolge der Sozialcharta. Hat Deutschland die Sozialcharta ratifiziert?

Europäische Sozialcharta (ESC)

Die **Europäische Sozialcharta** (ESC) ist ein von den europäischen Mitgliedern im Jahre 1991 beschlossenes Abkommen, um mit insgesamt 31 sozialen Rechten und Grundsätzen (z. B. Recht auf Arbeit, Streik, Wohnung, Sicherheit, Gesundheit, Familie, Fürsorge sowie Schutzrechte für Wanderarbeiter, Schutz vor Armut oder z. B. Kündigungsschutz) das europäische Sozialrecht auf eine einheitliche Basis zu stellen und zu stärken. Bis heute ist die Sozialcharta von 35 Staaten des Europarats ratifiziert worden. 19 weitere Staaten haben die Sozialcharta unterzeichnet (vgl. www.coe.int, www.sozialcharta.eu). In Deutschland trat die revidierte Fassung 2021 in Kraft.

2 Geschäftsprozesse und betriebliche Organisation

Das Wort „Geschäftsprozesse" fällt bei ACI oft. Kunden beauftragen ACI, um eine Bestandsaufnahme ihrer Geschäftsprozesse vorzunehmen und Konzepte auszuarbeiten, damit die Prozesse einfacher, wirtschaftlicher und kundenorientierter ablaufen. Die neuen Informations- und Kommunikationstechniken, die ACI anbietet, helfen Geschäftsprozesse möglichst effizient umzusetzen. ACI ist bei der Verbesserung der Geschäftsprozesse von der Planung, Konzepterstellung bis hin zu Umorganisation sowie Installation neuer Technologien und der Kontrolle der Maßnahmen und Prozesse eingebunden. Für die Auszubildenden geht es in diesem Kapitel darum, zu lernen, wie man Leistungs-, Geld- und Informationsflüsse analysiert sowie Geschäftsprozesse gestaltet und kontrolliert. Auch die Aufbauorganisationen von Unternehmen sollen einer genaueren Betrachtung unterzogen werden.

2.1 Leistungs-, Geld- und Informationsflüsse

S Herr Fischer vom Controlling erläutert den Auszubildenden die Leistungs-, Geld- und Informationsflüsse anhand der folgenden PowerPoint-Folie.

Innerhalb des Unternehmens und mit den Geschäftspartnern steht ACI in vielfältigen Beziehungen. Die wichtigsten Geschäftspartner sind die Lieferanten, die Kunden und die Banken des Unternehmens. Mit den Lieferanten und Kunden sind zunächst die Informationsflüsse und die Lieferungen und Leistungen optimal zu gestalten. Die Banken sind wichtige Partner in der Finanzierung und im Zahlungsverkehr.

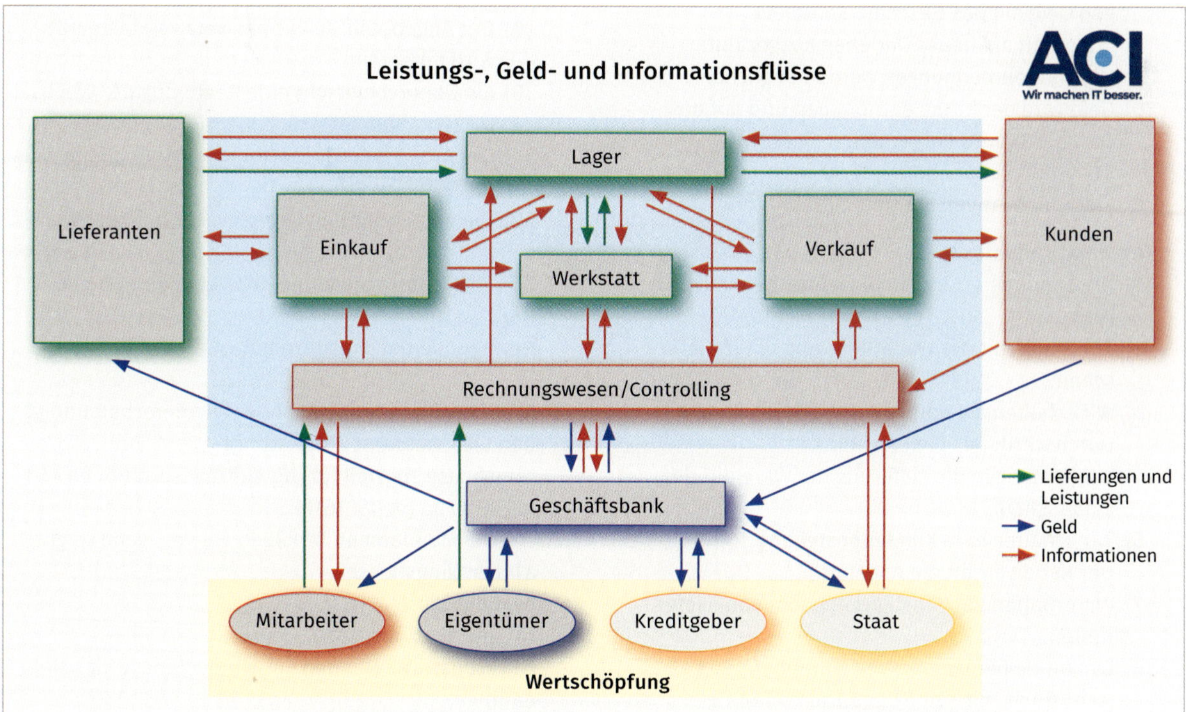

Aufgaben

DL AH

1. Die gezeigte PowerPoint-Folie kann als Datei im Downloadbereich aufgerufen werden. Im Arbeitsheft befindet sich eine Abbildung, in der die einzelnen Nummern eingetragen werden können. Ordnen Sie in Partnerarbeit die folgenden Leistungs-, Geld- und Informationsströme den Pfeilen zu.

Lieferungen und Leistungen:

1) Der Eigentümer arbeitet als Chef tatkräftig im Unternehmen mit.
2) Ein konfigurierter PC wird an einen Kunden ausgeliefert.
3) Drucker werden vom Lieferanten angeliefert.
4) Die Mitarbeiter arbeiten im Einkauf, Verkauf und der Werkstatt, sie verwalten das Unternehmen.
5) Festplatten werden für die Werkstatt bereitgestellt.
6) IT-Systeme werden nach der Reparatur für die Auslieferung bzw. Abholung bereitgestellt.

Geldflüsse:

1) Die Geschäftsbank zahlt der Firma ACI Geld bar aus.
2) Der Eigentümer entnimmt Geld für private Zwecke.
3) Ein Kunde begleicht eine Rechnung.
4) Der Staat erhält betriebliche Steuern.
5) ACI zahlt Darlehenszinsen.
6) Mitarbeiter erhalten ihre Löhne und Gehälter.
7) Der Eigentümer zahlt aus seinem Privatvermögen Geld auf das Geschäftskonto ein.
8) ACI erhält ein neues Darlehen ausgezahlt.
9) Lieferantenrechnungen werden beglichen.
10) Geld wird der Kasse entnommen und auf das Geschäftskonto eingezahlt.
11) ACI erhält Subventionen für die Einrichtung einer innovativen Multimedia-Abteilung.

Informationsflüsse:

1) Unser Kunde erhält einen Lieferschein mit der Ware.
2) ACI erhält mit der Warenlieferung einen Lieferschein.
3) Wir erhalten die vom Kunden abgezeichnete Durchschrift des Lieferscheins.
4) Wir bestätigen die Lieferung der Ware auf dem Lieferschein.
5) Wir erhalten eine Kundenbestellung.
6) Der Kunde erhält ein Angebot.
7) Wir erhalten ein günstiges Angebot vom Lieferanten.
8) Ein Kunde bemängelt eine Warenlieferung (schriftlich, mit/ohne Warenrücksendung).
9) Wir bestellen Laserdrucker beim Hersteller.
10) Die Werkstatt benötigt einen CD-Brenner aus dem Lager.
11) Der Materialentnahmeschein soll gebucht werden.
12) Ein Verkäufer fragt den Bestand an Flash-Speicherkarten ab.
13) Eine Rechnung für Einbauteile wird sachlich richtig gezeichnet und zur Buchung weitergegeben.
14) Das Lager gibt die Inventurlisten für Verkaufsartikel weiter.
15) Ein Verkäufer erhält die Nachricht vom Liefertermin einer Warensendung an den Kunden.
16) Auf Inventurlisten sollen die aktuellen Preise vermerkt werden.
17) Sonderwünsche eines Kunden müssen noch kurzfristig berücksichtigt werden.
18) Mitarbeiter erhalten ihre Gehaltsabrechnung.
19) Ein Steuerbescheid geht an die Firma ACI.
20) Für einen Auftrag muss ein Industrie-Rack beschafft werden.
21) Überweisungsaufträge gehen an die Bank.
22) Wir beantragen Subventionen beim Staat.
23) Wir erhalten Kontoauszüge.
24) Die Werkstatt erhält die Mitteilung, dass die Mainboards vorrätig sind.
25) Der Lagerbestand erreicht den Meldebestand.
26) Die Abteilung Verkauf gibt eine Kundengutschrift zur Buchung weiter.
27) Die Umsatzzahlen werden an die Abteilung Verkauf gemeldet.
28) Mitarbeiter geben ihre Lohnsteuerdaten ab.
29) Der Angebotspreis für ein Netzwerktestgerät wird mitgeteilt.
30) Ein Kunde begleicht eine Rechnung per Wechsel (Akzept) oder Scheck.
31) Der Arbeitsstundenzettel wird zur Buchung weitergegeben.
32) Die Kosten für den Energieverbrauch der Werkstatt werden mitgeteilt.
33) Wir beantragen einen Kredit bei einer Bank.

Nennen Sie noch weitere Informationsflüsse.

2. Arbeiten Sie in Gruppen- oder Partnerarbeit und geben Sie insgesamt 20 Leistungs-, Geld- und Informationsflüsse speziell für die Auftragssituationen AS1 bis AS10 an (vgl. S. 16 ff.). AS
3. Welche Maßnahmen schlagen Sie vor, wenn es gilt,
   a) Leistungsflüsse,
   b) Geldflüsse,
   c) Informationsflüsse

   zu verbessern? Nennen Sie mindestens je vier Maßnahmen.

2.2 Geschäftsprozessorientierung

S Herr Muster ist ein sehr innovativer Geschäftsführer. Er will sein Unternehmen zu einem modernen Unternehmen der Informationswirtschaft ausbauen. Dazu zählt die Entwicklung zum führenden Systemhaus in der Region, die Erweiterung des Angebots mit eigenen Software- und Multimediaprodukten, die Optimierung des Unternehmens mit einer modernen Geschäftsausstattung und Auftragsabwicklung bis hin zum E-Business. Mit einem guten Full-Service-Angebot will er seine gut bezahlten Arbeitsplätze sichern und neue Arbeitsplätze schaffen. Damit er diese Ziele erreichen kann, besucht er häufig Vorträge. Beeindruckt hat ihn ein Vortrag in der Industrie- und Handelskammer (IHK) zum Thema „Geschäftsprozessorientierung". Zum Vortrag wurde die unten dargestellte Mindmap gezeigt.

Aufgaben

1. DL Visualisieren Sie diese Mindmap (Datei im Downloadbereich) ebenfalls über einen Beamer und diskutieren Sie über die getroffenen Aussagen. Stellen Sie fest, was Sie schon verstehen oder einschätzen können und wo Sie sich noch vertieft informieren müssten.
2. Diskutieren Sie, eventuell in Gruppenarbeit, über folgende Fragen:
   a) Was müssen diese IT-Unternehmen tun, um erfolgreich zu sein und gute Zukunftsaussichten zu haben? Nennen Sie Beispiele für besonders erfolgreiche Unternehmen in den folgenden Geschäftsbereichen:
      - IT-Discounter
      - Computerladen
      - IT-Systemhäuser
      - IT-Internet-Direktvertrieb
      - Softwareanbieter
   b) Kann man Gemeinsamkeiten erfolgreicher Unternehmen feststellen? Tragen Sie Ihre Ergebnisse, eventuell auch visualisiert, durch eine(n) Gruppensprecher(in) vor.

2.2.1 Von der Funktionsorientierung zur Geschäftsprozessorientierung

Mitarbeiter haben früher weniger die unternehmensübergreifenden Abläufe registriert, sondern mehr darauf geachtet, ob es in ihren Funktionen (Stellen, Abteilungen) gut klappt. Gab es Probleme mit anderen Stellen oder Abteilungen, hat man diese ignoriert oder in mehr oder weniger aufwendigen Gesprächen versucht zu lösen. Die **Aufbauorganisation** gliederte das Unternehmen zunächst in aufgabenspezifische Einheiten (z. B. Abteilungen). Die **Ablauforganisation** baute darauf auf und regelte den Ablauf des betrieblichen Geschehens, den Vollzug und die Erfüllung der Aufgaben. In der klassischen Organisationsentwicklung dominierte die Aufbauorganisation die Ablauforganisation. Die Abläufe mussten sich den Gegebenheiten der Organigramme anpassen (Motto: Process follows structure!).

Im Rahmen der Geschäftsprozessorientierung sollte es genau umgekehrt sein, d. h., die Prozesse sollten möglichst die Aufbauorganisation bestimmen. Heute sind die Unternehmen mit ihren Leistungs-, Geld- und Informationsflüssen viel enger verbunden als früher. Unternehmen versuchen, die Abläufe so einfach und schnell wie möglich zu organisieren. Vernetzte EDV-Systeme

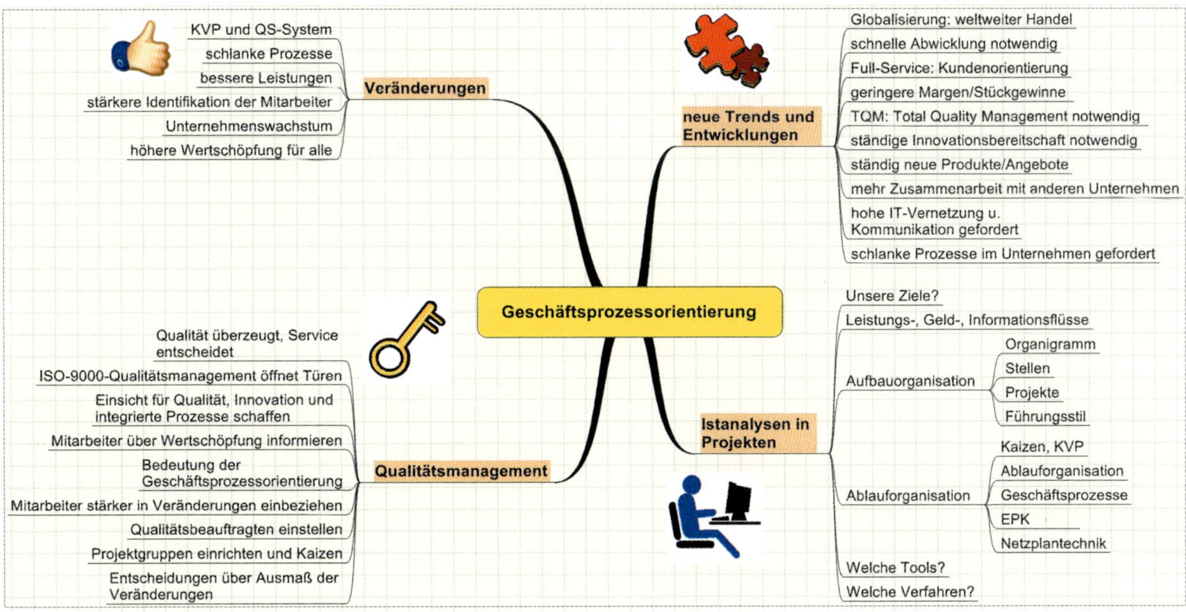

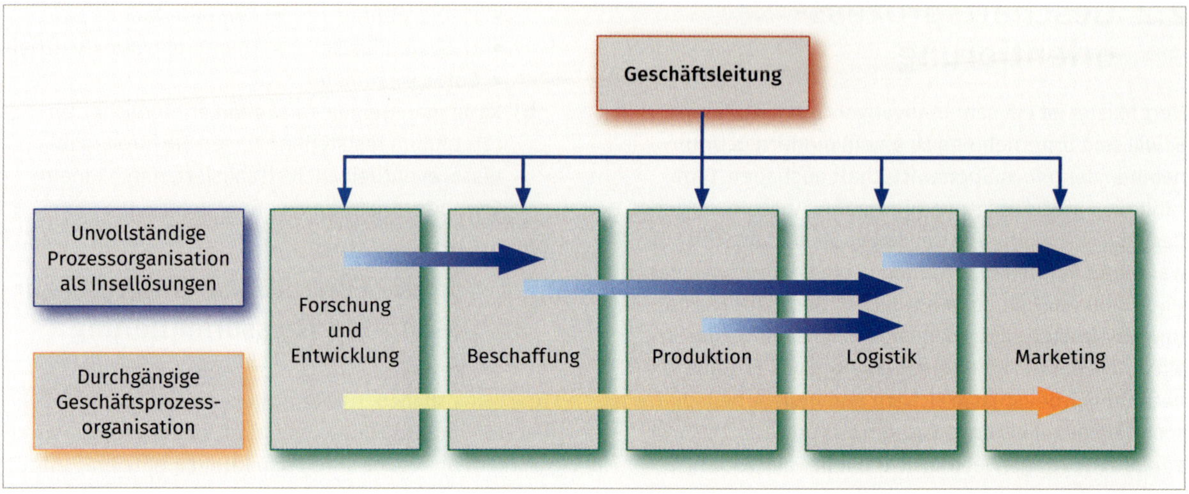

und auf das Internet bezogene Anwendungsprogramme ermöglichen einen automatisierten Datenfluss zu allen Mitarbeitern und Geschäftspartnern. Man versucht daher, alle Geschäftsprozesse im Unternehmen zu analysieren sowie umzugestalten und danach die Aufbauorganisation den Anforderungen der Geschäftsprozesse anzupassen.

W

Geschäftsprozess

Ein Geschäftsprozess besteht aus einer abgeschlossenen Folge zusammengehörender Tätigkeiten zur Erfüllung betrieblicher Aufgaben. Der Begriff Geschäftsprozess bezieht sich auf die gesamte Prozesskette eines Aufgabenbereichs (z. B. Einkauf von Zubehörteilen). Er kann jedoch auch aus vielen **Sub- oder Unterprozessen** bestehen, z. B. Angebotsanfrage, Angebotsvergleich, Bestelldurchführung, Warenannahme usw.
Kernprozesse: Dies sind die Geschäftsprozesse, die kundennah und für das Unternehmen besonders wertschöpfungsintensiv sind. Für die Kernprozesse weist das Unternehmen besondere Kernkompetenzen nach (z. B. Aufbau komplexer IT-Systeme oder Entwicklung von E-Business-Anwendungen, Serviceleistungen im IT-Bereich, Auftragsabwicklung, Lieferlogistik).
Supportprozesse: Dies sind Geschäftsprozesse, die nicht oder gering wertschöpfend sind, jedoch unterstützend notwendig sind, um die Kernprozesse umzusetzen (z. B. Buchhaltung, Lohn- und Gehaltsabrechnung, Controlling).
Workflows: Dies sind Arbeitsabläufe bzw. Teilprozesse, die rechnergestützt und damit weitgehend automatisiert ablaufen. Gesteuert werden diese Teilprozesse durch ein Workflowmanagementsystem.

W

Vorteile der Unternehmensausrichtung auf optimierte Geschäftsprozesse

- Ausrichtung der Arbeitsabläufe an den Wünschen der Kunden, um die Wettbewerbsfähigkeit der Unternehmen zu verbessern
- Minimierung der Kosten von Arbeitsabläufen durch Vereinfachungen, Standardisierungen und Automatisierungen
- Weniger Bearbeiterwechsel bei ganzheitlicher Fallbearbeitung
- Verkürzung der Durchlaufzeiten
- Vermeidung unternehmensinterner und unternehmensübergreifender Doppelarbeiten während eines Arbeitsablaufs, insbesondere bei der Datenerfassung
- Verbesserung bzw. Sicherung der Qualität der Produkte und Leistungen
- Koordinierung der eigenen Geschäftsprozesse mit denen der Geschäftspartner
- Einsatz integrierter Unternehmenssoftware (Daten sofort überall aktuell!) statt isolierter kaufmännischer Anwendungsprogramme
- Mitarbeiter erhalten eher Kenntnisse über betriebliche Zusammenhänge und sehen ihre Verantwortung für den Gesamtprozess.
- Planungs-, Entscheidungs- und Kontrollaufgaben werden nicht mehr getrennt, sondern zur Selbstkontrolle den Ausführungsbereichen zugeordnet.
- Die Bereitschaft und Fähigkeit zur Übernahme von Verantwortung für das eigene Handeln werden gestärkt.

Geschäftsprozesse können
- **unternehmensübergreifend** (mehrere Unternehmen haben ihre Geschäftsprozesse synchronisiert/aufeinander abgestimmt),
- **unternehmensweit** (Geschäftsprozesse beziehen alle Abteilungen des Unternehmens ein),
- **abteilungsübergreifend** (Geschäftsprozesse sind über Abteilungen hinaus abgestimmt),
- **stellenübergreifend** (Stellen einer Abteilung haben ihre Aufgaben und Aktivitäten kundenorientiert definiert und geregelt)

ausgerichtet sein.

Viele Unternehmen passen ihre Geschäftsprozesse mehr oder weniger den neuzeitlichen Anforderungen an. Einige Unternehmen wagen nur kleine Schritte in der Umstellung der Geschäftsprozesse, weil man eventuell die Kosten der Umstellung scheut, keine Kunden in der Umstellungsphase verlieren möchte, keine Pläne für eine Vollumstellung vorliegen hat oder die Technologien dafür nicht zur Verfügung stehen. In diesen Unternehmen können erste Schritte mit **Kaizen** (ständiger Verbesserungsprozess, vgl. auch nachfolgendes Schaubild) gegangen werden oder über die Prozessvereinfachung größere Verbesserungen erzielt werden. Das Prozess-Reengineering (Geschäftsprozessreorganisation) ist der weitestgehende Ansatz und führt zur umfassenden Ausrichtung aller Geschäftsprozesse auf die Unternehmensziele.

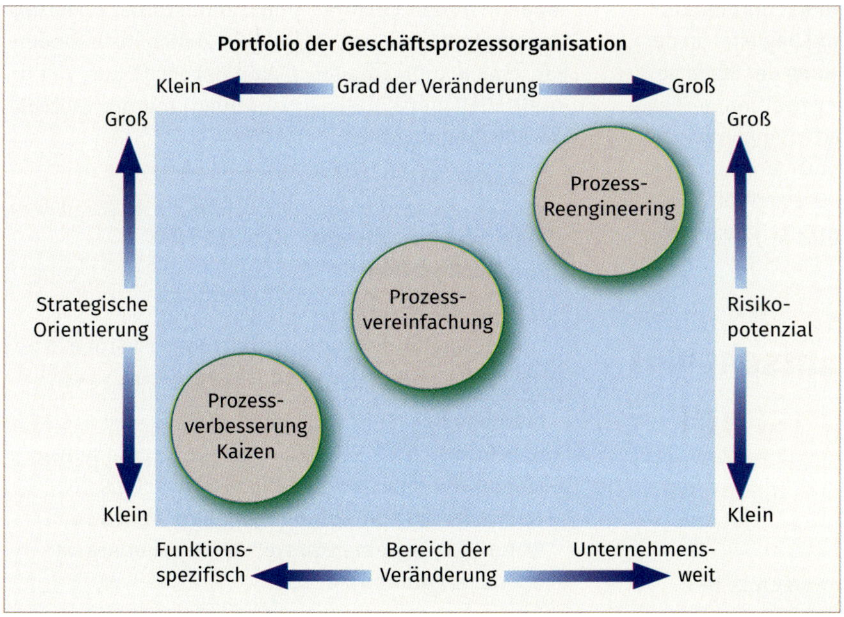

Aufgaben

1. Geben Sie an, ob es sich um einen Geschäftsprozess bei ACI handelt, und wenn ja, ob um einen Kernprozess oder um einen Supportprozess:
   a) Reparatur von PCs
   b) Bearbeitung von Eingangsrechnungen
   c) Geschäftsführer
   d) Installation eines neuen PCs bei einem Kunden
   e) Reklamationsbearbeitung eines Kundenauftrags
   f) Kundenauftrag
   g) Erstellung einer Website für einen Kunden
   h) Sachgemäße Verpackung eines Monitors zum Versand an den Kunden
   i) Anmeldung eines Mitarbeiters beim Sozialversicherungsträger
   j) Lohnsteuerdaten
2. Nennen Sie Kern- und Supportprozesse für folgende Unternehmen:
   a) Schnellrestaurant McDonald's
   b) Discounter Media Markt
   c) Softwareentwickler Microsoft
   d) Systemhaus ACI
3. Welche Aussagen zum Schaubild der Geschäftsprozessreorganisation sind Ihrer Meinung nach richtig?
   a) Prozess-Reengineering ist eine geringe Änderung zur Verbesserung der Geschäftsprozesse.
   b) Prozessvereinfachung ist eine geringe Änderung zur Verbesserung der Geschäftsprozesse.
   c) Kaizen stellt den gesamten Betrieb in einem Schritt „auf den Kopf".
   d) Strategische Orientierung heißt: langfristige Orientierung.
   e) Prozess-Reengineering ist eine sehr große Änderung zur Verbesserung der Geschäftsprozesse.
   f) Prozessvereinfachung ist mehr als Kaizen zur Verbesserung der Geschäftsprozesse.
   g) Während Prozess-Reengineering nur funktionsspezifisch eingesetzt wird, verändert Kaizen unternehmensweit die Geschäftsprozesse.
   h) Eine organisatorische Veränderung ist gerade beim Kaizen mit sehr großem Verlustrisiko verbunden.
   i) Eine organisatorische Veränderung ist gerade beim Prozess-Reengineering mit sehr großem Verlustrisiko verbunden.

j) Kaizen verändert die Geschäftsprozesse in der Regel nur in kleinen Schritten.

4. Ein führender Hardwarehersteller gibt folgende Tipps zu seinem Erfolg, in nur zwei Jahrzehnten vom kleinen Computerhändler zu einem der weltgrößten Systemhäuser mit Milliardenumsätzen aufzusteigen. Was haben diese „Tipps" mit Geschäftsprozessorientierung zu tun?
   a) Direkt, direkter, am direktesten!
   b) Informationen in Echtzeit weitergeben.
   c) Sorgen Sie für eine enge Partnerschaft.
   d) Schaffen Sie ein teamübergreifendes Verantwortungsgefühl.
   e) Vermeiden Sie Hierarchien.
   f) Verpflichten Sie Ihre Leute auf ein Ziel.
   g) Lernen Sie direkt an der Quelle.
   h) Teile und herrsche!
5. **AS** Nennen Sie Kern- und Supportprozesse im Zusammenhang mit den Auftragssituationen AS1 bis AS10 (vgl. S. 16 ff.).

2.2.2 Total Quality Management (TQM)

S ACI soll durch einen neuen Qualitätsbeauftragten personell verstärkt werden. Herr Grabowski ist gerade erst eingestellt worden, soll die Aufgaben ab kommendem Monat wahrnehmen und auf einer Betriebsversammlung vorgestellt werden. Bisher war diese Stelle nicht besetzt. Herr Grabowski war schon in einem größeren Betrieb als Qualitätsbeauftragter beschäftigt und hat dort die Zertifizierung nach ISO 9000 federführend begleitet. In der Betriebsversammlung soll die Bedeutung der Stelle herausgehoben werden und auch dafür geworben werden, damit alle Mitarbeiterinnen und Mitarbeiter konstruktiv und positiv an einer Verbesserung der Organisation und der Qualität der Produkte mitwirken. Das zentrale Thema der Betriebsversammlung ist aus dem Geschäftsmotto der Firma abgeleitet:

**Qualität überzeugt –
Service entscheidet**

Qualitätssicherung bei ACI

Aufgaben

Rollenspiel (Dauer ca. 90 Minuten)
Sie sollen im Klassenraum die Situation einer Betriebsversammlung nachstellen.
Vorbereitung:

- **DL** Ausdruck aller Stellenbeschreibungen und Arbeitsablaufdiagramme (vgl. Downloadbereich)
- Sortieren der Beschreibungen nach Abteilungen
- Zuordnen der Schüler zu Abteilungen und Aushändigung der jeweiligen Beschreibungen. Eine Schülerin oder ein Schüler übernimmt die Funktion des Geschäftsführers, ein anderer Schüler die Position des Qualitätsbeauftragten.
- Zusammenstellen der Tische zu einer Aufstellung wie im Besprechungszimmer für eine Betriebsversammlung

Die Abteilungsleiter sollen sich jeweils mit ihren Mitarbeitern besprechen (ca. 20–30 Minuten), wie sie sich dem Qualitätsbeauftragten vorstellen sollen. Ebenso sollte etwas zur Aufgabe des Qualitätsbeauftragten gesagt werden. Hierzu ist vorher eine Absprache notwendig. Alle Mitarbeiterinnen und Mitarbeiter sind zu der Betriebsversammlung eingeladen. Der Geschäftsführer wird den neuen Mitarbeiter vorstellen, kurz etwas über die Ziele des Unternehmens sagen und dann die einzelnen Abteilungsleiter auffordern, ihre Abteilungen vorzustellen. Dabei kann der Abteilungsleiter auch einzelne Mitarbeiter einbeziehen.

2.2.3 TQM und ISO 9000

TQM wurde nach dem Zweiten Weltkrieg in Japan aufgrund zahlreicher Impulse amerikanischer Experten entwickelt und geht von der Annahme aus, dass ein Unternehmen nicht allein durch große Stückzahlen Wettbewerbsvorteile erlangen kann, sondern insbesondere durch Qualität und Produktdifferenzierung Marktanteile gewinnt. TQM geht daher insbesondere von einem umfassenden Qualitätsbegriff aus, der in größtmöglicher Kundenzufriedenheit mit der erbrachten Leistung resultiert.

W

Merkmale von TQM
Total = Allumfassendes Q = Qualitäts M = Management
Null-Fehler-Prinzip Nur einwandfreie Produkte/Leistungen werden in die nächste Bearbeitungsstufe übergeben.
Methode der „Fünf Warum" Bei einer Analyse der Fehler werden Begründungen immer weiter mit „Warum?" hinterfragt: Beispiel: Warum ist der Computer ausgefallen? Kein Strom! Warum gab es keinen Strom? Die Hausleitung war überlastet! Warum war die …
Kaizen Ein ständiger Verbesserungsprozess soll die Leistungen erhöhen.

W

EN ISO 9000 ff. Zertifizierung der Unternehmen

Mit EN ISO 9001–9004 zertifizierte Unternehmen weisen ihren Qualitätsstandard und ihr Qualitätsmanagement mit dieser Zertifizierung nach, die von speziellen externen Prüforganisationen (z. B. TÜV, DEKRA) in Zusammenarbeit mit firmeneigenen Qualitätsbeauftragten (internen Auditoren) durchgeführt wird. **Audits** sind systematische Inspektionen, mit denen festgestellt wird, ob die qualitätsbezogenen Verfahren und die damit zusammenhängenden Ergebnisse den geplanten Anforderungen entsprechen (vgl. auch Kapitel 2.3.2). Grundlage des Audits und der Zertifizierung ist ein auf das Unternehmen und dessen Prozesse abgestimmtes **Qualitätshandbuch**. Zertifizierte Unternehmen besitzen im Wettbewerb größere Chancen, geringere Qualitätsdefizite und eine verbesserte Kostenkontrolle.

Die Zertifizierung nach EN ISO 9001:2015 legt die Anforderungen an ein Qualitätsmanagementsystem (QMS) fest. Die Organisation beweist ihre Fähigkeit, Produkte und/oder Dienstleistungen bereitzustellen, die die Kundenforderungen und die rechtlichen Anforderungen erfüllen. Primäres Ziel ist die Erhöhung der Kundenzufriedenheit.

Das Qualitätsmanagement hat sich zum Organisationsmanagement mit stärkerer Kundenorientierung verändert, als mit der Neufassung der Norm die prozessorientierte Betrachtung hinzukam.

Acht Grundsätze des Qualitätsmanagements	Sechs dokumentierte Pflichtverfahren
▪ Kundenorientierung	▪ Lenkung der Dokumente
▪ Führung	▪ Lenkung der Qualitätsaufzeichnungen
▪ Einbeziehung der Person	▪ Durchführung der internen Audits
▪ Prozessorientierter Ansatz	▪ Lenkung fehlerhafter Produkte
▪ Systemorientierter Managementansatz	▪ Korrekturmaßnahmen
▪ Kontinuierliche Verbesserung	▪ Vorbeugungsmaßnahmen
▪ Sachbezogener Entscheidungsfindungsansatz	
▪ Lieferantenbeziehung zum gegenseitigen Nutzen	

Der Kunde steht im Mittelpunkt

Qualität überzeugt – Service entscheidet

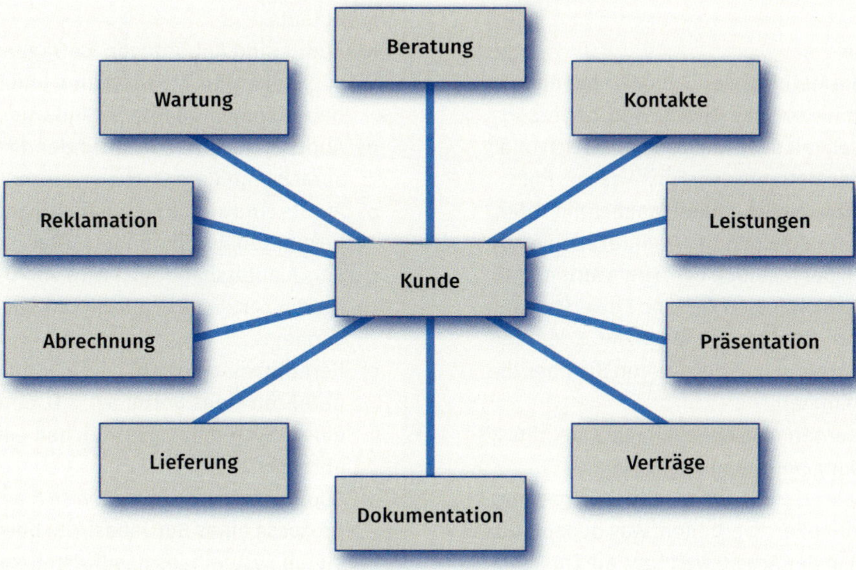

10 kundenorientierte Strategien

- Entwickeln Sie aus der Sicht des Kunden.
- Helfen Sie Ihren Kunden, sich zurechtzufinden.
- Werden Sie zum Berater der Kunden.
- Widmen Sie sich jedem Kunden persönlich.
- Berücksichtigen Sie die Arbeitsumgebung des Kunden.
- Machen Sie Ihre Kunden zum Lehrer.
- Werden Sie zum Anwalt des Kunden.
- Bieten Sie Ihren Kunden einen zusätzlichen Nutzen.
- Konzentrieren Sie sich auf den Kunden, nicht auf den Wettbewerb.
- Entwickeln Sie eine kundenorientierte Philosophie.

Häufig geäußert von führenden Unternehmern

Aufgaben

1. Haben Sie sich auch schon einmal über mangelnde Qualität und schlechte Dienstleistung geärgert? Welche positiven und negativen Erfahrungen haben Sie gemacht? Was bedeutet hier TQM?
   a) Im Pauschalurlaub
   b) Im Restaurant
   c) In der Bahn
   d) Mit der Telekom
   e) Im Computerhandel
   f) In Behörden
   g) In Schulen
   h) In der Disco
2. Probieren Sie die Methode der „Fünf Warum" einmal aus. In Ihrer Familie soll das Mittagessen verbessert werden. Sie sitzen mit der Familie um den Tisch und „kaizen" nach der Methode der „Fünf Warum". Rollenspiel: Setzen Sie eine „Schüler-Familie" mit Vater, Mutter und drei Kindern (10, 14, 17 Jahre) an den Tisch. Spielen Sie nach der Methode der „Fünf Warum".
3. DL Im Downloadbereich finden Sie eine PowerPoint-Präsentation zum Qualitätsmanagement. Erkunden Sie diese Präsentation und diskutieren Sie über die Ziele und Maßnahmen.
4. Nennen Sie Unternehmen, die mit ihrem Qualitätssystem aktiv Werbung betreiben.
5. Ein Ziel des Qualitätsmanagements ist es, Kosten zu senken und rationeller zu arbeiten. Was bedeutet das für den Wandel in der Arbeitswelt bzw. die Qualität der Arbeitsplätze? Nimmt die Zahl der Arbeitsplätze mit höher qualifizierten Anforderungen zu oder ab? Welche Qualifikationen werden weniger benötigt und bei welchen Qualifikationen steigt der Bedarf?
6. Was haben die zehn kundenorientierten Strategien von Dell mit Qualitätsmanagement zu tun?
7. Kleiner Zwischentest mit 20 Aussagen: Was ist richtig? Was ist falsch?
   a) ISO 9000 ist ein Computerzertifikat.
   b) Wertschöpfung berechnet sich aus: Umsatzerlöse – Vorleistungen + Abschreibungen.
   c) Betriebliche Wertschöpfung kommt dem Staat durch Steuern, den Mitarbeitern durch Gehaltszahlungen und den Eigentümern durch Dividendenzahlungen zugute.
   d) TQM heißt „Take Quality to Manufacturing".
   e) Kaizen bedeutet: durch ständiges Verbessern die Qualität erhöhen oder sichern.
   f) Bei der Qualitätssicherung steht der Lieferant im Mittelpunkt.
   g) Qualitätssicherung heißt: mehr Kundenzufriedenheit
   h) Merkmale von TQM sind: Kaizen, Fünf Warum, Null-Fehler-Prinzip.
   i) ISO 9001 ist eine Zertifizierung zur Qualitätssicherung in Unternehmen.
   j) Wertschöpfung berechnet sich aus: Umsatzerlöse – Vorleistungen – Abschreibungen.
   k) Qualitätskreis bedeutet: Alle Mitarbeiter stellen sich in einen großen Raum der Firma und richten an ihren Nachbarn fünfmal die Frage: Warum?
   l) Zur Qualitätssicherung gehört das Erstellen und Fortschreiben eines Qualitätshandbuches.
   m) Workflows sind nicht automatisierte Arbeitsabläufe.
   n) Audits sind Anhörungen, Befragungen und Untersuchungen zur Verbesserung und Sicherung des betrieblichen Qualitätsstandards.
   o) Audits sind jährlich stattfindende Gehaltsgespräche mit dem Chef.
   p) Audits sind kleine Geschäftsprozesse bei einem bekannten Automobilhersteller.
   q) Ein Qualitätshandbuch wird von Unternehmen für die Zertifizierung nach ISO 9001 erstellt und gepflegt.
   r) Kernprozesse beziehen sich auf die Kernkompetenzen eines Betriebes, z. B. betreffen sie bei einem Systemhaus das Buchen einer Gehaltsabrechnung.
   s) Supportprozesse beziehen sich auf die Kernprozesse eines Betriebes, z. B. betreffen sie bei einem Systemhaus das Herstellen eines Computernetzwerkes für 100 Arbeitsplätze.
   t) Kernkompetenzen sind besondere Fähigkeiten und Kenntnisse, die ein Unternehmen im Vergleich zu Mitbewerbern auszeichnen.

Bewerten Sie sich selbst:

Richtige Antworten?					
> 18	> 15	> 13	> 9	> 5	≥ 0
Sehr gut Schon als Auditor beworben?	Gut Weiter so!	Befriedigend Ein wenig genauer lesen und aktiver mitmachen!	Ausreichend Man muss sich schon ein wenig mehr anstrengen!	Mangelhaft Unterrichtszeit ist keine Freizeit!	Ungenügend War ich überhaupt anwesend?

Lösung: f, f, r, f, r, f, r, r, r, r, f, r, f, r, f, f, r, f, f, r

2.3 Organisationsentwicklung

Die Organisation bei ACI unterliegt einem ständigen Veränderungsprozess. Durch die vielfältigen und immer wieder neuartigen Kundenprojekte und Kundenanforderungen muss sich die Organisation ständig weiterentwickeln.

2.3.1 Organisation

Annas Kolleginnen und Kollegen sagen, sie sei „ordentlich“, das heißt, sie mag es nicht, wenn alles so „herumliegt“, nichts so richtig läuft und alle nur „herumhängen“. Sie findet es gut, wenn ihr Arbeitsplatz aufgeräumt ist, sie immer genau weiß, wo ihre Sachen liegen, sie gut vorbereitet ist und alles „professionell“ abgeht. Daher liegt ihr auch das Thema „Organisation“. Vielleicht wird sie gerade in ihrem Arbeitsleben viel mit „Organisation“ zu tun haben. Da Anna für nächsten Monat dem Qualitätsbeauftragten, Herrn Grabowski, zur Ausbildung zugeteilt wurde, informiert sie sich schon jetzt über das Thema „Organisation“.

Begriff Organisation

Das Wort „Organisation“ stammt aus dem griechischen „organon“ = Werkzeug oder Teil einer lebenden Ganzheit.
Organisation wird in dreifacher Bedeutung verwendet:
Organisation als Tätigkeit (Organisieren): planmäßiges Gestalten von Regelungen, die die Beziehungen der Mitarbeiter untereinander und den Arbeitsprozess festlegen.
Organisation als Zustand: Eine künstlich geschaffene Ordnung, die für eine gewisse Dauer Bestand hat und auf der sich wirtschaftliches Handeln zielgerichtet vollziehen kann.
Organisation als System/Institution: Die Unternehmung selbst ist eine Organisation.

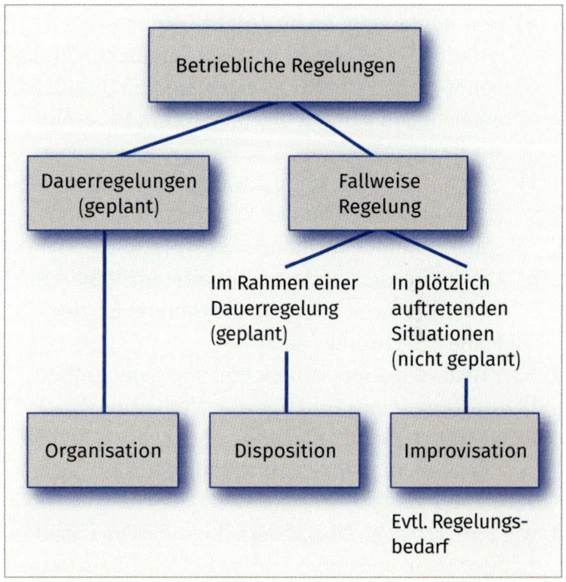

Organisationsgrundsätze

Zweckmäßigkeit: Regelungen müssen den Unternehmenszielen angemessen sein.
Wirtschaftlichkeit: Das ökonomische Prinzip muss bei allen Regelungen beachtet werden (**Maximumprinzip:** mit gegebenen Mitteln maximalen Erfolg erzielen; **Minimumprinzip:** bestimmten/gegebenen Erfolg mit minimalem Einsatz erreichen).
Klarheit: Regelungen müssen eindeutig und klar formuliert sein.
Organisatorisches Gleichgewicht: Das Verhältnis zwischen Dauerregelungen (Stabilität) und fallweisen Regelungen (Flexibilität) muss ausgewogen sein (keine Über- oder Unterorganisation).

Aufgaben

1. Ordnen Sie nachfolgende Handlungen folgenden Begriffen zu: Organisation, Disposition, Improvisation.
   a) Festlegung von Beginn und Ende der täglichen Arbeitszeit (Kernzeit).
   b) Aufgrund eines Einbruchs müssen PCs eines Kunden neu bereitgestellt werden.
   c) Der Einkaufssachbearbeiter legt die Bestellmenge an Datenträgern im Rahmen seiner Zuständigkeit fest.
   d) Herr Muster bestimmt, dass alle Mitarbeiter ihre Arbeitszeit nicht mehr per Stempelkarte vermerken müssen.
   e) Herr Köhler weiß nicht, welche Computerkonfiguration Frau Sasse in der Geschäftsbuchhaltung benötigt, und gibt ihr, da sie zurzeit im Urlaub ist, einen neuen Multimediacomputer mit Top-Ausstattung.
   f) Herr Kammer hat keine Anweisung erhalten, welche Festplatte er für den Kundenauftrag nehmen soll. Er nimmt eine Standardfestplatte.
   g) Herr Hein vom Support bearbeitet die Reparaturaufträge, soweit kein Termin vermerkt ist, der Reihe des Eingangs nach.
2. Herr Hein vom Support berichtet von einer großen Überlastung seiner Funktion. Das Verhältnis von Organisation zu Disposition und Improvisation beträgt zurzeit 20 zu 30 zu 50 Prozent. Beurteilen Sie dieses Verhältnis.
3. Wie hoch schätzen Sie das Verhältnis von Organisation zu Disposition und Improvisation bei folgenden Unternehmen und Organisationen (gering, mittel, hoch)?
   a) Finanzbehörden
   b) Autowerkstatt
   c) Werbeagentur
   d) Fußballmannschaft
4. AS Untersuchen Sie die Auftragssituationen AS1 bis AS10 (vgl. S. 16 ff.) darauf, wo hier Dauerregelungen, fallweise Regelungen und Improvisationen notwendig wären, wenn man aus Qualitätssicht ein Optimum anstrebt.
5. Gegen welche Organisationsgrundsätze wird verstoßen?
   a) Frau Funke möchte als Abteilungsleiterin, dass alle kaufmännischen Mitarbeiter zusammen mit den Arbeitern aus dem Lager um 06:00 Uhr morgens mit der Arbeit beginnen.
   b) Herr Köhler von der EDV-Abteilung hält von Regelungen nichts. Er ist eher dafür, dass man sich spontan für den richtigen Weg entscheidet.
   c) Manchmal erhält Herr Hein vom Support keine oder ungenaue Vorgaben für eine Reparatur. Er weiß dann nicht genau, was er machen soll, d. h., er muss nachfragen oder improvisieren.
   d) Frau Funke könnte sich manchmal aufregen: Einmal sagt der Chef, wir müssen sparen, dann aber wird wieder für alle ein neuer Drehstuhl angeschafft, obwohl nur zwei Mitarbeiter einen neuen Stuhl beantragt hatten.
6. Erläutern Sie das Schaubild des **Regelkreises der Organisation**.

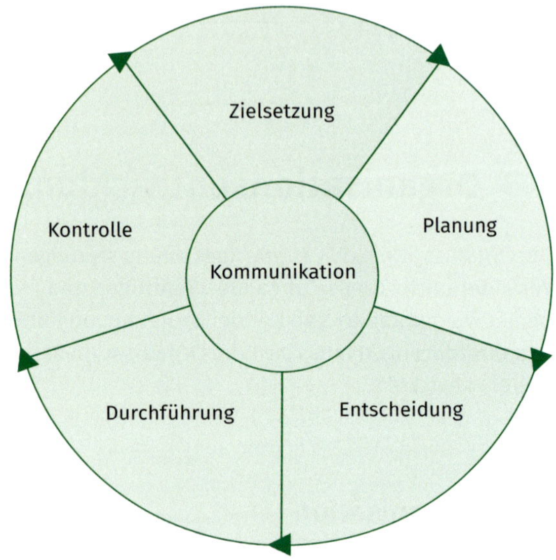

   a) Warum ist die aufgezeigte Reihenfolge sinnvoll?
   b) Mit welcher Aktion startet der Regelkreis?
   c) Was passiert, wenn man im Regelkreis die Planung, Entscheidung und Kontrolle vernachlässigt oder weglässt?
   d) Was hat das Wort „Kommunikation" im Regelkreis zu bedeuten?
   e) Wieso folgt nach der „Kontrolle" die „Zielsetzung"?

2.3.2 Istaufnahmetechniken

S

Herr Grabowski hat eine Projektgruppe zur Qualitätssicherung (QS) ins Leben gerufen. Darin sind zwei Abteilungsleiter, Gruppenleiter und auch freiwillige Mitarbeiterinnen und Mitarbeiter Mitglied geworden. Auch Anna und Stefan interessieren sich für die QS-Gruppenarbeit und sind zum ersten Informationstreffen erschienen. Herr Grabowski hebt in dieser Informationsveranstaltung hervor, dass zunächst der betriebliche Istzustand aufgenommen werden muss und dass man sich in der QS-Projektgruppe verständigen muss, wie man die Ist-Daten und Geschäftsprozesse erfasst. Er gibt einige grundlegende Informationen.

Istaufnahme

Primärerhebung: Für ein Untersuchungsziel werden gezielt Daten erhoben.
Sekundärerhebung: Für ein Untersuchungsziel werden schon vorhandene Daten und Statistiken ausgewertet.

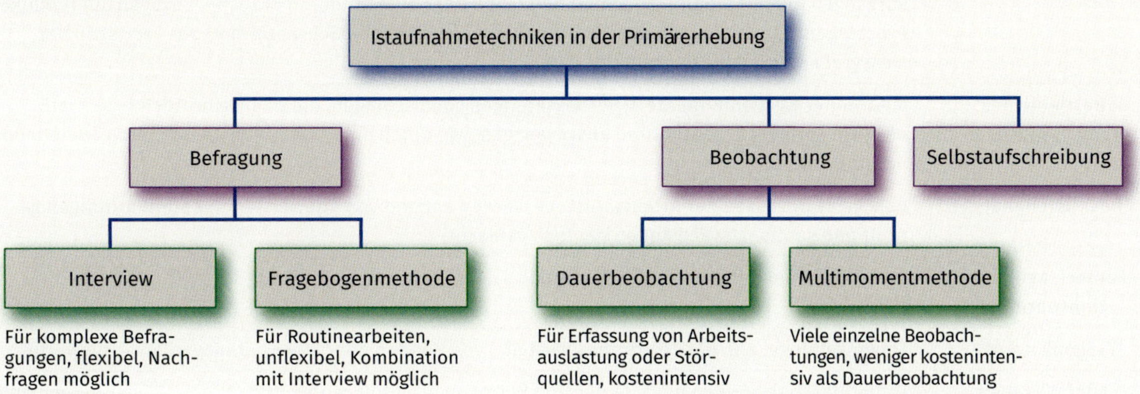

Aufgaben

1. Welche der folgenden Methoden würden Sie in den folgenden Fällen einsetzen (max. 2 Nennungen)? Methoden: Interview, Fragebogen, Dauerbeobachtung, Multimomentaufnahme
   a) Informationen sollen eingeholt werden, ob die Auszubildenden bei ACI mit der Ausbildung zufrieden sind.
   b) Es soll geprüft werden, ob die Öffnungszeiten des Ladengeschäfts bei ACI geändert werden sollen.
   c) Es wird die Frage diskutiert, ob Mitnahmeartikel für den Verkauf im Laden richtig positioniert sind.
   d) Kunden beschweren sich im Discounter über unfreundliche und wenig hilfsbereite Kassierer.
   e) ACI will eine neue Software für Stadtverwaltungen (Abteilung Kostenrechnung) entwickeln und wissen, welche Merkmale sich die Sachbearbeiter für eine gute Software wünschen.
   f) ACI führt jährlich ca. 200 EDV-Schulungen für PC-Einsteiger und PC-Profis durch. Das Schulungssystem soll verbessert werden.
2. Überlegen Sie, welche Istaufnahmetechniken bei ACI eingesetzt werden könnten und was jeweils das Untersuchungsziel der Istaufnahme ist. Untersuchen Sie dazu die Auftragssituationen AS1 bis AS10 (vgl. S. 16 ff.). AS
3. Geben Sie Beispiele, wo man die aufgeführten Istaufnahmetechniken gut einsetzen könnte.
4. Überlegen Sie, welche Daten oder Statistiken schon bei ACI vorhanden sein müssten, um eine Sekundäruntersuchung (zweiten Untersuchung) zu erstellen.
5. Nennen Sie zu jeder Istaufnahmetechnik zwei Nachteile.

Herr Grabowski hat eine Auflistung von Maßnahmen zusammengestellt, die auch für eine Istaufnahme hilfreich sein können. S

Maßnahmen der Istaufnahme zur Verbesserung der Wertschöpfung	
ABC-Analyse	Diese Methode trennt das Wichtige (A) vom Unwichtigen (C) und schafft so Möglichkeiten, mit weniger Einsatz einen größeren Wirkungsgrad zu erreichen. Zum Beispiel können bei der Inventur die (20 %) teuersten A-Artikel einen Großteil des Wertes (80 %) ausmachen oder 20 % der Kunden (A-Kunden) erbringen 80 % des Umsatzes. Wichtig ist es also, sich erst einmal um die A-Produkte oder A-Kunden zu kümmern (vgl. auch Kapitel 3.10.2.2, 5.2).
Arbeitsablaufanalyse	Der Istzustand der Arbeitsabläufe oder Geschäftsprozesse wird durch Arbeitsablaufdiagramme dargestellt, einer Kritik unterworfen und daraus ein Soll-Konzept entwickelt (vgl. auch Kapitel 2.3.6.3).
Audits (Anhörungen, Befragungen, Untersuchungen im Rahmen eines QS-Systems)	Interne und externe Audits sollen Schwachstellen und Fehler in den Prozessschritten aufzeigen sowie Vorschläge zur Optimierung der Prozessschritte machen. Über einen Auditplan wird festgelegt, was zu welchem Termin auditiert wird. Auditarten: Systemaudit (gesamtes QS-System), Produktaudit, Verfahrensaudit, internes Audit (durch eigene Mitarbeiter/Auditoren), externes Audit (durch externe Auditoren), Kunden-/Lieferantenaudit, Zertifikat-Audit (von anerkannten Zertifizierungsstellen zur Erlangung von Zertifikaten zu Qualitäts- und Umweltmanagementsystemen, vgl. EN ISO 19011).

W

(Fortsetzung auf folgender Seite)

W

Maßnahmen der Istaufnahme zur Verbesserung der Wertschöpfung	
Benchmarking	Beim Benchmarking werden Unternehmen miteinander verglichen. Dabei handelt es sich um den systematischen Vergleich einzelner betrieblicher Funktionen und/oder Abläufe mit gleichen Vorgängen in anderen Unternehmen derselben oder einer anderen Branche. Bezogen auf Produkte, Prozesse und Dienstleistungen wird eine Rangfolge gebildet. Schwierig sind das Festlegen der Messgrößen und das Ermitteln der Daten (vgl. Kapitel 2.4).
Betriebliches Vorschlagswesen	Mitarbeiter werden ermuntert, Verbesserungen vorzuschlagen, die dann schriftlich fixiert (z. B. über ein Formular), geprüft und ausgewertet sowie durch eine finanzielle Anerkennung/Belohnung honoriert werden.
Checklistenanalyse	Geschäftsprozesse oder Arbeitsbereiche werden anhand von Checklisten mit Standardfragen geprüft und somit Schwachstellen deutlich gemacht.
Fehler-, Reklamationsberichte	Fehler- und Reklamationsberichte werden systematisch ausgewertet.
Fragenkataloge	Fragenkataloge, z. B. der Zertifizierungsstelle, von Kunden oder Lieferanten werden ausgewertet.
Fünf W Fragen	Fehlerursachen werden mithilfe der fünf W Fragen ermittelt, wobei in mehreren Fragerunden immer tiefer gefragt wird: Was? Wo? Wann? (Bei) Wem? Warum?
Geschäftsprozessanalyse	Insbesondere die abteilungsübergreifenden Geschäftsprozesse werden analysiert, um Wartezeiten und Fehler zu verringern, vgl. auch Workflowanalyse.
Klagemauer	Mitarbeiter machen am „Schwarzen Brett“ auf Missstände aufmerksam und fordern Maßnahmen zu deren Beseitigung. Die Klagemauer (Schwarzes Brett) enthält z. B. ein Feld für Beanstandungen (Was stört mich? Wen betrifft das? Was sind die Ursachen?) und ein Feld für Maßnahmen (Wer ist zuständig? Bis wann soll Abhilfe erfolgen? War die Maßnahme erfolgreich?).
Machbarkeitsanalyse	Es wird untersucht und festgestellt, ob eine neue Entwicklung überhaupt den Kundenanforderungen gerecht wird, diese Entwicklung sich am Markt durchsetzen kann und mit welchen Voraussetzungen und Kosten zu rechnen ist.
Portfoliotechnik	Die Ausgewogenheit der Produktpalette wird festgestellt und so ermittelt, wo Handlungsbedarf besteht. Die einzelnen Produkte befinden sich in unterschiedlichen Stadien im Produktlebenszyklus. Man unterscheidet: **?-Produkte** (Nachwuchsprodukte): hohe Kosten, unsicheres Marktwachstum, niedriger Marktanteil **Starprodukte:** hohe Kosten, hohes Marktwachstum, hoher Marktanteil **Cash-Cow-Produkte:** niedrige Kosten, geringes Marktwachstum, hoher Marktanteil **Dog-Produkte** (Problemprodukte): geringes oder sinkendes Marktwachstum, geringer oder sinkender Marktanteil (vgl. Kapitel 3)
REFA	Durch REFA-Methoden (Zeitstudien des Verbandes für Arbeitsstudien) werden für bestimmte Tätigkeiten Vorgabezeiten ermittelt und somit Möglichkeiten für Rationalisierungen und schnellere/schlankere Geschäftsprozesse gesucht.
Referenzanalyse	Feststellung von Verbesserungsmöglichkeiten durch Vergleich des Istprozesses mit einem Referenzmodellprozess, z. B. mit Referenzmodell von SAP R/3
Schwachstellenanalyse und Stärke-Schwäche-Analyse	Die Schwachstellen oder die Stärken/Schwächen werden im Vergleich zu Mitbewerbern herausgearbeitet oder es werden Mängel im Geschäftsprozess gesucht, wobei diese Mängel in ihrer Bedeutung (entgangener Umsatz, Gewinn oder dadurch erhöhte Kosten) bewertet und die Ursachen dafür ermittelt werden (vgl. Kapitel 3.2).
Vorgangskettenanalyse	Der Istzustand der Arbeitsabläufe oder Geschäftsprozesse wird durch Vorgangskettendiagramme (z. B. VKDs, EPKs) dargestellt und einer Kritik unterworfen (vgl. folgende Kapitel).
Workflowanalyse	Workflows (Arbeitsabläufe) werden auf Mängel oder Fehler in der Vorgangssteuerung überprüft (z. B. Such- und Zugriffszeiten). Workflowmanagementsysteme und Tools wie Aris, viflow oder SiSy (vgl. Downloadbereich) dienen der Erfassung und Analyse von Workflows. Analysegegenstände sind z. B.: ▪ Beschränken auf Kernlieferanten ▪ Weglassen von Vorgängen ▪ Zusammenfassen von Vorgängen ▪ Parallelisieren von Vorgängen

DL

Aufgaben

1. Schreiben Sie die Bezeichnungen der einzelnen Maßnahmen (vorige Seite) an die Tafel und lassen Sie von jeder Schülerin und jedem Schüler mit Klebepunkten oder Kreidestrichen vermerken, welche fünf Maßnahmen bei ACI für die Istaufnahme eines QS-Systems jeweils am geeignetsten wären. Diskutieren Sie über die Ergebnisse.
2. Recherchieren Sie in Partnerarbeit nach den verschiedenen Maßnahmen der Istaufnahme, erstellen Sie dazu eine PowerPoint-Präsentation oder eine Mindmap und tragen Sie kurz Ihre Ergebnisse vor.

W

Bereiche betrieblicher Organisation

Aufbauorganisation

- Gliederung des Betriebes in funktionsfähige Einheiten
- Übertragung von Aufgaben, Kompetenzen und Verantwortung auf die Mitarbeiter
- Festlegung eines Systems von Informations- und Anweisungswegen
- Entwicklung von Führungsformen und -techniken

Ablauforganisation

Regelt
- den funktionalen Arbeitsablauf,
- den zeitlichen Arbeitsablauf sowie
- den räumlichen Arbeitsablauf

und dient dem optimalen Einsatz vorhandener Kapazitäten an Mitarbeitern und Betriebsmitteln

2.3.3 Aufbauorganisation

In jedem Unternehmen werden den Mitarbeitern Aufgaben, Zuständigkeiten und Verantwortungsbereiche übertragen. Im Rahmen der Organisationsentwicklung muss darauf geachtet werden, dass die betriebliche Organisation der Stellen und Abteilungen die Abläufe und die Kundenzufriedenheit gut unterstützt.

2.3.3.1 Organigramm

S Kai, Stefan, Anna und Kerstin kennen seit Beginn ihrer Ausbildung das Organigramm der Firma ACI. Herr Muster hatte damals betont, dass damit die Abteilungen, Instanzen, Stellen, ihre Über- und Unterstellung sowie die Zuständigkeiten deutlich werden. Herr Grabowski erläutert die grundsätzliche Einteilung der Organisation in eine Aufbau- und eine Ablauforganisation.

In einem **Organigramm** oder **Betriebsgliederungsplan** (vgl. Organigramm von ACI in Kapitel 1.1) erkennt man den Zusammenhang von Organisationseinheiten bzw. die Aufbauorganisation des Unternehmens. Bei ACI werden im Organigramm Abteilungen, Gruppen und Stellen durch Rechtecke sowie Stabsstellen durch Ovale dargestellt. Eine Verbindung von einer Stelle zu einer untergeordneten Organisationseinheit bzw. Stelle kann mit dem Begriff „fachlich vorgesetzt" beschrieben werden.

Aus einem Organigramm werden folgende Zusammenhänge deutlich:

- Zuordnung der Stellen zu den Abteilungen
- Rangordnung der Stellen

Ein Organigramm ist somit ein wichtiges Schaubild zur Darstellung der Aufbauorganisation eines Betriebes.

Auf den folgenden Seiten wird auf die einzelnen Bereiche der Aufbau- und Ablauforganisation vertieft eingegangen.

Aufgaben

1. Zeichnen Sie ein Organigramm, aus dem die Leitungszusammenhänge und der Aufbau des Unternehmens hervorgehen, die im Folgenden beschrieben werden:
   - Verkaufsleiter ist Herr Sommer, die zwei anderen Abteilungen werden von Herrn Beier und Herrn Döring geleitet.
   - Alleiniger Geschäftsführer ist Herr Bosse, sein Sekretariat hat Frau Drache.
   - Die Verwaltungsabteilung gliedert sich in die Sachgruppen Rechnungswesen, Personalwesen und Kasse.
   - Herr Dr. Simon ist von der Geschäftsleitung als Syndicus (Rechtsanwalt im Angestelltenverhältnis) auf eine Stabsstelle eingestellt worden.
   - Meister Lange verwaltet das Lager. Er untersteht dem Einkaufsleiter.
   - Das Sortiment beinhaltet außer Computer- noch Netzwerkbedarf (Router, Hubs, Kabel usw.).
   - Max und Moritz sind die beiden Sachgebietsleiter im Computereinkauf (Herr Max für Hardware, Herr Moritz für Software). Die Gruppenleiterin für beide Sachgebietsleiter ist Frau Schick.
   - Die Verkaufsabteilung ist nach den Verkaufsgebieten Inland und Ausland gegliedert.
   - Der Netzwerkeinkauf wird von Herrn Hartung geleitet, der Herrn Beier unterstellt ist.
   - Am 1. Januar nächsten Jahres tritt Herr Vaupel ein. Er soll als Assistent der Geschäftsleitung eine Organisationsabteilung aufbauen.

2. Zeichnen Sie ein Organigramm zu folgenden Stellen der Supra GmbH:
   Arbeitsvorbereitung, Auftragsbearbeitung, Außendienst Nord, Außendienst Süd, Controlling, Entwicklung, Fakturierung, Finanzbuchhaltung, Finanzplanung, Forschungsleiter, Fuhrpark, Geschäftsführerin, Grundlagenforschung, Herstellung Werk A, Herstellung Werk B, Kaufmännische Direktorin, Lagerwesen, Leiter Allgemeine Verwaltung, Leiter Einkauf, Leiter Hilfsbetriebe, Leiterin Rechnungswesen, Lohnbuchhaltung, Produktionsleiter, Produktionsmaterial, Rechenzentrum, Technischer Direktor, Test, Verkaufsleiter, Wareneingang, Werkstatt.
3. Zeichnen Sie ein Organigramm Ihres Ausbildungsbetriebes oder recherchieren Sie nach Organigrammen.

2.3.3.2 Aufgabenanalyse und Stellenbildung

Insbesondere in innovativen und schnell wachsenden IT-Unternehmen werden immer wieder neue Stellen und Positionen eingerichtet, die ganz speziellen Anforderungen gerecht werden sollen. Der Bildung einer Stelle sollte eine genaue Aufgabenanalyse vorausgehen.

Aufgabenanalyse

Im Rahmen der Aufgabenanalyse (Aufgabengliederung) wird eine Gesamtaufgabe des Unternehmens (Aufgabe höchster Ordnung) in Hauptaufgaben (Aufgaben höherer Ordnung) zerlegt. Die Hauptaufgaben werden wieder in Teilaufgaben (Aufgaben mittlerer Ordnung) bis zu den Einzelaufgaben (Aufgaben niederer Ordnung) gegliedert. Die ermittelten Aufgaben lassen sich als Aufgabengliederungsplan oder als Aufgabenbaum darstellen.

Beispiel: Aufgabengliederungsplan

Gesamtaufgabe: Entwicklung und Vertrieb der Software zur Hausverwaltung

Hauptaufgaben	Teilaufgaben	Einzelaufgaben
Programmentwicklung zur Hausverwaltung	▪ Programmplanung	▪ Lastenheft erstellen ▪ Pflichtenheft erstellen ▪ Datenbankmodell entwerfen ▪ UML-Modell entwerfen ▪ Terminplan erstellen usw.
	▪ Programmentwicklung usw.	▪ Datenbank entwickeln ▪ Masken, Formulare entwickeln usw.

Beispiel: Aufgabenbaum

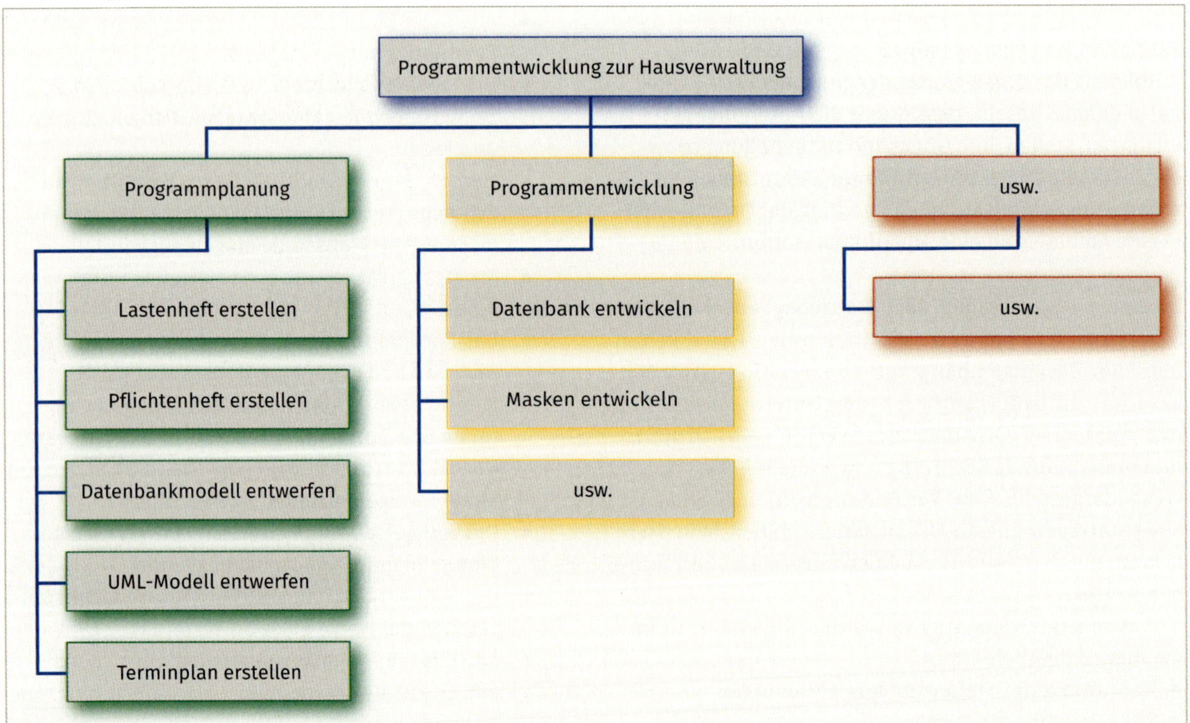

Aufgaben

1. In einem Unternehmen, das den Handel mit Computern und Computerzubehör als eine Gesamtaufgabe im Handelsregister eingetragen hat, wurden folgende Einzelaufgaben festgestellt. Ihre Aufgabe ist es, die Einzelaufgaben den Hauptaufgaben Einkauf/Lager, Verkauf und Verwaltung sowie den unten genannten Teilaufgaben zuzuordnen. Erstellen Sie entweder einen Aufgabengliederungsbaum oder einen Aufgabengliederungsplan.
   Teilaufgaben: Bestellungen, Lagerarbeiten, Verkaufsvorbereitung, Verkauf, Rechnungswesen, Personalwesen
   Einzelaufgaben (alphabetisch sortiert): Angebote einholen, Angebote erstellen, Angebote vergleichen, Auftragsbestätigung, Bestellmenge feststellen, Bestellvorschläge prüfen, Einstellungen, Entlassungen, Festlegung Verkaufskonditionen, Finanzbuchhaltung, Gehaltsabrechnung, Großkundenbetreuung, Inventurarbeiten, Jahresabschluss, Kassenführung, Kundenberatung, Kundenreklamationen bearbeiten, Lager aufräumen, Lagerpapiere prüfen, Personalaktenverwaltung, Rechnungserstellung, Sortimentsplanung, Verkaufskalkulation, Waren bestellen, Warenausgabe, Wareneingang, Werbeplanung, Zahlungsverkehr

AS 2. Ordnen Sie den Auftragssituationen AS1 bis AS10 (vgl. S. 16 ff.) Haupt-, Teil- und Einzelaufgaben als Aufgabengliederungsbaum oder in einem Aufgabengliederungsplan zu.

Stellenbildung

S Die Firma ACI wird beauftragt, bei einem Kunden die EDV-Betreuung zu verbessern. Der Kunde möchte eine Stelle für die EDV-Betreuung schaffen, denn an einer Klagemauer wurde die Betreuung der EDV bisher als unzureichend kritisiert. In einer Kundenbesprechung wurde der nebenstehende Aufgabengliederungsplan mit dem Kunden entwickelt. Daraus soll eventuell eine Stelle gebildet werden. Es wird z. B. über folgende Aspekte diskutiert: Art der Stelle? Welche Bezeichnung trägt die Stelle? Halbtags-/Ganztagsstelle? Wem wird die Stelle unterstellt? Ist die zentrale/dezentrale Erledigung der Aufgaben besser? Könnten die Aufgaben durch betriebsfremde (externe) Mitarbeiter kostengünstiger und besser erledigt werden? Ist die Vermeidung einer zusätzlichen Stelle möglich?

Die Stelle ist die kleinste organisatorische Einheit in einem Unternehmen. Sie ist unabhängig von dem Stelleninhaber zu sehen und bleibt beim Wechsel des Stelleninhabers bestehen. Ohne besonderen Bedarf sollte eine zusätzliche Stelle nicht eingerichtet werden.

W

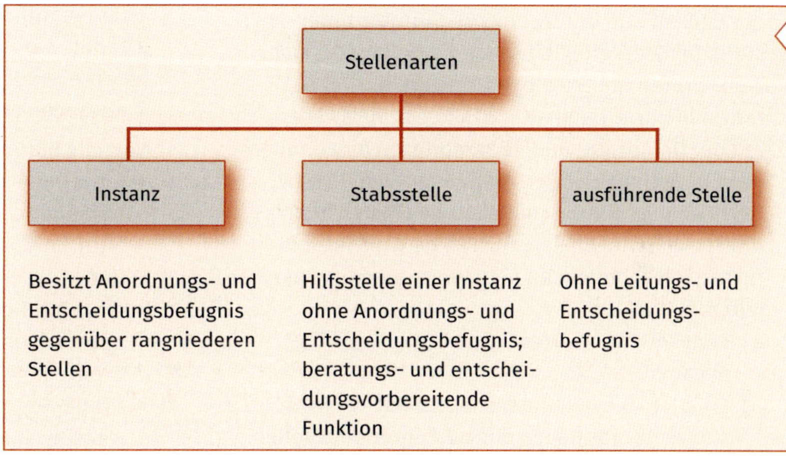

Aufgabengliederungsplan		
Hauptaufgabe	**Teilaufgaben**	**Einzelaufgaben**
Betreuung der EDV	Beschaffung	▪ Bedarfsanalyse ▪ Angebote einholen ▪ Angebote vergleichen ▪ Bestellung, Abnahme
	Installation	▪ Anschluss der Anlagen ▪ Netzwerkerweiterung ▪ Softwareinstallation ▪ Kommunikation und Datenaustausch sicherstellen und koordinieren ▪ Mitarbeiter in Handhabung einführen und beraten
	Wartung	▪ Computersysteme und Computernetz warten und funktionsfähig halten ▪ Verbrauchsmaterial bereitstellen
	Fortbildung und Beratung	▪ Eigene Fortbildung, Beratung und Fortbildung der Mitarbeiterinnen und Mitarbeiter

Aufgaben

1. Versuchen Sie in Partner- oder Gruppenarbeit, die einzelnen Fragen aus der o.g. Ausgangssituation zu klären, indem Sie zu jeder Frage schriftlich Vorschläge/Stellungnahmen abgeben.
2. Sie sollen die EDV-Versand-GmbH organisatorisch beraten: Herr Kramer ist Geschäftsführer der EDV-Versand-GmbH mit ca. 80 Mitarbeitern. Seine Kerngeschäftsbereiche bestehen aus dem Hardware-, Software- und Zubehörversand. Der Verkaufsleiter Hardware hat zusätzlich die Vertriebsbereiche Zentralsysteme, Server/Netze und Peripheriegeräte. Der Verkaufsleiter Software leitet neben dem Softwarevertrieb noch den Vertriebsbereich Internetshop. Dem Leiter Beschaffung ist das Lager sowie der Einkauf und der technische Support unterstellt. Der Marketingleiter hat die beiden Bereiche Zeitschriften und Kataloge zu leiten. Die Verwaltungsabteilung beinhaltet das Rechnungswesen mit der Debitoren- und der Kreditorenverwaltung, das Controlling, das Personalwesen und die EDV. Herr Paolo ist der Geschäftsleitung als Assistent direkt zugeordnet, hat jedoch keine Weisungsbefugnisse gegenüber den Abteilungs- und Gruppenleitern.
   a) Erstellen Sie ein Organigramm nach den o.g. Angaben.
   b) Erläutern Sie den Unterschied zwischen Instanzen, Stabsstellen und ausführenden Stellen.
3. DL Rufen Sie im Downloadbereich die Dateien **IT-Berufe und Stellen** sowie **Medienberufe und Stellen** auf und wählen Sie für folgende Hauptaufgaben eine geeignete Stelle:
   a) Verwaltung und Pflege der Internetseiten
   b) Vertrieb der Software **ACI-Hausverwaltung** in Norddeutschland
   c) Entwicklung von gesprochenen Anweisungen und Hilfen in der Software **ACI-Hausverwaltung**
4. Erläutern Sie, ob und gegen welche Prinzipien der Stellenbildung verstoßen wurde:
   a) Herr Meyer muss als Vertriebsbeauftragter zwei weitere Verkaufsgebiete und zusätzlich 30 % neue Produkte mit innovativer Technik übernehmen; dazu muss er auch zusätzlich die Reklamationen bearbeiten und grundsätzlich auch Reparaturen vor Ort durchführen.
   b) Die Stelle **Personalverwaltung** soll jetzt auch die Rechtsberatung der Geschäftsleitung in Personalfragen und die Personalplanung (Personalauswahl, Personaleinstellung, Personalentlassung) übernehmen.
   c) Ein Mediengestalter soll auch die Aufgaben des Druckers und des Buchbinders übernehmen.

W

Grundprinzipien der Stellenbildung

Überschaubarkeit: Die Aufgaben und Tätigkeiten dürfen den Stelleninhaber nicht überfordern (zeitlicher Umfang der Erledigung, sachlicher Umfang, Abhängigkeiten zu anderen Stellen und Dritten).

Angemessenheit: Die Aufgaben müssen der Leistungsfähigkeit vorgesehener Stelleninhaber, evtl. unter Hinzuziehung von Qualifizierungsmaßnahmen, entsprechen.

Arbeitsteilung: Eine hoch spezialisierte Industriegesellschaft erfordert i.d.R. eine arbeitsteilige Aufgabenerledigung. Besonders wichtig ist zu prüfen, ob Aufgaben durch externe Mitarbeiter oder Fremdfirmen besser und kostengünstiger erledigt werden können. Die Vor- und Nachteile einer Arbeitsteilung müssen in die Überlegungen einbezogen werden.

Vorteile der Arbeitsteilung:
- Einzelne Arbeiten können schneller erlernt und auch angelernt werden.
- Mitarbeiter können schneller zugeordnet werden.
- Einzelne Tätigkeiten können schneller rationalisiert werden (Einsatz von Maschinen oder Programmen).
- Arbeitsergebnisse können besser überwacht werden (Qualitätsverbesserung).
- Rationellere Arbeitsprozesse beschleunigen deren Erledigung.
- Höhere Leistung führt auch zu niedrigeren Kosten.

Nachteile der Arbeitsteilung:
- Laufend wiederkehrende, monotone Arbeiten fordern und motivieren Mitarbeiter wenig.
- Monotone Arbeiten können zu gesundheitlichen Schäden bei den Mitarbeitern führen.
- Durch die arbeitsteilige Vorgehensweise werden Gesamtprozesse evtl. nicht mehr deutlich, was zu Unzufriedenheit und schlechteren Arbeitsleistungen führen kann.
- Eine einseitige Ausbildung der Mitarbeiter und einseitige Anforderungen führen zu geringerer Flexibilität im Arbeitseinsatz (vgl. auch Kapitel 1.4.2.4).

W

Merkmale der Stellenbildung

Zentralisation: Zusammenfassung gleichartiger Aufgaben in einer Stelle. Gründe: effizientere, kostengünstigere oder unabhängige Bearbeitung
Dezentralisation: Verteilung gleichartiger Aufgaben auf mehrere Stellen außerhalb der Zentrale. Gründe: Aufgaben sind zu komplex und vielschichtig oder man möchte die Nähe zur Kundschaft anstreben.
Funktionale Stellenbildung: Zusammenfassung der Aufgaben nach der Verrichtung, z. B. Sachgebietsleiter Einkauf, Verkauf, Personalplanung, Personalverwaltung, Siebdruck oder Offsetdruck
Divisionale Stellenbildung: Zusammenfassung der Aufgaben nach dem Objekt, z. B. Sachbearbeitung Computer und Zubehör oder Werbedruck, Buchdruck (Spartenorganisation)
Territoriale Stellenbildung: Zusammenfassung der Aufgaben nach Gebieten, z. B. Vertriebsbeauftragte Süd und Nord
Personelle Stellenbildung: Zusammenfassung der Aufgaben nach personellen Gesichtspunkten, z. B. Kundenkreis
Zeitorientierte Stellenbildung: Zusammenfassung der Aufgaben nach dem zeitlichen Anfall der Arbeit, z. B. Sachbearbeitung vormittags und nachmittags

Formale Stellenbildung

- **Nach den Umsatzbereichen:** z. B. EDV-Beratung, Computervertrieb, Softwarevertrieb oder Bereich Consumer, Bereich Business
- **Nach dem Rang:** Zusammenfassung der Aufgaben nach Entscheidungs- und Ausführungsaufgaben; z. B. Verkaufsleiterin und Auftragssachbearbeiterin
- **Nach der Phase:** Zusammenfassung nach Planungs-, Ausführungs- und Kontrollaufgaben; z. B. Programmplanung und Projektleitung, Java-Entwicklung, Programmsupport
- **Nach der Zweckbeziehung:** Zusammenfassung der Aufgaben hinsichtlich der Zugehörigkeit zu den Kernaufgaben; z. B. Programmentwicklung, Buchhaltung

Aufgaben

1. Welche Merkmale der Stellenbildung sind hier berücksichtigt?
   a) Anstelle eines Vertriebs mit sechs Vertriebsbeauftragten werden drei Vertriebsstellen Nord, Süd und Ost mit je zwei Vertriebsbeauftragten (Zentrale: Vertriebsstelle Ost) eingerichtet.
   b) Für den Kundendienst werden die Stellen Kundendienst Computer, Kundendienst Computernetze und Kundendienst Peripheriegeräte geschaffen.
   c) In der Arbeitsvorbereitung werden die Stellen Text-/Bildbearbeitung, Seitenmontage und Video-/Soundentwicklung eingerichtet.
   d) Wegen des Saisongeschäfts zu Weihnachten wird für die Monate November bis Januar eine befristete Stelle geschaffen.
   e) Der Verkaufsleiter erhält zur Entlastung eine Stabsstelle „Verkaufsassistent/-in“.
2. In einem EDV-Systemhaus sollen neue Stellen geschaffen werden. Stellen Sie fest, ob es sich um eine Bildung nach Umsatzbereichen, nach dem Rang, nach der Phase oder der Zweckbeziehung handelt:
   a) Untergliederung in Softwareeinkauf, Softwarevertrieb, Personalwesen, Rechnungswesen
   b) Untergliederung der Abteilung „Internetversand“ in Kommissionierung (Zusammenstellen bestellter Artikel), Verpackung, Auslieferung, Retouren (Warenrücklieferung), Zahlungsverkehr
   c) Untergliederung in Vertrieb ACI-Hausverwaltung, Systemkomponenten
   d) Projektleitung, Webdesigner
3. Welche Stellen werden in den Auftragssituationen AS1 bis AS10 (vgl. S. 16 ff.) angesprochen? AS

Stellenplan und Stellenbeschreibung

S

Durch die Arbeit in der QS-Projektgruppe haben Kai, Stefan und Anna einen guten Einblick in die vorliegenden Stellenbeschreibungen von ACI erhalten. Als Azubis sind sie keiner Stelle zugeordnet. Es ist jedoch interessant zu sehen, welche Aufgaben und Kompetenzen einzelne Stellen innehaben.

Übersicht vorhandener Stellenbeschreibungen bei ACI (Stellenplan unvollständig)		
Stelle GF Stelle AL Einkauf/Lager Stelle AL Softwareentwicklung Stelle AL Verkauf Stelle AL Verwaltung	Stelle GL Bestellwesen Stelle GL Lager Stelle GL Marketing Stelle GL Internetshop Stelle GL Laden Eppendorf Stelle GL Vertrieb Nord usw.	Stelle Einkaufslager Stelle Verkaufslager Stelle Business Soft Stelle Qualitätsbeauftragte(r) Stelle Sicherheitsbeauftragte(r) Stelle Geschäftsbuchhaltung Stelle EDV usw.

Für jede Stelle wird eine **Stellenbeschreibung** erstellt. Damit sollen Weisungskompetenzen klargestellt und Kompetenzstreitigkeiten von vornherein vermieden werden. Die Stellenbeschreibung wird häufig von der Personalleitung zusammen mit der Fachabteilung der neu zu besetzenden Stelle erstellt. Auf dieser Grundlage erfolgen die Stellenausschreibung und die Stellenbesetzung. Neue Stelleninhaber können anhand der Stellenbeschreibung schnell in den Tätigkeitsbereich eingeführt werden.

Auf der Basis der Stellenbeschreibungen kann ein **Stellenplan** ausgearbeitet werden, der für die einzelnen Abteilungen den Sollbestand an Stellen aufzeigt.

Stellenbeschreibung
Stabsstelle in der Geschäftsleitung
Bezeichnung der Stelle: Qualitätsbeauftragte(r)
Mit der Stelle verbundene Zeichnungsvollmacht: i. A.
Der Stelleninhaber ist unterstellt: Geschäftsführer
Der Stelleninhaber ist überstellt:
Der Stelleninhaber wird vertreten:
Der Stelleninhaber vertritt:
Der Stelleninhaber führt aus bzw. entscheidet über: ▪ Entwicklung eines Qualitätsmanagementsystems als Projektleiter des QS-Teams ▪ Erstellung und Pflege eines Qualitätsmanagement-Handbuches und von Qualitätsmanagement-Verfahrensanweisungen nach EN ISO 9000 im Projekt-Team und evtl. in Einzelbesprechungen der Arbeitskreise ▪ Planung und Durchführung von Prüfstellen und Prüfanweisungen im QS-Team ▪ Planung und Durchführung von internen Audits ▪ Weiterbildung der Mitarbeiter zu Zielen und Maßnahmen des Qualitätsmanagements ▪ Teilnahme an Fortbildungsveranstaltungen zum Qualitätsmanagement ▪ Mindestens einmal jährlich ist in einer Betriebsversammlung der Bericht des Qualitätsbeauftragten abzugeben. ▪ Zusammenarbeit zwischen Qualitätsmanagement und Controlling optimieren ▪ Information und Beratung der Geschäftsleitung über den Qualitätsstatus und Maßnahmen zur Erhaltung/Verbesserung des Qualitätsstatus ▪ Vorbereitung des Unternehmens auf Zertifizierungsmaßnahmen ▪ Mitwirkung bei der Verbesserung der Geschäftsprozesse aus der Sicht des Qualitätsbeauftragten
Der Stelleninhaber berät seinen Vorgesetzten bei dessen Entscheidungen über: ▪ Verbesserung der Qualitätsstandards an Produkten, Geschäftsprozessen und Mitarbeiterleistungen ▪ Aufbau eines qualitätsorientierten Vergütungssystems ▪ Aufbau eines Controlling-Systems zum Qualitätsmanagement
Anforderungen an den Stelleninhaber: ▪ Gewerbliche oder kaufmännische Mitarbeiter des Hauses ▪ Breite Praxiserfahrung in der Firma ▪ Gute technische und logistische Kenntnisse ▪ Gute Kenntnisse des Qualitätsmanagements nach EN ISO 9001 ff. ▪ Kommunikations- und Integrationsfähigkeit ▪ Überzeugungskraft, Bereitschaft zur ständigen Weiterbildung

Aufgaben

1. Drucken Sie, soweit noch nicht geschehen, die Stellenbeschreibungen (vgl. Downloadbereich) aus. Überprüfen Sie in Partnerarbeit die Stellenbeschreibungen und tragen Sie im Plenum den anderen Teilnehmern den Inhalt der Stellenbeschreibung vor. Erläutern Sie auf Nachfragen die einzelnen Angaben der Stellenbeschreibung.
2. Warum fehlen Angaben über den Stelleninhaber und das Gehalt des Stelleninhabers in der Stellenbeschreibung?
3. Für den Bereich Multimedia sollen neue Stellen geschaffen und besetzt werden: ein(e) Leiter/-in Multimedia, zwei Projektleiter/-innen, jeweils ein(e) Storyboarder/-in, Screendesigner/-in, Entwickler/-in, Programmierer/-in und Webmaster/-in. Entwerfen Sie für die Geschäftsleitung die Stellenbeschreibungen.

Multimedia-Stellenprofile	
Produktmanager Projektleiter/-in	Leitet, koordiniert, motiviert das gesamte Team für die herzustellenden Produkte/für das ihm aufgetragene Projekt
Redakteur/-in	Sammelt, recherchiert Informationen/Multimedia-Daten, bewertet sie und bereitet sie auf
Storyboarder/-in	Entwickelt das Drehbuch und betreut konzeptionell die Designer
Screen-designer/-in	Entwirft auf der Basis des Storyboards den Bildschirmaufbau (Masterdesign) mit all seinen Elementen (Assets), die dann die Entwickler verwenden
Entwickler/-in	Bearbeitet die ihm zur Verfügung gestellten Multimediadateien und setzt diese zu einem interaktiven Multimediaprodukt zusammen
Programmierer/-in	Spezialist/-in, wenn es um besondere Programmierungen der Multimediaanwendung geht, die zu speziell für Entwickler sind, z. B. Datenbankanbindungen, Schnittstellen zu anderen Anwendungen
Webmaster/-in	Entwickelt und betreut Websites, d. h., entwirft Internetseiten, z. B. mit Microsoft Frontpage oder Adobe Dreamweaver, und stellt diese auf den Webserver ein (z. B. über FTP), betreut E-Mail-Accounts.
Jobbörsen u. Ä. im Internet	z. B. www.jobs.de, www.jobscout24.de, www.computerwoche.de/stellenmarkt, www.stepstone.de, www.arbeitsagentur.de, www.monster.de, www.medienberufe.de

2.3.3.3 Abteilungsbildung

Bei ACI soll eine neue Abteilung Multimedia eingerichtet werden.

Eine Abteilung stellt einen Verantwortungsbereich dar, in dem eine Anzahl von Stellen zusammengefasst ist. Es bestehen für die Abteilungsbildung folgende Gründe:

- Es werden überschaubare und leicht kontrollierbare Bereiche geschaffen, die einer Leitung unterstehen.
- Klare Kompetenzen können den Abteilungen zur eigenverantwortlichen Bearbeitung zugeordnet werden.
- Durch die Abteilungsbildung wird der Unternehmensaufbau strukturiert und übersichtlich gestaltet.
- Kosten lassen sich auf Abteilungen bezogen gut verwalten und kontrollieren.

In größeren Unternehmen sind normalerweise mehr Führungsebenen (steile Hierarchie) als in kleineren Unternehmen (flachere Hierarchie) zu finden.

Die Abteilungsbildung kann nach Verrichtungen, Objekten oder nach Personen erfolgen.

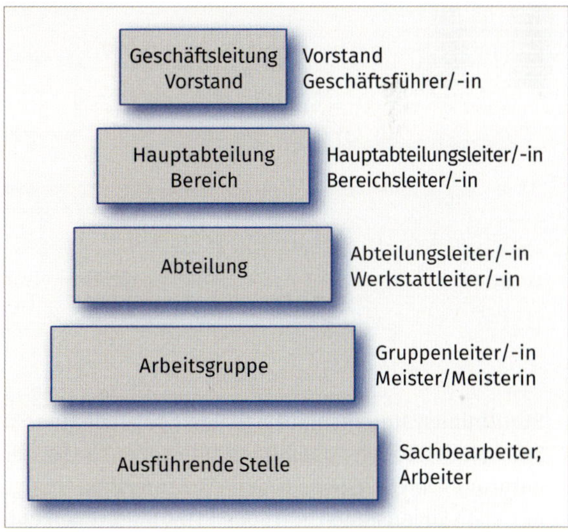

Aufgaben

Erstellen Sie ein Organigramm nach folgenden Vorgaben: Im Unternehmen sind vier Abteilungen eingerichtet. Frau Wunder leitet den Verkauf und hält ihre Abteilung für die größte Abteilung. Ihr sind die Regionalverkaufsleiter Nord, Süd, West und Ost sowie der Internetverkauf unterstellt. Den Einkauf leitet Herr Kramer. Zu seiner Abteilung gehören das Bestellwesen, das Einkaufslager (Gruppenleiter Herr Vogel) und das Verkaufslager (Gruppenleiterin Frau Kahle). Für das Bestellwesen ist Herr Müller zuständig, für das gesamte Lager trägt Herr Zander die Leitungsverantwortung. Der Verwaltung steht Herr Schulz vor. Herr Schulz hat das Rechnungswesen, die EDV und das Personalwesen unter sich. Herr Fischer und Frau Hammer teilen sich als Geschäftsleitung gemeinsam eine Sekretärin. Frau Hammer, die halbtags arbeitet, hat zusätzlich eine Assistentin der Geschäftsleitung, Frau Opitz, für sich eingestellt. Neu ist der Support, der kommissarisch von Frau Wunder geleitet wird. Die Gruppenleitung für die Werkstatt hat Herr Ehlers, für das Callcenter ist Frau Dreher verantwortlich.

2.3.3.4 Leitungssysteme

Unternehmen können je nach Größe und Leitungsanforderungen unterschiedliche Leitungssysteme in Organigrammen berücksichtigen.

W

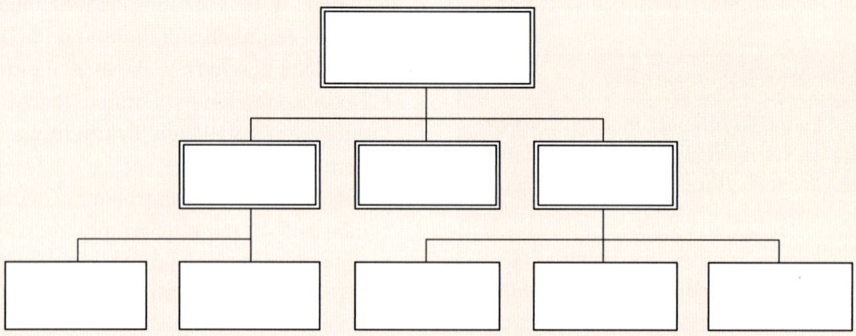

Einliniensystem: Jede untergeordnete Stelle hat nur eine übergeordnete Instanz.

Stärken:	**Schwächen:**
▪ Klare Zuständigkeiten ▪ Überschaubarkeit, einfache Beziehungsstruktur	▪ Lange Informations- und Weisungswege ▪ Überlastung höherer Instanzen möglich ▪ Zahlreiche Schnittstellen und Übermittlungsfehler ▪ Mangelnde Flexibilität

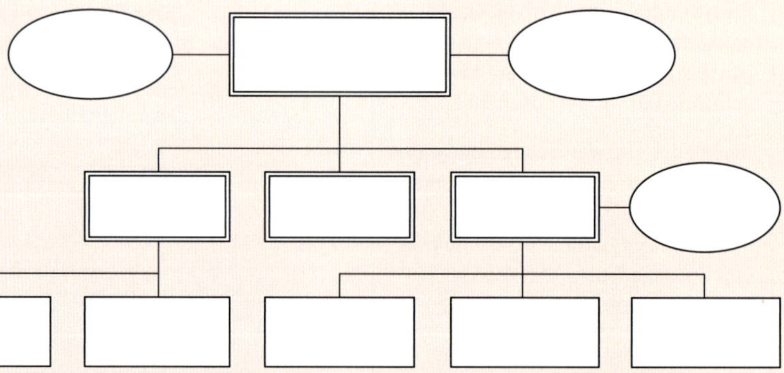

Stabliniensystem: Liniensystem mit zusätzlichen Stabsstellen (ohne Weisungsbefugnis)
Stabsstellen sollen (als Leitungshilfsstellen) Instanzen entlasten und haben grundsätzlich nur eine Beratungsfunktion, jedoch keine Weisungsfunktion. Stabsstellen besitzen normalerweise ein Informationsrecht aus allen Linienstellen und sollen Leitungsstellen entlasten.
Beispiele: Assistent/-in der Geschäftsleitung, Orgaleiter/-in, Qualitätsmanager/-in, Sicherheitsbeauftragte(r), Syndicus (Rechtsanwalt im Angestelltenverhältnis)

Stärken:	**Schwächen:**
▪ Vorteile der Linienorganisation ▪ Entlastung und bessere Beratung der Instanzen mit Stabsstellen	▪ Lange Informations- und Weisungswege ▪ Kompetenzkonflikte der Stabsstellen mit anderen Instanzen möglich

W

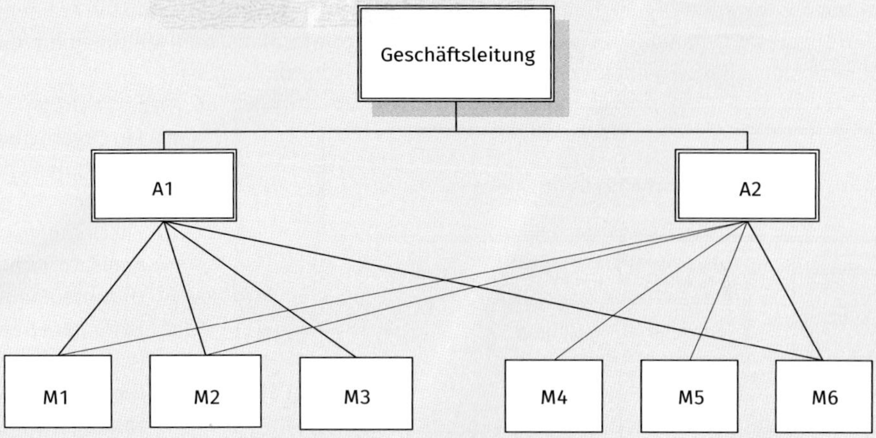

Mehrlinienorganisation: Eine untergeordnete Stelle kann von mehreren Instanzen Weisungen erhalten (auch Funktionsmeistersystem genannt).

Stärken:	**Schwächen:**
▪ Mitarbeiter können flexibel eingesetzt werden. ▪ Spezialisierung durch Funktionsteilung möglich ▪ Betonung der Fachautorität	▪ Problem der Abgrenzung von Zuständigkeiten ▪ Mitarbeiter können überfordert werden.

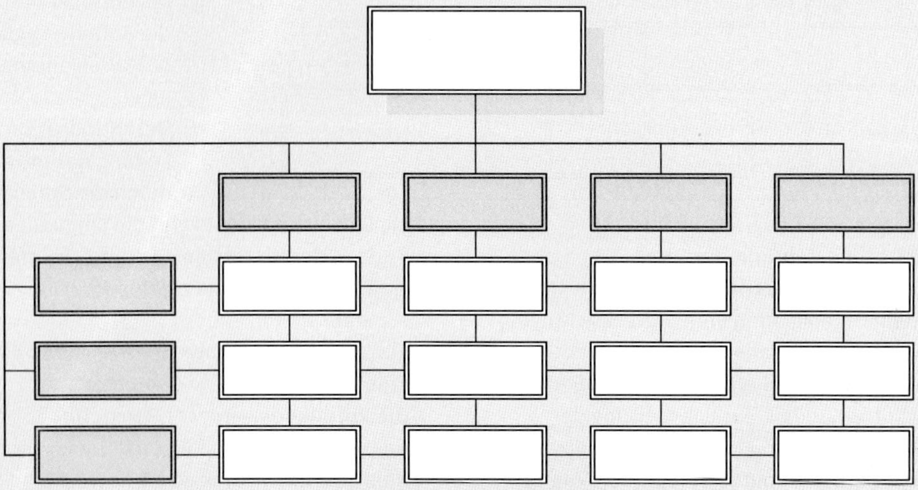

Matrixorganisation: Als Weiterentwicklung des Mehrliniensystems zu sehen, wobei jede Stelle von zwei gleichberechtigten Instanzen geführt wird. Die ausführenden Stellen werden von zwei unterschiedlichen Fachspezialisten (z. B. produktorientiert, funktionsorientiert) geleitet.

Stärken:	**Schwächen:**
▪ Ergebnis wird durch zwei Kernkompetenzen (disziplinarisch, fachlich) verbessert. ▪ Teamarbeit wird gefördert. ▪ Organisationsform unterstützt Produkt- und Geschäftsprozessorientierung	▪ Streitigkeiten in den Zuständigkeiten und zum Einsatz der Mitarbeiter möglich ▪ Eine Gleichverteilung der Aufgaben in der Matrix ist i. d. R. nicht gegeben (Arbeitsbelastung, Aufgabenzuordnung prüfen).

Aufgaben

1. Ein Mitarbeiter hat das folgende Organigramm erstellt. Beurteilen Sie dieses Organigramm. Welche Darstellung ist nicht sinnvoll bzw. nicht korrekt?

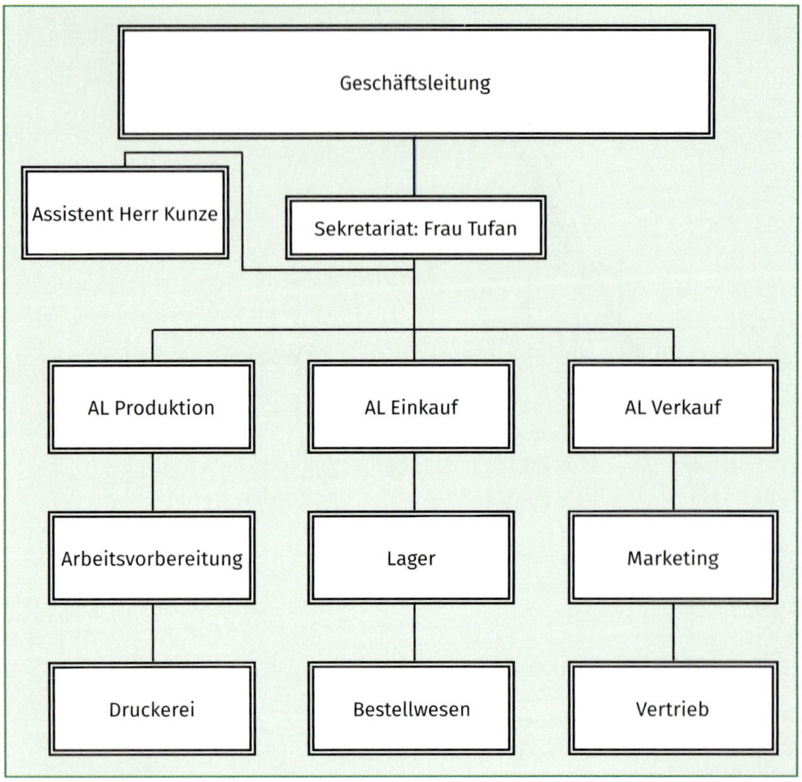

2. Nennen Sie
   a) zwei Stärken des Mehrliniensystems,
   b) zwei Schwächen der Matrixorganisation.
3. Erstellen Sie ein Organigramm unter Berücksichtigung einer Matrixorganisation nach folgenden Angaben: Die Arts Multimedia GmbH entwickelt Multimediaanwendungen für Kunden. Zur Bearbeitung der verschiedenen Kundenprojekte werden zur gleichen Zeit drei Projektgruppen mit je einem Projektleiter und jeweils einem Mitarbeiter/einer Mitarbeiterin für Design, Medienproduktion und Multimediaentwicklung je Projektgruppe geführt. Die Projektleiter sind der Geschäftsleitung disziplinarisch direkt unterstellt. Für die fachliche Entwicklung wurde eine Entwicklungsabteilung eingerichtet. Dem Entwicklungsleiter sind die Gruppenleiter für Design, Medienproduktion und Multimediaentwicklung unterstellt. Die Gruppenleiter betreuen die jeweiligen Mitarbeiter der Projekte fachlich und sind diesen auch fachlich überstellt. Für die Qualitätssicherung wurde eine Stabsstelle „Leiter Qualitätsmanagement" eingerichtet, die direkt an den Geschäftsführer berichtet. Für die Verwaltung ist der Leiter kaufmännische Verwaltung als Abteilungsleiter zuständig. Ihm unterstellt sind die Gruppenleiter Auftragsbearbeitung/Rechnungswesen/Controlling, Marketing/Vertrieb und EDV. Er hat gegenüber den (fachinformatischen) Multimediamitarbeitern keine Weisungsbefugnisse.
4. Was ist richtig?
   a) Ein Organigramm gibt die Unternehmensabläufe grafisch wieder.
   b) Ein Organigramm gibt den organisatorischen Aufbau des Unternehmens wieder.
   c) Ein Organigramm zeigt die Personalstellen listenartig an.
   d) Die Stellenbildung fasst Einzelaufgaben für einzelne Stelleninhaber zusammen.
   e) Ein Stellenplan gibt den Sollbestand der Mitarbeiter im Planungszeitraum wieder.
   f) Ein Stellenplan gibt den Istbestand der Mitarbeiter im Planungszeitraum wieder.
   g) Dezentralisation bedeutet die Aufteilung gleichartiger Aufgaben auf mehrere Stellen.
   h) Dezentralisation bedeutet Leitung dezentraler Filialen durch die Stabsabteilung.
   i) Das Instanzenbild gibt die Eingliederung der Stelle in der Hierarchie des Unternehmens an.
   j) Das Instanzenbild zeigt die weisungsbefugten Stabsstellen auf.
5. Erstellen Sie nach folgenden Angaben ein Organigramm der Firma „OK-Computer":
   Die Produktion wird von Herrn Zander geleitet, der die Abteilungen Personal Computer und Kommunikationssysteme sowie Entwicklung und den Technischen Support unter sich hat. Der Einkauf von Herrn Schmidt gliedert sich in die Abteilungen Bestellwesen, Qualitätssicherung und Lager, wobei das Lager in ein Einkaufslager und ein Verkaufslager getrennt ist. Der Verkauf wird von Herrn Sommer geleitet. Ihm unterstehen die Vertriebsbereiche Nord, Süd und OEM. Die Hauptabteilung Rechnungswesen wird von Frau Schneider geleitet, der die Abteilungen Geschäftsbuchhaltung, Kostenrechnung und Controlling/Revision unterstehen. Die Personalleiterin berichtet dem Geschäftsführer, Herrn Kramer, direkt, hat jedoch keine Weisungsbefugnis. Ebenso sind die Assistentin des Geschäftsführers und der Beauftragte für Arbeitssicherheit direkt der Geschäftsleitung unterstellt, jedoch nicht weisungsbefugt.

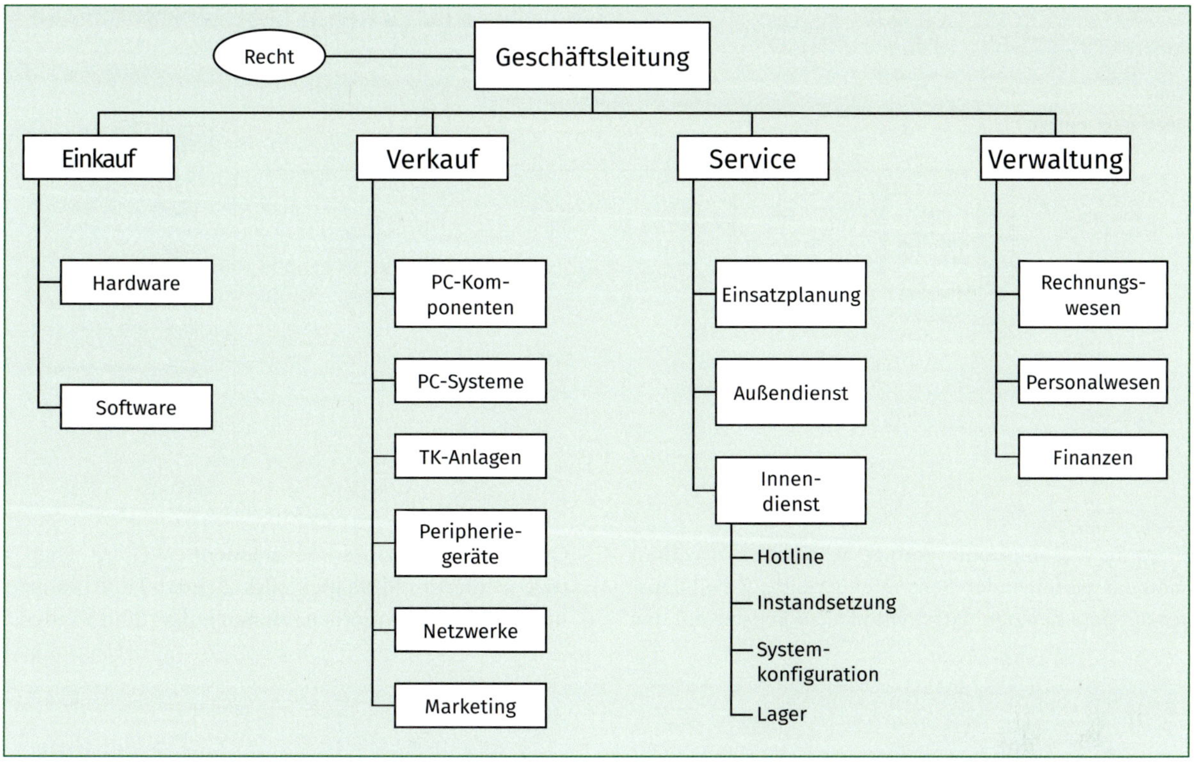

6. Zur Vorbereitung eines IT-Projekts beim Kunden IT-Systems AG, der als IT-Systemanbieter auftritt, erhalten Sie ein Organigramm (siehe oben):
   a) Erläutern Sie jeweils zwei Vor- und Nachteile dieser Organisationsform im Vergleich zur Matrixorganisation.
   b) Beschreiben Sie die Stellung der Stellen „Recht" und „Service" innerhalb der Leitungshierarchie der IT Systems AG.
   c) Die IT Systems AG plant, die Abteilungen Einkauf, Verkauf und Service zu einer Abteilung „Einkauf und Vertrieb" zusammenzufassen. Die Mitarbeiter sollen zukünftig in kleinen Teams die Aufträge geschäftsprozessorientiert bearbeiten. Erläutern Sie die Vor- und Nachteile, die sich aus der neuen Organisation ergeben könnten.
7. Erstellen Sie ein geeignetes Organigramm, wenn die Istaufnahme in einem EDV-Betrieb „Supra EDV GmbH" folgende Stellen und Unterordnungen aufzeigt:
   Geschäftsführer: Herr Müller mit Assistent Herr Klages; Abteilungsleiter Einkauf: Herr Sander mit Lagerleiter Herr Vogel und Einkaufsleiter Herr Zorlu; Leiter PC-Systeme: Herr Dreyer mit den Herren Findel, Grema, Petrow und Zarges als Techniker; Leiter Telefonanlagen: Herr Fontana mit den Herren Schröder und Petrow als Techniker; Leiter IT-Netze: Herr Gottschalk mit den Herren Ruprecht, Meier, Zarges und Findel als Techniker; Abteilungsleiterin Verkauf Zentrale: Frau Zindel, die Herren Yilmaz und Waller als IT-Berater; Abteilungsleiter Verkauf Bäckerstraße: Herr Schulze; IT-Beraterin Frau Kienbaum; Leiter Verwaltung: Frau Krone mit den Gruppenleiterinnen Rechnungswesen Frau Mescher und Personal Frau Conte
   Welcher Art von Organigramm entspricht diese Stellenanordnung am ehesten?

2.3.4 Schaubilder mit Microsoft Visio erstellen

S

Anna hat gesehen, dass Herr Grabowski Organigramme mit Microsoft Visio erstellt. Sie hat den Eindruck, dass es gar nicht so schwer ist. Sie will es auch einmal versuchen und startet mit Visio.

Nach dem Aufruf von Microsoft Visio erscheint eine Kategorienübersicht, aus der der Anwender geeignete Zeichnungsvorlagen (Shapes) auswählen kann. Die Vorlagen bieten jeweils geeignete Zeichnungstypen und Assistenten an, mit denen schnell eine Zeichnung erstellt werden kann.

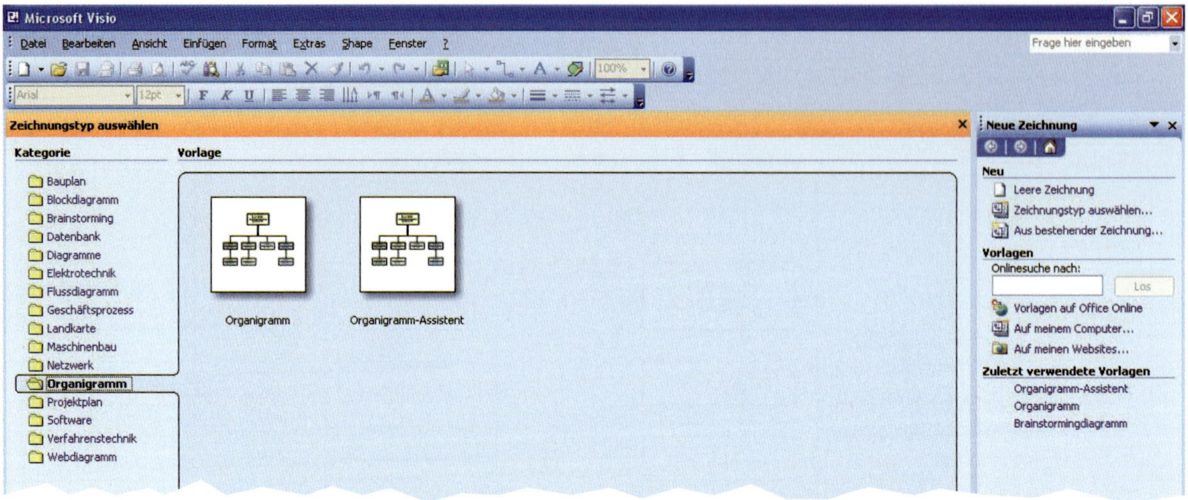

Wird die Organigramm-Vorlage ausgewählt, so erhält man das im folgenden Schaubild gezeigte Arbeitsfenster mit dem Zeichenblatt und links ein Fenster mit den Organigramm-Shapes (Schablonen). Weitere Shapes (wie Hintergrund-Shapes oder Ränder-Titel) können über das Menü **Datei/Schablonen** aufgerufen werden.

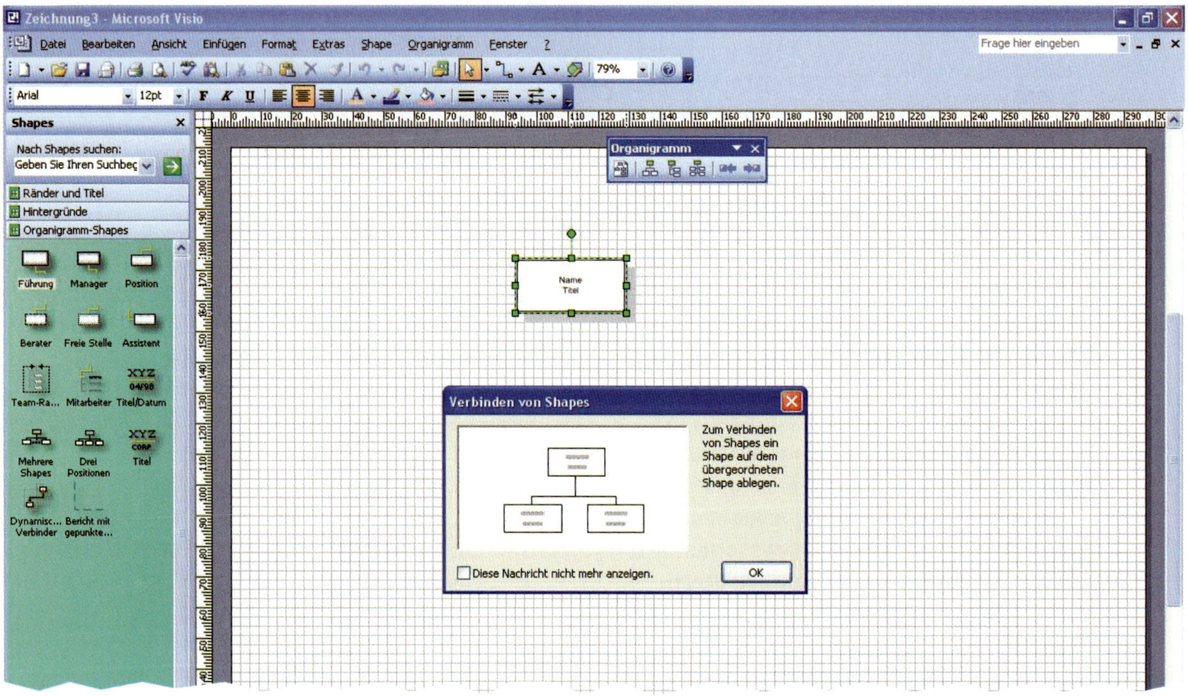

Aufgaben

1. Starten Sie Visio und rufen Sie die Schablone **Organigramm** auf. Ziehen Sie nun entsprechend dem obigen Schaubild die Schablone **Führung** auf das Zeichenblatt. Danach ziehen Sie eine Schablone **Manager** auf das Zeichenblatt und legen sie direkt auf der Führungsschablone ab. Sie sehen, sie ordnet sich unterhalb der Führungsschablone ein.
   Entwerfen Sie nun das Organigramm von ACI (vgl. Kapitel 1.1). Die Anordnung der Shapes können Sie über das Arbeitsfenster **Organigramm** (oberhalb des Zeichenblattes) ändern.
2. Im Downloadbereich finden Sie zahlreiche Visio-Zeichnungen. Erkunden Sie die vielfältigen Anwendungsmöglichkeiten. DL
3. Erkunden Sie das kostenlose Zeichenprogramm DIA.

2.3.5 Führungsstile

S Anna, Kai und Stefan gefällt die Arbeit mit Visio. Sie haben auch schon einige Schaubilder erstellt. Ihr neuestes Produkt ist folgende Darstellung einer Stellenpyramide.

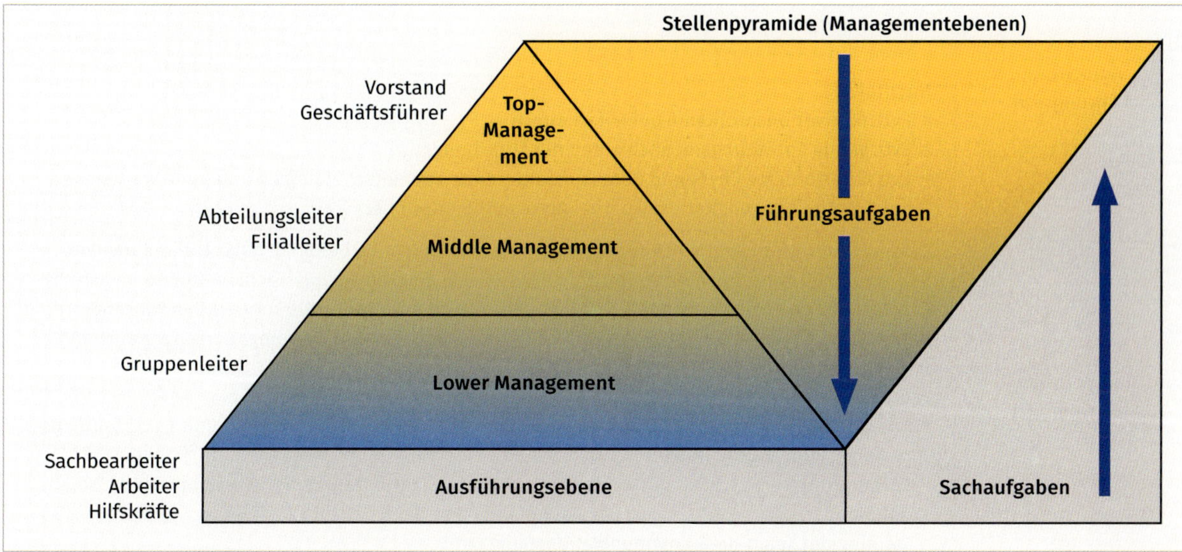

W

Führungsstile

Autoritärer Führungsstil

- Vorgesetzte(r) trifft alle Entscheidungen allein.
- Mitarbeiter arbeiten mittels Weisungen und Einzelanordnungen.
- Aktivitäten und Leistungen der Mitarbeiter werden laufend überprüft.

Kooperativer Führungsstil

- Mitarbeiter(innen) werden am Entscheidungsprozess beteiligt.
- Ein ständiger Informationsaustausch (Anregungen, Meinungen, Stellungnahmen, Berichte) erfolgt zwischen Vorgesetzten und Mitarbeitern.
- Von den Mitarbeitern wird ein partnerschaftliches und eigenverantwortliches Arbeiten erwartet.
- Die Kontrolle der Mitarbeiter bezieht sich in erster Linie auf die Ergebnisse der Arbeit.

W

Führungsstile **Stabiles Verhaltensmuster des Managements/der Geschäftsleitung**	
Laissez-faire-Stil (Lasst alle nur machen.)	Dieser Führungsstil räumt allen Mitarbeitern größtmögliche Freiheiten ein, sodass jeder Mitarbeiter so handelt, wie es ihm gefällt. Dieser Führungsstil hat nur dann große Vorteile, wenn alle Mitarbeiter hohes Verantwortungsbewusstsein zeigen. Der Stil mündet häufig im Chaos bzw. in schlechten Arbeitsleistungen und Unzufriedenheit der Mitarbeiter.
Autoritärer Führungsstil	Er geht davon aus, dass der „Chef" den besten Überblick und die größte Detailkenntnis über alle Abteilungen hat und so direkt (evtl. direkt im Gespräch mit dem betroffenen Mitarbeiter, patriarchalischer Führungsstil) am besten entscheidet. Auch geht man davon aus, dass Mitarbeiter durch Kontrolle und direkte Einmischung des Chefs besser arbeiten. Die Mitarbeiter müssen sich ständig auf Ansprache des Chefs für ihr Tun rechtfertigen, werden aber evtl. auch individuell belohnt.

(Fortsetzung auf folgender Seite)

W

Führungsstile Stabiles Verhaltensmuster des Managements/der Geschäftsleitung	
Autoritärer Führungsstil	**Vorteile:** ▪ Eindeutige Bezugsperson, die entscheidet ▪ Klare Anweisungen ▪ Hohe Entscheidungsgeschwindigkeit **Nachteile:** ▪ Evtl. Motivationsprobleme bei Mitarbeitern ▪ Evtl. wenig Entfaltungsmöglichkeiten der Mitarbeiter ▪ Evtl. überforderte Chefs und daraus resultierende Fehlentscheidungen und hohe Wartezeiten auf Entscheidungen, Ratlosigkeit bei Abwesenheit des Chefs
Kooperativer Führungsstil	Dieser Führungsstil geht von einem großen Interesse der Mitarbeiter an Mitentscheidung und Selbstkontrolle aus. Die Mitarbeiter sind besser motiviert, da sie ihre Fachkenntnisse im Arbeitsgebiet besser einbringen können, und engagieren sich auch mehr. Als kooperative Führungsstile haben sich das Management by Objectives und das Management by Delegations oder auch KVP-Projekte (vgl. unten) herausgebildet. Voraussetzungen eines kooperativen Führungsstils: ▪ Anpassung der Aufbauorganisation: Stellenbeschreibungen, Informations- und Entscheidungssysteme, Führungstechniken ▪ Führungsinstrumente: Vergütungssysteme, Beurteilungsverfahren, Personalentwicklungsmaßnahmen ▪ Training der Team- und Kommunikationsfähigkeit
Management by Objectives (Führen durch Zielvereinbarung)	Ziele werden zusammen mit den Mitarbeitern einer Abteilung vereinbart. **Vorteile:** ▪ Mitarbeiter bringen sich am Arbeitsplatz besser ein. ▪ Verantwortlichkeiten sind besser und überprüfbar geregelt. ▪ Pflichtgefühl, Motivation und Mitwirkung sind größer. ▪ Das Management wird entlastet. **Nachteile:** ▪ Vereinbarung und Überprüfung von Zielen können zeitaufwendig sein. ▪ Durch Streben nach Zielerreichung können andere Aufgaben aus dem Blickfeld geraten. ▪ Überprüfung und Konsequenzen bei Nichterreichung sind wichtig.
Management by Delegation (Harzburger Modell)	Verantwortung wird an Mitarbeiter durch Kompetenzen (in Stellenbeschreibungen) abgegeben (delegiert). **Vorteile:** ▪ Mitarbeiter bringen sich am Arbeitsplatz besser ein. ▪ Pflichtgefühl, Motivation und Mitwirkung sind größer. ▪ Das Management wird entlastet. **Nachteile:** ▪ Geringe Flexibilität und Innovationsfreude, wenn Mitarbeiter Angst vor Veränderungen haben oder mit ihrem Status zufrieden sind ▪ Unzufriedenheit bei Mitarbeitern, wenn sich keine Verbesserungen einstellen
KVP – kontinuierlicher Verbesserungsprozess	Es werden ergänzend Projektgruppen eingerichtet, um durch einen KVP die Geschäftsprozesse und damit die Kunden- und Mitarbeiterzufriedenheit zu verbessern. **Vorteile:** ▪ Mitarbeiter können sich unabhängig von ihrer Position einbringen. ▪ Unternehmensbereiche können systematisch untersucht und verbessert werden. **Nachteile:** ▪ Mitarbeiter werden in ständigen KVP-Sitzungen von ihrer eigentlichen Arbeit abgehalten. ▪ Ein gemeinsamer Konsens ist evtl. schwer herzustellen und das verärgert die Mitarbeiter. ▪ Laufend neue Änderungen verärgern die Mitarbeiter und lenken von der eigentlichen Arbeit ab.

W

Modernes Management	
Lean Management, Lean Production	Schlankes Management und schlanke Produktion entstehen durch den Einsatz von möglichst wenig Ressourcen (Mitarbeiter, Maschinen, schnelle Abläufe). Straffung des Managements durch möglichst wenige Hierarchiestufen im Management und Stärkung der Eigenverantwortung jedes Mitarbeiters.
Jobenrichment, Jobenlargement, Jobrotation	Durch Anreicherung (enrichment) mit zusätzlichen, andersgearteten Arbeiten, durch zusätzliche Arbeiten bei Vergrößerung des Arbeitsgebietes (enlargement) oder durch einen gezielten Wechsel der Arbeitsstellen sollen die Arbeitsfreude und der Erfahrungsschatz erhöht werden.
Gruppenarbeit	Nicht die Einzelarbeit, sondern die eigenverantwortliche Organisation der Arbeit in Arbeitsgruppen soll die Qualität verbessern.
Erarbeitung eines Qualitätsmanagementhandbuches (QMH)	Im QMH wird das Qualitätsmanagementsystem 1. mit Qualitätspolitik, Führungselementen, QS-Elementen, 2. mit Verfahrensanweisungen (Prozessbeschreibungen mit Verantwortlichkeiten und Dokumentenfluss) und 3. mit Arbeits- und Prüfanweisungen (Durchführungsbestimmungen, Tätigkeitsbeschreibungen, Checklisten usw.) festgelegt.

Rollenspiel (zu Aufgabe 4: „Diskussion Kaffee kochen“)	
Pro (Gruppenleiter): ▪ Sie sind mir unterstellt! ▪ Ich bin zeitlich sehr überlastet. ▪ In der dann zur Verfügung stehenden Zeit kann ich höherwertige Arbeiten erledigen und die kämen allen über eine höhere Wertschöpfung zugute. ▪ Wenn Sie solche Arbeiten nicht übernehmen, werde ich Ihre Stelle auf eine Halbtagsstelle reduzieren und für solche Arbeiten eine Aushilfskraft einstellen.	**Kontra (Sachbearbeiter):** ▪ Ich muss nicht jede Arbeit annehmen! ▪ Ich will nur anspruchsvolle Arbeiten erledigen! ▪ Einfache Arbeiten sollte jeder selbst erledigen! ▪ Für andere Kaffee kochen und bringen: Das wäre ja das Letzte! ▪ Mit nötigenden Vorwürfen kann man keine vertrauensvolle Zusammenarbeit erreichen!

Aufgaben

1. Nennen Sie
   a) zwei Vorteile des kooperativen Führungsstils,
   b) zwei Nachteile des kooperativen Führungsstils.
2. Erläutern Sie das Schaubild „Stellenpyramide“ mit eigenen Worten. Sachbearbeiter haben Führungsstellen zunehmend durch die Übernahme von Sachaufgaben zu entlasten. Welche Sachaufgaben sollten Gruppenleiter/-innen oder Geschäftsführer/-innen weiterhin übernehmen?
3. Erstellen Sie eine Stellenpyramide mit Microsoft Visio. Hinweise: Verwenden Sie die Shapes **Marketingdiagramme** (Dreieck), **Standard-Shapes** (Dreieck gedreht, Rechtecke), entsprechende Füllungen und Beschriftungen sowie Über-/Unterdeckungen.
4. Ein hoch qualifizierter und zeitlich sehr stark beanspruchter Gruppenleiter erwartet von einem unterstellten Sachbearbeiter, dass dieser ihn auch mit einfachen Arbeiten (Kopieren, Kaffee servieren, Erstellen von einfachen PowerPoint-Vorlagen für einen Vortrag des Gruppenleiters) entlastet. Beide geraten darüber in Streit. Diskutieren Sie über den Führungsstil und die Argumente der beiden Mitarbeiter. Hat einer der Kontrahenten Recht? Gibt es eine Lösung? Was meinen Sie grundsätzlich: Welche Arbeiten sollte ein Vorgesetzter seinen Mitarbeitern zumuten? Führen Sie eventuell ein Rollenspiel durch (siehe oben).
5. Wie wirken sich die unterschiedlichen Führungsstile auf Qualifikation, Motivation, Kreativität, Arbeitsklima, Organisationsaufwand, Kosten, Entscheidungsfindung und -geschwindigkeit sowie Fehlentscheidungen aus? Verwenden Sie auch obige Übersicht. Diskutieren Sie im Kreisgespräch. Bestimmen Sie vorher einen Moderator. Der Moderator sollte die Ergebnisse an der Tafel oder über ein Flipchart visualisieren.

2.3.6 Ablauforganisation

S

Die Auszubildenden von ACI haben schon viel von Geschäftsprozessen und betrieblichen Abläufen gehört. Bisher haben sie jedoch die einzelnen Darstellungsformen und Verfahren noch nicht kennengelernt.

2.3.6.1 Übersicht zur Ablauforganisation

S

Zur Darstellung von Arbeitsabläufen und Geschäftsprozessen werden vielfältige Methoden und Tools angeboten. Stefan erstellt sich eine Übersicht mit Microsoft Visio.

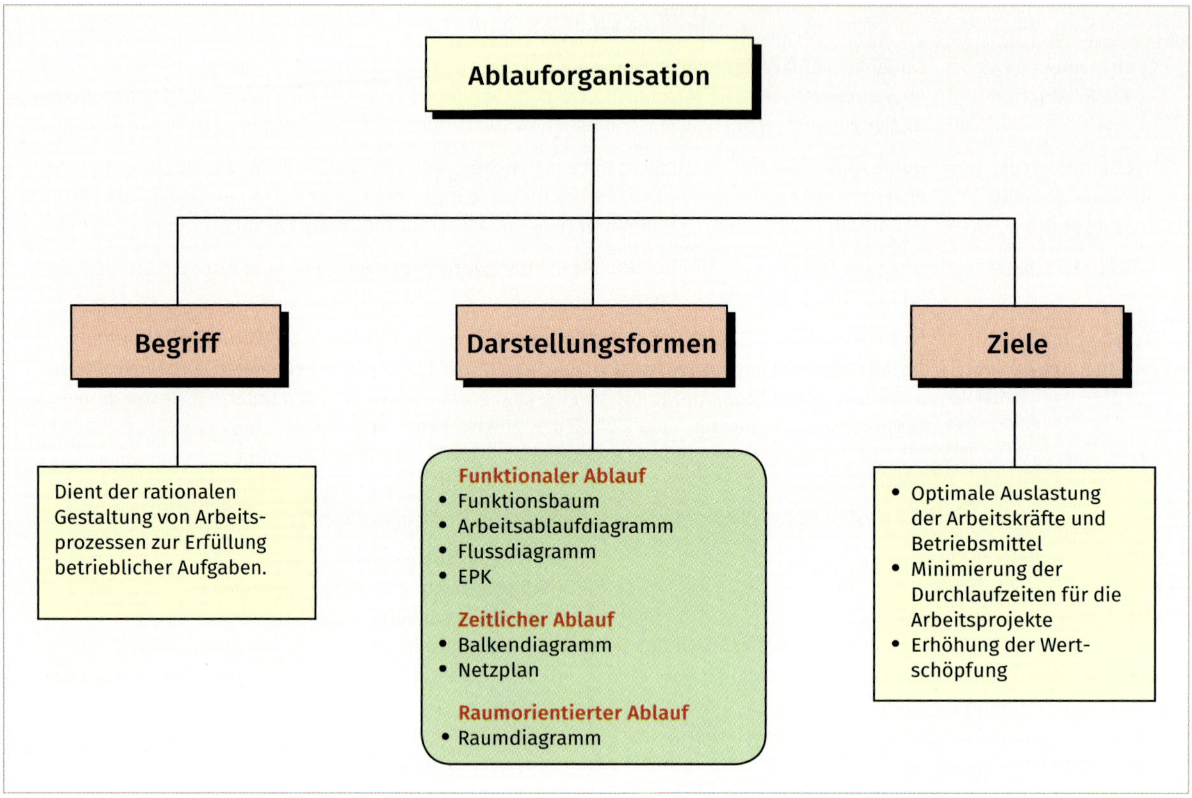

2.3.6.2 Funktionsbaum

S Als erstes Ablaufdiagramm lernen die Auszubildenden den Funktionsbaum kennen. Herr Grabowski erläutert ihnen den Aufbau eines solchen Diagramms am Beispiel der Erstellung einer Applikation für das Bewerbungsmanagement (Personalrecruiting).

Beispiel: Funktionsbaum Application Personalrecruiting

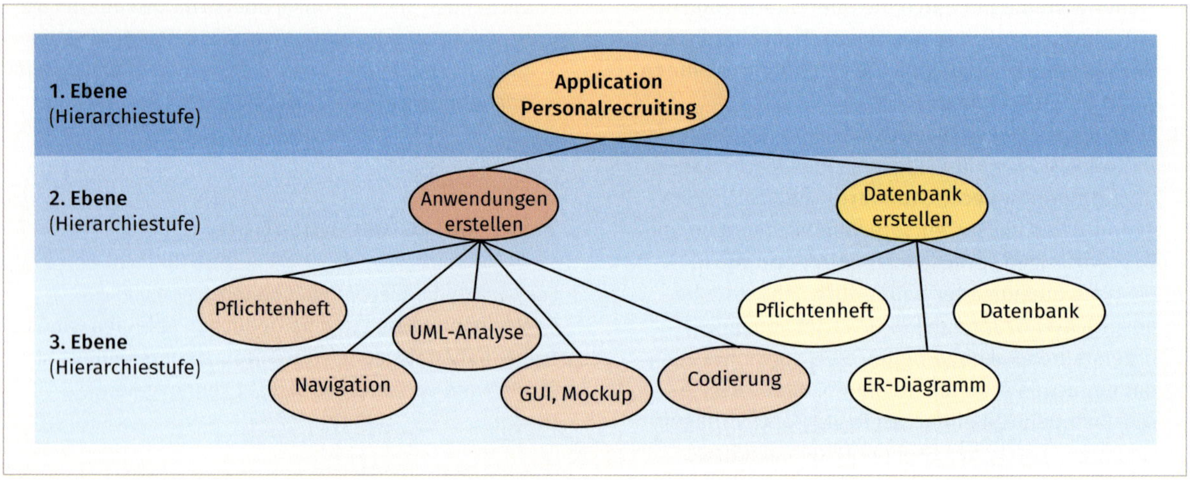

W

Funktionsbaum (Funktionshierarchiebaum)	
Ziel	Schaubild zur Beschreibung bzw. Gliederung von Funktionen (Vorgängen) in Teilfunktionen
Anwendungsbereiche	▪ Organisationsentwicklung: Veranschaulichung von Vorgängen (Untergliederung, Abhängigkeiten), Geschäftsprozessmodellierung (vgl. folgende Kapitel) ▪ Softwareentwicklung: Veranschaulichung von Funktionszusammenhängen
Aufbau	▪ Der Funktionsbaum (von der Wurzel beginnend) beschreibt mit seinen „Früchten" die Funktionen und mit seinen Ästen die Zuordnung. ▪ Jede Hierarchie (Ebene) des Funktionsbaums beschreibt das komplette System. ▪ Je nach Hierarchiestufe wird das Funktionssystem genauer (detaillierter) beschrieben. ▪ Ein Funktionsbaum enthält entweder Tätigkeiten oder Substantive.
Vorgehensweisen	▪ **Top-down-Variante** (von oben nach unten): Das System wird vom Allgemeinen zum Besonderen entwickelt. Jede Funktion wird, soweit sinnvoll, in einzelne Unterfunktionen zerlegt. Die Top-down-Variante ist insbesondere bei neuen, innovativen Entwicklungen (Soll-Konzepterstellung) gut geeignet. ▪ **Bottom-up-Variante** (von unten nach oben): Hier werden Funktionen von den einzelnen Teilfunktionen in der höheren Ebene immer weiter zusammengefasst. Häufig wird dieses Verfahren zur Istaufnahme schon vorhandener Funktionen gewählt und zur Reorganisation eingesetzt.

Aufgaben

1. Erstellen Sie einen Funktionsbaum (Funktionshierarchiebaum) nach folgender Istaufnahme:
   a) Ebene 1 = Auftragsabwicklung; Ebene 2 = Angebotserstellung, Auftragserfassung, Auftragsbearbeitung, Versand; Ebene 3 = Angebotserstellung: Kunden erfassen, Kundenauftrag einrichten, Angebotspositionen erfassen, Konditionen festlegen, Angebot versenden.
   b) Ergänzen Sie zu den noch nicht beschriebenen Funktionen geeignete Unterfunktionen.
2. Für die Funktion **Reisebuchung** wurden folgende Teil- und Elementarfunktionen ermittelt. Erstellen Sie einen Funktionshierarchiebaum nach folgenden (nicht geordneten) Angaben der Istaufnahme: Buchungsbestätigung, Buchungsreservierung, Flugreservierung, Reisewegberatung, Buchungsverkauf, Hotelreservierung, Fakturierung, Reisezielberatung, Buchungserfassung, Buchungsberatung, Kundenmitteilungen, Buchungsabwicklung.
3. In welchen Fällen liegt ein Top-down- oder Bottom-up-Ansatz vor?
   a) Bei ACI sollen für eine Neuentwicklung des Internetshops die notwendigen Funktionen systematisch zusammengestellt werden.
   b) Für die Optimierung der Lagerorganisation wurden alle Einzelfunktionen in einer Istaufnahme erfasst. Diese Einzelfunktionen sollen systematisch in ein Funktionsbaumdiagramm einbezogen werden.
4. Im Arbeitsheft finden Sie einen Funktionsbaum zur Istaufnahme, in dem aus der Istanalyse nach der Bottom-up-Variante die Funktionen der 4. Ebene aufgeführt sind. Ergänzen Sie die Funktionen der 1. bis 3. Ebene. AH
5. Erstellen Sie für die Auftragssituationen AS1 bis AS10 (vgl. S. 16 ff.) Funktionsbäume. AS

2.3.6.3 Arbeitsablaufdiagramme

S

Anna hat sich nach Arbeitsablaufdiagrammen bei ACI erkundigt und eine Liste mit 14 schon vorhandenen Abläufen erhalten. Sie will die einzelnen Diagramme genau studieren.

Arbeitsablaufdiagramme wie das Diagramm „Inventur Lager" sind zur Istaufnahme oder zur Planung von Arbeitsabläufen nützlich. Die Tätigkeiten werden im zeitlichen Ablauf aufgelistet und Verrichtungsarten sowie

Wertschöpfungsdiagramm mit einer Auflistung der Ablaufdiagramme von ACI

Einkauf	Verkauf	Entwicklung Support	Rechnungswesen	Personalwesen
▪ Beschaffung von Lagervorräten ▪ Lagereingang ▪ Inventur Lager	▪ Verkauf von Artikeln ▪ Verkauf von Dienstleistungen	▪ PC-Fertigung ▪ Softwareentwicklung ▪ Installation eines PCs ▪ Reparatur eines PCs	▪ Debitorenbuchhaltung ▪ Kreditorenbuchhaltung ▪ Controlling-Tagung	▪ Personalbeschaffung ▪ Personalauswahl

Arbeitsablaufdiagramm									
Abteilung: Beschaffung		Prozess: Inventur Lager							
Nr.	Tätigkeiten	Verrichtung	Stellen						
	von: Festlegung des Inventurleiters bis: Abschlussbesprechung	O = Operation I = Inspektion T = Transport S = Stillstand	Gruppenleiter	Abteilungsleiter Einkauf	Inventurleiter/-in	Lagerleiter	Lagerarbeiter: Zähler	Lagerarbeiter: Schreiber	Einkaufsdisponent
1	Festlegung des Inventurleiters	**O** I T S	X	X	X				
2	Erstellung eines Inventurplans (Aufnahmebezirke, Mitarbeitereinsatz, Termin, Vorgehensweise)	**O** I T S		X	X	X			
3	Vorbesprechung mit den Mitarbeitern	**O** I T S			X	X	X	X	X
4	Vorbereitung der Inventur: Lager aufräumen	**O** I T S			X	X	X	X	X
5	Nicht mehr verwendbare Vorräte aussondern und kennzeichnen (NV)	**O** I T S					X	X	X
6	Lagerhüter aussondern und kennzeichnen (LA)	**O** I T S					X	X	X
7	Inventurtag: eingelieferte Ware aussondern und per EDV erfassen	**O** I T S					X	X	X
8	Inventurtag: schon kommissionierte/fakturierte Verkaufsartikel aussondern und nicht zählen	**O** I T S					X	X	X
9	Inventurtag: Inventurlisten ausdrucken	**O** I T S			X	X			
10	Inventurtag: Aufnahmebezirke, Zähler, Aufschreiber und Prüfer benennen	**O** I T S			X				
11	Inventurlisten an Schreiber verteilen	O I **T** S			X				
12	Vorräte zählen und aufschreiben	**O** I T S					X	X	
13	Inventurliste dem Prüfer vorlegen	**O** I T S			X				X
14	Inventurliste zur EDV-Erfassung weiterleiten	O I **T** S			X				X
15	Abschlussbesprechung	**O** I T S		X	X	X	X	X	X

betroffene Stellen markiert. Solche Diagramme sind hilfreich, wenn im Rahmen der Organisationsentwicklung Arbeitsabläufe untersucht und verbessert werden sollen. Aufgrund des vereinfachten Beispiels sind hier auch mehrere Verrichtungsarten markiert. Es ist jedoch auch möglich, die Tätigkeiten in noch kleineren Schritten aufzulisten und damit die Verrichtungsart eindeutig zuzuordnen.

Aufgaben

1. Erläutern Sie mit eigenen Worten Inhalt und Aufgaben dieses Arbeitsablaufdiagramms. Machen Sie Vorschläge zur Verbesserung des Ablaufs.
2. Rufen Sie in Partnerarbeit die anderen Arbeitsablaufdiagramme von ACI im Downloadbereich auf, erkunden und bearbeiten Sie die Diagramme, indem Sie die Ihrer Meinung nach zuständigen Verrichtungsarten und Stellen wie im Beispiel markieren. Präsentieren Sie Ihre Ergebnisse. DL

2.3.6.4 Flussdiagramme

S Kai hat zwei Flussdiagramme mit Microsoft Visio umgesetzt. Flussdiagramme sind ihm aus der Anwendungsentwicklung (vgl. auch Band 3) bereits bekannt.

ISO-9001-Zertifizierung

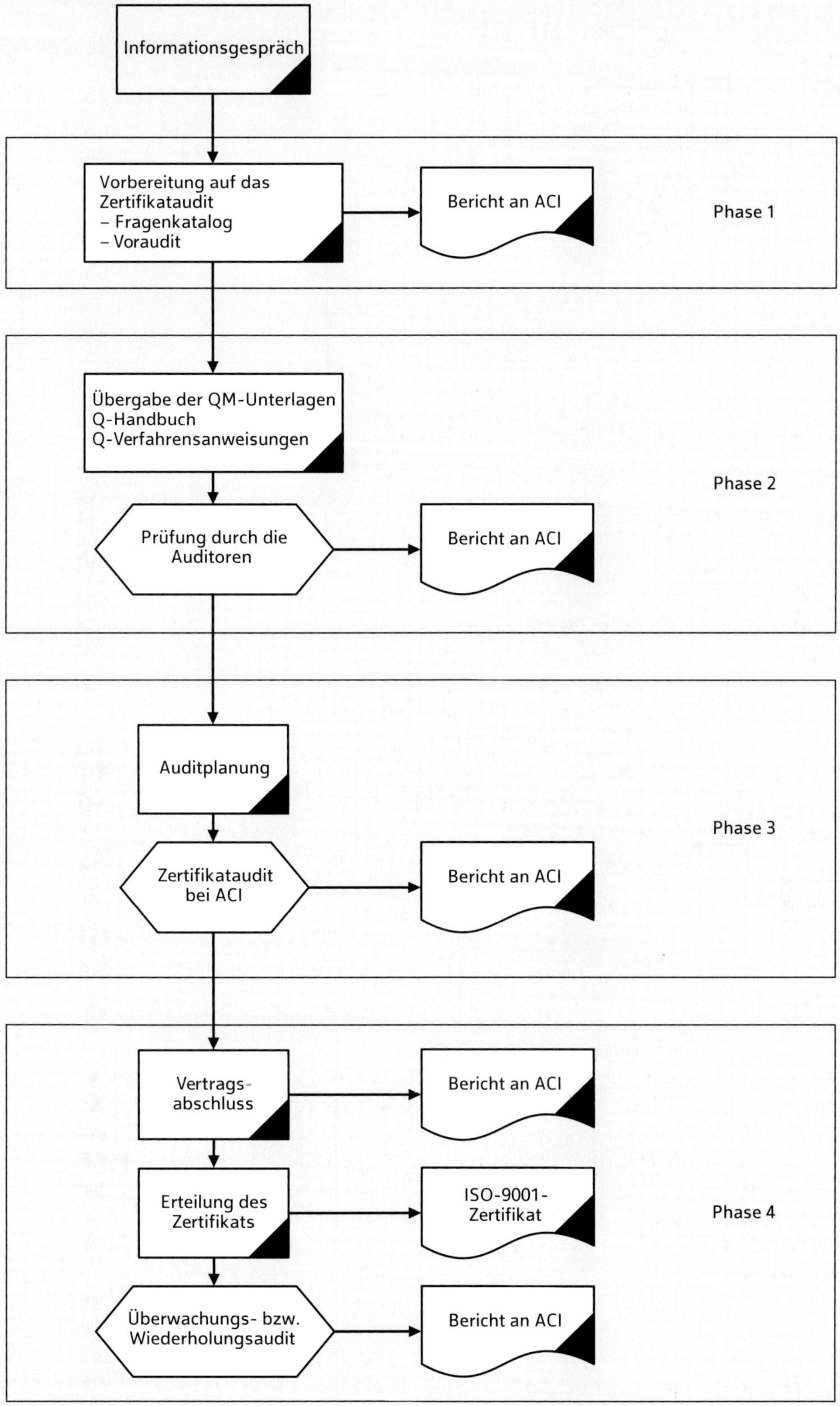

Quelle: TÜV CERT

Flussdiagramm Stellenausschreibung

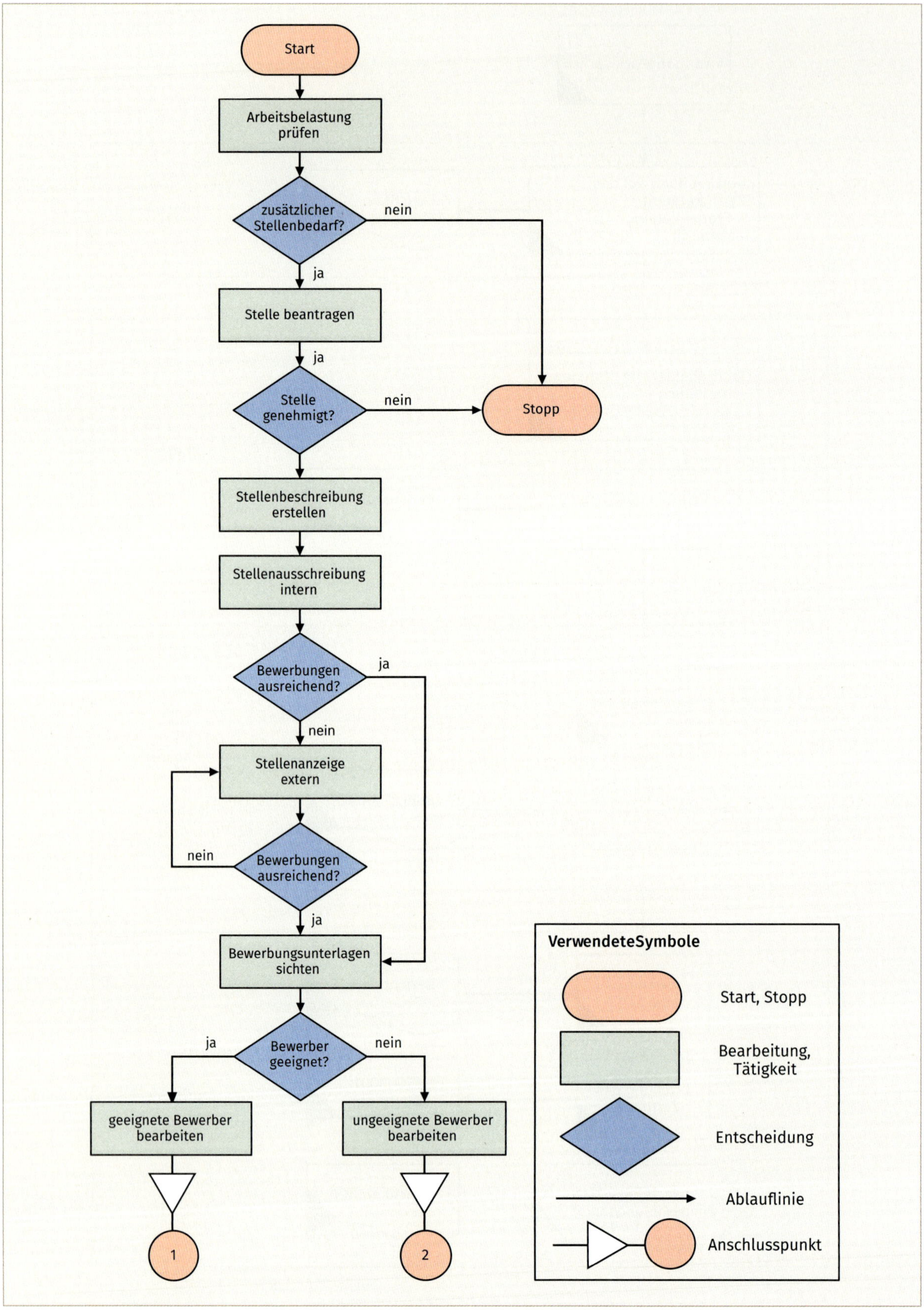

Aufgaben

1. Erläutern Sie die Flussdiagramme.
2. Informieren Sie sich im Programm Microsoft Visio über Flussdiagramm-Shapes.
3. Ergänzen Sie das o. a. Flussdiagramm an den Anschlusspunkten um zwei weitere Flussdiagramme. Geben Sie die Arbeitsschritte detailliert an.
4. Erstellen Sie Flussdiagramme zu folgenden Prozessen:
   a) Bewerbungsmanagement
   b) Auslieferung eines PCS an einen Kunden (Start: PC steht im Lager verpackt bereit, Rechnung ist ausgedruckt)

2.3.6.5 Ereignisgesteuerte Prozessketten

S Große Unternehmen mit professioneller Geschäftsprozessanalyse verwenden häufig die Darstellung als Ereignisgesteuerte Prozesskette (EPK). Herr Grabowski zeigt in einer Projektsitzung das unten stehende Schaubild einer EPK.

Diagramme von ereignisgesteuerten Prozessketten (EPK-Diagramme) dienen dazu, Geschäftsprozesse zu dokumentieren bzw. Soll-Ist-Analysen der Geschäftsprozesse durchzuführen. Große Softwareunternehmen wie SAP und mit SAP kooperierende Softwareberatungen analysieren die Geschäftsprozesse der Unternehmen mithilfe von EPK-Diagrammen (vgl. Modelltypen oder EPK unter www.softwareag.com/de).

Folgendes Schaubild soll am Beispiel der Rechnungseingangsprüfung die Elemente einer erweiterten Ereignisprozesskette verdeutlichen. Die Symbole einer EPK bilden die Funktions- und Steuerungssicht mit den Ereignissen und Funktionen sowie Kontrollflusslinien und Konnektoren im Prozessablauf ab. Den Funktionen werden Organisationseinheiten und Informationsobjekte zugeordnet (Organisationssicht und Datensicht). Zum Schaubild vgl. im Downloadbereich: Visio, EPK-Grundlagen. DL

EPK Rechnungseingangsprüfung

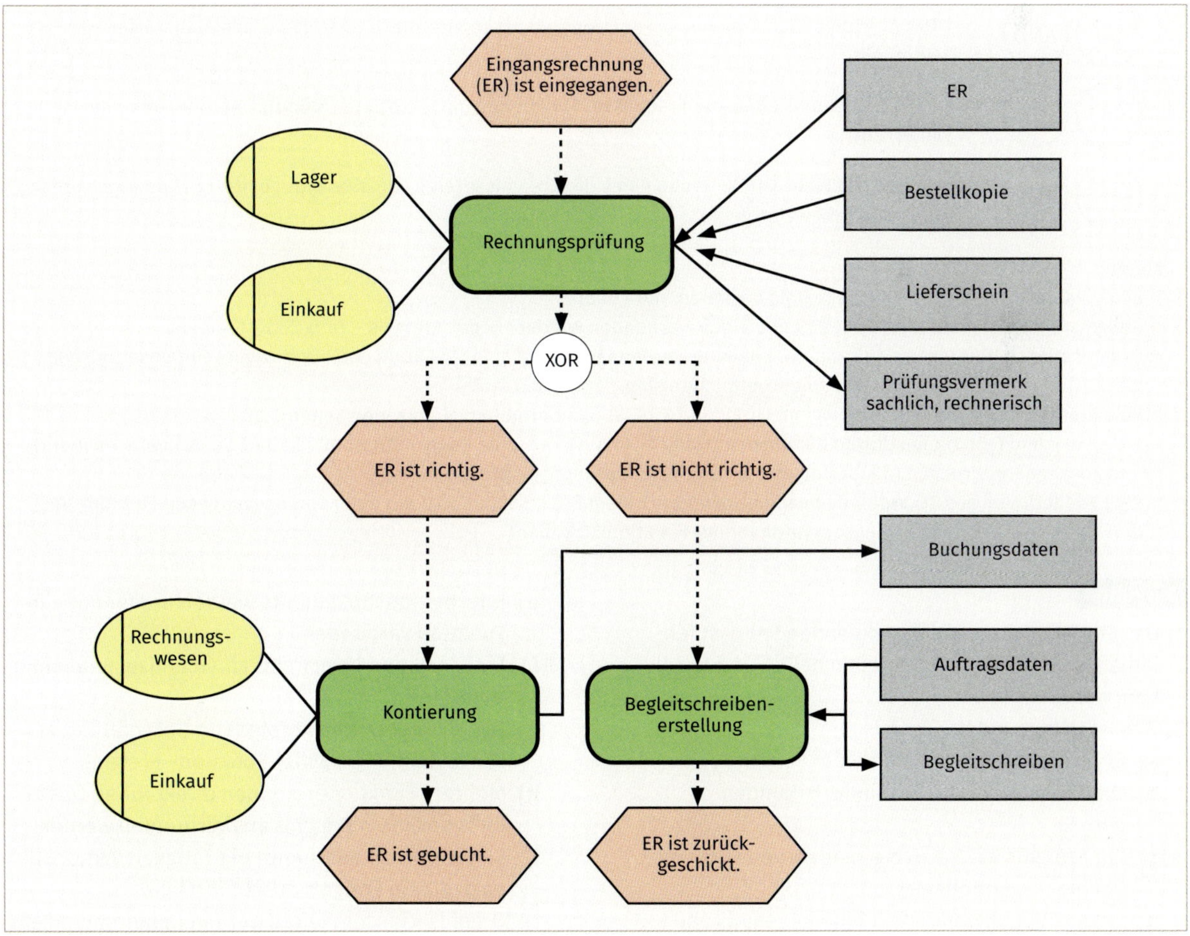

W

Symbole für EPKs

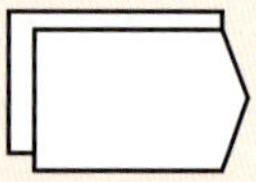

Prozesswegweiser (Prozesspfad): Dieses Symbol dient der Verknüpfung von Teilprozessen bzw. als Verweis auf einen Teilprozess. Er wird anstelle einer Funktion gesetzt.

Ereignis: Es ist der Auslöser oder das Ergebnis einer Handlung und beschreibt einen betriebswirtschaftlichen oder technischen Zustand, der mindestens eine Handlung (Funktion) auslöst. Ein Ereignis ist eine passive Komponente, z. B. Anfrage (ist) eingegangen.

Funktion: Handlung bzw. Verarbeitungsaktivität, die beschreibt, was nach dem auslösenden Ereignis passiert/geschehen soll. Sie ist eine aktive Komponente, z. B. Anfrage bearbeiten bzw. Anfragebearbeitung.

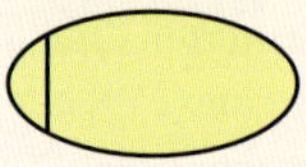

Organisationseinheit: Stelle, Arbeitsgruppe, Projektgruppe, Abteilung, Personenkreis

Informationsobjekt: Tabellen, Dokumente, Dateien, Tools, die für die Durchführung der Funktion benötigt werden

Kontrollflusslinie: Gerichteter Pfeil zwischen Ereignissen, Funktionen und Verknüpfungsoperatoren. Zwischen Informationsobjekten und Funktionen wird der Informationsfluss häufig per Pfeil gerichtet angezeigt, zwischen Organisationseinheit und Funktionen die Zuständigkeit durch einfache Linien.

Verknüpfungsoperatoren (Konnektoren)

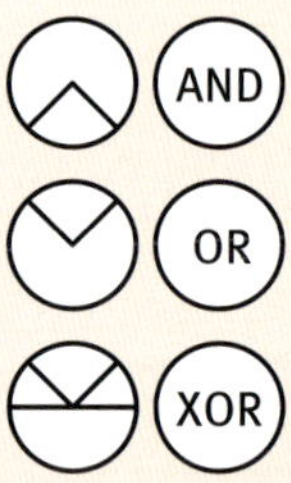

UND: Alle folgenden Ereignisse/Funktionen müssen eintreten/getätigt werden, damit es im GP weitergeht.

ODER: Mindestens eines der Ereignisse/Funktionen muss eintreten/getätigt werden, damit es im GP weitergeht.

XOR bzw. **Exklusiv-ODER:** Genau eines der Ereignisse/eine Funktion muss eintreten/getätigt werden, damit es im GP weitergeht.

Merke:

- Eine EPK muss immer mit einem Ereignis beginnen und enden.
- Ereignisse dürfen **nicht** direkt mit einem Ereignis verbunden werden. Regel: Ereignis – Funktion – Ereignis.
- Organisationseinheiten und Informationsobjekte werden immer mit einer Funktion verknüpft, wobei Organisationseinheiten mit der Funktion ohne Pfeilspitze verbunden sind.
- Eine Ereignis-Funktion-Verknüpfung mit ODER und XOR ist nicht erlaubt (vgl. folgende Seiten).
- Ereignisse und Funktionen dürfen nur einen Eingang oder Ausgang (eine Kontrollflusslinie) haben, Verzweigungen (Split) und Zusammenführungen (Join) erfolgen nur über Verknüpfungsoperatoren.
- Eine Wiederholungs-/Rückschleife beginnt immer bei einem Ereignis und wird mit einer vorangegangenen Funktion verbunden, wobei als Verknüpfungsoperator vor der Funktion XOR dient.

Aufgaben

1. Das EPK-Diagramm auf der folgenden Seite ist fehlerhaft erstellt worden. Sie sollen helfen und angeben, was falsch ist.
2. Was ist richtig und was ist falsch?
   a) EPKs beginnen immer mit einer Funktion.
   b) Organisationseinheiten sind z. B. Kundendaten.
   c) Ein Ereignis wird durch ein abgerundetes Rechteck symbolisiert.
   d) EPKs beginnen immer mit einem Ereignis und enden mit einer Funktion.
   e) Informationsdokumente werden immer mit einer Funktion verbunden.
   f) Eine Funktion beschreibt einen Endzustand einer Handlung.
   g) Die grundsätzliche Abfolge von Geschäftsprozessen ist immer Ereignis – Funktion – Ereignis.
   h) Mehrere Funktionen können direkt (ohne Operator) von einem Ereignis aus verbunden werden.
   i) Eine Funktion beschreibt die Tätigkeit/Aktion, die nach einem Ereignis ausgeführt wird.
   j) Organisationseinheiten werden immer mit einem Ereignis verbunden.

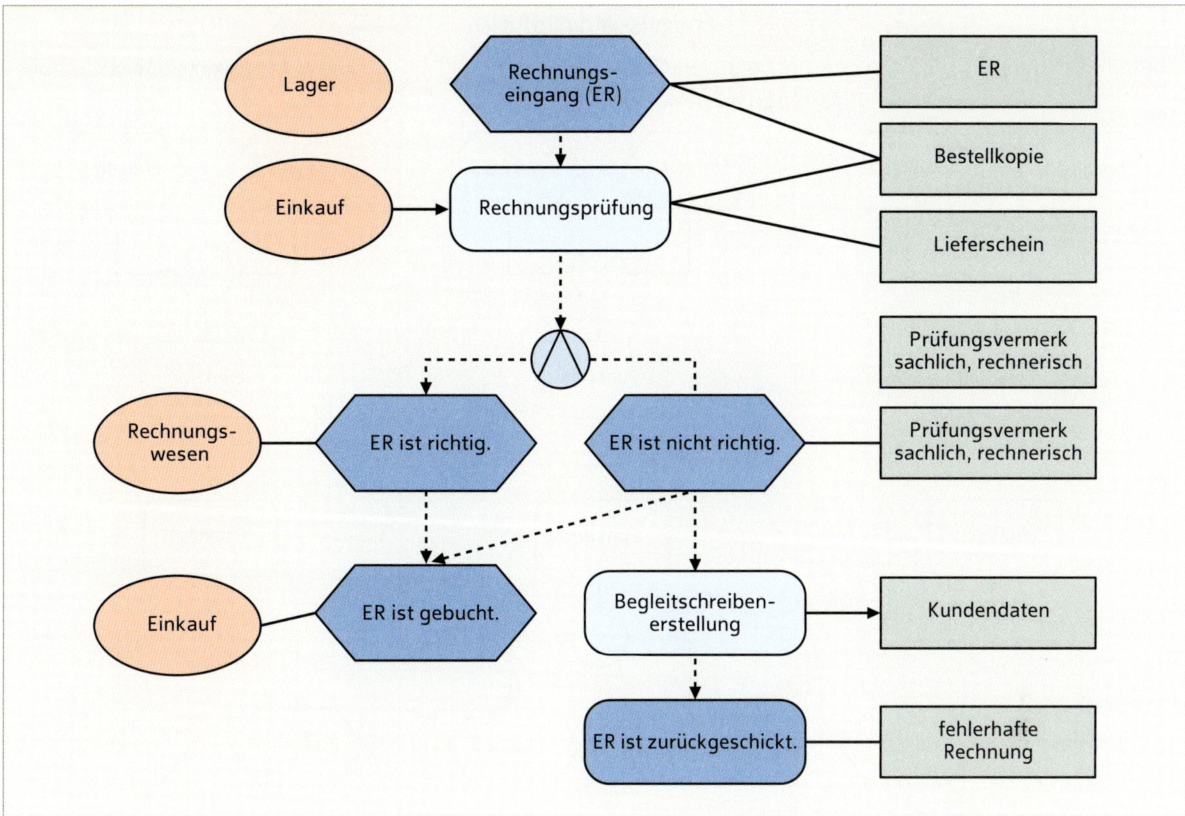

k) Um mehrere Ereignisse mit einer Funktion zu verbinden, ist ein Operator notwendig.

l) EPKs beginnen immer mit einem Ereignis und enden mit einem Ereignis.

m) XOR-Verknüpfungen mit nachfolgenden Funktionen sind verboten.

n) Eine UND-Verknüpfung erlaubt die beiden folgenden oder ein folgendes Ereignis.

o) Eine XOR-Verknüpfung mit zwei Ereignissen bedeutet: Entweder das eine oder das andere Ereignis wird durch die Funktion ausgelöst.

p) Eine ODER-Verknüpfung mit zwei folgenden Funktionen bedeutet: Entweder die eine oder andere Funktion oder beide Funktionen können durch das Ereignis ausgelöst werden.

W

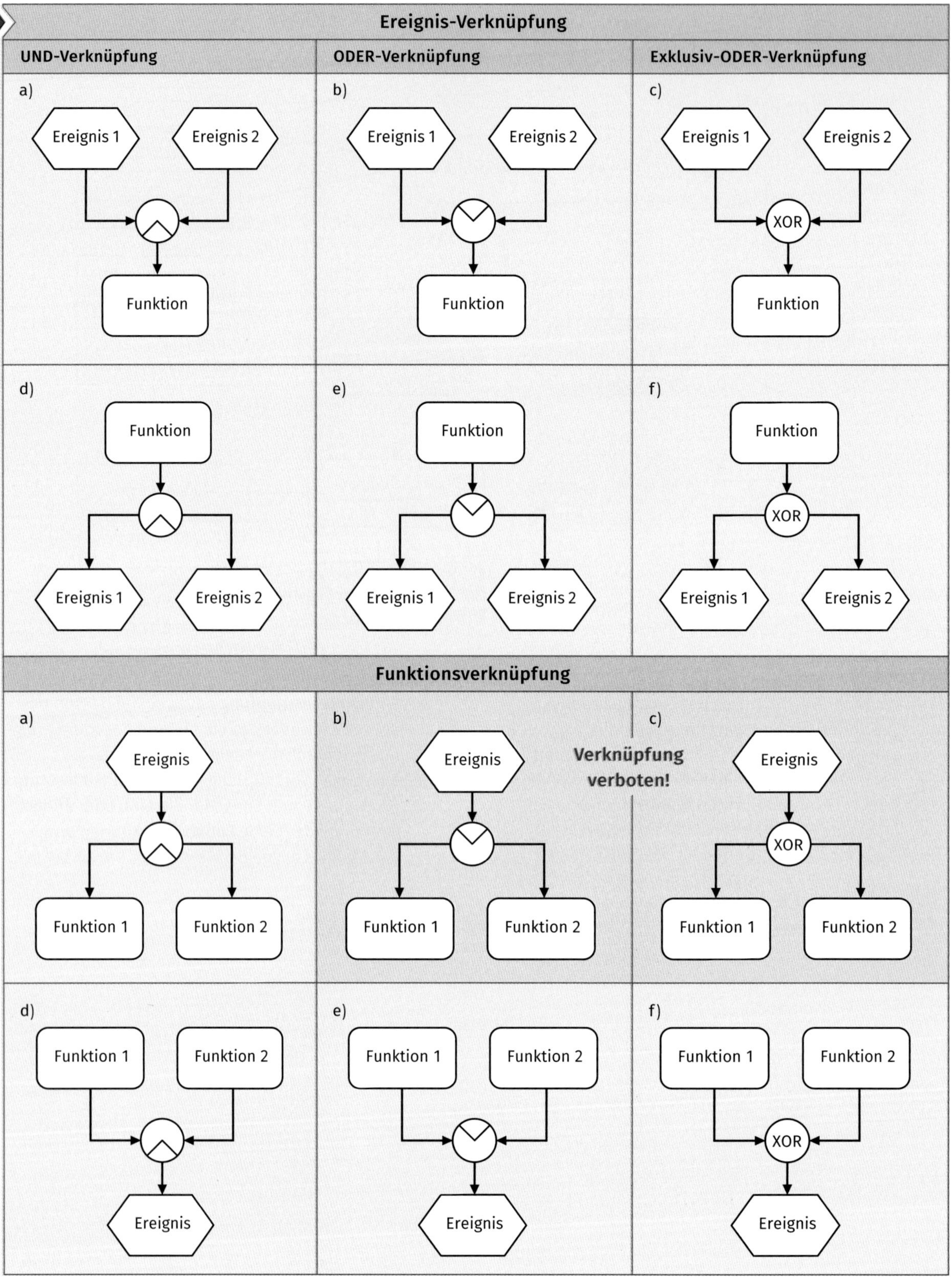
Ereignis-Verknüpfung
UND-Verknüpfung
ODER-Verknüpfung
Exklusiv-ODER-Verknüpfung
a)
Ereignis 1
Ereignis 2
Funktion
b)
Ereignis 1
Ereignis 2
Funktion
c)
Ereignis 1
Ereignis 2
XOR
Funktion
d)
Funktion
Ereignis 1
Ereignis 2
e)
Funktion
Ereignis 1
Ereignis 2
f)
Funktion
XOR
Ereignis 1
Ereignis 2
Funktionsverknüpfung
a)
Ereignis
Funktion 1
Funktion 2
b)
Ereignis
Funktion 1
Funktion 2
Verknüpfung verboten!
c)
Ereignis
XOR
Funktion 1
Funktion 2
d)
Funktion 1
Funktion 2
Ereignis
e)
Funktion 1
Funktion 2
Ereignis
f)
Funktion 1
Funktion 2
XOR
Ereignis

Beispiele: Nicht erlaubte und erlaubte Verknüpfungen

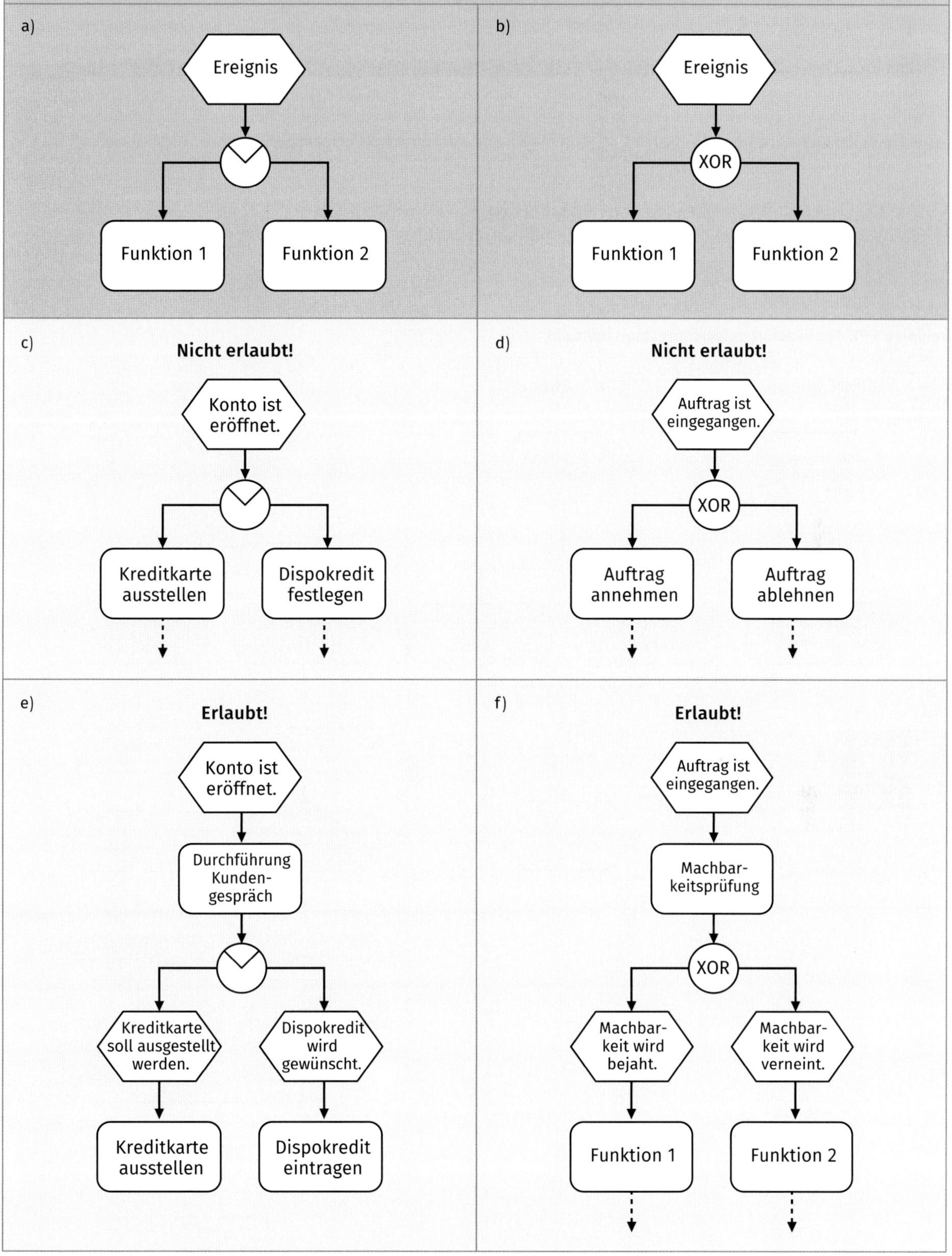

Beispiele in Anlehnung an Josef Staud: Geschäftsprozessanalyse, Springer Verlag, 3. Auflage 2006

W

Vorgehensweise bei der Modellierung von EPKs

1) Bei der Erstellung der EPKs kann man wie beim Funktionsbaum **top-down** (von den Hauptfunktionen ausgehend hin zu den Elementarfunktionen) oder **bottom-up** (von den Elementarfunktionen ausgehend hin zu den Hauptfunktionen) modellieren. Wichtig ist, dass man sich jeweils in der geeigneten Beschreibungsebene bewegt. In der 1. Ebene werden nur die Hauptfunktionen mit den Ereignissen verknüpft, in der 2. Ebene werden die Hauptfunktionen mit Detailfunktionen und weiteren Einzelereignissen detaillierter beschrieben. In den folgenden Darstellungsebenen werden die Funktionen und Ereignisse immer präziser beschrieben, bis zuletzt eine Funktion einem Programmelement (Programmmodul) der Softwareentwicklung entspricht. Ist eine EPK größer als eine A4-Seite, so müssen Prozesswegweiser einbezogen werden.
2) Zunächst wird die EPK mit den Ereignissen, Funktionen und Verbindungsoperatoren erstellt, wobei die auf den Vorseiten genannten Darstellungsvorschriften beachtet werden sollten.
3) Nach Erstellung des grundlegenden EPK-Diagramms kann das erweiterte Diagramm durch die Ergänzung der Organisations- und Informationseinheiten (Organisations- und Datensicht) erstellt werden.

Beispiel: EPK Applikation Bewerbungsmanagement

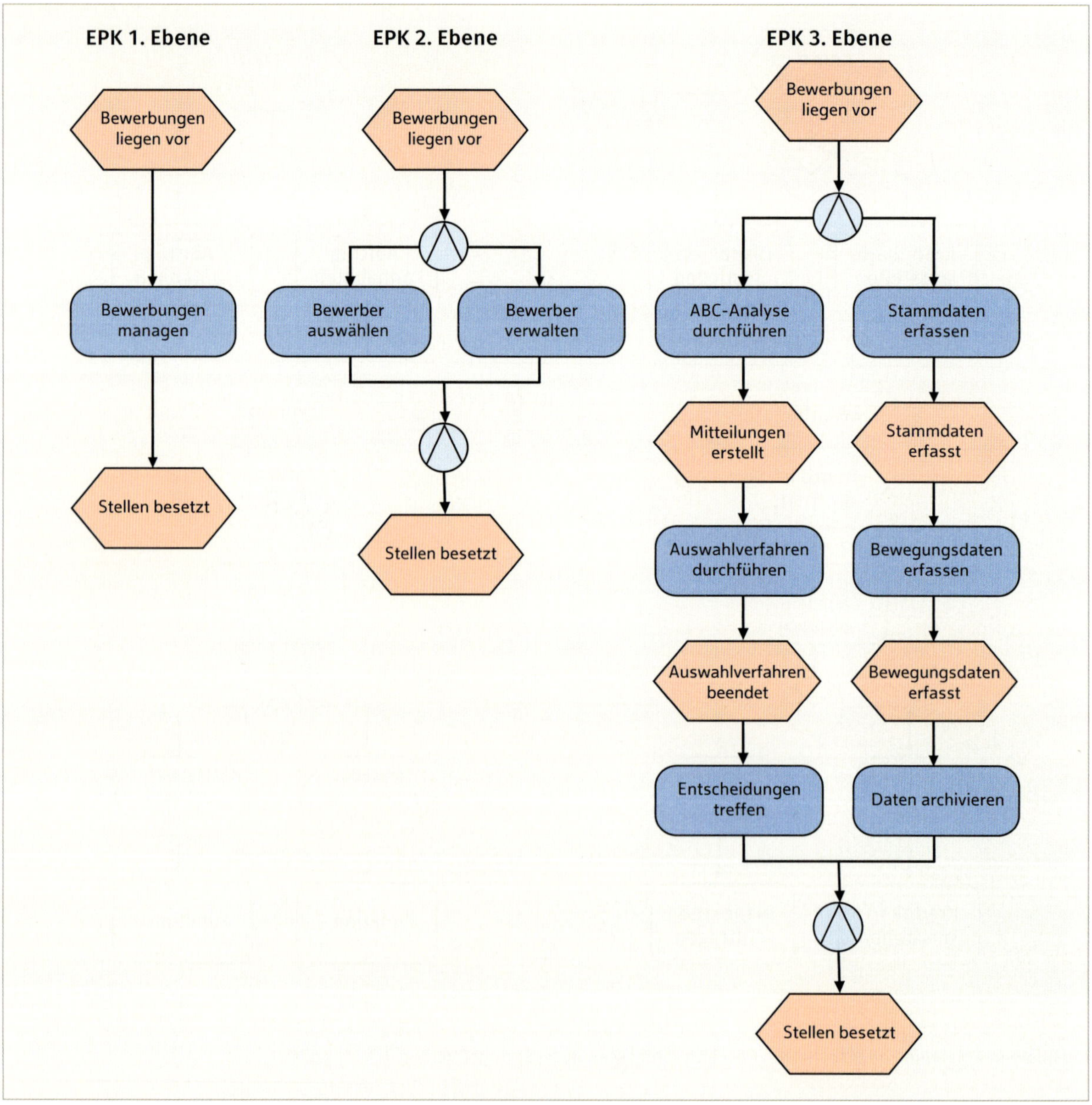

Aufgaben

1. Die Geschäftsleitung von ACI plant eine Weihnachtsfeier, an der 40 ACI-Mitarbeiter und 60 der besten Geschäftskunden teilnehmen sollen. Die Geschäftsleitung will dazu 7.000,00 € ausgeben. Sie weist die Projektgruppe Finanzierung jedoch darauf hin, dass Sponsoren einzubinden seien, um die Feier finanziell besser auszustatten. Es wird mit weiteren 10.000,00 € Sponsorengeldern zuzüglich eventueller Sachspenden gerechnet.
   a) Erstellen Sie mit Microsoft Visio und den „EPC-Diagramm-Shapes" (vgl. Gruppe Geschäftsprozess) die EPK „Weihnachtsfeier".
   b) Erstellen Sie in fünf Arbeitsgruppen EPKs zu den Teilprozessen und präsentieren Sie Ihre Ergebnisse.

S1

2. Sie sollen eine EPK „Lagerarbeiten und Verkauf von IT-Komponenten im Ladengeschäft und im Internetshop" erstellen. Folgende Istaufnahme liegt Ihnen vor: Nachdem die bestellte Ware eingetroffen ist, wird eine Wareneingangsprüfung durchgeführt. Werden Mängel festgestellt, so wird ein neuer Teilprozess „Mängelrüge bearbeiten" ausgeführt. Wenn die Waren in Ordnung sind, erfolgt zunächst eine Auftragszuordnung, wobei die Waren entweder der Internetbestellung, einem Kundenauftrag im Geschäft oder dem Lager zugeordnet werden. Bei einer Internetbestellung wird der Teilprozess „Internetversand" bearbeitet. Für den Kundenauftrag im Geschäft muss die Ware zunächst kommissioniert werden. Dazu gehört, dass nicht nur Ware mit dem Lieferschein bereitgestellt wird, sondern auch die Information des Kunden. Ist beides erfolgt, kann der Teilprozess „Warenauslieferung" bearbeitet werden. Im Falle der Aufnahme in das Lager wird die Ware eingelagert. Dazu gehört, dass der Wareneingang erfasst und die Ware zum Lagerort gebracht wird.
   Im Arbeitsheft finden Sie eine unvollständige Arbeitsvorlage zur Unterstützung. AH

3. Sie sollen eine EPK „Beratung eines Kunden bezüglich Aufrüstung oder Neukauf eines IT-Systems" erstellen. AS2
   Dazu sind folgende Ereignisse und Funktionen beschrieben worden: Wenn ein Kunde einen leistungsstarken PC wünscht, wird zunächst geprüft, ob bereits ein PC vorhanden ist. Ist keiner vorhanden, wird der Neukauf eines PCs gewünscht. Dazu erfolgt dann eine Angebotserstellung. Wird das Angebot vom Kunden

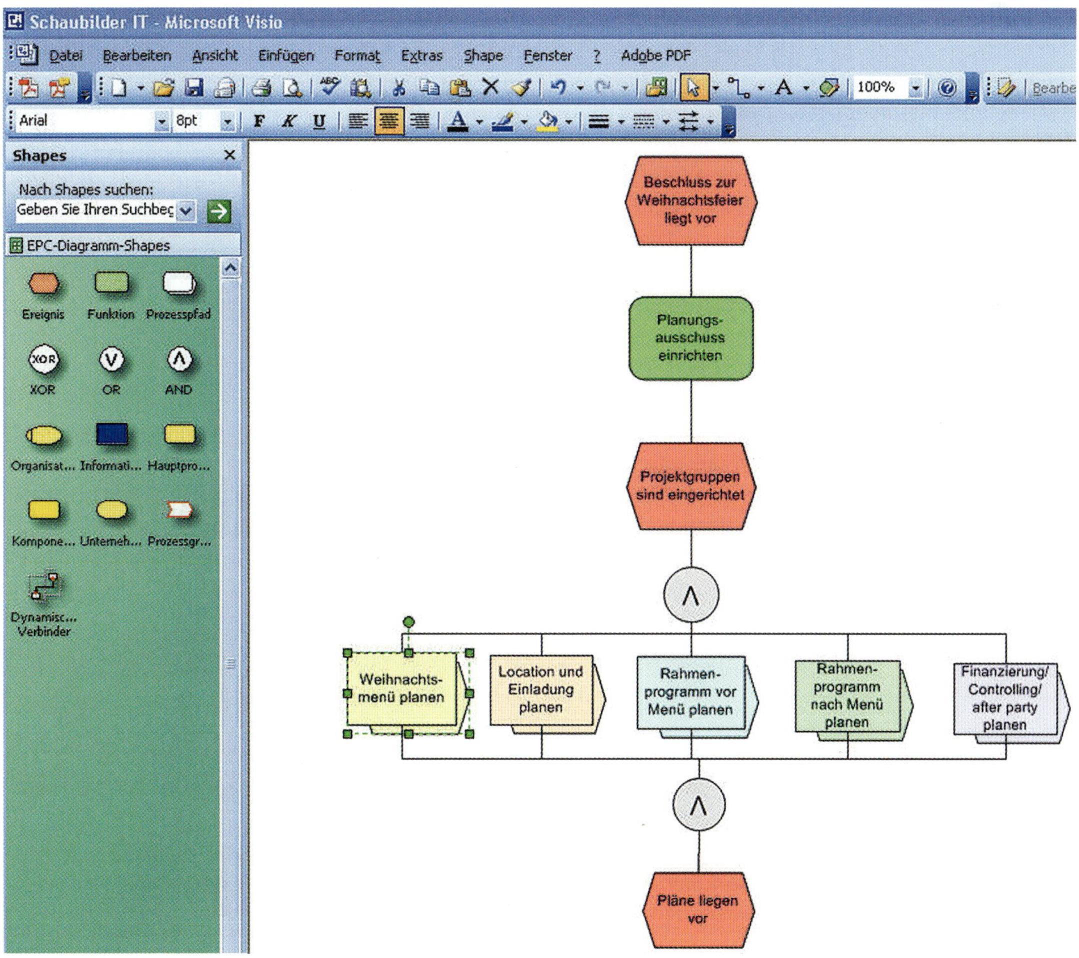

akzeptiert, erfolgt die PC-Herstellung (eigener Unterprozess). Wird das Angebot nicht akzeptiert, hat ein Gespräch mit dem Abteilungsleiter zu erfolgen.
Ist ein eigener PC vorhanden, so ist der PC zunächst zu überprüfen, um den Aufrüstungsbedarf festzustellen. Danach muss die Entscheidung getroffen werden, ob es sinnvoller ist, einen neuen PC zu kaufen oder den vorhandenen aufzurüsten. Bei einem Neukauf erfolgt die Angebotserstellung. Liegt dagegen der Auftrag über die Aufrüstung vor, wird der Teilprozess „PC-Aufrüstung" bearbeitet.
Nach den Teilprozessen „PC-Aufrüstung" oder „PC-Herstellung" wird der PC mit der Rechnung bereitgestellt, um die PC-Auslieferung durchzuführen.
AH Im Arbeitsheft finden Sie eine unvollständige Arbeitsvorlage zur Unterstützung.

4. Erstellen Sie im Rahmen der Geschäftsprozessanalyse „Angebot, Beschaffung und Lieferung von IT-Systemen nach öffentlicher Ausschreibung" eine Teilprozessbeschreibung „Beteiligung am Ausschreibungsverfahren" als EPK nach folgenden Angaben: Wenn öffentliche Ausschreibungen vorliegen, wird eine Vorauswahl getroffen. Sobald eine Liste geeigneter Ausschreibungen vorliegt, werden Ausschreibungsunterlagen eingeholt. Wenn diese vorliegen, erfolgt eine Machbarkeitsprüfung. Ist der Auftrag machbar, erfolgt eine Detailprüfung der Ausschreibungsunterlagen. Ergebnis dieser Prüfung kann sein, dass der Auftrag doch nicht durchführbar ist. Im anderen Fall sollte die Detailprüfung positive Prüfungsergebnisse erbringen, dass sowohl die technische als auch die zeitliche Machbarkeit gegeben ist, das finanzielle Risiko tragbar ist und die sonstigen Vertragsbedingungen akzeptiert werden können. In diesem Fall wird der Teilprozess „Angebotserstellung" ausgeführt, sodass das Angebot eingereicht wird. AS3

5. Erstellen Sie eine EPK nach folgenden Vorgaben aus der Istaufnahme:
Wenn die Ware eingetroffen ist, wird vom Lager der Wareneingang kontrolliert. Dazu werden die Bestellung, die Artikel und der Lieferschein miteinander verglichen. Wenn die Lieferung ohne Beanstandungen ist, wird der Wareneingang gebucht. Weist die Lieferung Mängel auf, wird eine Reklamation bearbeitet, eine Mängelrüge erstellt und versendet. Die Warenlieferung wird bis zur Klärung der Reklamation gesondert gelagert. Wird eine Rücksendung der Ware gewünscht, wird die Rücksendung veranlasst. Wird ein Preisnachlass vereinbart, werden die mangelhaften Waren gekennzeichnet und der Wareneingang gebucht. Ist die neu gelieferte Ware ohne Mängel, wird der Wareneingang gebucht. Nach Erfassung des Lagereingangs wird die Ware am Lagerplatz eingelagert und der Lieferschein zum Rechnungswesen weitergeleitet.

6. ACI berät eine Stadtbücherei hinsichtlich ihres Internetauftritts. Als Besprechungsgrundlage soll für die Fernleihe eine EPK erstellt werden, wobei folgender Ablauf für die Internetanwendung zu berücksichtigen ist:
Wenn eine Fernleihe gewünscht wird, so müssen zunächst die Entleiherdaten vom Empfang festgestellt werden. Dazu wird die Datei „Entleiher" hinzugezogen. Wenn eine Entleihernummer vergeben und der Personalausweis vorgelegt wurde, kann der Entleiher eine Fernleihbestellung ausführen, die von der Stelle „Fernleihe" bearbeitet wird. Dazu sollte automatisch auf die Daten des Entleihers und die Bücherdatei zugegriffen werden können. Diese Stelle stellt fest, ob das Buch vorrätig oder bereits verliehen ist. Wenn das Buch vorrätig ist, wird die Fernleihe das Buch versenden. Ist das Buch verliehen, erhält der Entleiher eine E-Mail-Mitteilung über die Verfügbarkeit (den möglichen Entleihtermin). Er kann dann erneut die Fernleihbestellung wiederholen. Im Arbeitsheft finden Sie eine unvollständige Arbeitsvorlage zur Unterstützung. AH

2.3.6.6 Vorgangskettendiagramm

S Herr Grabowski zeigt den Auszubildenden als Abwandlung zur EPK das folgende Vorgangskettendiagramm zur Softwareentwicklung. Es wird darüber diskutiert, welche Vor- und Nachteile sich durch die tabellarische Darstellungsweise ergeben.

W

Vorgangskettendiagramm	
Anwendung	Das VKD ist eine Abwandlung der EPK, wobei die Elemente der EPK geordnet in Spalten einer tabellarischen Darstellung aufgeführt sind. Einerseits verbessert sich dadurch die Übersicht mit Blick auf die einzelnen Elemente (Ereignisse, Funktionen, Informationen, Organisationseinheiten), andererseits wird die zeichnerische Darstellung schwieriger. Durch die Ergänzung von EDV-technischen Informationen kann die Vorgangsbearbeitung genauer beschrieben werden als mit einer EPK.
Darstellung	Tabellarische Darstellung. Spalten werden für die Darstellung der Ereignisse, Funktionen, Informationen und Organisationseinheiten eingerichtet. In weiteren Spalten können ergänzende Informationen zum Anwendungssystem und/oder zur Verarbeitungsart (Dialog- oder Batchprocessing, manueller Eingriff) ergänzt werden.

(Fortsetzung auf folgender Seite)

VKD: Auftragsbearbeitung Softwareentwicklung Kundenauftrag

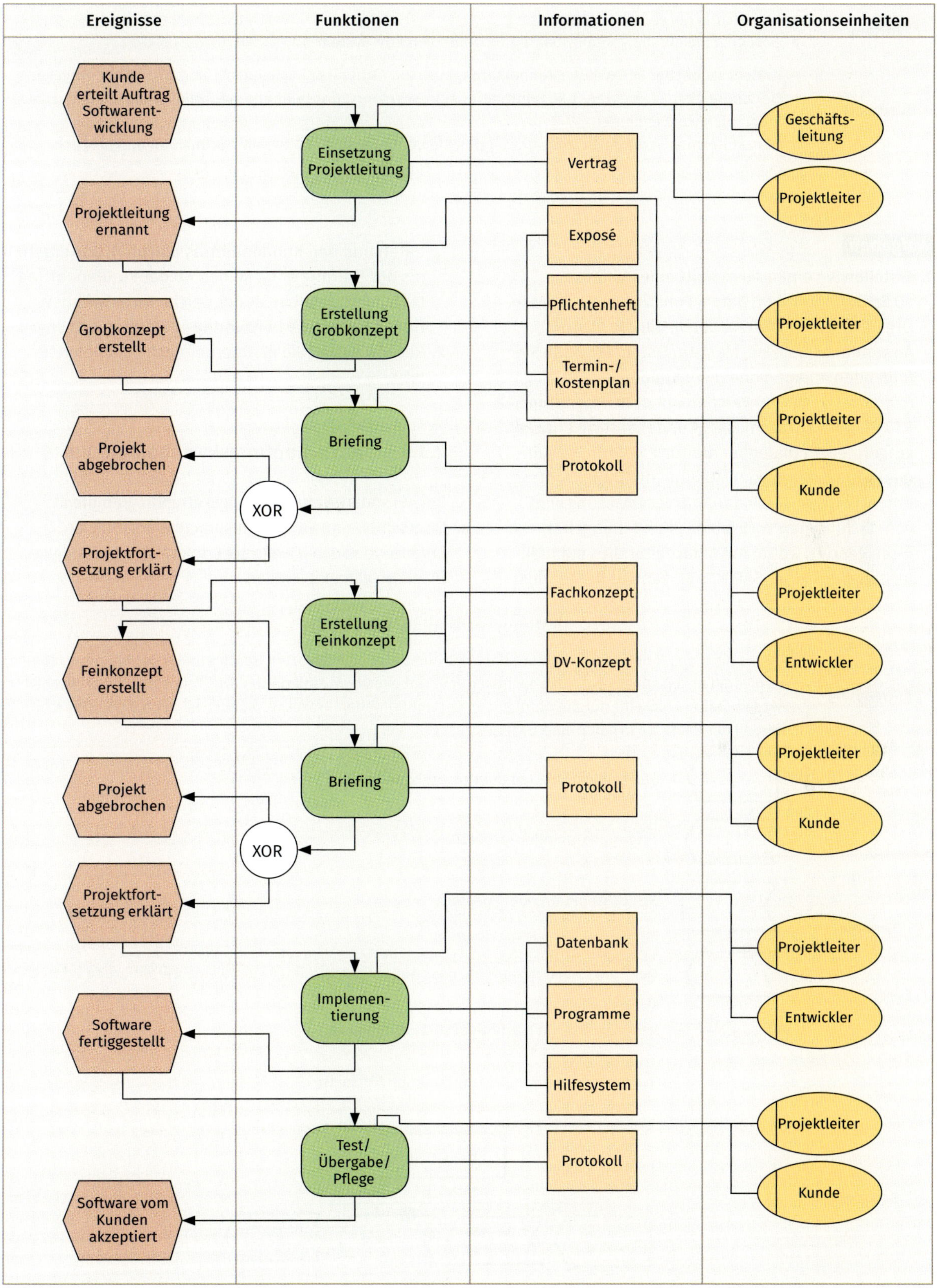

W

Vorgangskettendiagramm (Fortsetzung)	
Vorteile	▪ Übersichtliche, geordnete Darstellung ▪ Bezugnahme auf die Vorgangsbearbeitung mit dem EDV-System
Nachteile	▪ Anders als bei der EPK werden Konnektoren (XOR, OR, AND) nicht konsequent, häufig gar nicht eingesetzt. ▪ Bei zahlreichen Elementen (z. B. Informations- und Organisationseinheiten) führt die Platzenge oft zum Weglassen von Elementen. ▪ Bei zahlreichen verketteten und verzweigten Elementen wird das Diagramm schnell unübersichtlich.

Aufgaben

1. Erstellen Sie einen Ausschnitt eines VKD mit 10 Spalten: Medium, Daten, Funktionen, Ereignisse, Organisationseinheiten, batch, dialog, manuell, Anwendungssysteme, Masken/Listen. Erfassen Sie folgenden Ablauf: Sobald ein Kundenauftrag eingetroffen ist, wird vom Vertrieb mit dem Programm SAP R/3 SD die Auftragsmaske „Kundenauftrag erfassen" aufgerufen. In Dialogbearbeitung werden die Kundenauftragsdaten vom Medium (der Datei „Auftragsdaten") erfasst. Nach der Auftragserfassung wird vom technischen Vertrieb das Kundenangebot technisch geprüft, wobei der Mitarbeiter dies manuell leisten muss. Über SAP R/3 SD kann er die Produktdaten und den Kundenauftrag aufrufen. Das Ergebnis der Prüfung entscheidet, ob der Kundenauftrag technisch machbar ist oder nicht. Im Arbeitsheft finden Sie eine Arbeitsvorlage zur Unterstützung. AH
2. Recherchieren Sie im Internet nach Beispielen für VKD.

2.3.6.7 Wertschöpfungskettendiagramm

S

Bei ACI sollen Wertschöpfungskettendiagramme als Übersichts- und Einstiegsdiagramme erstellt werden. Ergänzend sollen jeweils die Erfolgsfaktoren für diese Prozesse genannt werden.

W

Wertschöpfungskettendiagramm (WKD)	
Anwendung	Anders als die EPK oder das VKD dient das WKD nicht einer detaillierten Beschreibung der Prozesse, sondern vorab als Einstiegs- oder Übersichtsmodell, wobei nur die Funktionen bzw. Teilprozesse dargestellt werden. Dabei erscheint nur die Abfolge der wertschöpfenden Prozesse. Möglich ist auch eine Hierarchisierung der Prozesse in Ober- und Unterprozesse.
Symbole	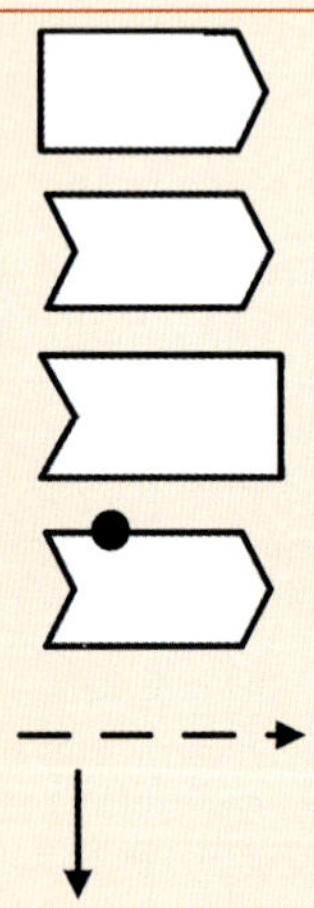 Startsymbol, Anfang der Prozesskette Folgefunktion oder -prozess Schlussfunktion oder -prozess Der Punkt weist darauf hin, dass auf untergeordneter Ebene eine Detaillierung erfolgt. Verknüpfung mit Nachfolgefunktion/-prozess Verweis auf untergeordnete Funktion/Prozesse
Beispiel	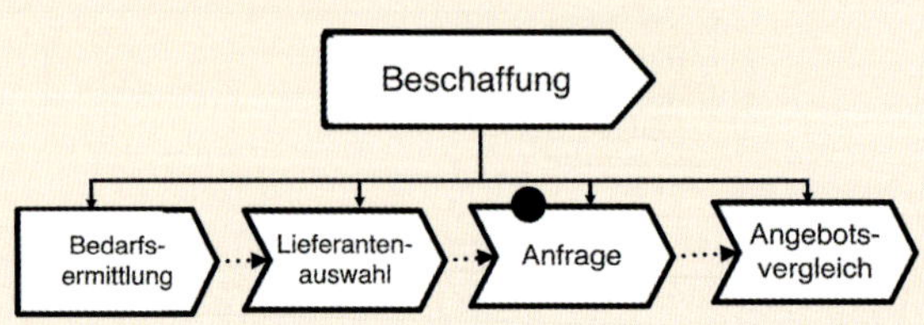

Geschäftsprozesse Beschaffung und Lagerhaltung

G

Erfolgsfaktoren
- Genaues Arbeiten
- Organisationsfähigkeit
- Kenntnisse Beschaffung/Einkauf und Lagerhaltung
- Produkt- und Warenkenntnisse
- Gutes Arbeiten mit modernen Informations- und Kommunikationsmitteln
- Kompetenz im Kaufrecht
- Kommunikationsfähigkeit

Beschaffungsplanung

Funktionen
- Marktbeobachtung
- Marktanalyse
- Bedarfsermittlung
- Anforderungen Einkauf und Verkauf
- Terminplanung
- Anfragen intern bearbeiten

Lieferantenauswahl

Funktionen
- Lieferantenstamm
- Bezugsquellen ermitteln
- ABC-Analyse
- Lieferantenkonditionen
- Bonitätsprüfung

Bestellung

Funktionen
- Bestellmengen ermitteln
- Angebotseinholung
- Angebotsvergleich
- Verhandlungen
- Bestellungen bearbeiten

Bestellverfolgung

Funktionen
- Auftragsbestätigungen bearbeiten
- Terminüberwachung
- Kontrolle Lagerbestand
- Schnellbestellungen

Wareneingang

Funktionen
- Kontrolle Wareneingang
- Erfassung Wareneingang
- Rückgabe Leihemballagen
- Belege weiterleiten

Lagerung

Funktionen
- Lagerstandort festlegen
- Ware einlagern und umlagern
- Ausgabe über MES
- Inventur durchführen
- Lager aufräumen

Störungen bearbeiten

Funktionen
- Mangelhafte Lieferung
- Lieferungsverzug
- Annahmeverzug
- Probleme in Einkauf und Lager (QM) bearbeiten

Geschäftsprozesse in der Personalabteilung

G

Erfolgsfaktoren
- Genaues Arbeiten
- Organisationsfähigkeit
- Besondere Fähigkeiten im Schriftverkehr
- Gutes Arbeiten mit modernen Informations- und Kommunikationsmitteln
- Absolute Verschwiegenheit über Personalangelegenheiten
- Kompetenz im Personalrecht
- Kommunikationsfähigkeit
- Integeres und sachliches Auftreten

Personalbedarfsplanung

Mitwirkung bei
- Planung Überstunden
- Planung Kurzarbeit und Betriebsferien
- Stellenbildung

Personalbeschaffung

Mitwirkung bei
- Interne/externe Stellenausschreibungen
- Auswahlverfahren
- Stellenbesetzungsverfahren
- Überstundenregelung
- Kurzarbeit

Personaleinsatz

Mitwirkung bei
- Überstundenveranlassung und -abbau
- Urlaubsplanung
- Einsatz des Mitarbeiters in anderen Abteilungen

Personalentwicklung

Mitwirkung bei
- Fortbildung
- Weiterbildung
- Umschulung des Personals
- Personalentwicklungsgespräche

Personalfreisetzung

Mitwirkung bei
- Abmahnung
- Kündigung
- Verabschiedung
- Beurlaubung des Mitarbeiters

Personalbetreuung

Betreuung
- Soziale Einrichtungen
- Arbeitsschutz
- Arbeitszeugnisse
- Bescheinigungen
- Beratung in rechtlichen Fragen

Personalverwaltung

Verwaltung
- Aktenführung
- Erstellung von Orga-Plänen
- Organisation von Besprechungen
- Lohn- und Gehaltsabrechnung
- Buchungen (FiBu)

2.3.7 ARIS-Geschäftsprozessmodellierung

S Mit der **„ARIS-Platform"** steht ein professionelles BPM-System für die Verbesserung der Geschäftsprozesse zur Verfügung. Herr Grabowski gibt eine Einführung in das ARIS-Konzept und den BPM-Standard.

Die **Architektur integrierter Informationssysteme** (ARIS) wurde im Institut von Prof. Scheer (vgl. www.aws-institut.de) entwickelt, um die Komplexität des betrieblichen Geschehens systematisch erfassen und gestalten zu können. Die EPK ist ein wesentlicher Bestandteil von ARIS. ARIS hat die Grundlage für viele Managementprogramme gelegt. Mit **BPMN 2.0** wurde ein Standard für **Business Process Management** (BPM) geschaffen, an dem sich die meisten der BPM-Programme orientieren. Die Scheer GmbH als Entwickler von ARIS hat schon frühzeitig die Bedeutung der Geschäftsprozessoptimierung in Unternehmen für die Verbesserung der Durchlauf- und Bearbeitungszeiten, Produktivitätssteigerung, Lagerbestandsreduktion und damit einhergehende Kostensenkungen erkannt. Das Unternehmen gehört zur Scheer Holding GmbH, ARIS Platform zur Software AG.

Das grundlegende Konzept zum **BPM** wurde in den 1990er-Jahren mit dem **ARIS-Haus** vorgelegt.

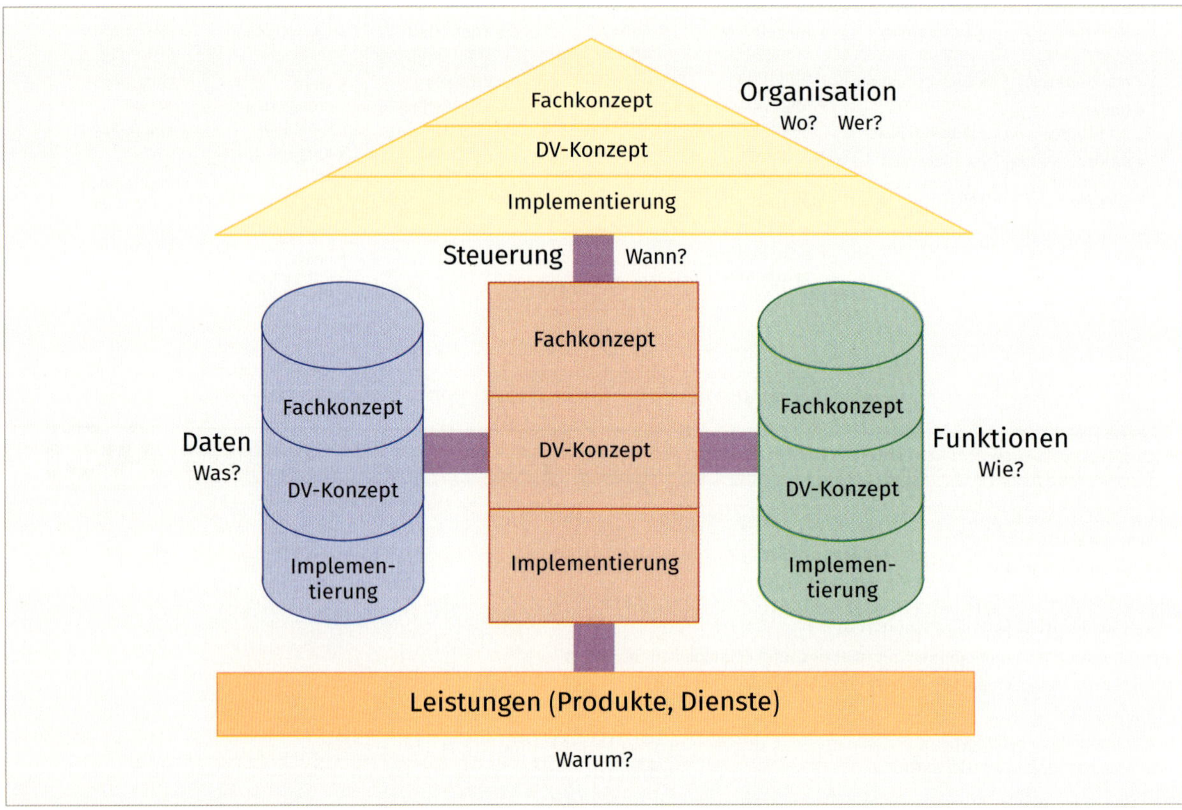

ARIS-Haus

W

Sichten vom ARIS-Haus und Umsetzung	
Organisationssicht	Z. B. FK: Organigramm, DV: Netztopologie, I: Protokolle
Datensicht	FK: Datenmodell (ERM), DV: Relationenmodell, I: Relationales Datenbanksystem
Steuerungssicht	FK: z. B. als EPK, BPMN, Use Case, DV: z. B. im BPMN, I: z. B. in BPEL
Funktionssicht	Z. B. FK: Hierarchiebaum, DV: Struktogramme, I: Programme
Leistungssicht	Enthält die Ergebnisse der Prozesse, als Output- oder Inputdaten für Anschlussprozesse

Das ARIS-Haus hat fünf Sichten. Die **Organisationssicht** beschreibt das Verhältnis von Organisationseinheiten und Mitarbeitern zueinander. Die **Datensicht** erläutert das benötigte Daten(bank)system. Die **Funktionssicht** umfasst Arbeitsschritte und -regeln. Die **Steuerungssicht** berücksichtigt die Zusammenhänge zwischen den Sichten.

Jede Sicht ist in drei Phasen unterteilt. Die **Phasen** bilden die Schritte bei der Entwicklung von Informationssystemen ab. Das **Fachkonzept** (FK) dient der Ist-Erfassung der betrieblichen Ausgangssituation und ist eine allgemeine Beschreibung. Es dient insbesondere der Kommunikation zwischen Auftraggeber und Auftragnehmer. Das **DV-Konzept** (Datenverarbeitung = DV) erweitert die Fachmodelle um DV-spezifische Anforderungen. In der **Implementierung** (I) erfolgt die Umsetzung des DV-Konzepts in die Anforderungen von Hard- und Software.

Im Wissenscontainer sind Beispiele für die Umsetzung in Anwendungen angegeben. In der Steuerungs- oder Prozess-sicht z. B. lassen sich auf der Ebene des Fachkonzepts Methoden zur Prozessmodellierung einordnen wie EPK, BPMN oder Anwendungsfalldiagramme (Use Case Diagram) der UML. Die Business Process Execution Language (BPEL) ist in der Steuerungssicht auf der Implementierungsebene einzuordnen.

Durch die Standardisierung in der **Business Process Management Notation (BPMN) 2.0** haben Entwickler von BPM-Software sich Vorgaben gesetzt, um die Entwicklung, Akzeptanz und den Einsatz dieser Softwareart voranzutreiben. Der hohen Grad der Automatisierung in allen Bereichen der Unternehmung und die laufende Weiterentwicklung von Geschäftsmodellen in den Betrieben haben dazu geführt, dass insbesondere größere Unternehmen BPM-Programme zur Weiterentwicklung ihrer betrieblichen Anwendersysteme benötigen. Mit den Jahren wurden daher sehr komplexe Programme zur Unternehmenssteuerung entwickelt.

Das folgende Schaubild zeigt einen vereinfachten Verantwortungsbereich für einen Prozess (Pool genannt) in BPM-Notation. Der Pool enthält hier zwei Lanes („Schwimmbahnen").

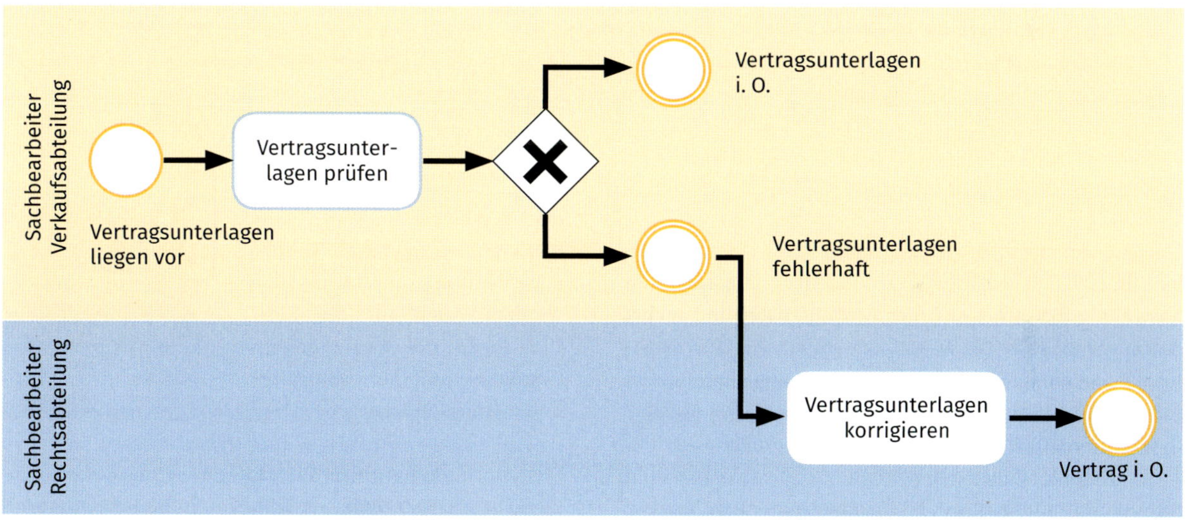

Lanes repräsentieren Prozessteilnehmer und können z. B. Organisationseinheiten (Vertrieb, Personal etc.) oder Rollen (Abteilungsleiter, Sachbearbeiter etc.) sein. Es gibt **Ereignisse** (Kreise) und **Aktivitäten** (Rechtecke). Konnektoren heißen hier **Gateways** (im Beispiel ein XOR-Gateway). Ferner können als Basiselemente noch sogenannte **Artefakte** wie Daten, Infotexte und Gruppen dargestellt werden. Die einzelnen Softwareanbieter von BPM-Programmen haben darüber hinaus eigene Elemente ergänzt.

DL Für weitere Informationen zur BPM-Notation sei als Einstieg auf Wikipedia oder www.omg.org bzw. das **Zusatzinfoblatt** im **DLB** verwiesen.

Die folgenden beiden Kapitel geben als Beispiele einen Einstieg in die Modellierungsprogramme **ARIS Express** und **viflow**. Auf die vielen BPM-Programme (vgl. Zusatzinfoblatt im Downloadbereich) sei hingewiesen.

2.3.7.1 ARIS Express

Anna hat von der kostenlos erhältlichen Modellierungssoftware ARIS Express gehört. Sie will diese Software näher kennenlernen.

Auf der Community-Plattform wird **ARIS Express 2.4** auf der Basis von Java als kostenlose Modellierungssoftware zum Download angeboten (vgl. www.ariscommunity.com/school). Damit wendet sich die Software AG an Einsteiger der Prozessmodellierung und positioniert die Software hinsichtlich BPM als Alternative zu gängigen Zeichenwerkzeugen wie Microsoft Visio (vgl. Kapitel 2.3.4).

Nach dem Start des Programms ARIS Express können neun Modelltypen ausgewählt werden.

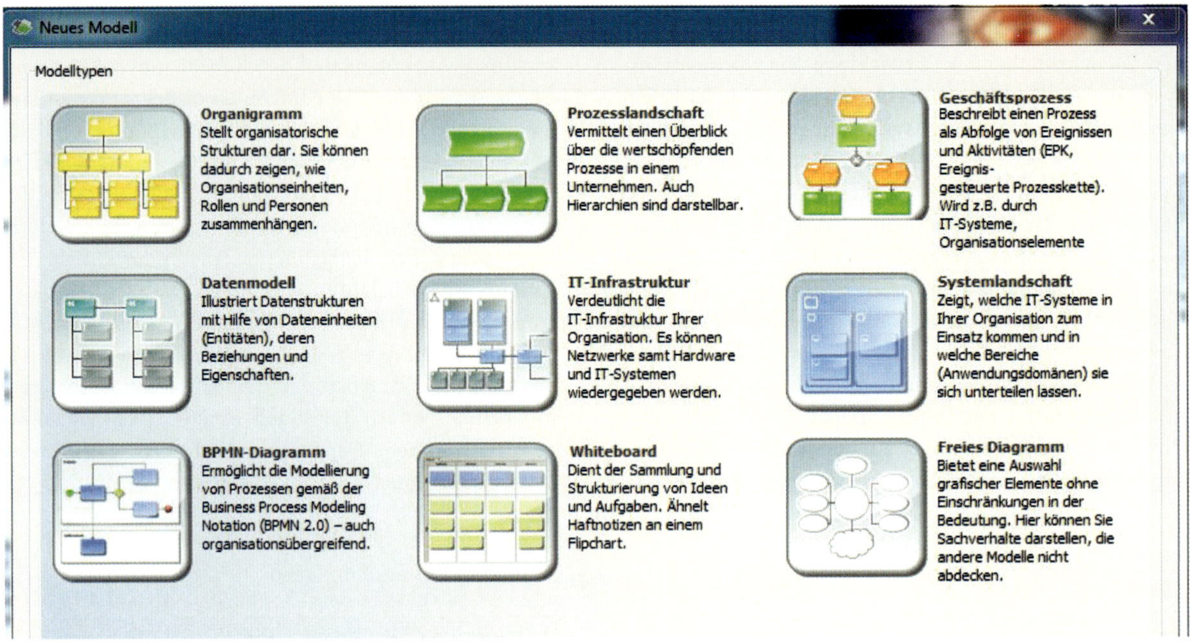

Erstellung des Organigramms von ACI

Um ein vereinfachtes Organigramm von ACI zu erstellen, müssen wir zunächst den Modelltyp **Organigramm** auswählen. Es öffnet sich das Modellfenster und rechts davon eine Symbolleiste mit den Symbolen für **Organisationseinheit**, **Rolle** und **Person** sowie das Symbol für **Kanten** (Beziehungslinien). Dazu wird eine Musterübersicht ergänzt, die das Modellieren beschleunigt. Für unser ACI-Organigramm werden die Geschäftsleitung mit den Abteilungen als Organisationseinheiten, die Bezeichnungen der Stellen als Rollen und die Namen der Stelleninhaber von ACI als Personen eingezeichnet.

Um die Modellierung zu beschleunigen, werden folgende Hilfen angeboten:
Taste <STRG> gedrückt: Sie erlaubt hintereinander mehrfach die gleiche Aktion per Klick.
Taste <F2>: Objektnamen vergeben (alternativ: Doppelklick auf das Symbol im Textbereich)
Minisymbolleiste: Sie wird automatisch beim Anklicken eines Objektes angezeigt und erleichtert das Erstellen von untergeordneten Objekten erheblich, da automatisch die passenden Kanten ergänzt werden. Ist z.B. das Objekt (Symbol) **Rolle** (Leiter IS) erstellt, so kann schnell das Objekt **Person** mit der zugehörigen Kante per Klick auf das Symbol **Person** der Minisymbolleiste erstellt werden. Auch für die Einrichtungen der Beziehungen (Kanten) ist die Minisymbolleiste sehr nützlich.

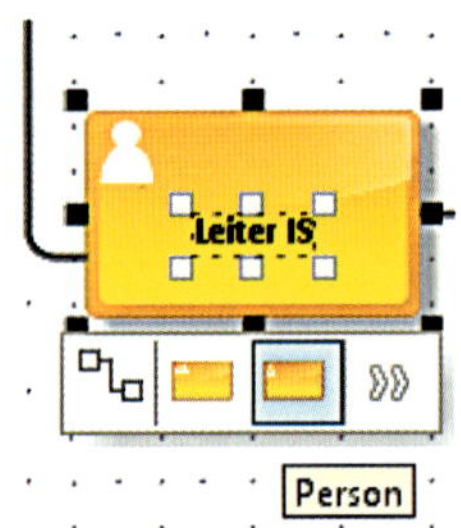

Freiraum einfügen und entfernen: Hilfreich ist dieser Menüpunkt unter **Anordnen**, um bequem Freiraum für zusätzliche Symbole zu schaffen, z.B. Rollen und Personen.

Weiterhin werden über die **Menüleiste** vielfältige Zusatzfunktionen angeboten.

Die folgende Abbildung zeigt das Ergebnis unseres ACI-Organigramms mit Organisationseinheiten, Rollen und Personen.

Organisationseinheiten: Geschäftsbereiche oder Abteilungen
Rollen: Aufgaben, Eigenschaften und Rechte des Benutzers
Personen: nehmen die Rollen wahr

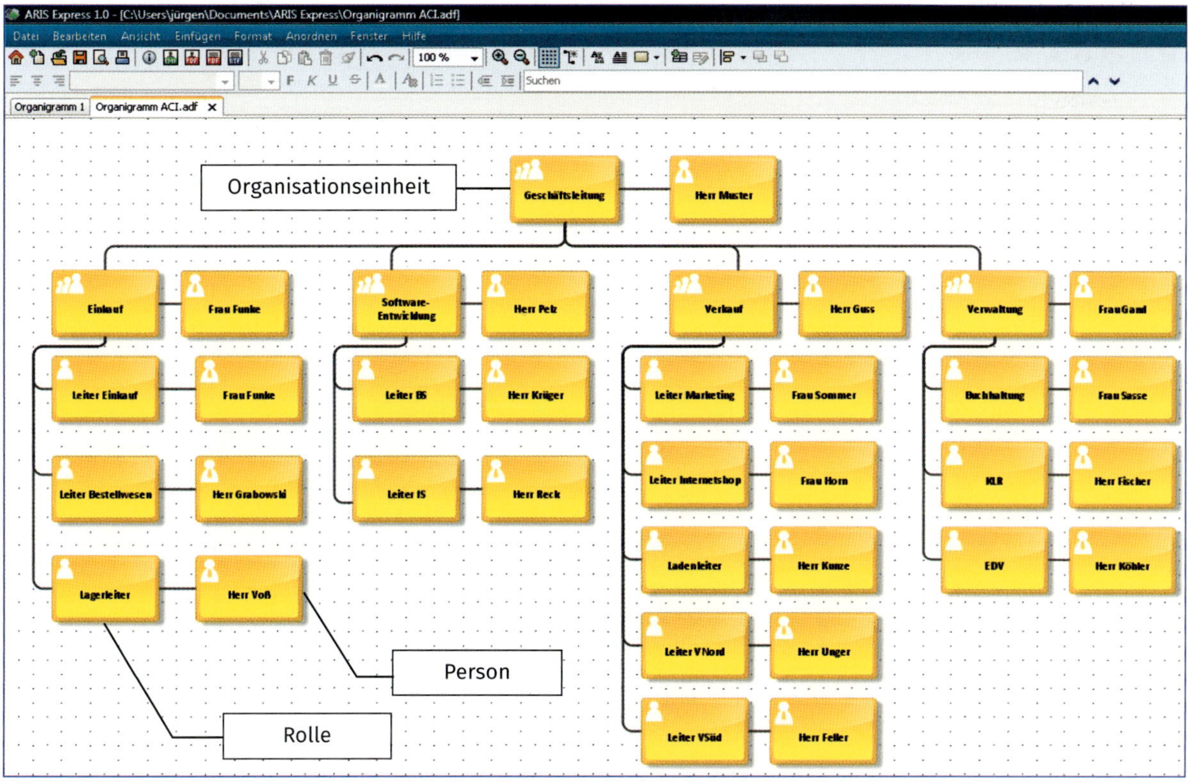

Modellierung eines Geschäftsprozesses

Ein neues Modellfenster wird geöffnet und es erscheint die leere Modelloberfläche mit der Symbolleiste für das Modellieren der Geschäftsprozesse an der rechten Seite und darunter eine Musterbibliothek. Anstelle von Funktionen werden hier Aktivitäten (Tätigkeiten) sowie Symbole aus der Organisations- und Datensicht angeboten.

Man kann nun Symbole platzieren und dazu wieder die **Minisymbolleiste** nutzen. Über die Minisymbolleiste werden die Kanten automatisch ergänzt, was die Modellierung erheblich beschleunigt.

Im weiteren Verlauf werden der UND-Operator über die Minisymbolleiste angeschlossen und darunter drei Ereignisse platziert.

Die Aktivität wird mit drei IT-Systemen (Symbol: IT-System) ermöglicht und die Rolle dem Leiter Individualsoftware (IS) zugewiesen.

Zum Schluss erfolgt eine Verknüpfung der Rolle **Leiter IS** mit dem Organigramm von ACI. Dazu markiert man das Rollensymbol, ruft über das Menü **Ansicht** die **Attribute** auf und stellt eine **Verknüpfung** zur Datei des Organigramms her. In der Folge kann man nun nach dem Markieren der Rolle über die **<F7>-Taste** das betreffende Organigramm aufrufen.

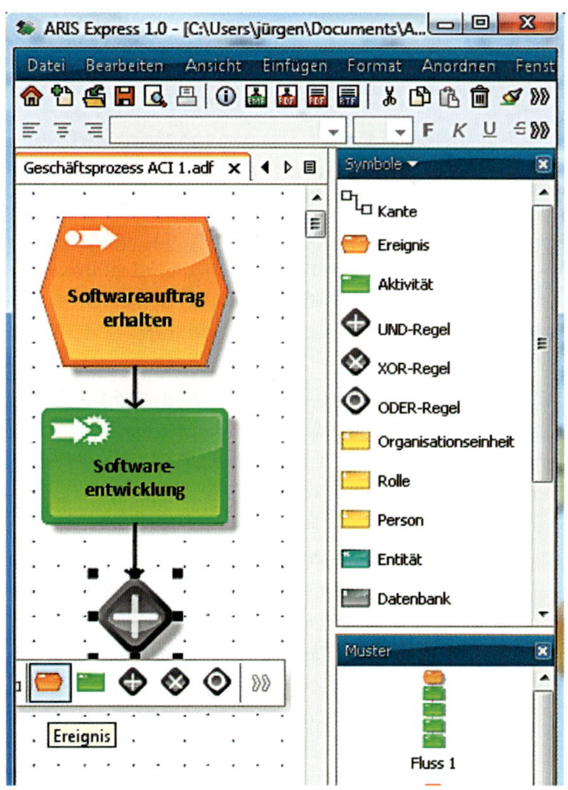

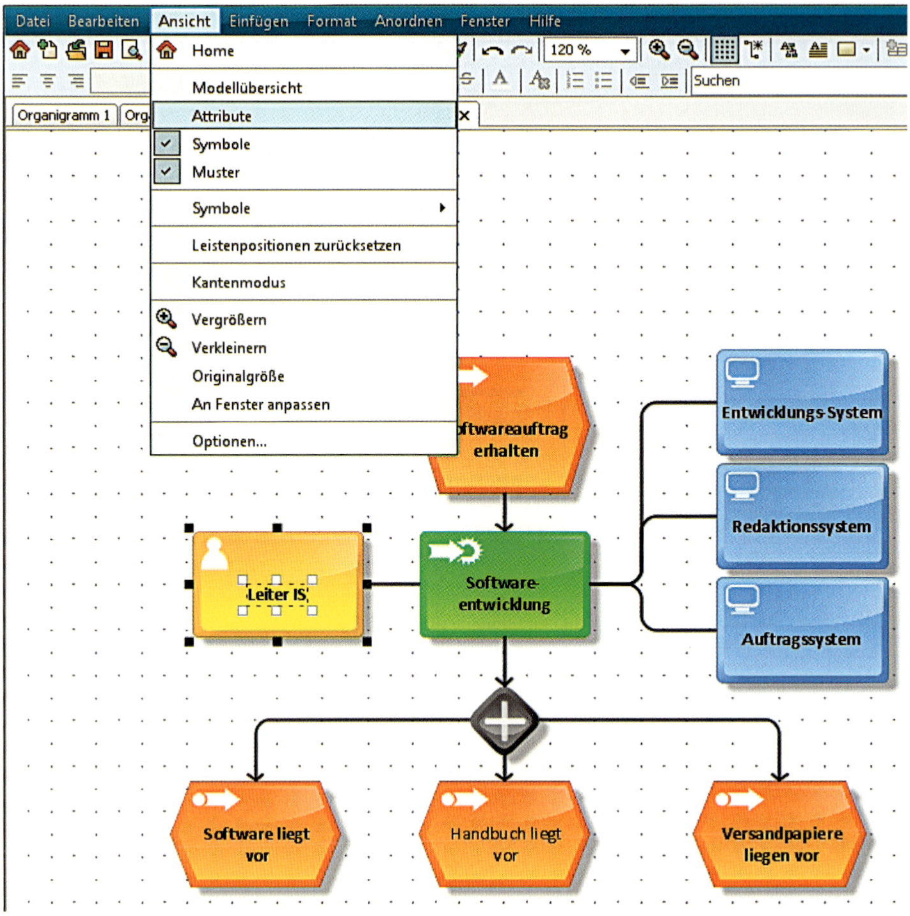

Aufgaben

1. Informieren Sie sich über das ARIS-Konzept und bereiten Sie eine Kurzpräsentation vor (vgl. auch www.ariscommunity.com/school).
2. Installieren Sie die kostenlos erhältliche Software ARIS Express und erstellen Sie ein Organigramm Ihres Ausbildungsbetriebes bzw. von der ACI GmbH.
3. Informieren Sie sich über ARIS Express mithilfe der Video-Tutorials (Menü: Hilfe).
4. Modellieren Sie einen Geschäftsprozess aus Ihrem Arbeitsbereich mit ARIS Express.

2.3.7.2 viflow – Geschäftsprozesstool auf der Basis von Microsoft Visio

S Microsoft Visio ist ein weitverbreitetes Grafikprogramm. Interessant klingt daher die Möglichkeit, mit viflow grafische Prozessinformationen aus Visio in eine Geschäftsprozessdatenbank zu überführen.

viflow ist ein grafisches Prozessmodellierungstool, mit dem die Abläufe eines Unternehmens abgebildet werden können. Organisationseinheiten sind hier auf sogenannte Leisten gesetzt, sodass man schnell die Funktionen einzelnen Einheiten zuordnen kann (vgl. folgende Seite). Die Erfassung der grafischen Elemente erfolgt auf der Basis von Visio. Die Daten der Geschäftsprozesselemente werden in einer Datenbank abgelegt und dienen damit vielfältigen Auswertungsmöglichkeiten und Dokumentationen (vgl. www.viflow.de).

Aufgaben

1. Erkundigen Sie sich unter www.ariscommunity.com/school nach Angeboten, ARIS im Unterricht oder zur eigenen Fortbildung einzusetzen und sich auf ARIS zertifizieren zu lassen.
2. Rufen Sie die Testversion von viflow im Internet auf oder recherchieren Sie im Internet zu Darstellungsmöglichkeiten in viflow.
   a) Prüfen Sie im Internet, welche Modellierungsmöglichkeiten viflow bietet.
   b) Installieren und testen Sie die aktuelle Version von viflow.

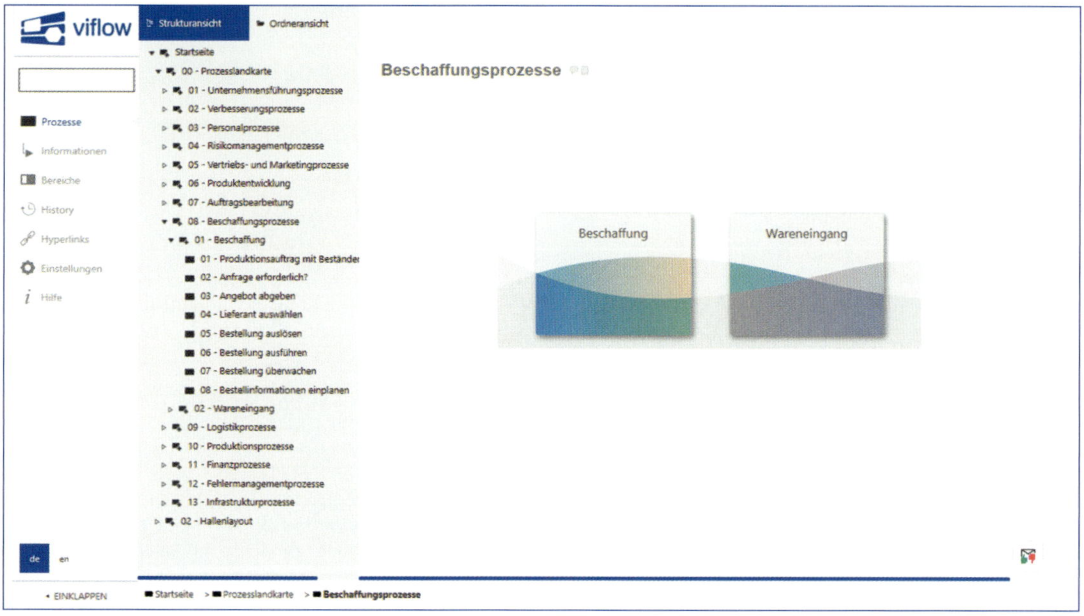

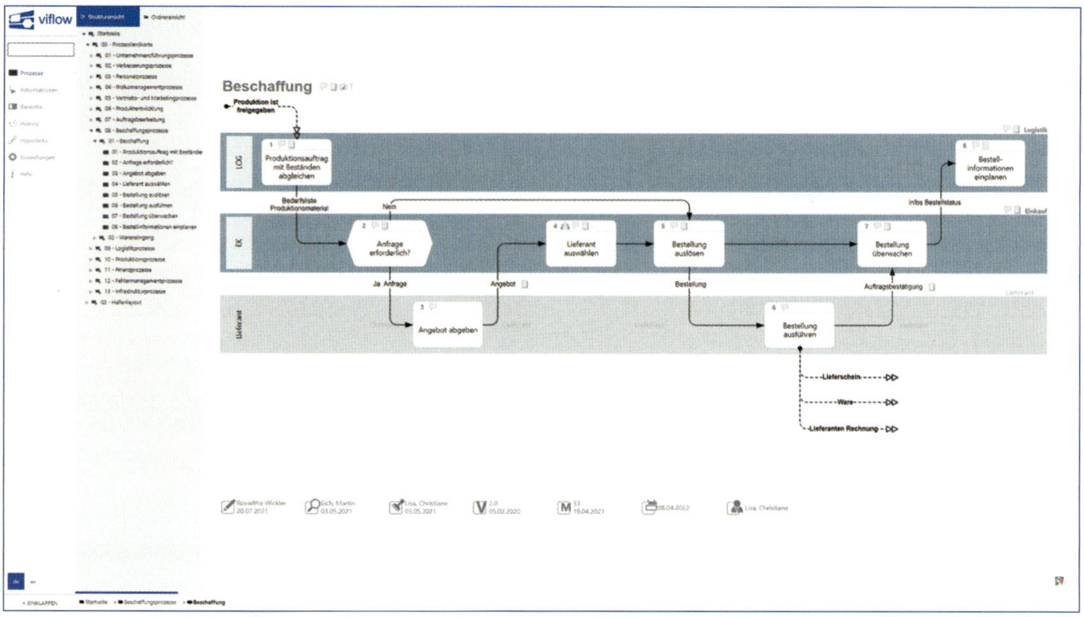

2.3.8 Zeitliche Ablauforganisation

2.3.8.1 Balken- und Netzplantechnik

S Insbesondere für die Terminplanung großer Projekte werden Ablaufdiagramme wie Balkendiagramme oder Netzpläne erstellt. Da bei ACI viel in Projekten gearbeitet wird, gehören diese Hilfsmittel für Projektleiterinnen und Projektleiter zum Grundhandwerkszeug. Als Übersichtsplan wird gerne auch ein Projektstrukturplan erstellt.

Projektstrukturplan W

Ein Projektstrukturplan ist eine hierarchische Anordnung der Teilaufgaben eines Projekts. Die Darstellung erfolgt in der Form von Listen (tabellarisch) oder als Baumstruktur (vgl. Beispiel auf der folgenden Seite). Durch die hierarchische Struktur können Teilaufgaben systematisch (vom Allgemeinen zum Besonderen) aufgegliedert werden, was zur besseren Übersicht oder zur Systematisierung beiträgt. Die Aufgliederung in Teilaufgaben kann auch bei Massenberechnungen (Anzahl der Stunden, Arbeitstage) eine gute Grundlage bieten. Den einzelnen Teilaufgaben können leichter zuständige bzw. verantwortliche Mitarbeiter zugeordnet werden.

Beispiel:

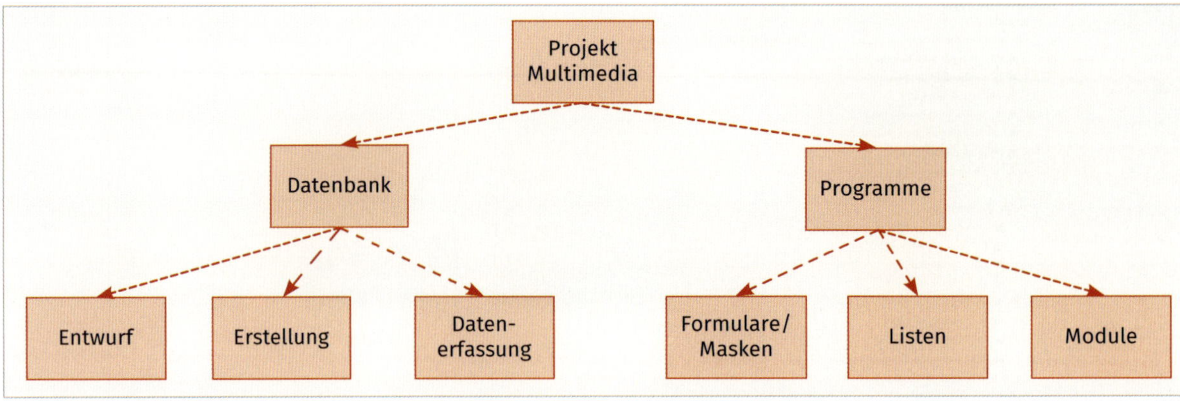

Balken- oder Gantt-Diagramm

Das Balken- oder Gantt-Diagramm, benannt nach H. L. Gantt (1861–1919), dient zur Darstellung von Vorgängen in einem Terminplan, wobei die Vorgänge zunächst im Verlauf untereinander aufgelistet sind und dann daneben auf einer Zeitachse mit Balken dargestellt werden. Mit Verbindungspfeilen können Nachfolgevorgänge kenntlich gemacht werden. Auch können kritische Vorgänge (kritischer Pfad: Vorgänge, die sich zeitlich nicht verlängern dürfen, damit sich das Projektende nicht verschiebt) farblich (im Beispiel unten rot) abgesetzt werden. Das Balkendiagramm wird gerne für einfache Zeitpläne (Urlaubspläne, Arbeitsfortschrittspläne), Pläne mit nicht so vielen Vorgängen oder für Maschinenbelegungspläne verwendet.

Vorteile:

- Einfach zu erstellen
- Schnell zu verstehen
- Dauer der Vorgänge wird (im Gegensatz zum Netzplan) grafisch herausgestellt
- Zeigt Engpässe und zeitkritische Vorgänge auf
- Software zur Diagrammerstellung erhältlich bzw. mit Standardprogrammen schnell zu entwerfen

Nachteile:

- Bei zu vielen Vorgängen wird das Diagramm unübersichtlich.
- Bei Vorgängen mit großen Zeiträumen der Vorgänge ist ebenfalls ein Überblick nur schwer möglich.
- Abhängigkeiten und Zeitpuffer sind bei einem Netzplan schneller ersichtlich.

Beispiel:

	Code	Text 1	Nachfolger	Dauer	Früh. Anfang
1	1	Kick	3, 2	1	01.01.20..
2	2	IstT	4	2	02.01.20..
3	3	IstB	5	3	02.01.20..
4	4	BriefT	6	2	04.01.20..
5	5	KonR	7, 8	3	05.01.20..
6	6	AusT	9	6	06.01.20..
7	7	Orga	10, 11	3	08.01.20..
8	8	BriefP	12	1	08.01.20..
9	9	UmT	13	4	12.01.20..
10	10	Work	13	6	11.01.20..
11	11	InArch	13	3	11.01.20..
12	12	EntR	13	6	09.01.20..
13	13	Schul		1	17.01.20..

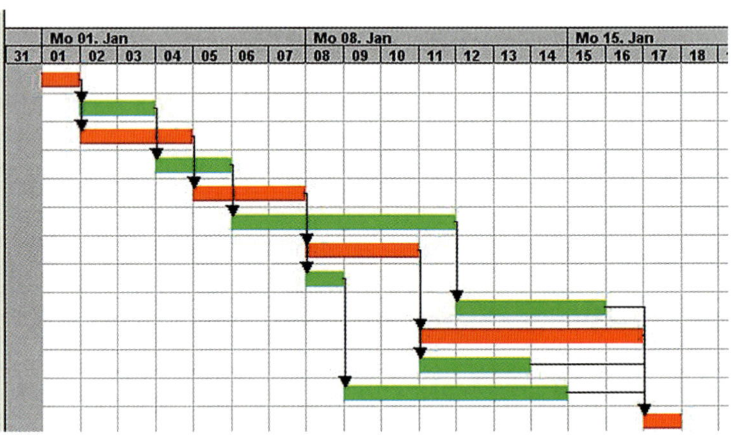

Aufgaben

1. Erstellen Sie für die Urlaubsplanung ein Balkendiagramm nach der Urlaubsliste der folgenden Seite. Die Sommerferien beginnen am 25. Juni und enden am 5. August.
   Die Geschäftsleitung gibt für die Urlaubsregelung vor, dass von den nicht leitenden Mitarbeitern mindestens ein Mitarbeiter einer Abteilung in den Sommerferien im Betrieb anwesend sein muss. Bei den Abteilungsleitern soll ebenfalls mindestens ein Leiter anwesend sein, um sich gegenseitig vertreten zu können. Mitarbeitern mit (schulpflichtigen) Kindern ist bevorzugt Urlaub in den Sommerferien zu gewähren. Anspruch besteht in den Sommerferien jedoch auf maximal zwei Wochen Urlaub.

	Juni					Juli					August					
	23	24	25	26	27	27	28	29	30	31	31	32	33	34	35	36
MO	1	8	15	22	29		6	13	20	27		3	10	17	24	31
DI	2	9	16	23	30		7	14	21	28		4	11	18	25	
MI	3	10	17	24		1	8	15	22	29		5	12	19	26	
DO	4	11	18	25		2	9	16	23	30		6	13	20	27	
FR	5	12	19	26		3	10	17	24	31		7	14	21	28	
SA	6	13	20	27		4	11	18	25		1	8	15	22	29	
SO	7	14	21	28		5	12	19	26		2	9	16	23	30	

Herr Meier: Vertriebsleiter, keine Kinder, 7 Tage ab 25. Juni
Frau Schulze: Vertriebsbeauftragte, 2 Kinder, 10 Tage ab 25. Juni
Herr Sander: Vertriebsbeauftragter, 1 Kind, 3 Wochen ab 20. Juli
Frau Kaiser: Personalleiterin, 1 Kind, 2 Wochen ab 29. Juni
Herr Kramer: EDV-Techniker, 1 Kind, 3 Wochen ab 6. Juli
Frau Dreher: Personalsachbearbeiterin, 3 Kinder, 3 Wochen ab 29. Juni
Herr Böttcher: EDV-Techniker, kein Kind, 2 Wochen ab 25. Juni
Frau Maler: Sachbearbeiterin Rechnungswesen, 2 Kinder, 2 Wochen ab 13. Juli
Frau Schröder: Leiterin Rechnungswesen, 1 Kind, 3 Wochen ab 29. Juni
Herr Schuster: Vertriebsbeauftragter, 1 Kind, 3 Wochen ab 6. Juli
Frau Klein: Lageristin, 2 Kinder, 2 Wochen ab 29. Juni
Herr Zander: Lagerist, 1 Kind, 3 Wochen ab 6. Juli
Erstellen Sie zunächst ein Ist-Balkendiagramm und dann einen Soll-Urlaubsplan. Machen Sie bei nicht klar lösbaren Anträgen Lösungsvorschläge für die Mitarbeiter und die Geschäftsleitung zur Regelung des Urlaubsplanes im gegenseitigen Einvernehmen.

2. Sie sollen den Maschinenbelegungsplan 1 verbessern, indem Sie die verschiedenen Maschinen M1 bis M4 je nach Auftrag so einsetzen, dass nur wenig Leerlauf entsteht.

	Arbeitsvorgang 1		Arbeitsvorgang 2		Arbeitsvorgang 3		Arbeitsvorgang 4	
	Maschine	Std.	Maschine	Std.	Maschine	Std.	Maschine	Std.
Auftrag 1	M4	12	M1	12	M3	6	–	–
Auftrag 2	M2	12	M1	4	M4	8	–	–
Auftrag 3	M1	14	M4	4	M3	14	–	–
Auftrag 4	M3	20	M1	2	M2	6	M4	12

Maschinenbelegungsplan: Vorschlag 1

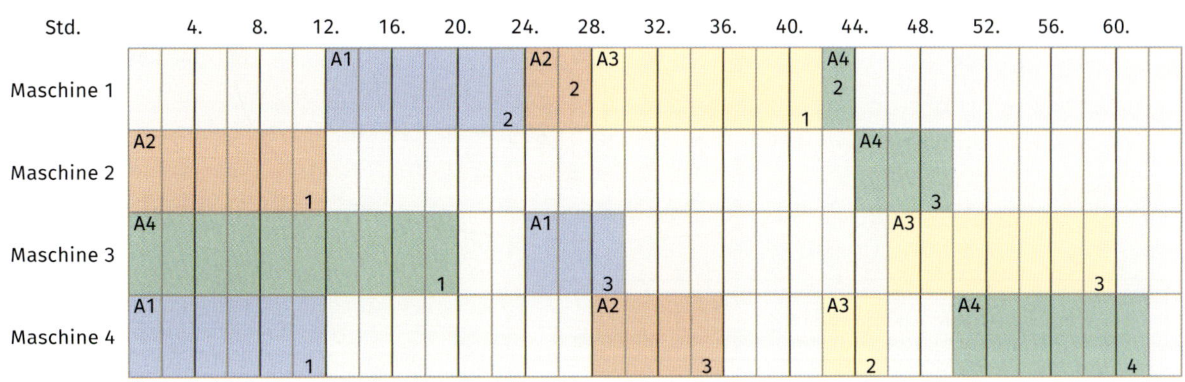

W

Netzplantechnik: Grundlagen	
Darstellung	Grafische Darstellung von Abläufen und den Abhängigkeiten der Vorgänge mithilfe von Knoten und Pfeilen, die näher beschrieben werden
Arten	Je nach Darstellung der Knoten werden z. B. unterschieden: Vorgangsknotennetzplan, Vorgangspfeilnetzplan, Ereignisknotennetzplan. Die häufigste Darstellungsart ist der Vorgangsknotennetzplan, der hier auch dargestellt wurde.
Vorteile	Netzpläne dienen ▪ der zeitlichen Projektorganisation und dem Projektmanagement, ▪ der Darstellung des sachlogischen Ablaufs der Vorgänge und ihrer Abhängigkeiten durch grafische Darstellung, ▪ der Ermittlung der Projektdauer, ▪ der Anzeige, wo zeitliche Engpässe bzw. Risiken entstehen können und wo noch freie Zeitpuffer sind. ▪ als Instrument zur Beschleunigung von Projekten durch verbesserte Planung und Kontrolle der Vorgänge, ▪ als vorausschauendes Instrument zur Kontrolle von Terminen (pünktliche Lieferung, Fertigstellung), ▪ der Zuordnung von Betriebsmitteln und Kosten zu den Vorgängen.
Nachteile	▪ Netzpläne lassen sich anders als das Balkendiagramm nur mit Kenntnis der Fachbegriffe analysieren, z. B. Puffer, FAZ, SAZ. ▪ Netzpläne benötigen für den Ausdruck bei zahlreichen Vorgängen verständlicherweise viel Papier und können für Laien schnell unübersichtlich werden. ▪ Ohne Software ist die Erstellung und Aktualisierung von Netzplänen mit vielen Vorgängen zu aufwendig.
Softwareeinsatz	Es gibt mehr als 300 Projektmanagementprogramme, die Netzpläne erstellen können. Beispiele hierfür sind Microsoft Project, OpenProject (vgl. www.openproject.org) oder ACOS Plus1 (vgl. www.acos.com). Mithilfe der Software lassen sich Netzpläne schnell erstellen und ändern, Kalenderdaten, Betriebsmittel und Kosten schnell erfassen und berechnen sowie Projektbeteiligte schnell über Terminänderungen informieren. Insbesondere bei großen Projekten, z. B. bei größeren Bauprojekten, werden „Netzplanprogramme" eingesetzt.

S Anna will zunächst den Netzplan Multimedia manuell mit Papier und Bleistift oder mit Microsoft Excel erstellen.

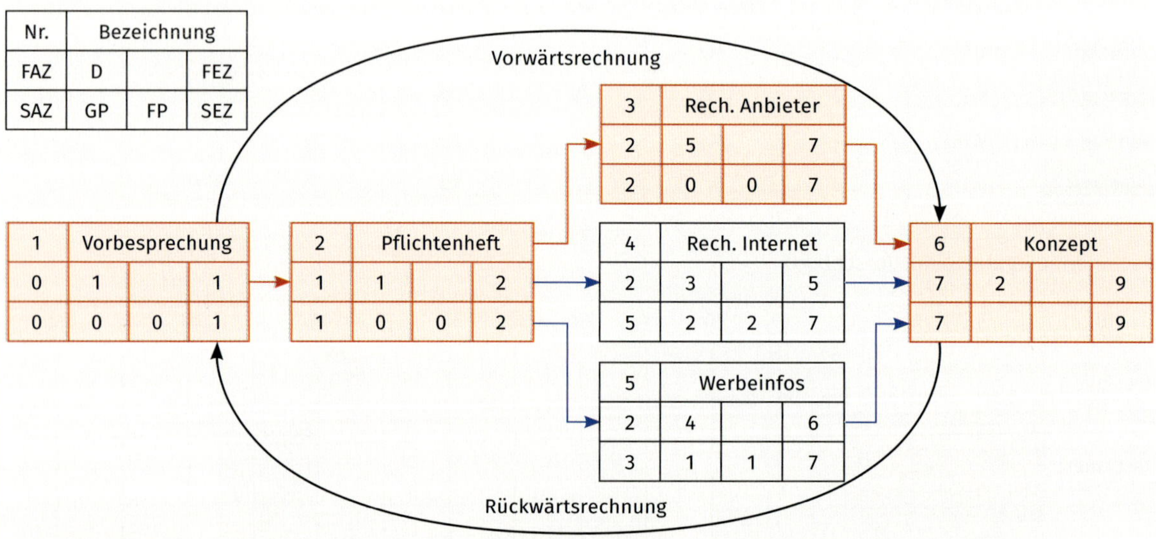

Annahmen sind:
1) Berechnung ohne freie Tage mit Beginn Tag 0
2) Anfang der Arbeit abends (FAZ, SAZ), Ende der Arbeit abends (FEZ, SEZ)

W

Glossar Netzplantechnik

Netzplan: Zeichnerische Darstellung des geplanten Projektablaufs. Er zeigt die zeitlichen Abhängigkeiten der Vorgänge auf und dient der zeitlichen Optimierung und Verwaltung von Projekten. Beim hier gezeigten Netzplan handelt es sich um ein Vorgangsknotennetz (**M**etra **P**otential **M**ethod = MPM), wobei für jeden Vorgangsknoten
- FAZ (frühester Anfangszeitpunkt),
- FEZ (frühester Endezeitpunkt),
- SAZ (spätester Anfangszeitpunkt)
- SEZ (spätester Endezeitpunkt),
- GP (Gesamtpuffer) und
- FP (freier Puffer)

aus der Vorgangsdauer berechnet werden.

Netzknoten:

Nr.	Bezeichnung		
FAZ	D		FEZ
SAZ	GP	FP	SEZ

Berechnungen:
FEZ = FAZ + D
SAZ = SEZ – D
SEZ (Vorgänger) = frühester SAZ-Wert der Nachfolger
FAZ (Nachfolger) = spätester FEZ-Wert der Vorgänger
Im kritischen Pfad: FEZ = SEZ
GP = SAZ – FAZ
FP = FAZ (Nachfolger) – FEZ

Vorgang: Tätigkeit mit definiertem Anfang und Ende, die Zeit erfordert
Projekt: Gesamtaufgabe mit definiertem Ende
Kritischer Pfad: Vorgänge, bei denen eine Zeitverzögerung die Gesamtdauer des Projektes beeinflusst
Puffer: Es handelt sich um die zeitliche Reserve, um die ein Vorgang hinausgezögert werden kann, ohne dass sich diese Verzögerung auf die Dauer des Projektes auswirkt.
Vorwärtsrechnung: In der Vorwärtsrechnung werden für jeden Knoten die Daten des FAZ und des FEZ entsprechend der Dauer (D) eingetragen.
Rückwärtsrechnung: Nach der Vorwärtsrechnung werden in der Regel zunächst SEZ und SAZ entsprechend der Dauer eingetragen und dann Gesamtpuffer (GP) und freier Puffer (FP) berechnet.
Ressourcen: Den einzelnen Vorgängen können Ressourcen (Betriebsmittel) zugeordnet werden, z. B. Mitarbeiter, Maschinen und Computer mit entsprechenden Kostensätzen, sodass sich für das Projekt die Selbstkosten berechnen lassen (Kostenanalyse).

Aufgaben

1. Erstellen Sie für das folgende Projekt einen Balkenplan und einen Netzplan (Beginn bei 0). Wie viele Werktage benötigt das Projekt insgesamt? Welche Vorgänge sind kritisch? Benennen Sie den kritischen Pfad.

Projekt: Schwachstellenanalyse im Lager			
Nr.	**Bezeichnung des Vorgangs**	**Nachfolger**	**Dauer (Tage)**
1	Vorbesprechung	2	1
2	Dauerbeobachtung Lager	3, 4, 5	2
3	Dokumentenanalyse	8	1
4	Vorbereitung der Interviews	6	1
5	Vorbereitung der Selbstaufschreibung	7	1
6	Durchführung der Interviews	8	1
7	Durchführung der Selbstaufschreibung	8	5
8	Analyse der Erhebungen	9	1
9	Schwachstellenanalyse Organisation	10	2
10	Analyse Mitarbeiterverhalten	11	1
11	Analyse EDV/IT-Bedingungen	12, 13	1
12	Kosten-Nutzen-Analyse	14	2
13	Maßnahmenplanung	14	3
14	Bericht erstellen	15	1
15	Maßnahmenentscheidung		1

2. ACI hat Sie beauftragt, die Finanzbuchhaltungssoftware „FIBU-SAPI“ für die Lüneburger Firma Christian Müller Werbedruck GmbH kundengerecht anzupassen und zu installieren. Als Projektleiter können Sie zeitweise bis zu drei Programmierer einsetzen. Nach dem ersten Kundengespräch kommen Sie mit einer Liste von Änderungswünschen ins Unternehmen zurück. Sie möchten einen Netzplan erstellen, um sich

rechtzeitig alle notwendigen Ressourcen zu sichern und das Projekt termingerecht abschließen zu können. Folgende Vorgangsliste erstellen Sie. Markieren Sie im Netzplan den kritischen Weg und berechnen Sie auch die Pufferzeiten. Hinweis: Beginnen Sie die Tätigkeit bei 0, berücksichtigen Sie sieben Werktage je Woche.

Vorgang Nr.	Vorgang	Vorgänger	Dauer (Tage)
1	Projektbesprechung mit Kunden	–	1
2	Istaufnahme der Anforderungen	1	5
3	Besprechung der Programmänderungen	2	2
4	Besprechung mit Entwicklern	3	2
5	Entwickler A: Änderung Stammdatenverwaltung	4	6
6	Entwickler B: Änderung Buchungserfassung	4	10
7	Entwickler C: Änderung Buchungsverarbeitung	4	12
8	Entwickler A: Änderung Listen/Auswertungen	5	8
9	Programmtest der Module durch Projektleiter	6, 7	1
10	Programmtest des Moduls Listen/Auswertungen	8	1
11	Programmtest beim Kunden	9, 10	1
12	Entwickler A: evtl. Änderungen und Dokumentation	11	5
13	Entwickler B: evtl. Änderungen und Dokumentation	11	5
14	Entwickler C: evtl. Programmänderungen und Dokumentation	11	7
15	Programmvorstellung, Programmübergabe, Schulungen	12, 13, 14	2

3. Ihr Systemhaus erhält den Auftrag, innerhalb von 14 Tagen einen neuen Server-Raum mit einem neuen Server einzurichten. Der Termin soll fix zugesichert werden. Sie sollen mit einem Netzplan klären, ob der Termin zu halten ist, wenn grundsätzlich 5 Werktage pro Woche zur Verfügung stehen.

Vorgang	Beschreibung des Vorgangs	Dauer	Vorgänger
1	Briefing mit dem Auftraggeber	1	–
2	Beschaffung der Komponenten	7	1
3	Vorbereitung des Server-Raums	2	1
4	Testmontage beschaffter Komponenten	2	2
5	Installation der Leitungen	5	3
6	Datensicherung der Altanlage	1	3
7	Einbau und Anschluss des Servers	2	4, 5, 6
8	Test der Anlage	1	7
9	Erstellung eines Testprotokolls	2	7
10	Übergabe an den Auftraggeber	1	8, 9

a) Erstellen Sie einen Netzplan mit FAZ, FEZ, SAZ, SEZ, Puffer GP und FP sowie Markierung des kritischen Pfades.

b) Geben Sie den Übergabetermin an, wenn folgender Kalender gegeben ist (fett: Sonn-/Feiertage) und das Briefing am Montag, dem 8. stattfindet.

Woche	19	20	21	22
Mo	8	15	22	29
Di	9	16	23	30
Mi	10	17	24	1
Do	11	18	**25**	**2**
Fr	12	19	26	3
Sa	13	20	27	4
So	**14**	**21**	**28**	**5**

c) Nennen Sie vier Maßnahmen, durch die der Termin gehalten werden kann.

4. Der Geschäftsleitung der Firma CMW soll für das Projekt „Verbesserung der Unternehmensabläufe und der Produktivität im Personalwesen" ein Zeitplan und eine Kostenaufstellung vorgelegt werden. Folgende Daten für den Projektablauf und für die folgenden Kosten wurden dazu ermittelt. AH
Bearbeiten Sie die Teilaufgaben a) bis f) unten und auf der nächsten Seite.

Projekt „Verbesserung der Unternehmensabläufe und der Produktivität im Personalwesen"					
Nr.	**Vorgangsbeschreibung**	**Kurzbez.**	**Dauer/Tage**	**Vorgänger**	**Nachfolger**
1	Vorbesprechung (Kick-off)	Kick	1	–	2, 3
2	Istaufnahme Technik	IstT	2	1	4
3	Istaufnahme Bewerbungsverfahren	IstB	3	1	5
4	Briefing Technik	BriefT	1	2	6
5	Konzepterstellung „Recruiting-Programm"	KonR	3	3	7, 8
6	Ausschreibung Technik	AusT	6	4	9
7	Erarbeitung Organisationskonzept	Orga	3	5	10, 11
8	Briefing Programmentwicklung	BriefP	1	5	12
9	Umrüstung Technik	UmT	4	6	13
10	Workflowverbesserung, Archivierung	Work	5	7	13
11	Installation Archivierungssystem	InArch	3	7	13
12	Entwicklung „Recruiting-Programm"	EntR	6	8	13
13	Schulung Archivierung und Recruiting-Programm	Schul	1	9–12	–

Istaufnahme Projektbeteiligung und Personalkosten (Bitte Hinweise beachten!)		
Mitarbeiterinnen/Mitarbeiter	Beteiligung an Vorgängen Nr.	Personalkosten
CMW Personalleiterin	1, 4, 8, 13	6.000,00 €
CMW EDV-Leiter	1, 4	5.400,00 €
CMW Sachbearbeiter Personalwesen	1, 2, 3, 4, 8, 10, 13	3.200,00 €
CMW Sachbearbeiter EDV	2, 4, 6, 9	3.600,00 €
ACI Projektleiter	1, 2, 3, 4, 5, 6, 7, 8, 9, 10, 11, 12, 13	110,00 €
ACI Entwickler	5, 8, 12, 13	85,00 €
ACI Techniker	2, 4, 9, 11	62,00 €

Hinweise:

a. Personalkosten CMW bei 172 Stunden/Monat: Bruttolöhne zzgl. Arbeitgeberanteil zzgl. sonstige personalbedingte Kosten (ca. 100 % über den Nettobezügen). Mitarbeiter von CMW sollen im

Schnitt nur 4 Stunden je Arbeitstag (8 Stunden) an den Sitzungen teilnehmen, da sie in der restlichen Zeit notwendige Arbeiten am Arbeitsplatz erledigen müssen.

b. Der Stundenverrechnungssatz bei ACI wurde netto, ohne Umsatzsteuer angegeben.

c. Der Vorgang „Ausschreibung, Beschaffung Technik" benötigt nur einen Arbeitstag. Die anderen Tage sind als Rücklauftage (Bearbeitungszeit der Anbieter) kostenneutral zu rechnen.

d. Der Projektleiter war bei den Vorgängen Nr. 2, 9, 11 und 12 zeitlich nur zu 20 % beteiligt.

AH

Erstellen Sie mithilfe der Vorlagen im Arbeitsheft einen

a) Balkenplan,

b) Netzplan und ergänzend dazu

c) Kostenplan der zu erwartenden Personalkosten.

d) Ermitteln Sie die Gesamtdauer des Projekts an Werktagen.

e) Ermitteln Sie den kritischen Pfad bzw. die Vorgänge, die sich zeitlich nicht verlängern dürfen, und markieren Sie diese Vorgänge.

f) Schlagen Sie Maßnahmen vor, um die Gesamtdauer des Projekts zu verkürzen.

2.3.8.2 Workflow-Management und Groupware

S Die Firma ACI kann als Beratungsunternehmen häufig gute Fortschritte im Qualitätsmanagement und in der Kosteneinsparung erreichen, wenn sie mit den Kunden Untersuchungen zur Verbesserung der computergestützten Zusammenarbeit durchführt und Maßnahmen zur Verbesserung durchsetzt.

W

Computerunterstützte Zusammenarbeit (CSCW)

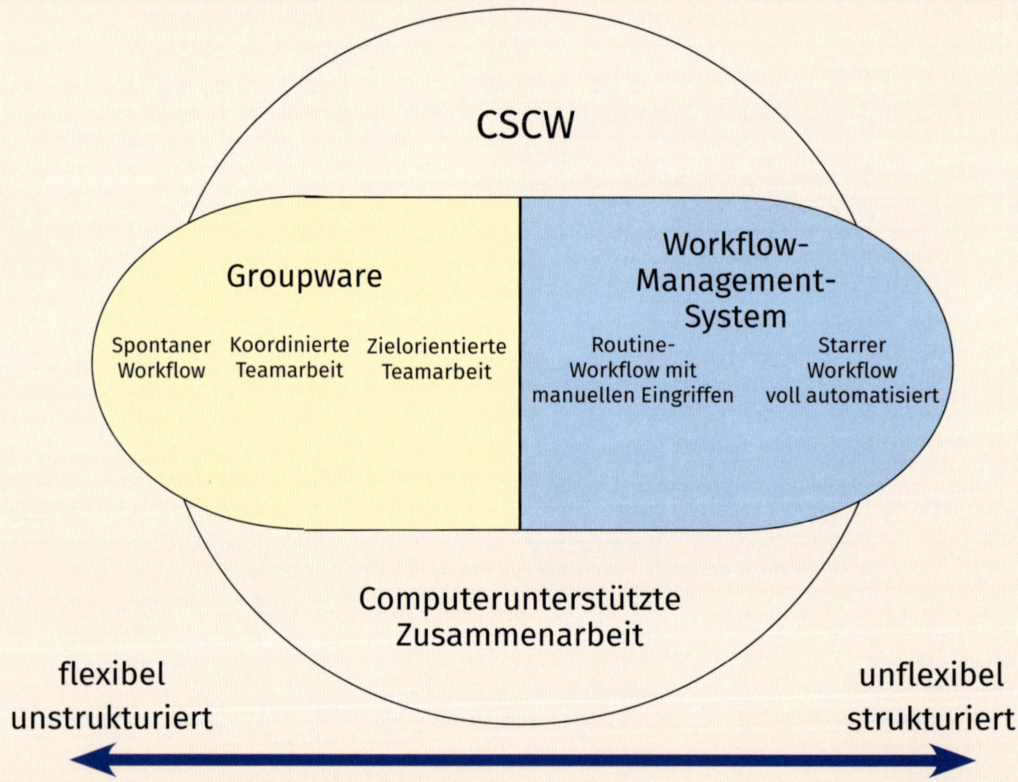

Computer Supported Cooperative Work (CSCW)	Computer Supported Cooperative Work (CSCW) beschreibt die Gattung von Software, die die Zusammenarbeit und Kommunikation von Mitarbeitern und Stellen abteilungsübergreifend als Kernaufgabe unterstützt. Hierbei unterscheidet man folgende Teilbereiche: ▪ Workflow-Management-System (WFMS) ▪ Groupware

Workflow-Management-Systeme (WFMS)	Als Workflow (Arbeitsablauf) wird eine Abfolge rechnergestützt ablaufender Aktivitäten verstanden, verbunden mit dem Ziel, einen möglichst hohen Automatisierungsgrad zu erreichen. Das WFMS ist in der Lage, die Prozessdefinitionen zu interpretieren, mit den Teilnehmern zu kommunizieren und, wenn nötig, andere Anwendungen aufzurufen. Durch das WFMS sollen die Durchlaufzeiten der Vorgänge im Unternehmen verkürzt werden. Die Sachbearbeiter sollen einen schnelleren Zugriff auf bereits bearbeitete Vorgänge erhalten, um Rückfragen des Kunden schneller beantworten zu können. Informationen, die bislang auf Papier ausgetauscht wurden, werden im WFMS elektronisch versendet, bearbeitet und archiviert. Das verkürzt die Zugriffszeit und spart Archivraum ein. Allgemein ausgedrückt: Die Aufgabe eines WFMS besteht darin, zu koordinieren, ▪ *wer* (Rollen) ▪ *was* (Aufgabe) ▪ *wann* (Prozess) und ▪ *wie* (Umgebung) bearbeitet. Eingesetzt werden WFM-Systeme insbesondere in den Bereichen, wo eine sehr hohe Anzahl ähnlicher Vorgänge zu bearbeiten ist und somit eine Automatisierung möglich ist, z. B. in der Büroautomatisierung, im Beschwerdemanagement, in der Kundenbetreuung, im Gebäude- und Gerätemanagement sowie im IT-Support, vor allem bei Versicherungen, Telefongesellschaften und Banken. Ziele sind z. B.: ▪ Vereinheitlichung gleichartiger Prozesse ▪ Schnellere und zuverlässigere Bearbeitung der Prozesse (Vorgänge) ▪ Verbesserung der Informationsgewinnung und des Informationsaustauschs ▪ Reduktion der Bearbeitungs- und Kommunikationskosten ▪ Verbesserung der Datenqualität
Groupware Collaboration Business Social Network Social Workplace	Unter Groupware versteht man vielfältige Formen spezialisierter Computerunterstützung bei Gruppenarbeit. Groupware unterstützt im Gegensatz zum WFMS auch weniger oder nicht strukturierte und nicht ständig gleich ablaufende Prozesse. Der Aspekt der Kooperation ist hier zentral. Das Ziel des Einsatzes von Groupware besteht darin, kollaboratives Arbeiten von Gruppen zu verbessern, d. h. flexibler und effizienter zu machen. Groupwaresysteme ermöglichen den Austausch von Termin- und Kalenderdaten, bieten vereinfachte E-Mail-Verwaltung, die Bereitstellung von Informationen und Verzeichnissen für Benutzergruppen, Einladungen zu gemeinsamen Aktivitäten, gemeinsames Erstellen von Entwürfen aller Art, Videokonferenzen, Instant Messaging, Chatten, Archivierung von Informationen u. v. m. Software und Apps werden je nach Funktionsbreite insbesondere unter den Stichworten Collaboration Software, Business Messenger, Enterprise Social Network, Digital bzw. Social Workplace angeboten (z. B. Atlassian workflow tools, Bitrix24, Gitlab, Slack, Teamwire, Tiki, HipChat, Microsoft Teams, Office 365, Sharepoint, Facebook Workplace, Whatsapp Business), siehe auch „List of collaborative software" bei Wikipedia oder unter capterra.com. Ergänzt werden immer mehr Funktionen zum Support-/Helpdesk-Management, Ideen-/Innovationsmanagement, zum HR- bzw. Personalmanagement sowie zum Learnmanagement.

Aufgaben

1. Um welche Art der computerunterstützten Zusammenarbeit handelt es sich in den folgenden Beispielen?
   a) Ein Kundenbeschwerdesystem ermöglicht die Steuerung interner und externer Beschwerden an die zuständigen Mitarbeiter sowie die Verwaltung und Rückmeldung an die Betroffenen.
   b) Mitarbeiter erhalten eine Mitteilung, wenn Kollegen online sind.
   c) Ein System steuert die Bearbeitung der Kundenkontakte, von der Kommunikation per Telefon und E-Mail über die Koordination von Terminen und Kundenbesuchen bis zur Angebotserstellung und dem Auftragsabschluss.
   d) Fachkollegen tauschen in einem betrieblichen Forum ihre Überlegungen zur Verbesserung des QM-Systems aus.
2. Erkundigen Sie sich über eine mögliche Zusammenarbeit Ihrer Klasse über ein Collaboration-Portal, z. B. Bitrix24.de, das Lo-Net, Microsoft Teams, schul-cloud.org, oder den BSCW-Server bzw. Schulclouds des Landes.

2.3.9 Raumorientierte Ablauforganisation

S Viele Unternehmen, die ACI berät, sind unzufrieden mit ihren räumlichen Bedingungen und den räumlich bedingten Abläufen. Sie vermuten, dass die Prozesse durch eine Umorganisation der Arbeitsräume und die bessere Anpassung der Arbeitsumgebung an die Bedürfnisse der Mitarbeiter besser und schneller verlaufen, die Mitarbeiter und Kunden zufriedener werden und sich die Kosten verringern.

W

Raumorientierte Ablauforganisation	
Grundsatz der kurzen Wege	Nach diesem Grundsatz sollten die Transport- und Bewegungsvorgänge für Materialien und Informationen möglichst gering und kurz sein. Stellen, die häufig zusammenarbeiten und Materialien oder Information im persönlichen Kontakt austauschen, sollten möglichst nah beieinanderliegen. In einer Istanalyse ist daher zu untersuchen, wer häufig zusammenarbeitet und welche Wege täglich zu gehen sind. Häufig kann auch ein besseres Kommunikationssystem oder eine Groupware Verbesserungen bringen.
Verbesserung der Kommunikation	Viele Mitarbeiter sind täglich damit beschäftigt, andere Mitarbeiter zu kontaktieren, Informationen einzuholen, weiterzugeben, sich abzusprechen oder gemeinsam etwas zu entwickeln. Auch hier ist in einer Kommunikationsanalyse zu ermitteln, wer miteinander kommuniziert und welche Hilfen angeboten werden können.
Teamfähigkeit verbessern	In Zeiten einer Informationsgesellschaft kann kein Mensch alles wissen oder ständig Aufgaben allein lösen. Je besser die Zusammenarbeit ist, umso schneller oder besser können komplexe Aufgaben und Probleme gelöst werden. Dazu muss durch Teamgeist ein wirksames Teammanagement entwickelt werden.
Moderne Bürokonzepte	Die Bürokonzepte der Mitarbeiter müssen sich den Anforderungen von Teilzeitarbeit, Telearbeit, Teamarbeit sowie an moderne IuK-Technologien anpassen. Daher verfügen moderne Verwaltungen heute über verschiedenartigste Bürokonzepte (vgl. unten).
Arbeitsplatzgestaltung und Ergonomie am Arbeitsplatz	Menschen müssen immer mehr in immer kürzerer Zeit bis ins hohe Lebensalter leisten. Die Gesunderhaltung der Mitarbeiter erfordert eine stärkere Anpassung der Arbeitsbedingungen an den Menschen (Ergonomie).

2.3.9.1 Kommunikationsanalyse

Kommunikation der Stelle: Vertriebsleiter								
Anzahl Kommunikation mit den Stellen	Kommunikationsarten							
	Persönlich	Telefon	E-Mail	Chat	Brief	Fax	Videokonferenz	Summe
Geschäftsleitung	15	12	6	0	0	0	0	33
Auftragsbearbeitung	3	17	7	0	3	0	0	30
Einkauf	5	11	4	0	1	1	0	22
Support	1	6	8	2	3	4	2	26
Gesamt	24	46	25	2	7	5	2	111

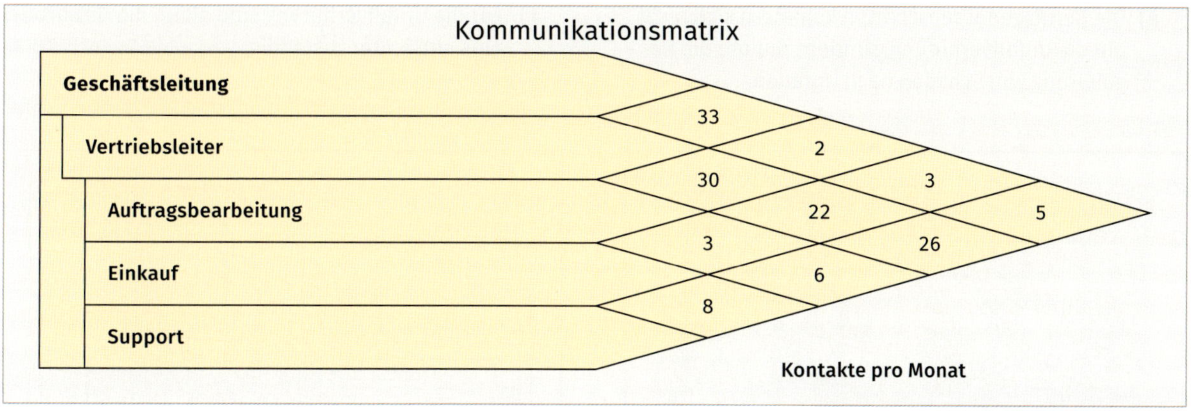

2.3.9.2 Büroraumgestaltung

S Die Geschäftsleitung von CMW lässt durch die Firma ACI das bisherige Büroraumkonzept überprüfen. Aufgrund der größeren Zahl von Mitarbeitern sowohl im Büro als auch in Teilzeit und Außendienst hat sich der Bedarf an Bürofläche erheblich gewandelt. Das Bedürfnis nach Ruhe, kreativem Arbeiten, Kommunikation, Teamarbeit und einer modernen Büroumgebung soll ebenfalls mitberücksichtigt werden.

Aspekte bei der Büroraumgestaltung

- Ist störungsfreies, konzentriertes Arbeiten wichtig?
- Ist Kommunikation wichtig?
- Ist Teamarbeit wichtig?
- Ist die Größe des Arbeitsplatzes wichtig?
- Sind die Kosten/Arbeitsplatz wichtig (z. B. wenn nur in geringer Zeit genutzt)?
- Ist eine flexible Bauweise wichtig, da häufig Veränderungen vorgenommen werden?
- Ist überhaupt ein fester Arbeitsraum notwendig?

W **Der optimale PC-Standort ergibt sich,**

- wenn die Blickrichtung des Benutzers parallel zur Fensterfläche verläuft,
- wenn er zwischen zwei parallel zur Fensterfront verlaufenden Leuchtbändern steht,
- wenn eine Kombination aus indirekter Beleuchtung des Raumes und individueller Arbeitsplatzleuchte die Lichtverhältnisse regelt.

Aufgaben

1. Die CMW GmbH baute ihr Verwaltungsgebäude von 685 m² auf 935 m² aus, wobei Kosten von 487.500,00 € für den Bau und die Büroausstattung anfielen. Wie viel Prozent Bürofläche mehr stehen zur Verfügung und wie hoch waren die Bau- und Ausstattungskosten pro m²?
2. Die Verwaltungsberufsgenossenschaft hat verschiedene Büroraumkonzepte vorgeschlagen und dazu auch mit Bildern (siehe nächste Seite) erläutert. Beschreiben Sie die einzelnen Büroraumvarianten und nennen Sie deren Vor- und Nachteile.
3. Welche Büroraumvariante würden Sie in den folgenden Fällen vorschlagen?
   a) Drei Mitarbeiter in der Arbeitsvorbereitung müssen viel zusammenarbeiten und sich ergänzen.
   b) Ein Callcenter mit 15 Arbeitsplätzen soll eingerichtet werden.
   c) Die Büros der sechs Vertriebsbeauftragten sollen neu gestaltet werden.
   d) Zwei Teilzeitbeschäftigte (morgens/nachmittags) erhalten ein neues Büro.
   e) Die neue Assistentin der Personalleiterin benötigt ein Büro.
4. Suchen Sie im Internet nach Informationen zur Arbeitsplatzgestaltung, Büroergonomie und Büroraumgestaltung und präsentieren Sie Ihre Ergebnisse.
5. Anstelle eines Großraumbüros sollen kleine Einpersonenräume eingerichtet werden. Welches Argument spricht für einen Einpersonenraum?
   a) Weniger Telefongespräche
   b) Konzentriertes Arbeiten ohne Ablenkung
   c) Kürzere Laufwege
   d) Bessere Kommunikation
   e) Keine Kommunikation
6. Was ist richtig, was ist falsch?
   a) Für Fragen der Einrichtung von Büroarbeitsplätzen ist der Betriebsrat nicht zuständig.
   b) Bei der Einrichtung von Büroarbeitsplätzen sind keine besonderen Vorschriften zu beachten.
   c) Feuerlöscher und Verbandskasten müssen im kaufmännischen Bereich unseres Betriebes nicht zur Verfügung stehen, jedoch im gewerblichen Teil, weil dort die Unfallgefahr wesentlich größer ist.
   d) Die Arbeitsstättenrichtlinien präzisieren die allgemeinen Vorschriften der Arbeitsstättenverordnung.

e) Die Berufsgenossenschaften kümmern sich nicht um die Unfallverhütung, sondern nur um die Regulierung von Schäden nach Unfällen.

f) Für die Unfallverhütung sind allein die Gewerbeaufsichtsämter zuständig.

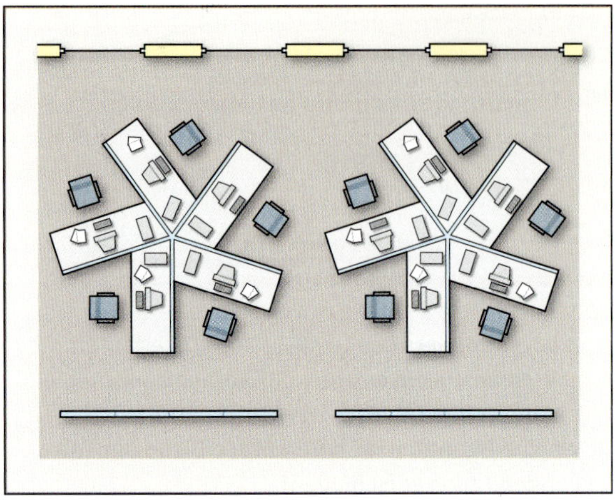

Großraumbüro (über 400 m²)

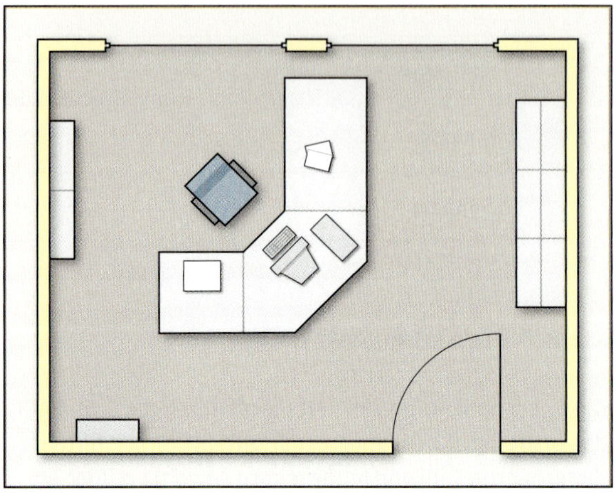

Ein-Personen-Büro

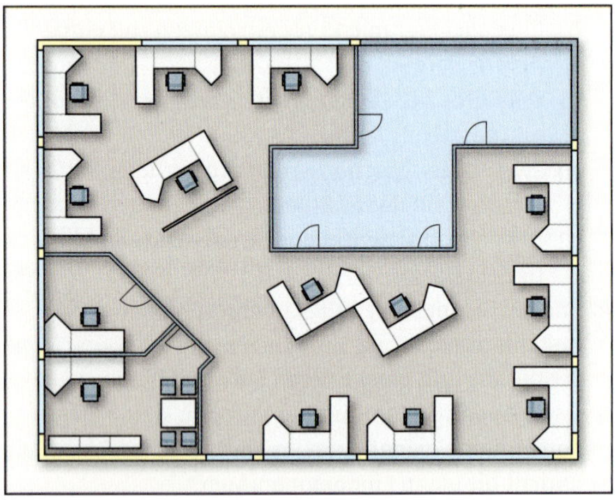

Gruppenbüro (für 3–25 Arbeitsplätze)

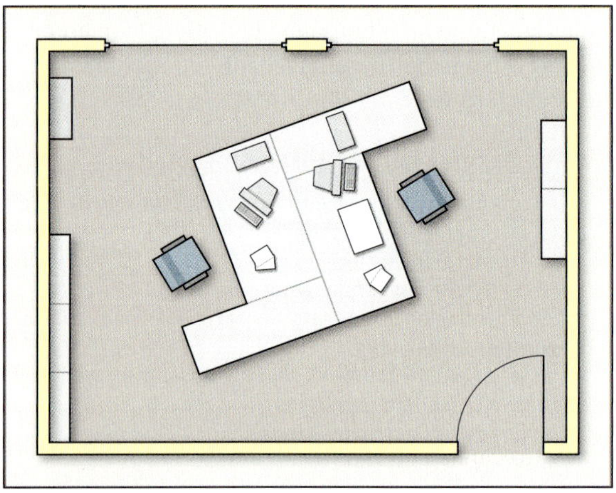

2-Personen-Büro

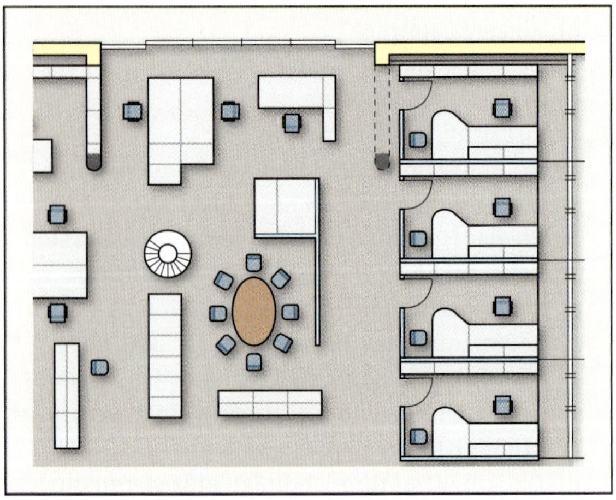

Kombibüro: Gemeinschaftsraum kombiniert mit Arbeitskojen
Quelle: Verwaltungsberufsgenossenschaft

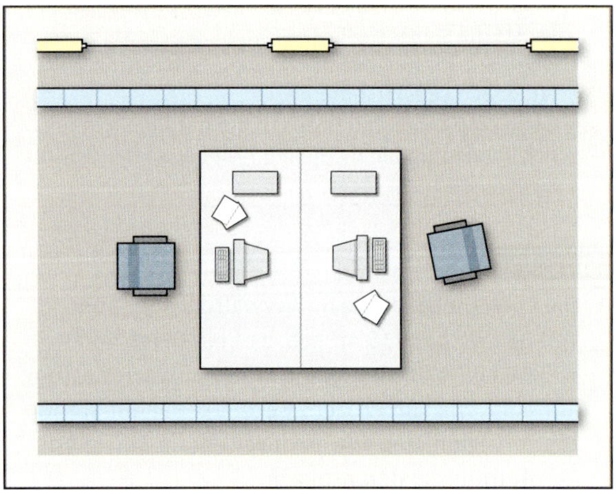

Bildschirm, Fenster und Lichtbänder

2.4 Controlling: Geschäftsprozesse kontrollieren

S Im Rahmen einer Vertriebstagung trägt Herr Muster seinen Mitarbeitern den Inhalt des folgenden Dankschreibens vor. Anna und Stefan sind davon beeindruckt. Sie wollen sich genauer in das Thema Controlling einarbeiten.

> Sehr geehrter Herr Muster,
>
> im Namen der FanPlastic AG möchte ich mich bei Ihnen für die erfolgreiche Durchführung des Projekts „Verbesserung der Geschäftsprozesse und Migration der Softwaresysteme“ in unserem Unternehmen bedanken. Ihre Mitarbeiter haben es verstanden, in kurzer Zeit über 50 Geschäftsprozesse und über 30 Schnittstellen zu anderen IT-Systemen neu zu gestalten bzw. anzupassen. Fachteams aus den Bereichen Materialwirtschaft, Produktion, Vertrieb, Personalwesen, EDV und Archivierung mussten unter einen Hut gebracht werden. Eine der wichtigsten Herausforderungen war die Reduktion der Komplexität durch gravierendes Vereinfachen der administrativen Geschäftsprozesse und damit einhergehend eine drastische Senkung der Kosten. Eine weitere Herausforderung war die Entwicklung eines neuen Controlling-Konzepts zur wirksamen Steuerung der internen Geschäftsbereiche. Die Steuerung sollte durch die Einführung neuer Softwareprodukte unterstützt werden.
> Die Veränderungen in der Organisation der FanPlastic AG haben zu Kosteneinsparungen von bis zu 40 %, zu signifikanten Verbesserungen der Datenqualität und zu mehr Transparenz geführt. Dafür danken wir Ihnen und Ihren Mitarbeitern ausdrücklich!
>
> Mit freundlichen Grüßen
>
> Dr. Heins, Vorstandsvorsitzender

W **Aufgaben des Controllings**

Merkmale	Erläuterung
Begriff	Aus dem Englischen für „Steuern, Regeln, Kontrollieren“
Zweck	Frühwarnsystem, Analysen, Basis für die Entscheidungsfindung
Ziele	Erhöhung der Produktivität und Wirtschaftlichkeit (Output/Input), Wertschöpfung, Rendite (Verzinsung), Liquiditätssicherung
Schwerpunkte	Unternehmensplanung, -kontrolle, -steuerung
Zeithorizont	Kurzfristig: operatives Controlling Langfristig: strategisches Controlling
Arbeitsablauf	Beschaffung, Analyse, Aufbereitung, Präsentation von Zahlen, Daten, Fakten
Datenquellen	Daten der Buchhaltung und aus anderen Abteilungen (EDV-System), spezielle Abfragen und Statistiken, Vergleichsdaten der Verbände und der IHK, Budgets
Arbeitsmittel	Computer, Programme (z. B. Microsoft Excel, PowerPoint, Outlook, Word sowie MindManager) und die Netzplantechnik
Analysen	Soll-Ist-Vergleiche, Schwachstellen- oder Potenzialanalysen, Kennzahlenvergleiche, Portfolioanalyse, Return-on-Investment (ROI)-Analyse, Break-Even-Analyse, Make-or-buy-Analyse, Konkurrenzanalyse, Checklisten usw.
Voraussetzungen für Controlling	Kooperativer Führungsstil, funktionierende Unternehmensorganisation mit eindeutigen Zuständigkeiten und Verantwortungsbereichen, Softwareausstattung, die schnelle Erhebung von Unternehmensdaten flexibel ermöglicht
Anforderungen für Controller	Kontaktfähigkeit, analytische und konzeptionelle Fähigkeiten, gutes Beurteilungsvermögen, Arbeit mit kaufmännischer Software und Office-Software, Erfahrung im Projektmanagement, Präsentations- und Kommunikationsfähigkeit

Ein Controller beschäftigt sich z. B. mit folgenden Fragen:

Untersuchungsgegenstände des Controllers **W**

Bereiche	Erläuterung, Beispiele für Auswertungen des Controllers
Absatz	Mengen-/Stückzahlplanung, kritische Menge
Umsatz	Menge mal Preis, Möglichkeiten, höhere Umsätze zu erzielen
Beschaffung	Best Price, Beschaffungslogistik, Qualitätssicherung, Einkaufskooperation, A-B-C-Lieferanten, Lieferbedingungen
Produktion	Produktionsabläufe, unproduktive Zeiten, Automatisierung, Qualität
Ressourcen, Investition	Material-, Personal- und Maschineneinsatz, sonstige Betriebsmittel? Welche Betriebsmittel müssen selbst bereitgestellt werden (make or buy)?

(Fortsetzung auf folgender Seite)

W **Untersuchungsgegenstände des Controllers**

Bereiche	Erläuterung, Beispiele für Auswertungen des Controllers
Kosten	Einzel- und Gemeinkosten, fixe und variable Kosten, Zusatzkosten, Anderskosten, Deckungsbeitrag, Gewinnschwelle usw.
Gewinn	Umsatzerlöse minus Selbstkosten, Rendite, Cashflow, Profitcenter
Finanzen, Liquidität	Eigenkapitalquote, Anlagendeckung, Return-on-investment, Finanzmittelbedarf, Liquiditätsengpässe
Umwelt	Umweltverantwortung, Corporate Identity, Umweltschäden, sparsamer Umgang mit Ressourcen, Umweltkosten

Aufgaben

Welche Stelle ist jeweils für die Auswertung zuständig? Schlagen Sie eine Stelle vor (z. B. Controller, Datenschutzbeauftragter, Einkauf, Fuhrpark, Lager, Produktion, QM-Beauftragter, Rechnungswesen, Verkauf):

a) Die Eingangsrechnung wird auf sachliche Richtigkeit geprüft.
b) Die Kosten für Kommunikation sind zu hoch.
c) Im Lager wird Inventur gemacht.
d) Beim Fuhrpark zeigte sich, dass einige Fahrzeuge viel zu hohe Kosten/km aufweisen.
e) Die Eingangsrechnung wird auf rechnerische Richtigkeit geprüft.
f) Die GuV-Rechnung wird erstellt.
g) Zahlen zur Liquidität des Unternehmens werden ermittelt und ein Konzept wird entwickelt.
h) Zur Ermittlung der Arbeitsproduktivität werden Kennzahlen ermittelt.
i) Daten der Kundenreklamationen werden ermittelt und in einer Übersicht festgestellt.
j) Die Produktqualität in der Weiterverarbeitung soll geprüft werden.
k) Mitarbeiter beklagen sich über die EDV-Anlage (Software, Ergonomie, EDV-Ausfälle).
l) Der Datenschutz im Unternehmen soll besser organisiert werden.

W **Methoden des Controllings**

Betriebswirtschaftliche Auswertungen und Kennzahlen	Benchmarking (Betriebsvergleiche mit dem Klassenbesten)	Balanced Scorecard (BSC)
Der Controller kann **Primär-** und **Sekundäranalysen** durchführen. Bei **Sekundäranalysen** verwendet man im Unternehmen alle schon vorhandenen Daten, z. B. Bilanzdaten oder GuV-Daten, die dann einer Analyse unterzogen werden. Sind keine Daten vorhanden, werden sie durch Erst- oder Primäranalysen mit speziellen Abfragen ermittelt. Als Kennzahlen werden absolute und relative Zahlen ermittelt. **Absolute Kennzahlen** sind z. B. der Umsatz, der Absatz eines Produktes oder die Istkosten für Werbung. **Relativ** werden die Kennzahlen dann, wenn sie in Relation zu einer anderen Zahl gesetzt werden. Hierbei unterscheidet man **Gliederungszahlen** (Teilgröße/Gesamtgröße), wie z. B. Anlagevermögen/Gesamtvermögen, oder **Beziehungszahlen** (verschiedene Größen in Beziehung), wie z. B. Umsatz/Mitarbeiter oder Werbekosten/Umsatzerlöse. Um die Kennzahlen miteinander zu vergleichen, werden **Zeitvergleiche** angestellt, d. h. **Indexzahlen** (Zahlen eines Jahres als Index = 100 und andere Jahre als entsprechende Indexzahlen) gebildet oder den **Planwerten** die **Istwerte** gegenübergestellt. Als Softwaretool eignen sich insbesondere Tabellenkalkulationsprogramme (z. B. Microsoft Excel).	Benchmarking ist ein Analyse- und Planungsinstrument, das einen **Vergleich** des eigenen Unternehmens mit dem **„Klassenbesten"** der Mitbewerber und darüber hinaus auch Vergleiche mit **branchenfremden (Best Practice) Unternehmen** erlaubt. Unterschiede zu anderen Unternehmen, die überdurchschnittliche Wettbewerbsvorteile nachhaltig schaffen können, sollen herausgestellt werden. Produkte, Methoden, Abläufe und Strukturen betrieblicher Funktionen sollen einem oder mehreren anderen Unternehmen gegenübergestellt werden, um Rationalisierungspotenziale in Geschäftsprozessen oder Qualitäts- und Leistungssteigerungspotenziale aufzudecken. Nicht nur im Bereich der industriellen Güterproduktion, sondern auch im Dienstleistungssektor und in der Verwaltung hat das Benchmarking in den letzten Jahren einen größeren Stellenwert im Rahmen des Qualitätsmanagements und des Controllings gewonnen.	Die Balanced Scorecard basiert auf dem Gedanken, dass der wirtschaftliche Erfolg von Faktoren abhängt, die keine rein finanziellen Zielgrößen sind, diese jedoch stark beeinflussen. Die Balanced Scorecard (BSC) wurde von den amerikanischen Professoren Kaplan (Professor für Rechnungswesen an der Harvard Business School) und Norton entwickelt, um das **einseitig** auf **Finanzkennzahlen** gerichtete strategische Berichtswesen großer amerikanischer Unternehmen auch auf **andere Bereiche** zu **orientieren**. Der Blick sollte erweitert werden um **drei Sichten** oder Perspektiven: ▪ **Kunden:** Wie sieht der Kunde das Unternehmen und was muss das Unternehmen für beste Geschäftsbeziehungen tun? ▪ **Geschäftsprozesse:** In welchen Geschäftsprozessen müssen wir der Beste sein, um die Bedürfnisse unserer Kunden und Eigentümer zu befriedigen? ▪ **Lernen und Entwicklung:** Wie können wir, die Mitarbeiter, unsere Veränderungs- und Wachstumspotenziale fördern? Damit fanden auch sogenannte „weiche" (softe, schwer messbare) Faktoren Eingang in die zentralen Berichte.

Aufgaben

1. Ordnen Sie folgende Begriffe richtig zu: Primärzahlen, Sekundärzahlen, Gliederungszahlen, Beziehungszahlen, Indexzahlen, Planwerte, Istwerte.
   a) Die Geschäftsleitung nennt uns das Werbebudget.
   b) Die Marketingabteilung lässt anhand von Kundenkarten auszählen, aufgrund welcher Anzeige sich die Kunden gemeldet haben.
   c) Der Controller errechnet die Kennzahl Marketingaufwendungen/Umsatzerlöse der letzten Jahre.
   d) Die Hausbank möchte Daten. Der Controller ermittelt die Eigenkapitalquote (Eigenkapital/Gesamtkapital).
   e) Die Umsätze sehr unterschiedlicher Umsatzträger sollen verglichen werden. Eine Statistik wird erstellt, die die Zahlen auf ein Basisjahr relativiert.
   f) Der Controller legt für die Produktion eine wichtige, nicht zu überschreitende Kennzahl für Reklamationen fest: Reklamationen in Prozent = Reklamationen · 100/Absatz = 0,005 %.
   g) Eine Umfrage unter 1.000 repräsentativen Kunden erbrachte einen Zufriedenheitsgrad von 80 % in den Rubriken „gute“ und „sehr gute“ Zufriedenheit.
2. Ein Benchmarking von der TOP Druck AG und der United Print in den USA hat folgende Vergleichszahlen erbracht. Erstellen Sie eine Tabelle mit der Prozentveränderung und Indexzahlen (Basisjahr: 2016) zum Umsatz:
   United Print: 2016: 500 Mio. € Umsatz, 2017: 530 Mio. € Umsatz, 2018: 490 Mio. € Umsatz, 2019: 450 Mio. € Umsatz, 2020: 550 Mio. € Umsatz, 2021: 590 Mio. € Umsatz, 2022: 630 Mio. € Umsatz;
   TOP Druck AG: 2016: 8,3 Mio. € Umsatz, 2017: 7,6 Mio. € Umsatz, 2018: 6,8 Mio. € Umsatz, 2019: 7,2 Mio. € Umsatz, 2020: 7,5 Mio. € Umsatz, 2021: 8 Mio. € Umsatz, 2022: 8,5 Mio. € Umsatz.
3. Diskutieren Sie folgendes Schaubild:

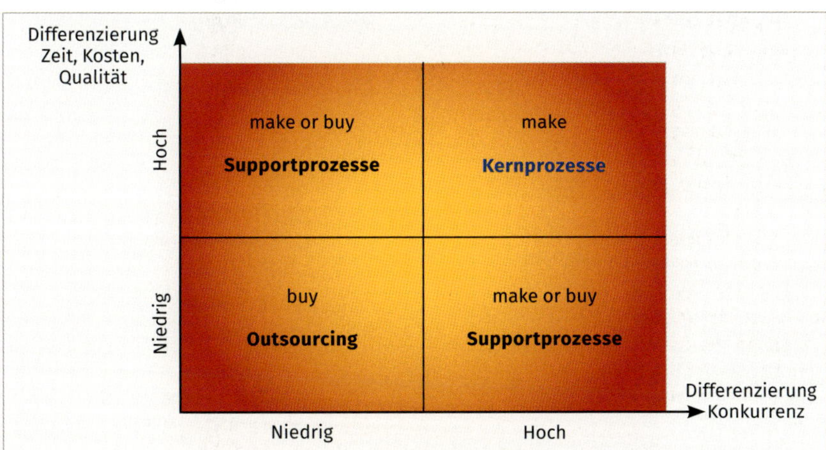

4. Geben Sie an, wie Sie ein Benchmarking zweier IT-Systemhäuser in folgenden Bereichen durchführen würden:
   a) Einkauf: Beschaffungswesen, Lagerlogistik, Inventur, Einkaufskonditionen
   b) PC-Herstellung: Beschaffung der Komponenten, Montage, QM, Kostenmanagement
   c) Softwarentwicklung: Planung, Entwicklung, Support
   d) Verkauf: Marketing, Vertriebswege, Verkaufskonditionen, Provisionssystem, Service
5. Als Controller/-in sollen Sie die Balanced Scorecard einführen. Erstellen Sie (evtl. in Partnerarbeit) schriftlich ein erstes Konzept (eine A4-Seite) zur Umsetzung des Verfahrens.

Verbesserungspotenziale durch Prozessmanagement

- **Erhebliche Verkürzungen der Durchlaufzeiten** werden insbesondere dann erreicht, wenn mit dem Prozessmanagement häufige Arbeitsplatzwechsel und damit lange Wartezeiten im Bearbeitungsprozess beseitigt werden.
- **Uneingeschränkte Termintreue** wird erreicht durch klare Verantwortlichkeiten und optimierte Prozesse.
- **Ein hohes Qualitätsniveau** entsteht dadurch, dass das Prozessmanagement jeden einzelnen Prozessschritt konsequent an den Anforderungen der Kunden ausrichtet und im Sinne der Null-Fehler-Philosophie optimiert.
- **Sinkende Prozesskosten** entstehen durch die Verbesserung der Prozessleistung (zur Prozesskostenrechnung vgl. Kapitel 4).
- **Schnelle und flexible Anpassung an neue Marktbedingungen** erfolgt durch kontinuierliches Prozessmanagement.

Geschäftsprozesserneuerung oder Business Process Reengineering

Im Gegensatz zur Geschäftsprozessoptimierung, wo nur einzelne Geschäftsprozesse effektiver gestaltet werden, findet im BPR (**B**usiness **P**rocess **R**eengineering oder Geschäftsprozesserneuerung) ein grundlegendes Überdenken des Unternehmens und seiner Geschäftsprozesse statt. Die Widerstände der Mitarbeiter und des mittleren Managements sind aufgrund der erheblichen Veränderungen nicht selten hoch, besonders wenn eine existenzbedrohende Notwendigkeit zur völligen Neustrukturierung auffordert (vgl. Kapitel 2.2).

Ziele im Business Process Reengineering (BPR)

- Konzentration des Unternehmens auf die Kernkompetenzen
- Orientierung an den entscheidenden Geschäftsprozessen
- Ausrichtung aller Geschäftsprozesse auf den Kunden
- Intensive Nutzung der Informationstechnologien zur Prozessunterstützung

W

Projektphasen im BPR

Phasen	Inhalte
Prozessidentifikation	▪ Identifikation von Kern- und Supportprozessen ▪ Erstellung eines Wertschöpfungskettendiagramms zur Übersicht ▪ Auswahl der zu strukturierenden Prozesse ▪ Gewichtung der Prozesse hinsichtlich Bedeutung und Verbesserungsbedarf
Prozessdesign	▪ Festlegung der Prozessverantwortlichen ▪ Festlegung der Schnittstellen ▪ Optimierung der Prozesse nach Zeit, Qualität und Kosten ▪ Benchmarking der Prozesse
Prozessimplementierung	▪ Top-down-Einführung der Prozesse ▪ Überwindung von Widerständen ▪ Implementierung eines kontinuierlichen Prozessdenkens

3 Markt- und Kundenbeziehungen

In diesem Kapitel sollen die Markt- und Kundenbeziehungen von ACI und anderen IT-Unternehmen näher betrachtet werden. Marketinginstrumente werden einzeln vorgestellt und für die IT-Märkte aufbereitet. Nicht nur Kundenanforderungen, sondern auch wirtschaftliche und rechtliche Aspekte sollen bei der Erarbeitung von Verkaufsangeboten und Verträgen Berücksichtigung finden. Um den Leistungsprozess mit Erfolg abzuschließen, müssen eine gute Finanzierung der Unternehmen und Projekte gesichert, die wirtschaftlich günstige Beschaffung von Diensten und IT-Komponenten sichergestellt und eine gute Organisation der Prozesse gewährleistet sein. Störungen in den Lieferungs-, Leistungs- und Zahlungsprozessen müssen möglichst vermieden oder rechtzeitig erkannt und schnell beseitigt werden.

S Bei ACI wird über eine Studie des Bundesverbandes Informationswirtschaft, Telekommunikation und neue Medien e.V. (BITKOM) diskutiert, der regelmäßig Untersuchungen über den IT-Markt durchführt. Die Studie stellte nicht nur fest, dass der deutsche ITK-Markt ein jährliches Marktvolumen von über 185 Mrd. Euro aufweist, sondern auch, dass in bestimmten Marktbereichen, wie z.B. Breitbandtechnologien, Verkehrstelematik, Biometrie, Internetfernsehen und mobiles TV, zukünftig mit einem außerordentlichen Wachstum zu rechnen sei. Der Markt unterliegt mit neuen Technologien verständlicherweise laufend großen Veränderungen, sodass sich IT-Betriebe und IT-Mitarbeiter ständig auf neue Marktbedingungen einstellen müssen.

3.1 Einführung in das Marketing

Die Unternehmen der ersten IT-Generationen mussten sich wenig Sorgen um Mitbewerber und Konkurrenzprodukte machen. Die Nachfrage nach EDV-Produkten war groß und das Angebot relativ klein. Die Unternehmen beschäftigten sich überwiegend mit der Erforschung, Entwicklung und Herstellung neuer IT-Produkte. Wer die Produkte zuerst entwickelt hatte und auch in genügender Zahl herstellen konnte, war im Vorteil. Der Wandel vom Verkäufer- zum Käufermarkt vollzog sich spätestens in den 1990er-Jahren, als das Telefon- und Postmonopol abgeschafft wurde und Kunden Angebote von immer mehr IT-Unternehmen erhielten. Nun mussten sich die Unternehmen anstrengen, gute Leistungen und gute Preise anbieten, die Beziehungen zu Kunden pflegen und mehr Geld in Werbung und die Darstellung des Unternehmens investieren. Marketing war nun auch eine wichtige unternehmerische Aufgabe von IT-Unternehmen geworden. Wer heute keine marktgerechten Leistungen anbieten und sich und seine Produkte im Markt nicht richtig darstellen kann, hat kaum eine Chance auf dem hart umkämpften Markt der Informations- und Kommunikationstechnologien.

Onlinetechnologien und Digitaltechnik spielen im Werbe- und Kommunikationsmarkt der Marketingbranche eine immer größere Rolle. IT-Profis finden daher in Marketingunternehmen vielfältige Betätigungsfelder.

Marketing
Begriff: Engl. „Markt machen", einen Markt für die eigenen Produkte „erobern" und sichern **Aufgabe:** Ausrichtung des Unternehmens auf den Kunden und die Märkte **Umfang:** Alle Maßnahmen einer Unternehmung, die darauf ausgerichtet sind, den **Absatz** zu fördern bzw. die absatzpolitischen Unternehmensziele zu erreichen
Strategisches Marketing: Legt die langfristigen und grundlegenden Entscheidungen fest, z.B.: ▪ Welche Märkte und Kundensegmente sollen bedient werden? ▪ Welche Produkte und Leistungen sollen angeboten werden? ▪ Wie soll sich das Unternehmen darstellen (Corporate Identity)?
Operatives Marketing: Legt die kurzfristigen Entscheidungen auf der Basis der Strategie fest, z.B.: ▪ Mit welchen Produkten können kurzfristige Marktchancen wahrgenommen werden? ▪ Welche Werbemittel sollen eingesetzt werden? ▪ Mit welchen Preisen soll auf Marktsituationen reagiert werden? ▪ Welcher Absatzweg soll situations- und kundengerecht gewählt werden?

W

Je nach Größe des IT-Unternehmens ist Marketing „Chefsache" oder Aufgabe besonderer Stellen und Abteilungen.

W

Zuständigkeiten für Marketing

Chefsache: Im Unternehmen übernimmt die Geschäftsleitung oder die Vertriebsleitung Aufgaben des Marketings und bezieht bei Bedarf Werbe- und Marketingagenturen ein.
Marketingabteilung: Es wird eine Marketingabteilung eingerichtet, die die Kundenbeziehungen verbessern und den Absatz fördern soll.
Produkt- und Key-Account-Manager: Es werden Produktmanager eingestellt, die für die Produktkonzeption sowie die Markterschließung der Produkte und Leistungen verantwortlich sind. Key-Account-Manager sollen die Geschäftsbeziehungen zu ihren Schlüsselkunden (Hauptkunden) pflegen und neue Kunden gewinnen (akquirieren).

Aufgaben

1. Was ist richtig, was ist falsch?
   a) Marketing ist im Verkäufermarkt besonders wichtig.
   b) Im Käufermarkt muss Marketing das Unternehmen auf den Kunden ausrichten.
   c) Operatives Marketing muss sich täglich den Anforderungen der Kunden stellen.
   d) Namen und Erscheinungsbild der Produkte gehören zum strategischen Marketing.
   e) Im Verkäufermarkt kann man durch erhöhte Marketingaufwendungen den Gewinn beträchtlich erhöhen.
2. Wie würden Sie die Zuständigkeit für das Marketing regeln? Diskutieren Sie folgende Situationen.
   a) Ein Telekommunikationsunternehmen will mit Kommunikationsprodukten für VoIP Verbraucher, Unternehmen und Behörden in Deutschland überzeugen und Marktführer werden.
   b) Systemhaus mit 30 Mitarbeitern

W

Aufgabenbereiche des Marketings

Aufgabenbereiche	Aufgaben
Marktuntersuchungen	Verkaufsmitarbeiter sollen den **Markt beobachten** und ihre Erfahrungen durch **Reise- und Marktberichte** sowie in Marketingbesprechungen mitteilen. **Marktforschungsinstitute** werden von Zeit zu Zeit beauftragt, systematisch die Stellung und die Leistungen der IT-Betriebe im **Markt** zu **untersuchen**, **Markttrends** und zukünftige **Absatzchancen** zu ermitteln und das **Marktverhalten** von **Kunden** und **Mitbewerbern** zu beobachten.
Produkt- und Sortimentspolitik	**Produktpolitik: Welche Produkte** mit **welcher Ausgestaltung** (z. B. Komponenten, Qualität, Verpackung, Service) sind angemessen? **Sortimentspolitik: Welche Waren und Dienstleistungen** sollen angeboten werden (z. B. preiswert, billig, hochwertig, einfach, neu, nur Kernsortiment, auch Randsortiment, Vollsortiment, Spezialsortiment)?
Preispolitik, (Kontrahierungspolitik)	**Welche Preise und Konditionen** sollen den Kunden angeboten werden (z. B. Listenpreise mit Rabatten, Skonto [Barzahlungsrabatt], nur Barzahlungspreise, Aktionspreise, Preise nach Mengenstaffeln, Preisgruppen für Kunden, Zwischenhandel mit Großhandelspreisen, Verkauf über Handelsvertreter mit Vertreterprovision, besondere Liefer- und Zahlungskonditionen)? Welche Serviceleistungen sind notwendig?
Kommunikationspolitik	**Werbung**, z. B. konkrete Produktwerbung durch Einsatz von Inseraten, Werbeanschreiben, Flyern, Prospekten, Plakaten, Außenwerbung, elektronische Medien (Internet-, E-Mail-, Radiowerbung usw.) **Verkaufsförderung (Sales Promotion):** Verkaufsunterstützende Maßnahmen wie Verbraucher-Promotion (z. B. Gewinnspiele, Aktionen), Außendienst-Promotion (z. B. Messen), Händler-Promotion (z. B. Roadshows, Verkaufswettbewerbe) **Öffentlichkeitsarbeit (Public Relations)**, z. B. Corporate Identity (Unternehmensdarstellung), Tage der offenen Tür, soziale Einrichtungen für Mitarbeiter schaffen und der Öffentlichkeit mitteilen, Prominente und Fachleute zu pressewirksamen Gesprächen einladen **Sponsoring:** Menschen und Organisationen mit gutem Ruf durch Geld und Dienstleistungen unterstützen, damit sie für das Unternehmen Werbung betreiben. **Product Placement:** Produkte des Unternehmens für öffentlichkeitswirksame Veranstaltungen, Filme usw. zur Verfügung stellen und eventuell dafür bezahlen, damit man indirekt damit Kunden wirbt bzw. Präsenz zeigt. **Direktverkauf (Personal Selling):** Kundenkontakt herstellen, Kundengespräche mit Erfolg führen, Kunden an das Unternehmen binden

Distributionspolitik	**Verteilung und Wege der Ware** vom Unternehmen zu den Kunden müssen festgelegt werden, z. B. über verschiedene **Absatzkanäle** (Großhandel, Versandhäuser, Einzelhandel direkt, Kunden direkt, Internet u. a.), **Absatzmittler** (Reisende = Angestellte, Handelsvertreter = selbstständig, Kommissionär = geringes Absatzrisiko u. a.), **Vertriebssysteme** (z. B. Alleinvertrieb, Vertragshändlersystem, Franchisesystem = z. B. als selbstständiger Kaufmann vertraglich an ein Konzept gebunden), **Transportlogistik** (z. B. über eigene Lkws, Paket- und Transportdienste, über dezentrale oder zentrale Lager, Eigen- oder Fremdlager).

Aufgaben

Ordnen Sie die Fachbegriffe des Marketings richtig zu: Distributionspolitik, Marktforschung, Preispolitik, Public Relations/CI, Sponsoring, Verkaufsförderung, Werbung

a) Sie untersuchen systematisch den Markt.
b) ACI gibt im Inserat auf 5 Artikel Sonderrabatt.
c) ACI unterstützt den Sportverein mit Trikots.
d) Im Internet will ACI durch ein Gewinnspiel neue Kunden erhalten.
e) Die Verkaufsabteilung überlegt, ob die Preise erhöht werden können.
f) Bei ACI sollen alle Geschäftsbriefe mit einem Logo von ACI und einem einheitlichen Briefkopf versehen werden.
g) Die Warenlieferung soll verbessert und beschleunigt werden.

Verkaufsmitarbeiter sind angehalten, ständig ihre Märkte zu beobachten, damit die Produktsortimente und Leistungen den Wünschen der Kunden entsprechen. Gerade in den IuK-Märkten wird der Bedarf erst von der Anbieterseite geweckt, indem Kunden über neue Produkte informiert und beraten werden. Kunden erwarten, dass gute Systemhäuser und ihre Mitarbeiter sich schon frühzeitig über neue

Fachzeitschriften
www.leserservice.de www.heise.de
Fachmessen/-kongresse
www.cebit.de www.messen.de,
Fachverbände u. a.
www.verbaende.com www.bitkom.org
Marktforschungsinstitute u. a.
www.ecin.de www.ibusiness.de www.marktforschung.de www.media-control.de www.netigate.de www.idc.de, www.gfk.de

3.2 Marktbeobachtung und Marktforschung

S Wer zu spät kommt, den bestraft das Leben – ein vielfach beachteter Spruch, der gerade auch für Geschäfte im IuK-Markt von existenzieller Bedeutung ist. Bei ACI wird über Nachrichten aus Marktuntersuchungen diskutiert. BITKOM weist gerade auf Technologie- und Markttrends hin. ACI will solche Trends nicht verpassen.

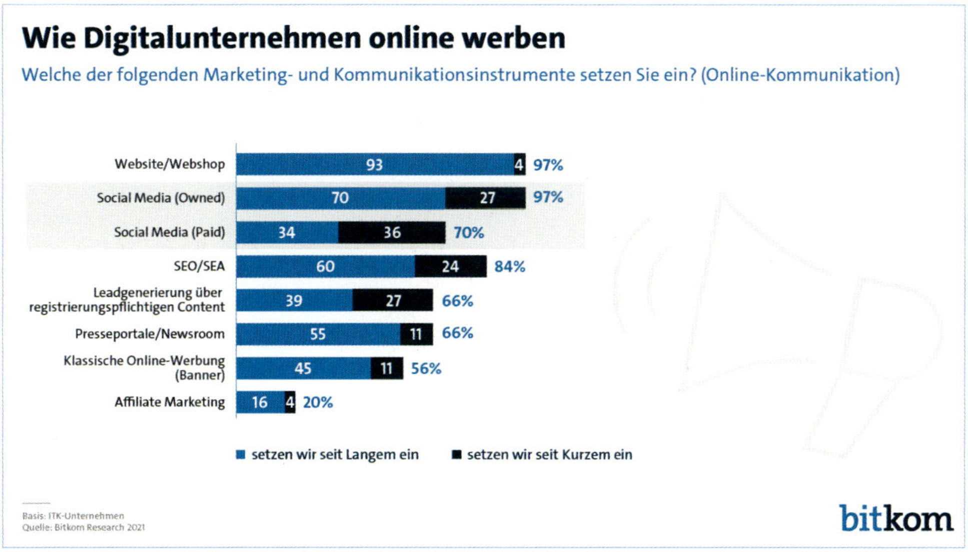

Produkte und Produktinnovationen informieren und Kunden auf neue Entwicklungen hinweisen, damit nicht ungewollt alte Technologien gekauft werden.

Da Marktforschung relativ teuer ist, können sich nur große Unternehmen spezielle und aufwendig angelegte Marktanalysen leisten. Für kleinere Unternehmen sind Informationen zu neuen Produkten und Markttrends durch Messebesuche sowie über Fachzeitschriften, Fachverbände oder Pressemitteilungen von Marktforschungseinrichtungen erhältlich.

W

Quantitative Marktanalyse

Ziel:
Erfassung der mengen- und wertmäßigen Größen des relevanten Marktes sowie Prognose seiner Entwicklung in der Zukunft

Marktgrößen:

- **Marktpotenzial** – maximal mögliche Absatzmenge durch alle Marktteilnehmer
- **Marktvolumen** – von allen Marktteilnehmern tatsächlich erzielte Absatzmenge
- **Absatzpotenzial** – maximal mögliche Absatzmenge eines bestimmten Unternehmens
- **Absatzvolumen** – tatsächlich erzielte Absatzmenge eines bestimmten Unternehmens
- **Marktanteil** – Prozentsatz des Absatzvolumens am Marktvolumen

Aufgaben

1. Recherchieren Sie im Internet nach aktuellen Marktuntersuchungen. Stellen Sie als Textdokument, PowerPoint-Präsentation oder als „Wandtapete" die wichtigsten Markttrends und Marktergebnisse dieses Jahres vor.
2. Im Downloadbereich finden Sie ein Formular zur Markt- und Kundenstrukturanalyse. Präsentieren Sie dieses Formular und diskutieren Sie gemeinsam, ob damit Systemhäuser ihre Markt- und Kundenstruktur analysieren können. DL
3. Sie wollen einen Unternehmensvergleich der IT-Syst AG und der S&T GmbH durchführen:

	Jahresumsatz		Marketingbudget	
	Vorjahr	**Jahr**	**Vorjahr**	**Jahr**
IT-Syst AG	38 Mio. €	42 Mio. €	2,5 Mio. €	3 Mio. €
S&T GmbH	7,5 Mio. €	9,6 Mio. €	0,25 Mio. €	0,3 Mio. €

Berechnen Sie
a) die Veränderungen in Prozent zum Vorjahr,
b) das Marketingbudget in Prozent zum Umsatz.

4. Unser Unternehmen „Media-Plus AG" ist ein bedeutender Kopfhörer-Hersteller in Deutschland. Das Marktpotenzial in Deutschland für Kopfhörer wurde von einem Forschungsinstitut für dieses Jahr mit 30 Mio. Stück berechnet. Das Marktvolumen für den Standardkopfhörer beträgt vereinfacht 18 Mio. Stück, wobei der Marktführer APSONY 40 % und unser Unternehmen 8 % Anteil besitzen soll.
Berechnen Sie unser Absatzpotenzial und unser Absatzvolumen sowie das Umsatzvolumen unseres Unternehmens, wenn der Kopfhörer mit 80,00 € zzgl. USt pro Stück verkauft wird.

W

Marktuntersuchungen

Maßnahmen		Erläuterung	Beispiele
Markterkundung	Betriebsintern	Unsystematische Untersuchung der eigenen Informationen und Daten der Abteilungen Einkauf, Produktion und Verkauf	Mitarbeiter bringen ihre Erkenntnisse anhand von Reise- und Marktberichten oder durch Stellungnahmen in Besprechungen ein.
Marktforschung nach dem Umfang der Untersuchung	Marktbeobachtung	Systematische, zeitraumbezogene Untersuchung	Ein Marktforschungsinstitut wird beauftragt, systematisch einen Monat lang die Reaktion des Marktes auf verschiedene Produktinserate zu untersuchen.
	Marktanalyse	Systematische, zeitpunktbezogene Untersuchung	Es soll systematisch an einem Tag eine Kundenbefragung durchgeführt und ausgewertet werden.

Marktforschung nach dem Ziel der Untersuchung	Produktanalyse	Systematische Untersuchung der Produkte erfolgt hinsichtlich Preis-Leistungs-Verhältnis, Absatzchancen, Beratungsaufwand, Ertragschancen.	Es soll herausgefunden werden, mit welchen Produkten man langfristig den Markt am besten bedienen und am meisten Gewinn erzielen kann.
	Konkurrenzforschung	Systematische Untersuchung betrifft Produkte und Produktneuheiten sowie Marktanteile und Marktverhalten der Mitbewerber.	Es soll systematisch untersucht werden, welche Mitbewerber einen Internetshop betreiben.
	Kundenanalyse, Bedarfs- und Absatzforschung	Systematische Untersuchung des Marktes erfolgt hinsichtlich des Gesamtbedarfs an Produkten auf dem Markt sowie zu Kaufmotiven und Absatzmöglichkeiten.	Es wird eine Untersuchung in Auftrag gegeben, ob Schüler ein Interesse an einem Computerführerschein haben, und wie groß der Markt sein wird.
Marktprognose	Trendberechnung	Aufgrund der vorhandenen Marktdaten wird versucht, einen Trend festzustellen und eine Prognose in die Zukunft abzugeben.	Bei Handys wurde in den letzten Jahren ein Marktwachstum von über 10 % festgestellt. Dank iPhone wird in den nächsten fünf Jahren mit einer Absatzsteigerung von 60 % gerechnet.

Aufgaben

1. Welche Art von Marktuntersuchung liegt jeweils vor?
   a) Verkäufer berichten über die Ankündigung einer Hausmesse des Mitbewerbers.
   b) Verbraucher werden zukünftig weniger Notebooks und mehr Tablets nachfragen.
   c) Ein Systemhaus will verstärkt den Softwaremarkt der Immobilienwirtschaft in der Region betreuen und feststellen, ob hier mit vielen Mitbewerbern zu rechnen ist.
   d) Im Systemhaus will man sich vorrangig auf zwei verschiedene Thin-Client-Systeme (gutes Preis-Leistungs-Verhältnis, Premiummarke) konzentrieren. Sie sollen herausfinden, welche Anbieter am besten geeignet sind.
   e) Sie stellen fest, dass einige Kunden weniger Leistungen bei Ihnen nachfragen als in den vorangegangenen Jahren, einige sogar Wartungsverträge kündigen. Sie wollen den Ursachen auf den Grund gehen.
   f) Sie wollen wissen, ob die neuen Ladenöffnungszeiten von den Kunden angenommen werden, und lassen in den erweiterten Öffnungszeiten ermitteln, wie viele Kunden das Ladengeschäft besuchen.
   g) Anlässlich einer Hausmesse befragen Sie Besucher über das Interesse an Archivierungssystemen.
2. Wie kann ACI mehr über die Wünsche der Kunden zur Weiterentwicklung seines Hausverwaltungsprogramms erfahren? AS7

W

Erhebungsverfahren		
Umfang	Vollerhebung	Für das zu untersuchende Merkmal wird die gesamte Grundmenge untersucht, z. B. werden alle Kunden befragt.
	Teilerhebung	Es wird eine Stichprobe untersucht, wobei auf eine repräsentative Stichprobe Wert gelegt werden sollte. Selektion erfolgt durch Zufallsauswahl (z. B. jeder 100. Kunde) oder per Quote nach festgelegten Merkmalen (z. B. nach Alter: 40 % unter 20 Jahre).
Primärerhebung	Befragung	Schriftlich, mündlich, telefonisch, online anhand vorgegebener Fragen: Einfachauswahlfragen (ja/nein), Mehrfachauswahlfragen, Skalenfragen (z. B. Einschätzung von 1 bis 10), Maßzahlen (z. B. Geburtsjahr) und freie Fragen (z. B. sonstige Wünsche?)
	Interview	Persönlich nach vorgegebenen Merkmalen oder Fragen; Vorteile: Erklärungen, Nachfragen möglich, individuell

(Fortsetzung auf folgender Seite)

W

Erhebungsverfahren		
Primärerhebung	Beobachtung	Dauerbeobachtung oder mehrere Kurzbeobachtungen als Multimomentbeobachtung (kostengünstiger) zu einem bestimmten Beobachtungszweck. Beobachtungen werden notiert oder erfasst.
	Panel	Regelmäßige Befragung einer bestimmten Personengruppe erfolgt über einen längeren Zeitraum mit den gleichen Fragen.
	Test/Experiment	Meinungserhebung aus einer (neutral gestellten) Testumgebung, z. B. werden Kunden neutral verpackte Produkte oder Warenproben zur Begutachtung vorgelegt oder zum Test oder zur Erprobung zur Verfügung gestellt.
Sekundärerhebung	Schon vorliegende Daten werden verwendet.	Interne Daten, z. B. werden Kundendaten, Umsatzdaten, Messeberichte, Reklamationen ausgewertet.
		Externe Daten, z. B. werden Daten der statistischen Ämter, der Kammern und Innungen, Verbände, Zeitschriften usw. ausgewertet.

Hinweis: siehe auch Vorseite

Aufgaben

1. Geben Sie jeweils die Erhebungsart an:

a) Monatlich werten Sie die Antworten zur Kundenzufriedenheit auf der Internetseite Ihres Unternehmens aus.

b) Anlässlich einer Hausmesse und der Vorführung verschiedener Hard- und Softwareprodukte haben 200 Gäste an einem Quiz teilgenommen, bei dem indirekt auch danach gefragt wurde, ob sie in nächster Zeit einen Bedarf an den Produkten sehen.

c) Das Softwarehaus legt allen Produktauslieferungen eine kostenlose Version einer neuen Bürosoftware bei, die 2 Jahre genutzt werden kann, wenn der beigefügte Fragebogen ausgefüllt zurückgesandt wird.

d) Die Geschäftsleitung beauftragt den Verkauf, dem Umsatz entsprechend eine Liste der 100 Topkunden für eine Marketingmaßnahme zu erstellen.

e) Die Vertriebsbeauftragten wurden von der Softwareentwicklung gebeten, die Kunden auf der CEBIT zu befragen, welche Erfahrungen sie mit der neuen Benutzeroberfläche und dem Hilfesystem gemacht haben. Die Ergebnisse sollen nach dem Gespräch in einem von der Softwareentwicklung erstellten Besprechungsbogen eingetragen werden.

2. Führen Sie anhand der beiden nebenstehenden Übersichten eine Selbsteinschätzung über Kundenwünsche und Ihre Kundenbeziehungen durch und präsentieren Sie Ihre Ergebnisse.

Selbstbeurteilungsbogen

- ○ Wer sind meine Kunden?
- ○ Wo finde ich meine Kunden?
- ○ Was brauchen und erwarten meine Kunden von mir?
- ○ Welche Veränderungen muss ich vornehmen, um allen Kundenwünschen zu entsprechen?
- ○ Was erwarten meine Kunden von mir in Bezug auf Verkauf und Service?
- ○ Was muss ich tun, um den Erwartungen in Verkauf und Service zu entsprechen?
- ○ Was muss ich tun, um meine Kunden langfristig an mein Geschäft zu binden?
- ○ Wie bringe ich meine Kunden dazu, mein Geschäft neuen Kunden zu empfehlen?

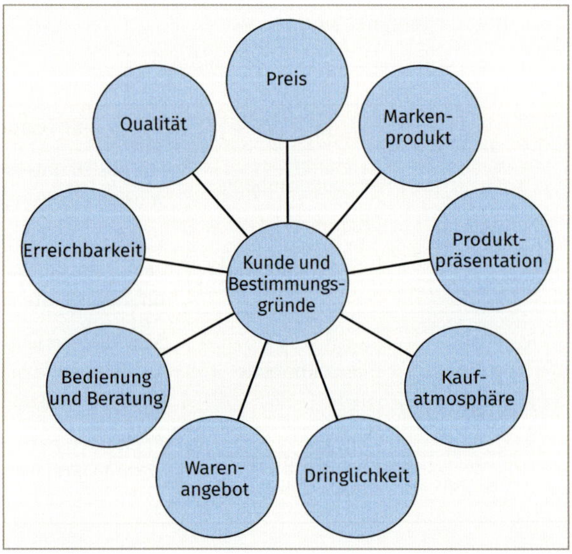

Strategische Marketinganalysen

Marketingentscheidungen wirken sich auf das gesamte Unternehmen aus und tragen als strategische oder langfristige Entscheidungen zur Ausrichtung des Geschäftsmodells bei. Im Folgenden werden grundlegende Marketingstrategien dargestellt, dazu mit der Stärken-Schwächen-Analyse, der Chancen-Risiko-Analyse und der SWOT-Analyse die bekanntesten Analysemethoden am Beispiel erläutert und mit Aufgaben vertieft.

Marketingstrategien	
Zweck	**Planvolle** und **langfristige** Vorgehensweise zur **Umsetzung von Marketingzielen**, wobei die Strategie häufig mit einer Unternehmensstrategie gleichgesetzt wird oder sich auch auf den Marketingmix (vgl. folgende Seiten) beziehen kann. Marketingstrategien werden im **Marketingplan** dargestellt.
Ausrichtungen bzw. Perspektiven mit Optionen	Marketingstrategien können unterschiedliche Ausrichtungen und Optionen berücksichtigen, z. B.: ▪ **Wachstum:** Expansion, Schrumpfung, Konsolidierung (neue Zusammenstellung) ▪ **Wettbewerb:** Angriff, Überholen, Verteidigung, Ausweichen, Kooperieren ▪ **Areal:** national, regional, lokal ▪ **Marktfeld:** gegenwärtiger Markt, neuer Markt, Nische ▪ **Breite:** Konzentration auf Kernkompetenzen oder breite Streuung und Diversifikation auf verschiedene Produkte und Märkte
Wettbewerbsstrategien	▪ **Kostenführerschaft:** Sie zielt darauf ab, im Wettbewerb der Kostengünstigste zu sein, indem konsequent auf Kostenoptimierung und Kostensenkung geachtet wird, z. B. durch Großeinkauf sowie Vereinfachung des Angebots, der Geschäftsprozesse, des Sach- und Personaleinsatzes und der Verwaltung. ▪ Durch die Kostenführerschaft ist es möglich, auch die **Preisführerschaft** zu übernehmen, indem ein Teil der Kostenvorteile über niedrigere Preise an die Kunden weitergegeben wird. Die Gefahr ruinöser Preiskämpfe ist zu beachten (Beispiel: ehemaliger Baumarkt Praktiker). Kostenvorteile können sich insbesondere auch im E-Commerce ergeben, wenn Grenzkosten (Kosten für den Absatz zusätzlicher Einheiten) gegen Null gehen. ▪ **Qualitätsführerschaft:** Sie zielt darauf ab, sich in einem Bereich oder Teilbereich durch ein Angebot qualitativ hochwertiger Produkte und Dienstleistungen abzugrenzen. ▪ **Differenzierung:** Ziel ist es, sich durch besondere Merkmale (besondere Produkte, Verfahren, sehr guten Service und sehr gute Mitarbeiter) von Wettbewerbern abzuheben und damit für Kunden einen besonderen Status zu erhalten, eventuell sogar ein eigenes Markenzeichen zu entwickeln (Beispiele: Apple, Swatch oder Bang & Olufsen durch das besondere Produkt- und Leistungsangebot). ▪ **Nischenstrategie:** In einem begrenzten Markt bezüglich Raum, Produktlinie oder Kundengruppe können auch klein- und mittelständische Betriebe häufig besser bestehen und schneller wachsen. Wettbewerbsziele in der Nische können Kostenführerschaft oder Qualitätsführerschaft sein. Nischenunternehmen bedienen sich normalerweise auch der Differenzierung und können im begrenzten Markt nicht selten eine Marktführerschaft anstreben (Beispiele: Meissner Porzellan, Harley Davidson, Aldi, Umbro Fußballartikel, Rolls-Royce).
Costas Markides	Prof. Costas Markides als einer der bekanntesten Managementstrategen behauptet: Die folgenden drei strategischen Grundsatzentscheidungen für die Aufstellung erfolgreicher Geschäftsmodelle müssen aufeinander abgestimmt sein, um sich gegenseitig zu verstärken: a) Wer kommt als Zielkunde infrage? b) Was bieten wir diesen Kunden an und was nicht? c) Wie bedienen wir diese Kunden effektiv? Strategie darf nach Prof. Markides nicht mit Mission verwechselt werden. Strategien sollten kreativ ermittelt, Ideen gesammelt, Alternativen geprüft werden.
Analyseverfahren	Als Analyseverfahren kommen z. B. zur Anwendung: a) SWOT-Analyse (vgl. S. 188 f.), b) Portfolioanalyse (vgl. S. 195 ff.) c) Lebenszyklusmodell (vgl. S. 193 ff.)

Aufgaben

1. Diskutieren Sie die genannten Optionen, die für o. a. Marketingperspektiven genannt wurden. Nennen Sie Beispiele von Unternehmen, die auf bestimmte Optionen ausgerichtet sind.
2. Erläutern Sie die genannten Wettbewerbsstrategien. Nennen und diskutieren Sie über Unternehmen, die sich nach bestimmten Wettbewerbsstrategien ausgerichtet haben.
3. Diskutieren Sie die Behauptungen von Costas Markides zu Managementstrategien.

Stärken-Schwächen-Analyse	
Ziel	Untersuchung oder Selbsteinschätzung auf interne Stärken (Potenziale und Ressourcen), die das Unternehmen besonders positiv hervorheben, sowie interne Schwächen, die behoben und laufend kontrolliert werden sollten.
Faktoren	▪ **Bereichsorientiert** (z. B. Hard-/Software, Netzwerktechnik) ▪ **Funktionsorientiert** (z. B. Unternehmensführung, Forschung und Entwicklung, Produktion, Vertrieb, Logistik) ▪ **Wertorientiert** (z. B. Umsatz, Gewinn, Finanzkraft, Marktanteil, Mitarbeiterauslastung)
Vergleiche	▪ Istvergleich bzw. Vergleich der kritischen Faktoren ▪ Zeitvergleich (Vergleich mehrerer Perioden) ▪ Konkurrenzvergleich (Vergleich mit Konkurrenten und Marktführern)
Voraussetzungen	Ehrlichkeit, Offenheit und Vertrauen im Analyseteam oder zu sich selbst sind wichtige Vorbedingungen. Eventuell ist ein externer Moderator zu beauftragen.
Vorgehensweise, Ablauf	1. Als Grundlage für die Analyse sollte zunächst das zu erreichende Ziel formuliert werden. 2. Dazu passend sollten Oberpunkte (z. B. Unternehmen, Mitarbeiter, Produkte) bestimmt und visualisiert werden, die großen Einfluss auf das zu erreichende Ziel oder die Strategie haben. 3. Zu jedem Oberpunkt sollten wichtige (maximal 10) Beurteilungskriterien (Faktoren) gefunden werden, die über Erfolg und Misserfolg entscheiden. 4. Eine Beurteilungsskala wird festgelegt (z. B. „stark, mittel, schwach", von −5 bis +5 oder von 0 bis 9). 5. Jeder Faktor sollte möglichst korrekt bewertet werden. 6. Auswertungen werden in einem Diagramm dargestellt (siehe unten). 7. Verbale Auswertung der Ergebnisse 8. Für einen Zeitvergleich wird dieselbe Analyse in regelmäßigen Abständen wiederholt. 9. Für eine Konkurrenzanalyse wird die Analyse für Mitbewerber wiederholt. 10. Die Analyse wird eventuell durch eine SWOT-Analyse (siehe unten) erweitert.
Hilfsmittel	Flipchart, Pinnwand, Beamer-Präsentation, Excel-Darstellung
Info	vgl. z. B. www.fuer-gruender.de.

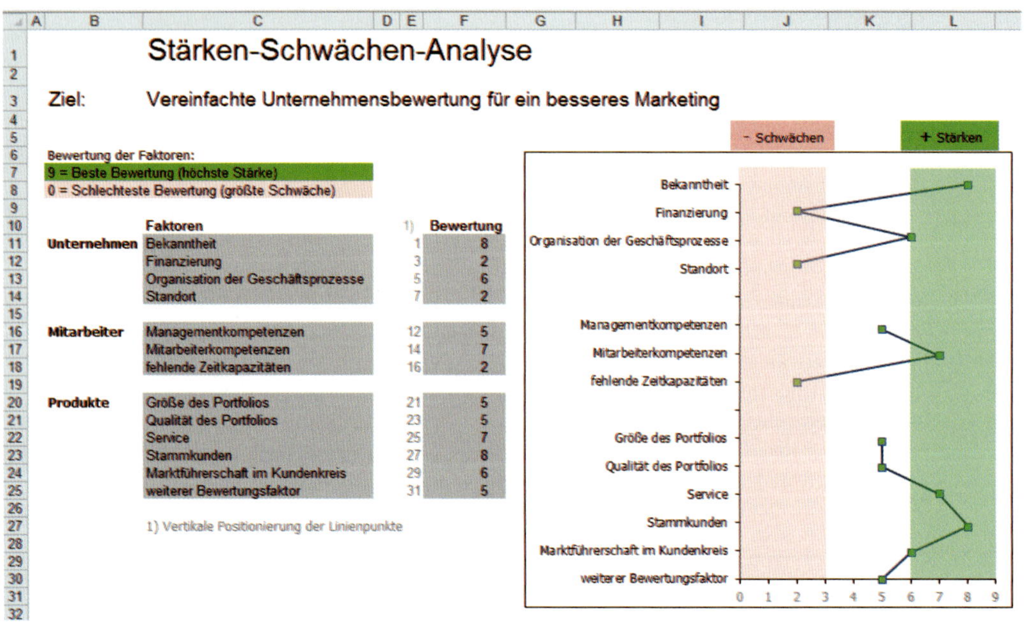

Aufgaben

DL 1. Öffnen Sie im Downloadbereich die Excel-Anwendung „SWOT-Analyse" und erläutern Sie das Beispiel mithilfe einer Beamer-Präsentation.
2. Sie sind Auszubildende(r) bei der IT-Hard- und Software GmbH. Die Umsätze stagnieren seit Jahren oder sind sogar rückläufig, die Umsatzrendite sinkt aufgrund der Konkurrenz durch Onlineangebote oder Discounter. Sie wollen eine „Stärken-Schwächen-Analyse" mit der Excel-Anwendung aus Aufgabe 1 durchführen, wobei Sie folgende Angaben einer Istanalyse verwenden wollen. Ziel ist eine Analyse des bisherigen IT-Ladengeschäfts und die zeitgemäße Neuausrichtung des Geschäftsmodells.
   a) Es wird angeführt, dass der Ladenstandort am Rande des Zentrums noch gut zu erreichen ist und auch über genügend Parkplätze verfügt. Die Ladengröße beträgt 150 m^2 und ist ausreichend, allerdings ist das Lager zu klein, sodass auch der Laden als Lager verwendet wird. Die Ladenausstattung ist alt, wenig ansprechend, aber hinreichend.
   b) Das angebotene Sortiment (Portfolio) beinhaltet standardisierte Hard- und Software, die jedoch wegen der Konkurrenz von Onlineshops und Discountern immer weniger nachgefragt wird. Am besten laufen der Bereich Netzwerktechnik, die Werkstatt und der IT-Service (auch vor Ort). Geschäftssoftware, insbesondere ERP-Software, wird zwar nachgefragt, aber wegen zu geringer Beratung und Kompetenz zu wenig verkauft. Ebenso gibt es einen eigenen Onlineshop, der aber mit professionell geführten Onlineshops nicht mithalten kann, zu wenig gepflegt wird und daher wenig Umsatz generiert.
   c) Kunden: Die meisten Umsätze kommen von Stamm- und Geschäftskunden sowie von Kunden, mit denen Wartungsverträge u. ä. Vereinbarungen bestehen. Über Laufkundschaft wird unterdurchschnittlich Umsatz generiert, noch weniger kommt durch „Vor-Ort-Service" von Nicht-Stammkunden und durch Onlinehandel.
   d) Beschaffungs-, Logistik- und Verwaltungsprozesse werden eher mittelmäßig, Marketingprozesse eher unzureichend und Kundenbeziehungsprozesse kaum besser gemanagt.
3. Erarbeiten Sie in Arbeitsgruppen eigene Zielvorstellungen und führen Sie Stärken-Schwächen-Analysen mit Präsentation und Diskussion durch.

Chancen-Risiko-Analyse	
Zweck	Feststellung der Chancen und Risiken, die sich **von außen** (Umweltanalyse, externe Sicht) bei der Umsetzung einer Zielvorgabe bzw. einer Strategie ergeben. ▪ Chancen = Umweltfaktoren oder externe Faktoren, die einen positiven Einfluss bei der Umsetzung der geplanten Strategie haben ▪ Risiken = externe Faktoren, die den Erfolg der geplanten Strategie gefährden Die Risikoanalyse ist Teil der SWOT-Analyse (siehe unten).
Faktoren	▪ Chancen, z. B. Produktarten „im Trend", neue Produkte gesucht, Marktvolumen steigt, Bekanntheitsgrad der Produkte und des Unternehmens ▪ Risiken, z. B. hohes Anspruchs-/Markendenken der Kunden, kurze Lieferzeiten, hoher Innovationsgrad der Produkte und schnelle Produktwechsel, Onlinehandel
Vorgehensweise, Ablauf (vgl. Beispiel unten)	1. Es wird das Ziel oder die Strategie festgelegt, wofür die Analyse durchgeführt wird. 2. Es werden Markttrends passend zum Ziel erarbeitet. 3. Es wird die Trendstärke festgelegt, d. h., mit „0" (unbedeutend) bis „9" (sehr bedeutend) wird bewertet, wie stark der Trend die Umsetzung beeinflusst. 4. Es wird festgelegt, ob der Trend eine Chance oder ein Risiko für das Erreichen des Ziels darstellt (vgl. unten).
SWOT	Die Chancen-Risiko-Analyse kann selbstständig oder als Teil einer SWOT-Analyse durchgeführt werden (vgl. unten).
Info	vgl. z. B. www.fuer-gruender.de

Chancen-Risiko-Analyse

Ziel: Vereinfachte Unternehmensbewertung für ein besseres Marketing

Vorgehensweise:
a) Markttrends zum Ziel passend eintragen
b) Trendstärke (schwach/unbedeutend = 0, sehr stark/bedeutend = 9) eintragen
c) festlegen,ob der Trend eine Chance oder ein Risiko für das Erreichen des Ziels darstellt

	Markttrends zum Ziel feststellen	Trendstärke	Chance	Risiko
1	Kurze Produktzyklen	7	☐	☑
2	Online-Konkurrenz	5	☐	☑
3	Servicenachfrage, Fullservice	4	☑	☐
4	schnelle Lieferung / Logistik	6	☑	☐
5	Cloudlösungen	4	☐	☑
6	Aggressive Preispolitik	7	☐	☑
7	Direktwerbung	8	☑	☐
8	Onlinewerbung, Social Media Marketing	8	☑	☐
9	Kundenbindung und After-Sales Service	6	☑	☐
10	Auftragsfinanzierung	4	☑	☐
11	Leasing	3	☑	☐
			☐	☐

Aufgaben

DL 1. Öffnen Sie im Downloadbereich die Excel-Anwendung „SWOT-Analyse" und erläutern Sie das Beispiel mithilfe einer Beamer-Präsentation.

2. Sie sollen als Auszubildende(r) der IT-Hard- und Software GmbH ebenfalls eine „Chancen-Risiko-Analyse" mit o. a. Zielsetzung und der Excel-Anwendung durchführen. Folgende Markttrends sehen Sie als bedeutend an (Trendstärke in Klammern):

IT-Systemhäuser kooperieren (3)	IT-Serviceangebote online (3)
Netzwerktechnik-Nachfrage im Systemhaus (4)	Vor-Ort-Service (7)
Werkstattservice-Nachfrage (3)	Wartungsverträge (4)
Läden erhöhen Service (7)	Softwareservice ERP (7)
Standardhardware und -software über Discounter (7)	Cloud-Technologie (7)
Große Systemhausketten drängen in den Markt. (7)	Onlineshops (7)
Öffentliche Einrichtungen: Ausschreibungen online (7)	

Entscheiden Sie jeweils, ob diese Trends für die Zielsetzung eher eine Chance oder ein Risiko sind.

3. Erarbeiten Sie in Arbeitsgruppen eigene Zielvorstellungen und führen Sie Chancen-Risiko-Analysen mit Präsentation und Diskussion durch.

SWOT-Analyse		W
Zweck	Die SWOT-Analyse ist eine Methode der **Istanalyse** und der **strategischen Planung**, zeigt die Stärken, Schwächen, Chancen und Risiken bei einer Istbetrachtung oder für eine strategische Planung auf. Sie lässt sich gut für die Erarbeitung von Marketingstrategien verwenden, wobei insbesondere S-O-, W-O-, S-T- und W-T-Strategien untersucht werden (vgl. unten).	
Vorgehensweise	Bei einer SWOT-Analyse erfolgt zunächst eine Betrachtung der inneren Werte des Unternehmens, indem eine Stärken-Schwächen-Analyse durchgeführt wird. Danach wird eine Betrachtung externer Faktoren oder Trends als Chancen und Risiken angestellt, die für die Zielsetzung von Belang sind. Zum Schluss nimmt man aus diesen Analysen die bedeutenden SWOT-Faktoren, um dafür S-O-, W-O-, S-T- und W-T-Strategien zu entwickeln. Im Beispiel auf S. 189 werden diese Strategien nur stichwortartig erwähnt, sollten in der Praxis aber, insbesondere für den Marketingplan, ausführlicher formuliert werden.	

SWOT Analyse/Strategien: S-O, W-O, S-T, W-T		Interne Sicht (Unternehmen, Mitarbeiter, Produkte, etc.)	
		S Strengths (Stärken)	**W** Weaknesses (Schwächen)
Externe Sicht (z. B. zu Kunden, Wettbewerb, Markt)	**Opportunities** (Möglichkeiten, Chancen) **O**	Wie sind die Stärken einzusetzen, um vorhandene Chancen zu nutzen? **Ausbauen** Mit den eigenen Stärken vorhandene Chancen nutzen!	Wie ist an den Schwächen zu arbeiten, um die externen Chancen zu nutzen? **Aufholen** Eigene Schwächen beseitigen, um externe Chancen zu nutzen!
	Threats (Bedrohungen, Gefahren, Risiken) **T**	Wie sind die Stärken einzusetzen, um die Risiken zu minimieren? **Absichern** Mit den eigenen Stärken Risiken meistern!	Wie ist an den Schwächen zu arbeiten, um den Gefahren zu entgehen? **Vermeiden** Eigene Schwächen beseitigen, um den Gefahren zu entgehen!

	A	B	C	D	E
1	**SWOT - Analyse: Feststellung der Strategien**				
2	**Strengths (Stärken), Weaknesses (Schwächen), Opportunities (Chancen), Threats (Risiken)**				
3					
4	**Chancen:**	**1. Direktwerbung**	**2. Onlinewerbung**	**3. Schnelle Logistik**	**4. Kundenbindung, After Sales**
5					
6	**S-O-Strategie**	Wie Stärken einsetzen, um vorhandene Chancen zu nutzen?			
7	**Stärken:**				
8	Bekanntheit	nutzen	Soziale Netze nutzen		herausstellen
9	Stammkunden	direkt werben	Community aufbauen		besonders anbieten
10	Mitarbeiterkompetenzen	herausstellen, persönlich	Direktkontakt ermöglichen	für Logistik nutzen	einsetzen für AS
11	Service	bekannt machen	viele Varianten anbieten		Zusatzangebote erstellen
12					
13	**W-O-Strategie**	Wie an den internen Schwächen arbeiten, um die externen Chancen zu nutzen?			
14	**Schwächen:**				
15	Finanzierung	möglichst eigene Ressourcen		Finanzierung möglichst wenig belasten	
16	Standort	hier wenig Bedeutung		Liefervarianten anbieten	Onlineangebote
17	fehlende Zeitkapazitäten	Automatisieren oder Zeitarbeitskräfte beschäftigen			
18					
19	**Risiken:**	**1. kurze Produktzyklen**	**2. Aggressive Preispolitik**	**3. Online-Konkurrenz**	**4. Cloudlösungen**
20					
21	**S-T-Strategie**	Wie die Stärken einsetzen, um die Risiken zu minimieren?			
22	**Stärken:**				
23	Bekanntheit	Neuigkeitenportal	Vorortservice herausstellen	selbst Onlineangebote	evtl. Cloudl. ebenfalls anbieten
24	Stammkunden	Online-Info-Brief	dto. und versch. Angebote	Vorortangebote machen	+/- gegenüberstellen
25	Mitarbeiterkompetenzen	Direktberatung anbieten	direkten Mitarbeiterkontakt	besonders herausstellen	Mitarbeiter Kunden zuordnen
26	Service	angepasste Angebote	verschiedene Angebote	Vorortserviceangebote	Unterschiede herausstellen
27					
28	**W-T-Strategie**	Wie an den Schwächen arbeiten, um den Gefahren zu entgehen?			
29	**Schwächen:**				
30	Finanzierung	Lagerbestände reduzieren	Preisdifferenzierung	Vorkasse,Leasingangebote	Einsparungen woanders
31	Standort	Online-/vor-Ort-Beratung	Niedriger Preis bei Abholung	kostenlose Direktlieferung	Vor-Ort-Vorteile herausstellen
32	fehlende Zeitkapazitäten	evtl. Zeitarbeitskräfte eins.		mehr Automatisieren	

Aufgaben

L 1. Öffnen Sie im Downloadbereich die Excel-Anwendung „SWOT-Analyse“ und erläutern Sie das Beispiel mithilfe einer Beamer-Präsentation.

2. Sie sollen als Auszubildende(r) der IT-Hard- und Software GmbH kreativ Strategien für die Zielsetzung „Analyse des bisherigen IT-Ladengeschäfts und die zeitgemäße Neuausrichtung des Geschäfts-

modells" mit einer SWOT-Analyse ermitteln und nach einer Diskussion in Arbeitsgruppen in die Excel-Tabelle eintragen. Eine „Stärken-Schwächen-Analyse" und eine „Chancen-Risiko-Analyse" mit o. a. Zielsetzung haben Sie bereits durchgeführt und deren Ergebnisse liegen in einer Excel-Tabelle vor. Präsentieren Sie Ihre Ergebnisse.

3. Erarbeiten Sie sich in Arbeitsgruppen eigene Zielvorstellungen und führen Sie zu den o. a. Analysen auch eine SWOT-Analyse einschließlich SWOT-Strategien mit Präsentation und Diskussion durch.

Kundenstruktur analysieren

Unternehmen können eine sehr unterschiedliche Kundenstruktur haben. Nicht unwesentlich für die Aufnahme und Pflege guter Kundenbeziehungen ist die Kenntnis und Gruppierung der Kunden nach Alter, Geschlecht, Herkunft, Kundentyp und anderen demografischen Merkmalen und Verhaltensmerkmalen. Für eine zielgruppengerechte Ansprache ist es wichtig, das Angebot entsprechend der Kundenstruktur zu gestalten, die mithilfe einer Kundenstrukturanalyse ermittelt wird. Die große Zahl der Einstiegs- und Querschnittskunden generiert häufig nur etwa 20 % des Umsatzes/des Ertrags. Dagegen ist es häufig eine geringe Zahl von Potenzial- und Topkunden, die 80 % des Umsatzes/des Ertrags ermöglichen (vgl. auch 80/20-Prozent-Prinzip von Pareto in Kapitel 5.2). Daher ist es für ein Unternehmen und seinen Umsatz wesentlich schlechter, einen Topkunden statt einen Querschnittskunden zu verlieren. Andererseits ist es sehr wichtig, einen Potenzial- bzw. Topkunden hinzuzugewinnen (vgl. auch Kundentypen).

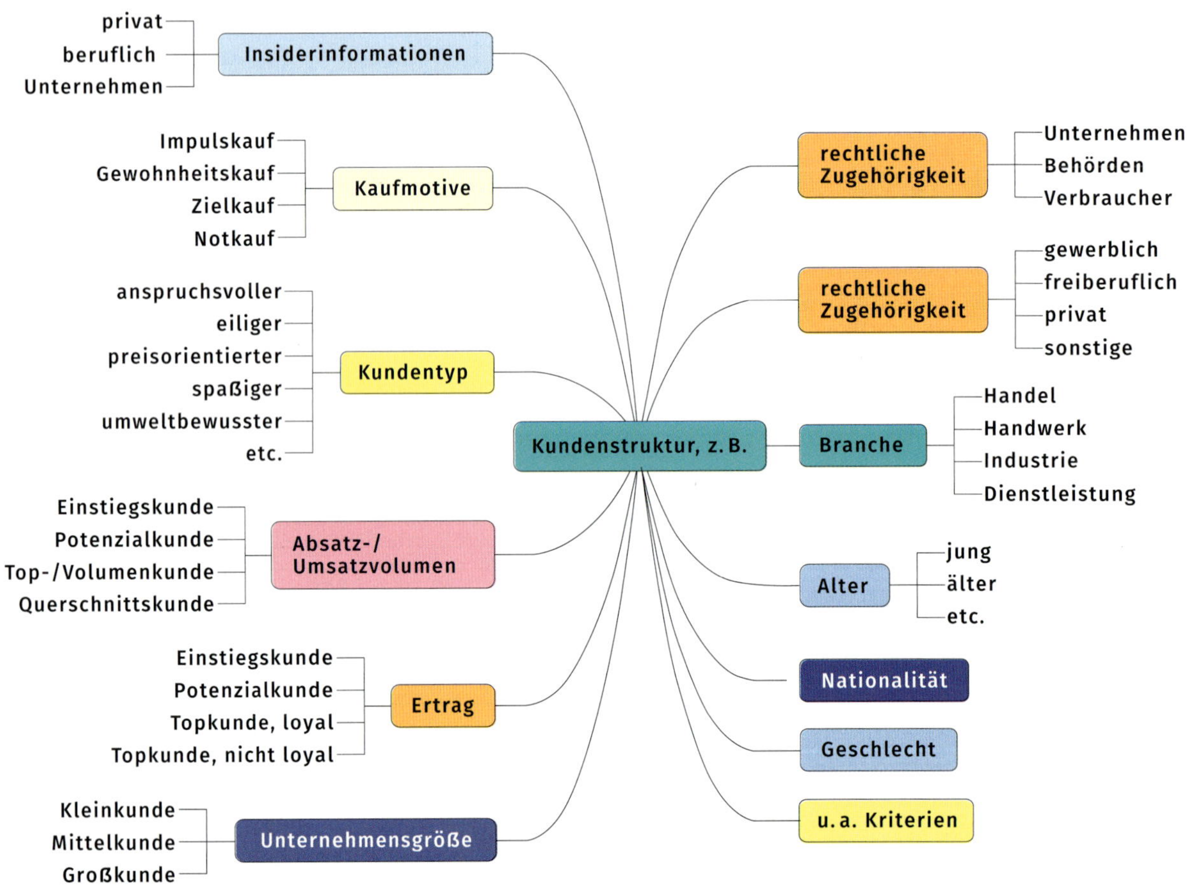

Was unterscheidet in der Kundenstruktur?	
Zuordnungskriterien	Erläuterungen zur Unterscheidung für die Kundenstruktur
Rechtliche Zugehörigkeit	Bei Unternehmen (gewerblich oder freiberuflich) ist auf die Anwendbarkeit des HGB, bei Verbrauchern auf Verbrauchergesetze im BGB und bei Behörden auf spezielle gesetzliche Anforderungen zu achten.
Alter	Das Wissen über das Alter des Kunden oder des Unternehmens kann für Verkaufsgespräche und Werbung von Vorteil sein.
Nationalität	Das Wissen über die Herkunft des Kunden, die Nationalität oder der Migrationshintergrund ist für eine gute Kundenberatung nützlich.
Unternehmensgröße	Aufgrund der Unternehmensgröße können unterschiedliche Anforderungen eine Rolle spielen, z. B. Qualitätszertifikate, Bonitätsnachweise usw.
Ertrag, Absatz, Umsatzvolumen	Die Kundenstruktur hat einen erheblichen Einfluss auf den Ertrag (Gewinn), den Absatz (Anzahl der verkauften Artikel) und den Umsatz (Absatz in Euro); ist zu unterscheiden nach folgenden Kunden: ▪ **Einstiegskunden** bestellen nur einmalig oder selten etwas. Häufig sind Absatz, Umsatz und Ertrag relativ gering, sodass genau geprüft werden muss, ob sie sich zum Potenzial- oder sogar zum Topkunden entwickeln können und sich dafür ein erhöhter Aufwand auszahlt. ▪ **Potenzialkunden** sind häufig gerade dabei, das Unternehmen als Hauptlieferanten und Marktpartner zu entdecken. Ganz oft befinden sich Potenzialkunden in einer Wachstumsphase. Hier ist es besonders wichtig, Beziehungen aufzubauen, eine gute Kundenbindung herzustellen und den Kunden vom eigenen Leistungsangebot zu überzeugen. ▪ **Topkunden** erbringen für das Unternehmen nicht nur einen hohen Absatz und Umsatz, sondern auch einen hohen Ertrag. Sie sorgen für Wachstum im Unternehmen und haben als Kundengruppe hohe Priorität. ▪ **Querschnittskunden** können den anderen Kundengruppen nicht zugeordnet werden, bilden aber mengenmäßig eine große Gruppe.
Kundentyp	Verkäufer unterteilen je nachdem, in welcher Branche sie tätig sind, in unterschiedliche Kundentypen und stellen sich auf diese ein, um sie richtig und erfolgreich ansprechen und mit ihnen kommunizieren zu können.
Kaufmotive	Kunden tätigen ihre Käufe aufgrund folgender Anlässe, z. B. als: ▪ Impulskauf, d. h., sie lassen sich z. B. durch eine Anregung zum Kauf veranlassen. ▪ Gewohnheitskauf, d. h., sie kaufen gewöhnlich bestimmte Dinge bei einem Anbieter ▪ Zielkauf, d. h., sie kaufen geplant und gezielt, vergleichen Angebote ▪ Notkauf, d. h., sie kaufen aus einer Notsituation heraus
Insider-Informationen	Diese Informationen sind häufig wichtig, um den Kunden persönlich und gezielt anzusprechen.

Kdn.-Nr.	Jahresumsatz in Tsd. €	Umsätze kumuliert	in %	Klasse
105	320	320	24,8%	A
103	280	600	46,5%	A
109	250	850	65,9%	A
104	195	1045	81,0%	A
101	90	1135	88,0%	B
110	80	1215	94,2%	B
108	30	1245	96,5%	C
102	20	1265	98,1%	C
107	20	1285	99,6%	C
106	5	1290	100,0%	C

Aufgaben

1. Untersuchen Sie die Kundenstruktur Ihres Ausbildungsbetriebes oder alternativ von ACI. Liegen keine genauen Daten vor, stellen Sie die Struktur durch persönliche Einschätzungen und Erkundigungen dar. Wählen Sie eine verbale Darstellung, eine Auflistung oder eine grafische Darstellung.
2. Diskutieren Sie anhand des Diagramms über den Satz „Bei den A-Kunden muss man besonders auf Kundenzufriedenheit achten".

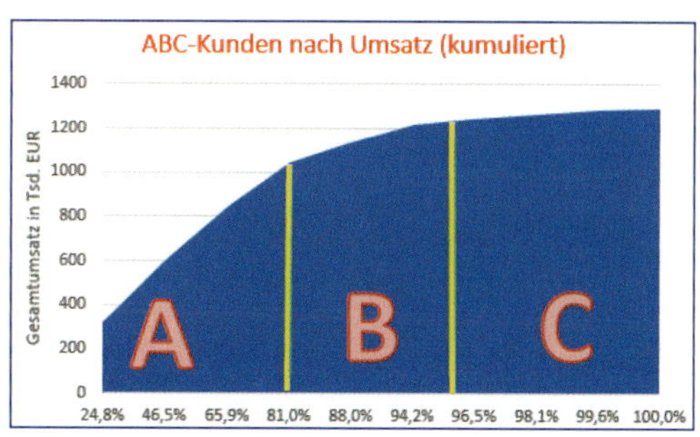

3.3 Planung von IT-Systemen im Marketingmix

S Bei ACI wird darüber diskutiert, dass ein Lebensmitteldiscounter ein Computersystem zum absoluten Niedrigpreis angeboten hat. Soll ACI dagegenhalten und den Kunden ebenfalls solche Preise bieten?

Das Angebot des Discounters wurde auf der Basis eines ganz speziellen Marketingkonzepts entwickelt. Hierzu gehört z. B. ein vorkonfiguriertes „Komplettsystem", ein fester Preis ohne weitere Nachlässe, Kommunikation über Service-Hotline und Auslieferung ausschließlich über die Discountgeschäfte, solange der Vorrat reicht und nicht selten beschränkt auf Haushaltsmengen. Systemhäuser wie ACI müssen Angebote für IT-Systeme auf der Basis anderer Marketingkonzepte entwerfen.

Ziel: Kundenbindung **Entscheidungen betreffen z. B.:**	
Product: – Hohe Qualität – Individualisierte Produkte – Service **Price:** – Sonderkonditionen – Rabatte – Kundenkarte	**Promotion:** – Kundenclub **Place:** – Direktlieferung – Onlinebestellung

Damit Marketing erfolgreich und wirtschaftlich betrieben werden kann, ist auf der Basis der Marktuntersuchungen und der gesetzten Unternehmensziele die Erstellung eines **Marketingkonzepts** sinnvoll. Im folgenden Schaubild sind die Instrumente des Marketings genannt. Mit dem richtigen Marketingmix werden die Marketingziele möglichst wirtschaftlich umgesetzt. Je nach Art des Unternehmens (Herstellung, Vertrieb, Dienstleistung), Unternehmenszielen und den Rahmenbedingungen müssen die vier Marketinginstrumente **Product**, **Price**, **Promotion** und **Place** anders eingesetzt werden, um IT-Systeme und -Produkte auf dem Markt erfolgreich abzusetzen. Marketingziele können z. B. ein hoher Gewinn, ein hoher Absatz, ein größerer Marktanteil oder die Bindung der schon vorhandenen Kunden an das Unternehmen sein.

Wirtschaftlichkeit im Marketingmix: Minimumprinzip, d. h. einen bestimmten Absatz mit minimalem Marketingaufwand (Budget) erzielen, oder **Maximumprinzip**, d. h. mit einem bestimmten Marketingaufwand einen maximalen Absatz erzielen.

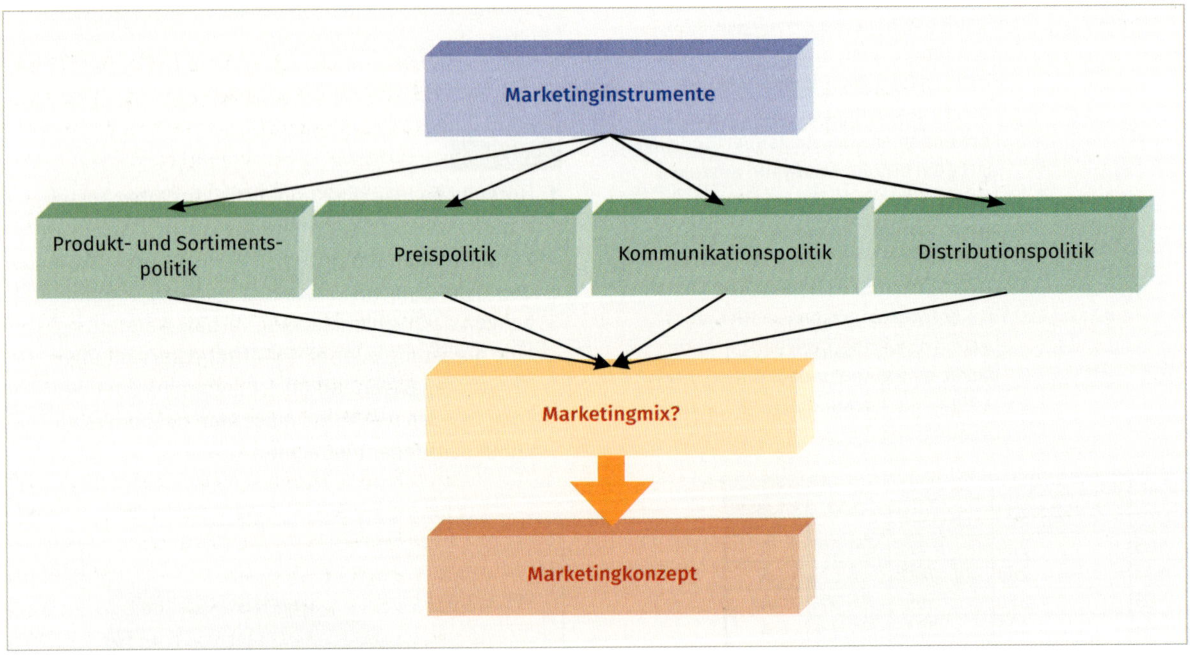

Im Marketingmix müssen die absatzpolitischen Instrumente optimal auf die gesetzten Unternehmensziele ausgerichtet werden.			
Product	**Price**	**Promotion**	**Place**
Produkt- und Sortimentspolitik	**Preispolitik**	**Kommunikationspolitik**	**Distributionspolitik**
Produktpolitik: Welche Produkte mit welcher Ausgestaltung sollen hergestellt werden? **Sortimentspolitik:** Welche Waren und Dienstleistungen werden angeboten?	Preise und Konditionen müssen kalkuliert und flexibel auf Verkaufskanäle, Kundengruppen, Marktsituationen und Aktionen ausgerichtet werden.	Verschiedene Kommunikationsinstrumente werden eingesetzt, um Kunden zu informieren und dafür zu werben, um das gewünschte Image des Unternehmens und der Produkte im Markt optimal zu positionieren und den Absatz sicherzustellen.	Produkte und Leistungen müssen wie bestellt zur richtigen Zeit, in der richtigen Qualität, in der richtigen Menge, am richtigen Ort, ohne Probleme zur Verfügung gestellt werden.

Aufgaben

1. Ordnen Sie die folgenden Marketingmaßnahmen den o. a. Marketinginstrumenten („vier P") zu:
   a) Werbeinserate werden in der Tageszeitung geschaltet.
   b) Ein Unternehmen fragt an, ob wir 50 PC-Systeme für einen Preis x liefern können.
   c) Für Werbeunternehmen wollen wir ein spezielles Grafiksystem konfigurieren und anbieten.
   d) Ein über das Internet geordertes PC-System wird verpackt und als Expresspaket versendet.
   e) Wir überlegen, ob wir zukünftig auch Handys anbieten sollen.
   f) Für den Internethandel sollen besondere Konditionen gelten.
2. Der Marketingplan von ACI enthält folgende Bestandteile. Ordnen Sie diese Bestandteile den „vier P" im Marketingmix zu (Mehrfachnennung möglich).
   a) Analyse der Zielgruppe sowie deren Serviceanforderungen
   b) Festlegung einer marktfähigen Preispolitik
   c) Festlegung von Vertriebswegen
   d) Festlegung von Leistungen und Produkten
   e) Auswahl von geeigneten Messen und Veranstaltungen
   f) Werbemaßnahmen in klassischen und neuen Medien
   g) Maßnahmen zur Bindung von Zielgruppen
   h) Presse- und Öffentlichkeitsarbeit
   i) Strategische Partnerschaften
   j) Versand per Nachnahme direkt zum Verbraucher

3.4 Produkt- und Sortimentspolitik

Kundenwünsche sind vielfältig und ändern sich laufend. Durch Marktuntersuchungen wird festgestellt, welche Bedürfnisse die Kunden haben. In der Produktentwicklung der Hersteller wird ständig an Neuentwicklungen gearbeitet. Systemhäuser wie ACI müssen in ihren Angeboten neueste Technologien und unterschiedliche Servicevarianten berücksichtigen. S

3.4.1 Lebenszyklus der Produkte

Ein Großteil der Produkte weist einen Lebenszyklus auf, der der folgenden typischen Verlaufskurve im Absatz entspricht. Je nach Innovationsgrad, Mode, Wirtschaftslage, Werbeerfolg usw. können sich die Verlaufskurven unterscheiden. So können die Produktlebenszyklen z. B. länger oder kürzer verlaufen. Grundsätzlich haben sich in den letzten 30 Jahren die Produktlebenszyklen insgesamt stark verkürzt, sodass heute im Durchschnitt dreimal so viele Produkte neu entwickelt werden müssen wie früher. Wie am folgenden Schaubild zu erkennen ist, muss schon während der Wachstumsphase an Nachfolgeprodukten gearbeitet werden, damit der Absatz in der Sättigungs- und Niedergangsphase nicht einbricht und keine Marktanteile verloren gehen. So haben es große Konzerne erreicht, über Jahrzehnte den Absatz der Produktreihe zu halten oder sogar auszubauen (vgl. z. B. Microsoft mit der Office-Bürosoftware, Intel mit der Pentium-Weiterentwicklung oder die Telefonkonzerne mit immer neuen Telefontarifen). Einen Vorteil hat, wer in der Produktentwicklung die Führerschaft innehat. Ein Imitator eines Produktes hat nur wenig Zeit, im Produktlebenszyklus dem Innovator (Entwickler des neuartigen Produktes) Absatz- und Marktanteile abzunehmen.

- Im weltweiten, globalen Handel verändern sich Bedürfnisse, Produkte und Marktanteile rasant, Produktlebenszyklen haben sich stark verkürzt.
- Wettbewerbsvorteile von Herstellern werden nur noch in Monaten gemessen.
- Den Innovatoren gehört die Zukunft. Ein gutes Produkt muss auch durch ein gutes Marketing zur richtigen Zeit im Markt eingeführt werden.

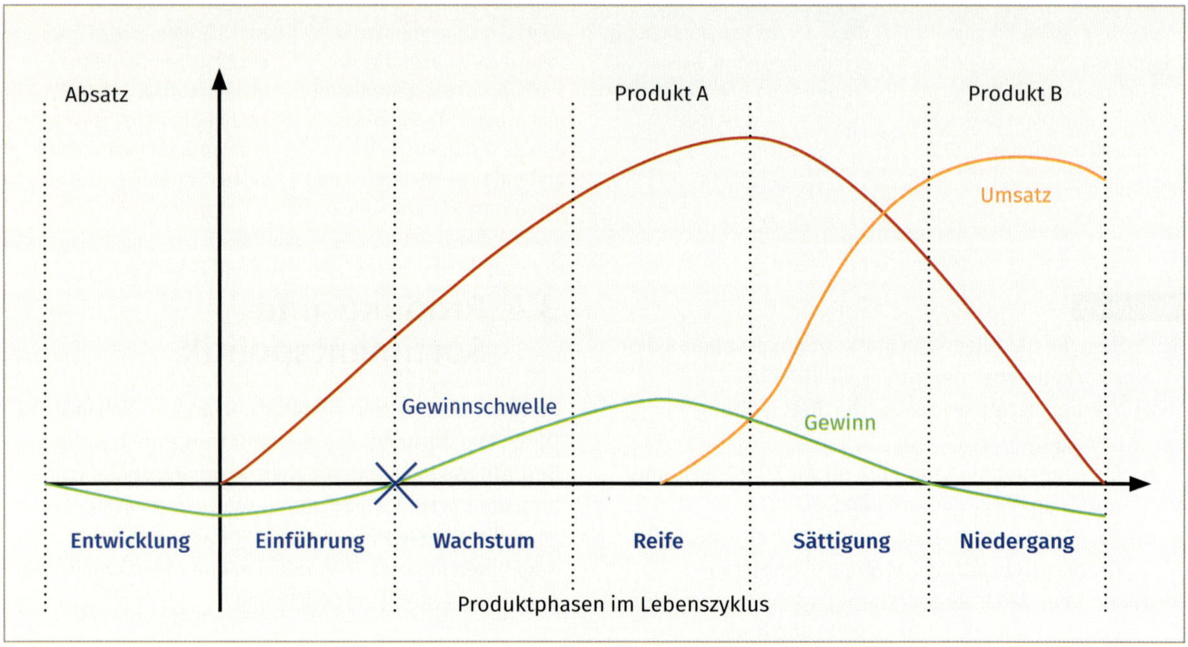

Hinweis: Angaben im idealtypischen Verlauf, sonst abhängig von den Rahmenbedingungen

W

Merkmale im Produktlebenszyklus			
Phasen	**Kapitalbedarf**	**Werbekosten/ Rentabilität**	**Hauptprobleme, Strategien**
Einführung	Hoch	Hoch/ negativ	Hohe Kosten für Produkteinführung, Markterfolg unsicher, Phase des größten Marktwiderstandes, Offensiv- oder Defensivstrategie
Wachstum	Mittel	Hoch/ positiver	Hohe Kosten für Werbung, daher Werbeerfolg kontrollieren, Bekanntheitsgrad steigt, Konkurrenz beobachten, Service und Kundenbindung verbessern, Zusatzprodukte anbieten, Investitionsstrategie
Reife	Niedrig	Mittel/ sehr positiv	Marktpotenzial fast ausgeschöpft, Überkapazitäten zeichnen sich ab, Konkurrenzprodukte, Verdrängungswettbewerb wird spürbar, Kostensenkung wichtig, Produkte modifizieren (variieren), Abschöpfungsstrategie
Sättigung	Gering	Gering/ sehr positiv	Marktpotenzial ausgeschöpft, Überkapazitäten, verstärkter Verdrängungswettbewerb, Kostensenkung wichtig, Produkte und Service weiter modifizieren, Kundenbindung nutzen, Nachzügler-Kunden ansprechen, Abschöpfungsstrategie
Niedergang	Gering	Kaum/ fallend	Umsätze und Gewinne gehen weiter zurück, Preisdruck, Produkte werden vom Markt genommen, Kostenreduktion wichtig, Imageverlust möglich, Produktmodifizierung oder Alternativprodukte müssen auf dem Markt greifen, Desinvestitionsstrategie

Aufgaben

1. Zeichnen Sie im Koordinatenkreuz (y-Achse: Stück, x-Achse: Jahr) folgende Produktgruppen des Computerherstellers Atani Systems als Balkendiagramm ein:

Absatz (Stück) Atani Systems nach Produktgruppen									
Produktgruppe \ Jahr	1	2	3	4	5	6	7	8	9
PC-X3	2.000	4.000	10.000	9.000	7.000	3.000			
PC-X4			1.000	4.000	8.000	10.000	12.000	5.000	
PC-X4Z						1.000	3.000	12.000	10.000
PC-X5									2.000
MP3-P-A					1.000	3.000	5.000		
MP3-P-B							7.000	12.000	22.000

Beschreiben Sie die Entwicklung mit eigenen Worten und geben Sie eine Stellungnahme ab.

2. Zeichnen Sie den Lebenszyklus eines Produktes, wobei der Hersteller das Produkt als „Innovator" auf den Markt gebracht hat. Während der Wachstumsphase kommt ein Mitbewerber mit einem ähnlichen Produkt auf den Markt (Imitator) und kann dem Innovator einen Teil des Absatzes abnehmen. Zeichnen Sie auch diese Kurve ein und schraffieren Sie den Teil, den der Imitator dem Innovator noch abnehmen kann. Diskutieren Sie daran verschiedene Strategien, wie beide Marktteilnehmer ihren Vorteil suchen könnten.
3. Erläutern Sie mit Beispielen, wie in folgenden Unternehmen Produkterneuerung (Produktinnovation) stattfindet:
   a) Prozessorhersteller
   b) Betriebssystemhersteller
   c) Druckerhersteller
   d) Hersteller optischer Datenträger
   e) Softwareentwickler
   f) Kamerahersteller
4. Nennen Sie Beispiele, inwieweit auch Dienstleistungsunternehmen in den Bereichen IT-Beratung, IT-Schulung, IT-Wartung und -Reparatur oder als Provider neue Leistungen oder Produkte festlegen müssen.

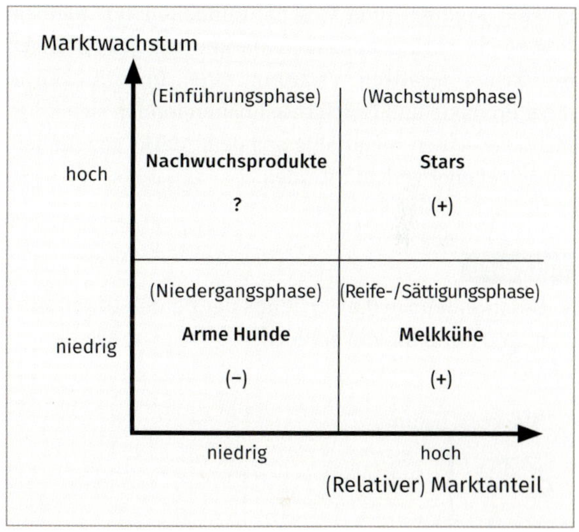

3.4.2 Portfolioanalyse

S In Unternehmensmitteilungen tauchen immer wieder Begriffe wie z. B. „Produktportfolio", „Cash-Cow" oder „Star-Produkte" auf. Anna will sich informieren.

Portfolio kommt aus dem Englischen (Mappe, Vorzeigemappe) und soll als **Produktportfolio** die Produkte eines Unternehmens darstellen.

Die Boston Consulting Group hat mit einer **Portfolio-Matrix** versucht, die Produkte eines Unternehmens nach **Marktwachstum** und **relativem Marktanteil** zu charakterisieren. Vier Produkttypen wurden je nach Zuordnung zur Portfolio-Matrix festgestellt:

Fragezeichen- oder Nachwuchsprodukte
Produkte oder Geschäftseinheiten mit (noch) kleinem Marktanteil, aber einem steigenden Marktwachstum. Diese Produkte sind Hoffnungsträger. Es ist zu prüfen, ob sich ein Ausbau der Marktposition rechnet oder es besser ist, das gewonnene Know-how zu verkaufen.

Star- oder Zukunftsprodukte
Produkte oder Geschäftseinheiten mit großem Marktanteil und hohem Wachstum. Hier lohnt es sich zu investieren, um Marktanteile zu halten oder noch auszubauen und eventuell sogar die Marktführerschaft zu übernehmen.

Cash-Cows oder Melkkühe

Produkte und Geschäftseinheiten mit hohem Marktanteil, jedoch (schon) niedrigem und/oder auch fallendem Marktwachstum. Diese Produkte sind wegen des hohen Marktanteils und der geringen Stückkosten (insbesondere auch für das Marketing) sehr profitabel und bringen Cash bzw. einen hohen Überschuss. Das Geschäft mit diesen Produkten und Geschäftseinheiten hat jedoch keine Zukunft mehr, Nachfolgeprodukte müssen bereits in der Pipeline sein. Bei einem stabilen Marktanteil bis zur Einführung des Nachfolgeproduktes sollten die Möglichkeiten mit diesem Produkt, so weit es geht, abgeschöpft werden (Cash-Cows werden ausgemolken).

Poor Dogs oder Arme Hunde

Es sind Produkte und Geschäftseinheiten mit kleinem bzw. schon stark gesunkenem Marktanteil und niedrigen bzw. schon negativen Wachstumsraten. Investitionen in diese Produkte und Geschäftseinheiten lohnen sich i. d. R. nicht, sie sollten unauffällig aus dem Markt genommen, stillgelegt oder verkauft werden.

Aufgaben

1. Beschreiben Sie die Portfolios der beiden Unternehmen U1 und U2 im Vergleich.

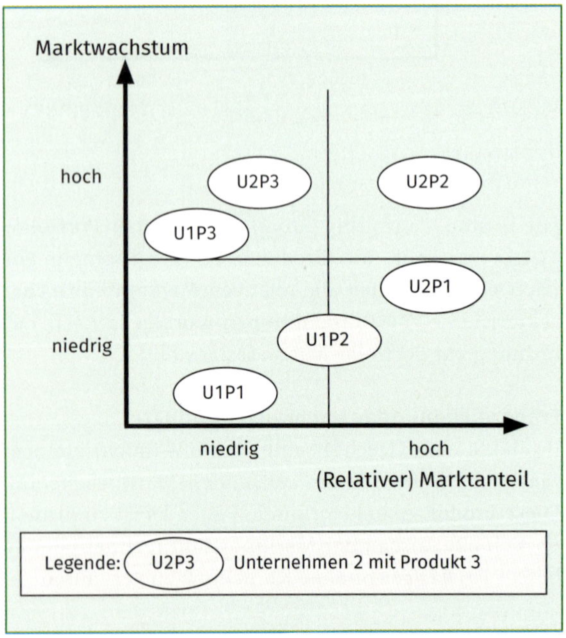

2. Zeichnen Sie ein Produktportfolio der Soft AG, wobei Sie folgende Angaben berücksichtigen sollen. Beschreiben Sie die Stellung der Soft AG im Markt.
   a) Produkt A: Vorjahr, mittelhohes Wachstum, ca. 60 % Marktanteil; dieses Jahr, niedriges Wachstum, ca. 40 % Marktanteil
   b) Produkt B: Vorjahr, hohes Wachstum, ca. 30 % Marktanteil; dieses Jahr, hohes Wachstum, ca. 70 % Marktanteil
   c) Produkt C: Vorjahr, niedriges bis mittleres Wachstum, Marktanteil ca. 10 %; dieses Jahr, sehr hohes Wachstum, Marktanteil ca. 25 %

3.4.3 Maßnahmen der Produkt- und Sortimentspolitik

S

Bei ACI wird über die Bedeutung von Marken bzw. Markenzeichen für IuK-Technologien diskutiert, und ob Kunden bereit sind, für Markenprodukte mehr zu bezahlen.

Marktführende Unternehmen wollen durch Herausstellen ihres Firmenlogos bzw. ihrer Produktmarken auf die besondere Stellung ihrer Produkte im Markt aufmerksam machen. Mit der Markierung (Branding) versuchen sie, Kunden zu beeinflussen, sodass diese im Zweifel das bekanntere Produkt vorziehen. Viele Computernutzer kennen die Marken der EDV-Komponenten gut und informieren sich über Fachzeitschriften und Fachgespräche, welches Produkt im Preis-Leistungs-Verhältnis, im Design oder in der Funktionalität Marktführer ist.

Insbesondere im Internetzeitalter wurden Unternehmen durch ihre Marken (z. B. eBay, Google oder Amazon) erst richtig wertvoll. Allein die Nutzungsrechte für einen Namen können einen Wert von mehreren Milliarden Euro haben und damit den materiellen Wert eines Unternehmens um ein Vielfaches übertreffen. Branding und damit das Entwickeln einer Marke ist daher ein wichtiger Faktor im Erfolg eines Produktes oder eines Unternehmens. Um eine Marke zu schaffen und auch am Markt entsprechend dem Markenkonzept geläufig zu halten, sind hohe Werbeaufwendungen, ein überzeugendes Qualitätsmanagement der Produkte und eine gute Produkt- und Sortimentspolitik notwendig. Die Sortimentspolitik und -gestaltung wird heute immer mehr auch durch die technischen Möglichkeiten beeinflusst. Durch Systeme mit künstlicher Intelligenz können Möglichkeiten wie Cross-Selling, Up-Selling oder After-Sales (vgl. S. 198) aktiv unterstützt werden.

W

Produkt- und Sortimentspolitik – Maßnahmen			
Woran sollte z. B. gedacht werden?			
Maßnahmen		Herstellung Produkt-/Programmpolitik	Handel Sortimentspolitik
Produktgestaltung	Qualität	Berücksichtigung hochwertiger Komponenten, Qualitätstests, Funktionalität	Auswahl guter und hochwertiger Produkte
	Aufmachung	Gute Form, Größe, Farben, Motive, Zusatzkomponenten, Kosten	Form, Größe, Farbe, Motive, verkaufsfördernde Aufmachung
	Verpackung	Schützend, werbewirksam, kostengünstig, umweltgerecht	Schützend, werbewirksam, geringer Regalplatz, umweltgerecht
	Markierung	Produktmarke bzw. Markenpolitik, Name, Schriftzug, EAN-Code, Produkt-/Seriennummer, evtl. Siegel	Produktmarke, Bekanntheitsgrad, EAN-Code, evtl. Siegel
Produktbegleitende Servicepolitik	Kundendienst	Beratung, Infobrief, Internetservice, Servicestationen	Beratung schnell, gut und kostengünstig, Kundenbetreuung
	Garantie	Umfang und Maßnahmen bei Garantie und Kulanz, schnelle Bearbeitung von Reklamationen	Kulanz, Reklamationsabwicklung kundennah möglich
	Schulung	Verkäuferschulung	Kundenschulungen
Prozessorientierte Produktpolitik	Innovation	Neuartige und neue Produkte werden entwickelt.	Neuartige Produkte werden in das Sortiment aufgenommen.
	Differenzierung	Es werden zusätzlich weitere programmnahe Produkte aufgenommen, z. B. zu Laserdrucker und Scanner auch All-in-One-Drucker.	Das Sortiment wird mit sortimentsnahen Artikeln (verschiedene leistungsstarke Laserdrucker) differenzierter gestaltet.
	Diversifikation	Programmferne Produkte werden aufgenommen: horizontal = auf gleicher Wirtschaftsstufe; vertikal = vor- oder nachgelagerte Stufen, z. B. Herstellung von Toner zum Drucker; lateral = ohne jeden Zusammenhang zum bisherigen Programm, z. B. Kauf eines Hotels.	Programmferne Artikel werden aufgenommen: differenziert oder durch sortimentsferne Artikel diversifiziert (horizontal: neben PCs auch Kameras; vertikal: neben Verkauf auch Schulung; lateral: zum Internetcafé auch Non-Food-Artikel, z. B. PCs).
	Variation	Durch Produkteigenschaften können verschiedene Varianten angeboten werden (z. B. verschiedene Mauspads).	Kunden können flexibel verschiedene Varianten wählen, z. B. verschiedene Laserdrucker.
	Elimination	Unrentable Produkte werden aus dem Programm genommen.	Es werden nur die Artikel vorgehalten, die der Kunde wünscht.

W

Produkt- und Sortimentspolitik – Aspekte			
Woran sollte z. B. gedacht werden?			
Aspekte		Herstellung Produkt-/Programmpolitik	Handel Sortimentspolitik
Programm- und Sortimentspolitik	Maßnahmen	Welche neuen Produkte werden zusätzlich entwickelt (**Erweiterung des Produktionsprogramms**), welche unrentablen Produkte werden nicht mehr produziert (**Bereinigung**)? Anstelle eines Produktes wird ein ganz anderes Produkt hergestellt (**Programmänderung**).	Neue Artikel und Sorten werden in das Sortiment aufgenommen (**Sortimentserweiterung**), andere Artikel aus dem Sortiment gestrichen (**Sortimentsbereinigung**), Artikel eines anderen Herstellers anstelle des vorhandenen Artikels aufgenommen (**Sortimentsveränderung**).
	Zusammensetzung	Es wird festgelegt, welche Produkte **ständig** produziert oder angeboten werden und welche Produkte das Produktionsprogramm **zeitweise** ergänzen.	Das **Kernsortiment** ständig angebotener Waren und das **Randsortiment** gelegentlich angebotener Waren werden je nach Saison und Umsatz festgelegt.

(Fortsetzung auf folgender Seite)

Produkt- und Sortimentspolitik – Aspekte			
Woran sollte z. B. gedacht werden?			
Aspekte		Herstellung	Handel
		Produkt-/Programmpolitik	Sortimentspolitik
Programm- und Sortiments-politik	Struktur/ Umfang	Die Geschäftsleitung entscheidet sich für ein **breites** (viele verschiedene Produkte) oder **schmales Produktionsprogramm** bzw. ein **tiefes** (von einem Produkt möglichst viele Varianten) oder ein **flaches Produktionsprogramm.**	Die Struktur des Ladengeschäfts wird den Entwicklungen angepasst: Die **Sortimentsbreite** (Anzahl der Artikelgruppen) und auch die **Sortimentstiefe** (Anzahl der Sorten pro Artikel) werden angepasst.

Sortimentserweiterung und IT-Systeme zur Erlössteigerung	
Erlössteigerungen durch Geschäftsanbahnung, laufende Kundenkommunikation über IT-Systeme	Durch Marktplatzsysteme, IT-Beratungssysteme, Auktionssysteme, E-Mail- und Social-Media-Marketing-Systeme können Kunden besser beraten und betreut und von der ersten digitalen Interessenbekundung an bis zum Kaufabschluss beraten und kontaktiert werden. Umfangreiche Beschaffungskanäle und KI-Systeme schaffen für beide Seiten einen Mehrwert.
After-Sales	Anbieten von Zusatz- und Folgegeschäften, z. B. zu Ersatzteilen, Wartung, Beratung; um Zusatzerlöse zu generieren und eine Kundenbindung aufzubauen, ideal auch über IT-Systeme zu managen.
Cross-Selling	Kunden werden vom Kauf weiterer Produkte und Dienstleistungen überzeugt. Ideal über IT-Systeme und KI-Systeme automatisch und bei Premiumkunden betreut zu organisieren.
Up-Selling	Kunden werden überzeugt, eine höherwertige anstatt eine einfachere Lösung zu kaufen. Diese Beratungen lassen sich auch über IT-Systeme managen und verbessern.

Aufgaben

1. Ermitteln Sie, welche 10 Marken im IT-Bereich jeder kennt. Geben Sie Beispiele an, wo Marken nicht nur als Textlogo, sondern auch als Bild oder Ton dargestellt werden.
2. Untersuchen Sie verschiedene Produktbereiche (z. B. PCs, PDAs, Tastaturen) auf Produkte, die besonders durch die Produktgestaltung aufgefallen sind.
3. Nennen Sie für den Servicebereich gute Beispiele („Best Practice“) zu Unternehmen, wo Ihnen die Servicepolitik besonders überzeugend erschien, und nennen Sie dabei die Aspekte, worauf Sie besonders achten.
4. Geben Sie jeweils Beispiele für Produktinnovation, -differenzierung, -diversifikation und -variation in folgenden Produktbereichen an:
   a) Prozessoren
   b) LCD-Displays
   c) MP3-Player
   d) Notebooks
   e) USB-Sticks
5. Die Märkte verändern sich ständig und damit auch die Produkt- und Sortimentspolitik. Worauf bezieht sich jeweils die folgende Maßnahme (Herstellung oder Handel?) und welcher Aspekt der Produkt- oder Sortimentspolitik ist betroffen?
   a) Anstelle von Fotofilmen werden digitale Fotoapparate entwickelt und hergestellt.
   b) Das Systemhaus will sechsmal im Jahr Artikel, die im laufenden Geschäft kaum nachgefragt werden, in einer Sonderaktion zur Bevorratung oder zum Schnäppchenkauf anbieten.
   c) Beim Lebensmitteldiscounter gibt es nur einen PC im Angebot, im EDV-Fachmarkt zehn verschiedene Arten.
   d) Microsoft hat sich entschieden, das Betriebssystem Windows in fünf verschiedenen Editionen je nach Nutzungsprofil zu veröffentlichen.
6. Welche Maßnahmen in der Produkt- und Sortimentspolitik würden Sie ergreifen?
   a) Der Handel mit Papier und Toner läuft nur schleppend, obwohl Sie dafür 10 m² Ladenfläche bereitgestellt haben. Die Kunden fragen jedoch verstärkt nach Telefonen und Telefonanlagen, die Sie bisher nicht führen.
   b) Sie haben festgestellt, dass Sie und Ihre Mitarbeiter in einem kleinen Geschäftsbereich (z. B. Installation von Archivierungssystemen) viele Nachfragen erhalten und gute Geschäfte in Ihrer Region tätigen, jedoch die meiste Zeit Standardaufgaben (z. B. Verkauf und Wartung von Standard-PCs) erledigen, wodurch nicht viel Gewinn erwirtschaftet wird.

3.5 Preis- und Konditionenpolitik

S ACI will seinen Kunden faire Preise anbieten, jedoch alle Chancen auf Gewinn wahrnehmen. Das Unternehmen muss sich daher sowohl in der Preisgestaltung als auch bei den sonstigen Konditionen flexibel zeigen.

Die Preise müssen abhängig von der Marktsituation, jedoch bezogen auf die betrieblichen Kosten kalkuliert werden. In der Regel hat jeder Betrieb eine andere Kostenstruktur. Preise und Zusatzkonditionen sind wichtige Entscheidungsfaktoren, wenn es sich um den Kauf einzelner Komponenten oder um eine detaillierte Ausschreibung handelt. Für Unternehmen und Behörden gilt jedoch der Grundsatz, dass nicht immer das billigste Angebot auch das wirtschaftlichste Angebot sein muss. Sie prüfen daher insbesondere die Leistungen ganz genau. Langfristig wird jedoch derjenige Anbieter im Markt gut bestehen können, der gute Leistungen zu guten Preisen bieten kann. Kurzfristig können allerdings sogar Preise sinnvoll sein, die bei den Selbstkosten liegen. Mit unterschiedlichen Preisstrategien versuchen sich Unternehmen auf den Märkten zu behaupten und ihre Marktanteile auszubauen.

W **Kontrahierungspolitik: Preis- und Konditionenpolitik**

Kontrahierungspolitik	Vereinbarungen von Preisen und sonstigen Konditionen in Kontrakten (Verträgen) mit Vertragspartnern (Kontrahenten) sowie ihre Zielsetzungen
Ziele der Preis-/ Konditionenpolitik	Z. B. Absatzmaximierung, Gewinnmaximierung, Erhaltung und Erhöhung des Marktanteils, Liquiditätssicherung, Vollbeschäftigung, Schaffung eines Produkt-/Firmenimages
Bestimmungsfaktoren	Jeder Unternehmer kann Preise individuell festlegen. Preispolitik wird beeinflusst durch folgende Bestimmungsfaktoren: Kosten, Gewinnerwartungen, Regelungen zum unlauteren Wettbewerb (UWG) und auch Verhalten der Mitbewerber.

Hinweis: Zur kurzfristigen und langfristigen Preisuntergrenze vgl. Kapitel 4.4.2.6 Deckungsbeitragsrechnung.

W **Methoden und Strategien der Preis- und Konditionenpolitik**

Kostenorientierte Preisbildung: Der Preis wird hauptsächlich von Kosten bestimmt, die das Produkt oder die Leistung verursacht.

Nachfrageorientierte Preisbildung: Die Preisbildung wird durch die Marktsättigung, das Ausgabeverhalten und die Nachfrage bestimmt. Hierbei kann eine Unterscheidung nach verschiedenen Nachfragergruppen bzw. Absatzkanälen vorgenommen werden.

Konkurrenzorientierte Preisbildung: Die Preisbildung hängt neben anderen Faktoren (z. B. eigene Preispolitik, Käuferverhalten) insbesondere auch vom Verhalten der Mitbewerber ab.

Monopolistische Preisbildung: Durch eine marktbeherrschende Stellung geht der Anbieter davon aus, dass er als Preisführer den Preis bestimmt, wobei er insbesondere das Käuferverhalten beobachtet, jedoch nicht oder weniger das Verhalten eventueller Mitbewerber. Durch Billigangebote oder Sonderkonditionen kann er z. B. kleine Mitbewerber vom Markt verdrängen. Daher werden solche Unternehmen vom Kartellamt beobachtet und werden, falls notwendig, Gegenmaßnahmen ergriffen.

Hochpreispolitik: Ziele der Hochpreispolitik können Gewinnmaximierung und Produktpositionierung im Hochpreisbereich sein. Voraussetzungen sind ein hohes Produktimage und das Fehlen eines Angebotsüberhangs.
- **Langfristig:** für Einzelanfertigungen, Premiumprodukte, Luxusmarken oder Produkte mit Alleinstellung (z. B. durch Patentschutz) möglich. Voraussetzungen: hochwertige Produkte, guter Kundendienst sowie evtl. spezielles Vertriebssystem, z. B. Premiumshop, Markenwerbung
- **Befristet:** bei Nachfrageüberhang, z. B. bei Produktinnovationen in der Markteinführung, in Notsituationen (z. B. Überschwemmungen) oder in der Hochsaison
- **Abschöpfungsstrategie:** Das Produkt wird zunächst zu einem hohen Preis eingeführt, um Kunden im hochpreisigen Segment zu gewinnen, und mit der Zeit werden die Preise immer weiter gesenkt, um auch Kunden anderer Segmente zu überzeugen.

Preisführerschaft: Ein Unternehmen übernimmt die Preisführerschaft und setzt die Preise neu fest, die Mitbewerber folgen im Einvernehmen. In der Regel ist diese Strategie nur bei wenigen Anbietern im Markt möglich, vgl. Abschnitt „Grenzen durch das UWG".

Niedrigpreispolitik: Ziele können eine Positionierung im Massenmarkt, die Erhöhung der Marktanteile und des Absatzes oder die Verdrängung von Mitbewerbern aus dem Markt sein, z. B. der „billige Baumarkt".
- **Langfristig:** Als „Billiganbieter" sollen ein hoher Marktanteil und Absatz erzielt werden, d. h. in der Regel nur möglich, wenn durch höheren Marktanteil auch Kostenvorteile erzielt und an den Kunden weitergegeben werden können (Marktdurchdringungsstrategie).
- **Kurzfristig:** Sie kann zur Erzielung eines höheren Marktanteils sinnvoll sein, z. B. in Einführungs- oder Wachstumsphasen bzw. zum Abverkauf alter Produkte sowie zur Sicherung einer Kundenbindung.

(Fortsetzung auf folgender Seite)

W

Methoden und Strategien der Preis- und Konditionenpolitik

Preispositionierung: Es wird ein bestimmter Preisbereich (hoher, mittlerer, niedrigster Preisbereich) speziell für den Kundenkreis oder Absatzkanal angestrebt.

Marktdurchdringungs- oder Penetrationsstrategie: Zunächst wird über einen geringen Preis ein hoher Marktanteil angestrebt, später nach Marktetablierung der Marke der Preis erhöht.

Preisdifferenzierung/Mischkalkulation: Durch unterschiedliche Preise soll insgesamt der Umsatz und/oder der Gewinn erhöht werden. Hierbei kann es sinnvoll sein, durch einen **kalkulatorischen Ausgleich** niedrige Preise bei Angeboten in Kauf zu nehmen und diese an anderer Stelle durch höhere Preise auszugleichen. Die Preisdifferenzierung kann sogar so weit gehen, dass einige Artikel zu Werbezwecken (Lockangebote) unter dem Einstandspreis/unter den Selbstkosten angeboten werden. Hierbei ist das UWG (Gesetz gegen den unlauteren Wettbewerb, vgl. Kapitel 3.9.5) zu beachten.

- **Produktbezogen:** unterschiedliche Preise je nach Verwendungszweck (z. B. Standardpapier, Spezialpapier)
- **Kundenbezogen:** Kundengruppen erhalten besondere Preise (z. B. Schüler/Studenten, Behörden, Gruppen, Besitzer einer Kundenkarte).
- **Zeitlich:** Die Zeit/Saison bestimmt den Preis, z. B. Tag-/Nachttarif, Happy Hour, Vorsaisonpreis, Frühbucherpreis, Schnuppertag, Schlussverkauf.
- **Räumlich:** Kaufkraft und Kaufverhalten in den Räumen (z. B. In-/Ausland, Stadt/Land, Zentrum/Randbereich) bestimmen den Preis.
- **Mengenstaffel:** Produktpreise nach Mengen gestaffelt

Rabattpolitik: Es werden Listenpreise festgelegt und besondere Preiskonditionen durch Rabatte (Mengen-, Wiederverkäufer-, Treue-, Saison-, Sonderrabatt), Zugaben, Bonus (Jahresrückvergütung je nach Umsatz) oder Kundenskonto (Frühzahlerrabatt) gewährt.

Dynamische Preisgestaltung: Das Unternehmen reagiert flexibel auf Preisschwankungen, z. B. im Benzin-, Chip- oder Rohstoffmarkt.

Für einen bestimmten Zeitraum kann es in **konjunkturschwachen Zeiten** notwendig sein, die Preise bis an eine Untergrenze zu drücken, um die Auslastung des Betriebes zu sichern.

- **Langfristige Preisuntergrenze:** Für einen längeren Zeitraum kann der Betrieb auf Gewinn verzichten und die Preise bis auf die **Selbstkosten** senken.
- **Kurzfristige Preisuntergrenze:** Für einen kürzeren Zeitraum kann bei Unterbeschäftigung der Preis zusätzlich zu verkaufender Produkte bis auf die **variablen Kosten** gesenkt werden, wenn Absatz und Preis der bisher abgesetzten Produkte dadurch nicht in Gefahr geraten (z. B. durch Unterscheidung in Premium- und No-Name-Produkte).

Konditionenpolitik: Neben dem Preis und Nachlässen bestimmen auch Lieferbedingungen (z. B. frei Haus, Expressdienst, Kauf auf Abruf, in Kommission), Zahlungsbedingungen (z. B. Ratenzahlung, Skonto, Finanzierung) und sonstige Konditionen (z. B. Beratung, Schulung, Beteiligung an Werbemaßnahmen) das Kaufverhalten.

Grenzen durch das UWG: Das Gesetz gegen den unlauteren Wettbewerb lässt eine flexible Preispolitik zu, ahndet jedoch Irreführung, übertriebenes Anlocken oder Missbrauch, z. B. sind Mondpreise verboten, Lockvogelangebote müssen zumindest für zwei Tage vorrätig sein, E-Mail-Werbung ist ohne Einwilligung verboten, Preisausschreiben dürfen nicht mit dem Kauf einer Ware gekoppelt werden usw. (vgl. Kapitel 3.9.5).

Aufgaben

1. Geben Sie an, durch welche Strategie die Preisbildung in den folgenden Beispielen überwiegend gekennzeichnet ist.
   a) Es wird alle zwei Monate eine Preisliste mit Listenpreisen neu kalkuliert und den Vertriebsmitarbeitern mitgeteilt, welche Rabatte und welchen Skonto sie den Kunden maximal gewähren dürfen.
   b) Einmal im Jahr werden Preise als Richtgrößen kalkuliert. Die Vertriebsbeauftragten können die Verkaufspreise abhängig von der Markt- und Absatzsituation und den Konkurrenzpreisen individuell festlegen.
   c) Die Preisliste enthält Barverkaufspreise der Artikel, die je nach Abnahmemenge niedriger ausfallen.
   d) Die EDV-Kette „PC-Medi-Markt“ bietet den Kunden in ihrer Werbung an, den Differenzpreis + 10 % auszuzahlen, wenn die Ware an anderer Stelle in der Nähe günstiger gekauft werden kann.
   e) Die Energieanbieter sind derart rechtlich miteinander verbunden, dass die Preise nur sehr gering von denen der Mitbewerber abweichen und nur dadurch unterschiedlich und schwerer vergleichbar sind, dass diese mit anderen Leistungen, z. B. Serviceangeboten, gekoppelt sind. Die Gewinnsituation der Unternehmen ist optimal.
   f) Welche Preisstrategie wird aus den Verläufen sichtbar?

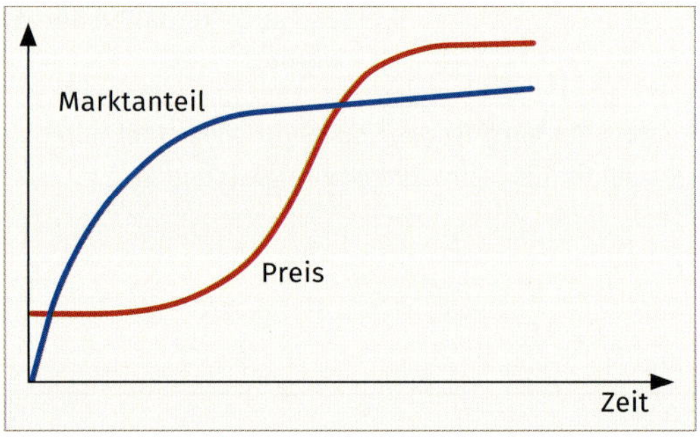

2. Die Verkaufsleitung gibt Ihnen folgende Alternativen zur Berechnung. Stellen Sie fest, welche Gewinnsituation sich jeweils ergibt. Für alle Alternativen gilt, dass zunächst fixe Kosten von 100.000,00 € und durchschnittliche variable Kosten pro PC von 500,00 € zu berücksichtigen sind.
   a) Unterbeschäftigung: Verkauf von 800 PCs zum Verkaufspreis von 700,00 €
   b) Unterbeschäftigung: Verkauf von 900 PCs zum Verkaufspreis von 650,00 € bei Senkung der fixen Kosten um 20.000,00 € und der variablen Kosten um 10 %
   c) Vollbeschäftigung: Verkauf von 700 PCs zum Verkaufspreis von 680,00 € und 300 PCs als Sonderaktion zum Preis von 540,00 €
   d) Vollbeschäftigung: Verkauf von 600 PCs zum Verkaufspreis von 590,00 € und 400 PCs als Sonderaktion zum Preis von 480,00 €
   e) Unterbeschäftigung: Verkauf von 650 PCs zum Verkaufspreis von 640,00 €
3. Diskutieren Sie folgende Aussagen:
   a) Wenn man eine Alleinstellung im Markt besitzt, kann man auch ohne gute Produkte und wenig Service hohe Preise und Gewinne erzielen.
   b) Wenn man nicht voll ausgelastet ist, muss man die Preise erhöhen, um denselben Gewinn zu erzielen wie bei Vollbeschäftigung.
   c) Wenn man nicht voll ausgelastet ist und sich die Konjunktur mittelfristig nicht ändert, besteht die beste Lösung in einer Verkleinerung des Geschäfts mit weniger Personal und geringeren Fixkosten.
   d) Heutzutage ist eine einfache Preisliste selten die beste Lösung. Es sollte ein Preismodell entstehen, das Preise zeitlich, räumlich, nach Bestellmengen, nach Kunden oder Absatzkanälen differenziert auf die entsprechende Situation fixiert, womit Absatz und Gesamtgewinn maximiert werden.

3.6 Kommunikationspolitik

S

Der Chef von ACI sagt immer: „Tu Gutes und sprich darüber!" Ein gutes Produkt und ein guter Preis erbringen nicht zwangsläufig einen guten Absatz. Mögliche Kunden müssen darüber informiert werden, dass ein Unternehmen Produkte mit einem guten Preis-Leistungs-Verhältnis liefern kann, und sie müssen Vertrauen zu diesem Unternehmen gewinnen.

Marketingfachleute kennen viele Möglichkeiten, um Kunden ihre Produkte nahezubringen. Unterschiedliche Kommunikationswege werden genutzt, um Kunden auf die Produkte aufmerksam zu machen, sie in Kaufstimmung zu versetzen und sie auch längerfristig an das Unternehmen und die Produkte zu binden.

Aufgaben

Nennen Sie Beispiele dafür, wie ein gutes Produkt Ihrer Meinung nach mit einer guten Kommunikationspolitik den Massenmarkt erobert hat.

3.6.1 Werbung (Advertising)

S

„Wer nicht wirbt, der stirbt" oder „Unsere Werbung verkauft", sagt der Fachmann. Gleichzeitig gibt es so viele Werbemöglichkeiten, dass es schwer ist, die richtige Maßnahme zu wählen.

3.6.1.1 Werbeplanung

S

„Jetzt habe ich schon dreimal dieselbe Werbung geschaltet und bis heute hat gerade ein Interessent angerufen!", äußert höchst unzufrieden ein EDV-Anbieter.

Um mit Werbung erfolgreich zu sein, sollte am Anfang eine Werbeplanung erfolgen.

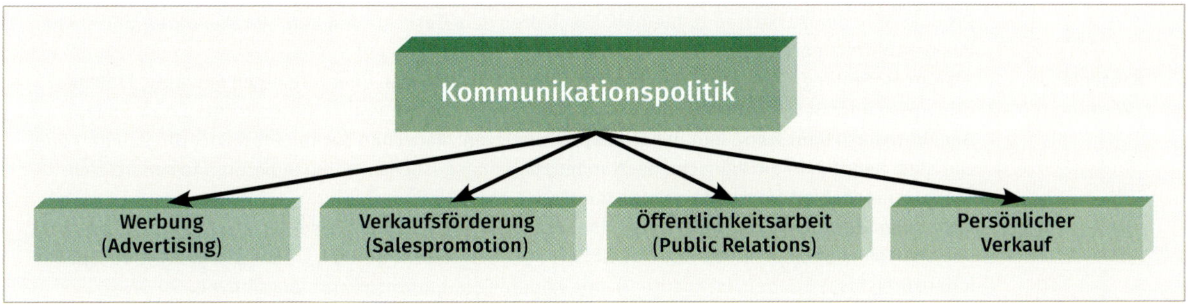

<table>
<tr><th>W</th><th colspan="4">Werbeplanung</th></tr>
<tr><td>Was ist Werbung?</td><td colspan="4">Sie umfasst alle Maßnahmen, die die Bereitschaft verbessern, Produkte oder Leistungen zu kaufen, zu buchen oder zu bestellen.
Hauptaufgaben: Information, Überzeugung, Veranlassung, Unterhaltung, Akquirierung neuer Kunden (Kundengewinnung), Kundenbindung</td></tr>
<tr><td rowspan="4">Grundsätze der Werbung</td><td>Wirksamkeit</td><td colspan="3">Ziele der Werbung müssen gut erreicht werden.</td></tr>
<tr><td>Wahrheit</td><td colspan="3">Sachlich richtig informieren, nicht täuschen oder irreführen</td></tr>
<tr><td>Klarheit</td><td colspan="3">Werbeaussagen klar und leicht verständlich</td></tr>
<tr><td>Wirtschaftlichkeit</td><td colspan="3">Kosten der Werbung in gutem Verhältnis zum Werbeerfolg</td></tr>
<tr><td>Werbeplanung</td><td colspan="4">Werbeziele: Warum soll geworben werden?
Werbeobjekte: Für welche Produkte oder Dienstleistungen soll geworben werden?
Werbesubjekte: Welche Personen, welche Zielgruppen sollen umworben werden?
Werbezielgebiete: In welchen Regionen (Teil-/Gesamtmarkt) soll geworben werden?
Werbeinhalte: Welche Werbebotschaft soll übermittelt werden?
Werbeträger/Werbemittel: Mit welchen Medien soll geworben werden?
Werbezeiten: Wann und wie lange soll geworben werden?
Werbekosten: Wie teuer ist die Werbemaßnahme (Werbeetat)?
Werbekontrolle: Wie erfolgreich war die Werbemaßnahme?</td></tr>
<tr><td>Briefing</td><td colspan="4">Schriftlich oder in einem Gespräch gibt das Unternehmen der Werbeagentur vor,
▪ welche Ziele mit der Werbemaßnahme verfolgt werden,
▪ wie es derzeit mit Unternehmen und Sortiment im Markt auftritt und
▪ welches Budget es für die Maßnahme vorsieht.
(Briefing = Einweisung oder Besprechung)</td></tr>
<tr><td>6 W-Fragen</td><td colspan="4">Wer sagt was mit welcher Absicht auf welchem Wege zu wem mit welcher Wirkung?</td></tr>
<tr><td>Werbeträger</td><td>Printmedien:
Zeitungen, Zeitschriften, Briefe</td><td>Außenwerbung:
Fahrzeuge, Gebäude, Wände, Schaufenster, Trikots</td><td>Elektronische Medien:
Hörfunk, Fernsehen, Kino, CD, Internet</td><td>Streuartikel:
Geschenkartikel (Giveaways) mit Werbeaufdruck</td></tr>
<tr><td>Werbemittel</td><td>Anzeigen, Beilagen, Werbeanschreiben, Flyer, Folder, Prospekte, Plakate</td><td>Beschriftungen, Schaubilder, Plakate, Leuchtreklame, Bandenwerbung in Sportarenen</td><td>Werbedurchsagen, Hörspots, Kurzfilme, Videospots, interaktive Multimediaangebote, Banner (Internet)</td><td>Feuerzeuge, Kugelschreiber, Zollstöcke, Tassen</td></tr>
<tr><td>Werbeaussagen und Folgen</td><td colspan="4">Stimmt die Lieferung oder Leistung nicht mit der Werbeaussage über eine konkrete Sache überein, so liegt ein Sachmangel vor, wenn der Kunde die Leistung erwarten kann. Der Verkäufer muss auch für falsche Werbeaussagen des Herstellers einstehen, hat jedoch ein Rückgriffsrecht gegenüber dem Lieferanten.
Rechte des Kunden: Nacherfüllung durch Mangelbeseitigung oder Lieferung einer mangelfreien Sache, Preisnachlass, Kaufvertragsrücktritt und/oder bei Verschulden auch Schadensersatz.</td></tr>
<tr><td>Kostenlose Werbung</td><td colspan="4">Geschäftsleiter- und Mitarbeitergespräche mit Kunden: Die aktive Präsenz und der persönliche Kontakt der Kunden zum Geschäftsleiter und zu seinen Mitarbeitern schaffen eine hohe Kundenbindung. Kunden gehen gerne in Geschäfte, wo sie persönlich bekannt sind.
Gutes Produkt und guter Service: Gute Produkte und guter Service motivieren Kunden, dem Geschäft, Produkt oder der Marke treu zu bleiben. Sie „halten dem Geschäft den Stab“ (Stakeholder) und suchen das Geschäft immer wieder auf.
Weiterempfehlung: Zufriedene Kunden berichten gerne anderen über ihre guten Einkäufe, Einkaufserlebnisse oder Geschäftserfahrungen. Das Gleiche gilt allerdings auch für schlechte Erfahrungen.
Angebote nach dem Trend und der Mode positionieren: Menschen suchen Produkte, die „trendy“ oder „in“ sind. Kennt man die Wünsche der Kunden, hält man gesuchte Produkte bereit und schafft sich Stammkunden. Die Menschen kommen dann auch ohne Werbung.
Redaktionelle Beiträge: In den Medien (insbesondere Tageszeitungen) sollten das Unternehmen und seine Verkaufsaktionen in redaktionellen Beiträgen dargestellt werden. Wenn es sich nicht um spektakuläre Ereignisse handelt, ist eventuell eine Kopplung mit Anzeigenwerbung sinnvoll.</td></tr>
</table>

Aufgaben

1. Gegen welche Grundsätze der Werbung wird in den folgenden Fällen verstoßen?
   a) Im Werbeinserat wird nicht genannt, um welche Menge es sich bei dem Preis des Produkts handelt.
   b) Es wird mit „Stiftung Warentest gut" geworben, obwohl alle anderen Testprodukte die Note „sehr gut" bekommen haben.
   c) Es werden 20.000,00 € in Werbeinserate mit Rabattcoupon investiert, jedoch nur fünf Leser haben das Angebot genutzt.
   d) Das Inserat wurde in der Tageszeitung so unauffällig platziert, dass es niemand messbar wahrgenommen hat.
   e) Es wurde auffällig für ein Smartphone für 0,00 € geworben, obwohl der Vertrag 36 Monate läuft und die Einrichtungskosten sowie die Gesprächsgebühren hoch sind. Letztere Informationen wurden jedoch in so kleiner Schrift mitgeteilt, dass man diese Bedingungen nur mit einer Lesehilfe lesen konnte.
   f) Es wurde mit einem sehr guten Produktpreis geworben, jedoch verheimlicht, dass für Verpackung, Transport und Versicherung noch einmal 20 % des Produktpreises hinzukommen.
2. Ordnen Sie den folgenden Aussagen der Briefings zweier Unternehmen die neun Elemente der Werbeplanung zu. Bilden Sie zwei Arbeitsgruppen und präsentieren Sie die Ergebnisse in Vorträgen.
   a) Mit der Werbekampagne soll in der umsatzstarken Zeit von Mitte November bis zum 15. Dezember unser neuer digitaler MP3-Player „MP3-Powerplayer" als Topprodukt eingeführt werden. Radiosender sollen im gesamten Bundesgebiet in redaktionellen Beiträgen mit dem Slogan „MP3-Power – Gigabytes für die Ohren" junge Leute zwischen 16 und 25 Jahren ansprechen. Es sollen möglichst die günstigen Radiozeiten zwischen 14:00 Uhr und 16:00 Uhr genutzt werden. In den redaktionellen Radiobeiträgen sollen insgesamt 300 MP3-Player durch Quizbeiträge verschenkt werden, womit die Radiosender zusätzliche Erträge generieren können. In den Radiospots sollen die Verkaufsketten, die den Player anbieten, mit Namen genannt werden. Kunden, die den Werbeslogan dort nennen, erhalten den Player mit 10 % Rabatt. Die Verkaufsketten erhalten gegen Vorlage einer Rabattquittung mit Anschrift und E-Mail-Adresse des Kunden eine Rückvergütung von 8 % des empfohlenen Händlerverkaufspreises. Für die Radiokampagne werden insgesamt 300.000,00 € zur Verfügung gestellt.
   b) Unser IT-Systemhaus will sich im Einzugsgebiet unserer Stadt und Umgebung mit einem Kundenpotenzial von 150.000 Menschen (laut den Medienangaben der Tageszeitung) mit unserem Einsteiger-PC-System positionieren. Innerhalb des Jahres in den Monaten März bis April und Oktober bis Dezember sollen unsere Systeme mit insgesamt 100 Anzeigenschaltungen und einem Budget von 40.000,00 € beworben werden. Kunden, die aus der Anzeige einen Coupon vorweisen können, sollen zusätzlich eine Extrakomponente (Magnetkartenleser, Speicherstick, Webcam, Design-Tastatur usw.) erhalten. Wir zeichnen uns durch persönliche und kundennahe Beratung aus. Es sollten vier verschiedene Inserate entworfen werden, die in ihrer Aufmachung und Platzierung auf der ersten Seite der Tageszeitung den Lesern ins Auge fallen. Preise und Ausstattung der Einsteiger-PC-Systeme sollen alle vier Wochen überprüft werden. Ziel ist es, durch diese Maßnahme mindestens 2.000 Einsteiger-PC-Systeme zusätzlich zu verkaufen.
3. Finden Sie zu folgenden Aktionen Antworten auf die Fragen der Werbeplanung:
   a) Neue Kunden sollen kostengünstig über das Unternehmen und das Produktportfolio informiert werden.
   b) Ein IT-Kundendienstunternehmen mit sechs Außendienstmitarbeitern soll neue Fahrzeuge erhalten.
   c) ACI will auf Sporttrikots zusammen mit dem Sponsor Telekom in einem Testmarkt werben.
   d) Die Ladenkette „PCPlus" möchte die Optik der Geschäfte mit einem einheitlichen Design und einheitlicher Werbung versehen.

Werbemittel Adressen im Internet
www.schneider.de
www.werbemittel.de
www.giffits.de
www.experto.de
www.plakatshop.de
www.cewe-print.de
www.werbegeschenk.de
u. v. m.

   e) Ein Bürogroßhandel hat Geschäftskontakte zu etwa 800 Unternehmen. Die zuständigen Einkäufer dieser Unternehmen sind ihm bekannt (600 weiblich, 200 männlich). Eine Werbemaßnahme soll die Kundenbindung verbessern.
   f) Sie wollen im Internet auf Ihren Onlineshop aufmerksam machen.

4. Informieren Sie sich im Internet über Werbemittel und erstellen Sie eine Übersicht wirksamer Werbemittel für den IT-Bereich, als PowerPoint-Präsentation oder „Wandtapete“.
5. Nennen Sie für Ihren Ausbildungsbetrieb fünf sinnvolle Möglichkeiten der zielgruppenorientierten Kundenakquisition.
6. Erläutern Sie nebenstehendes Schaubild und diskutieren Sie, mit welchen Produkten das Smartphone-Ökosystem wächst und wie Unternehmen mit Marketing aktiv sind.

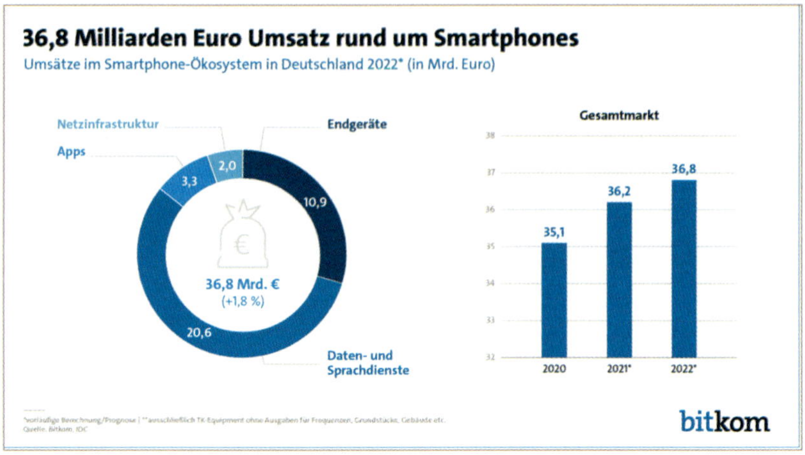

3.6.1.2 Inserate und Werbespots

S ACI will prüfen, welche Möglichkeiten es gibt, Produkte der breiten Öffentlichkeit noch bekannter zu machen und auf Sonderangebote hinzuweisen.

Inserieren auf verschiedenen Werbeträgern kann den Absatz der Produkte, den Bekanntheitsgrad der Produkte und des Unternehmens erheblich steigern.

W Werbebotschaften in Anzeigen, Beilagen, Werbespots

Ziel	Kunden sollen auf das Unternehmen und die Produkte aufmerksam gemacht werden.					
Werbeträger	**Printmedien**		**Elektronische Medien**			
Werbemittel	**Inserate**	**Beilagen**	**Kino**	**Internet**	**Radio**	**Fernsehen**
Vorteile	Preiswert, regional, kundennah, redaktionelle Einbindung möglich	Preiswert, regional, Aufmachung individuell möglich, hoher Erkennungswert	Preiswert, regional, Vorlagenerstellung preiswert möglich	Banner, Links oder auch Pop-down/Pop-up-Fenster preiswert erhältlich	Großer oder regionaler Hörerkreis erreichbar, relativ preiswert	Großer Zuschauerkreis, multimediale Werbebotschaft, sehr effektiv
Nachteile	Müssen unter vielen Anzeigen auffallen	Beilagenerstellung teuer	Kunden müssen sich Werbebotschaft merken.	Nur visuelle Werbung	Nur Ton	Überwiegend für bundesweit aktive Firmen sinnvoll und bezahlbar

Auszüge aus Preislisten verschiedener Werbeträger	
Tageszeitung	Anzeigen: Millimeterpreis im Anzeigenteil bei Spaltenbreite 45 mm: 1,62 €, im Textteil 6,46 €, bei über 24 Anzeigen 15 % Rabatt
Tageszeitung	Beilagen: für das Einlegen und die Verteilung in die Tageszeitung pro 1.000 Stück bis 20 g 65,00 €, bis 40 g 97,00 €
Kino	Leinwandwerbung (mind. 13 Sekunden); Preisberechnung nach der Formel: 0,27 € · Sekunde · Preisgruppe · Wochenwert
Internet	Bannerwerbung: 7 bis 12 Cent pro Klick Textlink: 5 bis 10 Cent pro Klick Pop-down/Pop-up-Fenster: TKP 5,00 bis 12,00 € (TKP = Tausender-Kontakt-Preis = 1.000 Auslieferungen des Werbemittels auf die Internetseite mit 15 Sekunden Mindestverweildauer des Besuchers)
Radiowerbung	Regionalspot: 30 Sekunden – 189,00 €, Produktionskosten einmalig 333,00 €
Fernsehwerbung	Werbefernsehen: Einschaltpreise von 600,00 € bis 1.300,00 € pro Sekunde

Aufgaben

Sie haben sich in einer Übersicht die obigen Angaben aus den Preislisten verschiedener Werbeträger zusammengestellt.

Kalkulieren Sie verschiedene Werbeaktionen (evtl. in Gruppenarbeit). Verwenden Sie die ermittelten Preise.

a) In einer lokalen Tageszeitung mit einer Auflage von 40.000 Exemplaren soll eine zweispaltige Anzeigenserie von 20 Schaltungen mit einer Anzeigenhöhe von 6 cm im Anzeigenteil erfolgen.

b) In einer lokalen Tageszeitung soll eine dreispaltige Anzeigenserie von 30 Schaltungen mit einer Anzeigenhöhe von 4 cm im Textteil erfolgen.

c) Die IT-System GmbH möchte in einer Tageszeitung regional in 15.000 Exemplaren (je 40 g) eine vierseitige Beilage einfügen. Die Erstellung der vierfarbigen Beilage hat 6.800,00 € netto gekostet. Die Tageszeitung gewährt auf die Beilagenkosten insgesamt (Preis vgl. Übersicht oben) zusätzlich 8 % Rabatt.

d) ACI will Kinowerbung buchen. Für die Erstellung des 15-Sekunden-Kinospots fielen Kosten von 1.600,00 € an. 60 Spots sollen im Kino mit der Preisgruppe 40 in verschiedenen Wochen mit einem durchschnittlichen Wochenwert von 0,85 laufen. Was kosten eine Kinowerbung und die gesamte Kinokampagne?

e) Die IT-System GmbH möchte im Internet auf verschiedenen stark frequentierten Internetseiten präsent sein. Auf diesen Seiten werden Banner für 8 Cent/Klick, Links für 6 Cent/Klick und Pop-down-Werbefenster mit einem TKP von 5,00 € geschaltet, für deren Erstellung insgesamt 830,00 € zu zahlen sind. Die erste Monatsabrechnung erbrachte folgende Zahlen: Bannerwerbung: 3.500 Klicks; Links: 2.200 Klicks; Pop-down-Fenster: 12.500 Kontakte.

f) PC-Profi, eine Ladenkette von ca. 200 selbstständigen Kaufleuten, lässt prüfen, was eine Serie von 30 Fernsehspots kosten würde. Für die Erstellung eines 20-Sekunden-Werbespots werden einmalig 16.300,00 € fällig, der Fernsehsender bietet einen Sekundenpreis von 670,00 €.

3.6.1.3 Direktwerbung/-marketing

S

Kunden von ACI sollen zukünftig stärker direkt angesprochen bzw. akquiriert werden und auf aktuelle Angebote und Aktionen des Unternehmens aufmerksam gemacht werden.

Direktwerbung ist eine sehr wirtschaftliche und wirksame Form der Werbung. Mithilfe von CRM-Systemen (vgl. Kapitel 3.8) können Marketingmaßnahmen gezielt auf Kunden abgestimmt und die Kundenbindung erhöht werden (One-to-One-Marketing).

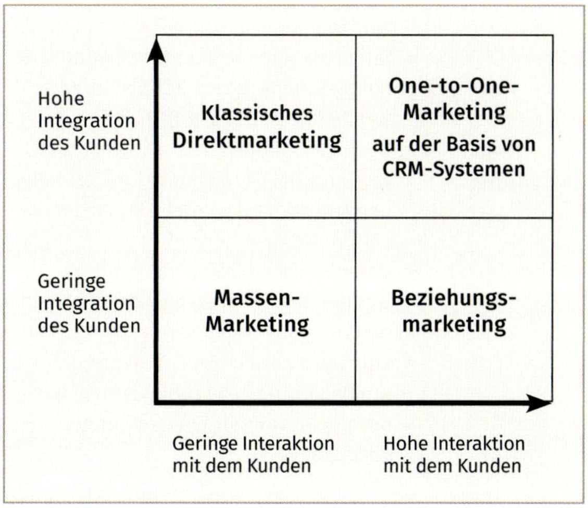

W Direktwerbung (Direktmarketing)	
Ziel	Kunden erhalten direkt Angebote übermittelt.
Werbeträger	Printmedien, Internet, E-Mail, Telefon
Werbemittel	**Brief:** ▪ Kann als Einzel-/Serienbrief Kunden direkt ansprechen ▪ Kann kostengünstig im Unternehmen erstellt werden ▪ Beilagen können hinzugefügt werden. ▪ Postgebühren sind für Infobriefe günstiger. ▪ Spezialfirmen des Werbedrucks können beauftragt werden. **E-Mail:** ▪ Kostengünstig vom Unternehmen selbst möglich ▪ Über Datenbank und Programmierung können größere E-Mail-Aktionen preiswert und gezielt erfolgen. ▪ Kommunikationskosten sehr gering ▪ Links in E-Mails können auf Zusatzseiten verweisen ▪ Rückmeldung über Link leicht möglich ▪ E-Mail als „Pendelbrief“ gut geeignet. **Telefonwerbung:** ▪ Besonders wirkungsvoll, wenn sich Geschäftspartner gut kennen und günstige Angebote offeriert werden ▪ Rückfragen und Vereinbarungen im Gespräch schnell möglich ▪ Kostengünstig, insbesondere bei niedrigen Telefontarifen ▪ Für größere Aktionen können Callcenter beauftragt werden.
Wichtig	▪ Lassen Sie Werbeschreiben auf Fehler in Rechtschreibung und Grammatik durchsehen und verwenden Sie die Korrekturhilfen des Textprogramms. ▪ Durch persönliche Kundenansprache (Kundenname, Bezug auf bisherige Geschäfte) ist der Erfolg größer. ▪ Über Adressfirmen (z. B. www.cebus.net, www.schober.de, www.quadress.de) können Adressen für spezielle Kundenkreise gekauft werden. ▪ Datenbanken müssen gut gepflegt werden, damit Adressen aktuell bleiben. ▪ Laut UWG dürfen per E-Mail nur dann Kunden direkt beworben werden, wenn sie dazu vorher ihr Einverständnis gegeben haben.

Bestandteile eines Werbeschreibens
▪ Briefkopf (Firmendaten) ▪ Brieffuß (Firmendaten) ▪ Anschriftenfeld ▪ Ansprechpartner, Telefon, Fax, E-Mail, Datum usw. ▪ Anrede ▪ Einleitungstext ▪ Angebotstext ▪ Schlusstext ▪ Grußzeile mit Name und Unterschrift ▪ Anlagenhinweis
Wichtig: keine Schreibfehler, DIN 5008 beachten, keine zu langen Sätze, flüssiges Deutsch, nicht zu viel Text (evtl. auf Anlagen verweisen)

Geschäftsbriefe nach DIN 5008

Das Deutsche Institut für Normung e. V. (DIN e. V., vgl. www.din.de) legt mit der DIN 5008 die „Schreib- und Gestaltungsregeln für die Text- und Informationsverarbeitung“ fest.

Vorteile DIN 5008 W
▪ Lesbarkeit und Informationsaufnahme sowie schnelleres Bearbeiten werden durch einheitlichen Aufbau und geläufige Gestaltung verbessert. ▪ Die Professionalität der gestalteten Schriftstücke erhöht sich. ▪ Briefbearbeitungs- und -verarbeitungskosten verringern sich wegen Vereinheitlichung. ▪ Die Maschinenlesbarkeit wird erhöht und verringert die Postlaufzeiten.

Beispiele für Anschriftfelder	
1 ACI · Sachsenfeld 1 · 20097 Hamburg 3 2 1 Vorab per Telefax 1 Conrad GmbH 2 Herrn M. Kramer 3 Personalabteilung 4 Bernhard-Grzimek-Allee 10–14 5 60316 Frankfurt am Main 6	1 ACI · Sachsenfeld 1 · 20097 Hamburg 3 2 Einschreiben 1 Persönlich 1 Herrn Geschäftsführer 2 Dipl.-Ing. Dr. Jan Meier 3 Meier AG 4 Postfach 58 69 5 30058 Hannover

W Hinweise zur Erstellung von Geschäftsbriefen

Anschriftfeld, hier 9 Zeilen (vgl. Beispiele oben)	▪ Wegfall der Leerzeilen vor der Ortsangabe sowie zwischen Zusatz- und Vermerkzone und Anschrift ▪ Die Zusatz- und Vermerkzone (Vorausverfügungen, Produkte, Freimachungsvermerke) kann auf drei Zeilen vergrößert werden. ▪ Für Zusätze und Vermerke stehen die ersten drei Zeilen zur Verfügung. ▪ Im Anschriftfeld werden keine Hervorhebungen verwendet, wie z. B. „fett“ oder „unterstrichen“. ▪ Wird vorab ein Brief per Fax oder E-Mail versendet, wird die Faxnummer bzw. die E-Mail-Adresse in die Zusatz- und Vermerkzone eingetragen und für spätere postalische Versendung wieder gelöscht.
Betreff	▪ Der Betreff sollte stichwortartig das Anliegen des ganzen Briefes anzeigen, ▪ beginnt linksbündig ohne das Wort „Betreff“ und wird durch zwei Leerzeilen von der Bezugszeichenzeile und dem Informationsblock getrennt, ▪ enthält am Ende des Textes keinen Schlusspunkt und kann durch Fettschrift oder Farbe hervorgehoben werden.
Anrede	Anreden werden unter dem Betreff nach zwei Leerzeilen gesetzt: ▪ Förmlich: Sehr geehrte Damen und Herren; Sehr geehrte Frau Meier; Sehr geehrter Herr Schulz ▪ Persönlicher: Sehr geehrte, liebe Frau Meier; Lieber Herr Meier; Guten Tag, Frau Meier; Hallo, sehr geehrte Frau Meier
Grußformel	Der Gruß wird vom Text des Anschreibens durch eine Leerzeile getrennt und hat am Ende kein Satzzeichen. Veraltet ist, die Grußformel mit dem letzten Satz des Textes zu verbinden (z. B. „... und verbleibe mit ...“). Beispiele: „Mit freundlichem Gruß“; „Freundliche Grüße“; „Herzlichen Gruß“; „Mit den besten Wünschen für ein schönes Wochenende“; „Mit den besten Wünschen aus Hamburg“; „Freundlich grüßt Sie“; „Adventliche Grüße“
Unterschrift	Getrennt mit einer Leerzeile vom Gruß erscheint die Firmen- oder Behördenbezeichnung, dann hinreichend Leerzeilen vorsehen für die Unterschrift und darunter die Namenswiedergabe mit der Vertretungsvollmacht, z. B.: „i. A. Meier“, „i. V. Müller“, „ppa. Heike Harms“. Bei zwei Unterschriften wird die ranghöhere zuerst angegeben.
Anlage und Verteilvermerke	Mit je einer Leerzeile Abstand unter den Unterschriftzeilen können Verweise auf Anlage(n) oder ein Verteiler folgen, die bei nicht ausreichendem Platz auf der Seite rechts neben den Gruß (bei 10 cm) auf gleiche Höhe geschrieben werden. Die Worte „Anlage“ und „Verteiler“ können mit einer Leerzeile voneinander getrennt „fett“ gesetzt werden, die Angaben darunter werden nicht hervorgehoben.

Aufgaben

1. Erstellen Sie zunächst einen Entwurf für ein Werbeanschreiben. Nehmen Sie als Kundenanschrift Ihre eigene Adresse. Bieten Sie ein oder mehrere Produkte Ihrer Wahl an. Weisen Sie auch auf eine Hausmesse hin.
2. Erstellen Sie einen Serienbrief mit einem Textverarbeitungsprogramm und dem Angebot aus Aufgabe 1. Geben Sie in die Adresstabelle fünf Beispieladressen ein.
3. Erstellen Sie einen Entwurf für ein Direktwerbeangebot per E-Mail. Nehmen Sie das Angebot aus Aufgabe 1 als Grundlage und nutzen Sie die Möglichkeit, per Link auf die Homepage des Unternehmens zu verweisen.
4. Folgende Probleme tauchen im Direktmarketing auf. Nennen Sie einen Lösungsvorschlag:
   a) Ihr Unternehmen verfügt nicht über Kundenadressen.
   b) Sie sind unsicher, ob Werbetexte korrekt formuliert wurden oder Schreibfehler enthalten sind.
   c) Sie wissen nicht, wie nach DIN ein Text aufgebaut ist oder wie der Brief für den Umschlag (z. B. C4) gefaltet werden soll.
   d) Sie sollen die Kundenbindung mit ihren wichtigsten Kunden verbessern.
5. Nennen Sie Datenfelder, die in eine Kundendatei für das Direktmarketing aufgenommen werden sollen.
6. Bereiten Sie für das Telefonmarketing an Ihre Stammkunden eine Telefonaktion vor (z. B.: Sie wollen für ACI das neue Hausverwaltungsprogramm anbieten). Notieren Sie sich Stichworte, was Sie fragen und sagen werden.

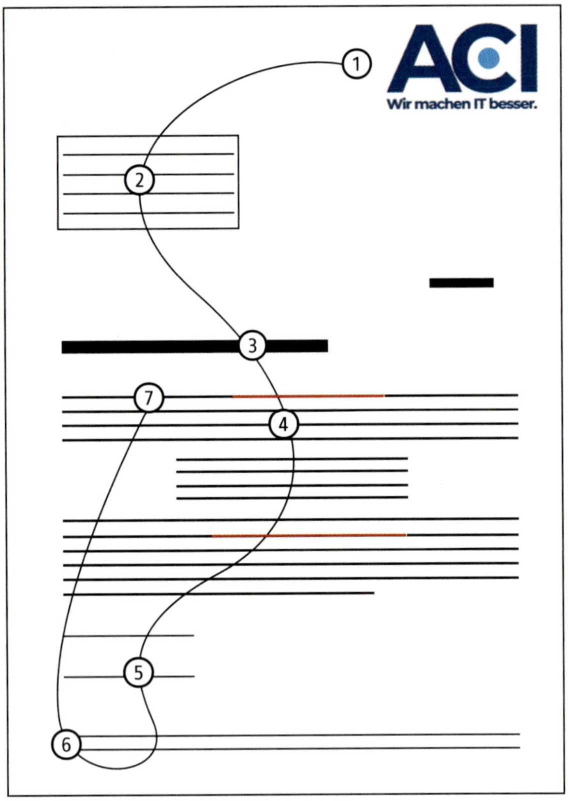

„Scanner-Überblick": Häufige Lesereihenfolge bei Werbeschreiben

1. Logo/Absender: Von wo kommt das Schreiben? Ansprechendes Layout
2. Anschrift: Bin ich gemeint?
3. Betreff/Headline griffig und mit „ja" beantwortet: Interessiert es mich? Nutzen? Lohnt es sich weiterzulesen? Humor?
4. Rapport (einfühlsam Kontakt/Beziehung/Einklang zur Zielgruppe herstellen, Nöte, Wünsche/Bedürfnisse in den Mittelpunkt stellen) mit Hervorhebungen/Signalwörtern/Phrasen: interessant, weiterlesen?
5. Absenderunterschrift: Wer macht mir das Angebot?
6. P.S. (Post Scriptum): wird noch von bis zu 40 % vor dem eigentlichen Brief gelesen
7. Lesebeginn des eigentlichen Textes, wenn nicht schon vorher abgebrochen.

E-Mail-Werbeanschreiben

- Nur bei Einverständnis oder Geschäftskontakt, ansonsten bei Verbrauchern Werbe-Mail verboten
- Schnellere Kommunikation
- Links und Anlagen können ergänzt werden
- Antwort-Mail leicht möglich
- Kostengünstiger als Werbebrief
- Adressatenempfang überprüfbar
- Bessere Erfolgskontrolle
- Software zum E-Mail-Management und zur Auswertung von E-Mail-Kampagnen einsetzbar
- Multimediale Gestaltungsmöglichkeiten

Zu beachten im Werbeschreiben:

- Werbeschreiben nicht zu lang (max. 1 Seite), fehlerfrei, aktiv formuliert
- Persönliche Kundenansprache mit Name und Bezug zu vergangenen Ereignissen
- Adressen müssen genau zur Zielgruppe passen.
- Keine zu langen Sätze formulieren, vor allem nicht beim ersten Satz.
- Verwenden Sie nicht „WIR" und „UNS", sondern beschreiben Sie den Nutzen für den Kunden.
- Fordern Sie die Kunden unbedingt auf, sofort zu reagieren bzw. zu antworten.

Beispiel Werbe-E-Mail:

Sehr geehrter Herr Hansen,
vielen Dank für Ihr Interesse an **ACI FACIMA** und Ihren Besuch auf der bautec. Wie vereinbart, sende ich Ihnen heute erste Informationen.
Ich lade Sie hiermit herzlich zu einer unserer Testsitzungen ein, die für Sie selbstverständlich kostenlos sind.
Alle Termine und die Anmeldung finden Sie hier: http://aci.de/testsitzung.html
Folgende Links könnten bereits vorab für Sie interessant sein:

Allgemein
ACI FACIMA Facility Management Produkteigenschaften **(http://www.aci.de/docs/aci_facima_produkteigenschaften.pdf)**
Einführungsbegleitung und Pilotprojekte **(http://aci.de/docs/aci_facima_einfuehrungsbegleitung_dienstleistungbeschreibung.pdf)**

Videoclip
ACI YouTube Kanal **(www.aci.de/youtube_facima)**

Fallstudie
Einsatz von **ACI Facima** bei luenewohn **(http://aci.de/docs/aci_fallstudie_luenewohn.pdf)**

Trainings, Sicherheits- und Datenschutz
ACI Trainings – Übersicht (**http://www.aci.de/docs/aci_trainings_uebersicht.pdf**)

In Ihrem Gespräch mit meiner Kollegin Frau Rickert ging es um eine Schnittstelle zum SAP-ERP.
Hierüber würde ich gerne mit Ihnen per Telefon noch einmal sprechen. Wann kann ich Sie am besten erreichen?
Kontaktieren Sie mich gerne bei weiteren Rückfragen oder Wünschen.
Ich freue mich auf Ihre Antwort!

Viele Grüße

Katrin Sander

INservFM
Leitmesse Facility Management
27.2. bis 1.3.20..
Halle 14, Stand B200
Messe Frankfurt / M.

ACI FACIMA 8.0

Katrin Sander
Consultant

aci GmbH
Sachsenfeld 1
20079 Hamburg

Tel.: +49 (0)40 6868988-60
Fax: +49 (0)40 6868988-80
E-Mail: katrin.sander@aci.de
Web: www.aci.de

3.6.1.4 Werbearten

Werbung wird auch nach Werbearten unterschieden. Anna ist überrascht, wie vielfältig Werbung sein kann.

Werbearten			
Zahl der Umworbenen	Einzel-/Direktwerbung		Der Kunde wird einzeln und direkt angesprochen.
	Massenwerbung		Ein Kundenkreis oder alle Kundenkreise werden angesprochen.
Motivation	Informative Werbung		Will durch die Information überzeugen, z. B. durch Analysen, Vergleiche, ausführliche Beratung, gute Produktbeschreibungen
	Suggestive Werbung		Will über Gefühlsbeeinflussung die Kaufbereitschaft erhöhen, z. B. durch Hintergrundmusik, Stimmungsverbesserung, gefällige Ansprache, schöne Bilder, trickreiche Überzeugung
Appell	Rationaler Appell		Thema, Idee und Werbebotschaft versuchen, die Vernunft des Kunden (z. B. Qualität, Preis-Leistung) anzusprechen.
	Emotionaler Appell		Thema, Idee und Werbebotschaft versuchen, Emotionen zu wecken (z. B. Glücksgefühl beim Autofahren).
	Moralischer Appell		Thema, Idee und Werbebotschaft sind von Moralvorstellungen geleitet (z. B. Ökoprodukte, „gute Mutter“).
Wirkung/ Werbeziel	Einführungswerbung		Ein Unternehmen, Standort oder neues Produkt soll bekannt gemacht werden, z. B. das Internetangebot oder die Geschäftseröffnung.
	Expansionswerbung		Der Marktanteil soll erhöht werden, da das Produkt oder Unternehmen gut ankommt.
	Erhaltungswerbung		Der Absatz, Marktanteil oder der Bekanntheitsgrad des Produktes soll erhalten bleiben (Erinnerungswerbung).
	Imagewerbung		Das Unternehmen soll insgesamt mit dem Produktsortiment und der Marke einen guten Ruf bekommen oder behalten.
Zeitpunkt des Umsatzes	Zyklische Werbung		Der Werbeeinsatz erfolgt entsprechend dem Umsatz, wird z. B. viel umgesetzt, werden viele Anzeigen geschaltet.
	Antizyklische Werbung		Wenn der Umsatz schlecht ist, wird viel Werbung geschaltet und umgekehrt, z. B. geht Werbung dem Umsatz voraus.
Inhalt	Preiswerbung		Kunden sind mit günstigen Preisen gut zu werben oder Unternehmen können sich über den Preis im Markt positionieren, z. B. als Billiganbieter, Discounter oder als Luxusmarkenanbieter.
	Aktionswerbung		Sie soll Kunden aktivieren und zum Mitmachen auffordern und damit ein Produkt, den Standort oder das Unternehmen bekannter machen, z. B. durch Kinderbelustigungen, Gewinnspiele, Verlosungen, Wettbewerbe, Autogrammstunden, Modenschauen, Dichterlesungen oder Tage der offenen Tür.
	Leitbildwerbung		Ein Leitbild verschafft dem Unternehmen gegenüber Kunden und Mitarbeitern eine Unternehmensidentität (Corporate Identity oder CI), womit es positiv herausgestellt wird und dadurch Kunden an das Unternehmen binden soll.
	Themenwerbung		Durch bestimmte Themen sollen Kunden geworben und an das Unternehmen gebunden werden, z. B. CeBIT-Nachlese. Warensortiment, Warenpräsentation, Verkaufsraum, Schaufenster, Rahmenprogramm sind thematisch ausgerichtet.
Anzahl der Werbenden	Einzelwerbung		Ein einzelnes Unternehmen wirbt nur für sich und seine Corporate Identity, seine Marken bzw. für seine Produkte (Alleinwerbung).
	Kollektivwerbung	Sammelwerbung	Mehrere Unternehmen werben unter Nennung der Einzelfirmen, um mit einem größeren Werbebeitrag eine bessere Wirkung mit günstigeren Kosten zu erzielen (Wirtschaftlichkeit). Beispiel: gepaart mit einem redaktionellen Text „CeBIT-Nachlese“ beteiligen sich acht IT-Unternehmen mit einzelnen Anzeigen.
		Gemeinschaftswerbung	Mehrere Unternehmen werben ohne Nennung ihrer Firma, um kostengünstig und wirkungsvoll eine große Kundengruppe anzusprechen und zum Aufsuchen der Geschäfte der Branche zu motivieren; in Zeitschriften, aber auch als Radio- und Fernsehwerbung umsetzbar, z. B. Optikerverband: „Augen brauchen mehr als eine Brille“, Touristikverband: „Rügen – Ankommen und Ausspannen“, Linux-Verband „Linux – eine tolle Gemeinschaft“.

Auf unterschiedliche Werbearten kann der Kundenkreis gezielt angesprochen und die geeignete Werbebotschaft vermittelt werden.

Aufgaben

1. Ordnen Sie die Werbearten zu (Mehrfachnennungen sind möglich):
   a) IT-Unternehmen einer Stadt aus den Bereichen Netzwerktechnik, Systemhandel, Wartungsdienste und Unternehmensberatung haben sich für eine Werbeaktion zusammengeschlossen, um einzeln auf ihre Unternehmen und eine gemeinsame IT-Regionalausstellung aufmerksam zu machen.
   b) Im Fernsehen wird die Werbung eines Marktführers gezeigt, in der der Kunde zunächst ganz unzufrieden und verzweifelt dargestellt wird, jedoch mithilfe des IT-Unternehmens „auf Wolke sieben schwebt“. Im Abspann erfolgt kurz die Einblendung des Unternehmens mit seinen vielfältigen Leistungen und eine 0800-Telefonnummer für schnelle Hilfe.
   c) Ein Verband für Elektronik plant eine Werbeaktion, um auf die Umweltfreundlichkeit der IT-Produkte hinzuweisen und so umweltbewusste Menschen als Kunden zu gewinnen.
   d) EDV-Abteilungen der Behörden und Großunternehmen erhalten vom ACI-Geschäftsführer regelmäßig einen Infobrief über technische Neuigkeiten und Aktionen.
   e) Es ist schon bekannt, dass ACI immer Ende Oktober ausgewählte Kunden zu einer „Systems-Nachschau“ einlädt und hier besondere Konditionen offeriert.
2. Welche Werbearten sind für die Akquirierung (Gewinnung) von Kunden und die Vermarktung von EDV-Leistungen besonders geeignet und welche weniger?
3. Erstellen Sie folgende Entwürfe, eventuell in Arbeitsgruppen:
   a) Werben Sie auf einem Plakat informativ für Ihr Unternehmen.
   b) Werben Sie in einer Sammelwerbung für eine Branche.
   c) Entwerfen Sie ein Werbeinserat als Gemeinschaftswerbung in der Tageszeitung.
   d) Entwerfen Sie ein Transparent, das Sie über die Straße spannen können und mit dem Sie für Ihre Hausmesse werben.

3.6.2 Verkaufsförderung (Salespromotion)

ACI möchte 20 % des Marketingbudgets in verkaufsfördernde Maßnahmen investieren. Ein Konzept mit wirkungsvollen Maßnahmen soll erstellt werden.

Verkaufsförderung (Salespromotion)		W
Unter den Begriff der Verkaufsförderung (Salespromotion) fallen alle Aktivitäten, die den Verkauf **unterstützen**, im Gegensatz zur Werbung, die den Kunden oder Kundenkreise veranlassen will, konkrete Leistungen oder Produkte zu kaufen oder zu bestellen (Absatzwerbung). Der Übergang von der Werbung (Advertising) zur Verkaufsförderung (Salespromotion) ist häufig fließend.		
Verbraucher-Promotion	Die Verbraucher sollen auf das Geschäft aufmerksam gemacht werden und das Produkt kaufen, z. B. durch schöne Schaufenster-/Vitrinen-/Displaydekoration usw., besondere Geschäftsgestaltung, Aktionstage, Beteiligung von Prominenten, Gewinnspiele, Preisausschreiben, Kostproben, Gutscheine, Prospekte, Marken-/Sammelhefte (Couponing), Bonussysteme, Internetangebote, Freundschaftswerbung, Kundenkarte, Kundenzeitschrift, Newsletter, Radio- und Fernsehpromotion, Bannerwerbung, Propagandisten, Messepromotion.	
Außendienst-Promotion	Der Außendienst (Reisende, Vertreter) wird durch Verkaufsförderungsmaßnahmen unterstützt, z. B. durch Werbeaktionen, Preisausschreiben, Verkaufsunterlagen (Produktinformationen), Werbematerialien, Referenzlisten, Beteiligungen an Messen und Ausstellungen, Prämien und Anreize (engl. Incentives; Verkäufer des Monats, Incentive-Reisen), Merchandising (z. B. Schirmmützen mit Firmenlogo etc.)	
Händler-Promotion	Verkaufsunterstützung für Händler: Anzeigenvorlagen, Werbebilderdatenbank, Roadshows (z. B. durch Info-/Schulungsmobile), Werbemittelshop, Schaufensterdekoration, Zeitschriftenkampagnen mit Nennung der Händler, Teilnahme an Wiederverkaufsmessen oder Partnerstände auf Messen, Verkaufsschulungen der Händler, Verkaufswettbewerbe, Event- und Incentive-Veranstaltungen mit Händlern, Gratisartikel, Proben, Bonussysteme, Preisaktionen, Werbekostenbeteiligung, Verkaufsstände usw.	
Steuer	Neben Streuartikeln dürfen größere Werbegeschenke nur dann als Betriebsausgabe abgezogen werden, wenn der Gesamtbetrag pro Kunde und Jahr 35,00 € (netto = ohne Umsatzsteuer) nicht übersteigt.	

Aufgaben

1. Nennen Sie Beispiele, wie IT- bzw. IuK-Unternehmen Verkaufsförderung betreiben.
2. Rufen Sie im Internet gute Beispiele von Instagram-Marketing und Influencer-Marketing auf und diskutieren Sie über Verkaufsförderung.
3. Was ist richtig, was ist falsch?
   a) Verkaufsförderung nennt man auch Advertising.
   b) Werbegeschenke können unbeschränkt als Kosten abgesetzt werden.
   c) Durch Merchandising versucht ein Unternehmen, mit seinen Produktmarken Werbung zu machen, und die Kunden kaufen die Artikel, weil sie sich mit der Marke identifizieren möchten.
   d) Propagandisten sind Mitarbeiter eines Unternehmens, die den Verkauf in fremden Geschäften oder in einem Verkaufsgebiet fördern sollen.
   e) Incentive-Reisen sind für Teilnehmer kostenlose Reisen als Dank für gute Geschäfte.
   f) Roadshows sind Straßenkünstler auf Hausmessen.
   g) Mit Couponing werden Kunden durch Sammelhefte oder Produktkarten an das Unternehmen gebunden.
4. Erarbeiten Sie, eventuell auch in Gruppen, Verkaufsförderungskonzepte:
   a) Ein IT-Systemhändler will allgemein sein Geschäft fördern.
   b) Ein ERP-Softwareanbieter will den Verkauf fördern.

3.6.3 Öffentlichkeitsarbeit (Public Relations)

S

Durch Marktforschung wurde festgestellt, dass ACI in der Öffentlichkeit ein eher neutrales Image hat. Die Geschäftsleitung möchte durch PR-Arbeit in den nächsten Jahren das Image verbessern.

Public Relations (PR): Öffentlichkeitsarbeit W

Mit PR-Maßnahmen soll das Unternehmen als Ganzes positiv dargestellt werden, Image und Kundenbeziehungen sollen so gefestigt werden. Auch für die Mitarbeiter kann PR-Arbeit positiv wirken, da sie gerne in einem Unternehmen mit gutem Image arbeiten. Es ist dann auch leichter, gute Mitarbeiter für das Unternehmen zu gewinnen und die Fluktuation gering zu halten. Durch PR-Arbeit können auch Markenzeichen des Unternehmens bekannter gemacht und so der immaterielle Wert des Unternehmens erhöht werden.

PR-Maßnahmen:

- **Corporate Identity (Unternehmensidentität):** Das Unternehmen soll sich durch ein einheitliches Bild und mit einer unternehmenstypischen Unternehmenskultur auszeichnen, z. B. durch Unternehmensfarben und Symbole auf allen Dokumenten und Werbeträgern, ein besonderes Unternehmensleitbild, besondere Verhaltensregeln für alle Mitarbeiter sowie eine Pressearbeit im Einklang mit den CI-Vorgaben.

(Fortsetzung auf folgender Seite)

W

Public Relations (PR): Öffentlichkeitsarbeit

- **Veranstaltungen für die Öffentlichkeit:** Hausmessen, Ausstellungen, Tage der offenen Tür, Girls' oder Boys' Days, Werksbesichtigungen oder Beteiligungen an öffentlichen Veranstaltungen mit Aktionen oder einem Infostand
- **Soziale und kulturelle Einrichtungen für Mitarbeiter und Öffentlichkeit:** Verbesserung des Images durch Einrichtungen für soziale oder kulturelle Zwecke, z. B. mit preiswerter Werkskantine, Werkskindergarten, Fitnessangeboten, Betriebskrankenkasse, betrieblicher Zusatzversorgung, Geschenken zu Jubiläen, Firmenwagen, Firmenabonnements (z. B. Theater, Sport)
- **Beteiligung von Mitarbeitern am Erfolg des Unternehmens,** z. B. durch Aktienprogramme, Tantiemen oder Prämien für besondere Leistungen
- **Einladung von Prominenten und Fachleuten** zu Vorträgen, Diskussionsrunden usw.
- **Veröffentlichungen,** z. B. Pressemitteilungen zu wichtigen Ereignissen des Betriebes, Veröffentlichung von Statistiken und Bilanzen, Pressekonferenzen, Fachbücher

Bei all diesen Maßnahmen ist es wichtig, dass auch die **Öffentlichkeit davon erfährt** und über eine positive Berichterstattung ein positives Bild vom Unternehmen entsteht (Motto: Mach Gutes und sprich darüber). Dies führt indirekt zu einer größeren Kundenbindung und damit zur Sicherung oder sogar Erhöhung des Absatzes.

Aufgaben

1. Recherchieren Sie im Internet nach PR-Maßnahmen von IT-Unternehmen.
2. Nennen Sie Beispiele, wie auch kleinere und mittlere IT-Unternehmen PR-Arbeit betreiben können.
3. Erarbeiten Sie für das Systemhaus ACI ein kostengünstiges PR-Konzept.

3.6.4 Sponsoring

Jedes Jahr werden Milliarden Euro gesponsert. Sportvereine, Sportler und deren Manager haben den größten Anteil daran, sprechen sie doch mit ihrer Trikot- und Bandenwerbung Millionen Fans dieser Clubs an. Insbesondere IuK-Unternehmen haben die Bedeutung des Sponsorings erkannt. T-Mobile ist z. B. mit bis zu 20 Millionen Euro im Jahr dabei, um sich auf den Trikots des Rekordmeisters zu verewigen. Andere Konzerne wie E-Plus, debitel oder O2 stehen dem nicht nach. Auf der regionalen Ebene sponsern regional bedeutende Unternehmen Sportvereine mit Bandenwerbung und Trikots.

Sponsoring

Sponsoring

W

Mit Sponsoring will das Unternehmen das gute Image des Gesponserten auf sich selbst übertragen, den Gesponserten und seine Mitglieder für das Unternehmen gewinnen oder als Sponsor öffentlich besonders herausgestellt werden. Ziel ist, durch Sponsoring neue Kunden zu gewinnen oder den Absatz zu sichern. Gesponsert wird mit Finanz-, Sach- und/oder Dienstleistungen. Nicht selten werden auch Bereiche gesponsert, die im persönlichen Umfeld des Sponsors liegen, sodass Marketinggründe eine untergeordnete Rolle spielen.

Bereiche des Sponsorings:

- **Sportsponsoring:** Unterstützung von Sportvereinen und -vereinigungen, Sportlern
- **Kultursponsoring:** Unterstützung von Kulturveranstaltungen, Theater, Kulturorganisationen, Kunstausstellungen, Schauspielern usw.
- **Sozialsponsoring:** Unterstützung von karitativen Einrichtungen sowie Bildung und Wissenschaft. Gemeinnützige Vereine suchen Sponsoren, um ihre Einrichtungen betreiben und Festlichkeiten oder Veranstaltungen ausrichten zu können.
- **Umweltsponsoring:** Unterstützung von Umweltvereinen, Umwelt-Stiftungen und ökologisch motivierten Aktionen

Um Korruptionsversuche einzudämmen, haben die Landesverwaltungen Richtlinien zum Sponsoring aufgestellt und Wertgrenzen (z. B. 1.000,00 €) festgelegt, ab denen Sponsoren und Leistungen veröffentlicht werden müssen.

Aufgaben

1. Recherchieren Sie im Internet, wie IT-Unternehmen als Sponsoren aufgetreten sind.
2. Nennen Sie Beispiele, wie auch kleinere und mittlere IT-Unternehmen mit Sponsoring erfolgreich sein können.

3. Erarbeiten Sie für das Systemhaus ACI ein kostengünstiges Sponsoring-Konzept.
4. Bearbeiten Sie den Test „Marketing“ im Arbeitsheft.

3.6.5 Product-Placement

Ist Product-Placement auch eine geeignete Marketingmaßnahme für Systemhäuser wie ACI?

Produkte in bedeutenden Fernseh- und Kinofilmen werden von Konsumenten als hochwertig und topaktuell wahrgenommen. Hersteller sind daher bereit, für diese „Produktplatzierung“ zu bezahlen. Auch kleinere Unternehmen erhalten Gelegenheiten, durch Product-Placement auf ihr Unternehmen und die Produkte aufmerksam zu machen. So kann ein Systemhaus die EDV-Auswertung bei einem regionalen Volkslauf übernehmen und seine Leistungsfähigkeit damit deutlich machen oder im Schaufenster eines Buch- und Papiergeschäftes durch die Dekoration mit seinen EDV-Systemen auffallen.

BMW Z8 im James-Bond-Film „Die Welt ist nicht genug“

Product-Placement

Product-Placement bedeutet, dass ein Unternehmen seine Produkte in Filmen, Theaterstücken oder öffentlichen Veranstaltungen so platziert, dass sie vom Verbraucher oder Kunden nicht direkt als Werbung, sondern eher unbewusst wahrgenommen werden, der Betrachter das Produkt aber anschließend mehr begehrt oder höher bewertet als vorher.

Beispiele:
Autoplatzierung in Action-Filmen, Autonutzung bestimmter Marken durch Prominente, Bereitstellung und Bezahlung der öffentlichen Nutzung von Sportgeräten für bekannte Profis

Aufgaben

Nennen Sie Beispiele, wo IT-Unternehmen Product-Placement betreiben.

3.7 Distributionspolitik

Über das Internet werden heute fast alle EDV-Komponenten angeboten. Selbst Software und Dienstleistungen gelangen über Onlineanwendungen oder über den Fernzugriff zum Kunden. Bei ACI wird überlegt, welche Absatzwege es grundsätzlich gibt, und ob ein Systemhaus hier neue Wege beschreiten sollte.

Bei der Planung von IT-Systemen spielen die Vertriebssysteme und die Logistik eine große Rolle. Der Handel über das Internet hat gerade auch für die Distribution (Verteilung) der Produkte erhebliche Änderungen gebracht. Ein Großteil der IT-Systeme wird heute über das Internet verkauft und betreut.

<table>
<tr><th colspan="4">Distributionspolitik</th></tr>
<tr><td>Aufgaben</td><td colspan="3">Darunter fallen alle Handlungen, die den Weg des Produkts vom Hersteller bis zum Kunden betreffen. Ziel ist es, dem Abnehmer das richtige Produkt in der richtigen Menge zur richtigen Zeit im richtigen Zustand am richtigen Ort zur Verfügung zu stellen.</td></tr>
<tr><td>Vertriebsmöglichkeiten</td><td>Absatzwege, Absatzkanäle</td><td>Direkt:
Verkauf vom Hersteller direkt an den Verbraucher
Vorteile: Unmittelbarkeit, schlanke Geschäftsprozesse, größere Kontrolle, Kosteneinsparung durch fehlenden Zwischenhandel; E-Commerce-Plattform und/oder Vertrieb über Reisende (Angestellte) und eigene Vertriebsstellen.
Nachteil: Teures Vertriebs- und Servicenetz notwendig (z. B.: Dell, Bechtle)</td><td>Indirekt:
Verkauf über Absatzmittler (Einzel-/Großhandel), Vertreter, Makler
Vorteile: Absatzmittler haben guten Kundenkontakt, können sich flexibel auf den Markt einrichten, sind bei geringem Absatz kostengünstiger, übernehmen auch Sortimentsgestaltung, Werbung, Angebotserstellung, Verkauf, Lagerhaltung und Auslieferung.</td></tr>
</table>

(Fortsetzung auf folgender Seite)

W

Distributionspolitik			
Vertriebsmöglichkeiten	Absatzmittler	Großhandel	Er kauft als selbstständiger Kaufmann Waren in Mengen für sein Sortiment, das Einzelhändlern günstig angeboten wird (guter Preis, aktuelles Sortiment, zügiger Einkauf), z. B. www.itscope.com, www.ingrammicro.de, www.techdata.de
Vertriebsmöglichkeiten	Absatzmittler	Einzelhandel	Er kauft direkt vom Hersteller oder über Handelsvermittler und präsentiert sein Sortiment für Verbraucher.
Vertriebsmöglichkeiten	Absatzmittler	Handelsvermittler	**Handelsvertreter:** Nach § 84 ff. HGB selbstständiger Gewerbetreibender, der aufgrund eines Agenturvertrages im Namen und für Rechnung eines anderen Unternehmens Geschäfte vermittelt (z. B. Versicherungsvertreter) **Abschlussvertreter:** Er kann auch Abschlüsse im Namen des Unternehmens tätigen, nicht nur Vermittlungsverträge. **Bezirksvertreter:** Erhält auch Provision, wenn in seinem Bezirk ohne seine Mithilfe Geschäfte zustande kamen.
Vertriebsmöglichkeiten	Absatzmittler	Handelsvermittler	**Kommissionär:** Selbstständiger Gewerbetreibender, der im eigenen Namen auf fremde Rechnung Geschäfte tätigt; geringes Absatzrisiko, da nicht verkaufte Ware an den Lieferanten zurückgegeben werden kann (Kauf in Kommission)
Vertriebsmöglichkeiten	Absatzmittler	Handelsvermittler	**Handelsmakler:** Selbstständiger Gewerbetreibender, der aufgrund seiner guten Marktkenntnisse mit der Vermittlung eines Geschäfts beauftragt wird. Die Provision erhält er nach Vertrag vom Verkäufer und/oder Käufer (vgl. HGB, z. B. Versicherungs-, Grundstücks-, Schiffsmakler).
Vertriebsmöglichkeiten	Vertriebssysteme	Alleinvertrieb	Der Hersteller verpflichtet sich gegenüber einem Vertragshändler, für ein Absatzgebiet nur ihn zu beliefern.
Vertriebsmöglichkeiten	Vertriebssysteme	Vertragshändlersystem	Der Vertragshändler verpflichtet sich, in eigenem Namen und auf eigene Rechnung nach den Bedingungen des Lieferanten Waren zu verkaufen.
Vertriebsmöglichkeiten	Vertriebssysteme	Franchisesystem	Der Franchisenehmer übernimmt das Konzept und die Leistungen des Franchisegebers und zahlt dafür Franchisegebühren (z. B. nach dem Umsatz). Der Franchisenehmer ist selbstständiger Unternehmer, der sich an das Marketingkonzept des Franchisegebers zu halten hat, z. B. PC-Spezialist.
Logistik (physische Distribution)	Transportmittel	**Lkw:** Flexibles, schnelles, kostengünstiges Transportmittel **Bahn:** Insbesondere im Schwerlast-, Massen-, Ferntransport günstig **Flugzeug:** Für eilige und weite Transporte, auch Spezialtransporte **Schiff:** Geeignet für Massentransporte, Ferntransporte günstiger	
Logistik (physische Distribution)	Lagersystem	Zentrales/Dezentrales Lager	Dezentrale Lager sind vorteilhafter, wenn die Transportkosten bei zentraler Lagerung höher sind als die Kosteneinsparung beim zentralen Lager oder die Kundennähe dies erfordert.
Logistik (physische Distribution)	Lagersystem	Eigenlager/Fremdlager	Gründe für die Wahl sind die Kosten und der Einfluss auf Ausstattung und Personal.

Aufgaben

1. Welcher Fachbegriff aus der Distributionspolitik lässt sich jeweils den folgenden Aussage zuordnen?
   a) Handelsgeschäft, das Waren an Einzelhändler und Gewerbetreibende vertreibt
   b) Verkäufer, der als selbstständiger Kaufmann Computerspiele (Software) an Einzelhändler vertreibt
   c) Verkäufer, der als Angestellter eines Druckerherstellers Einzelhändlern Drucker anbietet
   d) Transport und Lagerung von Waren
   e) Verkäufer von Waren, die ihm mit Rückgaberecht zur Verfügung gestellt werden
   f) Der Verkäufer übernimmt für sein selbstständiges Handelsgeschäft ein Geschäftsmodell und bezahlt dafür.

g) Die über Deutschland verteilten Reisenden lagern für den Verkauf bestimmte Software zu Hause ein.
h) Sie erhalten für Norddeutschland das alleinige Recht zum Verkauf einer Software.

2. Entwickeln Sie in Partnerarbeit das richtige Vertriebssystem und tragen Sie die Entscheidungsgründe vor:
   a) Herstellung und Vertrieb von Hardware für Computerspiele
   b) Herstellung und Vertrieb einer Software für Handelsvertreter
   c) Herstellung und Vertrieb von Internetportalen für Diskotheken
   d) Vertrieb von Spezialpapier für Fotodrucker
3. Sie wollen im Alleinvertrieb in Deutschland Spezialdrucker vertreiben, die Sie importieren und mit einem eigenen Label (Markenzeichen) versehen.
   a) Überprüfen Sie, bei welchem Umsatz der Einsatz von Reisenden oder Handelsvertretern für Sie sinnvoller ist. Handelsvertreter sollen eine Umsatzprovision von 20 % erhalten, Reisende bekommen ein monatliches Fixum (Festgehalt) von 1.500,00 € und eine Umsatzprovision von 5 %. Erstellen Sie mit einem Tabellenkalkulationsprogramm nach dem hier dargestellten Entwurf ein Diagramm.

	A	B	C
1	Kostenvergleich		
2			
3	monatlich	Reisender	Vertreter
4	Fixum:	1.500 €	0 €
5	Provision:	5%	20%
6	Umsatz	Gehalt	Provision
7	- €	1.500 €	0 €
8	1.000 €	1.550 €	200 €
9	5.000 €	1.750 €	1.000 €
10	10.000 €	2.000 €	2.000 €
11	15.000 €	2.250 €	3.000 €
12	20.000 €	2.500 €	4.000 €
13	25.000 €	2.750 €	5.000 €
14	30.000 €	3.000 €	6.000 €
15	35.000 €	3.250 €	7.000 €
16	40.000 €	3.500 €	8.000 €
17	45.000 €	3.750 €	9.000 €
18	50.000 €	4.000 €	10.000 €
19	55.000 €	4.250 €	11.000 €
20	60.000 €	4.500 €	12.000 €
21			
22			
23			
24			

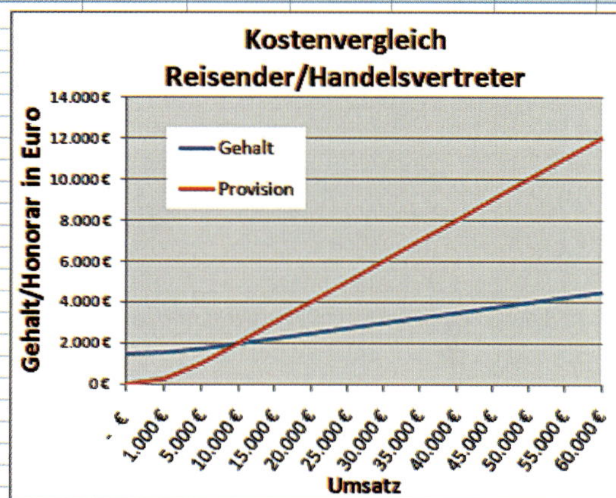

   b) Ermitteln Sie rechnerisch den Umsatz, ab dem es sich lohnt, anstelle eines Handelsvertreters einen Reisenden einzusetzen, wenn das Fixum nur noch 1.200,00 € monatlich betragen soll, die Provision beim Reisenden 4 % und beim Handelsvertreter 16 % beträgt. Hinweis: Gehalt Reisender = Fixum + Umsatz · Provision (%), Honorar Handelsvertreter = Umsatz · Provision (%).
   c) Ermitteln Sie die Kosten, die dem Unternehmen durch den Einsatz von Reisenden zusätzlich zum Gehalt entstehen, wenn für den Reisenden monatlich 1.800,00 € Mehrkosten zum Fixum von 1.200,00 € anfallen. Welche Gewinnschwelle ergibt sich?
4. Sie wollen sich an einer regionalen Verbrauchermesse beteiligen und ein Computersystem mit Drucker anbieten. Sie überlegen, ob Sie 100 Laserdrucker kaufen oder für 14 Tage in Kommission übernehmen. Der Druckerlieferant bietet Ihnen bei Kauf 10 % zusätzlichen Mengerabatt an, den er bei Kommission nicht gewährt. Wie würden Sie entscheiden?

3.8 E-Commerce

3.8.1 Transaktionsbereiche

S

Täglich erscheinen neue Geschäftsmodelle über das Internet. Für ACI können sich daraus durch Dienstleistungen (Beratung, Entwicklung von Onlineangeboten für Kunden) neue Geschäftsbereiche eröffnen, andererseits könnte ACI über das Internet auch neue Kunden gewinnen.

Der Onlinehandel hat im Jahr 2022 etwa jeden siebten im Handel erzielten Euro für sich verbuchen können. Ohne den Lebensmittelbereich liegt der Online- bzw. E-Commerce-Anteil sogar bei etwa 20 %. In der Handelsbranche kann es sich heute kaum noch ein Unternehmen leisten, auf Onlineumsätze zu verzichten. Ab dem Jahr 2022 soll das Volumen im E-Commerce allein für Deutschland bei 110 Mrd. Euro liegen. Mit ca. 50 % soll ein Großteil der Umsätze über Online-Marktplätze wie z. B. Amazon, eBay, Otto Market, Zalando, Etsy, Alternate, etc. erzielt worden sein.

Noch größer im Volumen als der Onlinehandel mit Verbrauchern ist der Handel der Unternehmer untereinander.

Die Vielfalt elektronischer Geschäfte im Internet ist groß. Die derzeit bedeutendsten E-Business-Anwendungen finden zwischen Unternehmen (**Business-to-Business** oder kurz auch **B2B**) sowie zwischen Unternehmen und Verbrauchern (**Business-to-Consumer** oder kurz auch **B2C**) statt. Behörden und Verwaltungen, also der Bereich Administration, versucht ebenfalls, Dienstleistungen verstärkt mithilfe von E-Commerce-Anwendungen besser und kostengünstiger anzubieten und zu verwalten. Bei staatlichen Einrichtungen fällt in diesem Zusammenhang der Begriff **E-Government** oder „elektronisches Rathaus“.

W

Markt- und Transaktionsbereiche im E-Commerce (Beispiele)			
	Consumer	**Business**	**Administration**
Consumer	**C2C:** Verbraucher verkaufen oder vermieten im Internet an Verbraucher (Autos, Gebrauchtteile, Apartments usw.).	**C2B:** Verbraucher bieten Jobs und Leistungen an Unternehmen oder vermitteln gegen Provision Kunden.	**C2A:** Verbraucher fragen Leistungen bei Behörden über das Internet ab oder regeln Behördengänge über das Internet.
Business	**B2C:** Unternehmen bieten über Internetshops, E-Mails oder Newsletter Verbrauchern Produkte und Leistungen an.	**B2B:** Unternehmen handeln mit Unternehmen über das Internet.	**B2A:** Unternehmen informieren sich bei Behörden oder erstellen Steuererklärungen online.
Administration	**A2C:** Behörden bieten Verbrauchern ihre Leistungen über das Internet an oder verwalten Bürgerdaten online.	**A2B:** Ausschreibungen der Behörden an Unternehmen über das Internet	**A2A:** Zusammenarbeit oder Datenaustausch zwischen Behörden über das Internet

W

Vor- und Nachteile des E-Business (Handel)		
	Vorteile	**Nachteile**
Verkäufer	▪ Große Zielgruppe ▪ Weniger oder keine Ladengeschäfte notwendig ▪ Modernes Image ▪ Kostenvorteile im Vertrieb, u. a. weniger Miet- und Personalkosten usw.	▪ Größerer Preiskampf/-druck ▪ Zahlungseingang häufig später, wenn nicht Vorkasse gefordert wird ▪ Schnelle Verfügbarkeit der Ware muss garantiert werden ▪ Hohe Kosten für Marketingmaßnahmen ▪ Kunden bleiben anonym
Käufer	▪ Zeitersparnis ▪ Bequemlichkeit beim Einkauf ▪ Anonymität ▪ Einkauf rund um die Uhr ▪ Preistransparenz ▪ Geringere Beschaffungskosten (häufig ohne Versandkosten, keine Wegekosten)	▪ Keine oder geringere Beratung ▪ Keine sinnliche Wahrnehmung des Produktes ▪ Kein „mitmenschliches Einkaufserlebnis“ ▪ Höherer Aufwand bei Reklamationen ▪ Unsicheres Gefühl beim Bezahlen, insbesondere bei Vorkasse ▪ Hohe Beschaffungskosten bei Nachnahme und geringem Bestellwert

Aufgaben

1. Ordnen Sie die Marktbereiche B2C, B2B, A2C, A2B und C2A zu:
   a) Kerstin kauft über das Internet Bücher.
   b) Informationen über die Zwangsversteigerung einer Wohnung beim Amtsgericht werden bekannt gemacht und gegen Gebühren weitere Informationen zur Verfügung gestellt.
   c) Eine Maschinenfabrik kauft elektronische Komponenten über einen Branchen-Onlinemarkt der Lieferanten.
   d) Der Schulträger schreibt die Beschaffung von 500 PCs über eine Internetseite aus. Anbieter können die Unterlagen kostenlos downloaden.
   e) Ein Mitarbeiter lässt sich per E-Learning schulen.
   f) Ein Reiseveranstalter informiert seine Privatkunden über einen E-Mail-Newsletter.
   g) Stefan gibt über das Internetportal Elster seine Steuererklärung online ab.
   h) ACI ruft über das Internet wichtige Antragsformulare des Rathauses ab.
2. Informieren Sie sich über den E-Commerce-Bereich, z. B. unter www.bitkom.org, www.ecin.de, www.wuv.de, bzw. über E-Commerce-Portale, wie z. B. www.e-commerce-magazin.de oder www.onlinemarketing.de.
3. Ihr Unternehmen will die Website um ein B2B-Portal erweitern. Sie erhalten den Auftrag, nach folgenden Angaben einen Kostenvergleich für das erste Jahr aufzustellen und Argumente zu nennen, die für bzw. gegen eine Eigen- bzw. Fremdentwicklung sprechen.
   Angebot der Web&Design GmbH: Erstellung der Portalseite: 1.200,00 € einmalig; Datenbankanbindung: 600,00 € einmalig; Pflege des Webauftritts: 230,00 € pro Monat; Pflege der Datenbank: zusätzlich 330,00 € pro Monat; alle Angaben netto (ohne Umsatzsteuer)
   Aufwandsermittlung bei Eigenentwicklung des Portals: Kauf einer Portalsoftware: 595,00 € inkl. 19 % Umsatzsteuer; Schulungskosten der Mitarbeiter: 1.785,00 € inkl. 19 % Umsatzsteuer; Entwicklung des Portals durch eigene Mitarbeiter: 30 Arbeitsstunden; Anbindung an die Datenbank: 5 Arbeitsstunden, zwei Stunden Zeitaufwand pro Tag für die Pflege, zwei

Werktage pro Woche. Als Selbstkostensatz für diesen Auftrag in der IT-Abteilung kalkuliert der Betrieb mit 44,00 € (netto) pro Arbeitsstunde.

a) Erstellen Sie mit Excel einen Kostenvergleich.

b) Erstellen Sie eine Präsentation für einen Vortrag vor der Geschäftsleitung und nennen Sie ergänzend zum Kostenvergleich Vor- und Nachteile für beide Varianten zur Entscheidungsfindung.

Transaktionsbereiche des B2C-Bereiches		
Kaufen	**Suchen, Informieren, Spielen, Lernen**	**Kommunizieren**
▪ E-Shops ▪ Onlineauktionen ▪ Einkaufsgemeinschaften ▪ Preisagenten ▪ Bonusprogramme	▪ Suchportale ▪ Informationsportale ▪ Meinungsportale ▪ Onlinespiele ▪ E-Learning	▪ Internetprovider ▪ E-Mail ▪ SMS ▪ Instant Messaging ▪ Chatten ▪ Newsgroups ▪ E-Banking

3.8.2 Geschäftsmodelle der New Economy

In den letzten zehn Jahren sind zahlreiche neue Unternehmen unter dem Stichwort **„New Economy“** entstanden. Viele konnten sich mit ihren „virtuellen Unternehmen“ in den Märkten nicht behaupten, andere überzeugten mit ihren Geschäftsmodellen und sind heute erfolgreiche E-Commerce-Unternehmen und sogar „Global Player“ bzw. Marktführer in den neu entstandenen Marktbereichen geworden. Folgende Geschäftsmodelle sollen die Vielfältigkeit im Onlinemarkt aufzeigen.

W

Geschäftsmodelle im E-Business	
Modell	**Erläuterung, Beispiel**
E-Shops	Kostenvorteile und Umsatzsteigerung durch Internetshop, wobei neben Marktführern auch Nischenanbieter gute Chancen haben; Beispiele: www.amazon.de, www.bechtle.com, www.dell.com, www.cyberport.de, www.alternate.de, www.otto.de
E-Mall	Zusammenfassung von E-Shops, dadurch Kostenvorteile, bessere und kostengünstige Markterschließung; Beispiel: www.shopping24.de
Information Brokers	Informationsdienste stellen den Internetnutzern aktuelle Informationen zur Verfügung und erhalten Erlöse durch Mitgliedsbeiträge, Bannerwerbung und Partnerprovisionen; Beispiele: https://de.yahoo.com, www.monster.de, www.scout24.de
Marketplaces	Für Verbraucher sind Marktplätze, wie eBay, bekannt. Für Unternehmer wurden ebenfalls für zahlreiche Beschaffungsbereiche (z. B. Reifen, vgl. folgende Seite) bzw. elektronische Marktplätze eingerichtet.
E-Auction	Über eine Versteigerungsplattform werden zwischen vielen Anbietern und vielen Interessenten Onlineversteigerungen organisiert; Beispiele: www.ebay.de, www.myauktion.de
Virtual Communities	Kommunikationsplattformen bieten durch einen Informationsaustausch Mehrwerte für die Nutzer; Beispiele: www.neu.de, www.ciao.de, www.facebook.com, www.instagram.com
Service Providing	Diensteanbieter innerhalb der Wertschöpfungskette; Beispiele: Verwaltung von Webseiten durch www.1und1.de, Transport durch www.ups.com oder Zahlungsvorgänge im Internet durch www.paypal.de
Service Integrator	Diese Geschäftsmodelle bieten für Teilprozesse von Unternehmen Lösungen an, indem sie Möglichkeiten der Integration in die eigene Plattform bieten; Beispiele: www.amazon.de mit Marketplace, www.ebay.de für Firmen und Powerseller
Collaboration Platforms	Werkzeuge oder Plattformen, womit Unternehmen zusammenarbeiten können; Beispiele: 3-D-Design in der Konstruktion oder Zusammenarbeit bei Operationen und Wissensaustausch im Gesundheitswesen
Webdesign Dienstleister	Millionen von Websites von Unternehmen müssen professionell erstellt, gepflegt und für Suchmaschinen eingerichtet werden. Mehr Geschäfte versprechen Partnerlinks und „Cross Selling“ (vgl. **Affiliate-Marketing** und **Onlinemarketing**). Tausende Webdesigner und die meisten EDV-Systemhäuser unterstützen die Unternehmen bei einem professionellen Marketing und der E-Shop-Gestaltung.

(Fortsetzung auf folgender Seite)

W Geschäftsmodelle im E-Business	
Trust Services	Treuhanddienste sollen im E-Business das Vertrauen schaffen, das im traditionellen Handel und in traditionellen Geschäften durch realen Kunden- und Klientenkontakt sowie Waren- und Firmenpräsenz besteht. Beispiele für solche Geschäftsmodelle sind Paypal (www.paypal.com) oder www.trustedshops.de

Beispiele für B2B-Marktplätze, die von vielen Lieferanten und Kunden genutzt werden, soll folgende Übersicht aufzeigen:

Beispiele für B2B-Marktplätze (Marketplaces)

Marktbereiche	B2B-Plattformen	Informationen
Autozubehör	ALZURA	tyre24.alzura.com
IT und Bürobedarf etc.	Mercateo	www.mercateo.de
Einzelhandel	Zentrada	www.zentrada.de
Restposten	Restposten	www.restposten.de
Sonstige		wucato.de, www.dropshipping-marktplatz.de
Öffentliche Ausschreibungen	Diverse, z. B.	www.dtad.com/de, www.vergabe24.de
Immobilien	Diverse, z. B.	www.immobilienscout24.de

W Erlöse der Marketplace- und Portalanbieter im E-Business

- Werbeeinnahmen (z. B. durch Bannerwerbung)
- Provisionen für die vermittelten Geschäfte im Marketplace
- Provisionen durch Affiliate-Marketing (Partnerprogramme)
- Mitgliedsbeiträge (z. B. monatliche Beiträge je nach Status)
- Transaktionsgebühren (Mitglied zahlt für die Nutzung/Transaktionen)
- Warenkorbfunktion (Kunde zahlt für die Produkte)

Aufgaben

1. Nennen Sie weitere Beispiele zu den Geschäftsmodellen. Recherchieren Sie nach weiteren Geschäftsmodellen.
2. Arbeiten Sie einen Kurzvortrag über Affiliate-Marketing und Onlinemarketing aus.
3. Übersetzen Sie den folgenden Text sinngemäß.

> An eMarketplace, or electronic marketplace, is a community of buyers and suppliers. More specifically, it's an electronic community that integrates the procurement systems of buyers with the fulfillment systems of suppliers, creating a single standard process for transacting business. The efficiencies gained by using: **a**) one process for multiple business relationships and **b**) a web-based solution instead of paper, phone and fax, make joining an eMarketplace very attractive to companies as they seek to reduce unnecessary costs. The communication between buyer and supplier needs to be fast, reliable and secure – and as integrated as possible into the transaction systems of the trading parties. The first phase of electronic business-to-business transactions was conducted using EDI (Electronic Data Interchange). Unlike eMarketplaces, EDI networks used one-to-one connections to connect single buying entities to their suppliers and route transactions between the two. They were expensive and difficult to implement because they required highly structured and proprietary technology to send transaction documents. Today eMarketplaces deliver a much higher return for less investment. You can connect once to all of the companies you do business with and digitize more processes. In short an eMarketplace enables you to leverage, many-to-many connectivity instead of one-to-one connectivity, a comprehensive set of digitized processes, higher efficiencies due to lower connection and network costs and short ramp-up times; you can transact within days.

4. Besuchen Sie arbeitsteilig im Internet B2B-Marktplätze. Prüfen Sie, welche Leistungen die Marktplätze anbieten. Versuchen Sie, die Funktion der Marktplätze durch ein Schaubild darzustellen.

W

Systeme und Programme im E-Business	
Systeme	**Erläuterung**
CMS	CMS oder **C**ontent **M**anagement **S**ystem ist ein softwaregestütztes Datenbanksystem, das den Content (Inhalt) verwaltet, oft auf der Basis des XML-Datenstandards. Die Eingabe, Verwaltung und Aktualisierung des Inhaltes geschieht unabhängig vom Layout, das in Form von Templates abgelegt ist. Es können digitale Daten jeglicher Art verwaltet und auf mehreren Medien ausgegeben werden. Ein CMS wird dort eingesetzt, wo viele Informationen von vielen Personen verwaltet werden müssen (z. B. bei Zeitschriftenverlagen).
CRM	CRM oder **C**ustomer **R**elationship **M**anagement ist der Oberbegriff für das gezielte und aktive Gestalten von Kundenbeziehungen mit dem Ziel der langfristigen Kundenbindung (One-to-One-Marketing). CRM integriert und optimiert abteilungsübergreifend alle kundenbezogenen Prozesse in Marketing, Vertrieb, Kundendienst sowie Forschung und Entwicklung. Dies geschieht auf der Grundlage einer Datenbank mit einer entsprechenden Software. Zielsetzung von CRM ist dabei die Schaffung von Mehrwerten auf Kunden- und Lieferantenseite im Rahmen von Geschäftsbeziehungen.
E-Learning	Als CBT (**C**omputer **B**ased **T**raining) wird der Vorgang des Lernens mithilfe des Computers bezeichnet. Es werden immer mehr E-Learning-Systeme entwickelt, mit denen über das Internet Lernangebote bereitgestellt werden. Diese E-Learning-Systeme bieten nicht nur interaktive Lernmodule an, sondern ermöglichen auch die individuelle Arbeit mit einem Tutor oder anderen Lernteilnehmern. Teilnehmer können miteinander kommunizieren, gemeinsam an Projekten arbeiten (Telekooperation) und sich online prüfen lassen.
E-Mail-Marketing	Das E-Mail-Marketing ist eine Form von 1-to-1-Marketing, da hierbei der Kunde direkt per E-Mail angesprochen wird. Dies kann zum Beispiel per Newsletter oder über eine Mailingaktion geschehen.
E-Payment und Electronic Banking	Unter E-Payment werden alle Methoden elektronischer Onlinezahlungsmittel zusammengefasst, wie zum Beispiel PayPal, Web-Cent, Onlinelastschrift oder Kreditkartenzahlung im Internet. Über den Computer und das Internet können Bankportale (z. B. www.sparkasse.de, www.vr.de, www.consorsbank.de) aufgerufen werden und alle Bankgeschäfte (z. B. Kontoauskunft, Überweisungen, Aktienhandel) direkt von zu Hause und preisgünstiger erledigt werden.
E-Procurement	E-Procurement bedeutet „Elektronische Beschaffung" bzw. Einkauf und Beschaffung von Gütern über das Internet. Vorteile von E-Procurement sind z. B. Kostenreduktion, Zeitersparnis durch Optimierung der Prozesse, günstiger Einkauf.
ERP	Mit **E**nterprise **R**esource **P**lanning bezeichnet man allgemein Software für die Verarbeitung aller Unternehmensdaten (Beschaffung, Produktion, Auftragsbearbeitung, Personalwesen, Rechnungswesen usw.). Viele ERP-Programme können heute auch über einen Webbrowser bedient werden, vgl. Kapitel 3.9.8.
Instant Messaging	**I**nstant **M**essaging (IM) kann man als Nachrichtensofortversand zum „Chatten" bezeichnen. Dazu werden Programme mit der Bezeichnung „Messenger" genutzt. Auch Unternehmen (z. B. IBM, Daimler Chrysler) verwenden diese Dienste, mit denen man die Produktivität der Mitarbeiter erhöhen kann.
Mobile Commerce (M-Commerce)	Die Anbindung von Handys, iPhones und PDAs an das Internet versetzt die Nutzer in ständige Kommunikationsbereitschaft und schafft die Möglichkeit, in Abhängigkeit vom Standort gezielt Informationen und unendlich viele Serviceangebote zu erhalten.
Knowledge Management Wissensmanagement	Wissen sollte organisiert werden, damit man weiß, was aktuell richtig ist, wer über das Wissen verfügt und wie das Wissen verteilt werden muss. Eingeschlossen ist in Anwendungen des Wissensmanagements in der Regel auch ein Dokumentenmanagement. Unter dem Begriff **E**nterprise **C**ontent **M**anagement (ECM) werden Wissens- und Dokumentenmanagementlösungen für ein effizientes Erfassen, Verwalten, Verteilen und Archivieren von unternehmensweit relevanten Informationen aller Art verstanden.
SCM	Mit einem **S**upply **C**hain **M**anagement (SCM) sollen die Logistikketten von zusammenarbeitenden Unternehmen zu transparenten und flexiblen Unternehmensnetzwerken ausgebaut und gesteuert werden. Durch die Integration aller Partner in die Supply Chain (Logistikkette) können Angebot und Nachfrage über Unternehmensgrenzen hinweg vom **Einkauf bis zum Verkauf** synchronisiert werden. Lagerhaltung und Materialverbrauch lassen sich verbessern sowie die zugehörigen Prozesskosten reduzieren. Mit einem Blick auf den Bildschirm können alle Integrationspartner feststellen, wie sich entsprechend der Voraussagen der Bedarf an Systemkomponenten entwickelt, und ihre eigene Produktion darauf einstellen. Ziel des Supply Chain Managements ist es, den **Gesamtfluss des Absatzkanals vom Lieferanten bis zum Endverbraucher** zu steuern.

Aufgaben

Die folgenden traditionellen Arbeiten im Unternehmen sollen durch moderne E-Business-Maßnahmen optimiert werden. Nennen Sie passende Systeme und Programme.

a) Einkauf: Bisher wurden die Bestellungen manuell nach den Erfahrungen des Disponenten vorgenommen und per Fax in Auftrag gegeben.

b) Verkauf: Vertriebsmitarbeiter schreiben nach dem Kundenbesuch Kundenberichte und heften sie in ihre Kundenordner ab. Bei Bedarf könnten sie für nachfolgende Geschäftsanbahnungen wichtig sein.

c) Gesamtsynchronisierung: Vom Einkauf über die Produktion bis zum Kunden sollen die Lieferketten gesteuert werden.

d) Marketing: Kunden werden unregelmäßig im Jahr per Serienbrief angeschrieben.

e) Beschaffung: Reisende von Lieferanten bieten ihre Produkte an und je nach Bedarf wird bestellt und Ware auf Lager genommen.

f) Verkauf: Bei Großaufträgen, die nicht sofort aus eigenen Vorräten bewerkstelligt werden können, muss zunächst der Einkauf mit der Prüfung der Zulieferungen betraut werden. Der Kunde wird darauf hingewiesen, dass dies ca. 7 bis 10 Tage dauern kann.

g) Organisation: Viel Laufarbeit wird im Unternehmen leider darauf verwendet, dass man nach Mitarbeitern sucht und häufig nicht weiß, ob sie außer Haus sind.

h) Organisation: Der Bedarf an Büromaterial wird einmal im Monat in den Abteilungen abgefragt und dann von Frau Meier beschafft.

i) Rechnungswesen: Am Dienstag und Freitag werden alle Zahlungsanweisungen erstellt und von einer Mitarbeiterin des Rechnungswesens zur Bank gebracht.

j) Personalwesen: Nach Prüfung des Fortbildungsbedarfs und Genehmigung durch die Geschäftsleitung wird die Mitarbeiterin oder der Mitarbeiter zur Fortbildung geschickt. Alle Kosten für den Kurs, die Unterbringung und die Reisekosten trägt das Unternehmen.

k) Organisation: Mitarbeiter sind angehalten, wichtige Vorgänge und Beschreibungen von Arbeitsprozessen in Ordnern an ihrem Arbeitsplatz zwei Jahre aufzubewahren.

l) Organisation: Da im Betrieb in den Abteilungen Einkauf/Lager, Verkauf, Rechnungswesen und Personalwesen zum Teil unterschiedliche Programme eingesetzt werden, ist auf eine zügige Weiterleitung der Belege und Vorgänge über die interne Postverteilung zu achten.

m) Verkauf: Kundenbeschwerden und Reklamationen werden vom Mitarbeiter formlos notiert und dem zuständigen Vertriebsmitarbeiter zur Bearbeitung weitergeleitet.

n) Marketing: Werbemaßnahmen sollen optimiert und die Kosten um 30 % reduziert werden.

o) Verkauf: Die Kundenzufriedenheit soll durch schnellere Lieferung und qualitativ bessere Leistungen erhöht werden.

3.8.3 Cloud-Computing

Cloud-Computing ist vielen Nutzern unbewusst schon bekannt durch Webmails, Netzwerk-Dateisysteme wie Dropbox, Online-Websitegeneratoren oder Angebote der sozialen Netzwerke (z. B. Facebook, YouTube,

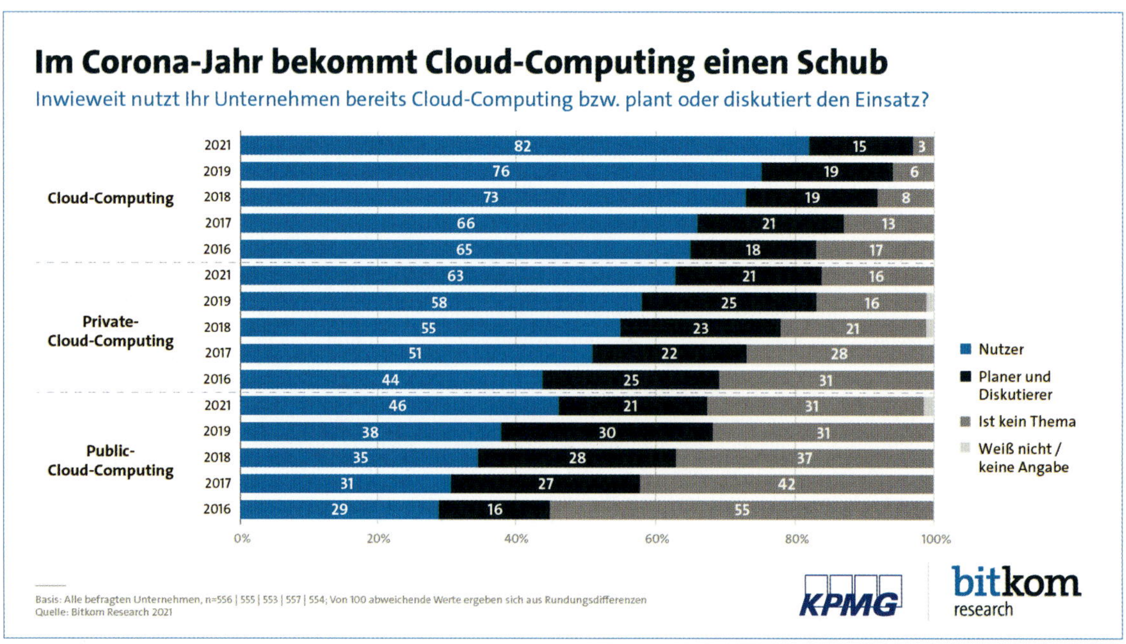

Google). Geht es nach der schnell wachsenden Cloud-Industrie, so findet man nicht nur Spiele oder große Speicherkapazitäten für das Sichern von Bildern, Texten, E-Books und Musik im Netz als große, virtuelle Festplatte, sondern zukünftig möglichst alle IT-Anwendungen. Verbraucher benötigen dann nur noch eine schnelle Internetverbindung und ein einfaches Internetgerät mit den passenden Peripheriegeräten. Unternehmen werden zukünftig ihre IT-Anwendungen und Daten ebenfalls nicht mehr in eigenen Computersystemen organisieren, sondern über Internet- und Intranetverbindungen auf Ressourcen der Cloud-Provider zugreifen. Auch hierzu sind in den Unternehmen dann nur noch Frontend-Systeme (z. B. Netbooks, Smartphones, Drucker) notwendig, die ihre Anwendungen von Providern über das Netz aufrufen.

Cloud-Computing bzw. **Rechnerwolke** umschreibt damit den Ansatz, abstrahierte IT-Infrastrukturen (z. B. Rechenkapazität, Datenspeicher, Netzwerkkapazitäten, Softwareanwendungen) dynamisch an den Bedarf angepasst über ein Netzwerk zur Verfügung zu stellen. Aus Nutzersicht erscheint die zur Verfügung gestellte abstrahierte IT-Infrastruktur fern und undurchsichtig, wie in einer „Wolke verhüllt".

Cloud-Computing als Nutzungsmodell soll das organisatorische, betriebswirtschaftliche, technische und vor allem finanzielle Vorteile bringen. Neben Kostensenkungen im IT-Bereich besteht das Ziel darin, den IT-Nutzer noch flexibler, anpassungsfähiger und dynamischer zu machen. Derzeit wird mit jährlichen Wachstumsraten im Cloud-Computing von über 20 % gerechnet. W

Cloud-Computing	
Beschreibung und Eigenschaften	IT-Ressourcen (Infrastrukturen, Plattformen und Anwendungen) werden über Internettechnologien ortsunabhängig, virtualisiert und abstrahiert (vom Nutzer nur in der Webbenutzeroberfläche erkennbar) als Services zur Selbstbedienung mit nutzerbasierter Abrechnung bereitgestellt. ▪ Vordefinierte und abstrahierte IT-Infrastruktur ▪ Erkennung der Frontend-Geräte (z. B. Tablet-PC, Smartphone) und automatische Anpassung der Benutzeroberfläche (GUI) ▪ Skalierbarkeit der Leistungen je nach Anforderung ▪ Umfassende Virtualisierung ▪ Mandantenfähige Anwendungen ▪ Abrechnung nach Verbrauch ▪ Eher kurzfristige Verträge

(Fortsetzung auf folgender Seite)

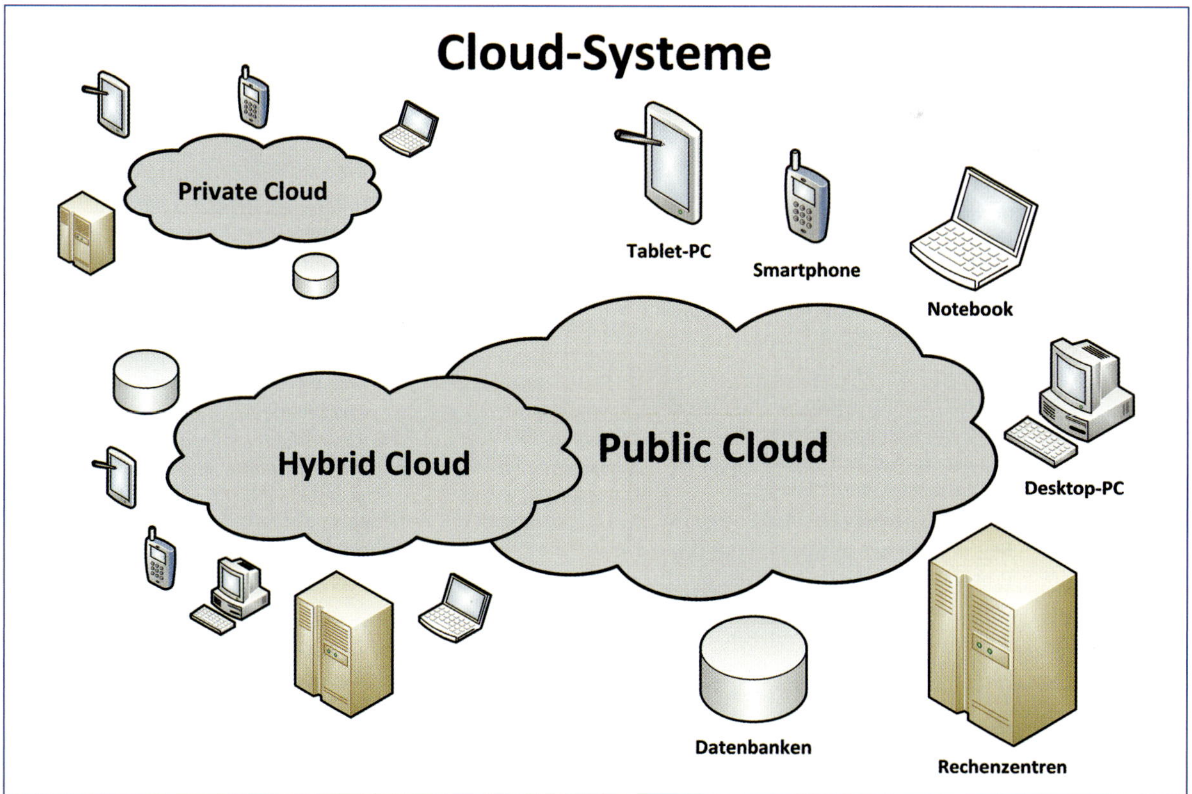

W Cloud-Computing	
Arten	**Public Cloud:** Infrastruktur und Dienste werden jedem (der breiten Öffentlichkeit) über das Internet zur Verfügung gestellt, i. d. R. bei nutzerbasierter Bezahlung. Die Cloud ist Eigentum des Betreibers und Dienstleisters (i. d. R. Hosting-Serviceprovider, Telekommunikationsunternehmen, Internetunternehmen). **Private Cloud:** Infrastruktur und Dienste werden in geschlossenen Bereichen (für Unternehmen, Organisationen, Behörden) zum eigenen Gebrauch für Berechtigte (z. B. Mitarbeiter, Geschäftspartner, Kunden) zur Verfügung gestellt, i. d. R. mit Zugriff über Intranet. Die Cloud ist Eigentum des Anbieters. Kontrolle, Sicherheit und Anpassungen der Dienste sind besser regelbar. **Hybrid Cloud:** Kombination von Public Cloud, Private Cloud und traditioneller IT-Umgebung nach den Bedürfnissen der Nutzer. Vertrauliche Daten werden in der Private Cloud gespeichert und bearbeitet, andere Daten befinden sich in der Public Cloud.
Technologie	Dynamische, für das Internet optimierte Infrastruktur zur Bereitstellung von Anwendungen; föderierte Technologien, die Kommunikation, Daten und Dienste je nach Beanspruchung auf andere Cloud-Systeme übertragen können (Skalierung über Cloud-Grenzen hinaus); Dienste sollen möglichst automatisiert bereitgestellt werden; automatische Client- bzw. Nutzererkennung.
Dienste	**Infrastructure as a Service (IaaS):** Angebote von Providern für Infrastruktur-on-Demand (Server, Speicher, Netze, Archivierungs- und Back-up-Systeme, Softwarekomponenten für das Management der Systeme), die von Nutzern eigenverantwortlich eingerichtet und administriert werden kann. **Platform as a Service (PaaS):** Dieser Begriff ist weiter gefasst als IaaS. PaaS-Provider stellen komplette Plattformen bereit. Sie bieten Hardware- und Softwareleistungen als Service. Diese Plattform können Anwender nutzen, um eigene SaaS-Lösungen zu entwickeln und zu betreiben oder um SaaS-Dienste mit traditionellen Softwareanwendungen zu integrieren. **Software as a Service (SaaS):** Der Provider stellt Software-on-Demand für Betriebssysteme, Anwendungen, Middleware, Management- und Entwicklungstools über das Internet bereit, verantwortet die Wartung und die Administration. Der Kunde nutzt die Anwendungen über das Internet, ohne sie zu besitzen, und bezahlt für die Nutzung der Anwendung. **Cloud-Integration und Consulting:** Internetunternehmen beraten, planen und integrieren Cloud-Systeme und -Anwendungen nach Anforderungen.
Vorteile für Nutzer	▪ Geringere finanzielle Investitionskosten ▪ Kostenvorteile (insbesondere Fixkostenreduktion), da nur der Dienst bezahlt wird, der auch beansprucht wird und wofür minimale Infrastruktur (Internetanschluss und webfähige, smarte Endgeräte), weniger Verbrauchskosten sowie weniger IT-Personal notwendig sind. ▪ Nutzung professioneller IT-Ressourcen ▪ Die Skalierung der Systeme erfolgt flexibel nach Bedarf vom Dienstanbieter. ▪ Hohe Sicherheitsstandards für Verfügbarkeit und Datensicherheit können angeboten werden. ▪ Neue Geschäftsmodelle werden ermöglicht. ▪ Unternehmen können sich auf Ihr Kerngeschäft konzentrieren. ▪ Vereinfachungen, Virtualisierungen, Kooperationen und Kosteneinsparungen in der Wertschöpfungskette ▪ Mitarbeiter und Kunden können angebotene Dienste weltweit ohne Installationsaufwand nutzen. ▪ Cloud-Nutzer müssen keine Kosten und Kenntnisse zur Installation und Migration der Infrastruktur vorhalten. ▪ Effizienzsteigerungen der Mitarbeiter
Nachteile für Nutzer	▪ Nutzer machen sich technologisch, rechtlich und wirtschaftlich vom Provider abhängig. ▪ Rechtsklarheit ist evtl. nicht sichergestellt und macht Angebotsvergleiche schwierig.

Nachteile für Nutzer	▪ Daten können in Cloud-Systemen verteilt auf verschiedenen Servern in mehreren Ländern gespeichert werden, weshalb sicherzustellen ist, dass der Provider zu jeder Zeit nachweisen kann, wo genau die Daten gespeichert sind. ▪ Daten können auf Servern von Providern gespeichert sein, die hohe Zertifizierungs- und Sicherheitsstandards nicht erfüllen. ▪ Insolvenzen von Providern können die Funktionstüchtigkeit der Systeme beeinträchtigen. ▪ Cyberattacken können Daten vernichten oder ausspähen und Rechnersysteme derart schwächen, dass sie ihre Leistungen nicht mehr erbringen können.
Provider	Amazon, Apple iCloud, Google App Engine, IBM mit LotusLive, Microsoft Azure, Salesforce (vgl. auch www.cloudvergleich.net)
Anforderungen in der Vertragsgestaltung mit Providern	▪ Server in Deutschland ▪ Einfache Abrechnungsmodelle ▪ Klare und verständliche Beschreibung der Service-Level ▪ Garantierte Performance ▪ Skalierbarkeit ▪ Verfügbarkeit und Verlässlichkeit ▪ Flexibilität bei Wechsel der Leistungspakete ▪ Hohe Sicherheitsstandards im Datenschutz und in der Datensicherheit ▪ Kostentransparenz ▪ Integrität der Mitarbeiter ▪ 24-Stunden-Support
Bezahlmodelle	**Server:** Je nach Leistungsinstanzen für Rechnerzeit in Stunden **Speicher:** Nach Speicherkapazität in GB oder TB und Anzahl Transaktionen **Netze:** Datentransfer in GB und Anzahl Transaktionen **Datenbanken:** Speichervolumen in GB und Anzahl Transaktionen **Public Cloud:** Abonnementmodelle und Paketpreise häufig für vordefinierte Leistungen pro Monat
Wandel der IT-Berufe: neue/geänderte Aufgaben	▪ Auswahl und Anpassung von Cloud-Systemen ▪ Entwicklung und Support von Cloud-Systemen bei Providern ▪ Beschaffung und Betreuung von Frontend-Systemen bei Nutzern ▪ Entwicklung von Cloud-Anwendungen ▪ Verstärkter Verkauf und mehr Beratung bei SaaS ▪ Verstärktes Projektmanagement zur Umsetzung von Cloud-Systemen ▪ Schulung von Mitarbeitern in der Nutzung von Cloud-Systemen ▪ Aufgaben verstärkt in Bereichen der Datensicherheit und des Datenschutzes

Aufgaben

1. Ordnen Sie den Aussagen die Begriffe Public Cloud, Private Cloud, Hybrid Cloud, IaaS, PaaS, SaaS richtig zu:
   a) Dienste des Unternehmens können online nur über ein Intranet aufgerufen werden.
   b) Dienste werden jedem online angeboten.
   c) Ein Softwareunternehmen betreibt eine Plattform, auf der externe Entwickler eigene Apps entwickeln können.
   d) Personaldaten werden i. d. R. vertraulich im Unternehmensbereich gespeichert, Mitarbeiterporträts und Kontaktdaten jedoch auch öffentlich eingestellt.
   e) Die Firma Datev bietet online eine Finanzbuchhaltungssoftware für Unternehmen an.
   f) Ein Unternehmen richtet sich selbst eine Cloud ein.
2. Ordnen Sie die Dienste der richtigen Cloud zu:
   a) Office-Programme können über das Web von jedem aufgerufen werden.
   b) Abteilungsleiter rufen weltweit den Auftragsbestand im Unternehmen ab.
   c) Produktdaten werden je nach Sicherheitsstatus im Unternehmensbereich oder extern gespeichert.
   d) Onlinespiele werden weltweit online angeboten.
3. Nennen Sie Cloud-Anwendungen für Verbraucher.
4. Sie sollen ein Unternehmen beraten, das nur noch Cloud-Technologien für Verwaltung (ERP-Software), Marketing und Kommunikation einsetzen will.
   a) Welche Systeme müssen im Unternehmen bereitgestellt werden?
   b) Welche Programme müssen online angeboten werden?
   c) Welche Vor- und Nachteile bringen Cloud-Technologien?
5. Sie sollen für das Unternehmen die Kostenvorteile für Cloud-Technologien errechnen. Dazu haben Sie folgende Ergebnisse aus einer Istanalyse ermittelt. Berechnen Sie jeweils die Kosten pro Jahr.

Kosten für herkömmliche Systeme pro Jahr/€		Kosten für Cloud-Systeme pro Jahr/€	
Systeme	230.000	Systeme	60.000
Software	22.000	Cloud-System Medium instance: 0,17 €/Stunde	24 Stunden im gesamten Jahr bei 100 Instanzen
IT-Personal	86.000	Speicher: ▪ 0,1064 €/GB/Monat ▪ 0,0071 €/10.000 Speicher-transaktionen	▪ 10 TB Speichervolumen ▪ 2.000.000.000 Speichertrans-aktionen pro Jahr
Energie	18.000	Softwaremiete (SaaS)	30.000
Verbrauchsmaterial	12.000	Energie/Verbrauchsmaterial	19.000
Support	26.000	Support	20.000

6. Bringen Sie den Ablauf zur Migration auf das Cloud-System in die richtige Reihenfolge:
   a) Standardisierung von Abläufen
   b) Virtualisierung von Servern und Anwendungen
   c) Nutzung
   d) Automatisierung der dynamischen Bereitstellung von Kapazität
   e) Konsolidierung der physischen Infrastruktur
7. Nennen Sie Aufgaben und Tätigkeiten, die aufgrund der Entwicklung in Richtung Cloud-Systeme von IT-Berufen künftig stärker bzw. weniger nachgefragt werden.

3.8.4 Teamorientierte und Virtuelle Organisation

S Die Auszubildenden Anna, Kai und Stefan haben die Aufforderung von der Geschäftsleitung erhalten, Schaubilder zur Darstellung von teamorientierten und virtuellen Organisationsstrukturen zu erarbeiten. Folgende Schaubilder wurden von ihnen entworfen.

Im ersten Schaubild sollen die kundennahen Geschäftsbereiche und die Teamorientierung herausgestellt werden. Im Gegensatz zu linienorientierten Organigrammen sind hier die Über-/Unterordnung und damit die Leitungsfunktion nur schwer zu erkennen. Auch Stellenarten, wie Linien- und Stabsstellen, sind hier nicht zu differenzieren.

Alternativ wurde ein zweites Schaubild entwickelt (siehe folgende Seite), das die Aufgabenerledigung der Geschäftsbereiche in Teams organisiert und als Profitcenter jeweils den eigenen Bereichserfolg feststellt.

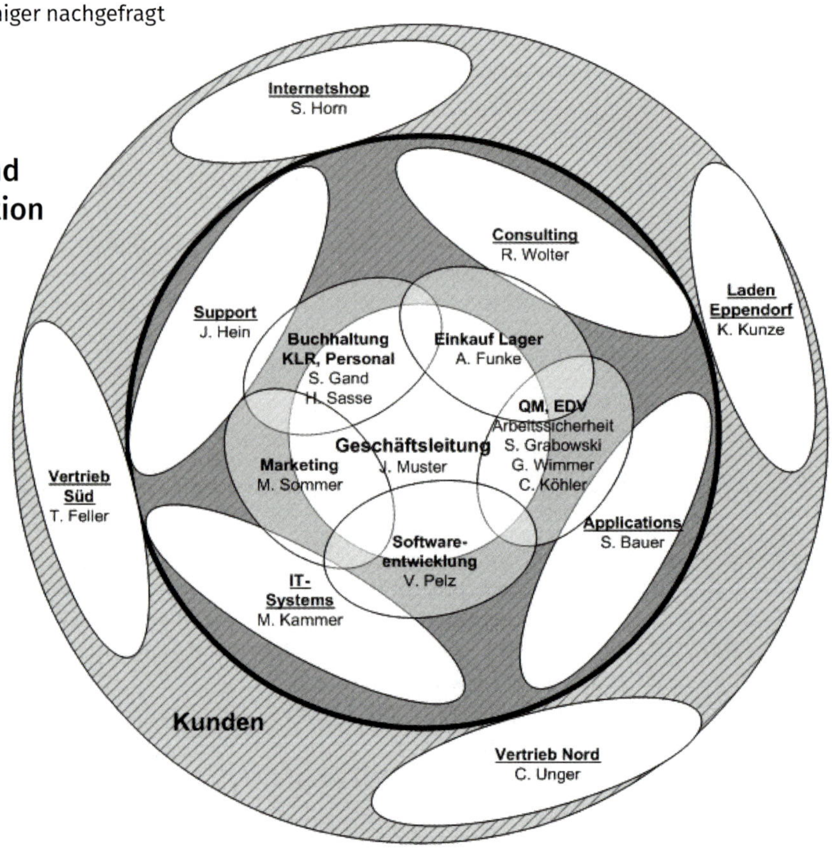

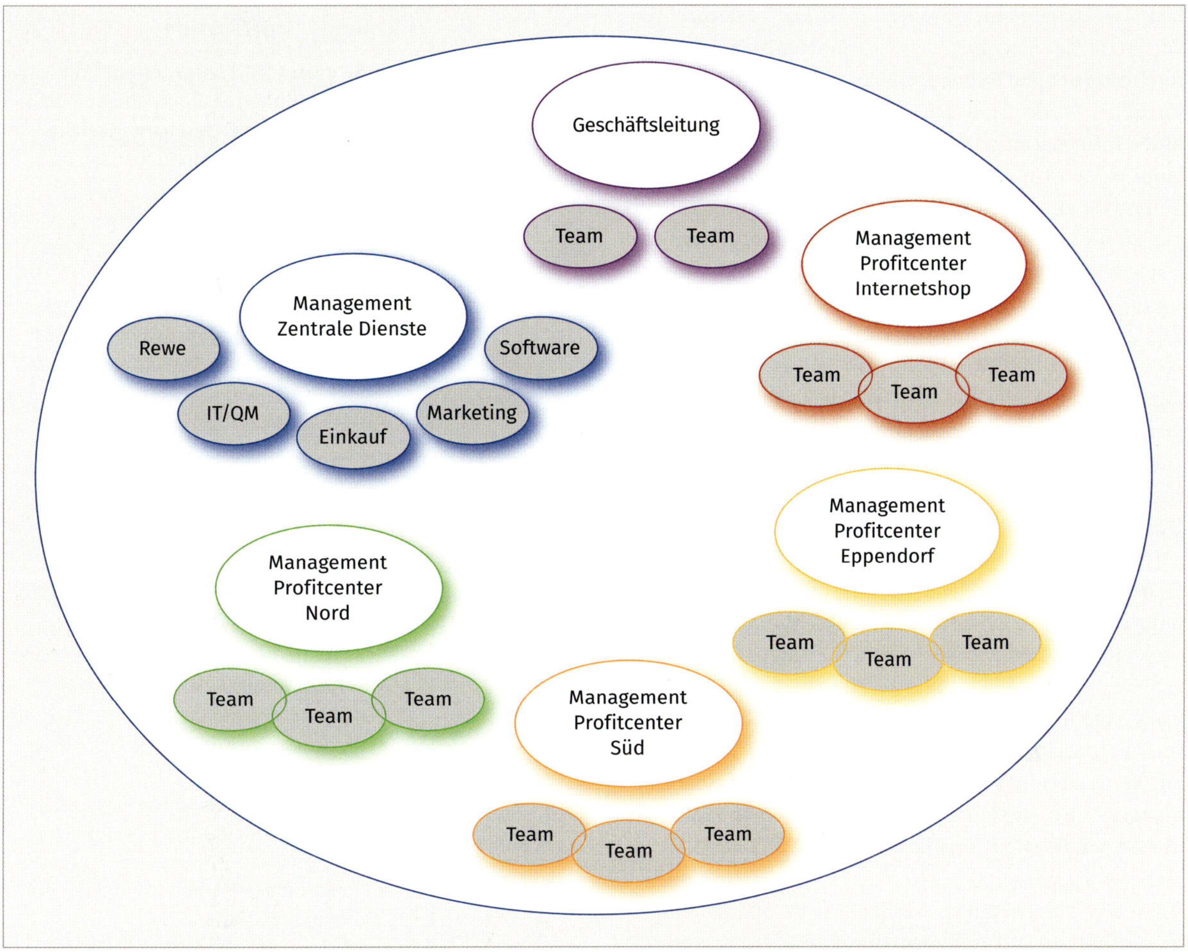

Im dritten Schaubild (rechts) soll dargestellt werden, wie sich die Auszubildenden eine virtuelle Organisation vorstellen. Hierbei sind kleinere und größere Unternehmen (für Beratung, Komponentenlieferung, Installation, Schulung und Support) je nach Auftrag eingebunden. Eine Zentralverwaltung bzw. ein federführendes Unternehmen regelt die vereinbarte Abwicklung der Aufträge.

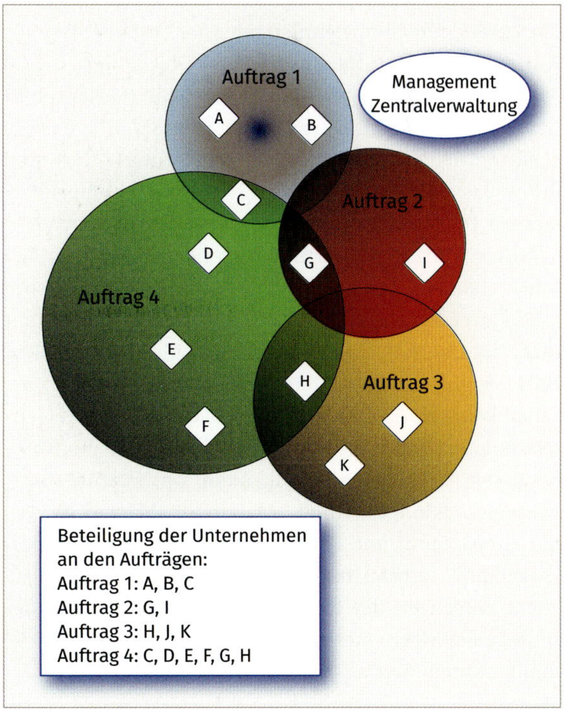

Organisationsformen ändern sich durch

- die Suche nach kostengünstigeren Geschäftsmodellen,
- die Bereitschaft zu Kooperationen,
- das Streben nach schmaler Verwaltung (Lean Management),
- immer komplexere Aufgaben und Projekte,
- die guten Informations- und Kommunikationsmöglichkeiten und nicht zuletzt
- die Unterstützung virtueller Systeme mithilfe von Cloud-Technologien.

Lean Management fordert spärliche Hierarchien, vernetzte Kooperationswege, teamorientiertes Verhalten, unternehmerisches Denken auf allen Ebenen und virtuelle Strukturen. Die Verfügbarkeit leistungsfähiger Informations- und Kommunikationssysteme erlaubt es den Unternehmen heute, die Bearbeitung der Teilaufgaben auf die geeignetsten Leistungserbringer zu verteilen, ohne auf deren räumlichen Standort Rücksicht nehmen zu müssen. Es wird hierbei versucht, die Wertschöpfungskette durch kooperative Zusammenarbeit von Partnern mit spezifischen Kernkompetenzen zu optimieren und dadurch eine besonders kundenorientierte und wettbewerbsfähige Leistungserstellung zu erreichen. Die Akteure bringen zur Erstellung der Gesamtleistung nur ihre jeweiligen Kernkompetenzen ein, sodass aus Kosten-, Zeit- und Qualitätsgesichtspunkten optimale Leistungen mit geringstmöglichen Ressourcen erbracht werden können. Dem Auftraggeber gegenüber tritt das virtuelle Unternehmen als eine Einheit auf, sodass er die Leistungen „aus einer Hand“ erhält.

Ein virtuelles Unternehmen ist eine Kooperationsform rechtlich unabhängiger Unternehmen, die Leistungen auf der Basis eines gemeinsamen Geschäftsmodells erbringen. Virtuelle Unternehmen bestehen so lange, bis der Geschäftszweck erfüllt ist.

Virtuelle Unternehmen werden i.d.R. als Arbeitsgemeinschaft (ARGE), Konsortium oder Joint Venture ins Leben gerufen, möglich sind aber auch Fusionen der beteiligten Unternehmen oder die Organisation als Konzern (vgl. dazu Kapitel 1.4.9).

Sind virtuelle Unternehmen als GbR (Gesellschaft bürgerlichen Rechts) organisiert, haften alle Gesellschafter als Gesamtschuldner, die Mitarbeiter sind durch das Gesetz zur Regelung der Arbeitnehmerüberlassung (AÜG) eingebunden.

Unternehmen, die virtuell organisiert sind bzw. Erfahrungen mit virtueller Organisation besitzen, sind z.B. Mercedes Benz mit der Marke Smart, Puma mit ihrer internationalen Organisation, Marken wie Red Bull, Virgin Cola oder die Elektronikmarke Dual, die selbst keine Herstellungsbetriebe haben. Bio- und Gentechnologiefirmen organisieren sich virtuell, um Kompetenzen, Kosten und Risiken zu optimieren. Softwareentwicklungs- und IT-Support-Kooperationen mit russischen und indischen Unternehmen arbeiten ebenso virtuell mit Auftraggebern und Partnern. Nicht zuletzt ist der IT-Anbieter Dell zu nennen, der seine Leistungen mit einem Netzwerk aus Entwicklungs-, Komponenten-, Logistik- und Servicefirmen erbringt.

W

Virtuelle Organisation	
Vorteile	▪ Schneller Markteintritt durch Verzicht auf Betriebsübernahmen oder Aufbau eigener Geschäftsbereiche ▪ Eröffnung neuer Marktchancen und Geschäftsprozesse ▪ Geringerer Verwaltungsaufwand durch jeweils selbstständige, eigenverantwortliche Verwaltung ▪ Geringere Kosten durch Senkung der Fixkosten für Raumkosten, Fahrtkosten, Lagerkosten, Verwaltungskosten etc. ▪ Höhere Motivation im Team selbstständiger Partner ▪ Jeweilige Spezialisierung auf die Kernkompetenzen ▪ Hohe Innovationsbereitschaft durch große Kompetenzen der gesamten Organisation ▪ Hohe Reaktionszeiten durch Termindruck im Team ▪ Leichterer Ausgleich von Beschäftigungsschwankungen ▪ Prozessverbesserung durch virtuelle Organisation ▪ Reduktion des Personaleinsatzes, insbesondere der fixen Personalkosten ▪ Steigerung der Arbeitsproduktivität und der Arbeitsqualität ▪ Senkung von Sozialleistungen und Lohnnebenkosten durch Selbstständigkeit der Akteure ▪ Mehr Eigenverantwortung ▪ Schnelle Trennung von Mitwirkenden bei Unzufriedenheit möglich ▪ Erhöhte Zeitsouveränität der Akteure
Risiken	▪ Gegenseitiges Vertrauen und Geschäftsinteresse sind notwendig ▪ Die Partner verfolgen unterschiedliche Zielsetzungen und können damit gemeinsame Ziele des virtuellen Unternehmens unterlaufen. ▪ Eventuell wird durch die Partner ein starker Druck aufgebaut, dem Akteure nicht standhalten. ▪ Die Partner können sich leichter und kurzfristiger von der Gruppe trennen und Probleme in der Geschäftsabwicklung auslösen. ▪ Die Mitarbeiter müssen virtuelle Strukturen akzeptieren und ihnen vertrauen.

Aufgaben

1. Diskutieren Sie die ersten beiden Schaubilder und vergleichen Sie diese Schaubilder mit klassischen Organigrammen (Linien-, Stablinien, Mehrlinien-, Matrixorganisation). Erstellen Sie evtl. für Ihren Ausbildungsbetrieb ähnliche Schaubilder.
2. Recherchieren Sie im Internet nach Unternehmen, die virtuelle Organisationsformen einsetzen, und welche Vor- und Nachteile dabei herausgestellt werden.
3. Welche Aufgabenbereiche der IT-Berufe lassen sich outsourcen und in virtuellen Geschäftswelten als selbstständige Partner (Unternehmen) wieder integrieren?
4. Welche konkreten Maßnahmen werden mittels Virtualität und multimedialer Dienste in Positionen der Erfolgsrechnung zu Einsparungen führen? Bereiche: Personalaufwand, Materialeinsatz, Raumkosten, Werbe- und Reisekosten, Verwaltung und Betrieb

3.8.5 Social Media

Als **Social Media** (soziale Medien) werden alle Medien (bzw. Plattformen) verstanden, die die Nutzer über **digitale** Kanäle in der Kommunikation untereinander und im interaktiven Austausch von Informationen unterstützen. Unternehmen können so mit ihren Zielgruppen in direkten Kontakt und in einen unmittelbaren Dialog treten.

Viele Unternehmensaufgaben in der Kommunikation mit Presse, Meinungsführern und Kunden, im Marketing und Vertrieb, in der Personalbeschaffung bis hin zur Erschließung neuer Zielgruppen und zur Einbeziehung von Nutzern bei der Entwicklung neuer Produkte und Dienstleistungen können unterstützt werden.

Untersuchungen haben allerdings ergeben, dass insbesondere junge Menschen überproportional die Angebote von Social Media nutzen, während ältere Akteure weniger soziale Medien in Anspruch nehmen.

Soziale Medien gewinnen dadurch, dass sie nicht nur wie im klassischen Unternehmensdialog Monologe (one to many), sondern insbesondere sozialmediale Dialoge (many to many) ermöglichen. Zudem wird die Demokratisierung von Wissen und Information gefördert und der Benutzer nicht nur als Konsument, sondern als Partner und Mitgestalter ernst genommen.

Erfolgreiche Kommunikation in sozialen Medien sollte für die Akteure einen Mehrwert haben sowie glaubwürdig und authentisch sein.

Websites, Firmenblogs, Microsites, Podcasts oder Filme auf YouTube, Newsletter sowie Twitter, Facebook und Instagram sollten inhaltlich und technisch miteinander vernetzt sein und sich immer wieder aufeinander beziehen. Themen aus den Printmagazinen sollten für Kunden und Mitarbeiter wiederholt aufgegriffen und auf diese Weise optimal verwertet werden, um den gewünschten Aufmerksamkeitswert zu erreichen und die Informationen zielgruppengerecht zu platzieren.

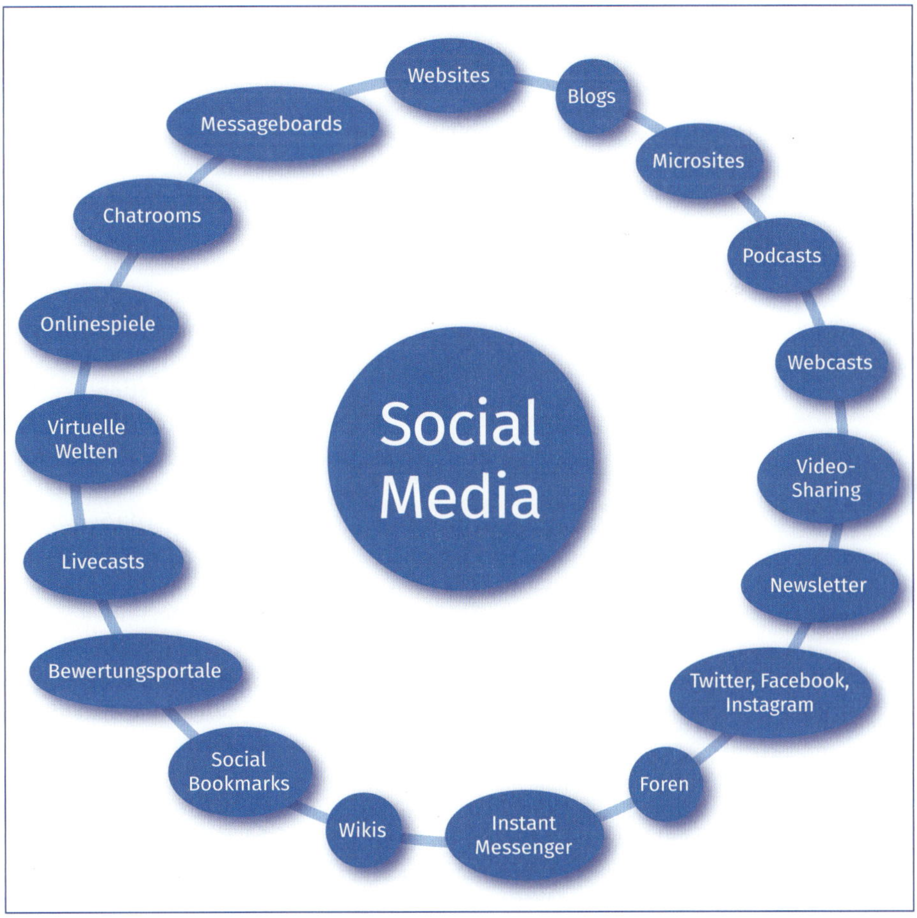

Social Media weisen relativ niedrige Eintrittsbarrieren auf, besonders durch geringe Einstiegskosten und einfache Zugänglichkeit der Medien. Ausgangspunkt für ein erfolgreiches Engagement im Bereich Social Media sollte jedoch ein Konzept für Social Media mit dem richtigen Mix aus den vielfältigen medialen Angeboten und einer Aufwandsrechnung sein. Nicht wenige Unternehmen befürchten, dass sonst die Kontrolle über die in Gang gesetzten Aktivitäten verloren geht.

W

Anwendungsbereiche für Social Media	
Kommunikation	Social Media werden sowohl zur internen Kommunikation der Mitarbeiter (z. B. über Blogs und Wikis) als auch zur externen Kommunikation mit Geschäftspartnern und Kunden genutzt. Über eine Kommunikationsstrategie (Guideline) sollten Regeln festgelegt werden, wie Mitarbeiter untereinander, mit Kunden und Geschäftspartnern kommunizieren.
Marketing	Aufmerksamkeit für Leistungen und Marke erzeugen, Onlinekommunikation mit Kunden verbessern, eine Zusammenarbeit mit Kunden (Kollaboration) initialisieren, Suchergebnisse für Unternehmen, Produkte und Leistungen im Web verbessern
Public Relations	Die Beziehungen zu Multiplikatoren des Unternehmens (Influencer, die häufig über Social Media kommunizieren) werden durch Social Media direkt gepflegt (Social Media Relations). Neben eigenen Webseiten zur Öffentlichkeitsarbeit ist die Mitwirkung in Foren, Blogs und geschäftlichen Netzen (z. B. XING, LinkedIn) bzw. allgemeinen Netzen (z. B. Facebook) sehr wichtig.
Monitoring	Die systematische und kontinuierliche Beobachtung und Analyse von Beiträgen und Dialogen in Social Media dient dazu, Meinungen, Kritik und Anregungen zu erhalten, den Erfolg von Aktivitäten in Social Media festzustellen sowie Trends und Marktentwicklungen zu erkennen.
Vertrieb	Die direkte Kontaktaufnahme zu Kunden und Neukunden, Verkaufsgespräche über Social Media und Direktvertrieb mit Kunden, Sonderkonditionen für Communities sowie zielgruppenorientierte Werbekampagnen unterstützen den Vertrieb.
Personal (Human Resources)	Insbesondere im Rahmen der Personalbeschaffung (Recruiting) können vor den Bewerbungsgesprächen über Soziale Netze bzw. Social Media Informationen über Bewerber eingeholt werden. Darüber hinaus können Kontakte zu ehemaligen Mitarbeitern gepflegt, die Selbstdarstellung des Unternehmens als guter Arbeitgeber verbessert werden.
Service, Support	Kunden erhalten über Social Media gezielt Hilfen und Service, z. B. werden über YouTube Hilfevideos und Anleitungen bereitgestellt.
Forschung und Entwicklung	Kunden und Interessierte werden in die Konzeption und Verbesserung von Produkten und Leistungen über die Sozialen Netze eingebunden.

Aufgaben

1. Nennen und erläutern Sie Aktivitäten in Social Media für Ihren Ausbildungsbetrieb bzw. für sonstige Unternehmen.
2. Diskutieren Sie Vor- und Nachteile im Einsatz von Social Media.
3. Entwerfen Sie für ein Modellunternehmen eine Präsentation, die ein Konzept für den Einsatz von Social Media beinhaltet. Beachten Sie folgenden Leitfaden:
   a) **Strategie:** Prüfen Sie, in welchen Geschäfts- und Funktionsbereichen Social Media einen Mehrwert bieten kann.
   b) **Ziele:** Definieren Sie konkrete Ziele, die Sie mit Social Media im jeweiligen Geschäftsbereich erreichen wollen.
   c) **Organisation:** Legen Sie fest, wer für Social Media verantwortlich sein soll und wer die Aktivitäten von Social Media steuert.
   d) **Zielgruppe:** Finden Sie heraus, auf welchen Plattformen von Social Media sich Ihre Zielgruppen bewegen und welche davon Sie für Ihre Ziele nutzen wollen.
   e) **Inhalte:** Prüfen Sie, welche Inhalte Sie für diese Plattformen anbieten würden.
   f) **Medienmix:** Stellen Sie Verbindungen zu klassischen Medien und Social Media her.
   g) **Richtlinien:** Erstellen Sie Richtlinien/Hilfestellungen für MitarbeiterInnen, wie sie sich bezüglich Social Media verhalten sollen.
   h) **Kontrolle:** Stellen Sie sich auf eventuelle Irritationen oder Krisen ein, die durch ein Engagement in Social Media entstehen können.

i) **Aufwand:** Kalkulieren Sie den finanziellen und personellen Aufwand für die Aktivitäten in Social Media.
j) **Erfolgsmessung und Monitoring:** Geben Sie an, wie Sie den Erfolg der Aktivitäten in Social Media feststellen würden.

3.8.6 Social Media Marketing

Die hohe Verbreitung elektronischer Medien hat
- den **Wettbewerb verstärkt** (durch überregionale Internetangebote und bessere Preisvergleiche),
- die **Markttransparenz** der Kunden **verbessert** (durch Internetrecherchemöglichkeiten),
- die **Kundenloyalität gesenkt** (durch die hohe Zahl von Anbietern und Angeboten).

Nutzer suchen im Internet **weniger konkrete Produkte, sondern Lösungen** zu aktuellen Problemen. Interessante Inhalte sorgen daher für eine bessere Auffindbarkeit in Suchmaschinen und den sozialen Medien.

Klassisches Marketing (auch **Outboundmarketing** genannt) mit Werbung über Printmedien, Radio, Fernsehen, Außenwerbung und Telefonmarketing ist kaum interaktiv und auf eine einseitige Ansprache des Kunden ausgelegt. Aufgrund der massiven (ungefragten) Überflutung potenzieller Kunden mit solchen Werbebotschaften ist deren Werbewirkung in den letzten Jahren immer mehr gesunken. Unternehmen reduzieren daher klassische Werbung zugunsten von Social Media Marketing (auch **Inboundmarketing** genannt). Beim Inboundmarketing wollen die Unternehmen nicht nur die Kunden erreichen, sondern Informationen über Social-Media-Plattformen so bereitstellen, dass diese für den potenziellen Kunden einen Mehrwert bedeuten. Kunden sollen sich dadurch für das Unternehmen interessieren oder sich an das Unternehmen wenden und dort ihre Interessen äußern. Auch in der Marktforschung wird verstärkt auf das Internet gesetzt und versucht, die Kunden direkt einzubinden. Unternehmen kooperieren über **Partnerprogramme** (Affiliate-Marketing), indem auf Webseiten zu anderen Unternehmen verlinkt wird und für Unterstützung Provisionen gezahlt werden. Da es sehr wichtig ist, dass die Onlineangebote auch gefunden werden, ist **Suchmaschinenoptimierung** oder **SEO** sehr wichtig. Suchmaschinenbetreiber bieten Unternehmen auch das sogenannte **Targeting** an, mit dem den Suchenden passende Werbeseiten angeboten werden.

Da im Internet möglichst nach passenden Bedürfnissen gesucht wird, werden von den Unternehmen immer mehr Marketing-Websites eingestellt, die auf kleinen Webseiten nur eine passende Lösung eines Problems anbieten. So muss der Besucher der Webseite nicht lange eine größere Unternehmenswebsite durchsuchen.

Onlinemarktforschung
Onlinebewertungsportale
Viele Kunden schauen vor der Wahl eines neuen Unternehmens oder eines Produkts erst einmal, ob das Unternehmen oder die Produkte auf Onlinebewertungsportalen gelistet sind. Jedes Unternehmen sollte auf dem Laufenden sein, welche Produkte und Leistungen über verschiedene Portale bewertet wurden. Kritische Angaben sollten bei Produkt- und Leistungsverbesserungen einbezogen werden. Infos z. B. unter trustpilot.com, kennstdueinen.de, yelp.de.
Webmonitoring
Besucher von sozialen Netzwerken geben online Kommentare ab oder diskutieren mit anderen online über Produkte und Themen. So erfährt man, was die potenziellen Kunden über das Unternehmen und die Produkte denken, welche Trends sich im Markt ergeben oder ob sich die Produktzielgruppen verändern. Dafür werden sogenannte Webmonitoringprogramme (als Softwaretools oder Webanwendungen) eingesetzt. Infos z. B. www.capterra.com, uptrends.de
Mitmach-Marketing
Unternehmen bieten im Netz über ihre Kommunikationskanäle oder über Communities Mitmachaktionen an. Für die privaten „Marktforscher" werden kostenlos Produktproben zum Verteilen und Probieren, Prospekte mit Informationen zum Produkt und Marktforschungsunterlagen ausgegeben. Als Belohnung für die Beteiligung kann es auch Gutscheine oder virtuelles Geld für Einkäufe auf Portalen geben. So probieren bei einigen Kampagnen bis zu hunderttausend potenzielle Kunden die Produkte aus, diskutieren darüber im Freundeskreis, rezensieren diese durchaus kritisch im zugehörigen Kampagnen-Blog und geben Anregungen, wie man das Testprodukt noch verbessern kann. Am Ende einer Kampagne werden die Gesprächsthemen ausgewertet und zusammengefasst. Infos z. B. unter bopki.com, bzzagent.com

Fachbegriffe im Social Media Marketing W

Affiliate-Marketing (Onlinepartnerprogramme)
Haben Sie schon mal auf einer Webseite auf ein Logo, ein Banner oder einen Link geklickt und die fremde Webseite zum Logo wurde aufgerufen? Webseiteninhaber können sich als Affiliate einen Link (z. B. als Banner) eines Partnerprogramm-Anbieters (Merchants) installieren und erhalten für jeden Besucher, der beim Besuch der Website den Link verwendet, eine Provision. Provisionen werden z.B. für das Anklicken, für einen qualifizierten Kundenkontakt (Lead) oder bei Kauf (per sale) gezahlt. Infos z. B. unter awin.com, affiliateblog.de

(Fortsetzung auf folgender Seite)

W

Fachbegriffe im Social Media Marketing
SEO – Search Engine Optimization (Suchmaschinenoptimierung) Internetnutzer verwenden bei einer Kaufabsicht häufig Suchmaschinen, um sich zu informieren. Sie schauen jedoch fast alle nicht mehr als die erste Trefferseite an. Unternehmen müssen sich bei Suchmaschinen daher im Werbebereich der ersten Trefferseite anzeigen lassen und dafür bezahlen oder ihre Webseiten so einrichten, dass sie für die Suchmaschine im Nichtwerbebereich optimiert sind. Zentrale Faktoren für optimierte Websites sind z. B. auf Suchbegriffe abgestimmte Inhalte und eine gute externe Verlinkung. Infos z. B. unter heise.de, suchradar.de, wikipedia.de
Targeting (Zielgruppenansprache) Haben Sie sich schon einmal gewundert, dass Sie eine Suchmaschinenabfrage nach einem Urlaubsort gestellt haben und Ihnen in der Folge passende Werbung angeboten wurde? Targeting (engl. target = Ziel) ist ein Marketinginstrument und bezeichnet das zielgruppenorientierte Einblenden von Werbung auf Webseiten, in Apps und Smart-TVs. Ziel des Targeting ist es, durch eine möglichst genaue Definition der Zielgruppe dem User entsprechende Werbung einzuspielen. Die Zielgruppe kann z. B. durch gespeicherte Nutzerprofile, auf der Basis der gespeicherten **Cookies** (Browser- und nutzerabhängige Textdateien mit Nutzerinformationen auf dem Client-PC) oder auf Basis erfolgter Suchmaschinenanfragen erreicht werden.
Landing Pages (Marketing Websites) Unternehmen richten zielgerichtet kompakte Websites (Microsites) ein, die genau auf eine Abfrage und eine klar definierte Bedarfsgruppe abgestimmt ist, sodass nicht nur die Trefferquote, sondern auch die Antwortquote (Conversion-Rate) hoch ist. Bei einer Landing Page steht ein bestimmtes Angebot im Mittelpunkt, welches ohne Ablenkung vorgestellt wird (z. B. als Anfrageformular, mit Link zum Webshop oder mit Call-Back-Button). Infos z. B. unter, wikipedia.de, instapage.com

Virales Marketing

Klassische Mundpropaganda war für Unternehmen schon immer wichtig, da sie vor allem sehr kostengünstig und effektiv ist (vgl. auch kostenlose Werbung in Kapitel 3.6.1.1). Allerdings muss das Produkt bzw. die Leistung erstklassig sein und Begeisterung auslösen. In Zeiten der sozialen Netze erhält virales Marketing einen besonderen Stellenwert, da die Empfehlungen nicht nur sehr kostengünstig, sondern auch multimedial, sehr schnell und schneeballartig kommuniziert werden können.

W

Virales Marketing – Neue Formen der Mundpropaganda	
Begriff	**Virales Marketing** ist eine Form des Empfehlungsmarketings, vergleichbar mit der klassischen Mundpropaganda (engl. buzz), die insbesondere soziale Netzwerke und Onlinemedien nutzt, um mit einer ungewöhnlichen Nachricht oder Aktion auf ein Produkt, eine Marke oder eine Kampagne aufmerksam zu machen. Der Begriff **„viral"** soll ausdrücken, dass die Informationen innerhalb kürzester Zeit und unkontrolliert, ähnlich einem biologischen Virus, von Mensch zu Mensch weitergetragen werden.
Arten	▪ **Passives virales Marketing:** Die Werbenachricht wird allein durch die Nutzung des Produktes weitergegeben, z. B. durch Infotext des Webdienstes in E-Mails. ▪ **Aktives virales Marketing:** Die Verbreiter der Nachricht werden selbst aktiv. Dadurch entsteht ein Schneeballeffekt, z. B. wenn die Nachricht an alle Freunde per E-Mail weitergeleitet wird.
Medien	Websites mit „Tell-a-friend"-Funktion, Blogs, Twitter, Facebook, Instagram, E-Mails mit Weiterleitungsfunktion, Newsletter, Foren, Instant-Messengers, Onlinevideos, Webcasts, PowerPoint-Präsentationen usw.
Beispiele	1. Leonhard, ein 2 ½ Meter großer Lego-Mann aus Plastik, wurde als Treibgut „ganz zufällig" an den Strand des niederländischen Badeortes Zandvoort gespült. Da sich keiner einen Reim drauf machen konnte, berichteten schon bald viele große Nachrichtensender und Zeitungen der Welt von diesem plötzlichen Ereignis. Es stellte sich bald heraus, dass Leonard drei Tage vor dem 70. Geburtstag der Marke Lego an Land gespült wurde und als viraler Auftakt zu einer ganzen Reihe von Aktionen zur Ehrung des beliebten Stecksteinsystems geplant war.

	2. Ein Onlinevideo von Ronaldinho sorgte für großes Interesse, da er drippelnd hintereinander mehrere Lattenschüsse hinter dem Sechzehnmeterraum geschafft hatte. Es sah so aus, als wenn Ronaldinho ganz normal trainieren würde und ein Fremder ihn zufälligerweise aufgenommen hätte. Das Video wurde über Soziale Netze überallhin verbreitet. Erst auf den zweiten Blick kam heraus, dass Ronaldinho Schuhe von Nike trug, wobei Nike das Video erstellen und verbreiten ließ und so eine sehr kostengünstige Marketingaktion ins Leben rief. 3. Ein kleiner Junge im Darth-Vader-Kostüm wirbt für ein Familienauto, bei einem Onlineshop für Schuhe schreit man vor Glück oder die „Supergeile EDEKA-Kampagne" wurde mit anderen geteilt, Suche im Internet unter „Virales Marketing Beispiele" oder vgl. z. B. www.viralmarketing.de, https://felixbeilharz.de, www.viral-marketing.com.
Planungsparameter	▪ **Virus** ist z. B. eine spektakuläre Nachricht, ein tolles Video usw. ▪ **Überträger** ist eine bestimmte Zielgruppe, z. B. Altersgruppe 30+, sportlich, Facebook-Mitglieder. ▪ **Nährboden:** Der Virus wird zielgruppengerecht in einem Online- und Interessenumfeld z. B. auf einer bestimmten Website oder per Upload in ein Soziales Netzwerk „ausgesät" (Seeding). ▪ **Begleitende Beobachtung (Tracking & Monitoring)** findet statt, um den Erfolg zu prüfen und sicherzustellen sowie unerwünschten Effekten rechtzeitig begegnen zu können.

Aufgabe

Teilen Sie sich in neun Arbeitsgruppen auf, die arbeitsteilig die Themen „Inbound-/Outboundmarketing", Onlinebewertungsportale, Webmonitoring, Mitmach-Marketing, Affiliate-Marketing, SEO, Targeting, Landing Pages und Virales Marketing bearbeiten, ihre Ergebnisse in einer vereinbarten Form präsentieren und bewerten. Reflektieren Sie auch Ihre Vorgehensweise. Verwenden Sie evtl. Arbeitsmethoden aus dem Anhang oder der Methodensammlung im Downloadbereich. DL

3.8.7 Inbound- und Outboundmarketing in Kampagnen

Klassische Werbeträger wie z. B. Printwerbung, Kino, Radio- oder TV-Werbung, Schaufensterwerbung, Veranstaltungswerbung usw. werden immer noch als wichtige Werbemedien einbezogen. Sie gehören nach der Vorgehensweise zum Outboundmarketing und werden daher gezielt dort eingesetzt, wo es um die Ansprache der Masse oder großer Zielgruppen geht (vgl. auch Kapitel 3.6.1.2). Sowohl im klassischen als auch im Online-Bereich wird das Direktmarketing (vgl. Kapitel 3.6.1.3) erfolgreich eingesetzt. Hierbei werden einzelne Kunden direkt angesprochen. Im klassischen Marketing legen die Unternehmen den Fokus auf die Marken-, Produkt- und Angebotswerbung, inhaltlich eng an ihrem Leistungsportfolio ausgerichtet. Das Online-Marketing hat im Vergleich zum klassischen Offline-Marketing erheblich an Bedeutung gewonnen.

Outboundmarketing
Marketingbotschaften sind eng auf das Leistungsportfolio oder die Marken des Unternehmens bezogen, sind überwiegend an die breite Masse oder größere Zielgruppen gerichtet.
Offline: Werbung (Advertising) und Markenbotschaften (Anzeigen) an die Massen in Print-Medien, Radio, TV, Kino, Plakatwände, Messe, etc. Werbeschreiben an Kunden, persönliche Kundenakquise
Online: Werbung und Markenbotschaften (Anzeigen bzw. Ads) über alle Online-Medien (z. B. Banner auf Websites, YouTube, Social-Media, Werbedisplays), Direkt-Mails mit Angeboten an Kunden

Während beim Outboundmarketing das Unternehmen versucht, den Kunden zu finden, soll beim Inboundmarketing der Kunde das Unternehmen finden. Seit der großen Bedeutung des Internets und dem großen Interesse der Nutzer, über Internetrecherche an interessante Informationen zu kommen, hat sich das sogenannte Inboundmarketing etabliert. Die Unternehmen bieten dazu für ihr Unternehmen passende interessante Informationen an, die sich leicht mit ihrem Produktportfolio verbinden lassen. Dazu werden die Websites mit interessanten Informationsseiten ergänzt, Themen-Blogs eingerichtet oder interessante Webinare oder Veranstaltungen angeboten. Ziel ist die Aufmerksamkeit des Recherchierenden zu erhalten und den Interessenten zu bewegen, Kontakt mit dem Unternehmen aufzunehmen. SEO (Suchmaschinenoptimierung, engl. Search Engine Optimization) ist daher sehr wichtig, um bei der Internetrecherche des potenziellen Kunden möglichst auf die ersten Plätze der Ergebnisliste zu kommen. Es hat sich gezeigt, dass man durch diese Neuausrichtung sehr kostengünstig an potenzielle Kunden kommen kann. Nimmt der Suchende Kontakt mit dem Unternehmen auf, lässt sich durch weitere Marketing-Tools und Methoden eine guten Kundenbindung aufbauen. Online können Erlöse durch Pay-per-Click (Werbeerlöse im Affiliate-Marketing, vgl. Kapitel 3.8.6), Pay-per-Lead oder Pay-per-Sale erzielt werden.

Inboundmarketing
Inboundmarketing ist ein Marketingansatz, mit relevanten und hilfreichen Inhalten Kundenlösungen anzubieten, sodass der potenzielle Kunde ohne konkrete Angebotswerbung Kontakt mit dem Unternehmen aufnimmt. Der Interessent muss den Beitrag als wertvoll betrachten, darf sich nicht belästigt fühlen.
Offline-Umsetzung: Beteiligung an Events mit Fachbeiträgen, Fachvorträgen, Leistungsschau, Product-Placement, ohne Angebote oder Leistungen direkt zu bewerben. Sich an Gemeinschaften und Initiativen, Vereinen etc. beteiligen, die ähnliche Produkte/Leistungen einsetzen, Fachgespräche mit potenziellen Kunden führen etc.
Online-Umsetzung (Web, mobil): Suchmaschinenoptimierung (SEO), Content-Typen für Kampagnen einsetzen und Interesse wecken: E-Books, Whitepaper, Videos, Blogs, Leitfäden, Webinare, Slideshows, branchenrelevante Fallstudien, Checklisten, Vorlagen oder Formulare, kostenlose Tools, Produktpräsentationen, Beratungsangebote, Gutscheine, virale Marketingaktionen (z. B. witzige Videos), Feeds und RSS etc. Social-Media- und E-Mail-Marketing zur Kontaktpflege einsetzen, Marketingdashboards und Automation einsetzen

Inbound- und Outboundmaßnahmen sowohl offline als auch online werden heute im Marketingmix, im Marketingkonzept oder in einer Marketingkampagne kombiniert, um eine optimale Wirkung zu erzielen.

Online-Marketingmaßnahmen werden von den klassischen Werbeunternehmen angeboten, es sind auch neue Portale entstanden, z. B. Suchmaschinenportale und Werbeagenturen mit spezieller Ausrichtung auf Onlinemarketing. Aufgrund der Bedeutung und Komplexität des Marketings für Unternehmen beschäftigen viele Unternehmen eigene Marketingmanagerinnen und -manager. Zur laufenden Durchführung von Kampagnen suchen Unternehmen z. B. PPL-Manager oder Fachleute für Digitales Marketing.

W

Marketing-Software – Tools und Cloudportale
Suchmaschinen: Z. B. Google (Marktanteil ca. 95 %), Bing, Metasuchmaschinen wie MetaGer oder ZapMeta, mit größerem Datenschutz z. B. DuckDuckGo, Startpage, Qwant, Swisscows etc. Als Dienstleister bietet Google neben seiner Suchmaschine auch die Werbeprogramme **Google Ads** (Anzeigenmanagement in der Google-Suche) und **Google AdSense** (Vermittlung von Anzeigen zwischen Werbetreibenden und externen Webseiten) an. **SEO:** Search Engine Optimization oder Suchmaschinenoptimierung; durch Optimierung wird die Website bei Suchanfragen möglichst an vorderster Stelle genannt und damit die Reichweite auf organischem (d. h. unbezahltem) Wege erhöht. Die Bedeutung, Komplexität und Notwendigkeit einer laufenden Optimierung bedingen eine SEO-Optimierung durch Spezialisten oder sogar SEO-Agenturen. **SEA:** Search Engine Advertising oder Suchmaschinenwerbung; durch Kauf bezahlter Einträge oder Anzeigen auf Ergebnisseiten von Suchmaschinen, bezahlt nach Klicks der Interessenten (Pay per Click), werden schnell potenzielle Kunden bzw. Interessenten erreicht. **Organic Advertising**: Organische oder kostenlose Werbung, z. B. über Infoseiten oder kostenlose Anzeigen in Ergebnislisten der Suchmaschinen. Hier ist Suchmaschinenoptimierung (SEO) wichtig, um im Ergebnisranking der Suchanfragen möglichst an die erste Stelle zu kommen. **Paid Advertising:** Es werden Werbeanzeigen geschaltet, die entsprechend der Suchanfrage bzw. dem Suchkriterium über der Ergebnisliste angezeigt werden. Gezahlt wird PPC (Pay per Click). **Responsive Search Ads (RSA):** Anzeigen können aus unterschiedlichen Beschreibungen und Überschriften kombiniert werden, je nach Nutzeraufruf. **Responsive Display Ads (RDA):** Unterschiedlich kombinierte Anzeigen für Google AdSense
Social-Media-Plattformen: Instagram, YouTube, Facebook, Twitter, TikTok, Pinterest, Snapchat, Social Bee, Trello, Reddit, Twitch, Caffeine etc.
Info- und Media-Portale: Angebot der Zeitungs-, Zeitschriften-, Fach- und Medienverlage, Fachverbände, Community-Portale (z. B. adac.de, feierabend.de, t3n.de etc.)

Cross-Media-Angebote: Es werden mehrere abgestimmte Kommunikationskanäle (klassisch, Internet, TV, Smartphone u. a.) mit einer durchgehenden Leitidee angesprochen, um ein Produkt oder eine Dienstleistung zu vermarkten.

Tools im Marketing: Blogging-Software, CMS-Software, CRM-Software, Chatbot- und Live-Chat-Software, E-Mail-Marketing-Software, Helpdesk- und Ticketingsoftware, Leadmanagement-Software, Marketing-Analytics-Software, Meeting-Planer-Software, Persona-Software, Podcast-Software, SEO-Software, Social-Media-Software oder auch professionell erstellte Online-Formulare, E-Mail-Vorlagen u. Ä., siehe z. B. bei capterra.com. Große CMS- und CRM-Anbieter bieten **CMS- und CRM-Software** und in der Cloud komplette **Marketing-Plattformen** für die Orchestrierung und Bereitstellung von Content und die Betreuung der Kunden an, in der Erweiterung bietet eine **Digital-Experience-Plattform (DXP)** eine Suite an Tools, die die Bereitstellung skalierbarer und vernetzter personalisierter Erlebnisse ermöglicht, die Kundenansprache optimiert und eine 360-Grad-Sicht auf den Kunden über alle geeigneten Kanäle und in Echtzeit bietet. Damit erreicht die Analysefunktion eines CMS eine ganz neue personalisierte Ebene, um Kampagnen zu planen, zu managen und Kunden über viele Marketingkanäle zu erreichen.

Über Affiliate-Marketing (vgl. Kapitel 3.8.6) kann jedes Unternehmen Marketing für andere Unternehmen und zum Wirkungsfeld passende Produkte und Leistungen anbieten und daraus Marketingerlöse erzielen.

W

Erlösarten/Bezahlmodelle im Online-Marketing

Erlöse für den Anbieter von Suchmaschinenwerbung oder für Ads (Advertising, Werbeanzeigen), wenn ein Unternehmen, eine Marketing- oder Informationsplattform Werbung eines anderen Unternehmens (Werbekunden) einstellt:

Pay per Link/Pay per Click bzw. CpC = Cost per Click: Bevorzugt im Affiliate-Marketing erhält der Link-Anbieter vom Werbepartner einen Click-Erlös.

Pay per Lead bzw. CpL = Cost per Lead: Hier erhält der Werbende dann einen Erlös, wenn jemand auf Anfragen auf Zusatzprodukte etc. seine Daten per Kontaktformular einstellt (qualifizierte Anfrage), auch Pay per Sign-Up.

Pay per Mille/PPM bzw. CpM = Cost per Mille: Tausend Besucher haben die Website mit der Werbeschaltung gesehen; gut, wenn Reichweite gewünscht wird.

Pay per View bzw. CpV = Cost per View: Werbeerlöse durch Einblendung der Werbung, ansonsten durch Bezahlfernsehen, Video-On-Demand, Abo-Info-Portale

Pay per Sale Pay per Order bzw. CpO = Cost per Order: Im Affiliate-Marketing durch erfolgreichen Verkauf eines fremden Produkts eines Werbenden

Pay per Use bzw. CpO = Cost per Order: Miet- oder Nutzungsangebote werden offline oder online geordert.

Pay per Sign-Up: Der Werbende zahlt einen Erlös an den Kunden, wenn er sich für ein Angebot, z. B. Newsletter, registrieren lässt.

Pay per Install: Der Werbende zahlt für ein Werbeangebot auf einer fremden Website, wenn ein Besucher die Installation einer Software aufruft.

TKP-Preis: Der Tausender-Kontakt-Preis wird in einer Werbemaßnahme vom Werbenden bezahlt, wenn auf einer fremden Website ein Sichtkontakt (Besuch) registriert wird, auch **TAI** (Tausend Ad Impressions), **CPM** (Cost-per-Mille) genannt.

Marketingarten im Onlinemarketing und Erlösarten/Bezahlmodelle:

- **Affiliate-Marketing:** CpC, CpL, CpO, TKP, individuelles Angebot, Pauschalangebot
- **E-Mail-Marketing:** Individuelles Angebot, Pauschalangebot
- **Display-Marketing:** CpC, TKP, individuelles Angebot, Pauschalangebot
- **Online-PR:** CpL, individuelles Angebot, Pauschalangebot
- **Social-Media-Marketing:** CpC, TKP
- **Suchmaschinenwerbung (SEA):** CpC
- **Suchmaschinenoptimierung (SEO):** CpC, Pauschalangebot, individuelles Angebot

Marketing-Manager bzw. Marketer können über das ERP-System und damit verbundene CRM-, CMS- und DXP-Software Kampagnen planen und durchführen. Sie können Kunden nach speziellen Zielgruppen analysieren, als **„Buyers Persona“** die Charakteristik, das Profil bzw. die genaue Beschreibung des Kundentyps auswählen, der angesprochen werden soll. In der Zielstellung der Kampagne steht der Kunde mit seinen Ansprüchen, Anforderungen und Wünschen im Vordergrund. In der Istanalyse wird ermittelt, welche Probleme bzw. Herausforderungen sich den Kunden stellen, welche Content-Formate sie bevorzugen, in welcher Phase des Handlungsprozesses sie sich befinden. Es werden Voraussetzungen, z. B. demografische Merkmale, Motivationen, Verhaltensmuster oder Kompetenzen, ermittelt. Es werden kanalübergreifend mit Verbindung zu unterschiedlichen Tools Unterstützungsangebote entwickelt, die den Kunden zum Unternehmen führen.

Ein Konversionspfad ist z. B. Content-Angebot veröffentlichen → Call(s)-to-Action (Text-/Bildelement mit Aktionsaufruf) anbieten → Landing Page (spezielle Website) installieren → Dankesseite mit neuem Angebot einbeziehen → evtl. Kickback-E-Mail integrieren.

Integrierte Systeme und Digitalisierung im Marketing

Integriertes ERP-System

DMS, Textbausteine, Vorlagen, Bilder etc.

Predictive Analytics, Datenanalysen, Berichte, Machine Learning, Deep Learning – Schnittstellen

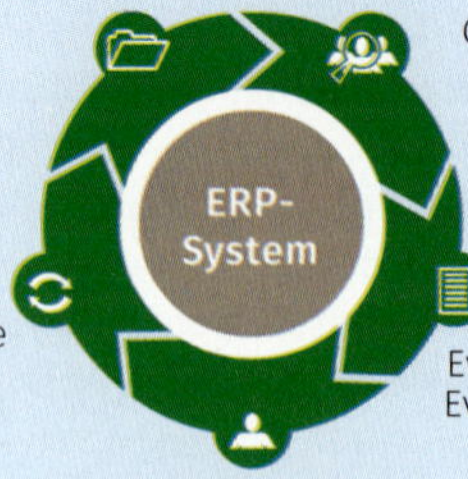

CRM = Customer Relationship Management

Eventplanung und Eventmanagement

Integration von Callcenterfunktionen und Telefonie

Digitalisierung, Funnel-Kampagne und Automatisation

- 360-Grad-Marketing (integrierte Nutzung aller relevanten Kanäle)
- Omnichannel-Marketing
- Lead Nurturing (Kundenkontaktpflege im gesamten Prozess)
- Progressives Profiling, „Buyers Persona“ (Kundenprofil erarbeiten)
- Data-Management, Marketing-Analysen
- Marketing-Funnel, (Trichter-)Touchpoints
- Kampagnen-Builder
- Customer Journeys
- Marketingintegration CRM – E-Commerce
- Cross- und Upselling-Marketing
- After-Sales-Marketing
- E-Mail-Marketing
- Social-Media-Marketing
- Event-getriggerte Kampagnen
- Retargeting (Verfolgungsaktionen)
- Interaktives Marketing Dashboard

Digital Marketing Managerin

Im **Dashboard** werden automatisch Markt- und Kundendaten aus über 500 möglichen Datenquellen (Data Warehouses) aktualisiert und genutzt.

Marketing Analytics: Daten und KPIs werden automatisch aufbereitet und für Entscheidungen und Reports bereitgestellt.

Business Intelligence- und KI-Anwendungen werden durch Schnittstellen zu KI-Tools soweit möglich eingesetzt.

Entlang dem Funnel werden **Kampagnen** und alle Content-Typen und Kunden-Touch-Points bzw. CTAs (Call To Actions) **gemanagt**.

W

Marketing-Kampagnenplanung (Phasen) entlang dem Marketing-Funnel

Aufmerksamkeit (Awareness) **Entdecken (Discovery)** **Gewöhnen (Familiarity)**	**Beispiel:** KI-gesteuerter Roboter soll über Outbound- und Inboundmarketing vermarktet werden: ▪ Breites Kundensegment und Zielgruppe feststellen ▪ Aufmerksamkeitswirksame Informationen zur Technologie allgemein und zum Produkt werden an die Zielgruppe gestreut, virale Marketingaktionen ▪ Die Zielgruppe entdeckt die Marke und den Bedarf. ▪ Potenzielle Neukunden merken sich die Marke; Interesse und Informationen werden geteilt. ▪ Reichweiten-Kampagnen: Print/TV, PR, SEO, SEM/SEA, Social Media Marketing, Blog, YouTube-Video etc.
Interesse (Interest) **Erwägung (Consideration)** **Begehrlichkeit (Desire)**	▪ Der Bedarf bei der Zielgruppe wird erkannt und gefestigt, Fachfragen beantwortet, Probleme beseitigt. ▪ Begehrlichkeit wird geweckt, CTA (Call-To-Action) und qualifizierte Leads (z. B. Newsletter-Anmeldungen, Webinar-Teilnahme, E-Book) werden generiert. ▪ Content-Marketing, Multimedia-Marketing, Influencer-Marketing, E-Mail-Marketing, Mobile-Marketing
Absicht (Intent) **Abwägen (Evaluation)** **Entscheidung (Decision)**	▪ Die Kaufabsicht steht unmittelbar bevor, evtl. noch Zweifel oder Priorität noch zu niedrig. ▪ Hinderungsgründe werden ausgeräumt (Angebote, Testberichte, Nutzerberichte), Vorteile werden herausgestellt. ▪ Aktionen, Blog-Aktualisierung, Landing Pages, Smart-Contacts, Events, Coupon-Marketing, CTA
Kaufabschluss (Purchase) **Zusatz- und Querverkauf (Upsell/Cross-Selling)** **Kundenzufriedenheit**	▪ Calls-to-Action bzw. Conversion finden statt. ▪ Promotion, Extras, Angebote, Kaufabschlüsse werden erleichtert. ▪ Zusatz- und Querverkäufe steigern den Warenkorbwert. ▪ Erhöhung der Kundenzufriedenheit ▪ Bewertungs-Management, After-Sales Support ▪ Kundenbindungsprogramm einleiten, z. B. durch Bonuspunkte
Treue (Loyality) **Festigen der Kundenbindung (Retention)** **Bewerten und Empfehlen (Refer)**	▪ Kundenkontakte werden gehalten, Services optimiert. ▪ Retargeting (gezielt andere Produkte/Leistungen anbieten), Cupons anbieten ▪ Zufriedene Kunden werden zu Markenbotschaftern. ▪ Stammkunden-Vorteile werden entwickelt, Events geplant. ▪ Marken werden herausgestellt, mit den Kunden neue Produkte und Angebote entworfen.

Sehr erfolgreich wird das E-Mail-Marketing eingesetzt. Kunden werden auf Beschaffungs-, Erlebnis- und Entdeckungs-Reisen (Journeys) geleitet. Für das Unternehmen haben sie Kundenerlöse und Kundenbindung zum Ziel. Wie in einem Trichter (Funnel) werden Kunden eingefangen und dann gezielt und möglichst verlustfrei zum Unternehmen und zu Kaufabschlüssen und Erlösen des Unternehmens geführt.

Marketing-Plattformen und -Systeme bieten für Marketer und Marketing-Manager Benutzeroberflächen (Dashboards) an, um ihre Kampagnen über viele Kanäle zu managen und immer wieder neue und speziell auf Kunden angepasste und automatisierte Abläufe zuzuweisen und zu steuern.

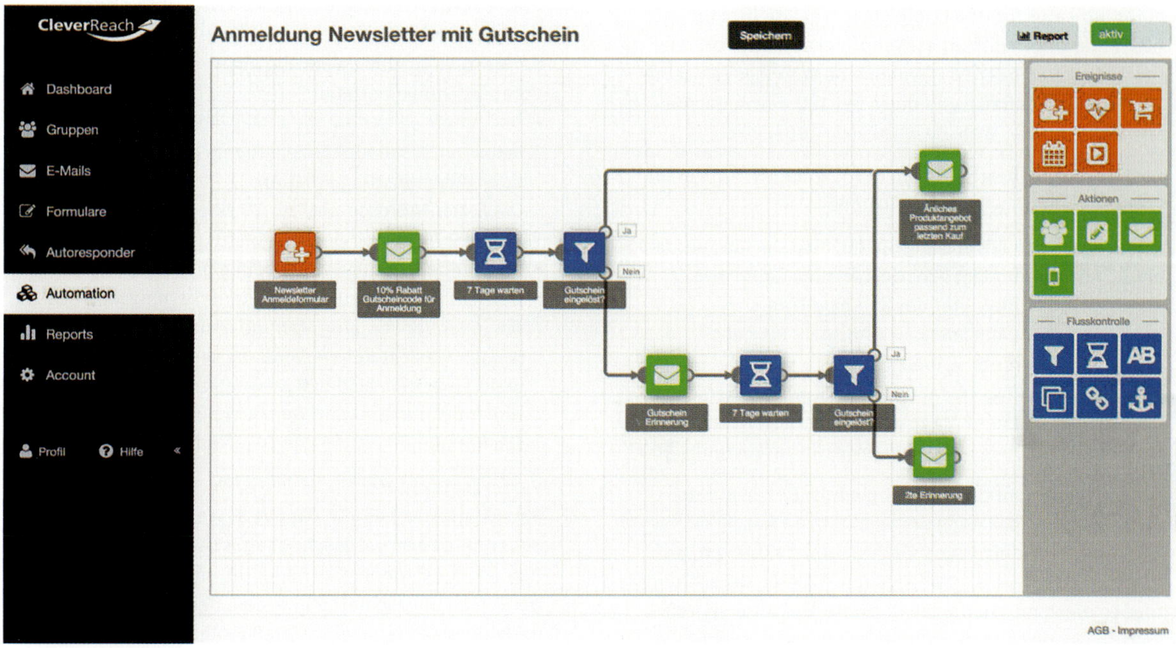

Automation im E-Mail-Marketing

Um den Erfolg von Marketingaktionen zu testen, haben sich verschiedene Testverfahren etabliert. Sie werden z. B. zur Optimierung von Websites (KPI: Click oder Conversion), Landing Pages (KPI: Downloads oder Anmeldung zum Newsletter) eingesetzt.

Testverfahren zur Erhöhung bzw. Optimierung der Conversion-Rate
Testverfahren zur Verbesserung der Nutzerfreundlichkeit von Webprojekten, bei dem ein oder mehrere Elemente verändert und den Nutzern in verschiedenen Versionen präsentiert werden. Das Ziel ist es, diejenige Kombination herauszufiltern, die den größten Erfolg verspricht.
A/B-Testing – Variantentest, Split-Test
Der A/B-Variantentest ist eine im Marketing etablierte Methode. Sie dient dazu, aus zwei Varianten die bessere herauszufinden. Man teilt die Zielgruppe in zwei Gruppen und probiert bei jeder Teilgruppe eine andere Methode aus. So kann man feststellen, welche Maßnahme erfolgreicher war.

Multivariates Testing
Insbesondere zur Verbesserung der Benutzerfreundlichkeit wird multivariates Testing eingesetzt. Ziel ist es, diejenige Kombination an Elementen/Variablen herauszufiltern, die den größten Erfolg verspricht.
Analysetools: Z. B. GetResponse, Hubspot, Mailchimp, Maxymiser, Monday, Tableau, Webtrends Optimize; kostenlos z. B. von Google und viele andere, siehe capterra.com (Marketing Analytics Software)

Um die Kampagnen und Aktionen zu kontrollieren und zu analysieren, werden folgende KPI (Key Performance Indicators) genauer betrachtet.

W

KPI – Key Performance Indicator

Conversion und Conversionrate (CRV, Konversationsrate): Eine Konversation ist eine beabsichtigte Handlung eines Websitebesuchers (z. B. Klick, Registrierung, Bestellung). Die Konversationsrate ist das Verhältnis von Webpagebesuchern zur Anzahl der gewollten Abschlüsse (conversions). Ziel ist daher eine besonders hoher CRV, also ein Wert möglichst nahe an 1.

Bounce rate – Absprungrate: Die Absprungrate wird als guter Indikator für den Erfolg einer Website (Homepage) bzw. einer Unterseite eines Webprojekts analysiert. Sie beträgt z. B. 0,5 oder 50 %, wenn eine Webpage (einzelne Seite) 200 Visits hatte und diese bei 100 davon die Ausstiegseite aus der Website wurde (x = 100/200).

Cost per Acquisition = Kosten der Kampagne/Konversationsanteil des Budgets je Neukunde

ROAS: Return on Advertising Spend, also Umsatz, der mit einem Anzeigenbudget generiert werden kann. Dieser Wert gibt die Rentabilität der Kampagne an.
ROAS (Return on Ads Spend) = (Umsatz – Betriebsausgaben) / Werbeausgaben · 100
ROI: Return on Investment oder der Gewinn/Überschuss, der nach Abzug aller Kosten aus der Marketingmaßnahme übrigbleibt, in % = (Gewinn/Investitionskosten) · 100

Hoher Qualitätsfaktor bei Google Ads: Der Qualitätsfaktor ist eine Schätzung der Qualität von Anzeigen, Keywords oder Landing Pages. Der Qualitätsfaktor wird auf einer Skala von 1 bis 10 angegeben. In seine Berechnung fließen die voraussichtliche Klickrate, die Anzeigenrelevanz sowie die Nutzererfahrung mit der Webpage ein. Je relevanter die Anzeigen und Webpages für den Nutzer sind, desto größer ist die Wahrscheinlichkeit, dass ein höherer Qualitätsfaktor erreicht wird.

Grundlegende Marketing-Kennzahlen:
Besuche: So oft haben Benutzer die Website über eine externe Quelle aufgerufen.
Verweildauer: Dauer der Besuche auf der Website
Kunde: Anzahl an Kunden, die im ausgewählten Zeitraum das erste Mal konvertiert wurden
Kontakte: Anzahl an neu generierten Kontakten für den ausgewählten Zeitraum
Konversionsrate für Besuche-zu-Kontakten
Erweiterte Marketing-Kennzahlen:
Kosten für die Kundenakquise (Customer Acquisition Cost, kurz CAC), z. B. auch als Kennzahl Gesamtkosten der Kundenwerbung/Anzahl Neukunden

Rechtliche Anforderungen bei Multimediaanwendungen wurden schon vielfach herausgestellt, z. B. im Zusammenhang mit dem Urheber- und Markenrecht, dem Wettbewerbsrecht oder dem Fernabsatzrecht.

Hier soll der Fokus einmal auf die rechtlichen Anforderungen im Zusammenhang mit dem sehr häufig eingesetzten E-Mail-Marketing gesetzt werden:

W

Rechtliche Anforderungen insbesondere im E-Mail-Marketing

Zustimmungspflicht des Empfängers bzw. Kunden:
Nach § 4 BDSG ist die Erhebung, Verarbeitung und Nutzung personenbezogener Daten nur zulässig, sofern Rechtsvorschriften dies erlauben bzw. eine individuelle Einwilligung („Permission") des Empfängers vorliegt. Nach § 7 UWG ist grundsätzlich ebenfalls die Einwilligung des Kunden für den Empfang von elektronischer Post erforderlich. Nach § 7 Abs. 3 UWG gibt es Ausnahmen. So wird der Versand von E-Mail-Werbung ohne vorherige ausdrückliche Einwilligung nur unter folgenden Voraussetzungen erlaubt:

- Der Unternehmer hat die E-Mail-Adresse vom Kunden selbst im Zusammenhang mit dem Verkauf einer Ware oder Dienstleistung erhalten.
- Die E-Mail-Adresse wird zur Direktwerbung für eigene ähnliche Waren oder Dienstleistungen genutzt.
- Der Kunde hat einer Verwendung nicht widersprochen.
- Der Kunde wurde sowohl bei der Erhebung als auch bei jeder Verwendung klar und deutlich darauf hingewiesen, dass er der Verwendung seiner Daten jederzeit widersprechen, also den Newsletter abbestellen kann und hierfür keine weiteren Kosten als nach Basistarifen anfallen.

Vertragsabschluss:
Vom Grundsatz her gilt, dass Verträge, soweit keine besondere Form vorgeschrieben ist, formfrei abgegeben werden können. Das bedeutet, sie können auch per E-Mail abgeschlossen werden. Bei einer an eine individuelle Person gerichteten E-Mail kommt der Vertrag (oder die Vertragsänderung) durch den Austausch zweier sich deckender Erklärungen (Mail und Rückmail) zustande. Beweise müssen im Rechtsfall vorliegen. Bei Webshops muss der Anbieter die Kundenbestellung unverzüglich bestätigen.

Revisionssichere Archivierung:
Wenn Unternehmen ihre geschäftlichen E-Mails u. a. nicht entsprechend der Abgabeanordnung (AO), den GOBD (Grundsätze zur ordnungsmäßigen Führung und Aufbewahrung von Büchern und [...] zum Datenzugriff), Telekommunikationsgesetz, BDSG oder Handelsgesetzbuch (HGB) archivieren, drohen steuerliche Strafmaßnahmen und rechtliche Konsequenzen. Die DSGVO regelt wiederum, welche E-Mails nicht aufgehoben werden dürfen. So ist beispielsweise die Archivierung von privaten Mails nur bei ausdrücklicher Genehmigung der Betroffenen erlaubt oder in Ausnahmen zur Beweissicherung. Es gilt eine Aufbewahrungsfrist von6 Jahren für versandte und empfangene Handelsbriefe (inkl. E-Mails), wobei die Frist grundsätzlich erst mit dem Schluss des Kalenderjahrs beginnt. Revisionssichere E-Mail-Archivierung bedeutet, dass von jeder E-Mail (ein- und ausgehend) eine nicht veränderbare Kopie angefertigt werden muss (auffindbar, nachvollziehbar und vor allem unveränderbar und fälschungssicher archiviert).

Impressum:
Informationspflichten dienen insbesondere der Identitätsfeststellung, damit etwaige Rechtsverfolgungen im Streitfall erleichtert werden. Ein Impressum wird nach § 5 Abs. 1 Telemediengesetz (TMG) von geschäftsmäßigen Diensteanbietern in Telemedien (z. B. Websites, E-Mails, Newslettern) gefordert. Angaben müssen leicht erkennbar sein, insbesondere Name und Anschrift des Dienstanbieters, Handelsregister o. ä. Angaben zur schnellen, unmittelbaren Kontaktaufnahme, evtl. zuständige Aufsichtsbehörde, Telefonnummer nicht unbedingt erforderlich.

Sammelzustimmung für alle Werbekanäle:
Der Versender von Werbung muss konkret nachweisen, dass von dem einzelnen Empfänger eine Einverständniserklärung vorliegt. Es widerspricht den Voraussetzungen des § 7 Abs. 2 Nr. 2 und 3 UWG nicht, wenn sich die in Allgemeinen Geschäftsbedingungen enthaltene Einwilligung eines Verbrauchers in die Kontaktaufnahme zu Werbezwecken auf mehrere Werbekanäle bezieht. Eine eigene Einwilligungserklärung für jeden Werbekanal ist nicht erforderlich.

Newsletter-Zustimmung:
Die Einwilligung zum Erhalt eines Newsletters ist nur dann rechtssicher, wenn sie in der Website oder einer E-Mail-Bestätigung mindestens über ein Opt-In-Verfahren (ausdrückliche Nutzerzustimmung) erreicht wird.

Opt-Verfahren der Zustimmung:
Opt-in: Anwender muss gezielt ein Häkchen setzen, um zuzustimmen.
Opt-out: Anwender muss gesetztes Häkchen deaktivieren, um der Aktion zu widersprechen.
Double-opt-in (DOI): Empfänger muss zusätzlich über eine Bestätigungs-E-Mail und Anklicken eines darin enthaltenen Links zustimmen.
Abmeldelink in jeder E-Mail: Laut § 7 Abs. 3 UWG muss der Empfänger jederzeit einer weiteren E-Mail-Zusendung zu Werbezwecken widersprechen können.

Recht auf Löschen:
Das Recht auf Löschen ist in Art. 17 DSGVO geregelt. Hiernach muss der Verantwortliche im Bereich des E-Mail-Marketing grundsätzlich dann die Daten löschen, wenn der Betroffene seine Einwilligung zu Werbung widerruft (vgl. Art. 17 Abs. 1b DSGVO) oder der Verarbeitung der Daten widerspricht (Art. 17 Abs. 1c DSGVO). In Abs. 3 werden fünf Ausnahmetatbestände genannt, z. B. zur Verteidigung von Rechtsansprüchen oder im öffentlichen Interesse.

Werbebetrug:
Ad-Hijacking (dt. Entführung von Werbung): Ein Affiliate kopiert eine geschaltete Anzeige, um daraufhin mit dem Urheber während einer PPC-Auktion zu konkurrieren.
Brand-Bidding: Konkurrenten verharren auf einem Keyword und verteuern dieses kontinuierlich durch steigende Gebote.
Online-Werbebetrug: Kriminelle stellen gefälschte Webseiten bereit, auf denen Unternehmen anschließend ihre Anzeigen schalten, auf die jedoch nur Bots klicken und keine echten Kunden.

Aufgaben

1. Ordnen Sie die Begriffe CpC, SEA, SEO,TKP den Aussagen richtig zu:
   a) Websites für Suchmaschinen optimieren
   b) Auf Suchmaschinen passend Werbung schalten
   c) Werbepreis Werbender für tausend Aufrufe
   d) Erlös bzw. Kosten für Werbeklicks.
2. Erstellen Sie eine Präsentation zum Vergleich und der Bedeutung von In- und Outbound-Marketing.

3.8.8 Fernabsatzrecht

S

Stefan und Kerstin wurden bei Recherchen zur Rückgabe und zum Widerruf in verschiedenen Onlineshops auf Bestimmungen zum Fernabsatzrecht für Verbraucher verwiesen.

Verbraucher sind bei Fernabsatzgeschäften, z. B. dem Kauf im Internet, durch Gesetze im BGB besonders geschützt. In den letzten Jahren wurden die Gesetze und Auflagen für Unternehmen immer weiter verschärft, um „Internet-Abzockerseiten" wie „Abo-Fallen" strafrechtlich verfolgen zu können. Unternehmen haben weitgehende Informationspflichten für Verbraucher auferlegt bekommen, d. h., sie müssen ihre Internetseiten technisch so gestalten, dass ein Besucher der Seite sein Vorhaben jederzeit abbrechen kann, dass er vor dem endgültigen Kaufentschluss alle Kosten angezeigt bekommt und erst danach über einen vorgeschriebenen Button mit einem letzten Klick den Kaufentschluss nochmals bestätigt. Darüber hinaus bekommt der Verbraucher mit dem Widerrufs- oder Rückgaberecht die Chance, die Ware ohne Begründung innerhalb der Widerrufsfrist zurücksenden zu können.

W

Besondere Verbrauchergesetze bei Fernabsatzverträgen

Gesetze: §§ 312 b ff., 355, 356, 357 BGB, Art 246 EGBGB (Einführungsgesetz zum Bürgerlichen Gesetzbuch), Telemediengesetz (TMG)

Fernabsatz: Verträge über die Lieferung von Waren oder über die Erbringung von Dienstleistungen, einschließlich Finanzdienstleistungen, die zwischen einem Unternehmer und einem Verbraucher unter ausschließlicher Verwendung von Fernkommunikationsmitteln, z. B. Werbebriefe mit Bestellschein, Kataloge, Telefonanrufe, Telefax, E-Mails sowie Rundfunk, Tele- und Mediendienste (Teleshopping), abgeschlossen werden.

(Fortsetzung auf folgender Seite)

W

Besondere Verbrauchergesetze bei Fernabsatzverträgen

Informationspflichten: Gemäß § 312 c BGB und Art 246 § 1 EGBGB muss der Unternehmer bei Fernabsatzverträgen dem Verbraucher rechtzeitig vor Abgabe der Vertragserklärung klar und verständlich und unter Angabe des geschäftlichen Zwecks Informationen zur Verfügung stellen, z. B. Identität des Unternehmens (Firma, Handelsregisterbezeichnung, Geschäftsführer, Anschrift etc.), Merkmale der Ware oder Dienstleistung, Informationen zum Zustandekommen des Vertrages, Gesamtpreis inkl. aller Zusatzkosten, Liefer- und Versandkosten, Einzelheiten zu Lieferung und Zahlung sowie zum Bestehen eines Widerrufs- oder Rückgaberechts im Detail. Der Bestellvorgang ist möglichst so zu gestalten, dass der Verbraucher eine Bestellung erst abgeben kann, wenn er alle Informationen erhalten hat und die Kenntnisnahme durch einen Button entsprechend bestätigt hat. Darüber hinaus hat der Unternehmer dem Verbraucher alsbald, spätestens bis zur vollständigen Erfüllung des Vertrags bzw. bei Waren spätestens bis zur Lieferung an den Verbraucher, diese Informationen in Textform mitzuteilen.

Datenschutzgrundverordnung (DSGVO): Sie verpflichtet Online-Händler, den Kunden über ihre personenbezogenen Daten weitgehende Auskunfts- und Gestaltungsrechte einzuräumen.

Besondere Pflichten: Gemäß § 312 c BGB hat der Unternehmer dem Kunden wirksame Hilfen bei Eingabefehlern zu geben, wichtige Informationen vor Bestätigung der Bestellung mitzuteilen, den Zugang der Bestellung umgehend per E-Mail zu bestätigen, Vertragsbestimmungen und AGB zum Aufruf und zur Speicherung bereitzustellen, einen gut lesbarem Button „zahlungspflichtig bestellen“ oder mit vergleichbarem Text anzubieten.

EU-Richtlinie über Rechte der Verbraucher (Verbraucherrechterichtlinie): So ist der Verbraucher spätestens bei Einleitung des Bestellvorgangs darüber zu informieren, ob im Shop Lieferbeschränkungen bestehen, welche Zahlungsarten akzeptiert werden und welches Transportunternehmen gewählt wurde. Auf einer allgemeinen Informationsseite muss darüber informiert werden, ob für die verkauften Waren die gesetzlichen Gewährleistungsrechte bestehen, im Falle des Angebotes von Kundendienstleistungen oder Garantien müssen die Bedingungen hierfür erläutert werden.

Widerrufsrecht (§§ 312 g, 355 BGB, EU-Richtlinie): Der Verbraucher kann einen Fernabsatzvertrag innerhalb einer Frist von 14 Tagen ab Erhalt der Ware widerrufen bzw. innerhalb eines Monats, wenn er nicht nach Vertragsabschluss in Textform darüber belehrt wurde. Das Widerrufsrecht bei fehlender oder falscher Belehrung erlischt nach zwölf Monaten und 14 Tagen. Der Widerruf kann auch telefonisch geschehen. Grundsätzlich hat der Verbraucher nach einem Widerruf die Kosten für die Rücksendung der Ware zu tragen. Voraussetzung ist, dass der Unternehmer den Verbraucher von dieser Pflicht unterrichtet hat. Der Unternehmer kann sich jedoch auch bereit erklären, die Rücksendekosten zu übernehmen. Die Hinsendekosten müssen im Fall des Widerrufs vom Unternehmer erstattet werden. Das Widerrufsrecht gilt nicht bei Waren, die nicht vorgefertigt sind, bei schnell verderblichen oder versiegelten Waren, Downloads, digitalen Daten u. Ä.

Wertersatz bei Nutzung: Der Verbraucher hat nach § 312 e BGB Wertersatz für eine Verschlechterung der Sache zu leisten, soweit die Verschlechterung auf einen Umgang mit der Sache zurückzuführen ist, der über die Prüfung der Eigenschaften und der Funktionsweise hinausgeht, und wenn er zuvor auf diese Rechtsfolge hingewiesen worden ist.

Aufgaben

1. Entscheiden Sie, welches Recht der Käufer als Verbraucher im Internet hat:
   a) Ein PC wird im Internet gekauft, zu Hause eine Woche getestet und gefällt dem Käufer nicht.
   b) Eine Grafikkarte im Wert von 100,00 € wird im Internet gekauft und ist defekt. Wer zahlt die Kosten für die An- und/oder Rücklieferung?
   c) Sie haben auf einer Spieleseite im Internet recherchiert und für den Download eines kostenlosen Spiels Ihre persönlichen Daten angegeben. Sie erhalten nach dem Download eine Rechnung für ein 24-monatiges kostenpflichtiges Abonnement der Spieleplattform.
   d) Sie haben eine Digitalkamera im Internet mit einer versiegelten CD für die Kamerasoftware gekauft. Nach 10 Tagen testen Sie die Software der Kamera und sind enttäuscht. Sie wollen die Kamera zurückschicken.
   e) Sie haben sich einen Farblaserdrucker im Wert von 390,00 € im Internet gekauft, über 1.000 Farbseiten ausgedruckt und den Drucker nach 12 Tagen mit der leeren Tonerkartusche und dem Vermerk zurückgesandt: „... gefällt mir nicht, bitte bezahlten Preis inkl. Versandkosten erstatten.“
   f) Was wäre, wenn der in e) beschriebene Farblaserdrucker nach 10 Tagen nicht mehr wie zu Anfang funktioniert hätte (vgl. Sie evtl. Kapitel 3.11.2).
   g) Es wird anstelle des Farbdruckers *550c* der Drucker *540c* für 490,00 € geliefert. Wer trägt die Kosten der Rücksendung?
2. Rufen Sie die Hinweise zur DSGVO im **Downloadbereich** auf, prüfen Sie folgende Erklärung und Shopwebseiten. D

Herzlichen Glückwunsch zu Ihrem Kauf. Wir gewähren Ihnen das unten beschriebene Widerrufsrecht. Darüber hinaus weisen wir auf unsere AGB hin.
Ihr Allrounder IT Team.

Widerrufsrecht
Sie können Ihre Vertragserklärung innerhalb von 10 Tagen ohne Angabe von Gründen in Textform (z. B. Brief, Fax, E-Mail) oder – wenn Ihnen die Sache vor Fristablauf überlassen wird – durch Rücksendung der Sache widerrufen.
Die Frist beginnt nach Erhalt dieser Belehrung in Textform, jedoch nicht vor Eingang der Ware beim Empfänger (bei der wiederkehrenden Lieferung gleichartiger Waren nicht vor dem Eingang der ersten Teillieferung) und auch nicht vor Erfüllung unserer Informationspflichten gemäß Art 246 § 2 i. V. m. § 1 Abs. 1 und 2 EGBGB.

Zur Wahrung der Widerrufsfrist genügt die rechtzeitige Absendung des Widerrufs oder der Sache. Der Widerruf ist zu richten an:
Allrounder IT
Alberstr. 15
72074 Tübingen
Telefax: +49 7071 855555
kontakt@allrounderit.eu

Widerrufsfolgen
Im Falle eines wirksamen Widerrufs sind die beiderseits empfangenen Leistungen zurückzugewähren und ggf. gezogene Nutzungen (z. B. Zinsen) herauszugeben. Können Sie uns die empfangene Leistung sowie Nutzungen (z. B. Gebrauchsvorteile) nicht oder teilweise nicht oder nur in verschlechtertem Zustand zurückgewähren bzw. herausgeben, müssen Sie uns insoweit ggf. Wertersatz leisten. Für die Verschlechterung der Sache müssen Sie Wertersatz nur leisten, soweit die Verschlechterung auf einen Umgang mit der Sache zurückzuführen ist, der über die Prüfung der Eigenschaften und der Funktionsweise hinausgeht. Unter „Prüfung der Eigenschaften und der Funktionsweise“ versteht man das Testen und Ausprobieren der jeweiligen Ware, wie es etwa im Ladengeschäft möglich und üblich ist.
Paketversandfähige Sachen sind auf unsere Gefahr zurückzusenden. Sie haben die regelmäßigen Kosten der Rücksendung zu tragen, wenn die gelieferte Ware der bestellten entspricht und wenn der Preis der zurückzusendenden Sache einen Betrag von 50,00 € nicht übersteigt oder wenn Sie bei einem höheren Preis der Sache zum Zeitpunkt des Widerrufs noch nicht die Gegenleistung oder eine vertraglich vereinbarte Teilzahlung erbracht haben. Anderenfalls ist die Rücksendung für Sie kostenfrei. Nicht paketversandfähige Sachen werden bei Ihnen abgeholt. Verpflichtungen zur Erstattung von Zahlungen müssen innerhalb von 30 Tagen erfüllt werden. Die Frist beginnt für Sie mit der Absendung Ihrer Widerrufserklärung oder der Sache, für uns mit deren Empfang.

Ende der Widerrufsbelehrung

3. Erstellen Sie den Ablauf eines üblichen Bestellvorgangs als EPK dar.

3.9 Kundenberatung, Angebots- und Vertragsgestaltung

S Anna und Stefan sollen stärker im Vertrieb eingesetzt werden. Sie müssen sich daher genauer über den Absatzprozess, die Kundenberatung und die Vertragsgestaltung informieren.

3.9.1 Absatzprozess

S Bei ACI werden jeden Tag über 90 % der Aufträge ohne große Probleme und Störungen bearbeitet. Anna und Stefan sollen daher zunächst einen störungsfreien Absatzprozess kennenlernen. Dazu wurde ihnen unten stehendes Schaubild gezeigt.

Der Absatzprozess gliedert sich grundsätzlich in vier Phasen:

Geschäftsanbahnung: Kunden kennen ACI durch ihre bisherigen Geschäfte, durch Werbemaßnahmen, Besuche der Vertriebsmitarbeiter oder die Internetpräsenz. Wenn ein Unternehmen wie ACI seine Werbung an die allgemeine Öffentlichkeit (z.B. durch ein Inserat) und nicht an einen bestimmten Adressaten direkt richtet, so liegt kein konkretes und rechtlich verbindliches Angebot vor. Man spricht in diesem Fall von einer **Anpreisung**. Kunden stellen Anfragen an ACI und bitten um Angebote, wenn Sie bisher noch keine konkreten Informationen über das Waren- und Dienstleistungsangebot besitzen oder für einen individuellen Kundenauftrag ein Angebot wünschen. Liegen den Kunden schon konkrete Informationen vor, geben sie bei ACI ohne weitere Angebotsabfrage eine Bestellung auf.

Vertragsabschluss: Ein Kaufvertrag entsteht durch zwei übereinstimmende Willenserklärungen. Erhält der Kunde ein Angebot und bestätigt er das Angebot ohne Änderungen durch eine Bestellung, so kommt der Kaufvertrag zustande. Ebenso wird der Vertrag geschlossen, wenn die Bestellung des Kunden durch eine entsprechende Auftragsbestätigung bewilligt wird. Mit diesem Vertragsabschluss gehen die Vertragspartner (Käufer und Verkäufer) ein Verpflichtungsgeschäft ein. Anstelle vom Kaufvertrag spricht man auch davon, dass ein Auftrag erteilt wurde. Der Begriff „Auftrag“ wird im Verkauf mit einem Vertrag über Lieferungen und Leistungen gleichgesetzt, dessen Zustandekommen das Einverständnis der Vertragsparteien voraussetzt. Nach BGB ist die schriftliche Form nicht vorgeschrieben, in der Praxis jedoch unbedingt zu empfehlen.

Herstellung und Bereitstellung der Güter: Der Verkäufer hat sich zur pünktlichen und mangelfreien Lieferung der Sache verpflichtet. Bei Handelsware muss er die Ware rechtzeitig im Lager bereithalten und per Lieferschein kommissionieren. Bei eigenen Erzeugnissen organisiert die Arbeitsvorbereitung zunächst den notwendigen Produktionsablauf, damit die termingerechte Produktion erfolgen kann.

Erfüllungsgeschäft: Mit dem Kaufvertrag haben sich die Vertragspartner verpflichtet bestimmte Bedingungen zu erfüllen. Der Verkäufer muss die mangelfreie Ware zum vereinbarten Ort und zur richtigen Zeit liefern, der Kunde muss die Ware annehmen und bezahlen.

3.9.2 Kundenanforderungen

S

Geschäftsleitung und Mitarbeiter von ACI wissen, dass sie aufgrund der großen Zahl der Mitbewerber nur Erfolg auf dem Markt für Informations- und Kommunikationstechnik (IuK) haben werden, wenn sie sich nach den Wünschen der Kunden richten.

In Kapitel 2.2 wurde die Aussage vertreten, dass Unternehmen nur dann erfolgreich sind, wenn sie ihr Unternehmen konsequent auf die Wünsche ihrer Kunden ausrichten. Das weltbekannte Unternehmen Dell Technologies kann heute mit seinen ca. 150.000 Mitarbeitern als eines der erfolgreichsten „Systemhäuser“ der Welt angesehen werden. Wie hat es ein Unternehmen wie Dell geschafft, innerhalb von knapp 40 Jahren zu einem derart großen IT-Unternehmen zu wachsen? Bekannt wurden zehn kundenorientierte Strategien (vgl. Kapitel 2.2) für eine kundenorientierte Vorgehensweise.

In Kapitel 3.2 sollten Sie in diesem Zusammenhang eine Selbsteinschätzung über Kundenwünsche durchführen. Was ist dabei herausgekommen? Vergleichen Sie Ihre Erkenntnisse mit den folgenden Ausführungen.

Wegen der speziellen Anforderungen der Kunden haben viele IT-Unternehmen spezielle **Geschäftsbereiche** für Privatkunden, Unternehmen und Behörden eingerichtet. Jeder Geschäftsbereich muss sich speziell auf die Kundenwünsche einstellen und schnelle und preiswerte Lösungen für deren Anforderungen bereithalten.

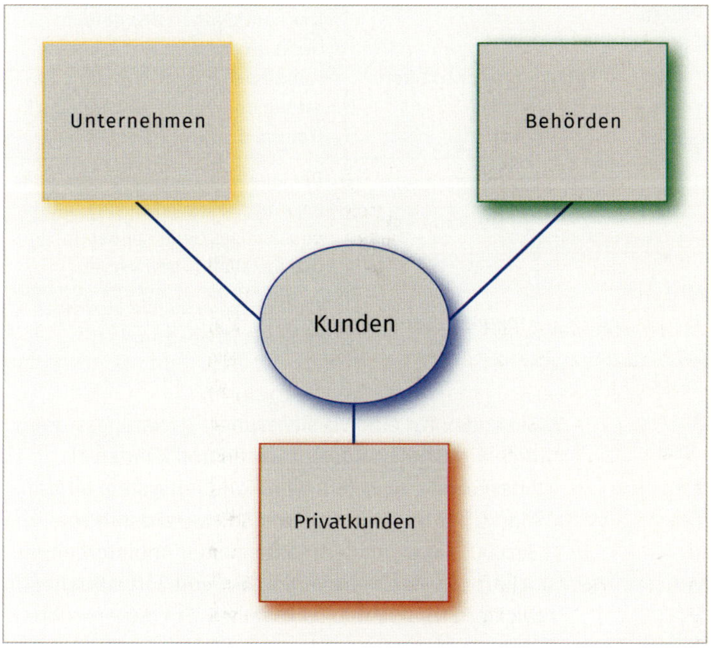

Privatkunden fragen in der Regel Einzelsysteme und Komponenten nach und sind an Produkten mit einem guten Preis-Leistungs-Verhältnis und einer einfachen, benutzerfreundlichen Installation und Handhabung interessiert. Nicht wenige Privatnutzer halten sich für so kompetent, dass sie ohne Beratung auskommen, weswegen der Preis eine große Rolle spielt.

Unternehmen benötigen dagegen von deren Größe abhängige Lösungen, die sich unterschiedlichen Leistungsanforderungen anpassen können und hohe Sicherheitskriterien erfüllen. Schneller und kompetenter Service und die Verbesserung der Geschäftsprozesse durch IT-Technologien sind wichtige Forderungen der Unternehmen, um produktiv und wirtschaftlich arbeiten zu können. Für Unternehmen ist weniger der Einzelpreis der beschafften Komponenten und Dienstleistungen eine wichtige Größe, vielmehr entscheidend sind die gesamten Kosten (TCO = Total Cost of Ownership), die durch die IT-Umstellung entstanden sind (vgl. dazu folgende Seiten).

Behörden stellen wiederum ganz andere Forderungen an IuK-Unternehmen. Ihre Aufgabenerledigung richtet sich nach Gesetzen, Verordnungen, Erlassen und Richtlinien. Für größere Anschaffungen sind vorab Ausschreibungen durchzuführen. Vertriebsmitarbeiter sollten sich daher gut in Ausschreibungsverfahren auskennen. Die an Ausschreibungsverfahren teilnehmenden Unternehmen müssen bestimmte Mindestanforderungen erfüllen, die in den Ausschreibungsunterlagen festgelegt sind.

Sowohl für Unternehmen als auch für Behörden werden IT-Fachleute mit Branchen- und Fachbereichskenntnissen gesucht. So müssen z.B. im Gesundheitsbereich oder in der Finanzbuchhaltung IT-Fachkräfte speziell für diesen Bereich geschult sein.

Kunden lassen sich in **A-, B- und C-Kunden** gruppieren. Die Gruppe der A-Kunden ist die wichtigste Kundengruppe. Man erkennt sie daran, dass sie einen hohen Anteil am Gesamtumsatz des Systemhauses haben. Diese Großkunden erbringen nicht selten ca. 60 % bis 80 % des Gesamtumsatzes. Da sie eine Schlüsselstellung (key account) im Unternehmen einnehmen, werden diese häufig direkt von der Vertriebsleitung oder besonderen **Key-Account-Managern** betreut. Key-Account-Manager kümmern sich nicht nur um die Betreuung der Stammkunden in einem Kundensegment, sondern auch um die Neukundengewinnung. Der Aufwand an Zeit und Kosten zur Gewinnung eines Neukunden ist nicht selten viel höher als für die Betreuung eines Stammkunden.

Kaufkriterien der Kunden	
▪ Neuestes Produkt ▪ Preis-Leistung ▪ Erweiterbarkeit ▪ Beratung ▪ Konzepte, Referenzen ▪ Weiterempfehlung ▪ Anpassung ▪ Bring-in-Service ▪ Vor-Ort-Service ▪ Express-Service ▪ Garantieerweiterung ▪ Skalierbarkeit ▪ Datensicherheit ▪ Datenschutz	▪ Wartungsaufwand ▪ Design ▪ Marktführer ▪ Qualität ▪ Produktkenntnisse ▪ Prozessoptimierung ▪ TCO niedrig ▪ ROI hoch ▪ Hohe Leistungen/ Performance ▪ Zuverlässigkeit ▪ Geringe Folgekosten ▪ Leistungsstarkes Systemhaus ▪ Schulung

Aufgaben

1. Diskutieren Sie über die Anforderungen der Kunden Ihres Ausbildungsbetriebs. Welche Anforderungen sind wichtig?
2. Welche Kriterien der oben stehenden Liste werden von Ihren Kunden hoch geschätzt? Welche Kriterien werden Ihrer Meinung nach von Privatkunden, Unternehmen und Behörden besonders beachtet?
3. Suchen Sie im Internet nach guten IT-Systemhäusern und prüfen Sie, wie diese Unternehmen sich dort den Kundenanforderungen stellen. Rufen Sie z. B. auch folgende Seiten auf: www.dell.com, www.schuwa.de, www.sysback.de, www.bechtle.com, www.cancom.de.
4. Ein amerikanisches Softwareunternehmen will seine Software in Deutschland vermarkten. Sie sind an einer Beschäftigung als Key-Account-Manager/-in interessiert und wollen folgende Anzeige sinngemäß übersetzen:

> You will assist top software products and will take care of both providing service to customers and boosting business relations, being responsible for the corresponding turnover. You will counsel our customers in all conceptual and organizational questions regarding our e-business-solution and the closure of agreements regarding new services. You will gather new concepts, find solutions in cooperation with different departments, and provide them to our key accounts.

5. Übersetzen Sie den folgenden Text sinngemäß:

> You need to be sure your custom solutions will perform optimally for years to come and won't be negatively affected by new releases, system enhancements, and changing business needs.
> - Blade Workstation Solution for centralised, secure processing power
> - High performance, high availability servers designed for enterprise applications
> - Reliability to deliver maximum investment protection
> - Industry-leading network storage products with maximum scalability, industry-leading performance, a fully integrated suite of centralized management tools
> - Comprehensive software solutions, ideal for enterprise-wide deployment and mission-critical applications
>
> Midsize enterprises require cost-effective solutions that can be implemented quickly and can meet their needs as the business grows.

6. Welche Servicearten werden Ihrer Meinung nach hauptsächlich von Privatanwendern, Unternehmen und Behörden nachgefragt?

Servicearten (Beispiele, auch kombiniert möglich)	
Hotline, Helpdesk	Der Kunde erhält technische Beratung und Hilfe über Telefon oder E-Mail.
Bring-in	Der Kunde liefert auf sein Risiko das defekte Gerät zur Servicestelle und erhält es nach ca. einer Woche repariert zurück.
Door to Door	Der Kunde erhält das defekte Gerät an der Haustür gegen ein funktionsfähiges Gerät ohne Beratung und Installation getauscht (Tausch = swap).
Desk to Desk	Der Kunde erhält das defekte Gerät am Arbeitsplatz gegen ein funktionstüchtiges Gerät mit Beratung und Installation gewechselt.
Express-Service	Der Service erfolgt in kürzester Zeit (z. B. in vier Stunden).

7. Sie sollen für eine Versicherung ein leistungsstarkes Archivierungssystem einrichten und können als Alternativen zwischen dem Komplettsystem eines Marktführers mit Hard- und Softwarekosten von 380.000,00 € und dem System einer Anbietergemeinschaft von Hardwareherstellern und Softwareentwicklern für 290.000,00 € wählen. Für das erprobte Komplettsystem des Marktführers wird mit einer Installationszeit von 10 Tagen gerechnet, bei der Anbietergemeinschaft beträgt die Installationszeit 21 Tage. Jeder fehlende Archivierungstag führt zu einem zusätzlichen Kostenaufwand von 6.000,00 €. Bei der Anbietergemeinschaft muss das Archivierungspersonal ca. 3 Wochen länger geschult werden, um die gleiche Arbeitsproduktivität zu erreichen wie beim Komplettsystem. Dies führt zu Mehrkosten von 32.000,00 €. Welches System weist den niedrigeren TCO auf? Geben Sie eine Empfehlung ab, welches System wirtschaftlicher ist.
8. Ein Rathaus lässt den ROI und die Amortisationszeit für ein neues Archivierungssystem prüfen. Das neue System würde Hard- und Softwarekosten von 160.000,00 €, Beratungskosten von 20.000,00 €, Schulungskosten von 16.000,00 € und Umstellungskosten von 5.000,00 € verursachen. Demgegenüber würden allerdings pro Monat 300 Stunden Personalaufwand zu einem Kostensatz von 32 €/Stunde eingespart werden. Dazu entfallen Leasingkosten für das alte System in Höhe von 5.000,00 €/Monat.

W

TCO **Total Costs of Ownership**	ROI **Return on Investment**
Zur Investitionsentscheidung werden nicht nur die Anschaffungskosten einbezogen, sondern möglichst alle weiteren direkten und indirekten Kosten (total costs), z. B. Reparatur- und Wartungskosten, Organisations- und Schulungskosten, zusätzlicher Verwaltungsaufwand, Entschädigung für entgangene Geschäfte usw. Auf diese Weise werden die verschiedenen Alternativen verglichen. Schwierig bis unmöglich ist häufig die exakte Kostenermittlung. **Vereinfachtes Beispiel:** Ein Einzelhändler prüft, ob er für 120.000,00 € ein Update seines schon eingesetzten Warenwirtschaftssystems beschaffen soll oder für 90.000,00 € eine vergleichbare Software eines anderen Softwareanbieters. Er lässt den TCO feststellen. Zusätzliche Kosten: Update: ▪ Direkte zusätzliche Kosten durch Schulung und Umstellung: 5.000,00 € ▪ Indirekte Kosten durch Umstellungsprobleme und Entschädigung für entgangene Geschäfte: 4.000,00 € Software neu: ▪ Direkte zusätzliche Kosten durch Schulung und Umstellung: 18.000,00 € ▪ Indirekte Kosten durch Umstellungsprobleme und Entschädigung für entgangene Geschäfte: 32.000,00 € TCO-Vergleich: Update (129 T€) < Software neu (140 T€)	Mit der ROI-Kennzahl will man die Rendite (Verzinsung) des eingesetzten Kapitals ermitteln. Verschiedene Formeln werden je nach Investitionsart verwendet: ROI = Umsatzrendite × Kapitalumschlag (DuPont) ROI = Gewinn/durchschnittliches Gesamtkapital ROI = Gewinnanteil/durchschnittlicher Kapitaleinsatz ROI = Totalerfolg/Investitionskosten ROI = Rückflüsse/Investitionskosten Damit der ROI positiv ist, ▪ muss der Totalerfolg größer als die Investitionskosten oder ▪ müssen die Rückflüsse größer als die Investitionskosten innerhalb der Nutzungsdauer des beschafften Systems ausfallen. Da die mittlere Nutzungsdauer von Hard- und Softwareprodukten mit etwa drei Jahren relativ gering ist, müssen die Rückflüsse schon erheblich sein, wobei sich deren Ermittlung schwierig gestaltet. **Vereinfachtes Beispiel:** Durch die Beschaffung eines neuen Warenwirtschaftssystems im Wert von 100.000,00 € sollen jährlich ▪ Personalkosten in Höhe von 12.000,00 €, ▪ Lagerhaltungskosten in Höhe von 8.000,00 €, ▪ Zinsen für das Lager in Höhe von 40.000,00 € und ▪ weitere Logistikkosten in Höhe von 7.000,00 € eingespart werden. Berechnen Sie den ROI bei einer Nutzungsdauer von 3 Jahren. $\text{ROI} = \frac{67.000 \cdot 3}{100.000} = 2{,}01 = 201\,\%$ $\text{Amortisationsdauer} = \frac{36}{2{,}01} = 17{,}9 \text{ Monate}$

Die voraussichtliche Nutzungszeit des Systems beträgt vier Jahre. Berechnen Sie die Amortisationszeit.

9. Recherchieren Sie zum Thema Server-Virtualisierung und stellen Sie die Vorteile hinsichtlich des TCO bzw. ROI in einer Präsentation heraus.

3.9.3 Bestandsaufnahme und Konzeption

S Anna, Kai und Stefan befinden sich im zweiten Ausbildungsjahr und dürfen zunehmend an größeren Aufträgen mitarbeiten. Kai hat gehört, dass man für die Abschlussprüfung ein Projekt bearbeiten und vor dem Prüfungsausschuss präsentieren muss. Sie wollen sich rechtzeitig nach größeren Aufträgen im Betrieb erkundigen.

3.9.3.1 Bestandsaufnahme

Im Zentrum der Auftragsbearbeitung steht der Kunde, der in jeder Phase der Auftragsabwicklung einzubeziehen ist.

Größere Aufträge und Projekte werden möglichst planvoll und auf der Basis einer soliden Bestandsaufnahme bearbeitet.

W

Fachbegriffe	
Migration	Wechsel bzw. Übergang von alter zu neuer Technik, neuen Versionen u. Ä.
Skalierbarkeit	Anpassungs- und Steigerungsfähigkeit von Hard- und Software bei höheren Anforderungen (Eskalation = Steigerung)
Evaluation	Bewertung eines Projektes oder eines Prozesses zur Standortbestimmung und Formulierung von Verbesserungspotenzialen

Bestandsaufnahme

Organisation
- Geschäftsprozesse
- Zuständigkeiten
- Organigramm
- EDV-Kompetenz im Betrieb
- Kommunikationsanalyse
- Zugangsschutz/Zugriffsrechte

Hardware
- Server
- Clients/Workstations
- Speichersysteme
- Drucker
- Sonstige Peripherie
- Kommunikationshardware

Software
- Betriebssystem(e)
- ERP-System
- CRM-System
- Office-Programme
- PPS-System
- Archivierung
- Dokumentenmanagement
- Lizenzverwaltung
- Sonstige Anwendungen

Vernetzung
- LAN, WAN
- Anwendungen online
- Topologien
- Intranet
- Schnittstellen

Konzepte (z. B.)
- IT-Gesamtkonzept
- Vernetzungskonzept
- Datenspeicherungskonzept
- Datensicherungskonzept
- Druckkonzept
- Migrationskonzept
- Sicherheitskonzept
- Outsourcingkonzept
- Integrationskonzept

Die folgenden beiden Schaubilder zeigen, welche Folgen es hinsichtlich der Ergebnisse und Kosten haben kann, wenn man in den Phasen der Bestandsaufnahme und Konzepterstellung nachlässig war.

Weitere Informationen, Beispiele und Aufgaben zur Projektarbeit finden Sie in Kapitel 5.

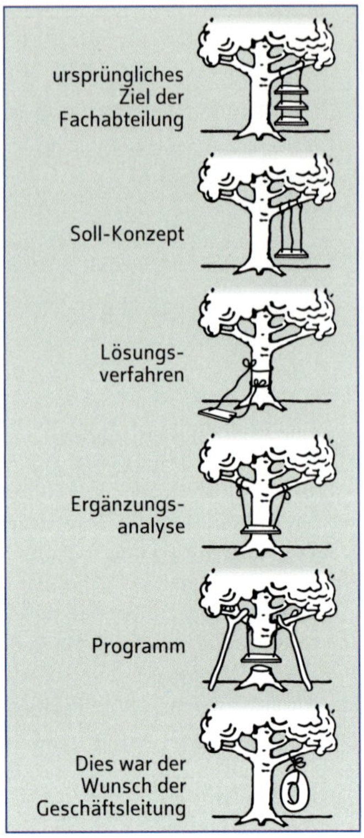

Planung und Wirklichkeit

Zur Bearbeitung eines Auftrags oder Projekts muss man planvoll vorgehen. Die folgende Übersicht stellt mögliche Arbeitsphasen in IT-Projekten dar:

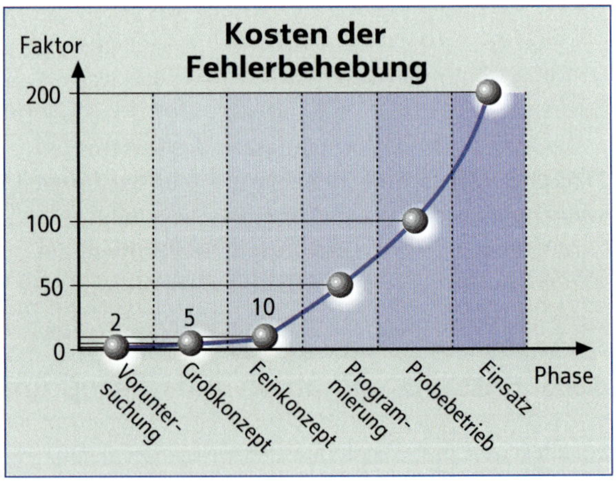

Aufgaben

1. Bewerten Sie die einzelnen Punkte der Liste „Bestandsaufnahme" und geben Sie jeweils an, wie Sie vorgehen würden.
2. Erläutern Sie, was man unter
   a) Migration eines Betriebssystems,
   b) einem hochskalierbaren Serversystem,
   c) einer Evaluation des Softwaresystems

   versteht (vgl. S. 244).
3. Fachinformatikern sollten Phasen- und Vorgehensmodelle, wie V-Modell, Wasserfallmodell oder Spiralmodell, keine Fremdworte sein. Arbeiten Sie dazu Kurzpräsentationen aus.
4. Die überalterte Software des Rathauses einer größeren Stadt soll komplett durch eine neue Software ersetzt werden. Stellen Sie verschiedene Umstellungs- bzw. Migrationsvarianten nach dem TCO (vgl. S. 243) gegenüber:
   a) Direkteinführung: Sie wechseln an einem bestimmten Tag von der alten auf die neue Software: Hard- und Softwarekosten: 180.000,00 €, Umstellungskosten: 40.000,00 €, Risikokosten des befristeten Totalausfalls durch Versicherung abgedeckt: 70.000,00 €.
   b) Stufeneinführung: Sie führen die neue Software nach einem Stufenkonzept ein, indem Sie bestimmte Bereiche schon vorzeitig auf die neue Software umstellen:
   Hard- und Softwarekosten für neues und altes System: 200.000,00 €, Umstellungskosten: 70.000,00 €, Risikokosten des befristeten Teilausfalls durch Versicherung abgedeckt: 30.000,00 €.
   c) Paralleleinführung: Sie lassen das alte Softwaresystem noch eine bestimmte Zeit weiterlaufen und erfassen alle Vorgänge doppelt:
   Hard- und Softwarekosten für neues und altes System: 200.000,00 €, Umstellungskosten: 120.000,00 €, Risikokosten des befristeten Teilausfalls durch Versicherung abgedeckt: 10.000,00 €.

   Welche Empfehlung würden Sie dem Leiter der EDV-Abteilung des Rathauses geben?

3.9.3.2 Konzeption einer Projektarbeit

S

Teil A der Abschlussprüfung in den IT-Berufen verlangt die Erstellung einer betrieblichen Projektarbeit, in der der Prüfling einen Auftrag oder einen begrenzten Teilauftrag ausführen, dokumentieren und präsentieren soll. Anna, Kai und Stefan haben sich folgende Übersicht besorgt und wollen sich vorbereiten.

In Kapitel 1.5.1 haben Sie schon einen Überblick über die Berufsausbildung in den IT-Berufen mit gestreckten Prüfungsteilen erhalten. Auf den folgenden Seiten erhalten Sie weitere Informationen über die Abschlussprüfung und die Erstellung der Projektarbeit.

In Kapitel 5.5 „Projektmanagement" wird umfangreich informiert und mit Beispielen belegt, wie man das Projektmanagement durchführen sollte. Dazu werden viele Vorlagen und Formulare vorgestellt, die für das Projektmanagement eingesetzt werden können.

Abschlussprüfung IT-Berufe – Prüfungsteil 2: Projektarbeit	
Zeitplan	Im letzten Ausbildungsjahr wird je nach Prüfungstermin der Antrag zur Projektarbeit fällig. **Winterprüfung:** Abgabe des Projektantrags etwa Mitte August **Sommerprüfung:** Abgabe des Projektantrags etwa Mitte Februar Die Durchführung der Projektarbeit hat nach der Genehmigung des Antrags etwa vier Wochen später zu beginnen. Nach der schriftlichen Prüfung muss der Projektbericht abgegeben werden.
Zeitrahmen der Projektdurchführung	IT-Systemelektroniker/-in: 40 Stunden Fachinformatiker/-in Anwendungsentwicklung: 80 Stunden Fachinformatiker/-in Systemintegration: 40 Stunden Kaufmann/-frau für IT-Systemmanagement: 40 Stunden Informatikkaufmann/-frau: 35 Stunden Davon entfallen auf die Erstellung der Projektdokumentation ca. 15 % der Zeit.

(Angaben ohne Gewähr, Informationen erteilt die IHK; *Fortsetzung auf Seite 247)*

W

Mögliche Projektphasen				
Investitionsprojekte		**Technische Aufgaben**	**Organisationsprojekte**	
Startphase	Projektplanung	Aufgabe	Istanalyse	Einleitung
Problemstellung	Entwurfs- und Antragserstellung	Konzeption	Zielplanung, Soll-Konzept	Auftrag
Istanalyse	Behördenverfahren	Planung	Pilotanwendung	Rahmenbedingungen
Grobkonzept	Beschaffung	Realisierung	Evaluierung Pilotversuch	Planung
Feinkonzept	Bau und Montage	Test	Umsetzung Gesamtkonzept	Durchführung
Durchführung	Abnahme	Einführung	Evaluierung Gesamtkonzept	Ergebnisse
Nutzung	Schulung, Inbetriebnahme	Nutzung		Ausblick

W

Softwaresysteme	
Beschaffung von Standardlösungen	**Entwicklung von Individuallösungen**
Ein Lastenheft wird von der beauftragenden Fachabteilung erstellt und beschreibt die Anforderungen aus Anwendersicht: **Was** wird benötigt und **wofür?** **Ein Pflichtenheft** wird vom Auftragnehmer auf der Basis des Lastenheftes definiert und beschreibt, **wie** und **womit** das Problem gelöst wird. **Ausschreibung:** Je nach Kenntnisstand und Zielsetzung können auf der Basis des Lasten- oder Pflichtenheftes Ausschreibungsunterlagen erstellt und veröffentlicht werden (vgl. auch folgendes Kapitel). **Auswahl:** Leistungen und Konditionen der Angebote werden verglichen, um das wirtschaftlichste Angebot auszuwählen. **Bestellung:** Ein entsprechender Lieferungsvertrag wird unterzeichnet und versendet.	**Problemanalyse, Produktdefinition,** z. B. Lasten- und Pflichtenheft erstellen, Machbarkeitsanalyse **Konzepterstellung,** z. B. Funktionsbeschreibung, Datenformate, Schnittstellen, Programmiersprache und Terminplan festlegen **Programmentwurf,** z. B. Funktionsdiagramme, Programmablaufpläne, Struktogramme, Datenbankentwurf, Bildschirmmaskenentwürfe usw. **Codierung/Entwicklung,** z. B. Programmmodule, Formulare, Berichte, Datenbanken, Abfragen usw. entwickeln **Programmtest/Implementierung,** d. h. mit Testdaten systematisch prüfen, verbessern, Programm einsetzen

Bewertungsmethoden für die Softwareentwicklung	**Function-Point-Methode:** Diese Methode, von Allan J. Albrecht entwickelt, sollte insbesondere den Softwareentwicklungsaufwand in Abhängigkeit von Umfang und Schwierigkeitsgrad des Produktes einschätzen helfen. Jede Produkt- oder Softwareanforderung wird anhand der Kategorien **Eingabe- und Ausgabedaten, Abfragen, Datenbestände** und **Referenzdateien** überprüft. Anhand einer Klassifizierung in **einfach, mittel** und **komplex** werden Function Points in einer Tabelle festgelegt. Nach weiteren Bewertungen wird zum Schluss der Entwicklungsaufwand in Mitarbeitermonaten (MM) ermittelt. **COCOMO:** Dieses Modell (**CO**nstructive **CO**st **MO**del) von Barry W. Boehm kann für eine grobe Einschätzung zu Kosten und Personaleinsatz einer Softwareentwicklung eingesetzt werden. Vorab müssen die Codezeilen oder die Function Points geschätzt werden.
Einführungsmethoden	**Direkteinführung:** Die Einführung des neuen Systems erfolgt an einem bestimmten Stichtag. Dies empfiehlt sich bei kleineren Insellösungen, sodass eine sofortige Umstellung durchgeführt werden kann. Zur Vermeidung eines Umstellungsrisikos sollten nur fehlerfreie, ausgetestete und bewährte Systeme direkt eingeführt werden und die betroffenen Mitarbeiter sollten vorher gut geschult worden sein. **Stufeneinführung:** Bei Systemen, die sehr komplex sind, eignet sich eine stufenweise Einführung einzelner Module. Die Stufenlösung funktioniert nur, wenn die einzelnen Module auch unabhängig funktionieren und die fehlenden Module durch andere Programme oder Verfahren ersetzt werden können. **Paralleleinführung:** Bei einem sehr hohen Umstellungsrisiko oder geringer Akzeptanz durch die Mitarbeiter ist es besser, eine Zeit lang das neue und alte System parallel zu fahren. Allerdings müssen dann die Daten doppelt erfasst und gepflegt werden. **Probeeinführung:** Das System wird für einen begrenzten Bereich, z. B. in einer Filiale, probeweise eingesetzt. So kann es geprüft und zunächst verbessert werden, bevor es in allen anderen Bereichen (z. B. weiteren Filialen) zum Einsatz kommt.

Abschlussprüfung IT-Berufe – Prüfungsteil 2: Projektarbeit	
Projekt-gewichtung	Projektbericht, Präsentation und Fachgespräch beinhalten Teil 2 der Abschlussprüfung, wobei der Projektbericht zu 50 % gewertet wird. Erreicht der Prüfling in den einzelnen Prüfungsteilen (z. B. Projektbericht) keine 50 % der Punkte (mangelhaft), gilt dieser Prüfungsteil als nicht bestanden; wurden keine 30 % der Punkte erreicht (ungenügend), gilt die Prüfung insgesamt als nicht bestanden.
Projektwahl	Das Projekt soll sich auf das Arbeitsfeld des Ausbildungsberufes beziehen und eine möglichst eigenständige Bearbeitung von Aufträgen (Kundenauftrag, interner Auftrag) beinhalten. In der Projektarbeit muss deutlich werden, welche Tätigkeiten von anderen Mitarbeitern ausgeführt und welche Entscheidungen von anderen Mitarbeitern getroffen wurden. Für viele Auszubildende ist es sicherlich nicht einfach, eine Projektarbeit im vorgeschriebenen Zeitrahmen (40/80 Stunden) zu planen, besonders wenn sie bisher nicht in größere Aufträge einbezogen wurden.
Projekt-beantragung	Nach Vorgabe der IHK muss das Projekt beantragt werden. Hierzu sind die Projektbezeichnung (Auftrag/Teilauftrag), eine kurze Projektbeschreibung (ca. halbe A4-Seite), das Projektumfeld (z. B. der Ausbildungsbetrieb), der Durchführungszeitraum, die Projektphasen mit einer Zeitplanung in Stunden und weitere Details, wie geplante Präsentationsmittel (z. B. Flipchart, Pinnwand, Beamer), anzugeben.
Projektziel	Durch die Projektarbeit und deren Dokumentation soll der Prüfling belegen, dass er Arbeitsabläufe und Teilaufgaben unter Beachtung wirtschaftlicher, technischer, organisatorischer und zeitlicher Vorgaben zielorientiert und selbstständig planen und kundengerecht umsetzen sowie Dokumentationen kundengerecht anfertigen, zusammenstellen und modifizieren kann.
Bewertungs-kriterien der Projektarbeit	1. Konkretisierung des Projektauftrags (15 %) = Projektziel, Teilaufgaben, Kundenwünsche, Projektumfeld, Prozessschnittstellen, Ausgangssituation 2. Projektplanung (10 %) = Personal-, Sachmittel-, Termin- und Kostenplanung 3. Projektdurchführung (45 %) = Prozessschritte, Vorgehensweise/Methodik, Entscheidungen, Qualitätskontrolle, Darstellung der Ergebnisse 4. Reflexion der Projektergebnisse (10 %) = Soll-Ist-Vergleich, Erklärung für Abweichungen, Bewertung aus Sicht des Auftraggebers und Prüfungsteilnehmers 5. äußere Gestaltung/Vollständigkeit (10 %) = Formaler Aufbau gemäß Merkblatt, Verweise (Fußnoten etc.), Vollständigkeit gemäß Projektantrag (ggf. gemäß Auflagen) 6. Formulierungen (10 %) = Verständlichkeit, Ausdruck, korrekte Verwendung von Fachbegriffen (Ohne Gewähr, kann von IHK zu IHK abweichen, Informationen erteilt die IHK)
Projekt-präsentation einschließlich Fachgespräch	Hier soll der Prüfling in ca. 30 Minuten (Präsentation und Fachgespräch etwa je halbe Zeit) zeigen, dass er bzw. sie fachbezogene Probleme und Lösungskonzepte zielgruppengerecht darstellen, den für die Projektarbeit relevanten fachlichen Hintergrund aufzeigen sowie die Vorgehensweise im Projekt begründen kann.
Bewertungs-kriterien der Präsentation	1. Aufbau, Struktur (max. 10 Punkte) 2. Medieneinsatz, Virtualisierung 3. Kommunikationsfähigkeit 4. Fachliche Durchdringung des Themas und Problemerfassung 5. Problemlösung und -argumentation (Ohne Gewähr, kann abweichen, Informationen erteilt die IHK)
Bewertungs-kriterien des Fachgesprächs	1. Beherrschung des für die Projektarbeit relevanten Fachhintergrundes (33,3 %) 2. Problemerfassung, Problemdarstellung und Problemlösung (33,3 %) 3. Argumentation und Begründung (33,3 %)
Stichworte für Internet-recherche	Ausbildungsverordnung, Ausbildungsrahmenplan, Prüfungsordnung, Berufsbildungsgesetz, IT-Berufe, Bezeichnung des IT-Berufes

Aufgaben

1. Erläutern Sie die Bewertungskriterien für die Projektarbeit, die Präsentation und das Fachgespräch mit eigenen Worten und geben Sie an, wie Sie bei dem jeweiligen Bewertungskriterium möglichst gut abschneiden können. Verwenden Sie eventuell das Formblatt mit den Bewertungskriterien im Downloadbereich.

DL

2. Sie wollen als Projekt die Erstellung eines IT-Sicherheitskonzepts für Ihren Betrieb übernehmen. Hierzu haben Sie die Grundschutz-Kataloge des BSI im Internet aufgerufen. Entwerfen Sie einen Projektantrag mit einer kurzen Projektbeschreibung und einem zeitlichen Ablaufplan.

Maßnahmenbündel für den Bereich „IT-Sicherheitsmanagement“
Planung und Konzeption ▪ Erstellung einer IT-Sicherheitsleitlinie ▪ Festlegung der IT-Sicherheitsziele und der IT-Sicherheitsstrategie ▪ Übernahme der Gesamtverantwortung für IT-Sicherheit durch die Leitungsebene **Umsetzung** ▪ Aufbau einer geeigneten Organisationsstruktur für IT-Sicherheit ▪ Erstellung eines IT-Sicherheitskonzepts ▪ Integration der Mitarbeiter in den Sicherheitsprozess ▪ Integration der IT-Sicherheit in organisationsweite Abläufe und Prozesse ▪ Erstellung von zielgruppengerechten IT-Sicherheitsrichtlinien ▪ Wirtschaftlicher Einsatz von Ressourcen für IT-Sicherheit **Betrieb** ▪ Aufrechterhaltung der IT-Sicherheit ▪ Managementberichte und -bewertungen zur IT-Sicherheit ▪ Dokumentation des IT-Sicherheitsprozesses ▪ Beachtung rechtlicher Rahmenbedingungen **Notfallvorsorge** ▪ Abschließen von Versicherungen
(Quelle: Grundschutz-Kataloge des BSI, vgl. bsi.bund.de)

3. Erstellen Sie in Gruppenarbeit für folgende Auftragssituationen einen Projektantrag:
   a) Der Schulträger einer berufsbildenden Schule hat für fünf Räume mit je 14 Schülerarbeitsplätzen und je einem Lehrerarbeitsplatz neue Computer (Workstation) ausgeschrieben. Jeder Raum soll mit einem (neuen) zentralen Laserdrucker vernetzt und mit einem (neuen) Beamer (fest installiert) ausgestattet und gemeinsam an einem vorhandenen Server angeschlossen werden. Alle bisherigen Programme sollen lauffähig sein.

   AS2

   b) Eine Firma beauftragt Ihr Unternehmen, aufgrund der erhöhten Anforderungen den Fileserver durch ein leistungsstärkeres System zu ersetzen und hierbei erhöhte Anforderungen der Datensicherheit und der Datensicherung zu berücksichtigen. A
   c) Ein Unternehmen mit 30 Computerarbeitsplätzen ist in ein neues Verwaltungsgebäude umgezogen. Die Geschäftsführung beauftragt Ihren Ausbildungsbetrieb, das gesamte Computersystem durch eine Client-Server-Lösung zu ersetzen. A
   d) Ihr Ausbildungsbetrieb hat Sie beauftragt, ein Programmmodul für das im Betrieb entwickelte Anwenderprogramm zu entwerfen. A
   e) Ihr Ausbildungsbetrieb hat insgesamt acht Auszubildende. Die Ausbildungsleiterin beauftragt Sie, eine Website für Auszubildende des Betriebes zu erstellen, die auch einen geschlossenen Benutzerbereich aufweist.
   f) Ein Multimedia-Unternehmen beauftragt Ihren Ausbildungsbetrieb mit einer Neuausstattung des EDV-Systems. A
   g) Ein Unternehmen will die Unternehmensabläufe und die Produktivität in seinem Personalwesen verbessern. Sie werden mit der Projektleitung beauftragt. A
   h) Controltax & Partner wollen virtuell zusammenarbeiten und geben Ihrem Betrieb den Auftrag, eine neue EDV-Ausstattung und ein lokales Netzwerk zu liefern. A

3.9.4 Präsentation und Demonstration von Produkten und Dienstleistungen

Die Website von ACI wird immer öfter aufgesucht. Die Geschäftsleitung will ein sogenanntes Infocenter auf der Website einrichten, worüber Produkte und Dienstleistungen präsentiert und neue Kunden gewonnen werden sollen.

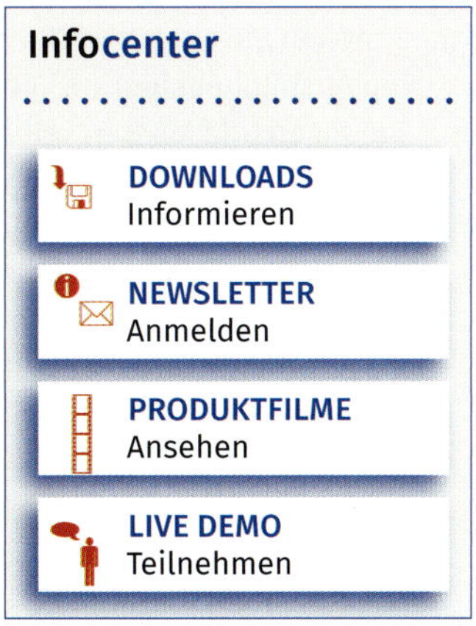

IT-Unternehmen sind so zahlreich auf dem IuK-Markt zu finden, dass die vielfältigsten Möglichkeiten der Präsentation und Demonstration von Produkten und Dienstleistungen vorzufinden sind.

Aufgrund der zur Verfügung stehenden Technologien und Kenntnisse setzen gerade IuK-Unternehmen moderne Präsentationsmethoden ein, die vielleicht erst später in anderen Marktbereichen ihre Verbreitung finden. Die meisten IT-Unternehmen präsentieren ihre Produkte über Websites und Newsletter. Immer mehr Unternehmen setzen Videokonferenzen, Webcasts oder Webinare ein. Auch der traditionelle Kundenkontakt über Tagungen, Seminare und Messebeteiligungen wird bei IT-Unternehmen großgeschrieben. Im Bildungsbereich eine erfolgreiche Messe, sowohl stationär als auch online begleitet, ist die Learntec in Karlsruhe (vgl. learntec.de). Regional werden die Messen durch Roadshows der Hersteller in großen Städten begleitet, bei denen eingeladene Kunden die Produktpräsentationen aus erster Hand erhalten. Vertragshändler und Systemhäuser veranstalten Hausmessen, zu denen sie die Kunden einladen. Für Großaufträge müssen den Kunden nicht selten auch Geräte und Programme zu Testzwecken zur Verfügung gestellt oder neue Systeme ausführlich vorgeführt werden. Die folgende Übersicht soll die Vielfalt der Präsentationsmöglichkeiten aufzeigen.

Präsentation und Demonstration von Produkten und Dienstleistungen		
Orte	▪ Beim Kunden	▪ Z. B. als Präsentation für Kunden oder als Testinstallation
	▪ Im Systemhaus	▪ Z. B. ständige Ausstellung, Präsentation nach Terminvereinbarung, in Schulungen
	▪ An sonstigen Orten	▪ Z. B. Messen, IT-Verlage, Tagungen
	▪ Über das Internet	▪ Z. B. zur Information, Präsentation, Kommunikation, Download
Medien	▪ Texte, Bilder	▪ Datenblätter, Prospekte, Whitepaper (gedruckt und elektronisch im Internet) ▪ Newsletter ▪ Testberichte in Zeitschriften ▪ Kundenberichte (Case Studies, Fallstudien) ▪ Anzeigen in Zeitschriften, Zeitungen ▪ Redaktionelle Beiträge in Zeitungen und Zeitschriften
	▪ Telefonisch	▪ Information und Beratung über Produkte, Terminvereinbarung
	▪ Multimedial	▪ Videopräsentationen auf CDs, im Internet, auf Messen u. Ä. ▪ Podcasts (Audiomitteilungen) ▪ Telefon- und Videokonferenzen, Webinare, Webcasts (Videomitteilungen), Pressekonferenzen, Roadshows, Infotage, Symposien
	▪ Persönlich	▪ Präsentationen, Vorführungen auf Ausstellungen, Tagungen, Seminare beim Kunden oder im Systemhaus
Arten	▪ Direkt, indirekt	▪ Vorführung auf Messe und im Systemhaus, Schulung, Training, indirekt über Kennenlernen der Produkte beim Anwender
	▪ Live, Berichte	▪ Praxistests der IT-Verlage, Tests auf virtuellen Testumgebungen ▪ Download von Testsoftware für Anwendertests
	▪ Eigene bzw. fremde	▪ Eigene Veranstaltungen, Partnerveranstaltungen

Jede Produktpräsentation sollte dem Umfang entsprechend vor- und nachbereitet werden, damit die Veranstaltung ein Erfolg wird.

Vorbereitung der Produktpräsentation
Genehmigung der Kosten
Festlegung des Termins
Festlegung des Präsentationsortes
Bereitstellung der Systeme und Medien
Entscheidung über die Einladung weiterer Referenten
Bereitstellung von Teilnehmerunterlagen
Einladung der Teilnehmer
Erstellung einer Teilnehmerliste
Festlegung des Veranstaltungsraums
Buchung von Getränken usw.
Ausstattung des Veranstaltungsraums

Nachbereitung der Produktpräsentation
▪ Sich um Teilnehmer und ihre Wünsche kümmern ▪ Teilnehmer wenn möglich persönlich verabschieden
▪ Sorge dafür tragen, dass alle Geräte und Unterlagen wieder an ihren Bestimmungsort zurückgelangen
▪ Präsentationsbericht erstellen
▪ Mit Teilnehmern Kontakt aufnehmen, falls gewünscht

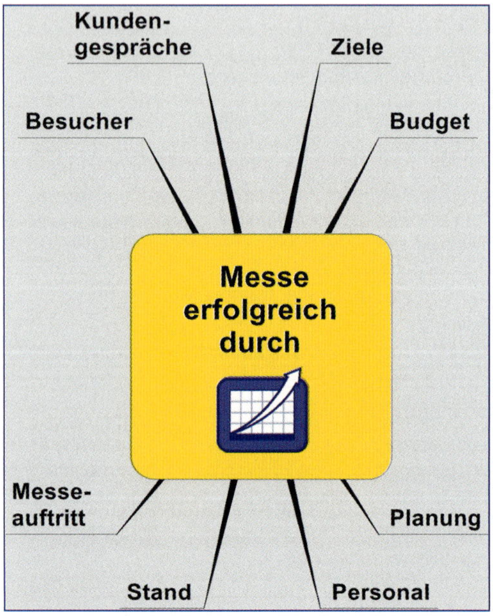

Aufgaben

1. Geben Sie in einer tabellarischen Darstellung an, welche Produktpräsentationen Ihr Ausbildungsbetrieb durchführt und welche vor- und nachbereitenden Maßnahmen dazu notwendig sind.
2. Erstellen Sie eine PowerPoint-Präsentation für Ihren Ausbildungsbetrieb. Sie soll auf Ausstellungen, Tagungen und Messen selbstablaufend mit bis zu 8 Folien das Unternehmen und seine Leistungen für den Kunden zeigen.
3. Suchen Sie nach den Stichworten „Webinar" oder „Webcast" und informieren Sie sich über kostenlose Webinare und Webcasts (z. B. über www.microsoft.de, www.electricpaper.de).
4. Organisieren Sie auch ein Webinar oder Webcast.
5. Recherchieren Sie zum Stichwort „Hausmesse" im Internet nach Einladungen und Beschreibungen von Hausmessen zum IT-Bereich. Erarbeiten Sie in einer Arbeitsgruppe einen Vortrag über gute Beispiele und die Vorbereitung einer Hausmesse.
6. Recherchieren Sie im Internet nach Firmenkontakten für Messebau und -planung. Bilden Sie ein Team, das anhand des Messeplaners einen Vortrag über die Vorbereitung zur Teilnahme an einer IT-Messe hält.
7. Im Downloadbereich finden Sie eine Checkliste zur Konferenzplanung. Bereiten Sie als Arbeitsgruppe einen Vortrag vor, inwieweit Sie diese Checkliste auch für den IT-Bereich einsetzen können. DL
8. Recherchieren Sie im Internet nach Websites, die gerade Webcasts durchführen (z. B. über www.meetyoo.de, www.microsoft.de) oder die Plattformen für kostenlose Webcasts bieten.
9. Informieren Sie sich über Whitepapers, z. B. bei www.heise.de/ oder www.tecchannel.de.
10. Informieren Sie sich über „virtual labs", z. B. bei www.tecchannel.de oder www.microsoft.de.

Die Präsentation der Projektarbeit und das Fachgespräch in der Abschlussprüfung müssen gut vorbereitet werden. Im vorangegangenen Kapitel wurden Bewertungskriterien für die Präsentation und das Fachgespräch vorgestellt.

Präsentation der Projektarbeit und Fachgespräch in der Abschlussprüfung	
Medien	**Projektbericht:** Dem Prüfungsausschuss liegen i. d. R. zwei Berichtsexemplare vor. Da der Prüfungsausschuss aber aus mehr als zwei Teilnehmern besteht, ist ein Handout für **jeden** Teilnehmer von Vorteil. **Handout (ca. 1 Seite):** Eine Kurzdarstellung der wichtigsten Ergebnisse der Präsentation kann den Zuhörern ausgehändigt werden, damit sie einen Überblick behalten und nicht so viel mitschreiben müssen. **PowerPoint-Präsentation:** ▪ Ansprechende Präsentation für einen ca. 15-minütigen Vortrag (ca. 6 bis 8 Folien) ▪ Gliederung am Rand „mitlaufend" ▪ Nicht zu viel Text, animiert **OHP-Folien** sollten für den Notfall vorbereitet werden, falls es technische Probleme mit der PowerPoint-Präsentation gibt. **Flipchart:** Im Rahmen der Präsentation oder des Fachgespräches kann es notwendig werden, Begriffe zu erläutern bzw. Technologien oder Abläufe kurz zu skizzieren. Auch als Medienwechsel könnte der Einsatz eines Flipcharts sinnvoll sein. **Projektprodukte:** Es kann sinnvoll sein, Produkte aus der Projektarbeit im Original oder als Bilder zu zeigen, wenn dies zeitlich begrenzt abläuft. **Kleine Handzettel/Karteikarten für den Vortragenden** mit Merksätzen für den Vortrag und weiteren Hinweisen straffen den Ablauf.
Ablauf	▪ Kurzvorstellung mit Namen und Projektthema nach Begrüßung des Prüflings durch den Prüfungsausschussvorsitzenden ▪ Verteilung des Handouts ▪ Präsentation des Projekts ▪ Rückfrage, ob sich Fragen aus der Präsentation ergeben haben ▪ Fachgespräch, geführt durch Mitglieder des Prüfungsausschusses
Hinweise	▪ Über die Kurzvorstellung zur Person und zum Thema freundlichen und interessanten Einstieg finden ▪ Blickkontakt zu den Zuhörern halten ▪ Nicht zu steif vortragen, jedoch auch nicht hektisch hin und her laufen ▪ Vortrag nicht zu schnell und immer mit Bezug zur Präsentation halten ▪ Durch langsameres Sprechen „Äh"s und ähnliche Füller vermeiden ▪ Text nicht ablesen, sondern möglichst frei sprechen, eventuell auch einen Medienwechsel vollziehen oder ein Produkt aus dem Projekt zeigen ▪ Vortrag mit einem Schlusswort abschließen ▪ Fragen der Zuhörer freundlich, kompetent und interessant beantworten

Aufgaben

Vereinbaren Sie Präsentationen mit PowerPoint zu Themen der nächsten Kapitel und üben Sie das Präsentieren mit Fachgesprächen.

3.9.5 Typisches Verhalten in Verkaufssituationen

S

Bei ACI werden nach eigenen Untersuchungen 60 % aller Aufträge von Stammkunden erteilt. Da es wesentlich zeit- und kostenaufwendiger ist, neue Kunden zu gewinnen als Stammkunden zu betreuen, wird auf die Kundenpflege bei ACI viel Wert gelegt.

Ohne neue Aufträge kann ein Unternehmen nicht existieren. Zunächst arbeitet ein im Markt eingeführtes und erfolgreiches Unternehmen leichter als ein neu gegründetes Unternehmen, da ein Großteil der Aufträge von Bestands- oder **Stammkunden** erteilt wird. Diese Stammkunden kennen die Produkte und den Service. Bestandskunden lassen sich auch mit Angeboten per Werbebrief oder per E-Mail direkt ansprechen. Bei Spezialaufträgen fragen Stammkunden Angebote ab oder können im Kundengespräch gewonnen werden. Unlauterer Wettbewerb ist allerdings unerwünscht und keine gute Marketingmaßnahme (vgl. folgende Seiten).

W

Anpreisung	Anfrage
Ein Angebot, das sich nicht an eine konkrete Person oder Firma richtet, sondern z. B. über Inserate, Zeitungsbeilagen, Schaufensterauslagen, Plakate usw. veröffentlicht wird, ist eine Anpreisung, d. h. eine Aufforderung an die Allgemeinheit, eine Bestellung abzugeben. Im rechtlichen Sinne ist die Anpreisung unverbindlich. Die Bestellung muss daher nicht zum Kaufvertrag führen.	Die Anfrage ist rechtlich unverbindlich, dient zur Geschäftsanbahnung und fordert den Lieferanten auf, ein Angebot abzugeben. Varianten: ▪ Allgemeine Anfrage (z. B. mit Bezug, d. h. Nennung der Verwendung) ▪ Spezielle/gezielte Anfrage ▪ Mündliche/telefonische Anfrage ▪ Schriftliche Anfrage (Brief, Fax, E-Mail) ▪ Internetshop-Anfrage

Die kostengünstigste und wirkungsvollste Gewinnung von Neukunden geschieht durch die **Mund-zu-Mund-Propaganda** der anderen Geschäftskunden. Meistens bringen neue Kunden durch die Empfehlung eines Geschäftskunden ein hohes Maß an Vertrauen mit und verbinden damit große Bereitschaft, einen Auftrag zu erteilen.

Während bei Lagerware der Kunde über Kataloge, Internetshop oder auch Werbebriefe und -anzeigen erreicht werden kann, erfordern Spezialaufträge in den meisten Fällen das Kundengespräch sowie ein gutes Vertrauensverhältnis zwischen Kundenberater und Kunde. Da bei Spezialaufträgen normalerweise ein größerer Beratungsbedarf als bei Lagerware besteht, sind regionale Vertriebsstellen und schnell erreichbare Vertriebsbeauftragte von großer Bedeutung.

W

Geschäftsanbahnung		
	Lagerware	**Spezialauftrag**
Stammkunden	Folgeaufträge, Kundenkatalog, Werbebrief, E-Mail, Infobrief, Werbeanzeigen, Internetshop	Folgeaufträge, Kundengespräche (telefonisch, durch Besuche, auf Messen u. Ä.)
Neukunden	Mundpropaganda, Internetshop, Werbeanzeigen, Messen, Informationsdienste	Mundpropaganda, eventuell allgemein gehaltene Werbebriefe und Werbeanzeigen, Informationsdienste

Informationsdienste: Hersteller- und Bezugsquellennachweise oder Branchenbücher
Beispiele: Wer liefert was? (www.wlw.de), http://de.kompass.com, www.gelbeseiten.de, www.gewusst-wo.de, http://suche.freenet.de, u. v. m.

3.9.5.1 Kommunikationsmittel

S

In der Regel ergreift der Kunde die Initiative und nimmt mit dem Lieferanten Kontakt auf. Seine positiven Erwartungen dürfen nicht enttäuscht werden.

Der Kunde kann verschiedene Wege der Kontaktaufnahme wählen. Häufig sind dies aus Bequemlichkeit die persönliche Kontaktaufnahme, insbesondere per Telefon, oder die schriftliche Kontaktaufnahme per Fax oder E-Mail. Der Lieferant oder Verkäufer muss nun möglichst schnell alle Unklarheiten beseitigen und den Geschäftsabschluss vorbereiten.

W

Kunde			Lieferant (z. B. ACI)	
Informationsgrad	**Aktion**	**Kommunikationsmittel**	**Vorbereitung**	**Antwortschreiben**
Nicht vollständig	**Anfrage**	Brief, Fax, E-Mail, Telefon, persönlich	▪ Evtl. beim Kunden Unklarheiten beseitigen ▪ Bonität (Zahlungsfähigkeit) bei Neukunden je nach Auftragsumfang prüfen ▪ Machbarkeit feststellen	**Angebot**
Vollständig durch Anpreisung (Werbebrief, Katalog), evtl. werden aber noch weitere Informationen eingeholt	**Bestellung**		▪ Liefertermin und gewünschte Konditionen prüfen ▪ Evtl. beim Kunden Unklarheiten klären	**Auftragsbestätigung**

Aufgabe

Sie erhalten eine E-Mail von einem möglichen Neukunden, der um Informationen über Computer bittet. Wie würden Sie vorgehen?

a) Sie senden per E-Mail-Antwort (Pendelbrief) ein allgemeines Antwortschreiben und fügen als elektronischen Katalog (PDF-Format) die aktuelle PC-Übersicht mit Preisliste und die Allgemeinen Geschäftsbedingungen bei. Im E-Mail-Antwortschreiben weisen Sie auf mögliche Mengenrabatte und besondere Lieferkonditionen je nach Auftragsumfang hin. Sie nennen sich als persönlichen Verkaufsberater mit Ihrer Telefondurchwahl.

b) Sie entnehmen der E-Mail die Telefonnummer und rufen an. Vorher haben Sie sich gut auf das Gespräch vorbereitet und zu den Produkten Informationen für das Gespräch zusammengestellt. Sie wollen höflich und möglichst kompetent auf den neuen Kunden wirken.

c) Sie geben die Kundendaten in das Computersystem ein und erstellen ein Angebot. Da Sie noch nicht genau wissen, welchen Computer der Kunde bestellt, erfassen Sie als Muster verschiedene Computer Ihrer Wahl als alternative Vorschläge. Sie weisen auf den beigefügten Computerprospekt hin und versenden das Angebot einschließlich Prospekt mit der Post.

3.9.5.2 Persönlicher Verkauf (Personal Selling)

S Anna stellt fest, dass die Kunden im Ladengeschäft sehr unterschiedlich angesprochen werden wollen. Manche möchten sich zunächst in aller Ruhe im Geschäft umsehen, andere sind dankbar für eine umgehende Ansprache und eine ausführliche Beratung. Auch Kerstin hat im Kundengespräch die unterschiedlichsten Kundentypen festgestellt.

Kundentypen	
Anspruchsvolle	Nörgler
Besserwisser	Preisorientierte
Eilige	Schüchterne
Feilscher	Schwätzer
Fortschrittliche	Spaßorientierte
Fragensteller	Stammkunden
Ja-Sager	Technikbegeisterte
Misstrauische	Umweltbewusste
Modeorientierte	Unentschlossene

Gefühle, Wertvorstellungen und die Einkaufsstimmung können die Kaufbereitschaft und die Kaufentscheidung erheblich beeinflussen. Auf Wertvorstellungen und Kundentypen sollte der Verkäufer gezielt eingehen können. Die Kunst besteht darin, den Kundentypen und seine Wertvorstellungen möglichst schnell in Erfahrung zu bringen, um die Kundenansprache und die Gesprächsführung kundengerecht zu gestalten.

W

Wichtig:

- „Der Kunde ist König." Stets höfliche, nicht aufdringliche, kompetente Bedienung ist angesagt.
- Der Stammkunde wünscht eine persönliche Bedienung (Ansprache mit Namen, Kenntnis des Geschäftsbereiches und der Wünsche/Wertvorstellungen, eventuell verbunden mit einer Rückfrage, ob bisher gekaufte Artikel zur Zufriedenheit funktionieren).
- Ein neuer Kunde sollte möglichst noch während des ersten Aufenthalts die Entscheidung fällen, dieses Geschäft zukünftig als Stammgeschäft zu wählen.

W

Kaufverhalten – Kaufmotive	
Impulskauf	Kaufimpulse erhalten die Menschen auf vielfältige Art. Die einen lassen sich durch eine schöne Kaufatmosphäre (schönes Geschäft, Hintergrundmusik) zum Kauf verleiten, andere durch das Herausstellen von Zugaben u. v. m.
Gewohnheitskauf	Jeder tätigt Gewohnheitskäufe. Wenn Papier verbraucht ist, bestellt oder kauft man meist beim gleichen Lieferanten. Es kann auch sein, dass man bei Gewohnheitskäufen zu sogenannten Kaufbündeln greift, also z. B. „Papier + Tinte" oder „Tageszeitung + Schokoriegel". Gewohnheitskäufe werden vom Konsumenten kaum noch nach Einzelheiten hinterfragt.
Zielkauf	Zielkäufe sind geplant, stehen auf einem Einkaufzettel oder werden systematisch nach Angebotsvergleichen in verschiedenen Geschäften getätigt. Hier sind das zur Verfügung stehende Budget, Eigenschaften des gesuchten Produkts sowie Preis- und Qualitätsvorstellungen von Bedeutung. Der Kunde ist bereit, besonderen Aufwand zu betreiben, um das für ihn richtige Produkt zu finden, und will davon überzeugt werden, z. B. beim Kauf eines PCs.
Notkauf	Der Kunde befindet sich in einer Notsituation (z. B. technische Panne) und ihm stehen zur Lösung des Problems nur wenige Alternativen zur Verfügung. Der Problemlöser kann die Notsituation ausnutzen und seine Dienste teuer anbieten oder dem Kunden günstig helfen und damit die Kundenbindung aufbauen oder verbessern.

Stufen des Verkaufsgespräches		
AIDA wurde vom Amerikaner St. Elmo Lewis 1898 entwickelt, damit die Außendienstmitarbeiter seiner großen Druckerei bessere Ergebnisse bei Verkaufsgesprächen erzielen. Später entstanden zur Erzielung einer hohen Werbewirksamkeit zahlreiche weitere Modelle. Um das Einmalgeschäft nicht zu bestärken, sondern den Kunden dauerhaft an das Geschäft zu binden, wurden die erweiterten Modelle **AIDCA** und **AIDCAS** um die wichtigen Aspekte ▪ **Vertrauen** (Confidence) zwischen Kunden und Verkäufer und ▪ langfristige **Zufriedenheit** (Satisfaction) des Kunden durch einen guten Kauf und eine gute Beratung ergänzt.		
AIDA	**AIDCA**	**AIDCAS**
A – Attention (Aufmerksamkeit) **I** – Interest (Produktinteresse) **D** – Desire (Besitzwunsch) **A** – Action (Kaufhandlung)	**A** – Attention (Aufmerksamkeit) **I** – Interest (Produktinteresse) **D** – Desire (Besitzwunsch) **C** – Confidence (Vertrauen) **A** – Action (Kaufhandlung)	**A** – Attention (Aufmerksamkeit) **I** – Interest (Produktinteresse) **D** – Desire (Besitzwunsch) **C** – Confidence (Vertrauen) **A** – Action (Kaufhandlung) **S** – Satisfaction (Zufriedenheit)
Reaktionen des Kunden		
▪ Oh, was für ein Gerät! ▪ Was das alles kann! ▪ Muss ich haben! ▪ Ich nehme es gleich mit!	▪ Oh, was für ein Gerät! ▪ Was das alles kann! ▪ Muss ich haben! ▪ Der Verkäufer hat mich gut beraten, das Geschäft sagt mir zu. Ich kann es ruhig nehmen. ▪ Ich nehme es gleich mit!	▪ Oh, was für ein Gerät! ▪ Was das alles kann! ▪ Muss ich haben! ▪ Der Verkäufer hat mich gut beraten, das Geschäft sagt mir zu. Ich kann es ruhig nehmen. ▪ Ich nehme es gleich mit! ▪ Ich freue mich immer noch, dass ich es (damals) dort gekauft habe.
Verkaufsargumente sollten psychologisch aufgebaut sein: 2-5-4-3-1 (1 = stärkstes Argument)		

Gut angelegte Verkaufsgespräche können entscheidend den Verkaufserfolg beeinflussen. Die oben genannten Verkaufsphasen sollten berücksichtigt werden.

Aufgaben

1. Unterscheiden Sie im Kaufverhalten.
   a) Ein Kunde kauft regelmäßig bei Ihnen Datenträger und Papier.
   b) Sie haben ein PC-Geschäft in einem kleineren Ort und sollen am Samstagnachmittag dringend einen PC reparieren.
   c) Ein Kunde kommt in Ihr Geschäft und trägt seine Wünsche vom Zettel vor: PC mit Microsoft Windows 10, Office 2019 usw.
   d) Ein Kunde lässt sich dazu hinreißen, an der Kasse eine Packung CDs mit in den Warenkorb zu legen.
2. Übersetzen Sie folgenden Text sinngemäß:

   > A successful salesperson has to arouse the attention of the customer, interest him or her in the offer, increase the desire to purchase the product, convince the potential buyer of the product's benefit, stimulate the customer to the action of buying, achieve the customer's state of satisfaction.

3. Rollenspiel: Spielen und/oder diskutieren Sie eine Verkaufssituation, in der ein EDV-Einsteiger einen PC kaufen will, aber dem Verkäufer z. B. folgende Schwächen unterlaufen: Verkäufer meidet Blickkontakt zum Käufer, spricht zu schnell, verwendet häufig Fachbegriffe, spricht zu oft von sich selbst, verwendet zu viele Nebensätze, sucht ständig Arbeitsmittel, reagiert unfreundlich auf Einwände. Die Mitschüler sollen die Situation beurteilen und Verbesserungsvorschläge unterbreiten.
4. Rollenspiel: Ein Kunde kommt ins Geschäft und will sich beschweren. Sie wollen als Verkäufer perfekt handeln und folgende Notizen beachten: Freundliche Begrüßung und Gesprächsführung, mit Namen ansprechen, zuhören, sich nicht sofort rechtfertigen, sich in die Rolle des Kunden versetzen, objektive Maßstäbe ansetzen, Kunde ausreden lassen, Notizen machen, kundennahe Lösungen entwickeln, Kundenbeziehung stärken.
5. Ein Verkäufer erteilt seinem Auszubildenden folgende Ratschläge zum Telefonieren bei eingehenden Gesprächen:
   - Drei Mal läuten lassen, Rückruf anbieten
   - Kunden ausreden lassen

- Nicht trinken, essen oder rauchen während des Gesprächs
- Notizen machen
- Kein unfreundlicher oder zu persönlicher Umgangston
- Erst nach dem Kunden auflegen

Diskutieren Sie über die Ratschläge.

3.9.5.3 Werberecht

S Anna wird jeden Tag über E-Mail mit vielen Kaufangeboten konfrontiert. Manche Angebote hören sich spektakulär günstig an. Sie überlegt, ob solche Angebote überhaupt legal sind. Sie liest dazu unten stehende Pressemitteilung.

Drastische Zunahme von Beschwerden über Rechtsverstöße im Wettbewerb

Die Zentrale zur Bekämpfung unlauteren Wettbewerbs e. V. beklagt eine massive Zunahme von Beschwerden über Rechtsverstöße im Internet. Insgesamt hat die Wettbewerbszentrale fast 20.000 Beschwerdefälle bearbeitet.

Der Hauptteil der Beschwerden richtet sich mit einem Anteil von 45 % auf Verstöße gegen die guten Sitten im Wettbewerb. Beschwerden über Verstöße im Internet haben einen Anteil am Gesamtaufkommen der Beschwerden von mittlerweile 17 % erreicht. Gerade die ständig wachsende Beliebtheit von Versteigerungen über verschiedene Plattformen, auf denen sich jeder Nutzer als Internethändler bzw. -auktionator betätigen kann, habe zu einer drastischen Zunahme der Beschwerden geführt. Viele gewerbliche Anbieter im Internet geben sich nicht als solche zu erkennen, sondern treten vielmehr als private Anbieter auf. Oftmals geben derartige Anbieter nicht einmal ihren Namen und ihre Anschrift im Internet an. Der Verbraucher steht dann schutzlos da. Auf diese Weise werde versucht, die gesetzlichen Rechte der Verbraucher zu verkürzen oder ganz zu verschweigen. Die konkurrierenden Gewerbetreibenden beobachten dies mit Argusaugen. Tagtägliche Beschwerden von Mitbewerbern sind die Folge.

Werbung ist ein wichtiger Faktor, um Waren und Dienstleistungen anzupreisen und im Markt zu platzieren oder Kundenbeziehungen zu festigen. Damit dies für Verbraucher und Mitbewerber im fairen Wettbewerb geschieht, wurde mit dem **Gesetz gegen den unlauteren Wettbewerb (UWG)** ein Handlungsrahmen gesetzt. E-Commerce ermöglicht grenzüberschreitenden Handel und Werbung im großen Ausmaß, sodass auch europäische und internationale Schutzvorschriften immer größere Bedeutung erlangen. Der Kaufmann muss eine Vielzahl von Vorschriften und Regeln beachten, wenn er sich korrekt verhalten und nicht Gefahr laufen will, kostenpflichtig abgemahnt zu werden.

Werbemaßnahmen und das Werberecht	
Irreführende Werbung	Werbung muss wahr und klar sein, darf nicht missverstanden werden können. Die Schwelle zur Unlauterkeit und damit zum Verstoß gegen die §§ 1 und 3 des UWG wird dann überschritten, wenn die Anpreisungen täuschenden Charakter haben und den Wettbewerb zum Nachteil der Mitbewerber, der Verbraucher oder sonstiger Marktteilnehmer nicht nur unerheblich beeinträchtigen. Beispiel: „Mit dieser CBT-Software bestehen Sie garantiert die Prüfung!". Häufig liegt auch ein Sachmangel nach § 434 BGB vor.
Lockvogelangebote	Kunden dürfen nicht durch irreführende Gestaltung von Preisen und Angeboten zum Kauf verlockt werden, z. B. indem Kunden mit absoluten Billigpreisen in das Geschäft gelockt werden, ohne dass die Ware in ausreichender Stückzahl vorrätig ist.
Ausnutzung	Werbung und sonstige Handlungen im Wettbewerb, die die Unerfahrenheit von Jugendlichen oder die Leichtgläubigkeit, Angst oder eine Zwangslage von Verbrauchern ausnutzen, sind unzulässig.
Mit Angst oder Mitleid werben	Das Ausnutzen und Erzeugen von Angst- oder Mitleidsgefühlen zur Steigerung des Absatzes ist nicht erlaubt. Hierunter fallen werbliche Hinweise auf bevorstehende Geldentwertungen, Gesundheits- und Umweltgefahren sowie auf karitative Zwecke eines Angebots, selbst wenn es sich dabei nur um Nebenzwecke handelt.
Schleichwerbung	Verbraucher sollen in redaktionellen Beiträgen sachlich und unbeeinflusst unterrichtet und nicht durch indirekte Werbung unsachlich in die Irre geführt werden. In Veröffentlichungen muss daher nach den Presse- und Mediengesetzen der redaktionelle Teil vom Anzeigenteil getrennt bzw. bei einer Vermengung deutlich auf den Anzeigencharakter einer Anzeige hingewiesen werden.

(Fortsetzung auf folgender Seite)

W **Werbemaßnahmen und das Werberecht**

Mengen-beschränkung	Eine Mengenbeschränkung (z. B. 200 Stück) und eine Abgabebeschränkung (z. B. „Nur in Haushaltsmengen") ist bei der Werbung zulässig. In der Regel muss der Anbieter einen Vorrat von mindestens zwei Tagen bezogen auf die erwartete Nachfrage vorhalten oder auf einen geringen Restposten besonders hinweisen.
Preisvergleiche	Preisvergleiche der eigenen Preise mit den empfohlenen Verkaufspreisen des Herstellers sind zulässig, jedoch nicht der Vergleich mit (eventuell vorher heraufgesetzten) „Mondpreisen". Bei Preisen gegenüber Verbrauchern sind die Bruttopreise anzugeben.
Preisangaben	Nach der Preisangabenverordnung **PAngV** müssen grundsätzlich alle Waren und Leistungen mit Preisen ausgezeichnet sein: ▪ Wo? Schaufenster, Regal, Preisverzeichnisse, Preisschilder ▪ Wie? Leicht erkennbar, deutlich, dem Angebot eindeutig zugeordnet ▪ Was? Endpreis (inklusive Umsatzsteuer, Bedienung usw.) ▪ Ausnahmen: Bei Freilandverkauf, Antiquitäten, Werbevorführungen u. Ä.
Vergleichende Werbung	Produkte der gleichen Art oder mit gleicher Zweckbestimmung dürfen nach § 6 UWG miteinander verglichen werden, wenn die guten Sitten gewahrt bleiben und der Vergleich objektiv (wahrheitsgemäß, nachprüfbar und nicht irreführend) ist.
Sonder-angebote	Einzelne nach Güte oder Preis gekennzeichnete Waren können als Sonderangebote herausgestellt werden. Sonderveranstaltungen wie „30 % Sommerrabatt auf alles" oder „Räumungsverkauf" sind nach dem UWG erlaubt.
Preisspaltung	Es ist verboten, identische Waren im Geschäft an verschiedenen Stellen zu unterschiedlichen Preisen anzubieten, z. B. am Eingang zum niedrigen Preis und im Regal zum regulären Preis.
Freundschafts-werbung	Eine Laienwerbung, meist als „Freundschaftswerbung" angeboten, ist grundsätzlich erlaubt, auch wenn hier meist private Beziehungen kommerzialisiert werden. Der Werber erhält in der Regel eine Prämie. Je mehr Aufwand der Werber hat, um sich die Prämie zu verdienen, desto höher darf die Prämie sein. Es kann jedoch auch leicht der Vorwurf des unlauteren Anlockens mit sachfremden Anreizen berechtigt sein.
Zugaben	Bei Preisnachlässen, Zugaben oder Geschenken sind die Bedingungen für ihre Inanspruchnahme klar und eindeutig anzugeben.
Kopplungs-angebote	Wenn die Angebote in einem sachlichen Zusammenhang stehen, können verschiedene Waren und Dienstleistungen verbunden (gebündelt) angeboten werden. Der Kunde darf jedoch nicht über den wirklichen Wert des Angebots getäuscht oder unzureichend informiert werden.
Unzumutbare Belästigung	Unzumutbare Telefonanrufe zu Werbezwecken sind als aufdringliche und belästigende Werbung unzulässig. Der Sachverhalt liegt nicht vor, wenn ein Unternehmer einen Kunden durch Direktwerbung informieren will, dieser seine Anschrift übermittelt und seine Einwilligung zur Werbung gegeben hat (§ 7 UWG). E-Mails mit Werbecharakter müssen schon im Betreff als Werbung erkennbar sein.
Gewinnspiele	Preisausschreiben und Verlosungen sind nur dann zulässig, wenn damit weder Kaufzwang noch eine Verpflichtung verbunden oder suggeriert werden und die Verbraucher nicht über die Gewinnchancen getäuscht werden (§ 4 UWG).
Rufschädigung	Wer den Wettbewerb dadurch beeinflusst, dass er als Mitarbeiter Geschäftsgeheimnisse bekannt macht oder als Nichtmitarbeiter sich solche Geschäftsgeheimnisse beschafft und geschäftsschädigend einsetzt, kann mit Freiheitsstrafe oder Geldbuße bestraft werden (§ 17 ff. UWG).
Folgen bei Verstößen	Getäuschte Kunden können bei unwahren und irreführenden Werbeangaben vom Vertrag zurücktreten. Mitbewerber, Kammern und Verbände können auf Unterlassung klagen, was zu erheblichen Kosten führen kann. Weiterhin ist mit Freiheitsstrafe oder Geldbuße zu rechnen.
Auskünfte, Quellen	IHK, HWK, Internet: wettbewerbszentrale.org

Aufgaben

Handelt es sich hier um zulässige Maßnahmen?

a) Sie haben eine Zeitschrift abonniert und werden gebeten, im Freundeskreis weitere Kunden gegen eine Prämie zu werben.

b) Sie können im Internet an einer Gewinnverlosung teilnehmen, wenn Sie Kunde werden.

c) Ihnen wird ein Gerät zum Superpreis angeboten, sodass Sie umgehend bestellen. Leider ist die Ware vergriffen. Sie bekommen alternative Artikel angeboten, jedoch zum höheren Preis.
d) Ein Versicherungsvertreter sucht Sie auf und drängt Sie zur Unterschrift für den Abschluss einer Unfallversicherung. Er macht Ihnen Angst, dass Sie mit 18 Jahren jeglichen Risikoschutz verlieren würden.
e) Ein Verkäufer berichtet Ihnen, dass sein Mitbewerber in größten wirtschaftlichen Problemen stecke und wohl nicht liefern könne.
f) Wenn Sie einen Computer kaufen, sollen Sie vom Händler drei Monate kostenlosen Eintritt im Fitnessclub erhalten.
g) Ein Händler wirbt mit dem Slogan „Die absturzsichere Festplatte".
h) Ein Händler vergleicht ein identisches Produkt im Preis mit der Konkurrenz.

3.9.5.4 Teilnahme an Ausschreibungen

S Öffentliche Auftraggeber schreiben über das Internet Lieferungs- und Dienstleistungsaufträge aus. Mitarbeiter von ACI wollen prüfen, ob sich die Beteiligung an einer Ausschreibung lohnt.

Behörden schreiben größere IT-Beschaffungen und IT-Dienstleistungen aus, d.h., sie fordern Anbieter auf, sich an einem förmlichen Verfahren zur Angebotsabgabe zu beteiligen. Öffentliche Ausschreibungen erscheinen in Zeitungen, amtlichen Mitteilungsblättern und im Internet. Aber auch in der freien Wirtschaft finden Ausschreibungen statt, meist für Großprojekte. Ausschreibungen sollen durch weitestgehend transparente und förmliche Vergabeverfahren einen größtmöglichen Wettbewerb und eine Gleichbehandlung aller Anbieter gewährleisten. Die Suche nach aktuellen Ausschreibungen ist für Anbieter zeitintensiv, sodass immer mehr der Weg der Onlineausschreibungen gewählt wird. Über das Internet erhalten die Bewerber online den Ausschreibungstext, können Ausschreibungsunterlagen sowie Lieferungs- und Leistungsverzeichnisse direkt bestellen und per Onlineeinzugsermächtigung bezahlen. Das Herunterladen der kompletten Vergabeunterlagen bewirkt eine enorme Arbeits- und Zeitersparnis für den Bewerber. Spezielle Ausschreibungsplattformen bieten online sogar für alle Bundesländer gegen Gebühr einen regelmäßigen Informationsdienst für Ausschreibungen an.

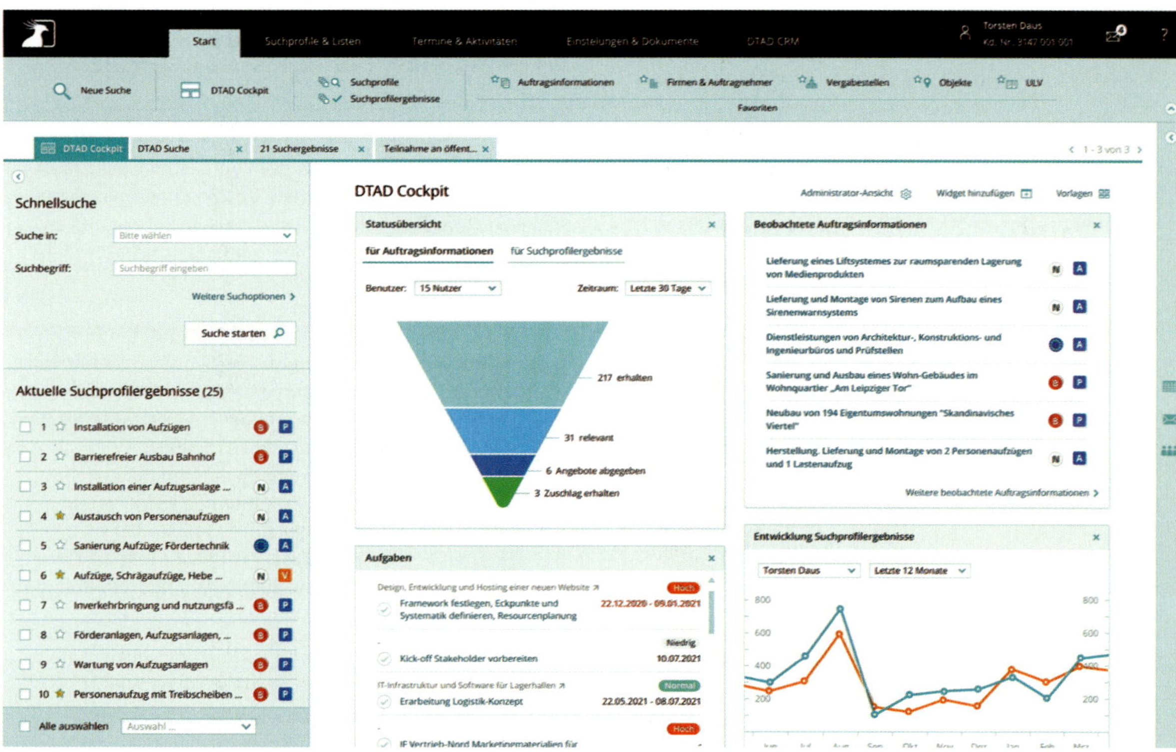

DTAD Deutscher Auftragsdienst AG – Premium-Anbieter für öffentliche, gewerbliche und private Auftragsinformationen sowie ganzheitliches Ausschreibungsmanagement

W

Ausschreibungen	
Zweck	Aufforderung zur Angebotsabgabe nach strengen Regeln
Vergabeunterlagen	Die Vergabeunterlagen bestehen aus dem Anschreiben (Aufforderung zur Angebotsabgabe) und den Verdingungsunterlagen. Diese enthalten ▪ die Bewerbungsbedingungen, die das Verfahren bis hin zur Angebotsabgabe erläutern und die gewünschte Leistung eindeutig und vollständig beschreiben (Leistungsbeschreibung) und ▪ die Vertragsbedingungen.
Arten	**Öffentliche Ausschreibung** (europaweit, sogenanntes offenes Verfahren): Ein unbeschränkter Kreis von Unternehmen wird zur Abgabe von Angeboten aufgefordert. **Beschränkte Ausschreibung** (europaweit, sogenanntes nicht offenes Verfahren): Der Kreis von Unternehmen, die zur Angebotsabgabe aufgefordert werden, reduziert sich evtl. durch einen vorherigen Teilnehmerwettbewerb. **Freihändige Vergabe** (europaweit, sogenanntes Verhandlungsverfahren): Bei Dringlichkeit, besonderer Begründung und bei Aufträgen in geringer Auftragshöhe ist ein formloses Verfahren mit beschränkter Teilnehmerzahl zugelassen. **Nationale oder europaweite Ausschreibung:** Ob im jeweiligen Vergabeverfahren nationale oder europäische Vorschriften angewendet werden, hängt vom geschätzten Auftragswert (ohne Umsatzsteuer) ab.
Vergabe nach Losen	Der Auftraggeber hat in jedem Falle, in dem dies nach Art und Umfang der Leistung zweckmäßig ist, die Ausschreibung in Lose zu zerlegen, damit sich auch kleine und mittlere Unternehmen um diese Lose bewerben können. Die einzelnen Lose müssen allerdings so bemessen sein, dass eine unwirtschaftliche Zersplitterung vermieden wird.
Teilnahmevoraussetzungen	Häufig werden Nachweise über Projekte vergleichbarer Art der letzten drei Jahre verlangt. Dazu kommt die Forderung nach einer sogenannten „Unbedenklichkeitsbescheinigung" vom Finanzamt, wo dem Teilnehmer bescheinigt wird, dass er in den letzten Jahren seinen Steuerpflichten nachgekommen ist. Meist wird auch ein Auszug aus dem Gewerbezentralregister gewünscht.
Rechtliche Vorgaben	Verdingungsordnungen für ▪ Lieferungen und Leistungen (VOL), ▪ Bauleistungen (VOB) und ▪ freiberufliche Leistungen (VOF)
Vor- und Nachteile für den Auftraggeber	**Vorteile:** ▪ Durch die öffentliche Ausschreibung kann sich jeder geeignete Bewerber beteiligen, was den Wettbewerb verbessert. ▪ Gefahren der Korruption, Vetternwirtschaft, Bestechung u. Ä. werden durch ein überschaubares, transparentes Bieterverfahren gemindert. ▪ Durch den Wettbewerb hat der Auftraggeber eine gute Chance auf ein wirtschaftlich günstiges Angebot. **Nachteile:** ▪ Unternehmen, die sich mit den Formalitäten nicht auskennen oder die Eingangsvoraussetzungen nicht erfüllen, haben keine Chance. ▪ Unternehmen außerhalb der Region oder aus dem Ausland besitzen eventuell gegenüber heimischen Unternehmen Vorteile. ▪ Ausschreibungsverfahren sind zeitaufwendig und bei eilbedürftigen Beschaffungen hinderlich. ▪ Ausschreibungsbedingungen lassen sich nach der Ausschreibung nur schwer ändern, Nachverhandlungen sind grundsätzlich nicht möglich.
Vor- und Nachteile für den Auftragnehmer	**Vorteile:** ▪ Unternehmen können sich europaweit aufgrund der für alle gleichen Vergabebedingungen um Aufträge bewerben. ▪ Auch wenn Unternehmen scheitern, können sie über die Beteiligung an einem Verfahren Geschäftskontakte knüpfen. **Nachteile:** ▪ Die Beteiligung an Ausschreibungsverfahren ist zeit- und kostenintensiv, was gerade bei vielen erfolglosen Ausschreibungen die Ertragskraft des Unternehmens mindert. ▪ Unternehmen müssen die Angebote genau kalkulieren und die Vergabebedingungen genau studieren, da sie beim Zuschlag den Auftrag ausführen müssen, auch wenn dies den Ruin des Unternehmens bedeuten kann.
Onlineausschreibungen	Z. B. über http://ted.europa.eu (europäische Ausschreibungen), www.dtad.com, www.evergabe-online.de, https://bi-medien.de/, www. service.bund.de

Aufgaben

1. Recherchieren Sie im Internet in Ausschreibungsportalen nach Ausschreibungen für IT-Produkte und IT-Dienstleistungen. Prüfen Sie auch, welche Eingangsvoraussetzungen für die Angebotsabgabe gestellt werden.
2. Recherchieren Sie im Internet, welche Onlineausschreibungen für Ihre Region im IT-Bereich angeboten werden.

3.9.5.5 After-Sales-Service

IT-Unternehmen haben in den letzten zehn Jahren die Kundenbetreuung nach dem Geschäftsabschluss verstärkt und erkannt, dass gute Kundenbeziehungen gute Anschlussaufträge nach sich ziehen können.

Je nach Unternehmensbranche, Produktportfolio oder Sortiment ergeben sich unterschiedliche Möglichkeiten für einen After-Sales-Service.

W

Kundenbetreuung oder After-Sales-Service

Dienste, die nach der Lieferung folgen:

- Kunden- oder Produktregistrierung
- Einrichtungs- und Installationsservice
- Zahlungsabwicklung
- Informationsdienst (Neuerungen, Handhabung, FAQ = häufigste Fragen)
- Fachseminare, Training
- Dokumentenservice
- Reklamationsabwicklung
- Kundenbewertung (über Produkte und Leistungen)
- Betreuung von Geschäftskunden bzw. von registrierten Kunden
- Wartungen, Kundendienst, Diagnose, Fehlersuche und Behebung, Zertifizierungen, Inspektionen
- Ersatzteil-, Zubehör-, Verbrauchsmaterialmanagement
- Upgrades (neuere Versionen für Nutzer zur Verfügung stellen, z. B. bei Software)

Aufgaben

Geben Sie an, welche After-Sales-Geschäfte sich für folgende Unternehmen ergeben können:

a) IT-Systemhaus
b) Softwareentwickler
c) Internetprovider
d) Druckerhersteller

3.9.6 Verkaufskalkulation

Preise müssen entsprechend den Kosten im Unternehmen kalkuliert werden. Je nachdem, ob man Waren herstellt oder damit handelt, unterscheidet man die Handelskalkulation und die Fertigungskalkulation.

3.9.6.1 Handelskalkulation

S

Die Preise der Produkte sind einem ständigen Wandel ausgesetzt. Täglich müssen Angebote an Kunden erstellt werden. Die jeweilige konjunkturelle Situation verlangt eine laufende Überprüfung der Preise. Auch ACI muss einige Produkte täglich neu kalkulieren.

Die Basis einer kaufmännisch vernünftigen Preiskalkulation ist eine systematische Kalkulation der Selbstkosten und Handelspreise im Rahmen der Handelskalkulation. Hierzu wird folgendes Kalkulationsschema verwendet.

	A	B	C	D	E	F	G	H
1		Handelskalkulation						
2		Zuschlagskalkulation	Eingabe % / €	Ausgabe		Formeln		
3		Listeneinkaufspreis	100	100,00 €		= C3		
4		- Liefererrabatt	5	5,00 €		= D3*C4/100		
5		= Zieleinkaufspreis		95,00 €		= D3 - D4		
6		- Liefererskonto	2	1,90 €		= D5*C6/100		
7		= Bareinkaufspreis		93,10 €		= D5 - D6		
8		+ Bezugskosten	5	5,00 €		= C8		
9		= Bezugspreis		98,10 €		= D7 + D8		
10		+ Handlungskosten	80	78,48 €		= D9*C10/100		
11		= Selbstkosten		176,58 €		= D9 + D10		
12		+ Gewinnzuschlag	10	17,66 €		= D11*C12/100		
13		= Barverkaufspreis		194,24 €		= D11 + D12		
14		+ Kundenskonto	2	4,18 €		= D13*C14/(100-C14-C15)		
15		+ Vertreterprovision	5	10,44 €		= D13*C15/(100-C14-C15)		
16		=Zielverkaufspreis		208,86 €		= D13 + D14 + D15		
17		+ Kundenrabatt	10	23,21 €		= D16*C17/(100-C17)		
18		=Listenverkaufspreis		232,06 €		= D16 + D17		
19		+ Umsatzsteuer	19	44,09 €		= D18*C19/100		
20		= Listen-VK incl. MWSt		276,16 €		= D18 + D19		
21								
22		Hinweis: Pfeilspitzen zeigen auf den Grundwert (100%)						

Hinweise zur Zuschlagskalkulation

- Der **Lieferrabatt** wird vom Listeneinkaufspreis, der Liefererskonto vom Zieleinkaufspreis berechnet (vgl. Pfeile bzw. Grundwert).
- Unter **Bezugskosten** werden Transportkosten beim Einkauf wie Verpackungskosten, Frachten, Einfuhrzoll, Transportversicherung u. Ä. verstanden.
- **Handlungskosten** umfassen alle Kosten eines Handelsunternehmens ohne den Wareneinsatz (Bezugskosten der verkauften Waren), z. B. Geschäftsmiete, Personalkosten, Verwaltungskosten, Werbekosten, Abschreibungen auf Sachanlagen.

(Fortsetzung auf folgender Seite)

Hinweise zur Zuschlagskalkulation

- Der **Gewinnaufschlag** soll mindestens das allgemeine Geschäftsrisiko und die Zukunftsvorsorge abdecken. Alle anderen Kosten sind in den Handlungskosten enthalten, z. B. Eigenkapitalzinsen als kalkulatorische Kosten.
- **Kundenskonto** wird als Bar- oder Frühzahlungsrabatt gewährt und von vornherein einkalkuliert. Kommen die Geschäfte durch einen Handelsvertreter oder Vermittler zustande, ist die entsprechende **Vertreterprovision** einzubeziehen. Der **Kundenskonto** und die **Vertreterprovision** werden immer vom Zielverkaufspreis (Grundwert = 100 %), der **Kundenrabatt** vom Listenverkaufspreis berechnet, sodass bei der Zuschlagskalkulation der verminderte Grundwert anzusetzen ist.

Aufgaben

Kalkulieren Sie mit dem Taschenrechner oder einem Tabellenkalkulationsprogramm folgende Artikel und Aufträge:

a) Barverkaufspreis eines Artikels, wenn folgende Angaben vorliegen:
Listeneinkaufspreis: 30,00 €
Liefererrabatt: 20 %
Liefererskonto: 3 %
Frachtkosten: 3,00 €
Handlungskostenzuschlagsatz: 70 %
Gewinnaufschlag: 8 %

b) Barverkaufspreis eines Artikels, wenn folgende Angaben vorliegen:
Listeneinkaufspreis: 110,00 €
Liefererrabatt: 30 %
Liefererskonto: 2 %
Frachtkosten: 12,00 €
Handlungskostenzuschlagsatz: 90 %
Gewinnaufschlag: 6 %

c) Listenverkaufspreis eines Artikels, wenn folgende Angaben vorliegen:
Listeneinkaufspreis: 40,00 €
Liefererrabatt: 20 %
Liefererskonto: 2 %
Frachtkosten: 7,00 €
Handlungskostenzuschlagsatz: 75 %
Gewinnaufschlag: 10 %
Kundenskonto: 3 %
Kundenrabatt: 20 %

d) Listenverkaufspreis eines Artikels, wenn folgende Angaben vorliegen:
Listeneinkaufspreis: 120,00 €
Liefererrabatt: 25 %
Liefererskonto: 3 %
Frachtkosten: 14,00 €
Handlungskostenzuschlagsatz: 85 %
Gewinnaufschlag: 5 %
Kundenskonto: 2 %
Vertreterprovision: 5 %
Kundenrabatt: 15 %

e) Listenverkaufspreis eines Artikels inkl. 19 % Umsatzsteuer, wenn folgende Angaben vorliegen:
Listeneinkaufspreis netto: 50,00 €
Liefererrabatt: 15 %
Liefererskonto: 2 %
Frachtkosten: 5,00 €
Handlungskostenzuschlagsatz: 70 %
Gewinnaufschlag: 9 %
Kundenrabatt: 10 %
Kundenskonto: 3 %
Vertreterprovision: 6 %

W

Handelsspanne, Marge und Kalkulationszuschlag

Die Handelsspanne oder Marge gibt den **Kalkulationsabschlag** an, wenn man aus dem Verkaufspreis den Bezugspreis errechnen will.	Verkaufspreis ↓ Handelsspanne/ Marge Bezugspreis	Handelsspanne (oder Marge): Differenz zwischen Verkaufspreis (netto) und Einstandspreis bzw. Bezugspreis (netto) in Prozent: (Verkaufspreis – Bezugspreis) · 100 / Verkaufspreis Beispiel: (200 – 120) · 100/200 = 40 %
Der **Kalkulationszuschlag** dient dazu, aus dem Bezugspreis schnell den Verkaufspreis zu berechnen.	Verkaufspreis ↑ Kalkulationszuschlag Bezugspreis	Kalkulationszuschlag: Differenz zwischen Verkaufspreis (netto) und Einstandspreis bzw. Bezugspreis (netto) als Zuschlagsatz auf den Bezugspreis in Prozent: (Verkaufspreis – Bezugspreis) · 100 / Bezugspreis Beispiel: (200 – 120) · 100/120 = 66,7 %

Handelsspanne, Marge und Kalkulationszuschlag

S Verkäufer von ACI nennen im Zusammenhang mit der Preiskalkulation Begriffe wie Handelsspanne oder Marge. Was versteht man eigentlich darunter und wozu sind die Werte von Vorteil?

Die Handelsspanne, auch Marge genannt, wird ermittelt, um auf einfache Weise aus dem Verkaufspreis der Ware den Bezugspreis zu berechnen. Der Kalkulationszuschlag dient dagegen zur schnellen Berechnung des Verkaufspreises als Aufschlag auf den Bezugspreis.

Aufgaben

1. Der Verkaufsleiter erteilt Ihnen den Auftrag, für eine neue Warenlieferung die Barverkaufspreise ohne Umsatzsteuer und zzgl. 19 % Umsatzsteuer zu berechnen.
   Folgende von der Verkaufsleitung festgelegten Zuschlagsätze sollen berücksichtigt werden: Einsteigersysteme 50 %, Profisysteme 60 %, Peripheriegeräte 65 %, Verbrauchsmaterial 40 %, Erweiterungsbedarf 70 %, Software 90 %, sonstige Tools 100 %.
   a) Speicherbausteine DIMM 768: Bezugspreis 120,00 €
   b) PC-Privat: Bezugspreis 260,00 €
   c) Laserdrucker: Bezugspreis 180,00 €
   d) Laserpapier: Bezugspreis 1,60 €
   e) PC-Server „High-Performance“: Bezugspreis 1.380,00 €
   f) Mousepad: Bezugspreis 3,80 €
   g) Notebook Standard: 750,00 €
2. Sie wollen Restposten und Auslaufartikel günstig verkaufen und zum Bezugspreis anbieten. Welchen Nettopreis würden Sie nennen, wenn Ihnen die folgenden Handelsspannen im Unternehmen bekannt sind: Einsteigersysteme 33 %, Profisysteme 40 %, Peripheriegeräte 50 %, Verbrauchsmaterial 35 %, Erweiterungsbedarf 40 % (Verkaufspreise jeweils netto).
   a) PC-Privat: Verkaufspreis 599,00 €
   b) Matrixdrucker: Verkaufspreis 280,00 €
   c) CD 700 (50er-Pack): Verkaufspreis 12,90 €
   d) Speicherbausteine DDR 4: Verkaufspreis 99,00 €
   e) High-End-PC-Server: Verkaufspreis 2.500,00 €
   f) Notebook Standard: Verkaufspreis 1.200,00 €
   g) Bluetooth-Adapter: Verkaufspreis 28,00 €
3. ACI wurden folgende Artikel mit den empfohlenen Verkaufspreisen angeboten. Sie sollen die Marge und den Kalkulationszuschlagsatz berechnen und mit den in den Aufgaben 1 und 2 genannten betrieblichen Sätzen vergleichen. Lohnt sich die Aufnahme der Artikel in das Warensortiment aus Kalkulationsgründen? (Preise sind Nettopreise.)
   a) Delli PC-Server: Bezugspreis 1.200,00 €, empfohlener Verkaufspreis 1.980,00 €
   b) Tintenstrahldrucker: Bezugspreis 160,00 €, empfohlener Verkaufspreis 280,00 €
   c) PC-Privat: Bezugspreis 350,00 €, empfohlener Verkaufspreis 599,00 €
   d) PC-Karten-Adapter: Bezugspreis 25,00 €, empfohlener Verkaufspreis 68,00 €
   e) Grafikkarte Dividia Granada: Bezugspreis 150,00 €, empfohlener Verkaufspreis 249,00 €
   f) Notebook Standard: Bezugspreis: 350,00 €, empfohlener Verkaufspreis 600,00 €
   g) DVD-Rohlinge (10er-Pack): Bezugspreis: 8,00 €, empfohlener Verkaufspreis 14,90 €

3.9.6.2 Fertigungskalkulation

S ACI stellt mit hochwertigen Hard- und Softwarekomponenten eigene PC-Systeme her und bietet sie Großkunden und Zwischenhändlern an. Die gültige Preisliste muss laufend aktualisiert werden. Sie sind mit der Überprüfung der aktuellen Preisliste und der Neukalkulation von Angeboten beauftragt worden.

Das Kalkulationsschema zur Fertigungskalkulation dient der Preiskalkulation eigener Produkte. Hierbei werden Kalkulationssätze aus dem Rechnungswesen einbezogen. Gemeinkosten können dem Kostenträger (Produkt oder Auftrag) nur über einen Gemeinkostenzuschlagsatz zugerechnet werden. Einzelkosten sind dagegen direkt auf das Produkt oder den Auftrag bezogen und werden entsprechend individuell kalkuliert. Der Listenpreis muss eventuelle Rabatte und Abzüge (Kundenrabatt, Kundenskonto, Vertreterprovision) berücksichtigen. Die folgenden Übersichten erläutern die Fertigungskalkulation im Detail (vgl. dazu auch Kapitel 4).

	A	B	C	D	E	F	G	H
1		Fertigungskalkulation						
2		**Zuschlagskalkulation**	**Eingabe % / €**	**Ausgabe**		**Formeln**		
3		Fertigungsmaterial	100	100,00 €		= C3		
4		+ Materialgemeinkosten %	10	10,00 €		= D3*C4/100		
5		= Materialkosten		110,00 €		= D3 + D4		
6		+ Fertigungslöhne	30	30,00 €		= C6		
7		+ Fertigungsgemeinkosten %	120	36,00 €		= D6*C7/100		
8		+ Sondereinzelkosten d.F.	14	14,00 €		= C8		
9		= Herstellkosten		190,00 €		=D5 + D6 + D7 + D8		
10		+ Verwaltungsgemeinkosten %	12	22,80 €		= D9*C10/100		
11		+ Vertriebsgemeinkosten %	15	28,50 €		=D9*C11/100		
12		+ Sondereinzelkosten d.V.	8,4	8,40 €		=C12		
13		= Selbstkosten		249,70 €		= D9 + D10 + D11 + D12		
14		+ Gewinnzuschlag %	10	24,97 €		= D13*C14/100		
15		= Barverkaufspreis		274,67 €		= D13 + D14		
16		+ Kundenskonto %	2	6,10 €		= D15*C16/(100-C16-C17)		
17		+ Vertreterprovision %	8	24,42 €		= D15*C17/(100-C16-C17)		
18		= Zielverkaufspreis		305,19 €		= D15 + D16 + D17		
19		+ Kundenrabatt %	10	33,91 €		= D18*C19/(100-C19)		
20		= Listenverkaufspreis		339,10 €		= D18 + D19		
21		+ Umsatzssteuer %	19	64,43 €		= D20*C21/100		
22		= Listen-VK incl. MWSt		403,53 €		= D20 + D21		
23								
24		Hinweis: Pfeilspitzen zeigen auf den Grundwert (100%)						

Hinweise zur Fertigungskalkulation

- Das **Fertigungsmaterial** umfasst als Einzelkosten die dem Auftrag oder dem Produkt genau zuzuordnenden Materialkosten.
- Der **Materialgemeinkostenzuschlag** deckt alle Gemeinkosten (nicht genau dem Produkt zuzuordnenden Kosten) im Zusammenhang mit dem Material (z. B. Lagerkosten) ab.
- **Fertigungslöhne** decken als Einzelkosten die direkten Lohnkosten des Auftrags bzw. des Produktes ab.
- Der **Fertigungsgemeinkostenzuschlag** soll alle Gemeinkosten im Zusammenhang mit der Fertigung abdecken, z. B. Abschreibungen der Maschinen oder Energiekosten der Fertigung.
- **Sondereinzelkosten der Fertigung** werden direkt durch den Auftrag oder das Produkt veranlasst. Dazu gehören z. B. Kosten für Spezialwerkzeuge, Modelle oder Sonderkonstruktionen.
- **Verwaltungsgemeinkosten** sind alle Kosten der Verwaltung, da sie nicht direkt dem Auftrag bzw. Produkt zuzuordnen sind, z. B. Miete in der Verwaltung, Gehälter in der Verwaltung sowie sonstige Verwaltungskosten (Büromaterial, Energiekosten, Versicherungen usw.)
- **Vertriebsgemeinkosten** umfassen allgemeine Kosten im Vertrieb, z. B. Miete und Raumkosten des Verkaufsraumes, Gehälter der Verkäufer, Werbekosten und Transportkosten.
- **Sondereinzelkosten des Vertriebs** sind einem Auftrag oder Produkt direkt zuzurechnende Einzelkosten, z. B. Reisekosten.

Aufgaben

Kalkulieren Sie die folgenden eigenen Erzeugnisse netto und inklusive 19 % Umsatzsteuer.

a) Berechnen Sie den Listenverkaufspreis für den PC-Standard:
- EDV-Komponenten für 180,00 €
- Herstellung: 3 Fertigungsstunden, 20,00 €/Stunde
- Gemeinkostenzuschlagsätze: Material 8 %, Fertigung 120 %, Verwaltung 10 %, Vertrieb 15 %
- Gewinnaufschlag 8 %, Kundenskonto 3 %, Kundenrabatt 15 %

b) PC-Server (TÜV certified):
- EDV-Komponenten für 750,00 €
- Herstellung: 5 Fertigungsstunden, 21,00 €/Stunde
- Gemeinkostenzuschlagsätze: Material 9 %, Fertigung 110 %, Verwaltung 9 %, Vertrieb 14 %
- Gewinnaufschlag 10 %, Kundenskonto 3 %, Kundenrabatt 20 %
- Sonderkosten für die Zertifizierung in der Fertigung 15,00 €

c) Sie wollen als Alternativen den Eigenbau eines Linux-Servers und die Beschaffung eines vergleichbar ausgestatteten Servers für 11.500,00 € inkl. 19 % Umsatzsteuer prüfen. Beim Eigenbau müssen Sie folgende Positionen planen. Lohnt sich der Eigenbau?
- Material: Gehäuse, Motherboard, Prozessor, 4 GB Hauptspeicher, Hot-Swap-Komponenten, Streamer, USV, Software usw., insgesamt 4.300,00 €
- Herstellung: 12 Fertigungsstunden, 23,00 €/Stunde
- Gemeinkostenzuschlagsätze: Material 7 %, Fertigung 110 %, Verwaltung 8 %, Vertrieb 12 %
- Sonderkosten für die Zertifizierung in der Fertigung 12,00 €

d) Sie wollen einen ultraleisen Designcomputer mit Wasserkühlung „Cool Water" entwickeln und selbst in kleiner Stückzahl herstellen. Für EDV-Komponenten (High-End-Gehäuse, Wasserkühlung, Motherboard, Prozessor, Hochleistungsgrafikkarte, Fan-Controller usw.) müssen 1.300,00 € aufgebracht werden, für spezielle Entwicklungskosten dieses Systems werden je Stück 80,00 € gerechnet. Zur Herstellung sind acht Fertigungsstunden für 21,00 €/Stunde notwendig. Die Gemeinkostenzuschlagsätze betragen für Material 8 %, Fertigung 105 %, Verwaltung 9 % und Vertrieb 15 %, hinzu kommen Gewinnaufschlag 10 %,

Kundenskonto 3 %, und Kundenrabatt 10 %. Als besondere Kosten fallen im Vertrieb für Sonderfracht 20,00 € pro System an.

- Was kostet der „Cool Water“ im Listenverkaufspreis netto und zzgl. 19 % Umsatzsteuer?
- Kann der „Cool Water“ zu einem Preis von 2.999,00 € inklusive Umsatzsteuer angeboten werden?
- Was könnte getan werden, um den Preis doch noch zu ermöglichen, falls das Angebot rechnerisch nicht möglich ist?

3.9.6.3 Gewinnschwelle und Deckungsbeitrag

Die Geschäftsleitung möchte für den Premiumbereich mit Wasser gekühlte, leistungsstarke PCs selbst produzieren. Sie sollen ausrechnen, bei welcher Stückzahl die Gewinnschwelle liegt, wenn mit fixen Kosten von 130.000,00 € bei einer Jahresproduktion von 100 Stück und variablen Kosten von 1.200,00 € pro Stück gerechnet wird. Der neue „Cool Water“ soll für 2.900,00 € netto angeboten werden.

Die Gewinnschwelle wird erreicht, wenn der Gesamtumsatz die Gesamtkosten deckt. In unserem Beispiel wird die Gewinnschwelle oder der „Break-even-Point“ bei einem Absatz von 77 Stück erreicht. Die folgende Übersicht erläutert die Gewinnschwellenberechnung.

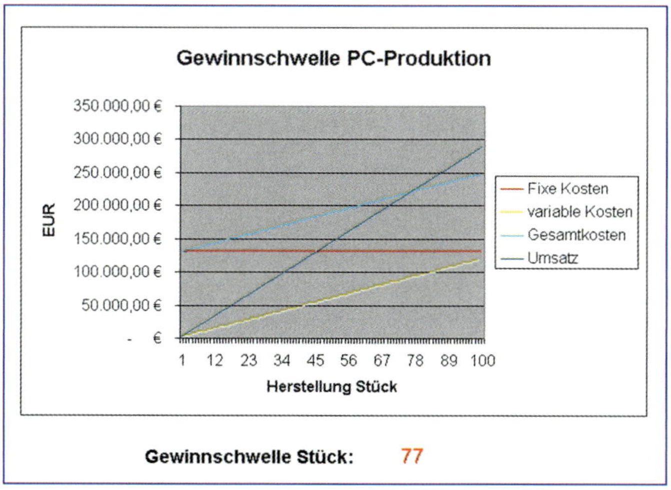

Gewinnschwellenberechnung	
Gewinnschwelle (Break-even-Point)	Menge (Output in Stück), wenn gilt: Gesamtumsatz = Gesamtkosten
Fixe Kosten (Fixkosten)	Kosten der Betriebsbereitschaft; feste Kosten, die unabhängig von der Herstellungsmenge anfallen, z. B. Raumkosten, Grundkosten, Abschreibungen (zeitlicher Verschleiß)
Variable Kosten	Kosten, die sich abhängig von der Herstellungsmenge verändern, z. B. Materialkosten, variable Lohnkosten, variable Energiekosten
Gesamtkosten	Fixe Kosten + variable Kosten
Umsatz	Verkaufte Menge · Verkaufspreis netto
Deckungsbeitrag	Umsatz – variable Kosten (Beitrag, den das Produkt zur Deckung der fixen Kosten beiträgt)
Gewinnschwellenmenge	Fixe Kosten / Deckungsbeitrag (Stück), z. B. 130.000 / 1.700 = 77 (aufgerundet), vgl. auch 4.4.2.5

Aufgaben

1. Rufen Sie im Downloadbereich die Datei „Gewinnschwelle.xls“ auf und erkunden Sie das Beispiel. Verändern Sie
   a) den Verkaufspreis / Stück
   b) die variablen Kosten / Stück sowie
   c) die fixen Kosten
   und stellen Sie die Veränderungen im Diagramm und zur Gewinnschwelle fest.
2. Verändern und erstellen Sie selbstständig mit Microsoft Excel die Lösung in einer neuen Tabelle mit den Spalten Menge, Fixkosten (fest 130.000,00 €), variable Kosten (Menge · variable Stückkosten), Gesamtkosten (Fixkosten + variable Kosten) und Umsatzerlöse (Menge · Preis). Kopieren Sie die Formeln der ersten Zeile bis zur Menge 100. Um das Diagramm zu erstellen, markieren Sie zunächst die gesamte Tabelle einschließlich der Kopfzeile und rufen dann über das Diagrammsymbol den Diagrammassistenten auf. Die Formel zur Berechnung der Gewinnschwellenmenge kann mit der Funktion „Aufrunden“ versehen werden.
3. Berechnen Sie die Gewinnschwelle der PC-Herstellung in Stück, wenn folgende Daten gegeben sind: Fixkosten 180.000,00 €, variable Stückkosten 600,00 €, Preis pro PC 1.000,00 € netto

a) Berechnen Sie die Gewinnschwelle in Stück.
b) Berechnen Sie den Gewinn, wenn 800 PCs verkauft werden.

4. Sie produzieren PCs. Bei 2.000 Stück pro Jahr liegt Ihre betriebliche Kapazitätsgrenze. Die PCs bieten Sie zu einem Stückpreis von 700,00 € zzgl. Umsatzsteuer an. Variable Kosten (z. B. Bauteile, Fertigungslöhne) entstehen pro Stück für 300,00 €, die fixen Kosten betragen pro Stück 360,00 € (bei einer Vollauslastung von 2.000 Stück).
   a) Stellen Sie die Daten in einem Diagramm dar und ermitteln Sie die Gewinnschwelle.
   b) Errechnen Sie den Gewinn bei Vollauslastung.
   c) Errechnen Sie die Gewinnschwelle, wenn dafür gilt: fixe Kosten/Deckungsbeitrag (Stück).
   d) Sie wollen die Gewinnschwelle (Stück) auf 65 % verringern. Welche Maßnahmen schlagen Sie vor?
5. Ihre PC-Fertigung ist nur zu 60 % ausgelastet. Daher wollen Sie einen sehr preisgünstigen PC mit 300 Stück zu einem Preis von 20 % unter den Selbstkosten einer Supermarktkette anbieten und damit die Vollauslastung erreichen.
   - Bauteile und Material für den Auftrag: 90.000,00 €
   - Fertigungslöhne: 500 Stunden bei 12,00 €/Stunde
   - Sonstige variable Kosten: 8.000,00 €
   - Fixe Kosten pro PC: 140,00 €

   Ist dies betriebswirtschaftlich sinnvoll? Kalkulieren Sie. Wie hoch sind Selbstkosten, Angebotspreis und Deckungsbeitrag?

3.9.7 Möglichkeiten der Finanzierung

S Finanzierungsfragen stellen sich bei ACI in zweifacher Hinsicht. Einerseits kann das IT-Systemhaus seine Investitionen nicht allein durch Eigenkapital finanzieren, sondern muss auch alternative Lösungen prüfen. Andererseits wollen Kunden wollen beraten werden, wie sie ihre Investitionen in IT-Systeme optimal finanzieren können.

3.9.7.1 Bonitätsprüfung

Vor der Aufnahme in den Kundenstamm, vor großen Geschäftsabschlüssen oder vor der Finanzierung großer Investitionen prüfen Lieferanten und Banken die Bonität ihrer Kunden.

Banken sind durch die Vorgaben für die Kreditvergabe verpflichtet, den Kreditkunden hinsichtlich seiner Bonität einzuschätzen bzw. ein Rating (Bewertung) durchzuführen, bekannt als **Basel-II-Rating**. Als Rating wurden im Basel-II-Verfahren die Bonitätsstufen 1 (geringstes Risiko) bis 6 (höchstes Risiko) festgelegt.

Banken müssen risikoreiche Kredite durch eine Hinterlegung von mehr eigenem Kapital absichern, sodass Betriebe, die schlecht bewertet („geratet") sind, aufgrund der höheren Aufwendungen der Bank höhere Kreditzinsen zahlen müssen oder keine Kredite erhalten. Sie müssen sich dann nach anderen Möglichkeiten der Finanzierung umsehen (z. B. Miete und Leasing statt Kauf, Aufnahme von Mitgesellschaftern und Partnern per Bareinlage). Für das interne Rating der Banken werden z. B. die Daten der Bilanz sowie Gewinn- und Verlustrechnung, die Kontodaten der Bank und die bisherige Kreditausschöpfung sowie Daten der betriebswirtschaftlichen Auswertung (BWA) und auch das Alter des Unternehmens hinzugezogen. Von Bedeutung sind aber auch die Branche sowie eine Einschätzung des Managements und der Produkte des Unternehmens.

Schlecht zahlende Kunden sind eine Gefahr für jedes Unternehmen. Bei einem Großauftrag kann der Zahlungsausfall des Kunden das eigene Unternehmen in die Insolvenz treiben, da man dadurch möglicherweise seinen eigenen Verpflichtungen (aus Warenlieferungen, Lohn- und Gehaltszahlungen, sonstigen Verbindlichkeiten) nicht mehr nachkommen kann.

Viele Wirtschaftsauskunfteien (vgl. z. B. www.atriga.de, www.creditreform.de, www.crifbuergel.de, www.creditsafe.com, www.supercheck.de) bieten für alle Unternehmen Auskünfte über die **Bonität** oder **Zahlungs- und Kreditfähigkeit** an (siehe Abb. folgende Seite).

Als zweckmäßig gegen drohende Insolvenzrisiken hat sich eine jährliche Bonitätsprüfung der Kreditkunden erwiesen. Bei der Bonitätsprüfung der Unternehmen geht es in erster Linie um die Feststellung der zukünftigen Zahlungsfähigkeit. Hierzu stehen interne und externe Informationsquellen zur Verfügung. Bei Kunden, die bereits sogenannte Negativmerkmale aufweisen (Haftanordnung, eidesstattliche Versicherung, Konkurs, Vergleich), ist besondere Vorsicht geboten.

Eine Wirtschaftsauskunft wird aus vielen Gründen abgefragt, z. B.:

- Vor der Aufnahme einer neuen Geschäftsbeziehung oder zur Überprüfung laufender Vertragsverhältnisse
- Für Wettbewerbsfragen oder Marktuntersuchungen
- Bei einer Erhöhung des Kreditlimits (von Banken)
- Bei Änderungen der rechtlichen oder wirtschaftlichen Struktur eines Kunden

Exemplarische Ermittlung des Creditreform Bonitätsindex 2.0

Risikofaktoren	Gewicht %	Klassifikation 1	2	3	4	5	6
Zahlungsweise	25		50				
Krediturteil	25		50				
Unternehmensentwickl.	5			15			
Auftragslage	5			15			
Rechtsform	4				16		
Branche	6		12				
Unternehmensalter	4		8				
Umsatz	5			15			
Mitarbeiterzahl	4			12			
Umsatz/Mitarbeiter	2		4				
Gezeichnetes Kapital	5		10				
Bilanzbonität	10		20				
Summe	**100**	**0**	**154**	**57**	**16**	**0**	**0**
Bonitätsindex 2.0		**227**					

Quelle: www.creditreform.de

Wirtschaftsauskünfte sind nach einem relativ einheitlichen Schema aufgebaut, damit der Empfänger schnell und sicher den Inhalt der Auskunft erfassen kann. Bei der Wirtschaftsauskunftei Creditreform werden beispielsweise 15 Risikofaktoren betrachtet und insgesamt nach einem Notensystem zwischen 100 (sehr gut) und 600 Punkten (sehr schlecht) beurteilt. So bilden Auftragslage und Geschäftsgang eine Skala von sehr gut (10) bis schlecht (60), die Unternehmens- und Geschäftsentwicklung lässt sich entsprechend von expansiv (10) bis stark rückläufig (60) bewerten. Gleiches gilt für die Maßeinteilung der Zahlungsweise – von der Skontoausnutzung bis zu erfassten Negativmerkmalen – und des Krediturteils. Hier reicht die Skala von der unbedenklichen Empfehlung bis zur strikten Ablehnung. Diese und weitere Merkmale fließen entsprechend gewichtet in die Berechnung des Bonitätsindexes ein.

Auch wenn eine Wirtschaftsauskunft zwischen 10,00 und über 80,00 € kosten kann, kann das Geld bei größeren Aufträgen gut angelegt sein.

Aufgaben

1. Was ist richtig, was ist falsch?
   a) Hohe Bonität bedeutet, die Forderungen des Kunden haben eine hohe Ausfallwahrscheinlichkeit.
   b) Bei einer Bonitätsauskunft ist ein Index zwischen 100 und 200 als schlecht zu bewerten.
   c) Wenn festgestellt wird, dass ein Kunde keine gute Bonität hat, sollte möglichst nur gegen Barzahlung geliefert werden.
   d) Wenn Kunden kein Skonto ausnutzen, bei eigenen Kunden um Vorkasse bitten, Mitarbeiter entlassen oder selbst nicht immer lieferfähig sind, ist Vorsicht geboten und bei größeren Lieferungen Barzahlung zu vereinbaren.
2. Stellen Sie im Internet fest, wie hoch in Deutschland Forderungsausfälle prozentual zum Umsatz zu verzeichnen sind. Überprüfen Sie auch, welche Auskünfte die verschiedenen Auskunfteien anbieten.

3.9.7.2 Investitionsarten

S

ACI hat in den letzten Jahren gut verdient und will deshalb investieren.

Ein Unternehmen kann seine Finanzmittel unterschiedlich investieren. Zum Beispiel könnte sich ACI an einem anderen Systemhaus beteiligen, indem es Geschäftsanteile erwirbt und/oder ein Darlehen an das andere Systemhaus vergibt (Finanzinvestitionen). Ein Systemhaus kann Finanzmittel dazu verwenden, Ersatzinvestitionen zu tätigen, um z.B. alte Firmenfahrzeuge zu ersetzen oder neue Geschäftsausstattung zu beschaffen (Sachinvestitionen). Finanzmittel sind aber auch nötig, um neue Konzepte zu entwickeln, Werbemaßnahmen für mehr Absatz zu finanzieren oder die Mitarbeiter für neue Technologien fortzubilden (immaterielle Investitionen). Jede Investition birgt Risiken und Chancen.

Aufgaben

1. Nennen Sie Risiken und Chancen jeder Investitionsart.
2. Die Geschäftsleitung beauftragt Sie, mit Microsoft Excel Umfang und prozentuale Aufteilung der Investitionen in Zahlen und durch ein Diagramm für eine Besprechung aufzubereiten:
   Neue Büroausstattung der Abteilung Softwareentwicklung: 11.000,00 €; Fahrzeuge für den neuen Vertriebsbereich Dokumentenmanagement: 66.000,00 €; Kauf Sonderposten Druckertinte für eine Marketingaktion: 8.000,00 €; Verkaufsförderung Dokumentenmanagement: 15.000,00 €; Schulung der Mitarbeiter in einem Doku-Managementsystem: 4.000,00 €; Programmierung einer Schnittstelle an die Hausverwaltungssoftware: 12.000,00 €; 50.000,00 € zahlt man als Anteil in die IT-Einkaufsgenossenschaft eG ein.
3. Erhöht die Umsatzsteuer der Eingangsrechnungen das Investitionsvolumen?

3.9.7.3 Finanzierungsarten

Die Art der Finanzierung hängt von verschiedenen Vorgaben ab:

- Wie groß ist das Finanzierungsvolumen?
- Was soll finanziert werden (Immobilien, Mobilien, Betriebsausgaben)?
- Welche steuerlichen Aspekte sind zu berücksichtigen?
- Wie ist die derzeitige Bonität des Unternehmens?
- Wie hoch sind die Finanzierungskosten?

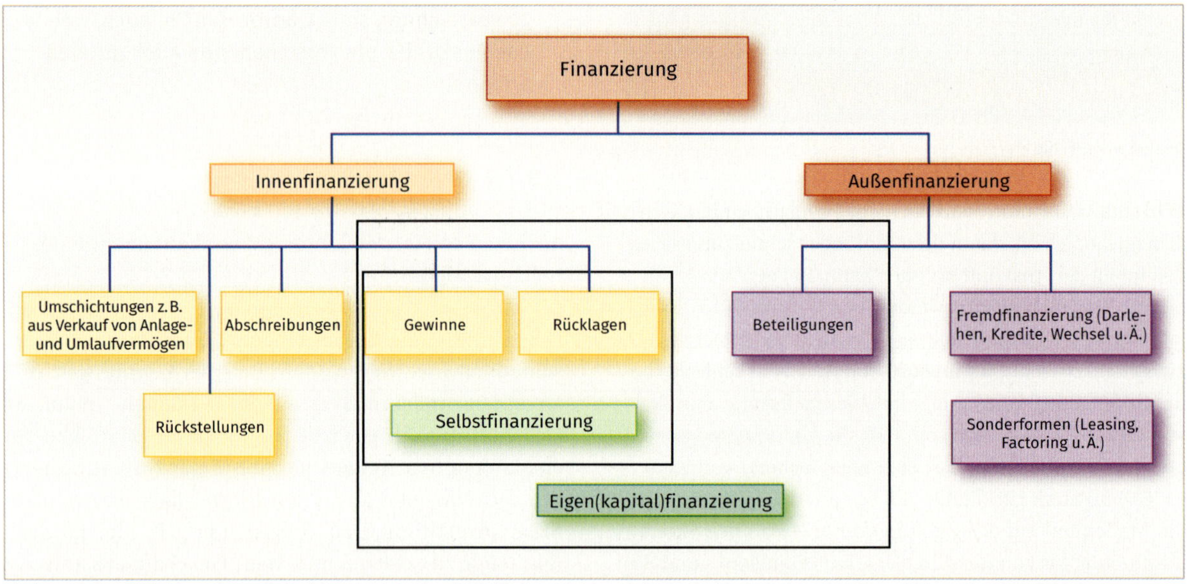

W

Finanzierungsalternativen	
Aus Umsatzerlösen	In den erzielten Preisen sind Abschreibungen für das Betriebsvermögen einkalkuliert, die dem Unternehmen als „Cashflow" zur Verfügung stehen. Auch durch Sonderverkäufe an Anlage- und Umlaufvermögen kann das Unternehmen die Liquidität verbessern.
Rückstellungen	Unternehmen haben eventuell in den vergangenen Jahren Rückstellungen gebildet (z. B. Instandhaltungsrückstellungen, Steuerrückstellungen), die aufgelöst werden können.
Gewinne, Rücklagen	Unternehmen finanzieren ihre Investitionen aus den Jahresüberschüssen und den Rücklagen, die sie in vergangenen Jahren nicht an Teilhaber ausgeschüttet haben.
Private Einlagen	Gesellschafter geben nicht selten bei Finanzierungsbedarf private Einlagen oder erhöhen die Gesellschafteranteile.
Beteiligungen	Bei größerem Finanzierungsbedarf oder mangelnder Bonität wird durch Beteiligungen neues Kapital gewonnen. Je nach Gesellschaftsform können Beteiligungen durch neue Gesellschafter, stille Gesellschafter, neue Aktien oder auch Kooperationen mit nicht verbundenen Unternehmen zur Finanzierung des Investitionsvorhabens beitragen.

Fremdfinanzierung	Als Fremdfinanzierungsalternativen stehen insbesondere zur Verfügung: ▪ **Kontokorrent- oder Überziehungskredit der Bank** ist ein Überziehungskredit des Geschäftskontos mit relativ hohem Zinssatz, daher kaufmännisch nur für kurzfristigen Finanzierungsbedarf geeignet. **Kreditrate** = Zinsen + Tilgung ▪ **Darlehen** von Banken und Versicherungen sind i. d. R. durch Eintragung von Hypothekengrundschulden oder Bürgschaften abgesichert. Besonders günstig sind Kredite der Gewerbeförderbanken, z. B. Darlehen der KfW (Kreditanstalt für Wiederaufbau), vgl. folgende Seiten. ▪ **Lieferantenkredit:** Lieferanten bieten auf Rechnungen zum Teil hohe Zahlungsziele an (z. B. zahlbar innerhalb von 90 Tagen). Doch Vorsicht: Ein Skontoabzug sollte immer genutzt werden, da der Lieferantenkredit außerhalb der Skontofrist einer der „teuersten" Kredite ist. ▪ **Ratenkauf (Abzahlungskauf):** Hierbei handelt es sich nicht um einen Kredit, sondern um eine spezielle Form des Kaufs. Verbraucher haben in diesem Zusammenhang ein Widerrufsrecht von zwei Wochen nach Vertragsunterzeichnung (z. B. durch Zurücksendung der Ware). Auch hier sollte immer überprüft werden, welcher effektive Zinssatz in diesen Kaufvertrag eingerechnet ist. ▪ **Mietkauf:** Diese Verträge sind keine Miet- oder Leasingverträge im steuerlichen Sinne. Für diese Vertragsform gelten die gesetzlichen Teilzahlungsbestimmungen. Wirtschaftlicher Eigentümer ist bei Mietkauf der Mietkäufer selbst. Abschreibung und gegebenenfalls Bilanzierung liegen beim Mietkäufer. Der rechtliche Eigentumsübergang erfolgt i. d. R. nach Bezahlung der letzten Rate. Bei Mietkauf ist die gesetzliche Mehrwertsteuer aufgrund der gesetzlichen Vorschriften auf die Summe aller Mietraten bei Vertragsbeginn zu bezahlen. Mietkauf kann von Vorteil sein, wenn die Nutzung von Fördermaßnahmen voraussetzt, dass das Anlagegut bilanziert wird. ▪ **Factoringkredit:** Factoringinstitute „kaufen" unbezahlte Rechnungen an Kunden (Forderungen), übernehmen damit das Ausfallrisiko und zahlen den Kaufpreis für die Forderungen (z. B. 95 %) zügig aus, sodass der Lieferant schnellstens über Liquidität verfügt. Beim „stillen Factoring" sendet die Factoringgesellschaft die vom Lieferanten erhaltene Rechnung im neutralen Briefumschlag an den Kunden weiter, sodass der Kunde über den Verkauf der Forderung nichts erfährt. Die Factoringgesellschaften übernehmen nach Wunsch als Dienstleistung auch die gesamte Debitorenbuchhaltung inklusive Mahnwesen und Inkasso. Als „unechtes Factoring" bezeichnet man die Vergabe eines Darlehens, wobei als Sicherheit die Kundenforderungen an die Factoringgesellschaft übertragen werden, das Ausfallrisiko jedoch beim Lieferanten bleibt. ▪ **Wechseldiskontkredit:** Dies ist der von einer Bank diskontierte Betrag (Wechselbetrag abzüglich Zinsen und Bankspesen) eines Wechsels, den man als Lieferant an einen Kunden ausgegeben (Akzept) und unterschrieben zurückerhalten hat. ▪ **Lombard- oder Pfandkredit** ist ein Kredit, den man aufgrund eines Pfandes (z. B. Wertpapiere, die man nicht verkaufen möchte) erhalten hat. Je nach Güte des Pfandes wird ein anderer Beleihungswert festgelegt.

Beurteilung Kreditfinanzierung	
Vorteile	▪ Eigentum wird erworben. Dadurch können eventuell Abschreibungsvorteile und staatliche Fördergelder sowie Förderkredite (im Vergleich zum Leasing) genutzt werden. ▪ Bei Eigentum besteht größere Verfügungsfreiheit bezüglich Anlagen als bei Leasing oder Miete. ▪ Vertragsbedingungen eher flexibel, können Sondertilgung oder vorzeitige Rückzahlung ermöglichen ▪ Kostenvorteile möglich, wenn Kreditkosten günstiger
Nachteile	▪ Beantragung und Kreditsicherung sind eventuell zeitaufwendig ▪ Banken haben häufig hohe Absicherungsforderungen. ▪ Eventuell entstehen im ersten Jahr Zusatzkosten. ▪ Bilanzkennzahlen (z. B. Verschuldungsgrad Fremdkapital/Gesamtkapital) verschlechtern sich und wirken sich auf die Bonitätsbewertung des Unternehmens ungünstig aus. ▪ Banken erwarten regelmäßige Meldungen von Bilanz- und GuV-Daten.

Finanzplan				
	Monat Januar			
	1. Woche	2. Woche	3. Woche	4. Woche
Zahlungsmittelbestand Anfang	80.000,00 €	58.000,00 €	– 7.000,00 €	– 23.000,00 €
Einzahlungen				
▪ aus Umsätzen	200.000,00 €	250.000,00 €	230.000,00 €	220.000,00 €
▪ des Finanzbereichs	30.000,00 €			20.000,00 €
▪ Sonstige	1.000,00 €	5.000,00 €		
Gesamt	231.000,00 €	255.000,00 €	230.000,00 €	240.000,00 €
Auszahlungen				
▪ Einkauf	60.000,00 €	120.000,00 €	110.000,00 €	96.000,00 €
▪ Personal	85.000,00 €	87.000,00 €	90.000,00 €	90.000,00 €
▪ Verwaltung, Miete	18.000,00 €	19.000,00 €	18.000,00 €	19.000,00 €
▪ Zinsen	6.000,00 €	6.000,00 €	7.000,00 €	8.000,00 €
▪ Steuern	4.000,00 €	5.000,00 €	10.000,00 €	5.000,00 €
▪ Investitionen		20.000,00 €	12.000,00 €	
▪ Sonstige		5.000,00 €	6.000,00 €	2.000,00 €
Gesamt	173.000,00 €	262.000,00 €	253.000,00 €	220.000,00 €
Über-/Unterdeckung (+/–)	**58.000,00 €**	**– 7.000,00 €**	**– 23.000,00 €**	**20.000,00 €**

W

Darlehensarten	
Fälligkeitsdarlehen, Festdarlehen, Endfälliges Darlehen	Hierbei wird der gesamte Darlehensbetrag erst am Ende der Darlehenslaufzeit fällig. Gründe für diese Wahl können sein: a) Rückzahlung am Ende durch eingehende Zahlungen (z. B. Lebensversicherungen, Verkauf) b) Steuerliche Motive (Schuldzinsen absetzbar) c) Zinsdifferenzgeschäfte (Mögliche Tilgungsbeträge werden anders und mit höherer Rendite angelegt.)
Ratendarlehen, Tilgungsdarlehen, Abzahlungsdarlehen	Bei dieser Darlehensart wird eine gleichbleibende (lineare) Tilgung vereinbart, sodass durch die sinkende Restschuld die Zinsen und damit Tilgung + Zinsen = Kreditrate im Verlauf sinken. Außerhalb der Immobilienfinanzierung wird diese Kreditform häufig gewählt, da mit den Tilgungen erfolgte Abschreibungen +/– xxx Euro (kalkulatorische Abschreibungen) regelmäßig berücksichtigt werden.
Annuitätendarlehen	Während der vereinbarten Darlehenslaufzeit bleibt die jährliche Belastung bei einem Annuitätendarlehen gleich, sodass aufgrund der Tilgungen die Zinsen sinken und die Differenz zur Annuität zu weiteren Tilgungen und weiterer Senkung der Zinsen führt etc., was zu einer erheblich schnelleren Rückzahlungslaufzeit führen kann, je nach Höhe der Tilgungsrate. Die letzte Annuitätenzahlung muss entsprechend der Restschuld angepasst werden.
Sonstige Darlehensarten	▪ Darlehen mit variablem Zins, Cap-Darlehen: variable Zinsen mit Obergrenze ▪ Laufzeitzinsdarlehen: Zinsen der gesamten Laufzeit werden am Anfang dem Darlehen hinzugerechnet mit Rückzahlung in gleichen Raten.
Sonstiges	▪ § 489 BGB: Sonderkündigungsrecht für Darlehen nach einer Laufzeit von 10 Jahren ▪ Häufig wird von Banken nur mit den sehr günstigen „1a“-Konditionen (bei hohem Eigenkapitalanteil) geworben.

Beispiele:

Fälligkeitsdarlehen					
Jahr	Restschuld Anfang d. J.	Zinsen 7 % p. a.	Tilgung Ende d. J.	Kreditrate	Restschuld Ende d. J.
1	15.000,00 €	1.050,00 €	0,00 €	1.050,00 €	15.000,00 €
2	15.000,00 €	1.050,00 €	0,00 €	1.050,00 €	15.000,00 €
3	15.000,00 €	1.050,00 €	15.000,00 €	16.050,00 €	0,00 €
	Gesamt:	3.150,00 €	15.000,00 €	18.150,00 €	

Raten-/Abzahlungs-/Tilgungsdarlehen					
Jahr	Restschuld Anfang d. J.	Zinsen 7 % p. a.	Tilgung Ende d. J.	Kreditrate	Restschuld Ende d. J.
1	15.000,00 €	1.050,00 €	5.000,00 €	6.050,00 €	10.000,00 €
2	10.000,00 €	700,00 €	5.000,00 €	5.700,00 €	5.000,00 €
3	5.000,00 €	350,00 €	5.000,00 €	5.350,00 €	0,00 €
	Gesamt:	2.100,00 €	15.000,00 €	17.100,00 €	

Annuitätendarlehen					
Jahr	Restschuld Anfang d. J.	Zinsen 7 % p. a.	Tilgung Ende d. J.	Kreditrate	Restschuld Ende d. J.
1	15.000,00 €	1.050,00 €	3.950,00 €	5.000,00 €	11.050,00 €
2	11.050,00 €	773,50 €	4.226,50 €	5.000,00 €	6.823,50 €
3	6.823,50 €	477,65 €	6.823,50 €	7.301,15 €	0,00 €
	Gesamt:	2.301,15 €	15.000,00 €	17.301,15 €	

Hinweis: Zinsberechnung zum Ende des Jahres

Aufgaben

1. Was ist richtig, was ist falsch?
   a) Bonität bedeutet Kreditunwürdigkeit.
   b) Ein Rating ist eine Bewertung nach verschiedenen Kategorien.
   c) Ein Rating von 2 bedeutet, dass die Kreditwürdigkeit gut ist.
   d) Ein Unternehmen mit einem Rating von 5 ist nicht gut auf einen harten Wettbewerb vorbereitet.
   e) Beim Fälligkeitsdarlehen erfolgt die Tilgung des Darlehens erst bei Fälligkeit zum Schluss.
   f) Factoring bedeutet, dass man die Rechnung verkauft und dafür sofort Geld erhält.
2. Welche Finanzierung würden Sie empfehlen?
   a) Sie sind ein junges Unternehmen, firmieren als GmbH mit 30.000,00 € Eigenkapital und benötigen 50.000,00 € für den Kauf von Waren.
   b) Sie sind ein bekanntes Systemhaus mit 20 Mitarbeitern, 100.000,00 € Eigenkapital und 200.000,00 € Schulden. Sie benötigen 100.000,00 € für den Kauf von vier Autos und die Übernahme eines kleineren PC-Händlers.
   c) Sie sind ein erfolgreiches Softwarehaus mit 30 Mitarbeitern, firmieren als AG, realisieren schon hohe Gewinne, die Sie jedoch in Marketingmaßnahmen zur Erweiterung des Geschäftes investieren. Sie erhalten eine günstige Gelegenheit, das gesamte Bürogebäude mit zusätzlicher Bürofläche für 2 Mio. € zu kaufen, verfügen aber nur über Rücklagen von 200.000,00 €.
3. Erläutern Sie den Finanzplan mit eigenen Worten und geben Sie an, mit welchen Formeln Sie Werte in einer Kalkulationstabelle berechnen können.
4. Erläutern Sie o. a. Beispiele der Darlehensvarianten und erfassen Sie diese Beispiele mit einem Tabellenkalkulationsprogramm.
5. Vergleichen Sie Fälligkeits-, Raten- und Annuitätendarlehen wie oben für drei Jahre und beschreiben Sie in wenigen Sätzen die Unterschiede im Ergebnis.
   - Darlehensnennbetrag: 12.000,00 €
   - Zinssatz: 8 % p. a.
   - Beim Annuitätendarlehen wurde für 2 Jahre eine Annuität von 5.000,00 € vereinbart, die Restschuld soll zum Ende des 3. Jahres Null sein.
6. Erstellen Sie einen Variantenvergleich für ein 10-jähriges Darlehen in Höhe von 200.000,00 €, wenn der Zinssatz 6,5 % p. a. beträgt und zum Laufzeitende das Darlehen getilgt werden soll.
7. Bearbeiten Sie die Aufgaben im Arbeitsheft.

<table>
<tr><th colspan="2">Kreditsicherung</th></tr>
<tr><td colspan="2">Blanko: Gewährung eines Kredits ohne Sicherheiten</td></tr>
<tr><th>Personalsicherheiten
= Personen haften</th><th>Realsicherheiten
= Sachen dienen als Sicherheiten (dingliche Haftung)</th></tr>
<tr><td rowspan="4">Bürgschaft: Durch einen Bürgschaftsvertrag zwischen Bürge und Kreditgeber verpflichtet sich der Bürge für die Verbindlichkeiten des Kreditnehmers einzustehen. Bei einer Ausfallbürgschaft muss der Bürge erst zahlen bei Zahlungsunfähigkeit und hat das Recht auf „Einrede der Vorausklage“. Bei einer selbstschuldnerischen Bürgschaft (vgl. § 773 BGB) haftet der Bürge wie der Hauptschuldner. Unter Kaufleuten ist die Bürgschaft immer selbstschuldnerisch (§ 349 HGB).</td><td>Eigentumsvorbehalt: Vereinbarung, dass die gelieferte Ware bis zur vollständigen Bezahlung Eigentum des Verkäufers bleibt, der Käufer wird nur Besitzer. Er erlischt beim gutgläubigen Erwerb durch Dritte oder bei Weiterverarbeitung (einfacher Eigentumsvorbehalt); Varianten: verlängerter und erweiterter Eigentumsvorbehalt, vgl. Kapitel 3.12.4</td></tr>
<tr><td>Sicherungsübereignung: Hierbei wird der Kreditgeber Eigentümer der Sache, der Kreditnehmer bleibt Besitzer (anders als beim Lombardkredit).</td></tr>
<tr><td>Pfand (Lombard): Pfandrecht (und Besitz) an einer beweglichen Sache oder einem verbrieften Recht (Faustpfand). Bei einem Lombardkredit geht das Pfandstück in den Besitz des Kreditgebers über.</td></tr>
<tr><td>Grundschuld: Grundpfandrecht für eine unbestimmte Absicherung in einer festen Höhe (normalerweise dem Darlehensnennbetrag), das unabhängig vom aktuellen Schuldenstand im Grundbuch eingetragen ist, wo jeder diese Grundschulden einsehen kann. Eingetragene Grundschulden müssen bei Auslaufen und Rückzahlung des Darlehens nicht gelöscht werden, können daher weiter bestehen, indem der vom Kreditgeber ausgehändigte Grundschuldbrief vom Kreditnehmer verwahrt oder zur Absicherung eines anderen Darlehens weitergegeben wird (anders als bei der Hypothek). Außenstände können über Grundschulden schneller vollstreckt werden, ohne dass vorher ein zeitraubendes juristisches Verfahren (wie bei der Hypothek) eingeleitet werden muss, Grundschulden werden daher überwiegend von Banken genutzt (vgl. auch § 1191 ff. BGB).</td></tr>
<tr><td>Zession: Hierbei tritt der Kreditnehmer Forderungen (z. B. aus Lebensversicherungen oder Kundenforderungen) an den Kreditgeber ab. Bei der stillen Zession erfährt der Schuldner im Gegensatz zur offenen Zession nichts von der Forderungsabtretung.</td><td>Hypothek: Pfandrecht für einen bestimmten Kredit, der in der Höhe an die damit gesicherte Darlehensforderung gebunden ist und immer dem aktuellen Schuldenstand des Darlehens entspricht. Bei Rückzahlung der Hypothek erlischt die Hypothekenforderung automatisch und ist eine Eintragung im Grundbuch zu löschen (vgl. auch § 1113 ff. BGB). Hypotheken werden überwiegend von öffentlichen bzw. staatlichen Einrichtungen genutzt.</td></tr>
</table>

Aufgaben

1. Geben Sie an, wie die folgende Forderung (z. B. Kredit) gesichert wurde:
   a) Der Bruder des Kreditnehmers steht unmittelbar mit seinem Vermögen beim Zahlungsrückstand ein.
   b) Der Geschäftspartner steht für den Fall der amtlichen Zahlungsunfähigkeit für die Verpflichtungen ein.
   c) Im Grundbuch für das Firmengrundstück wurde eine Eintragung von 500.000,00 € zugunsten der Sparkasse vorgenommen. Eventuell muss man ein Darlehen bei der Sparkasse aufnehmen und möchte dies dann zügig gewährt bekommen.
   d) Die Bank will den Kredit gewähren, wenn Forderungen aus privaten Lebensversicherungen des Gesellschafters an die Bank bis zur Rückzahlung des Kredits abgetreten werden.
   e) Die Fahrzeugbriefe für den Firmenfuhrpark gehen an den Kreditgeber. Der Kreditnehmer darf jedoch die Fahrzeuge weiterhin nutzen.
   f) Die Firma gibt den neuwertigen Chef-Pkw an die Bank zur Absicherung eines kurzfristigen Überziehungskredits.
   g) Zinspapiere (Anleihen) wurden an die Bank als Pfand für einen Kredit gegeben.
2. Nennen Sie Voraussetzungen, die für folgende Finanzierung gegeben sein müssen:
   a) Bürgschaftskredit
   b) Factoring
   c) Lombardkredit
   d) Zession
3. Nennen Sie Unterschiede folgender Kreditsicherungen:
   a) Sicherungsübereignungskredit und Lombardkredit
   b) Ausfallbürgschaft und selbstschuldnerische Bürgschaft
   c) Stille und offene Zession
   d) Grundschuld und Hypothek
   e) Eigentumsvorbehalt und Sicherungsübereignung

3.9.8 Unternehmenssoftware ERP

ERP steht für **Enterprise Resource Planning** (wörtlich: Unternehmens-Mittel-Planung) und umfasst Softwareanwendungen, die Unternehmen und ihre Mitarbeiter dabei unterstützen, wichtige Unternehmensaufgaben wie z. B. Auftragsbearbeitung (Verkauf), Lagerhaltung, Einkauf, Finanzbuchhaltung oder Lohn- und Gehaltsabrechnung zu erledigen. Das System dient nicht nur dazu, unternehmensrelevante Daten zu verwalten und darüber zu informieren, sondern auch alle notwendigen Belege und Auswertungen zu erstellen. Die Integration aller Daten in einem Unternehmenssystem hat einerseits den Vorteil, dass nur unbedingt notwendige Doppelspeicherungen vorkommen. Andererseits kann mit der entsprechenden Berechtigung von jedem Arbeitsplatz, bei webbasierten ERP-Systemen von jedem Arbeitsplatz der Welt mit Internetanschluss, auf die im ERP-System gespeicherten Daten zugegriffen werden.

Die Mitarbeiter müssen die Funktionen, Abläufe und Möglichkeiten der Programme gut kennen, damit sie das Unternehmen mithilfe der ERP-Systeme optimal verwalten und steuern können.

Da Unternehmen sich je nach Branche in ihren Ressourcen, Leistungen und Prozessen erheblich unterscheiden und daher die Anforderungen an ein ERP-System sehr unterschiedlich sind, gibt es auch entsprechend viele Anbieter von ERP-Programmen (derzeit über 800). Zu den größten ERP-Software-Anbietern zählen SAP, Oracle, Microsoft oder Infor für größere Unternehmen sowie Lexware oder Sage für kleinere bis mittlere Unternehmen. Ein ERP-Programm oder Softwaresystem kann aber nur ein Hilfsmittel oder Werkzeug sein, damit Mitarbeiter im Unternehmen die Prozesse optimal bearbeiten, steuern oder managen können. Ein ERP-System führt daher insbesondere fünf große Managementbereiche des Unternehmens zusammen und ermöglicht ihre Zusammenarbeit:

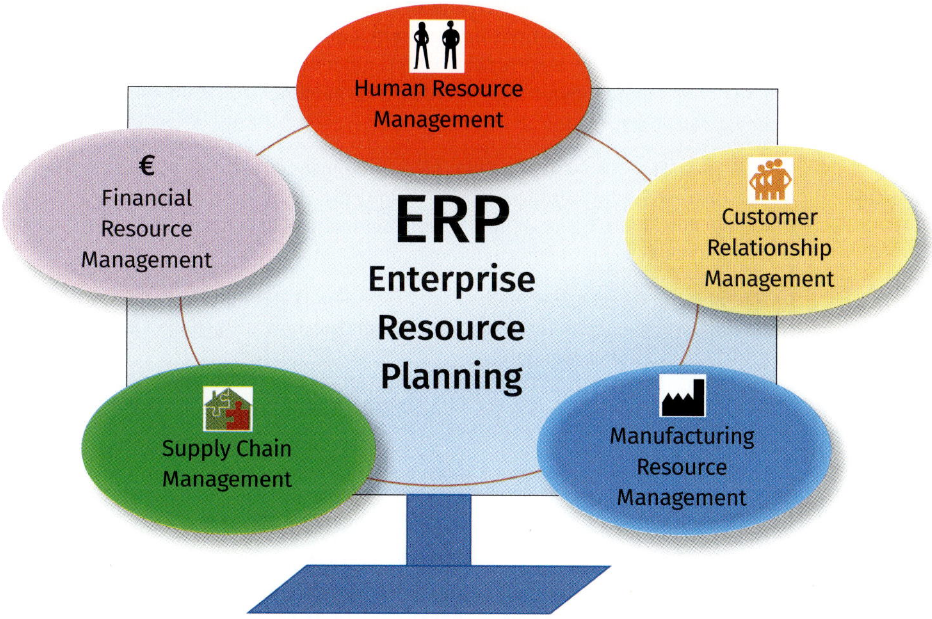

Managementbereiche im Unternehmen mit Unterstützung von ERP-Unternehmenssoftware (Enterprise Resource Planning)		
Bereiche allgemein	**ERP-System (Beispiel)**	**Erläuterungen**
Human Resource Management (HRM)	Lohn und Gehalt	Das Human Resource Management ist besser bekannt unter den Begriffen Personalmanagement oder Personalwesen und wird normalerweise von der Personalabteilung wahrgenommen. Handlungsfelder in Zusammenarbeit mit den Fachabteilungen sind z. B. Personalplanung, Personalrekrutierung, Personalführung und Personalentwicklung, Entgeltgestaltung und Personalverwaltung. Das HRM ist nicht zuletzt für ein gutes Arbeitsklima und eine gute Personalkommunikation zuständig. Als Human Resources bezeichnet man die Ressourcen, die ein Unternehmen durch seine Mitarbeiter an Wissen, Fähigkeiten und Motivation hat.

(Fortsetzung auf folgender Seite)

Managementbereiche im Unternehmen mit Unterstützung von ERP-Unternehmenssoftware (Enterprise Resource Planning)		
Bereiche allgemein	**ERP-System (Beispiel)**	**Erläuterungen**
Customer Relationship Management (CRM)	Verkauf	Customer Relationship Management, kurz CRM (Kundenbeziehungsmanagement oder Kundenpflege), bezeichnet die konsequente Ausrichtung einer Unternehmung auf ihre Kunden und die systematische Gestaltung der Kundenbeziehungsprozesse. Die dazugehörende Dokumentation und Verwaltung von Kundenbeziehungen ist ein wichtiger Baustein und ermöglicht ein vertieftes Beziehungsmarketing.
Manufacturing Resource Planning (MRP)	Produktion	Hier findet die Fertigungsprozessplanung statt, auch Produktionsplanung und -steuerung (PPS-System) genannt, weshalb dieser Bereich in Produktionsunternehmen benötigt wird. Auch hier werden unterschiedliche Ausbauvarianten bereitgestellt, damit die Fertigung schnell und flexibel auf unterschiedliche Auftragssituationen reagieren kann. Erweiterte MRP-Programme beziehen auch Kapazitätsplanungen ein, damit rechtzeitig Planungsdaten und Simulationsmöglichkeiten (Was wäre, wenn?) vorliegen.
Supply Chain Management (SCM)	Lager, Ein- und Verkauf	SCM wird auch Lieferkettenmanagement genannt und umfasst die klassischen Bereiche Einkauf, Lager und Verkauf (bezogen auf die Logistik) sowie das Beschaffungs- und Distributionsmanagement. Gerade bei scharfem Wettbewerb in globalen Märkten, kurzen Produkteinführungszeiten, kurzen Produktlebenszyklen und hohen Kundenerwartungen werden Entscheidungen rund um die Lieferkette immer wichtiger.
Financial Resource Management (FRM)	Finanzmanagement	FRM umfasst die Verwaltung, Planung, Steuerung und Kontrolle aller finanziellen Ressourcen (Finanzmittel), im engeren Sinne die Finanzbuchhaltung und die Anlagenbuchhaltung, im weiteren Sinne beinhaltet es ein noch stärker auf Rendite, Analysen und Entscheidungen ausgelegtes System.
Sonstige		Häufig werden ergänzend Module oder Funktionalitäten für Projektmanagement, Dokumentenmanagement, Forschung und Entwicklung in das ERP-System integriert oder damit verbunden.

Aufgaben

1. Ordnen Sie den ERP-Modulen (Bereichen) HRS, CRM, MRP, SCM, FRM folgende Aufgaben richtig zu:
   a) Verkauf
   b) Lagerhaltung
   c) Lohn- und Gehaltsabrechnung
   d) Finanzbuchhaltung
   e) Kundensupport
   f) Produktionsplanung
2. Erkundigen Sie sich, welches ERP-Programm in Ihrem Ausbildungsbetrieb zur Auftragsbearbeitung, Warenwirtschaft (Einkauf, Lager, Verkauf), Finanzbuchhaltung sowie Lohn- und Gehaltsabrechnung eingesetzt wird, welche ERP-Programme angeboten werden, und erstellen Sie gemeinsam dazu eine Klassenübersicht.

3.9.9 Angebotserstellung

S

Anna, Kai und Stefan sollen Angebote erstellen. Sie merken schnell, dass hier viele einzelne Vertragsbestandteile geklärt werden müssen und rechtliche Fragen auftauchen.

Bei der Angebotserstellung von Lagerware (z. B. Notebooks, Festplatten, Toner) richtet sich der Preis bei ACI in erster Linie nach den vorgegebenen Preisen der Preisliste. ACI unterscheidet bei den Kunden in A-Kunden (sehr gute Kunden), B-Kunden (gute Kunden) und C-Kunden (gelegentliche Kunden mit kleinerem Bestellvolumen). Je nach Zuordnung werden den Kunden unterschiedliche Rabatte gewährt (z. B. A: 20 %, B: 10 %). Darüber hinaus legt die Verkaufsleitung Sonderkonditionen fest.

Ein Angebot ist eine **bestimmte, verbindliche** und **empfangsbedürftige Willenserklärung** des Verkäufers an eine bestimmte Person oder Personengruppe. Der Anbieter ist rechtlich an sein Angebot (seinen Antrag) gebunden, wenn er nicht von vornherein das Angebot durch Freiklauseln ganz ausschließt oder einschränkt (vgl. § 145 BGB). Der Käufer muss das Angebot **ohne** Erweiterungen, Einschränkungen oder sonstige Änderungen und in einer bestimmten Frist annehmen. Ansonsten gilt dies als neuer Antrag vonseiten des Verkäufers und **Ablehnung** des alten Angebots (vgl. § 150 II BGB). Die Entscheidung für die Annahme bei einem neuen Antrag liegt dann beim Verkäufer. Der Anbieter kann sein Angebot auch widerrufen, wenn der **Widerruf** rechtzeitig oder spätestens mit dem Angebot beim Kunden eingeht (vgl. § 130 I BGB). Liegen zwei übereinstimmende Willenserklärungen vor, so ist der Kaufvertrag zustande gekommen. Entsprechend sind Verkäufer und Käufer Verpflichtungen eingegangen.

W

Angebot	
Funktion	Das Angebot ist eine Aufforderung des Anbietenden an einen Interessenten zum Kauf einer Ware und/oder Dienstleistung.
Arten	**Unverlangtes Angebot:** Der Verkäufer erstellt unaufgefordert ein Angebot. Auch unbestellt zugesandte Ware gilt als unverlangtes Angebot. Dieses Angebot muss nicht angenommen werden. Ein Verbraucher oder ein Kaufmann ohne bisherige Geschäftsverbindung kann durch Schweigen das Warenangebot ablehnen und hat auch keine Aufbewahrungspflicht. Bei Geschäftsleuten in Geschäftsbeziehung bedeutet Schweigen jedoch Annahme. Die Benutzung der Sache bedeutet Annahme des Angebots (§ 241a BGB). **Verlangtes Angebot:** Dem Angebot geht eine Anfrage voraus. **Verbindliches Angebot** Der Anbieter ist innerhalb bestimmter Fristen an das Angebot gebunden: a) Unter Anwesenden, solange die Unterredung dauert b) Unter Abwesenden, solange unter verkehrsüblichen Umständen eine Antwort erwartet werden kann c) Entsprechend der von ihm gesetzten Frist Ein **Widerruf** des Verkäufers ist möglich, wenn der Widerruf spätestens gleichzeitig mit dem Angebot beim Empfänger eintrifft. **Unverbindliches Angebot** Der Anbieter hat durch Freizeichnungsklauseln das Angebot für unverbindlich erklärt, z. B. durch Zusatz „Wir bieten unverbindlich an“, „ohne Gewähr“, „freibleibend“, „solange der Vorrat reicht“, „Preis freibleibend“, „Zwischenverkauf vorbehalten“, „Druckfehler und Irrtum vorbehalten“. **Anpreisung:** Ein allgemeines Angebot an die Öffentlichkeit (z. B. Kataloge ohne Anschreiben, Zeitungsanzeigen, Schaufensterauslagen), d. h. nicht an einen Einzelnen (Firma, Person), ist kein Angebot und daher als unverbindlich anzusehen.

Mindestbestandteile eines Angebots	Sonstige Bestandteile (z. B. bei ACI)
▪ Firma, Anschrift und Name des Verkäufers ▪ Firma bzw. Name, Anschrift des Käufers ▪ Menge der angebotenen Güter ▪ Art und Qualität der angebotenen Güter ▪ Preis der angebotenen Güter	▪ Angebotsnummer ▪ Angebotsdatum ▪ Hinweis auf Zahlungsbedingungen ▪ Hinweis auf Lieferbedingungen ▪ Hinweis auf Allgemeine Geschäftsbedingungen

W

Annahmefristen eines Angebotes	
Allgemein nach § 147 II BGB	So lange, wie der Anbieter unter regelmäßigen Umständen mit dem Eingang der Antwort rechnen kann
Unter Anwesenden bzw. fernmündlich	Sofort, d. h. solange das Gespräch dauert
Bei Angebot per Brief ohne Fristsetzung	Ca. 5 bis 7 Tage: 4 Tage für Briefversand, 1 Tag für Bearbeitung
Bei Angebot per E-Mail/Fax	Ca. 1 bis 2 Tage für Bearbeitung und Rücksendung von E-Mail/Fax
Bei Angebot per Brief mit Fristsetzung	Bestellung muss bis zur gesetzten Frist zugegangen sein

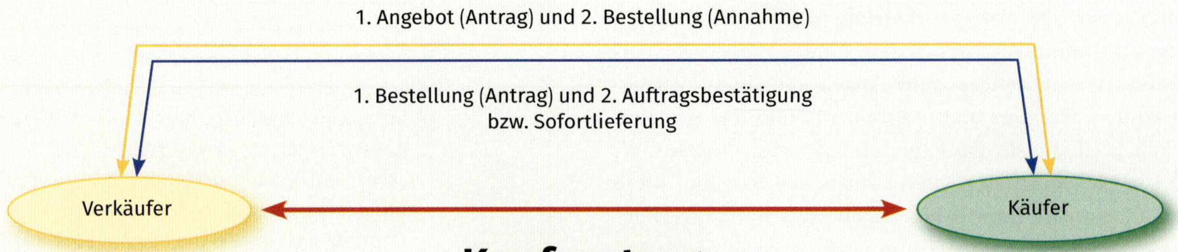

Kaufvertrag
Pflichten
nach § 433 BGB

- Die bestellte Sache muss in der vereinbarten Menge fristgemäß und mängelfrei am Leistungsort übergeben werden.
- Das Eigentum an der Sache muss auf den Käufer übertragen werden.

- Die bestellte Sache muss abgenommen werden.
- Die ordnungsgemäß gelieferte Sache muss vereinbarungsgemäß bezahlt werden.

Aufgaben

Was ist richtig, was ist falsch?

a) Wenn Sie aufgrund einer Anzeige in der Zeitung eine Ware genau nach den dortigen Angaben bestellen, kann der Verkäufer die Lieferung verweigern.

b) Wenn ACI einem Kunden ein konkretes Angebot zugesandt hat und dieser Kunde aus diesem Angebot einige Artikel genau zu diesen Konditionen bestellt, muss ACI diese Artikel liefern, da ein Kaufvertrag zustande kam.

c) Sie erhalten ohne Bestellung Heft 1 eines Computermagazins zugesandt. Sie sind der Meinung, dass Sie das Heft zurücksenden müssen, wenn Sie es nicht kaufen wollen.

d) Eine Auftragsbestätigung folgt i. d. R. einer Bestellung, ein Angebot folgt einer Anfrage.

e) Sie müssen einem Kunden leider mitteilen, dass das günstige Computersystem, das Sie vor drei Wochen in einem Brief angeboten haben, nicht mehr lieferbar ist. Der Kunde behauptet, er habe ein Recht auf Lieferung.

Art, Güte und Menge der Ware	
Hinweise des Lieferers	**Gesetzlich garantiert, wenn nicht genau spezifiziert**
Art, Güte, Beschaffenheit	
Artikelnummer, Typ (z. B. Prozessor Q66), Marke (z. B. Intel), Version (z. B. 2.2), Leistungs- und Größenangaben (z. B. 2 GHz, 10 MB), Norm (z. B. DIN oder ISO mit Nummer), Geschmack, Material, Inhaltsstoffe, Haltbarkeit, äußere Form, Leistungsfähigkeit, Nutzungsdauer, Belastungsfähigkeit, Umweltverträglichkeit, Gefährdungspotenzial/-haftung, entsprechend Muster oder Probe	Frei von Mängeln, geeignet für vorausgesagte Verwendung bzw. sonst für gewöhnliche Verwendung, übliche Beschaffenheit, die der Käufer nach der Art der Sache, nach den Äußerungen des Verkäufers oder des Herstellers erwarten kann (vgl. § 434 BGB). Bei Gattungssachen (i. d. R. Massenartikeln) muss bei fehlender Vereinbarung mittlere Art und Güte, bei Speziessachen (z. B. Ölgemälde) die genau bestimmte Sache geliefert werden (vgl. § 243 I BGB, § 360 HGB). Nach Preisangabenverordnung sind die Verkaufs- oder Leistungseinheit und die Gütebezeichnung anzugeben, entsprechend der allgemeinen Verkehrsauffassung (vgl. PAngV = Preisangabenverordnung).
Menge	
Stück, Packung, Liter, kg usw.	Verpackungseinheit beachten, z. B. „brutto für netto" (bfn oder b/n): Kunde zahlt das Verpackungsgewicht (Tara) wie das Inhaltsgewicht (netto)

3.9.9.1 Art, Güte und Menge der Ware

Ein Angebot kann sehr ausführlich ausfallen und Hunderte von Seiten umfassen, wenn es sich um Spezialaufträge für große Anlagen, Ausstattungen, Speziessachen oder Dienstleistungen handelt. Auch bei **Gattungsware**, also Waren, die einer Warengattung angehören, wie z. B. Grafikkarten, DVDs oder Druckerkabel, kann die Notwendigkeit zur ausführlichen Beschreibung des Angebots bestehen. Werden Waren nicht genau beschrieben, so kann der Kunde die Lieferung einer Ware mit durchschnittlicher Güte und Beschaffenheit erwarten.

Aufgaben

1. Zu welchen Komponenten gehören folgende Angaben zur Beschaffenheit: GHz, MB, 15“, dpi, ms, GB, CD-R, MBps, Min?
2. Nennen Sie weitere Angaben nach Art, Güte und Beschaffenheit.
3. Beschreiben Sie Ihr persönliches Wochenangebot: PC, Monitor, Notebook, Drucker
4. Ein Kunde soll für 10 DVDs 10,00 € inkl. 19 % Umsatzsteuer und für ein Buch 20,00 € inkl. 7 % Umsatzsteuer zahlen. Was kosten die beiden Waren netto?
5. Was ist richtig, was ist falsch?
   a) Preise für Waren an Endverbraucher sind Inklusivpreise (inkl. der Umsatzsteuer).
   b) Bonus ist ein nachträglicher Rabatt.
   c) Skonto ist ein Mengenrabatt.
   d) Ein Unternehmer darf gegenüber einem anderen Unternehmer die Preise erhöhen und ist nur einen Tag an sein Angebot gebunden.
   e) Ein Unternehmer darf gegenüber einem Verbraucher den Preis vier Monate nach Vertragsabschluss nicht erhöhen, z. B. wenn der Kunde ein Auto gekauft hat und es erst in drei Monaten geliefert wird.
   f) Umsatzsteuer und Mehrwertsteuer sind eigentlich identisch, da die Umsatzsteuer zwar vom Umsatz berechnet wird, jedoch für die Unternehmen eine Mehrwertsteuer ist.

W

Preis-angaben	▪ **Netto** (Bruttopreis – Abzüge), zahlbar netto Kasse = zahlbar ohne jeden Abzug ▪ **Brutto** (Preis ohne Abzüge inkl. Umsatzsteuer) ▪ **Nettopreis** = Bruttopreis/1,19 (bei 19 % USt.) ▪ **Zielpreis** = Preis mit einem Zahlungsziel, z. B. zahlbar innerhalb von 30 Tagen ▪ **Barpreis** = sofort zahlbar ohne Abzug
Hinweise	▪ Warenwert und Frachtkosten sind umsatzsteuerpflichtig. ▪ Bei Verbrauchern ist eine **Preiserhöhung** nach Vertragsabschluss nicht zulässig, wenn die Ware innerhalb von 4 Monaten (§ 309 f. BGB) geliefert oder die Dienstleistung in dieser Zeit erbracht werden soll. ▪ Nach Preisangabenverordnung: Gewerbliche Verkäufe an **Endverbraucher** sind **Inklusivpreise** (inkl. Umsatzsteuer).

W

Besondere Preiskonditionen		
Rabatt	▪ Für große Bestellmengen: Mengenrabatt, Naturalrabatt	
	Naturalrabatt	**Draufgabe** bedeutet mehr Ware für den gleichen Preis, z. B. geliefert 10 + 1, bezahlt 10; für den Lieferanten günstiger als Dreingabe: im Beispiel 1/11 = 9,1 % Rabatt
		Dreingabe bedeutet, es wird weniger bezahlt als geliefert, z. B. geliefert 10, bezahlt 9; bedeutet für den Lieferanten in diesem Beispiel 1/10 = 10 % Rabatt
	▪ Für regelmäßigen Kauf: Wiederverkäufer-, Treuerabatt	
	▪ Zu besonderen Anlässen: Sonder-, Jubiläums-, Aktionsrabatt usw.	
Staffelpreis	Je nach Menge werden unterschiedliche Preise angeboten, z. B. bei 1 Stück 1,20 €, bei 5 Stück 1,15 €.	
Skonto	Barzahlungs- oder Frühzahlerrabatt, z. B. 3 % Skonto bei Zahlung innerhalb von 10 Tagen ab Datum der Rechnung	
Bonus	Nachträgliche Rückvergütung, z. B.: Bei Umsatz ab 10.000,00 € bis zum Jahresende erhält der Kunde nachträglich einen Bonus (Preisnachlass) per Scheck, Überweisung oder Gutschrift.	

Jeder Kunde möchte einen gerechten Preis. Er fordert einen **Nachlass (Rabatt)**, wenn er eine große Menge oder eine ältere Version eines Artikels kaufen will. Unterschiedlichste Rabatte erhalten daher die Geschäftsfreundschaft. Ein **Naturalrabatt** ist für den Lieferer etwas günstiger als ein **Bar-Rabatt**, da der Lieferer nicht den Kundenpreis für die Ware zahlen muss. Eine **Draufgabe** ist für den Lieferer günstiger als eine **Dreingabe**, da der Rabatt geringer und der Umsatz höher ausfällt.

Aufgaben

1. Angebot eines PC-Systems: 599,00 € brutto, abzüglich 15 % Sonderrabatt, 3 % Skonto. Wie viel zahlt der Käufer sofort bar?
2. Welche Preiskonditionen liegen vor:
   a) Zahlen Sie in 30 Tagen netto Kasse.
   b) Da Sie bis zum 31.12. für 20.000,00 € Waren bei ACI eingekauft haben, erhalten Sie nachträglich 2 % Nachlass auf diesen Betrag gutgeschrieben.
   c) Wir können bei Zahlung innerhalb von 7 Tagen 3 % weniger als den Rechnungsbetrag überweisen.
   d) Wenn wir statt 10 Stück 100 Stück kaufen, erhalten wir 10 % Rabatt.
   e) Wir erhielten beim Kauf von 5 Stück ein Stück kostenlos dazu.
   f) ACI hat eine Preisliste erstellt, je nach Menge für jeden Artikel mit fünf verschiedenen Preisen.
3. Was ist richtig, was ist falsch?
   a) Ein Barzahlungsrabatt wird auch Bonus genannt.
   b) Draufgabe ist, wenn man beim Kauf bereit ist, noch einen Zuschlag zu zahlen.
   c) Die Preisangabenverordnung schreibt bei Verbrauchergeschäften die Angabe der Nettopreise vor.
   d) Nettopreis ist der Preis abzüglich Abzug.
   e) Der Zielverkaufspreis wird an der Kasse verlangt.
   f) Skonto ist ein Barzahlungsrabatt.
   g) Bonus ist eine Jahresrückvergütung für gute Kunden.
4. Rechnen und vergleichen Sie. Was ist für ACI günstiger? (Verkaufspreis für USB-Sticks netto: 15,00 €, Bezugspreis je 10,00 €)
   a) Sie verkaufen 100 Stück, als Draufgabe 5 Stück oder als Dreingabe 5 Stück.
   b) Sie geben bei 100 Stück 10 % Rabatt oder eine Dreingabe von 8 Stück.
   c) Sie geben einem A-Kunden bei 100 Stück 10 % Rabatt oder 8 % Rabatt und einen Bonus von 2 % am Jahresende bei Erreichen eines bestimmten Umsatzziels.

3.9.9.2 Lieferbedingungen

Zur Vereinbarung der Übernahme von Beförderungskosten werden bestimmte Schlüsselwörter verwendet (z. B. „frachtfrei" oder „ab Lager"). Existieren keine genauen Vereinbarungen, so gilt die gesetzliche Regelung: **Warenschuld = Holschuld**.

Der Käufer trägt nach § 448 BGB alle **Kosten der Abnahme und Versendung ab Versandstation**, d. h., der Verkäufer muss das erste Rollgeld bezahlen (Vereinbarung: unfrei, ab hier, ab Bahnhof hier, ab Versandstation). Diese Bestimmung hat immer dann Gültigkeit, wenn sich der Betrieb des Verkäufers und der des Käufers nicht am gleichen Ort befinden (**Versendungskauf**). Beim **Platzkauf** (Kauf im Ort, am Platz) muss der Käufer die Beförderungskosten bereits ab der Betriebsstätte des Verkäufers tragen. Die **Übergabeverpackung** trägt der Verkäufer, die **Versandverpackung** der Käufer, wenn nicht anders vereinbart.

Versand- und Beförderungskosten auf der Rechnung unterliegen der Umsatzsteuer.

Versand- und Beförderungskosten beim Versendungskauf

Vereinbarungen	Rollgeld I (Abfuhr)	Verladekosten	Fracht	Entladekosten	Rollgeld II (Anfuhr)
Frei Haus, frei Lager	Kosten trägt Verkäufer	Kosten trägt Verkäufer	Kosten trägt Verkäufer	Kosten trägt Verkäufer	Kosten trägt Verkäufer
Frachtfrei, frei dort, frei Empfangsstation	Kosten trägt Verkäufer	Kosten trägt Verkäufer	Kosten trägt Verkäufer	Kosten trägt Käufer	Kosten trägt Käufer
Frei Waggon, frei Schiff	Kosten trägt Verkäufer	Kosten trägt Verkäufer	Kosten trägt Käufer	Kosten trägt Käufer	Kosten trägt Käufer
Unfrei, ab hier, ab Versandstation	Kosten trägt Verkäufer	Kosten trägt Käufer	Kosten trägt Käufer	Kosten trägt Käufer	Kosten trägt Käufer
Ab Fabrik, ab Werk, ab Lager	Kosten trägt Käufer	Kosten trägt Käufer	Kosten trägt Käufer	Kosten trägt Käufer	Kosten trägt Käufer

Gesetzliche Regelung der Kostenträger für Versand- und Beförderungskosten

Aufgaben

1. Was steckt dahinter? Geben Sie den Fachbegriff an.
   a) Für einen Kunden gilt die gesetzliche Lieferregelung. Was bedeutet dies für die Kosten?
   b) Wie lautet die Vereinbarung, wenn der Lieferer die Beförderungskosten bis zur Empfangsstation trägt?

c) Wie lautet die Vereinbarung, wenn der Lieferer nur bis zum Versandbahnhof die Beförderungskosten trägt?
d) Ein Kunde kauft eine Ware direkt vor Ort im Geschäft.
e) Wie lautet die Vereinbarung, wenn der Lieferer die Ware kostenfrei zum Kunden liefert?

2. Sie wollen an einem Beispiel Ihre Beförderungskosten für einen größeren Auftrag nach Süddeutschland überprüfen. Es liegen zwei alternative Angebote vor:
   - Mit Bahnfracht: Als Rollgeld zum Bahnhof sollen Sie 135,00 €, als Lade- und Endladekosten jeweils am Bahnhof 45,00 €, als Fracht nach Süddeutschland 1.850,00 € und als Rollgeld zum Kunden 210,00 € bezahlen; Transportdauer: 24 Stunden.
   - Mit Lkw-Fracht: Fracht direkt von Lager zu Lager 2.400,00 €; Transportdauer: 14 Stunden

   Vergleichen Sie Bahnfracht und Lkw-Fracht und beurteilen Sie die Zahlen.

3.9.9.3 Liefertermin

Für eine gute Kundenbeziehung ist es sehr wichtig, dass bestellte Waren pünktlich geliefert werden. Für den Verkäufer kann die Festlegung und Einhaltung eines Liefertermins aus verschiedenen Gründen schwierig sein. Trotzdem muss er alles tun, um einen kundengemäßen Termin zu finden und diesen auch einzuhalten.

Um Lieferprobleme zu vermeiden, muss das EDV-Programm für die Warenwirtschaft schon bei der Angebotserstellung eine Artikelreservierung ermöglichen und sollte immer den Lagerbestand korrekt anzeigen. Dazu sind häufiger Inventuren oder Teilinventuren durchzuführen und die Aussonderung nicht verkäuflicher Ware sofort in der EDV zu erfassen.

Der Verkäufer muss in ständigem Kontakt mit seinen Lieferanten stehen, um eventuell kurzfristige Lieferungen zu veranlassen.

Lieferprobleme

- Ware nicht am Lager vorrätig.
- Ware kann nicht fristgerecht geliefert werden.
- Lagerbestand wird nicht korrekt durch die EDV angezeigt (z. B. Schwund wurde nicht erfasst).
- Verkäufer verkauften reservierte Lagerartikel.
- Eigener Lieferant hat Lieferprobleme.
- Eigener Lieferant hat falsche oder mangelhafte Ware geliefert.

3.9.9.4 Zahlungsbedingungen

Geldschulden sind **Schickschulden**, wenn nichts anderes vereinbart wurde. Der Geldschuldner und damit der Kunde trägt die Kosten der Überweisung (§ 270 BGB). Bei Zahlungsfristen gilt: Ist nichts vereinbart oder nach den Umständen des Rechtsgeschäftes zu schließen, so muss der Käufer sofort nach Übergabe der Ware zahlen (§ 271 I BGB).

W

Zahlungsbedingungen

Zahlungszeitpunkt	Mögliche Vereinbarungen
Vor der Lieferung	▪ Vorauszahlung ▪ Zahlung bei Bestellung ▪ „Anzahlung 1/3, 1/3 bei Lieferung, 1/3 nach 3 Monaten" ▪ Zahlung per Kreditkarte
Bei der Lieferung	▪ Gegen bar, netto Kasse (d. h. bar ohne jeden Abzug) ▪ Per Nachnahme (Ware muss vom Kunden bei Übernahme zzgl. einer Nachnahmegebühr bezahlt werden)
Nach der Lieferung	▪ Innerhalb von 7 Tagen abzüglich 2 % Skonto oder 30 Tage Ziel (rein netto) ▪ 3 Monate Ziel
Verzugszinsen	Zahlt der Kunde nicht pünktlich, können bei Verbrauchern Zinsen von maximal **5 %**, bei Unternehmen **8 % über dem Basiszins** der Bundesbank berechnet werden.

Aufgaben

1. Was ist richtig, was ist falsch?
   a) Der Lieferant ist verpflichtet, sich das vereinbarte Geld des Kunden zu holen (Lastschrift).
   b) Geldschulden sind Holschulden.
   c) 3 % Skonto bedeutet, der Kunde kann bei fristgemäßer Zahlung 3 % weniger zahlen.
   d) Bei einer Nachnahmelieferung muss erst das Geld überwiesen werden, danach kommt die Ware.
   e) Vorauskasse ist für den Kunden die sicherste Zahlungsart.
2. Welche Zahlungsbedingung würden Sie wählen?
   a) Ein unbekannter Kunde (Privatperson) ruft Sie an und bestellt das aktuelle PC-System mit Lieferung an die Hausadresse.
   b) Die Meier AG faxt Ihnen als neuer Kunde einen Auftrag für die Lieferung von 10 Druckern zu.

c) Der bekannte Kunde GWA Werbung GmbH will mit ACI einen Lieferungs- und Leistungsvertrag in Höhe von 200.000,00 € vereinbaren. Für die Planung, Lieferung und Installation werden drei Wochen einkalkuliert.

3. Ein Kunde überlegt, ob er 3 % Skonto (innerhalb 10 Tagen, 30 Tage netto) bei einer Rechnung über 2.000,00 € nutzen soll, obwohl er sein Konto überzogen hat und 8 % Zinsen p.a. (per anno = im Jahr) zahlen müsste. Starten Sie zunächst eine Umfrage. Würden Sie Skonto nutzen? Nehmen Sie schriftlich Stellung.

W **Gesetzliche Gewährleistung, Garantie und Kulanz**

Gewährleistung bei Verkauf an Verbraucher §§ 438, 476 BGB	Der Gesetzgeber verlangt vom Lieferer, dass er einem Kunden für einen bestimmten Zeitraum den mangelfreien Gebrauch einer Sache gewährleistet. Die Gewährleistungszeit beträgt für Endverbraucher bei neuen Sachen **zwei Jahre ab Übergabe bzw. Lieferung**, bei gebrauchten Sachen ist eine Verkürzung durch Vereinbarung auf ein Jahr möglich. Der Lieferer muss für sechs Monate eine Beweisumkehr bei mangelhafter Lieferung akzeptieren, d. h., der Verkäufer muss beweisen, dass er fehlerfrei geliefert hat.
Gewährleistung bei Verkauf an Unternehmen	Die Gewährleistung beträgt mit Einschränkungen auch hier grundsätzlich **zwei Jahre.** Es besteht die Möglichkeit, Gewährleistungsfristen **einzelvertraglich beliebig zu kürzen**. In vorformulierten Allgemeinen Geschäftsbedingungen (**AGB**) kann die Gewährleistung nach § 309 Nr. 8b) BGB für neue Sachen auf **ein Jahr** verkürzt, für gebrauchte Sachen dafür vollständig ausgeschlossen werden.
Garantie § 443 BGB	Verpflichtung zur Mängelbeseitigung über die gesetzliche Gewährleistung hinaus. Unternehmen bieten eine erweiterte Garantie an, z. B. auf drei Jahre kostenlos oder mit Aufpreis.
Kulanz	Es erfolgt eine freiwillige Mängelbeseitigung über die gesetzliche Gewährleistung oder eine verpflichtende Garantie hinaus.

Aufgaben

1. Was ist gesetzlich zulässig bzw. unzulässig?
   a) Ein Unternehmer liefert Ware an einen Verbraucher mit einer Gewährleistungsfrist von 6 Monaten.
   b) Ein Unternehmer liefert Ware an einen Unternehmer und vereinbart mit ihm eine Gewährleistungszeit von 6 Monaten.
   c) Ein Unternehmer liefert an einen Verbraucher einen defekten Computer und schließt den Umtausch von defekten Teilen aus.
   d) Ein Unternehmer versendet ein Kleidungsstück mit dem Vermerk „Fehlerhafte Ware: Keine Knöpfe, kein Umtauschrecht" und lässt trotz eines weiteren Webfehlers keinen Umtausch zu.
   e) Ein Verbraucher versendet eine Ware an einen Verbraucher und hat in der Verkaufsankündigung vermerkt: „Umtausch ausgeschlossen, gebraucht wie beschrieben".
   f) Ein Verbraucher verkauft ein Fahrzeug „unter Ausschluss jeder Gewährleistung und Umtausch wie besehen", verschweigt aber, dass das Fahrzeug ein Unfallwagen ist und ein gebrauchter Ersatzmotor eingebaut wurde.
2. Beurteilen Sie die folgenden Fälle:
   a) Eine Firma will eine Garantie von 12 Monaten beim Kauf eines Neuwagens vereinbaren.
   b) Eine Firma gewährt eine Garantie von 3 Jahren beim Kauf eines Neuwagens.
   c) Obwohl der Pkw schon 3 Jahre alt und die Garantie abgelaufen ist, will der Hersteller die Hälfte der Kosten für ein neues Getriebe übernehmen.
   d) Ein Autohaus bietet einem Autokunden für einmalig 200,00 € eine Garantie von 2 Jahren für den Neuwagen an.
   e) Ein Autohaus bietet einem Autokunden für einmalig 200,00 € eine Garantie von 2 Jahren für einen Gebrauchtwagen an.
   f) Ein Autohersteller bietet für sein neues Modell eine Garantie von 48 Monaten.
   g) Ein eBay-Powerseller verweigert für die neuen und gebrauchten Produkte im Internet jede Gewährleistung, obwohl er Unternehmer ist.

3.9.10 Kauf-, Service- und Leasingverträge

S Aus rechtlicher Sicht gibt es unterschiedliche Arten von Kaufverträgen. Bei ACI werden immer mehr Dienstleistungs- und Serviceverträge geschlossen. Immer mehr Kunden fragen an, ob Leasing bei ACI auch möglich ist.

3.9.10.1 Kaufvertragsarten

S Eine Mitarbeiterin im Verkauf erklärt Anna, Stefan und Kai, dass mit der Auftragsbestätigung ein Kaufvertrag zustande kommt, wenn damit der Willenserklärung des Kunden entsprochen wird. Im Gespräch stellt sich heraus, dass es verschiedene Kaufvertragsarten gibt und man gut aufpassen muss, welcher Kaufvertrag vorliegt. An manche Kaufvertragsarten sind besondere Bedingungen geknüpft, die kaufmännische Mitarbeiter kennen müssen.

W

Kaufvertragsarten		
Bezug auf	**Vertragsart**	**Erläuterung**
Art und Güte	Kauf nach Probe	Gekauft/Angeboten wird nach einem geprüften Muster (Probe): „Aufgrund Ihres Musters kaufen wir …“
	Kauf zur Probe	Es wird eine kleine Menge zum Probieren gekauft/angeboten.
	Kauf auf Probe	Der Kunde kann die Ware ausprobieren, kaufen oder nach einer bestimmten Zeit wieder zurückgeben (§ 454 BGB).
	Kauf mit Umtauschrecht	Der Käufer kann bei Missfallen der Ware eine andere Ware gleichen Wertes geliefert bekommen.
	Bestimmungskauf (Spezifikationskauf)	Zunächst erfolgt ein Kauf über eine festgelegte Menge einer Gattungsware (z. B. Papier 80 g), die später genauer (z. B. nach Größen, Farben) spezifiziert wird (§ 375 HGB).
Terminierung	Sofortkauf	Die Lieferung hat unmittelbar nach dem Kauf zu erfolgen.
	Terminkauf	Die Lieferung hat zu einem vereinbarten Termin oder innerhalb einer vereinbarten Frist zu erfolgen: „Lieferung Ende November“, „Lieferung innerhalb von vier Wochen“, „Lieferung zwei Monate nach Auftragseingang“.
	Fixkauf	Die Lieferung hat genau an oder bis zu einem bestimmten, fixen Termin zu erfolgen: „Lieferung am 30. April fix“, „Lieferung bis zum 15. Dezember fest“ (§§ 323 BGB, 376 HGB).
	Kauf auf Abruf	Der Zeitpunkt der Lieferung liegt im Ermessen des Käufers.
	Teillieferungskauf	Die Lieferung wird in Teilmengen vereinbart.
	Rahmenvertrag	Vertrag zwischen Kunden und Lieferanten mit einer bestimmter Laufzeit (Zeitrahmen) und einem Umsatzrahmen. Der Kunde erhält für die Festlegung bessere Konditionen, ist jedoch durch die Bedingungen gebunden, der Lieferant sichert damit seinen Absatz für den Zeitraum.
Form des Vertragsabschlusses	Mündlich	Z. B. bei geringen Werten oder unter Zeugen oder im Vertrauen, soweit keine Schriftform vorgeschrieben ist
	Durch Handlungen	Z. B. bei Versteigerungen, Geldeinwurf bei Automaten
	Schriftform, elektronische Form	Vertrag mit Unterschriften (durch Signaturgesetz mit Unterschrift als elektronische Signatur). Die Schriftform ist z. B. zwingend notwendig bei Ausbildungsverträgen, Bürgschaften, befristeten Mietverträgen von Laufzeiten länger als ein Jahr, handschriftlichen Testamenten (§ 126 BGB).
	Schweigen	Unter Kaufleuten, die in ständiger Geschäftsverbindung stehen, kann Schweigen Zustimmung zu einer Erklärung bedeuten. Unter Privatleuten und Nicht-Kaufleuten bedeutet Schweigen immer Ablehnung (§ 362 und 377 HGB).
	Beglaubigung	Vertrag (Urkunde) und notarielle Beglaubigung der Echtheit der Unterschrift des Erklärenden, notwendig bei Eintragung ins Handelsregister, Vereinsregister, Grundbuch (§ 129 BGB)
	Notarielle Beurkundung	Vertrag (Urkunde) und notarielle Beurkundung des Inhaltes der Willenserklärungen und der Echtheit der Unterschriften, z. B. notwendig bei Grundstückskaufverträgen, Eheverträgen, Schenkungsversprechen (§ 128 BGB)
Zahlungsweise	Barkauf	Der Käufer zahlt Zug um Zug mit der Lieferung.
	Kauf gegen Vorauszahlung	Eine Zahlung (Anzahlung, Vollzahlung) ist vor der Lieferung zu leisten.
	Ziel- und Kreditkauf	Die Zahlung hat innerhalb einer festgelegten Zeit nach der Lieferung zu erfolgen.

Aufgaben

1. Geben Sie zu jeder Kaufvertragsart ein eigenes Beispiel an, das gut passt.
2. Geben Sie an, welche Kaufvertragsart jeweils mit den folgenden Aussagen verbunden ist:
   a) Ein Kunde erscheint im Geschäft und kauft einen PC mit bestimmten Komponenten, den er gleich mitnehmen will.
   b) Bestimmte Kunden müssen bei ACI erst 40 Tage nach Rechnungserhalt zahlen.
   c) Ein Kunde bestellt einen PC und vereinbart die Lieferung am 24. Dezember zwischen 16:00 Uhr und 17:00 Uhr.
   d) Ein Gastwirt kauft 10 Kisten Wein und bezieht sich auf eine bestimmte Flasche Wein, von der er gekostet hat.

e) Felix möchte ein Grundstück kaufen und muss dazu mit dem Verkäufer zum Notar.
f) Ein Kaufmann holt im Großhandel eine kleine Menge Süßigkeiten aus der „Anbruchverpackung", um sie Kunden vorzustellen und zu prüfen, ob diese Artikel gekauft werden.
g) Das Systemhaus gestattet dem Kunden, den Monitor ein Wochenende mitzunehmen, zu prüfen und bei Nichtgefallen zurückzubringen bzw. bei Gefallen zu kaufen.
h) Im Supermarkt wird der Kaufvertrag an der Kasse abgeschlossen.
i) Neue Kunden müssen bei ACI ab einem Auftragsvolumen von 5.000,00 € eventuell 30 % bei Vertragsabschluss anzahlen.
j) Katrin hat auf dem Bauernmarkt beobachtet, dass die Leute mit den Händen einschlagen, wenn sie mit dem Kaufpreis eines Tieres einverstanden sind.
k) Den Ausbildungsvertrag des minderjährigen Felix müssen er und seine Erziehungsberechtigten unterschreiben.
l) Eine Druckerei hat bei der Papierfabrik 500 Tonnen Papier der Qualität x zu einem bestimmten Preis gekauft. Sie kann das Papier über das Jahr in verschiedenen Größen in Teilmengen abrufen.
m) Ein Kaufmann hat einem anderen Kaufmann die Lieferung einer bestimmten Ware angekündigt. Da kein Widerspruch erfolgte, wurde die Lieferung ausgeführt.
n) Felix hat im Unternehmen Prokura mündlich erhalten. Er muss zum Notar und dort die Erklärung unterschreiben.

3.9.10.2 Serviceverträge

S In einem Systemhaus, wie bei ACI, wird ein Großteil des Umsatzes über Dienstleistungen und entsprechende Serviceverträge erzielt. Wie sollen jedoch solche Dienstleistungen abgerechnet werden?

IT-Dienstleistungen reichen von der Beratung über die Planung bis hin zur Ausführung von Hard- und Softwarelieferungen, Einweisungen und Schulungen. Da eine Dienstleistung heute wie ein Produkt angeboten wird, gehört dazu eine Produkt- bzw. Leistungsbeschreibung. Für das Systemhaus als IT-Serviceanbieter ist eine Abrechnung der Leistungen nach Stundenverrechnungssätzen (vgl. auch Kapitel 4) eine kostentragende und gewinnsichernde Abrechnungsmethode.

Kunden möchten gerne ihre Kosten im Griff behalten und versuchen verstärkt Festpreise für Dienstleistungen zu vereinbaren. Die Projektrisiken werden damit vom Kunden auf das Systemhaus übertragen. Ausufernde Projektlaufzeiten und -budgets, die häufig zulasten der Kunden bzw. Anwender gingen, muss der IT-Dienstleister dann selbst verantworten. Zudem vereinfachen Festpreise den Angebotsvergleich und schüren so den Wettbewerb zwischen den Anbietern. Vom erhöhten Preisdruck profitieren wiederum die Kunden.

Für IT-Serviceanbieter ist das Geschäft damit schwieriger geworden, was sich nicht zuletzt auf die Konditionen auswirkt. Doch wer sich entsprechend aufstellt, kann profitieren, indem er **standardisierte Angebotspakete** schnürt und aktiv zum Festpreis anbietet. Kunden profitieren von der Kalkulationssicherheit und den vergleichsweise moderaten Preisen. Die Anbieter können durch eine Standardisierung ihre Dienstleistungen ebenfalls vereinfachen und straffen, sich spezialisieren und durch eine höhere Anzahl gleichartiger Aufträge höhere Gewinne erzielen. Außerdem lassen sich Neukunden gewinnen, die später an höherwertige Serviceleistungen mit größerer Gewinnmarge herangeführt werden können.

Von großer Bedeutung ist die Bereitschaft der Geschäftsleitung eines Systemhauses, IT-Serviceleistungen aus dem Unternehmen **zu verlagern (Outsourcing)** und Dienste dann wieder über Serviceverträge zurückzuholen (z. B. als **SaaS** = Software as a Service). Der Vorteil liegt in der Verlagerung der Fixkosten auf den externen Serviceanbieter. Neben Systemhäusern und IT-Beratern werden für ausgelagerte Aufgaben auch Freelancer eingesetzt. Nicht selten werden ehemalige Mitarbeiter als Freelancer tätig. Als **Freelancer** (engl. freelance, Selbstständiger, Freiberufler) bezeichnet man Personen, die als freie Mitarbeiter und zum größten Teil projektbezogen für unterschiedliche Unternehmen arbeiten. Der Begriff ist vor allem in der Werbe- und IT-Branche üblich.

Abrechnung von Dienstleistungen W

Verrechnungsart	Erläuterung, Beispiel
Über den Verkauf von Hard- und Software	Mit dem Verkauf der Hard- und Software wird eine Bestandsaufnahme des Altsystems, eine Aufrüstung mit notwendigen Komponenten, einer Migration und Datenkonvertierung sowie einer Einweisung einkalkuliert.
Stundenverrechnung	Weit verbreitet ist die Festlegung verschiedener Stundenverrechnungssätze für Mitarbeiter, Auszubildende usw. (z. B. 80,00 €/Stunde zuzüglich Nebenkosten und Umsatzsteuer).

Leistungs-verrechnung	Soweit Messgrößen zur Verfügung stehen, z. B. Telefoneinheiten, Speichervolumen, Datenübertragung, Antwortzeiten, Datendurchsatz, können sie für Abrechnungszwecke genutzt werden.
Festpreise	Die Aufwendungen für den Serviceauftrag werden kalkuliert und dementsprechend zwischen Auftragnehmer und Auftraggeber ein Festpreis vereinbart.
Wartungs- und Supportverträge	Es werden standardisierte Wartungs- und Supportverträge mit verschiedenen Ausführungsstufen (Levels) festgelegt und monatlich danach vergütet.
Nach Ausschreibung	Serviceverträge werden über Ausschreibungsportale oder als geschlossene Ausschreibung an ausgesuchte Dienstleister versendet und die Vergütung der Dienstleistung erfolgt entsprechend dem Ausschreibungsangebot.
SLA	SLA oder Service Level Agreement stellt einen Vertrag (Übereinkunft) dar, in dem die Eckwerte des IT-Service für beide Seiten verständlich und messbar festgelegt sind. Für die Abrechnung wird ein Tarifmodell mit Grundbetrag, variablem Betrag abhängig von Messgrößen sowie Bonus- und Maluszusatz bestimmt. SLAs werden häufig auch bei Kostenabrechnungen zwischen Abteilungen (Cost Centern) sowie beim Outsourcing von IT-Mitarbeitern oder dem Einsatz von Freelancern genutzt (z. B. www.softselect.de oder über eine Stichwortsuche).

Aufgaben

1. In einer Besprechung stehen folgende Dienstleistungen auf dem Flipchart: Installation von IT-Komponenten, Kundeneinweisung, Reparatur von IT-Systemen, Entstörung, Entsorgung von IT-Komponenten, Umzug der IT-Systeme, Customizing (Konfiguration, Anpassung, Aufrüstung), Kommunikationsanalyse, Vernetzung, Softwareinstallation, SaaS Systeminventarisierung und -verwaltung, Beratung und Schulung. Diskutieren Sie über Möglichkeiten, Geschäfte mit diesen Dienstleistungen auszubauen.
2. Erstellen Sie in Gruppenarbeit standardisierte Serviceangebote, die folgende Gliederungspunkte enthalten:
   a) Bezeichnung des Serviceangebots
   b) Beschreibung des Serviceangebots
   c) Maßeinheit zur Bewertung der Dienstleistung
   d) Verrechnungssatz je Einheit netto
   e) Zusatzkosten

3.9.10.3 Leasingverträge

S

Bei ACI werden immer häufiger auch Leasingverträge nachgefragt. Die Auszubildenden sollen sich über die Vertragsarten und den Bearbeitungsablauf informieren.

Leasingverträge werden als besondere Finanzierungsart von Leasinggesellschaften angeboten. IT-Systeme gehören zu den beliebten Leasingobjekten, da die IT-Systemhäuser bei Zustandekommen des Leasingvertrages sicher sein können, dass ihre Rechnung bezahlt wird und der Kunde eine gute Finanzierungsmöglichkeit erhält.

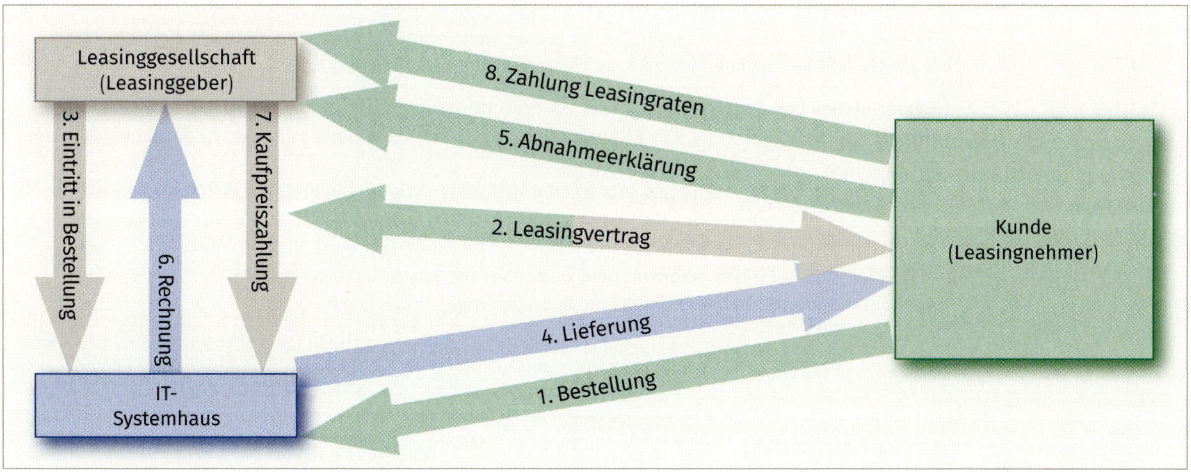

W

Leasing	
Begriff	Der Begriff stammt vermutlich aus dem englischen Wort „to lease" mieten, pachten. In Deutschland ist Leasing die Gebrauchsüberlassung eines Investitionsgutes auf Zeit, gegen Entgelt im Rahmen eines „besonderen Vertrages". Im Gegensatz zur Miete übernimmt der Leasingnehmer alle üblichen Eigentümerpflichten wie Unterhalt, Wartung und Instandsetzung, Risiken des Verlustes sowie den Gewährleistungsanspruch.
Leasingrecht	Leasingverträge sind keine reinen Mietverträge im rechtlichen Sinne. Leasingerlasse des Gesetzgebers (Bundesminister der Finanzen: Erlasse vom 22.12.1975/Teilamortisationsverträge und vom 19.04.1971/Vollamortisationsverträge) sind die rechtliche Basis. Die Vertragsdauer oder auch die Laufzeit eines Leasingvertrages wird durch die Abschreibungsdauer des Leasingobjektes, also dessen Nutzung, bestimmt. Die Grundlaufzeit darf nicht kürzer als 40 % der regulären Abschreibungsdauer und höchstens bis zu 90 % dieses Zeitraumes betragen. Verkürzungen sind nur bei extremer Nutzung der Objekte oder bei Mehrschichtbetrieb möglich. Der Leasinggeber bilanziert Leasingverträge entsprechend den Leasingerlassen. Die AO (Abgabenordnung) legt in § 39 fest, dass derjenige als wirtschaftlicher Eigentümer angesehen wird und damit bilanzieren muss, der die tatsächliche Herrschaft über das Wirtschaftsgut ausübt. Findet ein automatischer Eigentumserwerb durch den Leasingnehmer statt oder entspricht der Leasingvertrag nicht den Leasingerlassen, kann der Vertrag als Abzahlungskauf gewertet werden.
Steuerliche Betrachtung	Leasingraten entsprechend den Erlassen sind steuerlich voll absetzbar. Daher kann Leasing aus steuerlichen Gründen sinnvoll sein.
Leasingarten	Leasingverträge können verschieden gestaltet werden:
Rechtsverhältnis	Beim **direkten Leasing** (**Herstellerleasing**) ist der Hersteller des Leasinggutes oder ein Leasingunternehmen des Herstellers (z. B. von IBM) selbst Leasinggeber. Bei einem **indirekten Leasing** ist eine Leasinggesellschaft eingeschaltet (vgl. Dreiecksverhältnis im Schaubild S. 281).
Amortisation	**Vollamortisationsleasing:** Bei einer Vollamortisation werden die Anschaffungskosten des Leasingobjektes während der Vertragslaufzeit vollständig ohne Eigentumsübergang abgegolten. **Teilamortisationsleasing:** Der Teilamortisationsvertrag ist ein Leasingvertragsmodell, bei dem die Leasingzahlungen nur auf einen Teil der Anschaffungskosten geleistet werden. Kalkulatorisch verbleibt ein Restwert, auf den der Leasingnehmer während der Vertragslaufzeit keine Leasingzahlungen leistet. Der Vorteil dieses Vertragsmodells liegt in niedrigeren Leasingzahlungen als bei einem Vollamortisationsvertrag. Ein Nachteil kann sich daraus ergeben, dass in Höhe des Restwertes Investitionskosten in eine ungewisse Zukunft verschoben werden.
Vertragsgestaltung	**Operating Leasing (Gebrauchsleasing):** Die Vertragslaufzeit ist relativ kurz (z. B. ein Jahr) und wird ohne Kündigung stillschweigend verlängert. Nach Ablauf der Grundlaufzeit kann der Vertrag jederzeit gekündigt werden. Damit sollen vor allem Engpässe in der Produktion oder im Vertrieb überbrückt oder der technische Fortschritt berücksichtigt werden. Der Leasinggeber trägt dadurch erheblich mehr Investitionsrisiken und muss i. d. R. das Anlagegut mehrfach verleasen. Er übernimmt häufig auch Wartung und Instandhaltung des Leasinggegenstandes. Steuerliche Aspekte sind hierbei vorab zu prüfen. **Financial Leasing (Finanzierungsleasing):** Die Vertragslaufzeit ist wesentlich länger und wird normalerweise von der gewöhnlichen Nutzungsdauer bestimmt. **Sale-and-lease-back-Verfahren:** Das Unternehmen verkauft Objekte an den Leasinggeber und least die Anlagen zurück, wodurch es kurzfristig mehr Liquidität erhält.
Nutzung	**Gewerbliches Leasing:** Leasingnehmer ist ein Unternehmen bzw. Gewerbebetrieb, der Leasing aus Gründen der Fachberatung, der Bilanzierung, des Liquiditätserhalts oder aus steuerlichen Gründen wählt. **Privatleasing:** Für Privatkunden, z. B. beim Autokauf, existieren besondere Leasingangebote, um den Absatz der Produkte zu erhöhen (Absatzmarketing). Möglich ist auch ein Null-Leasing, wobei die Leasingraten keinen Aufwand für Zinsen und laufende Kosten enthalten. Diese Kosten werden entweder vom Hersteller übernommen oder über die Restfälligkeitsklausel beglichen. Erhöhte Kosten entstehen durch eine Vollkaskoversicherung.

Vorteile	▪ Die Liquidität zum Beschaffungszeitpunkt des Leasinggutes wird geschont, dafür fallen regelmäßig Leasingraten an (Leasing als Alternative bei einem Liquiditätsengpass). ▪ Das Anlagegut kann zu 100 % „finanziert" werden, eine Kreditfinanzierung bis 100 % ist evtl. nicht möglich. ▪ Leasingraten können durch die Erlöse aus der Nutzung des Leasinggutes getragen werden („pay as you earn"). ▪ Durch regelmäßige Leasingraten ergibt sich für die innerbetriebliche Planung eine sichere Kalkulationsgrundlage. ▪ Leasingraten sind steuerlich voll absetzbar. ▪ Das Spezialwissen eines Leasinggebers kann genutzt werden. ▪ Der Verwaltungsaufwand bezüglich der Dienstleistungen durch den Leasinggeber und die regelmäßigen Leasingraten fallen geringer aus als beim Kauf des Leasinggutes. ▪ Zum Ende der Leasingzeit entfällt eine „Entsorgung" durch den Leasingnehmer, da er das Leasinggut an den Leasingeber zurückgibt.
Nachteile	▪ Leasingkosten sind i. d. R. höher als bei einem fremdfinanzierten Wirtschaftsgut, da der Leasinggeber seine Kosten und seinen Gewinn in die Leasingraten einkalkuliert. Aufgrund von Mengenrabatten der Hersteller, günstigeren Finanzierungsmöglichkeiten und fachlichem Wissen kann ein Leasinggeber jedoch relativ günstige und vorteilhafte Angebote für Leasingnehmer offerieren. ▪ Zusatzkosten können z. B. durch vorgeschriebene Versicherungen oder Gutachter entstehen. ▪ Eventuell können steuerliche Vorteile, die eine Bilanzierung voraussetzen, nicht genutzt werden, z. B. die degressive Abschreibung. ▪ Eventuell können Fördergelder, die eine Bilanzierung voraussetzen, nicht genutzt werden. ▪ Der Leasingnehmer erwirbt kein Eigentum am Leasinggut, kann daher bei Nichtnutzung das Leasinggut auch nicht verkaufen, sondern nur im Rahmen der Vertragsvereinbarungen reagieren.

Wenn zum Beispiel eine EDV-Anlage über eine Leasinggesellschaft geleast werden soll, wendet sich der Kunde zunächst an das Systemhaus, das wie gewohnt das geeignete System bestellt. Leasing bewirkt weder Einschränkungen bei der Auswahl des Objekts noch des Herstellers. Das Systemhaus betrachtet den Kunden zunächst als Barzahler. Danach schließt der Kunde als Leasingnehmer mit der Leasinggesellschaft den Leasingvertrag. Dieser Vertrag verpflichtet den Kunden zur Zahlung der Raten und die Leasinggesellschaft zur „vertragsgemäßen Beschaffung und Vermietung". Die Leasinggesellschaft tritt in die Bestellung des Kunden ein. Der Kunde bestätigt der Leasinggesellschaft ggf. in Form einer sogenannten Abnahmebestätigung, dass der Leasinggegenstand ordnungsgemäß geliefert wurde. Nach Rechnungsstellung bezahlt die Leasinggesellschaft den Kaufpreis und erwirbt das Eigentum am Objekt. Danach beginnen die Laufzeit des Leasingvertrages und die Verpflichtung des Kunden zur Zahlung der Leasingraten.

Der Leasingnehmer kann nur zum Teil die Vorteile eines Barkaufs nutzen.

Vorteile eines Barkaufs

- Mengen- und Sonderrabatt sowie Barzahlungsrabatt (Skonto) sind möglich und reduzieren die Anschaffungskosten.
- Der Käufer hat das alleinige Entscheidungs- und Verwertungsrecht über das Anlagegut.
- Der Käufer (Eigentümer) entscheidet über die Art der Wartung und den Umfang einer Versicherung.
- Der Käufer kann ohne großen Aufwand das Anlagegut auch gebraucht kaufen.
- Es entsteht nur am Anfang ein erhöhter Liquiditätsabfluss, die laufenden Kosten sind geringer.
- Das Anlagegut kann jederzeit und ohne weitere Absprache verkauft oder anderweitig zur Nutzung weitergegeben werden.
- Der Käufer kann das Anlagegut bilanzieren, was sich positiv auf die Bilanzstruktur auswirken kann.
- Der Käufer kann steuerliche Vorteile, wie die degressive Abschreibung, nutzen.
- Zusätzliche Kosten, wie Gutachterkosten, fallen bei Abgang des Wirtschaftsgutes nicht an.

Vergleich: Raten- oder Tilgungsdarlehen und Leasing

Aufgabenstellung

ACI bietet dem Kunden Filia GmbH eine IT-Anlage im Wert von 60.000,00 € an und kann über Finanzierungspartner folgende Angebote offerieren. Sie sollen für den Kunden beide Angebote vergleichend gegenüberstellen:

- **Raten- oder Tilgungsdarlehen:** 60.000,00 €, 100 % Auszahlung, Zinsen 4,5 % p. a. zum Ende des Jahres; Tilgung in vier Jahren in gleichen Raten zum Ende des Jahres.
- **Leasingangebot** mit 48 Monatsraten a 1.300,00 € (netto, ohne Umsatzsteuer) und zum Ende des 4. Jahres Kauf des Leasinggegenstandes zum Restwert von 9.000,00 € (netto).

Lösung

Ratendarlehen Filia GmbH					
Jahr	Restschuld Anfang d. J.	Zinsen 4,5 %, p. a.	Tilgung Ende d. J.	Kreditrate	Restschuld Ende d. J.
1	60.000,00 €	2.700,00 €	15.000,00 €	17.700,00 €	45.000,00 €
2	45.000,00 €	2.025,00 €	15.000,00 €	17.025,00 €	30.000,00 €
3	30.000,00 €	1.350,00 €	15.000,00 €	16.350,00 €	15.000,00 €
4	15.000,00 €	675,00 €	15.000,00 €	15.675,00 €	0,00 €
	Gesamt:	6.750,00 €	60.000,00 €	66.750,00€	

Leasing Filia GmbH
48 x 1.300,00 € = 62.400,00 € + Restwert 9.000,00 € = Gesamtaufwand 71.400,00 €

Ergebnis

Leasing ist im Gesamtaufwand fast 5.000,00 € oder 7 % teurer als das Ratendarlehen (Kreditrate).

Vor- und Nachteile sowie Unterschiede zwischen Darlehensfinanzierung und Leasing	
Darlehen	**Leasing**
(+) IT-Anlage kann bilanziert werden. (+) Besitzer ist auch Eigentümer, kann mit Wirtschaftsgut freier umgehen. (−) Bilanziert wird jedoch auch das Darlehen. (−) Kreditsicherheiten erforderlich (−) Hohe Zahlungen immer zum Jahresende (−) Aufwendungen durch Abschreibungen (+/−) Weitere Aspekte, vgl. Übersicht S. 268	(−) Wird nicht bilanziert (−) Besitzer ist nicht Eigentümer. (+) Keine Kreditsicherheiten erforderlich. (+) Regelmäßige monatliche Zahlungen (−) Restwertzahlung zum Schluss (−) Leasingraten müssen erwirtschaftet werden. (+) Leasinggeber bietet laufende Erneuerung an. (+/−) Weitere Aspekte, vgl. Übersicht S. 282

Aufgaben

1. Was ist richtig, was ist falsch?
   a) Leasingnehmer im Kundengeschäft ist das Systemhaus.
   b) Leasing entspricht genau der Miete und kann mit „Miete" übersetzt werden.
   c) Bei einem Vollamortisationsvertrag wird der volle Objektpreis durch die Leasingraten eingezogen.
   d) Bei allen Leasingverträgen wird das Leasingobjekt beim Leasinggeber bilanziert.
   e) Beim Operating Leasing werden lange Vertragslaufzeiten gewählt, damit die Anlagegüter möglichst lange im Betrieb verbleiben.
   f) Der Leasingnehmer ist an die Leasinggesellschaft des Systemhauses gebunden.
   g) Beim Teilamortisationsvertrag muss der Kunde einen bestimmten Betrag anzahlen.
2. Ein Kunde fragt Sie nach den Vor- und Nachteilen des Leasings. Recherchieren Sie im Internet nach Informationen über IT-Leasing, z. B. bei www.bfl-leasing.de, www.grenke.de.
3. Welche Leasingart ist hier angesprochen?
   a) Leasingvertrag für IT-Einrichtung mit einer langen Laufzeit
   b) Leasingvertrag für IT-Systeme mit einer sehr kurzen Laufzeit
   c) Leasingvertrag, bei dem durch die Leasingraten die gesamten Anschaffungskosten gedeckt werden
   d) Leasingvertrag, bei dem durch die Leasingraten ein Teil der Anschaffungskosten gedeckt wird
   e) Leasingvertrag, den der Hersteller selbst anbietet
4. Wie viel Prozent günstiger ist Kauf oder Leasing? Wie hoch ist die jährliche Kredit-/Leasingrate? Wie hoch sind die Gesamtkosten? Nennen Sie zusätzliche Argumente.
   Investition: 200.000,00 €; Darlehen: 5 Jahre, Tilgung jeweils zum Ende des Jahres, Zinssatz 8 % p. a. zum Ende des Jahres; Leasing: Leasingrate 1,8 % pro Monat auf die volle Investitionssumme, Laufzeit 5 Jahre, Restzahlung bei Übernahme zum Schluss der Laufzeit 60.000,00 €.

5. ACI bietet der Turm AG eine IT-Anlage im Wert von 120.000,00 € an, die auf 4 Jahre finanziert oder geleast werden soll. Führen Sie einen Finanzierungsvergleich durch:
   a) Fälligkeitsdarlehen, Ratendarlehen und Annuitätendarlehen (vgl. S. 268), wobei der Restwert im Darlehen zum Ende der Laufzeit Null sein soll, Tilgungsraten (beim Ratendarlehen über 4 Jahre gleich verteilt, beim Annuitätendarlehen beträgt die Annuität in den ersten drei Jahren 35.000,00 €) und Zinszahlungen sollen zum Jahresende berechnet werden. Der Zinssatz beträgt 5,8 % p. a.
   b) Leasingangebot: Laufzeit 4 Jahre, monatliche Leasingrate 2.750,00 €, Leasingsonderzahlung 5.000,00 € zu Anfang, Übernahme des Wirtschaftsguts zum Laufzeitende mit einem Restwert von 18.000,00 €
   c) Vergleichen Sie die laufenden Zahlungen, die je nach Wahl der Finanzierung auf die Turm AG zukommen (Zahlungs- und Cashmanagement). Welche Variante halten Sie aus der Sicht des Zahlungsmanagements für besonders geeignet?
   d) Beim Kauf per Darlehen oder Leasing wird auch Umsatzsteuer in Rechnung gestellt. Sie sollen Stellung beziehen, inwieweit hier das Zahlungsmanagement beeinflusst wird und ob die Umsatzsteuer den Aufwendungen hinzuzurechnen ist.
6. Bearbeiten Sie die zusätzlichen Aufgaben im Arbeitsheft.

AH

3.9.11 Allgemeine Geschäftsbedingungen

Mit den Allgemeinen Geschäftsbedingungen (AGB) regeln Unternehmen die grundsätzliche Ausgestaltung der Verträge. AGB werden daher von den Unternehmen speziell für ihre Vertragsbedingungen formuliert und auf den Rückseiten von Angeboten und Rechnungen, auf gesonderten Schreiben bzw. im Internet veröffentlicht. Vorteil der AGB ist die Schaffung von mehr Klarheit über die Festlegung der einzelnen Vertragsbestandteile, wodurch der Käufer sich in Kürze über die wichtigsten Vertragsbestandteile genauer informieren kann.

Durch Einzelvereinbarungen werden die betreffenden Vereinbarungen in AGB hinfällig. Für den Käufer ist es also wichtig, sich vor Vertragsabschluss über die AGB zu informieren. Darüber hinaus enthalten viele AGB aus der Erfahrung der Auftragsabwicklung heraus nützliche Hinweise, an die sich beide Vertragspartner (z. B. Mitarbeiter von ACI und dessen Kunde) zwecks reibungsloser Auftragsbearbeitung halten sollten.

W

Allgemeine Geschäftsbedingungen (AGB)	
Zweck	Vorformulierte Vertragsbedingungen für eine Vielzahl von Verträgen eines Unternehmens sollen die Vertragsgestaltung vereinfachen und einen schnellen Überblick ermöglichen.
Gültigkeit	▪ Wenn dem **Unternehmer** die AGB abgedruckt (z. B. mit dem Angebot) zur Verfügung gestellt werden (Schweigen dazu bedeutet Zustimmung) ▪ Wenn der **Verbraucher** auf die AGB ausdrücklich hingewiesen wurde, von ihrem Inhalt Kenntnis nehmen konnte und mit ihrer Geltung einverstanden war (§ 305, 2 BGB)
Wirksamkeit	Nach dem BGB sind nur die Vereinbarungen wirksam, die nicht entgegen Treu und Glauben unangemessen benachteiligen (§ 307 BGB).

Aufgaben

AH DL

1. Im Arbeitsheft bzw. im Downloadbereich finden Sie die AGB von ACI. Überprüfen Sie die Formulierungen nach folgenden Vorgaben:
   a) Unterstreichen Sie Vertragsvereinbarungen, die der Gesetzeslage entsprechen.
   b) Markieren Sie die Vereinbarungen, die dem Kunden für den Auftrag eine wichtige Information geben.
   c) Markieren Sie die Passagen mit einem Fragezeichen, die Sie für unverständlich halten bzw. die Sie durch eine Einzelvereinbarung ändern würden.
2. Recherchieren Sie im Internet nach AGB großer Systemhäuser bzw. bekannter IT-Unternehmen und vergleichen Sie diese AGB untereinander.

3.10 Beschaffung von Fremdleistungen

S

Anna, Kai und Stefan wechseln in die Einkaufsabteilung. Hier werden Systeme, Komponenten, Material, Zubehör und Software beschafft und gelagert.

3.10.1 Einführung in Beschaffung und Lagerhaltung

Herr Grabowski, für das Bestellwesen bei ACI zuständig, führt die Auszubildenden in die Bereiche Einkauf und Lagerhaltung ein. Die Grundfunktionen im Bestellwesen erläutert Herr Grabowski anhand der ACI Teach Business Software, die für Ausbildungszwecke entwickelt wurde.

Herr Grabowski unterscheidet bei ACI das Einkaufs- und das Verkaufslager. Das **Einkaufslager** nimmt den weitaus größeren Bereich ein und dient der **Lagerung der Vorräte** (EDV-Systeme, Komponenten, Verbrauchsmaterial). Das **Verkaufslager** ist das **Kommissionierungs- und Auslieferungslager**. Hier werden die Lieferungen für die Kunden zusammengestellt (kommissioniert).

In Kapitel 2 auf S. 157 wurde bereits eine ausführliche Übersicht zu den Geschäftsprozessen für Beschaffung und Lagerhaltung dargestellt. Daraus ist erkennbar, welche Aufgaben und Prozesse in diesen Bereichen anfallen und welche Fähigkeiten für deren Bearbeitung erforderlich sind.

Je nachdem, ob es sich um Lagervorräte für die Herstellung oder den Handel dreht, wird zwischen Materialwirtschaft und Warenwirtschaft unterschieden.

Aufgabenbereiche Einkauf/Lager	
Materialwirtschaft	Beschaffung, Lagerung und innerbetrieblicher Transport von Roh-, Hilfs- und Betriebsstoffen, Halberzeugnissen und Zukaufteilen (Fremdteilen)
Warenwirtschaft	Beschaffung, Lagerung und innerbetrieblicher Transport von Handelswaren
Logistik	Logistik sichert die Verfügbarkeit des richtigen Gutes, in der richtigen Menge, im richtigen Zustand, am richtigen Ort, zur richtigen Zeit, für den richtigen Kunden, zu den richtigen Kosten.
E-Procurement	Elektronisches Beschaffungswesen oder die Beschaffung von Gütern und Dienstleistungen über ein Internetportal mit sicheren Zugängen (Extranets, Intranets, VPN = Virtual Private Network)

Das Bestellwesen von Lagerware kann durch ein ERP-Programm erledigt werden. Mit einem solchen Programm ist es z. B. möglich, den aktuellen Lagerbestand der Artikel zu erfahren, sich Vorschlagslisten für die Bestellung auszudrucken und die Bestellung zügig durchzuführen.

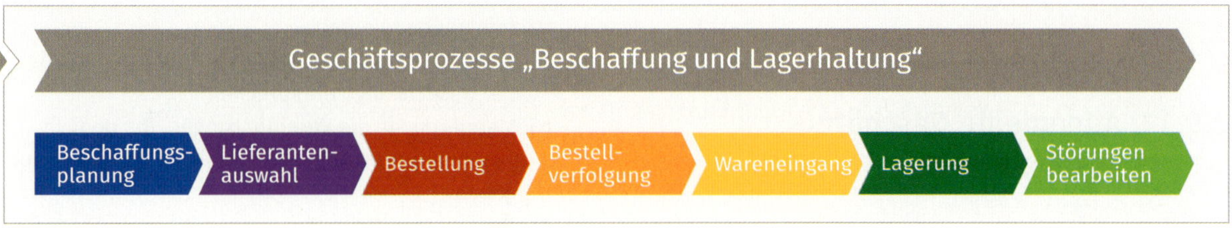

Aufgaben

1. Ordnen Sie die Begriffe Einkaufslager, E-Procurement, Kommissionslager, Logistik, Materialwirtschaft, just-in-time, Vorräte und Warenwirtschaft im folgenden Lückentext richtig zu:
   Herr Grabowski bearbeitet heute einen großen Teil des Beschaffungsbereiches über das Internet mit .... Herr Schmidt arbeitet im Lager und nimmt im ... die Lieferungen an, prüft diese auf Mängel und lagert sie als ... ein. Die Ein- und Ausgänge der Waren werden in der ... festgehalten. Um Lagerkosten zu sparen, werden Materialien und Waren ... angeliefert. Aus der ... ist ersichtlich, welche Materialien und Teile die Herstellung benötigt. Der Einkauf muss mit seiner ... sicherstellen, dass alle notwendigen Erzeugnisse rechtzeitig beschafft und an den Kunden angeliefert werden. Dazu müssen im ... rechtzeitig alle Lieferungen für den Verkauf bereitstehen.
2. Im Downloadbereich finden Sie Dateien mit Stellenbeschreibungen, Ablaufplänen und EPKs zu den Bereichen Einkauf, Beschaffung und Lagerhaltung. Rufen Sie in Gruppenarbeit diese Dateien auf und tragen Sie deren Inhalte im Plenum vor.

3.10.2 Bedarfsermittlung

S Herr Grabowski nimmt die Bestellung von Standardartikeln wie CDs oder Farblaserdruckern zum Anlass, Anna die Aufgaben des Einkaufs am praktischen Beispiel zu verdeutlichen. Er berichtet ihr über seine weitreichenden Produkt- und Marktkenntnisse, die er sich in den vielen Arbeitsjahren erworben hat. Regelmäßig liest er Fachzeitschriften oder Infobriefe der Hersteller, stöbert im Internet nach neuen Produkten und neuen Lieferanten oder besucht Fachmessen, um auf dem Laufenden zu bleiben und sich gute Einkaufschancen zu erschließen.

Der Einkäufer muss in seinem Arbeitsbereich über vielfältige Kenntnisse verfügen:

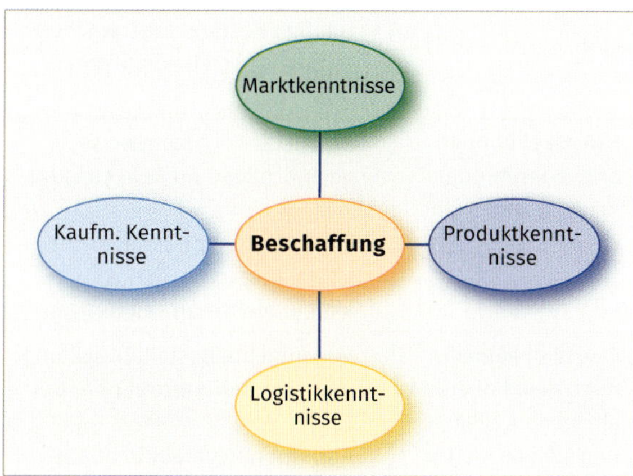

W

Beschaffungsmarketing
Marktbeobachtung: Zustände und Veränderungen auf dem Beschaffungsmarkt müssen **ständig** beobachtet werden. Neue Produkte, Ersatzgüter, neue Anbieter oder neue Verfahren sind von Interesse. Die Marktbeobachtung erfolgt **laufend** von **eigenen Mitarbeitern** und insbesondere vom Einkauf. Als innerbetriebliche Informationsquellen werden eigene Dateien und Berichte der Mitarbeiter genutzt, als außerbetriebliche Informationsquellen dienen Anbietermitteilungen, Bezugsquellennachweise, Messebesuche, Internetrecherchen, Anzeigen und Berichte in Fachzeitschriften u.v.m. **Marktanalyse:** Eine **systematische** Untersuchung des Beschaffungsmarktes zu einem bestimmten Zeitpunkt, i.d.R. von Marktforschungsinstituten durchgeführt

3.10.2.1 Beschaffungsarten

S Anna schlägt vor, gleich einen größeren Posten CDs zu ordern. Sie vermutet, dadurch günstigere Preise zu erhalten.

W

Beschaffungsarten	
Beschaffungsarten nach der Verursachung	**Einzelbeschaffung:** Es muss für einzelne Produktionsaufträge das erforderliche Material oder für einen einzelnen Kundenauftrag Ware im Handel beschafft werden. **Vorratsbeschaffung:** In einem Lager werden Materialien und Waren bevorratet, ▪ wenn der Bedarf zeitlich nicht genau festgelegt werden kann, ▪ um günstige Konditionen durch größere Abnahmemengen zu erhalten, ▪ aus produktionstechnischen Gründen (z.B. Reifelagerung bei Holz) oder auch ▪ aus spekulativen Gründen (Preiserhöhungen werden erwartet). Nachteile: hohe Lagerkosten, Bindung von Kapital und Zinsaufwendungen, Lagerrisiko **Fertigungssynchrone Beschaffung (Just-in-time-Beschaffung):** Die Beschaffung erfolgt so, dass die Materialien sofort in den Produktionsprozess einfließen können (tagesgenaue Anlieferung). Wichtig: Hohe Termintreue, Lieferbereitschaft und Flexibilität beim Lieferanten sind dafür die Voraussetzungen.

(Fortsetzung auf folgender Seite)

W

Beschaffungsarten	
Beschaffungsarten nach der Verursachung	Der Material- und Warenbedarf wird nach Art und Qualität sowie Menge und Lieferzeitpunkt bestimmt: **Auftragsorientiert:** Durch den Auftrag steht der Beschaffungsbedarf genau fest. **Verbrauchsorientiert:** Der laufende Verbrauch wird beobachtet und entsprechend diesem Verbrauch wird neu beschafft. **Schätzverfahren:** Bei fehlenden Erfahrungswerten, neuen Produkten und geänderten Marktsituationen muss der Bedarf geschätzt werden.

Aufgaben

Geben Sie an, welche Beschaffungsart vorliegt:

a) Restaurants kaufen gerne beim Cash-and-carry-Großmarkt vor Ort ein, weil sie dort viele Artikel schnell und günstig in Großpackungen einkaufen können.

b) Ein Schulträger beschafft mit einer Ausschreibung 500 Computer für 20 Schulen.

c) Apple lässt sich von Samsung Komponenten liefern.

d) Bei der Wiesner AG erhält jede Arbeitsgruppe ein bestimmtes Budget für die Computerbeschaffung und muss sich selbst um den Computerkauf kümmern.

e) Eine Ladenkette hat eine Firma beauftragt, 5.000 Computer mit einem TOP-Preis-Leistungs-Verhältnis zu beschaffen.

f) Bei ACI kann jeder seinen Firmen-Pkw mit Kraftstoff betanken, wo er möchte.

g) Die EDV-Abteilung hat eine neue Digitalkamera günstig im Internet ersteigert.

3.10.2.2 ABC-Analyse

S Nicht jeder Artikel ist für den Einkäufer gleich wichtig. Herr Grabowski unterscheidet zwischen A-, B- und C-Artikeln und schaut insbesondere bei A-Artikeln genau hin.

Am wichtigsten ist beim Einkauf der Preis. Rechnet man zum **Einkaufspreis** abzüglich Nachlässe die Bezugskosten (z. B. Frachtkosten, Transportversicherung, Zölle) hinzu, so spricht man vom **Bezugspreis** oder **Einstandspreis**.

Für die wertmäßigen Hauptartikel einer Firma (A- und B-Artikel) ist es sehr wichtig, intensiv nach dem günstigsten Lieferanten zu suchen und enge Partnerschaften einzugehen. Ob überhaupt Artikel auf Lager und damit auf Vorrat beschafft werden müssen, hängt von der Lieferzeit ab und beeinflusst die Entscheidung, auch ohne Lagerhaltung die Lieferbereitschaft aufrechterhalten zu können. Für ACI wurden folgende Anweisungen zum Einkauf gegeben.

ACI – Anweisungen zum Einkauf	
A-Artikel nehmen mit einem geringen Mengenanteil einen hohen Wertanteil am Lagerbestand ein, z. B. PC-Systeme, Drucker, Monitore.	▪ Intensive Beschaffungsmarktanalyse ▪ Preise und Konditionen für den Jahresverbrauch mit A-Lieferanten intensiv aushandeln ▪ Für Einzelaufträge nach Möglichkeit genaue Menge (VE) beschaffen, eventuell jeweils Angebotsvergleich durchführen ▪ Häufige Bestandsüberwachung ▪ Optimale Bestellmenge ermitteln
B-Artikel können entweder A- oder C-Artikeln zugeordnet werden.	▪ Prüfen, ob Vorgehensweise nach A- oder C-Artikeln günstiger ist ▪ Regel: Je höher der Lagerwert, desto eher lohnt sich der Einkauf in mehreren Teilmengen.
C-Artikel nehmen mit einem hohen Mengenanteil nur einen kleinen Wertanteil am Lagerbestand ein, z. B. preiswertes Verbrauchsmaterial oder andere preiswerte Komponenten.	▪ Vereinfachte Bestellabwicklung, z. B. über das Internet oder per Fax ▪ Konditionen vereinfacht aushandeln ▪ Einfache Bestellüberwachung ▪ Nur eine bzw. wenige Bestellungen im Jahr ▪ Vorratshaltung kein Problem, da geringe Lagerkosten

Ergebnis: Nur 22 % der Artikel besitzen einen Wertanteil von 76 % (A-Artikel), dagegen haben ca. 35 % der Artikel nur einen Wertanteil von weniger als 6 %.

Das folgende Beispiel zeigt eine ABC-Analyse.

	A	B	C	D	E	F	G	H	I	J
1	**ABC-Analyse**				**Arbeitsschritte:** (in Klammern Excelformel für Zeile 18)					
2					1. Spalte Verbrauchswert in € ergänzen (=B18*C18)					
3	Artikel-Nr	Menge	EK-Preis		2. Tabelle absteigend nach Verbrauchswert in € sortieren					
4	101	10000	15,30 €		3. Spalte Verbrauchswert kumuliert ergänzen (=E17+D18)					
5	102	3800	99,90 €		4. %-Anteil von "Voll-Kumuliert" (100%) berechnen (=E18/E$27)					
6	103	18000	5,10 €		5. ABC-Klasse bestimmen:					
7	104	11000	180,00 €		A: etwa 70- 80 % des Gesamtwertes, (geringer Mengenanteil)					
8	105	25000	14,70 €		B: etwa 15 - 20% des Gesamtwertes, (30 - 50 % der Gesamtmenge)					
9	106	1000	110,00 €		C: etwa 5 - 10% des Gesamtwertes, (40 - 50% der Gesamtmenge)					
10	107	2000	230,00 €							
11	108	6000	26,90 €		**Zusatzauswertung:**					
12	109	17000	7,50 €		6. Menge kumuliert berechnen (H17+B18)					
13	110	9800	200,00 €		7. %-Anteil von "Voll-Kumuliert" (100%) berechnen (H18/H$27)					
14										
15	**Auswertung:**									
16	Artikel-Nr	Menge	EK-Preis	Verbrauchs-wert in €	Verbrauchs-wert kumuliert	in %	**Klasse**	Menge kumuliert	in %	
17					- €	0,0%		0	0,0%	
18	104	11000	180	1.980.000,00 €	1.980.000,00 €	34,2%	A	11000	10,6%	
19	110	9800	200	1.960.000,00 €	3.940.000,00 €	68,0%	A	20800	20,1%	
20	107	2000	230	460.000,00 €	4.400.000,00 €	76,0%	A	22800	22,0%	
21	102	3800	99,9	379.620,00 €	4.779.620,00 €	82,5%	B	26600	25,7%	
22	105	25000	14,7	367.500,00 €	5.147.120,00 €	88,9%	B	51600	49,8%	
23	108	6000	26,9	161.400,00 €	5.308.520,00 €	91,7%	B	57600	55,6%	
24	101	10000	15,3	153.000,00 €	5.461.520,00 €	94,3%	C	67600	65,3%	
25	109	17000	7,5	127.500,00 €	5.589.020,00 €	96,5%	C	84600	81,7%	
26	106	1000	110	110.000,00 €	5.699.020,00 €	98,4%	C	85600	82,6%	
27	103	18000	5,1	91.800,00 €	5.790.820,00 €	100,0%	C	103600	100,0%	

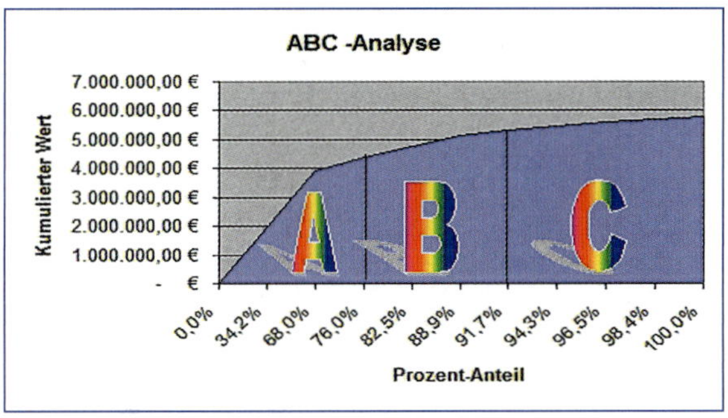

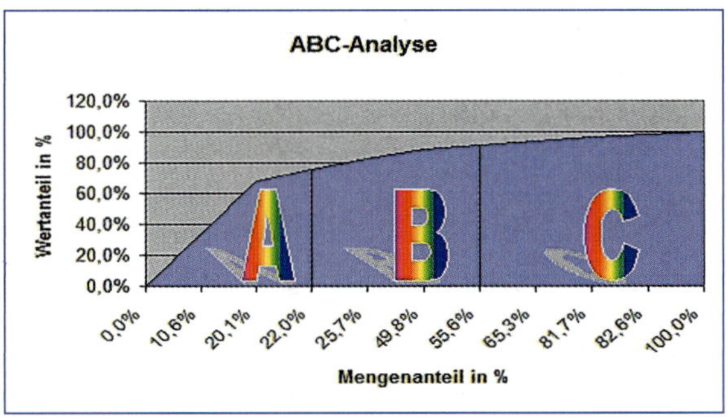

Artikel-Nr.	Menge	EK-Preis
101	2.500	7,50 €
102	400	280,00 €
103	1.000	4,00 €
104	500	600,00 €
105	300	950,00 €
106	600	110,00 €
107	1.300	30,00 €
108	700	45,00 €
109	800	88,00 €
110	300	75,00 €

Aufgaben

1. Geben Sie in Excel oder in ein anderes Tabellenkalkulationsprogramm die Daten und Formeln zur Beispielaufgabe ein und erstellen Sie die beiden Diagramme (Hinweis: Aufteilung im Diagramm mit Formen und WordArt, siehe Einfügen-Befehlsleiste).
2. Erstellen Sie mit Excel eine ABC-Analyse wie im Beispiel nach den Zahlen in der Tabelle unten links.

3.10.2.3 Bestellmengenplanung

S

Im Ladengeschäft von ACI fragen häufig Kunden nach einem Lagerartikel, der jedoch nicht oder nicht in ausreichender Zahl vorhanden ist. Herr Grabowski will seine Bestellmengenplanung überprüfen.

Lagerbestandsgrößen und -veränderungen

Das folgende Schaubild (nächste Seite) zeigt die Veränderung der Lagerbestände eines Artikels, angefangen beim Höchstbestand von 200 Stück und einem Verbrauch von 25 Stück pro Werktag.

Im Fall 1 (schwarze Kurve) wird genau bei einem Meldebestand von 50 Stück nachbestellt, sodass bei einer Lieferzeit von zwei Tagen genau zum Nullbestand die Bestellmenge von 200 Stück eintrifft und damit das Lager wieder auf den Höchstbestand aufgefüllt wird.

Im Fall 2 (blaue Kurve) wird ein „eiserner Bestand" von 50 Stück für Notfälle festgelegt, der möglichst nicht angegriffen werden soll, und damit der Meldebestand auf 100 Stück erhöht. Wird wie in diesem Fall der Höchstbestand beibehalten, so muss in kleinerer Menge (Bestellmenge 150 Stück) und öfter (4 statt 3 Bestellungen) geordert werden. Hinweis: In der Tabelle ist jeweils nur das Datum des Werktages angegeben.

Die Lagerbestandsgrößen können durch folgende Formeln bestimmt werden:

W

Lagerbestandsgrößen	
Höchstbestand	Mindestbestand + Bestellmenge, z. B. 50 + 150 = 200 Stück
Durchschnittlicher Bestand, vgl. auch S. 292	z. B. $\frac{\text{Höchstbestand}}{2}$ z. B. Mindestbestand + $\frac{\text{Bestellmenge}}{2}$
Meldebestand	Meldebestand (Bestellpunkt) = durchschnittlicher Tagesverbrauch · Wiederbeschaffungszeit + Mindestbestand = 12,5 · 4 + 50 = 100 Stück
Mindestbestand	Sicherheitsbestand („eiserner Bestand"): Er wird vom Disponenten oder von der Geschäftsleitung festgelegt, darf nur in Ausnahmefällen unterschritten werden und dient in Notfällen zur Aufrechterhaltung der Produktionsfähigkeit und Lieferbereitschaft.

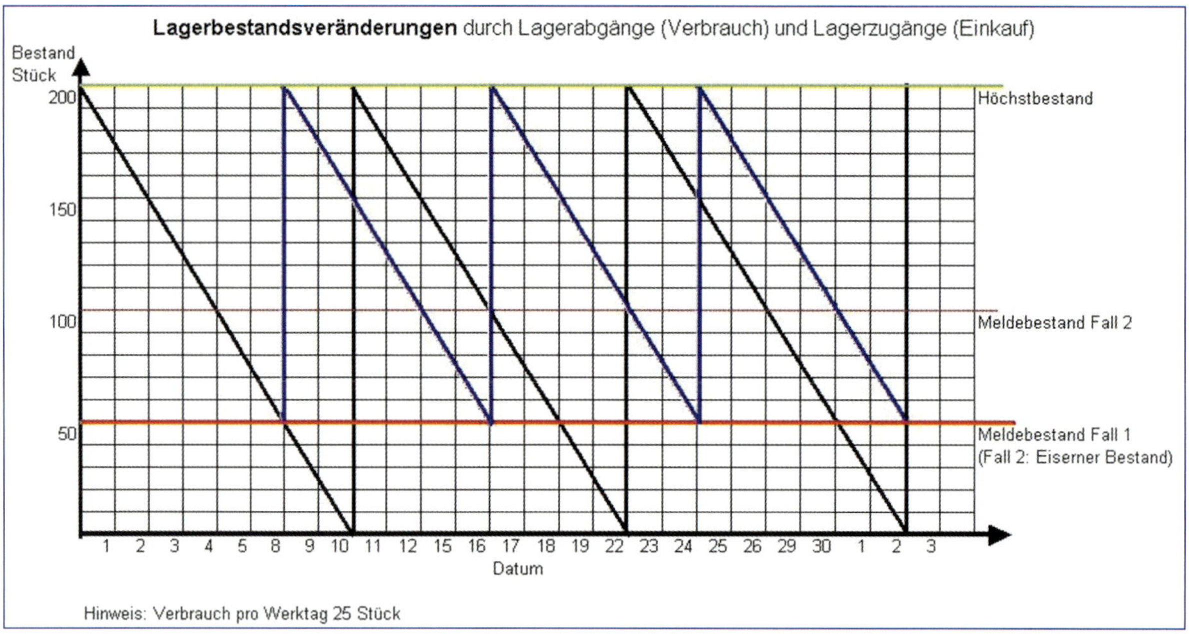

Aufgaben

1. Die ACI Teach Business Software ermittelt die Bestellvorschläge durch eine Abfrage (siehe nebenstehendes Schaubild). Geben Sie eine Erklärung, in welchem Fall ein Artikel nachbestellt wird und woher die Datenbank den Bestellvorschlag ermittelt.

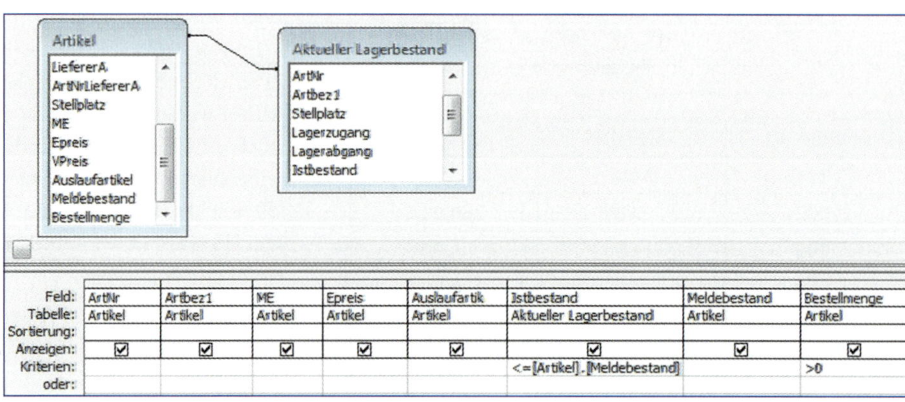

AH 2. Im Arbeitsheft finden Sie für die grafische Darstellung von Lagerbestandsveränderungen nach o. a. Schaubild verschiedene Arbeitsvorlagen. Berücksichtigen Sie folgende Daten in den grafischen Darstellungen:
   a) Lagerartikel 1: Zu Beginn des ersten Werktages ist der Höchstbestand von 240 Stück vorhanden. Der werktägliche Verbrauch beträgt 30 Stück. Die Lieferzeit beträgt 3 Werktage. Ein Sicherheitsbestand wird nicht gehalten. Wie oft musste in den 24 Werktagen nachbestellt werden? Wie hoch ist der Meldebestand?
   b) Lagerartikel 2: Zu Beginn des ersten Werktages ist der Höchstbestand von 250 Stück vorhanden. Der werktägliche Verbrauch beträgt 25 Stück. Die Lieferzeit beträgt 4 Werktage. Ein Sicherheitsbestand von 50 Stück soll gehalten werden. Wie oft musste in den 24 Werktagen nachbestellt werden? Wie hoch ist der Meldebestand?
   c) Lagerartikel 3: Zu Beginn des ersten Werktages ist der Höchstbestand von 210 Stück vorhanden. Der werktägliche Verbrauch beträgt 30 Stück. Die Lieferzeit beträgt 2 Werktage. Ein Sicherheitsbestand von 30 Stück soll gehalten werden. Wie oft musste in den 30 Werktagen nachbestellt werden? Wie hoch ist der Meldebestand? Ergänzen Sie mit einer anderen Farbe folgende Variante: Der Höchstbestand wird um den Sicherheitsbestand erhöht. Zeichnen Sie die Lagerbestände entsprechend ein. Was ändert sich dadurch?
3. Die ACI Teach Business Software ermittelt die Bestellvorschläge durch die Abfrage (siehe unten). Geben Sie eine Erklärung, in welchem Fall ein Artikel nachbestellt wird und in welcher Anzahl.

Bestellmengenplanung

Die Höhe der Bestellmenge hängt von unterschiedlichsten Bedingungen ab. Manche Artikel sind wegen fallender Preise oder laufender Produkterneuerungen nicht lagerfähig, bei anderen Artikeln lohnt sich der Kauf der gesamten Jahresmenge zu besonderen Konditionen verbunden mit der Lagerung, da mit dem günstigen Einkauf auch der Gewinn des Unternehmens erhöht werden kann. Häufig „liegt der Gewinn im Einkauf" und damit ist eine Lagerhaltung in diesen Fällen von großem Vorteil. Eventuell gewähren Lieferanten auch gute Konditionen bei der Bestellung einer Jahresverbrauchsmenge und ermöglichen danach den Abruf in Teilmengen. Damit würde der Lieferant wiederum einen Großteil der Lagerkosten übernehmen. Viele Unternehmen können sich kein großes Lager leisten, da das im Lager gebundene Kapital mit Krediten finanziert werden müsste.

Bestellmengenplanung
Bestimmungsfaktoren für die Bestellmenge: Beschaffungsart, Beschaffungsbedarf, Bank- und Lieferantenkredit bzw. Bankstatus, Beschaffungskosten, Lagerkapazität, Lagerkosten, Lagerrisiko **Feste Bestellmenge:** Es wird eine bestimmte Bestellmenge festgelegt, abhängig vom Tagesverbrauch und von der Lieferzeit. Die Bestelltermine sind variabel und werden durch das Erreichen eines Meldebestandes bestimmt. **Variable Bestellmenge:** Da der Verbrauch sehr variiert, wird die Bestellmenge abhängig von der Auftragslage und der Absatzvorhersage unterschiedlich festgelegt. Die Bestelltermine können dafür fest vorgegeben sein. **Optimale Bestellmenge:** Sie ist dort gegeben, wo die Summe aus Einstands-, Bestell- und Lagerkosten im Vergleich minimal ist.
Terminplanung Bestellzeitpunkt
Bestellpunktverfahren: Bestellung erfolgt bei Erreichen eines bestimmten Lagerbestandes (Meldebestand). **Bestellrhythmusverfahren:** Bestellungen erfolgen nach bestimmten Zeitabständen. **Fertigungssynchrone Beschaffung:** Bestellungen erfolgen in Abstimmung mit dem Produktionsplan. **Einzelbeschaffung:** Bestellungen erfolgen im Bedarfsfall.

W

Aufgaben

1. Überprüfen Sie folgende Aussage: Wenn ich im letzten Jahr 500 Farbpatronen verkauft habe, noch 80 Patronen auf Lager habe, 30 Patronen als „eisernen Bestand" halten will, mit einem erhöhten Verbrauch von 10 % rechne, so muss ich 671 Patronen im folgenden Jahr bestellen.
2. Welche Bestellmengenplanung liegt hier vor?
   a) Der Einkaufsdisponent hat für 100 Artikel festgelegt, dass nur einmal im Jahr die Jahresbestellmenge eingekauft wird, wenn der Bestand fast verbraucht ist und die Lieferung auf Lager gelegt wird.
   b) Bei der Firma „Computer ADB" werden Computer nur für Vorführzwecke oder als Ersatzgeräte ohne Kundenauftrag eingekauft. Alle Verkaufsgeräte werden erst bestellt, wenn der Kunde den Auftrag erteilt.
   c) Bei der Firma „Computer Müller" erscheint alle zwei Monate der Vertreter eines Druckerherstellers, präsentiert neue Produkte und nimmt Bestellungen entgegen.
   d) Bei der Firma „Technobau" wird von der Arbeitsvorbereitung das Material für jeden Auftrag gesondert beschafft.

Optimale Bestellmenge

Die optimale Bestellmenge kann durch die Andlersche Formel

Optimale Bestellmenge

$$= \sqrt{\frac{200 \cdot \text{Kosten je Bestellung} \cdot \text{Jahresbedarf}}{\text{Einstandspreis pro Stück} \cdot \text{Lagerhaltungskostensatz}}}$$

oder durch die folgende Tabellenkalkulation mit einem Diagramm grafisch festgestellt werden. Voraussetzung ist, dass hier ausgewiesene Bestellmengen auch als Verpackungseinheiten zu diesem Preis angeboten werden.

Zur Bestimmung der optimalen Bestellmenge sollen folgende Beispiele hilfreich sein.

Beispiel 1: Die optimale Bestellmenge ist dort gegeben, wo die Bestell- und Lagerkosten am niedrigsten sind, d. h. bei einer Bestellmenge von 200 Stück und 10 Bestellungen im Jahr.

Beispiel 2: Es wurde zusätzlich berücksichtigt, dass der Lieferant Staffelpreise anbietet. Es ergibt sich eine optimale Bestellmenge von 500 Stück mit 4 Bestellungen im Jahr. Es wurde der Einkaufswert/Wareneinsatz ergänzt.

Aufgaben

1. Nennen Sie zwei Artikel, die Sie typischerweise in
   a) Einzelbeschaffung,
   b) Vorratsbeschaffung,
   c) in fertigungssynchroner Beschaffung (just-in-time)
   einkaufen würden.
2. Welche Artikel haben im Lager Ihres Ausbildungsbetriebes einen hohen Wert bei geringer Stückzahl?
3. Ermitteln Sie die optimale Bestellmenge für USB-Sticks, wenn Ihnen ein Einkaufspreis von 6,80 € pro Stück bei einem Jahresbedarf von 5.000 Stück geboten wird, Kosten je Bestellung von 25,00 € anfallen und der Lagerkostensatz 50 % beträgt. Der Mindestbestand beträgt 300 Stück. Die Preise verändern sich im Verlauf des Jahres nicht.
4. Berechnen Sie die optimale Bestellmenge für den Drucker X3, wenn Sie einen Jahresbedarf von 200 Stück haben, je Bestellung 35,00 € Kosten anfallen, der Lagerkostensatz 50 % beträgt und die Einstandspreise von folgenden Bestellmengen abhängig sind: ab 1 Stück 380,00 €, ab 10 Stück 330,00 €, ab 30 Stück 300,00 €, ab 50 Stück 280,00 €, ab 100 Stück 260,00 €. Die Preise verändern sich im Verlauf des Jahres nicht, Mindestbestand = 10 Stück.

Optimale Bestellmenge

Lager- und Bestellkosten

Artikel-Nr.	101	Artikelbezeichnung:	CD-RW
Einstandspreis:	8,80 €	Jahresbedarf:	2000
Kosten je Bestellung:	30,00 €	Lagerkostensatz:	0,4
Mindestbestand:	100		

Bestell-menge	Bestell-häufig-keit	Durchschn. Lagerbe-stand	Bestell-kosten in €	Lager-kosten in €	Kosten Einkauf/ Lager €
10	200,00	105	6000,00	369,60	6369,60
30	66,67	115	2000,00	404,80	2404,80
50	40,00	125	1200,00	440,00	1640,00
70	28,57	135	857,14	475,20	1332,34
100	20,00	150	600,00	528,00	1128,00
200	10,00	200	300,00	704,00	1004,00
300	6,67	250	200,00	880,00	1080,00
400	5,00	300	150,00	1056,00	1206,00
500	4,00	350	120,00	1232,00	1352,00
600	3,33	400	100,00	1408,00	1508,00
700	2,86	450	85,71	1584,00	1669,71
800	2,50	500	75,00	1760,00	1835,00
900	2,22	550	66,67	1936,00	2002,67
1000	2,00	600	60,00	2112,00	2172,00

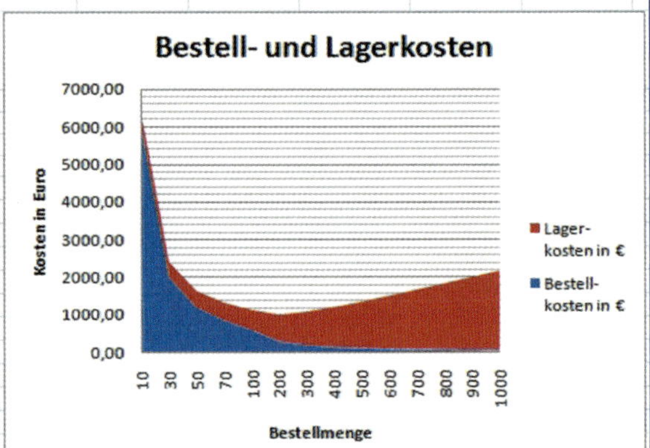

Hinweise: Bestellmenge festgelegt; Bestellhäufigkeit = Jahresbedarf/Bestellmenge; durchschnittlicher Lagerbestand = Mindestbestand + Bestellmenge/2; Bestellkosten: Bestellhäufigkeit · 30,00 €; Lagerhaltungskosten = durchschnittlicher Lagerbestand · Einstandspreis · 0,4 (bzw. 40 %)

Optimale Bestellmenge

Artikel-Nr.	101	Artikelbezeichnung:	CD-RW	Einkaufspreis je Stück:	
Mindestbestand:	100	Jahresbedarf:	2000	ab 10 Stück	8,80 €
Kosten je Bestellung:	30,00 €	Lagerkostensatz:	0,4	ab 50 Stück	8,50 €
				ab 100 Stück	8,00 €
				ab 500 Stück	7,60 €
				ab 1000 Stück	7,30 €

Bestell-menge	Bestell-häufig-keit	Durchschn. Lagerbe-stand	Einkaufs-wert in €	Bestell-kosten in €	Lager-kosten in €	Gesamt-kosten Einkauf
10	200,00	105	17600,00	6000,00	369,60	23969,60
30	66,67	115	17600,00	2000,00	404,80	20004,80
50	40,00	125	17000,00	1200,00	425,00	18625,00
70	28,57	135	17000,00	857,14	459,00	18316,14
100	20,00	150	16000,00	600,00	480,00	17080,00
200	10,00	200	16000,00	300,00	640,00	16940,00
300	6,67	250	16000,00	200,00	800,00	17000,00
400	5,00	300	16000,00	150,00	960,00	17110,00
500	**4,00**	**350**	**15200,00**	**120,00**	**1064,00**	**16384,00**
600	3,33	400	15200,00	100,00	1216,00	16516,00
700	2,86	450	15200,00	85,71	1368,00	16653,71
800	2,50	500	15200,00	75,00	1520,00	16795,00
900	2,22	550	15200,00	66,67	1672,00	16938,67
1000	2,00	600	14600,00	60,00	1752,00	16412,00

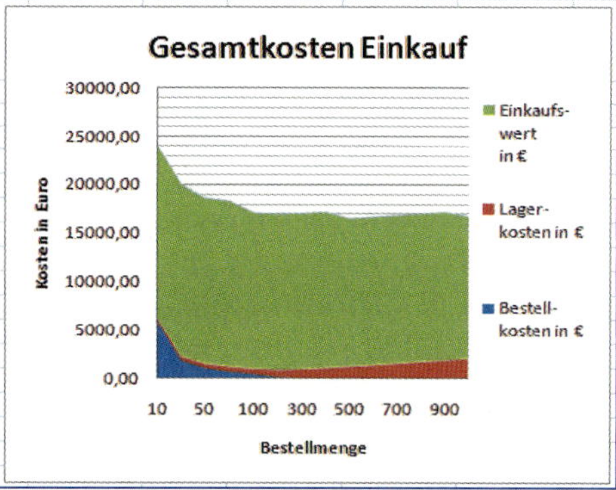

5. Wie würde sich die optimale Bestellmenge in Aufgabe 4 verändern, wenn zusätzlich noch
   a) mit einem Sinken/Steigen der Preise,
   b) mit einem Wegfall der Versandkosten ab 30 Stück

   zu rechnen ist?
6. Bewerten Sie das Schaubild oben. Ist es mit dem Wareneinsatz aussagekräftig?

3.10.3 Bezugsquellen und Lieferantenbewertung

S ACI muss auf Kundenanfragen schnell mit Lösungen reagieren. Für die Angebotserstellung müssen zügig Lieferanten gefunden werden. Der Beschaffungsmarkt ist riesig. Herr Grabowski erläutert Anna die verschiedenen Beschaffungswege bzw. Beschaffungskanäle.

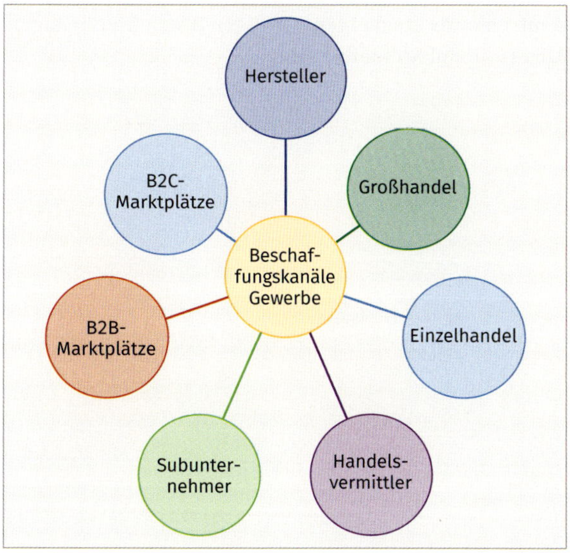

W

Bezugsquellen	
Arten	▪ **Direkte Beschaffung:** direkt vom Hersteller ▪ **Indirekte Beschaffung:** Beschaffung über den Handel (Großhandel, Einzelhandel), selbstständige Handelsvermittler, Marktplätze (B2B, B2C) ▪ **Zentrale Beschaffung:** Alle Beschaffungen erfolgen von einer Einkaufsstelle bzw. Einkaufsabteilung. ▪ **Dezentrale Beschaffung:** Jede Stelle beschafft selbst, was sie benötigt.
Kanäle	**Hinweise**
Hersteller	Hersteller verkaufen häufig nur an Gewerbetreibende, geben bei Großmengeneinkauf günstige Konditionen, bieten direkten Produktsupport (Beratung, Transportlogistik, Kundendienst) jedoch nur für ihre Produkte an.
Großhandel	Der Großhandel verkauft nur an Wiederverkäufer, Unternehmen und Behörden. Er bietet ein großes Sortiment zu günstigen Preisen, einfachen Großeinkauf, hat aber auch kleine Mengen vorrätig, ist vor Ort häufig schnell zu erreichen, eventuell jedoch teurer als bei einer Beschaffung über andere Kanäle. Große Warenkonzerne (z. B. Metro) und Versandhäuser bieten ebenfalls über diesen Kanal Waren an, vgl. im Internet z. B. https://cos-computer.de/, www.metro.de, https://de.techdata.com/.

(Fortsetzung auf folgender Seite)

W

Bezugsquellen	
Kanäle	**Hinweise**
Einkaufsverbünde der Systemhäuser	Viele Systemhäuser haben sich sogenannten Einkaufsverbünden angeschlossen, um bessere Einkaufskonditionen zu erhalten, die Zahlungsabwicklung zentral erledigen zu lassen, gemeinsamen Marketingaktionen durchzuführen, besser kooperieren zu können und auf dem aktuellen Stand der Technik zu sein. Informationen: z. B. www.iteam.de, www.synaxon.de, andere Bereiche: www.zukunft-krankenhaus-einkauf.de, www.kmuzentrale.de
Einzelhandel Sonderposten	Auch Einzelhandelsbetriebe gewähren für Wiederverkäufer bei Aktionen und Sonderposten günstige Einstandspreise.
Handelsvermittler	Selbstständige Kaufleute und Unternehmen (Handelsagenturen), die sich auf ein bestimmtes Warenangebot spezialisiert haben und den Markt gut kennen, können eventuell günstige Konditionen bieten.
B2B-Marktplätze	Es handelt sich um Internetportale für Gewerbetreibende, die dort gegen Entgelt Mitglied werden und dann ihre Angebote und Anfragen eingeben können. Die Mitglieder erhalten entsprechend Nachricht über geeignete Angebote und Anfragen. Über diese Marktplätze können neue Kundenkreise und Lieferanten erschlossen werden, allerdings werden normalerweise nur die eingetragenen Mitglieder einbezogen (vgl. Kapitel 3.8.2).
B2C-Marktplätze	Diese Internetportale sind wie B2B-Marktplätze organisiert, jedoch insbesondere auf Endverbraucher ausgerichtet. Internetshops und Internetmarktplätze können aber auch für Gewerbetreibende günstige Einkaufsmöglichkeiten bieten.

Aufgaben

1. Geben Sie an, welche Beschaffungskanäle Ihr Ausbildungsbetrieb nutzt.
2. Welche Beschaffungskanäle würden Sie nutzen, wenn Sie Folgendes beschaffen möchten:
   a) 1 „Game-PC“ mit der neuesten Technik
   b) 100 Farblaserdrucker der Marke Sentios CLP-300N
   c) 2 kg Kaffee und Kekse für das Sekretariat des Geschäftsführers
   d) 1.000 USB-Speichersticks für eine TOP-Produktwerbung
   e) 10 neue Schreibtische für die Büros
   f) 200 Standard-PCs für den Ladenverkauf
   g) Ein bestimmtes Notebook nach Kundenwunsch
   h) 500 Teile für die Weihnachtstombola der Mitarbeiter
3. Sie wollen einen B2B-Marktplatz im Internet zur Beschaffung von Material nutzen. Welche Vor- und Nachteile ergeben sich möglicherweise daraus?

S

Stefan will wissen, wie man in der Lage ist, den großen Beschaffungsmarkt zu überblicken, und welche Hilfsmittel es gibt, um die richtigen Lieferanten zu finden.

Auf der Suche nach Bezugsquellen wird man in erster Linie die Lieferanten und Unternehmen befragen, mit denen gute Erfahrungen bestehen und mit denen man gute Konditionen vereinbart hat. Diese Lieferanten besuchen ihre Kunden regelmäßig oder bringen sich telefonisch in Erinnerung, um Aufträge zu erhalten. Über Messen, Branchenbücher oder Anzeigen in Fachzeitschriften werden neue Geschäftskontakte mit möglichen Lieferanten geknüpft. Eine immer größere Bedeutung erhält die Ermittlung von Bezugsquellen über das Internet. Adressverlage, bei denen schon seit Jahrzehnten Branchenbücher mit fast allen Lieferanten Deutschlands erscheinen, verfügen über einen riesigen Adressenpool an Lieferanten.

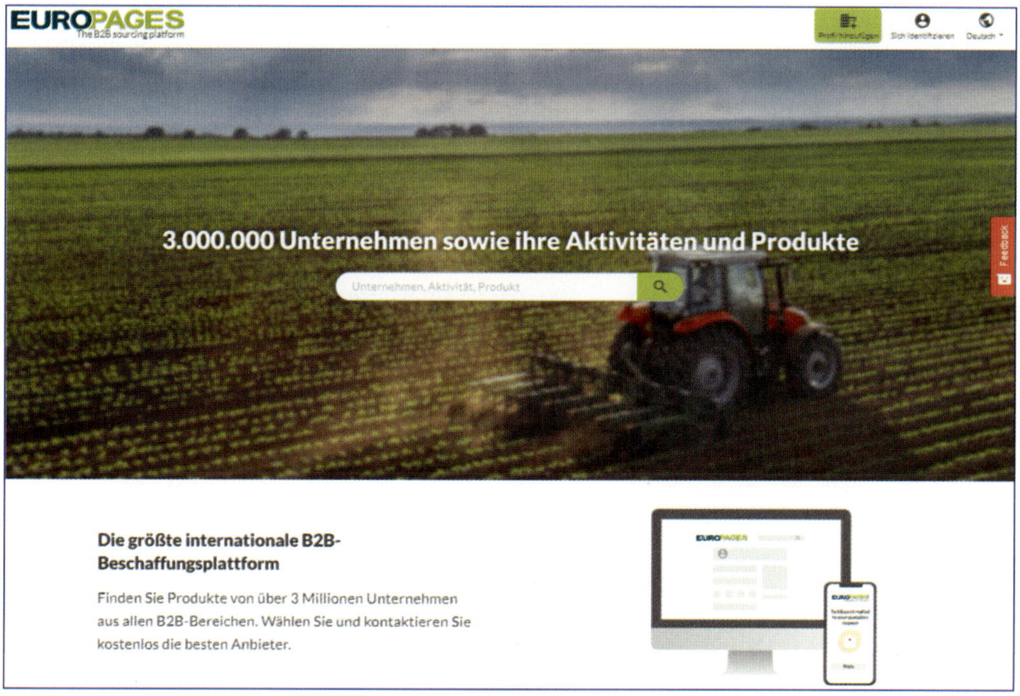

Suchmaschine im B2B-Markt: www.europages.de

W

Informationsdienste und sonstige Bezugsquellen	
Reisende, Handelsvertreter, Lieferanten	Reisende sind Vertriebsbeauftragte eines Herstellers oder Handelsgeschäfts, die Unternehmen eines bestimmten Verkaufsgebiets aufsuchen, ihnen ihre Produkte anbieten und sie fachkundig beraten. Handelsvertreter sind selbstständige Handelsvermittler, die i. d. R. Produkte verschiedener Hersteller anbieten und in ihrem Produktbereich über viel Erfahrung und gute Produktkenntnisse verfügen.
Adressenhandel	Adressverlage bieten mit Branchenbüchern oder im Internet Adressen von Lieferanten an. Beispiele: Wer liefert was? (www.wlw.de) www.gelbeseiten.de http://de.kompass.com www.gewerbe-suche.de https://handwerkernet.de/ https://gewusst-wo.de/ http://suche.freenet.de https://schober.de/ www.bundes-telefonbuch.de www.lieferanten.de
Messen und Fachmessen	In Deutschland werden jedes Jahr über 2.000 verschiedene Messen für Konsumenten und Fachbesucher ausgerichtet (vgl. www.ono.de, www.messen.de)
Fachzeitschriften, Infoportale	Durch Werbung und redaktionelle Beiträge stellen Fachzeitschriften und Informationsportale neue Produkte und Lieferanten vor. Für den IuK-Bereich sind dies z. B.: www.heise.de www.chip.de www.pc-welt.de www.com-magazin.de www.tecchannel.de www.netigator.de www.computerwelt.de
Ausschreibungsportale, Versteigerungen	Dazu zählen z. B.: www.itk-beschaffung.de www.onlinemarktplatz.de www.asset-broker.de www.evergabe.de www. service.bund.de www.it-ausschreibung.de www.lzp.de
Suchmaschinen	Internetsuchmaschinen wie www.google.de verdienen ihr Geld damit, auf Suchanfragen die Links von Unternehmen und potenziellen Lieferanten anzubieten. Über 2.700 Suchmaschinen bieten so ihre Dienste an. Zur richtigen Suchmaschine führt z. B.: www.erfolgreich-suchen.de www.klug-suchen.de

(Fortsetzung auf folgender Seite)

W Informationsdienste und sonstige Bezugsquellen	
B2B-Marktplätze	Im Internet werden ähnlich wie bei www.ebay.de spezielle Marktplätze für Gewerbetreibende geführt. Der Zugang ist häufig nur mit Gewerbeschein zu erhalten, d. h., er ist nur Wiederverkäufern oder Gewerbetreibenden vorbehalten. Solche Portale bieten Restposten, einen Lieferantenvergleich oder auch eine Lieferantenbewertung an. Dazu gehören z. B.: www.europages.de www.wucato.de www.zentrada.de www.b2b-trade.de
Internetpreisagenten und B2C-Marktplätze	Es handelt sich um Internetsuchmaschinen, die unter den eingetragenen Lieferanten (Mitgliedern) die günstigsten Produkte heraussuchen, z. B.: www.geizkragen.de www.guenstiger.de www.preis.de www.preisauskunft.de www.kelkoo.de www.otto.market www.evendi.de www.preistrend.de (vgl. Kapitel 3.8.2)

Aufgaben

1. Welche Informationsquellen würden Sie nutzen, wenn Sie nach folgenden Produkten suchen müssten?
   a) Wassergekühlte PCs mit höchster Leistung
   b) Drucker, um Schleifen zu bedrucken
   c) Umweltfreundliches Reinigungsmittel für Monitore
   d) Neuester A3-Scanner
   e) Bestes Preis-Leistungs-Verhältnis einer bestimmten Grafikkarte
   f) 500 Kaffeetassen mit Werbedruck
2. Geben Sie jeweils zwei Produkte an, bei deren Beschaffung Sie besonders auf folgende Quellen zurückgreifen würden:
   a) Hersteller
   b) Adressverlage, Branchenbücher
   c) Messen
   d) Fachzeitschriften, Infoportale
   e) Versteigerungsportale im Internet
   f) Suchmaschinen im Internet
   g) B2B-Marktplätze
   h) B2C-Internetshops und Internetmarktplätze
   i) Reisende

Lieferantenbewertung

S

Ein Industrieunternehmen und Kunde von ACI sendet einen Lieferanten-Auskunftsbogen zu. Im Anschreiben wird die Maßnahme folgendermaßen begründet:

Ziel dieser Lieferantenbewertung ist die Ermittlung und Darstellung der Liefer- und Leistungsqualität, damit

- das Qualitätsniveau des Lieferanten und seiner Produkte erkennbar wird,
- gezielt Korrekturmaßnahmen bei unzureichendem Qualitätsniveau eingeleitet werden,
- eine Steigerung der Versorgungssicherheit erreicht wird sowie Nacharbeits- und Ausschusskosten vermieden werden,
- bei permanent schlechtem Qualitätsniveau ein Lieferantenwechsel eingeleitet wird.

In die Lieferantenbewertung fließen folgende Kriterien ein: Qualität, Liefertreue, Mengentreue, Logistik, die in der Gesamtheit zu einer A-, B- oder C-Einstufung führen.

S

Herr Grabowski will nicht nur seine Kunden gut bedienen, sondern auch die Lieferanten von ACI bewerten. Er hat sich folgende Auswertungsübersicht erstellt.

Lieferantenbewertung und -auswahl

Bewertung neuer, möglicher Lieferanten:

- **Qualität und Fortschritt**
  - Welche Produkte führt das Unternehmen (Katalog, Internet, Angebot usw.)?
  - Ist das Unternehmen nach ISO 9000 zertifiziert?
  - Wie fortschrittlich ist das Unternehmen (Einsatz von Technologien)?
- **Service und Logistik**
  - Welche Serviceleistungen werden angeboten?
  - Wie sind die Lieferzeiten?
  - Wie wird miteinander kommuniziert (z. B. über Internetportal, E-Mail, schnelle Rücksprache)?
- **Bonität (Zahlungsfähigkeiten)**
  - Welche Hinweise geben die AGB?
  - Ist die Bonitätsauskunft positiv ausgefallen?
  - Welche Referenzen konnte der mögliche Lieferant nachweisen?
- **Persönlicher Eindruck**
  - Wie ist der persönliche Eindruck der Firma (Firma, Mitarbeiter, Geschäftsführer)?
  - Haben sonstige Recherchen (bei Banken, Geschäftspartner, Internetrecherche) einen guten Eindruck vermittelt?

- **Qualität und Preise**
  - Bewertung der Angebote nach Qualität der Produkte, Preisen und Konditionen
  - Lieferverhandlung: Wie verlaufen Verhandlungen mit dem Lieferanten (z.B. über Konditionen, Service)?
- **Aufnahme in den Lieferantenstamm:**
  - Entscheidung für einen Probeauftrag oder für dauerhafte Geschäftsbeziehungen
  - Entscheidung zur Einstufung als A-, B- oder C-Lieferant
- **Regelmäßige Lieferantenanalyse und -bewertung**
  - Alle Lieferanten werden in bestimmten Zeitabständen bewertet und soweit möglich miteinander verglichen. Dazu werden alle vorliegenden Informationen hinzugezogen.
  - In bestimmten Abständen oder auf Anlass wird die Bonität des Lieferanten überprüft.
  - A-Lieferanten und z.T. auch B-Lieferanten werden aufgesucht, um mit ihnen die Geschäftsbeziehungen und Konditionen zu besprechen.
  - Möglicherweise werden die Lieferanten neu eingestuft (ABC).

Aufgaben

1. Recherchieren Sie im Internet, z.B. über die Suchbegriffe „Lieferantenbewertung + Impressum", nach Informationen auf Firmenseiten. Präsentieren Sie die Firmeninformationen zum Thema Lieferantenbewertung.
2. Nehmen Sie die o.a. Übersicht als Grundlage und entwerfen Sie einen Fragebogen oder eine Checkliste zur Lieferantenbewertung mit einem Anschreiben an die Lieferanten.
3. Bewerten Sie verschiedene IT-Hersteller oder IT-Systemhäuser über deren Internetpräsentation. Entwerfen Sie dazu eine Bewertungstabelle.

3.10.4 Anfragen und Angebotsvergleiche

S Ein Kunde beauftragt ACI, für seine sechs Ladengeschäfte Etikettendrucker zu beschaffen und an die vorhandenen Systeme anzuschließen. Anna erhält den Auftrag, Anfragen an Hersteller und Lieferanten zu stellen.

Anfragen
▪ Anfrageformular auf Internetseite
▪ E-Mail-Anfrage
▪ Faxanfrage
▪ Briefanfrage
▪ Telefonische Anfrage
▪ Persönliche Anfrage

Nach einer ausführlichen Recherche der verschiedenen Beschaffungskanäle müssen Anfragen erstellt werden. Die Anfrage hängt von der Art und dem Umfang der zu beschaffenden Artikel und Leistungen ab sowie davon, ob bereits Geschäftsbeziehungen mit dem möglichen Lieferanten bestehen. Eine Anfrage kann schnell per Fax, Telefon oder E-Mail erfolgen, wenn bereits Geschäftsbeziehungen existieren und genau bestimmbare Artikel und Leistungen (z.B. durch Angabe von Typ oder Bestellnummer) nachgefragt werden. Auch eine Anfrage über ein Beschaffungsportal im Internet, z.B. einen Marketplace, kann ein gutes Ergebnis liefern.

Bei umfangreichen Beschaffungen und bei Beschaffungsmaßnahmen mit eindeutig festgelegten Produkten müssen vorab Lieferungs- und Leistungsbeschreibungen erstellt werden. Ist ein Pflichtenheft vorhanden, muss zunächst geprüft werden, ob für die Anfrage noch weitere Eingrenzungen oder Angaben möglich und notwendig sind. Zu prüfen ist auch, ob der Anfrage Ausschreibungsunterlagen beizufügen sind, um ein förmliches Auswahlverfahren zu betreiben.

Bei IT-Beschaffungen sollten auch immer die Folgekosten (im Rahmen einer TCO-Analyse, vgl. Kapitel 3.9.2) betrachtet und nachgefragt werden, so z.B. bei Druckern die Kosten für Verbrauchsmaterial (Tinte, Papier, Etiketten) und Energie (Stromverbrauch).

S Anna hat zunächst einige technische Kennzahlen ermittelt (z.B. Größe der Etiketten, notwendige Computerschnittstelle, Druckvolumen pro Jahr, Einsatz von Standardetiketten) und eine Kurzanfrage verschickt. Zwei Anbieter gelangten im Angebotsvergleich in die engere Wahl. Anna will zunächst die Preise der beiden Anbieter vergleichen.

Angebot Anders-Drucker GmbH
Etikettendrucker Andi 03: Preis je Stück 94,00 € Verpackung und Fracht 25,00 €, ab 5 Stück 5 % Rabatt und 2 % Skonto, zzgl. 19 % USt

Angebot Digidrucker AG
Etikettendrucker Digi VC1 Preis je Stück 99,00 € beim Kauf von 6 Stück, Versandkostenpauschale 20,00 €, zusätzlich 8 % Rabatt und 3 % Skonto, zzgl. 19 % USt

3.10.4.1 Quantitativer Angebotsvergleich

Bei einem quantitativen Angebotsvergleich werden die Bezugspreise bzw. Einstandspreise der einzelnen Anbieter berechnet. Hierzu werden ausgehend vom Listeneinkaufspreis der Lieferrabatt und der Lieferskonto abgezogen und noch anfallende Bezugskosten (Fracht, Porto, Verpackung, Kleinmengenzuschläge usw.) hinzugerechnet. Der Vergleich der Einstandspreise ergibt dann den im Preisvergleich günstigsten Anbieter.

Mithilfe von Tabellenkalkulationsprogrammen (z. B. Microsoft Excel) kann schnell ein Ergebnis ermittelt werden, wie das folgende Beispiel zeigt.

	A	B	C	D	E	F	G
1		Bezugskalkulation					
2		Kalkulation	Eingabe % / €	Ausgabe		Formeln Spalte D	
3		Listeneinkaufspreis	100	100,00 €		= C3	
4		- Liefererrabatt	5	5,00 €		= D3*C4/100	
5		= Zieleinkaufspreis		95,00 €		= D3 - D4	
6		- Liefererskonto	2	1,90 €		= D5*C6/100	
7		= Bareinkaufspreis		93,10 €		= D5 - D6	
8		+ Bezugskosten	5	5,00 €		= C8	
9		= Bezugspreis (Einstandspreis)		98,10 €		= D7 + D8	
10							
11		Hinweis: Pfeilspitzen zeigen auf den Grundwert (100%)					
12							

Aufgaben

AH 1. Führen Sie mithilfe der Vorlage im Arbeitsheft bzw. mit einem Tabellenkalkulationsprogramm den Angebotsvergleich der Angebote von Anders-Drucker GmbH und Digidrucker AG beim Kauf von 6 Druckern durch.

AH 2. Sie erhalten drei Angebote für den Kauf eines Standard-Personalcomputers. Führen Sie einen quantitativen Angebotsvergleich durch. Verwenden Sie die Vorlage im Arbeitsheft oder Microsoft Excel.
   - Computex: 520,00 €, Versandkosten 20,00 €, 7 % Rabatt, 3 % Skonto, zzgl. 19 % USt
   - Funny-PC: 548,00 €, Vor-Ort-Installation 40,00 €, 10 % Rabatt, 2 % Skonto, zzgl. 19 % USt
   - PC-Versand: 485,00 €, Frachtpauschale 30,00 €, 5 % Rabatt, zzgl. 19 % USt

3. ACI will 250 Kaffeetassen (Porzellantassen lt. Muster) mit Werbedruck (vierfarbig) beschaffen. Drei Anbieter haben Angebote abgegeben:
   - Werbetassen.com: Stückpreis 2,28 €, 4 % Mengenrabatt, 2 % Skonto, Druckvorkosten (Klischee) 45,00 €, Paketdienst 25,65 €
   - Mega-Print.de: Tassenpreis 0,85 € zzgl. 1,31 € Druckkosten für 4 Farben pro Tasse, Druckvorkosten 35,00 €, 28,00 € Versandspesen, 5 % Mengenrabatt, 2 % Skonto
   - Tassen-Plus.de: Einzelpreis 0,85 €, Druckkosten 1,14 € pro Stück, je Farbe jeweils Filmkosten 20,00 €, Siebkosten 40,00 € und Freigabemuster 35,00 €, Zusatz: Bitte beachten Sie, dass wir frachtfrei liefern. Wir gewähren 3 % Skonto bei Zahlung innerhalb von 7 Tagen und 5 % Rabatt.

3.10.4.2 Qualitativer Angebotsvergleich

S

Der Angebotsvergleich zwischen Anders-Drucker GmbH und Digidrucker AG hat fast gleiche Einstandspreise ergeben. Die Entscheidung für einen Lieferanten ist aus dem quantitativen Preisvergleich nicht zu treffen. In die Bewertung fließen andere Kriterien, wie die Qualität der Ware oder die bisher gute Zusammenarbeit, häufig stärker ein als der Preis. So bekommt bei ACI nicht immer der billigste Anbieter den Zuschlag. Anna will wissen, wie man die „Qualität" der Lieferanten in die Entscheidung einbezieht.

Qualitativer Angebotsvergleich (Nutzwertanalyse) W

Neben dem Einstandspreis sind weitere Bewertungsaspekte im Angebotsvergleich zu berücksichtigen. Sie können wegen eventuell eintretender Folgeschäden (Verlust des Kunden, Auftragsschaden) höher zu werten sein als der Preisvorteil im Einkauf.

Merke:

Nicht das Angebot mit dem niedrigsten Einstandspreis, sondern das **wirtschaftlichste** Angebot unter Berücksichtigung aller Unternehmensziele ist im Angebotsvergleich auszuwählen. Da durch die Bewertung der einzelnen Auswahlfaktoren der Gesamtnutzen festgestellt wird, spricht man beim qualitativen Angebotsvergleich auch von **Nutzwertanalyse.**

Qualitative Bewertungskriterien sind z. B.:
- Qualität des angebotenen Produkts
- Besonderes Design und Aktualität des Produkts
- Lieferzeit

- Schnelle und zuverlässige Lieferung
- Kompetenz des Lieferanten (der Mitarbeiter)
- Verhalten des Lieferanten bei Reklamationen
- Kundendienst des Lieferanten
- Verhalten des Lieferanten in besonderen Situationen (Notsituationen)
- Beteiligung des Lieferanten an Marketingmaßnahmen
- Gutes Image des Lieferanten
- Gutes Schulungs- und Fortbildungsprogramm
- Verkaufsförderungsmaßnahmen des Lieferanten
- Erreichbarkeit des Lieferanten
- Liefermenge, Mindestabnahmemenge
- Beachtung umweltgerechter Methoden und Verfahren
- Einfache Logistik
- Persönliche Kenntnis der Lieferanten und Vertrauen
- Besondere Konditionen: Ratenzahlung, verlängerte Zahlungsfristen, Zuschüsse bei Aktionen und Investitionen, Bereitstellung von Mitarbeitern zur Aushilfe und Unterstützung usw.

Der Angebotsvergleich zum Kauf eines PCs (vgl. Aufgabe 2 oben) wird in folgender Übersicht um einen qualitativen Vergleich ergänzt. ACI bezieht von den vielen „weichen Kriterien“ sechs in den Vergleich ein und bewertet die Anbieter mit Schulnoten. Qualitative Aspekte werden hier mit einem Anteil von 60 % höher gewertet als der Preis. Für eine Bewertung wird in diesem Beispiel die Notenbewertung herangezogen und gewichtet. Möglich ist aber auch die Bewertung nach Leistungspunkten.

Quantitativer und qualitativer Angebotsvergleich

		Computex		Funny-PC		PC-Versand	
Kalkulation		Eingabe % / €	Ausgabe	Eingabe % / €	Ausgabe	Eingabe % / €	Ausgabe
Listeneinkaufspreis		500	500,00 €	548	548,00 €	485	485,00 €
– Liefererrabatt		7	35,00 €	10	54,80 €	5	24,25 €
= Zieleinkaufspreis			465,00 €		493,20 €		460,75 €
– Liefererskonto		3	13,95 €	2	9,86 €	0	0,00 €
= Bareinkaufspreis			451,05 €		483,34 €		460,75 €
+ Bezugskosten		20	20,00 €	40	40,00 €	30	30,00 €
= Bezugspreis (Einstandspreis)			471,05 €		523,34 €		490,75 €
Bewertung: Quantitativer/qualitativer Vergleich (Punktvergabe nach Notenpunkten)							
Entscheidungskriterien	**Gewichtung**	**Punkte**	**Gewichtete Punkte**	**Punkte**	**Gewichtete Punkte**	**Punkte**	**Gewichtete Punkte**
Preis	40	1	40	3	120	2	80
Produktqualität	10	2	20	1	10	3	30
Kompetenz	10	3	30	2	20	4	40
Verhalten bei Reklamationen	15	4	60	2	30	3	45
Service u. Support	10	3	30	2	20	4	40
Bisherige Zusammenarbeit	15	3	45	1	15	3	45
Summe	100		**225**		**215**		**280**
Ergebnis: Nach den gewichteten Notenpunkten ist Funny-PC das beste Angebot.							

Aufgaben

1. Sie wollen aus vier Noten (Lernfeld 6 = 2, Lernfeld 7 = 4, Lernfeld 8 = 3 und Lernfeld 9 = 2) eine Durchschnittsnote berechnen. Die Note in Lernfeld 6 soll dreifach und die Note in Lernfeld 8 doppelt gewichtet werden. Welche Durchschnittsnote ergibt sich daraus?
2. Begründen Sie die Entscheidung für den Lieferanten Funny-PC mit eigenen Worten.
3. Aus dem quantitativen Vergleich der Angebote von Anders-Drucker GmbH und Digidrucker AG lässt sich noch kein Favorit ermitteln. Nun soll der qualitative Vergleich die Entscheidung bringen. Sie haben aus dem Einkaufsportal folgende qualitativen

Bewertungen zu den beiden Lieferanten entnommen. Ermitteln Sie daraus den insgesamt wirtschaftlicheren Lieferanten. Bewerten Sie die qualitativen Kriterien nach den angegebenen Leistungspunkten. Verwenden Sie Microsoft Excel bzw. die Vorlage im Arbeitsheft.

AH

Kalkulation	Anders-Drucker GmbH		Digidrucker AG	
	Eingabe % / €	Ausgabe	Eingabe % / €	Ausgabe
Listeneinkaufspreis	564	564,00 €	594	594,00 €
– Liefererrabatt	5	28,20 €	8	47,52 €
= Zieleinkaufspreis		535,80 €		546,48 €
– Liefererskonto	2	10,72 €	3	16,39 €
= Bareinkaufspreis		525,08 €		530,09 €
+ Bezugskosten	25	25,00 €	20	20,00 €
= Bezugspreis (Einstandspreis)		550,08 €		550,09 €
Rangfolge quantitativer Vergleich	1		1	

Nutzwertanalyse (quantitativer und qualitativer Vergleich)		Anders-Drucker GmbH	Digidrucker AG
Entscheidungskriterien	Gewichtung	Punkte (0 bis 5 Punkte = schlechteste/ beste Bewertung)	
Preis	40	4	4
Produktqualität	15	5	4
Folgekosten (z. B. Tinte)	15	4	5
Kompetenz des Anbieters	10	4	3
Lieferbedingungen	10	4	4
Service und Support	10	5	4

4. Auch für den Tassenkauf (vgl. vorherige Aufgabe 3) soll ein qualitativer Angebotsvergleich die Entscheidung herbeiführen. Sie sollen aus folgenden Bewertungen Leistungspunkte Ihrer Entscheidung in den qualitativen Vergleich einbeziehen:

Werbetassen.com
- Produktqualität: Bisher wurde immer eine gute Qualität geliefert.
- Lieferbedingungen: pünktliche Lieferung frei Haus zu günstigen Lieferkosten
- Kompetenz: kompetente Internetseite, im Angebot jedoch sehr einfache Produktbeschreibungen
- Verhalten bei Reklamationen: immer ordentliche und gelegentlich auch kulante Regelung
- Service und Support: gute Kundenbetreuung
- Bisherige Zusammenarbeit: ohne Beanstandungen, seit vier Jahren Lieferant

Mega-Print.de
- Produktqualität: Die Qualität ist ordentlich, aber nicht durchgängig gut.
- Lieferbedingungen: insgesamt immer gut und besser als im Durchschnitt
- Kompetenz: kompetente Internetseite, im Angebot jedoch sehr einfache Produktbeschreibung
- Verhalten bei Reklamationen: Mängel werden relativ schnell reguliert, so gut wie keine Probleme
- Service und Support: über Serviceportal viel Unterstützung, Support online gut geregelt
- Bisherige Zusammenarbeit: seit zwei Jahren ordentliche Zusammenarbeit

Tassen-Plus.de
- Produktqualität: unbekannt, aus dem Angebot nicht klar zu erkennen

- Lieferbedingungen: Versandkosten werden extra berechnet, Kosten im Angebot nicht genannt
- Kompetenz: eher unterdurchschnittliche Beschreibung der Produkte im Internet
- Verhalten bei Reklamationen: unbekannt, im Angebot fehlen dazu Angaben
- Service und Support: unbekannt
- Bisherige Zusammenarbeit: Angebot eines bisher unbekannten Lieferanten

Begründen Sie abschließend Ihre Entscheidung.

5. Die Geschäftsleitung von ACI beauftragt Sie, eine Stellungnahme zur Eigenentwicklung bzw. zum Fremdbezug eines Archivierungssystems für die ACI-Software Hausverwaltung zu erstellen. Sie wollen den Nutzen der beiden Alternativen durch eine sogenannte Nutzwertanalyse feststellen. Eine Tabelle haben Sie schon weitgehend vorbereitet. (Je höher die Punktbewertung, desto vorteilhafter.) Vervollständigen Sie diese Tabelle und fertigen Sie eine begründete, schriftliche Stellungnahme für die Geschäftsleitung an.

Bewertung Eigenentwicklung/Fremdbezug für das Archivierungsmodul der Software für Hausverwaltung					
Kriterien	**Gewichtung**	**Eigenentwicklung**		**Fremdbezug**	
		Punkte	Gewichtung × Punkte	Punkte	Gewichtung × Punkte
Preis bzw. Kosten	30	5		10	
Schnelligkeit der Realisierung	20	5		10	
Softwareumfang anforderungsgerecht	20	10		5	
Anpassungsfähigkeit	10	10		5	
Kontinuierliche Weiterentwicklung	8	3		5	
Qualität/Professionalität der Software	5	5		10	
Eigene Kapazitäten werden ausgelastet.	5	10		0	
Unabhängigkeit	2	5		2	
Summe					

3.10.5 Bestellung und Warenannahme

3.10.5.1 Erfassung der Bestellung

S Anna will die Etikettendrucker bei der Firma Digidrucker AG bestellen. Was hat sie zu beachten?

Prüfungen vor der Bestellung

- Klärung noch strittiger oder unbekannter Vertragsbedingungen (z. B. Umfang der Leistungen, Kosten für Transport und Verpackung, Skonto), vgl. auch Kapitel 3.9.9
- Prüfung der allgemeinen Geschäftsbedingungen (AGB)
- Prüfung der Bonität des Lieferanten (Lieferantenbewertung)
- Art der Bestellung (z. B. Kurzbestellung, Ausschreibung) klären
- Sollen besondere Kaufvertragsbedingungen oder -arten (z. B. Kauf auf Probe, Kauf in Kommission) gelten (vgl. auch Kapitel 3.9.10)?

Eine Bestellung kann telefonisch, per Fax, per E-Mail, per Internetshop-Bestellung oder per Brief erfolgen. Hat der Kunde sich auf ein konkretes Angebot bezogen, so ist mit der Bestellung verbindlich ein Kaufvertrag zustande gekommen, wenn der Kunde keine Änderungen gegenüber dem Angebot in der Bestellung vorgenommen hat. Ebenso ist der Kaufvertrag zustande gekommen, wenn der Lieferant trotz Änderungen zu den Konditionen in der Bestellung liefert. Bestellt der Kunde aufgrund allgemeiner Angaben (z. B. Katalogangaben oder Werbeinserat), so ist rechtlich noch kein Kaufvertrag zustande gekommen. Die Bestellung ist somit ein Antrag des Käufers auf Abschluss eines Kaufvertrages. Der Lieferant wird die Bestellung dann überprüfen und bei Akzeptanz eine Auftragsbestätigung erstellen. Kann sofort geliefert werden, ist eine Auftragsbestätigung entbehrlich. In diesem Fall wird sofort ein Lieferschein und eine Rechnung oder nur eine Rechnung (gleichzeitig als Lieferschein verwendet) erstellt.

Da die Bestellung ein wichtiger Bestandteil des Kaufvertrages ist, sollte der Bestelltext genau geprüft werden.

W **Wichtige Angaben in der Bestellung**

- Korrekte Anschrift des Lieferanten
- Hinweis auf das vorliegende Angebot (Angebots-Nr., Name des Verkäufers usw.)
- Genaue Übernahme der Preise und Lieferbedingungen aus dem Angebot, da sonst bei geänderten Bedingungen durch die Bestellung noch kein Kaufvertrag zustande kommt.
- Möglichst genaue Angabe des Liefertermins, sonst kommt der Lieferant erst durch eine Mahnung in Verzug.
- Möglichst genaue Angabe des Lieferortes und evtl. der Lieferzeit (z. B. auf Betriebsferien usw. achten, bei Lieferung auf Baustelle Annahme sicherstellen)

In Kapitel 3.9.9 und 3.9.10 wurden im Rahmen der Angebotserstellung die einzelnen Vertragsbedingungen und Vertragsarten unterschieden. Diese sind auch bei der Bestellung zu beachten. Nach Art der beschafften Ware können auch folgende Vertragsarten zur Disposition stehen:

W **Kaufverträge nach der Art der beschafften Ware**

Gattungskauf	Im Kaufvertrag wurde die Ware nur nach der Art bestimmt, sodass vertretbare gleichartige Sachen geliefert werden können (z. B. T-Shirt X von Lieferant A oder B) bzw. im Mängelfall eine andere Gattungsware geliefert werden kann.
Stückkauf	Der Käufer kauft eine bestimmte, nicht vertretbare Sache, z. B. ein Grundstück, einen Maßanzug, ein Ölbild, ein T-Shirt mit einem Bild des Kunden. Bei einer nicht vertretbaren Sache kann der Kunde bei Mängeln nicht die Neulieferung einer fehlerfreien Sache verlangen, sondern Nachbesserung oder Preisnachlass.
Bestimmungskauf	Der Käufer behält sich vor, innerhalb einer bestimmten Frist die Ware noch genauer zu bestimmen (spezifizieren), z. B. nach Maß, Form, Farbe. Im Kaufvertrag werden lediglich die Warenart und die Gesamtmenge festgelegt (vgl. § 375 HGB).
Ramschkauf	Kauf einer bestimmten Warenmenge „en bloc“ bzw. „in Bausch und Bogen“ zum Pauschalpreis. Die Beschaffenheit der Gesamtmenge wird zugrunde gelegt, für das einzelne Stück keine bestimmte Qualität zugesichert. Beispiel: Beim Ausverkauf werden alle Artikel einer Warengruppe pauschal zum Preis von 2.000,00 € verkauft.

3.10.5.2 Bestellverfolgung und Warenannahme

S Bei ACI müssen Material und Waren für einen bestimmten Auftrag pünktlich beschafft und angeliefert werden, wenn es nicht kurzfristig möglich ist, sie aus anderen Lieferquellen zu besorgen oder aus Lagervorräten zu decken.

In dieser Phase des Beschaffungsprozesses können z. B. folgende Probleme entstehen:

1. Der Lieferant hat keine Lieferbestätigung versendet und auch die Bestellung nicht erfasst.
2. Der Lieferant hat die Ware verspätet versendet.
3. Der Lieferant hat die falsche Menge versendet.
4. Der Lieferant hat die falsche Ware versendet.
5. Der Lieferant hat mangelhafte Ware versendet.
6. Der Lieferant hat die Ware an einen falschen Lieferort versendet.
7. Der Lieferant kann die Ware nicht abliefern, da Warenannahme geschlossen.
8. Die Ware wird zwar geliefert, jedoch nicht korrekt angenommen bzw. nicht in der EDV erfasst.

Die Aufgabe des Empfängers der Lieferung besteht darin, einen Schaden für das eigene Unternehmen möglichst zu vermeiden oder zu begrenzen. Folgende Maßnahmen unterstützen diese Beschaffungsphase (siehe folgende Seite):

Maßnahmen zur Bestellverfolgung und bei der Warenannahme	
Bestellverfolgung	▪ Erfassung der Bestellung im Material- und Warenwirtschaftssystem und rechtzeitige Überprüfung, ob die Lieferung auch erfolgt ist. ▪ Tracking: Verfolgung des Material- und Warentransportes im Tracking-System (Internet) des Transportunternehmens (Spedition, Frachtführer). ▪ Feststellung der Durchlaufzeit: Zeitdauer zwischen der Bestellung und der Warenlieferung; diese wird normalerweise in Tagen ausgedrückt.
Material- und Warenannahme	▪ Prüfung der Lieferung mit den Lieferdokumenten: Verpackung, Bezeichnung, Menge; eventuelle Beanstandungen sind auf den Lieferdokumenten festzuhalten. ▪ Prüfung (Vergleich) der Lieferung und der Lieferdokumente mit der Bestellung und der Auftragsbestätigung: Verpackung, Menge sowie Inhalt hinsichtlich Art und Qualität. Rechtlich ist bei größeren Mengen eine angemessene Stichprobe ausreichend. ▪ Qualitätsprüfung: Bei bestimmten Gütern ist eine spezielle Waren- und Qualitätsprüfung notwendig, z. B. durch eine Laboranalyse.

S Bei ACI ist Ware angekommen. Muss diese Ware sofort auf Mängel überprüft werden?

W **Überprüfung gelieferter Ware (beweglicher Sachen)**

Einseitiger Handelskauf oder Verbrauchsgüterkauf (Unternehmer an Verbraucher)	**Zweiseitiger Handelskauf** (Unternehmer an Unternehmer)
Prüfpflicht/Rügefrist: nicht unverzüglich; bei Mängeln innerhalb von **sechs Monaten** muss der Verkäufer nachweisen, dass die Ware bei Übergabe ohne Mangel war (**Beweislastumkehr**). Der Verkäufer haftet für offene und versteckte Mängel mit einer Gewährleistungsfrist von **zwei Jahren,** die bei gebrauchten Sachen auf **ein Jahr** durch **Vereinbarung** verkürzt werden kann (§§ 438, 475 BGB).	**Prüfpflicht: unverzüglich**, d. h. ohne schuldhaftes Zögern auf Güte, Menge und Art; werden Mängel bei der Übergabe festgestellt, so kann die Abnahme verweigert werden. Der Kunde kann sich auch die Rechte aus der Mängelrüge vorbehalten (§ 377 HGB, § 434 BGB). **Anzeigefristen:** ▪ Offene Mängel unverzüglich nach der Prüfung ▪ Versteckte Mängel unverzüglich nach der Entdeckung, jedoch innerhalb der Gewährleistungsfrist von **zwei Jahren** ▪ Der Mangel muss nach Menge, Art und Güte genau bezeichnet werden.
Rücktrittsausschluss: ▪ Der Käufer kannte Mangel bereits bei Abschluss des Kaufvertrages (§ 442 BGB). ▪ Es handelt sich um einen unerheblichen Mangel, der die Gebrauchstauglichkeit bzw. die Verwendbarkeit nicht erheblich beeinträchtigt mit geringem Aufwand behoben werden kann (§§ 323, 434 BGB). ▪ Der Mangel blieb dem Käufer aufgrund eigener grober Fahrlässigkeit verborgen (§ 442 I S. 2 BGB), es sei denn, Garantie wurde gegeben oder arglistige Täuschung des Verkäufers liegt vor.	

Aufgaben

1. Welche Form der Bestellung sollten Sie Ihrer Meinung nach wählen (Telefon, persönlich, Fax, E-Mail, formloser Brief, Formular, Internetbestellung)? Wägen Sie jeweils auch Vor- und Nachteile gegeneinander ab.
   a) Ein schriftliches Angebot (Brief) liegt vor.
   b) Ein Internetshop offeriert das Angebot.
   c) Ein Faxangebot liegt vor.
   d) Die Bestellung soll aufgrund eines Warenkatalogs erfolgen.
   e) Sie müssen schnell bestellen.
2. Erstellen Sie für die zu beschaffenden Etikettendrucker ein Bestellschreiben (Brief auf Kopfbogen der Firma oder E-Mail-Entwurf), eventuell auch in Gruppen- oder Partnerarbeit.
3. Beantworten Sie rechtliche Fragen zum Bestellwesen in Gruppenarbeit.
   Gruppe A: Wie bestelle ich bei folgenden Fällen?
   a) Mir wird mündlich auf einer Messe ein Produkt günstig angeboten.
   b) Mir wird per Brief ein günstiges Angebot unterbreitet.
   c) Ich möchte aus einem Warenkatalog bestellen, hierbei aber 20 % Rabatt erhalten.
   d) Sie wollen in einem Internetshop bestellen und sollen sich für die Bezahlung per Nachnahme oder Vorkasse entscheiden.

e) Warengüte und Lieferbedingungen sind nicht festgelegt. Was kann ich erwarten?
f) Sie wollen keinen Liefertermin nennen. Was bedeutet das rechtlich?
g) Sie möchten die Ware bis zu Ihrem Lager geliefert bekommen.

Gruppe B: Was ist bei einem Kaufvertrag in folgenden Fällen zu tun?
a) Sie haben bestellt. Wozu haben Sie sich damit verpflichtet?
b) Sie haben auf ein günstiges Angebot sofort eine Bestellung verschickt. Der Lieferant widerruft sein Angebot mit der Mitteilung, die Ware sei ausverkauft.
c) Sie haben ein unverbindliches Angebot erhalten, wollen die Ware zu den genannten Konditionen bestellen.
d) Sie haben eine Bestellung per Fax versandt und merken kurze Zeit später, dass Sie statt 100 PE eine Menge von 1.000 PE bestellt haben.
e) Sie wollen die Ware ausprobieren und nach einer bestimmten Zeit kaufen oder wieder zurückgeben.
f) Sie wollen eine riesige Jubiläumstorte pünktlich für den Nachmittag Ihrer Jubiläumsveranstaltung bestellen.
g) Sie wollen eine Ware nach der Gattung bestellen, aber erst vier Wochen vor Liefertermin die Farben genau festlegen.

4. Ist in jedem Fall vom Lieferanten auf die Bestellung eine Auftragsbestätigung zu versenden? Welche Aufgaben erfüllt eine Auftragsbestätigung? Beantworten Sie die Frage unter Einbeziehung von Kapitel 3.9.7.
5. Geben Sie in den Fällen a) bis f) an, welcher Kaufvertrag vorliegt und welche Folgen damit verbunden sind.
a) Sie kaufen aus einem Ausverkauf 200 verschiedene Kaffeetassen „en bloc“ für 80,00 €.
b) Sie kaufen im Großhandel 100 Kaffeetassen „Kaffeepott“ von Porzellano.
c) Sie haben sich einen PC mit Wasserkühler und vielen Extras anfertigen lassen. Die Spieleprogramme laufen aber nicht alle einwandfrei. Sie wollen einen anderen PC.
d) Sie haben bei einem Hundezüchter für den Monat Mai einen sechs Wochen alten Golden Retriever bestellt. Sie wollen sich aus der Zucht im Mai einen schönen Hund aussuchen.
e) Sie wollen Ihre Computerspiele einem Freund für insgesamt 200,00 € verkaufen.
f) Sie haben sich einen TFT-Monitor bestellt. Bei der Lieferung stellen Sie fest, dass gerade im Hauptblickfeld Transistoren defekt sind und dieser Fehler bei der Computerarbeit stört.
6. Welche Vorteile hat die Verfolgung der Bestellung über ein Tracking-System?
7. Was ist richtig, was ist falsch?
a) Ein Verbraucher kann bei einem neuen Artikel 2 Jahre Beseitigung von Mängeln verlangen.
b) Wer ein gebrauchtes Fahrzeug mit voller Gewährleistung gekauft hat, kann 2 Jahre die Beseitigung von Mängeln verlangen.
c) Liefert ein Unternehmer an einen Unternehmer, muss der Lieferer innerhalb der ersten 6 Monate nach Lieferung nachweisen, dass er mangelfrei geliefert hat.
d) Erhält ein Unternehmer Ware, muss er diese sofort und ohne schuldhaftes Zögern auf Mängel überprüfen.
e) Ein Unternehmer muss zwar Waren sofort auf Mängel überprüfen, hat aber 2 Monate Zeit, den Mangel zu melden.
f) Helena hat von einem Unternehmen einen gebrauchten PC erhalten. Nach 6 Monaten funktioniert er nicht mehr. Das Unternehmen lehnt eine Reparatur ab, da es ein gebrauchter PC war.
g) Tim packt erst 6 Monate nach dem Kauf einen Drucker aus und stellt fest, dass er nicht funktioniert. Der Verkäufer behauptet, er könne so spät den Drucker nicht mehr reklamieren.
h) PC-Versand Müller hatte einen großen Wasserschaden im Lager. Dadurch konnte die angelieferte Ware nicht gleich kontrolliert werden. In diesem Fall hat PC-Versand Müller das Recht, noch nach einer Woche den Mangel einer Ware anzuzeigen.

3.10.6 Aufgaben und Probleme der Lagerhaltung

3.10.6.1 Aufgaben der Lagerhaltung

Anna, Kai und Stefan haben schon häufig im Lager gearbeitet. Ihr nächster Ausbildungsabschnitt sieht vor, dass sie sich genauer über die Funktionen des Lagers sowie verschiedene Lagerarten und Lagerarbeiten informieren sollen.

S

Während Hersteller und Handelsunternehmen von IT-Komponenten große Lager vorhalten müssen, werden von IT-Systemhäusern die Lager möglichst klein gehalten. Der Einkauf erfolgt dort „just in time“, d. h. nach Bedarf, und wird möglichst ohne Lagerhaltung organisiert. Zusätzlich zu eigenen Lagerflächen können die Unternehmen von sogenannten Logistikbetrieben für verschiedene Zwecke Lagerflächen und darüber hinaus alle Dienste für die Einlagerung und die Verteilung der Lagergüter mieten.

W

Lagerhaltung	
Ziele	**Kosten- und Preisvorteile erzielen:** Durch Großmengeneinkauf kann man wesentlich günstigere Konditionen erzielen als bei Kleinmengen. Manche Erzeugerpreise schwanken im Jahresablauf sehr stark, sodass es vorteilhaft ist, in Zeiten niedriger Preise einzukaufen und die Erzeugnisse auf Lager zu legen. Preisvorteile werden auch dann erzielt, wenn durch die Lagerung der Wert der Lagerartikel noch steigt (z. B. durch Reifung, allgemeine Preiserhöhungen, Saisonzuschläge). **Produktionsbereitschaft sichern:** Damit die Herstellung von Erzeugnissen nicht ins Stocken gerät, müssen Vorräte und Zwischenprodukte für die einzelnen Bereiche der Herstellung gelagert werden. **Lieferbereitschaft sichern:** Damit Kunden fristgemäß beliefert werden können und bei Mängeln auch schnell Ersatz geliefert werden kann, müssen Lagervorräte gehalten werden. Wird ein Erzeugnis nicht ständig produziert, müssen entsprechende Mengen zwischengelagert werden.
Funktionen	**Überbrückungsfunktion:** Das Lager übernimmt die zeitliche Überbrückung zwischen dem Einkauf und dem Materialbedarf in der Produktion (Einkaufs- und Materiallager), zwischen den verschiedenen Fertigungsgängen (Zwischenlager bzw. Lager für Halbfabrikate) sowie zwischen Einkauf bzw. Fertigung und Absatz (Verkaufs- und Auslieferungslager). **Umformungs-/Reifefunktion:** Die gelagerten Güter werden für den weiteren Verarbeitungsprozess durch Lagerung umgeformt (Reifeprozess), z. B. Trocknung von Holz oder Getreide, Reifung von Wein oder Käse. **Spekulationsfunktion:** bei Preisschwankungen
Lagerarten nach der Bauweise	**Freilager:** Die Lagerung der Güter erfolgt im Freien, z. B. bei Baustoffen. **Regallager:** Die Lager sind mit Regalen u. a. Materialträgern ausgestattet, häufig sind Kleinteilelager als Regallager konzipiert. **Hochregallager:** Die Regalhöhe beträgt mehr als sechs Meter. Warenbeschickung und -entnahme sind nur mit Spezialbediengeräten oder Lagerrobotern möglich. **Blocklager:** Die Güter werden innerhalb von Gebäuden ohne Regale, jedoch blockweise (z. B. als Kisten-, Karton- oder Palettenlager) eng, flexibel und ökonomisch gelagert, insbesondere für Massengüter geeignet. **Silo- und Tanklager:** Hier werden flüssige Güter und Schüttgüter gelagert. **Speziallager:** Für besondere Güter sind besondere Ausstattungs- und Umgebungsbedingungen erforderlich, z. B. für Kühllager, Trockenlager oder Gefahrstofflager.
Sonstige Lagerarten	**Nach Abläufen:** Beschaffungslager, Zwischenlager, Absatzlager **Nach Gütern:** Rohstofflager, Hilfsstofflager, Betriebsstofflager, Warenlager **Nach Standort:** zentrales oder dezentrales Lager, Kommissionslager und Konsignationslager (Außenlager beim Kunden, Eigentümer der Ware ist der Lieferant, Konsignationslager führt der Lieferant) **Nach Organisation:** systematisches Lager (jeder Artikel am festen Platz) oder chaotisches Lager (Lagerplatz wird flexibel vom EDV-System zugewiesen)
Lagerkosten	▪ **Raumkosten,** z. B. Miete, Raumnebenkosten (Heizung, Strom etc.) ▪ **Abschreibungen** auf Gebäude und Einrichtungen ▪ **Abschreibungen** auf Vorräte (z. B. durch Schwund, Veralten, Verderb, Diebstahl) ▪ **Zinsaufwendungen** durch das im Lager investierte Kapital (in Gebäude, Einrichtung, Lagerbestände) ▪ **Löhne und Gehälter** der Lagermitarbeiter ▪ **Versicherungsprämien** (z. B. Feuerversicherung, Haftpflichtversicherung) ▪ **Allgemeine Verwaltungskosten** des Lagers (Büromaterial, Büroausstattung usw.)

Aufgaben

1. Welche Ziele und Funktionen verfolgt das Lager? Welche Lagerarten liegen vor?
   a) ACI kann günstig Speichermodule kaufen und legt sich eine große Menge auf Lager.
   b) ACI hat 100 PCs für einen Auftrag bereits montiert. In zwei Tagen wird die Software installiert und danach werden die Systeme getestet.
   c) ACI konnte sehr günstig 1.000 Laserdrucker einkaufen. Mangels eigener Lagerkapazitäten werden die Drucker in ein Lager eines Logistikers gebracht.
   d) ACI kauft im Sommer günstig Heizöl für das ganze Jahr.
   e) Beim Käsefabrikanten vor Ort wird eine Quarkmischung in Plastikschläuche gefüllt und im Kühllager 4 Monate gelagert.
   f) Bei ACI werden aufgrund des Großverkaufs über Fachzeitschriften und das Internet Lkw-Ladungen an Kartons auf Paletten angeliefert und in das Palettenlager gefahren.
   g) Die Softwareabteilung von ACI hat von der aktuellen Version der Hausverwaltungssoftware ständig 5 bis 10 Programme im Karton fertig verpackt, falls der Vertrieb den Artikel abruft.
   h) Während beim Händler X die Artikel im Lager ihren festen Platz haben, wird beim Händler Y durch den Computer jedem Artikel ein Platz zugewiesen.
   i) Amazon hatte in Deutschland zunächst nur ein Lager. Der Lagerort wurde optimal zu den Verkehrsanschlüssen und zu den großen Bevölkerungsräumen in der Nähe der Autobahn Kassel gefunden. Von jedem Buch wurden mindestens 2 Exemplare gelagert und von den Mitarbeitern aus Fächern schnell für den Versand bereitgestellt.
2. Sie sollen die jährlichen Lagerkosten berechnen:
   a) Berechnen Sie die Zinsen für das in den Vorräten gebundene Kapital, wenn folgende durchschnittliche Lagerbestände festgestellt wurden und mit einem Zinssatz von 5,8 % gerechnet werden soll: Blocklager: 230.000,00 €, Regallager: 640.000,00 €.
   b) Ein 1.000 m² großes Blocklager soll neu errichtet und von ACI selbst verwaltet werden. Berechnen Sie die Lagerkosten im Blocklager pro Tag und für einen m²/Tag, wenn folgende Daten vorliegen: 2.500 m² Grundstück zum Quadratmeterpreis von 80,00 € gekauft, Lagerhalle errichtet mit Büro- und Wirtschaftsräumen für 2 Mio. €, Büroausstattung und Förderfahrzeuge 200.000,00 €; laufende Kosten pro Jahr: Raumkosten 12.000,00 €, Versicherungskosten 15.000,00 €, Personalkosten 120.000,00 €, Verwaltungskosten und sonstige Kosten 35.000,00 €.
   Wie hoch sind die Kosten des Lagers pro Tag und je m²/Tag, wenn die Investition komplett zu einem Zinssatz von 5 % fremdfinanziert wurde und folgende Abschreibungen kalkuliert werden: Halle und Räume 10 % der Anschaffungskosten, Büroausstattung und Förderfahrzeuge 20 % der Anschaffungskosten. Rechnen Sie das Jahr mit 360 Tagen.
   c) Ein Logistikkonzern bietet Ihnen im Vergleich zu b) an, ein Großlager neben Ihren Betrieb zu bauen. Als Hauptnutzer dieses Lagers bietet der Logistiker Ihnen für ein Blocklager einen Lagerkostensatz pro m² genutzter Lagerfläche pro Tag von 2,25 € an. Alle gewöhnlichen (täglichen) Verwaltungsarbeiten sind in diesem Preis enthalten. Sie rechnen mit einer durchschnittlichen Lagerbelegung von 60 %. Sollten Sie das Angebot annehmen, wenn Sie das eigene Lager im Jahresdurchschnitt 1,50 € pro m² verfügbarer Lagerfläche kostet? Rechnen, vergleichen und beurteilen Sie das Angebot. Berechnen Sie die Kostenvorteile pro m² und auf das Jahr.

3.10.6.2 Lagerarbeiten und Lagerlogistik

S

Durch den guten Verkauf über den Internetshop werden täglich große Mengen an Computerkomponenten und Zubehör an- und ausgeliefert. Für einen reibungslosen Ablauf ist eine gute Logistik wichtig.

Im Eingangslager werden die Material- und die Warenlieferungen angenommen und geprüft, mit den Lieferpapieren verglichen und der Lagereingang im Computersystem erfasst. Wenn die Lieferung vom Lieferanten schon für den Kunden verpackt wurde (Cross Docking), wird sie sofort in das Ausgangs- oder Kommissionierungslager gebracht. Eine für einen konkreten Auftrag bestellte Komponentenlieferung wird dagegen für die Herstellung bereitgestellt. Die anderen Lieferungen sind für das Vorratslager bestimmt.

Durch elektronische Datenerfassung und Datenübertragung (EDI) werden die Lieferdaten von den Lieferpapieren oder Verpackungen schnell aufgenommen, abgeglichen und dokumentiert.

Ein wichtiger Arbeitsbereich im Lager ist das Ausgangs- oder Kommissionierungslager. Hier erfolgt entsprechend dem Lieferschein oder dem Auftrag die Zusammenstellung der Waren für den Kunden, die Zusammenfassung der verschiedenen Packstücke zu einer Ladeeinheit und die Zuordnung der Lieferpapiere.

Bei der Kommissionierung werden die beiden Prinzipien „Ware zum Kommissionierer" und das „Kommissionierer zur Ware" unterschieden. Je nachdem, ob sich die Investition für das Fördersystem rechnet, wird über Förderanlagen die Ware zum Kommissionierer gebracht oder der Kommissionierer muss sich die Waren zum Zusammenstellen erst holen. Der Kommissionierer muss darauf achten, dass immer die älteste Ware zuerst kommissioniert wird (FIFO), damit kein Kunde überalterte Ware (Ware mit älterer Seriennummer) erhält. Für die Spedition, den Frachtführer und für Kunden, die die Lieferungen selbst abholen, werden die Ladeeinheiten an der Verladestelle bereitgestellt.

W

Kleines Glossar der Lagerlogistik	
Cross Docking	Die Waren werden vom Vorlieferanten bereits empfängerbezogen zusammengestellt. Eine angelieferte Palette enthält nur die Ware, die für einen bestimmten Empfänger oder eine bestimmte Filiale bestimmt ist. Auf diese Weise kann die Ware nach der Anlieferung vom Lieferanten direkt vom Wareneingang in den Warenausgang gehen.
EDI	Electronic Data Interchange (EDI) ist ein einheitlicher Datenstandard, damit Versender ihre Daten so an den Empfänger übermitteln können, dass diese elektronisch verwaltet und ausgewertet werden können.
FIFO	First-In-First-Out: Die zuerst eingelagerte Ware wird auch zuerst wieder entnommen, damit die Ware nicht überaltert.
Kanban	Bessere Materialverwaltung durch Einsatz von Kanban(-Karten), mit denen bei Unterschreiten des Meldebestandes sofort die Neubeschaffung veranlasst wird.
Kommissionierung	Bei der Kommissionierung werden im Lager die Artikel entsprechend dem Auftrag oder Lieferschein zusammengestellt (commissio (lat.) = Vereinigung, Verbindung). Der Kommissionierprozess ist ein zentraler Baustein im Materialfluss von Unternehmen. Die Zusammenstellung von Artikeln im Lager kann dabei ein- oder mehrstufig, automatisch oder manuell sowie nach den Prinzipien „Mann-zur-Ware" oder „Ware-zum-Mann" erfolgen.
Kommissionierer zur Ware, auch: Mann zur Ware	Die zu kommissionierende Ware bleibt bis zur Entnahme am Lagerplatz. Der Kommissionierer muss sich zur Ware hin bewegen (statische oder feste Bereitstellung). Dieses Prinzip hat vor allem dann Vorteile, wenn relativ viele Artikel mit unterschiedlichen Abmessungen ausgewählt werden müssen oder die Kommissionierarbeiten sehr großen Schwankungen unterliegen.
Ware zum Kommissionierer, auch: Ware zum Mann	Die zu kommissionierende Ware gelangt aus dem Lager über ein entsprechendes Fördersystem beziehungsweise mit einem Förderfahrzeug zum Mitarbeiter, der an einem festen Kommissionierplatz die für einen Auftrag jeweils benötigte Ware entnimmt. Die Rückführung von leeren Ladungsträgern oder Restmengen erfolgt dann in der Regel ebenfalls über eine Fördertechnik bzw. Förderfahrzeuge (dynamische Bereitstellung).

Aufgaben

1. Wenn ein Kommissionierer im Schnitt 4 Minuten benötigt, um eine Ladeeinheit für die Auslieferung bereitzustellen, wie viele Ladeeinheiten kann er am Arbeitstag (8 Arbeitsstunden) verpacken, wenn mit einer bezahlten Warte- und Ruhezeit von 8 % am Tag kalkuliert wird (auf ganze Ladeeinheiten gerundet)?
2. Erläutern Sie mit eigenen Worten die Begriffe Cross Docking, Kommissionierung und FIFO.

3.10.6.3 Probleme im Lager und Lagerkennzahlen

S

Mitarbeiter und Geschäftsleitung bei ACI sind unzufrieden mit der Lagerhaltung. Vor 10 Jahren wurde das Lager aufgrund des gestiegenen Lagerbedarfs erweitert, mittlerweile drücken die hohen Lagerkosten auf die Gewinnmargen. Die Probleme der Lagerhaltung sollen untersucht werden.

Folgende Probleme können sich im Lager ergeben und die Wirtschaftlichkeit des Betriebes verschlechtern:

Probleme der Lagerhaltung
▪ **Zu viele Artikel auf Lager:** Nur notwendige Artikel führen. ▪ **Nicht die richtigen Artikel auf Lager:** Nur Artikel mit hoher Umschlagshäufigkeit und geringen Preis- und Produktänderungen ständig auf Lager führen. ▪ **Zu viel Kapital im Lager gebunden:** Nur notwendige Artikel führen. ▪ **Zu hohe Abschreibungen bei Lagerware (durch Preisverfall, Schwund, Schäden):** Nur notwendige Artikel führen, Lagerlogistik und Kontrolle verbessern. ▪ **Unwirtschaftliche Lagerorganisation:** Lagerlogistik verbessern.

Die meisten Probleme lassen sich quantitativ auch durch eine statistische Kennzahlenanalyse im Zeitvergleich aufzeigen.

Zunächst werden die Bestandsdaten des Lagers aus der Bilanz, der Wareneinsatz (verkaufte Waren zum Einstandspreis) aus der Gewinn- und Verlustrechnung und die Lagerkosten aus der Kostenrechnung entnommen. Die Lagerumschlagshäufigkeit gibt wieder, wie oft sich das verkaufte Volumen im Lager umgeschlagen hat.

S Im Jahr Jahr 3 wurde bei ACI der 8-fache Lagerbestandswert abgesetzt, das Lager also achtmal umgeschlagen. Dieser Wert ist im Vergleich zum letzten Jahr schlechter. Da die Lagerumschlagsdauer von der Lagerumschlagshäufigkeit abhängig ist, hat sich die Lagerdauer ebenfalls verschlechtert. Im Jahr 3 waren die Lagerartikel im Mittel 45 Tage auf Lager.

Lagerkosten können sich einerseits durch die Erweiterung des Lagers, andererseits jedoch insbesondere durch hohe Wertabschreibungen aufgrund von Preisreduzierungen durch Produktüberalterung und Preisreduzierungen im Markt, Lagerschäden und sonstigen Lagerschwund verschlechtern. Hierzu müssen genauere Untersuchungen durchgeführt werden und spezielle Maßnahmen zur Vermeidung derartiger Kosten angeordnet werden.

W

Lagerkennzahlen	
Arten	**Absolute Kennzahl:** Werte werden direkt (absolut) verwendet, z. B. Umsatz, Wareneinsatz, Anzahl Mitarbeiter usw. **Relative Kennzahlen:** Zwei absolute Zahlen werden in Relation (im Verhältnis) zueinander betrachtet. ▪ **Gliederungszahl:** Teilgröße zu Gesamtgröße, z. B. Eigenkapital zu Gesamtkapital oder Mitarbeiter; Verwaltung zu Gesamtmitarbeiter ▪ **Beziehungszahl:** Größe eines Bereichs zu einer Größe eines anderen Bereichs, z. B. Umsatz/Mitarbeiter, Lagerkosten/Wareneinsatz Soll die Kennzahl **in Prozent** angegeben werden, wird sie mit dem Wert 100 (Prozent) multipliziert.
Lagerumschlagshäufigkeit	$\frac{\text{Wareneinsatz}}{\text{Ø Lagerbestand}} = x$ (mal wird das Lager umgeschlagen)
Lagerumschlagsdauer	$\frac{\text{360 Tage}}{\text{Lagerumschlagshäufigkeit}} = x$ Tage
Durchschnittlicher Lagerbestandswert	$\frac{\text{Anfangsbestand + Endbestand}}{2}$ (€) oder $\frac{\text{Anfangsbestand + Monatsbestände}}{13}$ (€)

ACI-Lagerkennzahlen/Warenlager im Vergleich				
Kennzahlen	Jahr 1	Jahr 2	Jahr 3	Jahr 4
Lagerbestandswert (Lagerwert)	280.000,00 €	285.000,00 €	330.000,00 €	350.000,00 €
Wareneinsatz (Lagerware)	2.200.000,00 €	2.500.000,00 €	2.650.000,00 €	2.700.000,00 €
Lagerkosten inkl. Schwund	120.000,00 €	140.000,00 €	210.000,00 €	280.000,00 €
Lagerumschlagshäufigkeit	7,9	8,8	8,0	?
Lagerumschlagsdauer	46 Tage	42 Tage	45 Tage	?
Lagerkostensatz zum WE	5,5 %	5,6 %	7,9 %	?

Aufgaben

1. Diskutieren Sie Maßnahmen zur Lösung der Probleme im Lager.
2. Berechnen Sie im o.g. Beispiel für Jahr 4 die Lagerumschlagshäufigkeit, die Lagerdauer und den Lagerkostensatz zum Wareneinsatz.
3. Diskutieren Sie die Kennzahl Lagerumschlagshäufigkeit. Wie kann es passieren, dass Discounter eine Lagerumschlagshäufigkeit über 200 erreichen können?
4. Geben Sie an, worauf sich die in der Tabelle aufgeführten Kennzahlen beziehen:
   a) Auf einen Stichtag
   b) Auf ein Jahr
   c) Absolute Zahlen
   d) Relative Kennzahlen
   e) Beziehungszahlen
   f) Gliederungszahlen
5. Berechnen Sie die Lagerkennzahlen für ein Lager, wenn folgende Zahlen vorliegen. Beurteilen Sie die Entwicklung der Zahlen. Berechnen Sie auch die Veränderung der Kennzahlen von Jahr zu Jahr in Prozent. Eine Vorlage finden Sie im Arbeitsheft. AH

Lagerkennzahlen Warenlager im Vergleich				
Kennzahlen	Jahr 1	Jahr 2	Jahr 3	Jahr 4
	31. Dez.	31. Dez.	31. Dez.	31. Dez.
Lagerbestandswert	130.000,00 €	140.000,00 €	160.000,00 €	168.000,00 €
Wareneinsatz	4.300.000,00 €	4.300.000,00 €	4.500.000,00 €	4.500.000,00 €
Lagerkosten	80.000,00 €	126.000,00 €	180.000,00 €	175.000,00 €

3.11 Störungen im Beschaffungs- und Leistungsprozess

S Bei ACI werden nicht alle Geschäfte ohne Störungen abgewickelt. Damit das Unternehmen keine großen Verluste durch Störungen im Betriebsablauf erleidet, müssen diese schnell behoben und möglichst im Vorwege vermieden werden.

Verkäufer und Käufer sind mit dem Kaufvertrag Pflichten eingegangen (siehe untere Grafik).

Werden die Pflichten durch Lieferanten oder Kunden nicht erfüllt, spricht man von einer Lieferungs- und Leistungsstörung.

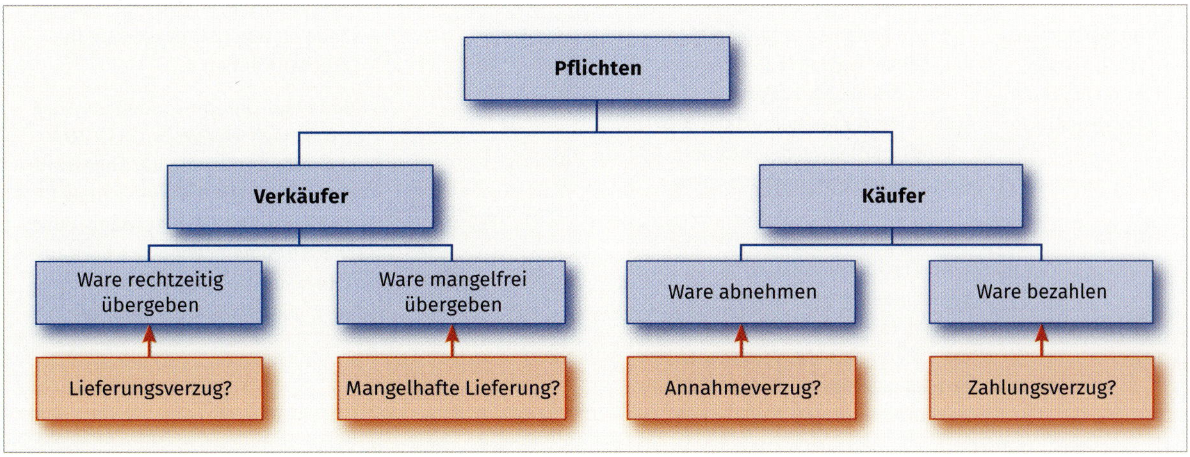

3.11.1 Lieferungsverzug oder nicht rechtzeitige Lieferung

S Beim Kunden sollen die bestellten Etikettendrucker installiert werden. ACI hat jedoch die Drucker noch nicht geliefert bekommen. Anna soll die Ursachen ermitteln.

Sind die Liefertermine bei der Bestellung kalendermäßig bestimmt und diese auch vom Lieferanten bestätigt, kommt der Lieferant **ohne** zusätzliche Mahnung in Verzug. Der Lieferant kommt jedoch nur dann in Verzug, wenn ihm ein Verschulden (Fahrlässigkeit, Vorsatz, § 276 BGB) zuzurechnen ist. Um Schadensersatz in Rechnung stellen zu können, muss dem Lieferanten eine Nachfrist gesetzt werden, soweit nicht ein Fixkauf vorliegt. Probleme einer verspäteten Lieferung kommen aufgrund der zahlreichen Beteiligten am Lieferprozess immer wieder vor. Um Probleme zu lösen und im Vorfeld zu vermeiden, ist **Kommunikation** zwischen den Prozessbeteiligten sehr wichtig. Tracking bzw. elektronische Lieferverfolgung über das Internet bildet daher eine wichtige Maßnahme, um keine Informationsprobleme aufkommen zu lassen. Jeder Prozessbeteiligte kann sich im Tracking-Modul des Lieferanten oder der Spedition im Internet informieren, wie weit die Lieferung schon fortgeschritten ist. Viele Internetshop-Betreiber informieren ihre Kunden auch durch E-Mails über den Lieferstatus.

W **Rechtliche Aspekte des Lieferungsverzuges**

Voraussetzungen für Lieferverzug (nicht rechtzeitige Lieferung)	▪ **Fristüberschreitung** des Liefertermins (§ 286 BGB) ▪ Eine **Mahnung** mit angemessener Nachfrist blieb **erfolglos. Ohne Mahnung** sofort im Verzug: ▫ Der Liefertermin kann nach dem **Kalender** bestimmt werden (z. B. Lieferung am 23.12., Lieferung in der 51 KW = Kalenderwoche) ▫ Der Liefertermin kann **nach** einem **Ereignis kalendermäßig** bestimmt werden (z. B. 2 Wochen nach Bestellungseingang). ▫ Der **Lieferer verweigert** die Leistung (selbst in Verzug setzen). ▫ Aus besonderen Gründen ist im **beiderseitigen Interesse** der sofortige Verzug gerechtfertigt, z. B. bei Fix-/Zweckkauf. ▪ **Verschulden des Lieferers** (Vorsatz/Absicht, Fahrlässigkeit). Hierbei hat der Lieferer auch das Verschulden der **Erfüllungsgehilfen** (z. B. Auszubildenden) zu vertreten (§§ 276, 278 BGB).
Rechte	**Bestehen auf Lieferung,** wenn z. B. ▪ Stückkauf (Speziessache) vorliegt, ▪ Ware woanders, nur mit mehr Zeitaufwand, zu beschaffen ist. **Rücktritt vom Vertrag,** wenn z. B. die Ware woanders preisgünstiger oder schneller zu beschaffen ist. **Voraussetzung für Rücktritt:** ▪ Angemessene Nachfrist ist gesetzt, es sei denn, die Leistung wird vom Schuldner verweigert. ▪ Zweck-, Fixkauf oder andere besondere Umstände liegen vor (vgl. § 323 BGB).
Schadensersatz	Sofort bei Vorliegen der Voraussetzungen (§ 286 BGB): ▪ **Schadensersatz wegen Verzögerung der Leistung** nach § 280 BGB, z. B. Verwaltungsaufwendungen mit Ersatz vergeblicher Aufwendungen (§ 284 BGB), die auch Aufwendungen vor dem Lieferungsverzug beinhalten, z. B. Werbekosten; Voraussetzungen: Angemessene Nachfrist ist abgelaufen oder entbehrlich (§ 281–283 BGB). ▪ **Schadensersatz statt der Leistung:** Ersatz der zusätzlichen Aufwendungen nach dem Lieferungsverzug beim Deckungskauf, Teillieferungen können vom Lieferer zurückverlangt werden (§§ 280, 281, 284, 286, 249, 251, 252 BGB, 376 HGB). ▪ **Schadensberechnung:** In der Regel sollten bei einem Deckungskauf entstandene Kosten für den zusätzlichen Verwaltungsaufwand konkret bestimmt werden. Ansonsten führen Schätzgrößen häufig zu Streitereien, die vorab durch Vereinbarung von Vertragsstrafen (Konventionalstrafe) vermieden werden können.
Konventionalstrafe	Kunde und Lieferer können im Kaufvertrag nach §§ 339, 340, 343 BGB sowie § 348 HGB eine **Vertragsstrafe** vereinbaren. Mit dieser Regelung erspart man sich den Aufwand, einen Schaden zu berechnen. Die Vertragspartner haben vorab Klarheit über die Folgen im Falle des Verzugs.

Sonstige Rechtsbestimmungen	▪ Ist **kein Liefertermin** genannt, kann der Lieferer **sofort liefern** und der Kunde die Lieferung **sofort verlangen** (Tages- oder Sofortkauf, § 271 BGB). ▪ Der Kunde kann bereits **vor Eintritt der Fälligkeit zurücktreten**, wenn offensichtlich ist, dass die Voraussetzungen des Rücktritts eintreten werden (§ 323 Abs. 4 BGB). ▪ Der **Kunde** kann nur dann vom ganzen Vertrag zurücktreten, wenn er an der **Teilleistung kein Interesse** hat (§ 323 Abs. 5 BGB). ▪ Der **Kunde** kann nicht vom Vertrag zurücktreten, wenn er **selbst** weit überwiegend **für den Verzug verantwortlich** ist (§ 323 Abs. 6 BGB).

Aufgaben

1. Liegt in den folgenden Fällen ein Lieferungsverzug (nicht rechtzeitige Lieferung) vor:
   a) Der Kaufvertrag beinhaltet keinen Liefertermin. Der Lieferant liefert nach 3 Wochen.
   b) Der Kaufvertrag sieht eine Lieferung in der 42. Kalenderwoche vor. Der Lieferant liefert in dieser Woche am Freitagnachmittag.
   c) Der Kaufvertrag sieht eine Lieferung innerhalb von ca. 4 Wochen nach Bestelleingang vor. Der Lieferant liefert 35 Tage nach Bestellung.
   d) Der Kaufvertrag sieht eine Lieferung am 24. Februar vor. Der Lieferant liefert am 26. Februar.
   e) Der Kaufvertrag sieht eine Lieferung Mitte Mai vor. Der Lieferant liefert am 20. Mai.
   f) Der Kaufvertrag sieht eine Installation der Software bis zum 15. Februar vor. Da der Kunde erst am 14. Februar die benötigte Software an ACI übermittelte, wurde die Installation am 20. Februar fertiggestellt.
   g) Der Kunde bestellte Handelsware „zur frühestmöglichen Lieferung" und erhielt eine Auftragsbestätigung ohne Liefertermin. Er erhielt die Ware drei Wochen später, obwohl er die Lieferung eine Woche nach der Bestellung anmahnte, mit Fristsetzung auf einen Termin, der 14 Tage nach der Bestellung datiert war. Der Kunde will die Ware nun nicht mehr annehmen.
2. Geben Sie an, ob ein Lieferungsverzug (verspätete Lieferung) vorliegt. Geben Sie Empfehlungen, was in folgenden Fällen zu tun ist:
   a) Ein Lieferant sollte an einem bestimmten Termin für das Büro 10 PCs zu einem Preis von 500,00 € pro Stück liefern. Der Lieferant kündigt an, dass er erst 10 Tage später liefern kann, da er dann günstige PCs vorrätig habe. Er will als Ausgleich eine bessere Tastatur liefern.
   b) Ein freiberuflicher Layouter sollte für einen Kunden ein Layout (Grafikdatei des Produktes) am 18. Mai liefern. Wegen Krankheit ist er nun nicht in der Lage, an diesem Auftrag mit geschätztem Arbeitsaufwand von 40 Stunden zu arbeiten, und teilt dies dem Kunden am 15. Mai mit.
   c) Anna ist zu einer großen Hochzeitsfeier eingeladen. Das Hochzeitspaar ist unruhig, da bis Mittag die Hochzeitstorte noch nicht angeliefert wurde. Die Torte soll zur Hochzeitsfeier am Nachmittag angeschnitten werden. Ein Gespräch mit dem Konditor ergab, dass er die Herstellung „vergessen habe", aber gern schnellstmöglich liefern will, allerdings muss der Tortenanschnitt um eine Stunde verschoben werden.
3. Stellen Sie fest, ob folgende Liefertermine kalendermäßig bestimmt oder bestimmbar sind und damit eine Mahnung entfallen kann:
   a) Lieferung am 12. Mai 2022
   b) Lieferung frühestens am 26. Mai 2022
   c) Lieferung innerhalb 14 Tagen ab Bestelldatum
   d) Lieferung bis spätestens 15. Mai

Vorgehensweise durch ACI bei verspäteter Lieferung

Fälle	Vorgehensweise	Vorsorgemaßnahmen
Lieferung wird nicht dringend benötigt.	Lieferant über verspätete Lieferung informieren, eventuell abmahnen und auf Konsequenzen hinweisen. Vermerk über den Lieferanten im Beschaffungsportal vornehmen.	Mit Lieferant vereinbaren, zukünftig über Lieferprozess besser informiert zu werden, um Vorsorge zu treffen. Evtl. nach anderem Lieferanten Ausschau halten oder Sicherheitsbestand im Lager erhöhen.
Waren werden dringend benötigt, Kunde erhält Ware eventuell nicht pünktlich.	Lieferant über verspätete Lieferung informieren, abmahnen, prüfen, ob ihm eine Nachfrist gesetzt werden soll oder ob eine Lieferung aus anderer Quelle erfolgen kann. Verzugsschaden ermitteln. Kunden sofort informieren, wenn Lieferung an ihn nicht fristgemäß möglich ist.	In den Verträgen mit diesem Lieferanten zusätzlich die Aufnahme einer Konventionalstrafe vereinbaren oder Lieferanten wechseln.

e) Lieferung Mitte April
f) Lieferung Ende Juni
g) Lieferung ab Juli
h) Lieferung sofort
i) Lieferung so schnell wie möglich
j) Lieferung 15. Juni fest
k) Lieferung innerhalb ca. 2 Wochen nach Bestelleingang

3.11.2 Mangelhafte Lieferung oder Schlechtleistung

3.11.2.1 Mängelarten

S Der Qualitätsbeauftragte Herr Grabowski hat das Thema „Mangelhafte Lieferung" zum Gegenstand seiner QM-Sitzung gemacht (siehe untere Grafik).

Aufgaben

1. In der QM-Sitzung werden verschiedene Mängel diskutiert. Ordnen Sie die Mängel den Mängelarten richtig zu. Welche Möglichkeiten bestehen, den Kunden zufriedenzustellen?
   a) PCs wurden nicht mit einer 5-TB-Festplatte geliefert, sondern enthielten eine Festplatte mit einer Speicherkapazität von 1 TB.
   b) In der Zeitschriftenbeilage wurde die Zahl der USB-Anschlüsse falsch angegeben.
   c) Der Kunde lehnt die Annahme der Grafikkarte ab, da er die Karte mit einer anderen Bezeichnung bestellt hatte.
   d) Bei den PCs wurde die Festplatte nicht wie gewünscht partitioniert.
   e) Ein Auszubildender hatte bei der Installation den Treiber nicht installiert, jedoch darüber Stillschweigen bewahrt.
   f) Zur deutschen Version der Software wurde das englische Handbuch geliefert.
   g) Statt Microsoft Office Standard wurde Microsoft Office Professional geliefert.
   h) Statt eines PCs mit Intel-Prozessor wurde ein PC mit AMD-Prozessor geliefert.
   i) Der PC wurde voll mit Testversionen von Programmanbietern geliefert.
   j) Aufgrund des Einbaus von Kabeln nach CAT 6 statt CAT 7 ist der Datendurchsatz in einem Multimedia-Unternehmen zu gering.
   k) Einem Kunden wurde das Computersystem ohne Druckerkabel geliefert. Der Händler behauptet, Druckerkabel müssen immer zusätzlich gekauft werden, und weist auf die Gerätebeschreibung des Druckers hin.

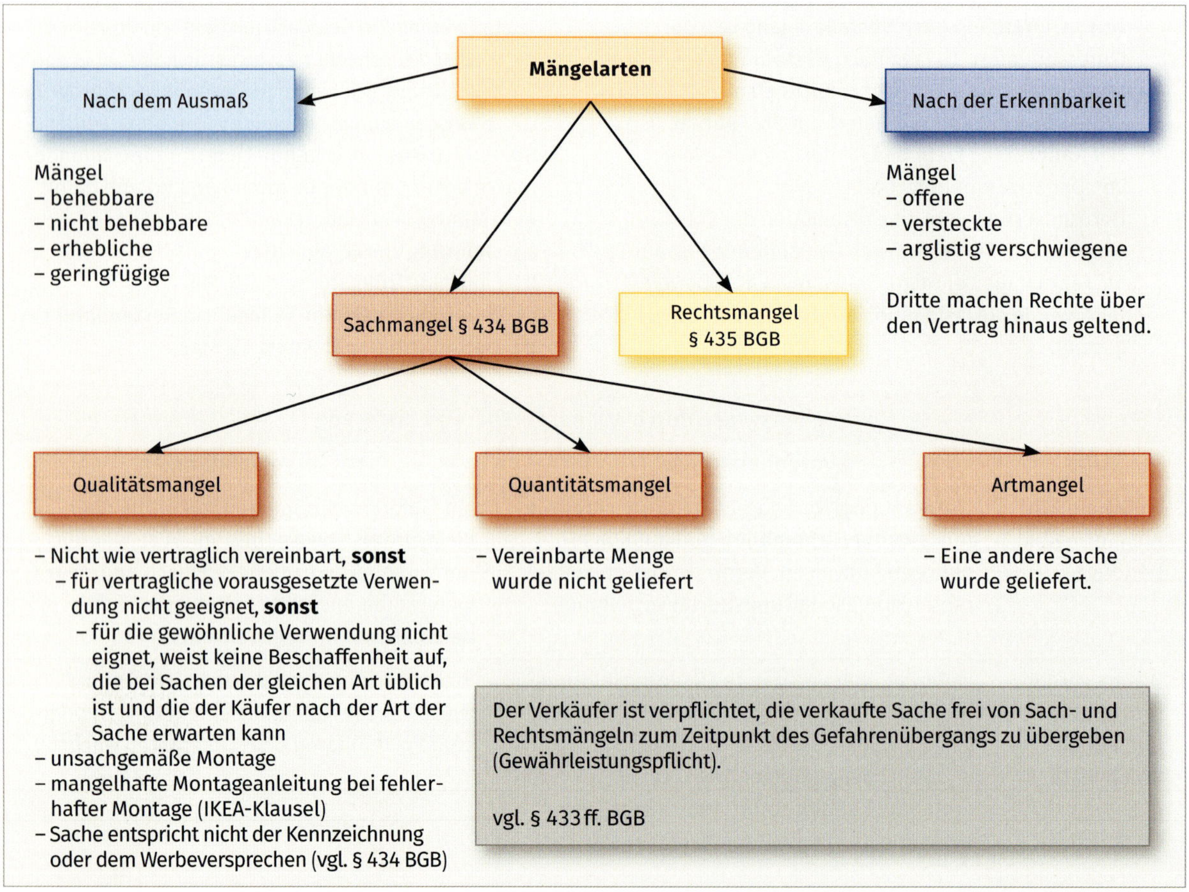

l) Der Kunde ist enttäuscht darüber, dass ihm nicht die Maus eines Markenherstellers zum System geliefert wurde, sondern ein No-Name-Produkt.

2. Bilden Sie fünf Arbeitsgruppen zu den folgenden Geschäftsbereichen a) bis e) und geben Sie zu den verschiedenen Mängelarten mehrere Beispiele an. Legen Sie auch dar, welche Möglichkeiten einer einvernehmlichen Lösung des Problems bestehen.
   a) IT-Systemhaus
   b) Softwareentwickler
   c) Elektronik-Discounter
   d) Computer-Internet-Direktversand
   e) Internet-Webdesigner und Internetprovider

3.11.2.2 Prüf- und Rügepflichten des Käufers

S

Bei ACI wird eine Mängelanzeige beim Wareneingang verwendet. Diese Mängelanzeige geht mit den Lieferpapieren zur Einkaufsabteilung, von wo aus dann die notwendigen Schritte mit dem Lieferanten geklärt werden.

Beim Wareneingang sind folgende Prüf- und Rügepflichten zu beachten, je nachdem, ob es sich rechtlich um einen zweiseitigen Handelskauf (Unternehmen an Unternehmen), einen einseitigen Handelskauf oder einen Privatkauf handelt. Beim Wareneingang sollte auch schon die Überprüfung von Transportschäden erfolgen, um rechtzeitig notwendige Maßnahmen einzuleiten.

ACI Wir machen IT besser.

Mängelanzeige

Nr.	Lieferdatum:	Prüfdatum:
Lieferant:		
Bestell-/Rechnungs-Nr.:		Vgl. Anlage: [ ]
Frachtführer:		
Prüfergebnis:		
Verpackungsschaden:		
Artmangel/Fehllieferung:		
Quantitätsmangel/ Falsche Menge:		
Qualitätsmangel:		
Sonstiges:		
Entscheidung:		
Name/Unterschrift:		

W

Prüf- und Rügepflichten des Käufers	
Zweiseitiger Handelskauf, §§ 377, 379 HGB	Bei einem zweiseitigen Handelskauf (Unternehmer an Unternehmer) muss der Käufer die gelieferte Ware **sofort**, soweit es in einem ordentlichen Geschäftsgang tunlich ist, untersuchen und einen Mangel **unverzüglich** anzeigen (rechtzeitige Absendung der Anzeige). Bei einer großen Warenmenge genügt die Überprüfung einer angemessenen **Stichprobe**. Sonst gilt die Ware als genehmigt. Bei einem versteckten Mangel muss der Käufer den Mangel unverzüglich nach Entdeckung anzeigen. Bei einem Platzkauf kann er die Annahme der Ware sofort verweigern. Beim Distanzkauf muss er die mangelhafte Ware ordnungsgemäß lagern, darf bei Verderb oder Gefahr im Verzug einen Notverkauf vornehmen (§ 379 HGB).
Einseitiger Handelskauf (Verbrauchsgüterkauf), § 476 BGB	Innerhalb von **sechs Monaten** ist eine **Beweislastumkehr** zu beachten. Der Verkäufer muss in dieser Zeit nachweisen, dass er die Ware mangelfrei geliefert hat. Normaler Verschleiß und unsachgemäße Behandlung der Ware (Vermutung einer mangelhaften Lieferung, die mit der Art der Sache oder des Mangels unvereinbar ist) gehen zulasten des Verbrauchers. Innerhalb von **zwei Jahren** nach Ablieferung der Sache kann der Verbraucher die gesetzlichen **Gewährleistungsrechte** in Anspruch nehmen, bei gegebenen **Garantien** sogar Rechte im Rahmen der Garantiefrist. Bei gebrauchten Sachen kann der Verkäufer die Gewährleistung im Kaufvertrag auf ein Jahr verkürzen (§ 475 BGB).

(Fortsetzung auf folgender Seite)

W

Prüf- und Rügepflichten des Käufers	
Meldepflichten bei Transportschaden, Versendungskauf	Beim **Versendungskauf** von privat an privat (C2C = Consumer-to-Consumer) und von einem Unternehmer an einen Unternehmer (B2B = Business-to-Business) geht ohne besondere Vereinbarung (z. B. Lieferung frei Haus) die Gefahr (das Transport- und Verlustrisiko) in dem Augenblick auf den Käufer über, in dem der Verkäufer die mangelfreie Ware ordnungsgemäß verpackt und adressiert an den Frachtführer oder eine mit der Zusendung beauftragte Person übergibt (§ 447 BGB). Der Käufer muss somit für eine Transportabsicherung Rechnung tragen.
Verbrauchsgüterkauf (B2C)	Beim **Verbrauchsgüterkauf** (Business-to-Consumer) muss der Lieferer für Mängel und Transportschäden bis zur Übergabe an den Kunden einstehen (§ 446, 474 BGB). Je nach Kaufvertrag (B2B, B2C) und Liefervereinbarungen muss der Kunde oder Lieferer grundsätzlich für den Transportschaden aufkommen und überprüfen, welche Transportversicherung von ihm selbst vereinbart wurde, welche Schadensübernahme das Transportunternehmen in welcher Höhe garantiert hat.
Aufgaben im Schadensfall bei offenem Transportschaden	Offensichtlicher Transportschaden (Verpackung beschädigt): Beschädigung auf den Lieferpapieren mit Name, Datum und Uhrzeit vermerken, per Unterschrift vom Fahrer bestätigen lassen, Beschädigungsformblätter der Transportunternehmen verwenden, wenn möglich Transportschaden in der EDV erfassen, Dokumentation der Beschädigung (Fotos) und Mitteilung der weiteren Vorgehensweise (Rücksendung, Austausch, Reparatur, Terminabsprache etc.) festhalten. Wenn Ware nicht dringend benötigt wird, Annahme verweigern. Eventuell ist bei einem Bagatellschaden eine unbürokratische Regelung möglich.
Verdeckter Transportschaden (Verpackung einwandfrei/Inhalt beschädigt)	Im Gegensatz zum offenen Transportschaden wurde die Ware „gegen reine Quittung" angenommen. Dem Frachtführer gegenüber wurde kein Schadensvermerk vorgenommen. Daher ist eine vollständige Dokumentation (Fotos der Außen- und Innenverpackung, Fotos der beschädigten Stellen, Schadensbeschreibung usw.) unerlässlich. Im Versendungskauf (B2B) muss ein solcher Schaden normalerweise innerhalb von maximal zehn Tagen gemeldet werden. Danach wird seitens der Speditionen/Frachtführer/Paketdienste und Versicherungen eine Regulierung schwierig. Bei der Post wird sogar eine Meldung innerhalb von 24 Stunden gefordert. Paketdienste versichern ihre Transporte z. B. unterschiedlich zwischen ca. 50,00 und ca. 750,00 € Warenwert. Vertragskunden können auch höhere Transportversicherungen für Verlust und Beschädigung abschließen. **Reine Quittung** bedeutet „Paket ist äußerlich in einem einwandfreien Zustand" oder vorbehaltlose Empfangsbestätigung des Empfängers einer Ware gegenüber dem anliefernden Frachtführer. Zusammen mit der Annahme des Gutes hat die reine Quittung grundsätzlich das Erlöschen aller Ansprüche aus dem Beförderungsvertrag zur Folge, es sei denn, es handelt sich um einen verdeckten Schaden. Darüber hinaus fehlt es an einem zwingenden Nachweis, dass der Schaden während der versicherten Reise/Beförderung entstanden ist.

Aufgaben

1. Wie würden Sie vorgehen?
   a) Das Internetunternehmen „Coole Uhren" versendet eine Uhr an Tim. Die Uhr wurde auf dem Transport defekt, ein Transportschaden ist nicht nachweisbar.
   b) Das Interunternehmen „Coole Uhren" versendet eine Uhr an ACI. Die Uhr wurde auf dem Transport defekt, ein Transportschaden ist nicht nachweisbar.
2. Was ist richtig, was ist falsch?
   a) Wenn der Hersteller eines Produktes einen Mangel verursacht, den erst der Kunde bei der Benutzung der Sache entdeckt, hat der Frachtführer Schuld und muss für die Reparatur der Sache sorgen.
   b) Wenn der Hersteller eines Produktes einen Mangel verursacht, den erst der Kunde bei der Benutzung der Sache entdeckt, wird der Verkäufer den Kunden zufriedenstellen müssen, kann sich aber vom Hersteller die Kosten ersetzen lassen.
   c) Wenn der Lieferer die Ware (bzw. eine angemessene Stichprobe) nicht sofort bei der Annahme auf offene Mängel überprüft, muss er und nicht der Hersteller für den Schaden haften.
   d) Der Lieferer hat den PC vor der Absendung von der Endkontrolle (Qualitätskontrolle) im Lager überprüft, darüber einen Kontrollbogen ausgestellt und dessen Daten im Computer gespeichert. Der Kunde (Verbraucher) beklagt nach 3 Wochen Kratzer am Gehäuse. Der Hersteller soll Schuld haben.
   e) Ein EDV-Händler hat eine Warenlieferung CDs (2.000 Stück) erhalten. Er überprüfte beim

Wareneingang eine CD, und diese CD war in Ordnung. Beim Kunden stellte sich jede zehnte CD als fehlerhaft heraus. Der Hersteller meint, dass hier der EDV-Händler den Schaden tragen muss, da er nicht rechtzeitig den Mangel gerügt hat.

f) Auf dem Transport ist nachweislich eine Ware demoliert worden. Der Frachtführer lehnt jedoch die Schadensregulierung ab, da bis zur Übergabe an den Kunden der Lieferer die Verantwortung habe. Er meint, die Ware soll wieder an den Lieferer zurückgeschickt werden.

g) Ein Kunde hat nach 3 Wochen eine Lautsprecherbox auf den Boden fallen lassen. Nach BGB steht ihm innerhalb von 6 Monaten ohne nähere Erklärung eine neue Lautsprecherbox zu.

3.11.2.3 Rechte des Käufers bei Schlechtleistung

Sie informieren sich über die Rechte bei Schlechtleistungen von Lieferanten und planen, auch im Team, das Vorgehen bei Schlechterfüllung in Abhängigkeit verschiedener Mängel- und Kaufarten.

Der Kunde hat die im folgenden Schaubild benannten Rechte bei einer mangelhaften Kaufsache nach § 437 BGB. Hierbei steht dem Kunden vorrangig nur das Recht auf Nacherfüllung zu, wobei der Kunde zwischen Mangelbeseitigung (Nachbesserung) und Neulieferung (Umtausch) der Ware wählen kann. Wenn die Wahl für den Verkäufer unverhältnismäßig aufwendiger ist, kann er das vom Kunden gewählte Recht ablehnen und dem anderen Recht nachkommen. Die mit der Nacherfüllung anfallenden Kosten trägt der Verkäufer. Rechte wie Minderung des Kaufpreises, Rücktritt vom Kaufvertrag und Schadensersatz sind, soweit nicht entbehrlich, erst nach zwei vergeblichen Nachbesserungsversuchen oder angemessener Frist möglich, werden daher als nachrangige Rechte bezeichnet. Bei geringfügigen Mängeln ist nur Minderung des Kaufpreises und Schadensersatz neben der Leistung möglich. Angeboten werden als Schadensersatz ein großer Schadensersatz bei Rücktritt vom Kaufvertrag, ein kleiner Schadensersatz, wenn der Kunde die mangelhafte Sache behält, und ein Schadensersatz neben der Leistung.

Im Schaubild sind auch die Prüfschritte angegeben.

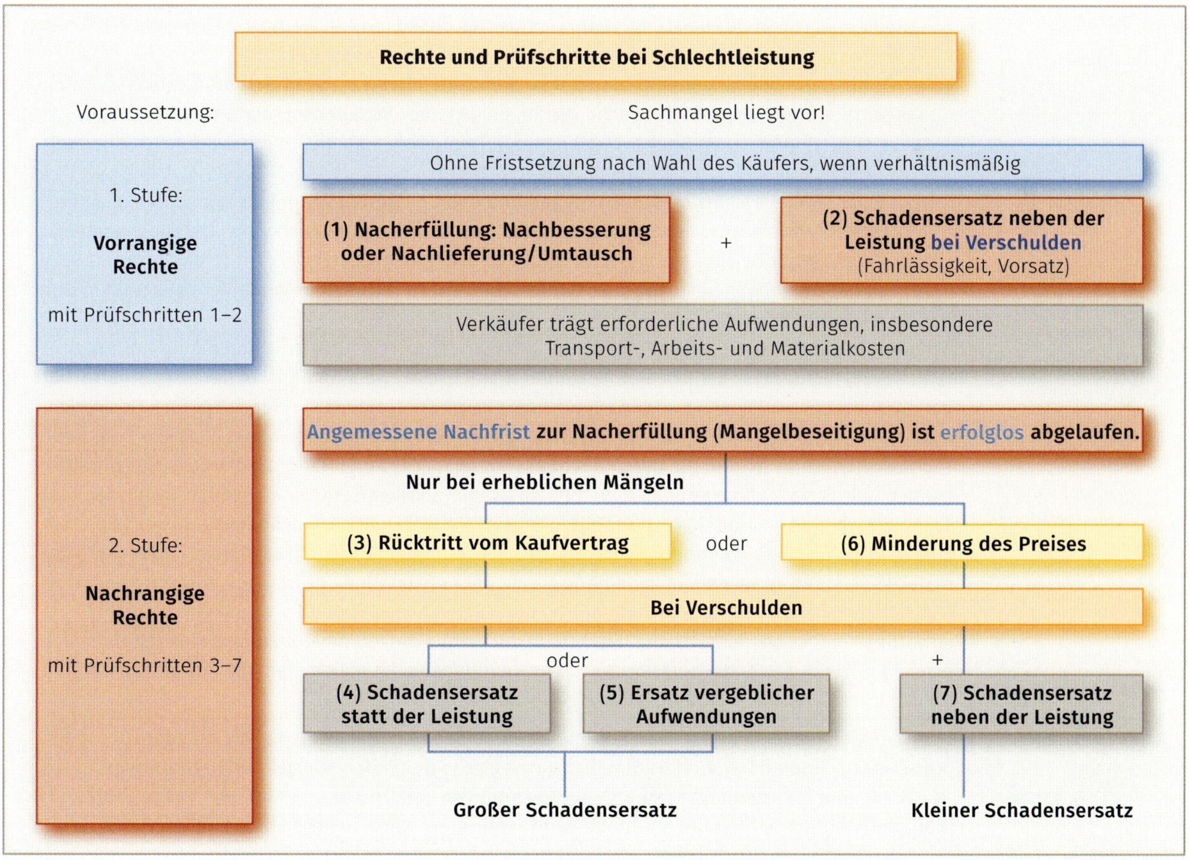

W

Rechte des Kunden beim Mangel einer Sache nach BGB	
Mangelausschluss und Leistungs-ausschluss	Eine **Mängelreklamation ist nicht möglich**, wenn der Kunde bei Kaufabschluss den **Mangel bereits kannte** oder wegen grober Fahrlässigkeit nicht **erkannt hatte**, der Verkäufer von der **besonderen Verwendung** seitens des Käufers **nichts wusste** oder **Werbeversprechen nicht kannte.** Ein **Verkäufer** kann die **geforderte Leistung verweigern**, wenn sie **unmöglich** oder **unzumutbar** ist.
Nacherfüllung	Der Käufer kann nach seiner Wahl die **Beseitigung des Mangels** (Nachbesserung) oder die Lieferung einer mangelfreien Sache (**Neulieferung**) verlangen. Der **Verkäufer** hat die **Transport-, Wege-, Arbeits- und Materialkosten** zu tragen. Der Verkäufer kann entweder die Nachbesserung oder die Neulieferung verweigern, wenn die geforderte Regelung für ihn **unverhältnismäßig** hohe Kosten verursachen würde. Dabei sind insbesondere der Wert der Sache in mangelfreiem Zustand, die Bedeutung des Mangels und die Frage zu berücksichtigen, ob auf die andere Art der Nacherfüllung ohne erhebliche Nachteile für den Käufer zurückgegriffen werden könnte (§ 439 BGB). Ist die Leistung **unmöglich** oder **nicht zuzumuten**, ist dieser Anspruch ausgeschlossen (§ 275 BGB). Der Kunde kann dann auf die andere Nacherfüllungsregelung bestehen.
Minderung des Kaufpreises	Der Kunde kann nach Fristsetzung und abgelaufener Frist auf Minderung des Kaufpreises (Preisnachlass) bestehen, auch bei **geringfügigen Mängeln**. Wichtig ist, dass bei Minderung der **vereinbarte Preis** berücksichtigt wird.
Rücktritt vom Kaufvertrag	Der Kunde kann nur bei **erheblichen Mängeln** vom **Kaufvertrag zurücktreten** und wenn erfolglos eine angemessene Frist zur Leistung oder Nacherfüllung abgelaufen ist, es sei denn, eine Fristsetzung ist entbehrlich. Ein Rücktritt vor Fälligkeit ist zulässig, wenn offensichtlich der Rücktrittsfall eintreten wird. Eine Abmahnung tritt anstelle der Fristsetzung bei z. B. persönlichen Schuldverhältnissen ein, z. B. der Abmahnung, schädigende Dinge zu unterlassen (§ 323 BGB).
Verschulden des Verkäufers	Verschulden ist dann gegeben, wenn der Verkäufer nach § 276 BGB ▪ **fahrlässig** handelt, d. h. die hierfür erforderliche Sorgfalt außer Acht lässt, oder ▪ **vorsätzlich** handelt, d. h. eine mangelhafte Lieferung wissentlich ausführt.
Schadensersatz und Ersatz vergeblicher Aufwendungen	Schadensersatz kann bei einer vom Lieferer zu vertretenden Pflichtverletzung in Ansatz gebracht werden: ▪ **Schadensersatz statt der Leistung:** Hier muss der Käufer so gestellt werden, wie er gestanden hätte, wenn ordnungsgemäß erfüllt worden wäre. Dabei gibt es zwei Möglichkeiten: ▫ Der Käufer kann die mangelhafte **Kaufsache behalten** und Ersatz des Wertunterschieds zwischen mangelfreier und mangelhafter Sache verlangen („**kleiner Schadensersatz**"). Der kleine Schadensersatz ist neben dem Ersatz vergeblicher Aufwendungen möglich, soweit die Aufwendungen ausschließlich die nicht erhaltene Leistung betreffen. ▫ Der Käufer kann die Kaufsache zurückgeben und den Geldbetrag verlangen, der seinem Leistungsinteresse entspricht („**großer Schadensersatz**"), d. h., auch Mehrkosten eines Deckungsgeschäfts oder entgangener Gewinn aus Weiterverkauf etc. können angesetzt werden. Schadensersatz statt der Leistung ist jedoch bei einer unerheblichen Pflichtverletzung des Verkäufers ausgeschlossen (§ 281 Abs.1 Satz 3 BGB). ▪ **Schadensersatz neben der Leistung** kommt infrage, wenn der Kaufvertrag und die daraus resultierenden Verpflichtungen der Parteien bestehen bleiben, d. h., wenn der Käufer die mangelhafte Ware behält. Dieser Schadensersatzanspruch erfordert keine Fristsetzung zur Nacherfüllung. Der Verkäufer muss dem Käufer dabei alle Schäden ersetzen, die diesem aufgrund der Mangelhaftigkeit der Kaufsache entstanden sind und die durch Nachbesserung oder Ersatzlieferung nicht beseitigt werden können (z. B. Schaden an anderem Eigentum des Käufers, der infolge der Mangelhaftigkeit der Kaufsache entstanden ist, oder Kosten für einen Mietwagen während der Nachbesserung des Kfz). ▪ **Ersatz vergeblicher Aufwendungen** nach § 284 BGB kann der Käufer **anstelle des** Schadensersatzes statt der Leistung verlangen. Er kann dann Ersatz der Aufwendungen verlangen, die er im Vertrauen auf den Erhalt der Leistung gemacht hat und billigerweise machen durfte und die nun nutzlos geworden sind, es sei denn, deren Zweck wäre auch ohne die Pflichtverletzung des Verkäufers nicht erreicht worden, z. B. Erstattung von Werbeaufwendungen oder Mietkosten, die nun wegen der fehlenden Lieferung und Anbietung nutzlos geworden sind.
Schaden belegen als konkreter Schaden oder	Bei Verschulden des Verkäufers kann der Käufer einen **Schaden** auf **zweierlei Art belegen:** a) **Konkreter Schaden:** Der Käufer (Gläubiger) belegt alle durch den Mangel hervorgerufenen Nachteile und Aufwendungen konkret mit Rechnungen von Dritten. **Beispiel:** Der Kunde lässt die erhaltene Ware reparieren, weist weitere Kosten, die er durch den Schaden hatte (z. B. Fahrtkosten), konkret durch weitere Belege nach.

als abstrakter Schaden	b) **Abstrakter Schaden:** Der Käufer (Gläubiger) belegt den Schaden nicht konkret durch Rechnungen, sondern abstrakt durch Kostenvoranschläge, Gutachten o. Ä. **Beispiel:** Der Kunde hat die mangelhafte Sache behalten, jedoch für die Schadensbemessung abstrakt einen Kostenvoranschlag oder ein Gutachten für die Reparatur beigefügt.
und abrechnen	Den Schaden kann der Käufer (Gläubiger) auf zweierlei Art berechnen:
als Deckungskauf	a) Der Käufer führt einen **Deckungskauf** durch, d. h., er beschafft sich mangelfreie Ware woanders und berechnet konkret den Schaden durch den Unterschied des höheren Preises des Deckungskaufs zum niedrigeren Preis des nicht mangelfrei liefernden Verkäufers. **Beispiel:** Der Kunde hat eine Sache für 500,00 € gekauft. Der Verkäufer hat diese Sache mit erheblichem Mangel geliefert und es lässt sich durch sein fahrlässiges Verhalten ein Verschulden nachweisen. Der Käufer tritt vom Kaufvertrag zurück und deckt sich an anderer Stelle mit der Ware für 600,00 € ein. Die Differenz macht er als Deckungsschaden geltend.
oder Ersatzanspruch (Surrogation)	b) Der Käufer macht aufgrund des Mangels und seiner Folgen einen **Ersatzanspruch (Surrogation = lat. „Ersatz")** geltend. **Beispiele:** Er kann die mangelhafte Sache behalten und sich eine Versicherungszahlung als Ersatz abtreten lassen oder die Sache reparieren lassen und die Reparaturkosten sowie alle mit dem Schaden verbundenen belegten Aufwendungen als Schaden in Rechnung stellen (Ersatzanspruch in Geld). Er könnte auch abstrakt über einen Kostenvoranschlag bzw. ein Gutachten die Schadenhöhe feststellen lassen. Der Käufer könnte bei einer mangelhaften Ware und dem Rücktritt vom Kaufvertrag den entgangenen Gewinn berechnen oder einen Verlust durch den Mangel schätzen lassen.
vgl. §§ 251, 311a, 325 BGB	**Konventionalstrafe:** Kunde und Verkäufer können schon frühzeitig im Kaufvertrag eine Konventionalstrafe für den Fall eines verschuldeten Mangels vereinbaren. Mit dieser Regelung erspart man sich später den Aufwand, den Schaden zu berechnen. Die Vertragspartner haben vorab Klarheit über die Folgen eines Schadenfalls. Ist eine Vertragsstrafe unverhältnismäßig hoch, kann sie nach § 343 BGB bei Verträgen mit Verbrauchern durch Urteil herabgesetzt werden (vgl. §§ 339, 340, 343 BGB und § 348 HGB).
Haustürgeschäfte, Internethandel (Fernabsatzgesetz)	**Verbraucher** haben beim Kauf von Waren (Ausnahmen: z. B. speziell hergestellt, Frischeartikel) **über das Internet** grundsätzlich ein **14-tägiges Widerrufsrecht ohne Begründung auch bei mangelfreier Ware.** Die **Rücksendekosten** beim Widerruf mangelfreier Ware trägt grundsätzlich der **Käufer**, die meisten Internetunternehmer erklären sich allerdings bereit, Kosten der Rücksendung zu übernehmen.
Zweiseitiger Handelskauf	Beim zweiseitigen Handelskauf (Unternehmen an Unternehmen) können **individuell** Vereinbarungen getroffen werden, die alle Gewährleistungsansprüche ausschließen. Bei Vereinbarungen in den AGB sind Einschränkungen durch die §§ 305–310 BGB zu beachten. So kann das Wahlrecht zwischen Reparatur oder Umtausch in AGBs oder über individuelle Vereinbarungen dem Verkäufer übertragen werden.
Unternehmerrückgriff	Bei einem Mangel aus einem Verbrauchsgüterkauf innerhalb der Gewährleistungszeit kann sich der Verkäufer ohne Fristsetzung an seinen Lieferer wenden und dieselben Rechte verlangen, die er wegen des Mangels gegenüber dem Verbraucher zu tragen hätte. Läuft innerhalb des Regresses die 2-jährige Gewährleistung ab, hat der Verkäufer zwei Monate Zeit, seine Rechte geltend zu machen (§ 478 f. BGB).

Aufgaben

1. Prüfen Sie das Schaubild im Vergleich mit den Angaben oben.
2. Berichten Sie über Ihre Erfahrungen mit der Lieferung schlechter Waren und Leistungen und die Maßnahmen, die dagegen getroffen wurden.
3. Welche Maßnahmen sollten in folgenden Fällen ergriffen werden?
   a) ACI hat eine zu geringe Stückzahl Tastaturen für das Lager erhalten.
   b) ACI hat verschmutzte Teile erhalten, die sich jedoch reinigen lassen.
   c) Ein Kunde hat einen PC erhalten, der sich jetzt schon zweimal in insgesamt 3 Wochen wegen ständiger Ausfälle in Reparatur befand und erneut diesen Mangel aufweist.
   d) ACI hatte für einen Pkw Reifen gekauft, die jedoch statt nach 60.000 km bereits nach 20.000 km abgefahren waren.
   e) ACI hat eine höherwertige Sorte Papier geliefert bekommen.
   f) Ein Kunde hatte ein Intranet in Auftrag gegeben, das den Vorgaben und Vorstellungen der Mitarbeiter nach der Installation und Testphase nicht entsprach.
   g) Sie haben ein Fahrrad gekauft und stellen bei der Abnahme kleine Lackschäden fest.

4. Was ist bei Schlechtleistung richtig, was ist falsch?
- **a)** Bei einer defekten Ware kann der Käufer sofort vom Kaufvertrag zurücktreten und das Geld zurückverlangen.
- **b)** Der Käufer kann zwischen Nachbesserung (Reparatur) und Neulieferung (Umtausch) wählen.
- **c)** Bei einer defekten Ware muss der Käufer zulassen, dass der Verkäufer in zwei Versuchen den Mangel abstellt.
- **d)** Der Käufer kann auch bei geringfügigen Mängeln vom Kaufvertrag zurücktreten und das Geld zurückverlangen.
- **e)** Der Käufer kann bei geringen Mängeln einen Preisnachlass verlangen, jedoch nicht vom Kaufvertrag zurücktreten.
- **f)** Schadensersatz wird beim Verkäufer immer dann fällig, wenn ein Mangel (Schaden) an der Ware auftritt.
- **g)** Schadensersatz ist mindestens an Pflichtverletzung und Verschulden des Verkäufers gebunden.
- **h)** Beim Fixkauf ist keine Fristsetzung notwendig.
- **i)** Verbraucherverträge an Haustüren und am Arbeitsplatz sind generell ungültig.
- **j)** Bei Verbraucherverträgen an Haustüren und im Internet gilt ein mindestens 14-tägiges Rückgabe- oder Widerrufsrecht.
- **k)** Bei Schlechtleistung trägt der Verkäufer die Transport- und Materialkosten, der Kunde die Arbeitskosten.

3.11.2.4 Schlechtleistungen bearbeiten und richtig kommunizieren

S

Sie haben eine Schlechtleistung und die möglichen Rechte festgestellt und wollen nun mit dem Lieferanten zur Regelung der Schlechtleistung in Verbindung treten.

Für eine gute Kommunikation mit dem Lieferanten bei Schlechtleistung sind viele Aspekte zu berücksichtigen.

Wenn eine Mängelanzeige oder ein Prüfbericht vorliegt sowie die Rechte geklärt sind, ist die Vorgehensweise zu erörtern und diese evtl. mit Kolleg/-innen oder Vorgesetzten abzusprechen.

In die Überlegungen ist einzubeziehen, welche Bedeutung der Lieferant für das Unternehmen hat, ob schon einmal Schlechtleistungen festgestellt wurden und wie kulant sich der Lieferant bei Reklamationen gezeigt hat. Wenn ein Bewertungssystem für Lieferanten existiert, sollte hier nachgeschaut werden. Liegen im Betrieb Verfahrensanweisungen für die Bearbeitung von Schlechtleistungen vor, sind diese zu befolgen.

Beim Verfassen einer Mängelrüge und der evtl. folgenden Kommunikation sollte man sich bewusst für bestimmte Kommunikationsarten und Medien entscheiden und sich vorher auch im Klaren darüber sein, welche Handlungsspielräume gegeben sind.

Den Kommunikationston sollte man ebenfalls gezielt wählen. Grundsätzlich ist ein freundlicher Kommunikationston vorzuziehen, ein stärker sachlich orientierter Ton ist z. B. angebracht, wenn sich Reklamationen gehäuft haben.

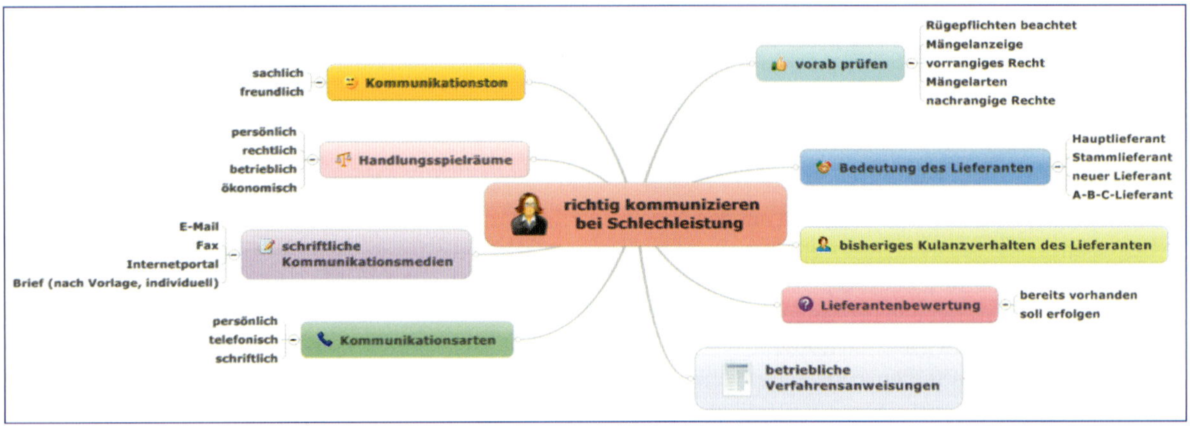

Kommunizieren bei Schlechtleistung

Als Beispiel einer Mängelrüge soll folgendes Schreiben dienen, wobei der Text als Brief oder auch per E-Mail oder über das Beschaffungsportal im Internet versendet werden kann.

Schlechtleistung

Sehr geehrte Damen und Herren,

bei der Überprüfung Ihrer Lieferung mit der Lieferscheinnummer 6574 am 14.06.20.. stellten wir folgende Mängel fest:

1. Eine Seitenwand des Büroschranks mit der Artikelnummer S342 weist an der linken Seite erhebliche Kratzer auf (vgl. Bild 1 in der Anlage).
2. Anstelle von 16 Einlegeböden 40 x 120 dieses Artikels wurden nur 14 Böden geliefert.
3. Die Montageanleitung (vgl. S. 10 unten) führte zu einer fehlerhaften Montage (vgl. Bild 2) und damit zu einer zusätzlichen Montagezeit von einer Stunde.

Zur Regulierung des Schadens schlagen wir vor:
zu 1. einen Preisnachlass von 10 % des Kaufpreises,
zu 2. die umgehende Nachlieferung der beiden Einlegeböden im passenden Farbton,
zu 3. einen Schadensersatz von einer Arbeitsstunde in Höhe von 50,00 €.

Wir werden diese Schlechtleistung und die erfolgte Regulierung in unserem Lieferantenbewertungssystem erfassen und hoffen auf eine zügige Bearbeitung der Schlechtleistung und zukünftig auf störungsfreie Lieferungen.

Mit freundlichen Grüßen

Aufgaben

1. Nennen Sie Beispiele, wann Sie vorzugsweise eine Mängelrüge an den Lieferanten
   a) per Brief,
   b) per Fax,
   c) per E-Mail,
   d) telefonisch,
   e) eher sachlich,
   f) eher freundlich

   vornehmen würden.
2. Geben Sie an, ob es sich eher um persönliche, rechtliche, betriebliche oder ökonomische Handlungsspielräume handelt.
   a) Wir überlegen, ob hier nach BGB der kleine oder große Schadensersatz möglich ist.
   b) Sie allein haben von Vorgesetzten die Vollmacht erhalten in Einzelfällen den Mangel bis 1.000,00 € Minderung selbst zu entscheiden.
   c) Konsequent soll bei der XY GmbH die Regel eingehalten werden, dass erst nach zwei nicht erfolgreichen Nachbesserungsversuchen dem Rücktritt vom Kaufvertrag zugestimmt wird.
   d) Bei der Regulierung der Mängel wurde mit dem Kunden eine Minderung des Warenpreises um 200,00 € vereinbart und vermerkt, dass es sich um die wirtschaftlich günstigste Regulierungsvariante handelt.
3. Diskutieren Sie, ob für Mängelrügen eine Standardvorlage möglich und sinnvoll ist oder Text-/Schnellbausteine erstellt werden sollten. Erstellen Sie evtl. dazu Beispielvorlagen.

3.11.2.5 Gewährleistungsausschluss

S

Anna hat gebrauchte Waren über eine Internetauktion geordert. Die Waren hatten Mängel. Der Verkäufer behauptet nun, er habe die Waren unter Ausschluss jeglicher Gewährleistung angeboten.

Bei der Prüfung der Verpflichtungen auf Gewährleistung ist entscheidend, ob der Lieferant ein Unternehmer (z.B. Powerseller oder Vielversteigerer) ist. Ein Unternehmer kann gegenüber einem Verbraucher bei gebrauchten Sachen die Gewährleistung im beiderseitigen Einvernehmen auf nur ein Jahr verkürzen. Gibt er die Mängel bei seinem Angebot nicht konkret an oder verschweigt er die Verkürzung der Gewährleistung auf bis zu ein Jahr, so gilt für ihn die Übernahme der vollen Gewährleistung. Bei einem Privatkauf und bei einem zweiseitigen Handelskauf kann die Haftung gänzlich ausgeschlossen werden. Aber auch hier müssen die Mängel genau angegeben werden, da sonst der Kunde von einem funktionstüchtigen Artikel ausgehen kann.

Aufgaben

Prüfen Sie folgende Fälle hinsichtlich der Verpflichtung zu einer Gewährleistung:

a) ACI kauft im Internet günstig eine sehr gute, jedoch defekte Grafikkarte von einem Powerseller ohne Angabe zur Gewährleistung. Der Powerseller verweigert die Reparatur bzw. Ersatzlieferung.

b) ACI kauft im Internet günstig eine sehr gute, jedoch defekte Grafikkarte von einem Powerseller mit Haftungsausschluss. Der Powerseller verweigert Reparatur bzw. Ersatzlieferung.

c) Sie kaufen von einem PC-Gebrauchthändler einen PC ohne besonderen Hinweis auf Gewährleistung. Nach 18 Monaten ist das Netzteil defekt. Der Händler lehnt die kostenlose Reparatur mit Hinweis auf den Gebrauchtkauf ab.

d) ACI kaufte von privat einen neuwertigen Monitor ohne Angabe einer Gewährleistungsfrist. Nach einem Jahr Nutzungszeit war der Monitor defekt.

e) Sie haben privat eine Digitalkamera „wie neu“ gekauft. Der Akku ist defekt.

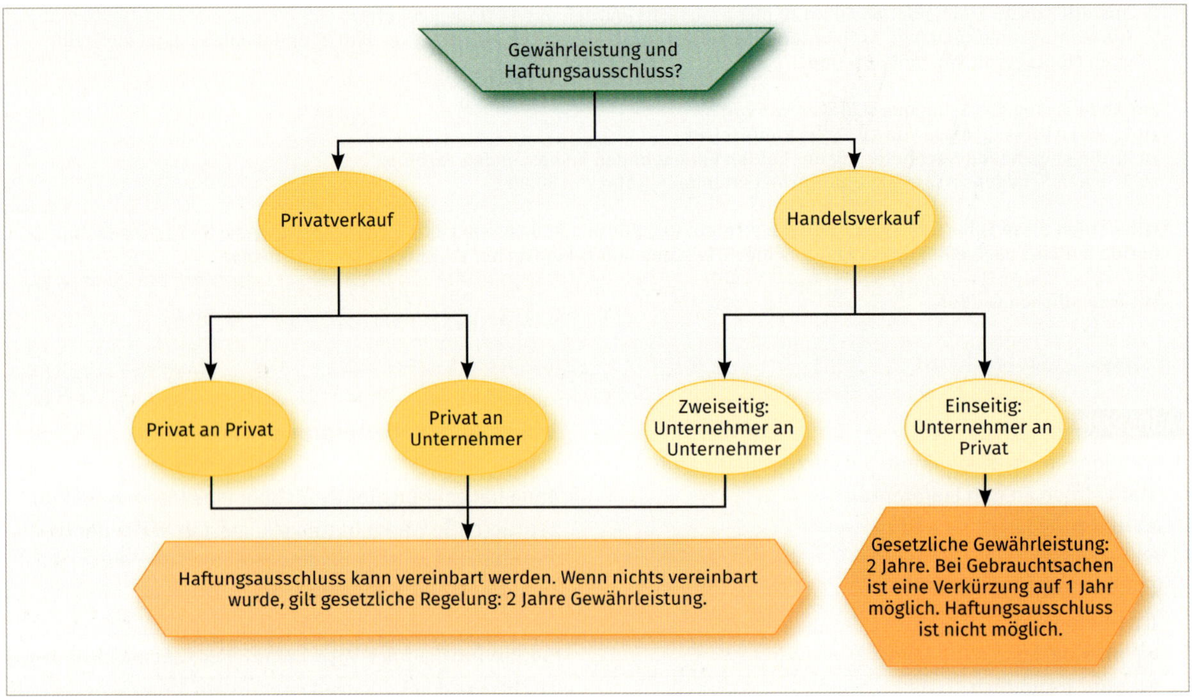

3.11.3 Verjährung von Ansprüchen

S Es kommt gelegentlich vor, dass Lieferanten zwar die Ware geliefert bzw. die Leistung erbracht haben, jedoch keine Rechnung schreiben. Im vorliegenden Fall hatte ein Handwerker einen Reparaturauftrag ausgeführt und erst vier Jahre später eine Rechnung in Höhe von 4.000,00 € an ACI versendet. In der Kreditorenabteilung soll geprüft werden, ob ACI überhaupt verpflichtet ist, diese Rechnung so spät noch zu begleichen.

Eng im Zusammenhang mit der Gewährleistung ist die Verjährung zu sehen, denn „nach Eintritt der Verjährung ist der Schuldner berechtigt, die Leistung zu verweigern“ (§ 214 BGB).

Das Recht auf Verjährung soll der Rechtssicherheit und dem Rechtsfrieden dienen. Der **Gläubiger** soll seine Ansprüche möglichst zeitnah geltend machen. Der **Schuldner** soll vor veralteten und schwer beweisbaren Forderungen geschützt werden. Im Rahmen der **Vertragsfreiheit** sind individuelle Vereinbarungen möglich, bei Vorsatz kann die Haftung jedoch **nicht im Voraus erleichtert** werden oder das Rechtsgeschäft über 30 Jahre hinaus erschwert werden.

Der Gesetzgeber hat unterschiedliche Verjährungsfristen und je nach **Tatbestand** einen unterschiedlichen Beginn der Verjährungsfristen festgesetzt.

Besonders merken muss man sich die **regelmäßige Verjährungsfrist von drei Jahren** und eine **Höchstfrist von zehn Jahren**, wenn die Kenntnis fehlte oder keine Sonderregelungen gelten. Darüber hinaus gilt eine **besondere Verjährungsfrist von 30 Jahren**. Ist Kenntnisnahme Grund für den Fristbeginn, kann in bestimmten Fällen die Verjährung erst weit über 30 Jahre nach dem Ereignis eintreten.

Das folgende Schaubild und die folgende Übersicht erläutern wichtige Aspekte der Verjährung.

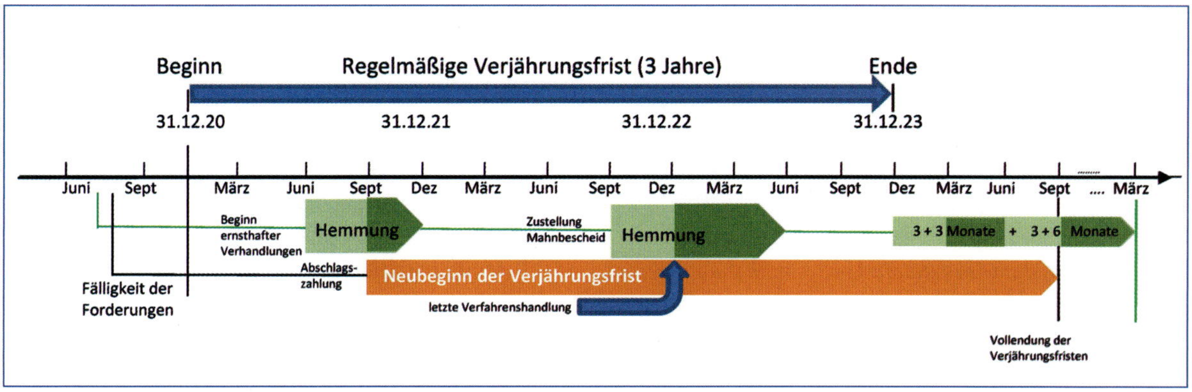

W

Verjährung von Ansprüchen					
„Nach Eintritt der Verjährung ist der Schuldner berechtigt, die Leistung zu verweigern." (§ 214 BGB)					
2 Jahre	**3 Jahre**	**5 Jahre**	**10 Jahre**	**30 Jahre**	
Mit Ablieferung der Sache	Mit dem Schluss des Jahres, in dem der Anspruch entstanden ist und der Gläubiger Kenntnis vom Anspruch und vom Schuldner erlangte	Ab Übergabe des Werks	Ab Entstehung des Anspruchs	Ab Ereignis, Übergabe, Ablieferung, Fälligkeit, Kenntnis	
Kaufrechtliche Verjährungsfrist für Mängel, soweit diese nicht 5 oder 30 Jahre oder bei arglistig verschwiegenen Mängeln 3 Jahre beträgt (§ 438 I Nr. 3 BGB)	**Regelverjährung** (§ 195 BGB, § 199 BGB, § 438 III BGB), z. B. Verjährung der Kaufpreisforderungen, Mietforderungen oder arglistig verschwiegener Mängel **Einschränkung**: Hat sich der Verkäufer das Eigentum vorbehalten (Eigentumsvorbehalt, § 216 BGB), kann er auch nach Eintritt der Verjährung seiner Kaufpreisforderung die Herausgabe der Ware verlangen.	Gewährleistungsansprüche bei Bauwerken (§ 438 I Nr. 2 BGB)	▪ **Höchstfrist** bei Ansprüchen ohne Sonderregelung, wenn die Kenntnis des Anspruchs oder des Schuldners fehlte (§ 199 (4) BGB) ▪ Bei Rechten aus einem Grundstück (§ 196 BGB)	▪ Schadensersatzansprüche aus der Verletzung des Lebens und der Gesundheit (§ 199 BGB) ▪ Im Grundbuch eingetragene Rechte (§ 438 BGB) ▪ Rechtskräftig festgestellte Ansprüche (§ 197 BGB) ▪ Herausgabeansprüche aus Eigentum (§ 197, § 438 Nr. 1 BGB)	
Hemmung	Durch schwebende (ernsthafte) Verhandlungen kann die Verjährung gehemmt (angehalten) werden (z. B. durch Verhandlungen, Klageerhebung, Mahnbescheid, Stundungsantrag des Schuldners, §§ 209, 203 ff. BGB). Die Verjährungsfrist wird um die Zeit der Hemmung verlängert, maximal um sechs Monate nach Beendigung des eingeleiteten Verfahrens (§ 204 BGB).				
Neubeginn	Ein Neubeginn der Verjährungsfrist läuft, wenn z. B. folgende Gründe vorliegen: Anerkenntnis des Schuldners durch Abschlagszahlung, Stundungsantrag, Vornahme einer Zwangsvollstreckung (§ 212 BGB).				
Rückforderung	Leistet ein Schuldner in Unkenntnis der Verjährung, so kann er die Leistung nicht mehr zurückfordern. Ebenso kann eine Sicherheitsleistung des Schuldners nicht zurückgefordert werden (§ 214 BGB).				

Aufgaben

1. Welche Meinung haben Sie zu dem Fall in der Situationsbeschreibung? Muss ACI die Rechnung begleichen? Wäre es dennoch fair, dem Handwerker die Rechnung zu zahlen? Sollte über den Zahlungsbetrag verhandelt werden? Stellen Sie einen Gesprächsverlauf (persönliches Gespräch des Handwerkers mit der Leiterin bzw. dem Leiter der Kreditorensachbearbeitung) und eine möglichst einvernehmliche Regelung im Rollenspiel nach.
2. Was ist richtig, was ist falsch?
   a) Verjährung bedeutet, dass der Schuldner nicht mehr zahlen oder leisten muss.
   b) Gläubiger ist derjenige, der dran glauben muss, dass der Schuldner seine Schuld begleicht.

c) Verjährungsfristen und Verjährungsbeginn richten sich danach, um welchen Anspruch es sich handelt.
d) Ganz normale Ansprüche verjähren 3 Jahre nach Anspruchsbeginn.
e) Ganz normale Ansprüche verjähren 3 Jahre nach Kenntnis des Anspruchs, zum Ende des Jahres.
f) Mit der Verjährung werden Ansprüche automatisch ungültig, der Gläubiger darf nicht mehr mahnen.
g) Mit Ablauf der Verjährungsfrist haben Schuldner die Möglichkeit der Verjährungseinrede (zur Leistungsverweigerung).
h) Nach Ablauf der Verjährungsfrist erhält der Schuldner angezahlte Gelder (Sicherheitsleistungen) zurück.
i) Ein Gläubiger kann die Verjährungsfrist durch einen Mahnbescheid verlängern.
j) Wenn der Schuldner eine Abschlagzahlung auf seine Schuld leistet, beginnt die Verjährungsfrist von Neuem.
k) Wenn jemand einem Menschen körperlichen Schaden zufügt, verjährt die Möglichkeit der Einforderung von Schadensersatz erst nach 10 Jahren.
l) Baumängel verjähren erst 3 Jahre nach Übergabe des Werkes.

3. Wann endet die Verjährungsfrist genau?
   a) Anna kaufte am 20.11.2020 eine neue Stereoanlage, meldet mangelhafte Schalter jedoch erst am 25.11.2022.
   b) Stefan kaufte am 20.03.2020 ein gebrauchtes Auto und stellt am 02.07.2022 fest, dass ihm ein großer Unfallschaden verschwiegen worden war und sich daraus Reparaturkosten in Höhe von 1.000,00 € ergeben.
   c) Die Holzfenster in Kais Haus haben sich völlig verzogen und lassen sich nicht mehr öffnen, obwohl sie erst vor 4 Jahren und 2 Monaten eingebaut wurden.
   d) Das Kaufhaus Sporti besteht auf der Herausgabe eines Fitnessgerätes, da der Kunde es seit dem Kauf vor genau 3,5 Jahren immer noch nicht bezahlt hat. Sporti behauptet, der Eigentumsvorbehalt auf der Rechnung müsste beachtet werden.
   e) Samia wurde vor genau 12 Jahren von einem Autofahrer angefahren. Das Gericht verurteilte den Fahrer auf Zahlung von 5.000,00 € Schmerzensgeld, die der damals junge Autofahrer nicht zahlte.
   f) Tim ist seit genau 30 Monaten die Zahlung einer Monatsmiete schuldig geblieben. Jetzt meldet sich der Vermieter und fordert die Miete ein. Soll Tim zahlen?
   g) Jessica hatte Mona genau vor 4 Jahren eine Kette geliehen. Jessica möchte diese Kette nun plötzlich zurück. Mona kann die Kette nicht finden und erhält von einer Rechtsberatung die Auskunft, dass hier der Anspruch ganz normal verjährt (vgl. BGB § 604).

3.11.4 Annahmeverzug

S

Kerstin soll ein Anschreiben mit dem unten stehenden Wortlaut an einen Kunden erstellen. Es kommt zur Diskussion darüber, wann ein Kunde die Kosten für eine zweite Anlieferung zahlen muss und wann nicht.

> **Annahmeverzug unserer Lieferung**
> **Rechnungsnummer 5210**
>
> Sehr geehrte Damen und Herren,
> unser Frachtführer hat uns mitgeteilt, dass Sie unseren am 12.05.20xx fristgerecht gelieferten, von Ihnen am 08.05.20xx bestellten Monitor (Art.-Nr. 301) nicht angenommen haben. Sie befinden sich daher im Annahmeverzug.
> Wir nehmen an, dass es sich bei Ihrer Nichtannahme um ein Versehen handelt, und bitten Sie, uns einen neuen Liefertermin mitzuteilen. Die zusätzlich anfallenden Kosten für die Rücknahme und erneute Lieferung der Ware werden wir Ihnen getrennt in Rechnung stellen.
>
> Über weitere gute Geschäftsverbindungen würden wir uns freuen.
>
> Mit freundlichen Grüßen

Verkäufer und Käufer haben bekanntlich aufgrund des Kaufvertrages (Erfüllungsgeschäft, Verpflichtungsgeschäft) Pflichten übernommen. Zu den Pflichten des Kunden gehört, die Ware anzunehmen und zu bezahlen.

W

Annahmeverzug	
Begriff	Ein Annahmeverzug liegt vor, wenn der Käufer die ordnungsgemäß gelieferte Ware (zur rechten Zeit, mängelfrei, am rechten Ort) nicht annimmt (§ 293 BGB). Ist keine genaue Leistungs- oder Lieferzeit bestimmt, kommt der Käufer bei vorübergehender Abwesenheit nicht in Verzug (§ 299 BGB). Der Lieferant muss den Leistungstermin eine angemessene Zeit vorher ankündigen.
Rechte des Verkäufers (Schuldners)	▪ Erfüllung des Vertrages (§ 433 BGB) ▪ Klage auf Abnahme; Hinterlegung der Ware auf Kosten des Käufers, betrifft unter Kaufleuten alle Gegenstände, beim Privatkauf nur Wertgegenstände (§§ 372, 373, 374 BGB) ▪ Selbsthilfeverkauf durch öffentliche Versteigerung, wobei dieser dem Käufer, soweit zeitlich möglich, vorab angedroht und der Käufer über Termin und Ort unverzüglich informiert werden muss (§§ 383–385 BGB) ▪ Kostenerstattung der Mehrkosten (§ 303 BGB) ▪ Rücktritt vom Vertrag nach Fristsetzung (§ 433 BGB)
Haftung für Waren nach dem Annahmeverzug	▪ Der Schuldner (Lieferer) hat während des Verzugs des Gläubigers nur Vorsatz und grobe Fahrlässigkeit zu vertreten. ▪ Die Gefahr (auch für Schäden durch Zufall) geht mit dem Annahmeverzug auf den Gläubiger (Käufer) über (§ 300 BGB).

Aufgaben

1. Ein Kunde hatte eine Grafikkarte zum Preis von 230,00 € zzgl. 6,50 € Versandkosten bestellt, jedoch nicht angenommen. Sie können die Karte mit 20 % Rabatt und 6,50 € Versandkosten einem anderen Kunden andienen. Die entstandenen Mehrkosten wollen Sie dem ersten Kunden in Rechnung stellen. Wie hoch ist der Betrag?
2. Ist der Kunde in Annahmeverzug gekommen?
   a) Der Kunde wurde aufgrund einer Auftragsbestätigung beliefert, die keinen genauen Liefertermin angab. Der Kunde war zu Geschäftszeiten nicht anwesend.
   b) Der Kunde erhielt eine Auftragsbestätigung mit Liefertermin 20. Mai 20xx. Der Frachtführer wollte an diesem Tag um 19.00 Uhr ausliefern, fand das Geschäft jedoch geschlossen vor.
   c) Der Lieferer will die Ware statt am 20. Mai schon am 15. Mai liefern. Am 15. Mai ist das Geschäft wegen Betriebsferien geschlossen.
   d) Der Lieferer hat statt dem 20. Mai mit dem Kunden einen früheren Liefertermin vereinbart. Das Büro ist jedoch an diesem Tage geschlossen.
   e) Die Spedition will fristgemäß am 4. Mai eine Ware abliefern, findet jedoch einen Zettel vor mit dem Vermerk: „Bin in 12 Minuten zurück." Die Spedition fährt sofort weiter und liefert die Ware nicht aus.
   f) Der Lieferer hat die Lieferung zur Baustelle XY am 3. März vereinbart. An diesem Tag ist jedoch niemand auf der Baustelle.
   g) Der Lieferer will eine Ware vertragsgemäß auf einer Baustelle abliefern. Ein Mitarbeiter lehnt die Warenannahme ab, weil er nicht vom Chef über die Lieferung informiert wurde.
   h) Ein Kunde lehnt die Annahme einer Ware ab, weil das Paket beschädigt ist.
3. Welches Recht würden Sie als Verkäufer bei Annahmeverzug in folgenden Fällen wahrnehmen? Was ist zu tun?
   a) Ein Kunde nimmt eine Lieferung von 10 PCs auf einer Bürobaustelle nicht an.
   b) Ein Kunde hatte die letzten 20 Tastaturen „Modern-Art" zum Superrabatt (50 %) gekauft, jedoch nicht angenommen. Mehrere Kunden würden diese Tastaturen gern zum Listenpreis kaufen.
   c) Ein Kunde ruft an und will die gelieferten Tastaturen nicht annehmen, weil einige Kartons durch den Transport leicht beschädigt sind.
   d) Ein Kunde hatte 5 PCs im Weihnachtsgeschäft bestellt, jedoch nicht abgenommen. Wenn Sie die PCs nun nicht sofort in den Verkauf geben, müssen Sie im Januar mit Preisnachlässen bis 30 % rechnen.
   e) Ein Kunde (Kleinunternehmer) hat einen PC mit ganz speziellen Komponenten und üppiger Softwareausstattung bestellt, jedoch nicht angenommen, da ihm der Preis nun sehr hoch vorkam.
   f) Der Kunde aus d) hat auf die Bitte, einen neuen Liefertermin zu nennen, nicht reagiert.
   g) Sie haben 50 Packungen Toner für einen bestimmten Drucker eingelagert, da der Kunde die Lieferung trotz erneuter Terminabsprache nicht angenommen hat. Durch einen plötzlichen Wasserschaden wird der Toner so gut wie unbrauchbar. Der Kunde will nun die unbrauchbaren Packungen nicht übernehmen und verweigert die Annahme ein drittes Mal.
4. Erstellen Sie einen Entwurf eines Anschreibens an den Kunden aus der Aufgabenstellung 3 g) nach der dritten Annahmeverweigerung.

3.12 Fakturierung

S Stefan soll in der Fakturierung arbeiten. Schnell hat er herausgefunden, dass Fakturierung vom lateinischen Begriff „factura = Rechnung" stammt und Rechnungserstellung bedeutet.

3.12.1 Rechnungserstellung

S Mit der Lieferung der Ware an den Kunden ist die Voraussetzung gegeben, eine Rechnung an den Kunden zu erstellen. Die Form der Rechnung ist an bestimmte gesetzliche Vorgaben gebunden. Sie wollen feststellen, ob die Rechnungen Ihres Ausbildungsbetriebes diese Vorgaben erfüllen.

Vorschriften zur Ausstellung von Rechnungen nach § 14 Umsatzsteuergesetz (UStG)

(1) **Rechnung** ist **jedes Dokument**, mit dem über eine **Lieferung** oder **sonstige Leistung** abgerechnet wird, gleichgültig, wie dieses Dokument im Geschäftsverkehr bezeichnet wird. Rechnungen sind auf **Papier** oder vorbehaltlich der Zustimmung des Empfängers auf **elektronischem Weg** zu übermitteln.

(2) Führt der Unternehmer eine Lieferung oder eine sonstige Leistung aus, so ist er **berechtigt**, eine Rechnung auszustellen.

(3) Bei einer auf elektronischem Weg übermittelten Rechnung müssen die **Echtheit der Herkunft** und die **Unversehrtheit** des Inhalts gewährleistet sein.

(4) Eine Rechnung muss folgende Angaben enthalten:

- **Vollständigen Namen und vollständige Anschrift** des leistenden Unternehmers und des Leistungsempfängers
- Dem leistenden Unternehmer vom Finanzamt erteilte **Steuernummer** oder die ihm vom Bundesamt für Finanzen erteilte **Umsatzsteuer-Identifikationsnummer**
- **Ausstellungsdatum**
- fortlaufende Nummer mit einer oder mehreren Zahlenreihen, die zur Identifizierung der Rechnung vom Rechnungsaussteller einmalig vergeben wird (**Rechnungsnummer**)
- **Menge** und Art (**handelsübliche Bezeichnung**) der gelieferten Gegenstände oder den Umfang und die Art der sonstigen Leistung
- **Zeitpunkt der Lieferung** oder sonstigen Leistung oder die Vereinnahmung des Entgelts, sofern dieser Zeitpunkt feststeht und nicht mit dem **Ausstellungsdatum der Rechnung** identisch ist
- **Nach Steuersätzen aufgeschlüsseltes Entgelt** für die Lieferung oder sonstige Leistung und den **anzuwendenden Steuersatz** sowie den auf das Entgelt entfallenden **Steuerbetrag**

Nach § 14 UStG muss ein Unternehmer, der eine Leistung an einen anderen Unternehmer bzw. eine Werklieferung oder sonstige Leistung im Zusammenhang mit einem Grundstück ausgeführt hat, die Rechnung innerhalb von sechs Monaten nach Ausführung der Leistung ausstellen. Ebenso ist eine Rechnung an Leistungsempfänger, die nicht Verbraucher sind, **innerhalb von sechs Monaten** nach Ausführung der Leistung auszustellen.

Der Unternehmer hat ein Doppel der Rechnung, die er selbst oder ein Dritter in seinem Namen und für seine Rechnung ausgestellt hat, sowie alle Rechnungen, die er erhalten hat, **zehn Jahre aufzubewahren**. Die Rechnungen müssen für den gesamten Zeitraum lesbar sein. Die **Aufbewahrungsfrist** beginnt mit dem **Schluss des Kalenderjahres**, in dem die Rechnung ausgestellt wurde (§ 14b UStG).

Werden steuerpflichtige Lieferungen oder sonstige Leistungen in Zusammenhang mit einem **Grundstück** erbracht, sind auch **Privatleute** verpflichtet, die Rechnung, einen Zahlungsbeleg oder andere beweiskräftige Unterlagen für **2 Jahre** aufzubewahren. Auf die Aufbewahrungsfrist ist in diesem Fall besonders hinzuweisen.

Vorschriften zur Erstellung der Rechnung sind insbesondere im Umsatzsteuergesetz (UStG) genannt. Auszüge daraus sind in den Übersichten dargestellt.

Aufgaben

1. Geben Sie an, ob und weswegen Sie die Erstellung der Rechnung beanstanden müssten.
   a) In der Rechnung wurde der Firmenname anstelle von ACI GmbH mit ACI angegeben.
   b) ACI hat in der Rechnung zur Installation einer Datenleitung in einem Privathaus nicht auf eine Aufbewahrungsfrist hingewiesen.
   c) ACI hat in einer Rechnung zur Installation einer Datenleitung für eine Steuerberatergesellschaft auf die 10-jährige Aufbewahrungsfrist der Rechnung hingewiesen.

d) ACI will bei den Wartungsverträgen Geld sparen und die Rechnungen im Format Microsoft Word per E-Mail an die Kunden zum Ausdrucken senden. Dafür verzichtet ACI auf einer Erhöhung des Wartungspreises.

e) ACI erhält von einem Provider die Rechnung per E-Mail als PDF-Datei zugesandt.

f) Die Geschäftsleitung gibt Anweisung an die Monteure, alle Auftragsdaten schnellstmöglich an die Fakturierung zu geben, da die Rechnung 6 Monate nach Auftragserledigung nicht mehr an den Kunden gestellt werden kann.

g) Die Rechnung eines Subunternehmers an ACI für die Erstellung einer Website enthält einen pauschalen Rechnungsbetrag von 500,00 € inkl. Umsatzsteuer wie vereinbart.

h) Da der Subunternehmer aus g) nur freiberuflich tätig ist, soll er anstelle der fehlenden Rechnungsnummer das Rechnungsdatum angeben. Der Umsatzsteuersatz beträgt vermindert 7 %.

W

Vereinfachungen der Rechnungserstellung in bestimmten Fällen nach Umsatzsteuerdurchführungsverordnung (UStDV)	
Verschiedene Steuersätze auf der Rechnung § 32 (UStDV)	Wird in einer Rechnung über Lieferungen oder sonstige Leistungen, die **verschiedenen Steuersätzen** unterliegen, der **Steuerbetrag** durch Maschinen **automatisch ermittelt** und durch diese in der Rechnung angegeben, ist der Ausweis des **Steuerbetrages in einer Summe zulässig**, wenn für die **einzelnen Posten** der Rechnung der **Steuersatz** angegeben wird.
Rechnungen über Kleinbeträge § 33 (UStDV)	Eine Rechnung, deren Gesamtbetrag **250,00 €** nicht übersteigt, muss mindestens folgende Angaben enthalten: (1) Vollständigen **Namen** und vollständige **Anschrift** des leistenden Unternehmers (2) **Ausstellungsdatum** (3) **Menge** und die **Art** der gelieferten Gegenstände oder den Umfang und die Art der sonstigen Leistung (4) **Entgelt und den darauf entfallenden Steuerbetrag** für die Lieferung oder sonstige Leistung **in einer Summe** sowie den anzuwendenden **Steuersatz** oder im Fall einer Steuerbefreiung einen Hinweis darauf, dass für die Lieferung oder sonstige Leistung eine Steuerbefreiung gilt

Elektronische Rechnungserstellung und -verarbeitung

Laut der Website MittelstandsWiki werden in Europa ca. 30 Mrd. Rechnungen pro Jahr erstellt. Immer häufiger werden elektronische Rechnungen als Ersatz für Papierrechnungen verwendet oder angeboten.

W

E-Billing/E-Invoicing (elektronische Rechnung/Rechnungsverarbeitung)

Rechnungen werden immer häufiger per EBPP (electronic bill presentment and payment = „elektronische Rechnungsstellung und -bezahlung“) versendet, entweder

- als Anhang einer Rechnungs-E-Mail im PDF-Format,
- über einen eigens dafür eingerichteten Onlineservice des Unternehmens, in dem die Rechnungen als PDF gespeichert und aufgerufen werden können, oder
- über Servicedienstleister wie z. B. DPD, Deutsche Post, wobei die Rechnungen für den Ausdruck und die elektronische Speicherung (z. B.) im PDF-Format und/oder datenbasiert zur Weiterverarbeitung in Datenformaten wie EDIFACT oder XML geliefert werden.

Vorteile

- Herunterladen und Speichern von Rechnungen in verschiedenen Dateiformaten, z. B. als PDF, möglich
- Rechnungen im Archiv sind von jedem Arbeitsplatz aufzurufen.
- Rechnungsdaten können direkt in eigene Programme, z. B. ERP und Kreditorenbuchhaltung, importiert und weiterverarbeitet werden.
- Rechnungsanfragen können online eingegeben und weitergeleitet werden.
- Verlinkungen zum Frachtbrief sind möglich
- Prozessoptimierungen
- Reduktion der Kosten, geschätzt bis zu 10,00 € pro Rechnung
- Kostentransparenz

Nachteile

- Der Rechnungsempfänger muss mit dem elektronischen Versand einverstanden sein.
- Unternehmen müssen verlässliche Prüfverfahren installieren.
- Elektronische Rechnungen müssen auch digital zehn Jahre sicher und maschinenlesbar archiviert werden.
- Zusätzliche Kosten können die Kostenvorteile z. T. kompensieren.

Aufgaben

1. Berichten Sie, inwieweit in Ihren Betrieben elektronische Rechnungen eine Bedeutung haben. Berichten Sie darüber in der Klasse und erstellen Sie dazu eine Ergebnisliste oder eine Präsentation.
2. Recherchieren Sie zu den rechtlichen Anforderungen einer elektronischen Rechnungserstellung und -verarbeitung.

3.12.2 Bezahlung der Rechnung

S Nachdem die Rechnungen bei ACI sachlich, preislich und rechnerisch geprüft wurden, soll die richtige Zahlungsart ausgewählt werden.

Im Wareneingang bzw. im Lager wird die gelieferte Ware auf **sachliche Richtigkeit** und somit auf Mängel geprüft. Die Lieferunterlagen gehen vom Lager zunächst zum Einkauf. Bei der Feststellung von Mängeln übernimmt der Einkauf die weitere Bearbeitung. Ist sachlich alles in Ordnung, behält der Einkauf die Lieferpapiere, bis die Rechnung eingeht.

Rechnungsprüfung
Sachlich: Was wurde geliefert (Lager/Einkauf)? **Preislich:** Stimmen Preise und Konditionen? **Rechnerisch:** Existieren Rechenfehler?

Der Rechnungsausgleich wird bei ACI grundsätzlich immer unter **Ausnutzung von Skonto** vorgenommen, da der Skonto-Prozentsatz für eine vorzeitige Zahlung von den Lieferanten nur einen kurzen Zeitraum gewährt wird. Daher ist es normalerweise sogar dann günstiger, Skonto zu nutzen, wenn man sich das Geld für die frühzeitige Zahlung von der Bank leihen muss.

<table>
<tr><th colspan="2">Zinsvergleich</th></tr>
<tr><td colspan="2">Beispiel: ACI erhält eine Rechnung über 5.000,00 €, zahlbar innerhalb von 30 Tagen netto, innerhalb von 7 Tagen abzgl. 3 % Skonto (Frühzahlerrabatt).
Annahme: ACI erhält die Rechnung zum Rechnungsdatum und zahlt am letztmöglichen Tag. Dazu muss das Bankkonto überzogen werden.</td></tr>
<tr><td>Zinsen des Bankkredits bei 10 % per annum (p. a. = für ein Jahr)</td><td>Skonto bei 3 % für 23 Tage</td></tr>
<tr><td>$Z = \frac{K \times p \times t}{100 \times 360} = \frac{4.850 \times 10 \times 23}{100 \times 360} = \mathbf{30{,}99\ €\ Zinsen}$</td><td>5.000,00 € × 3 % = 150,00 € Skonto
oder Jahreszins $p = \frac{Z \times 100 \times 360}{K \times t} = \frac{150 \times 100 \times 360}{4.850 \times 23}$
$p = \mathbf{48{,}41\ \%}$</td></tr>
<tr><td colspan="2">Vergleich: Auch wenn man sich für einen Jahreszinssatz von 10 % das Geld für eine vorzeitige Zahlung von der Bank leiht und dafür 30,99 € Zinsen zahlen muss, so ist der Skontoertrag mit 150,00 € weitaus höher, da hier 3 % für einen Zeitraum von nur 23 Tagen gerechnet werden. Ermittelt man aus dem Skontoertrag von 150,00 € den Jahreszinssatz, so ergibt sich ein Jahreszinssatz von fast 48 %. Also gilt: Immer rechtzeitig zahlen und Skonto ausnutzen!</td></tr>
</table>

Aufgaben

1. Berechnen Sie den Unterschied zwischen Zinsen und Skontoertrag sowie den Jahreszinssatz des Skontoertrages bei folgenden Situationen:
   a) Rechnungsbetrag 12.000,00 €, zahlbar 30 Tage netto, innerhalb von 10 Tagen abzgl. 3 % Skonto. Das Konto müsste für eine frühzeitige Zahlung mit einem Bankzinssatz von 9,5 % p. a. überzogen werden.
   b) Rechnungsbetrag 20.000,00 €, zahlbar 40 Tage netto, innerhalb von 7 Tagen abzgl. 2 % Skonto. Das Konto müsste für eine frühzeitige Zahlung mit einem Bankzinssatz von 10,5 % p. a. überzogen werden.
2. Sie sollen die offenen Posten (OP) der Kreditoren bearbeiten und Zahlungsbeträge und Zahlungstermine feststellen. Ermitteln Sie in einer „OP-Übersicht der Kreditoren" des Arbeitsheftes bzw. mit Excel die OP-Daten für die Begleichung der Rechnungen. Ermittelt werden sollen in zusätzlichen

AH DL

Spalten folgende Angaben: Skonto in Euro, Rechnungsbetrag abzgl. Skonto, Datum der Fälligkeit bei Zahlung netto, Datum der Fälligkeit bei Zahlung (zuzüglich 2 Tage) mit Skonto.

Allgemein stehen Rechnungsempfängern viele verschiedene Zahlungsarten zur Verfügung. Je nach Kauf-/Zahlsituation sind evtl. nur bestimmte Zahlungsarten möglich. Folgende Kriterien können bei der Wahl der richtigen Zahlungsart berücksichtigt werden. Eventuell lässt sich mit dem Lieferanten individuell eine bisher nicht einbezogene Zahlungsart vereinbaren.

Kriterien zur Wahl der Zahlungsart:

- Angebot der Zahlungsarten
- Kosten für die Zahlung
- Schnelligkeit der Zahlung
- Einfachheit/Komfort der Zahlung
- Sicherheit der Zahlung
- Anonymität der Zahlung

Insbesondere im Onlinehandel gehen Angebot und Nachfrage an Zahlungsarten stark auseinander, wie das folgende Schaubild zeigt.

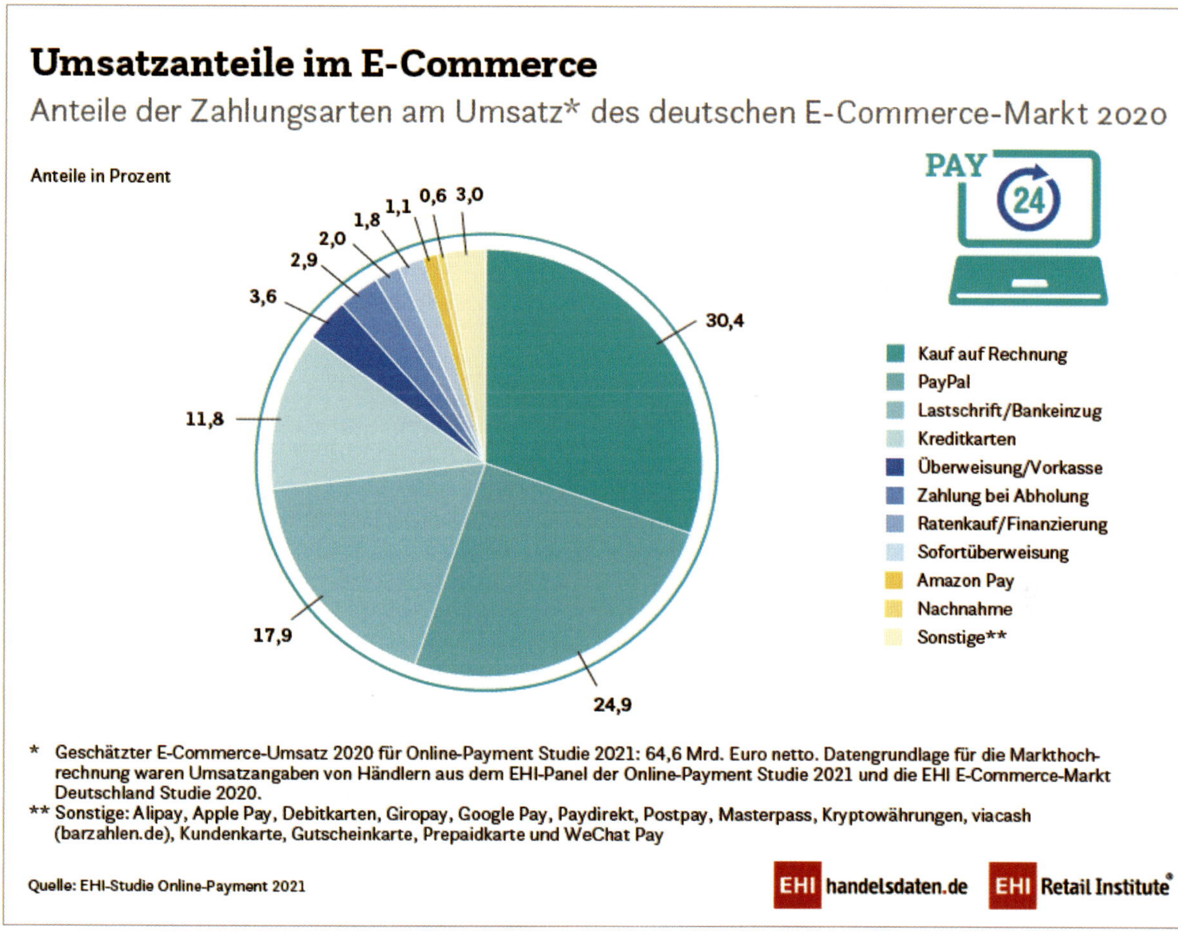

Für Onlinehändler ist das richtige Angebot von Zahlungsarten von großer Bedeutung, da der Kunde bei Fehlen einer gewünschten Zahlungsart den Kaufvorgang abbricht und somit die sogenannte **Konversionsrate** („Erfolgsrate für einen Vorgang“) sinkt. Nach dem o. a. Schaubild ist Kauf auf Rechnung und damit Überweisung bzw. Lastschrift nach Warenlieferung bei den meisten Kunden die bevorzugte Zahlungsart. Bei Händlern steht diese Art der Bezahlung nicht an oberster Stelle. Viele Onlinehändler scheuen sich vor dem Zahlungsausfall und bieten den Kauf auf Rechnung häufig nicht an. Unter **Kostenaspekten** sind für Kunden Lastschrift und Kreditkartenzahlung vorteilhafte Zahlungsarten, da der Lieferer die Kosten übernimmt, evtl. diese aber im Angebot berücksichtigt oder Skonto bzw. Rabatte versagt. Für den Lieferer sind Vorkasse/Barzahlung und Überweisung kostengünstig, Zahlungsarten über Zahlungsvermittler dagegen mit z. T.

hohen Provisionen verbunden. Wer auf **Schnelligkeit** Wert legt, kann die Vor- oder Eilüberweisung bzw. die Zahlung über vom Lieferer angegebene Zahlungsvermittler wählen. Über das Onlinebanking oder ein Onlinezahlungssystem können Zahlungsvorgänge vor Ort und unabhängig von Banköffnungszeiten erledigt werden. Gerade im zunehmenden Handel über mobile Systeme (z. B. Smartphones/Tablet-PCs) und allgemein im Onlinehandel wird **Sicherheit** auf beiden Seiten großgeschrieben, sodass häufig Zahlungsvermittler wie Paypal mit Angeboten zur Absicherung vor Zahlungsausfall und Käuferschutz gewählt werden.

Lieferer dürfen bei Verbrauchern nur dann **Zuschläge** für bestimmte Zahlungsarten verlangen, wenn sie daneben auch eine gängige und zumutbare unentgeltliche Zahlungsart angeboten haben (z. B. Überweisung). Auch dürfen Zuschläge nur die Mehrkosten widerspiegeln, die dem Unternehmer durch die Nutzung der gewählten Zahlungsart entstehen.

Überwiegend für Verbraucher und in Onlineshops sowie verstärkt für Gebrauchsgüter wird auch **Ratenzahlung** angeboten, die eigentlich keine Zahlungsart ist, sondern eine **Finanzierungsart** (Finanzkauf, Teilzahlungskredit, vgl. Kapitel 3.9.7.3).

Unterscheiden kann man Zahlungsarten auch nach der Einbeziehung barer Zahlungsmittel:

Zahlungsarten		
Barzahlung	**Halbbare Zahlung**	**Bargeldlose Zahlung**
Bargeld in Münzen und Noten, Bargeldtransfer über Postbank oder Western Union	Zahlschein Nachnahme Barscheck	Überweisung, Lastschrift, Kredit-, Bank-, Geldkarte, Verrechnungsscheck, Electronic Banking, Onlinebezahlsysteme, mobile Bezahlsysteme

W

Zahlungsartenübersicht	
Zahlungsart	**Besonderheiten, Vor- und Nachteile**
Barzahlung	Bar kann von Hand zu Hand oder Zug um Zug gegen Leistung beglichen werden, ist einfach und schnell erledigt. Mehr als **fünfzig einzelne Münzen** müssen lt. EG-Verordnung bei einer Zahlung mit „Kleingeld" nicht akzeptiert werden. Auch mittelbar kann Bargeld über größere Entfernungen, z. B. per **Expressbrief** von DHL oder per **Bargeldtransfer** von Western Union weitergeleitet werden. Weitere Möglichkeiten sind die Zahlung per **Barscheck** oder die Bareinzahlung auf ein Konto per **Zahlschein.** Auch bei der **Nachnahme** kann Geld bar gezahlt werden. Problematisch ist evtl. die Beweisnotwendigkeit der Zahlung. Soweit durch den Zahlungsempfänger kein Zahlungsbeleg ausgehändigt wird, sollte unbedingt eine **Quittung** gefordert oder ausgestellt werden.
Vorkasse/Vorüberweisung	Der Kunde wird erst beliefert, wenn er vorher bezahlt hat (Vorkasse) bzw. vorher den Rechnungsbetrag überweist. Eine Rücküberweisung seitens des Kunden ist nicht möglich, daher ist diese Zahlungsart für den Lieferer sicher. Bei seriösen Lieferern ist diese Zahlungsart vorzuziehen, da diese auch Vorteile für den Kunden hat. Eventuell bietet der Lieferer zusätzlich Barzahlungsrabatt (Skonto) an und die Lieferung erfolgt evtl. schneller. Die Kosten für die Vorkasse/Überweisung trägt allerdings der Kunde.
Rechnung und Überweisung	Der Kunde erhält die Ware auf Rechnung mit einem Zahlungsziel (z. B. 30 Tage) und hat für eine pünktliche Begleichung der Rechnung und die Überweisungskosten Sorge zu tragen. Für ihn ist dies die sicherste Methode, da er erst nach Erhalt der Ware zahlt. Von Lieferern sollte die Zahlungsart „auf Rechnung" oder „per Überweisung" nur bei (guten) Stammkunden und Behörden angeboten werden, da sonst das Ausfallrisiko zu groß ist. Der Lieferer muss somit Zinsaufwendungen und evtl. Mahnkosten einkalkulieren. Das Ausfallrisiko kann der Lieferer durch Factoring-Unternehmen (z. B. BillSave, BillPay, Klarna) oder durch Bonitätsabfragen (vgl. z. B. creditreform.de) reduzieren. Überweisungen werden per Papierüberweisungsträger oder zunehmend online getätigt, wobei die Kosten für die papierlose Überweisung i. d. R. sehr viel geringer sind. Hierzu benötigt der Kunde einen direkten Zugang zu einem Bankrechner. Nachdem man sich im Onlinesystem der Bank angemeldet hat (**LOGIN**), muss zur Legitimierung eine Benutzerkennung und eine **PIN** (geheime, persönliche Identifikationsnummer) eingeben werden. Jede Überweisung muss man weiterhin

Rechnung und Überweisung	mit einer geheimen **TAN** (Transaktionsnummer) bestätigen. Während man die PIN nur gelegentlich ändert, kann man die TAN nur einmalig verwenden. Eine TAN-Liste wird z. B. von der Bank per Post zugesendet und muss freigeschaltet werden, eine TAN kann aber auch über einen TAN-Generator erzeugt, als optische oder mobile TAN, beispielsweise per SMS, vergeben werden. Wichtig ist auch das Abmelden (**LOGOUT**), da sich ein „Nachnutzer" des Onlinebankingsystems sonst Zugang zum Bankkonto verschaffen kann. Bei Mehrfachüberweisungen können auch ein **Dauerauftrag** für regelmäßig wiederkehrende Zahlungen (z. B. an den Gärtner) oder eine **Sammelüberweisung** für die Zusammenfassung von bis zu 1.000 Einzelüberweisungen zur Kosten- und Arbeitsersparnis infrage kommen. Per **Express- oder Eilüberweisung** kann man gegen zusätzliche Gebühren Geldbeträge viel schneller (Gutschrift i. d. R. am selben Tag) überweisen.
Zahlung per Zahlschein	Ein Formular **„SEPA-Überweisung/Zahlschein"** wird von Lieferern gerne beigefügt, da dort schon wichtige Belegdaten voreingetragen sind und dies somit eine Erleichterung für den Kunden und bei der Zahlungsüberprüfung darstellt. Auch können über den **QR-Code** (Quick Response) Daten einer Überweisung einfach durch Abfotografieren übernommen und das (fehleranfällige) Abtippen gespart werden. Der Zahlschein bietet sich auch an, wenn der Schuldner kein Konto besitzt. Er kann dann per Zahlschein Geld bar bei einer Bank auf ein Konto des Geldempfängers einzahlen. Zusätzliche Entgelte für die Zahlung per Zahlschein können nach EU-Recht untersagt sein, wenn daneben keine zumutbare unentgeltliche Zahlungsart angeboten wird.
Nachnahme	Mit der Nachnahme können Waren und Geldforderungen zuverlässig versendet werden. Versanddienstleister berechnen dafür zusätzlich **Einzugs- und/oder Übermittlungsentgelt** von 2,00 bis über 5,00 €. Der Lieferer füllt Nachnahmepapiere aus und versendet die Ware mit dem Versanddienstleister i. d. R. sofort nach der Bestellung. Der Kunde erhält die Ware und einen Inkassobeleg erst, wenn er den Nachnahmebetrag entrichtet hat. Die Nachnahmesendung kann auch in **Annahmestellen** abgeholt werden. Der Lieferer erhält von dem Versender den Nachnahmebetrag überwiesen. Der Kunde muss zu Hause entsprechend Bargeld bereithalten. Eine Warensendung mit geringem Wert wird durch Nachnahme **erheblich verteuert**. Es ist für den Lieferer eine sichere Zahlungsmethode, da die Ware nur gegen Bezahlung herausgegeben wird. Für den Kunden kann sie auch unsicher sein, wenn er evtl. eine falsche Ware bezahlt.
E-Payment	Auf die wachsende Nachfrage nach elektronischen Bezahlverfahren (E-Payment) haben sich verschiedene Anbieter eingestellt. PayPal hat sich als einer der größten Anbieter etabliert. Bei Einkäufen in Onlineshops ist die Bezahlung per PayPal für registrierte PayPal-Nutzer über das integrierte Zahlungsmodul schnell und einfach möglich, kostet für den Lieferer zwischen ca. 2 % und 10 % des Warenwertes und bietet dafür sichere und schnelle Zahlung für Kunden und Lieferer. Mit PayPal-Express können auch Rechnungen mit einer PayPal-Zahlung ergänzt werden oder mobil über Smartphone bezahlt werden. Weitere Anbieter mit vielen Nutzern im E-Payment-Bereich sind Direktüberweisungsverfahren wie z. B. SOFORT Überweisung oder giropay. giropay ist ein Onlineüberweisungsverfahren im Rahmen des Onlinebankings von Banken und Sparkassen. Sowohl bei giropay als auch bei SOFORT Überweisung erfolgt der Bezahlungsvorgang direkt aus dem Onlineshop bzw. -angebot heraus. Der Zahlvorgang wird, wenn man sich für das Bezahlverfahren registriert hat, schnell ausgeführt und der Lieferant erhält unmittelbar eine Mitteilung, sodass er zügig die Auslieferung veranlassen kann. Immer mehr genutzt wird das mobile und kontaktlose Smartphonebezahlen z.B. mit dem iPhone oder Android-Smartphone. Bezahldienste wie Apple Pay und Google Pay arbeiten dazu mit verschiedenen deutschen Banken zusammen. Deren Kunden können ihre Kreditkarten in der jeweiligen App digital hinterlegen und benötigen zum Einkaufen nur noch ihr Smartphone.
Lastschrift	Der Kunde erlaubt dem Lieferer den Rechnungsbetrag per Lastschrift einzuziehen. Dafür unterschreibt er z. B. bei der Bestellung einen Lastschriftauftrag oder erlaubt online eine Lastschrift. Die Kosten für die Abbuchung trägt somit der Händler. Der Kunde kann beim SEPA-Basis-Lastschriftverfahren diese innerhalb von acht Wochen nach erfolgter Kontobelastung ohne Angabe von Gründen **zurückbuchen** lassen. Illegale Abbuchungen können sogar bis 13 Monate zurückgebucht werden, nachdem die Bank ihren Kunden von dieser Kontobelastung informiert hat. Ist das Konto nicht gedeckt, wird häufig keine Lastschrift ermöglicht. Viele Händler geben im Falle

(Fortsetzung auf folgender Seite)

W

Zahlungsartenübersicht	
Zahlungsart	**Besonderheiten, Vor- und Nachteile**
Lastschrift	der Nichteinlösung einer Lastschrift die Kosten der Rücklastschrift gemäß ihren AGB an den Kunden weiter. Der Kunde sollte seine Kontoauszüge immer überprüfen, da Banken Lastschriften nicht weitergehend kontrollieren. Auch sollte man eine Lastschrift nur dann unterschreiben, wenn man sicher ist, dass die Bank die Lastschrift auch durchführt. Andernfalls können bei einer Rücklastschrift hohe Bank- und Bearbeitungsgebühren die Folge sein.
Kreditkarte	Bekannt sind Kreditkarten weltweit tätiger Kreditkartenunternehmen wie Visa, American Express oder MasterCard. Kreditkarten ermöglichen dem Inhaber eine bargeldlose Zahlung, die i. d. R. einmal im Monat gebündelt abgerechnet wird. Es gibt unterschiedliche Kreditkartentypen, z. B. Prepaid-Karten zum Aufladen, die Typen Credit- bzw. Charge mit Kreditrahmen oder die Debit Card mit Abbuchung vom Girokonto. Verbraucher können zwischen Kreditkarten mit oder ohne Jahresgebühr wählen. Sie erhalten sie für ihr vorhandenes Girokonto. Achtung: Kartenmissbrauch ist möglich, wenn Kunden leichtfertig Kartennummer, Ablaufdatum und dreistellige Prüfziffer anderen zugänglich machen. Der Widerruf einer Kartenzahlung ist nicht möglich. Zum Kreditkartenvergleich siehe Vergleichsportale wie check24.de o. ä. durch Internetrecherche.
Girocard mit Geld-Karte und Giropay	Die Girocard, früher als EC-Karte bezeichnet, ist die verbreitetste Zahlungskarte in Deutschland. Über 100 Millionen Karten existieren in Deutschland und mit über 5 Milliarden Transaktionen vertrauen die Deutschen beim Bezahlen am meisten auf ihre Girocard. Bei einer Girocard-Transaktion (ehemals electronic cash) wird die Bestätigung durch die Eingabe einer PIN (persönliche Identifikationsnummer) bestätigt. Der Händler erhält somit eine Zahlungsgarantie. Eine Girocard-Transaktion erfolgt grundsätzlich mit einer inländischen Karte bei einem inländischem Händler (nationale Transaktion; für grenzüberschreitende Transaktionen: Maestro/Vpay.) Neben der Zahlungsfunktion Girocard/electronic cash existieren auf der eigenen Bank- oder Sparkassenkarte auch noch weitere Zusatzfunktionen, die ein Karteninhaber nutzen kann.
NFC und **mobil**	Seit 2012 kann man diese elektronische Geldbörse nicht nur kontaktbehaftet (Einschieben in ein Kartenlesegerät/-Terminal) nutzen, sondern auch kontaktlos. Es funktioniert nach dem Standard ISO 144443, landläufig auch als **NFC** (Near Field Communication) benannt. Bei dieser Bezahlform hält der Kunde seine Karte nur noch über das Display oder an die Seite des Kartenterminals. Die Transaktion kommt dann kontaktlos zustande (max. Entfernung der Karte < 4 cm).

Zahlungen durchführen

Um Zahlungen durchzuführen, müssen im Onlinebanking Eintragungen in Masken vorgenommen bzw. offline bei halbbarer und bargeldloser Zahlung Zahlungsbelege ausgefüllt werden. Werden an Lieferanten häufig Zahlungen fällig, sind evtl. SEPA-Lastschriftmandate zu erteilen. Einheitliche Regelungen im europäischen Zahlungsraum durch SEPA sollen einen schnellen und kostengünstigen Zahlungstransfer sicherstellen.

W

Mit SEPA (Single Euro Payment Area) werden Überweisungen im europäischen Zahlungsverkehr durch länderübergreifende Vereinheitlichung der Datenformate und Verfahren **einfacher, schneller, sicherer und kostengünstiger**.

Besonderheiten:
- Es gelten zwei Verfahren: die **SEPA-Basis-Lastschrift** und die **SEPA-Firmen-Lastschrift** (hier z. B. kürzere Vorlagefrist und keine Möglichkeit des Widerspruchs).
- Angabe von **IBAN** und **BIC** statt Kontonummer und Bankleitzahl
- **Exaktes Fälligkeitsdatum** für die Kontobelastung im Gegensatz zur nationalen Lastschrift
- **Erstattungsanspruch** bis zu **acht Wochen** ab Belastung – ohne Angabe von Gründen; bei der SEPA-Firmen-Lastschrift entfällt dieser Erstattungsanspruch.
- **SEPA-Lastschriftmandat** für den Einzug erforderlich
- Gläubiger-Identifikationsnummer des Einreichers und die Mandatsreferenz erhöhen die **Transparenz.**
- Einreicher können Lastschriften **nicht mehr direkt einziehen**, sondern müssen sie unter Berücksichtigung einer Vorlaufzeit – abhängig vom Status des SEPA-Lastschriftmandats – einreichen.

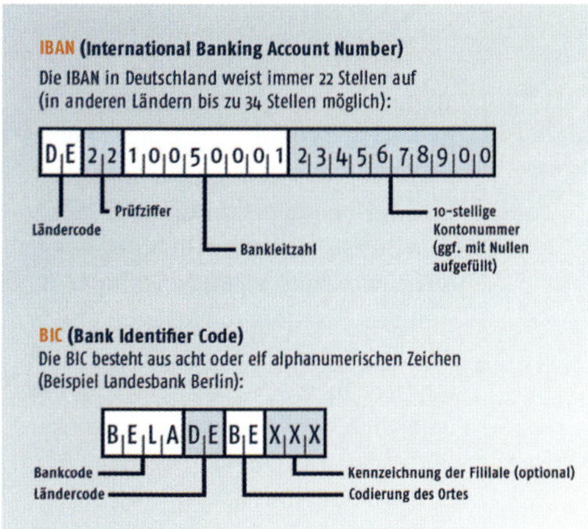

Weitere Informationen z. B. über iban.de, iban-rechner.de, zahlungsverkehrsfragen.de

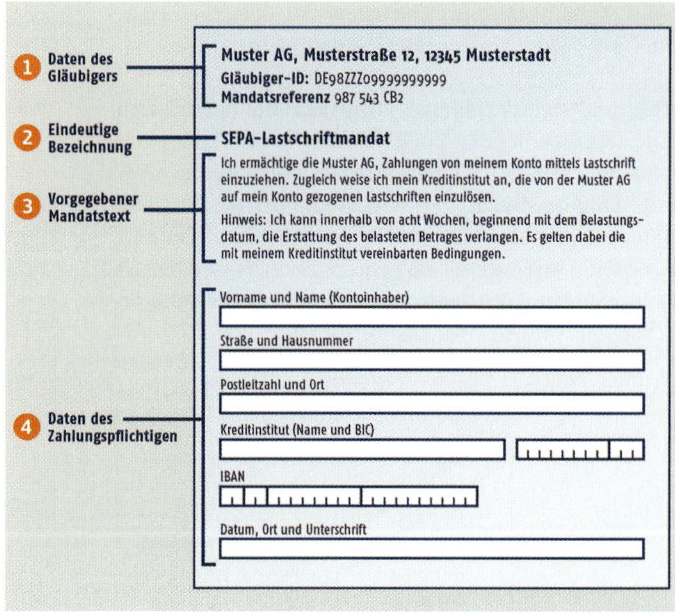

Aufgaben

1. Welche Zahlungsart verbirgt sich dahinter?
   a) Sie laden auf Ihre Karte bei der Sparkasse 80,00 € auf.
   b) Sie holen sich im Zeitschriftengeschäft eine Telefonkarte, mit der Sie auch bezahlen können.
   c) Sie wollen, dass der Kunde die Ware als Zug-um-Zug-Leistung bezahlt.
   d) Sie können im Internet einen Kleinbetrag durch Anruf einer Telefonnummer bezahlen.
2. Welche Zahlungsart würden Sie im Internet bevorzugt erwarten?
   a) Sie wollen ein Referat für 3,00 € downloaden.
   b) Sie haben einen Computer für 400,00 € ersteigert und der Besitzer verlangt den Kaufpreis vor der Lieferung (Versand).
   c) Sie kaufen im Shop Bücher für 35,00 €.
   d) Sie wollen einen Infodienst für Klassenarbeiten im Internet anbieten.
   e) Sie sind guter Kunde bei der XY-Einkaufs-AG.
   f) Sie wollen nur ein kleines Elektronikteil über den Versand kaufen.
3. Ordnen Sie die Zahlungsarten nach folgenden Aspekten zu:
   a) Sie wollen möglichst anonym bezahlen.
   b) Sie wollen kontaktlos und nicht bar bezahlen.
   c) Sie wollen eine Ware mit wenig Verlustrisiko kaufen.
   d) Sie wollen möglichst schnell das Geschäft tätigen.

3.12.3 Zahlungsschwierigkeiten

3.12.3.1 Zahlungsverzug

S

In der Debitorenbuchhaltung wird festgestellt, dass es um die Zahlungsmoral einiger Kunden nicht zum Besten bestellt ist. Im letzten Jahr musste ACI nach Berechnungen der Buchhaltung ca. 10.000,00 € Zinsverluste und 80.000,00 € Forderungsverluste in Kauf nehmen. Eine Mitarbeiterin ist ganztägig nur mit dem Zahlungsverkehr der Kunden beschäftigt. Der Zahlungsverkehr soll daher auf den Prüfstand gestellt werden.

Die Zahlungsmoral in Deutschland sinkt. Firmen und Privatleute lassen sich beim Zahlen offener Rechnungen immer mehr Zeit. Nach einer Studie ist der durchschnittliche Zahlungsverzug in den vergangenen zwei Jahren von rund acht Tagen auf mehr als 15 Tage gestiegen. Jede dritte Rechnung wird nicht pünktlich bezahlt, ermittelte die Wirtschaftsauskunftei Creditreform. Eine schlechte Zahlungsmoral und schleppende Rechnungseingänge sind Hauptgründe für die steigende Zahl von Firmenpleiten und bundesweiten Insolvenzen.

Nach § 270 Abs. 1 BGB wird die Geldschuld als **Schickschuld** eingestuft, der Schuldner hat das Geld somit auf eigene Kosten und Gefahr dem Gläubiger zu übermitteln. Damit hat der Schuldner ohne Zahlungstermin das Geld umgehend zu überweisen und bei Vorliegen eines Zahlungstermins spätestens zu diesem Termin die Überweisung bei der Bank einzureichen.

Aufgrund einer Zahlungsverzugsrichtlinie der EG und eines entsprechenden EuGH-Urteils ist für Zahlungen beim **beidseitigen Handelsgeschäft** die Zahlung aber nur dann rechtzeitig erfolgt, wenn der geschuldete Betrag dem Konto des Gläubigers spätestens am Fälligkeitstag gutgeschrieben wurde. Im B2B-Bereich ist Geldschuld somit **Bringschuld**, d. h., die Geldschuld ist schon am Wohnsitz des Erbringers zu erfüllen.

W

Zahlungsverzug	
Voraussetzungen	▪ **Fristüberschreitung** des Fälligkeitstermins ▪ **Ohne Mahnung** entsteht Verzug, wenn der Termin **kalendermäßig bestimmbar** oder ein Ereignis vorausgegangen ist, dass kalendermäßig bestimmbar ist (z. B. 2 Wochen nach Rechnungsdatum) oder der Käufer die **Zahlung verweigert.** ▪ Automatischer Zahlungsverzug tritt ein, wenn **nicht innerhalb von 30 Tagen nach Fälligkeit und Zugang der Rechnung gezahlt** wird. Wenn der Zeitpunkt nicht feststellbar ist, gilt Verzug spätestens **30 Tage nach Fälligkeit und Empfang der Gegenleistung.** Der **Verbraucher** muss auf die 30-Tage-Frist besonders **hingewiesen** worden sein. ▪ **Mit Mahnung** nach Fristüberschreitung entsteht Verzug, wenn der Termin kalendermäßig nicht bestimmbar ist. ▪ **Verschulden** (Vorsatz, Fahrlässigkeit) muss gegeben sein. Unterbleibt die Leistung durch einen Umstand, den der Kunde nicht zu vertreten hat, kommt er nicht in Verzug (§ 286 BGB).
Rechte des Lieferers	Ohne neue Fristsetzung: ▪ Der Verkäufer besteht auf nachträgliche **Erfüllung** des Kaufvertrages. ▪ **Schadensersatz** wegen Pflichtverletzung (z. B. Kommunikationskosten, Verzugszinsen; §§ 280, 433 BGB) Mit neuer Fristsetzung: ▪ **Rücktritt** vom Vertrag (Kunde muss Leistung zurückgeben) ▪ **Schadensersatz statt Zahlung** vom Kunden fordern (§§ 281, 323 BGB)
Verzugszinsen	Der Verzugszinssatz beträgt für das Jahr **fünf Prozentpunkte über dem Basiszinssatz.** Bei Rechtsgeschäften, an denen ein **Verbraucher nicht** beteiligt ist, beträgt der Zinssatz für Entgeltforderungen **neun Prozentpunkte** über dem Basiszinssatz. Der Gläubiger kann aus einem anderen Rechtsgrund (z. B. weil er selbst höhere Zinsen zu tragen hat) höhere Zinsen verlangen. Die Geltendmachung eines weiteren Schadens ist nicht ausgeschlossen. Zinseszinsen dürfen nicht genommen werden (§ 288 f. BGB). Der Basiszinssatz wird zu festgesetzten Zeitpunkten von der Deutschen Bundesbank festgelegt, vgl. www.bundesbank.de. **Berechnung der Tage:** Die **deutsche Zinsmethode** sieht vor, dass jeder Monat mit **30** und ein gesamtes Jahr mit **360 Zinstagen** gerechnet wird. Endet die Frist Ende Februar, so wird für diesen Monat taggenau gerechnet. Beispiele: 01.01.–20.03. = 80 Tage; 01.01.–28.02. = 58 Tage

Aufgaben

1. In nachfolgender Übersicht werden verschiedene Zahlungsmethoden angesprochen. In welchen Fällen kann es überhaupt zum Zahlungsverzug bzw. zu Zahlungsproblemen für den Lieferer kommen?

Zahlungsmethoden
▪ **Vorauszahlung:** Gesamter Kaufpreis ist vor der Lieferung zu entrichten. ▪ **Anzahlung:** Ein Teilbetrag ist vor der Lieferung zu entrichten. ▪ **Barzahlung:** Die Zahlung erfolgt bei Lieferung Zug um Zug. ▪ **Zielkauf:** Zahlung nach Lieferung in einer Summe innerhalb der genannten Frist (Zahlungsziel) ▪ **Ratenkauf:** Zahlung in Teilbeträgen zu bestimmten Zahlungsterminen ▪ **Kommissionsgeschäft:** Der Kommissionär bezahlt bis zu einem bestimmten Termin die Kommissionsware oder gibt sie in einwandfreiem Zustand zurück.

2. Geben Sie an, ob Zahlungsverzug eingetreten ist.
   a) Es ist der 18.04. und auf der Rechnung mit Rechnungsdatum 12.04. steht: Zahlbar innerhalb von 14 Tagen ab Rechnungsdatum abzgl. 3 % Skonto, innerhalb 30 Tagen netto.
   b) Es ist der 11.04. und auf der Rechnung steht: zahlbar bis zum 11.04.
   c) Es ist der 11.04. und auf der Rechnung steht: zahlbar bis zum 05.03.
   d) Es ist der 28.02. und auf der Rechnung steht: zahlbar bis Ende Februar.
   e) Es ist der 28.02., die Rechnung wurde am 10. Februar versendet und auf der Rechnung steht: Zahlbar innerhalb von 14 Tagen.
   f) Es ist der 20.03., die Rechnung wurde am 20. Februar versendet (Vermerk: Zahlbar innerhalb von 7 Tagen netto), eine Mahnung wurde am 10. März mit einer Zahlungsaufforderung und einer Fristsetzung „Zahlbar bis zum 15. März." versendet.
   g) Der Kunde erhielt die Rechnung mit dem Zahlungshinweis „Zahlbar bis zum 15. März netto". Die Zahlung wurde jedoch durch einen Fehler der Bank nicht auf das Konto des Lieferers überwiesen, sondern wurde erst 3 Wochen später dem Kunden wieder gutgeschrieben.
   h) Der Kunde hatte zwar die Zahlung drei Tage vor Zahlungstermin per Banküberweisung angewiesen, die Bank hatte jedoch die Überweisung mangels Kontodeckung nicht ausgeführt.
   i) Es ist der 01.03. und auf der Rechnung steht: „Zahlbar bis Ende Februar."
   j) Die Rechnung trägt das Rechnungsdatum 15.02. Die Ware wurde am 12.02. geliefert. Ein Zahlungstermin ist nicht genannt (Zahlbar sofort rein netto). Es ist bereits der 20.03.

3. Welches Recht würden Sie bei Zahlungsverzug wahrnehmen?
   a) Sie haben für einen guten Kunden 10 Computer geliefert.
   b) Sie haben einem Kunden 30 Monitore geliefert und hören nun, dass er kurz vor der Zahlungsunfähigkeit (Insolvenz) steht.
   c) Ein Kunde hat schon einmal Probleme bei der Zahlung bereitet. Nun ist wieder eine Rechnung in Höhe von 8.000,00 € offen und die Zahlungsfrist seit 3 Wochen abgelaufen.
   d) Ein neuer Kunde hat eine Rechnung für Computer in Höhe von 4.000,00 € nicht bezahlt und soll die 2. Mahnung erhalten.

4. Sie erhalten den Auftrag, in einigen Verzugsfällen die Zinstage nach der deutschen Zinsmethode zu berechnen:
   a) Fälligkeit: 15.03., Zahlungstermin: 12.04.
   b) Fälligkeit: 15.02., Zahlungstermin: 15.04.
   c) Fälligkeit: 10.06., Zahlungstermin: 02.07.
   d) Fälligkeit: 28.12., Zahlungstermin: 02.02.
   e) Fälligkeit: 01.09., Zahlungstermin: 05.10.
   f) Fälligkeit: 18.05., Zahlungstermin: 14.08.

5. Berechnen Sie bei einem Rechnungsbetrag von 8.000,00 € die Verzugszinsen zzgl. eines Bearbeitungsaufschlages von 2,50 € entsprechend dem BGB und dem Basiszinssatz der Bundesbank. Basiszinssatz: 0,50 %.
   a) Verbraucher, 17 Tage
   b) Unternehmer, 17 Tage
   c) Verbraucher, 28 Tage
   d) Unternehmer, 36 Tage
   e) Verbraucher, 52 Tage
   f) Unternehmer, 62 Tage

Basiszinssatz W

Im Bundesanzeiger wird der aktuelle Stand des Basiszinssatzes veröffentlicht. Dazu ist die Deutsche Bundesbank nach § 247 Abs. 2 BGB verpflichtet. Gültig ab dem 1. Juli 2021 ist der aktuelle Stand mit –0,88 %.

Quelle: https://basiszinssatz.de

3.12.3.2 Erinnerungs- und Mahnschreiben

S Bei ACI soll überprüft werden, welche Möglichkeiten bestehen, besser und schneller noch ausstehende Zahlungen hereinzuholen.

Manche Unternehmen erstellen vor der ersten Mahnung ein **Erinnerungsschreiben**, in dem sie freundlich auf den Ablauf der Zahlungsfrist hinweisen und eine neue Frist setzen. Erst nach dem Erinnerungsschreiben folgt dann das erste **Mahnschreiben**. Ein Mahnschreiben sollte deutlich auch den **Mahnstatus** (z. B. 1. Mahnung) enthalten. **Rechtlich** gesehen ist nur **eine** einzige Erinnerung bzw. Mahnung notwendig, wenn der Zahlungsverzug **nicht** schon durch einen **kalendermäßig** bestimmbaren Termin eingetreten ist. In diesem Fall könnte theoretisch auch gleich das gerichtliche Mahnverfahren (**Mahnbescheid** oder **Klageverfahren** vor dem Amtsgericht) eingeleitet werden. Ist der Schuldner **zahlungsunwillig** oder sind die **Ansprüche umstritten**, ist von vornherein das **Klageverfahren** zu prüfen.

Mahnwesen bei ACI	
Mahnstufe 1	**Zahlungserinnerung** Sehr geehrte Damen und Herren, sicher haben Sie übersehen, dass die auf dem Kontoauszug aufgeführten Rechnungen fällig sind. Wir bitten Sie deshalb um Überweisung offener Rechnungen bis zum .... Wir hoffen auf eine weiterhin gute Geschäftsverbindung. Mit freundlichen Grüßen
Mahnstufe 2	**1. Mahnung** Sehr geehrte Damen und Herren, wir hatten Ihnen am ...... mit Rechnung Nr. .. Waren im Wert von .... € geschickt. Die Rechnung sollte bis zum ... beglichen sein. In einer Zahlungserinnerung hatten wir Ihnen den ...... als neuen Zahlungstermin genannt. Wir bitten Sie um Überweisung bis zum ... . Wir hoffen auf eine weiterhin gute Geschäftsverbindung. Mit freundlichen Grüßen
Mahnstufe 3	**2. Mahnung** Sehr geehrte Damen und Herren, leider konnten wir nach unserer Zahlungserinnerung vom ..... und der 1. Mahnung vom .... bis heute noch keinen Zahlungseingang der fälligen Rechnung feststellen. Wir können uns Ihr Verhalten nicht erklären und setzen Ihnen hiermit eine weitere Nachfrist bis zum ..... Verzugszinsen von 8 % p. a. und eine Bearbeitungspauschale von 2,50 € stellen wir Ihnen nach Zahlungseingang gesondert in Rechnung. Sollten bis zu diesem Termin die Rechnungen nicht vollständig beglichen sein, werden wir per Mahnbescheid das gerichtliche Mahnverfahren einleiten. Wir weisen auf den ausdrücklichen Eigentumsvorbehalt in unseren Geschäftsbedingungen hin. Wir bitten um Verständnis für diese Vorgehensweise. Mit freundlichen Grüßen
Gerichtliches Mahnverfahren	Der **Mahnbescheid** ist auf einem Vordruck (im Schreibwarengeschäft erhältlich) oder online (z. B. über www.mahngerichte.de) inkl. Verzugszinsen usw. auszufüllen und beim **Amtsgericht** einzureichen. Das Amtsgericht erlässt den Mahnbescheid und stellt ihn dem Schuldner zu, ohne dessen Rechtmäßigkeit zu überprüfen. Der Schuldner hat **drei Möglichkeiten:** ▪ Er zahlt. Das Verfahren ist damit beendet. ▪ Der Schuldner erhebt innerhalb von 14 Tagen Einspruch. Auf Antrag einer der Parteien kann daraufhin eine mündliche Gerichtsverhandlung angesetzt werden. ▪ Er reagiert nicht. Der Gläubiger kann dann nach 14 Tagen einen Vollstreckungsbescheid beantragen. Wenn der Gläubiger keinen Einspruch einlegt und damit keine mündliche Verhandlung notwendig wird, kann nach der Einspruchsfrist die Zwangsvollstreckung durch einen Gerichtsvollzieher durchgeführt werden. Als **Gerichtskosten** fallen bei einer Forderungssumme von bis zu 1.000,00 € ca. 36,00 €, bei 10.000,00 € ca. 133,00 € Gerichtsgebühren an. Geht das Verfahren in ein Gerichtsverfahren über (Einspruchsfall), werden weitere Gebühren fällig (vgl. www.mahnung-online.de). Der Gläubiger muss bei Antrag eines Mahnbescheides mit den Gebühren in **Vorkasse** gehen. Zusätzlich fallen möglicherweise noch Rechtsanwaltskosten an.

Verzugs-schäden und Einziehungs-kosten	Typische Kosten im Sinne von Verzugsschäden sind: ▪ Kosten für Mahnschreiben nach Eintritt des Verzuges (gerichtlich anerkannt sind hier 2,50 €/ Mahnung) ▪ Sonstige Portokosten ▪ Verzugszinsen ▪ Kosten für einen beauftragten Rechtsanwalt ▪ Gerichtskosten für den Mahnbescheid Erstattungsfähig sind entsprechende Kosten jedoch nur, wenn sie dem Verzug des Schuldners **direkt** zugerechnet werden können. Während die Kosten für die Tätigkeit von unternehmenseigenen Mitarbeitern für die Eintreibung von Forderungen nicht als Verzugsschaden geltend gemacht werden, sind die mit der Beauftragung eines Rechtsanwaltes entstehenden Kosten erstattungsfähig.
Weitere Möglichkeiten	▪ **Persönliche Kontakte** (über Mitarbeiter) wahrnehmen und Kunden auf den Zahlungsverzug ansprechen, eventuell Teilzahlung oder Ratenzahlung vereinbaren ▪ **Telefonisch** erkundigen, warum es zum Zahlungsverzug gekommen ist ▪ **Inkassounternehmen** beauftragen ▪ Lieferungen an den Kunden nur noch gegen **Vorkasse** oder **Barzahlung (Nachnahme)** vornehmen ▪ **Lieferungen** an den Kunden **einstellen** ▪ Zukünftig verstärkt **Bonitätsprüfung** durchführen und Ergebnis beachten (vgl. Kapitel 9.7.1)
Sonstige Hinweise	Je **persönlicher** die Erinnerungsschreiben sind, umso mehr finden sie Beachtung. Es kann auch vorkommen, dass der Kunde behauptet, er habe die **Mahnung nicht erhalten.** Daher ist z. B. eine persönliche Übergabe der Mahnung, Quittierung der Mahnung durch den Schuldner oder Versendung per Einschreiben zu erwägen. Wenn automatisch (ohne Mahnung) der Zahlungsverzug eintritt, ist **rechtlich keine Mahnung** notwendig. Es kann auch gleich der **Mahnbescheid** oder die **Klage** angegangen werden.

Aufgaben

Entscheiden Sie bei Zahlungsverzug zwischen persönlichem oder telefonischem Gespräch mit dem Kunden sowie Erinnerungsschreiben, Mahnbrief, Mahnbescheid oder Klageverfahren vor dem Amtsgericht:

a) Ein guter Kunde hat eine Rechnung 20 Tage nach Fälligkeit noch nicht bezahlt.

b) Ein neuer Kunde hat eine Rechnung 20 Tage nach Fälligkeit noch nicht bezahlt.

c) Wir haben für einen Kunden 100.000 Prospekte hergestellt. Der Großauftrag wurde 5 Tage nach der Fälligkeit noch nicht bezahlt.

d) Ein Stammkunde hat sowohl das Erinnerungsschreiben als auch die 1. und 2. Mahnung verstreichen lassen und nicht gezahlt.

e) Ein neuer Kunde hat sowohl das Erinnerungsschreiben als auch die 1. und 2. Mahnung verstreichen lassen und nicht gezahlt.

f) Mit einem Kunden hatten wir jedes Mal Ärger. Nun hatte er erneut Kleinigkeiten an der Ausführung der Arbeiten zu bemängeln und hat die Rechnung über 6.000,00 € wieder nicht innerhalb der Zahlungsfrist beglichen.

g) Ein Stammkunde hat auf ein Erinnerungsschreiben 2 Wochen nach der erneuten Zahlungsfrist noch nicht überwiesen.

3.12.4 Eigentumsvorbehalt und Gerichtsstand

S

Anna hat gehört, dass man sich mit einem Eigentumsvorbehalt vor Verlusten schützen kann, wenn Kunden nicht zahlen.

Der Verkäufer kann sich das Eigentum, d. h. die rechtliche Verfügungsgewalt über seine Ware, auch vorbehalten, wenn er die Sache bereits an den Kunden geliefert hat und der Kunde damit Besitzer (mit tatsächlicher Verfügungsgewalt) geworden ist.

W

Eigentumsvorbehalte	
Eigentum	Rechtliche Verfügungsgewalt über eine Sache, z. B. als Vermieter, Leasinggeber.
Besitz	Tatsächliche Verfügungsgewalt über eine Sache, z. B. als Vermieter und Leasingnehmer.
Eigentum und Besitz	Rechtliche und tatsächliche Verfügungsgewalt, z. B. ein Kunde hat einen PC bezahlt und nutzt ihn auch.

(Fortsetzung auf folgender Seite)

W

Eigentumsvorbehalte

Voraussetzungen für den einfachen Eigentumsvorbehalt	• Der Verkäufer hat im Kaufvertrag den Rücktritt vom Kaufvertrag und die Rückforderung der Ware durch den Satz vorbehalten: **„Die Ware bleibt bis zur vollständigen Bezahlung des Kaufpreises unser Eigentum.“** • **Verspätung der fälligen Geldforderung** und das erfolglose **Verstreichen** einer **Nachfrist** (§§ 323, 449 BGB) Der einfache Eigentumsvorbehalt ist sowohl gegenüber **Unternehmern** als auch gegenüber **Verbrauchern** möglich. Der Käufer wird nur Besitzer der Sache (tatsächliche Verfügungsgewalt), nicht Eigentümer (rechtliche Verfügungsgewalt). Der Insolvenzverwalter muss im Insolvenzfall die so geschützten Waren aussondern.
Einschränkungen zum einfachen Eigentumsvorbehalt	Der einfache Eigentumsvorbehalt erstreckt sich auf die verkaufte, unter Eigentumsvorbehalt **gelieferte Sache.** Das **Eigentum erlischt,** wenn die Sache vom Käufer an einen **gutgläubigen Dritten weiterveräußert** oder **verarbeitet** wurde, mit einem **Grundstück fest verbunden,** einer **beweglichen Sache verbunden** oder **vermischt** wird und damit einen anderen Eigentümer erhält (§§ 932, 946, 947, 948, 950 BGB).
Verlängerter Eigentumsvorbehalt	Der Verkäufer vereinbart mit dem Käufer verlängerte Rechte. • Die **Forderungen,** die bei einem **Weiterverkauf** entstehen, werden an den (ursprünglichen) Verkäufer abgetreten. • Der **Verkäufer** wird **anteilsmäßiger Eigentümer,** wenn die verkaufte Sache **weiterverarbeitet** wurde. Der Käufer darf die Ware nur unter dem Hinweis des Eigentumsvorbehaltes weiterverkaufen. Der verlängerte Eigentumsvorbehalt ist **nur gegenüber Unternehmern** möglich.
Erweiterter Eigentumsvorbehalt	Die Parteien vereinbaren, dass das Eigentum an der verkauften Sache erst dann auf den Käufer übergeht, **wenn alle Forderungen (Kontokorrentvorbehalt)** beim Käufer **erfüllt** sind. Der erweiterte Eigentumsvorbehalt ist **nur gegenüber Unternehmern** möglich.

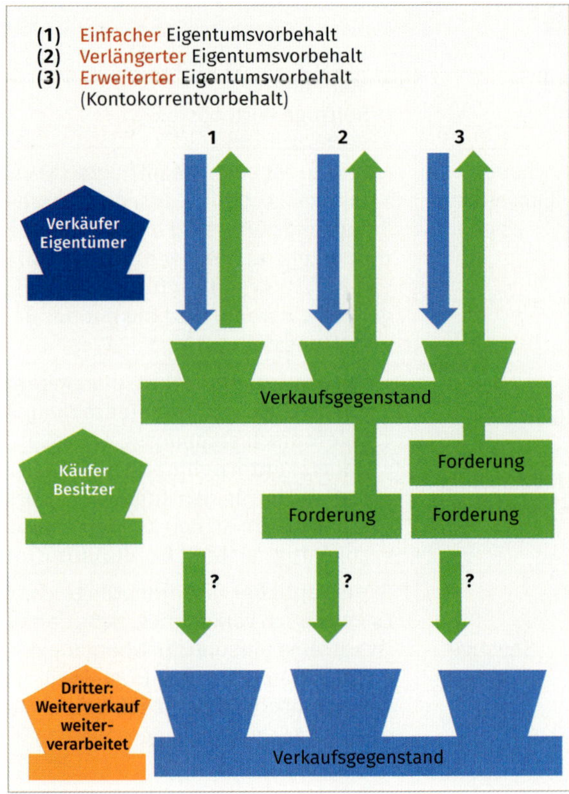

Aufgaben

1. Was ist richtig, was ist falsch?
   a) Der Verkäufer ist in jedem Fall so lange Eigentümer einer Sache, bis der Kunde die Sache vollständig bezahlt hat.
   b) Mit einem Eigentumsvorbehalt wird der Käufer einer Sache Eigentümer, jedoch kein Besitzer.
   c) Einen Eigentumsvorbehalt kann der Verkäufer nicht gegenüber Verbrauchern vereinbaren.
   d) Damit der Eigentumsvorbehalt und damit die Herausgabe der Ware ausgeübt werden kann, muss abgewartet werden, ob der Kunde trotz Nachfrist immer noch nicht zahlt.
   e) Wenn der Kunde Komponenten eingebaut hat, erlischt der einfache Eigentumsvorbehalt.
   f) Beim erweiterten Eigentumsvorbehalt kann der Verkäufer vom Käufer die Sache wieder herausfordern, wenn der Käufer an den Verkäufer trotz Nachfrist keine ihm zustehenden Zahlungen leistet.
2. Zusatzaufgabe:
   Überprüfen Sie Ihr Wissen zum Lerngebiet „Markt und Kunden“ und bearbeiten Sie dazu den Test im Arbeitsheft.

AH

Gerichtsstand

Durch die Festlegung des Erfüllungsortes wird auch der Gerichtsstand festgelegt. Dieser wird durch die ZPO (§§ 12–19) bestimmt. Der Leistungsort bzw. Erfüllungsort wird in den §§ 269 und 270 BGB geregelt. Allgemeiner Gerichtsstand ist derjenige, der für alle Klagen gilt, soweit nicht im Einzelfall ein besonderer oder ausschließlicher Gerichtsstand bestimmt ist. Die wichtigsten Regelungen sollen aus folgender Übersicht deutlich werden.

Hat zum Beispiel die ACI GmbH in Hamburg einen mangelhaften Server an die XANTIA AG nach Frankfurt geliefert, muss diese die ACI GmbH in Lüneburg verklagen. Zahlt die XANTIA AG nicht, muss die ACI GmbH in Frankfurt Klage erheben, soweit die Vertragspartner (hier zweiseitiger Handelskauf, da Kaufleute) vertraglich nicht andere Gerichtsstände vereinbart haben.

W

Gerichtsstand	
Gesetzliche Regelung	
Für Ware Holschuld	Wohn-/Geschäftssitz des Verkäufers
Für Geld Schickschuld	Wohn-/Geschäftssitz des Käufers
Vertragliche Regelung (nur zweiseitiger Handelskauf)	
Für Ware und Geld	i. d. R. Geschäftssitz des Verkäufers in den AGB

3.13 Digitalisierung in Beschaffungsbereichen

S

Bei ACI soll eine Tagung zur Digitalisierung in Beschaffungsbereichen vorbereitet werden.

Mitarbeiter mit einer Ausbildung in IT-Berufen werden einerseits in Unternehmen eingesetzt, die andere Unternehmen und Organisationen in IT beraten, ausstatten und laufend betreuen. Andererseits sind Mitarbeiter mit dieser Ausbildung selbst auch in IT-Abteilungen und in Fachabteilungen der Unternehmen und Organisationen mit höheren IT-Anforderungen beschäftigt. Die folgende Übersicht stellt einige Arbeitsschwerpunkte in Beschaffungsbereichen und Services heraus.

Während Unternehmen und Organisationen seit Beginn der EDV eine zunehmende Digitalisierung der Datenverarbeitung angestrebt haben, ist mit der Einsicht der Vorteile einer weitergehenden Digitalisierung in allen Unternehmen und Organisationen eine verstärkte digitale Transformation im Gange, möglichst viele laufende Geschäftsprozesse per IT zu managen. In den letzten Jahren hat man erkannt, dass man ganz neue Kundenerlebnisse und Produkte und viel größeres Wertschöpfungspotenzial erschließen kann, wenn man nicht nur die vorhandenen Prozesse digitalisiert, sondern ganz neue Prozesse und Vernetzungen intern und mit Partnern erreicht. Hierbei nimmt die globale Vernetzung über Cloudsysteme eine wichtige Rolle ein.

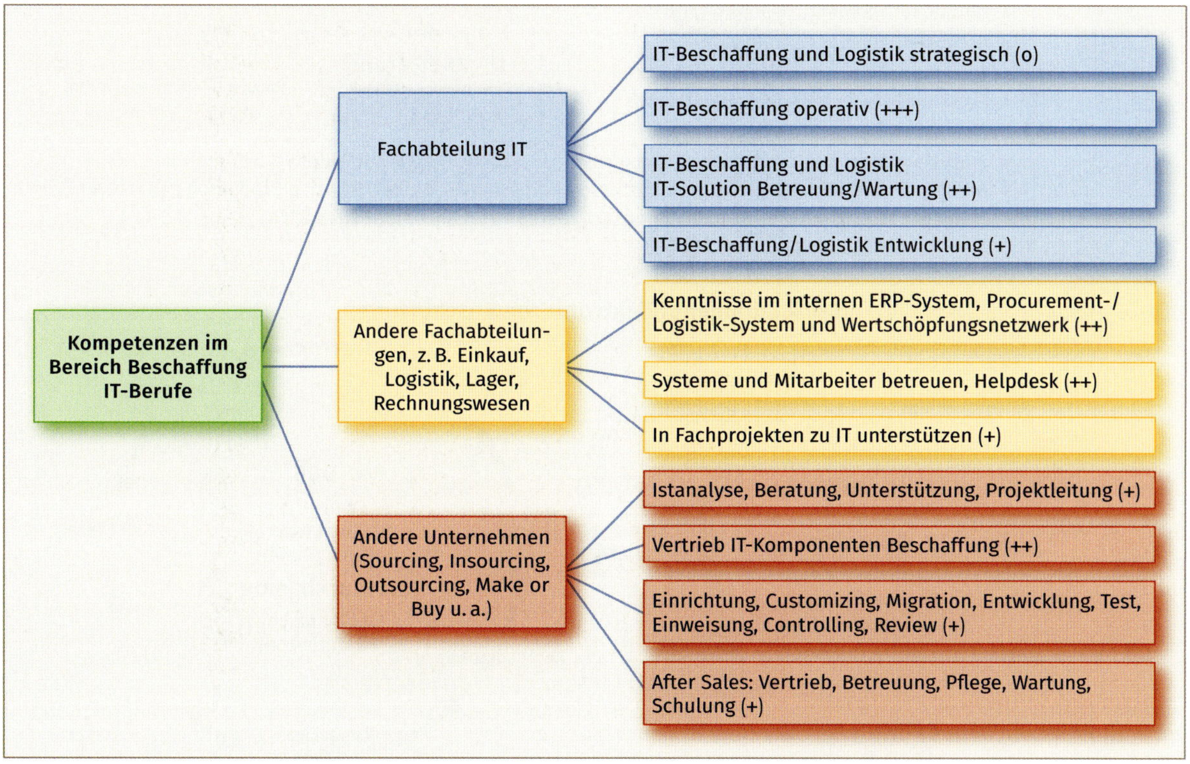

o bis +++ bzw. gering bis hoch: Hinweis auf Relevanz in der Ausbildung IT-Berufe oder Berufseinstieg

Die Bemühungen der Digitalisierung, von Outsourcing bis hin zu disruptiven (völlig neuartigen) Veränderungen, werden in Einkauf und Beschaffung von Gütern und Dienstleistungen als besonders wichtig angesehen. Früher wurde immer der Leitspruch „Im Einkauf steckt der Gewinn!“ zitiert, um die Bedeutung des Einkaufs herauszustellen. Heute bemüht man sich, die Wertschöpfungskette von den Kundenbedürfnissen im Marketing über die Beschaffung, die Produktion, den Vertrieb und die Kundenbetreuung ganzheitlich, neu und digital auszurichten. Dabei hat man erkannt, dass der Beschaffungsbereich ein wichtiger Schlüssel zum Gesamterfolg des Unternehmens ist. Beschaffung wird daher neu in Richtung von Beschaffung in Wertschöpfungspartnerschaften digital entwickelt. In diesem Sinn nimmt die strategische Bedeutung im Beschaffungswesen eine wesentlich größere Rolle ein.

W

Bedeutung der Digitalisierung	
Digitalisierung	Veränderungsprozess, analoge Prozesse und Daten zukünftig digital zu verarbeiten
Digitale Transformation	Umsetzungsprozess, Wirtschafts- und Geschäftsprozesse mit ihren Kundenerwartungen digital zu betreiben und zu managen.
Digitale Disruption	Erweitert; gegenüber Digitalisierung und digitale Transformation werden Geschäftsmodelle, -bereiche, -prozesse oder Kundenanforderungen auf ganz andere Weise (z. B. über digitale Plattformen) betrieben.

Chancen der Digitalisierung, z. B.:

- Bessere Informationen über Lieferanten, Produkte, Statusdaten, Prozessdaten, Wechselwirkungen mit anderen Einflussfaktoren etc.
- Bessere Transparenz der beteiligten Mitarbeiter
- Bessere und schnellere Entscheidungsfindung
- Effizientere Geschäftsmodelle durch digitalisierte Kooperationen und Plattformen
- Geringere Fehler-/Ausschussquote
- Bessere Auslastung der Anlagen und Systeme
- Gezielterer Ressourceneinsatz und effizienterer Ressourcenverbrauch
- Statt Massenprodukte können individualisierte Produkte hergestellt/geliefert werden
- Bessere Qualität durch effizientere Prozesse und besseres QM, bei digitalen Produkten gehen Grenzkosten gegen Null (d. h., ein zusätzlicher Absatz kostet fast nichts mehr zusätzlich)

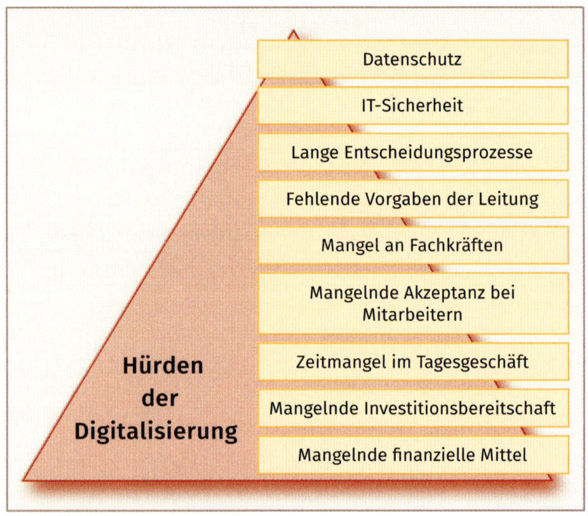

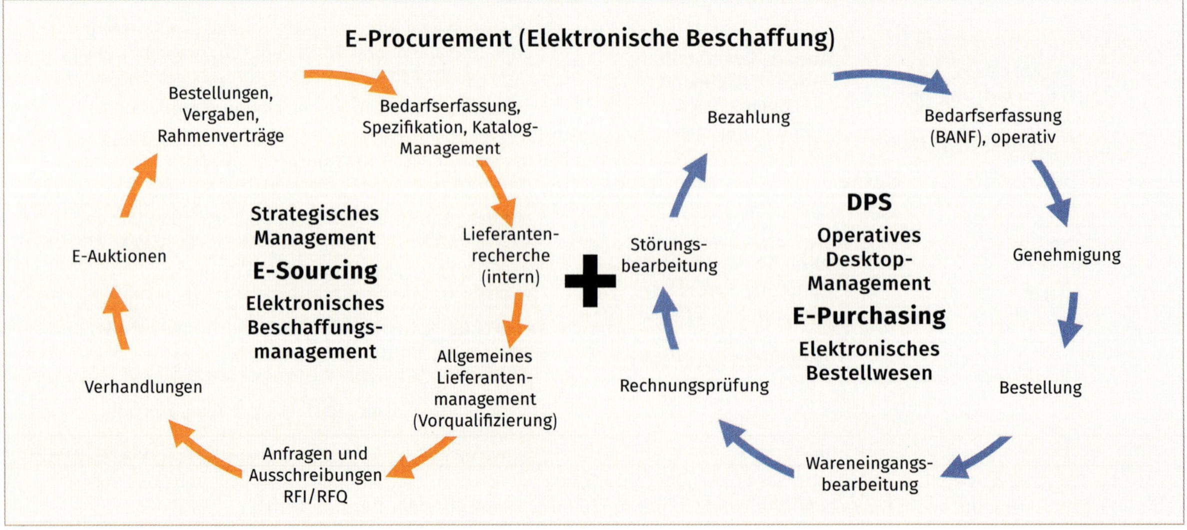

Verlagerung der Aufgaben und Anforderungen		
Früher: Einkauf als „Bestellwesen"		Heute: Einkauf als „Wertschöpfungspartner"
Schwerpunkt: Einkauf von Leistungen zur Schopfung von Kosten-, Qualitats-, Innovationspotenzial	Verschiebung der Prioritäten	**Schwerpunkt:** Einkauf von Leistungen zur Schöpfung von Kosten-, Qualitäts-, Innovationspotenzial **Neue Anforderungen:** ▪ Lieferantenmanagement ▪ Schnittstellen- und Prozessmanagement ▪ Wertschöpfung und Selbstmarketing ▪ Kompetenter Verhandlungs- und Ansprechpartner für interne sowie externe Partner
Schwerpunkt: ▪ Administrative Prozesse ▪ Organisation ▪ Disposition ▪ Durchführung/Abwicklung von Bestellungen		**Schwerpunkt:** ▪ Professionelle Prozessabwicklung ▪ Beherrschung effizienter Systeme

Quelle: BMWI Bundesministerium für Wirtschaft und Energie (Hrsg.): Impulse für mehr Innovationen im öffentlichen Beschaffungswesen, Mai 2014, S. 31, abrufbar unter: www.bmwi.de/Redaktion/DE/Downloads/I/impulse-mehr-innovation.html

Beschaffung in der Fachabteilung		Beschaffung in der Fachabteilung
Beschaffungs-Management strategisch/langfristig	Einkaufs-Management operativ/kurzfristig	IT-Management strategisch und operativ
Wahl der Beschaffungsstrategien (Rahmen, Supply-Marktstrategie, Lieferanten, Controlling) Make-or-By-Entscheidung/In-/Outsourcing Budgetierung Beschaffungs-Projektierung Beschaffungsmarketing Beschaffungsgruppen, Beschaffungskatalog Lieferantenmanagement Rahmenverträge, AGB Wertanalysen und Beteiligung an Wertschöpfungsnetzwerken Investitions-/Innovationsentscheidungen	Bedarfsanalyse BANF-Bearbeitung (Bestellanforderung) Einkaufsdisposition Terminplanung, Beschaffungslogistik Anfragen, Angebotseinholung, Ausschreibung E-Procurement, Spot-Buy Dokumentenmanagement im Einkauf Angebotsvergleich, Auktionen SLA, Vertragsgestaltung/-regelung Bestellung Lieferverfolgung, Abnahme, Prüfung, Störungsbearbeitung, Reklamationsbearbeitung Sachliche Rechnungsprüfung, Bezahlung/Bezahlfreigabe Controlling, KPI-Analysen	Strategisch: Planung/Entscheidung Umfang eProcurement, eWertschöpfungsnetzwerk, Softwareintegration, Integration Clouddienste, Sicherheitsstrategie, Make-or-Buy-Entscheidung, Schnittstellenvorgabe, Frameworkvorgabe Operativ: Schnittstellen herstellen und verbinden, Benutzersystem einrichten, Sicherheitssystem einrichten, Apps, Microsystems, Anpassung/Customizing, Einweisung, Schulung, Beratung, Helpdesk

SWOT-Analyse eines digitalen Vorreiters in der Beschaffung		
Sicht	Positive Betrachtungen	Negative Betrachtungen
Intern im Unternehmen	**Strengths (Stärken)** **Durch digitale Beschaffung:** z. B. besseres Geschäftsmodell, schnellere Prozesse, geringere Prozesskosten, weniger Routinetätigkeiten, bessere Transparenz für Mitarbeiter, stark durch bessere Vernetzung, höhere Motivation, besser im Wettbewerb, Zusatzerträge könnten in ein Beteiligungsmodell fließen etc. ⇨ **Wie kann man die Stärken ausbauen?**	**Weaknesses (Schwächen)** **Durch digitale Beschaffung:** z. B. hohe Investitionen könnten sich nicht rechnen, da das Geschäftsmodell nicht angepasst wurde, andere Investitionen und alte Geschäftsbereiche behindern, Mitarbeiter könnten sich auf das System verlassen und zu wenig selbst steuern, das neue System nicht annehmen etc. ⇨ **Wie kann man daran arbeiten, die Schwächen zu mindern?**
Extern zum Unternehmen	**Opportunities (Chancen)** **Durch digitale Beschaffung:** z. B. günstigere Preise, neue Kunden, neue Kundendienstleistungen, bessere Kundenbindung, höheres Image bei Stakeholdern, bessere Transparenz für externe Partner und Kunden, stark durch bessere externe Vernetzung, besserer Kundendienst, besser im Wettbewerb etc. ⇨ **Wie kann man mehr Chancen und diese besser nutzen?**	Threats (Risiken) **Durch digitale Beschaffung:** neues Geschäftsmodell und Automatisierung verschrecken Kunden, Mitarbeiter vernachlässigen Kunden in Umstellungsphase, neues Geschäftsmodell scheitert, Kosten/Nutzen-Verhältnis schlecht etc. ⇨ **Wie kann man Risiken vermindern bzw. vermeiden?**

Zu SWOT-Analysen vgl. auch Kapitel 3.2, S. 188.

Da die strategischen Betrachtungen in der Umgestaltung der Geschäftsmodelle und im Beschaffungsbereich eine größere Rolle einnehmen, sind Analysen die Grundlage für strategische Entscheidungen. Sie werden zu Anfang im Rahmen von Istanalysen und an wichtigen Meilensteinen (wichtige Ziel-/Statusbereiche von Projektabschnitten) vorgenommen. Die folgende tabellarische Übersicht gibt Erläuterungen dazu. Bezogen auf den Einkauf wird eine Benchmarking-

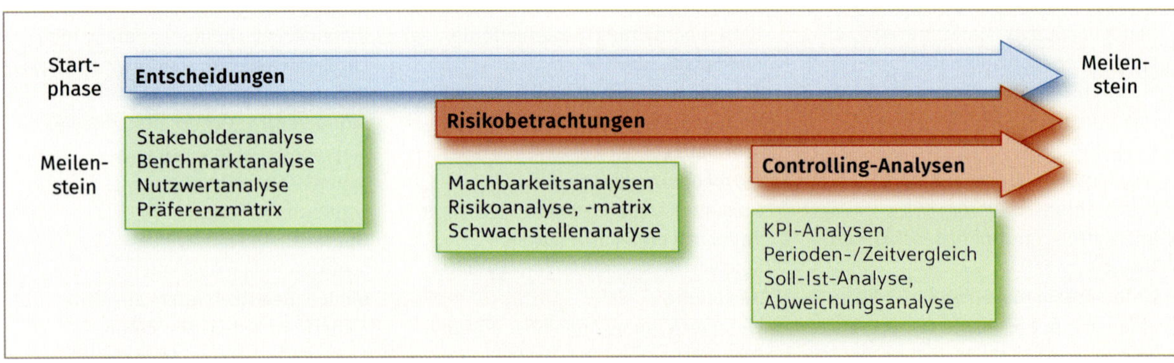

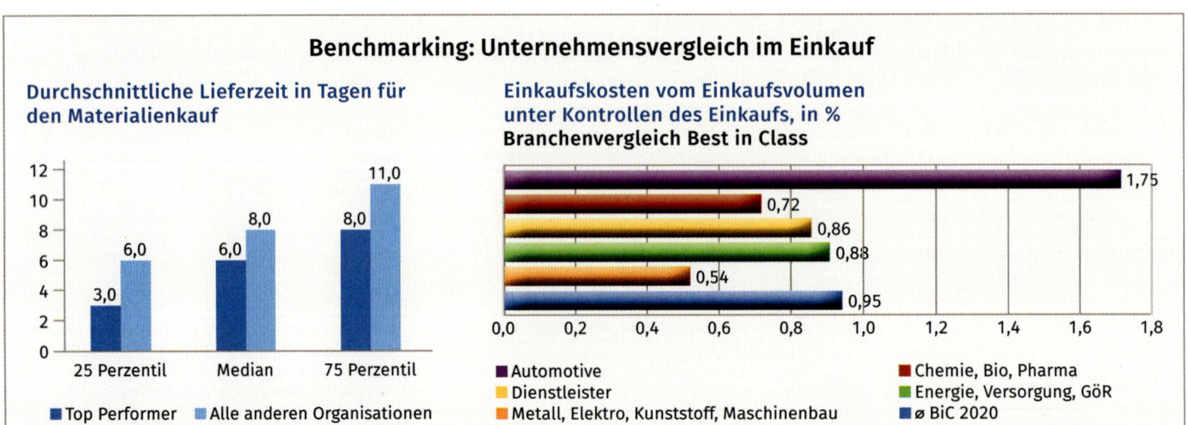

Beispiel eines Benchmarks in der Tabellenkalkulation

Tabellenblattansicht

	A	B	C	D	E	F
1	**Benchmark bei ACI im Vergleich**	ACI Vorjahr	ACI Jahr	Veränder. %	ACI Branche	Abweichung %
2	Beschaffungskosten/Beschaffungsvolumen %	3	3,3	10,0%	2,8	-15,2%
3	Durchschnittliche Lieferzeit in Tagen	9	7	-22,2%	8	14,3%
4	Retouren in %	8	7	-12,5%	9	28,6%

Tabellenblattansicht Formeln → Formeln anzeigen

	A	B	C	D	E	F
1	**Benchmark bei ACI im Vergleich**	ACI Vorjahr	ACI Jahr	Veränder. %	ACI Branche	Abweichung %
2	Beschaffungskosten/Beschaffungsvolumen %	3	3,3	=C2/B2-1	2,8	=E2/C2-1
3	Durchschnittliche Lieferzeit in Tagen	9	7	=C3/B3-1	8	=E3/C3-1
4	Retouren in %	8	7	=C4/B4-1	9	=E4/C4-1

Auswertung zum Einkauf gezeigt, die insbesondere die Lieferzeit und die Einkaufskosten im Branchenvergleich herausstellt.

Über ein Tabellenkalkulationsblatt kann auch die dargestellte Präferenzmatrix entwickelt werden (Beispiel als Datei im Downloadbereich).

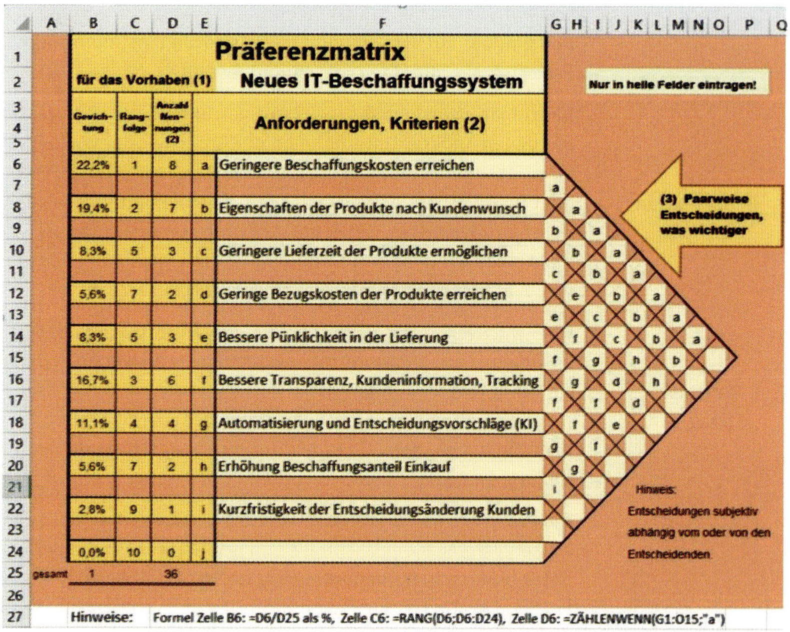

Es wird hier gezeigt, welche Anforderungen durch den paarweisen Vergleich der Entscheider eine hohe Gewichtung erlangt haben. Im Schaubild wird gezeigt, dass zunächst das Vorhaben in Zeile 2 eingetragen wird, weiter die Anforderungen in Spalte F ergänzt werden und dann abschließend im paarweisen Vergleich in den Spalten G–O entschieden wird, was höher gewichtet wird. Dabei hat sich herausgestellt, dass z. B. f und g wichtiger sind als z. B. c bis e.

Als wichtig wird auch die Risikoanalyse betrachtet. Hierbei können in einer Risikomatrix zwei Kriterien betrachtet werden. Es kann wie im Beispiel eingeschätzt werden, welche Maßnahmen, Bereiche, Vorgänge, Aktivitäten etc. entsprechend ein zu großes oder ein verträgliches Risiko haben. Im Beispiel ist A sehr kritisch zu betrachten und damit besonderer Aufmerksamkeit und besonderen Maßnahmen zu unterziehen. C tritt zwar nur selten auf, kann aber für das Unternehmen

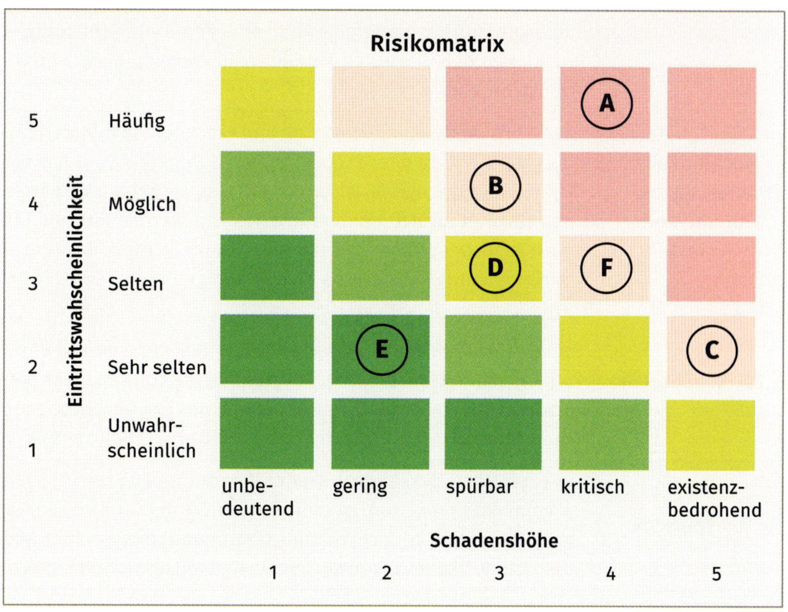

oder die Organisation existenzbedrohend sein. Auch B, F und selbst D sind wegen der spürbaren und kritischen Folgen im Schadensfall laufend zu kontrollieren und effiziente Maßnahmen zur Verhinderung und Behebung sind zu ergreifen.

Auch die anderen unten genannten Analysen sind für die Weiterentwicklung von Geschäftsbereichen, Produkt- und Beschaffungskatalogen, Geschäftsmodellen, Geschäftsprozessen und Vernetzungen sehr wichtig. Die IT hat für die IT-relevanten Prozesse sogenannte KPIs (= Key Performance Indicators) oder Schlüsselkennzahlen anzugeben und ständig über ein Monitoring zu kontrollieren. Vor QM- und Kontrollgremien müssen in meist regelmäßigen Abständen Soll-/Istwerte gegenübergestellt werden und Rechenschaft über das Vorgehen abgelegt werden.

W

Machbarkeit von Zielen, Priorisierung und Effizienzsteigerungen prüfen	
Stakeholder-analysen	Stakeholder eines Unternehmens sind alle Interessengruppen, die dem Unternehmen den „Stab halten", da sie am Erfolg des Unternehmens beteiligt oder interessiert sind. Für den Beschaffungsbereich sind dies die Mitarbeiter der Beschaffung, die Lieferanten, Beschaffungsdienstleister des Unternehmens und immer auch die Kunden und die Aktionäre/Gesellschafter oder die örtlichen Unternehmen und Politiker. In der Stakeholderanalyse werden die relevanten Gruppen in Bezug auf deren Bedeutung und Einfluss auf Verlauf und Ergebnis sowie Einstellung gegenüber dem Vorhaben (positiv bzw. negativ) bewertet, gewichtet und gegenübergestellt.
Benchmarking	Benchmarking ist ein Managementinstrument, um über Vergleichsdaten des eigenen Unternehmens mit denen anderer Unternehmen der Branche oder von Mitbewerbern die eigene Leistung und die Leistungsunterschiede zum Klassenbesten zu bewerten. Vergleichsdaten werden durch Kooperationen oder über Verbände und Marktinstitute eingeholt. Große Leistungsunterschiede bestehen z. B. bei den Beschaffungskosten, der Prozesseffizienz und der Produktivität der Mitarbeiter. Kennzahlen sind z. B. das Einkaufsvolumen/Mitarbeiter, die Einkaufskosten/Einkaufsvolumen oder die Lieferzeit in Tagen (vgl. z. B. bmebenchmark.com, bme.de, cio.de).
Nutzwert-analysen	Über Nutzwertanalysen werden nicht quantitative, sondern qualitative Nutzen oder Entscheidungsgründe bewertet. Es wird zunächst festgestellt, wie hoch der Anteil dieser Faktoren ist, dann werden für diese Faktoren Nutzwerte zur Bemessung festgelegt bzw. geschätzt. Es hat sich gezeigt, dass diese weichen, soften bzw. nicht quantitativ messbaren Größen für die Entscheidungsfindung so große Bedeutung haben, dass sie trotz ihrer nicht quantitativen Bemessungsmöglichkeit in die Entscheidungsfindung einbezogen werden sollten.
Präferenzmatrix	Die Präferenzmatrix ist ein Hilfsmittel, um Kriterien oder Sachverhalte für ein Vorhaben durch paarweisen Vergleich der Wichtigkeit zu priorisieren (im Rang festzustellen). Sie findet Anwendung in der Betriebswirtschaft, im Controlling, im Projektmanagement oder auch im Qualitätsmanagement. Ein Problem ist die Festlegung der Kriterien, da sie sich klar vergleichen bzw. unterscheiden lassen müssen. Die Subjektivität der Unterscheidung hängt auch von der Zusammensetzung der Entscheidungsgruppe ab. Die ermittelte Rangfolge kann eine gute Unterstützung bei der Entscheidungsfindung sein und auch zu anregenden Diskussionen führen. Im Beispiel oben wird die Bearbeitung über eine Tabellenkalkulationsblatt dargestellt.
Machbarkeits-analysen bei Vorhaben oder Projekten	Zur Risikoanalyse, Konzipierung und Entscheidungsfindung werden Machbarkeitsstudien, Machbarkeitsanalysen oder Projektstudien durchgeführt. Dabei werden z. B. technische, rechtliche bzw. Compliance-bezogene, wirtschaftliche, unternehmenspolitische und umweltbezogene Kategorien in den Lösungsansätzen untersucht, Risiken identifiziert und Erfolgsaussichten abgeschätzt. Damit sollen auch Fehlinvestitionen rechtzeitig erkannt werden. Das Prozessmodell der DIN 69901:2009 nennt D.8.3 „Machbarkeit bewerten" als eigenständigen Prozess in der Definitionsphase.
Risikoanalysen	Risikoanalysen sind Aufgaben des Managements, die in Unternehmen aufgrund der vielen Gesetze und Vorschriften sowie der wirtschaftlichen Risiken immer wichtiger werden. Durch das Handeln und Entscheiden aufgrund unsicherer Erkenntnisse können mehr oder weniger große Risiken entstehen, die im schlechtesten Fall das Unternehmen in der Existenz bedrohen können. Vor der Risikobeurteilung und -bewältigung müssen die Risiken identifiziert, analysiert und bewertet werden.
Risikomatrix	In einer Matrixdarstellung werden Quadranten vertikal nach der Eintrittswahrscheinlichkeit (unwahrscheinlich, sehr selten, selten, möglich, häufig) und horizontal nach der Schadenshöhe (unbedeutend, gering, spürbar, kritisch, existenzbedrohend) eingerichtet und die Risiken den Quadranten zugeordnet über die Risikobewertung = Schaden · Eintrittswahrscheinlichkeit

Machbarkeit von Zielen, Priorisierung und Effizienzsteigerungen prüfen	
Schwachstellen-analyse	Diese Methode soll Mängel, Defizite oder Schwachstellen in Systemen, Bereichen oder Prozessen aufdecken. Sie beginnt mit einer Istanalyse der Defizite, schließt eine Ursachenforschung und die Maßnahmenfeststellung an.
Ist-/KPI-Analysen	Grundlage jeder Planung und Konzepterstellung ist eine gründliche Istanalyse. Dafür sollten für den Beschaffungsbereich alle kostenintensiven und für den Erfolg in der Wertschöpfungskette wichtigen Teilbereiche untersucht werden. Als wichtige Untersuchungswerte sollten die KPIs (Schlüsselkennzahlen, Key Performance Indikators, siehe oben) untersucht werden.
Perioden-/ Zeitvergleiche	Hierbei werden Daten bzw. Kennzahlen nach Perioden verglichen, z. B. im Tabellenblatt die Kennzahlen verschiedener Jahre (siehe oben das Beispiel der Tabellenkalkulation).
Soll-Ist-Vergleiche	Um sich Ziele zu setzen, werden SMART überprüfbare Ziele festgelegt und damit Kennzahlenwerte, die als Sollwerte jährlich neu festgelegt und den laufend festgestellten Istwerten gegenübergestellt werden.
Abweichungs-analysen	Hierbei werden Abweichungen zweier Kennzahlen absolut oder in Prozent berechnet und bewertet oder z. B. auch die Zahlen eines Wertes zum Durchschnittswert der Zahlenreihe.

In der Wertschöpfungskette der Beschaffung lassen sich verschiedene Teilprozesse identifizieren. In der elektronischen Beschaffung haben sich verschiedene Fachbegriffe und Managementarten etabliert, die unten erläutert werden.

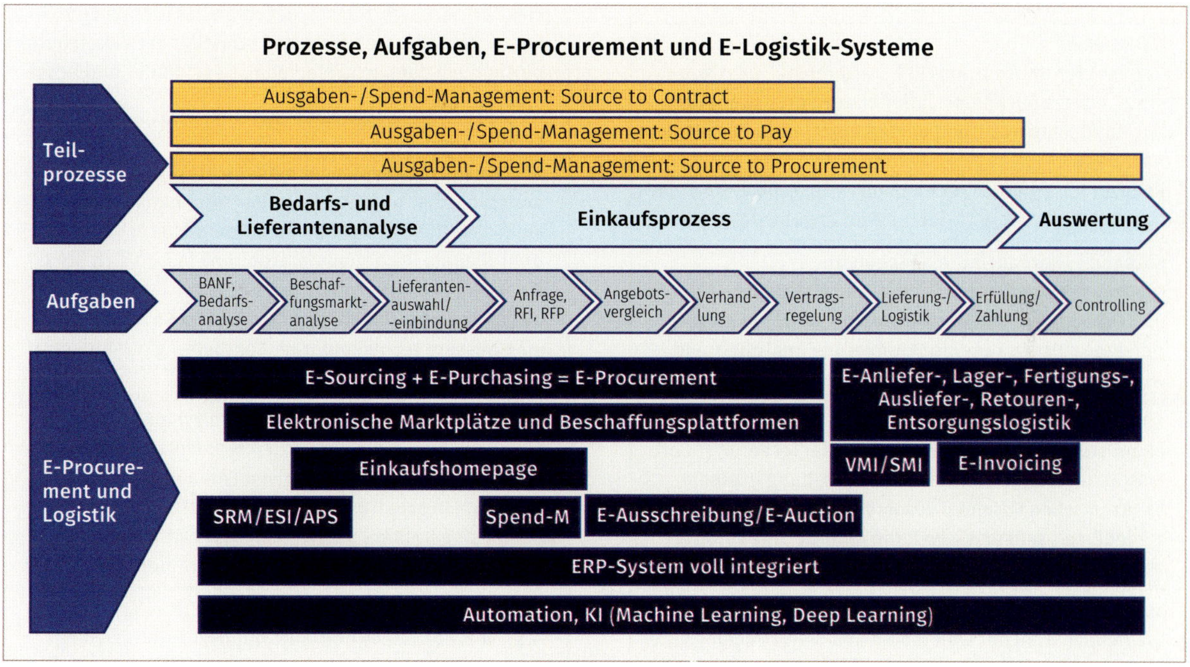

Anwendungs- und Managementbereiche im Fokus der E-Beschaffung
ERP, Enterprise Ressource Planning: Das zentrale kaufmännische Managementprogramm, in dem alle wesentlichen Stamm- und Bewegungsdaten und Vorgänge des Unternehmens verwaltet werden, darunter auch die des Vertriebs, des Einkaufs und des Lagers und damit alle Bestellungen, Wareneingänge und Zahlungen, vgl. S. 271
Einkaufscockpit: Ein speziell für Einkaufsmanager konzipiertes IT-Dashboard, um wichtige Informationen über Bestände und Lieferanten abzurufen, übergreifendes Einkaufscockpit mit Schnittstellen zu Vertrieb, Produktion, Lager, Einkauf und Finanzen bzw. zum ERP-System. Es ist Basis für die automatisch generierten Analysen, zum Beispiel für Preise und die Beschaffungsanforderungen.
Spend-/Ausgaben-Management und Analytics: Das Ausgabenmanagement managet alle Ausgabenprozesse, stellt in Echtzeit alle ausgabenbezogenen Daten und Budgets für alle Berechtigten transparent zur Verfügung. Sämtliche Einkaufs- und Rechnungsprozesse können überwacht werden; trägt zur Kostenoptimierung bei.
Anfragearten: **Request for Information (RFI):** Allgemeine, nicht konkrete Anfrage nach Informationen zur Vorauswahl für die Marktsondierung und eingegrenzte, weitergehende Nachfrage **Request for Proposel (RFP):** Detaillierte, konkrete, verbindliche Anfrage oder Aufforderung zur Angebotsabgabe
Category-/Kategorien-Management: Die Beschaffungskategorien (Waren, Material, Fertig- und Halbfertigteile, Dienstleistungen und Teilkategorien etc.) müssen für eine Optimierung analysiert und wirtschaftlich optimiert gemanagt werden.
eBanf (EBANF) eBanf steht für „elektronische Bestellanforderung" und fasst den gesamten Ablauf einer Bestellung in einem elektronischen Formular zusammen. So kann jeder Nutzer jederzeit sehen, wie weit die Anforderung vorangeschritten ist und wer zurzeit gerade daran arbeitet.
Supplier-Relationship-/Lieferanten-Management (SRM): Die richtige Wahl der Lieferanten und die Verfolgung guter Lieferantenbeziehungen tragen erheblich zur erfolgreichen Beschaffung bei. Unterschiedliche Lieferantenbeziehungen und Lieferportale sind zu unterscheiden.
Lieferantenkommunikation: Omni-Channel-Kundenkontakt (Live Chat, Facebook, Voice Chat, Video Chat etc.), Einsatz von Kollaborationstools (z. B. Co-Browsing), Anbieten von besonderen und zusätzlichen Services, über Whiteboard komplexe Sachverhalte verständlich machen, Kunden durch Co-Browsing durch Antragsstrecken leiten, proaktive Chatbots einsetzen, Terminbuchungen vornehmen, über eSignatur rechtskonforme Unterschriften leisten
Early Supplier Involvement (ESI): Bezeichnet die sehr frühe Einbindung von Lieferanten in der vertikalen Zusammenarbeit zwischen Lieferkettenpartnern, häufig auch schon in der frühen Planungsphase der Produkt-, Prozess- und Lieferkettenstruktur. Damit werden einerseits Leistungspotenziale des Lieferanten ausgeschöpft, andererseits entstehen zusätzlicher Zeitaufwand und Abhängigkeiten zum Lieferanten.
Vendor-managed Inventory (VMI), Supplier-managed Inventory (SMI): Beim VMI übernimmt der Lieferant die Verantwortung für die Bestände seiner Produkte beim Kunden. Es ist eine Lieferanten-gesteuerte Bestandsführung, wobei der Lieferant Zugriff auf die Lagerbestands- und Nachfragedaten des Kunden hat. Der Bestand beim Kunden wird vollständig vom Lieferanten gemanagt. Der Kunde hat im Gegenzug häufig das volle Retourenrecht oder zahlt dem Lieferanten erst bei Verbrauch. Der Kunde liefert die Verbrauchs- oder Abverkaufszahlen, die entweder digital bei der regelmäßigen Aufstockung durch den Lieferanten erfasst oder auch elektronisch vom Kunden bereitgestellt werden.
Vertrags-Management: Elektronisches Vertragsmanagement ist für alle Beteiligten transparenter, lässt sich schneller verwalten und hinsichtlich der Vertragsergebnisse schneller und besser analysieren.
E-Invoicing: Als E-Invoicing bezeichnet man die elektronische Rechnungsverarbeitung. Dabei werden Rechnungsprozesse elektronisch abgewickelt und automatisiert. Über digitale Rechnungsverarbeitung lassen sich hohe Einsparungen in Bezahlprozessen erreichen, dazu Verbesserungen in der Transparenz für die Beteiligten und eine bessere rechtskonforme Bearbeitung (Compliance).
E-Procurement: Als E-Procurement wird die elektronische Beschaffung bezeichnet, die sich in den strategischen Einkauf (E-Sourcing) und den operativen Einkauf (E-Purchasing) direkt am Beschaffungsarbeitsplatz (DPS, Desktop Purchasing System) unterteilen lässt (vgl. oben): **E-Sourcing + E-Purchasing = E-Procurement**
E-Auction Als E-Auction (electronic auction) bezeichnet man ein E-Business auf elektronischen Marktplätzen zwischen einem Versteigerer und einem Bieter. Der Versteigerer bietet dabei seine Waren, Rohstoffe oder Dienstleistungen an und der Interessent entscheidet sich, ob er innerhalb der Auktionszeit auf das Angebot bietet. Es gibt unterschiedliche Auktionsarten und Vergabeverfahren.
Advanced Planning Systems (APS): Softwaresysteme, die dabei helfen, die Supply Chain zu konfigurieren, zu planen und zu steuern. Eine erweiterte Planungs- und Terminierungssoftware (Advanced

Planning and Scheduling, APS) ist unerlässlich, um den Bedarf an Fertigungsressourcen zu antizipieren. Strategisches Planen und genaue Zeitpläne sind entscheidend, um den effizienten Einsatz von Menschen, Material und Maschinen zu koordinieren. Als erweitertes **PPS-System** (Produktions-Planungs-System) sorgen APS für die Integration von Manufacturing Execution Systems (**MES**) und **ERP**-Systemen (Enterprise Resource Planning) in die Lieferkette und damit für einen effizienten Fertigungsprozess.

Advanced Purchasing (auch Early Supplier Involvement):
Es bezeichnet ein Einkaufskonzept, das auf der frühen Einbindung des Einkaufs in die Produktentwicklung basiert. Die frühe Einbindung sowie die damit vorgezogene Integration potenzieller Entwicklungs- und Fertigungslieferanten bieten viele Vorteile.

E-Kanban-System:
E-Kanban dient wie das klassische Kanban-Modell der Lagerbestandsführung, indem Signale am Bestand (Signalkarten, Trigger) eine Nachbestellung auslösen. Vorteile sind:

- Beschleunigung des Materialflusses
- Reduktion der Lagerbestände
- Werksinterne Transportkostenminimierung
- Steigerung der Prozessqualität

Augmented Reality (AR):
Augmented Reality („erweiterte Realität“) erweitert künstlich die Wirklichkeitswahrnehmung. Computerbasiert lassen sich der vorhandenen Realität zusätzliche Informationen hinzufügen. Bilder, Videos, Ton und weitere Zusatzinformationen werden über Bildschirme eingeblendet; z. B. werden über Smart-Glasses (smarte Brillen) im Lager Lagerplatzinformationen angezeigt.

Laut der Bitkom-Studie Künstliche Intelligenz (KI) von Juni 2020 sind 73 % der Unternehmen mit 20 oder mehr Mitarbeitern in Deutschland der Meinung, KI sei die wichtigste Zukunftstechnologie. Künstliche Intelligenz (KI) wird als eine Schlüsseltechnologie im globalen Wettbewerb betrachtet. KI bietet das Potenzial für Innovationen, um die Produktivität, Flexibilität, Robustheit und/oder Effizienz von Geschäftsprozessen erheblich zu steigern. Für die Beschaffungsprozesse werden viele Anwendungsfälle mit KI in Beschaffungssystemen umgesetzt.

KI – Künstliche Intelligenz in der Beschaffung

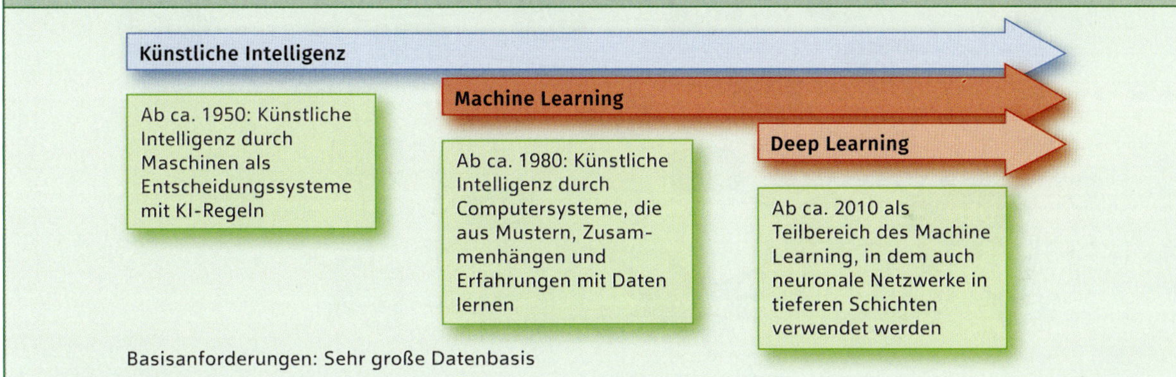

Anwendungsfälle: z. B. Prognosen und Predictive Analytics für Entscheidungsprozesse (Beziehungen und Trends), Planung von liquiden Mitteln (Zahlungseingangsvoraussage, Cash-in Prediction), Prognosen von Erfolgswahrscheinlichkeiten aus Angeboten, Segmentierung und Klassifizierung von Zielgruppen (in Kapitel 3 z. B. der Lieferanten), visuelle Objekt-Identifikation: Erkennung eines Objektes aus mehreren Objekten in der Lagerverwaltung, Erkennung von Beschädigungen, automatisierter Zahlungsverkehr (Rechnungsbearbeitung, Klassifizierung, schnellere Bearbeitung), Angriffs- und Betrugsanalysen im Beschaffungswesen und der IT

Open Source Machine Learning Libraries/Ökosysteme/Tools: z. B. www.tensorflow.org, https://spark.apache.org/, https://scikit-learn.org, https://keras.io/, https://www.opennn.net/, https://pytorch.org/, Microsoft Cognitive Toolkit (CNTK), Theano, Caffe2

Künstliche Intelligenz und Deep Learning können nur dann wirksam eingesetzt werden, wenn große Datenmengen (Big Data) für Analysen und die Erkennung von Mustern zur Verfügung stehen. Am besten lässt sich dies in großen Unternehmen, Unternehmensverbünden und Wertschöpfungsnetzwerken umsetzen. In diesen Netzwerken werden digitale Plattformen integriert, die Daten im Netz sammeln, auswerten und die Ergebnisse den Netzwerkpartnern zur Verfügung stellen. Das Ergebnis sind häufig ganz neue und im Markt überlegene Geschäftsmodelle. Im Beschaffungsbereich erhalten die Netzwerkpartner einen viel besseren Zugang zu den Beschaffungsmärkten und können ihre Beschaffungen viel effizienter managen. Selbst im Zahlungsverkehr haben sich neue Unternehmen mit Plattformen unter dem Oberbegriff „Fintech“ gebildet.

Digitale Plattformen, Ökosysteme und Wertschöpfungsnetzwerke

Digitale Plattformen: Es sind i. d. R. digitale Clouddienstleistungen von selbstständigen Unternehmen oder Divisionen großer Unternehmen und Organisationen, die für Kunden digitale Aufgaben in der Wertschöpfungskette übernehmen.
Digitale Ökosysteme: Es sind Kooperationsnetzwerke, die über gemeinsame digitale Plattformen insbesondere in Forschung, Entwicklung, Produktion, Handel, Logistik und Dienstleistung kooperieren. Sie verbinden gemeinsame Zielen zum gegenseitigen Nutzen in der Wertschöpfung, die innovative Verbesserung des Kundennutzens und ihrer Geschäftsmodelle sowie insgesamt die gemeinsame Verbesserung der Marktposition. Große Bedeutung haben die an die Plattform gesendeten Daten für die KI-Analyse und Verwendung in App-basierten Services sowie der schnelle Datenaustausch über die Plattform.
Digitale Wertschöpfungsnetzwerke: Vernetzte Wertschöpfung kann über eine gemeinsame digitale Plattform als großes zentriertes Ökosystem oder allein im Unternehmensverbund mit seinen Geschäftspartnern wie Lieferanten, Subunternehmen, Partnerunternehmen und auch Kunden stattfinden. Gemeinsam wird das Ziel verfolgt, durch digitale Vernetzung die Wertschöpfung zu erhöhen und davon gemeinsam zu profitieren.
Gemeinsam ist allen Ansätzen die kundenzentrierte, datengesteuerte, soweit möglichst automatisierte und KI-gesteuerte, übergreifende, globale, dynamische Vorgehensweise, in der die neue Vernetzungsrolle von **Orchestrierern** zur Verwaltung und Optimierung der Vernetzungen große Bedeutung hat (vgl. auch Bände des 3. Jahrgangs).
RAMI 4.0 in Wertschöpfungsnetzwerken: Zur Umsetzung von **Industrie 4.0** wurde von den Industrieverbänden (Bitkom, VDMA, ZVEI) ein **Referenzarchitekturmodell** (RAMI 4.0) entwickelt, um die digitale Zusammenarbeit bzw. Interoperabilität der drei Branchen ITK, Automatisierungstechnik sowie Maschinen- und Anlagenbau mit einer Standardisierung zu verbessern. Eine gute Interoperabilität ist auch besonders wichtig für die Beschaffungsbereiche.

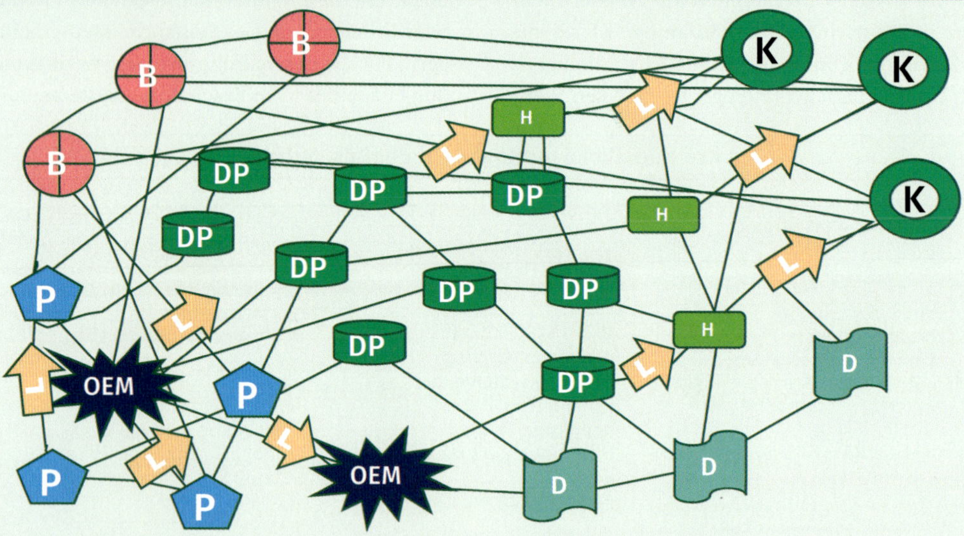

P = Produzenten; OEM = Original Equipment Manufacturer (vgl. Band 1, Kapitel 2.1.4); DP = Digitale Plattformen; D = Sonstige Dienstleister; H = Handels-unternehmen; L = Logistik-unternehmen; K = Kunden

Digitale Plattformarten

Transaktionszentrierte Plattformen: Die Steigerung der Effizienz von Unternehmensprozessen, z. B. im Ein- und Verkauf, in der Logistik und in der Supply Chain. Ein weiterer Unterstützungsbereich ist die Kollaboration von Marktakteuren. Damit ergeben sich drei Arten von Plattformen:
Marktplatz-/Handels- bzw. Retail- und Fertigungsplattformen: Sie dienen den Prozessbeteiligten im Markt zur Transaktionsabwicklung (Beschaffung/Absatz) als digitale Vermittler zur Bereitstellung oder zum Austausch von Markt- und Abwicklungsdaten.

Vernetzungsplattformen: Sie stellen keinen Marktplatz bereit, sondern ermöglichen nur die Vernetzung der Prozessbeteiligten über eine unabhängige oder gemeinsame Plattform.
Supply-Chain-/Logistikplattformen: Sie sind speziell auf diese Transaktionsbereiche ausgerichtet und vernetzten die Marktteilnehmer (z. B. Lieferanten, Logistiker, Produzenten, Absatzunternehmen) in einer Plattform.

Datenzentrierte Plattformen: Die Sammlung, Verarbeitung und Analyse von Daten sowie die Gewinnung neuer Erkenntnisse für Entscheidungsprozesse stehen im Mittelpunkt. Eng mit der Beschaffung verbunden sind a) **IIOT-Plattformen**, die eine Vernetzung aller Beteiligten und der damit verbundenen Prozesse und „Dinge" (z. B. durch Sensoren, Aktoren, RFID) der Produktion herstellen. Sie analysieren die Daten, automatisieren und steuern Entscheidungsprozesse, überwachen Entscheidungsbereiche oder erstellen Entscheidungsvorschläge. Daneben gibt es
b) von der Beschaffung und Produktion **unabhängige Daten(-transaktions-)plattformen**, die alle möglichen unternehmensrelevanten Daten auswerten und bereitstellen (z. B. für die Beschaffung von Wetterdaten oder Produkteigenschaften).
Beispiele: empto.de, https://it-einkauf.egis-online.de/, lieferanten.de, mercateo.de, nextrade.market, saloodo.com, servicenow.de, supplyon.com, transporeon.com, wlw.de; vgl. auch: Bundesverband der Deutschen Industrie (BDI) e. V. (Hrsg.): Deutsche digitale B2B-Plattformen (Leitfaden), veröff. 6/2020, Zugriff unter: https://bdi.eu/publikation/news/deutsche-digitale-b2b-plattformen/

Um die digitale Transformation umzusetzen, sind Unternehmen auf Unterstützung durch Universitäten, Fachverbände, Beratungs- und Technologieunternehmen angewiesen. Im Beschaffungsbereich haben sich folgende Unterstützungen bewährt.

W

Einsatz von Beschaffungs- bzw. Einkaufsdienstleistern

Beschaffungs- und Einkaufsdienstleister werden beauftragt, um Wertschöpfungspotenziale in Beschaffungsbereichen zu identifizieren und zu heben. Durch die externe Unterstützung findet eine Professionalisierung durch neue Ansätze und eine externe Betrachtungskonfrontation statt sowie eine Unterstützung im Change-Management.
Der Bundesverband Materialwirtschaft, Einkauf und Logistik (BME; www.bme.de) unterscheidet drei Hauptkategorien:
Einkaufsberatung: Sie unterstützen Unternehmen von der Konzeption des Beschaffungswesens bis hin zu ihrer Implementierung und laufendem QM. Hierbei wird umfassende Strategie-, Prozess- und Change-Management-Beratung angeboten.
Einkaufsdienstleister: Einkaufsdienstleister übernehmen entweder operative und strategische Einkaufsverantwortung für ihre Kunden (kompletter Einkauf von Produktkategorien) oder sie bündeln und optimieren als spezialisierte **„Category Service Provider"** die Beschaffung und Bereitstellung einer Dienstleistungs- oder Warengruppe, insbesondere der C-Artikel.

Einkaufssoftware und -plattformen: Einkaufssoftware ist die Arbeitsgrundlage IT-basierter Einkaufsdienstleister und Einkaufsabteilungen. Ziel beim Einsatz von Einkaufssoftware und -plattformen ist die Unterstützung des Einkaufs durch optimale Systeme. Hierbei werden Beschaffungsprozesse effizient gestaltet, automatisiert und unternehmensweit standardisiert. Das Supplier Relationship Management (SRM), Schnittstellen, der operative Einkauf (Onlinevergabe und Auktionen), das Einkaufscontrolling (Performancemessung und Controlling) oder die Rechnungsabwicklung sind besonders im Fokus. Über Einkaufsplattformen werden bestehende Lieferanten besser angebunden und koordiniert und neue Lieferanten besser integriert.
Weitere Infos z. B. unter www.bme.de

BPO-Dienstleister: Diese Dienstleister beraten im BPO (Business Process Outsourcing) und unterstützen das Auslagern ganzer Geschäftsprozesse, wenn es wertschöpfend sinnvoll ist. BPO findet insbesondere auch in der Beschaffung und Logistik statt. Ziele sind allgemein Kostensenkung, Verbesserung der Geschäftsprozesse und Änderung der Geschäftsmodelle, Effizienzsteigerung und mehr Flexibilität oder Qualitätssteigerung und Risikominderung. Ein typisches und sehr verbreitetes Modell des Procurement-BPO ist die Auslagerung des taktischen und operativen Einkaufs der C-Güter über Onlinekataloge. Zunehmend werden auch strategische Themen wie das Lieferantenmanagement oder Beschaffungsmarktanalysen über BPO-Dienstleister nachgefragt.

Aufgaben

1. Diskutieren Sie die Stärken der Digitalisierung in der Beschaffung, zeigen Sie auch Schwachstellen und Controllingbereiche auf.
2. Erläutern Sie (auch aus Partner- oder Gruppenarbeit) folgende Begriffe und ihre Bedeutung: Digitale Transformation, KPI, ERP, RFI, RFP, BANF/EBANF, ESI, E-Invoicing, E-Procurement, E-Auction, E-Kanban, AR, KI, Digitale Plattform und Digitales Ökosystem, BPO.
3. Erläutern Sie bzw. wenden Sie praktisch die Präferenzmatrix (vgl. DLB), die Risikomatrix, Benchmarking, die SWOT-Analyse an und präsentieren Sie die Ergebnisse.

4 Einführung in das Rechnungswesen und Controlling

Anna und Kerstin sollen ihre Ausbildung in der Abteilung Rechnungswesen fortsetzen. Hier werden sie einen Überblick über die Teilbereiche des Rechnungswesens und die damit verbundenen Aufgaben erhalten. Sie lernen das Rechnungswesen als wichtiges Kontroll- und Steuerungsinstrument sowie als Planungsgrundlage für den Betrieb kennen. Nach Abschluss der Ausbildung sollen sie die Grundlagen der doppelten Buchführung beherrschen und auch praxisgerechte Software nutzen können. Verfahren der Kosten- und Leistungsrechnung werden für sie keine Fremdwörter mehr sein und auch das Controlling als Berichts-, Kontroll- und Planungssystem werden sie kennengelernt und an praktischen Beispielen geübt haben.

4.1 Grundlagen der Buchführung

4.1.1 Funktionen, Aufgaben und Bereiche des Rechnungswesens

S Frau Sasse leitet die Geschäftsbuchführung. Sie gibt Anna und Kerstin einen Überblick über die Funktionen des Rechnungswesens. Für IT-Kaufleute ist das Rechnungswesen wichtig, da viele EDV-Programme in Beziehung zu Programmen für das Rechnungswesen stehen und daher die Beherrschung von Grundlagen des Rechnungswesens erheblich zum Verständnis betrieblicher Zusammenhänge beiträgt.

Alle Betriebe verfügen über eine einfache oder doppelte Buchführung. Der Staat hat durch zahlreiche Gesetze und Verordnungen festgelegt, wie die Buchführung mindestens beschaffen sein muss. Damit will der Staat einerseits eine Grundlage für seine Besteuerung schaffen, andererseits aber auch seinen Verpflichtungen für ein geregeltes Ordnungssystem im Staat nachkommen. Geschäftspartner, Teilhaber, Mitarbeiter, Kunden und Lieferanten müssen sich darauf verlassen können, dass es für alle Betriebe gültige Rechnungslegungsvorschriften gibt und der Gesetzgeber deren Einhaltung auch überwacht. Bei Rechtsstreitigkeiten der Beteiligten müssen Aufzeichnungen vorgelegt werden und Grundlage einer Rechtsprechung sein. Aber auch die Geschäftsleitung hat ein großes Interesse an einem gut geführten Rechnungswesen. Sie lässt sich Auswertungen vorlegen, um den Erfolg des Unternehmens zu überprüfen, Planungen und Konzepte ausarbeiten zu lassen und begründete betriebswirtschaftliche Entscheidungen zu treffen.

Funktionen des Rechnungswesens	
Dokumentationsfunktion	Die Belege aller Geschäftsfälle werden in den gesetzlich vorgeschriebenen Büchern und Ordnern des Rechnungswesens sowie in den Dateien des EDV-Programms für das Rechnungswesen festgehalten und dokumentiert, wodurch eine geordnete Ablage entsteht.
Informationsfunktion	Das Rechnungswesen informiert z. B. über den Stand/Status der ▪ flüssigen Mittel (Kasse, Bankkonten), ▪ Liefererverbindlichkeiten (Schulden beim Lieferanten), ▪ Kundenforderungen (Zahlungsverpflichtungen der Kunden), ▪ angemahnten Rechnungsbeträge, ▪ langfristigen Schulden sowie ▪ die Höhe der Handlungskosten.
Kontrollfunktion	Das Rechnungswesen übernimmt eine wichtige Kontroll- und Überwachungsfunktion im Betrieb. Es wird z. B. überprüft, ob Eingangsrechnungen sachlich von den Fachabteilungen

Kontrollfunktion	abgezeichnet und genehmigt wurden. Die Überprüfung der Bankkonten erfolgt mit dem Ziel zu prüfen, ob die Lastschriften wertmäßig mit den Rechnungen übereinstimmen. Im Rahmen des Zahlungsverkehrs wird z. B. überprüft, welche Zahlungen noch „offen" sind.
Steuerungs-funktion	Das Rechnungswesen steuert viele Geschäftsprozesse. Wenn der Bankstatus (Kontoauszug der Bank) einen ungünstigen Stand aufweist, werden Maßnahmen getroffen, die den Status auf dem Bankkonto verbessern (z. B. Zahlungen von Kunden anfordern, Kontenausgleich über andere Geschäftskonten herbeiführen, Darlehen aufnehmen).
Controlling	Controlling ist nicht einfach nur mit „Kontrolle" gleichzusetzen. Dieser Begriff kommt aus dem Amerikanischen und bedeutet sinngemäß „Beherrschung, Lenkung und Steuerung". Es geht beim Controlling insbesondere darum, über die Zustände und Abläufe im Unternehmen gut informiert zu sein, Planabweichungen festzustellen und Maßnahmen zur Sicherung oder Verbesserung der aktuellen Situation einzuleiten. Hierbei unterscheidet man ▪ das **operative Controlling**, das kurzfristig ausgerichtet ist und kurzfristige Entscheidungen finden und begründen will, und ▪ das **strategische Controlling**, das langfristig ist und damit auf den Planungsprozess Einfluss nimmt.

Die einzelnen Funktionen werden normalerweise nicht isoliert wahrgenommen, sondern in einer Kombination. So folgt der Informationsfunktion nicht selten eine Kontrollfunktion oder eine Steuerungsfunktion.

Aufgaben

1. Geben Sie an, welche Funktionen des Rechnungswesens einzeln bzw. in der Kombination betroffen sind:
   a) Wir legen Eingangsrechnungen in den Ordnern ab.
   b) Die Leiterin der Geschäftsbuchführung legt der Geschäftsleitung eine Statistik der wichtigsten Daten der Buchführung vor.
   c) Die Buchhalterin stellt fest, dass für die nächsten Werktage nicht genügend Bargeld in der Kasse ist, und gibt Anweisung an einen Mitarbeiter, Bargeld von der Bank zu holen.
   d) Eine Buchhalterin überprüft auf den Kontoauszügen der Bank, ob Kunden rechtzeitig ihre Rechnungen beglichen haben.
   e) Belegdaten werden durch das Finanzbuchhaltungsprogramm erfasst.
   f) Aufgrund der finanziellen Situation zahlen die Gesellschafter privates Geld auf das Geschäftskonto ein.
   g) Ein Buchhalter überprüft, ob alle Ausgangsrechnungen auch korrekt im Buchungssystem erfasst wurden.
   h) Aufgrund der Daten aus dem Rechnungswesen werden neue Mitarbeiter eingestellt.
   i) Die Geschäftsleitung wünscht, dass auch alle geringwertigen Gebrauchsgüter (z. B. PDAs) in ein Bestandsverzeichnis eingetragen werden.
   j) Durch eine Untersuchung wird festgestellt, dass in den letzten Jahren der Verkauf stetig zurückgegangen ist, da das Warensortiment und die Geschäftsausstattung zu altmodisch sind.
2. Erläutern Sie mit eigenen Worten, welche Zusammenhänge die Pfeile im Schaubild (siehe folgende Seite) zu den Bereichen und Aufgaben herausstellen sollen, und formulieren Sie dazu entsprechende Merksätze.
3. Geben Sie an, zu welchen Bereichen (vgl. S. 350) die folgenden Tätigkeiten des Rechnungswesens gehören:
   a) Belege werden von der Buchhalterin am Computer erfasst.
   b) Die Selbstkosten für einen Auftrag werden kalkuliert.
   c) Die Leiterin der Buchhaltung stellt als wichtige Kennzahlen die Kundenforderungen und den Mahnstatus zu einem bestimmten Stichtag zusammen.
   d) In der Geschäftsleitung wird zusammen mit der Abteilungsleiterin ein Konzept für den Aufbau eines Internetshops entwickelt.
   e) Für die Bank sollen die Bilanzen der letzten drei Jahre zwecks Gewährung eines Darlehens vorgelegt werden.
   f) Die Geschäftsleitung bittet uns um Überprüfung, wie hoch die Telefonkosten an den einzelnen Arbeitsplätzen im letzten Monat waren.
   g) Für eine Verkaufsleiterbesprechung sollen wir eine Statistik mit den Verkaufszahlen erstellen.

h) Die Geschäftsleitung bittet die Buchführung, zur nächsten Abteilungsleiterbesprechung Vorschläge zur Verbesserung der Liquidität (flüssige Mittel) zu unterbreiten.
i) Wir erstellen den Jahresabschluss.
j) Die Selbstkosten für die angebotenen Waren sollen kalkuliert werden.

Die einzelnen Tätigkeiten und Funktionen können zu Aufgabenbereichen zusammengefasst werden. Folgende Aufgabenbereiche des Rechnungswesens werden allgemein benannt und in der folgenden Übersicht zusammengefasst:

W

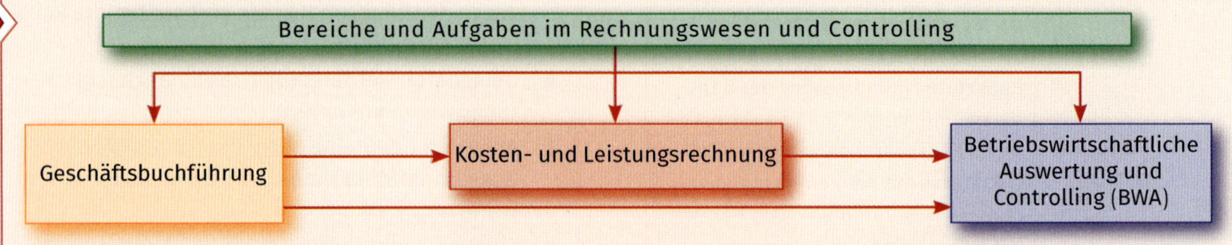

Geschäftsbuchführung	Kosten- und Leistungsrechnung	Betriebswirtschaftliche Auswertung und Controlling (BWA)
▪ Dient der systematischen Erfassung aller Geschäftsfälle ▪ Liefert eine Übersicht aller Vermögensteile und Schulden ▪ Stellt Aufwendungen und Erträge gegenüber und ermittelt den Gewinn/Verlust ▪ Liefert wichtige Unterlagen für die Besteuerung sowie Kreditbeschaffung, Rechtsstreitigkeiten, Konkurs, Vergleich, Verkauf des Unternehmens usw. ▪ Liefert Unterlagen für die Kostenrechnung und Kalkulation sowie die betriebswirtschaftliche Auswertung	▪ Stellt fest, welche Kosten entstanden sind ▪ Stellt fest, wo die Kosten entstanden sind ▪ Dtellt fest, in welcher Höhe die Kosten dem Auftrag zuzurechnen sind und welche Zuschlagssätze in die Kalkulation eingehen sollen ▪ Liefert Unterlagen für betriebswirtschaftliche Auswertungen	▪ Stellt fest, ob der Betrieb im Vergleich zu den Vorjahren eine genügend hohe Rendite (Verzinsung) erwirtschaftet ▪ Stellt die Wirtschaftlichkeit bzw. Produktivität des Betriebes fest ▪ Liefert wichtiges Zahlenmaterial für betriebliche Entscheidungen

4.1.2 Rechtsgrundlagen einfacher und doppelter Buchführung

S Der Gesetzgeber fordert in verschiedenen gesetzlichen Bestimmungen die Einrichtung einer ordnungsmäßigen Buchführung. Er unterscheidet die einfache und die doppelte Buchführung. Auf wichtige Rechtsgrundlagen will Frau Sasse daher zu Beginn hinweisen.

Freiberufler und Gewerbetreibende, die ein Kleingewerbe führen und nicht in das Handelsregister eingetragen sind, benötigen nur eine **einfache Buchführung** in Form einer **Einnahmen-Überschuss-Rechnung.** Im Handelsregister eingetragene Unternehmen müssen dagegen eine sogenannte **doppelte Buchführung** mit einem **Jahresabschluss** und einer **Gewinn-und-Verlust-Rechnung** vorlegen. Über drei Millionen Unternehmen in Deutschland sind von den gesetzlichen Bestimmungen der Buchführungspflicht betroffen.

Die Mitarbeiter im Rechnungswesen müssen die Rechtsgrundlagen zur Buchführung kennen und bezüglich der gesetzlichen Änderungen immer auf dem aktuellen Stand informiert sein. Einen ersten Einstieg soll die folgende Übersicht geben. Weitere Hinweise zu gesetzlichen Anforderungen werden jeweils in den betroffenen Kapiteln dargelegt.

W

Rechtsgrundlagen der Buchführung	
Gesetze und Verordnungen	In den gesetzlichen Bestimmungen werden die Anforderungen des Gesetzgebers an eine **ordnungsmäßige Buchführung** festgelegt. Es wird z. B. dargelegt, ▪ was unter ordnungsmäßiger Buchführung zu verstehen ist, ▪ welche Bücher in schriftlicher oder elektronischer Form zu führen sind und ▪ welche Abschlüsse vorzulegen sind.

Gesetze und Verordnungen	Im **HGB** (Handelsgesetzbuch) sind alle wichtigen Rechnungslegungsvorschriften für die im Handelsregister eingetragenen Kaufleute und Kapitalgesellschaften (z. B. GmbH) in den §§ 238 ff. aufgeführt. So ist z. B. genau geregelt, ▪ welche Unterlagen zum **Jahresabschluss** gehören, ▪ wie die **Bilanz** und die **Gewinn-und-Verlust-Rechnung** aufzustellen sind oder ▪ wie die Vermögensteile und Schulden zu bewerten sind. Weitere Rechtsvorschriften sind je nach eingetragener Rechtsform des Unternehmens im GmbH-Gesetz oder im Aktiengesetz zu finden. Darüber hinaus müssen Steuergesetze und Verordnungen beachtet werden, z. B. das **Einkommenssteuergesetz** (EStG), das **Umsatzsteuergesetz** (UStG) oder die **Abgabenordnung** (AO).
Buchführungspflicht (doppelte Buchführung)	Nach § 238 HGB ist **jeder Kaufmann** verpflichtet, Bücher nach den Grundsätzen **ordnungsmäßiger Buchführung** zu führen und in diesen Büchern seine **Handelsgeschäfte** und die **Lage seines Vermögens** ersichtlich zu dokumentieren. Kaufmann ist nach § 1 HGB das Handelsgewerbe, das einen in **kaufmännischer Weise eingerichteten Geschäftsbetrieb** erfordert (z. B. durch mehrere Mitarbeiter, Lager, höhere Umsätze) bzw. im **Handelsregister** beim Amtsgericht eingetragen ist. Der Kaufmann muss nach § 240 HGB ein **Inventar** aufstellen und ist nach § 242 HGB zur Erstellung eines **Jahresabschlusses** in der Form einer **Bilanz** und einer **Gewinn-und-Verlust-Rechnung** verpflichtet. Wegen der Aufstellung eines Bestandsverzeichnisses (Bilanz) und einer Erfolgsübersicht (Gewinn-und-Verlust-Rechnung) spricht man auch von **„doppelter Buchführung"**.
Einfache Buchführung	Eine vereinfachte Buchführung in Form einer **Einnahmen-Überschuss-Rechnung** nach § 4 Abs. 3 EStG muss derjenige Steuerpflichtige vorlegen, der nicht im Handelsregister eingetragen ist, keinen in kaufmännischer Weise eingerichteten Betrieb hat und keine der folgenden Grenzen der Abgabeordnung (AO) überschreitet: ▪ **Umsätze** von **mehr als 600.000,00 €** ▪ **Gewinn** aus Gewerbebetrieb von **mehr als 60.000,00 €** (vgl. § 141 AO) In einer Einnahmen-Überschuss-Rechnung sind den Betriebseinnahmen die Betriebsausgaben gegenüberzustellen und daraus der Gewinn zu ermitteln (vgl. Beispiel auf folgender Seite). Die Steuerverwaltung hat dafür einen Vordruck (EÜR) vorgeschrieben, vgl. Suche zu Einnahmenüberschussrechnung nach § 60 Absatz 4 ESTDV und EÜR Durchführungsbestimmungen des Bundesfinanzministeriums.
Grundsätze ordnungsmäßiger Buchführung (GoB)	Nach § 238 HGB sind die Bücher nach den Grundsätzen ordnungsmäßiger Buchführung **(GoB)** zu führen. Die Buchführung muss so beschaffen sein, dass sie einem **sachverständigen Dritten** innerhalb **angemessener Zeit** einen **Überblick über die Geschäftsvorfälle** und über **die Lage des Unternehmens** vermitteln kann. In den folgenden Abschnitten wird darauf näher eingegangen.
Verstöße gegen die GoB	Werden die vom Gesetzgeber vorgeschriebenen Unterlagen und Abschlüsse nicht ordnungsmäßig eingereicht, entstehen zusätzlich z. B. Säumniszuschläge, Gebühren oder Zinsen, wobei die Bemessungsgrundlagen von den Behörden geschätzt oder auch Bußgeld- und Strafverfahren eingeleitet werden.

Über eine Million Mal im Jahr wird in Deutschland die einfache Buchführung gewählt, da die Bedingungen für eine doppelte Buchführung nicht gegeben sind und die Steuerpflichtigen sich aufgrund der schnellen Aufstellung für die Einnahmen-Überschuss-Rechnung entscheiden. Folgendes Beispiel zeigt vereinfacht diese Buchführung. Die Belege werden nach Einnahmen und Ausgaben unterschieden und in zwei Spalten eingetragen. Aus der Differenz (dem Saldo) wird der Gewinn bzw. Verlust ermittelt, der wiederum als Grundlage der Besteuerung dient.

Einnahmen-Überschuss-Rechnung nach § 4 Abs. 3 EStG Computerhandel und -wartung Jan Vogel, Oldenburg		
Betriebseinnahmen Umsatzerlöse netto lt. Ausgangsrechnungen 1–20	46.000,00 €	46.000,00 €
Betriebsausgaben Waren + Raumkosten + Werbungskosten + Kraftfahrzeugkosten + Porto, Telefon, Büromaterial + Sonstige Betriebsausgaben	8.300,00 € 6.120,00 € 1.300,00 € 3.900,00 € 860,50 € 1.370,80 €	21.851,30 €
Gewinn (Betriebseinnahmen – Betriebsausgaben)		24.148,70 €
Hinweis: Darstellung hier verkürzt und ohne Umsatzsteuer; vgl. amtliches Formular EÜR § 60 Abs. 4 ESTDV		

Aufgaben

1. Was ist richtig, was ist falsch?
   a) Das wichtigste Gesetz für die Rechnungslegung (Buchführung) der Unternehmen ist das HGB.
   b) Die GoB geben an, ob ein Betrieb buchführungspflichtig ist oder nicht.
   c) Die doppelte Buchführung gilt für Betriebe, die nicht im Handelsregister eingetragen sind.
   d) Doppelte Buchführung müssen alle Handelsbetriebe nachweisen, die einen in kaufmännischer Weise eingerichteten Betrieb haben.
   e) Einfache Buchführung können Betriebe wählen, deren Gewinn unter 500.000,00 € und deren Umsatz unter 50.000,00 € im Jahr liegt.
   f) Wenn man keine ordnungsmäßige Buchführung betreibt, können Steuerschätzungen, Bußgelder und auch Strafverfahren drohen.
2. Entscheiden Sie, ob die Verpflichtung zur doppelten Buchführung jeweils gegeben ist.
   a) Der gewerbliche Betrieb ist im Handelsregister eingetragen.
   b) Der Ein-Mann-Unternehmer handelt mit Computerkomponenten, hat keine Mitarbeiter, ist nicht im Handelsregister eingetragen.
   c) Ein Kleinbetrieb, nicht im Handelsregister eingetragen, weist einen Jahresgewinn von 18.000,00 € und einen Jahresumsatz von 480.000,00 € auf.
   d) Ein Kleinbetrieb, nicht im Handelsregister eingetragen, weist einen Jahresumsatz von 150.000,00 € und einen Jahresgewinn von 39.000,00 € auf.
   e) Ein Kleinbetrieb, im Handelsregister eingetragen, weist einen Verlust von 50.000,00 € und einen Jahresumsatz von 320.000,00 € auf.
3. Sie werden von einem Freund angesprochen und sollen ihm bei der einfachen Buchführung seines Computerhandels (Einnahmen-Überschuss-Rechnung) helfen, da er sich selbstständig gemacht hat. Den Namen des Computerhändlers können Sie bestimmen. Folgende Belege hat er mitgebracht (AR = Ausgangsrechnung, ER = Eingangsrechnung).

ER1:	Computereinkauf	5.000,00 €
AR1:	Verkauf Computer	4.200,00 €
ER2:	Miete mit Nebenkosten	610,20 €
ER3:	Werbeinserat	210,00 €
ER4:	Kraftfahrzeugleasing	1.600,00 €
ER5:	Büromaterial	120,50 €
AR2:	Verkauf Computer	3.500,00 €
ER6:	Werbeinserat	240,00 €
ER7:	Pkw-Benzinabrechnung	350,00 €
ER8:	Sonstige Betriebsausgaben	320,70 €
ER9:	Miete mit Nebenkosten	920,00 €
AR3:	Computerverkauf	3.700,00 €
ER10:	Porto und Telefon	204,60 €
ER11:	Miete mit Nebenkosten	850,00 €
AR4:	Verkauf PC und Drucker	2.800,00 €
AR5:	Verkauf Monitore	2.100,00 €

Erstellen Sie nach dem oben dargestellten Muster oder auf dem amtlichen Formular (vgl. www.elster.de) die Einnahmen-Überschuss-Rechnung oder verwenden Sie die Vorlage im Arbeitsheft. Der Freund ist von der Umsatzsteuer befreit.

4.1.3 Belege und Bücher in der Buchführung

S Im Rechnungswesen ist eine ordnungsmäßige Ablage der Belege sehr wichtig. Alle Auszubildenden bei ACI werden daher zuerst über das Ablagesystem aufgeklärt.

Es ist bereits bekannt, dass der Gesetzgeber sehr auf die Einhaltung einer ordnungsmäßigen Buchführung achtet. Auch die Geschäftsleitung hat ein großes Interesse daran, alle Geschäftsbelege ordnungsgemäß aufzubewahren und die Geschäftsbücher ständig aktuell zu halten. So können jederzeit Statistiken und Übersichten erstellt werden, um wichtige Entscheidungen zu treffen.

Für die Buchführung gilt der Grundsatz: „Keine Buchung ohne Beleg!" In mittelgroßen Unternehmen müssen im Jahr mehr als 10.000 Belege in das Buchführungssystem aufgenommen werden. Daher ist es wichtig, jeder Buchung im Buchführungssystem immer genau den richtigen Beleg zuordnen zu können.

Keine Buchung ohne Beleg!

Fremdbelege	:	Eigenbelege
Einzelbelege	:	Sammelbelege
Original/Urschrift	:	Kopie/Durchschrift

Der Betrieb verwaltet neben den Fremdbelegen, z. B. der Lieferanten (Eingangsrechnungen) oder Banken (Kontoauszüge), auch Eigenbelege (z. B. Durchschriften der Ausgangsrechnungen). Immer wenn kein Fremdbeleg vorhanden ist, muss ein glaubhafter Eigenbeleg erstellt werden, damit die Buchung erfolgen kann. Sammelbelege können vorkommen, wenn mehrere Geschäftsfälle in einem Beleg nachgewiesen werden, z. B. wenn die Sammelrechnung eines Lieferanten aufgrund von sechs Lieferungen erfolgt oder verschiedene Buchungen auf einem Kontoauszug der Bank enthalten sind.

Die bei ACI ankommenden Belege werden zunächst nach Bearbeitungskreisen (z. B. ER, AR, BA, KB) sortiert. Jeder Fremdbeleg erhält einen Eingangsstempel, eine Belegnummer und je nach Beleg weitere Stempel. In einigen Unternehmen werden zusätzlich noch Bücher (z. B. Kassenbuch, Rechnungseingangsbuch) manuell geführt, bevor die Buchführungsdaten mit der EDV-Buchführung (FIBU = Finanzbuchhaltung) erfasst werden. Zum Schluss werden die Bücher in der Ordnerablage aufbewahrt.

Die folgenden Belegbeispiele zeigen eine Ausgangsrechnung von ACI an den Kunden Controltax und Partner, eine Eingangsrechnung von der Sebastian Oppermann KG mit dem Eingangsstempel und dem Kontierungsstempel sowie eine Barquittung.

Belege sortieren
- ER = Eingangsrechnungen
- AR = Ausgangsrechnungen
- BA = Bankauszüge
- KB = Quittungen
- SB = Sonstige Belege

Eingangsstempel
- Eingangsstempel
- Bearbeitungsvermerke
- Buchungs- oder Kontierungsstempel

Erfassung in Büchern

z. B.
- Kassenbuch
- Rechnungseingangsbuch
- Rechnungsausgangsbuch
- Grundbuch (Journal)

Ablage in Ordnern

Erfassung in der EDV-Buchführung

ACI EDV-Systemhaus GmbH

ACI
Wir machen IT besser.

Sachsenfeld 1 • 20097 Hamburg
Telefon: 040 23 45 6-0 • Fax: 04131 23 45 65 00
E-Mail: info@aci.de

ACI GmbH • Sachsenfeld 1 • 20097 Hamburg

Controltax und Partner
Eißendorfer Pferdeweg 30
21075 Hamburg

Kunden-Nr.:	d24007
Rechnungs-Nr.:	5023
Lieferdatum:	14.11.20..
Ihr Zeichen:	so-3
Rechnungsdatum:	14.11.20..

Rechnung

Artikel-Nr.	Artikelbezeichnung	Einzelpreis (€)	Menge	Rabatt (%)	Gesamt (€)
1002	STRATO PC Intel Core 2 Duo E66oo 2 × 2,4 GHz 2048 MB DDR 2 RAM, 500 GB SATA 8 MB Cache, 16 × DVD-RW, 8cUSB, 3 × PCI, Intel-Kühler	699,00	12	0	8.388,00
1043	Easy Coder Etikettendrucker, Thermo-Transfer-Druck max. 104 mm Breite, 200 dpi, USB RS232, Centronics parallel, Label-Software	279,00	1	0	279,00

	Warenwert (€)	Frachtkosten (€)	USt 19 % (€)	USt 7 % (€)	Endbetrag (€)
	8.667,00	0,00	1.646,73	–	10.313,73

Hinweise:

Lieferbedingungen:	Lieferung frei Lager Hamburg
Zahlungsbedingungen:	innerhalb von 14 Tagen ohne Abzug.
Sonstiges:	Herr Unger wird am 14.11.20.. ab 8.00 Uhr die Installation durchführen.

Konto	Soll	Haben
Gebucht		

Geschäftsführer: Jan Muster • Amtsgericht Hamburg HR8 0077
Steuer-Nr.: 20 300 0170 5 • Ust-IdNr.: DE 199 920 633
Bankverbindung: Hamburger Sparkasse • IBAN: DE03 2005 0550 0017 1104 87
BIC: HASPDEHHXXX

Sebastian Ockermann KG
Werbeartikel

Ockermann · Eiffestraße 23 · 22769 Hamburg

ACI EDV-Systemhaus GmbH
Sachsenfeld 1
20097 Hamburg

Eiffestraße 23
22769 Hamburg

Telefon: 040 55 51 1
Fax: 040 55 51 11

E-Mail: info@ockermann.de

Komplementär:
Sebastian Ockermann

Handelsregister Hamburg
HRA B 11 420
USt-IdNr.: DE 199 800 400

Bankverbindung:
Hamburger Sparkasse
IBAN: DE50 2005 0550 1213 1203 20
BIC: HASPDEHHXXX

Rechnung

Rechnungs-Nr.: 6790	**Rechnungsdatum:** 06.11.20..	**Lieferdatum:** 02.11.20..	**Kunden-Nr.:** 1050
			Ihr Zeichen: Ks

Artikel-Nr.	Artikelbezeichnung	Einzelpreis (€)	Menge	Rabatt (%)	Gesamt (€)
25 001	Pack. Werbekugelschreiber Modern Style 500 Stck. mit Aufdruck ACI Hamburg	780,00	1	0	780,00
30 001	Pack. Kalender Techno A3 12 Stück	109,93	2	0	219,86
30 003	Pack. Kalender Motivation 12 Stück	59,82	4	0	239,28

Warenwert:	1.239,14
Frachtkosten:	0,00
19 % USt:	235,44
Rechnungsbetrag:	1.474,58

Hinweise:
Lieferbedingungen:
Lieferung frei Lager
Zahlungsbedingungen:
Zahlungsziel 10 Tage netto

Eingegangen:	
Beleg-Nr:	
Sachlich richtig:	

Konto	Soll	Haben
Gebucht		

Quittung

Nr.

Netto	€ 80,	ct 00
+ % USt	€	ct
Gesamt	€ 80,	ct 00

Gesamtbetrag € in Worten
achtzig — Cent wie oben

(Im Gesamtbetrag sind 19 % Umsatzsteuer enthalten)

von ACI EDV-Systemhaus GmbH, Hamburg

für Registraturschrank

richtig erhalten zu haben, bestätigt

Ort Hamburg   Datum 15. Okt. 20..

Buchungsvermerke

Stempel/Unterschrift des Empfängers

Büro Aktuell
Elbstraße 40
20050 Hamburg
Tel.: 040 565656

Sandra Brand

Zahlungsverkehr

Den Zahlungsverkehr mit den Kunden (Debitoren) und Lieferanten (Kreditoren) überwacht und bearbeitet bei ACI das Rechnungswesen. Unbezahlte Rechnungen werden als **„Offene Posten"** (OP) gekennzeichnet.

Rechnungsprüfung
Sachlich: Was wurde geliefert (Lager/Einkäufer)?
Preislich: Stimmen Preise und Konditionen?
Rechnerisch: Hat man sich verrechnet?

Beim Wareneingang muss die gelieferte Ware auf **sachliche Richtigkeit** und somit auf Mängel geprüft werden.

Die Lieferunterlagen gehen vom Lager zunächst zum Einkäufer. Wurden Mängel festgestellt, übernimmt der Einkäufer die weitere Bearbeitung.

Ist sachlich alles in Ordnung, behält der Einkäufer die Lieferpapiere, bis die Rechnung eingeht. Sie wird mit einem Vermerk „Sachlich richtig" an das Rechnungswesen weitergegeben. Das Rechnungswesen ermittelt das Zahldatum und den Zahlungsbetrag und begleicht rechtzeitig die Rechnung.

Wichtige Belege für den Zahlungsverkehr sind die Kontoauszüge der Bank. Jeder Kontoauszug enthält in der Regel gleich mehrere Buchungen. Buchungsdatum und Datum der Wertstellung (Datum der Gutschrift oder Lastschrift auf dem Konto) können bei Kontoauszügen unterschiedlich ausfallen (siehe unten).

Belege dienen als wichtige Grundlage der Buchführung und somit werden an ihre Behandlung strenge Maßstäbe angesetzt. In der folgenden Übersicht sind wichtige Punkte zum Umgang mit Belegen und Büchern aufgeführt.

Hamburger Sparkasse — Haspa

Buchungstag	Tag der Wertstellung	Verwendungszweck/Buchungstext	Buchungsnummer	alter Kontostand EUR 21.500,60 +
1511	1611	Gutschrift R-Nr. 5011, Tschento Werbeagentur 02.11.20..		28.400,00 +
2311	2311	ER 2601 Elektronic Partner AG, 15.11.20..		12.528,00 −
2311	2311	ER 2602 Tech Data München, 12.11.20..		1.392,00 −
2311	2311	Barauszahlung		1.000,00 −
			Dispo-Kredit EUR 50.000,00	EUR 34.980,60 + neuer Kontostand

IBAN: DE03 2005 0550 0017 1104 87
SWIFT-BIC: HASPDEHHXXX

Kontoauszug vom	Auszug	Blatt
25.11.20..	14	1

W

Umgang mit Belegen und Handelsbüchern	
Haupt- und Nebenbücher in der Buchführung	Der Gesetzgeber schreibt die Dokumentation der Geschäftsfälle in Buchführungsbüchern vor. Zulässig ist anstelle der Bücher die geordnete Ablage in Ordnern oder die Dokumentation der Buchführung über ein Buchführungsprogramm. Folgende Bücher können als Nebenbücher geführt werden: **Bestandsverzeichnisse:** Betriebsausstattung und Lagerbestände (z. B. Waren, Komponenten) **Kassenbuch:** Belege mit baren Ein- und Auszahlungen **Rechnungseingangsbuch:** Erfassung aller Eingangsrechnungen und Information über offene Posten (Zahlungsverkehr) zeitlich geordnet **Rechnungsausgangsbuch:** Erfassung aller Ausgangsrechnungen und des Zahlungsverkehrs zeitlich geordnet **Grundbuch (Journal):** Erfassung der Geschäftsfälle und Buchungen zeitlich geordnet
Führung der Buchführungsbücher nach den Grundsätzen ordnungsmäßiger Buchführung (GoB)	▪ Der Jahresabschluss ist in **deutscher Sprache** zu verfassen (§ 244 HGB). ▪ Die Bedeutung der Abkürzungen, Ziffern, Buchstaben und Symbole muss klar erkennbar sein (§ 239 HGB). ▪ Aufzeichnungen sollen vollständig, richtig, zeitgerecht und geordnet sein. ▪ Bei Veränderung der Aufzeichnungen muss der ursprüngliche Text erkennbar bleiben (z. B. kein Tipp-Ex verwenden, sondern sauberes Durchstreichen und Überschreiben) ▪ Bei Aufzeichnung auf Datenträgern müssen die Unterlagen in angemessener Frist lesbar gemacht werden können. ▪ Bücher können auch in der geordneten Ablage von Belegen geführt werden, wenn die Bestimmungen eingehalten werden (§ 239 HGB).
Aufbewahrung von Belegen und Handelsbüchern	▪ Empfangene Handelsbriefe und Kopien der abgesandten Handelsbriefe müssen **6 Jahre** aufbewahrt werden. ▪ Buchungsbelege, Haupt- und Nebenbücher der Buchführung sowie alle Abschlüsse müssen **10 Jahre** aufbewahrt werden. ▪ Die Aufbewahrungsfrist beginnt mit dem **Schluss des Kalenderjahres** des Belegdatums bzw. der letzten Eintragung in den Handelsbüchern (§ 257 HGB).

Aufgaben

1. Rufen Sie im Downloadbereich als Beispiel für Nebenbücher die Excel-Datei „NebenbücherCMWShopcenter.xls" auf und präsentieren Sie diese. **DL**
2. Entscheiden Sie, ob es sich bei folgenden Belegen um Fremd-/Eigenbelege, Einzel-/Sammelbelege, Originale/Kopien handelt:
   a) Wir übersenden unserem Kunden einen Lieferschein für eine Warenlieferung.
   b) Wir legen das 2. Exemplar des Lieferscheins in unsere Ablage.
   c) Wir erhalten von unserem Lieferanten eine Rechnung, die sich auf mehrere Lieferscheine bezieht.
   d) Wir erhalten von unserer Lohnbuchhaltung einen Buchungsbeleg, um alle Löhne und Gehälter in einem Betrag zu buchen.
   e) Wir schreiben eine Rechnung an einen Kunden, bezogen auf eine Lieferung.
   f) Das Autohaus Schubert übersendet uns eine Monatsabrechnung.
   g) Wir erhalten von einem Lieferanten auf unsere Anforderung eine Ersatzrechnung, da die Rechnung nicht vorliegt.
   h) Die Bank übersendet uns die letzten Kontoauszüge des eigenen Geschäftskontos.
   i) Wir erstellen eine Quittung für die Auszahlung von Geschäftsreisespesen an einen Mitarbeiter.
3. Ordnen Sie zu, ob folgende Vorgänge durch eine Ausgangsrechnung, eine Eingangsrechnung, eine Quittung oder einen Bankbeleg dokumentiert werden.
   a) Die Benzinrechnung vom Autohaus Schubert wird übersandt.
   b) Wir übersenden Firma Rabe GmbH eine Rechnung.
   c) Die Miete für das Geschäftshaus wird per Lastschrift abgebucht.
   d) Wir kaufen einen Bürokopierer auf Ziel (Zahlungsziel).
   e) Wir überweisen den Rechnungsbetrag an unseren Lieferanten.
   f) Büromaterial wird bar eingekauft.
   g) Wir erhalten von unserem Lieferanten Ockermann eine Sammelrechnung.
   h) Ein Mitarbeiter hat für den Firmen-Pkw getankt und überreicht uns einen Beleg zur Auszahlung.

4.1.4 Inventur von Vermögen und Kapital

S Mindestens einmal im Jahr wird bei ACI eine Inventur durchgeführt. Alle Auszubildenden werden als Zähler oder Aufschreiber eingeteilt.

Der Gesetzgeber schreibt für alle buchführungspflichtigen Unternehmen (doppelte Buchführung) eine Inventur des Vermögens und der Schulden bei der Gründung und danach mindestens einmal zum Schluss des Geschäftsjahres vor. Er will mit dieser Verpflichtung erreichen, dass die Bestände in den Büchern möglichst der Wirklichkeit entsprechen und der Schwund, wie z. B. durch Verderben von Waren oder Diebstahl, in den Büchern Berücksichtigung findet. Nicht nur die Geschäftsleitung, sondern auch Geschäftspartner oder Kreditgeber müssen darauf vertrauen können, dass die Zahlen in den Büchern korrekt sind. Manche Betriebe führen freiwillig mehrere Inventuren durch, um immer genau über die Bestände informiert zu sein.

W

Inventurarbeiten und Inventurverfahren	
Inventur	Eine Bestandsaufnahme (lat. invenire = vorfinden) aller **Vermögensgegenstände** und **Schulden** hat von jedem Kaufmann nach §§ 240 und 241 HGB bei der **Gründung** des Handelsgewerbes und danach mindestens **einmal** für den **Schluss** eines jeden **Geschäftsjahres** zu erfolgen. Das Geschäftsjahr darf kürzer als ein Kalenderjahr sein, jedoch nicht länger. Die Inventur ist eine **körperliche Bestandsaufnahme**, soweit nicht durch andere Verfahren sichergestellt ist, dass der Bestand der Vermögensgegenstände festgestellt werden kann. Für das **Warenlager** und den **Kassenbestand** bedeutet dies immer auch eine körperliche Bestandsaufnahme, indem man die Vermögensgegenstände in Augenschein nimmt, zählt, wiegt oder durch Messen die Menge feststellt. Bei den anderen Vermögensgegenständen können auch eine **Buchinventur** und die Bestätigung durch einen Dritten (z. B. beim Bankstatus durch die Bank) anerkannt werden.
Inventar	Die Ergebnisse der Inventur müssen in einem Inventar aufgeführt sein. Das Inventar ist gegliedert in: 1. Vermögen 2. Schulden 3. Reinvermögen (Eigenkapital) (vgl. Beispiel unter Abschnitt 4.1.5).
Vorarbeiten zur Inventur	Vor der Inventur ist zunächst das **Lager aufzuräumen.** Artikel, die nicht **mehr brauchbar** sind, müssen ausgesondert werden. Ebenso müssen die noch im Lager befindlichen Waren unberücksichtigt bleiben, die **schon verkauft** sind und für die schon ein Lieferschein oder eine Rechnung vorliegt.
Vorarbeiten zur Inventur	Für die Inventur im Lager selbst sollte ein **Inventurplan** erstellt werden, wobei festzulegen ist, wer welche Artikel zählt, wer **Aufschreiber** und wer **Prüfer** ist. Vor der Zählung müssen **Bestandslisten** ausgedruckt werden, in die der Schreiber die aktuellen Zählergebnisse einträgt. Die aufgeschriebenen Zählergebnisse werden dem Prüfer zur eventuellen (stichprobenartigen) Nachprüfung vorgelegt. Aus diesen Listen wird der Wert des Lagerbestandes ermittelt.
Stichtagsinventur	Die Inventur ist eine Stichtagsinventur. Die Finanzverwaltung erlaubt die Inventur innerhalb von **10 Tagen vor** oder **nach** dem Ende des Geschäftsjahres, wenn die **Bestände belegmäßig** (Bestände und einzelne Werte) nachweisbar auf den Stichtag fortgeschrieben bzw. zurückgerechnet werden.
Vorverlegte und nachverlegte Inventur	Das HGB (§ 241) erlaubt eine bis zu **drei Monaten vorverlegte** oder eine bis zu **zwei Monaten nachverlegte Inventur**, wenn die ermittelten Bestände **wertmäßig** auf den Abschlussstichtag fortgeschrieben bzw. zurückgerechnet werden (vereinfacht gegenüber Stichtagsinventur, da nur Werte fortgeschrieben werden).
Permanente Inventur 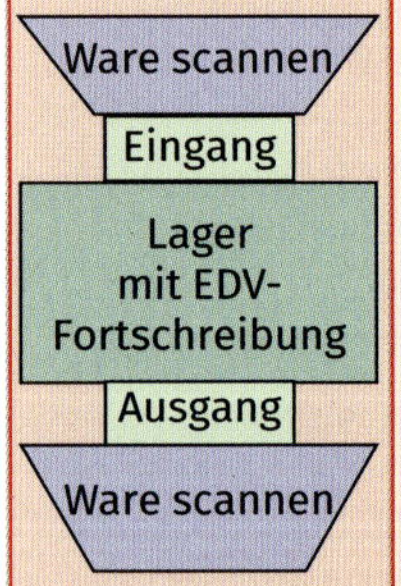	Diese Methode ermöglicht, die **Inventur** von Bestandsbereichen über das ganze Jahr zu **verteilen**, sodass die Inventur des gesamten Bestandes an einem bestimmten Stichtag entfällt. Hierzu ist jedoch eine laufende Erfassung der Warenzu- und -abgänge per **EDV notwendig**, da zu jeder Zeit der Buchbestand aktuell sein muss. Jeder Lagerbereich muss dennoch einmal im Jahr **körperlich** aufgenommen werden, wobei hier die Zeitpunkte mit den geringsten Beständen in diesem Bereich gewählt werden können. Zum Bilanzstichtag wird über die EDV-Anlage der Inventurbestand ausgedruckt. Diese Methode ermöglicht betriebswirtschaftlich sinnvolle **Zwischeninventuren** in Lagerbereichen mit größerem Schwund. Für die laufende Lagerfortschreibung werden die Lagerbewegungen beim Eingang und Ausgang mit Scannern wie an der Ladenkasse erfasst (§ 241 HGB).
Vereinfachungsverfahren	▪ **Vermögensgegenstände mit gleichbleibendem Wert:** Sachanlagen und bestimmte Lagerbestände,

Vereinfachungs-verfahren	die regelmäßig ersetzt werden oder deren Gesamtwert für das Unternehmen eher von nachrangiger Bedeutung ist, können **drei Jahre** mit gleichbleibendem Bestand und Wert angesetzt werden, müssen jedoch alle drei Jahre einer körperlichen Inventur unterzogen werden (§ 240 HGB). ▪ **Vermögensgegenstände zu Gruppen zusammenfassen:** Gleichartige Vermögensgegenstände des Vorratsvermögens (z. B. Betriebsstoffe oder bewegliche Vermögensgegenstände) können zu Gruppen zusammengefasst und mit dem gewogenen Durchschnittswert angesetzt werden (§ 240 HGB). ▪ **Mathematisch-statistische Verfahren:** Zur Vereinfachung können Gesamtbestände auch durch Stichproben und die mathematische Hochrechnung auf den Gesamtbestand ermittelt werden, wenn das Ergebnis einer körperlichen Bestandsaufnahme gleichkommt, z. B. Wiegen eines Papierpaketes, Wiegen des Gesamtpaketes, Division des Gesamtgewichtes durch das Gewicht des Einzelpaketes ergibt die Anzahl der gewogenen Pakete.

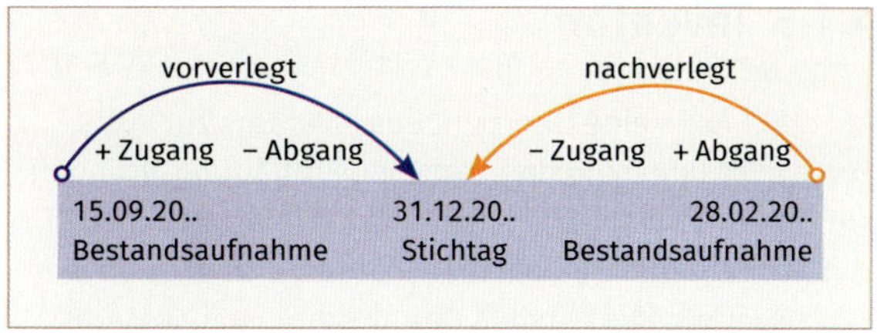

Aufgaben

1./2. Durch Inventur wurden folgende Bestände zum Einstandspreis festgestellt:

		1	2
Schrauben	0,08 €	2.000 Stück	1.256 Stück
Schrauben	0,09 €	850 Stück	769 Stück
Schrauben	0,10 €	1.200 Stück	1.210 Stück
Schrauben	1,11 €	670 Stück	2.100 Stück
Schrauben	1,12 €	420 Stück	1.865 Stück

a) Berechnen Sie den einfachen Durchschnittspreis (Summe der Preise/Anzahl der Preise).

b) Berechnen Sie je Schraubenart den wertmäßigen Bestand und den Gesamtbestand in Menge und Wert.

c) Berechnen Sie den gewogenen Durchschnittspreis (Gesamtwert/Gesamtmenge).

d) Überprüfen Sie in § 240 HGB, ob mit dem einfachen oder gewogenen Durchschnitt gerechnet werden darf.

3. Berechnen Sie den Handelswarenbestand am 31.12.20..

a) Eine vorverlegte Inventur ergab am 15.09. folgenden Inventurbestand für Waren: 152.558,70 €. Bis zum 31.12. wurden folgende Zu-/Abgänge verzeichnet: Zugänge im Wert von 432.300,00 €, Abgänge im Wert von 545.522,50 €.

b) Eine nachverlegte Inventur ergab am 28.02. folgenden Inventurbestand für Waren: 153.200,43 €. Vom 31.12. bis zum 28.02. wurden folgende Zu-/Abgänge verzeichnet: Zugänge im Wert von 332.940,00 €, Abgänge im Wert von 526.498,20 €.

4. Berechnen Sie den Handelswarenbestand am 31.12.20..

a) Eine nachverlegte Inventur ergab am 28.02. folgenden Inventurbestand für Waren: 347.325,50 €. Vom 31.12. bis zum 28.02. wurden folgende Zu-/Abgänge verzeichnet: Zugänge im Wert von 322.532,00 €, Abgänge im Wert von 234.660,20 €.

b) Eine vorverlegte Inventur ergab am 15.09. folgenden Inventurbestand für Waren: 289.650,35 €. Bis zum 31.12. wurden folgende Ab-/Zugänge verzeichnet: Abgänge im Wert von 667.898,35 €, Zugänge im Wert von 534.650,00 €.

5. Was ist richtig, was ist falsch?

a) Die Inventur ist immer eine körperliche Bestandsaufnahme.

b) Eine permanente Inventur bedeutet, man muss jeden Abend eine Bestandsaufnahme durchführen.

c) Zur Auslieferung mit Rechnung bereitgestellte Artikel werden nicht in die Inventur einbezogen.

d) Die Inventur muss immer am Ende des Kalenderjahres durchgeführt werden.

e) Möglich ist eine vorverlegte Inventur bis zu zwei Monate vor dem Stichtag.

f) Bei einer permanenten Inventur muss man jeden Tag den Buchbestand ausdrucken können.

g) Bestimmte Vermögensteile, die sich im Wert und Bestand wenig ändern, unterliegen einer körperlichen Inventur nur alle drei Jahre.

4.1.5 Inventar

S ACI stellt Anna eine Übersicht des Inventars zur Verfügung, allerdings sind darin aus Geheimhaltungsgründen die Zahlen abgeändert. Schaut man sich das Inventar von ACI genauer an, sieht man, dass es sich eher um ein Inhaltsverzeichnis handelt. Das Inventar ist insgesamt ein prall gefüllter Ordner mit vielen Zähllisten, Bestandsverzeichnissen und sonstigen Nachweisen.

Das HGB schreibt mit dem § 240 allen Kaufleuten bzw. Unternehmen mit doppelter Buchführung die Aufstellung eines Inventars bei der Gründung und dann jährlich zum Schluss des Geschäftsjahres vor. An das Inventar sind bestimmte Formvorschriften geknüpft.

An der folgenden Inventarübersicht sieht man, dass die Posten für Vermögen und Kapital aufzulisten sind und dass die Summe des Vermögens der Summe des Kapitals entspricht. Eine Veränderung bei den Vermögensposten (z. B. Tilgung eines Darlehens, indem 1.000,00 € an den Kreditgeber zurücküberwiesen werden) hat sowohl Auswirkungen auf die Vermögensseite (Bank nimmt im Wert ab) als auch auf die Kapitalseite (Darlehen nimmt im Wert ab). In den folgenden Kapiteln wird darauf noch näher eingegangen.

Das Inventar ist ein **ausführliches Verzeichnis aller Vermögensteile und Schulden**. Genauer werden die Posten über die Anlagen beschrieben. So ist das Inventar nicht selten ein mit Inventurlisten und sonstigen Anlagen prall gefüllter Ordner.

Inventar ACI EDV-Systemhaus GmbH, Hamburg, für den 31. Dezember ...		
A. Vermögen		
I. Anlagevermögen		
1. Gebäude		
Gebäude „Sachsenfeld 1"	534.000,00 €	
Ladengeschäft Eppendorf	211.000,00 €	745.000,00 €
2. Maschinen lt. Anlage 1		80.000,00 €
3. Fuhrpark lt. Anlage 2		75.000,00 €
4. Betriebs- und Geschäftsausstattung lt. Anlage 3		115.640,00 €
II. Umlaufvermögen		
1. Rohstoffe, Material lt. Inventurliste Anlage 4		5.670,00 €
2. Fremdbauteile lt. Inventurliste Anlage 5		72.650,00 €
3. Hilfsstoffe lt. Inventurliste Anlage 6		500,00 €
4. Betriebsstoffe lt. Inventurliste Anlage 7		4.520,00 €
5. Unfertige Erzeugnisse lt. Inventurliste Anlage 8		9.367,00 €
6. Fertige Erzeugnisse lt. Inventurliste Anlage 9		10.560,00 €
7. Handelswaren lt. Inventurliste Anlage 10		43.910,00 €
8. Forderungen lt. Offene-Posten-Liste Anlage 11		134.210,00 €
9. Kassenbestand lt. Kassenprotokoll Anlage 12		2.311,00 €
10. Bankguthaben		
Sparkasse Hamburg	35.872,00 €	
Deutsche Bank, Hamburg	47.400,00 €	83.272,00 €
Summe des Vermögens		**1.382.610,00 €**
B. Schulden		
I. Langfristige Schulden		
1. Hypothekendarlehen Hamburger Sparkasse	400.000,00 €	
2. Darlehen der Deutschen Bank, Hamburg	212.500,00 €	612.500,00 €
II. Kurzfristige Schulden		
Verbindlichkeiten a. LL		
Elektronik Partner AG, Düsseldorf	170.000,00 €	
Fujitzi AG, Neckarsulm	43.680,00 €	
	32.920,00 €	246.600,00 €
Summe der Schulden		**859.100,00 €**
C. Ermittlung des Eigenkapitals		
Summe des Vermögens		1.382.610,00 €
– Summe der Schulden		859.100,00 €
= Eigenkapital (Reinvermögen)		**523.510,00 €**

W

<table>
<tr><th colspan="3">Inventar</th></tr>
<tr><td>Inhalt des Inventars</td><td colspan="2">
▪ Das Inventar ist ein ausführliches Bestandsverzeichnis, gegliedert in Vermögen, Schulden und Eigenkapital (Reinvermögen).
▪ Die Vermögenspositionen werden in Anlagevermögen und Umlaufvermögen (sich laufend änderndes Vermögen) gegliedert und nach steigender Flüssigkeit (Liquidität) geordnet.
▪ Die Schuldenpositionen werden nach Fälligkeit in langfristige und kurzfristige Schulden (Verbindlichkeiten) gegliedert.
▪ Zur Gliederung vgl. auch die Gliederungsvorschriften zur Jahresbilanz nach § 266 HGB</td></tr>
<tr><td>Hinweise zu einigen Positionen</td><td>In der Fertigung (z. B. von Computergehäusen) unterscheidet man:
▪ Rohstoffe: Hauptbestandteile eines Produkts, z. B. Eisen, Blech
▪ Fremdbauteile: z. B. Netzteil, Motherboard und andere Komponenten
▪ Hilfsstoffe: Nebenbestandteile eines Produkts, z. B. Farbe
▪ Betriebsstoffe: für den Betrieb der Maschinen, z. B. Energie, Schmierstoffe
▪ Unfertige Erzeugnisse: noch nicht fertiggestellte Produkte, Teilprodukte
▪ Fertige Erzeugnisse: eigene Erzeugnisse auf Lager, die schon fertig sind</td>
<td>Forderungen a. LL (aus Lieferungen und Leistungen): offene, noch nicht vom Kunden beglichene Rechnungen
Hypothekenschulden: Darlehen, abgesichert über eine Hypothek (Grundbucheintragung), in der Regel ein langfristiges Darlehen</td></tr>
</table>

Die Aufstellung erläutert die wichtigsten Informationen zum Inventar.

Aufgaben

1. Ordnen Sie folgende Vermögenspositionen nach steigender Liquidität den Sammelbegriffen Anlagevermögen und Umlaufvermögen zu:
   a) Kasse
   b) Maschinen
   c) Gebäude
   d) Betriebsstoffe
   e) Forderungen a. LL
   f) Bank
   g) Hilfsstoffe
   h) Handelswaren
   i) Rohstoffe
   j) Betriebs- und Geschäftsausstattung
   k) Unfertige Erzeugnisse
   l) Postbank
   m) Fuhrpark
   n) Fertigerzeugnisse
2. Ordnen Sie folgende Schuldenpositionen nach Fälligkeit:
   a) Verbindlichkeiten a. LL
   b) Hypothekenschulden
   c) Darlehensschulden
3. Die Büromöbelhandel Mobila GmbH aus Frankfurt/Main stellte im Vorjahr und in diesem Jahr folgende Inventurwerte fest:
   a) Stellen Sie die Inventare für beide Jahre auf.
   b) Vergleichen Sie die beiden Inventare und erklären Sie die Veränderungen.

	Vorjahr	Jahr
Bürogebäude Deichweg 15	695.000,00 €	690.000,00 €
Fertigungsgebäude Deichweg 16–18	3.200.000,00 €	3.120.000,00 €
Maschinen lt. Anlage 1	1.320.000,00 €	1.188.000,00 €
Fuhrpark: 7 PKW	145.000,00 €	162.000,00 €
3 LKW lt. Anlage 2	325.000,00 €	260.000,00 €
Betriebs- und Geschäftsausstattung lt. Anlage 3	134.600,00 €	123.832,00 €
Handelswaren lt. Inventurliste Anlage 4	322.763,00 €	423.681,00 €
Forderungen a. LL:		
M. Schulte, Frankfurt	23.500,00 €	18.700,00 €
K. Mundt, München	45.370,00 €	76.850,00 €
V. Derkan, Düsseldorf	7.850,00 €	43.250,00 €
S. Kluge, Dresden	43.215,00 €	52.363,00 €
Kasse lt. Aufnahmeprotokoll	5.213,00 €	2.135,00 €
Bankguthaben bei der Deutschen Bank	214.760,00 €	102.366,00 €
Hypothekenschulden Deutsche Bank	2.000.000,00 €	2.000.000,00 €
Darlehensschulden Sparkasse	1.200.000,00 €	1.200.000,00 €
Verbindlichkeiten a. LL:		
IT-Müller GmbH, Kassel	63.568,00 €	46.400,00 €
Holtex AG, Dortmund	45.670,00 €	78.800,00 €
Salamanter GmbH, Gütersloh	35.200,00 €	34.300,00 €
Sekurite GmbH, Köln	12.300,00 €	19.670,00 €

4.1.6 Bilanz

S Anna und Kerstin werden gebeten, aus dem Inventar von ACI eine Bilanz zu erstellen.

Inventar	▪ Ausführlich, Anlagen ▪ Staffelform (einseitig) ▪ Wichtige Beweisunterlage für die Bilanz

↓

Bilanz	▪ Übersichtlich, kurz ▪ Kontoform (zweiseitig) ▪ Wird vom Inhaber unterschrieben ▪ Bestandteil des Jahresabschlusses, wichtige Übersicht

Der Gesetzgeber schreibt vor, dass bei der Gründung und danach jeweils als Jahresabschluss eine Bilanz vorzulegen ist. Eine Bilanz baut auf dem Inventar auf und übernimmt die Daten des Inventars, jedoch nur die aufsummierten Bestände der einzelnen Bilanzpositionen. Die Bilanz wird in Kontoform erstellt (§ 266 HGB).

Die Bilanz soll kurz und übersichtlich Auskunft über die **Vermögensteile** und **Schulden** sowie das **Eigenkapital** zum Schluss des Geschäftsjahres geben. Das Geschäftsjahr muss nicht mit dem Kalenderjahr übereinstimmen, für Unternehmen endet das Geschäftsjahr jedoch meistens am 31.12. Auf der Passivseite der Bilanz ist die **Mittelherkunft** bzw. die **Finanzierung** der Vermögensteile des Unternehmens zu erkennen, die Aktivseite belegt, wie die Mittel **verwendet** wurden bzw. dokumentiert die **Investitionsseite** des Unternehmens. So kann man schnell erkennen, ob das Eigenkapital und damit der Anteil des Eigenkapitals am Gesamtkapital (Eigenkapitalquote) ausreichend ist. Der Blick auf die Zahlen des Bankkontos und der Kasse lässt erkennen, ob das Unternehmen flüssig bzw. liquide ist und kurzfristige Schulden bezahlen kann.

Kerstin hat aus dem Inventar der Firma ACI GmbH eine Bilanz erstellt und gibt danach weitere Hinweise zur Aufstellung einer Bilanz. S

Mittelverwendung
Investition

Mittelherkunft
Finanzierung

Aktiva — **Bilanz zum 31.12.20..** — **Passiva**

Aktiva		Passiva	
A. Anlagevermögen		A. Eigenkapital	523.510,00
1. Gebäude	745.000,00	B. Schulden	
2. Maschinen	80.000,00	1. Hypothekenschulden	400.000,00
3. Fuhrpark	75.000,00	2. Darlehensschulden	212.500,00
4. Betriebs- und Geschäftsausstattung	115.640,00	3. Verbindlichkeiten a. LL	246.600,00
B. Umlaufvermögen			
1. Rohstoffe	5.670,00		
2. Fremdbauteile	72.650,00		
3. Hilfsstoffe	500,00		
4. Betriebsstoffe	4.520,00		
5. Unfertige Erzeugnisse	9.367,00		
6. Fertigerzeugnisse	10.560,00		
7. Handelswaren	43.910,00		
8. Forderungen a. LL	134.210,00		
9. Kasse	2.311,00		
10. Bank	83.272,00		
	1.382.610,00		1.382.610,00

Hamburg, 5. Januar ... *Jan Muster*

Besondere Hinweise zur Bilanz

- Das HGB verpflichtet buchführungspflichtige Unternehmen, zu Beginn und als Jahresabschluss eine Eröffnungsbilanz bzw. Bilanz aufzustellen (§ 242 HGB).
- Bilanz leitet sich aus dem ital. Begriff „bilancia" = Balkenwaage ab, was die zweiseitige Darstellung des Kontos in Aktiva und Passiva anspricht und die Verpflichtung, dass die Waage immer ausgeglichen sein muss (Aktiva = Passiva).
- Die Bilanz ist nach den GoB aufzustellen, muss klar und übersichtlich sein (§ 243 HGB).
- Die Bilanz muss in deutscher Sprache und in Euro erstellt werden (§ 244 HGB).
- Die Bilanz ist vom Kaufmann, bei mehreren persönlich haftenden Gesellschaftern von allen unter Angabe des Ortes und des Datums zu unterschreiben (§ 245 HGB).
- Die Bilanzen sind mindestens 10 Jahre aufzubewahren, beginnend mit dem Schluss des Kalenderjahres (§ 257 HGB).
- Über die Aufgliederung der Bilanz werden Hinweise für Einzelkaufleute und Personengesellschaften (z. B. OHG, KG) in § 247 HGB, für Kapitalgesellschaften (z. B. GmbH, AG) in § 266 HGB gegeben.

- **Formales zur Bilanzaufstellung:** Zunächst wird ein T-Konto aufgestellt und links mit Aktiva und rechts mit Passiva beschriftet. Die Zahlen müssen rechtsbündig sauber untereinander geschrieben und die Summen besonders herausgestellt werden (Überstrich, doppeltes Unterstreichen). Zum Ende der Bilanz sind insgesamt vier Unterstriche und jeweils doppelte Unterstriche zu ergänzen. Beginnend beim linken Unterstrich der Bilanzseite wird die Buchhalternase nach rechts oben gezogen, um Freiräume für nachträgliches Eintragen zu verwehren. Die Bilanz muss mit Ort, Datum und Unterschrift des Inhabers versehen sein.

	Mittelverwendung		Mittelherkunft	
	Investition		Finanzierung	
	Aktiva	Bilanz	Passiva	
Gegliedert nach steigender Liquidität (Flüssigkeit)	A. Anlagevermögen		A. Eigenkapital	Gegliedert nach steigender Fälligkeit
	B. Umlaufvermögen		B. Schulden	
	Summe Vermögen	=	Summe Kapital	

Aufgaben

1. Beantworten Sie folgende Fragen.
   a) Aus welchen Hauptgliederungspunkten besteht das Inventar?
   b) Wie wird das Vermögen unterschieden?
   c) Wie wird das Kapital unterschieden?
   d) Wie viel Eigenkapital hat das Unternehmen, wenn das Fremdkapital 120.000,00 €, das Anlagevermögen 90.000,00 €, der Bestand auf dem Bankkonto 32.000,00 €, der Warenbestand 12.000,00 € und die Forderungen a. LL 9.000,00 € betragen?
2. Was ist richtig, was ist falsch?
   a) Grundlage der Bilanz sind die Daten der Buchhaltung.
   b) Die Bilanz wird auf der Basis des Inventars erstellt.
   c) Die Bilanzsummen von Aktiva und Passiva sind immer gleich.
   d) Die Aktivseite stellt die Mittelherkunft oder Finanzierung dar.
   e) Die Passivseite stellt das Eigen- und Fremdkapital dar.
   f) Die Bilanz ist ein ausführliches Verzeichnis, das Inventar dagegen übersichtlich und zweiseitig.
   g) Die Vermögensseite unterscheidet Anlagevermögen und Umlaufvermögen, gegliedert nach Fälligkeit.
   h) Das Inventar muss vom Inhaber unterschrieben werden, die Bilanz vom Stellvertreter.
3. Sie sollen die Bilanz auf S. 364 nach formalen Fehlern überprüfen, die Fehler nennen und eine formal korrekte Bilanz aufstellen (siehe folgende Seite).

4./5.
   a) Stellen Sie jeweils auf einem Blatt A4 im Querformat die Bilanzen zum 31.12.20.. für die Synoplast GmbH Wolfenbüttel nach folgenden Angaben auf (siehe folgende Seite).
   b) Welchen prozentualen Anteil besitzen das Eigenkapital und das Fremdkapital am Gesamtkapital?
   c) Wie hoch sind die sofort flüssigen Vermögensteile (sofortige Liquidität durch Kasse und Bank)? Können damit sofort die kurzfristigen Schulden/Verbindlichkeiten sowie eine neue Maschine für 90.000,00 € beglichen werden?

Zu Aufgabe 3:

Passiva	Bilanz zum 31.12.20..		Aktiva
A. Schulden		B. Umlaufvermögen	
1. Verbindlichkeiten a. LL	17.300,00	1. Kasse	8.500,00
2. Darlehensschulden	100.000,00	2. Bank	32.300,00
3. Hypothekenschulden	400.000,00	3. Rohstoffe	11.200,00
B. Eigenkapital	0,00	4. Hilfsstoffe	2.600,00
		5. Betriebsstoffe	5.300,00
		6. Unfertige Erzeugnisse	15.600,00
		7. Fertigerzeugnisse	8.000,00
		8. Handelswaren	54.900,00
		9. Forderungen a. LL	17.200,00
		A. Anlagevermögen	
		1. Gebäude	415.000,00
		2. Maschinen	93.000,00
		3. Fuhrpark	23.600,00
		4. Betriebs- und Geschäftsausstattung	18.200,00
	517.300,00		705.400,00

Essen, 5. Januar ... i. A. *Carla Bergmann* Assistentin der Geschäftsleitung

	Zu Aufgabe 4	Zu Aufgabe 5
Betriebsgebäude	320.000,00 €	1.350.000,00 €
Fuhrpark	21.600,00 €	438.000,00 €
Maschinen	74.300,00 €	732.400,00 €
Betriebs- und Geschäftsausstattung	31.500,00 €	112.900,00 €
Rohstoffe	6.240,00 €	23.760,00 €
Hilfsstoffe	2.320,00 €	7.780,00 €
Betriebsstoffe	1.810,00 €	9.400,00 €
Unfertige Erzeugnisse	4.800,00 €	23.700,00 €
Fertigerzeugnisse	12.500,00 €	58.100,00 €
Handelswaren	24.900,00 €	8.500,00 €
Forderungen a. LL	18.930,00 €	69.930,00 €
Kasse	2.145,00 €	830,00 €
Bank	46.300,00 €	138.200,00 €
Hypothekenschulden	200.000,00 €	2.000.000,00 €
Darlehensschulden	160.000,00 €	600.000,00 €
Verbindlichkeiten a. LL	18.300,00 €	45.300,00 €
Eigenkapital	?	?

4.2 Geschäftsvorfälle buchen und auswerten

S Anna und Kerstin sollen die doppelte Buchführung und die Buchungssystematik auf den Konten verstehen lernen. So können sie später die Logik im Finanzbuchhaltungsprogramm besser überschauen und nutzen.

4.2.1 Kontierung der Eröffnungsbilanz im Hauptbuch

S In der Praxis wird das Hauptbuch mithilfe eines Finanzbuchhaltungsprogramms geführt. Damit die Mitarbeiter besser verstehen, wie das Programm die Daten nach der Erfassung der Belege verarbeitet, werden alle Konten des Hauptbuches zu Unterrichtszwecken auf Papier bzw. im Arbeitsheft gebucht (siehe unten).

Das Hauptbuch ist ein logisch aufgebautes System von Konten, auf denen alle Geschäftsfälle oder Belege gebucht werden. Die Bilanz gehört nicht zum Hauptbuch, die Bilanzdaten müssen jedoch zunächst als Anfangsbestände in das Hauptbuch gebucht werden.

Entsprechend dem folgenden Beispiel besteht das Hauptbuch aus so vielen Konten, wie die Bilanz Positionen hat. Die Hauptbuchkonten erkennt man daran, dass die linke Kontoseite mit Soll (S) und die rechte Kontoseite mit Haben (H) bezeichnet sind. In der Beispielbilanz befinden sich sechs Aktiva-Positionen und somit sechs aktive Bestandskonten sowie drei Passiva-Positionen und somit drei passive Bestandskonten. Zusätzlich wird ein EBK (Eröffnungsbilanzkonto) eingerichtet, da es in der doppelten Buchführung für jede Buchung mindestens eine Eintragung im Soll und eine Eintragung im Haben geben muss. Das EBK dient also nur zur Buchung der Anfangsbestände der Bilanz.

Wenn man die Konten gezeichnet hat, ist es zunächst zu Informationszwecken sinnvoll, die Seiten dort mit + und – zu bezeichnen, wo die Konten ihre **Zugänge** und **Abgänge** haben. Bei jeder Buchung sind immer mindestens zwei Konten betroffen. Da der Zugang (+) auf dem Bestandskonto „Gebäude" im Soll (links) eingetragen wird, muss entsprechend der Betrag von 230.000,00 € auf dem EBK im Haben (rechts) eingetragen werden. So ist entsprechend bei allen aktiven Bestandskonten zu verfahren. Vor dem Betrag wird immer die Bezeichnung des Gegenkontos eingetragen, also der Name des Kontos, wo der Betrag auf der anderen Seite (S/H) steht. Bei den passiven Bestandskonten ist es genau umgekehrt. Im Beispielfall wird der Anfangsbestand von 110.770,00 € des Kontos Eigenkapital als Zugang im Haben (rechts) und der entsprechende Betrag auf dem EBK im Soll (links) gebucht. In gleicher Weise wird auch bei den passiven Bestandskonten „Darlehensschulden" und „Verbindlichkeiten a. LL" vorgegangen. Die wichtigsten Informationen zum Hauptbuch sind auf der nächsten Seite noch einmal aufgeführt.

Aktiva	Bilanz zum 31.12.20..		Passiva
A. Anlagevermögen		A. Eigenkapital	110.770,00
1. Gebäude	230.000,00	B. Schulden	
2. Betriebs- und Geschäftsausstattung	41.000,00	1. Darlehensschulden	200.000,00
B. Umlaufvermögen		2. Verbindlichkeiten a. LL	11.600,00
1. Handelswaren	27.400,00		
2. Forderungen a. LL	12.900,00		
3. Kasse	1.500,00		
4. Bank	9.570,00		
	322.370,00		322.370,00

S	EBK		H
Eigenkapital	110.770,00	Gebäude	230.000,00
Darlehensschulden	200.000,00	BGA	41.000,00
Verbindlichkeiten a. LL	11.600,00	Handelswaren	27.400,00
		Forderungen a. LL	12.900,00
		Kasse	1.500,00
		Bank	9.570,00

Aktive Bestandskonten

S+	Gebäude		−H
EBK	230.000,00		

S+	BGA		−H
EBK	41.000,00		

S+	Handelswaren		−H
EBK	27.400,00		

S+	Forderungen a. LL		−H
EBK	12.900,00		

S+	Kasse		−H
EBK	1.500,00		

S+	Bank		−H
EBK	9.570,00		

Passive Bestandskonten

S−	Eigenkapital		+H
		EBK	110.770,00

S−	Darlehensschulden		+H
		EBK	200.000,00

S−	Verbindlichkeiten a. LL		+H
		EBK	11.600,00

W **Kontierung im Hauptbuch**

- Im Hauptbuch werden alle Sachkonten der Buchhaltung geführt. Die Sachkonten werden als **T-Konten** gezeichnet mit der Angabe **Soll (S)** für die Buchung **links** und **Haben (H)** für die Buchung **rechts**.
- Für jede Position der Bilanz wird im Hauptbuch ein Konto mit S/H eingerichtet. Die Konten aus den Aktiva der Bilanz bezeichnet man als **aktive Bestandskonten**, die Konten aus den Passiva der Bilanz als **passive Bestandskonten**. Zusätzlich wird ein **EBK-Konto als Gegenkonto** eingerichtet. Die Bilanz selbst gehört nicht zum Hauptbuch.
- Da die aktiven Bestandskonten auf der linken Seite der Bilanz stehen, nehmen diese Konten im Soll zu und im Haben ab, während die passiven Bestandskonten im Haben zu- und im Soll abnehmen:

S	Aktive Bestandskonten	H
Zugänge (+)		Abgänge (−)

S	Passive Bestandskonten	H
Abgänge (−)		Zugänge (+)

- Die **Anfangsbestände** werden entsprechend als **Zugänge** auf den **Bestandskonten** eingetragen. Im Hauptbuch werden alle **Buchungen doppelt** erfasst, d. h., es werden die Beträge der Buchungen zweimal eingetragen, einmal im **Soll** und einmal im **Haben.** Erfolgt die Buchung bei den Aktivkonten im Soll, so ist entsprechend auf dem Gegenkonto EBK eine Eintragung (Buchung) im Haben vorzunehmen. Entsprechend wird bei den passiven Bestandskonten der Anfangsbestand im Haben (+) und im EBK als Gegenkonto im Soll eingetragen. Die **Bezeichnung des Gegenkontos** steht wechselseitig vor dem Betrag.

Aufgaben

1. Richten Sie die Hauptbuchkonten EBK, aktive sowie passive Bestandskonten ein oder nutzen Sie die Vorlage der Hauptbuchkonten „Übung 1" im Arbeitsheft. AH Buchen Sie nun die Anfangsbestände der Bilanz entsprechend dem Beispiel auf den Bestandskonten und buchen Sie auf EBK gegen.
2. Was ist richtig, was ist falsch?
   a) Im Hauptbuch werden alle Buchungen in zeitlicher Reihenfolge (mit Datum) festgehalten.

b) Das Konto „Kasse" ist ein aktives Bestandskonto.
c) Das EBK ist ein Konto im Hauptbuch, das nur als Gegenkonto für die Anfangsbestände dient.
d) Soll steht immer links und Haben steht immer rechts.
e) „Forderungen a. LL" ist ein passives Bestandskonto.
f) Eine Eintragung bei „Verbindlichkeiten a. LL" im Haben bedeutet entsprechende Schulden beim Lieferanten durch offene, noch nicht bezahlte Rechnungen.
g) Eine Eintragung bei „Kasse" im Soll bedeutet ein Minus in Höhe dieser Eintragung.
h) Die passiven Bestandskonten nehmen alle im Soll zu und im Haben ab.
i) Eine Eintragung auf dem Konto vor dem Betrag weist auf das Gegenkonto hin.
j) Das Konto EBK gehört zum Hauptbuch, die Bilanz jedoch nicht.
k) Bei den aktiven Bestandskonten werden die Zugänge im Haben eingetragen und die Abgänge im Soll.
l) Das Hauptbuch besitzt immer weniger Konten als die Bilanz Positionen aufweist.

4.2.2 Geschäftsfälle im Hauptbuch erfassen

S Kerstin möchte nun in der Übung 1 die ersten Belege auf den Hauptbuchkonten buchen. Zunächst soll davon ausgegangen werden, dass hier eine Befreiung von der Umsatzsteuer vorliegt und somit keine Umsatzsteuer zu buchen ist.

Zunächst sind folgende 6 Geschäftsfälle (Belege) zu buchen:

(1) Eingangsrechnung **ER1:** Kauf eines Büroschranks mit Bankcard für **500,00 €**
(2) Bankauszug **BA1:** Wir tilgen unser Darlehen um **900,00 €** durch Lastschrift (Abbuchung) der Bank von unserem Geschäftskonto.
(3) Einkauf von Handelswaren auf Ziel (gegen Rechnung **ER2**) für **400,00 €**
(4) Bankauszug **BA2:** Ausgleich der Verbindlichkeit an einen Lieferanten (Bezahlung der Rechnung) durch Banküberweisung in Höhe von **800,00 €**
(5) Kassenbucheintragung **KB1:** Wir entnehmen der Kasse **600,00 €** und zahlen sie auf das Geschäftskonto ein (Hinweis: Die Buchung wird auf zwei Belegen nachgewiesen: Wir verwenden KB1 als Beleg, obwohl die Einzahlung auch auf BA3 steht).
(6) Bankauszug **BA3:** Ein Kunde begleicht unsere Rechnung (Forderung a. LL) in Höhe von **700,00 €** durch Banküberweisung.

Um die richtigen Hauptbuchkonten zu bestimmen und die Buchung auf der richtigen Kontenseite (Soll, links, oder Haben, rechts) vorzunehmen, sind folgende Fragen (1 bis 6) hilfreich:

Geschäftsfälle	Buchungsliste			
	Konten	**A/P**	**Konto nimmt durch ... zu (+) oder ab (–)?**	**Wo soll gebucht werden? Soll (S) oder Haben (H)?**
1) ER1: Kauf Büroschrank, 500,00 €, Card	BGA	A	Kauf zu, also +	**BGA+: A+/Soll**
	Bank	A	Abbuchung ab, also –	**Bank–: A–/Haben**
2) BA1: Tilgung Darlehen, 900,00 €	Darlehensschulden	P	Tilgung ab, also –	**Darlehensschulden–: P–/Soll**
	Bank	A	Lastschrift ab, also –	**Bank–: A–/Haben**
3) ER2: Kauf von Waren auf Ziel, 400,00 €	Handelswaren	A	Kauf zu, also +	**Handelsw.+: A+/Soll**
	Verbindlichkeiten	P	Mehr Schulden zu, also +	**Verbindl.–: P+/Haben**
4) BA2: Wir bezahlen eine Rechnung, 800,00 €	Verbindlichkeiten	P	Weniger Schulden ab, also –	**Verbindl.–: P–/Soll**
	Bank	A	Zahlung ab, also –	**Bank–: A–/Haben**
5) KB1: Einzahlung bar an Bank, 600,00 €	Bank	A	Einzahlung zu, also +	**Bank–: A+/Soll**
	Kasse	A	Auszahlung ab, also –	**Kasse–: A–/Haben**
6) BA3: Kunde bezahlt eine Rechnung, 700,00 €	Bank	A	Einzahlung zu, also +	**Bank+: A+/Soll**
	Forderungen	A	Weniger Forderungen ab, also –	**Forderungen–: A–/Haben**

Hinweis: A/P = Aktiva/Passiva

Die Buchungsliste kann vereinfacht wie folgt dargestellt werden:

Geschäftsfälle in Kurzform	Buchungsliste			
	Konten	A/P	+/−	Soll/Haben
1) ER1: Kauf Büroschrank, 500,00 €, Card	BGA	A	+	Soll
	Bank	A	−	Haben
2) BA1: Tilgung Darlehen, 900,00 €	Darlehensschulden	P	−	Soll
	Bank	A	−	Haben
3) ER2: Kauf von Waren auf Ziel, 400,00 €	Handelswaren	A	+	Soll
	Verbindlichkeiten	P	+	Haben
4) BA2: Wir bezahlen Rechnung, 800,00 €	Verbindlichkeiten	P	−	Soll
	Bank	A	−	Haben
5) KB1: Einzahlung bar an Bank, 600,00 €	Bank	A	+	Soll
	Kasse	A	−	Haben
6) BA3: Kunde bezahlt Rechnung, 700,00 €	Bank	A	+	Soll
	Forderungen	A	−	Haben

Auf den Konten werden zunächst die Beträge in den Konten, wie in der Tabelle festgelegt, eingetragen und das andere Konto zum Geschäftsfall als **Gegenkonto davor** vermerkt.

Aktive Bestandskonten

S+	**Gebäude**		−H
EBK	230.000,00		

S+	**BGA**		−H
EBK	41.000,00		
Bank	500,00		

S+	**Handelswaren**		−H
EBK	27.400,00		
Verbindlichk.	400,00		

S+	**Forderungen a. LL**		−H
EBK	12.900,00	Bank	700,00

S+	**Kasse**		−H
EBK	1.500,00	Bank	600,00

S+	**Bank**		−H
EBK	9.570,00	BGA	500,00
Kasse	600,00	Darlehenssch.	900,00
Forderungen	700,00	Verbindlichk.	800,00

Passive Bestandskonten

S−	Eigenkapital		+H
		EBK	110.770,00

S−	Darlehensschulden		+H
Bank	900,00	EBK	200.000,00

S−	Verbindlichkeiten a. LL		+H
Bank	800,00	EBK	11.600,00
		Handelswaren	400,00

W

Forderungen a. LL und Verbindlichkeiten a. LL (Debitoren, Kreditoren)

Folgende Konten werden am Anfang schnell verwechselt:
Forderungen a. LL (Debitoren): Dieses Konto nimmt im Soll zu, wenn Kunden eine Rechnung auf Zahlungsziel erhalten und nicht gleich bezahlen. Es nimmt im Haben ab, wenn die Kunden die erhaltene und gebuchte Rechnung begleichen.
Verbindlichkeiten a. LL (Kreditoren): Dieses Konto zeigt die Lieferschulden bei Lieferanten an. Es nimmt im Haben zu, wenn eine Rechnung mit Zahlungsziel erfasst und nicht sofort bezahlt wird, und im Soll ab, wenn die gebuchte Rechnung (die Schulden) beglichen wird.

S+ Forderungen a. LL	−H
EBK Anfangsbestand	Kundenrechnung bezahlt
Kundenrechnung gebucht	

S− Verbindlichkeiten a. LL	+H
Lieferrechnung bezahlt	EBK Anfangsbestand
	Lieferrechnung gebucht

Aufgaben

1. Ergänzen Sie die folgenden Aussagen.
   a) Die Passivseite der Bilanz gibt Auskunft über die Mittel … .
   b) Die Aktivseite der Bilanz gibt Auskunft über die Mittel … .
   c) Die Konten des Hauptbuches sind rechts mit …… bezeichnet.
   d) Die Bilanz wird aus den Angaben des …….. erstellt.
   e) Die aktiven Bestandskonten nehmen im Soll … .
   f) Die passiven Bestandskonten nehmen im Soll … .
2. Tragen Sie die Beträge der Übung 1 entsprechend in die Konten ein und vermerken Sie das Gegenkonto davor.
3. Geben Sie immer an, ob die Konten zu- oder abnehmen und ob sie im Soll oder Haben betroffen sind. Die Umsatzsteuer wird nicht berücksichtigt. Im Arbeitsheft finden Sie auch eine Vorlage, in die Sie buchen können.

AH

   a) ER Kauf eines Aktenschranks in bar: 700,00 €

S+	BGA	−H
EBK	8.300,00	

S+	Kasse	−H
EBK	930,00	

   b) BA Wir bekommen ein neues Darlehen gutgeschrieben: 30.000,00 €

S+	Bank	−H
EBK	20.000,00	

S−	Darlehensschulden	+H
	EBK	120.000,00

   c) BA Bareinzahlung auf unser Geschäftskonto: 500,00 €

S+	Bank	−H
EBK	5.000,00	

S+	Kasse	−H
EBK	540,00	

   d) BA Ein Kunde begleicht die Rechnung per Überweisung: 800,00 €

S+	Forderungen a. LL	−H
EBK	3.000,00	

S+	Bank	−H
EBK	18.400,00	

   e) BA Wir begleichen eine Lieferantenrechnung per Überweisung: 3.000,00 €

S+	Bank	−H
EBK	11.000,00	

S−	Verbindlichkeiten a. LL	+H
	EBK	4.700,00

   f) BA Wir tilgen unser Darlehen per Lastschrift: 2.500,00 €

S+	Bank	−H
EBK	51.000,00	

S−	Darlehensschulden	+H
	EBK	90.000,00

   g) BA/KB Barauszahlung vom Bankkonto: 550,00 €

S+	Bank	−H
EBK	13.800,00	

S+	Kasse	−H
EBK	240,00	

   h) AR Verkauf von Waren auf Ziel: 630,00 € (vereinfacht zum Einstandspreis)

S+	Handelswaren	−H
EBK	41.000,00	

S+	Forderungen a. LL	−H
EBK	31.000,00	

i) ER Kauf von Waren auf Ziel: 3.500,00 €

S+	Handelswaren		–H
EBK	9.600,00		

S–	Kreditoren		+H
		EBK	7.200,00

j) BA Ein Kunde begleicht die Rechnung per Überweisung: 300,00 €

S+	Bank		–H
EBK	1.000,00		

S+	Debitoren		–H
EBK	9.700,00		

k) ER Kauf von Waren in bar: 120,00 €

S+	Handelswaren		–H
EBK	34.200,00		

S+	Kasse		–H
EBK	1.000,00		

4./5.

Bestände der Eröffnungsbilanz: Betriebs- und Geschäftsausstattung 27.000,00 €, Handelswaren 6.000,00 €, Forderungen a. LL 8.500,00 €, Bank 7.500,00 €, Eigenkapital 32.000,00 €, Darlehensschulden 10.200,00 €, Verbindlichkeiten a. LL 6.800,00 €

Geschäftsfälle:	4	5
1. Eingangsrechnung (ER)/Bankauszug (BA): Kauf einer EDV-Anlage per Bankscheck	2.000,00 €	1.200,00 €
2. Eingangsrechnung (ER): Zieleinkauf von Handelswaren	1.500,00 €	1.900,00 €
3. Bankauszug (BA): Wir begleichen eine Rechnung unseres Lieferanten.	1.400,00 €	1.200,00 €
4. Bankauszug (BA): Wir tilgen unser Darlehen.	1.800,00 €	300,00 €

Erstellen Sie eine Eröffnungsbilanz, richten Sie die Hauptbuchkonten einschließlich EBK ein und buchen Sie die Anfangsbestände. Erstellen Sie eine Buchungsliste für die Buchung der Geschäftsfälle und buchen Sie die Geschäftsfälle auf den Hauptbuchkonten. Verwenden Sie bei Bedarf die Vorlagen im Arbeitsheft. AH

6./7.

Bestände der Eröffnungsbilanz: Gebäude 450.000,00 €, Betriebs- und Geschäftsausstattung 140.000,00 €, Handelswaren 32.000,00 €, Forderungen a. LL 16.000,00 €, Kasse 4.200,00 €, Bank 32.000,00 €, Eigenkapital ? €, Darlehensschulden 335.000,00 €, Verbindlichkeiten a. LL 28.000,00 €

Geschäftsfälle:	6	7
1. Eingangsrechnung (ER): Zieleinkauf von Handelswaren	2.700,00 €	4.300,00 €
2. Eingangsrechnung (ER)/Bankauszug (BA): Kauf einer Büroausstattung per Bankscheck	6.500,00 €	8.300,00 €
3. Bankauszug (BA): Tilgung unseres Darlehens	5.000,00 €	10.000,00 €
4. Bankauszug (BA): Ein Kunde begleicht eine Rechnung.	3.300,00 €	5.650,00 €
5. Bankauszug (BA): Wir begleichen eine Rechnung unseres Lieferanten.	4.500,00 €	5.700,00 €
6. Ausgangsrechnung (AR)/Kassenbuch: Barverkauf von Waren (vereinfacht zum Einstandspreis)	900,00 €	1.260,00 €
7. Kassenbuch (KB)/Bankauszug (BA): Bareinzahlung auf Bankkonto	3.000,00 €	4.000,00 €

Erstellen Sie eine Eröffnungsbilanz, richten Sie die Hauptbuchkonten einschließlich EBK ein und buchen Sie die Anfangsbestände. Erstellen Sie eine Buchungsliste für die Buchung der Geschäftsfälle und buchen Sie die Geschäftsfälle auf den Hauptbuchkonten. Verwenden Sie bei Bedarf die Vorlagen im Arbeitsheft. AH

4.2.3 Hauptbuch über Schlussbilanzkonto (SBK) abschließen

S Am Jahresende wird nach der Inventur die Schlussbilanz aufgestellt. Dazu müssen die Konten im Hauptbuch abgeschlossen werden.

W **Vorgehensweise beim Kontenabschluss**

1. Es wird die Kontoseite mit der größeren Summe festgestellt.
2. Es wird überprüft, ob auf der Gegenseite des Kontos noch Freiraum für die Eintragung des Saldos (Restbetrages) bleibt.
3. Die Kontoseite mit der größeren Summe wird zuerst abgeschlossen (Eintragung der Summe und doppeltes Unterstreichen).
4. Die Summe wird auf die Gegenseite übertragen, der Saldo (Restbetrag) ermittelt und eingetragen.
5. Nach dem Unterstreichen und dem Eintragen der Buchhalternase (immer von unten links nach oben rechts zeichnen) im eventuell auftretenden Freifeld ist der Kontenabschluss beendet.
6. Der Saldo der einzelnen Konten wird auf dem Konto SBK gegengebucht, d. h., der Betrag wird im SBK auf die andere Seite gebucht und jeweils vor dem Betrag das andere Konto als Gegenkonto geschrieben.

Aufgaben

1. Geben Sie an, welche Buchungen sich hinter den Posten 1 bis 6 verbergen, und nennen Sie mögliche Geschäftsfälle.

Soll	Kasse		Haben
1. EBK	300,00	3. BGA	600,00
2. Forderungen a. LL.	700,00	6. Bank	900,00
4. Bank	500,00		
5. BGA	200,00		

AH 2. Schließen Sie die Konten der Übung 1 über SBK ab. Verwenden Sie Ihre Vorlage oder die Vorlage im Arbeitsheft (Konten der Übung 1 siehe S. 368).

AH 3. Schließen Sie die Konten der vorangegangenen Kontierungsaufgaben ab.

4./5.

Bestände der Eröffnungsbilanz: Betriebs- und Geschäftsausstattung 32.700,00 €, Handelswaren 21.400,00 €, Forderungen a. LL 7.900,00 €, Kasse 200,00 €, Bank 28.900,00 €, Eigenkapital 29.800,00 €, Darlehensschulden 50.000,00 €, Verbindlichkeiten a. LL 11.300,00 €

Geschäftsfälle:	4	5
1. Bankauszug (BA): Wir begleichen eine Rechnung unseres Lieferanten.	3.300,00 €	4.100,00 €
2. Eingangsrechnung (ER): Zieleinkauf von Handelswaren	4.900,00 €	2.500,00 €
3. Kassenbuch (KB): Verkauf des gebrauchten Büro-PCs zum Buchwert	200,00 €	300,00 €
4. Eingangsrechnung (ER): Kauf eines neuen Computers fürs Büro	1.500,00 €	1.200,00 €
5. Bankauszug (BA): Ein Kunde begleicht eine Rechnung.	1.900,00 €	1.200,00 €
6. Kassenbuch (KB): Ein Kunde begleicht nach 14 Tagen die Rechnung bar.	700,00 €	500,00 €
7. Bankauszug (BA): Tilgung unseres Darlehens	1.700,00 €	1.000,00 €
8. Kassenbuch (KB)/Bankauszug (BA): Bareinzahlung auf Bankkonto	1.500,00 €	800,00 €

Richten Sie die Hauptbuchkonten einschließlich EBK ein und buchen Sie die Anfangsbestände. Erstellen Sie eine Buchungsliste für die Buchung der Geschäftsfälle und buchen Sie die Geschäftsfälle auf den Hauptbuchkonten. Verwenden Sie bei Bedarf die Vorlagen im Arbeitsheft. AH

Die Konten der Übung 1 werden somit folgendermaßen abgeschlossen:

S	EBK		H
Eigenkapital	110.770,00	Gebäude	230.000,00
Darlehensschulden	200.000,00	BGA	41.000,00
Verbindlichkeiten a. LL	11.600,00	Handelswaren	27.400,00
		Forderungen a. LL	12.900,00
		Kasse	1.500,00
		Bank	9.570,00
	322.370,00		322.370,00

S+	Gebäude		−H
EBK	230.000,00	SBK	230.000,00
	230.000,00		230.000,00

S+	BGA		−H
EBK	41.000,00	SBK	41.500,00
Bank	500,00		
	41.500,00		41.500,00

S+	Handelswaren		−H
EBK	27.400,00	SBK	27.800,00
Verbindlichk.	400,00		
	27.800,00		27.800,00

S+	Forderungen a. LL		−H
EBK	12.900,00	Bank	700,00
		SBK	12.200,00
	12.900,00		12.900,00

S+	Kasse		−H
EBK	1.500,00	Bank	600,00
		SBK	900,00
	1.500,00		1.500,00

S+	Bank		−H
EBK	9.570,00	BGA	500,00
Kasse	600,00	Darlehenssch.	900,00
Forderungen	700,00	Verbindl.	800,00
		SBK	8.670,00
	10.870,00		10.870,00

S−	Eigenkapital		+H
SBK	110.770,00	EBK	110.770,00
	110.770,00		110.770,00

S−	Darlehensschulden		+H
Bank	900,00	EBK	200.000,00
SBK	199.100,00		
	200.000,00		200.000,00

S−	Verbindlichkeiten a. LL		+H
Bank	800,00	EBK	11.600,00
SBK	11.200,00	Handelsw.	400,00
	12.000,00		12.000,00

S	SBK		H
Gebäude	230.000,00	Eigenkapital	110.770,00
BGA	41.500,00	Darlehensschulden	199.100,00
Handelswaren	27.800,00	Verbindlichkeiten a. LL	11.200,00
Forderungen a. LL	12.200,00		
Kasse	900,00		
Bank	8.670,00		
	321.070,00		321.070,00

4.2.4 Buchungssatz und Vorkontierung

S Anna und Kerstin sollen Belege mit dem Eingangs- und Kontierungsstempel versehen und vorkontieren.

Nur ein Beleg hat die Beweiskraft für ein ordnungsgemäßes Rechnungswesen. Eine wichtige Aufgabe des Rechnungswesens ist daher die Belegbearbeitung einschließlich der Ablage der Belege. Belege der Buchhaltung sind z. B. die Eingangsrechnung (ER), die Ausgangsrechnung (AR), Kontoauszüge der Bank (BA), Kassenbelege (KB) u. a.

Jeder Buchung muss ein Beleg zugrunde liegen:

W **Keine Buchung ohne Beleg!**

Die Buchung wird mithilfe einer Vorkontierung auf dem Beleg festgehalten. Damit ist sofort ersichtlich,

- ob der Beleg schon gebucht wurde,
- wann er gebucht wurde,
- wie er gebucht wurde,
- von wem er vorkontiert wurde.

Konto	Soll	Haben
Gebucht		

Einige Buchhalter vermerken die Buchung auch ohne Kontierungsstempel.

Als Kurzanweisung für die Buchhaltung gilt der Buchungssatz:

W **Soll an Haben**

Der einfache Buchungssatz nennt zunächst das **Sollkonto** der Buchung, dann das Wort **„an"** und danach das **Habenkonto**. Nicht nur auf Belegen, sondern auch auf Buchungslisten werden die Buchungen immer so aufgeführt, dass das Sollkonto zuerst genannt wird. Auf diese Weise kann man sich auch die Worte Soll und Haben sparen. **Handelswaren an Kasse** bedeutet: Handelswaren (Soll), Kasse (Haben).

Da der Buchungssatz immer in der Reihenfolge „Sollkonto an Habenkonto" genannt wird, muss in der Buchungsliste beim Buchungssatz diese zwingend beachtet werden (siehe Beispiel unten).

Aufgaben

1. Bilden Sie zu folgenden Belegen die Buchungssätze. Verwenden Sie eventuell die Buchungsliste im Arbeitsheft: AH
   a) Eingangsrechnung (ER1) Zieleinkauf eines Aktenschranks: 900,00 €
   b) Bankauszug (BA1) Banküberweisung der Tilgungsrate eines Darlehens: 1.000,00 €
   c) Bankauszug (BA2, KB1) Bareinzahlung auf das Bankkonto: 500,00 €
   d) Ausgangsrechnung (AR1, KB2) Barverkauf eines gebrauchten Faxgerätes: 200,00 €
   e) Kassenbeleg (KB3) Kauf eines gebrauchten Pkw: 4.500,00 €
   f) Bankauszug (BA3): Ein Kunde begleicht eine Rechnung über 1.380,00 €.
   g) Bankauszug (BA4): Wir begleichen eine Rechnung des Lieferanten über 4.300,00 €.
   h) Eingangsrechnung (ER2, KB4) Bareinkauf von Handelswaren: 320,00 €
   i) Bankauszug (BA5, KB5) Barabhebung vom Bankkonto: 500,00 €
   j) Bankauszug (BA6) Gutschrift eines neuen Darlehensbetrages: 50.000,00 €
   k) Eingangsrechnung (ER3) Einkauf von Handelswaren auf Ziel: 800,00 €
2. Nennen Sie den Beleg und den Geschäftsfall:
   a) Kasse an Bank
   b) Handelswaren an Verbindlichkeiten
   c) Bank an Forderungen

Buchungsliste

Geschäftsfälle	Konten	A/P	A/E	+/–	S/H	Buchungssatz	Soll	Haben
ER: Einkauf von Waren bar, 500,00 €	Handelswaren	A		+	S →	Handelswaren	500,00	
	Kasse	A		–	H →	an Kasse		500,00
BA: Bareinzahlung auf das Bankkonto, 800,00 €	Kasse	A		–	H ↘	Bank	800,00	
	Bank	A		+	S ↗	an Kasse		800,00

d) Bank an BGA
e) Bank an Debitoren (vgl. S. 369)
f) Bank an Kasse
g) Verbindlichkeiten an Bank
h) BGA an Kasse
i) Darlehensschulden an Bank
j) Bank an Darlehensschulden
k) Bank an Kasse
l) Fuhrpark an Bank

3. Nennen Sie zu den Buchungen auf dem Bankkonto die Geschäftsfälle:

Soll	Bank		Haben
1. EBK	64.600,00	4. Fuhrpark	75.000,00
2. Fuhrpark	5.000,00	5. Verbindlichkeiten a. LL	16.200,00
3. Darlehensschulden	50.000,00	6. Darlehensschulden	3.000,00
7. Kasse	2.800,00	8. SBK	28.200,00
	122.400,00		122.400,00

4.2.5 Saldenliste

S Bisher wurde davon ausgegangen, dass am Jahresende das Inventurergebnis mit den Buchbeständen des Hauptbuches übereinstimmt. Dies ist jedoch eher ein selteneres Ereignis. Insbesondere in den körperlichen Inventurbereichen (Lager, Kasse) entstehen schnell kleinere, aber auch größere Differenzen durch Schwund (z. B. Diebstahl, Verderben). Auch bei Beständen mit einer Buchinventur können Differenzen zwischen Inventur-Istwerten und Buchbeständen auftreten, wenn das Buchen von Zu- oder Abgängen vergessen wurde. Treten Differenzen auf, ist nicht selten ein zeitaufwendiges Suchen nach dem Grund und dem Beleg die Folge. Auch während des Jahres sind daher Saldenlisten sinnvoll, um Zahlen für Entscheidungen oder Zwischeninventuren zu besitzen.

Gründe für das Feststellen von Differenzen der Soll-/Ist-Bestände können sein:

- Fehlmengen im Lager durch Diebstahl, Verderben der Ware, Verzählen bei der Inventur oder beim Verkauf, Lieferung kleinerer Mengen als auf der Rechnung angegeben.
- Ein Einkaufsbeleg verschwindet und wird nicht gebucht.
- Ein Verkaufsbeleg verschwindet und wird nicht gebucht.
- Ein Zahlendreher oder ein verschobenes Komma bei der Buchung hat unter Umständen eine große Auswirkung.

Saldenliste Übung 1		
Konto	**Soll**	**Haben**
Gebäude	230.000,00	
Betriebs- und Geschäftsausstattung	41.500,00	
Handelswaren	27.800,00	
Forderungen a. LL	12.200,00	
Kasse	900,00	
Bank	8.670,00	
Eigenkapital		110.770,00
Darlehensschulden		199.100,00
Verbindlichkeiten a. LL		11.200,00
Kontrollsumme (Saldensumme)	321.070,00	321.070,00

Die Saldenliste entstand zu dem Zeitpunkt, bevor die Konten der Übung 1 abgeschlossen wurden. Durch körperliche Inventur des Lagers hätte jedoch ein Warenbestand von 27.600,00 € festgestellt werden können.

Die Inventurdifferenz muss durch folgende Buchung in der Buchhaltung berücksichtigt werden. Da die Ware ohne Gegenleistung „verschwunden" ist, verringert sich das Eigenkapital des Betriebes. Als Beleg muss ein Eigenbeleg erstellt werden bzw. muss die Inventurliste als Beleg angeführt werden.

Buchungsliste

Geschäftsfall	Konten	A/P	A/E	+/–	S/H	Buchungssatz	Soll	Haben
Korrekturbuchung: Inventurdifferenz von 200,00 € bei Handelswaren	Eigenkapital	A		–	S	Eigenkapital	200,00	
	Handelswaren	A		–	H	an Handelswaren		200,00

Aufgaben

1./2.

Bestände der Eröffnungsbilanz: Betriebs- und Geschäftsausstattung 8.000,00 €, Handelswaren 6.500,00 €, Forderungen a. LL 3.300,00 €, Kasse 300,00 €, Bank 11.600,00 €, Eigenkapital 9.900,00 €, Darlehensschulden 14.700,00 €, Verbindlichkeiten a. LL 5.100,00 €

Geschäftsfälle:	1	2
1. Eingangsrechnung (ER): Kauf eines neuen Laserdruckers mit Bankcard	500,00 €	600,00 €
2. Bankauszug (BA): Tilgung unseres Darlehens	900,00 €	200,00 €
3. Eingangsrechnung (ER): Zieleinkauf von Handelswaren	2.300,00 €	4.200,00 €
4. Bankauszug (BA): Ein Kunde begleicht eine Rechnung.	1.500,00 €	600,00 €
5. Kassenbuch (KB): Ein Kunde begleicht nach 14 Tagen die Rechnung bar.	820,00 €	2.180,00 €
6. Kassenbuch (KB): Verkauf des gebrauchten Druckers	300,00 €	250,00 €
7. Kassenbuch (KB)/ Bankauszug (BA): Bareinzahlung auf Bankkonto	1.200,00 €	2.500,00 €
8. Bankauszug (BA): Wir begleichen eine Rechnung unseres Lieferanten.	1.500,00 €	5.100,00 €

Erstellen Sie eine Eröffnungsbilanz, richten Sie die Hauptbuchkonten einschließlich EBK ein und buchen Sie die Anfangsbestände. Erstellen Sie eine Buchungsliste für die Buchung der Geschäftsfälle und buchen Sie die Geschäftsfälle auf den Hauptbuchkonten. Verwenden Sie bei Bedarf die Vorlagen im Arbeitsheft. Erstellen Sie eine Saldenliste. AH

Das Inventar zum Ende des Geschäftsjahres weist folgende Inventurbestände auf:

	1	2
Betriebs- und Geschäftsausstattung	8.200,00 €	8.350,00 €
Handelswaren	8.700,00 €	8.500,00 €
Forderungen a. LL	980,00 €	520,00 €
Kasse	150,00 €	200,00 €
Bank	11.400,00 €	8.800,00 €
Eigenkapital	9.730,00 €	7.670,00 €
Darlehensschulden	13.800,00 €	14.500,00 €
Verbindlichk. a. LL	5.900,00 €	4.200,00 €

Stimmen Sie die Inventurwerte mit den Buchwerten ab, kontieren Sie eventuelle Korrekturbuchungen und schließen Sie die Hauptbuchkonten ab.

4.2.6 Buchung auf Erfolgskonten

Anna und Kerstin wollen auf Erfolgskonten buchen, um Gewinn und Verlust feststellen zu können. S

Gewinn?	Erträge > Aufwendungen
	Umsatzerlöse > Selbstkosten
Verlust?	Erträge < Aufwendungen
	Umsatzerlöse < Selbstkosten

Bisher wurden nur wenige Buchungen auf dem Eigenkapitalkonto ausgeführt. Bekannt ist bereits die Tatsache, dass eine Einzahlung vom privaten Konto das Eigenkapital im Haben erhöht oder ein Kassenfehlbetrag oder eine Fehlmenge im Lager das Eigenkapital im Soll mindert. Es gibt jedoch weitaus mehr Geschäftsfälle, bei denen das Konto Eigenkapital betroffen ist. So senken betriebliche Aufwendungen bzw. Kosten das Eigenkapital, während Umsatzerlöse eine Erhöhung bewirken. Nur wenn die Selbstkosten (Handlungskosten + Wareneinsatz) kleiner sind als die Umsatzerlöse, arbeitet der Betrieb mit Gewinn.

Diese Geschäftsfälle verändern das Eigenkapital!	
Soll	**Haben**
Buchung der Eingangsrechnungen mit folgenden betrieblichen Aufwendungen oder Kosten, z. B.: a) Aufwendungen für Waren b) Kosten für Strom, Gas, Wasser c) Kosten für Ausgangsfrachten d) Reparaturen an BGA oder Maschinen e) Löhne, Gehälter, Ausbildungs- und Praktikantenvergütung f) Absetzung für die Abnutzung von Sachanlagen g) Miete für Betriebsräume h) Leasingkosten (Miete) für Auto, EDV, Software usw. i) Bankgebühren, Inkassokosten j) Kosten für Rechts- und Steuerberatung k) Papier, Toner, Briefumschläge, Stifte usw. l) Fachzeitschriften, Fachbücher m) Postgebühren, Telefonkosten für das Büro n) Kosten für Besuch von Fachmessen, Kunden u. Ä. o) Werbeinserate, Flyer, Internetwerbung u. v. m. p) Feuerversicherung, Kundenversicherung usw. q) Grundsteuer für das Betriebsgebäude, Kfz-Steuer für Firmenwagen, Gewerbesteuer r) Bankzinsen für überzogenes Bankkonto	Buchung von Ausgangsrechnungen oder Erträgen, z. B.: a) Wartung von Hard- und Software b) Reparatur von Hard- und Software c) EDV-Beratung d) Verkauf von Computern, Computerkomponenten, Zubehör und Verbrauchsmaterial e) Erbringung von Dienstleistungen f) Die Bank schreibt Zinsen für das Kapital auf dem Bankkonto gut.

Es folgt die Buchung der Aufwendungen und Erträge auf besonderen Erfolgskonten. Die Buchungen werden anschließend über das Sammelkonto „Gewinn und Verlust" abgeschlossen. Der Saldo auf dem Konto „Gewinn- und Verlust" wird auf dem Konto „Eigenkapital" im Soll (als Verlust) und im Haben (als Gewinn) gegengebucht.

Erfolgskonten	
Aufwandskonten	**Ertragskonten**
a) Aufwendungen für Waren b) Aufwendungen Energie c) Frachten d) Fremdinstandhaltung e) Sonstige Aufwendungen für bezogene Leistungen e) Personalaufwendungen f) Abschreibungen g) Miete h) Leasing i) Kosten des Geldverkehrs j) Beratungskosten k) Büromaterial l) Zeitungen, Fachliteratur m) Porto, Telefon n) Reisekosten o) Werbung p) Versicherungsbeiträge q) Betriebliche Steuern r) Zinsaufwendungen	a) Umsatzerlöse b) Zinserträge

An der Aufstellung kann man nicht nur gut erkennen, dass zahlreiche Aufwendungen den Erträgen gegengerechnet werden müssen, sondern auch, dass das Eigenkapitalkonto bei fast jedem Beleg im Geschäftsleben betroffen wäre. Um einen besseren Überblick über die einzelnen Aufwands- und Ertragsarten zu bekommen, wird daher in diesen Fällen nicht direkt auf dem Eigenkapitalkonto gebucht, sondern auf den **Erfolgskonten**. Neben den Bestandskonten erscheinen somit auch Erfolgskonten im Hauptbuch. Die Erfolgskonten werden gesondert über das Konto **„Gewinn und Verlust“** abgeschlossen und der Saldo (das Ergebnis: Gewinn oder Verlust) wird auf dem Eigenkapitalkonto gegengebucht. Das HGB und die doppelte Buchführung erfordern neben der Erstellung der Bilanz eine Gewinn-und-Verlust-Rechnung und damit die Buchung auf Erfolgskonten.

Da sich der Bestand des Eigenkapitals im Soll verringert, nehmen die Aufwendungen (als Negativposten) des Eigenkapitals im Soll zu. Entsprechend nehmen die Erträge im Haben zu, da auf dem Eigenkapital im Haben die Zugänge gebucht werden.

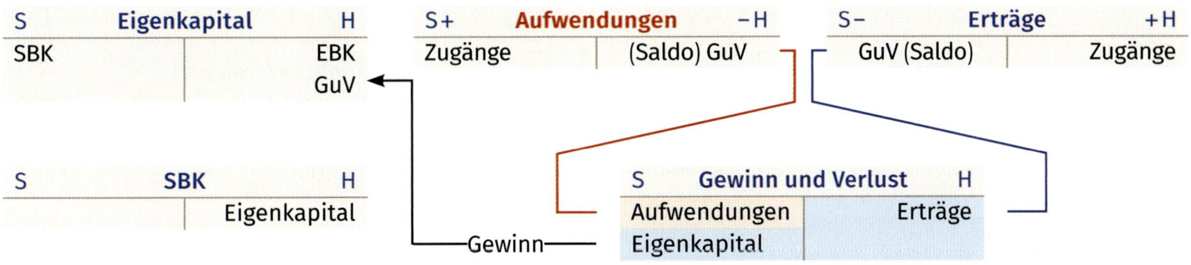

Beispiel: Folgende Eröffnungsbilanz liegt vor und folgende Buchungsliste soll kontiert werden. Es ergeben sich folgende Buchungen auf den Hauptbuchkonten.

A	Eröffnungsbilanz		P
BGA	2.000,00	Eigenkapital	3.300,00
Forderungen a. LL	800,00	Darlehensschulden	4.000,00
Bank	5.400,00	Verbindlichkeiten	900,00
	8.200,00		8.200,00

Buchungsliste

Geschäftsfälle	Konten	A/P	A/E	+/-	S/H	Buchungssatz	Soll	Haben
ER: Internetwerbung auf Ziel, 200,00 €	Werbung		A	+	S	Werbung	200,00	
	Verbindlichkeiten	P		+	H	an Verbindlichk.		200,00
ER: Büromaterial per Bankcard bezahlt, 100,00 €	Büromaterial		A	+	S	Büromaterial	100,00	
	Bank	A		−	H	an Bank		100,00
AR: PC-Reparatur auf Ziel, 200,00 €	Forderungen	A		+	S	Forderungen	200,00	
	Umsatzerlöse		E	+	H	an Umsatzerlöse		200,00
BA: Kunde begleicht die Rechnung, 300,00 €	Bank	A		+	S	Bank	300,00	
	Forderungen	A		−	H	an Forderungen		300,00
BA: Wir begleichen eine Rechnung, 500,00 €	Verbindlichkeiten	P		−	S	Verbindlichkeiten	500,00	
	Bank	A		−	H	an Bank		500,00
AR: PC-Wartung per Bankcard bezahlt, 400,00 €	Bank	A		+	S	Bank	400,00	
	Umsatzerlöse		E	+	H	an Umsatzerlöse		400,00

Hinweis: A/P = Aktiva/Passiva A/E = Aufwand/Erträge

Kontierung auf den Bestands- und Erfolgskonten (Hauptbuchkonten):

Aktive Bestandskonten

S+	BGA		−H
EBK	2.000,00	SBK	2.000,00
	2.000,00		2.000,00

S+	Forderungen a. LL		−H
EBK	800,00	Bank	300,00
Umsatzerlöse	200,00	SBK	700,00
	1.000,00		1.000,00

S+	Bank		−H
EBK	5.400,00	Büromat.	100,00
Forderungen	300,00	Verbindl.	500,00
Umsatzerlöse	400,00	SBK	5.500,00
	6.100,00		6.100,00

Passive Bestandskonten

S−	Eigenkapital		+H
SBK	3.600,00	EBK	3.300,00
		GuV	300,00
	3.600,00		3.600,00

S−	Darlehensschulden		+H
SBK	4.000,00	EBK	4.000,00
	4.000,00		4.000,00

S−	Verbindlichkeiten a. LL		+H
Bank	500,00	EBK	900,00
SBK	600,00	Werbung	200,00
	1.100,00		1.100,00

Erfolgskonten

Aufwendungen

S+	Werbung		−H
Verbindlichk.	200,00	GuV	200,00
	200,00		200,00

S+	Büromaterial		−H
Bank	100,00	GuV	100,00
	100,00		100,00

Erträge

S−	Umsatzerlöse		+H
GuV	600,00	Forderung.	200,00
		Bank	400,00
	600,00		600,00

	S	Gewinn und Verlust		H
	Werbung	200,00	Umsatzerlöse	600,00
	Büromaterial	100,00		
(Gewinn)	Eigenkapital	300,00		
		600,00		600,00

Der Inventurbestand stimmt mit dem Buchbestand überein. Daraus ergibt sich ein Schlussbilanzkonto mit den folgenden Beständen:

S	Schlussbilanzkonto		H
BGA	2.000,00	Eigenkapital	3.600,00
Forderungen a. LL	700,00	Darlehenssch.	4.000,00
Bank	5.500,00	Verbindl.	600,00
	8.200,00		8.200,00

W

Erfolgskonten

- Aufwendungen vermindern das Eigenkapital, Erträge erhöhen das Eigenkapital.
- Kosten sind betriebliche Aufwendungen, die in der Preiskalkulation berücksichtigt werden sollen. Zurzeit werden alle betrieblichen Aufwendungen als Kosten betrachtet.
- Umsatzerlöse sind Erträge.
- Neben den Bestandskonten werden im Hauptbuch zusätzlich als Erfolgskonten Aufwendungen und Erträge eingerichtet.
- Die Aufwendungen nehmen im Soll zu, die Erträge nehmen im Haben zu.
- Da die Erfolgskonten keine Bestandskonten sind, haben sie auch keine Anfangsbestände.
- Die Erfolgskonten werden über das Konto „Gewinn und Verlust" abgeschlossen.
- Für die Buchungsliste werden zunächst die betroffenen Konten ermittelt, anschließend wird geprüft, ob Aktivkonten oder Passivkonten (A/P) bzw. Aufwendungen oder Erträge (A/E) betroffen sind. Danach wird angegeben, ob diese Konten Zugänge (+) oder Abgänge (−) zu verzeichnen haben. Der Buchungssatz erfolgt immer in der Reihenfolge: Sollkonto an Habenkonto.
- Der Saldo auf dem Konto „Gewinn und Verlust" ergibt den Gewinn (Saldo im Soll) oder Verlust (Saldo im Haben). Der Saldo wird auf dem Konto Eigenkapital gegengebucht.
- Reihenfolge des Kontoabschlusses: Erst die Aufwands- und Ertragskonten über „Gewinn und Verlust" abschließen, dann das Konto „Gewinn und Verlust" über Eigenkapital abschließen, zuletzt alle Bestandskonten über SBK abschließen.
- Buchungen, die nicht die Erfolgskonten betreffen, erhöhen oder vermindern auch nicht den Gewinn, sind daher erfolgsneutral, z. B. die Bezahlung einer schon gebuchten Rechnung (Kontoausgleich Forderungen oder Verbindlichkeiten), Kontoumbuchungen auf den Bestandskonten wie „Bank an Kasse".

Aufgaben

1. Was ist richtig, was ist falsch?
   a) Bestandskonten haben keine Anfangsbestände.
   b) Da Aufwendungen im Soll zunehmen, werden Zugänge im Soll gebucht.
   c) Das Konto Umsatzerlöse wird über SBK abgeschlossen.
   d) Erfolgskonten haben keine Anfangsbestände zu Beginn des Geschäftsjahres.
   e) Da das Eigenkapital im Haben zunimmt, nehmen Aufwendungen im Haben zu.
   f) Bank und Kasse sind Erfolgskonten.
   g) Immer wenn das Bankkonto zunimmt, nimmt auch der Gewinn zu.
   h) Das Konto Eigenkapital wird über das Konto „Gewinn und Verlust" abgeschlossen.
   i) Das Konto Umsatzerlöse nimmt im Haben zu, da das Eigenkapital im Haben zunimmt.
   j) Ein Saldo im Haben auf dem Konto „Gewinn und Verlust" weist einen Verlust aus.

2./3.

Buchen Sie auf den Hauptbuchkonten (EBK, Bestandskonten, Erfolgskonten, Gewinn und Verlust, SBK). Erstellen Sie eine Buchungsliste für die Belege bzw. Geschäftsfälle. Eine Vorlage finden Sie im Arbeitsheft. AH

Anfangsbestände: BGA 4.000,00 €, Forderungen a. LL 2.000,00 €, Bank 3.000,00 €, Eigenkapital 3.000,00 €, Darlehensschulden 5.000,00 €, Verbindlichkeiten a. LL 1.000,00 €

Erfolgskonten: Büromaterial, Werbung, Umsatzerlöse, Gewinn und Verlust

Geschäftsfälle:	2	3
1. ER: Kauf von Büromaterial auf Ziel	100,00 €	200,00 €
2. AR: Computerwartung auf Ziel	500,00 €	300,00 €
3. BA: Ein Kunde begleicht die Rechnung.	600,00 €	400,00 €
4. ER/BA: Ein Werbeinserat wird sofort per Banklastschrift beglichen.	400,00 €	500,00 €
5. AR/BA: Reparatur eines Servers, sofort per Banklastschrift beglichen	300,00 €	600,00 €
6. BA: Wir begleichen eine Lieferantenrechnung.	200,00 €	100,00 €

4./5.

Buchen Sie auf den Hauptbuchkonten (EBK, Bestandskonten, Erfolgskonten, Gewinn und Verlust, SBK). Erstellen Sie eine Buchungsliste für die Belege bzw. Geschäftsfälle. AH

Anfangsbestände: BGA 5.300,00 €, Forderungen a. LL 900,00 €, Bank 3.000,00 €, Eigenkapital 3.120,00 €, Darlehensschulden 5.000,00 €, Verbindlichkeiten a. LL 1.080,00 €

Erfolgskonten: Strom/Gas/Wasser, Miete, Beratungskosten, Fachliteratur, Umsatzerlöse, Gewinn und Verlust

Geschäftsfälle:	4	5
1. AR: Reparaturrechnung auf Ziel	250,00 €	320,00 €
2. ER/BA: Banklastschrift der Elektrizitätswerke	100,00 €	140,00 €
3. BA: Wir begleichen eine Rechnung.	80,00 €	120,00 €
4. ER/BA: Unser Steuerberater bucht seine Honorarabrechnung ab.	300,00 €	350,00 €
5. BA: Banklastschrift der Miete	300,00 €	300,00 €
6. BA: Ein Kunde begleicht die Rechnung.	250,00 €	320,00 €
7. ER/BA: Kauf von Fachbüchern per Bankcard	40,00 €	50,00 €
8. AR/BA: EDV-Beratung eines Kunden, per Banklastschrift beglichen	700,00 €	400,00 €

4.2.7 Umsatzsteuer, Vorsteuer und Mehrwertsteuer

Auf den Belegen tauchen immer wieder die Begriffe Umsatzsteuer (USt) und Mehrwertsteuer (MwSt.) auf. Anna und Kerstin wollen wissen, ob es hier Unterschiede gibt und ob Umsatzsteuer auch Handlungskosten sind.

Der Staat deckt seine vielfältigen Ausgaben insbesondere durch Steuereinnahmen und Gebühren. Die ertragreichste Steuer ist neben der Lohn- und Einkommensteuer die Umsatzsteuer. Die Umsatzsteuer wird allein vom **Endverbraucher** getragen, jedoch wie die Mineralölsteuer **nicht direkt** vom Endverbraucher an das Finanzamt (FA) entrichtet, sondern von Unternehmen vereinnahmt und an das Finanzamt abgeführt. Die Umsatzsteuer selbst stellt für Unternehmen **kein Kostenbestandteil** dar.

Der allgemeine Umsatzsteuersatz beträgt 19 % auf den Warenwert oder den Wert der Leistungen. Ein verminderter Umsatzsteuersatz von 7 % wird z. B. beim Einkauf von Lebensmitteln berechnet.

Der Unternehmer hat nur den Mehrwert, den er selbst erwirtschaftet, an das Finanzamt zu entrichten (Umsatzsteuer = Mehrwertsteuer). Wenn der Unternehmer z. B. Waren im Wert von 200,00 € netto (Eingangsrechnung) einkauft und diese für 300,00 € netto verkauft (Ausgangsrechnung), so ergibt dies eine Wertschöpfung oder einen Mehrwert von 100,00 €. Für diesen Mehrwert muss er 19,00 € Umsatzsteuer entrichten (Zahllast).

Eingangsrechnungen

USt als **Vorsteuer**
Forderungen gegenüber FA

Ausgangsrechnungen

USt als **Umsatzsteuer**
Verbindlichkeit gegenüber FA

Beispiel 1: Eingangsrechnung(en) in der Summe niedriger als Ausgangsrechnung(en)

Netto	200,00 €	**Mehrwert** 100,00 €	Netto	300,00 €	→	100,00 € Mehrwert
19 % USt	**38,00 €**		19 % USt	**57,00 €**		= **19,00 €**
Brutto	238,00 €		Brutto	357,00 €		**Zahllast**

Beispiel 2: Eingangsrechnung(en) in der Summe höher als Ausgangsrechnung(en)

Netto	500,00 €	**Minderwert** −200,00 €	Netto	300,00 €	→	200,00 € Minderwert
19 % USt	**95,00 €**		19 % USt	**57,00 €**		= **38,00 €**
Brutto	595,00 €		Brutto	357,00 €		**Forderungen an FA**

Mit folgendem Beispiel soll deutlich werden, dass letztendlich nur der Endverbraucher die Umsatzsteuer zahlt und die Unternehmen jeweils die Umsatzsteuer durch die Besteuerung ihrer Mehrwerte an das Finanzamt (FA) entrichten:

Umsatzsteuer beim fünfstufigen Umsatzvorgang					
	Urerzeugung (z. B. Forstuntern.)	Weiter-verarbeitung	Weiter-verarbeitung	Großhandel	Einzelhandel
Einkauf netto (ER)		100,00 €	300,00 €	700,00 €	1.000,00 €
Verkauf netto (AR)	100,00 €	300,00 €	700,00 €	1.000,00 €	1.500,00 €
Mehrwert	100,00 €	200,00 €	400,00 €	300,00 €	500,00 €
Vorsteuer bei ER (Forderung geg. FA)		19,00 €	57,00 €	133,00 €	190,00 €
Umsatzsteuer bei AR (Verbindlichkeit geg. FA)	19,00 €	57,00 €	133,00 €	190,00 €	285,00 €
Zahllast	19,00 €	38,00 €	76,00 €	57,00 €	95,00 €

Zusammenfassend sind folgende Punkte bei der Umsatzsteuer besonders zu beachten:

W

Umsatzsteuer

- Die Umsatzsteuer wird als **indirekte Steuer** von Unternehmen je nach Umsatz über die Ausgangsrechnungen vereinnahmt und vom **Endverbraucher** getragen. **Für** das **Unternehmen** ist die Umsatzsteuer nur ein **„durchlaufender Posten"**, also **kein Handlungskostenbestandteil**.
- Die Umsatzsteuer ist gleichzeitig eine **Mehrwertsteuer**. Damit die Unternehmen nur den Mehrwert durch ihren Umsatz versteuern, dürfen sie der vereinnahmten Umsatzsteuer der Ausgangsrechnungen die gezahlte Umsatzsteuer der Eingangsrechnungen als Vorsteuer gegenrechnen. Die **Umsatzsteuer** der Ausgangsrechnungen stellt also eine **Verbindlichkeit** gegenüber dem Finanzamt (FA) und die Umsatzsteuer der Eingangsrechnungen (**Vorsteuer**) eine Forderung an das FA dar.
- Die **Zahllast** an das FA wird ermittelt: Umsatzsteuer – Vorsteuer
- Für die Umsatzsteuer gilt zurzeit der **Regelsatz 19 %** vom Umsatz. Für bestimmte Waren (z. B. Grundnahrungsmittel, Blumen, Bücher im Geschäft) oder Theatervorstellungen wird der **verminderte Steuersatz** von z. Zt. **7 %** berechnet. Einige Leistungen, z. B. die Vermietung an privat, Bankgeschäfte, Leistungen im Gesundheitsbereich, unterliegen z. Zt. nicht der Umsatzsteuer.
- $\text{Nettobetrag bei 19 \% USt} = \frac{\text{Bruttobetrag}}{1{,}19}$
- $\text{Nettobetrag bei 7 \% USt} = \frac{\text{Bruttobetrag}}{1{,}07}$
- Umsatzsteuerbetrag (19 %) = Nettobetrag × 0,19
- Die **Verkaufspreise** an Endverbraucher müssen immer **inklusive** der Umsatzsteuer ausgezeichnet sein. Auf Rechnungen wird die Umsatzsteuer i. d. R. getrennt ausgewiesen. Lediglich bei **Kleinbetragsrechnungen bis 250,00 € inkl. Umsatzsteuer** genügt die Angabe des Steuersatzes (vgl. § 33 UStDV).
- Endverbraucher müssen für ihre **privaten Verkäufe** keine Umsatzsteuer entrichten und dürfen daher auch keine Umsatzsteuer in Rechnung stellen. Werden jedoch Privatleute vom Staat als Unternehmer gesehen, weil sie z. B. Waren ankaufen und etwa über das Internetportal eBay wieder verkaufen, sind sie wie jedes Unternehmen umsatzsteuerpflichtig, auch wenn sie ihr „Unternehmen" noch nicht angemeldet haben. **Kleinunternehmer** können jedoch auf Antrag von der **Umsatzsteuer befreit** werden.
- Unternehmen müssen die Umsatzsteuer bereits entrichten, wenn sie die Leistung erbracht und die Rechnung erstellt haben (**Soll-Versteuerung**). Kleinunternehmen können auf Antrag auf die **Ist-Besteuerung** wechseln, sodass sie erst dann die Umsatzsteuer entrichten müssen, wenn der Kunde nicht nur die Rechnung erhalten, sondern auch gezahlt hat.
- In der Regel müssen die Unternehmen die Umsatzsteuer bis zum **10. des folgenden Monats** über das Internet (vgl. www.elster.de) anmelden (**Umsatzsteuervoranmeldung**), wonach das Finanzamt eine Lastschrift vom Unternehmenskonto veranlassen kann. Im Falle eines **Vorsteuerüberhangs** erfolgt eine Gutschrift auf das Konto. Einmal im Jahr muss zusätzlich eine **Umsatzsteuererklärung** abgegeben werden.

Aufgaben

1. Folgende vereinfachten Belege liegen Ihnen zur Übung vor. Überprüfen Sie diese Belege, geben Sie die fehlenden Beträge an und begründen Sie auch, ob es sich hier um eine Umsatzsteuer oder Vorsteuer handelt. Verwenden Sie bei Bedarf die Vorlage im Arbeitsheft. Sollten Sie korrigieren müssen, bedenken Sie die GoB!

AH

ACI GmbH

Papillo GmbH
Martinistrasse 120
49078 Osnabrück

Rechnung

Wartung 70,00 €
.... % USt 13,30 €
Rechnungsbetrag 83,30 €

Auto Schubert

ACI GmbH
Sachsenfeld 1
20097 Hamburg

Rechnung

Benzin Mai 95,00 €
.... % USt .... €
Rechnungsbetrag .... €

Das Buch

ACI GmbH
Sachsenfeld 1
20097 Hamburg

Rechnung

Rechnungsbetrag Fachbücher 98,00 €

inkl. .... % USt

Im Betrag .... €
Umsatzsteuer enthalten.

ACI GmbH

Der Kunstladen GmbH
Bremer Str. 80
26135 Oldenburg

Rechnung

Beratung 263,80 €
.... % USt .... €
Rechnungsbetrag .... €

2. Erstellen Sie wie auf S. 381 eine Übersicht zur Umsatzsteuerberechnung mit vier Umsatzstufen oder verwenden Sie die Vorlage im Arbeitsheft.

AH

Betrieb der Umsatzstufe	Ausgangsrechnung des Unternehmens	
Rohstoffhersteller	Netto	50,00 €
	19 % USt	? €
	= Rechnungsbetrag	? €
Hardwarehersteller	Netto	120,00 €
	19 % USt	? €
	= Rechnungsbetrag	? €
Großhandel	Netto	180,00 €
	19 % USt	? €
	= Rechnungsbetrag	? €
Einzelhandel	Netto	250,00 €
	19 % USt	? €
	= Rechnungsbetrag	? €

3. Was ist richtig, was ist falsch?
   a) Die Umsatzsteuer der Eingangsrechnungen gilt als Vorsteuer, d. h. Forderungen gegen das FA.
   b) Auf Lebensmittel wie Brot im Geschäft wird ein verminderter Umsatzsteuersatz von 10 % erhoben.
   c) Die Umsatzsteuer zählt zu den Handlungskosten.
   d) Um aus dem Bruttobetrag den Nettobetrag zu errechnen, dividiert man bei 19 % durch 1,19.
   e) Um den Bruttobetrag aus dem Nettobetrag zu berechnen, multipliziert man bei 19 % mit 0,19.
   f) Um den Umsatzsteuerbetrag aus dem Nettobetrag zu berechnen, multipliziert man bei 7 % mit 0,07.
   g) Die Verkaufspreise müssen im Geschäft für Endverbraucher netto angezeigt werden.
   h) Im Normalfall muss jeden Monat eine Umsatzsteuererklärung abgegeben werden.
   i) Bis zum 10. des Folgemonats muss eine Umsatzsteuervoranmeldung abgegeben werden.
   j) Privatleute berechnen für ihre Verkäufe Umsatzsteuer, jedoch mit dem verminderten Steuersatz.
   k) Privatleute müssen dann Umsatzsteuer entrichten, wenn sie unternehmerisch tätig werden.

4.2.8 Buchungen mit Umsatzsteuer

S

Nur Kleinunternehmen können sich von der Umsatzsteuer befreien lassen. In diesem Fall besteht für sie keine Möglichkeit, die Vorsteuer geltend zu machen. ACI rechnet mit Umsatzsteuer. Daher müssen die Mitarbeiter lernen, wie die Umsatzsteuer zu buchen ist.

Im vorigen Kapitel wurde erläutert, dass alle Lieferungen und Leistungen eines Betriebes umsatzsteuerpflichtig sind und der Betrieb auf seinen Rechnungen als gesetzliche Umsatzsteuer den normalen Satz von 19 % bzw. den verminderten Satz von 7 % ausweisen muss.

Damit ein Unternehmen aber nur den Mehrwert versteuert, kann es die Umsatzsteuer aller Eingangsrechnungen als Vorsteuer gegenrechnen und muss daher als Zahllast nur die Umsatzsteuer minus der Vorsteuer an das Finanzamt überweisen. Für die Buchung der Umsatzsteuer müssen also Rechnungen oder Quittungen vorliegen. Für die Zuordnung in Vorsteuer und Umsatzsteuer muss zwischen Eingangsrechnungen (Vorsteuer) und Ausgangsrechnungen (Umsatzsteuer) unterschieden werden.

Eingangsrechnungen

USt als **Vorsteuer**
Forderungen gegenüber FA

Ausgangsrechnungen

USt als **Umsatzsteuer**
Verbindlichkeit gegenüber FA

Einkauf Eingangsrechnung: Netto 200,00 € 19 % USt **38,00 €** Brutto 238,00 €	**Mehrwert** 100,00 €	**Verkauf** Ausgangsrechnung: Netto 300,00 € 19 % USt **57,00 €** Brutto 357,00 €	→	100,00 € Mehrwert = **19,00 €** **Zahllast**

Beispiel:
Buchungsliste

Geschäftsfälle	Konten	A/P	A/E	+/–	S/H	Buchungssatz	Soll	Haben
ER: Werbeinserat auf Ziel, 200,00 €, 38,00 € USt	Werbung		A	+	S	Werbung	200,00	
	Vorsteuer	A		+	S	Vorsteuer	38,00	
	Verbindlichkeiten	P		+	H	an Verbindlichk.		238,00
AR/BA: PC-Wartung geg. Lastschrift, 300,00 €, 57,00 € USt	Bank	A		+	S	Bank	357,00	
	Umsatzerlöse		E	+	H	an Umsatzerlöse		300,00
	Umsatzsteuer	P		+	H	an Umsatzsteuer		57,00
BA: Überweisung der Zahllast der Umsatzsteuer an das FA, 19,00 €	Umsatzsteuer	P		–	S	Umsatzsteuer	19,00	
	Bank	A		–	H	an Bank		19,00

Buchung und Abschluss der Umsatzsteuerkonten:

Vorsteuer

S+	(Forderung an das FA)		–H
Verbindlichk.	38,00	Umsatzsteuer	38,00
	38,00		38,00

Umsatzsteuer

S–	(Verbindlichkeit geg. FA)		+H
Vorsteuer	38,00	Forderung.	57,00
Bank (SBK)	19,00		
	57,00		57,00

S+	Bank		–H
		Umsatzsteuer	19,00

alternativ:

S	SBK		H
		Umsatzsteuer	19,00

Erläuterungen zum Beispiel: Die Belege werden zunächst darin unterschieden, ob eine Eingangsrechnung (Vorsteuer) oder eine Ausgangsrechnung (Umsatzsteuer) vorliegt. Die Vorsteuer ist eine Forderung an das Finanzamt und nimmt im Soll zu, die Umsatzsteuer ist eine Verbindlichkeit gegenüber dem Finanzamt und nimmt im Haben zu. In der Buchungsliste wurde zu der bisherigen Kontierung zusätzlich die Umsatzsteuerbuchung aufgenommen. Da sich der Rechnungsbetrag entsprechend der Umsatzsteuer erhöht, wird die Verbindlichkeit bzw. die Bankzahlung im Beispiel mit dem Bruttobetrag eingetragen.

W Abschluss der Konten Vorsteuer und Umsatzsteuer

Die Konten werden nach folgender Vorgehensweise abgeschlossen:

- Zunächst wird ermittelt, ob der Saldo der Buchungen auf dem Konto Vorsteuer oder Umsatzsteuer kleiner ist.
- Ist der Saldo auf dem Konto Vorsteuer wie im Beispiel kleiner, wird zunächst das Konto Vorsteuer über das Konto Umsatzsteuer abgeschlossen.
- Ist der Saldo auf dem Konto Umsatzsteuer kleiner als der Saldo auf dem Konto Vorsteuer, wird das Konto Umsatzsteuer über das Konto Vorsteuer abgeschlossen.
- Das noch abzuschließende Konto (im Beispiel Konto Umsatzsteuer) wird danach ebenfalls abgeschlossen und der Saldo über Bank bzw. ohne eine Banküberweisung über das Konto SBK gebucht.
- Da im Verlauf des Jahres durch die Umsatzsteuervoranmeldung einige Umsatzsteuerzahlungen an das Finanzamt erfolgten, werden diese mit dem Buchungssatz vor Abschluss der Konten eingetragen:
  - 1. Beispiel: Umsatzsteuervoranmeldung Zahllast 95,00 €: Umsatzsteuer an Bank 95,00 €
  - 2. Beispiel: Umsatzsteuervoranmeldung Vorsteuerüberhang 76,00 €: Bank an Vorsteuer 76,00 €

Beispiel: Folgende Eröffnungsbilanz liegt vor und folgende Buchungsliste soll kontiert werden. Es ergeben sich folgende Buchungen auf den Hauptbuchkonten.

A	Eröffnungsbilanz		P
BGA	3.000,00	Eigenkapital	3.643,00
Forderungen a. LL	595,00	Darlehensschulden	4.000,00
Bank	5.000,00	Verbindlichkeiten	952,00
	8.595,00		8.595,00

Buchungsliste

Geschäftsfälle	Konten	A/P	A/E	+/–	S/H	Buchungssatz	Soll	Haben
AR/BA: PC-Wartung geg. Lastschrift, 600,00 €, 114,00 € USt	Bank	A		+	S	Bank	714,00	
	Umsatzerlöse		E	+	H	an Umsatzerlöse		600,00
	Umsatzsteuer	P		+	H	an Umsatzsteuer		114,00
ER: Werbeinserat auf Ziel, 300,00 €, 57,00 € USt	Werbung		A	+	S	Werbung	300,00	
	Vorsteuer	A		+	S	Vorsteuer	57,00	
	Verbindlichkeiten	P		+	H	an Verbindlichk.		357,00
ER/BA: Wir kaufen Büromaterial mit Bankcard, 100,00 €, 19,00 € USt	Büromaterial		A	+	S	Büromaterial	100,00	
	Vorsteuer	A		+	S	Vorsteuer	19,00	
	Bank	A		–	H	an Bank		119,00
BA: Unser Kunde begleicht die Rechnung, 476,00 €	Bank	A		+	S	Bank	476,00	
	Forderungen	A		–	H	an Forderungen		476,00
BA: Überweisung der Zahllast der Umsatzsteuer an das FA, 38,00 €	Umsatzsteuer	P		–	S	Umsatzsteuer	38,00	
	Bank	A		–	H	an Bank		38,00

***Merke:** Die Umsatzsteuer wird zusammen mit der Rechnung gebucht.*

Kontierung auf den Bestands- und Erfolgskonten (Hauptbuchkonten):

Aktive Bestandskonten

S+	BGA		−H
EBK	3.000,00	SBK	3.000,00
	3.000,00		3.000,00

S+	Forderungen a. LL		−H
EBK	595,00	Bank	476,00
		SBK	119,00
	595,00		595,00

S+	Bank		−H
EBK	5.000,00	Büro./Vor.	119,00
Umsatzerl./USt	714,00	Umsatzst.	38,00
Forderungen	476,00	SBK	6.033,00
	6.190,00		6.190,00

S+	Vorsteuer		−H
Verbindlichk.	57,00	Umsatzst.	76,00
Bank	19,00		
	76,00		76,00

Passive Bestandskonten

S−	Eigenkapital		+H
SBK	3.843,00	EBK	3.643,00
		GuV	200,00
	3.843,00		3.843,00

S−	Darlehensschulden		+H
SBK	4.000,00	EBK	4.000,00
	4.000,00		4.000,00

S−	Verbindlichkeiten a. LL		+H
SBK	1.309,00	EBK	952,00
		Werb./Vor.	357,00
	1.309,00		1.309,00

S−	Umsatzsteuer		+H
Vorsteuer	76,00	Bank	114,00
Bank	38,00		
	114,00		114,00

Erfolgskonten

Aufwendungen

S+	Werbung		−H
Verbindlichk.	300,00	GuV	300,00
	300,00		300,00

S+	Büromaterial		−H
Bank	100,00	GuV	100,00
	100,00		100,00

Erträge

S−	Umsatzerlöse		+H
GuV	600,00	Bank	600,00
	600,00		600,00

S	Gewinn und Verlust		H
Werbung	300,00	Umsatzerlöse	600,00
Büromaterial	100,00		
(Gewinn) Eigenkapital	200,00		
	600,00		600,00

Der Inventurbestand stimmt mit dem Buchbestand überein. Daraus ergibt sich ein Schlussbilanzkonto mit den folgenden Beständen:

S	Schlussbilanzkonto		H
BGA	3.000,00	Eigenkapital	3.843,00
Forderungen a. LL	119,00	Darlehenssch.	4.000,00
Bank	6.033,00	Verbindlichk.	1.309,00
	9.152,00		9.152,00

W **Bearbeitungsreihenfolge zum Kontenabschluss**

1. Erfolgskonten über GuV-Konto abschließen
2. GuV-Konto über Eigenkapital abschließen
3. Umsatzsteuerkonten: Überweisung tätigen und/oder Konten abschließen
4. Andere Bestandskonten über SBK abschließen

Aufgaben

1. Beantworten Sie die folgenden Fragen.

a) Wie viel Umsatzsteuer ist in einem Rechnungsbetrag von 357,00 € bei 19 % USt enthalten?

b) Bis zu welchem Betrag (Kleinbetragsregelung) können auf der Quittung/Rechnung nur der Rechnungsbetrag und der Umsatzsteuersatz ausgewiesen sein, nicht jedoch der Umsatzsteuerbetrag?

c) Für welche Artikel gilt der verminderte Umsatzsteuersatz von 7 %?

2. Was ist richtig, was ist falsch?

a) Die Umsatzsteuerbeträge sind für den Unternehmer Kosten.

b) Die Umsatzsteuer auf Eingangsrechnungen wird als Vorsteuer gebucht.

c) Bei einer Umsatzsteuerzahllast müssen wir den Betrag an das FA überweisen.

d) Die Umsatzsteuer ist für den Unternehmer ein durchlaufender Posten.

e) Die Vorsteuer nimmt im Haben zu.

f) Bei Buchungen mit Kunden (Ausgangsrechnungen) wird Vorsteuer gebucht.

g) Die Umsatzsteuerzahllast muss gewöhnlich monatlich nach einer Umsatzsteuervoranmeldung überwiesen werden.

h) Die Umsatzsteuer auf Ausgangsrechnungen wird als Vorsteuer gebucht.

i) Beim Abschluss der Umsatzsteuerkonten wird immer das Vorsteuerkonto zuerst abgeschlossen.

j) Beim Abschluss der Hauptbuchkonten müssen die Bestandskonten vor den Erfolgs- und Umsatzsteuerkonten abgeschlossen werden.

3./4.

Buchen Sie auf den Hauptbuchkonten (EBK, Bestandskonten, Erfolgskonten, Gewinn und Verlust, SBK). Erstellen Sie eine Buchungsliste für die Belege bzw. Geschäftsfälle. Eine Vorlage finden Sie im Arbeitsheft. **AH**

Anfangsbestände: BGA 7.000,00 €, Forderungen a. LL 1.190,00 €, Bank 4.000,00 €, Vorsteuer 0,00 €, Eigenkapital 4.810,00 €, Darlehensschulden 5.000,00 €, Verbindlichkeiten a. LL 2.380,00 €, Umsatzsteuer 0,00 €

Erfolgskonten: Büromaterial, Werbung, Umsatzerlöse, Gewinn und Verlust

Geschäftsfälle:	3 Netto + USt	4 Netto + USt
1. ER: Kauf von Büromaterial auf Ziel	100,00 € + 19,00 €	150,00 € + ?
2. AR: Computerreparatur auf Ziel	300,00 € + 57,00 €	400,00 € + 76,00 €
3. BA: Ein Kunde begleicht die Rechnung.	595,00 €	476,00 €
4. BA: Wir begleichen eine Lieferantenrechnung.	238,00 €	214,20 €
5. ER/BA: Werbung, sofort per Banklastschrift beglichen	350,00 € + 66,50 €	280,00 € + 53,20 €
6. AR/BA: Computerwartung, per Lastschrift bezahlt	410,00 € + 77,90 €	440,00 € + 83,60 €
7. BA: Überweisung der Umsatzsteuerzahllast	?	?

Die Inventurwerte entsprechen den Buchbeständen. Schließen Sie die Konten ab.

5. Buchen Sie die folgenden Belege. Verwenden Sie folgende Konten: Aufwendungen Energie, Bank, Beratungskosten, BGA, Forderungen, Kasse, Vorsteuer, Verbindlichkeiten

a) (siehe Rechnung Stilo folgende Seite)

b) (siehe Kontoauszug folgende Seite)

c) (siehe Quittung folgende Seite)

6./7.

Buchen Sie auf den Hauptbuchkonten (EBK, Bestandskonten, Erfolgskonten, Gewinn und Verlust, SBK). Erstellen Sie eine Buchungsliste für die Belege bzw. Geschäftsfälle. **AH**

Anfangsbestände: BGA 7.500,00 €, Forderungen a. LL 1.939,70 €, Kasse 540,00 €, Bank 6.500,00 €, Eigenkapital 3.624,80 €, Darlehen 10.000,00 €, Verbindlichkeiten a. LL 2.784,60 €, Umsatzsteuer 70,30 €

Erfolgskonten: Leasing, Versicherungen, Zeitungen u.Ä., Porto und Telefon, Umsatzerlöse, Gewinn und Verlust

Stilo Einrichtung, die passt!

Stilo AG
Amalienbadstraße 22
76227 Karlsruhe
Tel: 01805-2222 0

ACI EDV-Systemhaus GmbH
Sachsenfeld 1
20097 Hamburg

Datum: 01.11.20..
Rechnung Nr. 10466
Kundennummer: 5566331

Rechnung Nr. 10466

Kundennummer: 5566331

POS	Artikel	Preis	Menge	Rabatt	Gesamt
01	Ladentresen nach Aufmaß und Entwurf	2.380,00	1	0%	2.380,00
02	Regalelemente 200 x 230 cm Typ Techno	750,00	12	0%	9.900,00
				Gesamt	12.280,00
				19% USt	2.333,20
				Rechnungsbetrag	14.613,20

Rechnung zahlbar innerhalb 30 Tagen ohne Abzug

Tel: 01805-2222 0 Fax: 01805-2222 22 Email: info@stilo.de
Vorstandsvorsitzende: Dr. Manuela Kramer Handelsregister: HRB 11047
UST-Id. DE243413002 Bank: Baden-Württembergische Bank Karlsruhe (BLZ 660 200 20)
Konto-Nr. 4 002 015 800 IBAN DE24 6602 0020 4002 0158 00

Quittung Nr.

Netto	€	198,	ct 00
+ % USt	€		ct
Gesamt	€	198,	ct 00

Gesamtbetrag € in Worten: *Einhundertachtundneunzig* – – – – – – – Cent wie oben

(Im Gesamtbetrag sind *19* % Umsatzsteuer enthalten)

von *ACI EDV-Systemhaus GmbH, Hamburg*

für *Schreibtischlampe*

richtig erhalten zu haben, bestätigt

Ort *Hamburg* Datum *22.11.20..*

Buchungsvermerke

Stempel/Unterschrift des Empfängers: Büro Aktuell, Elbstraße 40, 20050 Hamburg, Tel.: 040 565656 *Sandra Brand*

Hamburger Sparkasse — Haspa

Buchungstag	Tag der Wertstellung	Verwendungszweck/Buchungstext	Buchungsnummer	alter Kontostand EUR 3.523,20 +
0312	0312	Stromos Energie AG Nr. 1066, November 20.. 585,20 € zzgl. 111,19 € Umsatzsteuer		696,39 −
0412	0412	Sander GmbH, PC-Reparatur 20.11.20.. Rechnungs-Nr. 512 vom 22.11.20.., 150 €, 28,50 € USt		178,50 +
0412	0412	Überweisung Steuerberatung Kruse, R.-Nr. 99/16.11.20.. 180,00 €, 34,20 €, Rechnungsbetrag 214,20 €		214,20 −
0712	0712	Bareinzahlung		4.600,00 +
0712	0712	Studio Hamburg Media Consult GmbH, R.-Nr. 515 v. 23.11.20.. Rechnung, 392,70 € inkl. 19% USt		392,70 +

Dispo-Kredit EUR 50.000,00 — EUR 7.783,81 + neuer Kontostand

IBAN: DE19 2005 0550 1259 1206 06
SWIFT-BIC: HASPDEHHXXX

Kontoauszug vom 08.12.20.. — Auszug 23 — Blatt 1

Hinweis: Erlöse der Gutschriften von R.-Nr. 512 und 515 bereits gebucht

Geschäftsfälle:	6 Netto + USt	7 Netto + USt
1. Quittung(Q)/ KB: Kauf von Briefmarken	48,00 €	134,00 €
2. BA/KB: Bareinzahlung auf das Bankkonto	300,00 €	250,00 €
3. Q/KB: Fachzeitschriften bar bezahlt	46,00 € + 3,22 €	105,91 € inkl. 7 %
4. AR/BA: EDV-Beratung, sofort per Bankcard bezahlt	490,00 € + 93,10 €	270,00 € + 51,30 €
5. ER/BA: Lastschrift der Gebäudeversicherung	380,00 €	360,00 €
6. BA: Wir begleichen eine Lieferantenrechnung.	416,50 €	1.166,20 €
7. AR: Serverreparatur auf Ziel	371,00 € + 70,49 €	563,00 € + 106,97 €
8. ER/BA: Kauf eines Schreibtisches	1.396,00 € + 265,24 €	1.452,00 € + 175,88 €
9. ER/BA: Banklastschrift Leasing FIBU-Software	534,00 € + 101,46 €	325,00 € + 61,75 €
10. AR/BA: Rechnung Serverwartung, per Bankcard bezahlt	770,00 € + 146,30 €	830,00 € + 157,70 €
11. BA: Ein Kunde begleicht eine Rechnung.	428,40 €	880,60 €

Schließen Sie die Konten ab. Die Buchbestände entsprechen den Inventurwerten.

4.2.9 Abschreibungen auf Sachanlagen

S

Die Nutzung der Betriebs- und Geschäftsausstattung wurde bisher noch nicht berücksichtigt. Wenn man eine Anlage mietet, so entstehen Mietaufwendungen. Welche Aufwendungen entstehen, wenn man Betriebs- und Geschäftsausstattung kauft?

Mietet man Computer, Fahrzeuge oder andere Sachanlagen, so werden die Rechnungsbeträge (netto) der Eingangsrechnungen auf die Aufwandskonten (z.B. Miete, Leasing) gebucht. Bei gekauften Sachanlagen wird die **Nutzung über Abschreibungen** gebucht. Als Belege dienen die Rechnungen über Anschaffungskosten, sodass daraus bezogen auf die **Nutzungsdauer** jeweils zum Jahresschluss die Wertminderung als Abschreibung gebucht wird. Aus Einfachheitsgründen wird die Abschreibung mithilfe einer **AfA-Tabelle der Finanzverwaltung** festgelegt, die für verschiedene Arten von Sachanlagen die gewöhnlichen Nutzungsjahre festgelegt hat (vgl. unten bzw. Übersicht im Downloadbereich). Die Anzahl der Nutzungsjahre und die Wahl der Abschreibungsmethode (linear, degressiv, voll, zeitanteilig) werden dann durch die Höhe der am Jahresende festgelegten Abschreibung bestimmt. DL

AfA-Tabelle: Sachanlagen für den EDV-Bereich (Auswahl)	
Anlagegüter	Nutzungsdauer in Jahren
Büromaschinen und Organisationsmittel	8
Großrechner	7
Workstations, Personal Computer, Notebooks und deren Peripheriegeräte	1
Foto-, Film-, Video- und Audiogeräte	7
Büromöbel	13
Personenkraftwagen und Kombiwagen	6
Ladeneinbauten	8
Be- und Verarbeitungsmaschinen je nach Art	6–16

S

In einem Bestandsverzeichnis wird bei ACI die BGA festgehalten und zum Ende des Jahres der neue Buchwert nach der Abschreibung ermittelt.

Vergleich lineare und degressive Abschreibung

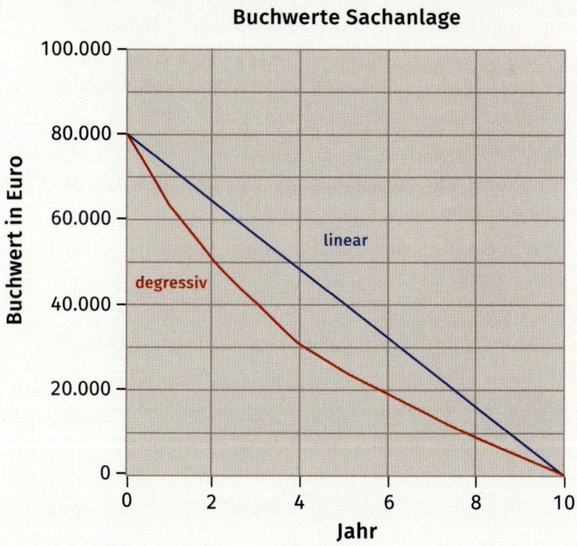

	Lineare Abschreibung 10 % v. Anschaffungswert		Degressive Abschreibung 20 % vom Buchwert	
Jahr	Abschreibung	Buchwert	Abschreibung	Buchwert
0		80.000,00 €		80.000,00 €
1	8.000,00 €	72.000,00 €	16.000,00 €[1])	64.000,00 €
2	8.000,00 €	64.000,00 €	12.800,00 €	51.200,00 €
3	8.000,00 €	56.000,00 €	10.240,00 €	40.960,00 €
4	8.000,00 €	48.000,00 €	8.192,00 €	32.768,00 €
5	8.000,00 €	40.000,00 €	6.554,00 €	26.214,00 €
6	8.000,00 €	32.000,00 €	5.243,00 €[2])	20.971,00 €
7	8.000,00 €	24.000,00 €	5.243,00 €	15.728,00 €
8	8.000,00 €	16.000,00 €	5.243,00 €	10.485,00 €
9	8.000,00 €	8.000,00 €	5.243,00 €	5.242,00 €
10	7.999,00 €	1,00 €	5.241,00 €[3])	1,00 €

[1]) Die Maschine wurde im Januar des Jahres angeschafft, sodass auch im 1. Abschreibungsjahr die volle Abschreibung berücksichtigt wird. [2]) In diesem Jahr ist der Wechsel von der degressiven zur linearen Restabschreibung sinnvoll. [3]) Da die Maschine nach 10 Jahren noch weiter genutzt wird, erfolgt die Abschreibung auf den Erinnerungswert.

W

Abschreibung auf Sachanlagen

Bedeutung	Abschreibung ist der **Wertverlust** auf Sachanlagen (AfA = **Absetzung für Abnutzung**). Der Wertverlust kann durch zeitliche Wertminderung, Abnutzung, technischen Fortschritt oder auch durch Beschädigung entstehen. Zur Vereinfachung wird **steuerlich** die **bilanzielle Abschreibung** nach einer **AfA-Tabelle** festgelegt. In der Kostenrechnung können andere Ansätze als sogenannte **kalkulatorische Abschreibungen** sinnvoll sein, wenn die steuerliche Abschreibung den Wertverlust nicht realistisch wiedergibt. Zunächst wird davon ausgegangen, dass die steuerliche Abschreibung mit der Abschreibung in der Kostenrechnung (kalkulatorische Abschreibung) übereinstimmt.
Lineare Abschreibung	Der Abschreibungssatz für ein Jahr wird aus der angenommenen **Nutzungsdauer** berechnet, z. B.: Bei 10 Jahren Nutzungsdauer beträgt der Abschreibungssatz = 100/Nutzungsdauer = 10 %. Dieser Prozentsatz wird jedes Jahr auf die **Anschaffungskosten** berechnet als lineare (gleiche) Abschreibung angesetzt. Beispiel: Die Anschaffungskosten betragen 80.000,00 €. Bei linearer Abschreibung werden 10 Jahre lang jährlich 8.000,00 € abgeschrieben.
Degressive Abschreibung	Bei der degressiven Abschreibung wird die Abschreibung nicht jedes Jahr vom Anschaffungswert, sondern jeweils **vom aktuellen Buchwert** berechnet. Außerdem ermöglicht der Gesetzgeber ab 2020 bis 2022 **einen höheren Abschreibungssatz** als bei der linearen Abschreibung, das 2,5-Fache des **linearen Abschreibungssatzes**, jedoch maximal 25 %. Die degressive Abschreibung hat **im ersten Jahr die höchste Wertminderung,** verringert sich jedoch in den Folgejahren stetig. Der degressive Abschreibungsverlauf entspricht eher der Wertentwicklung einer Anlage als der lineare Abschreibungsverlauf. Ein **Wechsel** von der **degressiven zur linearen Abschreibung** ist **erlaubt**, umgekehrt ist ein Wechsel von der linearen zur degressiven Abschreibung nicht möglich. Ein Wechsel ist sinnvoll, da bei degressiver Abschreibung die Abschreibungen in den Folgejahren sehr gering werden würden und über die Nutzungsjahre hinauslaufen bzw. bei Ende der Nutzung in einem Betrag erfolgen müssten. Der Wechsel zur linearen Abschreibung ist in dem Jahr sinnvoll, in dem die jährliche lineare Abschreibung auf die Restnutzungsdauer höher ist als die degressive Jahresabschreibung. Seit dem 01.01.2011 kann die degressive Abschreibung für neu angeschaffte Wirtschaftsgüter nicht gewählt werden.

(Fortsetzung auf folgender Seite)

W

Abschreibung auf Sachanlagen	
Erinnerungswert	Wird die Sachanlage über die geplante Dauer hinaus genutzt, wird im letzten Jahr der geplanten Nutzungsdauer **ein Euro** weniger abgeschrieben, sodass das Anlagegut mit einem Buchwert von 1,00 € weiterhin in den Büchern erscheint.
Anschaffungskosten	Als Anschaffungskosten werden alle Aufwendungen einbezogen, um einen Gegenstand zu erwerben und in einen **betriebsbereiten Zustand** zu versetzen, also Kaufpreis **ohne Umsatzsteuer** einschließlich Bezugs- und Installationskosten abzüglich Nachlässe.
Belege zur Abschreibung	Die Abschreibung wird i. d. R. am Jahresende aufgrund von steuerlichen Abschreibungstabellen (AfA-Tabelle) gebucht. Alle Sachanlagen und ihre Eingangsrechnungen müssen in einem **Bestandsverzeichnis** mit den Abschreibungen aufgeführt werden.
Zeitanteilige, monatsgenaue Abschreibung	Der Gesetzgeber schreibt vor, im Jahr der Anschaffung die Abschreibung **zeitanteilig (monatsgenau)** vorzunehmen. Wir berechnen im Anschaffungsjahr somit die Abschreibung für jeden angefangenen Monat der Nutzungszeit, z. B. bei der Anschaffung am 15.08. die fünf Monate von August bis Dezember, also 5/12 der Jahresabschreibung.
GWG (Geringwertige Wirtschaftsgüter, die selbstständig nutzbar sind)	Bewegliche Wirtschaftsgüter des Anlagevermögens bis **800,00 €** netto, die einer **selbstständigen Nutzung** fähig sind, können alternativ zur Abschreibung nach Nutzungsjahren im Jahr der Anschaffung **als Betriebsausgabe** gebucht werden. Für solche Wirtschaftsgüter über **250,00 €** und bis **1.000,00 €** können **Sammelposten mit gesonderter Aufzeichnung** gebildet werden und diese mit **20 % Abschreibung** aufgelöst werden (vgl. § 6 Abs. 2 und 2a EStG und Kapitel 4.2.13).

Buchung nach Nutzungsjahren	Die **Abschreibung** wird als Aufwand auf dem **Erfolgskonto** „Abschreibungen auf Sachanlagen" im **Soll** gebucht und auf dem betroffenen **Bestandskonto** (z. B. BGA, Maschinen) im **Haben** als Wertminderung gegengebucht. Zur Buchung der GWG vgl. Kapitel 4.2.13.

Beispiel 1:

Buchung der Abschreibung am Beispiel der BGA im 1. Jahr:

<u>Buchungssatz der Abschreibung:</u> Abschreibungen an BGA 8.000,00 €

<u>Abschlussbuchungen:</u> SBK an BGA 72.000,00 €

Gewinn und Verlust an Abschreibungen 8.000,00 €

S+	BGA		−H
EBK	80.000,00	Abschr.	8.000,00
		SBK	72.000,00
	80.000,00		80.000,00

S+	Abschreibungen		−H
BGA	8.000,00	GuV	8.000,00
	8.000,00		8.000,00

S	SBK		H
BGA	72.000,00		

S	Gewinn und Verlust		H
Abschreib.	8.000,00		

Ergebnisse:

Durch die Abschreibung wird der Bestand BGA und damit das Betriebsvermögen um 8.000,00 € herabgesetzt. Gleichzeitig wird durch die Buchung des Aufwandes der Erfolg (Gewinn oder Verlust) um 8.000,00 € belastet. Ein eventueller Gewinn wird somit gemindert, ein eventueller Verlust weiter erhöht.

Beispiel 2:

Berechnen Sie die Abschreibungen und buchen Sie nach folgendem Bestandsverzeichnis mit Stand 31.12.XX+1 in der Buchungsliste. Setzen Sie die höchstmöglichen Abschreibungen an.

Bestandsverzeichnis (BV)									
Sachanlage	Hersteller	Anschaffungspreis netto	Anschaffungsdatum	Nutzungsjahre	AfA l/d %	AfA 1. Jahr	Buchwert Ende 1. Jahr	AfA 2. Jahr	Buchwert Ende 2. Jahr
Maschine S1	T GmbH	30.000,00 €	15.03.XX	15	d/25,00	6.250,00 €	23.750,00 €	5.937,50 €	17.812,50 €
Regale R4	M GmbH	15.000,00 €	15.04.XX	10	l/10,00	1.125,00 €	13.875,00 €	1.500,00 €	12.375,00 €
Computer I6	S AG	2.000,00 €	28.10.XX	3	l/33,33	166,67 €	1.833,33 €	666,67 €	1.166,66 €

Hinweis: Bei Computerhardware und Betriebs- und Anwendersoftware kann eine betriebsgewöhnliche Nutzungsdauer von einem Jahr zugrunde gelegt werden.

Hinweise:
Es werden nach dem Bestandsverzeichnis (BV) unterschiedliche Abschreibungsarten für das Jahr gebucht:
- Maschine S1: im Jahr XX zeitanteilig (10/12) von degressiv 25 %, im Jahr XX+1 volle 25 % vom aktuellen Buchwert
- Regal R4: linear, im Jahr XX zeitanteilig 9 Monate = 9/12 der Jahresabschreibung, im Jahr XX+1 volle AfA
- Computer I6: linear, zeitanteilig 3 Monate = 3/12 der Jahresabschreibung, im Jahr XX+1 volle AfA

Es wird davon ausgegangen, dass für die Maschine S1 gesetzlich eine degressive Abschreibung erlaubt war.

Buchungsliste 20XX+1

Geschäftsfälle	Konten	A/P	A/E	+/–	S/H	Buchungssatz	Soll	Haben
BV: Abschreibung XX+1, Maschine S1	Abschreibungen		A	+	S	Abschreibungen	5.937,50	
	Maschinen	A		–	H	an Maschinen		5.937,50
BV: Abschreibung XX+1, Regale R4	Abschreibungen		A	+	S	Abschreibungen	1.500,00	
	BGA	A		–	H	an BGA		1.500,00
BV: Abschreibung XX+1, Computer I6	Abschreibungen		A	+	S	Abschreibungen	666,67	
	BGA	A		–	H	an BGA		666,67

Aufgaben

H 1. Erstellen Sie eine Vergleichsübersicht der linearen und degressiven Abschreibung einer Maschine mit Anschaffungskosten von 64.000,00 € und 10 Jahren Nutzungsdauer (degressiv, 25 %):
   a) Ohne den Wechsel von der degressiven zur linearen Abschreibung
   b) Mit einem Wechsel von der degressiven zur linearen Abschreibung zum günstigsten Zeitpunkt

H 2. (Siehe Tabelle unten)
   a) Berechnen Sie die Abschreibungen und Buchwerte für die Jahre XX und XX+1. Eine Vorlage dazu finden Sie im Arbeitsheft.
   b) Bilden Sie die Buchungssätze.
   c) Um wie viel Euro sinkt der Gewinn durch die Abschreibungen?

3. Was ist richtig, was ist falsch?
   a) Abschreibungen werden für Wertminderungen an Sachanlagen gebucht.
   b) Durch die Buchung nehmen die Abschreibungen im Soll ab, das abzuschreibende Bestandskonto nimmt im Haben zu.
   c) Im Anschaffungsjahr werden die Abschreibungen auf angefangene Monate zeitanteilig berechnet.
   d) Geringwertige Sachanlagen müssen immer sofort im Jahr der Abschreibung abgesetzt werden.
   e) Bei einer linearen Abschreibung ist die Jahresabschreibung im ersten Jahr größer als im zweiten Jahr.
   f) Durch höhere Abschreibungen sinkt der Gewinn.
   g) Die degressive Jahresabschreibung ist im ersten Jahr am größten und damit steuerlich interessant.
   h) Bei einer degressiven Abschreibung wird nach 10 Jahren automatisch ein Buchwert von Null erreicht.
   i) Zu den Anschaffungskosten gehören auch die Installationskosten.

Bestandsverzeichnis (BV) 20XX+1, verkürzt

Sachanlage	Hersteller	Anschaffungspreis, netto	Anschaffungsdatum	Nutzungsjahre	AfA l/d %
Sitzmöbel S6	Prodomi	12.000,00 €	05.01.XX	8	l/?
Maschine K3	T GmbH	22.000,00 €	20.03.XX	10	l/?
Monitor I6	S AG	800,00 €	16.08.XX	3	l/?
Maschine U6	T GmbH	46.000,00 €	06.10.XX	15	l/?
Schränke S5	Prodomi	8.000,00 €	19.11.XX	13	d/25 %

Hinweis: Bei „Schränke S5“ wird angenommen, dass degressive Abschreibung gesetzlich erlaubt ist.

j) Zu den Anschaffungskosten gehört auch die Umsatzsteuer.

k) Ein Taschenrechner für 65,00 € inkl. 19 % USt kann als Betriebsausgabe gebucht werden.

l) Den linearen Jahresabschreibungssatz in Prozent berechnet man mit der Beziehung „100/Nutzungsjahre".

4. Berücksichtigen Sie, soweit nicht angegeben, die maximal möglichen Abschreibungen im Bestandsverzeichnis unten und buchen Sie die Abschreibungen zum 31.12.XX+1 in der Buchungsliste. Eine Vorlage dazu finden Sie im Arbeitsheft.
Um welche Summe senken Sie im Jahr 20XX+1 durch Abschreibungen das betriebliche Ergebnis?

5. Geben Sie an, mit welchem Wert die Anlage aktiviert werden soll: Anlage 20.000,00 €, Fracht 600,00 €, Transportversicherung 200,00 €.

Bestandsverzeichnis (BV) 20XX+1, verkürzt					
Sachanlage	Hersteller	Anschaffungspreis, netto	Anschaffungsdatum	Nutzungsjahre	AfA l/d %
Schränke S5	Prodomi	6.800,00 €	07.01.XX	13	l/?
Groß-EDV	Sirius	39.600,00 €	29.03.XX	7	l/?
Maschine K3	T GmbH	72.000,00 €	20.07.XX	10	d /?
Monitor I6	S AG	1.200,00 €	15.08.XX	3	l/?
Büromasch. X	S AG	600,00 €	06.10.XX	3	l/?
Drucker D41	S AG	330,00 €	18.12.XX	3	l/?

Hinweis: Bei "Maschine K3" wird angenommen, dass degressive Abschreibung gesetzlich erlaubt ist.

4.2.10 Grundbuch (Journal)

S Das Grundbuch (Journal) ist ein wichtiges Nebenbuch der Buchführung. In der EDV-Buchführung wird das Journal automatisch geführt und steht jederzeit für Kontrollaufgaben zur Verfügung.

Tätigkeiten	Grundlage
Belegbearbeitung	Belege
Führung der Nebenbücher (soweit nicht EDV-Buchführung)	Nebenbücher, z. B.: ▪ Kassenbuch ▪ Grundbuch (Journal)
Kontierung und Abschluss	Hauptbuch
Auswertungen (Controlling) durchführen	Übersichten mit Kennzahlen im Vergleich
Entscheidungen fällen	Unbefriedigende Situation, z. B. kein Gewinn

Das Grundbuch listet alle Buchungen einer bestimmten Periode (z. B. Monat, Quartal, Jahr) **in chronologischer**, d. h. in **zeitlicher Reihenfolge** des **Belegdatums** auf. Bei **Bankauszügen** wird nicht das Datum des Beleges selbst, sondern das Datum der **Wertstellung** auf dem Beleg in das Grundbuch eingetragen. Als Beispiel sollen die folgende Eröffnungsbilanz und die folgenden Geschäftsfälle (Belege) im Grundbuch erfasst werden (siehe Darstellung folgende Seite oben).

Geschäftsfälle:

ER1 vom 05.01.XX Kauf eines Büroschranks auf Ziel: 450,00 € zzgl. 85,50 € USt

BA1 vom 10.01.XX Tilgung des Darlehens: 500,00 €

AR1 vom 20.01.XX Reparaturauftrag auf Ziel: 600,00 € zzgl. 114,00 € USt

BA2 vom 22.01.XX Begleichung einer Lieferantenrechnung per Überweisung: 892,50 €

KB1/BA2 vom 24.01.XX Bareinzahlung auf das Bankkonto: 700,00 €

BA3 vom 27.01.XX Ein Kunde begleicht die Rechnung: 1.428,00 €

(siehe Tabelle Grundbuch folgende Seite)

Aktiva	Bilanz zum 01.01.20..		Passiva
A. Anlagevermögen		A. Eigenkapital	110.770,00
1. Gebäude	230.000,00	B. Schulden	
2. Betriebs- und Geschäftsausstattung	41.000,00	1. Darlehensschulden	200.000,00
B. Umlaufvermögen		2. Verbindlichkeiten a. LL	11.600,00
1. Handelswaren	27.400,00		
2. Forderungen a. LL	12.900,00		
3. Kasse	1.500,00		
4. Bank	9.570,00		
	322.370,00		322.370,00

Grundbuch (Journal)

Nr. 1 von/bis: 01.01.XX – 31.01.XX

Euro

Lfd. Nr.	Beleg-Nr.	Beleg-Datum	Soll-Konto	Haben-Konto	Soll-Betrag	Haben-Betrag	Text
1	EB	01.01.XX	Gebäude	EBK	230.000,00	230.000,00	SV Gebäude
2	EB	01.01.XX	BGA	EBK	41.000,00	41.000,00	SV BGA
3	EB	01.01.XX	Handelswaren	EBK	27.400,00	27.400,00	SV Handelswaren
4	EB	01.01.XX	Forderungen	EBK	12.900,00	12.900,00	SV Forderungen
5	EB	01.01.XX	Kasse	EBK	1.500,00	1.500,00	SV Kasse
6	EB	01.01.XX	Bank	EBK	9.570,00	9.570,00	SV Bank
7	EB	01.01.XX	EBK	Eigenkapital	110.770,00	110.770,00	SV Eigenkapital
8	EB	01.01.XX	EBK	Darlehenssch.	200.000,00	200.000,00	SV Darlehen
9	EB	01.01.XX	EBK	Verbindlichk.	11.600,00	11.600,00	SV Verbindlichk.
10	ER1	05.01.XX	BGA	Verbindlichk.	450,00	535,50	Kauf Büroschrank
			Vorsteuer		85,50		
11	BA1	10.01.XX	Darlehenssch.	Bank	500,00	500,00	Tilgung Darlehen
12	AR1	20.01.XX	Forderungen	Umsatzerlöse	714,00	600,00	Reparaturauftrag
				USt		114,00	
13	BA2	22.01.XX	Verbindlichk.	Bank	892,50	892,50	Lieferrechnung, bezahlt
14	KB1	24.01.XX	Bank	Kasse	700,00	700,00	Einzahlung Bank
15	BA3	27.01.XX	Bank	Forderungen	1.428,00	1.428,00	Kundenrechnung, bezahlt
				Kontrollsumme:	649.510,00	649.510,00	

Die Eintragungen in das Grundbuch werden so vorgenommen, dass für jede Position der Bilanz eine Zeile benötigt wird. Folgende Abkürzungen werden hier verwendet:
SV: Saldovortrag (Die Endbeträge aus dem Vorjahr werden auf das neue Jahr vorgetragen.)
EB: Eröffnungsbilanz
Sonstige bekannte Belegarten: ER, AR, BA, KB
Soll-Konto/Haben-Konto: entsprechend dem Buchungssatz
Soll-Betrag/Haben-Betrag: entsprechend dem Buchungssatz und den Beträgen aus dem Beleg
Text: Kurztext mit wichtigen Hinweisen zur Buchung

Als Erstes sind die Anfangsbestände der Eröffnungsbilanz im Buchführungssystem zu erfassen, soweit sie nicht schon vom Vorjahr übernommen werden können. Da in vorliegender Buchführung noch keine Endbeträge (Salden) aus dem Vorjahr eingebucht sind, werden die Anfangsbestände als Saldenvorträge neu erfasst. Die Erfassung der Belege erfolgt je nach Buchungssatz in einer Zeile oder bei einer Umsatzsteuerbuchung in mindestens zwei Zeilen. Zum Schluss wird die Kontrollsumme in den Spalten Soll- und Haben-Betrag ermittelt und auf Gleichheit überprüft.

Aufgaben

AH Erfassen Sie die Anfangsbestände des aktuellen Jahres mit Datum vom 01.01.20.. sowie folgende Geschäftsfälle im Grundbuch. Eine Vorlage finden Sie im Arbeitsheft.
Anfangsbestände: BGA 6.200,00 €, Forderungen a. LL 1.428,00 €, Bank 3.500,00 €, Vorsteuer 399,00 €, Eigenkapital 3.911,00 €, Darlehensschulden 4.800,00 €, Verbindlichkeiten a. LL 1.904,00 €, Umsatzsteuer 912,00 €
Erfolgskonten: Miete, Leasing, Beratungskosten, Versicherungen, Umsatzerlöse, Gewinn und Verlust

Geschäftsfälle	Netto + USt
1. BA1 vom 04.01.XX: Wir begleichen eine Lieferantenrechnung.	880,60 €
2. BA1 vom 05.01.XX: Banklastschrift der Miete (ohne USt)	320,00 €
3. BA2 vom 06.01.XX: Ein Kunde begleicht die Rechnung Nr. 499.	1.130,50 €
4. AR1 vom 07.01.XX: Reparaturauftrag in Rechnung gestellt, R.-Nr. 503	560,00 € + 106,40 €
5. ER1 vom 07.01.XX: Domain Leasing Provider 2&2 auf Ziel, R.-Nr. 774	90,00 € + 17,10 €
6. ER2 vom 08.01.XX: Beraterhonorar Tax und Partner auf Ziel, R.-Nr. 55	96,00 € + 18,24 €
7. AR2 vom 09.01.XX: Wartung Kundenserver auf Ziel, R.-Nr. 504	600,00 € + 114,00 €
8. BA3 vom 10.01.XX: Inhaltsversicherung (Feuer, Diebstahl, Betriebsunterbrechung) an Versicherung überwiesen	320,00 €
9. BA3 vom 11.01.XX: Finanzamt, Lastschrift Umsatzsteuer Dezember	513,00 €
10. BA3 vom 11.01.XX: Begleichung der Rechnung Nr. 55 Tax und Partner	114,24 €
11. BA4 vom 28.01.XX: Begleichung Rechnung Provider 2&2 Nr. 774	107,10 €
12. BA4 vom 28.01.XX: Kunde Vogel begleicht Rechnung Nr. 503.	666,40 €

4.2.11 Kontenrahmen und Kontenplan

Kerstin und Anna wissen nicht so genau, welche Konten bei ACI geführt werden. Es soll jedoch einen Kontenrahmen und einen Kontenplan geben. S

Ein **Kontenplan** liegt jedem Buchführungssystem eines Unternehmens zugrunde. Damit wissen alle Mitarbeiter, die mit der Buchführung zu tun haben, auf welche Konten sie die Geschäftsfälle buchen sollen. Der Kontenplan von ACI basiert auf einem für Industrieunternehmen vereinheitlichten **Industriekontenrahmen (IKR)**, wodurch die Buchführungsdaten für alle in der Buchführung der Industriebranche tätigen Mitarbeiter und Prüfer besser vergleichbar sind.

Der Industriekontenrahmen ist ein sehr umfangreiches Kontensystem und soll möglichst alle Belange von Industrieunternehmen abdecken. Jedes Unternehmen verwendet aus diesem Rahmen im **betrieblichen Kontenplan** nur die Konten, die für das Unternehmen notwendig sind. Auch kleine Anpassungen an die betrieblichen Belange, z. B. in den Kontenbezeichnungen, werden im Kontenplan vorgenommen. Sowohl im Kontenrahmen als auch im Kontenplan erhält jedes Konto eine festgelegte Kontonummer. In Unternehmen werden häufig auch Spezialkontenrahmen des Rechenzentrums der Steuerberater **DATEV** eingesetzt, z. B. die Kontenrahmen **SKR 03** oder **SKR 04**.

Die folgende Kurzfassung des Kontenplans enthält die bisher bekannten Konten. Weitere Konten werden in den folgenden Kapiteln hinzukommen. Eine vollständige Übersicht des Kontenplans finden Sie im Downloadbereich. Im Kontenplan steht als Zusatzinformation, ob es sich um ein aktives oder passives Bestandskonto (BA, BP) oder ein Erfolgskonto (EA für Aufwandskonto, EE für Ertragskonto) handelt. Bei der Kontoart wurde zusätzlich ergänzt, ob das Erfolgskonto ein Kostenkonto oder ein neutrales Konto (in der Kostenrechnung nicht oder anders berücksichtigtes Konto) ist. Zinsaufwendungen und Abschreibungen werden zurzeit noch als Kosten, in späteren Kapiteln jedoch differenzierter betrachtet.

W

Kontenrahmen

Der **Kontenrahmen** bildet für Unternehmen eines Wirtschaftszweigs eine einheitliche Basis für die Gliederung und Bezeichnung der Konten. Unternehmen mit einem einheitlichen Kontensystem können besser miteinander verglichen werden (z. B. bei Betriebsvergleichen), statistische Auswertungen sind schneller möglich und Personen, die Buchführungsabschlüsse und -auswertungen prüfen müssen, können sich schneller orientieren.

Für ACI wurde der Industriekontenrahmen als am besten geeignet zugrunde gelegt. Dieser Kontenrahmen wird in 10 Kontenklassen eingeteilt, wobei folgende Kontenklassen hier herausgestellt werden sollen:

Kontenklasse		Inhalt der Kontenklasse (gekürzt)
Bestandskonten	0	Sachanlagen: z. B. Gebäude, BGA
	1	Finanzanlagen: z. B. Wertpapiere
	2	Umlaufvermögen: z. B. Forderungen, Kasse, Bank
	3	Eigenkapital: z. B. Eigenkapital, Rücklagen
	4	Verbindlichkeiten: z. B. Verbindlichkeiten a. LL, Darlehen
Erfolgskonten	5	Erträge: z. B. Umsatzerlöse, Zinserträge
	6	Betriebliche Aufwendungen: z. B. Miete, Werbung
	7	Weitere Aufwendungen: z. B. betriebliche Steuern, Zinsaufwendungen
	8	Ergebnisrechnungen: z. B. EBK, SBK, GuV-Konto
	9	Konten für die Kosten- und Leistungsrechnung

Um die zum Teil langen Kontenbezeichnungen nicht immer schreiben zu müssen, werden bei ACI im täglichen Gebrauch auch Kurzbezeichnungen verwendet, wie sie in Klammern genannt sind.

Kontenplan (verkürzt) — ACI Wir machen IT besser.

Kontoarten:
Bestandskonto (BA/BP)
Erfolgskonto (EA/EE: K=Kosten, N=Neutral)
Abschlusskonto (A)

Konto-Nr.	Kontobezeichnung	Kontoart	Zunahme	Abnahme	Abschluss über
05100	Grundstücke und Gebäude (Gebäude)	BA	S	H	SBK
08000	Betriebs- u. Geschäftsausstattung (BGA)	BA	S	H	SBK
08900	Geringwertige Wirtschaftsgüter BGA (GWG)	BA	S	H	SBK
24000	Forderungen a. LL (Forderungen)	BA	S	H	SBK
26000	Vorsteuer	BA	S	H	SBK
28000	Hamburger Sparkasse (Bank)	BA	S	H	SBK
28800	Kasse	BA	S	H	SBK
30000	Eigenkapital	BP	H	S	SBK
42500	Langfristige Bankverbindlichkeiten (Darlehensschulden)	BP	H	S	SBK
44000	Verbindlichkeiten a. LL (Verbindlichkeiten)	BP	H	S	SBK

(Fortsetzung auf folgender Seite)

Konto-Nr.	Kontobezeichnung	Kontoart	Zunahme	Abnahme	Abschluss über
48000	Umsatzsteuer (USt)	BP	H	S	SBK
50000	Umsatzerlöse	EE	H	S	GuV
57100	Zinserträge	EE N	H	S	GuV
61600	Fremdinstandhaltung	EA K	S	H	GuV
63000	Gehälter (Personalaufwendungen)	EA K	S	H	GuV
65000	Abschreibungen auf SA (Abschreibungen)	EA N	S	H	GuV
66400	Aufwendungen für Fort-/Weiterbildung	EA K	S	H	GuV
67000	Miete, Pacht (Miete)	EA K	S	H	GuV
67100	Leasing	EA K	S	H	GuV
67500	Kosten des Geldverkehrs (Geldverkehr)	EA K	S	H	GuV
67700	Rechts- u. Beratungskosten (Beratungskosten)	EA K	S	H	GuV
68000	Bürobedarf	EA K	S	H	GuV
68100	Zeitungen und Fachliteratur (Fachliteratur)	EA K	S	H	GuV
68200	Porto, Telefon	EA K	S	H	GuV
68700	Aufwendungen Werbung (Werbung)	EA K	S	H	GuV
69000	Versicherungen	EA K	S	H	GuV
70000	Betriebliche Steuern	EA K	S	H	GuV
75000	Zinsaufwendungen	EA N	S	H	GuV
80000	Saldovortrag/EBK	A			
80100	SBK	A			
80200	Gewinn- und Verlustkonto	A			Eigenkapital

Aufgaben

Was ist richtig, was ist falsch?

a) Das Grundbuch enthält keine Buchungssätze.
b) Die Kontonummer für Kasse ist 028800.
c) Die Kontonummer für Bank ist 28000.
d) Der Kontenplan steckt den Rahmen für die Konten einer Branche ab.
e) Bei ACI liegt dem Kontenplan der IKR zugrunde.
f) Der IKR ist ein Kontensystem mit 3 Klassen und 10 Konten.
g) An der Kontenklasse kann man die Art der Konten erkennen.
h) Das Grundbuch wird auch Journal oder Tagebuch genannt.

4.2.12 Buchen und Kalkulieren mit Warenkonten

Einen nicht unerheblichen Anteil am Umsatz belegt bei ACI der Handel mit Hard- und Software. Im Zusammenhang mit diesen Warenverkäufen sind zusätzliche Konten zu berücksichtigen. S

4.2.12.1 Warenbuchungen just in time

Kerstin wird zunächst der einfache Fall der Warenbuchung erläutert, bei der die Ware entsprechend der Kundenbestellung umgehend (just in time) gekauft wird. S

Bei der reinen Aufwands- oder Just-in-time-Buchung wird kein Warenlager geführt, sodass auch kein Bestandskonto eingerichtet werden muss. Bestellt ein Kunde eine Ware, wird diese für den Kunden beschafft (eingekauft), gleich als Aufwand gebucht und direkt oder just in time weiterverkauft.

Für dieses Aufwands- oder Just-in-time-Verfahren müssen nur die beiden folgenden Erfolgskonten geführt werden:

- Für den Einkauf: **Aufwendungen für Waren** (kurz: **Aufwendungen Waren**) und **Vorsteuer**
- Für den Verkauf: **Umsatzerlöse** und **Umsatzsteuer**

Hinweis: Bei ACI werden Warenverkäufe und Erlöse für Reparaturaufträge, Wartung und Beratung auf einem gemeinsamen Konto **Umsatzerlöse** gebucht. Es besteht jedoch auch die Möglichkeit, jeweils gesonderte Erlöskonten einzurichten.

Auf dem Einkaufskonto werden die Waren zu Einstandspreisen (Einkaufspreis zzgl. Bezugskosten) und auf dem Erlöskonto zu Verkaufspreisen gebucht. Die Umsatzsteuer (Vorsteuer beim Einkauf, Umsatzsteuer beim Verkauf) wird gesondert gebucht.

Beispiel:
Es sollen die folgenden beiden Einkäufe (ER1 und ER2) und die folgenden beiden Verkäufe (AR1 und AR2) gebucht werden:

Erläuterungen:
ER1 und **ER2:** Beim Einkauf von Waren wird der Warenwert zu Einstandspreisen auf dem Erfolgskonto **Aufwendungen Waren** im Soll (A = Aufwendungen) gebucht, da die Aufwendungen durch den Einkauf zunehmen. Bei Eingangsrechnungen wird immer Vorsteuer (Zunahme im Soll) gebucht. Als Gegenkonto wird bei ER1 auf **Bank** (A = Aktivkonto nimmt im Haben ab) bzw. bei ER2 auf **Verbindlichkeiten a. LL** gebucht (P = Passivkonto nimmt im Haben zu).

AR1 und **AR2:** Beim Verkauf von Waren wird der Warenwert zu Verkaufspreisen auf dem Erfolgskonto **Umsatzerlöse** im Haben (E = Erträge) gebucht, da die Erträge durch den Verkauf zunehmen. Bei Ausgangsrechnungen wird immer Umsatzsteuer (Zunahme im Haben) gebucht. Als Gegenkonto wird bei AR1 auf **Bank** (A = Aktivkonto nimmt im Soll zu) bzw. bei AR2 auf **Forderungen a. LL** gebucht (A = Aktivkonto nimmt im Soll zu).

Die Erfolgskonten werden über GuV abgeschlossen. Auf dem GuV-Konto ergibt sich nach dem Beispiel ein Gewinn von 250,00 €.

Merke:
Auf dem Konto **Aufwendungen Waren** werden die Waren zu Einstandspreisen, auf dem Konto **Umsatzerlöse** zu Verkaufspreisen gebucht.

Buchungsliste

Geschäftsfälle	Konten	A/P	A/E	+/−	S/H	Buchungssatz	Soll	Haben
ER1 Wareneinkauf mit Bankcard: 200,00 €, 38,00 € USt	Aufwendungen Waren		A	+	S	Aufwendungen Waren	200,00	
	Vorsteuer	A		+	S	Vorsteuer	38,00	
	Bank	A		−	H	an Bank		238,00
ER2 Wareneinkauf auf Ziel: 300,00 €, 57,00 € USt	Aufwendungen Waren		A	+	S	Aufwendungen Waren	300,00	
	Vorsteuer	A		+	S	Vorsteuer	57,00	
	Verbindlichkeiten	P		+	H	an Verbindlichk.		357,00
AR1 Hardwareverkauf gegen Banklastschrift: 300,00 €, 57,00 € USt	Bank	A		+	S	Bank	357,00	
	Umsatzerlöse		E	+	H	an Umsatzerlöse		300,00
	Umsatzsteuer	P		+	H	an Umsatzsteuer		57,00
AR2 Warenverkauf auf Ziel: 450,00 €, 85,50 € USt	Forderungen	A		+	S	Forderungen	535,50	
	Umsatzerlöse		E	+	H	an Umsatzerlöse		450,00
	Umsatzsteuer	P		+	H	an Umsatzsteuer		85,50

S+	Aufwendungen Waren		−H
Bank	200,00	GuV	500,00
Verbindlichk.	300,00		
	500,00		500,00

S−	Umsatzerlöse		+H
GuV	750,00	Bank	300,00
		Forderungen	450,00
	750,00		750,00

S+	Vorsteuer		−H
Bank	38,00		
Verbindlichk.	57,00		

S−	Umsatzsteuer		+H
		Bank	57,00
		Forderungen	85,50

S	Gewinn und Verlust		H
Aufwend. Waren	500,00	Umsatzerlöse	750,00
Eigenk. (Gewinn)	250,00		
	750,00		750,00

Aufgaben

1. Anfangsbestände: Forderungen a. LL 1.000,00 €, Bank 5.000,00 €, Eigenkapital 4.000,00 €, Verbindlichkeiten a. LL 2.000,00 €
   Sonstige Konten: Aufwendungen Waren, Umsatzerlöse, Vorsteuer, Umsatzsteuer, GuV, SBK
   Erstellen Sie eine Buchungsliste und buchen Sie auf den Konten. Schließen Sie die Konten ab.
   AH Verwenden Sie die Vorlagen im Arbeitsheft.

Geschäftsfälle	Netto + USt
1. ER1: Einkauf von Waren auf Ziel	200,00 € + 38,00 €
2. AR1: Verkauf von Waren gegen Bankcard	320,00 € + 60,80 €
3. ER2: Einkauf von Waren gegen Bankcard	150,00 € + 28,50 €
4. AR2: Verkauf von Waren auf Ziel	240,00 € + 45,60 €

2. Anfangsbestände: Forderungen a. LL 2.000,00 €, Bank 4.000,00 €, Eigenkapital 5.000,00 €, Verbindlichkeiten a. LL 1.000,00 €
   Sonstige Konten: Aufwendungen Waren, Werbung, Umsatzerlöse, Vorsteuer, Umsatzsteuer, GuV, SBK
   Erstellen Sie eine Buchungsliste und buchen Sie auf den Konten. Schließen Sie die Konten ab.
   AH Verwenden Sie die Vorlagen im Arbeitsheft.

Geschäftsfälle	Netto + USt
1. ER1: Werbeinserat in der Tageszeitung auf Ziel	100,00 € + 19,00 €
2. ER2: Einkauf von Waren gegen Bankcard	140,00 € + 26,60 €
3. AR1: Verkauf von Waren gegen Bankcard	290,00 € + 55,10 €
4. ER3: Einkauf von Waren auf Ziel	80,00 € + 15,20 €
5. AR2: Verkauf von Waren auf Ziel	130,00 € + 24,70 €
6. BA1: Begleichung der Rechnung ER1	119,00 €
7. BA1: Begleichung der Rechnung ER3	95,20 €
8. BA2: Kunde begleicht AR2	154,70 €
9. BA2: Überweisung der Umsatzsteuerzahllast	?

3. Anfangsbestände: BGA 3.000,00 €, Forderungen a. LL 1.500,00 €, Bank 6.000,00 €, Eigenkapital 5.200,00 €, Darlehensschulden 4.000,00 €, Verbindlichkeiten a. LL 1.300,00 €
   Sonstige Konten: Aufwendungen Waren, Werbung, Büromaterial, Abschreibungen, Umsatzerlöse, Vorsteuer, Umsatzsteuer, GuV, SBK
   Erstellen Sie eine Buchungsliste und buchen Sie auf den Konten. Schließen Sie die Konten ab.
   Verwenden Sie die Vorlagen im Arbeitsheft. AH

Geschäftsfälle	Netto + USt
1. ER1: Werbeinserat in der Tageszeitung auf Ziel	120,00 € + 22,80 €
2. ER2: Einkauf von Büromaterial mit Bankcard	50,00 € + 9,50 €
3. ER3: Einkauf von Waren auf Ziel	200,00 € + 38,00 €
4. ER4: Einkauf von Waren gegen Bankcard	90,00 € + 17,10 €
5. AR1: Verkauf von Waren auf Ziel	340,00 € + 64,60 €
6. AR2: Verkauf von Waren gegen Bankcard	125,00 € + 23,75 €
7. BA1: Begleichung der Rechnung ER1	142,80 €
8. BA1: Begleichung der Rechnung ER3	238,00 €
9. BA1: Kunde begleicht AR1	404,60 €
10. ER5: Kauf eines Kopierers für den Betrieb als BGA auf Ziel	500,00 € + 95,00 €
11. BGA: Buchung der Abschreibung	167,00 €
12. BA2: Finanzamt überweist den Vorsteuer-Überhang	?

4.2.12.2 Warenbuchungen über das Lager

S

ACI führt auch ein Lager, um günstig einkaufen zu können und ständig lieferbereit zu sein. Daher soll nicht das Just-in-time-Verfahren oder Aufwandsverfahren, sondern das Bestandsverfahren genutzt werden.

Wenn Bestände in einem Lager geführt werden sollen, muss man als aktives Bestandskonto das Konto **22800 Waren** führen.

Durch den Einkauf der Waren und die Buchung auf dem Konto **Waren** ist nun **kein** Erfolgskonto betroffen.

Buchung des Einkaufs auf Ziel: Waren und Vorsteuer an Verbindlichkeiten a. LL
Buchung des Verkaufs auf Ziel: Forderungen a. LL an Umsatzerlöse und Umsatzsteuer

Rechtlich darf der Warenaufwand erst gebucht werden, wenn es zum **Wareneinsatz** durch den Verkauf kommt. Es bestehen zwei Möglichkeiten, den Wareneinsatz auf dem Konto **Aufwendungen Waren** zu buchen:

Buchung eines Warenentnahmescheins (WES): Es wird bei Lagerentnahme ein Warenentnahmeschein gebucht.
Feststellung der Lagerentnahme durch Inventur: Der Inventurbestand im Lager wird festgestellt und gebucht. Der Saldo wird als Wareneinsatz auf dem Konto **Aufwendungen Waren** gegengebucht.

Beispiel 1: Buchungsliste

Geschäftsfälle	Konten	A/P	A/E	+/–	S/H	Buchungssatz	Soll	Haben
WES: Warenentnahme für 200,00 €	Aufwend. Waren		A	+	S	Aufwend. Waren	200,00	
	Waren	A		–	H	an Waren		200,00
Inventurbestand und Lagerentnahme (Anfangsbestand 300,00 €) a) Inventurbestand 100,00 € b) Minderung 200,00 €	SBK				S	SBK	100,00	
	Waren	A			H	an Waren		100,00
	Aufwend. Waren		A	+	S	Aufwend. Waren	200,00	
	Waren	A		–	H	an Waren		200,00

Beispiel 2:
Der Anfangsbestand an Waren im Lager beträgt 400,00 € und der folgende Einkauf (ER1) sowie die folgenden beiden Verkäufe (AR1 und AR2) sollen gebucht werden. Der Wareneinsatz wird durch Inventur ermittelt:

Buchungsliste

Geschäftsfälle	Konten	A/P	A/E	+/–	S/H	Buchungssatz	Soll	Haben
EB Anfangsbestand Lager Waren: 400,00 €	Waren	A		+	S	Waren	400,00	
	EBK				H	an EBK		400,00
ER1 Wareneinkauf für das Lager auf Ziel: 700,00 €, 133,00 € USt	Waren	A		+	S	Waren	700,00	
	Vorsteuer	A		+	S	Vorsteuer	133,00	
	Verbindlichkeiten	P		–	H	an Verbindlichk.		833,00

(Fortsetzung auf folgender Seite)

Geschäftsfälle	Konten	A/P	A/E	+/–	S/H	Buchungssatz	Soll	Haben
AR1 Warenverkauf gegen Banklastschrift: 300,00 €, 57,00 € USt	Bank	A		+	S	Bank	357,00	
	Umsatzerlöse		E	+	H	an Umsatzerlöse		300,00
	Umsatzsteuer	P		+	H	an Umsatzsteuer		57,00
AR2 Warenverkauf auf Ziel: 450,00 €, 85,50 € USt	Forderungen	A		+	S	Forderungen	535,00	
	Umsatzerlöse		E	+	H	an Umsatzerlöse		450,00
	Umsatzsteuer	P		+	H	an Umsatzsteuer		85,50
SB Inventurbestand Waren: 600,00 € → Buchen a) Inventurbestand 600,00 € b) Minderung 500,00 €	SBK				S	SBK	600,00	
	Waren	A			H	an Waren		600,00
	Aufwend. Waren		A	+	S	Aufwend. Waren	500,00	
	Waren	A		–	H	an Waren		500,00

Erläuterungen:

EB: Entsprechend der Eröffnungsbilanz (EB) wird der Anfangsbestand an Waren auf dem Konto **Waren** im Soll gebucht und über EBK gegengebucht.

ER1: Der Einkauf von Waren wird beim Bestandsverfahren bei **Waren** im Soll (A = Aktivkonto) gebucht, der Wareneinsatz wird noch nicht bei **Aufwendungen Waren** gebucht. Bei Eingangsrechnungen wird immer Vorsteuer (Zunahme im Soll) gebucht. Als Gegenkonto wird ER1 auf Verbindlichkeiten a. LL gebucht, das P = Passivkonto nimmt im Haben zu.

AR1 und AR2: Beim Verkauf von Waren wird unabhängig vom Aufwands- oder Bestandsverfahren der Warenwert zu Verkaufspreisen auf dem Erfolgskonto **Umsatzerlöse** im Haben (E = Erträge) gebucht, da die Erträge durch den Verkauf zunehmen. Bei Ausgangsrechnungen wird immer Umsatzsteuer (Zunahme im Haben) gebucht. Als Gegenkonto wird bei AR1 auf **Bank** gebucht (das A = Aktivkonto nimmt im Soll zu) bzw. bei AR2 auf Forderungen a. LL gebucht (das A = Aktivkonto nimmt im Soll zu).

SB (Inventurbestand und Wareneinsatz): Der Wareneinsatz wird per Inventur festgestellt. Der Inventurbestand wird auf dem Bestandskonto **Waren** im Haben gebucht und der Saldo (Wareneinsatz) auf dem Konto **Aufwendungen Waren** gegengebucht.

Die Erfolgskonten werden über GuV abgeschlossen. Auf dem GuV-Konto ergibt sich nach dem Beispiel ein Gewinn von 250,00 €.

S+	Waren		–H
EBK	400,00	SBK	600,00
Verbindlichk.	700,00	Aufw. Waren	500,00
	1.100,00		1.100,00

Das Konto Waren führt als aktives Bestandskonto die Lagerbestände!
S + Anfangsbestand und Lagerzugänge
H – Inventurbestand und Lagerabgänge

S+	Aufwendungen Waren		–H
Waren	500,00	GuV	500,00
	500,00		500,00

S–	Umsatzerlöse		+H
GuV	750,00	Bank	300,00
		Forderungen	450,00
	750,00		750,00

S+	Vorsteuer		–H
Verbindlichk.	133,00		

S–	Umsatzsteuer		+H
		Bank	57,00
		Forderungen	85,50

S	Gewinn und Verlust		H
Aufwend. Waren	500,00	Umsatzerlöse	750,00
Eigenk. (Gewinn)	250,00		
	750,00		750,00

Gemischtes Verfahren: Es ist grundsätzlich auch möglich, Bestands- und Aufwandsverfahren gemeinsam zu nutzen. Das gemischte Verfahren ist zu empfehlen, wenn zwar ein Lager geführt wird, ein Großteil der Einkäufe jedoch aufgrund von Kundenbestellungen erfolgt. Die folgende Übersicht fasst die wichtigsten Punkte zusammen.

W

<table>
<tr><th>Aufwandsverfahren bei Warenbuchungen</th><th>Bestandsverfahren bei Warenbuchungen</th></tr>
<tr><td>Voraussetzung: Es wird kein Lager geführt und der Einkauf von Waren erfolgt auf Kundenbestellung, die Waren werden umgehend (just in time) verbraucht (eingesetzt).
Buchung Einkauf auf Ziel:
Aufwendungen Waren/Vorsteuer an Verbindlichkeiten a. LL</td><td>Voraussetzung: Es wird ein Lager und damit ein Bestandskonto Waren geführt.
Buchung Einkauf auf Ziel:
Waren/Vorsteuer an Verbindlichkeiten
Feststellung des Wareneinsatzes durch Inventur:
a) Inventurbestand: SBK an Waren
b) Lagerminderung: Waren an Aufwendungen Waren
Warenentnahmescheine (evtl.) buchen:
Waren an Aufwendungen Waren</td></tr>
<tr><th colspan="2">Gemischtes Verfahren bei Warenbuchungen (Aufwands- und Bestandsverfahren gemischt)</th></tr>
<tr><td colspan="2">Es wird ein Lager geführt, um schnell lieferbereit zu sein und günstige Einkaufskonditionen nutzen zu können, der Einkauf erfolgt jedoch überwiegend auf Kundenbestellungen.
Einkauf einer Kundenbestellung auf Ziel:
Aufwendungen Waren/Vorsteuer an Verbindlichkeiten a. LL
Einkauf für das Lager auf Ziel:
Waren/Vorsteuer an Verbindlichkeiten a. LL
Feststellung des Wareneinsatzes aus dem Lager durch Inventur:
a) Inventurbestand: SBK an Waren
b) Lagerminderung: Aufwendungen Waren an Waren</td></tr>
<tr><th colspan="2">Buchung des Warenverkaufs</th></tr>
<tr><td colspan="2">Unabhängig vom Verfahren bei der Buchung des Einkaufs wird der Warenverkauf gebucht:
Verkauf von Waren auf Ziel: Forderungen a. LL
an Umsatzerlöse/Umsatzsteuer</td></tr>
<tr><th colspan="2">Abschluss der Konten</th></tr>
<tr><td colspan="2">Das Konto Waren (Inventurbestand) wird über SBK abgeschlossen.
Das Konto Aufwendungen Waren wird über GuV abgeschlossen.
Das Konto Umsatzerlöse wird über GuV abgeschlossen.</td></tr>
</table>

Hinweis: siehe Abschlussübersicht auf S. 403

Aufgaben

1. Was ist richtig, was ist falsch?
   a) Zieleinkauf Waren per Aufwandsverfahren: Aufwendungen Waren/Umsatzsteuer an Verbindlichkeiten a. LL
   b) Warenverkauf auf Ziel: Umsatzerlöse/Vorsteuer an Forderungen a. LL
   c) Lagerentnahme per Warenentnahmeschein: Aufwendungen Waren an Waren
   d) Anfangsbestand Waren: SBK an Waren
   e) Abschluss des Kontos Aufwendungen für Waren über GuV
   f) Zieleinkauf Waren per Bestandsverfahren: Waren/Vorsteuer an Verbindlichkeiten a. LL
   g) Warenverkauf gegen Bankcard: Forderungen a. LL an Waren/Umsatzsteuer
   h) Durch den Einkauf der Waren auf Lager vermindert sich der Gewinn.
   i) Durch den Einkauf der Waren auf Lager ist ein Erfolgskonto betroffen.
   j) Durch den Verkauf von Waren ist ein Erfolgskonto betroffen.
2. Anfangsbestände: Waren 500,00 €, Forderungen a. LL 1.000,00 €, Bank 4.000,00 €, Eigenkapital 3.500,00 €, Verbindlichkeiten a. LL 2.000,00 €
   Sonstige Konten: Aufwendungen Waren, Umsatzerlöse, Vorsteuer, Umsatzsteuer, GuV, SBK
   Erstellen Sie eine Buchungsliste und buchen Sie auf den Konten. Buchen Sie Waren nach dem Bestandsverfahren. Schließen Sie die Konten ab. Verwenden Sie die Vorlagen im Arbeitsheft. AH

Geschäftsfälle	Netto + USt
1. ER1: Einkauf von Waren gegen Bankcard auf Lager	200,00 € + 38,00 €
2. ER2: Einkauf von Waren auf Ziel auf Lager	500,00 € + 95,00 €
3. AR1: Verkauf von Waren gegen Bankcard	400,00 € + 76,00 €
4. AR2: Verkauf von Waren auf Ziel	300,00 € + 57,00 €
5. Inventurbestand Waren	800,00 €

3. Anfangsbestände: Waren 800,00 €, Forderungen a. LL 2.000,00 €, Bank 4.000,00 €, Eigenkapital 5.800,00 €, Verbindlichkeiten a. LL 1.000,00 €
   Sonstige Konten: Aufwendungen Waren, Werbung, Umsatzerlöse, Vorsteuer, Umsatzsteuer, GuV, SBK
   Erstellen Sie eine Buchungsliste und buchen Sie auf den Konten. Buchen Sie Waren nach dem Bestandsverfahren. Schließen Sie die Konten ab. Verwenden Sie die Vorlagen im Arbeitsheft. AH

Geschäftsfälle	Netto + USt
1. AR1: Verkauf von Waren auf Ziel	150,00 € + 28,50 €
2. ER1: Werbeinserat in der Tageszeitung auf Ziel	120,00 € + 22,80 €
3. ER2: Einkauf von Waren gegen Bankcard auf Lager	400,00 € + 76,00 €
4. AR2: Verkauf von Waren auf Ziel	700,00 € + 133,00 €
5. ER3: Einkauf von Waren auf Ziel auf Lager	600,00 € + 114,00 €
6. BA1: Kunde begleicht AR1	178,50 €
7. BA1: Begleichung der Rechnung ER1	142,80 €
8. BA1: Kunde begleicht AR2	833,00 €
9. BA1: Finanzamt überweist den Vorsteuer-Überhang	?
10. Inventurbestand Waren	1.300,00 €

4. Anfangsbestände: BGA 4.000,00 €, Waren 200,00 €, Forderungen a. LL 1.000,00 €, Bank 5.000,00 €, Eigenkapital 3.000,00 €, Darlehensschulden 6.000,00 €, Verbindlichkeiten a. LL 1.200,00 €
Sonstige Konten: Aufwendungen Waren, Werbung, Büromaterial, Abschreibungen, Umsatzerlöse, Vorsteuer, Umsatzsteuer, GuV, SBK
Erstellen Sie eine Buchungsliste und buchen Sie auf den Konten. Verwenden Sie das gemischte Verfahren (Aufwands- und Bestandsverfahren). Schließen Sie die Konten ab. Verwenden Sie die Vorlagen im Arbeitsheft.

Geschäftsfälle	Netto + USt
1. AR1: Verkauf von Waren gegen Bankcard	160,00 € + 30,40 €
2. ER1: Einkauf von Waren auf Ziel (auf Lager, Bestandsverfahren)	300,00 € + 57,00 €
3. ER2: Einkauf von Büromaterial auf Ziel	70,00 € + 13,30 €
4. ER3: Einkauf von Waren auf Ziel (Aufwandsverfahren)	250,00 € + 47,50 €
5. AR2: Verkauf von Waren auf Ziel	780,00 € + 148,20 €
6. ER4: Werbeinserat in der Tageszeitung auf Ziel	140,00 € + 26,60 €
7. ER5: Einkauf von Waren mit Bankcard (Aufwandsverfahren)	80,00 € + 15,20 €
8. AR3: Verkauf von Waren auf Ziel	135,00 € + 25,65 €
9. BA1: Kunde begleicht AR2	928,20 €
10. BA1: Begleichung der Rechnung ER1	357,00 €
11. BA1: Begleichung der Rechnung ER2	83,30 €
12. BGA: Buchung der Abschreibung	350,00 €
13. BA2: Lastschrift der Umsatzsteuer.	?
14. Inventurbestand Waren	400,00 €

4.2.12.3 Besondere Buchungen

Auszubildende in kaufmännischen IT-Berufen werden nicht dazu ausgebildet, wie Buchhalter Buchungssätze zu erfassen. Sie sollen die Grundprozesse im Rechnungswesen nachvollziehen können und die logischen Grundzüge der Buchführungssystematik verstehen, um in Digitalisierungs- und Bereitstellungsprojekten Systeme für das Rechnungswesen erfolgreich implementieren zu können. Die folgenden besonderen Buchungsanlässe werden daher nur kurz dargestellt und sollen in die Logik der Buchungssystematik eingeordnet werden. Dazu soll die folgende Abschlussübersicht der Konten helfen.

Abschlussübersicht
Konten und Abschlüsse im
Hauptbuch (Soll/Haben)

S	EBK	H
Eigenkapital		Gebäude
Darlehen		Fuhrpark
......		......
Verbindlichkeiten		Waren

Bilanzbuch

Aktiva	EB	Passiva
Gebäude		Eigenkapital
Fuhrpark		Darlehen
......		......
Waren		Verbindlichkeiten

S	Vorsteuer	H
USt. Eingangsrechnung		USt. Rücks. a.L.
		Lief.skonti/-boni
		(Saldo) Umsatzsteuer

Konto mit kleinerer Summe erst abschließen!

S	Umsatzsteuer (USt)	H
USt. Rücks. v.K.		USt. Ausgangsrechnung
USt-Erlösbericht.		
Vorsteuer		
Bank/SBK		

Hauptabschlussübersicht

S	Gebäude	H
EBK		Abgänge
Zugänge		SBK

S	Fuhrpark	H
EBK		Abgänge
Zugänge		SBK

S	BGA	H
EBK		Abgänge
Zugänge		SBK

S	Forderungen a. LL	H
EBK		Abgänge
Zugänge		SBK

S	Kasse	H
EBK		Abgänge
Zugänge		SBK

S	Bank	H
EBK		Abgänge
Zugänge		SBK

S	Waren	H
EBK		(Inventur) SBK
Zugänge		(Aufw. Waren) Abgänge
Bezugskosten		Nachlässe

S	Bezugskosten Waren	H
Zugänge		(Saldo) Waren

S	Nachlässe Waren	H
Waren (Saldo)		Zugänge

S	Eigenkapital	H
Abgänge		EBK
SBK		Zugänge

S	Privat	H
Entnahmen		Einlagen
(Eigenkap.)		(Eigenkap.)

S	Darlehen	H
Abgänge		EBK
SBK		Zugänge

S	Verbindlichk. a. LL	H
Abgänge		EBK
SBK		Zugänge

S	Verbindl. FA	H
Abgänge		EBK
SBK		Zugänge

S	Verbindl. Soz.	H
Abgänge		EBK
SBK		Zugänge

S	Sonst. Verbindl.	H
Abgänge		EBK
SBK		Zugänge

S	SBK	H
Gebäude		Eigenkapital
Maschinen		Darlehen
Fuhrpark		......
......		Verbindlichk. ......
Fertige Erzeugn.		Pass. Rechn.

Erfolgskonten (Aufwendungen/Erträge)

Aufwend. Waren

S	H
Zugänge	GuV

Bezugskosten Waren

S	H
Zugänge	(Saldo) Aufw. Waren

Nachlässe Waren

S	H
Aufw. Waren (Saldo)	Zugänge

Löhne u. Gehälter

S	H
Zugänge	GuV

Soz. Abgaben

S	H
Zugänge	GuV

Bürobedarf

S	H
Zugänge	GuV

Beiträge

S	H
Zugänge	GuV

Fremdinstandhaltung

S	H
Zugänge	GuV

Werbung

S	H
Zugänge	GuV

Sonst. betr. Aufw.

S	H
Zugänge	GuV

Erlöse

S	H
GuV Erlösberichtigungen	Zugänge

Erlösberichtigungen

S	H
Zugänge	(Saldo) Erlöse

Sonstige betriebliche Erträge

S	H
GuV	Zugänge

Bilanz. Abschreibungen

S	H
Zugänge	GuV

Zinsaufwendungen

S	H
Zugänge	GuV

Zinserträge

S	H
Zugänge	GuV

Gewinn u. Verlust (GuV)

S	H
Aufwendungen Waren	Erlöse
......	......
Zinsaufwendungen	Zinserträge
(Gewinn) Eigenkapital	(Verlust) Eigenkapital

DL Im Downloadbereich kann der Kontenplan ACI mit einer Auswahl der Konten aufgerufen werden.

Aufgaben

1. Analysieren Sie die Abschlussübersicht oben, indem Sie die bekannten Belege und Buchungen anhand der Abschlussübersicht erläutern.
2. Rufen Sie den Kontenplan von ACI im Downloadbereich auf und erläutern Sie die dort angegebenen Soll- und Habenbuchungen sowie die Abschlusskonten. DL

Bezugskosten beim Einkauf, Ausgangsfrachten beim Verkauf von Waren

Bei der Buchung von Transportkosten, Fracht o. Ä. ist zu unterscheiden, ob der Beleg im Zusammenhang mit dem Wareneinkauf (Bezugskosten) oder mit dem Warenverkauf (Vertriebskosten) steht. Nach Steuer- und Handelsrecht müssen die eingekauften Waren zu Anschaffungskosten (Einstandspreisen) gebucht werden, wodurch die Bezugskosten auf Unterkonten der Einkaufskonten (Waren beim Bestandsverfahren oder Aufwendungen Waren beim Aufwandsverfahren) zu buchen sind.

Bei ACI fallen beim Einkauf Bezugskosten für Verpackung und Transport an. Beim Verkauf entstehen ebenfalls Vertriebskosten für Verpackung und Warentransport.

Die folgende Übersicht gibt an, wann welche Konten gebucht werden sollen.

W

Buchung von Transportkosten (Fracht u. Ä.)		
Einkauf	Verkauf	
Bezugskosten	Vertriebskosten	Belastung des Kunden mit Vertriebskosten
Z. B. Transportkosten (Fracht), Porto, Verpackungskosten auf **ER** Buchung auf Unterkonto **Bezugskosten** der Warenkonten: **Aufwandsverfahren:** Einkauf auf Konto: **6080 Aufwendungen Waren** Bezugskosten auf Unterkonto: **6081 Bezugskosten Waren** **Bestandsverfahren:** Einkauf auf Konto: **2280 Waren** Bezugskosten auf Unterkonto: **2281 Bezugskosten Waren** Die Unterkonten werden über das Oberkonto abgeschlossen!	Z. B. Transportkosten (Fracht), Porto, Verpackungskosten als Fremdleistungen auf Eingangsrechnungen (**ER**) Buchung der Eingangsrechnungen mit den Vertriebskosten nach dem IKR auf folgende Konten: **6040 Verpackungsmaterial** **6140 Frachten und Fremdlager** Diese Aufwandskonten werden über GuV abgeschlossen!	Z. B. Transportkosten (Fracht), Porto, Verpackungskosten auf Ausgangsrechnungen (**AR**) Buchung der auf der AR stehenden Vertriebskosten **wie Umsatzerlöse**! Beispiel: Verkauf von Waren auf Ziel Waren 100,00 € Fracht 10,00 € Betrag netto 110,00 € 19 % USt 20,90 € = Rechnungsbetrag 130,90 € Buchung: Forderungen a. LL 130,90 an Umsatzerlöse 110,00 an Umsatzsteuer 20,90
Hinweis: Beim Einkauf von BGA, Büromaterial etc. (keine Waren) werden die Bezugskosten auf den jeweiligen Konten mitgebucht!		

Das Konto **Bezugskosten Waren** ist ein Unterkonto des Kontos **Waren** und wird daher über das Konto **Waren** abgeschlossen. Das Konto **Waren** wird über **SBK** abgeschlossen und hier erscheint der Warenbestand ebenfalls zum Bezugspreis.

Rücksendungen

Häufig wird die Ware gegen Rechnungskorrektur zurückgesandt. In diesem Fall wird der Zieleinkauf oder -verkauf storniert (umgekehrt gebucht). Es kann aber auch sein, dass die Ware gegen Barzahlung oder gegen Bankgutschrift (z. B. durch einen Scheck als Gegenleistung) zurückgegeben wird.

W **Buchung von Rücksendungen**

Rücksendungen werden, soweit diese entsprechend dem Einkauf/Verkauf abgewickelt werden, als Rückbuchungen (Stornobuchung) mit dem umgekehrten Buchungssatz gebucht.
Rücksendungen gegen Rechnungskorrektur
- an den Lieferanten (Bestandsverfahren): **Verbindlichkeiten a. LL an Waren/Vorsteuer**
- an den Lieferanten (Aufwandsverfahren): **Verbindlichkeiten a. LL an Aufwendungen Waren/Vorsteuer**
- vom Kunden: **Umsatzerlöse/Umsatzsteuer an Forderungen a. LL**

Preisnachlässe sofort oder nachträglich

Bei der Buchung von Preisnachlässen bzw. Rabatten ist zunächst zu unterscheiden, ob der Rabatt sofort oder nachträglich gewährt wird. Sofortrabatte werden buchhalterisch nicht erfasst. Es werden gleich die reduzierten Nettopreise gebucht. Bei den nachträglichen Rabatten unterscheidet man Buchungen auf der Beschaffungs- und Verkaufsseite. Dafür stehen spezielle Unterkonten beim Einkauf (2282 **Nachlässe Waren** beim Bestandsverfahren oder 6081 **Nachlässe Waren** beim Aufwandsverfahren) und beim Verkauf (5001 oder 5101 **Erlösberichtigungen**, je nachdem, ob auf eigene Erzeugnisse oder Waren Nachlass gewährt wird) zur Verfügung. Bei nachträglichen Rabatten sind die Umsatzsteuerbuchungen zu berichtigen.

W **Preisnachlässe im Beschaffungsbereich**

Sofortrabatt	Mengen-, Sonder- und Wiederverkäuferrabatte, sofort gewährt bei Rechnungserstellung, werden buchmäßig **nicht gesondert erfasst.** Es wird gleich der verminderte **Nettopreis gebucht.**
Nachträglicher Preisnachlass	Es wird auf eine Rechnung ein nachträglicher Rabatt per Rechnungskorrektur gewährt, z. B. eine Rechnungskorrektur von 100,00 € zzgl. 19,00 € USt. **Bestandsverfahren:** 4400 Verbindlichkeiten a. LL 119,00 an 2282 Nachlässe für Waren (Unterkonto von Waren) 100,00 an 2600 Vorsteuer 19,00 **Aufwandsverfahren:** 4400 Verbindlichkeiten a. LL 119,00 an 6082 Nachlässe für Waren (Unterkonto von Aufwendungen Waren) 100,00 an 2600 Vorsteuer 19,00 **Tipp:** Im Grunde ist wie bei der Rücksendung eine Storno- oder Rückbuchung mit einem Teilbetrag zu erfassen, nur dass jetzt ein spezielles Unterkonto **Nachlässe** verwendet wird, um später einen Überblick über die Höhe der Nachlässe zu haben (vgl. auch Abschlussübersicht auf S. 404).
Hinweis: Hier wird nur das Nettoverfahren mit gesonderter Ausweisung der Umsatzsteuer behandelt.	

W **Preisnachlässe im Verkaufsbereich**

Sofortrabatt	Mengen-, Sonder- und Wiederverkäuferrabatte, sofort bei Rechnungserstellung gewährt, werden buchmäßig **nicht gesondert erfasst.** Es wird gleich der verminderte **Nettopreis gebucht.**
Nachträglicher Preisnachlass	Es wird auf eine Rechnung ein nachträglicher Rabatt per Gutschrift gewährt, z. B. Gutschrift von 100,00 € zzgl. 19,00 € USt: 5001 Erlösberichtigungen (Unterkonto von Umsatzerlöse) 4800 Umsatzsteuer an 2400 Forderungen a. LL **Tipp:** Wie bei der Rücksendung ist eine Storno- oder Rückbuchung mit einem Teilbetrag zu kontieren, nur dass jetzt ein spezielles Unterkonto **Erlösberichtigungen** verwendet wird, um später einen Überblick über die Höhe der Nachlässe zu haben (vgl. Abschlussübersicht auf S. 404).
Hinweis: Hier wird nur das Nettoverfahren mit gesonderter Ausweisung der Umsatzsteuer behandelt.	

Aufgaben

1. Was ist richtig, was ist falsch?
   a) Ein Sofortrabatt wird nicht gesondert, sondern gleich mit dem Nettobetrag gebucht.
   b) Ein nachträglicher Rabatt wird auf einem Unterkonto gebucht.
   c) Bei Preisnachlässen wird beim Kunden Vorsteuer, bei Lieferanten immer Umsatzsteuer gebucht.
   d) Eine Rechnungskorrektur bedeutet, den Betrag auf dem Bankkonto gutzuschreiben.
   e) Beim Einkauf gibt es mehrere Nachlasskonten.
   f) Beim Verkauf gibt es nach dem Kontenplan von ACI mehrere Erlösberichtigungskonten.
   g) Eine Rechnungskorrektur für Kunden bedeutet, bei Forderungen im Haben zu buchen.
   h) Das Erlösberichtigungskonto wird über GuV abgeschlossen.
   i) Es wird ein erhaltener Rabatt gutgeschrieben: Erlösberichtigungen/Umsatzsteuer an Forderungen a. LL
   j) Warenrücksendung durch uns: Verbindlichkeiten a. LL/Vorsteuer an Waren
   k) Der Kunde erhält einen Preisnachlass: Erlösberichtigungen/Umsatzsteuer an Forderungen a. LL
2. Erläutern Sie folgende Kontierungen. Finden Sie zwei unterschiedliche Falschbuchungen (siehe Konten auf folgender Seite).
3. Geben Sie den richtigen Buchungssatz an:
   a) Wir kaufen Waren für 120,00 € netto und erhalten 20 % Sofortrabatt, da Barzahlung erfolgt.
   b) Unser Kunde erhält aufgrund einer Mängelrüge nachträglich einen Rabatt von 20 % auf unsere selbst hergestellten Erzeugnisse: 50,00 € zzgl. 9,50 € USt.
   c) Unser Kunde sendet uns Waren zurück und erhält einen Bankscheck: 200,00 €, 38,00 € USt.
   d) Wir erhalten von unserem Lieferanten nachträglich einen Preisnachlass auf eine zu spät erfolgte Warenlieferung in Höhe von 80,00 € inkl. USt per Banküberweisung.
   e) Unser Kunde erhält nachträglich einen Preisnachlass auf folgende Warenlieferung: Waren 200,00 €, 30,00 € Fracht, 43,70 € USt.
   f) Wir senden Waren im Wert von 300,00 € (netto) an den Lieferanten per Rechnungskorrektur zurück.
   g) Unser Lieferant sendet Waren auf Ziel: 400,00 € Listenpreis, Sofortrabatt 60,00 €, Fracht 30,00 €.
4. Anfangsbestände: Waren 600,00 €, Forderungen a. LL 476,00 €, Bank 2.200,00 €, Eigenkapital 1.848,00 €, Verbindlichkeiten a. LL 1.428,00 €
   Sonstige Konten: Bezugskosten Waren, Aufwendungen Waren, Nachlässe Waren, Umsatzerlöse, Erlösberichtigungen, Vorsteuer, Umsatzsteuer, GuV, SBK
   Erstellen Sie eine Buchungsliste und buchen Sie auf den Konten. Buchen Sie Waren nach dem Bestandsverfahren. Schließen Sie die Konten ab.
   Geschäftsfälle:
   1) AR1 Verkauf von Waren auf Ziel: 400,00 €, 20,00 € Fracht, 79,80 € USt
   2) AR1 (Rechnungskorrektur) Kunde erhält nachträglichen Preisnachlass: 70,00 €, 13,30 € USt
   3) ER1 Einkauf von Waren gegen Bankcard: 600,00 €, 30,00 € Fracht, 119,70 € USt
   4) AR2 Verkauf von Waren, bezahlt mit Bankcard: 300,00 €, 10,00 € Fracht, 58,90 € USt
   5) Rechnungskorrektur/ER1 Kunde erhält wegen kleiner Mängel einen Preisnachlass: 80,00 €, 15,20 € USt
   6) ER2 Einkauf von Waren auf Ziel: 500,00 €, 30,00 € Fracht, 100,70 € USt
   7) Rechnungskorrektur zu ER2 Preisnachlass auf Waren wegen einer Mängelrüge: 50,00 €, 9,50 € USt
   8) BA1 Kunde begleicht AR1 abzgl. ? €
   9) BA1 Begleichung der Rechnung ER2: ? €
   10) Inventurbestand Waren: 1.400,00 €

S+	2280 Waren		−H
Verbindlichk.	300,00	Nachlässe W.	10,00

S+	2282 Nachlässe Waren		−H
Waren	10,00	Verbindlichk.	100,00
	10,00		100,00

S+	2600 Vorsteuer		−H
Verbindlichk.	57,00	Verbindlichk.	19,00

S+	2600 Forderungen a. LL		−H
Umsatzer./USt	595,00	Umsatzer./USt	59,50

S−	5100 Umsatzerlöse		+H
Erlösbericht.	9,50	Forderungen	500,00

S−	5101 Erlösberichtigungen		+H
Forderungen	50,00	Umsatzerlöse	20,00

S−	4800 Umsatzsteuer		+H
Forderungen	9,50	Forderungen	95,00

S−	4400 Verbindlichkeiten a. LL		+H
Nachl. W./V.	119,00	Waren/Vorst.	357,00

Zahlungsverkehr mit Skonto

Wird eine Rechnung (Verbindlichkeit) unter Abzug von Skonto beglichen, so ist die Überweisung geringer als die Verbindlichkeit. Da mit der Überweisung allerdings keine Verbindlichkeiten mehr vorliegen, werden sie in voller Höhe gebucht. Die folgenden Beispiele sollen die Kontierung erläutern.

W **Liefererskonto**

Durch ein Liefererskonto vermindert sich nachträglich der Anschaffungspreis (Einstands- oder Bezugspreis). Daher wird Liefererskonto auf den Unterkonten wie Nachlässe gebucht (vgl. Kontenplan in Kapitel 4.2.12.5). Bei Liefererskonto wird die Vorsteuer im Haben berichtigt.
Wird Anlagevermögen, wie z. B. BGA, eingekauft und unter Abzug von Skonto beglichen, so wird auf dem jeweiligen Bestandskonto gegengebucht (vgl. Beispiele).

Beispiele:

- Einkauf Waren auf Ziel, Bestandsverfahren:

Kontierung:	2280 Waren	100,00 €
	2600 Vorsteuer	19,00 €
	an 4400 Verbindlichkeiten a. LL	119,00 €

- Bezahlung der Rechnung unter Abzug von 2 % Skonto:

Kontierung:	4400 Verbindlichkeiten a. LL	119,00 €
	an 2800 Bank	116,62 €
	an 2282 Nachlässe Waren	2,00 €
	an 2600 Vorsteuer	0,38 €

- Einkauf Waren auf Ziel, Bestandsverfahren, mit Fracht:

Kontierung:	2280 Waren	100,00 €
	2281 Bezugskosten Waren	10,00 €
	2600 Vorsteuer	20,90 €
	an 4400 Verbindlichkeiten a. LL	130,90 €

- Bezahlung der Rechnung unter Abzug von 2 % Skonto:

Kontierung:	4400 Verbindlichkeiten a. LL	130,90 €
	an 2800 Bank	128,28 €
	an 2282 Nachlässe Waren	2,20 €
	an 2600 Vorsteuer	0,42 €

- Begleichen einer Rechnung für BGA (1.190,00 €) unter Abzug von 3 % Skonto:

Kontierung:	4400 Verbindlichkeiten a. LL	1.190,00 €
	an 2800 Bank	1.154,30 €
	an 0800 BGA	30,00 €
	an 2600 Vorsteuer	5,70 €

Anstelle des Kontos **Nachlässe** wird auch das Konto **Skontoaufwand** verwendet.

Tipps:

Bei der Kontierung unter Abzug von Skonto ist zu beachten:

- Die Verbindlichkeit wird bei der Bezahlung unverändert brutto als Gegenkonto gebucht, damit nach der Bezahlung kein offener Posten mehr besteht.
- Das Konto **Bank** wird (im Haben wegen der Lastschrift) abzüglich Skonto gebucht.
- Vorsteuer wird wegen des Skontos auf einer Eingangsrechnung als Vorsteuerberichtigung im Haben gebucht. Die Vorsteuer kann entweder aus dem Skontobetrag × 0,19 oder aus dem Abzugsbetrag/119 × 19 berechnet werden.
- Der Skontobetrag ergibt sich aus dem Nettobetrag mal Skontosatz und wird nicht auf dem Konto **Waren** zur Korrektur im Haben gebucht, sondern für spätere Auswertungen auf dem Unterkonto **Nachlässe Waren**.

Hinweise:

Beim Aufwandsverfahren muss dementsprechend das Unterkonto **6082 Nachlässe Waren** gebucht werden. Das Bruttoverfahren mit einer Bruttobuchung des Skontobetrages und einer nachträglichen Korrekturbuchung der Umsatzsteuer wird hier nicht behandelt, sondern nur das Nettoverfahren mit gesonderter Ausweisung der Umsatzsteuer.

Aufgabe

Geben Sie zu folgenden Buchungen die Geschäftsfälle und Buchungssätze an (ohne Abschluss):

S+	2280 Waren		–H
EBK	200,00	SBK	100,00
Verbindlichk.	300,00	Nachlässe W.	62,90
Verbindlichk.	400,00	Aufw. Waren	787,10
Bezugsk. Waren	50,00		
	950,00		950,00

S+	2281 Bezugskosten Waren		–H
Verbindlichk.	20,00	Waren	50,00
Verbindlichk.	30,00		
	50,00		50,00

S–	2282 Nachlässe Waren		+H
Waren	62,90	Verbindlichk.	50,00
		Verbindlichk.	12,90
	62,90		62,90

S–	4400 Verbindlichkeiten a. LL		+H
Nachl. W./Vorst.	59,50	EBK	800,00
Nachl./Vor./Ba.	511,70	Waren/Vorst.	380,80
SBK	1.121,30	Waren/Vorst.	511,70
	1.692,50		1.692,50

S+	2800 Bank		-H
EBK	1.000,00	Verbindlichk.	496,35
		SBK	503,65
	1.000,00		1.000,00

S+	2600 Vorsteuer		-H
Verbindlichk.	60,80	Verbindlichk.	9,50
Verbindlichk.	81,70	Verbindlichk.	2,45
		Umsatzsteuer	130,55
	142,50		142,50

W

Kundenskonto

Durch ein Kundenskonto erhält der Kunde einen finanziellen Anreiz, innerhalb der Skontofrist die Rechnung zu begleichen. Da der Skontobetrag vorher in der Kalkulation berücksichtigt wurde, kann dieser Preisnachlass großzügig gewährt werden. Der Verkaufspreis (Umsatzerlös) vermindert sich nachträglich, wenn der Kunde Skonto nutzt. Daher werden Kundenskontos auf dem Unterkonto **Erlösberichtigungen** gebucht (vgl. Kontenplan im Kapitel 4.2.12.5). Beim Kundenskonto wird die Umsatzsteuer im Soll berichtigt.

Beispiele:

- Verkauf Waren auf Ziel:

Kontierung:	2400 Forderungen a. LL	119,00 €	
	an 5000 Umsatzerlöse	100,00 €	
	an 4800 Umsatzsteuer		19,00 €

- Bezahlung der Rechnung unter Abzug von 3% Skonto:

2800 Bank	115,43 €	
5001 Erlösberichtigungen	3,00 €	
4800 Umsatzsteuer	0,57 €	
an 2400 Forderungen a. LL		119,00 €

S+	2400 Forderungen		-H
EBK	595,00	Bank/Erlösberichtigung/USt	
Umsatzerl./USt	714,00		714,00

S+	2800 Bank		-H
Forderungen	692,58		

S+	2600 Vorsteuer		-H
EBK	19,00		

Anstatt auf dem Konto **Erlösberichtigungen** wird auch auf einem gesonderten Konto **Skontoaufwendungen** gebucht.

Tipps:

Bei der Kontierung unter Abzug von Skonto ist zu beachten:

- Die Forderung wird bei der Bezahlung unverändert brutto als Gegenkonto gebucht, damit nach der Bezahlung kein offener Posten mehr besteht.
- Das Konto **Bank** wird (im Soll wegen der Rechnungskorrektur) abzüglich Skonto gebucht.
- Umsatzsteuer wird wegen des Skontos auf einer Ausgangsrechnung als Umsatzsteuerberichtigung im Soll gebucht. Die Umsatzsteuer kann entweder aus dem Skontobetrag × 0,19 oder aus dem Abzugsbetrag/119 × 19 berechnet werden.
- Der Skontobetrag ergibt sich aus dem Nettobetrag mal Skontosatz und wird nicht als negativer Erlös im Soll, sondern für spätere Auswertungen auf dem Unterkonto **5001 Erlösberichtigungen** gebucht.

(vgl. auch Abschlussübersicht auf S. 404)

Hinweis:

Das Bruttoverfahren mit einer Bruttobuchung des Skontobetrages und einer nachträglichen Korrekturbuchung der Umsatzsteuer wird hier nicht behandelt.

Aufgabe

Geben Sie an, welche Geschäftsfälle (Belege) gebucht wurden.

S-	5000 Umsatzerlöse		+H
		Forderungen	600,00

S-	5001 Erlösberichtigungen		+H
Forderungen	18,00		

S-	4800 Umsatzsteuer		+H
Forderungen	3,42	Forderungen	114,00

Buchungen zur Betriebsausstattung

Konten zur Buchung der Betriebsausstattung haben **keine Unterkonten**. Daher werden Bezugskosten und Preisnachlässe nicht auf den Unterkonten, sondern auf den Bestandskonten selbst gebucht. Folgende Konten werden im Zusammenhang mit der Betriebsausstattung gebucht:

Kontenplan der Betriebsausstattung (Auszug)	
02000	Immaterielle Vermögensgegenstände
07000	Technische Anlagen und Maschinen (Maschinen)
08000	Betriebs- und Geschäftsausstattung (BGA)
08400	Fuhrpark
08500	Sonstige BGA

Bei Rücksendungen wird die Einkaufsbuchung umgekehrt als Korrekturbuchung vorgenommen. Bei Preisnachlässen muss darauf geachtet werden, dass die Vorsteuer im Haben zu korrigieren ist.

Buchungen der Betriebsausstattung

Bestandskonten: Immaterielle Vermögensgegenstände (z. B. Softwarelizenzen)
z. B. Maschinen, Fuhrpark, Betriebs- und Geschäftsausstattung (BGA) u. a.
Sonderfall GWG = Geringwertige Wirtschaftsgüter, vgl. unten

Einkauf: Eingangsrechnung

- Mit Bezugskosten → inklusiv buchen
- Sofortrabatt → netto buchen

Bestandskonto an Verbindlichkeiten a. LL
Vorsteuer

- Rücksendungen
- Nachträglicher Preisnachlass per Rechnungskorrektur/Korrekturbuchung:

Verbindlichkeiten a. LL an Bestandskonto
an Vorsteuer

Rechnungsbegleichung

- Sofort bar, per Bankcard
→ bei Buchung der ER anstelle von Verbindlichkeiten: **Kasse oder Bank**

- Auf Ziel, Banküberweisung ohne Skontoabzug
Verbindlichkeiten a. LL an Bank

- Auf Ziel, mit Skontoabzug
Verbindlichkeiten a. LL an Bank
an Bestandskonto
an Vorsteuer

Wertminderungen:

Abschreibungen a. S. an Bestandskonto bzgl. der Abschreibungshöhe vgl. Kapitel 4.2.9

Geringwertige Wirtschaftsgüter der BGA

Bewegliche Anlagegegenstände mit Anschaffungskosten bis 1.000,00 € netto, die selbstständig nutzbar sind, können als geringwertige Wirtschaftsgüter gebucht werden. Dabei sollen für die Büroausstattung folgende Konten verwendet werden. Bei GWG bis 800,00 € kann ein Sofortabzug als Betriebsausgabe über das Konto Büromaterial erfolgen, sodass die Buchung im Jahr der Anschaffung in voller Höhe als Aufwand den Gewinn mindert. Über 250,00 € und bis 1.000,00 € Anschaffungskosten (netto) kann eine Buchung auf fünf Sammelkonten, z. B. 08910 bis 08950, erfolgen, die dann zum Ende des Jahres mit je 20 % abgeschrieben werden.

Lohn- und Gehaltsbuchungen

Arbeiter erhalten Lohn nach den geleisteten Stunden und dem vereinbarten Stundenlohn, Angestellte erhalten ein festes Gehalt. Dazu muss der Arbeitgeber etwa zur Hälfte die Sozialabgaben (Renten-, Kranken- und Arbeitslosenversicherung) tragen sowie Beiträge zur Berufsgenossenschaft (Unfallversicherung) leisten. Freiwillige Personalaufwendungen entstehen, soweit nicht durch Tarifvertrag oder Betriebsvereinbarung geregelt, durch Urlaubs- und Weihnachtsgeld sowie Beihilfen oder Gratifikationen (z. B. Prämien) an Mitarbeiter. Weitere Aufwendungen ergeben sich in der Personalabteilung durch das Einstellungsverfahren

(z. B. Fahrtkostenerstattung für Bewerber, Kosten für Auswahlverfahren, Porto usw.), durch Fahrtkosten der Mitarbeiter aufgrund ihrer Tätigkeit, im Zusammenhang mit Maßnahmen zur Arbeitssicherheit der Mitarbeiter, durch Fort- und Weiterbildungsmaßnahmen, Jubiläen oder Betriebsfeierlichkeiten. Die Kontenklasse 6 des Kontenplans zeigt an, dass auf diese Konten betriebliche Aufwendungen und damit Kosten gebucht werden (Zunahme im Soll).

Der Arbeitnehmer muss ebenfalls etwa die Hälfte der sozialen Abgaben (Renten-, Arbeitslosen-, Pflege- und Krankenversicherung) leisten. Die Arbeitnehmeranteile zur Sozialversicherung, die Lohn- und Kirchensteuer sowie der Solidaritätszuschlag (Soli) werden vom Arbeitgeber einbehalten und mit den eigenen Beiträgen an die jeweilige Krankenkasse und das Finanzamt abgeführt. Der Arbeitnehmer erhält damit nur den Nettolohn bzw. das Nettoentgelt ausbezahlt.

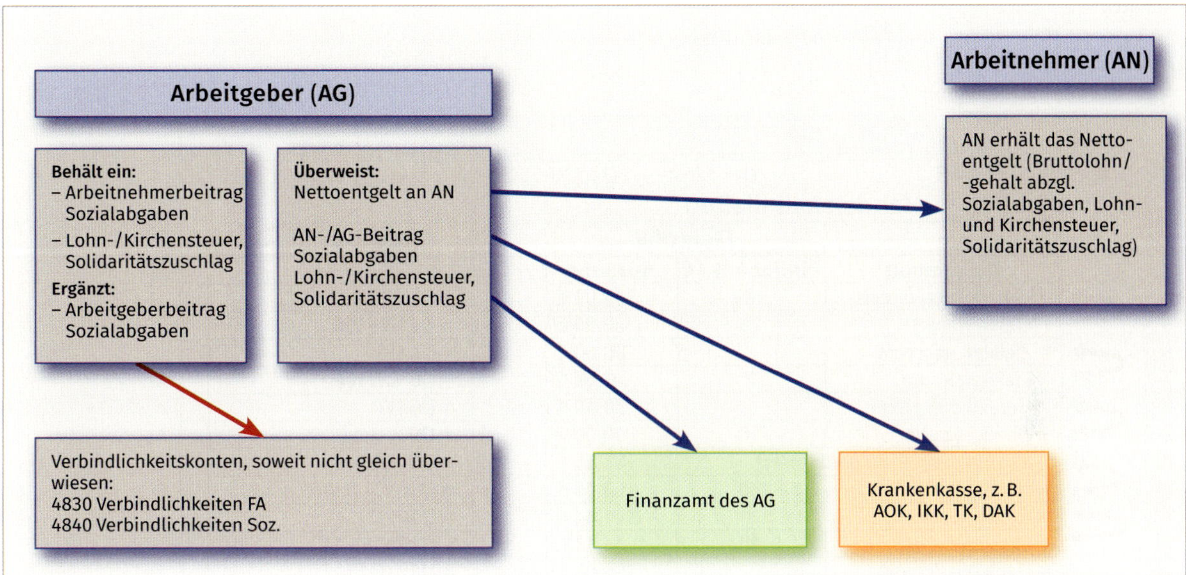

Lohn- und Gehaltszahlungen sind Kosten und werden daher auf den Konten **6200 Löhne** oder **6300 Gehälter** im Soll gebucht.

Da die Steuerabzüge sowie die Sozialabgaben nicht sofort mit der Zahlung von Lohn oder Gehalt überwiesen werden, müssen die Lohn- und Kirchensteuern sowie der Solidaritätsbeitrag zunächst auf das Konto **4830 Sonstige Verbindlichkeiten gegenüber Finanzbehörden** (abgekürzt **Verbindlichkeiten FA**), die Sozialabgaben auf das Konto **4840 Verbindlichkeiten gegenüber Sozialversicherungsträgern** (abgekürzt **Verbindlichkeiten Soz.**) gebucht werden. Die Krankenkassen (z. B. AOK, IKK, DAK) erhalten alle Beiträge der Sozialabgaben (Kranken-, Renten-, Pflege-, Arbeitslosenversicherung) und führen die nicht für sie selbst bestimmten Beiträge zur Rentenversicherung der Mitarbeiter an die Deutsche Rentenversicherung ab. Die Bundesagentur für Arbeit erhält von den Krankenkassen die Beiträge zur Arbeitslosenversicherung überwiesen.

4.3 Handelskalkulation

Anna und Kerstin sollen Preisnachlässe buchen. Es wird behauptet, Preisnachlässe wären in der Kalkulation schon berücksichtigt. S

Preisnachlässe erscheinen auf der Einkaufs- und Verkaufsseite als Rabatt oder Skonto. Viele Anbieter berechnen für ihre Verkaufsartikel Listenpreise, in denen sie übliche Nachlässe einkalkuliert haben. Sind alle Nachlässe schon abgezogen, spricht man vom Barverkaufspreis oder Barpreis.

Rabatte werden gewährt, um je nach Angebot und Nachfrage einen fairen Preis bieten zu können. So werden Mengenrabatt, Wiederverkäuferrabatt oder Sonderrabatt (z. B. als Einführungs-, Jubiläums- oder Aktionsrabatt) angeboten. Damit Rabatte den Gewinn nicht schmälern, werden sie in den Listenpreis einkalkuliert. Die Gewährung eines Frühzahlerrabatts, **Skonto** genannt, soll Kunden dazu veranlassen, ihre Rechnungen pünktlich bzw. frühzeitig zu zahlen. Der Zinssatz ist für Kunden sehr attraktiv, da Skonto (2 % oder 3 %) nicht für ein Jahr (per annum) wie bei den Bankzinsen gewährt wird, sondern für die Tage der vorzeitigen Rechnungsbegleichung. So kann aus einem Skontoprozentsatz von 3% schnell ein Jahreszinssatz von fast 50% werden.

Beispiel:
Wir erhalten 3% Skonto für die Zahlung innerhalb von 7 Tagen. Rein netto (ohne Skontoabzug) ist die Rechnung innerhalb von 30 Tagen zu zahlen.

Dreisatz:
23 Tage = 3 %
360 Tage = x %

$$x = \frac{3 \cdot 360}{23} = 47\,\%\ \text{Jahreszinssatz}$$

Es lohnt sich sogar das Bankkonto zu überziehen, um pünktlich seine Rechnung zu zahlen und Skonto abziehen zu dürfen!

Das folgende Kalkulationsbeispiel demonstriert die Zuschlagskalkulation als Bezugskalkulation (gelb unterlegt) mit anschließender Verkaufskalkulation (blau unterlegt). Die Pfeilspitzen zeigen immer auf den Grundwert (100%-Wert).

G22 fx

	A	B	C	D	E	F
1		**Handelskalkulation**				
2			**Beispiel**			Formeln in Spalte D
3		**Kalkulation**	**Eingabe % / €**	**Ausgabe**		
4		Listeneinkaufspreis	100	100,00 €		= C4
5		- Liefererrabatt	20	20,00 €		= D4*C5/100
6		= Zieleinkaufspreis		80,00 €		= D4-D5
7		- Liefererskonto	2	1,60 €		= D6*C7/100
8		= Bareinkaufspreis		78,40 €		= D6-D7
9		+ Bezugskosten	10	10,00 €		= C9
10		= Bezugspreis (Einstandspreis)		88,40 €		= D8+D9
11		+ Handlungskosten	60	53,04 €		= D10*C11/100
12		= Selbstkosten		141,44 €		= D10+D11
13		+ Gewinn	10	14,14 €		= D12*C13/100
14		= Barverkaufspreis		155,58 €		= D12+D13
15		+ Kundenskonto	2	3,35 €		= D14*C15/(100-C15-C16)
16		+ Vertriebsprovision	5	8,36 €		= D14*C16/(100-C15-C16)
17		= Zielverkaufspreis		167,29 €		= D14+D15+D16
18		+ Kundenrabatt	10	18,59 €		= D17*C18/(100-C18)
19		= Angebotspreis (Listenpreis)		185,88 €		= D17+D18
20						

W

Handelskalkulation

Bezugskalkulation: Kalkulation vom Listeneinkaufspreis bis zum Bezugspreis (Einstandspreis)
Absatzkalkulation: Kalkulation vom Bezugspreis bis zum Listenpreis (Angebotspreis)
Lieferrabatt: Preisabzug in Prozent als Mengen-, Wiederverkäufer- oder Sonderrabatt
Liefererskonto: Frühzahlerrabatt (i. d. R. 2 bis 3 %) für die Begleichung der Rechnung innerhalb der Skontofrist. Da Rabatt schon für das vorzeitige Zahlen von nur wenigen Tagen gewährt wird, ist der Jahreszins für den Skontobetrag erheblich. Man sollte daher in jedem Fall Skonto nutzen.
Bezugskosten: Transportkosten bzw. Fracht, Rollgeld, Transportversicherung, Zölle usw. in Euro
Handlungskosten: Zusätzliche Kosten, die neben dem Wareneinsatz entstanden, um den Verkauf der Waren zu ermöglichen, z. B. Miete, Personalaufwendungen, Werbung, Büromaterial usw.
Selbstkosten: Kosten insgesamt (Wareneinsatz bzw. Bezugskosten und Handlungskosten)
Kundenskonto: Frühzahlerrabatt für den Kunden; da der Kunde den Skontoprozentsatz vom Zielverkaufspreis (Grundwert = 100 %) berechnet, muss der Verkäufer bei der Zuschlagskalkulation vom verminderten Grundwert (im Beispiel 93 %) ausgehen und daraus den Skontobetrag (im Beispiel 2 %) berechnen (3,35 € = 155,58×2/93).
Vertriebsprovision: Es kommt vor, dass Provision für die Vermittlung des Auftrags gezahlt wird. Wenn möglich, wird diese Provision schon in der Kalkulation berücksichtigt.
Kundenrabatt: Kunden erhalten Mengen-, Wiederverkäufer- oder Sonderrabatt, der bereits in der Kalkulation berücksichtigt werden muss. Ansonsten wäre der Rabatt höher sein als der Gewinn und der Auftrag Verlust bringen. Der Kunde berechnet den Rabatt vom Listenpreis (Angebotspreis, Grundwert = 100 %), sodass in der Zuschlagskalkulation der Rabattaufschlag auf den verminderten Grundwert (im Beispiel 90 %) berechnet werden muss.
Weitere Informationen, Kalkulationsarten und Aufgaben, siehe Kapitel 4.7.4.2.

Aufgaben

1. Berechnen Sie Einsparungen durch Skontos und Rabatte:
   a) Ein Verkäufer bietet Ihnen beim Kauf von 5 USB-Sticks zu je 8,00 € 5 % Mengenrabatt. Welchen Preis zahlen Sie?
   b) Wenn Sie den Monitor zum Listenpreis von 180,00 € sofort zahlen, erhalten Sie einen Barzahlungsrabatt oder Skonto von 3 %. Welchem Betrag in Euro entspricht dieser Rabatt?
   c) ACI erhält jährlich Eingangsrechnungen aufgrund von Material- und Wareneinkäufen bzw. zur Begleichung von Handlungskosten. Rechnungen für 1,6 Mio. € enthalten einen Skontovermerk von 3 % und Rechnungen für 2,2 Mio. € einen Skontovermerk von 2 %. Berechnen Sie die jährliche Kosteneinsparung, wenn ACI den Skonto konsequent nutzt.

2./3.

Sie erhalten den Auftrag, für folgende Artikel die Selbstkosten und den Barverkaufspreis zu berechnen, wobei allgemein ein Handlungskostenzuschlag von 35 % und ein Gewinnzuschlag von 12 % kalkuliert werden soll. Nutzen Sie nach Möglichkeit ein Tabellenkalkulationsprogramm.

Geschäftsfälle:	2	3
Listeneinkaufspreis (netto)	7,80 €	12,90 €
Liefererrabatt	10 %	25 %
Liefererskonto	2 %	3 %
Bezugskosten	0,25 €	0,32 €

4./5.

Sie erhalten den Auftrag, für folgende Listenverkaufspreise (netto) die Barverkaufspreise zu berechnen.

Geschäftsfälle:	4	5
Listenverkaufspreis (netto)	19,80 €	25,00 €
Kundenrabatt	10 %	20 %
Vertriebsprovision	5 %	15 %
Kundenskonto	3 %	2,5 %

6./7.

Sie erhalten den Auftrag, den Listenverkaufspreis (netto) und inkl. Umsatzsteuer zu berechnen.

Geschäftsfälle:	6	7
Barverkaufspreis (netto)	18,00 €	12,50 €
Kundenskonto	2 %	3 %
Vertriebsprovision	10 %	5 %
Kundenrabatt	20 %	10 %

8./9.

Sie erhalten den Auftrag, für folgende Artikel die Selbstkosten und den Listenverkaufspreis zu berechnen, wobei allgemein ein Handlungskostenzuschlag von 35 % und ein Gewinnzuschlag von 12 % kalkuliert werden soll.

Geschäftsfälle:	8	9
Listeneinkaufspreis (netto)	15,00 €	8,00 €
Liefererrabatt	10 %	20 %
Liefererskonto	2 %	3 %
Bezugskosten	0,80 €	0,25 €
Kundenskonto	3 %	2 %
Vertriebsprovision	5 %	3 %
Kundenrabatt	20 %	15 %

Kalkulationszuschlag und Kalkulationsabschlag (Handelsspanne)

S

Verkäufer sprechen von der Spanne und der Marge. Oft besteht Unklarheit, was das eigentlich ist.

Die **Handelsspanne** oder **Marge** ist eine wichtige Prozentzahl, um die **Differenz zwischen Einkaufspreis (Bezugspreis) und Verkaufspreis** zu bemessen. Sie ist der **Kalkulationsabschlag** auf der Basis des Verkaufspreises. Man benutzt diesen Prozentsatz, um die Spanne einzuschätzen und um über einen Kalkulationsabschlag schnell den Einkaufspreis (Bezugspreis) zu berechnen.

Andererseits kann man über einen Kalkulationsaufschlag schnell aus dem Einkaufspreis (Bezugspreis) den Verkaufspreis berechnen.

W

Die **Handelsspanne** oder **Marge** ist ein **Kalkulationsabschlag** vom Verkaufspreis, um den Einkaufspreis (Bezugspreis) zu berechnen:
Differenz (von Verkaufs- und Einkaufspreis) dividiert durch den Verkaufspreis

Der **Kalkulationszuschlag** wird vom Einkaufspreis (Bezugspreis) berechnet und gibt an, wie hoch der Zuschlag bis zum Verkaufspreis ist:
Differenz (von Verkaufspreis und Einkaufspreis) dividiert durch den Einkaufspreis

Berechnungsbeispiel:

Kalkulationsabschlag und Kalkulationszuschlag			
Einkaufspreis	Verkaufspreis	Handelsspanne (Kalkulationsabschlag) in %	Kalkulationsaufschlag in %
10,00 €	15,00 €	5/**15** × 100 = 33,33	5/**10** × 100 = 50

Aufgaben

1. Berechnen Sie den Verkaufspreis.

	Einkaufspreis	Kalkulationsaufschlag
a)	0,65 €	60 %
b)	3,50 €	45 %
c)	5,00 €	38 %
d)	35,00 €	55 %

2. Berechnen Sie den Einkaufspreis.

	Verkaufspreis	Kalkulationsabschlag (Handelsspanne, Marge)
a)	0,98 €	55 %
b)	4,95 €	45 %
c)	9,80 €	40 %
d)	12,00 €	35 %

3. Berechnen Sie den Kalkulationsabschlag (Handelsspanne) und den Kalkulationsaufschlag.

	Einkaufspreis	Verkaufspreis
a)	3,50 €	7,00 €
b)	0,70 €	1,20 €
c)	6,90 €	9,80 €
d)	8,80 €	14,80 €

4. Als Verkäufer im PC-Geschäft wollen Sie wissen, wie hoch der Einstandspreis (Bezugspreis) ist. Sie kennen den Verkaufspreis inkl. 19 % USt von 180,00 € und die Handelsspanne von 35 % auf den Nettopreis.
5. Was ist richtig, was ist falsch?
   a) Skonto sollte kaufmännisch nur gewährt werden, wenn er vorher einkalkuliert wurde.
   b) Wenn wir für eine Barzahlung unser Konto überziehen müssen, sollten wir Skonto nicht nutzen.
   c) Zu den Handlungskosten gehört der Wareneinsatz.
   d) Die Handelsspanne dient dazu, aus dem Verkaufspreis (netto) einfach den Bezugspreis zu berechnen.
   e) Der Gewinnzuschlag wird auf die Selbstkosten gerechnet.
   f) Vom Barverkaufspreis können Skonto und Rabatt abgezogen werden.
   g) Kundenskonto wird vom Zielverkaufspreis abgezogen.
   h) Kundenrabatt wird vom Bezugspreis abgezogen.
   i) Mit dem Kalkulationszuschlag kann aus dem Bezugspreis schnell der Verkaufspreis kalkuliert werden.

4.4 Wert- und Informationsströme für die Buchhaltung unterscheiden

S

Anna und Stefan sollen ein Grundverständnis der Buchführungssystematik bezogen auf die Buchführungsdaten vertiefen.

Aufgrund der Digitalisierung und immer weiter fortschreitender Automatisierung und Prozessbearbeitung mit künstlicher Intelligenz (KI) werden immer weniger Buchhalter eingesetzt, jedoch mehr Controller, die Kontroll-, Management- und Optimierungsaufgaben ausführen. Diese müssen insbesondere die digitalen Wertveränderungen verstehen können. Auszubildende in IT-Berufen müssen solche Prozesse und Programmabläufe verstehen, um Kundenwünsche hinsichtlich der Entwicklung und Orchestrierung sowie des Customizings und der Einrichtung von Finanzbuchhaltungssystemen zu verstehen und diese umsetzen zu können. Außerdem müssen sie die neuen Systeme einführen, erläutern und trainieren können.

Leistungs-, Geld- und Informationsflüsse

Folgendes Schaubild zeigt die wesentlichen Leistungs-, Geld- und Informationsflüsse auf. Mithilfe des ERP-Systems werden im Unternehmen alle Geschäftsvorfälle bearbeitet, lassen sich alle Leistungs-, Geld- und Informationsflüsse auswerten und verfolgen.

Für die Finanzbuchhaltung sind Anfragen, Angebote, Bestellungen und Lieferscheine als Belege unbedeutend, stehen aber als Daten oder Informationen i. d. R. über das ERP-System zur Verfügung.

Wichtige Belege für die Finanzbuchhaltung sind insbesondere **Eingangsrechnungen**, **Ausgangsrechnungen** und entsprechende **Quittungen** für Bargeschäfte, bei

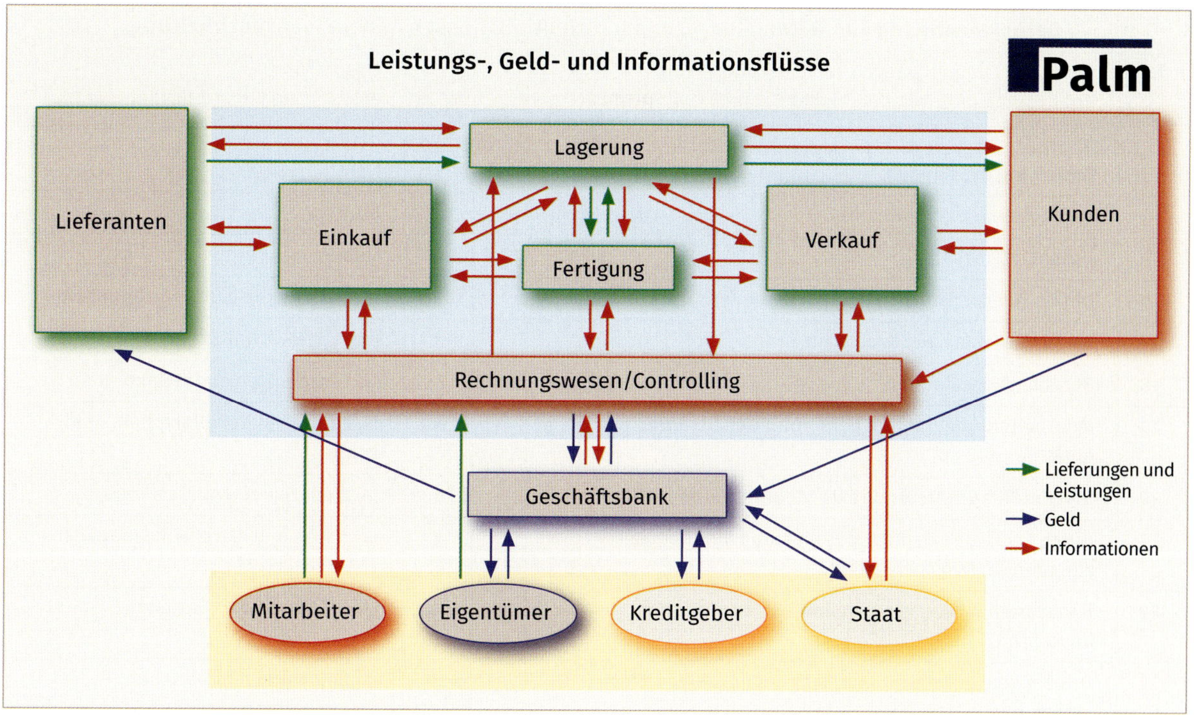

Geschäften auf Rechnung als Zahlungsbelege die Bankkontoauszüge.

Als Leistungen können Betriebe nicht nur Güter, sondern auch Arbeitsleistungen (Werkleistungen und Dienstleistungen) liefern. Für die Auslieferung von Gütern werden Lieferscheine und/oder Rechnungen verwendet, für die Erbringung von Werken nach Werkvertrag und Dienstleistungen Lieferscheine oder Abnahmezettel bzw. nur Rechnungen.

Berücksichtigung von Güter-, Geld-, und Informationsflüssen in der Finanzbuchhaltung					
Nr.	Geschäftsfälle mit Belegen von der Anfrage von Produkten bei Lieferanten bis zur Begleichung unserer Lieferungen durch Kunden	Güter	Geld	Information	Erläuterung: Wirkung auf Finanzbuchhaltung (Buchung auf Konten im Hauptbuch)
1	Durch Inventur und Inventar wird der Lageranfangsbestand festgestellt.	x		x	Ja, Waren und Eröffnungsbilanzkonto
2	Unsere Anfrage nach Produkten und Lieferungen			x	Nein
3	Angebot vom Lieferer			x	Nein
4	Unsere Bestellung			x	Nein
5	Auftragsbestätigung des Lieferers			x	Nein
6	Lieferschein mit Ware			x	Nein, nur Lagerverwaltung/ERP
7	Rechnung des Lieferers			x	Ja, Warenaufwendungen und Verbindlichkeiten (just in time)
8	Bezahlung der Eingangsrechnung		x	x	Ja, Verbindlichkeiten und Geldkonto
9	Bankkontoauszug mit Lastschrift auf Bankkonto durch Aufwand, z. B. Energieaufwendungen		x	x	Ja, Aufwand und Geldkonto
10	Bankkontoauszug mit Barauszahlung		x		Ja, Bank und Kasse
11	Anfrage eines Kunden			x	Nein
12	Angebot an einen Kunden			x	Nein

Berücksichtigung von Güter-, Geld-, und Informationsflüssen in der Finanzbuchhaltung					
Nr.	Geschäftsfälle mit Belegen von der Anfrage von Produkten bei Lieferanten bis zur Begleichung unserer Lieferungen durch Kunden	Güter	Geld	Information	Erläuterung: Wirkung auf Finanzbuchhaltung (Buchung auf Konten im Hauptbuch)
13	Bestellung des Kunden			x	Nein
14	Auftragsbestätigung von uns			x	Nein
15	Unser Lieferschein			x	Nein
16	Unsere Ausgangsrechnung an den Kunden			x	Ja, Umsatzerlöse und Forderungen
17	Warenentnahme aus dem Lager			x	nur, Lagerverwaltung/ERP
18	Bezahlung des Kunden		x		Ja, Forderungen und Geldkonto
19	Mitarbeiter erhalten ihre Lohn- und Gehaltsabrechnung.		x	x	Ja, Lohn- und Gehaltskonten, Geldkonto
20	Steuererklärungen für direkte Steuern werden fällig.		x	x	Ja, Steuerkonto und Geldkonto
21	Durch Inventur bzw. über das Inventar wird der Lagerzu- oder -abgang festgestellt.	x		x	Ja, Waren und Warenaufwendungen
22	Bankdarlehen wird gewährt und laut Bankauszug ausgezahlt.		x	x	Ja, Geldkonto und Darlehen
23	Das Bankdarlehen wird laut Bankauszug monatlich getilgt.		x	x	Ja, Geldkonto und Darlehen
24	Der Eigentümer zahlt Geld von seinem Privatkonto auf das Firmenkonto laut Bankauszug ein.		x	x	Ja, Geldkonto und Eigenkapital

Einen Überblick über die Zahlungsströme soll auch folgendes Schaubild geben:

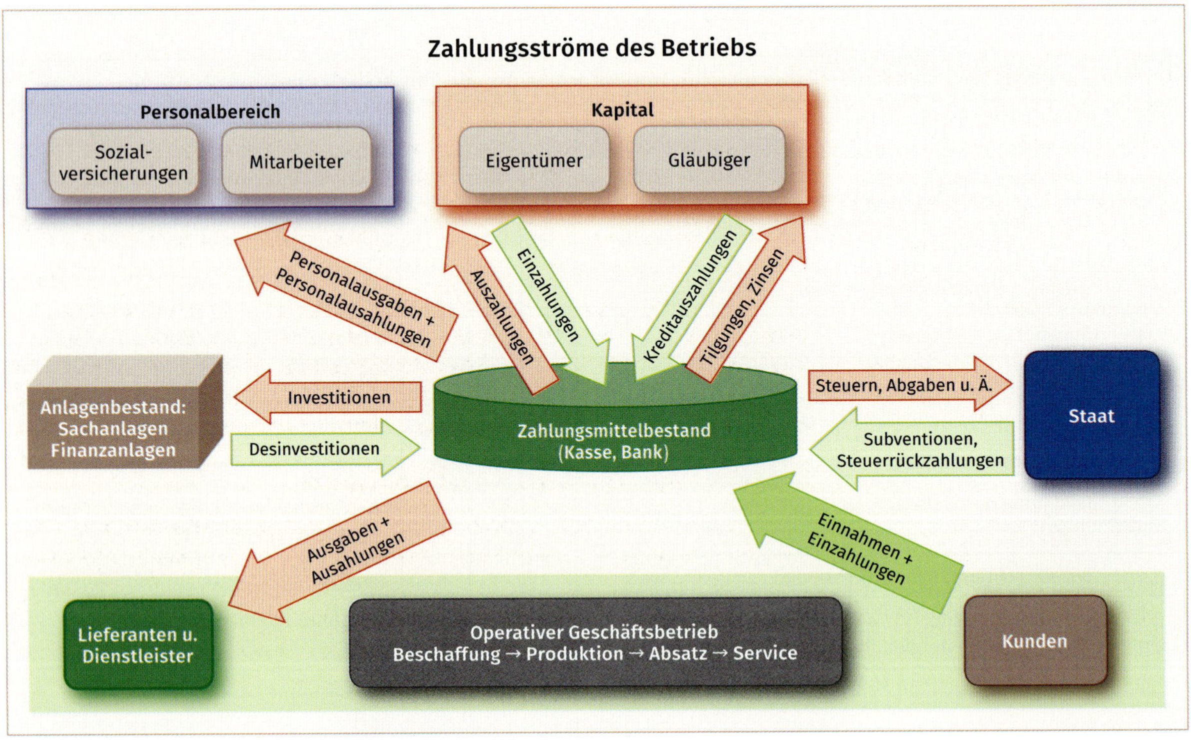

Aufgaben

1. Erläutern Sie anhand des Schaubildes zu den Leistungs-, Geld- und Informationsflüssen die 21 in der Tabelle dargestellten Geschäftsfälle mit Belegen.
2. Geben Sie an, ob Sie derartige Belege schon einmal gesehen haben, welche Informationen diese enthalten und welche Daten als Bestandsdaten und welche als Bewegungsdaten gespeichert werden.
3. Erläutern Sie das Schaubild der Zahlungsströme, indem Sie für jeden Pfeil ein Beispiel geben, was auf dem Bank- und/oder Kassenbeleg als Vorgang stehen könnte, z. B. „Begleichung Rechnung Nr. XX", „Überweisung Gehalt Januar", „Lastschrift Umsatzsteuer Januar", „Quittung Kauf XX", „Kredittilgung Januar XX" etc.

Bestands- und Stromgrößen

Im Rechnungswesen werden je nach Ein- bzw. Ausgang von Sach- und Geldleistungen verschiedene Begrifflichkeiten unterschieden. Sie dienen der genaueren Abgrenzung und sind definiert als positive bzw. negative Veränderung der entsprechenden Bestandsgröße.

Welche Stromgrößen zu welchen Bestandsgrößen gehören und was diese beinhalten, ist folgender Übersicht zu entnehmen:

Rechnungswesen: Bestands- und Stromgrößen mit Auswirkung auf die Aktiva (Vermögen)

Stromgröße minus	Bestandsgrößen (Aktiva)	Stromgröße plus
Aufwand	**Gesamtvermögen =** Geldvermögen + Sachvermögen	Ertrag
Kosten	**Betriebsnotwendiges Vermögen =** Gesamtvermögen – nicht betriebsnotwendiges Vermögen	Leistung (Erlös)
Ausgabe	**Geldvermögen =** Zahlungsmittelbestand + Forderungen – Verbindlichkeiten	Einnahme
Auszahlung	**Zahlungsmittelbestand =** Kasse + Bank (Sichtguthaben)	Einzahlung

Strom-/Rechengrößen positiv/negativ	Erläuterung
Ertrag/Aufwand Verwendet in der Erfolgsrechnung der Finanzbuchhaltung	Die Erträge sind die **Wertezuwächse bzw. Werteverzehre** zum **Gesamtvermögen eines Unternehmens einer Periode.** Sie beeinflussen das Ergebnis des Unternehmens in der jeweiligen Periode und sind somit erfolgswirksam, jedoch bezogen auf den Gesamterfolg (betrieblich, betriebsfremd, periodenfremd, außerordentlich) des Unternehmens.
Einnahme/Ausgabe Verwendet z. B. in der Bestandsrechnung der Finanzbuchhaltung, Liquiditätsrechnung	Einnahmen sind die in „Geld" ausgedrückten **Sachwerte und Leistungen, die das Unternehmen in der Periode an den Markt abgibt**, insbesondere durch Umsatzerlöse. Wann der Zahlungsmittelfluss stattfindet, ist dabei unerheblich (Vorauskasse, Sofortzahlung, Zahlung auf Ziel), und auch der Zeitpunkt der Leistungserbringung ist unerheblich. Ausgaben können als **Wert der bezogenen Leistungen und Vermögensgegenstände (Anlagevermögen und Umlaufvermögen) einer Periode beschrieben werden.** Der Zeitpunkt der Zahlung ist ebenfalls unerheblich.
Einzahlung/Auszahlung Verwendet z. B. in der Bestandsrechnung der Finanzbuchhaltung, Liquiditätsrechnung	Einzahlungen/Auszahlungen sind die Zugänge bzw. Abgänge an **Zahlungsmitteln einer Periode.** Damit verbunden ist die Erhöhung bzw. Verminderung des Bestandes an Bargeld (Kasse) und den täglich verfügbaren Bankguthaben (Sichteinlagen, Dispositions- oder Kontokorrentkonten).

Die folgenden Schaubilder und Beispiele sollen die Unterschiede verdeutlichen.

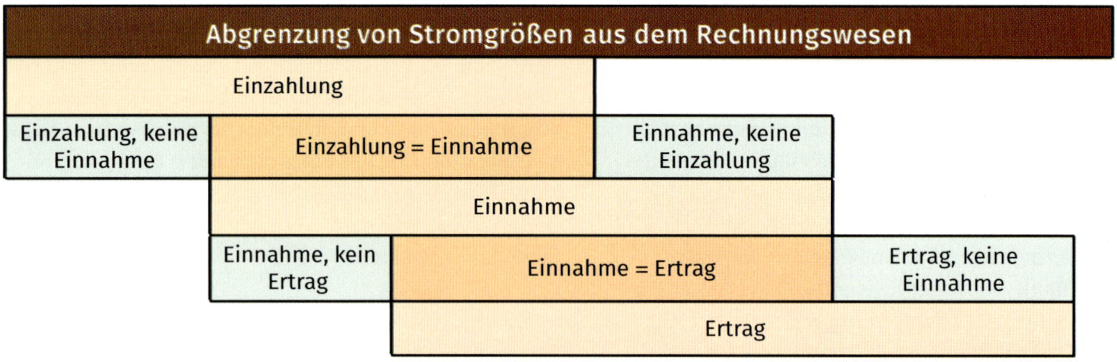

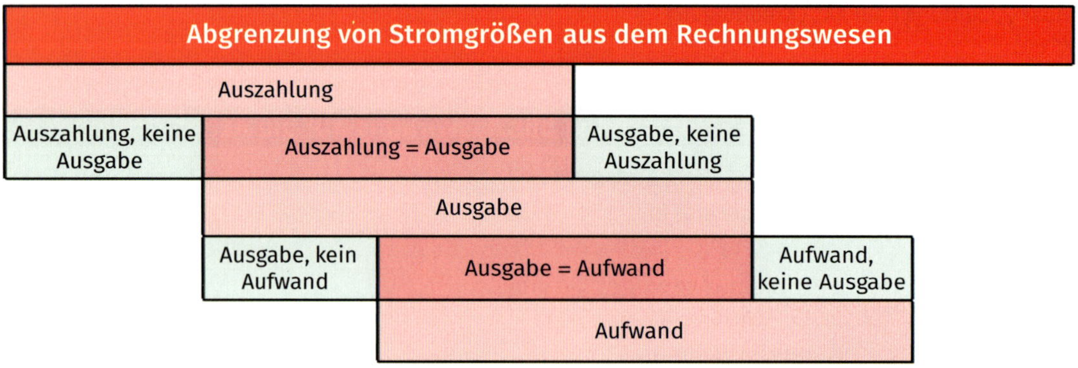

Beispiele: Einzahlungs-, Einnahmen- und Ertragsbereich	
Einzahlung, keine Einnahme	Kunde bezahlte eine Rechnung aus der Vorperiode, Einzahlungen von Geldgebern (Gesellschafter, Kreditgeber)
Einzahlung = Einnahme	Barverkauf, Kunde zahlt nicht gebuchte Rechnung sofort bar
Einnahme, keine Einzahlung	Verkauf oder Leistung auf Ziel (auf Rechnung)
Einnahme, kein Ertrag	An-/Vorauszahlung eines Kunden, Rechnung später
Ertrag, keine Einnahme	Produktion auf Lager, Werterhöhung des Lagerbestandes, Leistungen für den Eigenbedarf im Betrieb
Ertrag	Betrieblicher Ertrag (z. B. Umsatzerlöse), betriebsfremder Ertrag (z. B. Verkauf eines nicht betrieblich genutzten Grundstücks, Dividende aus Aktien), außerordentlicher Ertrag (z. B. Verkauf einer Maschine), periodenfremder Ertrag (z. B. Steuerrückzahlung)

Beispiele: Auszahlungs-, Ausgaben- und Aufwandsbereich	
Auszahlung, keine Ausgabe	Bezahlung einer Rechnung (Verbindlichkeit) aus der Vorperiode, Barauszahlung auf das Bankkonto
Auszahlung = Ausgabe	Barkauf von Rohstoffen, Waren, Dienstleistungen
Ausgabe, keine Auszahlung	Kauf auf Rechnung (Zielkauf) von Rohstoffen, Waren, Dienstleistungen
Ausgabe, kein Aufwand	Kauf von Rohstoffen auf Lager (Verbrauch: spätere Periode)
Ausgabe = Aufwand	Kauf von Rohstoffen zum sofortigen Verbrauch
Aufwand, keine Ausgabe	Verbrauch von Rohstoffen aus dem Lager
Aufwand	Betrieblicher Aufwand (z. B. Materialaufwand, Löhne), betriebsfremder Aufwand (z. B. Spenden, Aufwendungen für Wertpapierhandel, nicht betriebsnotwendige Anlagen), Außerordentlicher Aufwand (Verlust aus dem Verkauf von BGA, Brandschaden), periodenfremder Aufwand (z. B. Steuernachzahlung aus früheren Jahren)

Aufgabe

Geben Sie jeweils an, um was für Stromgrößen es sich handelt (Mehrfachnennungen möglich). Ändert sich hierbei der Liquiditätsstatus (Bank, Kasse), und wenn ja, wie?

a) Barverkauf von Erzeugnissen
b) Bezahlung einer Rechnung aus der Vorperiode
c) Kauf von Rohstoffen auf Rechnung
d) Entnahme von Rohstoffen aus dem Lager zum Verbrauch
e) Anzahlung eines Kunden, die Rechnung erfolgt später
f) Beauftragung von Dienstleistungen und sofortige bare Begleichung
g) Verkauf von Erzeugnissen auf Rechnung
h) Einlage eines Gesellschafters
i) Barauszahlung auf das Bankkonto
j) Kauf von Rohstoffen zum sofortigen Verbrauch
k) Produktion auf Lager
l) Ein Kunde zahlt eine bisher nicht gebuchte Rechnung sofort bar.
m) Mitarbeiter stellen für den eigenen Betrieb Regale für ein Warenlager auf.
n) Ein Kunde bezahlt eine Rechnung aus der Vorperiode.
o) Eine Werterhöhung des Lagerbestandes wird festgestellt.
p) Wir kaufen Rohstoffe auf Lager (Verbrauch erst in nächster Periode geplant).
q) Verkauf von Dienstleistungen auf Ziel (auf Rechnung)
r) Gutschrift eines neuen Darlehens

4.5 Rechnungswesen digital

4.5.1 Rechnungswesen mit Buchhaltungsprogrammen

Sehr schnell nach der Erfindung der EDV hat man bei Unternehmensanwendungen die Vorteile einer elektronisch unterstützten Automatisation und EDV-Buchhaltung erkannt. Seit Anfang der 1930er-Jahre wurden maschinelle Buchungsautomaten eingesetzt und seit der Erfindung der EDV in den 1940er-Jahren auch erste Buchhaltungsprogramme. In der Buchhaltung werden sehr viele gleichartige Belege kontiert, in Großbetrieben geht die Anzahl der Transaktionen in die Hunderttausende oder sogar Millionen, sodass man durch eine manuelle und maschinell automatisierte Buchführung schnell an die Grenzen stieß. Die vielen gesetzlich vorgeschriebenen Auswertungen und damit Compliance-Vorschriften machen eine EDV-gestützte Buchführung zusätzlich zwingend notwendig. Auch in kleineren Unternehmen war die Anzahl der Belege schon so groß, dass man schnell die Vorteile einfacher Buchhaltungsprogramme erkannte, seitdem kleinere Softwareentwickler auch günstigere Buchhaltungsprogramme anbieten. Behörden, Organisationen und Vereine müssen auf anderer gesetzlicher Basis ebenfalls ihre Rechnungslegung nachweisen, sodass für verschiedene Unternehmensarten, -branchen und -größen spezielle Buchhaltungsprogramme entwickelt wurden.

Große überregional und weltweit agierende Unternehmen mit vielen Betriebsstätten und Konzerne mit vielen Unternehmen erkannten schnell die Vorteile eines global immer auf dem aktuellen Stand stehenden Rechnungswesens. Unternehmen wie die DATEV (als bedeutende Genossenschaft ein Softwarehaus, Rechenzentrum und IT-Dienstleister für Steuerberater, Wirtschaftsprüfer und Rechtsanwälte in Deutschland), SAP, Oracle, Infor, Microsoft, Sage und über 1.000 andere Softwareanbieter (siehe z. B. buchhaltungssoftware.com, gruender.de, softselect.de, capterra.com) haben auch für so anspruchsvolle Aufgaben passende Anwendungsprogramme entwickelt.

Schnittstellen oder **APIs** (Application Programming Interfaces) spielen bei der Verbindung von Anwendungen eine zentrale Rolle. Nahezu jede Applikation greift über APIs auf Datenquellen und andere Systeme zu. Durch die zunehmende Verbreitung von serviceorientierten und Microservice-Architekturen sowie der daraus folgenden Aufteilung hat die Anzahl der involvierten APIs pro Anwendungsfall zugenommen.

Wichtige Programmschnittstellen in Rechnungswesenprogrammen W

API (Application Programming Interface) ist der englische Begriff für Schnittstelle. Als Standards werden hervorgehoben:
REST-API: Schnittstelle entsprechend dem REST-Paradigma für Webservices (Representational State Transfer) unterschiedlicher Systeme, z. B. Desktop und Smartphone. Sie nutzt HTTP-Anfragen, um mittels PUT, GET, POST und DELETE auf Daten zuzugreifen.
Open-API: Standard zur Beschreibung von REST-konformen Programmierschnittstellen (API), siehe openapis.org.

Wichtige Programmschnittstellen in Rechnungswesenprogrammen

Schnittstellenarten allgemein:
Interne API: Sie kommen bei der Softwareentwicklung zum Einsatz, um die Datenkommunikation zwischen Programmmodulen und Komponenten zu ermöglichen. Es sind entwicklerinterne Schnittstellen.
Externe API: Sie ermöglicht die Datenkommunikation mit anderen Anwendungen und kann auch mit anderen externen Schnittstellen gemeinsam ausgeführt werden.
Plattform-API: Sie legen die Spezifikationen für Schnittstellen zur Integration in andere Plattformen oder Webseiten fest. Dies ermöglicht das Entwickeln und Betreiben von Plug-Ins oder zusätzlichen Applikationen für externe Entwickler.
Authentifizierungs- und Autorisierungs-API: Über diese API, z. B. Google und Facebook Connect, können sich Nutzer für andere Systeme registrieren, einloggen, authentifizieren und autorisieren. Nutzer können sich so schneller registrieren, Plattformen finden schneller Zugang zu Nutzern.
OAuth (Open Authorization) ist ein offenes Standardprotokoll für sichere API-Autorisierung.

Interne Schnittstellen: Rechnungswesenprogramme müssen für die Finanzbuchhaltung relevante Daten von anderen Programmodulen (z. B. Einkauf, Personal, Produktion, Lager, Verkauf) übernehmen können. Daher ist es wichtig, ob das Programm über Schnittstellen zu herstellereigenen Programmodulen verfügt.

DATEV Connect: Als REST-API (siehe oben) wird ein einfacher bidirektionalen Datenaustausch zwischen den Lösungen Dritter und DATEV-Rechnungswesen-Anwendungen ermöglicht. Die DATEV stellt die API und Anweisungen zur Verfügung.

CSV: Mithilfe von CSV (Comma-Separated Values) wird ein Dateiformat beschrieben, dass eine Spezifikation für eine einfache Textdatei zur Speicherung oder zum Austausch einfach strukturierter Daten ist und häufig angeboten wird, wenn andere passende Schnittstellen nicht zur Verfügung stehen.

XRechnung: Seit April 2020 müssen alle Behörden von Bund und Ländern in der Lage sein, eine digitale Ausgangsrechnung im festgelegten Format (XRechnung) zu verarbeiten.

Neue Möglichkeiten der Verwendung und Integration ergeben sich durch Rechnungswesenprogramme, die als SaaS-Lösungen in der Cloud angeboten werden (siehe z. B. https://buchhaltung-aus-der-cloud.de oder die folgenden Kapitel). Eine Übersicht der vielen Programmanbieter und Funktionen ist wegen des Umfangs hier nicht möglich. Die folgende Buchungsmaske soll als Beispiel zeigen, welche Daten im Rechnungswesen erfasst und verarbeitet werden.

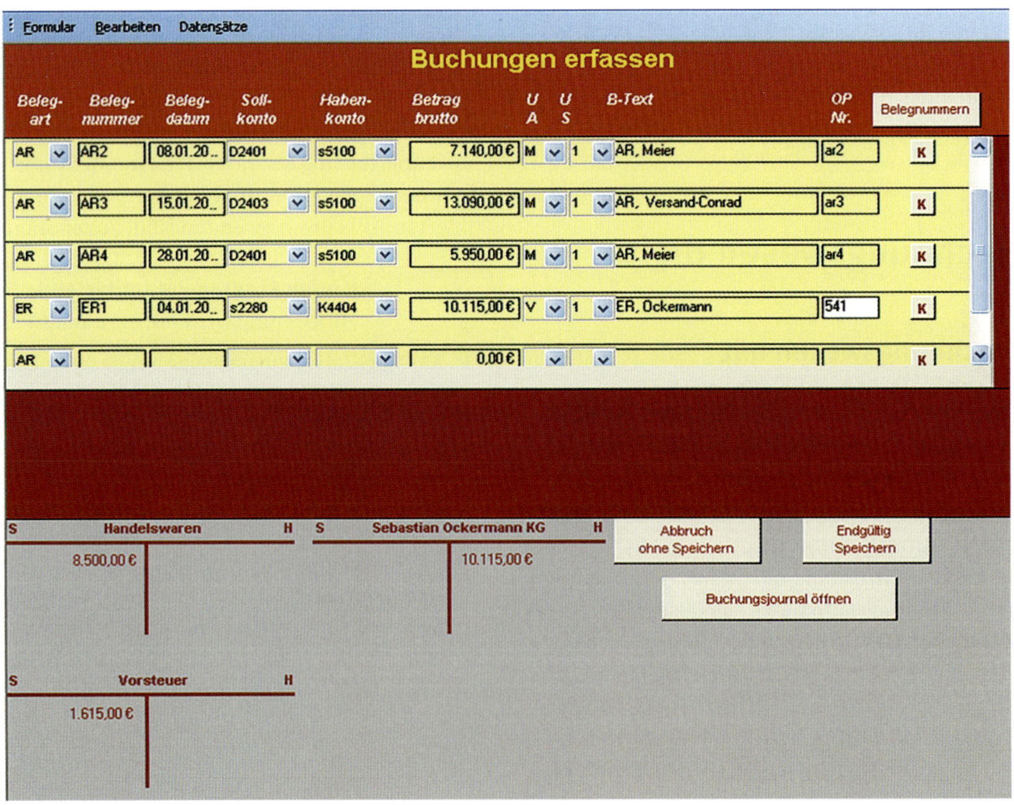

Diese Maske wurde von den Auszubildenden von ACI entwickelt, um die Funktionalität in der Buchhaltung zu verstehen. Zum schnellen Verständnis wird in dieser Ausbildungsversion die zuletzt erfasste Buchung (Kontierung) mit T-Konten dargestellt. Zuletzt wurde die Eingangsrechnung mit der Belegnummer ER1 erfasst. Die laufende Belegnummer kann auch mit dem Button eingefügt werden. Die Soll-Haben-Buchung muss hier brutto inkl. Umsatzsteuer eingetragen werden, das Programm errechnet den Nettobetrag automatisch entsprechend der UA (Umsatzsteuerart Vorsteuer = V, Mehrwertsteuer = m). Der US (Umsatzsteuerschlüssel, z. B. 1 für 19 % oder 2 für 7 %) kann je nach Erfassung in den Stammdaten aufgerufen werden). Der Buchungstext wird hier individuell erfasst. Die Offene-Posten-Nr. (OP) richtet sich danach, über der Beleg ein eigener Beleg mit einer laufenden Belegnummer oder ein Fremdbeleg und damit der Belegnummer des Fremdbelegs ist. Über den Button K erfolgt die vorläufige Kontierung.

4.5.2 Rechnungswesen mit einem ERP-Programm

ERP steht für Enterprise Resource Planning (wörtlich: Unternehmens-Mittel-Planung) und umfasst Softwareanwendungen, die Unternehmen und ihre Mitarbeiter dabei unterstutzen, ihre Produktionsfaktoren oder Ressourcen und Prozesse abteilungsübergreifend zu verwalten, zu steuern und zu optimieren. Das System dient aber nicht nur dazu, unternehmensrelevante Daten zu verwalten und darüber zu informieren, sondern erstellt auch alle notwendigen Belege und Auswertungen (vgl. Kapitel. 3.9.8).

Im folgenden Beispiel wird die Programmoberfläche von Microsoft Dynamics Navision dargestellt, mit der wichtige ERP-Funktionen in einer Datenbank bearbeitet werden können. Das Rechnungswesen wird hierbei nicht nur über das **Finanzmanagement** bearbeitet, sondern integrativ auch über die anderen ERP-Module (Verkauf, Einkauf, Lager, Lohn/Gehalt). Buchungen werden über die Erfassung und Speicherung von Geschäftsfällen (Belegen) auch automatisch generiert.

Im Beispiel (Bild unten) sehen Sie verschiedene Fenster, die über das Navigationsmenu links aufgerufen wurden. So erscheint ein Ausschnitt des **Kontenplans** mit den bisher gespeicherten **Salden**. Rechts daneben wird ein Ausschnitt des **Fibu-Journals** angezeigt, der über den Menüpunkt „Berichte“ aufgerufen werden kann. Soweit Buchungen nicht automatisch generiert werden, können diese über **„Fibu Buch.-Blätter“** in einer Maske (hier im Beispiel einer Bareinzahlung auf das Bankkonto) eingegeben werden.

Im Downloadbereich finden Sie eine Einführung in die Arbeit mit Microsoft Dynamics NAV (Navision) einschließlich der Programm- und Benutzerdaten. DL

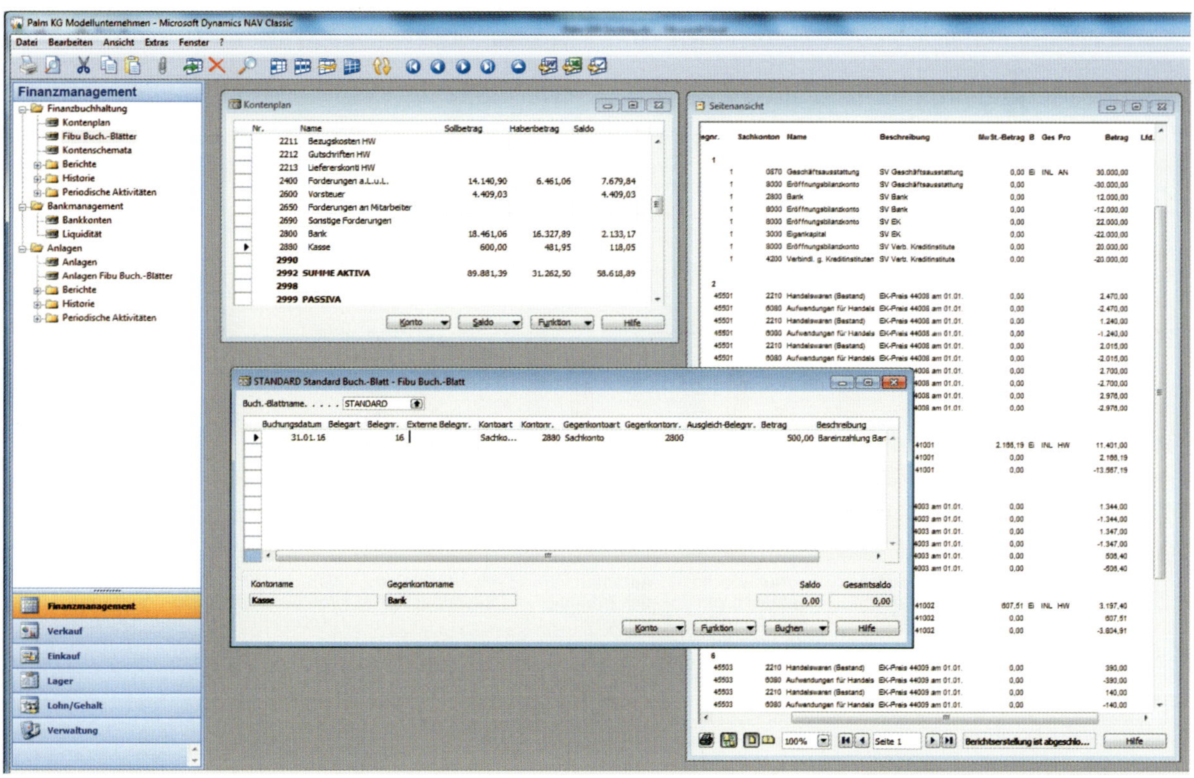

4.5.3 Rechnungswesen 4.0

S Die Auszubildenden bei ACI sollen Anforderungen durch eine fortschreitende Digitalisierung des Rechnungswesens beschreiben.

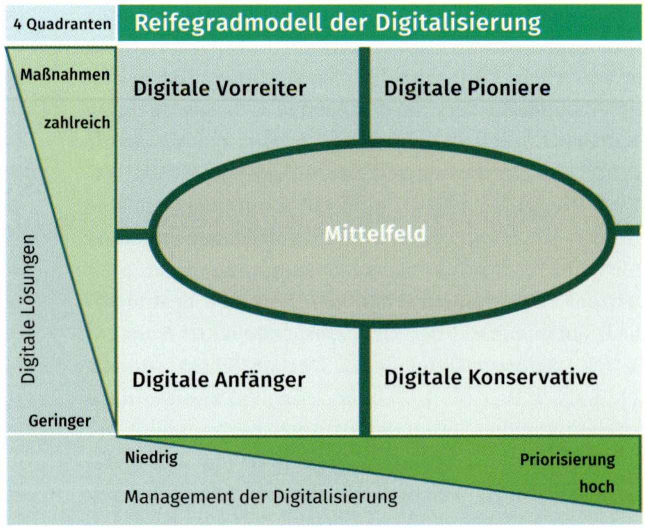

Immer mehr Unternehmen erkennen die großen Vorteile eines Rechnungswesens 4.0 und damit die Umsetzung der neuesten digitalen Möglichkeiten auch im Rechnungswesen. Alle Belege werden automatisch erkannt, digitalisiert, digital verwaltet und archiviert, eigene Belege werden digital erstellt und versendet, Rabatte und Nachlässe können schnell digital verwaltet werden. Relevante Daten aus Belegen werden automatisch ausgelesen und gebucht. Am Beleg- und Genehmigungsprozess beteiligte Stellen werden automatisiert und flexibel über Apps einbezogen. Datenschutz und Datensicherheit werden durch Digitalisierung optimiert sichergestellt. Auswertungen und Analysen werden durch KI-Systeme unterstützt und damit das Management in seinen Entscheidungen unterstützt.

Die Beseitigung von Medienbrüchen bei den Datenflüssen bietet das größte Potenzial digitaler Lösungen im Rechnungswesen. Der Ausbau der Schnittstellen zu externen Systemen der Lieferanten und Banken wird als wichtig angesehen. Die Möglichkeit, Routineprozesse mithilfe digitaler Technologien möglichst weitgehend zu automatisieren, wird von Unternehmen mit hoher Priorität verfolgt, ist derzeit jedoch noch nicht ausgeschöpft.

Viele Unternehmen befinden sich i. d. R., bezogen auf den Reifegrad der Umsetzung, im Mittelfeld, einige gehören noch zu den digitalen Anfängern, andere zu den digitalen Pionieren.

Mitarbeiter des Rechnungswesens haben eine gute Chance auf Weiterbeschäftigung, wenn sie früh die Notwendigkeit und Möglichkeiten der Digitalisierung erkennen. Unternehmen sollten möglichst bald Fortbildungsmöglichkeiten anbieten und Entwicklungsmöglichkeiten aufzeigen. Viele Controlling- und Managementaufgaben, die Verbesserung der Datenqualität und der papierlosen Prozesse im Rechnungswesen wurden in Unternehmen aus zeitlichen Engpässen bisher zu wenig berücksichtigt und können nun von Mitarbeitern verstärkt angegangen werden.

Die folgenden Schaubilder zeigen Untersuchungsergebnisse von PWC und KPMG zur Umsetzung von KI und Digitalisierung im Rechnungswesen.

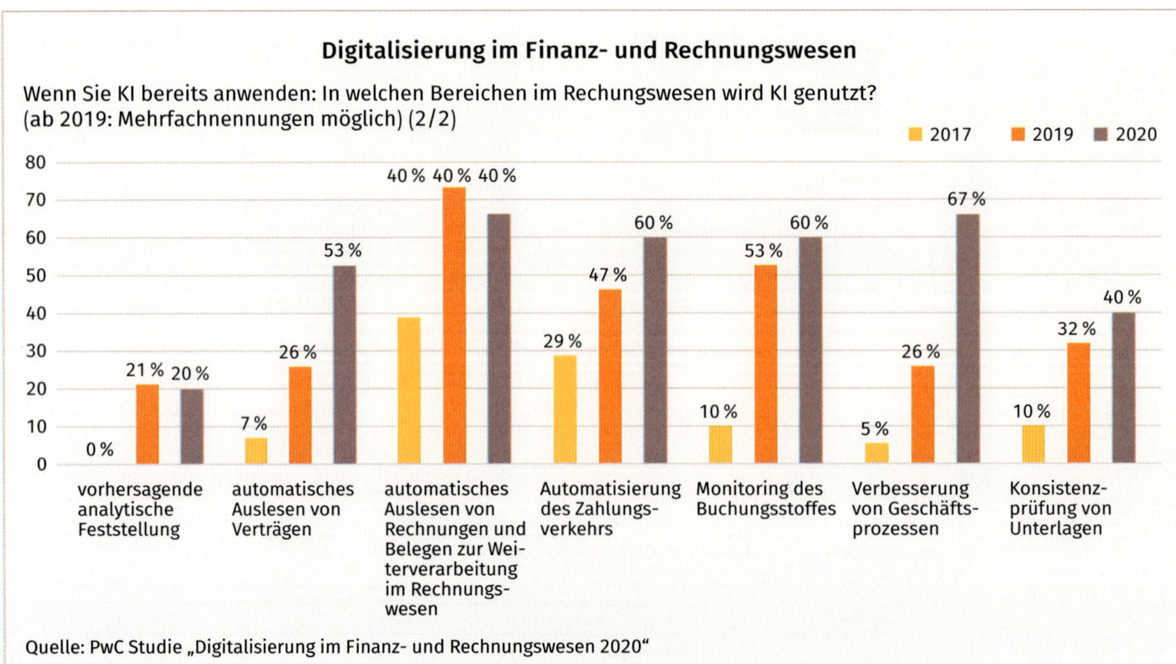

Quelle: PwC Studie „Digitalisierung im Finanz- und Rechnungswesen 2020“

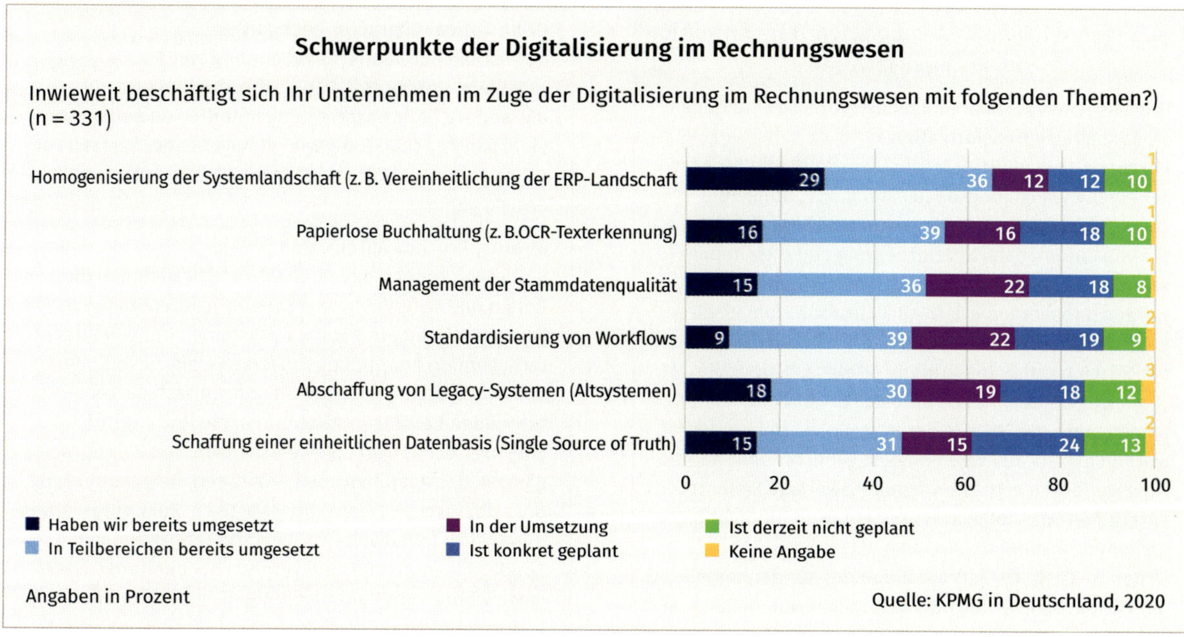
Schwerpunkte der Digitalisierung im Rechnungswesen
Inwieweit beschäftigt sich Ihr Unternehmen im Zuge der Digitalisierung im Rechnungswesen mit folgenden Themen?) (n = 331)
Homogenisierung der Systemlandschaft (z. B. Vereinheitlichung der ERP-Landschaft
29 36 12 12 10 1
Papierlose Buchhaltung (z. B.OCR-Texterkennung)
16 39 16 18 10 1
Management der Stammdatenqualität
15 36 22 18 8 1
Standardisierung von Workflows
9 39 22 19 9 2
Abschaffung von Legacy-Systemen (Altsystemen)
18 30 19 18 12 3
Schaffung einer einheitlichen Datenbasis (Single Source of Truth)
15 31 15 24 13 2
0 20 40 60 80 100
Haben wir bereits umgesetzt
In Teilbereichen bereits umgesetzt
In der Umsetzung
Ist konkret geplant
Ist derzeit nicht geplant
Keine Angabe
Angaben in Prozent
Quelle: KPMG in Deutschland, 2020

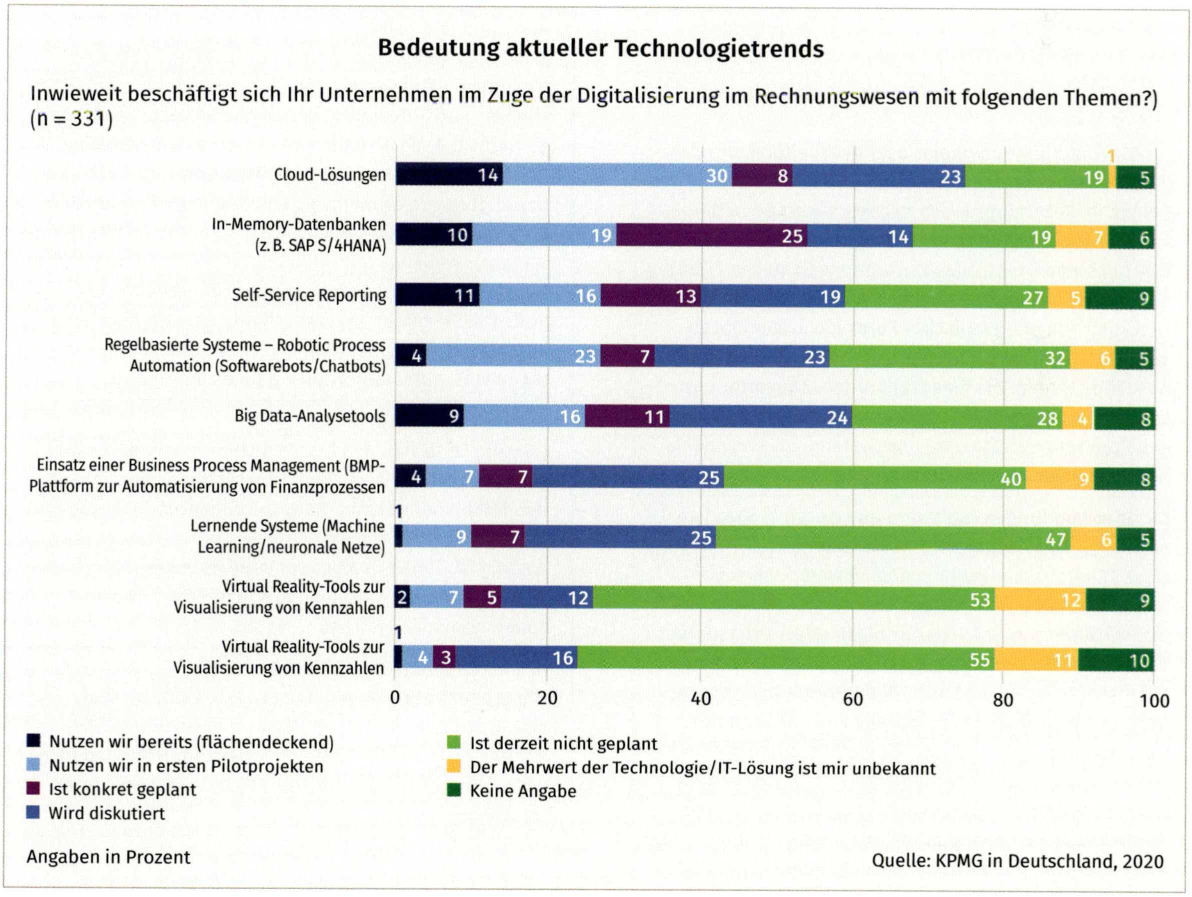
Bedeutung aktueller Technologietrends
Inwieweit beschäftigt sich Ihr Unternehmen im Zuge der Digitalisierung im Rechnungswesen mit folgenden Themen?) (n = 331)
Cloud-Lösungen
14 30 8 23 19 1 5
In-Memory-Datenbanken (z. B. SAP S/4HANA)
10 19 25 14 19 7 6
Self-Service Reporting
11 16 13 19 27 5 9
Regelbasierte Systeme – Robotic Process Automation (Softwarebots/Chatbots)
4 23 7 23 32 6 5
Big Data-Analysetools
9 16 11 24 28 4 8
Einsatz einer Business Process Management (BMP-Plattform zur Automatisierung von Finanzprozessen
4 7 7 25 40 9 8
Lernende Systeme (Machine Learning/neuronale Netze)
1 9 7 25 47 6 5
Virtual Reality-Tools zur Visualisierung von Kennzahlen
2 7 5 12 53 12 9
Virtual Reality-Tools zur Visualisierung von Kennzahlen
1 4 3 16 55 11 10
0 20 40 60 80 100
Nutzen wir bereits (flächendeckend)
Nutzen wir in ersten Pilotprojekten
Ist konkret geplant
Wird diskutiert
Ist derzeit nicht geplant
Der Mehrwert der Technologie/IT-Lösung ist mir unbekannt
Keine Angabe
Angaben in Prozent
Quelle: KPMG in Deutschland, 2020

Neue Technologien in der digitalen Transformation im Rechnungswesen
Prozesse: Insbesondere folgende Prozesse sind Gegenstand digitaler Transformation: **Purchase-to-Pay (PtP):** Prozess von der Bestellung bis zur eigenen Rechnungsbegleichung. Als „Dunkelbuchung" oder „Hintergrundverarbeitung" bezeichnet man die voll automatisierte Verarbeitung einer Rechnung vom Eingang bis zur Bezahlung. Die Rechnungsdaten werden dabei automatisch ausgelesen, automatisch nach verschiedenen Kriterien geprüft und dann automatisch bezahlt. Die Prüfung erfolgt z. B. über ein „Drei-Wege-Match" (Preis und Menge auf der Rechnung stimmen mit den Werten der Bestellung überein und wurden bereits als Wareneingang gebucht. Über Auditierungsverfahren erhalten vertrauenswürdige Lieferanten emanzipiert die Rolle, auch Bestellungen automatisiert anstoßen zu können). **Order-to-Cash (OtC):** Prozess von der Kundenbestellung, der Warenauslieferung oder Erbringung von Dienstleistungen bis zur Rechnungsbegleichung des Kunden. Als wichtiger Prozess ist die automatisierte Rechnungsverarbeitung (**E-Invoicing**) vorrangig. **Digitale Lohnabrechnung:** Hierfür werden zahlreiche digitale Automatisierungen angeboten.
Papierlose Bearbeitung und Archivierung entsprechend der GoBD: Die Verringerung von papierloser Bearbeitung und dadurch eine bessere und transparentere Verarbeitung der Belege im Rechnungswesen haben eine große Bedeutung für alle Unternehmen. **GoBD:** Es sind Grundsätze zur ordnungsmäßigen Führung und Aufbewahrung von Büchern, Aufzeichnungen und Unterlagen in **elektronischer Form** sowie zum **Datenzugriff** zu beachten. Zur Überprüfung der Belege und Abschlüsse durch die Finanzbehörden, Zollämter und Gerichte in angemessener Zeit müssen die GoBD eingehalten werden, Software und Systeme müssen diese Anforderungen sicherstellen.
Cloudanwendungen (Software as a Service, SaaS) anstelle von klassischen ERP-Anwendungen: Über Cloudanwendungen können Anwendungen von jedem Ort aufgerufen werden und damit Prozesse und Interaktionen viel schneller erfolgen. Dies ist besonders auch im Rechnungswesen durch die unterschiedlichen Prozessbeteiligten wichtig. Cloudanwendungen ermöglichen eine einfachere Einrichtung von individuellen SaaS-Lösungen, da Provider für die Schnittstellen und das Angebot zahlreicher Sonderanwendungen sorgen werden. Außerdem können unternehmensspezifische Applikationen einfacher orchestriert werden. Bei Cloudanwendungen müssen zwar die allgemeinen Vor- und Nachteile berücksichtigt werden, es werden aber viele Anstrengungen unternommen, um die Nachteile zu verringern oder ganz zu vermeiden.
OCR (Optical Character Recognition): OCR ist die automatische Erkennung von Buchstaben in Bildern, gescannten Papierdokumenten und PDFs für die weitere Datenverarbeitung mithilfe von Software. Viele gängige OCR-Tools wie „gImageReader" setzen zur OCR auf das quelloffene „Tesseract", das mittlerweile zu Google gehört.
Robotic Process Automation (RPA): Softwareroboter (sogenannte Bots) übernehmen die Rollen und Aufgaben von Anwendern, interagieren in Echtzeit mit anderen Softwaresystemen ohne die dahinterliegenden Anwendungssysteme direkt zu verändern, automatisieren bei einfachen und vielfach durchzuführenden Routinevorgängen z. B. die Prüfung von Eingangsrechnungen, die Verarbeitung von Zahlungseingängen, das Ausfüllen von Formularen, Belegkontierung oder den Beleg-/Transaktionsabgleich. Zukünftig werden durch KI auch fallweise zu regelnde Tätigkeiten und Sonderfälle durch RPA ausgeführt. Buchhaltungsunterlagen werden mit dem zugehörigen Quelldokument (z. B. Lieferschein oder Rechnung) verknüpft und analysiert. Fehler oder Fehlerquellen werden mittels Datenanalysen identifiziert.
Apps und Microsites: Es werden kleine anwenderorientierte und benutzerfreundliche Apps entwickelt, damit die Benutzeroberfläche klar und aufgeräumt genau das anbietet, was gerade gefragt ist. Apps und Microsites sind auf die jeweilige Rolle des Anwenders zugeschnitten und zeigen nur die benötigten Funktionen, vgl. z. B. SAP Fiori, Consumer-, Enterprise-Apps und oben. Microsites sind im Webdesign schlanke Websites mit wenigen Unterseiten und geringer Navigationstiefe innerhalb eines größeren Internetauftritts. Sie bilden thematisch und gestalterisch eine eigenständige kleine Internetpräsenz, die genau auf die aktuelle Benutzeranforderung zugeschnitten ist.
Self-Service-Reporting: Größere Unternehmen lassen sich nur noch durch ein gutes Reporting- und Controllingsystem entsprechend den hohen Compliance-Anforderungen wertschöpfend managen. Wichtig ist daher, flexibel auf Reports zugreifen zu können. Automatisierung und KI-Lösungen werden zunehmend nachgefragt.
In-Memory-Datenbank (IMDB): Um große Datenmengen (Big Data) in Echtzeit analysieren zu können, werden IMDB eingesetzt, z. B. SAP S/4HANA. Da sie die Daten im Arbeitsspeicher und nicht auf einer Festplatte verwalten, sind die Zugriffszeiten wesentlich höher.

Blockchain-Anwendungen:
Eine Blockchain ist eine Datenbank, die Datensätze transparent, zusammenhängend und unveränderbar in einem Netzwerk von Rechnern speichert. Sie wird immer größere Bedeutung erlangen, wenn es um eine digitale Speicherung und Verarbeitung von Währungen, Verträgen, Vereinbarungen, u. Ä. geht. Problematisch wird jedoch derzeit der hohe Energiebedarf für die Rechner und damit die Klimaschädlichkeit (Nachhaltigkeit) betrachtet.

Big-Data und Künstliche Intelligenz:
Im Rechnungswesen werden viele Daten (Big Data) gespeichert, sodass hier viele Ansätze umgesetzt werden, Anwendungen der künstlichen Intelligenz zu verwenden und neu zu entwickeln. Um große Datenmengen schneller verarbeiten zu können, werden **In-Memory-Datenbanken** eingesetzt.

Aufgabe

Präsentieren Sie digitale Technologien im Rechnungswesen.

4.6 Auswertung des Jahresabschlusses

S Anna und Kerstin erhalten eine Einführung in das Controlling und die Auswertung des Jahresabschlusses.

4.6.1 Einführung in Auswertung und Controlling

Das Zahlenmaterial des Rechnungswesens gibt einen guten Aufschluss über Schwachstellen und Stärken im Unternehmen. Bei der Übergabe der Jahresbilanz und der Gewinn-und-Verlust-Rechnung ist der Steuerberater bemüht, mit seinem Mandanten anhand seiner Unterlagen Bilanzkritik zu üben. Er versucht, Zahlen der Bilanz und der Gewinn-und-Verlust-Rechnung in Beziehung zueinander zu stellen, um damit auf kritische Aspekte der Jahresrechnung hinzuweisen. Besonders negative bzw. positive Entwicklungen werden hervorgehoben und sollen Grundlage für zukünftige Entscheidungen sein.

Die Aussagefähigkeit des Zahlenmaterials hängt natürlich im Wesentlichen von der Klarheit und Wahrheit der Buchführung selbst ab. Es ist daher wichtig, die Buchführung bzw. das Kontensystem so einzurichten, dass aussagefähige Auswertungen durchgeführt werden können. Bei der Aufstellung des betrieblichen Kontenplans ist besonders darauf zu achten, dass die Erlös- und Kostenkonten für spätere Auswertungen hinreichend abgegrenzt sind. Eine korrekte Bewertung des Anlage- und Umlaufvermögens ist die Voraussetzung für eine aussagefähige Auswertung des Jahresabschlusses.

Die betriebswirtschaftliche Auswertung soll Aufschluss geben, ob

- die Finanzierung des Unternehmens gesichert ist,
- das Unternehmen genügend Liquidität besitzt,
- die Rendite (Verzinsung) des eingesetzten Kapitals hinreichend ist und
- der Betrieb möglichst wirtschaftlich und produktiv arbeitet.

Anhand des Zahlenmaterials kann bei Mitarbeitern die Akzeptanz erhöht werden, notwendige Maßnahmen im Betrieb mitzutragen. Es ist allerdings genau abzuwägen, welches Zahlenmaterial veröffentlicht wird und wo besser nur zusammengefasste Kernaussagen bekannt gegeben werden.

Unterlagen für betriebswirtschaftliche Auswertungen sind die Bilanz und die Gewinn-und-Verlust-Rechnung. Zusätzlich können der Betriebsabrechnungsbogen (BAB) und Einzelstatistiken oder -studien hinzugezogen werden, die von Fall zu Fall oder für bestimmte Auswertungen angelegt wurden.

Controlling ist ein wichtiger Aufgabenbereich des Unternehmens. Kapitel 4.1.1 enthält bereits eine Einführung in das **strategische und operative Controlling**. In Kapitel 2.4 wurden Aufgaben, Untersuchungsgegenstände und Methoden des Controllings vorgestellt.

Auswertungsmethoden und Aufbereitung des Zahlenmaterials

Zunächst kann man die Bilanz sowie die Gewinn-und-Verlust-Rechnung für sich untersuchen, indem man die einzelnen Bestandteile in Beziehung zueinander stellt. Um Entwicklungen aufzeigen zu können, werden die Bilanzposten verschiedener Jahre verglichen und prozentuale Änderungen festgestellt.

Eine weitere Möglichkeit besteht darin, **Betriebsvergleiche** anzustellen. Hierbei werden die Zahlen des eigenen Betriebs mit dem Zahlenmaterial ähnlich strukturierter Betriebe verglichen. Dieses Zahlenmaterial wird von den Branchenverbänden zur Verfügung gestellt, kann aber auch durch den Steuerberater von der DATEV angefordert werden.

Zur Auswertung des Zahlenmaterials bildet man betriebswirtschaftliche Kennzahlen. Das können die **absoluten Zahlen** selbst sein. Diese Zahlen sind jedoch erst dann aussagefähig, wenn sie zugleich in Beziehung zu anderen Zahlen gestellt werden und damit relative Werte angeben. Wird eine Teilgröße zu der Gesamtgröße in Beziehung gesetzt, so spricht man von **Gliederungszahlen** (z. B. Eigenkapital/Gesamtkapital, Maschinen/Anlagevermögen). **Beziehungszahlen** sind dann gegeben, wenn man nebeneinanderstehende Größen aufeinander bezieht, z. B. Eigenkapital zu Anlagevermögen oder Gewinn zu Kapital.

Die Unterlagen (Bilanz, GuV) können nur nach vorheriger Aufbereitung und Bereinigung ausgewertet werden. Bei den Erlösen/Erträgen und Kosten/Aufwendungen ist zunächst genau zwischen betrieblichen und nicht betrieblichen Vorgängen zu trennen.

4.6.2 Aufstellung des Jahresabschlusses

Kerstin und Anna werden in der Abteilung Rechnungswesen mit Aufgaben zum Jahresabschluss konfrontiert. Sie wollen sich einen Überblick verschaffen.

W

Jahresabschlussarbeiten

1. Inventur
2. Bewertung der Vermögenspositionen
3. Inventar aufstellen
4. Vorbereitende Abschlussbuchungen
5. Klärung der Aufstellungspflichten
6. Jahresabschluss aufstellen und evtl. prüfen lassen
7. Jahresabschluss für Auswertung aufbereiten
8. Auswertung des Jahresabschlusses mit Kennzahlen

Jedes im Handelsregister eingetragene bzw. buchführungspflichtige Unternehmen muss nach § 240 HGB ein Inventar und für den Schluss eines Geschäftsjahres einen Jahresabschluss erstellen (vgl. dazu auch Kapitel 4.1.2, 4.1.6).

Nach der Inventur (vgl. Kapitel 4.1.4) müssen die Vorräte (z. B. Handelswaren, Fremdbauteile, unfertige und fertige Erzeugnisse) bewertet werden. Das Umlaufvermögen wird i. d. R. zu Anschaffungs- bzw. Herstellungskosten bewertet. Abschreibungen auf einen niedrigeren Wert müssen vorgenommen werden, wenn am Abschlussstichtag der Marktpreis bzw. ein dem Umlaufvermögen beizulegender Wert (z. B. durch Überalterung) niedriger ist.

Die Bewertung des Anlagevermögens erfolgt zu Anschaffungs- oder Herstellungskosten, vermindert um die Abschreibungen. Für Bewertungsfragen wird häufig auch der Steuerberater hinzugezogen. Hier soll auf Bewertungsfragen nicht weiter eingegangen werden.

Nach Aufstellung des Inventars (vgl. Kapitel 4.1.5) werden die vorbereitenden Abschlussbuchungen (z. B. Buchung der Abschreibungen, Korrekturbuchungen) vorgenommen.

Hinsichtlich der Aufstellung des Jahresabschlusses hat der Gesetzgeber abhängig von der Rechtsform und der Größe des Unternehmens Regelungen festgelegt. Einzelunternehmen und Personengesellschaften müssen eine Bilanz und eine GuV nach den Grundsätzen ordnungsmäßiger Buchführung (GoB) erstellen, sind jedoch in der Gliederung nicht festgelegt. Bei Kapitalgesellschaften (z. B. GmbH oder AG) schreibt der Gesetzgeber vor, wie die Bilanz oder die GuV zu gliedern ist, dass zusätzlich ein Anhang und ein Lagebericht erstellt werden muss und in welchem Umfang der Jahresabschluss und der Lagebericht zu veröffentlichen sind (siehe Tabelle auf folgender Seite oben).

Für ein Unternehmen ist die Tatsache von großer Bedeutung, ob es als Kapitalgesellschaft geführt und ob die Kapitalgesellschaft als kleine, mittlere oder große Kapitalgesellschaft eingestuft wird. Werden mindestens zwei der drei Merkmale (Bilanzsumme, Umsatzerlös, Mitarbeiterzahl) überschritten, gelten die Regelungen für die nächstgrößere Klasse. Eine Änderung tritt jedoch nur ein, wenn die Kriterien an den Abschlussstichtagen von zwei aufeinanderfolgenden Geschäftsjahren über- oder unterschritten wurden.

Größenklassen der Kapitalgesellschaften nach § 267 HGB			
Kapitalgesellschaft	**Bilanzsumme (€)**	**Umsatzerlöse (€)**	**Mitarbeiterzahl**
Klein	Bis 6.000.000,00	Bis 12.000.000,00	Bis 50
Mittelgroß	Bis 20.000.000,00	Bis 40.000.000,00	Bis 250
Groß	Über 20.000.000,00	Über 40.000.000,00	Über 250
Hinweis: Durchschnittliche Zahl der Mitarbeiter, jedoch ohne Beschäftigte zur Berufsausbildung; Bilanzsumme vgl. Kapitel 4.1.6			

Aufgaben

Zu welcher Größenklasse gehören folgende Unternehmen:

a) GmbH, Bilanzsumme 3,4 Mio. €, Umsatzerlöse 7,5 Mio. €, Mitarbeiterzahl 80 (Werte im Jahr davor ca. 5 % geringer)
b) GmbH, Bilanzsumme 4 Mio. €, Umsatzerlöse 12 Mio. €, Mitarbeiterzahl 95 (Werte im Jahr davor ca. 5 % höher)
c) GmbH, Bilanzsumme 1,3 Mio. €, Umsatzerlöse 12 Mio. €, Mitarbeiterzahl 55 (Werte im Jahr davor ca. 12 % geringer)
d) GmbH, Bilanzsumme 10 Mio. €, Umsatzerlöse 35 Mio. €, Mitarbeiterzahl 300 (Werte Jahr davor ca. 4 % geringer)
e) Carla Peroni e. K., Internet & More PC-Handel, Bilanzsumme 18 Mio. €, Umsatzerlöse 90 Mio. €, Mitarbeiterzahl 400 (Werte im Vorjahr ca. 15 % geringer)

Bezüglich der Offenlegungspflicht (Veröffentlichung) des Jahresabschlusses ist für Kapitalgesellschaften die Zuordnung zu einer bestimmten Größenklasse von erheblicher Bedeutung. Auch Personengesellschaften können zur Offenlegung des Jahresabschlusses verpflichtet sein. Die Offenlegung dient dem Gläubigerschutz. Die Sicherheit des Handelsverkehrs soll dadurch verbessert werden, dass sich der interessierte Geschäftspartner durch Einsicht in die Unternehmensergebnisse von der Zahlungsfähigkeit eines Unternehmens überzeugen kann. Die Veröffentlichung erfolgt in Papierform oder auch online (vgl. www.genios.de, www.bundesanzeiger.de), sodass sich jeder schnell, jedoch kostenpflichtig, einen Überblick über das Unternehmen verschaffen kann.

In das Handelsregister beim Amtsgericht darf jeder Einsicht nehmen und von den Eintragungen Abschriften oder Kopien fertigen. Die Einsichtnahme ist kostenfrei (§ 9 HGB). Unternehmen veröffentlichen nur ungern ihre Jahresabschlüsse, um Mitbewerbern keinen Einblick in ihre Rechnungslegung zu ermöglichen.

Für diese Unternehmen ist es bereits ein Vorteil, wenn sie die Bilanz und die GuV verkürzt aufstellen dürfen, wobei Positionen zusammengefasst und somit die Geschäftsdaten nicht detailliert bekannt gegeben werden. Höhere Anforderungen an die Offenlegung des Jahresabschlusses ziehen auch höhere Kosten durch die Rechnungslegung und Veröffentlichung nach sich. Mittelgroße und große Kapitalgesellschaften müssen ihren Jahresabschluss prüfen lassen, womit ebenfalls erhebliche Zusatzkosten verbunden sein können. Wer seiner Offenlegungspflicht nicht nachkommt, muss mit Zwangsgeldern oder Ordnungsstrafen rechnen.

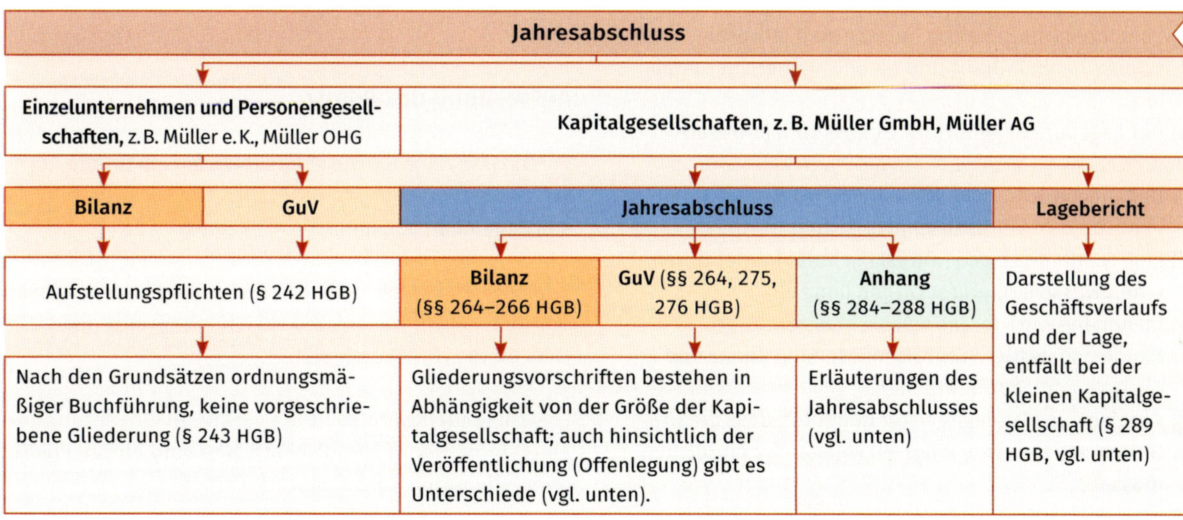

W

Offenlegungspflichten der Kapitalgesellschaften beim Jahresabschluss			
Offenlegungspflichten für	**Kapitalgesellschaft**		
	Klein	**Mittelgroß**	**Groß**
Bilanz	Verkürzt gemäß § 266 Abs. 1 Satz 3 HGB	Mit Erleichterungen gemäß § 327 HGB	Ungekürzt gemäß § 266 Abs. 2 u. 3 HGB
GuV	Entfällt	Verkürzt gemäß § 276 HGB	Ungekürzt gemäß § 277 HGB
Anhang	Verkürzt gemäß § 288 Satz 1 HGB	Verkürzt gemäß § 288 Satz 2 HGB und § 327 Abs. 2 HGB	Ungekürzt gemäß §§ 284 u. 285 HGB
Lagebericht	Entfällt	Gemäß § 289 HGB	Gemäß § 289 HGB
Prüfung durch Abschlussprüfer	Entfällt	Gemäß § 289 HGB	Gemäß § 316 HGB
Veröffentlichung	Handelsregister (im Bundesanzeiger lediglich ein Hinweis)	Handelsregister (im Bundesanzeiger lediglich ein Hinweis)	Handelsregister und Bundesanzeiger (www.genios.de oder www.bundesanzeiger.de)
Hinweise			
Anhang	Im Anhang sind Angaben der Bilanz und der GuV zu erläutern. Diese Erläuterungen beziehen sich z. B. auf: ▪ Abweichungen in der Darstellung der Bilanz und GuV ▪ Änderungen der Bilanzierungs- und Bewertungsmethoden ▪ Außerordentliche und periodenfremde Aufwendungen und Erträge ▪ Mitglieder der Geschäftsführung ▪ Informationen zu Vermögens-, Finanz- und Ertragslage (vgl. §§ 284–288 HGB)		
Lagebericht	Er vermittelt zusätzliche Informationen über den Stand und die Entwicklung des Unternehmens. § 289 HGB verlangt vom Lagebericht eine Stellungnahme zum Geschäftsverlauf, zu Vorgängen besonderer Bedeutung, die erst nach Abschluss des Geschäftsjahres eingetreten sind, zur voraussichtlichen Entwicklung der Kapitalgesellschaft und zum Bereich Forschung und Entwicklung.		
Abschlussprüfer	Wirtschaftsprüfer und Wirtschaftsprüfungsgesellschaften; Abschlussprüfer von Jahresabschlüssen und Lageberichten mittelgroßer Gesellschaften können auch vereidigte Buchprüfer und Buchprüfungsgesellschaften sein. (vgl. § 319 HGB).		

Aufgaben

Was ist richtig, was ist falsch?

a) Personengesellschaften müssen zum Jahresabschluss einen Anhang und einen Lagebericht erstellen.

b) Der Lagebericht gehört für GmbHs zum Jahresabschluss.

c) Der Lagebericht muss von Kapitalgesellschaften ergänzend zum Jahresabschluss erstellt werden.

d) Eine GmbH muss den Jahresabschluss immer durch einen Wirtschaftsprüfer prüfen lassen.

e) Im Anhang wird der Jahresabschluss erläutert.

f) Kleine und mittlere GmbHs müssen die Bilanz und die GuV nicht veröffentlichen.

g) Anzeigen im Handelsregister bedeutet, dass die Unternehmen dort ihre Bilanzen vollständig einreichen müssen.

h) Für die Einsicht in das Handelsregister verlangt das Amtsgericht Gebühren.

Aufstellung der Bilanz

S

Kerstin und Anna wollen genauer wissen, ob für die ACI GmbH die Bilanz so aufgestellt wird, wie sie es bereits aus dem Inhalt von Kapitel 4.1.6 kennen.

Kapitalgesellschaften müssen sich an die Gliederungsvorschriften halten, wie es § 266 HGB für die Bilanz und § 275 HGB für die GuV vorschreibt.

Das folgende Konto zeigt die verkürzte Gliederung für eine kleine Kapitalgesellschaft. Neu sind einige Positionen, die unten kurz erläutert werden.

Aktiva	Verkürzte Bilanz für kleine Kapitalgesellschaften	Passiva

A. Anlagevermögen	**A. Eigenkapitel**
I. Immaterielle Vermögensgegenstände	I. Gezeichnetes Kapital
II. Sachanlagen	II. Kapitalrücklagen
III. Finanzanlagen	III. Gewinnrücklagen
B. Umlaufvermögen	IV. Gewinn-/Verlustvortrag
I. Vorräte	V. Jahresüberschuss/-fehlbetrag
II. Forderungen und sonstige Vermögensgegenstände	**B. Rückstellungen**
	C. Verbindlichkeiten
III. Wertpapiere	**D. Rechnungsabgrenzungsposten**
IV. Schecks, Kassenbestand, Guthaben bei Kreditinstituten	
C. Rechnungsabgrenzungsposten	

Hinweise:
Immaterielle Vermögensgegenstände: Entgeltlich erworbene Rechte, Lizenzen, Patente, zusätzliche Zahlungen für den Firmenwert (z. B. durch die Marktstellung)
Sachanlagen: Z. B. Grundstücke, Gebäude, Maschinen, BGA
Finanzanlagen: Langfristige Anlagen in andere Unternehmen, z. B. durch Aktien
Vorräte: Z. B. Roh-, Hilfs- und Betriebsstoffe, unfertige und fertige Erzeugnisse, Handelswaren
Forderungen und sonstige Vermögensgegenstände: Z. B. Forderungen a. LL, sonstige Forderungen
Wertpapiere: Nur kurzfristig gehaltene Wertpapiere, z. B. Aktien anderer Unternehmen
Guthaben bei Kreditinstituten: Bankguthaben des Unternehmens
Eigenkapitalpositionen: Vgl. Übersicht unten
Rückstellungen: Verpflichtungen, die im laufenden Jahr entstanden sind, deren Höhe jedoch noch nicht genau feststeht und die erst im nächsten Jahr oder später zum Tragen kommen, z. B. Steuer-, Garantie-, Prozess- oder Instandhaltungsverpflichtungen
Rechnungsabgrenzungsposten: Diese Posten sind zum Jahresschluss zu bilden, um die periodengerechte Zuordnung der Aufwendungen und Erträge zu gewährleisten (Grundsatz der Periodenabgrenzung, zeitliche Abgrenzung). Im Geschäftsjahr entstandene Aufwendungen und Erträge sind nicht nach den anfallenden Zahlungen (Einnahmen, Ausgaben), sondern nach den das Geschäftsjahr betreffenden Aufwendungen und Erträgen zu buchen. Dies führt zu Rechnungsabgrenzungsposten.

Für Kapitalgesellschaften muss das Eigenkapital besonders detailliert aufgeschlüsselt werden.

Die Gesellschafterversammlung einer GmbH hat über die Verwendung des Jahresergebnisses zu entscheiden, ob ein Gewinn ausgezahlt wird oder ob es, zur Erhöhung des gezeichneten Kapitals oder einer Kapitalrücklage, einer Gewinnrücklage oder eines Vortrags verwendet wird. Im folgenden Beispiel wurde dargestellt, wie das Eigenkapital von 450.000,00 € im Vorjahr und 750.000,00 € im Berichtsjahr aufgeschlüsselt wurde. Der Gewinn-/Verlustvortrag im Berichtsjahr ergibt sich durch den Gewinnvortrag im Vorjahr (50.000,00 €) abzüglich des Jahresfehlbetrages im Vorjahr (200.000,00 €).

Aufgaben

Berechnen Sie das Eigenkapital im Vorjahr und im Berichtsjahr nach den folgenden Angaben:

Vorjahr
Gezeichnetes Kapital: 200.000,00 €
Kapitalrücklagen: 80.000,00 €
(weiter: nächste Seite)

Eigenkapitalvergleich in der PC-Production GmbH

A. Eigenkapital	Berichtsjahr	Vorjahr
I. Gezeichnetes Kapital	300.000,00 €	300.000,00 €
II. Kapitalrücklagen	100.000,00 €	100.000,00 €
III. Gewinnrücklagen	200.000,00 €	200.000,00 €
IV. Gewinn-/Verlustvortrag	**–150.000,00 €**	**50.000,00 €**
V. Jahresüberschuss/**-fehlbetrag**	300.000,00 €	**–200.000,00 €**
= Eigenkapital gesamt	**750.000,00 €**	**450.000,00 €**

Gewinnrücklagen: 110.000,00 €
Gewinnvortrag aus dem Vorjahr: 70.000,00 €
Jahresüberschuss: 120.000,00 €
(davon 100 % zum Gewinnvortrag)

Berichtsjahr
Gezeichnetes Kapital: 200.000,00 €
Kapitalrücklagen: 80.000,00 €
Gewinnrücklagen: 110.000,00 €
Gewinnvortrag: ?
Jahresüberschuss: 30.000,00 €

Hinweise:
- **Gezeichnetes Kapital** ist das bei einer GmbH in das Handelsregister eingetragene Stammkapital zum Nennwert (mindestens 25.000,00 €).
- **Rücklagen** stärken die Eigenkapitalbasis des Unternehmens. Sie sind getrennt ausgewiesenes Eigenkapital, wobei **Kapitalrücklagen** dadurch entstehen, dass zu den Anteilen des gezeichneten Kapitals ein Aufgeld (Agio) oder Zuzahlungen der Gesellschafter gezahlt wurden.
- **Gewinnrücklagen** werden aus dem bereits versteuerten Jahresgewinn (Körperschaftssteuer abgezogen) durch Nichtausschüttung von Gewinnanteilen gebildet. Es wird zwischen gesetzlichen, satzungsmäßigen und anderen (freien) Gewinnrücklagen unterschieden (vgl. § 272 HGB).
- **Gewinn-/Verlustvortrag** berechnet sich im Beispiel aus dem Jahresergebnis (Jahresüberschuss- bzw. -fehlbetrag) des Vorjahres abzgl. des Vortrages des Vorjahres.
- **Jahresüberschuss/-fehlbetrag** ergibt sich in der Gewinn-und-Verlust-Rechnung als Ergebnis des Geschäftsjahres.

4.6.3 Mit Formeln und Diagrammen Zahlen auswerten

S Zahlen der Buchhaltung müssen genau analysiert werden, um die Buchführung auch als Kontroll- und Steuerungsinstrument benutzen zu können. Für Auswertungen soll das Tabellenkalkulationsprogramm Microsoft Excel eingesetzt werden.

Mit allgemeinen Kennzahlen kann man die Summen und Salden der Buchhaltung in Beziehung setzen und damit weitere Aufschlüsse über die Umsatz- und Kostensituation erhalten. Folgende Kennzahlen bieten sich besonders zur Auswertung an:

W

Kennzahl	Formel, Erläuterungen	Lösung mit Microsoft Excel
Veränderung in Prozent	= (2. Wert – 1. Wert) / 1. Wert × 100 oder = 2. Wert / 1. Wert – 1 × 100	A, B, C, D, E 1: –, Oktober, Novembe, Veränderung in % 2: Erlöse, 1800, 2300, =(C2-B2)/B2*100 3: Kosten, 2200, 1900, -13,6
Anteil in Prozent	= Teilwert / Gesamtwert · 100 Um die Formel kopieren zu können, muss der Verweis auf B4 durch B$4 absolut (unveränderlich) gesetzt werden.	A, B, C, D 1: –, November, Anteil in % 2: E-Cards, 1800, =B2/B$4*100 3: Waren, 2200, 55,0 4: gesamt, 4000, 100,0
Mittelwert	= (Werte addiert) / Anzahl der Werte In Excel steht zusätzlich die Funktion Mittelwert zur Verfügung.	A, B, C, D, E 1: –, Oktober, November, Mittelwert 2: Erlöse, 1800, 2400, =MITTELWERT(B2:C2) 3: Kosten, 2200, 1800, 2000
Abweichung in Prozent vom Mittelwert	= (Wert – Mittelwert) / Mittelwert · 100 Abweichung = Differenz	A, B, C, D, E, F 1: –, Oktober, November, Mittelwert, Abweichung November % 2: Erlöse, 1800, 2400, –, =(C2-D2)/D2*100 3: Kosten, 2200, 1800, 2000, -10,0
Kreis- oder Säulendiagramm als Schaubild	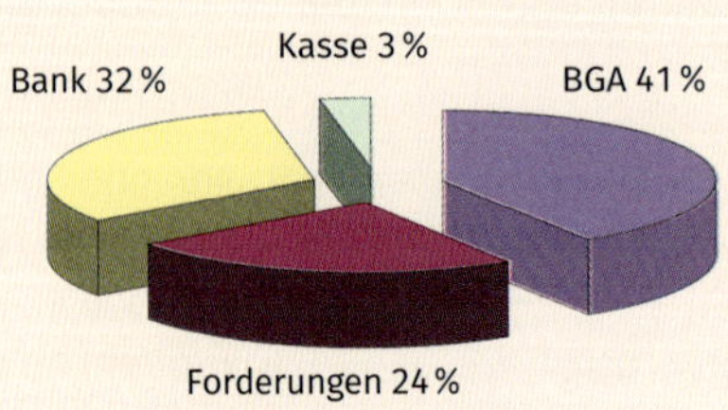 Für die Darstellung von Anteilen	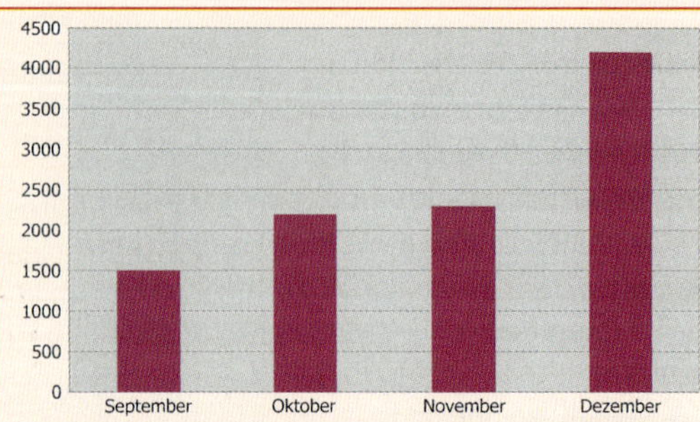 Für die Darstellung von Zeitreihen

Aufgaben

AH Berechnen Sie folgende Kennzahlen. Verwenden Sie die Vorlage im Arbeitsheft oder Microsoft Excel. Welche Überschrift würden Sie den Tabellen geben? Mit welchem Diagramm (Kreisdiagramm, Liniendiagramm) können Sie die Kennzahl anschaulich darstellen?

a)

Konten	Saldo	Anteil in %
Betriebs- und Geschäftsausstattung	6.600,00 €	
Forderungen a. LL	3.700,00 €	
Bank	4.980,00 €	
Kasse	450,00 €	
Vermögen gesamt	15.730,00 €	

b)

Konten	Saldo	Anteil in %
Eigenkapital	4.230,00 €	
Darlehen	10.000,00 €	
Verbindlichkeiten a. LL	1.500,00 €	
Kapital gesamt	15.730,00 €	

c)

Erfolgskonten	September	Oktober	November	Dezember	Gesamt	Mittelwert pro Monat
Umsatzerlöse	1.600,00 €	2.300,00 €	2.400,00 €	4.300,00 €		
Personalaufwendungen	480,00 €	530,00 €	480,00 €	560,00 €		
Miete	300,00 €	300,00 €	300,00 €	300,00 €		
Leasing	320,00 €	460,00 €	480,00 €	860,00 €		
Beratungskosten	180,00 €	250,00 €	230,00 €	420,00 €		
Büromaterial	120,00 €	130,00 €	90,00 €	150,00 €		
Porto, Telefon	140,00 €	150,00 €	130,00 €	170,00 €		
Werbung	480,00 €	530,00 €	570,00 €	620,00 €		
Gewinn/Verlust						

d)

Geldmittel	September	Oktober	November	Dezember	Mittelwert pro Monat
Bank	4.980,00 €	4.600,00 €	4.800,00 €	6.300,00 €	
Kasse	450,00 €	320,00 €	210,00 €	380,00 €	
Flüssige Mittel					

e)

Variable Kosten	November	Abweichung vom Mittelwert	Dezember	Abweichung vom Mittelwert	Mittelwert pro Monat
Leasing	480,00 €		860,00 €		
Beratungskosten	230,00 €		420,00 €		
Büromaterial	90,00 €		150,00 €		
Porto, Telefon	130,00 €		170,00 €		
Werbung	570,00 €		620,00 €		
Variable Kosten gesamt	1.500,00 €		2.220,00 €		

4.6.4 Aufbereitung, Auswertung und Beurteilung des Jahresabschlusses

S Anna und Kerstin sollen anhand der Musterdaten des Jahresabschlusses der PC-Production GmbH lernen, wie man einen Jahresabschluss auswertet.

4.6.4.1 Aufbereitung der Bilanz

Die umfangreiche Bilanz wird für die Auswertung zunächst aufbereitet. Dazu werden bestimmte Positionen zusammengefasst, um daraus später einfache Kennzahlen bilden zu können.

Die aufbereitete Bilanz enthält dann unter der Aktiva (Vermögen, Investition) nur noch die Positionen Anlagevermögen und Umlaufvermögen. Beim Umlaufvermögen werden zusätzlich die Beträge für die Vorräte, Forderungen und flüssige Mittel berechnet. Auf der Passivseite (Kapital, Finanzierung) werden die Werte für das Eigen- und Fremdkapital berechnet, wobei beim Fremdkapital die langfristigen und kurzfristigen Verbindlichkeiten ausgewiesen werden (siehe Tabellen unten).

Aufgaben

Prüfen Sie die Angaben des Beispiels unten auf Richtigkeit.

4.6.4.2 Beurteilung der Bilanz

Aktiva	Aufbereitete Bilanz Passiva
A. Anlagevermögen	A. Eigenkapital
B. Umlaufvermögen	B. Fremdkapital
1. Vorräte	1. Langfristiges Fremdkapital
2. Forderungen	2. Kurzfristiges Fremdkapital
3. Flüssige Mittel	

Bilanz der PC-Production GmbH (in Tsd. EUR)					
Aktiva	Berichtsjahr	Vorjahr	Passiva	Berichtsjahr	Vorjahr
Gebäude	600	615	Gezeichnetes Kapital	300	300
TA und Maschinen	1.100	400	+ Kapitalrücklagen	100	100
Fuhrpark	120	34	+ Gewinnrücklagen	200	200
BGA	89	95	+/–Gewinn-/Verlustvortrag	–150	50
Roh-, Hilfs- und Betriebsstoffe	180	320	+/– Jahresüberschuss/ – Fehlbetrag	300	–200
Unfertige Erzeugnisse	70	180			
Fertige Erzeugnisse	89	147	Darlehensschulden	1.300	900
Forderungen a. LL	120	176	Verbindlichkeiten a. LL	400	780
Bank	70	200	Sonstige Verbindlichkeiten (kurzfristig)	13	40
Kasse	25	3			
	2.463	2.170		2.463	2.170

Beispiel:

Aufbereitete Bilanz der PC-Production GmbH (in Tsd. EUR)					
Aktiva	Berichtsjahr (B)	Vorjahr (V)	Passiva	Berichtsjahr (B)	Vorjahr (V)
A. Anlagevermögen	1.909	1.144	A. Eigenkapital	750	450
B. Umlaufvermögen			B. Fremdkapital		
1. Vorräte	339	647	1. Langfristiges Fremdkapital	1.300	900
2. Forderungen	120	176	2. Kurzfristiges Fremdkapital	413	820
3. Flüssige Mittel	95	203			
	2.463	2.170		2.463	2.170

Die aufbereitete Bilanz gibt schon wichtige Informationen über den Stand des Vermögens und der Schulden. Im Vergleich zu den Vorjahreswerten ist die Entwicklung (Veränderung) der Bilanzsituation gut zu erkennen.

Für eine weitergehende Beurteilung der Bilanz (auch Bilanzkritik genannt) werden die Zahlen nicht nur im Jahresvergleich betrachtet, sondern auch in Beziehung zu verschiedenen anderen Zahlen. Es werden daher Kennzahlen gebildet

- als Gliederungszahlen (eine Teilgröße wird zu einer Gesamtgröße in Beziehung gesetzt, z. B. Fremdkapital zu Gesamtkapital) und
- als Beziehungszahlen (eine Zahl wird zu einer völlig anderen Zahl in Beziehung gesetzt, z. B. Anlagevermögen zu Eigenkapital).

Kennzahlen zur Beurteilung der Bilanz werden hinsichtlich der

- Finanzierung,
- Investition,
- Liquidität und
- Vermögensstruktur

gebildet.

Bezogen auf die im Beispiel aufbereitete Bilanz wurden folgende besonders wichtige Kennzahlen errechnet:

Finanzierung

Kennzahl der Finanzierung	B	V
Eigenkapitalquote $= \frac{\text{Eigenkapital} \times 100}{\text{Gesamtkapital}}$	30,5 %	20,7 %
Merke: Je größer die Eigenkapitalquote ist, desto solider und krisenfester ist die Finanzierung und desto geringer ist damit die finanzielle Abhängigkeit von Gläubigern (z. B. Kreditgeber, Lieferanten).		

Die Eigenkapitalquote ist eine der wichtigsten Bilanzkennzahlen, da eine zu niedrige Eigenkapitalausstattung des Unternehmens in wirtschaftlich schlechten Zeiten oder bei finanziellen Verlusten schnell zur Überschuldung und damit zur Insolvenz des Unternehmens führen kann. Banken lassen sich regelmäßig die Jahresabschlüsse vorlegen und betrachten diese Kennzahl ganz genau. Ist den Banken das Kreditrisiko zu groß, müssen Unternehmen damit rechnen, dass ihnen Kredite versagt, nicht verlängert oder nur mit wesentlich schlechteren Konditionen gewährt werden. Diese Kennzahl wird daher auch als **Grad der finanziellen Unabhängigkeit** bezeichnet. In Deutschland ist bei einem Großteil der Klein- und Mittelunternehmen die Eigenkapitalquote sehr gering, sodass viele Unternehmen um ihre finanzielle Unabhängigkeit bangen müssen. Banken fordern Unternehmen in diesen Fällen nicht selten dazu auf, weitere Gesellschafter aufzunehmen, auf Beteiligungen von anderen Unternehmen einzugehen oder ihren Geschäftsbetrieb zu verkleinern, um ihre Finanzsituation zu verbessern. In der PC-Production GmbH hat sich die Eigenkapitalquote zum Berichtsjahr erheblich verbessert, was Gesellschafter und Banken sicherlich positiv bewerten und damit der Geschäftsführung mehr Entscheidungsspielraum zubilligen werden.

Investition

Kennzahlen der Investition	B	V
Anlagendeckung I $= \frac{\text{Eigenkapital} \times 100}{\text{Anlagevermögen}}$	39,3 %	39,3 %
Anlagendeckung II $= \frac{\text{Langfristiges Kapital}^{1)} \times 100}{\text{Anlagevermögen}}$	107,4 %	118,0 %
Merke: Die Investition in das Anlagevermögen sollte möglichst durch Eigenkapital abgesichert sein. Wenn dies nicht möglich ist, sollte das Anlagevermögen durch langfristiges Kapital finanziert sein.		

1) Eigenkapital + Langfristiges Fremdkapital

Die Kennzahlen zur Anlagendeckung stellen als Beziehungszahlen Finanzierung und Investition gegenüber. Im Idealfall sollte das langfristig investierte Anlagevermögen durch Eigenkapital finanziert sein, d. h. eine Kennzahl von 100 % und mehr aufweisen. Diese Werte können jedoch nur wenige Unternehmen nachweisen. Gläubiger und Gesellschafter achten darauf, dass die Anlagendeckung II möglichst über 100 % liegen sollte, wenn die Anlagendeckung I unter diesem Wert liegt.

Im Beispiel der PC-Production GmbH hat sich die Anlagendeckung I nicht verändert, obwohl die absoluten Zahlen der aufbereiteten Bilanz sich im Berichtsjahr erheblich erhöht haben. Das Unternehmen hat (z. B. zur Umstrukturierung) erhebliche Investitionen im Anlagevermögen (z. B. Beschaffung von Maschinen) getätigt und diese Investitionen nicht nur durch langfristiges Fremdkapital decken können. Gläubiger und Gesellschafter werden aufgrund dieser Kennzahl genau beobachten, ob die neuen Investitionen das Geschäftsergebnis verbessern oder nicht.

Aufgaben

1. Prüfen Sie die Angaben des Beispiels „Finanzierung“ auf Richtigkeit.
2. Prüfen Sie die Richtigkeit der Angaben des Beispiels „Kennzahlen der Investition“.

Kennzahlen der Liquidität	B	V
$\text{Liquidität I} = \text{Barliquidität} = \frac{\text{Flüssige Mittel} \times 100}{\text{Kurzfristiges Fremdkapital}}$	23,0 %	24,8 %
$\text{Liquidität II} = \text{Einzugsbedingte Liquidität} = \frac{(\text{Flüssige Mittel} + \text{Forderungen}) \times 100}{\text{Kurzfristiges Fremdkapital}}$	52,1 %	46,2 %
Merke: Je höher die Liquiditätskennzahl ist, desto zahlungsfähiger ist das Unternehmen. Mindestens die Liquidität II sollte über 100 % liegen.		

Liquidität

Die Liquiditätskennzahl zeigt an, ob das Unternehmen in der Lage ist, sein kurzfristiges Fremdkapital (insbesondere die Lieferantenschulden) aus eigenen flüssigen Mitteln zu begleichen. Zahlungsunfähigkeit oder Illiquidität kann schnell zur Insolvenz eines Unternehmens führen. Ist ein Unternehmen nicht genügend „flüssig" oder liquide, merken dies Lieferanten schnell daran, dass Rechnungen nicht pünktlich gezahlt werden können. Eventuell müssen kurzfristige Bankkredite (Dispositionskredite) mehr ausgereizt werden als betriebswirtschaftlich vertretbar. Durch hohe Zinsen auf diese kurzfristigen Kredite und den Verzicht auf Ausnutzung von Frühzahlerrabatten (Skonto) wird das Geschäftsergebnis noch weiter verschlechtert.

Eine geringe Liquidität ist jedoch nicht in jedem Fall negativ zu bewerten. So kann es sein, dass die Inhaber oder Gesellschafter einer Kapitalgesellschaft privat über erhebliches Vermögen und eine hohe Liquidität verfügen und bei Bedarf schnell die Zahlungsfähigkeit durch Privatkredite an das Unternehmen oder Einlagen sicherstellen können. Die Kennzahl gibt auch keine Informationen darüber, zu welchem Zeitpunkt das kurzfristige Fremdkapital (z. B. die Lieferantenschulden) zu begleichen ist.

Da nur wenige Unternehmen eine Barliquidität von 100 % sicherstellen können oder auch wollen, wird zusätzlich die einzugsbedingte Liquidität hinzugezogen. Hierbei wird davon ausgegangen, dass das Unternehmen insbesondere durch die Ausgangsrechnungen an die Kunden über Forderungen verfügt, deren Begleichung die Liquidität verbessert. Es besteht auch die Möglichkeit, Forderungen im Rahmen einer Absatzfinanzierung an sogenannte Factoring-Unternehmen zu „verkaufen" und somit die Liquidität zu erhöhen.

Die Liquiditätskennzahlen der PC-Production GmbH sind sowohl hinsichtlich der Barliquidität als auch hinsichtlich der einzugsbedingten Liquidität nicht als zufriedenstellend zu bezeichnen. Ideal wäre eine Liquidität 1. Grades (Liquidität I) von 100 % und mehr oder mindestens eine Liquidität 2. Grades (Liquidität II) mit einem entsprechenden Prozentsatz. Bei genauer Betrachtung der Einzelwerte wird jedoch deutlich, dass das Unternehmen die Lieferantenverbindlichkeiten im letzten Jahr erheblich reduzieren konnte. Durch die umfangreichen Investitionsmaßnahmen aufgrund der Anschaffung neuer Maschinen hat sich die Liquiditätslage nicht verbessert.

Aufgaben

Prüfen Sie die Angaben des Beispiels „Kennzahlen der Liquidität" auf Richtigkeit.

Vermögensstruktur

Einen weiteren Aufschluss über die Lage des Unternehmens gibt die Untersuchung seiner Vermögensstruktur. Hierbei ist jedoch zu beachten, dass Unternehmen je nach Branchenzugehörigkeit ganz unterschiedliche Vermögensstrukturen aufweisen können. Daher eignen sich am besten Vergleiche mit den Vorjahren oder mit branchengleichen Unternehmen. Industrieunternehmen weisen aufgrund ihrer Produktionsstätten ein hohes Anlagevermögen auf. Bei Großhandelsbetrieben kann es notwendig und sinnvoll sein, einen hohen Bestand an Vorräten zu halten. Dienstleistungsunternehmen benötigen meist nur ein geringes Anlagevermögen und kaum Umlaufvermögen, obwohl sie hohe Umsätze erzielen (z. B. Versicherungsagenturen).

Grundsätzlich kann jedoch festgestellt werden, dass Unternehmen mit einem hohen Anlagevermögen sich nur schlecht veränderten Marktbedingungen anpassen können, da sie sich durch das gebundene Kapital nur schwer auf gänzlich andere Marktbedingungen umstellen können. Je höher der Anteil des Anlagevermögens, desto unflexibler können Unternehmen häufig auf Marktveränderungen reagieren. Dies ist insbesondere in der heutigen Zeit zu beachten, wo neue Produkte und Systeme viel schneller auf den Markt kommen als früher und wo man schnell reagieren muss, um den erreichten Marktanteil zu halten oder auszubauen.

Kennzahlen zur Vermögensstruktur	B	V
Anteil des Anlagevermögens $= \frac{\text{Anlagevermögen} \times 100}{\text{Gesamtvermögen}}$	77,5 %	52,7 %
Anteil des Umlaufvermögens $= \frac{\text{Umlaufvermögen} \times 100}{\text{Gesamtvermögen}}$	22,5 %	47,3 %
Anteil der Vorräte $= \frac{\text{Vorräte} \times 100}{\text{Gesamtvermögen}}$	13,8 %	29,8 %
Anteil der Forderungen $= \frac{\text{Forderungen} \times 100}{\text{Gesamtvermögen}}$	4,9 %	8,1 %
Anteil der flüssigen Mittel $= \frac{\text{Flüssige Mittel} \times 100}{\text{Gesamtvermögen}}$	3,9 %	9,4 %
Merke: Kennzahlen der Vermögensstruktur können im Zeit- und Branchenvergleich auf ein ungünstiges oder negatives Verhältnis der Vermögenspositionen hinweisen. Bei diesen Kennzahlen ist jedoch stets zu beachten, dass hier Werte eines Bilanzstichtages eingeflossen sind. Der Anteil der Forderungen und Vorräte sollte stets auch im Zusammenhang mit den Umsatzerlösen und der Auftragslage betrachtet werden.		

Auf der anderen Seite ist zu beachten, dass die Bestände des Umlaufvermögens am Bilanzstichtag ermittelt wurden und schon wenige Tage davor oder danach ganz anders sein können. Um diese Kennzahl richtig beurteilen zu können, sind daher Unternehmensinformationen über die Umsätze im zeitlichen Verlauf und über die Auftragslage (Bestellungen) notwendig.

Die Kennzahlen der PC-Production GmbH weisen aufgrund der erheblichen Investitionen an Maschinen einen höheren Anteil des Anlagevermögens auf. Sollten die neuen Maschinen zu erhöhten Umsätzen und besseren Erträgen führen, ist dagegen nichts einzuwenden. Die anderen Kennzahlen haben sich im Vergleich zum Vorjahr erheblich verändert. Dies kann mathematisch durch die hohen Investitionen in Anlagevermögen bedingt sein. Eine genauere Betrachtung der Einzelwerte zeigt jedoch, dass die Geschäftsleitung erhebliche Anstrengungen unternommen hat, Lagervorräte zu vermindern und die Kundenforderungen zu reduzieren. Der niedrige Stand der fertigen Erzeugnisse kann andererseits jedoch auch bedeuten, dass keine Lieferungen an Kunden anstehen und die Auftragslage schlecht ist. Hier wären gleichzeitig die Auftragslage und die Umsatzsituation zu prüfen. Der niedrige Anteil der flüssigen Mittel könnte auch Liquiditätsengpässe aufzeigen, wodurch eine Gefahr für das Unternehmen entsteht. Nicht erkennen kann man an der Kennzahl, dass das Unternehmen zum Bilanzstichtag eine viel zu hohe Barliquidität (Kassenbestand) gehalten hat. Aber auch diese Kennzahl ist nur gerecht zu beurteilen, wenn man den Grund dieses hohen Kassenbestandes hinterfragt hat. So kann es sein, dass der günstige Kauf eines Firmenfahrzeuges direkt bevorstand oder ein Kunde einen größeren Auftrag zum Jahresende noch schnell bar bezahlt hat.

Fazit bleibt somit, dass Kennzahlen nur dann korrekt beurteilt werden können, wenn man parallel auch immer die absoluten Zahlen prüft und bei hohen Abweichungen zunächst eine Ursachenforschung betreibt, um keiner Falschbeurteilung der Lage zu erliegen und danach falsche Entscheidungen zu treffen.

Aufgaben

1. Prüfen Sie die Angaben des Beispiels auf Richtigkeit.
2. Beantworten Sie folgende Fragen:
   a) Ist eine Eigenkapitalquote von 7 % gut für das Unternehmen, und welche Entscheidungen würden Sie in diesem Fall treffen?
   b) Womit sollte das Anlagevermögen finanziert sein?
   c) Nennen Sie Folgen bei zu niedriger bzw. bei zu hoher Liquidität des Unternehmens.
   d) Welche Möglichkeiten hat ein Unternehmen, die Liquidität zu verbessern?
   e) Nennen Sie Folgen bei zu geringem und zu hohem Umlaufvermögen.
3. Beurteilen Sie folgende Bilanzstrukturen (siehe nächste Seite oben).
4. Beurteilen Sie die aufbereitete Bilanz. Bilden Sie dazu Kennzahlen. Im Arbeitsheft finden Sie eine Arbeitsvorlage (siehe nächste Seite Mitte). AH

Bilanzstruktur 1	
Anlagevermögen 20 %	Eigenkapital 30 %
Umlaufvermögen 80 %	Langfristiges Fremdkapital 10 % Kurzfristiges Fremdkapital 60 %

Bilanzstruktur 2	
Anlagevermögen 60 %	Eigenkapital 30 %
Umlaufvermögen 40 %	Langfristiges Fremdkapital 10 % Kurzfristiges Fremdkapital 60 %

Aufbereitete Bilanz der Digidruck GmbH (in Tsd. EUR)					
Aktiva	**Berichtsjahr**	**Vorjahr**	**Passiva**	**Berichtsjahr**	**Vorjahr**
A. Anlagevermögen	550	430	A. Eigenkapital	103	170
B. Umlaufvermögen			B. Fremdkapital		
1. Vorräte	60	50	1. Langfristiges Fremdkapital	530	450
2. Forderungen	40	22	2. Kurzfristiges Fremdkapital	52	22
3. Flüssige Mittel	35	140			
	685	642		685	642

4.6.4.3 Auswertung der Erfolgsrechnung

Ähnlich der Auswertung der Bilanz ist auch eine Auswertung der GuV zweckmäßig. Eine Auswertung der Gewinn-und-Verlust-Rechnung kann wichtige Erkenntnisse über die Verzinsung des eingesetzten Kapitals (Rentabilität), die Kostensituation, die Lagerdauer der Vorräte oder das Zahlungsverhalten der Kunden geben. Neben den absoluten Zahlen sowie Vergleichszahlen zum Vorjahr oder zu mehreren Jahren werden Kennzahlen gebildet, um sich über die Ertrags- und Kostensituation größere Klarheit zu verschaffen und Entscheidungen gezielt treffen zu können.

Beispiel

GuV der PC-Production GmbH (in Tsd. EUR)			
Posten	**Berichtsjahr**	**Vorjahr**	**Veränderung in Prozent**
Umsatzerlöse	6.400	5.800	10,3 %
– Materialaufwand	2.307	2.282	1,1 %
= **Rohergebnis (Rohgewinn)**	**4.093**	**3.518**	16,3 %
– Personalaufwendungen	2.700	2.800	–3,6 %
– Abschreibungen	150	50	200,0 %
– Sonstige betriebliche Aufwendungen	830	760	9,2 %
= **Betriebsergebnis**	**413**	**–92**	548,9 %
+ Zinserträge	1	8	–87,5 %
– Zinsaufwendungen	80	60	33,3 %
= **Ergebnis der gewöhnlichen Geschäftstätigkeit**	**334**	**–144**	331,9 %
– Steuern	34	56	–39,3 %
= **Jahresüberschuss/-fehlbetrag (Jahresergebnis)**	**300**	**–200**	250,0 %

Hinweis: Prozentverrechnung = (Berichtsjahr – Vorjahr) / ABS (Vorjahr)

Die Auswertung der GuV zeigt deutlich, dass sich alle Zwischenergebnisse und damit auch das Jahresergebnis der GmbH erheblich verbessert haben. Die Umstrukturierungsmaßnahmen und Neuanschaffungen von Maschinen haben sich demnach gelohnt. Durch die neuen Maschinen war es wohl auch möglich, mehr Umsatz zu erreichen und bezogen auf den gestiegenen Umsatz den Materialaufwand sogar zu senken. Die Erhöhung der Abschreibungen und auch der Zinsaufwendungen sind als Folge der Investitionen in neue Maschinen nicht zu vermeiden. Interessant ist auch, dass trotz des erhöhten Umsatzes die Personalaufwendungen reduziert werden konnten. Vielleicht lag dies am höheren Automatisierungsgrad der neuen Maschinen.

Wichtige Kennzahlen zur Beurteilung der Erfolgsrechnung werden z. B. gebildet hinsichtlich

- Rentabilität (Verzinsung des eingesetzten Kapitals),
- Lagerumschlagshäufigkeit und
- Zahlungsverhalten der Kunden.

Rentabilität (Verzinsung)

Die Rentabilitätskennzahlen geben die Verzinsung des eingesetzten Kapitals im Verhältnis zum Eigenkapital bzw. zu den Umsatzerlösen wieder. Auf dem Bankkonto würde das Kapital ca. 1 bis 4 % an Zinsen bringen, mit spekulativen Wertpapieren der Börse gelingt vielleicht sogar ein Zinsertrag über 8 %. Eine unternehmerische Tätigkeit ist mit großem Risiko behaftet und sollte daher mindestens 10 % Rendite erbringen. Im Vorjahr hatte die PC-Production GmbH sogar Kapital verloren. Problematisch ist die Kennzahl insofern, als das Eigenkapital zum Ende des Jahres hinzugezogen wurde. Besser wäre es, wenn das Eigenkapital immer zu Anfang des Jahres in die Kennzahl einbezogen wird, da dies das eingesetzte Eigenkapital ist.

Die Umsatzrentabilität gibt an, wie viel Zinsen oder Gewinn das Unternehmen pro 100,00 € erwirtschaftet hat. Daraus ist ersichtlich, dass im Vorjahr sogar 3,40 € pro 100,00 € zugezahlt wurden. Im Berichtsjahr hat sich das Ergebnis jedoch erheblich verbessert. Nimmt man die über die IHK oder Wirtschaftsverbände erhältlichen Branchenkennzahlen zum Vergleich, so zeigt sich, dass das Unternehmen im Vorjahr eine schlechtere und im Berichtsjahr eine bessere Umsatzrendite als die Branche erzielt hat. Branchenvergleiche können damit auch gut aufzeigen, wie sich das Unternehmen im Vergleich zur Branche positioniert.

Kennzahlen der Rentabilität	B	V
Eigenkapitalrentabilität $= \frac{\text{Jahresergebnis} \times 100}{\text{Eigenkapital}}$	40,0 %	−44,4 %
Umsatzrentabilität $= \frac{\text{Jahresergebnis} \times 100}{\text{Umsatzerlöse}}$	4,7 %	−3,4 %
Branchenvergleich zur Umsatzrentabilität	3 %	−1 %
Eigenkapital in Tsd. EUR (Ende des Jahres)	750	450

Aufgaben

Prüfen Sie die Angaben der Beispiele „GuV der PC-Production GmbH" und „Kennzahlen der Rentabilität" auf Richtigkeit.

Lagerumschlagshäufigkeit

Kennzahlen des Lagerumschlages	B	V
Lagerumschlagshäufigkeit $= \frac{\text{Materialaufwand}}{\text{ø Lagerbestand}}$	6,8	3,5
ø Lagerdauer $= \frac{360}{\text{Lagerumschlagshäufigkeit}} = \text{x Tage}$	53	102
Als ø Lagerbestand in Tsd. Euro angenommen:	339	647

Große Lager können in Betrieben durch Kosten des Lagergebäudes, durch Personalkosten, das in die Vorräte gebundene Kapital und auch durch den möglichen Wertverlust der Lagerartikel das Jahresergebnis erheblich schmälern (vgl. auch Kapitel 3.10.1). Die Unternehmen überprüfen daher häufig die Lagerumschlagshäufigkeit für das Lager insgesamt. Einige Betriebe überprüfen sogar für jeden Artikel einzeln diese Kennzahl und halten nur die Artikel mit einer hohen Umschlagshäufigkeit auf Lager. Sie bestellen die Artikel mit geringer Umschlagshäufigkeit nur bei Bedarf. Eine Lagerumschlagshäufigkeit von 6,8 bedeutet, dass der Wert des durchschnittlichen Lagerbestandes (im Beispiel 339.000,00 €) im Jahr 6,8-mal über das Lager umgeschlagen wurde. Die Artikel lagen im Berichtsjahr durchschnittlich 53 Tage auf Lager. Man könnte nun behaupten, eine solche Lagerdauer wäre viel zu hoch. Ob diese Aussage stimmt, hängt von den Gegebenheiten ab (z. B. Lieferbereitschaft und Lieferfähigkeit der Lieferanten, Rabatte beim Einkauf größerer Mengen usw.). Da der Lagerbestand im Verlauf des Jahres stark schwanken kann, wird für diese Kennzahl ein durchschnittlicher Bestand ermittelt (im Beispiel vereinfacht mangels Zahlen nur der Jahresschlussbestand berücksichtigt). Vergleicht man die Zahlen der PC-Production GmbH mit dem Vorjahreswert, so hat die Geschäftsleitung die Kennzahl erheblich verbessern können. Die Lagerdauer der Vorräte wurde fast halbiert. Dies ist z.B. durch Reduktion des Lagerbestandes und/oder Erhöhung des Materialaufwandes (z.B. durch mehr Umsatz) möglich.

- zusätzlich zur Schuldentilgung oder Begleichung der Schulden aus eigener Kraft und kurzfristig.

Kundenzahlungsverhalten

Kennzahlen des Kundenzahlungsverhaltens	B	V
Umschlagshäufigkeit der Forderungen $= \frac{\text{Umsatzerlöse}}{\text{ø Forderungsbestand}}$	53,3	33,0
ø Zahldauer $= \frac{360}{\text{Umschlagshäufigkeit d. Ford.}} = \text{x Tage}$	6,8	10,9
Als ø Forderungsbestand angenommen (in Tsd. Euro):	120	176

Cashflow

Cashflow =	B (in Tsd. EUR)	V (in Tsd. EUR)
Gewinn (Jahresergebnis) + Abschreibungen + Zuführung zu langfristigen Rückstellungen	450	–150

Im Jahresergebnis sind hohe Beträge nicht enthalten, die als Aufwendungen zwar das Jahresergebnis reduziert, jedoch **nicht** zu einer Auszahlung geführt haben (z.B. Abschreibungen, Rückstellungen). Sie stehen dem Unternehmen noch zur Verfügung. Der Cashflow ist somit ein zahlungswirksamer Überschuss einer Periode und gibt eine Vorstellung darüber, welche finanziellen Mittel zur Verfügung stehen, und zwar

- tatsächlich neu für Investitionen oder Auszahlungen sowie

Um das Zahlungsverhalten der Kunden allgemein zu kontrollieren, werden gerne auch die Umschlagshäufigkeit der Forderungen und die durchschnittliche Zahldauer festgestellt. Da im Jahr 12 Saldenlisten mit Forderungsbeständen zur Verfügung stehen, ist es kein Problem, einen durchschnittlichen Forderungsbestand zu errechnen. Im Beispiel der PC-Production GmbH hat sich das Zahlungsverhalten vom Vorjahr zum Berichtsjahr erheblich verbessert. Die Kunden zahlten im Durchschnitt schon nach 6,8 Tagen. Vielleicht war dies auf gestiegene Bargeschäfte, ein konsequentes Mahnwesen und eine attraktive Skontoregelung zurückzuführen.

Aufgaben

1. Prüfen Sie die Angaben der Beispiele auf Richtigkeit.
2. Berechnen Sie die Veränderungen in Prozent und führen Sie eine Kennzahlenauswertung sowie eine Beurteilung der Lage durch. Eine Arbeitsvorlage finden Sie im Arbeitsheft. AH

GuV der Digidruck GmbH (in Tsd. EUR)	Berichtsjahr	Vorjahr	Prozentuale Veränderung
Umsatzerlöse	2.100	2.300	
– Materialaufwand	740	890	
= Rohergebnis			
– Personalaufwendungen	840	830	
– Abschreibungen	38	45	
– Sonstige betriebliche Aufwendungen	480	440	
= Betriebsergebnis			
+ Zinserträge	0	2	
– Zinsaufwendungen	62	48	
= Ergebnis der gewöhnlichen Geschäftstätigkeit			
– Steuern	5	12	
= Jahresüberschuss/-fehlbetrag (Jahresergebnis)			

Zusatzangaben:

Eigenkapital in Tsd. EUR (Ende des Jahres):	103	170
Als Lagerbestand in Tsd. EUR angenommen:	190	150
Sls Forderungsbestand in Tsd. EUR angenommen:	110	78

3. Die Bilanz und das Gewinn- und Verlustkonto der XSoft GmbH weist folgende Beträge aus:

Aktiva	**Bilanz zum 31.12.20..**		**Passiva**
Gebäude	620.000,00	Eigenkapital	?
Betriebs- und Geschäftsausstattung	50.000,00	Rückstellungen	60.000,00
Fuhrpark	48.000,00	Hypothekenschulden	220.000,00
Forderungen a. LL	16.000,00	Darlehensschulden	80.000,00
Bankguthaben	22.000,00	Verbindlichkeiten a. LL	62.000,00
Kasse	2.700,00		
	?	?	

Soll	**Gewinn und Verlust**		**Haben**
Gehälter	1.380.300,00	Umsatzerlöse	1.800.000,00
Büromaterial	16.800,00		
Leasing	12.000,00		
Abschreibungen	40.000,00		
Aufwendungen für Rückstellungen	60.000,00		
Sonstige betriebliche Aufwendungen	50.000,00		

a) Ermitteln Sie die fehlenden Zahlen der Bilanz.
b) Ermitteln Sie den Erfolg der XSoft GmbH.
c) Bilden Sie den Buchungssatz zum Abschluss des Gewinn- und Verlustkontos.
d) Nennen Sie die Position, unter der ein Firmen-Pkw beim Kauf nach Auslaufen des sechsjährigen Leasingvertrags in der Bilanz ausgewiesen wird.
e) Berechnen Sie folgende Kennzahlen:
- Eigenkapitalrentabilität
- Barliquidität (Liquidität 1. Grades)
- Umsatzrentabilität
- Cashflow

4.7 Kosten- und Leistungsrechnung

S Anna und Kerstin sollen mehr über Kosten- und Leistungsrechnung sowie das Controlling der Kosten erfahren. Sie werden daher von den Mitarbeitern systematisch in diesen Bereich eingearbeitet.

4.7.1 Grundlagen und Aufgaben

Kerstin will zunächst wissen, was der Unterschied der Finanzbuchhaltung zur Kostenrechnung ist und welche Aufgaben die Kosten- und Leistungsrechnung hat. S

Die **Finanzbuchhaltung** ermittelt das Jahresergebnis für das Unternehmen. In diesem Jahresergebnis können jedoch auch Erträge und Aufwendungen enthalten sein, die mit dem eigentlichen **Betriebszweck** nichts zu tun haben. So kann ein Unternehmen z. B. über Mietshäuser verfügen, einen Teil des Lagers an andere Unternehmen vermietet haben, Erträge durch Aktienspekulationen erwirtschaften oder aufgrund des hohen Bankbestandes Zinserträge erhalten. Im Zusammenhang mit diesen Erträgen fallen dann auch **nicht betriebliche** Aufwendungen an, wie z. B. Haus- und Grundstücksaufwendungen für die Mietshäuser. Diese nicht betrieblichen oder **neutralen Erträge** und **Aufwendungen** müssen für die **Kosten- und Leistungsrechnung** zunächst herausgerechnet werden.

Laut dem nebenstehenden Schaubild hat ein Unternehmen insgesamt 360 Tsd. Euro Erträge im Jahr erwirtschaftet. Der Betrieb selbst hat jedoch nur 270 Tsd. Euro erzielt, sodass abzüglich der Kosten von 250 Tsd. Euro ein Betriebsergebnis von 20 Tsd. Euro zu verzeichnen ist. Die restlichen 90 Tsd. Euro sind neutrale Erträge, sodass sich abzüglich der neutralen Aufwendungen ein neutrales Ergebnis von 30 Tsd. Euro ergibt. Insgesamt beträgt das Unternehmensergebnis 50 Tsd. Euro, gebildet durch das Betriebsergebnis von 20 Tsd. Euro und das neutrale Ergebnis von 30 Tsd. Euro.

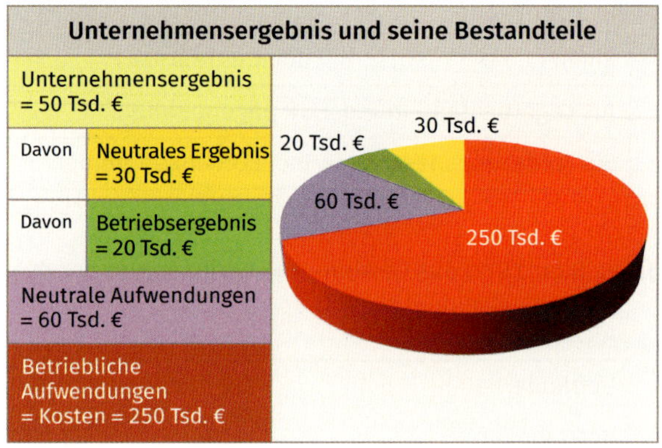

Mit dem Unternehmensergebnis von 50.000,00 € könnte man auf den ersten Blick zufrieden sein. Betrachtet man dagegen das durch den Betrieb erwirtschaftete Betriebsergebnis von nur 20.000,00 € allein, so liegt nahe, dass dieses Ergebnis weniger zufriedenstellt und eine Verbesserung durch Senkung der Kosten dringend ratsam ist.

W

Finanzbuchhaltung und Kosten-/Leistungsrechnung im Vergleich	
Erträge	**Betriebliche Erträge**, wie Umsatzerlöse, Mehrbestände an Erzeugnissen, Eigenleistungen, unentgeltliche Entnahme **Neutrale Erträge**, wie Erträge aus Vermietung und Verpachtung, Zinserträge, Erträge aus Wertpapierverkäufen, Steuerrückerstattungen für Vorperioden usw.
Aufwendungen	**Betriebliche Aufwendungen**, wie Materialaufwand, Personalaufwendungen, Werbeaufwendungen, Verwaltungsaufwendungen, Abschreibungen (= Kosten) **Neutrale Aufwendungen**, wie Mietaufwendungen für nicht betriebsbedingte Vermietung, Zinsaufwendungen, Aufwendungen aus Wertpapierverkäufen, Steuernachzahlungen für Vorperioden usw.
Gesamtgewinn/-verlust	**Erträge – Aufwendungen** oder betriebliche und neutrale Erträge – betriebliche und neutrale Aufwendungen
Finanzbuchhaltung	Sie bucht **alle** Erträge und Aufwendungen und stellt das **Gesamtergebnis** des Unternehmens (Gesamtgewinn/-verlust) fest.
Leistungen	**Betriebliche Erträge**, vgl. oben
Kosten	**Betriebliche Aufwendungen** (Zweckaufwendungen), vgl. oben
Betriebsgewinn/-verlust	**Leistungen – Kosten** oder betriebliche Erträge – betriebliche Aufwendungen
Kosten- und Leistungsrechnung	Sie stellt alle Leistungen und Kosten zusammen und ermittelt daraus das **Betriebsergebnis** sowie **Kostenübersichten** und **Kalkulationssätze**.

Aufgaben

Berechnen Sie das Betriebsergebnis, das neutrale Ergebnis und das Unternehmensergebnis. Beurteilen Sie die Situation:

a) Betriebliche Aufwendungen: 450 Tsd. Euro, neutrale Aufwendungen 30 Tsd. Euro, neutrale Erträge 80 Tsd. Euro, betriebliche Erträge 460 Tsd. Euro

b) Neutrale Aufwendungen 10 Tsd. Euro, neutrale Erträge 70 Tsd. Euro, betriebliche Erträge 390 Tsd. Euro, Kosten 400 Tsd. Euro

c) Umsatzerlöse 500 Tsd. Euro, Zinserträge 30 Tsd. Euro, Erträge aus Wertpapierverkäufen 90 Tsd. Euro, Steuerrückerstattung aus dem Vorjahr 20 Tsd. Euro, Materialaufwand 160 Tsd. Euro, Personalaufwendungen

210 Tsd. Euro, Werbeaufwendungen 20 Tsd. Euro, Verwaltungsaufwendungen 50 Tsd. Euro, Zinsaufwendungen durch Wertpapiergeschäfte 30 Tsd. Euro

Aufgaben der Kosten- und Leistungsrechnung

Die Kosten- und Leistungsrechnung (**KLR**) soll zu einer besseren Kostenübersicht beitragen. Sie soll Möglichkeiten für Kosteneinsparungen aufdecken, um Produkte und Dienstleistungen zu günstigen Preisen anbieten zu können. Jedes Unternehmen hat andere Kosten als die Mitbewerber. Dies liegt z. B. an folgenden Faktoren:

- Die Betriebsgebäude sind mit unterschiedlichem Aufwand gebaut und verursachen daher auch unterschiedliche Kosten.
- Die Standorte (z. B. Zentrum, Randlage) unterscheiden sich.
- Material wird unterschiedlich teuer eingekauft.
- Die Produktivität der Mitarbeiter und ihr Einsatz sind unterschiedlich.
- Unternehmen mit Stammkunden benötigen evtl. weniger Werbekosten.
- Unternehmen arbeiten mit unterschiedlicher Kundennähe.
- Unternehmen sind unterschiedlich hoch verschuldet.
- Unternehmen verzeichnen eine unterschiedliche Höhe an Schaden- und Forderungsausfällen.

Allen Unternehmen ist jedoch gemeinsam, dass sie ihre Kosten über die Preise weitergeben müssen, die der Kunde für die Produkte oder Aufträge zu zahlen bereit ist. Die Unternehmen sollten möglichst einen Gewinn erzielen, um das Risiko vergütet zu bekommen und Rücklagen bilden zu können.

Für die Preiskalkulation ist daher zunächst wichtig, dass der Unternehmer überhaupt weiß, welche Kosten bei ihm anfallen. Dann kann er die Selbstkosten ermitteln und den Preis festlegen, den er mindestens erzielen muss, um auch weiterhin erfolgreich und wirtschaftlich am Markt teilzunehmen (siehe Grafik unten).

Die Kosten- und Leistungsrechnung hilft insbesondere Antworten auf die drei folgenden Fragen zu finden:

- Welche Kosten sind entstanden?
- Wo sind die Kosten entstanden?
- Wer hat die Kosten zu tragen?

Daraus ergeben sich drei Rechnungsbereiche der Kosten- und Leistungsrechnung. Als weiterer Aufgabenbereich soll noch das Kostencontrolling herausgestellt werden. Die Übersicht in der Tabelle auf der nächsten Seite beschreibt die Aufgaben genauer.

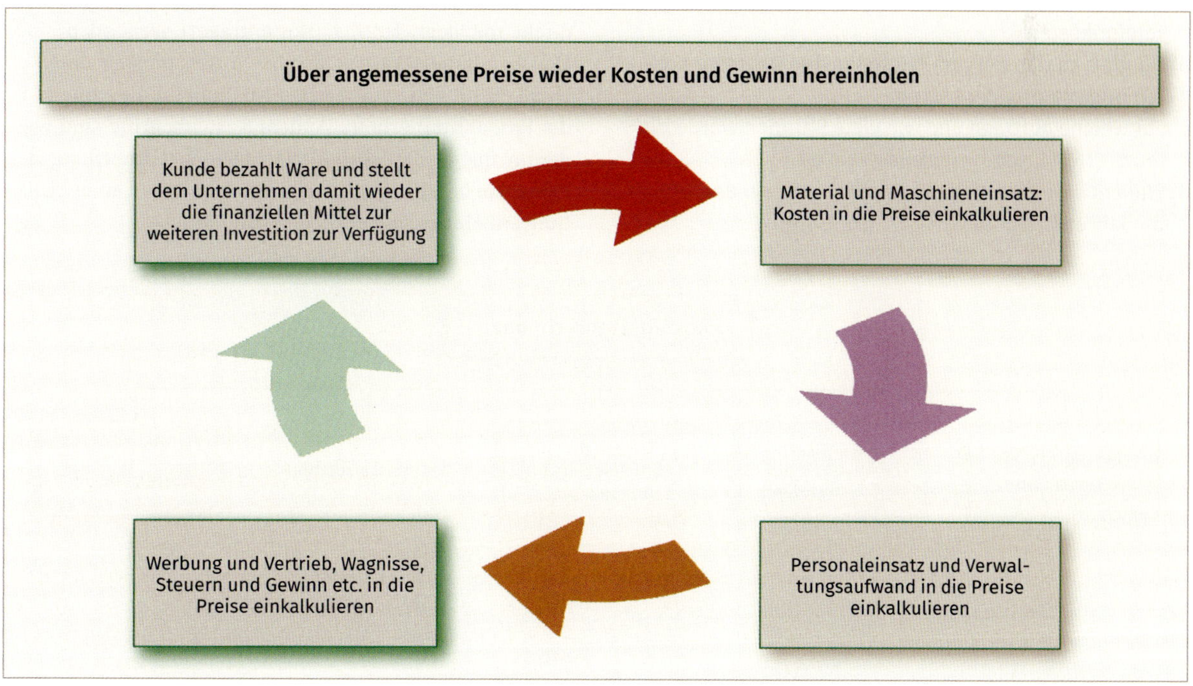

Aufgaben der Kosten- und Leistungsrechnung

Aufgaben	Erläuterungen
Kostenartenrechnung	Geht der Frage nach: **Welche Kosten sind entstanden?** Unterschieden werden z. B. Grundkosten, Zusatzkosten, Anderskosten, Einzelkosten, Gemeinkosten, fixe Kosten, variable Kosten, Selbstkosten, Prozesskosten (vgl. folgende Kapitel).
Kostenstellenrechnung	Geht der Frage nach: **Wo fallen die Kosten an?** Es erfolgt eine Zuordnung der Kosten nach Kostenstellen (vgl. folgende Kapitel).
Kostenträgerrechnung	**Welche Kostenträger** (welches Produkt, welcher Auftrag) **verursacht die Kosten** und in welcher Höhe müssen die Kosten den Kostenträgern zugerechnet werden? Es werden Selbstkosten und Angebotspreise kalkuliert.
Kostencontrolling	Die Kosten werden kontrolliert, indem z. B. den Plankosten (Kostenbudgets) die Istkosten gegenübergestellt werden, um so die **Kostenüber- und -unterdeckungen** im Betrieb festzustellen. Abweichungen bilden die Grundlage für **betriebliche Entscheidungen**.

Aufgaben

Welcher Aufgabenbereich der Kosten- und Leistungsrechnung ist betroffen?

a) Welche Abteilung verursacht die höchsten Telefonkosten?

b) Handelt es sich bei den Telefonkosten um feste Kosten oder Verbrauchskosten?

c) Für welche Aufträge und wie viele Stunden wurde die teure CNC-Maschine jeweils genutzt?

d) Wie entwickelten sich die Telefonkosten in den letzten Jahren?

4.7.2 Kostenartenrechnung

Anna beschäftigt sich mit dem Kostenrechnungssystem von ACI. Dabei tauchen Begriffe auf wie Einzelkosten, Gemeinkosten oder fixe Kosten, ohne dass Kerstin deren genaue Bedeutung bereits kennt. Sie will sich über die verschiedenen Kostenarten zunächst einen Überblick verschaffen und erfahren, wozu so viele Kostenbegriffe notwendig sind.

In der Kostenrechnung kann man die Kosten nach den unterschiedlichsten Gesichtspunkten untersuchen. So beschäftigt sich die Kostenartenrechnung zunächst einmal damit, was überhaupt Kosten sind und welche Kosten aus der GuV ermittelt werden. Für die Kostenträgerrechnung muss die Kostenartenrechnung ermitteln, welche Kosten direkt mit dem Auftrag (Kostenträger) verbunden sind. Darüber hinaus kann man die Kosten danach untersuchen, ob sie sich verändern, wenn man die Leistung (z. B. die Produktion) erhöht. Andere Kostenbegriffe sind wiederum für die Preiskalkulation oder die Ermittlung der Kostentreiber (Kosten, die einen hohen Anteil an der Leistung annehmen und gestiegen sind) nötig.

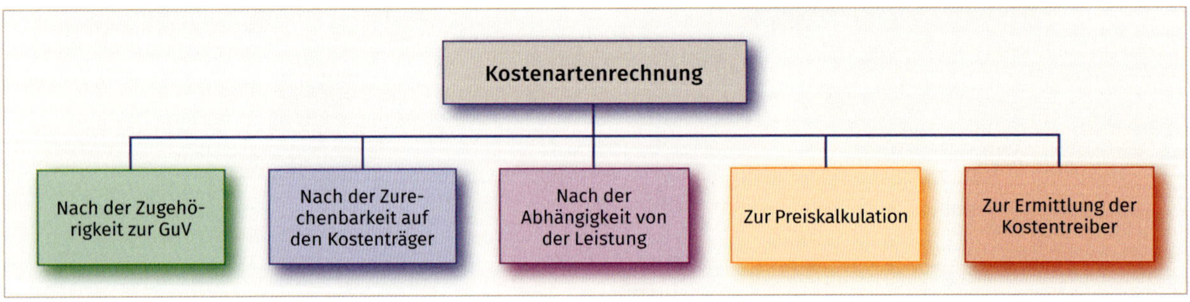

4.7.2.1 Grundkosten, Zusatzkosten und Anderskosten

Kosten sind der betriebsbedingte und in Geld bemessene **Güter- und Leistungsverzehr** einer Abrechnungsperiode (Zweckaufwendungen). Wie bereits bei der Ermittlung des Betriebsergebnisses und des neutralen Ergebnisses erwähnt wurde, dürfen in die Kostenrechnung nur die für die betriebliche Leistungserstellung relevanten Aufwendungen als Kosten einbezogen werden.

So ist entscheidend, dass nicht schon das eingekaufte Material selbst Kosten darstellt, sondern erst der Verbrauch, gebucht z. B. als „Aufwendungen für Rohstoffe". Das folgende Schaubild zeigt, dass nicht alle Aufwendungen zu den Kosten gerechnet werden und sogar Kosten anfallen, die nicht in der GuV stehen.

Zunächst müssen die betrieblichen Aufwendungen aus der Gewinn-und-Verlust-Rechnung (GuV) herausgerechnet werden. Sie werden als **Grundkosten** bezeichnet. Als **Zusatzkosten** werden dann **kalkulatorische Kosten** ermittelt, die nicht in der GuV enthalten sind, womit es möglich ist, von der Geschäftsleitung oder den Mitarbeitern geleistete unbezahlte und damit aufwandslose Überstunden als kalkulatorische Löhne und Gehälter einzubeziehen. Eventuell gehört dem Unternehmen das gesamte Gebäude, das wegen der langjährigen Firmengeschichte schon längst bezahlt und abgeschrieben ist. Die Kostenrechnung muss dann eine **kalkulatorische Vergleichsmiete** ansetzen, um diese möglichen Kosten auch zu berücksichtigen (siehe unten). Bleibt die kalkulatorische Miete unberücksichtigt, so würde die Kostenrechnung im Vergleich zu Mitbewerbern durch das kostenlos zur Verfügung gestellte Firmengebäude verfälscht werden.

Ähnlich verhält es sich mit den **Anderskosten**. Diese Grundkosten werden **anders als in der GuV** als Kosten einbezogen, da sonst das Kostenrechnungsergebnis verfälscht werden würde. Man bezeichnet sie auch als **aufwandsungleiche Kosten**. Anderskosten sind z. B. Abschreibungen, Zinsaufwendungen oder Wagniskosten. Solche Aufwendungen stehen zwar in der GuV, werden jedoch häufig mit **anderen Beträgen** als **kalkulatorische Abschreibungen, kalkulatorische Zinsen** oder **kalkulatorische Wagniskosten** einbezogen.

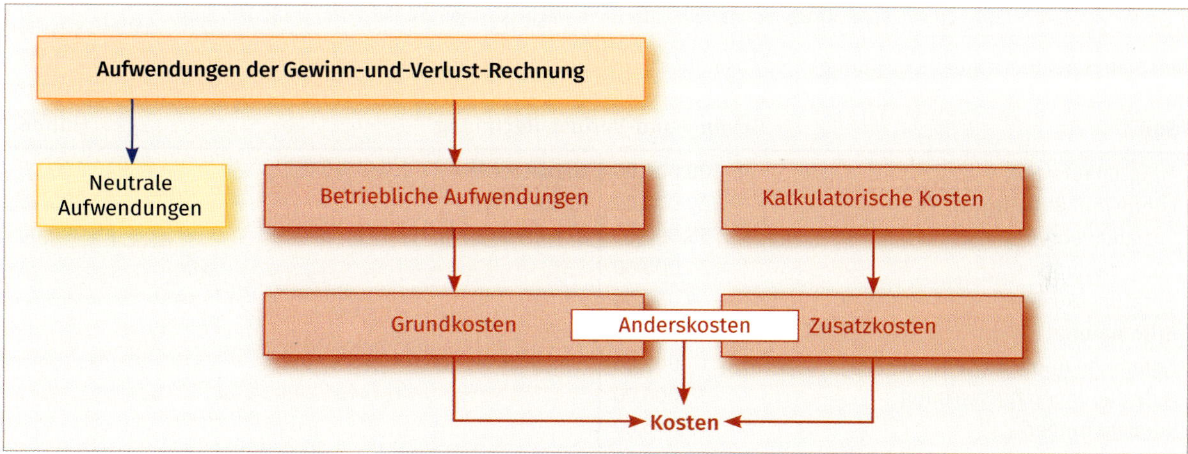

Kostenermittlung aus der Gewinn-und-Verlust-Rechnung	
Neutrale Aufwendungen	Neutrale Aufwendungen können zwar betrieblich bedingt sein, eine Einbeziehung in die Kosten mit diesem Wert würde jedoch die Kostenrechnung für die Kostenrechnungsperiode verfälschen: ▪ Aufwendungen der GuV, die betriebsfremd sind, z. B. Verluste aus Wertpapierverkäufen ▪ Aufwendungen der GuV, die betrieblich bedingt sind, jedoch außerordentlich auftreten, z. B. hohe, nicht versicherte Schadensfälle oder Gewährleistungsforderungen (6930 Verluste aus Schadensfällen) ▪ Periodenfremde Aufwendungen der GuV, z. B. Nachzahlung der Gewerbesteuer für das Vorjahr
Grundkosten	Dazu gehören alle betrieblichen Aufwendungen der GuV (**aufwandsgleiche Kosten**), z. B. Aufwendungen für Rohstoffe, Löhne und Gehälter, Sozialabgaben, Fremdinstandhaltung, Beratung, Büromaterial, Zeitungen und Fachliteratur, Kommunikationskosten, Werbungskosten und Versicherungen.

W

Zusatzkosten	Dies sind kalkulatorische Kosten, die nicht als Aufwand in der GuV erscheinen (**aufwandslose Kosten**) und keine Anderskosten sind: ▪ **Kalkulatorische Löhne und Gehälter:** Unternehmer, Familienangehörige und Mitarbeiter arbeiten unentgeltlich (aufwandslos) im Unternehmen. Die Arbeitsstunden werden mit einem für die Arbeitsleistung üblichen Stundensatz kalkulatorisch einbezogen. ▪ **Kalkulatorische Miete:** Geschäftsgebäude, -räume und -flächen stehen dem Unternehmen, da bezahltes Eigentum, aufwandslos zur Verfügung. Die Kostenrechnung sollte dann hierfür eine kalkulatorische Miete ansetzen, wenn nicht schon andere kalkulatorische Kosten (z. B. kalkulatorische Zinsen und kalkulatorische Abschreibungen) angesetzt wurden. Da die Kosten- und Leistungsrechnung nur der Selbstinformation des Unternehmens dient, kann der Kostenrechner nach bestem Ermessen entscheiden, welche Zusatzkosten in welchem Umfang zu den Kostenbestandteilen zuzurechnen sind.
Anderskosten	Anderskosten sind **aufwandsungleiche** Kosten, d. h., es werden als Kosten nicht die in der GuV angezeigten Beträge, sondern aus betrieblichen Gründen andere Wertansätze genutzt: ▪ **Kalkulatorische Abschreibungen:** Abschreiben der GuV entsprechen i. d. R. nicht dem tatsächlichen Werteverlust, wie er für eine Ersatzbeschaffung in Ansatz zu bringen wäre. Dies liegt daran, dass der Gesetzgeber nur bestimmte steuerliche Ansätze zulässt. In der Kostenrechnung ist der Unternehmer frei und kann die Ansätze verwenden, die seiner Meinung nach angemessen sind, um später der Wertminderung gerecht zu werden und durch die erzielten Preise Ersatzinvestitionen tätigen zu können. So kann er bei kalkulatorischen Abschreibungen von Wiederbeschaffungswerten ausgehen, längere oder kürzere Nutzungsjahre wählen und auch beliebige Abschreibungssätze wählen, die nach seiner Meinung annähernd dem Werteverlust entsprechen. ▪ **Kalkulatorische Zinsen:** Gesellschafter haben dem Unternehmen Kapital aufwandslos zur Verfügung gestellt. Die Kostenrechnung kann kalkulatorische Zinsen auf das betriebsnotwendige Kapital einbeziehen. ▪ **Kalkulatorische Wagniskosten:** Die Wagnisaufwendungen (z. B. **6930 Verluste aus Schadensfällen**) können von Jahr zu Jahr sehr stark schwanken. Daher ist es für die Kostenrechnung sinnvoll, diese Konten als neutrale Konten zu behandeln und kalkulatorisch einen über mehrere Jahre durchschnittlichen Satz zu verwenden. Beispiel der Schadensfälle durch Unfälle und Gewährleistungsansprüche: 2019 40 Tsd. Euro, 2020 90 Tsd. Euro, 2021 20 Tsd. Euro; Mittelwert als kalkulatorische Wagniskosten: 150 Tsd. Euro/3 = 50 Tsd. Euro

Beispiel: Berechnen Sie die Grundkosten, Zusatzkosten, Anderskosten und Gesamtkosten:

Soll		Gewinn-und-Verlust-Rechnung	Haben
Materialaufwand	300.000,00	Umsatzerlöse	912.000,00
Löhne und Gehälter	320.000,00	Mieterträge	12.000,00
Sozialabgaben	65.000,00	Zinserträge	8.000,00
Abschreibungen	34.000,00		
Beratungskosten	9.000,00		
Büromaterial	5.000,00		
Kommunikationskosten	14.000,00		
Aufwendungen für Werbung	38.000,00		
Versicherungen	19.000,00		
Sonstige betriebliche Aufwendungen	16.000,00		
Verluste aus Schadensfällen	70.000,00		
Zinsaufwendungen	12.000,00		
Gewinn	30.000,00		
	932.000,00		932.000,00

Folgende Zusatzangaben für die Kosten- und Leistungsrechnung sollen berücksichtigt werden:

- Kalkulatorische Löhne und Gehälter von unbezahlten Überstunden: 54.000,00 €
- Kalkulatorische Zinsen zusätzlich zu den Zinsaufwendungen der GuV als Zinsen auf das betriebsnotwendige Kapital: 19.000,00 €
- Kalkulatorische Abschreibungen: Sie weichen von den bilanziellen Abschreibungen der GuV ab und betragen nur 25.000,00 €

Anstelle der Verluste aus Schadensfällen sollen jährlich 30.000,00 € für kalkulatorische Wagnisse in die KLR einfließen.

Lösung:

Grundkosten:	Materialaufwand	300.000,00 €	
	Löhne und Gehälter	320.000,00 €	
	Sozialabgaben	65.000,00 €	
	Beratungskosten	9.000,00 €	
	Büromaterial	5.000,00 €	
	Kommunikationskosten	14.000,00 €	
	Aufwendungen für Werbung	38.000,00 €	
	Versicherungen	19.000,00 €	
	Sonstige betriebliche Aufwendungen	16.000,00 €	786.000,00 €
Zusatzkosten:	Kalkulatorische Löhne und Gehälter	54.000,00 €	54.000,00 €
Anderskosten:	Kalkulatorische Zinsen	31.000,00 €	
	Kalkulatorische Abschreibungen	25.000,00 €	
	Kalkulatorische Wagnisse	30.000,00 €	86.000,00 €
Gesamtkosten:			926.000,00 €

Aufgaben

Berechnen Sie die Grundkosten, Zusatzkosten, Anderskosten und Gesamtkosten:

Soll	Gewinn-und-Verlust-Rechnung		Haben
Materialaufwand	820.000,00	Umsatzerlöse	2.642.000,00
Löhne und Gehälter	1.150.000,00	Mieterträge	18.000,00
Sozialabgaben	260.000,00	Zinserträge	21.000,00
Abschreibungen	120.000,00		
Mietaufwendungen	60.000,00		
Beratungskosten	22.000,00		
Büromaterial	14.000,00		
Kommunikationskosten	22.000,00		
Aufwendungen für Werbung	38.000,00		
Versicherungen	23.000,00		
Sonstige betriebliche Aufwendungen	42.000,00		
Verluste aus Schadensfällen	20.000,00		
Zinsaufwendungen	10.000,00		
Gewinn	80.000,00		
	2.681.000,00		2.681.000,00

Folgende Zusatzangaben für die KLR sollen berücksichtigt werden:

- Kalkulatorische Löhne und Gehälter von unbezahlten Überstunden: 23.000,00 €
- Kalkulatorische Zinsen zusätzlich zu den Zinsaufwendungen der GuV als Zinsen auf das betriebsnotwendige Kapital: 29.000,00 €
- Kalkulatorische Abschreibungen: Sie weichen von den bilanziellen Abschreibungen der GuV ab und sind um 20.000,00 € niedriger.

Anstelle der Verluste aus Schadensfällen sollen jährlich 25.000,00 € für kalkulatorische Wagnisse in die KLR einfließen.

4.7.2.2 Leistungen

Ein Unternehmen kann auf verschiedene Art Leistungen erbringen. Den größten Teil seiner Leistungen erbringt ein Unternehmen i. d. R. im Kernbereich seiner Unternehmung, bei Industrieunternehmen z. B. durch die Herstellung und Auslieferung von Produkten sowie durch Servicedienstleistungen. Für diese Leistungen erstellt das Unternehmen Rechnungen und bucht sie als **Umsatzerlöse eigener Erzeugnisse**. Erlösschmälerungen durch Gutschriften (Rücksendungen, Rabatte, Skonto etc.) mindern die gebuchten Leistungen wieder.

Wird auf Lager produziert, so werden vom Unternehmen ebenfalls Leistungen erbracht, die auf dem Konto **Bestandsveränderungen** im Haben ersichtlich werden. Im Gegensatz dazu werden bei Bestandsminderungen (Buchung im Soll) Leistungen vom Lager verkauft, wodurch die Umsatzerlöse um diese Bestandsminderungen reduziert werden müssen.

Leistungen werden auch erbracht, wenn die Produkte und Dienstleistungen von Gesellschaftern, Mitarbeitern oder anderen Personen kostenlos oder mit geringeren Erlösen vergütet werden. Solche Leistungen sind in der GuV als **Entnahme von Gegenständen und Leistungen** im Haben aufgeführt. Es kommt auch vor, dass Unternehmen für sich selbst Anlagen erstellen, z. B. wenn ein Metallbetrieb für sich selbst ein Stahlregal baut. Diese Leistungen werden in der GuV im Haben als aktivierte Eigenleistungen sichtbar.

W

<table>
<tr><th colspan="3">Leistungsermittlung aus der GuV</th></tr>
<tr><td colspan="2">Neutrale Erträge</td><td>Gehören nicht zu den Leistungen: z. B.
▪ Nebenerlöse aus Vermietung und Verpachtung (Mieterträge)
▪ Nebenerlöse aus Kantine und Werksküche
▪ Zinserträge
▪ Periodenfremde Erträge</td></tr>
<tr><td rowspan="4">Leistungen</td><td>Umsatzerlöse</td><td>Verkaufte Leistungen durch Lieferungen oder Dienstleistungen, wofür Rechnungen erstellt wurden, z. B. Betrag von Umsatzerlösen eigener Erzeugnisse abzüglich der Erlösschmälerungen</td></tr>
<tr><td>Entnahme von Gegenständen und Leistungen</td><td>Leistungen, d. h. Lieferungen von Erzeugnissen oder Dienstleistungen, die Unternehmer, Gesellschafter, Mitarbeiter oder andere Personen unentgeltlich oder gegen geringeres Entgelt entnommen haben, werden gebucht als Entnahmen von Gegenständen und Leistungen.</td></tr>
<tr><td>Bestandsveränderungen</td><td>Leistungserhöhungen sind Bestandsveränderungen, die im Haben des GuV-Kontos gebucht sind (da in diesem Fall das Lager im Bestand zugenommen hat), Leistungsminderungen bei Buchung auf der Soll-Seite.</td></tr>
<tr><td>Aktivierte Eigenleistungen</td><td>Aktivierte Eigenleistungen sind selbst erstellte Erzeugnisse des Anlagevermögens eines Betriebes, die nicht für den Absatz, sondern für den Verbleib im Unternehmen bestimmt sind. Dazu zählen z. B. selbst hergestellte Maschinen, Einrichtungen oder Gebäude. Das selbst erstellte Anlagevermögen wird zu Herstellungskosten bewertet.</td></tr>
<tr><td colspan="2">Wirtschaftlichkeit</td><td>Diese Kennzahl gibt an, wie gut das Verhältnis zwischen Leistungen und Kosten ist. Sie ist insbesondere beim Vergleich mehrerer Jahre oder bei Branchenvergleichen aufschlussreich.
$\text{Wirtschaftlichkeit} = \frac{\text{Leistungen}}{\text{Kosten}}$ (positiv bei > 1)</td></tr>
</table>

Beispiel: Berechnen Sie aus der GuV und den Zusatzangaben die Kosten und Leistungen, das Betriebsergebnis und die Wirtschaftlichkeit.

Gewinn-und-Verlust-Rechnung

Soll			Haben
Materialaufwand	330.000,00	Umsatzerlöse	900.000,00
Löhne und Gehälter	290.000,00	Bestandsveränderungen	20.000,00
Sozialabgaben	80.000,00	Aktivierte Eigenleistungen	30.000,00
Abschreibungen	31.000,00	Mieterträge	12.000,00
Beratungskosten	7.000,00	Zinserträge	8.000,00
Büromaterial	4.000,00	Periodenfremde Erträge	10.000,00
Kommunikationskosten	13.000,00		
Aufwendungen für Werbung	45.000,00		
Versicherungen	17.000,00		
Sonstige betriebliche Aufwendungen	21.000,00		
Verluste aus Schadensfällen	10.000,00		
Zinsaufwendungen	15.000,00		
Gewinn	117.000,00		
	980.000,00		980.000,00

Folgende Zusatzangaben sollen für die KLR berücksichtigt werden:

- kalkulatorische Löhne und Gehälter von unbezahlten Überstunden: 7.000,00 €
- Kalkulatorische Zinsen für das betriebsnotwendige Kapital zusätzlich zu den Zinsaufwendungen der GuV: 9.000,00 €
- Kalkulatorische Abschreibungen: Sie weichen von den bilanziellen Abschreibungen der GuV ab und sind um 10.000,00 € höher.
- Anstelle der Verluste aus Schadensfällen sollen jährlich 16.000,00 € für kalkulatorische Wagnisse in die KLR einfließen.

Lösung:

Grundkosten	Materialaufwand	330.000,00 €	
	Löhne und Gehälter	290.000,00 €	
	Sozialabgaben	80.000,00 €	
	Beratungskosten	7.000,00 €	
	Büromaterial	4.000,00 €	
	Kommunikationskosten	13.000,00 €	
	Aufwendungen für Werbung	45.000,00 €	
	Versicherungen	17.000,00 €	
	Sonstige betriebliche Aufwendungen	21.000,00 €	807.000,00 €
Zusatzkosten	Kalkulatorische Löhne und Gehälter	7.000,00 €	7.000,00 €
Anderskosten	Kalkulatorische Zinsen	24.000,00 €	
	Kalkulatorische Abschreibungen	41.000,00 €	
	Kalkulatorische Wagnisse	16.000,00 €	81.000,00 €
Gesamtkosten:			895.000,00 €

Leistungen:	Umsatzerlöse	900.000,00 €	
	Bestandsveränderungen	20.000,00 €	
	Aktivierte Eigenleistungen	30.000,00 €	950.000,00 €

Betriebsergebnis	= Leistungen − Kosten = Betriebsgewinn	=	55.000,00 €
Wirtschaftlichkeit	= Leistungen / Kosten	=	1,06

Aufgaben

1. Geben Sie die Summe der Leistungen, das Betriebsergebnis und die Wirtschaftlichkeit für die Aufgabe auf S. 445 an.
2. Beurteilen Sie die Wirtschaftlichkeit anhand folgender Kennzahlen:
3. Berechnen Sie die Grundkosten, Zusatzkosten, Anderskosten und Gesamtkosten, die Leistungen, das Betriebsergebnis und die Wirtschaftlichkeit nach den Angaben in der GuV und den Zusatzangaben.

Jahr	1	2	3	4	5	6	7
Wirtschaftlichkeit	1,2	1,15	1,1	0,9	0,95	1,05	1,15

Soll		Gewinn-und-Verlust-Rechnung	Haben
Materialaufwand	550.000,00	Umsatzerlöse	1.400.000,00
Löhne und Gehälter	340.000,00	Bestandsveränderungen	35.000,00
Sozialabgaben	102.000,00	Aktivierte Eigenleistungen	22.000,00
Abschreibungen	67.000,00	Mieterträge	18.000,00
Beratungskosten	11.000,00	Zinserträge	4.000,00
Büromaterial	6.000,00		
Kommunikationskosten	17.000,00		
Aufwendungen für Werbung	62.000,00		
Versicherungen	19.000,00		
Sonst. betriebliche Aufwendungen	76.000,00		
Verluste aus Schadensfällen	40.000,00		
Zinsaufwendungen	23.000,00		
Periodenfremde Aufwendungen	14.000,00		
Gewinn	152.000,00		
	1.479.000,00		1.479.000,00

Folgende Zusatzangaben für die KLR sollen berücksichtigt werden:

- Kalkulatorische Löhne und Gehälter von unbezahlten Überstunden: 3.000,00 €
- Kalkulatorische Zinsen zusätzlich zu den Zinsaufwendungen der GuV als Eigenkapitalzinsen: 12.000,00 €
- Kalkulatorische Abschreibungen: Sie weichen von den bilanziellen Abschreibungen der GuV ab und sind um 27.000,00 € niedriger.
- Anstelle der Verluste aus Schadensfällen sollen jährlich 25.000,00 € für kalkulatorische Wagnisse in die KLR einfließen.

4. Berechnen Sie die Grundkosten, Zusatzkosten, Anderskosten und Gesamtkosten, die Leistungen, das Betriebsergebnis und die Wirtschaftlichkeit mit zwei Nachkommastellen nach den Angaben in der GuV und den Zusatzangaben.

Soll		Gewinn-und-Verlust-Rechnung	Haben
Materialaufwand	424.000,00	Umsatzerlöse	1.520.000,00
Löhne und Gehälter	650.000,00	Aktivierte Eigenleistungen	50.000,00
Sozialabgaben	133.000,00	Mieterträge	88.000,00
Abschreibungen	93.000,00	Zinserträge	55.000,00
Beratungskosten	17.000,00		
Büromaterial	8.000,00		
Kommunikationskosten	12.000,00		
Aufwendungen für Werbung	81.000,00		
Versicherungen	16.000,00		
Sonstige betriebliche Aufwendungen	63.000,00		
Verluste aus Schadensfällen	32.000,00		
Zinsaufwendungen	11.000,00		
Periodenfremde Aufwendungen	21.000,00		
Bestandsveränderungen	54.000,00		
Gewinn	98.000,00		
	1.713.000,00		1.713.000,00

Folgende Zusatzangaben für die KLR sollen berücksichtigt werden:

- Kalkulatorische Löhne und Gehälter von unbezahlten Überstunden: 14.000,00 €
- Kalkulatorische Zinsen zusätzlich zu den Zinsaufwendungen der GuV als Eigenkapitalzinsen: 32.000,00 €
- Kalkulatorische Abschreibungen: Sie weichen von den bilanziellen Abschreibungen der GuV ab und sind um 10.000,00 € niedriger.
- Anstelle der Verluste aus Schadensfällen sollen jährlich 40.000,00 € für kalkulatorische Wagnisse in die KLR einfließen.

4.7.2.3 Einzelkosten und Gemeinkosten

S Kerstin bringt ihr Auto zur Reparatur und erhält unten stehende Rechnung (Auszug). Sie ist entsetzt! Obwohl keine neuen Teile eingebaut wurden, musste Kerstin über 200,00 € bezahlen. Sie meint, ein Gesellenlohn von 56,20 € ohne Umsatzsteuer wäre ja ein gewaltiger Stundenlohn. Sie diskutiert mit dem Werkstattmeister.

Autohaus Maus

Kerstin Raabe
Turmstr. 5
21335 Lüneburg

Rechnung

3 Gesellenstunden	
à 56,20 €	168,60 €
19 % USt	32,03 €
Barpreis	200,63 €

Kerstin: Sagen Sie, das ist ja eine gewaltige Rechnung, die Sie mir da präsentieren.
Werkstattmeister: Die Benzinleitung Ihres Autos war verstopft, wir haben alle Benzinleitungen, den Vergaser und die Zündkerzen gereinigt, die Einspritzung sowie die Elektronik eingestellt und den Wagen komplett durchgecheckt. Der Wagen ist jetzt wieder tipptopp. Drei Gesellenstunden sind da nicht viel!
Kerstin: Ich meine auch nicht die Gesellenstunden, sondern Ihren Stundenlohn. Wollen sich Ihre Gesellen eine goldene Nase verdienen?
Werkstattmeister: Ich kann Ihnen gerne erklären, wie der Stundenlohn zustande kommt: Unsere Gesellen bekommen im Schnitt 20,00 € pro Stunde. Alle weiteren Kosten dieser Werkstatt wie Arbeitgeberanteile zu den Personalkosten, Urlaub der Mitarbeiter, Krankheit, die gesamten Kosten für das Autohaus, für Werbung, Steuerberatung etc. müssen auf diesen Lohn aufgeschlagen werden. Nehmen wir mal an, wir müssten zur Deckung dieser Gemeinkosten 160 % aufschlagen und würden dann vielleicht noch einmal 10 % Gewinn für unser Risiko und unsere Zukunftsvorsorge zurechnen, dann sind wir sicherlich schon bei 56,20 €.
Kerstin: Das werde ich mal nachrechnen.
Werkstattmeister: Manche Autohäuser haben sogar so hohe Gemeinkostenzuschlagssätze, dass Stundenverrechnungslöhne von 80,00 € ohne Umsatzsteuer keine Seltenheit sind.
Kerstin: Dann müssten die vielleicht einmal ihre Gemeinkosten überprüfen. Okay, war ja nur 'ne Frage! Machen Sie es gut!
Werkstattmeister: Sie auch, Frau Raabe.

Kerstin rechnet zu Hause nach, ob es stimmt, was der Werkstattmeister gerechnet hat.

Aufgaben

a) Rechnen Sie entsprechend den Angaben aus dem Gespräch und prüfen Sie, ob der Werkstattmeister Recht hatte.
b) Wie hoch wäre der Gemeinkostenzuschlagssatz entsprechend den Angaben, wenn der Stundenverrechnungslohn der Gesellen 80,00 € ohne Umsatzsteuer betrüge?

In die Rechnung von Kerstin sind Einzelkosten, Gemeinkosten, Gewinn und Umsatzsteuer eingeflossen. Zu den Einzelkosten zählen die 3 Gesellenstunden zum Stundensatz von 20,00 €, während die Gemeinkosten über einen Aufschlag auf den Stundenverrechnungssatz (im Beispiel 32,00 €) verrechnet wurden.

Für jedes Unternehmen ist es wichtig, die **Gemeinkosten** zu kennen und diese möglichst niedrig zu halten. Gemeinkosten lassen sich einem Produkt oder einem Auftrag **nicht direkt** zuordnen, sondern müssen über einen **Zuschlagssatz** in die Kosten- und Preiskalkulation einbezogen werden. Gemeinkosten sind z. B. Miete, Büromaterial, Werbung oder Versicherungen. Eine ausführliche Aufstellung entsprechend dem Kontenplan von ACI finden Sie in der folgenden Übersicht. Zu den Gemeinkosten gehören auch alle Lohn- und Gehaltskostenanteile, die einem Auftrag nicht direkt zuzuordnen sind. In der Werkstattrechnung wurden 3 Stunden direkt ausgewiesen. Diese Stunden sind **Einzelkostenlöhne** oder **Fertigungslöhne**, da sie mit dem Kunden direkt verrechnet werden können. Viele Arbeiten und an Mitarbeiter bezahlte Abwesenheitszeiten (vgl. folgende Seiten) sind **unproduktive** Löhne und Gehälter und damit **Gemeinkosten**, die über einen Aufschlag in die Preiskalkulation gelangen. **Unproduktiv** heißt in diesem Sinne nicht „unnütze“ Stunden, sondern es sind Löhne und Gehälter, die der Kunde **nicht direkt** in Rechnung gestellt bekommen hat. Jedes Unternehmen muss versuchen, sowohl die direkten (produktiven) als auch die indirekten (unproduktiven) Löhne und Gehälter so gering wie möglich zu halten.

Den Einzelkosten können neben den Fertigungslöhnen noch die **direkt** auf der Rechnung ausgewiesenen **Materialien** oder **Einbauteile** zugeordnet werden. Möglich sind auch **Sondereinzelkosten**, z. B. Sondereinzelkosten der Fertigung (Sonderzeichnungen, Lizenzen, Modelle, Schablonen zur Fertigung, Spezialwerkzeuge) oder Sondereinzelkosten des Vertriebes (Vertriebsprovisionen an Vermittler oder Tagegelder für Mitarbeiter).

Zur einfacheren Zuordnung der Kosten wurde folgende Übersicht nach dem Kontenplan von ACI erstellt:

Einzelkosten lassen sich **direkt** einem Produkt oder Auftrag zuordnen.	▪ Aufwendungen für Rohstoffe (Fertigungsmaterial) ▪ Fertigungslöhne (direkt verrechenbare Löhne) ▪ Sondereinzelkosten	
Gemeinkosten können einem Produkt oder Auftrag nur **indirekt** über Zuschlagssätze zugeordnet werden.	▪ Aufwendungen für Hilfsstoffe ▪ Aufwendungen für Betriebsstoffe ▪ Nicht direkt verrechenbare Löhne und Gehälter (unproduktive Löhne und Gehälter) ▪ Sozialabgaben ▪ Aufwendungen für Verpackung ▪ Aufwendungen für Energie ▪ Aufwendungen für Reparaturmaterial ▪ Aufwendungen für bezogene Leistungen ▪ Frachten und Fremdlager ▪ Aufwendungen für Personaleinstellungen ▪ Aufwendungen für übernommene Fahrtkosten ▪ Aufwendungen für Arbeitssicherheit ▪ Aufwendungen für Fort- und Weiterbildung ▪ Aufwendungen für Dienstjubiläen ▪ Aufwendungen für Belegschaftsveranstaltungen	▪ Sozialeinrichtungen ▪ Mieten, Pachten ▪ Leasing ▪ Kosten des Geldverkehrs ▪ Rechts- und Beratungskosten ▪ Büromaterial ▪ Zeitungen u. Fachliteratur ▪ Kommunikationskosten ▪ Aufwendungen für Werbung ▪ Versicherungen ▪ Betriebliche Steuern ▪ Kalkulatorische Abschreibungen (Sachanlagen) ▪ Kalkulatorische Zinsen ▪ Kalkulatorische Löhne und Gehälter (aufwandslos) ▪ Kalkulatorische Wagnisse ▪ Sonstige kalkulatorische Kosten
Gemeinkostenzuschlagssatz auf produktive Löhne (Fertigungslöhne)	$= \frac{\text{Gemeinkosten} \times 100}{\text{Fertigungslöhne}}$ z. B. $\frac{500.000 \times 100}{280.000} = 178{,}6\,\%$	

Beispiel:

Berechnen Sie die Gemeinkosten, Einzelkosten und Selbstkosten sowie den Gemeinkostenzuschlagssatz auf produktive Löhne nach folgenden Angaben:

Soll	Gewinn-und-Verlust-Rechnung		Haben
Materialaufwand	330.000,00	Umsatzerlöse	900.000,00
Löhne und Gehälter	290.000,00	Bestandsveränderungen	20.000,00
Sozialabgaben	80.000,00	Aktivierte Eigenleistungen	30.000,00
Abschreibungen	31.000,00	Mieterträge	12.000,00
Beratungskosten	7.000,00	Zinserträge	8.000,00
Büromaterial	4.000,00	Periodenfremde Erträge	10.000,00
Kommunikationskosten	13.000,00		
Aufwendungen für Werbung	45.000,00		
Versicherungen	17.000,00		
Sonstige betriebliche Aufwendungen	21.000,00		
Verluste aus Schadensfällen	10.000,00		
Zinsaufwendungen	15.000,00		
Gewinn	117.000,00		
	980.000,00		980.000,00

Folgende Zusatzangaben für die KLR sollen berücksichtigt werden:

- Von den Löhnen und Gehältern der GuV entfallen 180.000,00 € auf Fertigungslöhne und 110.000,00 € auf unproduktive Löhne und Gehälter (Gemeinkostenlöhne und -gehälter)
- Die sonstigen betrieblichen Aufwendungen sind Gemeinkosten.

- Kalkulatorische Löhne und Gehälter von unbezahlten Überstunden (nicht in der GuV): 18.000,00 € sind je zu 50 % unproduktiv und produktiv.
- Kalkulatorische Zinsen zusätzlich zu den Zinsaufwendungen der GuV als Eigenkapitalzinsen: 7.000,00 €
- Kalkulatorische Abschreibungen: Sie weichen von den bilanziellen Abschreibungen der GuV ab und sind um 6.000,00 € niedriger.
- Anstelle der Verluste aus Schadensfällen sollen jährlich 15.000,00 € für kalkulatorische Wagnisse in die KLR einfließen.

Lösung:

Gemeinkosten (GK)	Unproduktive Löhne und Gehälter	Produktive Löhne und Gehälter	Einzelkosten (EK)	Selbstkosten (SK)
80.000	110.000	180.000	330.000	EK: 519.000
25.000 (kalkul. Abschreib.)	9.000	9.000	189.000	+ GK: 368.000
7.000	119.000	189.000	519.000	= SK: 887.000
4.000				
13.000				
45.000				
17.000				
21.000				
22.000 (kalkul. Zinsen)				
15.000 (kalkul. Wagnisse)				
119.000				
368.000				

$$\text{Gemeinkostenzuschlagssatz auf produktive Löhne (Fertigungslöhne)} = \frac{368.000 \times 100}{189.000} = 194{,}71\,\%$$

Aufgaben

1. Was ist richtig, was falsch?
   a) Kalkulatorische Kosten sind Zusatzkosten, ihre Beträge stehen nicht immer in der GuV.
   b) Abschreibungen sind Anderskosten, da in der Kostenrechnung kalkulatorisch andere Wertansätze genutzt werden.
   c) Die Kostenrechnung muss einmal jährlich beim Steuerberater eingereicht werden.
   d) Ohne Kostenrechnung kennt der Unternehmer seine Gesamtkosten nicht.
   e) Einzelkosten sind Kosten wie Miete oder Versicherungen, die einzeln bezahlt werden.
   f) Gemeinkosten sind indirekt verrechnete Kosten.
   g) Fertigungslöhne sind Einzelkosten.
   h) Hilfsstoffe sind Einzelkosten, während Aufwendungen für Rohstoffe zu den Gemeinkosten zählen.
2. Berechnen Sie die Gemeinkosten, Einzelkosten und Selbstkosten sowie den Gemeinkostenzuschlagssatz auf produktive Löhne nach folgenden Angaben (siehe folgende Seite oben).

Folgende Zusatzangaben für die KLR sollen berücksichtigt werden:

- Von den Löhnen und Gehältern der GuV sind 400.000,00 € Fertigungslöhne und 250.000,00 € unproduktive Löhne und Gehälter (Gemeinkostenlöhne und -gehälter).
- Die sonstigen betrieblichen Aufwendungen sind Gemeinkosten.
- Kalkulatorische Löhne und Gehälter von unbezahlten Überstunden (nicht in der GuV) in Höhe von 7.000,00 € sind zu 100 % unproduktiv.
- Kalkulatorische Zinsen zusätzlich zu den Zinsaufwendungen der GuV als Eigenkapitalzinsen: 9.000,00 €
- Kalkulatorische Abschreibungen: Sie weichen von den bilanziellen Abschreibungen der GuV ab und sind um 10.000,00 € höher.
- Anstelle der Verluste aus Schadensfällen sollen jährlich 16.000,00 € für kalkulatorische Wagnisse in die KLR einfließen.

Soll		Gewinn-und-Verlust-Rechnung	Haben
Materialaufwand	424.000,00	Umsatzerlöse	1.520.000,00
Löhne und Gehälter	650.000,00	Aktivierte Eigenleistungen	50.000,00
Sozialabgaben	133.000,00	Mieterträge	88.000,00
Abschreibungen	93.000,00	Zinserträge	55.000,00
Beratungskosten	17.000,00		
Büromaterial	8.000,00		
Kommunikationskosten	12.000,00		
Aufwendungen für Werbung	81.000,00		
Versicherungen	16.000,00		
Sonstige betriebliche Aufwendungen	63.000,00		
Verluste aus Schadensfällen	32.000,00		
Zinsaufwendungen	11.000,00		
Periodenfremde Aufwendungen	21.000,00		
Bestandsveränderungen	54.000,00		
Gewinn	98.000,00		
	1.713.000,00		1.713.000,00

W

Berechnung der produktiven und unproduktiven Stunden	
Unproduktive, nicht direkt verrechenbare Stunden	**Abwesenheitsstunden in der Herstellung** (für Feiertage, Krankheitstage, freie Arbeitstage, Schulbesuche/Weiterbildung etc.) + **Nicht direkt verrechenbare Anwesenheitsstunden in der Herstellung** (z. B. Kulanzarbeiten/nicht in Rechnung gestellter Service, Reinigungsarbeiten, Vor- und Nachbereitungsarbeiten, eigene Reparaturen, Bereitschaftsdienst, Be- und Entladungsarbeiten, Lagerarbeiten) + **Stunden in Verwaltung und Vertrieb** = **Unproduktive Stunden (nicht direkt verrechenbare Stunden)**
Produktive, direkt verrechenbare Stunden	Produktive Stunden lt. Arbeitskarte (mit Kunden abgerechnete Stunden) = Produktive Stunden (direkt verrechenbare Stunden)

Beispiel:
Laut Arbeitsbegleitkarten der Mitarbeiter ergaben sich folgende Eintragungen für den Monat März:

Eintragungen in den Arbeitsbegleitkarten	Stunden
Feiertage	50
Krankheit	80
Freie Arbeitstage	20
Schule und Weiterbildung	30
Kulanzarbeiten/kostenloser Service	50
Reinigungsarbeiten	30
Vor-/Nachbereitungsarbeiten	60
Eigene Reparaturen etc.	5
Bereitschaftsdienst	5
Lagerarbeiten	40
Sonstige unproduktive Arbeiten	30
Verwaltung und Betrieb	640
Unproduktive Stunden gesamt	**1.040**
Produktive Löhne und Gehälter lt. Arbeitsbegleitkarten	800
Gemeinkostenaufschlag für unproduktive Löhne und Gehälter (vereinfacht)	**130,0 %**

Aufgaben

1. Berechnen Sie vereinfacht die unproduktiven Löhne und Gehälter (Gemeinkostenlöhne und -gehälter) sowie den Gemeinkostenaufschlag für unproduktive Löhne und Gehälter.

Eintragungen in den Arbeitsbegleitkarten	Stunden
Feiertage	30
Krankheit	50
Freie Arbeitstage	10
Schule und Weiterbildung	40
Kulanzarbeiten/kostenloser Service	70
Reinigungsarbeiten	40
Vor-/Nachbereitungsarbeiten	50
Eigene Reparaturen etc.	3
Bereitschaftsdienst	12
Lagerarbeiten	35
Sonstige unproduktive Arbeiten	40
Verwaltung und Vertrieb	750
Produktive Löhne und Gehälter lt. Arbeitsbegleitkarten	940

2. Berechnen Sie die Gemeinkosten, Einzelkosten und Selbstkosten sowie den Gemeinkostenzuschlagssatz auf produktive Löhne nach folgenden Angaben:

Soll	Gewinn-und-Verlust-Rechnung		Haben
Materialaufwand	560.000,00	Umsatzerlöse	1.866.000,00
Löhne und Gehälter	790.000,00	Zinserträge	2.000,00
Sozialabgaben	210.000,00	Periodenfremde Erträge	5.000,00
Abschreibungen	60.000,00		
Beratungskosten	8.000,00		
Büromaterial	7.000,00		
Kommunikationskosten	16.000,00		
Aufwendungen für Werbung	28.000,00		
Versicherungen	12.000,00		
Sonstige betriebliche Aufwendungen	29.000,00		
Verluste aus Schadensfällen	11.000,00		
Zinsaufwendungen	15.000,00		
Bestandsveränderungen	10.000,00		
Gewinn	117.000,00		
	1.873.000,00		1.873.000,00

Folgende Zusatzangaben für die KLR sollen berücksichtigt werden:

- Von den Löhnen und Gehältern der GuV entfallen 500.000,00 € auf Fertigungslöhne und 290.000,00 € auf unproduktive Löhne und Gehälter (Gemeinkostenlöhne und -gehälter).
- Die sonstigen betrieblichen Aufwendungen sind Gemeinkosten.
- Kalkulatorische Löhne und Gehälter von unbezahlten Überstunden (nicht in der GuV) in Höhe von 20.000,00 € sind je zu 50 % unproduktiv und produktiv.
- Kalkulatorische Zinsen zusätzlich zu den Zinsaufwendungen der GuV als Eigenkapitalzinsen: 10.000,00 €
- Kalkulatorische Abschreibungen weichen von den bilanziellen Abschreibungen der GuV ab und sind um 20.000,00 € niedriger.
- Anstelle der Verluste aus Schadensfällen sollen jährlich 15.000,00 € für kalkulatorische Wagnisse in die KLR einfließen.

4.7.2.4 Kalkulation mit Gemeinkostenzuschlagssatz

S Anna und Kerstin wollen mit dem Gemeinkostenzuschlagssatz Angebote kalkulieren.

Durch den Gemeinkostenzuschlagssatz werden die Gemeinkosten auf der Basis der Einzelkosten aufgeschlagen. Mithilfe des Gemeinkostenzuschlagssatzes wurde bereits der Stundenverrechnungssatz kalkuliert, indem der Gemeinkostenaufschlag auf den Einzelkostenlohn (Fertigungslohn) und auf die Selbstkosten noch einmal der Gewinnaufschlag (vgl. unten) aufgeschlagen wurde. Der Kunde erhält natürlich von dieser **internen Kalkulation** keine Kenntnis, ihm wird nur das Ergebnis mitgeteilt (Angebotspreis).

Über den **Gemeinkostenzuschlagssatz auf produktive Löhne** kann auch der Angebotspreis kalkuliert werden (vgl. unten), wenn die Anzahl der Fertigungsstunden bekannt ist. Auch hier erhält der Kunde nicht die interne Kalkulation, sondern bekommt nur das Ergebnis vorgelegt.

Es kommt häufig vor, dass zum Auftrag Material und Fertigungsstunden eingesetzt werden müssen. Da der Aufschlag auf die Einzelkosten (Material und Fertigungslöhne) wegen des relativ hohen Materialpreises zu einer ungerechten Kalkulation bei hohen Materialpreisen führen würde, errechnet man für Material einen eigenen **Materialgemeinkostenzuschlagssatz** und für Fertigungslöhne einen Gemeinkostenzuschlag für die restlichen Gemeinkosten auf produktive Löhne. Im folgenden Beispiel unten wurde z. B. mit einem Gemeinkostenzuschlagssatz auf Material von 20 % und auf Fertigungslöhne von 160 % gerechnet.

W

Kalkulation mit Gemeinkostenzuschlagssatz		
Berechnung des Stundenverrechnungssatzes	Produktiver Lohnsatz (Fertigungslohn)	15,00 €
	+ Gemeinkostenzuschlagssatz auf produktive Löhne 180 %	27,00 €
	= **Selbstkostensatz**	42,00 €
	+ Gewinnaufschlag 10 %	4,20 €
	= **Stundenverrechnungssatz (Barpreis) netto**	**46,20 €**
	NR.: 15 × 1,8 = 27	
Angebotskalkulation mit Gemeinkostenzuschlag auf produktive Löhne (Fertigungslöhne)	Beispiel: Einem Kunden soll ein Angebotspreis (Barpreis) für seinen Auftrag kalkuliert werden. Gerechnet wird mit einem Mitarbeitereinsatz von insgesamt 8 Stunden (Basispreis 14,00 €, 170 % Gemeinkostenaufschlag) und 8 % Gewinn.	
	Kalkulation:	
	8 Mitarbeiterstunden à 14,00 €	112,00 €
	+ Gemeinkostenzuschlagssatz 170 %	190,40 €
	= **Selbstkosten**	**302,40 €**
	+ 10 % Gewinn	30,24 €
	= **Angebotspreis (Barpreis) netto**	**332,64 €**
	Der Angebotspreis beträgt 332,64 € zzgl. Umsatzsteuer.	
Angebotskalkulation mit Gemeinkostenzuschlag auf Material und produktive Löhne (Fertigungslöhne)	Beispiel: Einem Kunden soll ein Angebotspreis (Barpreis) für seinen Auftrag kalkuliert werden. Gerechnet wird mit einem Materialeinsatz von 120,00 €, einem Materialgemeinkostenzuschlagssatz von 20 %, einem Mitarbeitereinsatz von insgesamt 5 Stunden (Basispreis 14,00 €, 160 % Gemeinkostenaufschlag) und 10 % Gewinn.	
	Kalkulation:	
	Materialeinsatz	120,00 €
	+ Gemeinkostenzuschlagssatz 20 %	24,00 €
	= Materialkosten	144,00 €
	+ 5 Mitarbeiterstunden à 14,00 €	70,00 €
	+ Gemeinkostenzuschlagssatz 160 %	112,00 €
	= **Selbstkosten**	**326,00 €**
	+ 10 % Gewinn	32,60 €
	= **Angebotspreis (Barpreis) netto**	**358,60 €**
	Der Angebotspreis beträgt 358,60 € zzgl. Umsatzsteuer.	

Aufgaben

1. Errechnen Sie mit folgenden Angaben: unproduktive Löhne 30.000,00 €, produktive Löhne 120.000,00 €, sonstige Gemeinkosten 240.000,00 €, sonstige Einzelkosten 100.000,00 €.
   a) Selbstkosten in Euro
   b) Gemeinkostenzuschlagssatz auf produktive Löhne in Prozent
   c) Anteil der unproduktiven Löhne an den Gesamtlohnkosten in Prozent
2. Berechnen Sie die Stundenverrechnungssätze netto (ohne Umsatzsteuer).
   a) Durchschnittlicher Stundenlohnsatz Fertigungslöhne 16,00 €, Gemeinkostenzuschlagssatz auf produktive Löhne (Fertigungslöhne) 210 %, Gewinnaufschlag 12 %
   b) Furchschnittlicher Stundenlohnsatz Fertigungslöhne 12,00 €, Gemeinkostenzuschlagssatz auf produktive Löhne (Fertigungslöhne) 160 %, Gewinnaufschlag 7 %
   c) Furchschnittlicher Stundenlohnsatz Fertigungslöhne 14,50 €, Gemeinkostenzuschlagssatz auf produktive Löhne (Fertigungslöhne) 175 %, Gewinnaufschlag 8,5 %
3. Berechnen Sie die Angebotspreise nach folgenden Angaben:
   a) Fertigungslöhne 15 Stunden, durchschnittlicher Stundenlohnsatz Fertigungslöhne 16,00 €, Gemeinkostenzuschlagssatz auf produktive Löhne (Fertigungslöhne) 210 %, Gewinnaufschlag 12 %
   b) Fertigungslöhne 240 Stunden, durchschnittlicher Stundenlohnsatz Fertigungslöhne 12,00 €, Gemeinkostenzuschlagssatz auf produktive Löhne (Fertigungslöhne) 160 %, Gewinnaufschlag 7 %
   c) Fertigungslöhne 85 Stunden, durchschnittlicher Stundenlohnsatz Fertigungslöhne 14,50 €, Gemeinkostenzuschlagssatz auf produktive Löhne (Fertigungslöhne) 175 %, Gewinnaufschlag 8,5 %
   d) Materialeinsatz 500,00 €, Fertigungslöhne 20 Stunden, durchschnittlicher Stundenlohnsatz Fertigungslöhne 14,00 €, Materialgemeinkostenzuschlagssatz 20 %, Gemeinkostenzuschlagssatz auf produktive Löhne (Fertigungslöhne) 165 %, Gewinnaufschlag 9 %
   e) Materialeinsatz 4.000,00 €, Fertigungslöhne 120 Stunden, durchschnittlicher Stundenlohnsatz Fertigungslöhne 14,50 €, Materialgemeinkostenzuschlagssatz 20 %, Gemeinkostenzuschlagssatz auf produktive Löhne (Fertigungslöhne) 165 %, Gewinnaufschlag 8 %
   f) Materialeinsatz 15.000,00 €, Fertigungslöhne 150 Stunden, durchschnittlicher Stundenlohnsatz Fertigungslöhne 13,50 €, Materialgemeinkostenzuschlagssatz 15 %, Gemeinkostenzuschlagssatz auf produktive Löhne (Fertigungslöhne) 185 %, Gewinnaufschlag 11 %

4.7.2.5 Fixe und variable Kosten, Gewinnschwelle

S

Bei ACI wird über fixe Kosten und variable Kosten diskutiert. Kerstin will sich genauer informieren, wie man diese Kosten ausrechnet und was man damit auswerten kann.

Die Kosten lassen sich danach unterscheiden,

- ob sie abhängig sind von der Leistung bzw. Produktionsmenge bzw.
- wie sie sich bei Änderung der Produktionsmenge verändern.

Im folgenden Schaubild sieht man, dass die fixen Kosten unabhängig von der Produktionsmenge gleich sind. Diese Kosten fallen in gleicher Höhe an, sowohl wenn nicht produziert wird als auch wenn an der Kapazitätsgrenze (Produktionsauslastung 100 %) gearbeitet wird. Zu den fixen oder festen Kosten gehören Mieten, alle festen Gehälter, Grundgebühren, Versicherungen, zeitabhängige Abschreibungen auf Sachanlagen, Stromkosten für die Grundversorgung des Betriebes etc. Erfolgt ein Ausbau der Produktionskapazität, z. B. indem eine Produktionshalle angebaut und weitere Maschinen installiert werden, so entsteht ein Fixkostensprung, weil die festen Kosten gestiegen sind.

Die variablen Kosten steigen pro Stück. Wird nichts produziert, existieren keine variablen Kosten, werden 1.000 Stück zu variablen Stückkosten von 3,00 € produziert, betragen die variablen Stückkosten 3.000,00 €.

Addiert man bezogen auf eine bestimmte Produktionsmenge die fixen und variablen Kosten, so erhält man die Gesamtkosten für diese Produktionsmenge. Betragen die fixen Kosten pro Monat 5.000,00 €, liegt die Kapazitätsgrenze bei 8.000 Stück und entstehen variable Kosten pro Stück von 3,00 €, so entstehen an der Kapazitätsgrenze Gesamtkosten von 29.000,00 € (5.000 + 8.000 × 3).

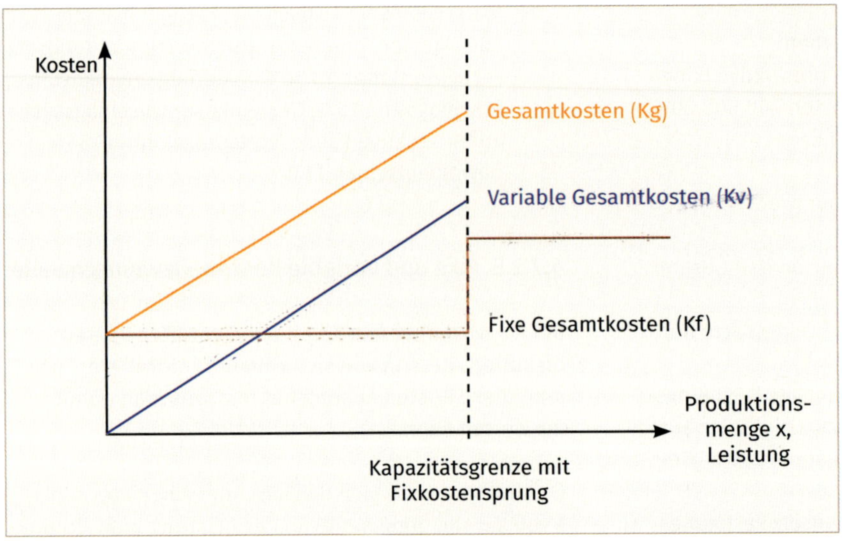

Aufgaben

Bestimmen Sie die fixen und variablen Kosten sowie die Gesamtkosten rechnerisch und zeichnerisch.

a) Berechnen Sie die Höhe der variablen Kosten sowie der Gesamtkosten bei folgenden Angaben: fixe Kosten 15.000,00 €, Produktionsmenge 12.000 Stück, variable Stückkosten 4,50 €.

b) Folgende Aufstellung aus der GuV für die Kostenrechnung ist gegeben:

Materialaufwand (variabel)	424.000,00 €
Aufwendungen für Energie (30 % fix)	20.000,00 €
Löhne und Gehälter (60 % fix)	650.000,00 €
Sozialabgaben (60 % fix)	133.000,00 €
Abschreibungen (kalkulatorisch, 50 % fix)	93.000,00 €
Beratungskosten (80 % fix)	17.000,00 €
Büromaterial (60 % fix)	8.000,00 €
Kommunikationskosten (20 % fix)	12.000,00 €
Aufwendungen für Werbung (10 % fix)	81.000,00 €
Versicherungen (70 % fix)	16.000,00 €
Sonstige betriebliche Aufwendungen (70 % fix)	63.000,00 €
Verluste aus Schadensfällen (10 % fix)	32.000,00 €
Zinsaufwendungen (kalkulatorisch, 85 % fix)	11.000,00 €

Berechnen Sie die gesamten fixen und variablen Kosten und den Anteil der fixen und variablen Kosten an den Gesamtkosten in Prozent. Nennen Sie zu den einzelnen Kosten auch Gründe, warum sie zu den variablen oder fixen Kosten zählen.

c) Zeichnen Sie ein Koordinatensystem (Produktionsmenge x auf der horizontalen Achse (Abszisse) und Kf, Kv und Kg auf der vertikalen Achse (Ordinate)) und berücksichtigen Sie dabei folgende Angaben: Kapazitätsgrenze 20.000 Stück, variable Stückkosten 3,00 €, fixe Kosten 30.000,00 €. Eine Vorlage finden Sie im Arbeitsheft. AH

W

Fixe Kosten	Fixe Kosten sind Einzel- und Gemeinkosten, die sich bei Veränderung des Beschäftigungsgrades bzw. der Leistung nicht verändern. Sie bleiben konstant, solange die Produktionskapazität des Betriebes sich nicht verändert. Sie fallen auch dann an, wenn der Betrieb keine Leistung erbringt, z. B. in den Betriebsferien. Fixe Kosten werden daher auch als Kosten der Betriebsbereitschaft bezeichnet, z. B. Miete, Zinsen für das festgebundene Anlagevermögen, Versicherungsprämien, Grundgebühren für Strom/Gas/Wasser, Gehälter usw. Wird die Kapazitätsgrenze durch einen Ausbau des Betriebes und der Produktionskapazität erhöht, kommt es zu einem Fixkostensprung.
Variable Kosten	Variable Kosten sind solche Einzel- und Gemeinkosten, die sich abhängig von der Beschäftigung/Leistung des Betriebes verändern. Je mehr Einheiten produziert werden, desto höher sind die variablen Kosten. Vereinfacht wird angenommen, dass die variablen Kosten immer gleich (proportional oder linear) zur Produktionsmenge steigen. Es ist jedoch auch möglich, dass die variablen Kosten mit höherer Produktionsmenge ▪ überproportional steigen, z. B. durch höheren Ausschuss bei höherer Produktion, oder ▪ unterproportional steigen, z. B. aufgrund von höheren Mengenrabatten bei Rohstoffeinkäufen und einer besseren Auslastung der Maschinen.

Feststellung der Gewinnschwelle

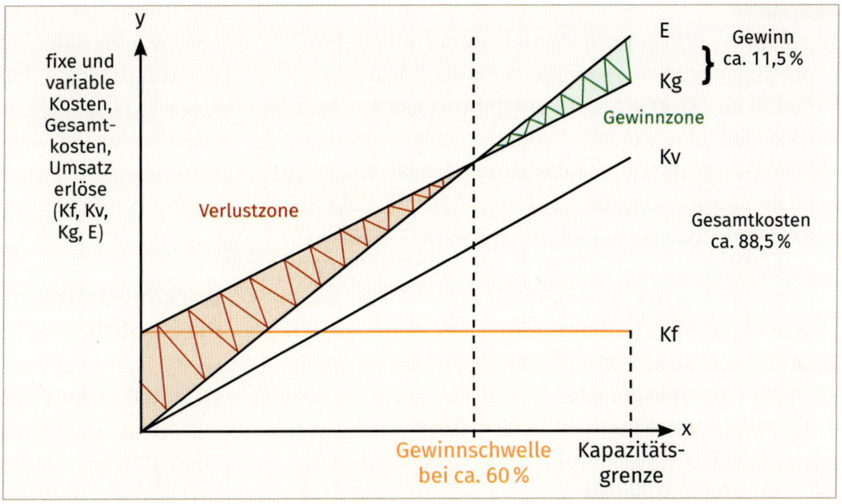

Die Gewinnschwelle wird erreicht, wenn die Gesamterlöse den Gesamtkosten entsprechen. Um die Gewinnschwelle zeichnerisch zu bestimmen, zeichnet man die Gesamtkostenkurve und die Erlöskurve in ein Koordinatensystem ein. Der Schnittpunkt der beiden Kurven markiert die Gewinnschwelle. Oberhalb davon liegt die Gewinnzone, unterhalb davon die Verlustzone. Fällt man von der Gewinnschwelle das Lot auf die x-Achse, auf der die Produktionsmenge angezeigt wird, so kann man in etwa die Produktionsmenge an der Gewinnschwelle feststellen. Die Gewinnschwelle lässt sich jedoch auch rechnerisch ermitteln (vgl. Infokasten unten). Betriebswirtschaftlich ist es wichtig, die Gewinnschwelle des Unternehmens zu kennen und Jahr für Jahr zu vergleichen. Wenn sich z. B. die Gewinnschwelle von 75 % auf 90 % der Auslastung verändert hat, weiß man einerseits, dass man auch günstiger produzieren konnte, andererseits, dass man die Kosten vermindern muss. Es ist nicht immer möglich, eine durchschnittliche Kapazitätsauslastung von 90 % sicherzustellen und damit gerade aus dem Verlustbereich herauszukommen. Bei nicht wenigen Betrieben liegt die durchschnittliche Kapazitätsauslastung eher bei 70 %. Läge die Gewinnschwelle jedoch bei 90 %, hätte man auf Sicht keine Chance, in die Gewinnzone zu kommen. Man müsste sofort tiefgreifende Maßnahmen zur Erhöhung der Auslastung und zur Senkung der fixen und variablen Kosten ergreifen.

Gewinnschwelle (Break-even-Point)

W

An der Gewinnschwelle entsprechen die **Gesamtkosten den Gesamterlösen**, sodass **kein Gewinn** besteht. Bei niedrigerer Ausbringungsmenge x geht man in die Verlustzone, bei höherer Auslastung in die Gewinnzone. Die Feststellung der Gewinnschwelle kann **zeichnerisch** oder nach unten stehendem **Gleichungssystem** erfolgen:

Zeichnerische Lösung: Zunächst wird ein Koordinatensystem entsprechend der obigen Abbildung gezeichnet, wobei zuvor festgestellt werden muss, welcher Zahlenraum hier zu berücksichtigen ist. Auf der x-Achse wird der Zahlenraum durch die Kapazitätsgrenze bestimmt, auf der y-Achse durch die Erlöse E und die Gesamtkosten Kg an der Kapazitätsgrenze. Die fixen Kosten werden mit einer parallelen Linie zur x-Achse eingezeichnet. Die Gesamtkostenkurve beginnt bei x = 0 in Höhe der fixen Kosten und verläuft bei einem angenommenen linearen Verlauf bis zum Gesamtkostenpunkt an der Kapazitätsgrenze (fixe Kosten + Gesamtkosten). Die Erlöskurve beginnt bei x = 0 und Erlöse E = 0 und verläuft linear bis zum Punkt der Gesamterlöse an der Kapazitätsgrenze. Der Schnittpunkt der Erlöskurve (E) und der Gesamtkostenkurve (Kg) gibt die Gewinnschwelle an, das Lot auf die x-Achse verweist auf die Produktionsmenge (x) an der Gewinnschwelle.

(Algebraische) Gleichung	**Zahlenbeispiel**
Gegeben: E = Erlöse, Kg = Gesamtkosten, e = Erlöse pro Stück, Kf = fixe Kosten, kv = variable Stückkosten Gleichung: $E = Kg$ $x \times e = Kf + x \cdot kv$ $x \times e - x \times kv = Kf$ $x \times (e - kv) = Kf$ Formel zur Berechnung der Gewinnschwelle: $\mathbf{x = \frac{Kf}{e - kv}}$	Gegeben: e = 20, Kf = 20.000, kv = 12 Berechnung: $x \times 20 = 20.000 + x \times 12$ $x \times 20 - x \times 12 = 20.000$ $x \times (20 - 12) = 20.000$ $x = \frac{20.000}{8} = 2.500$ Stück Antwortsatz: Die Gewinnschwelle liegt bei einer Stückzahl von 2.500.

Gewinn an der Kapazitätsgrenze: Gewinn = Erlöse – Gesamtkosten oder Gewinn = x × e – Kf – x · kv

Beispiel:
Kapazitätsgrenze 5.000 Stück, Verkaufspreis pro Stück (e) 8,00 €, fixe Kosten (Kf) 10.000,00 €, variable Stückkosten (kv) 4,00 €
Lösung:
Gewinn = 5.000 × 8 – 10.000 – 5.000 × 4 = 40.000 – 10.000 – 20.000 = 10.000,00 €

Aufgaben

1. Zeichnen Sie in ein Koordinatensystem mit der Produktionsmenge x auf der horizontalen Achse (Abszisse) und Kf, Kv, Kg und E auf der vertikalen Achse (Ordinate) die Fixkosten, variablen Kosten, Gesamtkosten und Erlöse ein und ermitteln Sie die Stückzahl an der Gewinnschwelle. Berücksichtigen Sie dabei folgende Angaben: Kapazitätsgrenze 12.000 Stück, variable Stückkosten 5,00 €, fixe Kosten 20.000,00 €, Verkaufspreis bzw. Erlös pro Stück 7,00 €. Eine Vorlage finden Sie im Arbeitsheft.

AH

2. Berechnen Sie die Gewinnschwelle und den Gewinn an der Kapazitätsgrenze.
   a) Verkaufspreis netto (e) 12,00 €, fixe Kosten 20.000,00 €, variable Stückkosten 8,00 €, Kapazitätsgrenze 6.000 Stück
   b) Fixe Kosten 9.000,00 €, variable Stückkosten 3,00 €, Verkaufspreis netto 6,00 €, Kapazitätsgrenze 5.000 Stück
   c) Kapazitätsgrenze 100 Stück, fixe Kosten 32.000,00 €, variable Stückkosten 600,00 €, Verkaufspreis netto 1.000,00 €
   d) Kapazitätsgrenze 1.800 Stück, fixe Kosten 40.000,00 €, variable Stückkosten 50,00 €, Verkaufspreis netto 70,00 €

4.7.2.6 Teilkosten- und Deckungsbeitragsrechnung

S Zwei Programmierer klagen über eine „Flaute", die Auslastung ihres Softwarebetriebes beträgt gerade einmal 40 % der möglichen Vollbeschäftigung. Ein Programmierer will das Angebot eines Systemhauses annehmen und ein Programm 40 % unter Preis für 15.000,00 € statt für 25.000,00 € anbieten. Der andere Programmierer kontert und behauptet, dies wäre ihr Ruin, da der Selbstkostenpreis bei 20.000,00 € liegen würde. Was meinen Sie?

Es kann durchaus sein, dass mit dieser Maßnahme das Betriebsergebnis verbessert wird. Zuerst sind die variablen Kosten für diesen Auftrag zu bestimmen. Wenn die variablen Kosten 10.000,00 € betragen, dann würde der zusätzliche Auftrag 5.000,00 € zur Deckung der unabhängig davon anfallenden Fixkosten beitragen und somit das Betriebsergebnis insgesamt verbessern. Jeder Auftrag, der bei Unterbeschäftigung also mehr als die variablen Kosten einbringt und durch den niedrigeren Preis den anderen Aufträgen nicht schadet, trägt als Deckungsbeitrag zur Verbesserung des Betriebsergebnisses bei.

Die Deckungsbeitragsrechnung unterteilt die Selbstkosten in variable und fixe Kosten und berechnet den Deckungsbeitrag, indem von den Erlösen (im Beispiel 15.000,00 €) die variablen Kosten (im Beispiel 10.000,00 €) abgezogen werden. Die Deckungsbeitragsrechnung ist insbesondere in Phasen der Unterbeschäftigung von Bedeutung.

Deckungsbeitragsrechnung als Instrument der Preispolitik

Grundsätzlich ist es besser, eine Vollbeschäftigung anzustreben, auch wenn dies bei manchen Umsatzträgern oder Aufträgen kurzfristig mit niedrigeren als den kalkulierten Preisen verbunden ist.

Der Preis kann vorübergehend (z. B. für Marketingaktionen, Neukundengewinnung, Abwehr von Konkurrenzangeboten) bis auf die Höhe der variablen Kosten als absolute Preisuntergrenze abgesenkt werden, wenn dadurch keine Liquiditätsprobleme (Zahlungsschwierigkeiten) entstehen. Bei dieser Preisuntergrenze = variable Kosten würden fixe Kosten und Gewinn außer Acht gelassen. Jeder zusätzliche Deckungsbeitrag bei höheren Preisen verbessert das Betriebsergebnis insgesamt. Die Gefahr besteht jedoch, dass sich der Markt auf das niedrige Preisniveau einstellt und Preiserhöhungen danach nicht mehr möglich sind. Werden die Selbstkosten aus variablen und fixen Kosten nicht durch die Gesamterlöse gedeckt, verzeichnet der Betrieb einen Verlust. Darüber hinaus muss bei einer Preisreduktion auf die variablen Kosten auch berücksichtigt werden, dass für den Betrieb aufgrund der Zahlungsverpflichtungen hinsichtlich der fixen Kosten (z. B. Mieten, Gehälter, Versicherungen) schnell Zahlungs- oder Liquiditätsprobleme entstehen können.

Daraus resultieren die folgenden wichtigen Schlussfolgerungen:

- Preis nur dann langfristig senken, wenn die allgemeine Kostensituation eine Preissenkung rechtfertigt
- Preise nur dann kurzfristig senken, wenn Kunden diese Preissenkung als kurzfristigen Preis (Aktionswoche mit Lockangebot) oder als günstigeres Produkt (Billigprodukt, Einsteigerprodukt, No-Name-Produkt usw.) ansehen oder, besser noch, wenn niedrigere Preise in anderen Kundensegmenten angeboten werden (z. B. ein Programmierer einer Lagersoftware bietet eine Hausverwaltung an usw.)

Deckungsbeitragsrechnung als Instrument der Sortimentspolitik

Auf der Basis der Vollkostenrechnung würden Umsatzträger aus dem Sortiment genommen oder Aufträge abgelehnt werden, die keinen Gewinn (Umsatzerlöse – Gesamtkosten = Gewinn) abwerfen. Wenn man Ersatzumsatzträger oder Aufträge findet, die einen Gewinnausgleich schaffen können oder vielleicht noch überkompensieren, ist dies sicherlich die richtige Vorgehensweise. Zu beachten ist jedoch, dass die Herausnahme eines Umsatzträgers keinen Umsatzverlust bei den anderen Umsatzträgern bewirkt, z. B. der Verzicht auf Webdesign das Kerngeschäft negativ beeinflusst.

Mit der Deckungsbeitragsrechnung kann man schnell nachweisen, ob es sinnvoller gewesen wäre, den Umsatzträger (z. B. Webdesign) im Geschäft zu belassen. Fällt der berechnete Deckungsbeitrag positiv aus, dann ist der Umsatzträger so lange gut für das Geschäft, wie kein besserer Umsatzträger oder Auftrag vorliegt. Existiert keine bessere Alternative, sollte man also einen Umsatzträger im Sortiment belassen oder einen Auftrag mit einem positiven Deckungsbeitrag annehmen, um somit das Betriebsergebnis zu verbessern.

Deckungsbeitragsrechnung als Instrument der Werbung (Kommunikationspolitik)

Es ist zu empfehlen, genau die Umsatzträger zu bewerben, die einen hohen Deckungsbeitrag erbringen, da auf diese Weise ein hohes Betriebsergebnis erzielt werden kann.

Formelsammlung rund um die Deckungsbeitragsrechnung W

Preis = Selbstkosten + Gewinn(erwartung)

Langfristige Preisuntergrenze = Selbstkosten (fixe + variable Stückkosten)

Kurzfristige Preisuntergrenze = Variable Stückkosten oder Deckungsbeitrag = 0

Deckungsbeitrag = Nettoverkaufserlöse/Stück – variable Stückkosten
z. B. 50,00 € – 30,00 € = 20,00 €

Relativer Deckungsbeitrag = (Deckungsbeitrag × 100) / Nettoerlöse
Deckungsbeitrag > Fixe Kosten → Betriebsgewinn
Deckungsbeitrag < Fixe Kosten → Betriebsverlust

Betriebsgewinn/Betriebsverlust = Summe der Deckungsbeiträge – fixe Kosten **(Betriebsergebnis)**

$$\textbf{Gewinnschwelle} = x = \frac{Kf}{Db} = \frac{\text{Fixe Kosten}}{\text{Preis} - \text{variable Stückkosten}} = \frac{60.000}{4} = 15.000 \text{ Stück}$$

Beispiel 1: Bei einem Ein-Produkt-Unternehmen sollen folgende Größen berechnet werden.
Gegeben: fixe Kosten = 90.000,00 €, variable Stückkosten 4,00 €, Preis pro Stück 7,00 €, Kapazitätsgrenze in der Herstellung 40.000 Stück

Gesucht: Gewinnschwelle, maximaler Gewinn, langfristige und kurzfristige Preisuntergrenze, Deckungsbeitrag insgesamt, Betriebsergebnis bei 26.000 Stück und einem Preis von 6,50 €

Die Gewinnschwelle befindet sich dort, wo die Gesamtkosten gleich den Gesamterlösen sind.

$$\text{Gewinnschwelle} = x = \frac{Kf}{Db} = \frac{\text{Fixe Kosten}}{\text{Preis} - \text{variable Stückkosten}} = \frac{90.000}{3} = \textbf{30.000 Stück}$$

NR: Db = 7 – 4 = 3

Maximaler Gewinn = Umsatzerlöse – Gesamtkosten = (40.000 × 7) – (90.000 + 40.000 × 4)
(an der Kapazitätsgrenze) = 280.000 – 250.000
= **30.000,00 €**

Langfristige Preisuntergrenze: Selbstkosten/Stück = 90.000 / 40.000 + 4 = 2,25 + 4 = **6,25 €**
Kurzfristige Preisuntergrenze: variable Stückkosten = **4,00 €**
Deckungsbeitrag bei 26.000 Stück = (6,5 × 26.000) – 4 × 26.000) = **65.000,00 €**
Betriebsverlust bei 26.000 Stück = Deckungsbeitrag – fixe Kosten = 65.000 – 90.000 = **– 25.000,00 €**

Beispiel 2: Gegeben ist nachfolgende Kostenaufstellung. Berechnen Sie

a) die langfristige und kurzfristige Preisuntergrenze im Stundenverrechnungssatz, wenn der Betrieb bei dieser Kostenaufstellung mit 12.000 produktiven Stunden (Fertigungsstunden) kalkuliert.

b) den Deckungsbeitrag insgesamt, wenn der Betrieb mit einem Stundenverrechnungssatz von 50,00 € netto kalkuliert

c) den maximalen Gewinn bei dem Stundenverrechnungssatz aus b)

Kosten	EUR	Verteilung Kf, Kv	Fixe Kosten	Variable Kosten
Fertigungsmaterial	150.000	0 %, 100 %	0,00 €	150.000,00 €
Personalkosten	200.000	80 %, 20 %	160.000,00 €	40.000,00 €
Hilfs- und Betriebsstoffe	20.000	0 %, 100 %	0,00 €	20.000,00 €
Sozialabgaben gesamt	40.000	100 %, 0 %	40.000,00 €	0,00 €
Miete	18.000	100 %, 0 %	18.000,00 €	0,00 €
Strom, Gas, Wasser	3.000	20 %, 80 %	600,00 €	2.400,00 €
Instandhaltung	14.000	10 %, 90 %	1.400,00 €	12.600,00 €
Fahrzeugkosten	23.000	40 %, 60 %	9.200,00 €	13.800,00 €
Werbekosten	16.000	70 %, 30 %	11.200,00 €	4.800,00 €
Fremdleistungen	32.000	40 %, 60 %	12.800,00 €	19.200,00 €
Abschreibungen	19.000	90 %, 10 %	17.100,00 €	1.900,00 €
Kalkulatorische Kosten	34.000	90 %, 10 %	30.600,00 €	3.400,00 €
	569.000		300.900,00 €	268.100,00 €

Lösungen:

a) Langfristige Preisuntergrenze: Stundenverrechnungssatz = Selbstkosten/Stunde
Selbstkosten/Stunde = 569.000 / 12.000 = 49,00 €
Kurzfristige Preisuntergrenze: Stundenverrechnungssatz = Variable Kosten/Stunde
Variable Kosten/Stunde = 268.100 / 12.000 = 22,34 €

b) Deckungsbeitrag bei einem Stundenverrechnungssatz von 50,00 €
Deckungsbeitrag = 50 − 22,34 = 27,66 €

c) Maximaler Gewinn an der Kapazitätsgrenze von 12.000 Stunden
Erlös = 12.000 × 50 = 600.000 €
Gesamtkosten = 569.000 €
Gewinn = Erlös − Gesamtkosten = 31.000,00 €

Aufgaben

1. Ein PC-Verkäufer hat zwei Großaufträge erhalten:
Auftrag A: 200 PCs je 800,00 € + 152,00 € USt, variable Kosten 480,00 € je PC
Auftrag B: 150 PCs je 1.200,00 € + 228,00 € USt, variable Kosten 920,00 € je PC
   a) Wie hoch sind die Deckungsbeiträge?
   b) Wie hoch ist der Gewinn/Verlust je PC, wenn die anteiligen Fixkosten je PC beim Auftrag A 290,00 € und beim Auftrag B 310,00 € betragen?
2. In einem Ein-Produkt-Unternehmen der Metallverarbeitung besteht die aufgeführte Kostensituation des letzten Jahres (siehe folgende Seite) mit einer Jahresproduktion von 10.000 Stück. Hergestellt werden hochwertige Designergehäuse für PCs.
   a) Zeichnen Sie in ein Diagramm die Erlöskurve (E) bei einem Preis von 130,00 € und die Kostenkurven (Kf, Kv, Kg) ein und bestimmen Sie grafisch die Gewinnschwelle und den Gewinn an der Kapazitätsgrenze (10.000 Stück). Eine Vorlage finden Sie im Arbeitsheft. AH
   b) Berechnen Sie die langfristige und kurzfristige Preisuntergrenze pro Stück bei 10.000 Stück.
   c) Berechnen Sie den Deckungsbeitrag pro Stück, wenn der Betrieb mit einem Verkaufspreis netto von 110,00 € kalkuliert.
   d) Berechnen Sie den Gewinn pro Stück und insgesamt, wenn 10.000 Stück der Gehäuse zum Preis von 130,00 € (netto) verkauft werden.
   e) Berechnen Sie den Gewinn insgesamt, wenn zusätzlich 4.000 Stück zu 110,00 € verkauft werden können.
   f) Ermitteln Sie die Gewinnschwelle unter Berücksichtigung der Jahresproduktion von 10.000 Stück und einem Preis von 130,00 €.

Kosten	EUR	Verteilung Kf, Kv
Fertigungsmaterial	340.000,00	0 %, 100 %
Personalkosten	420.000,00	70 %, 30 %
Hilfs- und Betriebsstoffe	32.000,00	0 %, 100 %
Sozialabgaben gesamt	76.000,00	100 %, 0 %
Miete	48.000,00	100 %, 0 %
Strom, Gas, Wasser	14.000,00	20 %, 80 %
Instandhaltung	21.000,00	10 %, 90 %
Fahrzeugkosten	38.000,00	40 %, 60 %
Werbekosten	18.000,00	70 %, 30 %
Fremdleistungen	55.000,00	40 %, 60 %
Abschreibungen	36.000,00	90 %, 10 %
Kalkulatorische Kosten	75.000,00	90 %, 10 %
	1.173.000,00	

3. Aus dem Controlling liegen folgende Zahlen für das letzte Geschäftsjahr vor:

Warengruppe	1	2	3	4
Umsatzerlöse (€)	950.000,00	700.000,00	410.000,00	980.000,00
Variable Kosten (€)	600.000,00	550.000,00	340.000,00	1.020.000,00
Absatz (Stück)	60.000	70.000	40.000	380.000
Fixe Kosten (€)	370.000,00			

a) Berechnen Sie die Deckungsbeiträge der vier Warengruppen sowie die relativen Deckungsbeiträge ((Db × 100) / Umsatzerlöse).
b) Berechnen Sie das Betriebsergebnis insgesamt.
c) Welcher Verkaufspreis pro Stück müsste verlangt werden, damit die Warengruppe 4 einen Deckungsbeitrag von 0 erzielt?
d) Aufgrund von Absatzschwierigkeiten wird über Preissenkungen der Warengruppe 2 nachgedacht.
Berechnen Sie die kurzfristige und die langfristige Preisuntergrenze. Für die Warengruppe 2 wurden anteilig 120.000,00 € als fixe Kosten gerechnet.

4. In der Primadruck AG wird das Druckersortiment vom Controlling geprüft.

	Drucker A	Drucker B	Drucker C	Drucker D
Absatz in Stück	200	500	100	50
Umsatz/Monat in €	80.000	40.000	25.000	30.000
Variable Kosten in % des Umsatzes	80	90	110	60

Die monatlichen fixen Kosten betragen insgesamt 20.000,00 € und lassen sich proportional entsprechend dem Absatz verteilen. Berechnen Sie:
a) die variablen und fixen Kosten je Druckerart
b) die Deckungsbeiträge je Druckerart gesamt und pro Stück
c) das Betriebsergebnis je Druckerart und insgesamt
d) Nehmen Sie zu der Überlegung Stellung, Drucker C oder D aus dem Sortiment zu streichen.

4.7.2.7 Plankosten und Istkosten im Vergleich

S Bei ACI wollen Abteilungs- und Gruppenleiter ihre eigenen Budgets verwalten. Sie behaupten, dass sie so am besten darauf achten könnten, ob die Kosten zu hoch seien. Die Geschäftsführung pflegt einen kooperativen Führungsstil und hat daher für verschiedene Kostenstellen Plankosten festgelegt, die am Jahresende mit den Istkosten verglichen werden.

Plankosten können z. B. auf Kostenträger pro Stück oder auf Kostenstellen für eine bestimmte Zeit (als Budget) festgelegt werden, wobei es nicht immer einfach ist, Planmengen und Planpreise korrekt zu bestimmen.

Im folgenden Beispiel wurden für verschiedene Kostenstellen Budgets auf der Basis bestimmter Bezugsgrößen festgelegt. So wurde für die EDV-Abteilung im EDV-Jahresplan ein Budget für EDV-Anlagen, Ersatzteile und Verbrauchsmaterial in Höhe von 130.000,00 € festgelegt. Am Jahresende stellte sich heraus, dass die Plankosten um 30.000,00 € oder 23,1% überschritten wurden. Die Ausgaben für den Marketingplan wurden mit Bezug auf den Umsatz festgelegt. Er wurde um 12,5% unterschritten. Sehr hoch ist die Planabweichung bei den Energiekosten ausgefallen. Es wird zu prüfen sein, ob erhöhter Energieverbrauch oder Preissteigerungen der Grund für die Planabweichung sind, und was zur Energiekostenreduzierung zu tun ist.

Plankosten und Istkosten im Vergleich

Kostenstelle	Budgetplanung	Bezugsgröße	Plankosten	Istkosten		Abweichung Plan/Ist	
				Gesamt	Einheit	€	%
EDV	EDV Jahresplan	80 PCs	130.000,00	160.000,00	2.000,00 €	30.000,00	23,1 %
Marketing	Marketingplan	6,8 Mio. € (Umsatz)	320.000,00	280.000,00	4,1 %	−40.000,00	−12,5 %
Personalwesen	Budgetplan	200 Mitarbeiter	160.000,00	170.000,00	850,00 €	10.000,00	6,3 %
Kantine	Budgetplan	50.000 Mahlzeiten	110.000,00	130.000,00	2,60 €	20.000,00	18,2 %
Energieversorgung	Verbrauchsplan	1,3 Mio. kWh	220.000,00	320.000,00	0,25 €	100.000,00	45,5 %

W

Istkosten	Istkosten sind die tatsächlich angefallenen Kosten einer Rechnungsperiode. Sie werden am Ende der Rechnungsperiode festgestellt und sind daher Vergangenheitswerte. Die Istkostenrechnung erfolgt auf der Basis der Zahlen, die die Kostenrechnung aus der Geschäftsbuchführung (Gewinn-und-Verlust-Rechnung) ermittelt hat.
Plankosten	Plankosten sind die in der Zukunft zu erwartenden Kosten. Sie werden aufgrund sorgfältiger Analysen von Kostenrechnern, von Mitarbeitern aus den fachlich betroffenen Abteilungen oder von speziellen REFA-Ingenieuren (Ingenieure für Zeitstudien) ermittelt.
Abweichungsanalyse	Eine Abweichungsanalyse zwischen Plankosten und Istkosten zeigt Schwachstellen des Unternehmens auf und soll Maßnahmen zur Kostenoptimierung einleiten. **Kostenabweichung = Istkosten − Plankosten**

Aufgaben

1. Stellen Sie fest, wie die Istkosten pro Einheit und die Abweichungen berechnet wurden.
2. Berechnen Sie nach folgender Aufstellung die Istkosten/Einheit und die Planabweichungen. Eine Vorlage finden Sie im Arbeitsheft.

AH

Plankosten und Istkosten im Vergleich

Kostenstelle	Budgetplanung	Bezugsgröße	Plankosten	Istkosten		Abweichung Plan/Ist	
				Gesamt	Einheit	€	%
EDV	EDV Jahresplan	95 PCs	120.000,00	130.000,00			
Marketing	Marketingplan	8,3 Mio. €	460.000,00	280.000,00			
Personalwesen	Budgetplan	250 Mitarbeiter	90.000,00	110.000,00			
Kantine	Budgetplan	70.000 Mahlzeiten	180.000,00	160.000,00			
Energieversorgung	Verbrauchsplan	1,2 Mio. kWh	190.000,00	270.000,00			

4.7.2.8 Prozesskostenrechnung

S Anna und Stefan haben Gemeinkostensätze von über 100 % ausgerechnet und verstehen nicht, dass diese hohen Zuschläge zu einem angemessenen Preis führen sollen. Die Prozesskostenrechnung soll für gerechtere Preise sorgen.

Durch Produktionsprogramme mit einer größeren Variantenvielfalt und immer mehr Dienstleistungen im Angebot stiegen in den vergangenen Jahren die Gemeinkosten immer weiter an, sodass heute auch Gemeinkostenzuschlagsätze von über 200 % keine Seltenheit mehr sind. Schnell kann der Eindruck entstehen, dass die Zuschlagskalkulation nicht immer zu einem angemessenen Preis führt. Kunden sind dann über das Preis-Leistungs-Verhältnis der Produkte und Dienstleistungen enttäuscht. Zur besseren Verrechnung der Gemeinkosten wird heute zunehmend die Prozesskostenrechnung hinzugezogen.

Der unten stehende Vergleich soll die Unterschiede deutlich machen. Bei der traditionellen Zuschlagskalkulation werden die Gemeinkosten prozentual zugeschlagen, daher steigen die Gemeinkosten proportional bei Erhöhung der Bestellmenge. Die Materialbeschaffungskosten pro Stück bleiben konstant. Ganz anders verhält es sich bei der Prozesskostenkalkulation. Bei geringen Bestellmengen sind die Stückkosten durch die hohen Gemeinkosten hoch, mit Erhöhung der Bestellmenge sinken sie erheblich. Bei der Zuschlagskalkulation müssen die großen Einheiten (z. B. Renner) die kleinen Einheiten (z. B. Penner, Exoten) mitfinanzieren. Bei der Prozesskostenkalkulation werden die hohen Prozesskosten von geringen Mengen offengelegt und die Kostenverursacher oder **Kostentreiber** (cost-driver) mit hohen Gemeinkosten ermittelt.

Die folgende Prozesskostenübersicht zeigt die berechneten Prozesskostensätze für die Teilprozesse der Kostenstellen. Dabei wurde berücksichtigt, dass diese Prozesskostensätze von unterschiedlichen Maßgrößen (Kostentreibern) beeinflusst werden, hier im Beispiel von der Zahl der Aufträge oder von der Auftragsmenge (Stückzahl).

Prozesskostensätze Verwaltung und Vertrieb			
Teilprozesse Verwaltung und Vertrieb	Kostenstelle	Prozesskostensätze	
		Je Auftrag/€	Je 100 Stück/€
Anfragen bearbeiten	Verkauf	34,00	
Aufträge bearbeiten	Verkauf	18,00	
Aufträge kommissionieren	Lager		35,00
Aufträge buchen	Buchhaltung	0,50	
Auftrag ausliefern	Expedition		50,00
Aufträge verfolgen	Verkauf	1,00	
Reklamationen bearbeiten	Verkauf		5,00
Zahlungsverkehr bearbeiten	Buchhaltung	7,00	
Mahnungen bearbeiten	Buchhaltung	4,00	
Prozesskostensatz	Gesamt	64,50	90,00

Zur Prozesskostensatzrechnung müssen für alle Kostenstellen Teilprozesse ermittelt und mit verursachungsgerechten Maßgrößen bewertet werden. Für diese Teilprozesse werden **lmi = leistungsmengeninduzierte** oder variable Prozesskosten ermittelt, aus denen dann lmi-Prozesskostensätze pro Maßgröße ermittelt werden. Zusätz-

Stückkostenvergleich am Beispiel der Materialbeschaffung unterschiedlicher Bestellmengen						
	Zuschlagskalkulation			**Prozesskostenkalkulation**		
	Basis: Zuschlagsatz auf Einzelkosten: 20 %			Basis: Prozesskostensatz je Bestellung: 150,00 €		
Bestellmenge	**Einzelkosten/€**	**Gemeinkosten/€**	**Stückkosten/€**	**Einzelkosten/€**	**Gemeinkosten/€**	**Stückkosten/€**
1	5,00	1,00	6,00	5,00	150,00	155,00
10	50,00	10,00	6,00	50,00	150,00	20,00
100	500,00	100,00	6,00	500,00	150,00	6,50
200	1.000,00	200,00	6,00	1.000,00	150,00	5,75
400	2.000,00	400,00	6,00	2.000,00	150,00	5,38
1.000	5.000,00	1.000,00	6,00	5.000,00	150,00	5,15

lich ergeben sich **lmn = leistungsmengenneutrale** oder fixe Prozesskosten, die über einen lmn-Prozessumlagesatz verrechnet werden.

Die traditionelle Zuschlagskalkulation legt die Gemeinkosten über Gemeinkostenzuschlagsätze proportional auf die Einzelkosten um. Vorrangig außerhalb des Fertigungsbereichs (Forschung/Entwicklung, Einkauf, Verkauf, Personalwesen, EDV, Verwaltung) führte diese Verrechnung zu einer nicht sachgemäßen Kostenverrechnung auf die Kostenträger. Insbesondere den Aktivitäten oder Tätigkeiten mit großen Mengen wurden zu hohe Kosten und Tätigkeiten mit geringen Mengen zu wenig Kosten zugerechnet.

Das folgende Beispiel zeigt eine Vergleichskalkulation, in der die Erhöhung der Menge bei sonst vergleichbaren Kosten bei der Prozesskostenkalkulation zu niedrigeren Stückkosten führt, jedoch nicht bei der Zuschlagskalkulation.

Vergleichskalkulation

Kalkulation	Mengen	500 Stück	5.000 Stück	500 Stück	5.000 Stück
	Sätze	**Zuschlagskalkulation**		**Prozesskostenkalkulation**	
Fertigmaterial		500,00 €	5.000,00 €	500,00 €	5.000,00 €
+ Materialgemeinkosten	20 %	100,00 €	1.000,00 €	100,00 €	1.000,00 €
+ Fertigungslöhne		300,00 €	3.000,00 €	300,00 €	3.000,00 €
+ Fertigungsgemeinkosten	80 %	240,00 €	2.400,00 €	240,00 €	2.400,00 €
= Herstellkosten		1.140,00 €	11.400,00 €	1.140,00 €	11.400,00 €
+ Vertriebs-/Verwaltungsgemeinkosten	45 %	513,00 €	5.130,00 €		
+ Prozesskosten/Auftrag	64,50 €			64,50 €	64,50 €
+ Prozesskosten/100 Stck.	90,00 €			450,00 €	4.500,00 €
= Selbstkosten gesamt		1.653,00 €	16.530,00 €	1.654,50 €	15.964,50 €
= Selbstkosten/Stück		3,31 €	3,31 €	3,31 €	**3,19 €**

Prozesskostensatzberechnung

Schritte der Prozesskostenrechnung	Beispiel
1. **Tätigkeitsanalyse:** Feststellung der Teilprozesse in den Kostenstellen, übergreifende Zusammenfassung und Verdichtung der Teilprozesse zu Hauptprozessen	1. Hauptprozess „Kundenauftrag abwickeln“ aus den Teilprozessen (Auftrag erstellen, Kundenbonität feststellen etc.) über alle Kostenstellen und Abteilungen identifizieren
2. **Wahl geeigneter Maßgrößen:** Ermittlung der Kostentreiber bzw. kostenverursachenden Faktoren	2. Maßgrößen der Kostentreiber: Anzahl Aufträge, Anzahl Bonitätsabfragen
3. **Festlegung der Planprozessmengen**	3. Geplant: 200 Aufträge, 100 Bonitätsabfragen
4. **Ermittlung der Plankosten in den Teilprozessen aus den Planprozessmengen:** lmi = leistungsmengeninduzierte oder variable Prozesskosten lmn = leistungsmengenneutrale oder fixe Prozesskosten	4. Auftrag erstellen: lmi: 50.000,00 €; Kundenbonität prüfen: lmi: 10.000,00 €; Allgemeine Arbeiten/fixe Prozesskosten (lmn): 16.000,00 €
5. **Ermittlung der Prozesskostensätze (lmi)** = Prozesskosten je Mengeneinheit oder Prozesskosten/Prozessmenge	5. Auftrag erstellen: Prozesskostensatz 1 (lmi) = 50.000/200 = 250,00 € Kundenbonität prüfen: Prozesskostensatz 2 (lmi) = 10.000/100 = 100,00 €
6. **Ermittlung des Umlagesatzes aus den Plankosten lmn:** $= \frac{\text{Planprozesskosten (lmn)} \times \text{Prozesskostensatz (lmi)}}{\text{Summe Planprozesskosten (lmi)}}$	6. Umlagesatz 1 = 16.000 × 250/60.000 = 66,67 € Umlagesatz 2 = 16.000 × 100/60.000 = 26,67 €
7. **Ermittlung der Gesamtprozesskostensätze je Teilprozess:** Gesamtprozesskostensatz = lmi + lmn	7. Gesamtprozesskostensatz 1 = 316,67 € Gesamtprozesskostensatz 2 = 126,67 €

Tabellarische Prozesskostensatzaufstellung

Teilprozesse		Maßgrößen	Planprozessmengen	Planprozesskosten/€	Prozesskostensatz (lmi)/€	Umlagesatz (lmn)/€	Gesamtprozesskostensatz/€
Aufträge erstellen	lmi	Anzahl Aufträge	200	50.000,00	250,00	66,67	316,67
Bonität prüfen	lmi	Anzahl Abfragen	100	10.000,00	100,00	26,67	126,67
Fixe Kosten	lmn			16.000,00			

W

Die Zuschlagskalkulation kann die Gemeinkosten außerhalb des Fertigungsbereichs den Kostenträgern häufig nicht verursachungsgerecht zurechnen. Auch bei Kalkulationen mit Varianten unterschiedlicher Mengen (Kleinmengen, Großmengen) und bei Unterbeschäftigung zeigt die Vollkostenrechnung ihre Schwächen.

Die Prozesskostenrechnung ergänzt die Vollkostenrechnung und ordnet die Gemeinkosten den Kostenträgern über Prozesskosten zu.

Für die Prozesskostenrechnung müssen Teilprozesse der Kostenstellen ermittelt und für die Kostentreiber quantitative Maßgrößen festgelegt werden. Prozesskosten, die fix sind, werden über eine Umlage verteilt. Als Prozesskosten werden daher variable oder leistungsmengeninduzierte (lmi) Prozesskosten und fixe oder leistungsmengenneutrale (lmn) Prozesskosten unterschieden.

Prozesskosten werden den Kostenträgern über Prozesskostensätze zugerechnet.

Aufgaben

1. Welche Aussage zur Prozesskostenrechnung ist richtig?
   a) Die Prozesskostenrechnung soll insbesondere die Gemeinkosten im Nicht-Fertigungsbereich besser auf die Kostenträger verteilen.
   b) Zunächst müssen Teilprozesse der Kostenstellen ermittelt werden.
   c) Bei der Prozesskalkulation vermindern sich die Stückkosten bei Erhöhung der Menge.
   d) Die Prozesskostenrechnung ersetzt die Vollkostenrechnung.
   e) Die Prozesskostenrechnung ergänzt die Vollkostenrechnung.
   f) lmi bedeutet: leistungsmengeninduziert
   g) lmn bedeutet: leistungsmengennominal
   h) Der Gesamtprozesskostensatz berechnet sich aus: lmi + lmn

2. Ermitteln Sie die Prozesskostensätze für a) und b).

a)

Prozesskostensatzermittlung							
Teilprozesse		Maßgrößen	Planprozessmengen	Planprozesskosten/€	Prozesskostensatz (lmi)/€	Umlagesatz (lmn)/€	Gesamtprozesskostensatz/€
Angebote einholen	lmi	Anzahl Angebote	800	240.000,00	?	?	?
Bestellungen aufgeben	lmi	Anzahl Bestellungen	2.000	80.000,00	?	?	?
Reklamationen bearbeiten	lmi	Anzahl Reklamationen	150	165.000,00	?	?	?
Abteilung leiten	lmn			70.000,00			

b)

Prozesskostensatzermittlung							
Teilprozesse		Maßgrößen	Planprozessmengen	Planprozesskosten/€	Prozesskostensatz (lmi)/€	Umlagesatz (lmn)/€	Gesamtprozesskostensatz/ €
Anfragen bearbeiten	lmi	Anzahl Anfragen	5.000	320.000,00	?	?	?
Auftrag bearbeiten, kommissionieren	lmi	Anzahl Lieferscheine	2.400	60.000,00	?	?	?
Auftrag ausliefern	lmi	Anzahl Lieferscheine	2.400	90.000,00	?	?	?
Reklamationen bearbeiten	lmi	Anzahl Reklamationen	120	25.200,00	?	?	?
Zahlungsverkehr bearbeiten	lmi	Anzahl Rechnungen	2.000	60.000,00	?	?	?
Abteilung leiten	lmn			80.000,00			

3. Führen Sie eine Vergleichskalkulation zwischen traditioneller Zuschlagskalkulation und Prozesskostenkalkulation nach folgenden Vorgaben durch:
   - Bestellmenge: 200 und 10.000 Stück
   - Materialkosten: 1,50 € pro Stück
   - Materialgemeinkostenzuschlag: 15 % (in beiden Kalkulationen berücksichtigen)
   - Fertigungslöhne: 2,00 € pro Stück
   - Fertigungsgemeinkostenzuschlag: 90 % (in beiden Kalkulationen berücksichtigen)
   - Verwaltungs- und Vertriebsgemeinkostenzuschlag: 45 % (nur in der traditionellen Zuschlagskalkulation)
   - Prozesskostensatz pro Auftrag: 130,00 €
   - Prozesskostensatz pro 100 Stück: 95,00 €

Zusammenfassend gibt folgendes Schaubild einen Überblick über die verschiedenen Kostenarten:

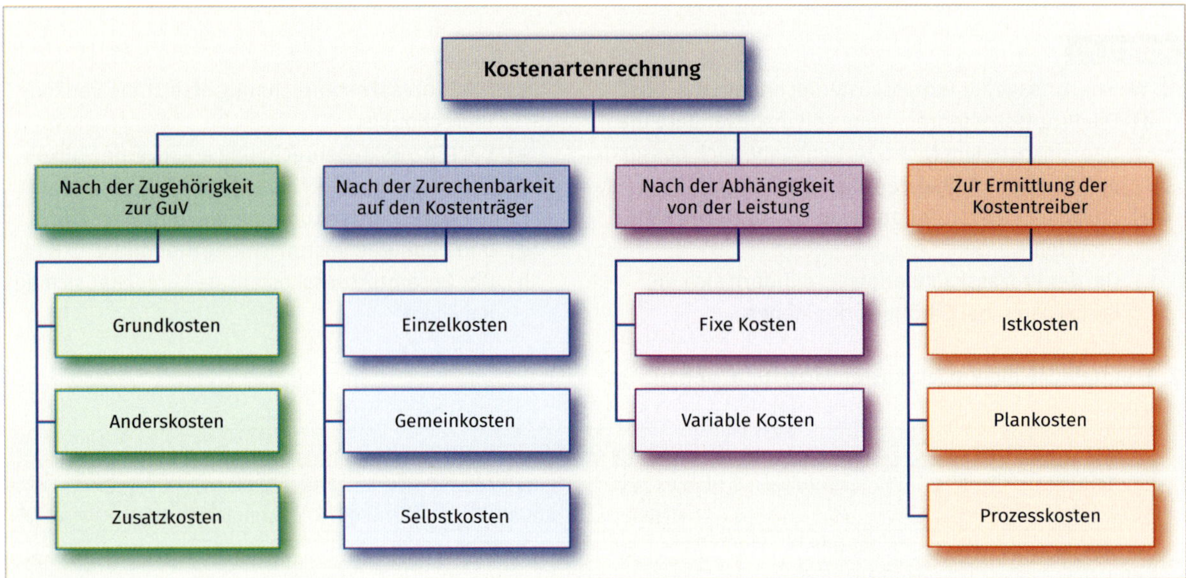

Aufgaben

Testen Sie Ihr Wissen über Kostenarten! Was ist richtig, was ist falsch?

a) Grundkosten werden aus der GuV ermittelt.
b) Abschreibungen sind Anderskosten.
c) Kalkulatorische Löhne (aufwandsungleich) sind Zusatzkosten.
d) Gehälter sind Einzelkosten.
e) Gemeinkosten lassen sich direkt dem Auftrag zuordnen.
f) Selbstkosten werden berechnet aus: Umsatzerlöse – Materialaufwand
g) Fixe Kosten steigen in Abhängigkeit von der Produktionsmenge.
h) Variable Kosten sind z. B. Materialkosten.
i) Istkosten werden von der Geschäftsbuchhaltung ermittelt.
j) Plankosten werden vergangenheitsorientiert ermittelt.
k) Prozesskosten sollen Kostenunterschiede zwischen Renner- und Exoten-Produkten aufzeigen.
l) Die Gewinnschwelle wird erreicht, wenn die variablen Kosten den fixen Kosten entsprechen.

4.7.3 Kostenstellenrechnung

S ACI plant die Einführung einer Kostenstellenrechnung, womit neben Material- und Fertigungsgemeinkostenzuschlagssätzen auch Zuschlagssätze für Verwaltung und Vertrieb ermittelt werden können.

Der **Betriebsabrechnungsbogen (BAB)** dient dazu, die in der Kostenrechnung ermittelten **Gemeinkosten** auf Kostenstellen zu **verteilen**. Jedes Unternehmen richtet dazu Kostenstellen nach den Verantwortungs- und Tätigkeitsbereichen ein. Es ist leicht vorstellbar, dass dabei schnell mehr Kostenstellen eingerichtet werden als im unten aufgeführten BAB. Es ist z. B. möglich, Kostenstellen für das Lager, den Fuhrpark, die Arbeitsvorbereitung, verschiedene Fertigungs- und Weiterverarbeitungsbereiche sowie Verwaltung und Vertrieb einzurichten. Mit einem **Tabellenkalkulationsprogramm** DL wie Microsoft Excel ist es kein Problem, beliebig breite Tabellen für einen BAB einzurichten und zu berechnen. Hier soll an einem Beispiel gezeigt werden, wie ein einfacher BAB erstellt wird und welche Aufgaben er erfüllt.

Der folgende BAB listet zunächst die Einzelkosten auf, die später als Bezugsgröße benötigt werden. Darunter sind die Gemeinkosten aufgeführt. Kostenrechnern obliegt die Aufgabe, anhand von Verteilungskennziffern die Verteilung auf die Kostenstellen so **verursachungsgerecht** wie möglich vorzunehmen. Für Mietaufwendungen eignen sich dazu die Quadratmeterzahl für die Kostenstelle und die Quadratmetermiete als gute Verteilungsgrundlage. Die folgenden Prozentangaben können in einem Kalkulationsblatt verwendet werden, um die aufgeteilten Einzelbeträge der Kostenstellen zu ermitteln.

W

<table>
<tr><th colspan="2">Betriebsabrechnungsbogen (BAB)</th></tr>
<tr><td>Aufgaben</td><td>Der BAB dient dazu, die Gemeinkosten auf die Kostenstellen zu verteilen und Gemeinkostenzuschlagssätze für Kostenstellen zu ermitteln. Die Gemeinkostenzuschlagssätze wiederum werden für die Fertigungskalkulation benötigt. Darüber hinaus ermöglicht der BAB, die Gemeinkosten der Kostenstellen zu überwachen.</td></tr>
<tr><td>Vorarbeiten</td><td>Grundlage für den BAB sind die Einzel- und Gemeinkosten aus der Kostenrechnung. Liegen noch keine Daten vor, müssen die Einzel- und Gemeinkosten aus der GuV oder der Saldenliste ermittelt werden.</td></tr>
<tr><td>Bezugsbasis</td><td>Da in der Kalkulation die Materialgemeinkosten auf der Basis des Fertigungsmaterials (Einzelkosten) aufgeschlagen werden, ist das Fertigungsmaterial die Bezugsgröße für die Materialgemeinkosten.

Ebenso werden in der Kalkulation die Fertigungsgemeinkosten auf der Basis der Fertigungslöhne (Einzelkosten) hinzugerechnet, sodass die Fertigungslöhne die Bezugsgröße für die Fertigungsgemeinkosten sind.

Die Verwaltungs- und Vertriebsgemeinkosten werden in der Kalkulation auf der Basis der Herstellkosten des Umsatzes aufgeschlagen. Diese Bezugsgröße ergibt sich nach folgender Aufstellung:

<table>
<tr><td>Fertigungsmaterial</td><td>im Beispiel</td><td>600.000,00</td><td></td></tr>
<tr><td>+ Materialgemeinkosten</td><td></td><td>65.650,00</td><td></td></tr>
<tr><td>= Materialkosten</td><td></td><td></td><td>665.650,00</td></tr>
<tr><td>Fertigungslöhne</td><td></td><td>400.000,00</td><td></td></tr>
<tr><td>+ Fertigungsgemeinkosten</td><td></td><td>268.150,00</td><td></td></tr>
<tr><td>= Fertigungskosten</td><td></td><td></td><td>668.150,00</td></tr>
<tr><td>= Herstellkosten der Erzeugung</td><td></td><td></td><td>1.333.800,00</td></tr>
<tr><td>+ Bestandsveränderungen (+ Minderungen, – Mehrungen)</td><td></td><td></td><td>4.000,00</td></tr>
<tr><td>= Herstellkosten des Umsatzes</td><td></td><td></td><td>1.337.800,00</td></tr>
</table></td></tr>
</table>

Betriebsabrechnungsbogen (BAB)										
Einzelkosten	**Betrag/€**									
Fertigungsmaterial	600.000,00									
Fertigungslöhne (produktive Löhne)	400.000,00									
Gemeinkosten	**Betrag/€**	**Verteilungsgrundlage**	**Verteilung in %**				**Kostenstellen/EUR**			
							Material	**Fertigung**	**Verwaltung**	**Vertrieb**
Unproduktive Löhne und Gehälter	200.000,00	Arbeitsbegleitkarten	15	25	30	30	30.000,00	50.000,00	60.000,00	60.000,00
Sozialabgaben	180.000,00	Lohn-/Gehaltsabrechnung	10	50	20	20	18.000,00	90.000,00	36.000,00	36.000,00
Mietaufwendungen	60.000,00	Fläche	8	62	10	20	4.800,00	37.200,00	6.000,00	12.000,00
Beratungskosten	22.000,00	Aufwand für Stelle	0	20	80	0	0,00	4.400,00	17.600,00	0,00
Büromaterial	12.000,00	Bedarf	5	20	45	30	600,00	2.400,00	5.400,00	3.600,00
Kommunikationskosten	19.000,00	Telefonabrechnung	5	25	20	50	950,00	4.750,00	3.800,00	9.500,00
Aufwendungen für Werbung	68.000,00	Vertriebsmaßnahme	0	0	0	100	0,00	0,00	0,00	68.000,00
Versicherungen	18.000,00	Abrechnung für Kostenstelle	10	40	10	40	1.800,00	7.200,00	1.800,00	7.200,00
Sonstige betriebliche Aufwendungen	55.000,00	Umlage	8	42	20	30	4.400,00	23.100,00	11.000,00	16.500,00
Kalkulatorische Abschreibungen	64.000,00	Abnutzung	5	50	10	35	3.200,00	32.000,00	6.400,00	22.400,00
Kalkulatorische Wagnisse	38.000,00	Schadensfälle u. Ä.	5	45	20	30	1.900,00	17.100,00	7.600,00	11.400,00
Gesamt	**736.000,00**						**65.650,00**	**268.150,00**	**155.600,00**	**246.600,00**
Zuschlagsgrundlage:										
1. Fertigungsmaterial							600.000,00			
2. Fertigungslöhne								400.000,00		
3. Herstellkosten des Umsatzes	mit	Bestandsveränderungen:	4.000,00[1]						1.337.800,00	1.337.800,00
Gemeinkostenzuschlagssätze							**10,9 %**	**67,0 %**	**11,6 %**	**18,4 %**

[1] Hier: Minderung

Als erstes Teilergebnis werden im BAB die Gemeinkosten je Kostenstelle ermittelt. Diese Beträge zählen für Kostenrechner zu jenen Größen, die man einem Kostenvergleich zu Vorjahren unterziehen könnte.

Um die Gemeinkostenzuschlagssätze zu berechnen, müssen die Gemeinkosten der Kostenstellen mit einer passenden Bezugsgröße in Beziehung gesetzt werden. Für die Kostenstelle **Material** mit einem Betrag von 65.650,00 € dient als Bezugsgröße das **Fertigungsmaterial** (Einzelkosten) in Höhe von 600.000,00 €. Dividiert man die Gemeinkosten der Kostenstelle durch die Bezugsgröße und multipliziert das Ergebnis mit 100, so erhält man den **Materialgemeinkostenzuschlagssatz** in Prozent. Entsprechend den oben genannten Angaben können auch die anderen Gemeinkostenzuschlagssätze ermittelt werden. Die Zahlen zur Ermittlung der **Herstellkosten des Umsatzes** wurden im BAB grau unterlegt.

Aufgaben

1. Was ist richtig, was ist falsch? Überprüfen Sie die Aussagen anhand des BAB.
   a) Im BAB werden Einzelkosten auf die Kostenstellen verteilt.
   b) Bei Löhnen und Gehältern muss man aufpassen, da die Fertigungslöhne zu den Einzelkosten zählen.
   c) Die Bezugsgrößen ergeben im Beispiel zusammen immer 10 %.
   d) Die einzelnen Gemeinkostenwerte der Kostenstellen werden berechnet aus: Gemeinkosten × Verteilungsgröße / 100
   e) Für die Fertigungsgemeinkosten ist das Fertigungsmaterial die richtige Bezugsgröße.
   f) Die Herstellkosten des Umsatzes dienen zweimal als Bezugsgröße.
   g) Für die Berechnung der Herstellkosten des Umsatzes müssen zusätzlich die Bestandsveränderungen berücksichtigt werden.
   h) Bestandsveränderungen ergeben sich, wenn am Jahresende fertige oder unfertige Erzeugnisse mehr oder weniger (Bestandsminderung) vorhanden sind als am Jahresanfang.

2. Erstellen Sie einen BAB nach den Angaben unten. Bestandsminderungen: 40.000,00 € **AH**

Kosten	Betrag	Verteilung in %			
Fertigungsmaterial	435.000,00				
Fertigungslöhne (produktive Löhne)	800.000,00				
Unproduktive Löhne und Gehälter	280.000,00	15	30	20	35
Sozialabgaben	230.000,00	10	40	20	30
Mietaufwendungen	90.000,00	8	52	15	25
Beratungskosten	18.000,00	0	30	70	0
Büromaterial	11.000,00	5	25	40	30
Kommunikationskosten	24.000,00	5	20	20	55
Aufwendungen für Werbung	84.000,00	0	0	0	100
Versicherungen	22.000,00	10	50	10	30
Sonst. betriebliche Aufwendungen	67.000,00	8	42	15	35
Kalkulatorische Abschreibungen	72.000,00	5	55	10	30
Kalkulatorische Wagnisse	42.000,00	5	40	20	35

3. Erstellen Sie einen BAB nach folgenden Angaben für die Kostenstellen Material, Fertigung, Verwaltung und Vertrieb. Eine Vorlage finden Sie im Arbeitsheft. **AH**
Fertigungsmaterial 600.000,00 €, Fertigungslöhne 500.000,00 €, unproduktive Löhne und Gehälter 190.000,00 € (Aufteilung nach Arbeitsbegleitkarten 15 %, 30 %, 20 %, 35 % auf die Kostenstellen Material, Fertigung, Verwaltung und Vertrieb), Sozialabgaben 200.000,00 € (Aufteilung nach der Lohn- und Gehaltsabrechnung 10 %, 40 %, 20 %, 30 %), Aufwendungen für Fortbildung 14.000,00 € (Aufteilung nach der Abrechnung: 70 % für die Fertigung, 10 % für die Verwaltung und 20 % für Fortbildungen im Vertrieb), Fremdinstandhaltung 32.000,00 € (Aufteilung nach den angefallenen Reparaturen 7 %, 65 %, 13 % und 15 %), Mietaufwendungen 68.000,00 € (aufgeteilt nach Quadratmetern Nutzfläche: 580 m², 3.480 m², 464 m², 1.276 m²), Beratungskosten 16.000,00 € (20 % für die Fertigung und 80 % für die Verwaltung), Kommunikationskosten 19.000,00 € (8 % angefallen im Lager, 25 % in der Fertigung, 55 % im Vertrieb und der Rest in der Verwaltung), Aufwendungen für Werbung 76.000,00 €, Versicherungen 16.000,00 € (Aufteilung nach Beiträgen 15 %, 60 %, 10 %, 15 %), sonstige betriebliche Aufwendungen von 52.000,00 € (Aufteilung 10 %, 45 %, 15 %, 30 %), kalkulatorische Abschreibungen 54.000,00 € (Aufteilung nach Wertverminderungen der Sachanlagen 5 %, 55 %, 15 %, 25 %) und kalkulatorische Wagnisse 39.000,00 € (Aufteilung nach Zuordnung der Schadensfälle 5 %, 45 %, 20 %, 30 %), Bestandsminderungen 50.000,00 €

Kostenrechnungssystem mit dem Tabellenkalkulationsprogramm Microsoft Excel

Das unten stehende Schaubild zeigt das erste Tabellenblatt mit der Übersicht. Beim Mausklick auf die Elemente werden jeweils die zugehörigen Tabellenblätter mit der GuV, der Kostenrechnung, dem BAB und der Angebotskalkulation aufgerufen. Soweit möglich, sollen die Daten von einem Tabellenblatt zum nächsten automatisch übertragen werden.

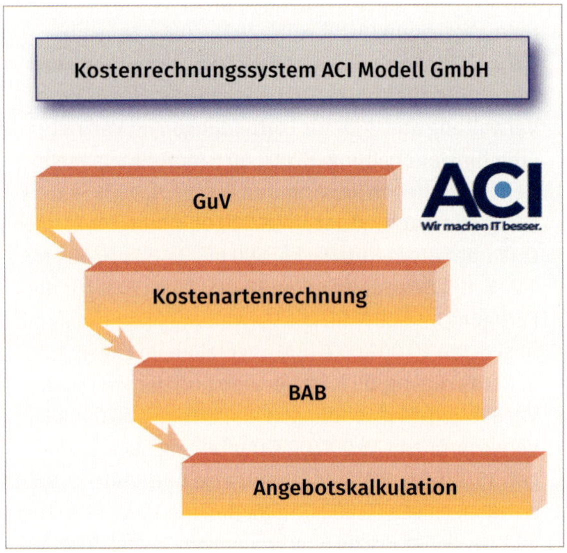

Aufgaben

Öffnen Sie mit Microsoft Excel die Datei „Kostenrechnungssystem.xls“ im Downloadbereich zum Buch und erkunden Sie zunächst das schon erstellte Kostenrechnungssystem. Nur die gelb unterlegten Zellen sind für Eingaben bzw. Änderungen vorgesehen. Folgende Aufgaben sind zu erledigen:

a) Im BAB sind die Einzelkosten und die Gemeinkosten zu ergänzen. Klicken Sie auf das jeweilige Feld und holen Sie sich über eine Formel (z. B. =Kosten!C3) die Daten aus dem Kostenblatt, indem Sie nach Eingabe von „=“ auf die richtige Zelle im Kostenblatt klicken.

b) Wenn alle Daten aus a) erfasst sind, werden im BAB die entsprechenden Gemeinkostenzuschlagssätze angezeigt. Sie müssen nun die Verbindung vom BAB zur Angebotskalkulation herstellen, indem Sie auf dem Tabellenblatt „Angebotskalkulation“ die Verweise auf die Gemeinkostenzuschlagssätze eintragen. Danach können Sie in Verbindung mit den Daten des BAB die Angebotskalkulation durchführen und erweiterte Kalkulationsblätter ergänzen (vgl. folgende Kapitel).

4.7.4 Kostenträgerrechnung: Kalkulation in der Fertigung

Anna und Kerstin haben die Kalkulation von Preisen für Waren (Handelskalkulation) bereits kennengelernt. Nun wollen Sie mehr über die Kostenträgerrechnung und speziell über Kalkulationsverfahren in der Fertigung erfahren.

4.7.4.1 Einführung in die Kostenträgerrechnung

Anna hat über das Internet folgende Zusammenfassung zur Kostenträgerrechnung erstellt. Bevor sie mit einzelnen Kalkulationsverfahren arbeitet, will sie sich einen Überblick über die Kostenträgerrechnung verschaffen.

Die **Kostenträgerrechnung** ist neben der Kostenartenrechnung und der Kostenstellenrechnung der dritte große Aufgabenbereich der Kosten- und Leistungsrechnung. Folgende Fälle sollen die Bedeutung der Kostenträgerrechnung herausstellen:

Fälle	Mögliche Konsequenzen
1. Dem Kunden wird ein viel zu hoher Angebotspreis genannt.	a) Der Kunde erteilt den Auftrag nicht. b) Der Kunde erteilt den Auftrag, hört jedoch später von einem günstigeren Preis eines Mitbewerbers und ist enttäuscht.
2. Dem Kunden wird ein Preis unter den Selbstkosten genannt.	Der Kunde freut sich und erteilt den Auftrag. Mehrere solcher Verlustgeschäfte können jedoch das Unternehmen ruinieren.
3. Der Kunde bekommt einen verursachungsgerecht korrekt ermittelten Preis und das Unternehmen bemüht sich, möglichst kostenbewusst zu arbeiten.	Das Unternehmen erhält den Ruf, zwar nicht immer der günstigste Anbieter zu sein, jedoch faire und gute Preise zu bieten. Die Kunden sind langfristig mit dem Anbieter zufrieden und werden zu Stammkunden. Stammkunden verursachen weniger Kosten als Neukunden (z. B. durch geringeren Werbeaufwand, vorhandene und bekannte Abläufe) und somit verbessert sich über einen längeren Zeitraum die Kosten- und Gewinnsituation des Unternehmens.

Aufgaben

Diskutieren Sie über die dargestellten Fälle und Konsequenzen. Würden Sie ebenso reagieren?

Aufgaben der **Kostenträgerrechnung** sind insbesondere die **Ermittlung der Selbstkosten** und des **Angebotspreises.** Da man viele Kosten jedoch nicht exakt einem Kostenträger zuordnen kann und auch die Kosten in der Zukunft nicht genau bekannt sind, können Kosten und Preise nur annäherungsweise bestimmt werden. Schwieriger wird es, wenn nicht nur ein Einzelauftrag oder ein Produkt zu kalkulieren ist, sondern die Produkte in Serien oder in Sorten hergestellt werden.

W

Kostenträgerrechnung	
Kostenträger	Kostenträger sind die Leistungseinheiten des Betriebes. In einem Handelsbetrieb sind dies die für den Verkauf vorgesehenen Artikel. Im Fertigungsbetrieb zählen die hergestellten Erzeugnisse zu den Kostenträgern.
Aufgaben der Kostenträgerrechnung	Die Kosten sollten den Leistungen möglichst nach ihrer **Verursachung** zugerechnet werden (**Wofür** sind die Kosten entstanden?). Nur bei verursachungsgerechter Kalkulation der Preise werden die Kunden preislich „gerecht" behandelt und halten dem Unternehmen die Treue. Zu den Aufgaben gehören daher z. B.: ▪ Ermittlung der Selbstkosten für ein Produkt oder einen Auftrag ▪ Ermittlung des Angebotspreises ▪ Ermittlung der Preisuntergrenze (Wie tief darf der Preis kurzfristig oder langfristig sein?) ▪ Ermittlung interner Verrechnungspreise ▪ Entscheidungen für „make or buy" treffen und begründen (Sollen Produkte selbst hergestellt oder dazugekauft werden?)
Fertigungsverfahren	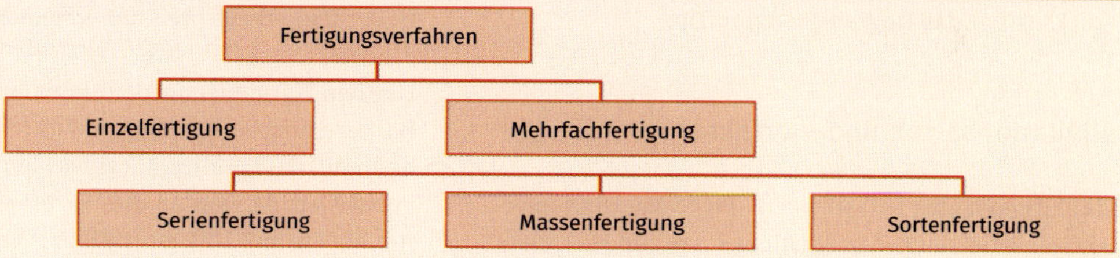 Die Kostenträgerrechnung ist vom Fertigungsverfahren abhängig: **Einzelfertigung:** Von einem Erzeugnis wird nur eine Einheit hergestellt. Keines der erzeugten Güter gleicht völlig oder annähernd dem anderen. Beispiele: Bau individueller Häuser, Maschinen, Anbauten, Geburtstagstorte **Mehrfachfertigung:** Das Erzeugnis (Produkt) wird nicht in einer Einheit, sondern in mehreren Einheiten hintereinander oder nebeneinander hergestellt. **Serienfertigung:** Die einzelnen Erzeugnisse des Fertigungsprogramms unterscheiden sich verhältnismäßig stark voneinander, aber durch Bündelung von Aufträgen wird eine größere Stückzahl gleichartiger Produkte hergestellt, z. B. Herstellung von Elektrogeräten, Möbeln oder Automobilen in Serie. **Sortenfertigung:** Sie weist eine große Ähnlichkeit zur Serienfertigung auf, nur weichen hier die einzelnen Erzeugnisse bei Weitem nicht so stark voneinander ab wie bei der Serienfertigung, z. B. Herstellung von Bleistiften, Speichersticks, Speicherkarten, Schrauben oder Eis. **Massenfertigung:** Hier werden mehrere gleichartige Erzeugnisse in einem sich ständig wiederholenden Fertigungsprozess in großen Mengen über einen relativ langen Zeitraum hinweg produziert, z. B. Erzeugnisse von Strom-, Gas- und Wasserwerken, Stahlproduktion oder Brötchen. Massenfertigung kann aber auch als Fortentwicklung der Serien- und Sortenfertigung angesehen werden, wie z. B. die massenhafte Herstellung verschiedener Sorten Bier, massenhafte Herstellung von Softwareprogrammen oder von PC-Serien.
Kostenverrechnungsprinzipien	Es können unterschiedliche Zurechnungsprinzipien der Kosten bei der Kalkulation zum Tragen kommen: **Kostenverursachungsprinzip:** Die Kosten sollen möglichst den Leistungen entsprechend der Verursachung zugeordnet werden. Jeder Kunde bezahlt nur das, was er auch in Anspruch genommen hat. **Durchschnittsprinzip:** Da sich nicht alle Kostenarten direkt und verursachungsgerecht dem Kostenträger zurechnen lassen und in ihrem tatsächlichen Auftreten auch nicht immer in gleicher Höhe anfallen, wird auch auf eine Verteilung über einen Verteilerschlüssel zurückgegriffen. **Tragfähigkeitsprinzip:** Die zugerechneten Kosten sollen von den Erlösen des Kostenträgers gedeckt (getragen) werden. Um die unterschiedliche Auslastung des Betriebes (Vollbeschäftigung, Unterbeschäftigung) zu berücksichtigen, werden die Kosten voll oder nur teilweise der Leistung oder dem Auftrag zugerechnet (**Voll- und Teilkostenrechnung**).

Aufgaben

Was ist richtig, was ist falsch?

a) Die Kostenträgerrechnung geht der Frage nach, welche Kosten entstanden sind.

b) Kostenträger sind Materialkosten oder Fertigungslöhne.

c) Bei der Einzelfertigung werden einzelne Erzeugnisse in hoher Stückzahl produziert.

d) Bei der Fertigung von Speicherkarten mit 2, 6 und 12 GB Speicherkapazität handelt es sich um eine Serienfertigung.

e) Bei der Fertigung von Mikroprozessoren mit unterschiedlichen Taktfrequenzen handelt es sich um eine Sortenfertigung.

f) Wenn bei der Angebotskalkulation genau festgestellt wird, welches Material einzusetzen ist, berücksichtigt man meistens das Verursachungsprinzip.

g) Kosten wie Miete des Gebäudes oder Versicherungen werden über das Verursachungsprinzip verrechnet.

h) In schlechten Zeiten muss man sehen, ob man alle Kosten in den Auftrag einkalkulieren kann. Man berücksichtigt das Tragfähigkeitsprinzip.

Kalkulationsarten und -verfahren

Kalkulationen über Selbstkosten und Preise können vor, während oder nach der Leistungserstellung durchgeführt werden. Je nachdem, welche Vorgaben der Kunde und die Lieferanten machen, ist die Zuschlagskalkulation, Rückwärtskalkulation oder Differenzkalkulation anzuwenden.

4.7.4.2 Angebotskalkulation in der Fertigung

S

Anna hat das Schema der Fertigungskalkulation in Microsoft Excel eingegeben und mit Erläuterungen versehen. Sie will nun verschiedene Angebote kalkulieren.

Die Zuschlagskalkulation ist mit der Handelskalkulation vergleichbar (vgl. Kapitel 4.3), nur dass in der Fertigungskalkulation Material und Fertigungslöhne sowie die verschiedenen Gemeinkostenzuschlagssätze zu berücksichtigen sind, wie sie vom BAB her schon bekannt sind.

Bei der Zuschlagskalkulation muss man darauf achten, dass zunächst die Aufschläge von Hundert (v. H.) gerechnet werden, d. h., der Hundert-Prozent-Wert oder Grundwert ist gegeben (Pfeilspitze zeigt immer zum Grundwert, vgl. Schaubild auf folgender Seite). Kundenskonto und Vertreterprovision werden wie in der Handelskalkulation i. H. (in Hundert) gerechnet, da der Kunde Skonto vom Zielverkaufspreis berechnet und nicht vom Barverkaufspreis. So ist der Barverkaufspreis der verminderte Grundwert.

Um den Kundenskonto zu berechnen, muss somit der Barverkaufspreis im Beispiel durch 0,915 dividiert und dann mit 0,03 multipliziert werden. Durch die Prozent-Formatierung werden die Werte in der Darstellung automatisch mit 100 multipliziert (ohne Prozentformatierung durch 91,5 dividiert und mit 3 multipliziert). Die nicht gelb unterlegten Kalkulationssätze werden automatisch aus dem BAB übernommen. Die gelb unterlegten Felder können individuell nach Voranschlag des Materials und der Fertigungslöhne sowie des beab-

W

Kalkulationsarten und -verfahren	
Kalkulationsarten	Hierbei wird unterschieden, wann die Kalkulation stattfindet: ▪ **Vorkalkulation (Angebotskalkulation):** Die Kosten werden vor der Leistungserstellung kalkuliert. Die Kostenplanung ist zukunftsorientiert, birgt jedoch das Risiko, dass man das einzusetzende Material (Massenberechnung), die einzusetzenden Fertigungsstunden, den Maschineneinsatz, Preissteigerungen u. v. m. nicht richtig einschätzt bzw. genau berechnen kann. Die Vorkalkulation dient zur Kostenplanung und als Angebotskalkulation. ▪ **Zwischenkalkulation:** Sie erfolgt während der Leistungserstellung bei Aufträgen von größerem Ausmaß und längerer Projektdauer (Großprojekte). Sie dient der Kostenkontrolle und der Zwischenabrechnung. ▪ **Nachkalkulation:** Sie dient in erster Linie der Kostenabrechnung, der Kostenkontrolle und der Ergebnisrechnung. Die Kosten werden nach Abschluss der Leistung kalkuliert und sind somit vergangenheitsorientiert. Eine Soll-Ist-Betrachtung erbringt wichtige Erkenntnisse für zukünftige Selbstkosten- und Angebotskalkulationen.
Kalkulationsverfahren	Wichtige Kalkulationsverfahren sind z. B.: ▪ **Divisionskalkulation:** Bei Massenfertigung (z. B. Herstellung von Brötchen, CDs, Strom) werden die Selbstkosten durch die Leistungseinheit (z. B. Stück, kg, kWh) dividiert und somit die Kosten pro Einheit berechnet. Beispiel: Selbstkosten CD-Herstellung 2.500,00 €, Herstellungsmenge 5.000 Stück, Selbstkosten/Stück 0,50 €. ▪ **Zuschlagskalkulation:** Dieses Verfahren wird angewendet, um die Selbstkosten und den Angebotspreis zu kalkulieren (vgl. 4.7.4.2). ▪ **Rückwärtskalkulation:** Dieses Verfahren wird angewendet, wenn der Angebotspreis durch den Auftraggeber oder die Marktsituation feststeht und rückwärts bis zum Materialeinkauf kalkuliert wird (vgl. 4.7.4.3). ▪ **Differenzkalkulation:** Bei diesem Verfahren liegen sowohl der Angebotspreis als auch Material- und Fertigungskosten fest, sodass als Differenz der Gewinn ermittelt wird (vgl. 4.7.4.4).

sichtigten Gewinnaufschlags und der Nachlässe kalkuliert werden. Auf den Angebotspreis ist noch die Umsatzsteuer aufzuschlagen.

Angebotskalkulation Vorkalkulation

Zuschlagskalkulation	Prozent	Euro	Formeln Spalte D
Fertigungsmaterial		500,00 €	500
+ Materialgemeinkosten (v.H.)	15,0%	75,00 €	=D3*C4
= Materialkosten		575,00 €	=D3+D4
+ Fertigungslöhne		200,00 €	200
+ Fertigungsgemeinkosten (v.H)	96,4%	192,80 €	=D6*C7
= Fertigungskosten		392,80 €	=D6+D7
= Herstellkosten		967,80 €	=D5+D8
+ Verwaltungsgemeinkosten (v. H.)	9,7%	93,88 €	=D9*C10
+ Vertriebsgemeinkosten (v.H.)	20,8%	201,30 €	=D9*C11
= Selbstkosten		1.262,98 €	=D9+D10+D11
+ Gewinnzuschlag (v.H.)	8,5%	107,35 €	=D12*C13
= Barverkaufspreis		**1.370,33 €**	**=D12+D13**
+ Kundenskonto (i.H.)	3,0%	44,93 €	=D14*C15/(1-C15-C16)
+ Vertreterprovision (i.H.)	5,5%	82,37 €	=D14*C16/(1-C15-C16)
= Zielverkaufspreis		**1.497,63 €**	**=D14+D15+D16**
+ Kundenrabatt (i.H.)	20,0%	374,41 €	=D17*C18/(1-C18)
= Angebotspreis (Listenpreis)		**1.872,04 €**	**=D17+D18**

Hinweis: Nur die gelb unterlegten Zellen sind Eingabefelder. Die anderen Zellen werden automatisch berechnet.

4.7.4.3 Rückwärtskalkulation

S

Der berechnete Angebotspreis in Höhe von 1.872,04 € wurde dem Kunden genannt. Der Kunde hat ein günstigeres Angebot eines Mitbewerbers vorliegen. Er ist jedoch bereit, Sie bei einem Angebotspreis von 1.700,00 € zu beauftragen.

Der Angebotspreis von 1.700,00 € liegt weit unter dem vorab kalkulierten Preis. Wenn der Anbieter nun nicht auf seinen Gewinn von 8,5 % verzichten will, muss er rückwärts kalkulieren. Im folgenden Beispiel wurde ein Materialpreis von 422,66 € errechnet. Der Anbieter muss prüfen, ob er das Material für diesen Preis beziehen kann.

Rückwärtskalkulation

Rückwärtskalkulation	Prozent	Euro	Formel Spalte D
= Angebotspreis (Listenpreis)		1.700,00 €	1700
- Kundenrabatt (v.H.)	20,0%	340,00 €	= D3*C4
= Zielverkaufspreis (v.H.)		1.360,00 €	= D3-D4
- Vertreterprovision (v.H.)	5,5%	74,80 €	= D5*C6
- Kundenskonto (v.H.)	3,0%	40,80 €	= D5*C7
= Barverkaufspreis		1.244,40 €	= D5-D6-D7
- Gewinnzuschlag (i.H.)	8,5%	97,49 €	= D8*C9/(1+C9)
= Selbstkosten		1.146,91 €	= D8-D9
- Vertriebsgemeinkosten (i.H.)	20,8%	182,80 €	= D10*C11/(1+C11+C12)
- Verwaltungsgemeinkosten (i.H.)	9,7%	85,25 €	= D10*C12/(1+C11+C12)
= Herstellkosten		878,86 €	= D10-D11-D12
- Fertigungslöhne		200,00 €	200
- Fertigungsgemeinkosten (v.H.)	96,4%	192,80 €	= D14*C15
= Fertigungskosten		392,80 €	= D14+D15
= Materialkosten		486,06 €	= D13-D16
- Materialgemeinkosten (i.H.)	15,0%	63,40 €	= D17*C18/(1+C18)
= Fertigungsmaterial		422,66 €	= D17-D18

Hinweis: Die gelb unterlegten Zellen sind Eingabefelder. Die anderen Zellen können Daten aus dem BAB erhalten.

Das Kalkulationsschema für die Rückwärtskalkulation beginnt beim Angebotspreis und rechnet rückwärts bis zum Fertigungsmaterial. Im Vergleich zur Zuschlagskalkulation müssen die Vorzeichen für eine korrekte Berechnung genau entgegengesetzt sein. Die Aufschläge ändern sich ebenfalls. Beim Kundenrabatt ist der Grundwert (100 %, v. H.) gegeben, der Gewinnaufschlag erfolgt jedoch immer von den Selbstkosten, sodass der Barverkaufspreis der vermehrte Grundwert (im Beispiel 108,5 %) ist. Da die Zellen wieder in Prozent (%) formatiert sind, enthalten sie einen durch 100 dividierten Wert (angezeigt 8,5 %, gerechneter Wert 0,085). Die Vertriebs- und Verwaltungsgemeinkosten werden ebenso von den Herstellkosten berechnet.

Aufgaben

DL

1. Prüfen Sie alle Angaben im obigen Kalkulationsblatt.
2. Berechnen Sie entsprechend dem oben angegebenem Kalkulationsschema und den Kalkulationssätzen die Angebotspreise nach folgenden Zusatzangaben:
   a) Fertigungsmaterial 600,00 €, Fertigungslöhne 1.100,00 €, Gewinnaufschlag 10 %, Kundenskonto 2 %, Vertreterprovision 5 %, Kundenrabatt 15 %
   b) Fertigungsmaterial 8.000,00 €, Fertigungslöhne 120 Stunden à 14,00 € (Basislohn), Gewinnaufschlag 7 %, Kundenskonto 3 %, Vertreterprovision 12 %, Kundenrabatt 10 %
   c) Welchen Angebotspreis können Sie dem Kunden nennen, wenn Sie die Kalkulation aus b) übernehmen, ihm einen Barverkaufspreis nennen wollen und mit nur 5 % Gewinn zufrieden sind?
   d) Fertigungsmaterial 60,00 €, Fertigungslöhne 2 Stunden à 14,00 € (Basislohn), Gewinnaufschlag 9 %, Kundenskonto 3 %, Vertreterprovision 0 %, Kundenrabatt 10 %
   e) Welcher Barverkaufspreis ergibt sich unter d), wenn Sie gänzlich auf Gewinn verzichten?

Aufgaben

1. Überprüfen Sie alle Angaben im obigen Kalkulationsblatt.
2. Prüfen Sie, ob bei einer Rückwärtskalkulation tatsächlich derselbe Materialpreis ermittelt wird, wenn Sie genau die Angaben aus der Zuschlagskalkulation verwenden.
3. Berechnen Sie den Materialpreis, wenn nach der Kalkulation auf vorheriger Seite folgende Vorgaben geändert werden:
   a) Angebotspreis 1.750,00 €, Kundenrabatt 15 %, Vertreterprovision 5 %, Kundenskonto 2 %, Gewinnaufschlag 5 %
   b) Angebotspreis 1.700,00 €, Kundenrabatt 10 %, Vertreterprovision 0 %, Kundenskonto 3 %, Gewinnaufschlag 6 %
   c) Angebotspreis 400,00 €, Kundenrabatt 15 %, Vertreterprovision 5 %, Kundenskonto 3 %, Gewinnaufschlag 10 %
   d) Angebotspreis 8.000,00 €, Kundenrabatt 10 %, Vertreterprovision 2 %, Kundenskonto 3 %, Gewinnaufschlag 8 %

4.7.4.4 Differenzkalkulation

S Der Kunde erteilt einen Auftrag, wenn der von ihm vorgegebene Angebotspreis akzeptiert wird. Alle Bemühungen zum günstigeren Materialeinkauf scheiterten allerdings.

Wenn der Angebotspreis und der Materialpreis feststehen, kann der Anbieter nur noch prüfen, ob bei diesem Geschäft Gewinn erwirtschaftet werden kann und wie hoch der Gewinn ausfällt. Nach der Berechnung des Gewinns als Differenz zwischen den errechneten Selbstkosten und dem errechneten Barverkaufspreis muss der Anbieter entscheiden, ob er den Auftrag annimmt.

Als Kalkulationsschema muss der Anbieter ein gemischtes System zwischen Zuschlags- und Rückwärtskalkulation wie oben angezeigt anwenden. Dadurch, dass von oben bis zu den Selbstkosten aufgeschlagen wird und von unten vom Angebotspreis zurückgerechnet wird, erfolgen alle Zuschläge vom vorliegenden Grundwert. Aus dieser Sicht ist die Differenzkalkulation das einfachste Kalkulationsverfahren.

Differenzkalkulation

Kalkulation	Prozent	Euro		Formeln Spalte D
Fertigungsmaterial		520,00 €		520
+ Materialgemeinkosten (v.H.)	15,0%	78,00 €		=D3*C4
= Materialkosten		598,00 €		=D3+D4
+ Fertigungslöhne		200,00 €		200
+ Fertigungsgemeinkosten (v.H)	96,4%	192,80 €		=D6*C7
= Fertigungskosten		392,80 €		=D6+D7
= Herstellkosten		990,80 €		=D5+D8
+ Verwaltungsgemeinkosten (v. H.)	9,7%	96,11 €		=D9*C10
+ Vertriebsgemeinkosten (v.H.)	20,8%	206,09 €		=D9*C11
= Selbstkosten		1.292,99 €	↓	=D9+D10+D11
+ Gewinnzuschlag (Differenz)	4,7%	61,21 €	?	=D14-D12
= Barverkaufspreis		**1.354,20 €**	↑	**=D17-D16-D15**
+ Kundenskonto (v.H.)	3,0%	44,40 €		=D17*C15
+ Vertreterprovision (v.H.)	5,5%	81,40 €		=D17*C16
= Zielverkaufspreis		**1.480,00 €**		**=D19-D18**
+ Kundenrabatt (v.H.)	20,0%	370,00 €		=D19*C18
= Angebotspreis (Listenpreis)		**1.850,00 €**		**1850**

Hinweise: Nur die gelb unterlegten Zellen sind Eingabefelder. Die anderen Zellen werden automatisch berechnet.
Berechnung des Gewinnzuschlages in Prozent = **D13/D12**

Aufgaben

1. Überprüfen Sie alle Angaben im Kalkulationsblatt unten.
2. Berechnen Sie den Gewinnzuschlag in Euro und in Prozent, wenn nach der Kalkulation unten folgende Vorgaben geändert werden:
   a) Fertigungsmaterial 600,00 €, Angebotspreis 2.000,00 €, Kundenrabatt 20 %, Vertreterprovision 4 %, Kundenskonto 2 %
   b) Fertigungsmaterial 7.600,00 €, Fertigungslöhne 800,00 €, Angebotspreis 6.000,00 €, Kundenskonto 3 %, Kundenrabatt 10 %, Vertreterprovision 4 %
   c) Fertigungsmaterial 120,00 €, Fertigungslöhne 300,00 €, Angebotspreis 1.400,00 €, Kundenrabatt 10 %, Vertreterprovision 4 %, Kundenskonto 3 %
3. Öffnen Sie die Datei „Kostenrechnungssystem ACI" mit Microsoft Excel und erstellen Sie Verknüpfungen zwischen BAB und den Kalkulationstabellen Angebotskalkulation, Rückwärtskalkulation und Differenzkalkulation. Kalkulieren Sie die Aufgaben vorher mit dem Kostenrechnungssystem. DL
4. Vermischte Aufgaben zur Kalkulation von Angeboten:
   a) Kalkulieren Sie den Angebotspreis nach folgenden Angaben: Fertigungsmaterial 700,00 €, Fertigungslöhne 400,00 €, Materialgemeinkosten 15 %, Fertigungsgemeinkosten 140 %, Verwaltungsgemeinkosten 12 %, Vertriebsgemeinkosten 18 %, Gewinnaufschlag 10 %, Kundenskonto 2 %, Kundenrabatt 10 %
   b) Kalkulieren Sie den Angebotspreis nach folgenden Angaben: Fertigungsmaterial 2.000,00 €, Fertigungslöhne 700,00 €, Materialgemeinkosten 20 %, Fertigungsgemeinkosten 180 %, Verwaltungsgemeinkosten 10 %, Vertriebsge-

meinkosten 20 %, Gewinnaufschlag 8 %, Kundenrabatt 15 %, Kundenskonto 3 %

c) Kalkulieren Sie den Materialpreis, wenn der Angebotspreis mit 5.000,00 € feststeht und folgende Angaben zu berücksichtigen sind: Kundenrabatt 15 %, Kundenskonto 2 %, Gewinnaufschlag 10 %, Vertriebsgemeinkosten 16 %, Verwaltungsgemeinkosten 8 %, Fertigungslöhne 600,00 €, Fertigungsgemeinkosten 170 %, Materialgemeinkosten 20 %

d) Kalkulieren Sie den Materialpreis, wenn der Angebotspreis mit 12.000,00 € feststeht und folgende Angaben zu berücksichtigen sind: Kundenrabatt 10 %, Vertreterprovision 5 %, Kundenskonto 2 %, Gewinnaufschlag 8 %, Vertriebsgemeinkosten 15 %, Verwaltungsgemeinkosten 9 %, Fertigungsgemeinkosten 150 %, Fertigungslöhne 1.500,00 €, Materialgemeinkosten 18 %

e) Kalkulieren Sie den Gewinn in Euro und in Prozent bei folgenden Vorgaben: Angebotspreis 9.800,00 €, Fertigungsmaterial 3.500,00 €, Materialgemeinkosten 20 %, Fertigungslöhne 800,00 €, Fertigungsgemeinkostenzuschlagssatz 160 %, Verwaltungsgemeinkosten 9 %, Vertriebsgemeinkosten 15 %, Kundenskonto 3 %, Vertreterprovision 5 %, Kundenrabatt 20 %

f) Kalkulieren Sie den Gewinn in Euro und in Prozent bei folgenden Vorgaben: Angebotspreis 18.000,00 €, Fertigungsmaterial 5.000,00 €, Materialgemeinkosten 15 %, Fertigungslöhne 3.000,00 €, Fertigungsgemeinkostenzuschlagssatz 120 %, Verwaltungsgemeinkosten 7 %, Vertriebsgemeinkosten 12 %, Kundenskonto 2 %, Kundenrabatt 10 %

5. Was ist richtig, was ist falsch?

a) Bei der Angebotskalkulation wird der Kundenskonto i. H. aufgeschlagen.

b) Der Gewinnaufschlag erfolgt auf die Selbstkosten v. H.

c) Bei der Rückwärtskalkulation wird der Kundenskonto i. H. aufgeschlagen.

d) In der Rückwärtskalkulation wird auf den Barverkaufspreis der Gewinn hinzuaddiert.

e) Wenn Sie in der Angebotskalkulation einen Kundenrabatt von 10 % auf einen Zielverkaufspreis von 180,00 € hinzukalkulieren wollen, beträgt der Kundenrabatt 20,00 €.

f) Wenn Sie in der Rückwärtskalkulation vom Angebotspreis in Höhe von 200,00 € einen Kundenrabatt von 10 % abziehen wollen, beträgt der Kundenrabatt 18,00 €.

g) Bei einem Gewinn von 300,00 € und Selbstkosten von 3.600,00 € beträgt der Gewinnaufschlag 11 %.

5 Informationsquellen und Arbeitsmethoden

Aus den vorangegangenen Kapiteln sind nun schon zahlreiche Informationsquellen und Arbeitsmethoden bekannt. In diesem Kapitel stehen übergreifende oder allgemeine Hilfen im Mittelpunkt, womit die Fähigkeiten verbessert werden, um Arbeitsaufträge zu analysieren, Kreativitätstechniken einzusetzen sowie Informationsquellen zu nutzen und in die Team- und Projektarbeit einzubringen.

5.1 Informationsbeschaffung und -verwertung

S Die Auszubildenden bei ACI haben bisher fachliche Informationen fast ausschließlich aus Fachbüchern oder aus dem Internet bezogen. Für die Projektarbeit wollen sie sich erkundigen, welche zusätzlichen Informationsquellen existieren und wie man die Suche im Internet verbessern kann.

W **Informationsquellen nutzen**

Quellen	Hinweise
Bibliotheken	In Universitäten, Fachhochschulen, Schulen; Nutzung häufig kostenlos, gute Bestände mit hochwertigen Fachbüchern, auch CDs/DVDs
Büchereien	In Städten und Gemeinden, häufig Nutzung gegen geringes Entgelt
Fachzeitschriften	Computer- und Wirtschaftsfachzeitschriften, vgl. z. B.: www.heise.de www.chip.de www.pcwelt.de www.wiwo.de www.capital.de www.fachzeitungen.de
Fachbücher	Aktuelle Fachbücher der Schulbuch- oder Fachverlage
Messen, Ausstellungen	Produktschau, Fachgespräche, Datenblätter, Testberichte usw.
Hersteller, Anbieter	Produkt- und Anwenderinformationen aus erster Hand
Fachverlage	Auskünfte über Produkte, Artikel über Internetportale, Redakteure usw.
Forschungseinrichtungen	Setzen Produkte ein, prüfen Produkte, veröffentlichen Forschungsergebnisse
Datenbanken	Kostenpflichtige Datenbanken befragen, z. B. www.genius.de
Internet	Die meisten Unternehmen, Behörden und sonstigen Einrichtungen präsentieren auf ihren Portalen und Websites Informationen und Nachrichten, bieten Informationen und Anwendungen zum Download; Recherche erfolgt über Suchmaschinen (vgl. unten).
	Lexika, Wörterbücher, Enzyklopädien, z. B.: www.wikipedia.de www.wissen.de https://de.yahoo.com/ www.sueddeutsche.de www.wirtschaftundschule.de www.wirtschaftslexikon24.net
	Unzählige Foren und Newsgroups dienen dem schnellen Informationsaustausch, vgl. z. B.: http://groups.google.com www.chip.de www.edv-tipp.de www.spin.de

Aufgaben

1. Recherchieren Sie im Internet zu verschiedenen Informationsquellen, die Sie bisher nicht genutzt haben.
2. Erstellen Sie in Partner- und Gruppenarbeit allgemein oder zu einem bestimmten Thema eine PowerPoint-Präsentation zur vielfältigen Nutzung der Informationsquellen nach der obigen Übersicht.

Suchmaschinen und Recherchen im Internet

Fast 90 % aller Suchanfragen laufen über die Suchmaschine Google, wobei über 2.700 verschiedene Suchmaschinenanbieter um die Gunst der Internetuser buhlen. Google hat diese Alleinstellung durch den riesigen Informationsbestand von über 8 Milliarden gespeicherten Websites, ein ausgeklügeltes Rankingverfahren und eine sehr schnelle Antwortzeit auf Suchanfragen erreicht. Als sichere Suchmaschine hebt sich www.startpage.de hervor.

Aufgrund der zahlreichen Antwortlisten geben sich die Suchenden schnell mit der Recherche zufrieden, obwohl Google vielleicht zahlreiche gute Websites nicht gefunden hat. Da Google als Volltextrecherchesuchmaschine alle Texte nach den Suchbegriffen durchforstet, kann es auch passieren, dass bessere Seiten erst später aufgelistet werden. Internetsucher schauen sich häufig jedoch nur die ersten drei Trefferseiten an. Andere Suchmaschinen, die ihre Links redaktionell betreuen und in Webkatalogen bereitstellen, können hier häufig interessantere Links anbieten. Einen noch größeren Datenbestand können Metasuchmaschinen erreichen, da sie sich vieler Suchmaschinen bedienen. Größeren Anklang finden auch Portale, die Linkfavoriten über ihre Mitglieder sammeln lassen und so eine Such-Community bilden.

Suchmaschinen	
Volltextsuchmaschinen	Z. B. www.google.de, https://.fireball.de, www.bing.com, www.ecosia.org
Katalogsuchmaschinen	Z. B. https://de.yahoo.com, www.blinde-kuh.de, https://.web.de, www.klicksave.de
Metasuchmaschinen	Z. B. https://metager.de, www.kartoo.com, www.startpage.com, www.yasni.de, https://duckduckgo.com, www.startpage.de
Produkt-/Preisvergleichsportale	Z. B. www.check24.de, www.idealo.de, https://.meta-preisvergleich.de, www.mister-wong.de
Suchmaschinenkataloge	Z. B. www.suchfibel.de, www.klug-suchen.de

Tipps für richtiges Suchen	W
Vorgehensweise	▪ Richtige Suchwörter wählen ▪ Suchoperatoren wie +, –, % oder Phrasensuche nutzen ▪ Detailsuche anwenden, durch Web-Assoziator (z. B. https://.metager.de) richtige Begriffe einsetzen
Copyright	Alle recherchierten Websites unterliegen dem Copyright und sind nach Urheberrechtsgesetz als Datensammelwerk (§ 4 UrhG) geschützt. Jede Art der Verwertung bedarf der schriftlichen Zustimmung des Inhabers der Rechte. Ohne Zustimmung zulässig sind einzelne Vervielfältigungen eines Werkes zum privaten oder zum schulischen Gebrauch, sofern sie weder Erwerbszwecken dienen noch zur Vervielfältigung offensichtlich rechtswidrig hergestellte Vorlagen verwendet werden (vgl. dazu § 53 UrhG). Die Quellen sind vom Nutzer immer anzugeben (§ 63 UrhG).

Nach der Recherche bestimmt die richtige Auswertung der gesammelten Informationen den Erfolg der Arbeit. Kann eine einzelne Person die Aufgabe nicht bewältigen, so ist eine gute **Gruppen- und Projektarbeit** (vgl. auch Kapitel 5.5) wichtig. Gruppen- und Projektsitzungen erfordern von den Teilnehmern eine gründliche Vorbereitung. Zu den Arbeitsthemen sollten Informationsquellen erschlossen werden und wichtige Erkenntnisse als **Exzerpt (Auszug)** bereitliegen. Um Beschlüsse über Ergebnisse, Entscheidungen und das weitere Vorgehen festzuhalten, sind **Protokolle** unerlässlich. Da Gruppen- und Projektmitglieder häufig der Reihe nach mit der Protokollerstellung beauftragt werden, sollte jeder Teilnehmer wissen, wie man ein Protokoll entwirft und verbreitet. Folgende Übersichten geben dazu weitere Informationen.

Gruppenarbeit (W)
Die Gruppenarbeit ist eine Methode, um Problemlösungen durch organisierte und zielgerichtete Zusammenarbeit von mehreren Personen zu erarbeiten. Bei einer Partnerarbeit besteht die Gruppe nur aus zwei Personen.
Vorgehensweise: 1. Klärung, welche Arbeitsaufgaben zu erledigen sind 2. Zeitlichen Rahmen festlegen 3. Vereinbarung des Arbeitsverfahrens 4. Einen oder zwei Gruppensprecher bestimmen 5. Arbeitsergebnisse schriftlich festhalten 6. Am Ende der Sitzung festhalten, **wer was** bis **wann** erledigen muss (3 Ws) 7. Präsentation der Arbeitsergebnisse

(Fortsetzung auf folgender Seite)

W

Gruppenarbeit

Besondere Hinweise:
Der Gruppensprecher sollte sich für die gesamte Gruppe verantwortlich fühlen. Auftretende Konflikte sind anzusprechen und möglichst vorher zu lösen.

W

Exzerpt

Exzerpieren bezeichnet das Herauslesen oder Herausschreiben wichtiger Inhaltsaspekte (Definitionen, Techniken, Beispiele, Anwendungen, Standpunkte, Argumente etc.) aus einem oder mehreren Büchern, aus Aufsätzen sowie die Zusammenstellung von Inhalten aus Websites.

Vorgehensweise:
1. Ziel und Thema des Exzerpts festlegen. Soll das Exzerpt z. B. für eine spätere Veröffentlichung oder zur Weitergabe geeignet sein, wobei Urheberrechte zu beachten sind, oder nur zur eigenen Information dienen?
2. Webbrowser öffnen, dazu eventuell auch Textverarbeitungsprogramm mit leerem Dokument.
3. Über Suchmaschinen und andere Recherchemöglichkeiten im Internet nach interessanten Seiten zum Thema suchen.
4. Geeignete Seiten als Favoriten in einem gesonderten Favoritenverzeichnis des Webbrowsers speichern oder interessante Textauszüge über Markieren, Kopieren und Einfügen in das leere Textdokument einfügen. Sofort die Quelle des Textes hinzufügen.
5. Nach Beendigung der Recherche die Seiten durcharbeiten und für die eigene Bearbeitung eine Inhaltsstruktur erarbeiten, z. B. als **Gliederung** oder **Mindmap**.
6. Entsprechend der Gliederung einen Auszug mit eigenen Worten erstellen und jeweils die Quellen angeben, wenn es sich um urheberrechtlich relevante Übernahmen handelt.
7. Nicht selten entsteht zum Schluss aufgrund der unterschiedlichen Rechercheergebnisse ein Konglomerat an Informationen, sodass geprüft werden sollte, ob alle herausgezogenen Informationen wirklich wichtig sind, das Exzerpt logisch aufgebaut ist und ein roter Faden zu erkennen ist. Eventuell ist eine Bereinigung von unnötigen und eher unwichtigen Informationen notwendig.
8. Zum Schluss sollte das Exzerpt auf Rechtschreibfehler und Grammatik geprüft werden.

Besondere Hinweise: Bei Quellenangaben immer den Urheber nennen, nicht einfach nur die Internetseite, wenn der Urheber nicht mit der Internetseite identisch ist. Zur Quellenangabe gehören Autor und/oder Herausgeber, Titel des Textes oder Buches, Erscheinungsort, Verlag, Erscheinungsjahr und Seitenangabe, bei Webseiten das Datum des Aufrufs.

W

Protokoll

Ein Protokoll ist eine schriftliche Aufzeichnung über Beobachtungen, mündliche Informationen, Gesprächsverläufe, Absprachen und Beschlüsse. Es kann als Gedächtnisstütze, Arbeits- oder Entscheidungsgrundlage und Beleg bei nachträglich auftretenden Unstimmigkeiten dienen.

Vorgehensweise:
1. Titel mit Hinweis auf die Veranstaltung oder Art der Versammlung festlegen.
2. Thema der Veranstaltung, Teilnehmer oder Hinweis auf Teilnehmerliste im Anhang, Ort, Datum und Zeit, bei Besprechungen und Konferenzen Angaben entsprechend der Tagesordnung angeben.
3. Klärung mit den Anwesenden, ob ein Verlaufs- oder Ergebnisprotokoll verfasst werden soll. Ein **Verlaufsprotokoll** orientiert sich an der Reihenfolge des Geschehens und wird ausführlich formuliert. Das **Ergebnisprotokoll** beschränkt sich auf Ergebnisse bzw. Beschlüsse. Das Protokoll wird im Präsens (Gegenwartsform) verfasst, Gespräche in indirekter Rede wiedergegeben.
4. Während der Veranstaltung sollten das Gesagte bzw. die Ergebnisse der Veranstaltung in Stichworten notiert werden. Anträge und Beschlüsse müssen mit dem genauen Wortlaut aufgenommen werden.
5. Ein breiter Rand ermöglicht nachträglich Ergänzungen.
6. Bei Unklarheiten sollte nachgefragt werden. Eventuell sind Rücksprachen mit den Personen über deren Aussagen notwendig.
7. Das endgültige Protokoll sollte möglichst zeitnah zur Veranstaltung erstellt werden und vom Protokollanten unterschrieben werden.
8. Bei der nächsten Veranstaltung dient der Vortrag des Protokolls zur eventuellen Aufnahme von Änderungen und Ergänzungen, bevor es bei Bedarf abschließend genehmigt wird.

Besondere Hinweise: Besprechungen, Sitzungen oder Konferenzen sollten grundsätzlich protokolliert werden. Was nicht protokollarisch festgehalten wird, ist nicht kontrollierbar, kann schnell vergessen sein und anderen nicht zugänglich gemacht werden. Protokolle müssen mindestens jedem Teilnehmer der protokollierten Veranstaltung übergeben werden oder für jede autorisierte Person zugänglich sein (z. B. zugänglichen Ordner anlegen). Beispiele: siehe Downloadbereich

DL

Aufgaben

1. Recherchieren Sie über Suchmaschinen nach öffentlichen Ausschreibungen im IT-Bereich sowie nach Angaben zur VOL und erstellen Sie dazu ein Exzerpt. AS
2. Rufen Sie die Methodensammlung im Downloadbereich auf (Kapitel 1) und vergleichen Sie mit den hier angegebenen Informationen. DL

4. Stellen Sie drei Arbeitsgruppen zusammen, die in einer Kick-off-Sitzung (erste Arbeitsgruppensitzung) über folgende Aufgaben diskutieren:
   a) Softwareentwicklung einer Datenbank „Musikverwaltung“
   b) Beteiligung an der Ausschreibung eines Schulträgers für 200 Computersysteme
   c) Auftrag der Firma Controltax & Partner: Einrichtung eines virtuellen Netzwerks für zwei Betriebsstätten

   Die drei Arbeitsgruppen führen dabei hintereinander eine Besprechung von ca. 15 Minuten durch, während die anderen dazu ein Protokoll erstellen.

5.2 Arbeitstechniken und -methoden

In QM-Sitzungen (Qualitätsmanagement) wurde festgestellt, dass sich die meisten Vertriebsmitarbeiter bei ACI zeitlich und organisatorisch überlastet fühlen. Der Verkaufsleiter Herr Guss hat mit seinen Mitarbeitern an einer Fortbildung zum besseren Arbeits- und Zeitmanagement teilgenommen. Folgende Tipps und Methoden wollen sie umsetzen.

Aufgaben

Diskutieren Sie über die folgenden Tipps zur Arbeitsorganisation und erarbeiten Sie Vorschläge zur konkreten Umsetzung.

Tipps zur Arbeitsorganisation

- Aufgabenlisten oder To-do-Listen erstellen
- Den Arbeitsplatz organisieren
- Aufgaben nach Prioritäten (ABC) ordnen und nach Pareto-Prinzip und Eisenhower-Regel vorgehen (vgl. unten und folgende Seite)
- Größere Aufgaben in Teilziele zerlegen
- Aufgabenlisten systematisch abarbeiten
- Unerledigtes sichtbar machen
- Notwendigkeit von Reisen und Besprechungen überprüfen
- Zeitverluste im Umgang mit Bürotechnik abstellen
- Begonnene Aufgaben möglichst auch sofort erledigen
- Überflüssiges umgehend wegwerfen oder weitergeben
- Den folgenden Arbeitstag am Vorabend planen
- Jeden Abend den Schreibtisch aufräumen

Wenn Kerstin die Post bearbeitet, stellt sie fest, dass wenige Mitarbeiter sehr viel Post empfangen. Auch in der Telefonzentrale bemerkt sie, dass einige wenige Mitarbeiter sehr viele Telefonanrufe erhalten. Und in Besprechungen sind es auch wieder wenige Mitarbeiter, die einen großen Anteil der Besprechungen bewältigen müssen. Kerstin fragt Herrn Muster, den Geschäftsführer, wie er an einem Arbeitstag so viele verschiedene Vorgänge bearbeiten kann, ohne physisch und psychisch zusammenzubrechen. Herr Muster gibt ihr den Tipp, nach dem Eisenhower- und nach dem Pareto-Prinzip zu recherchieren.

Eisenhower-Prinzip

Bei einem Großteil unserer Arbeit orientieren wir uns nicht an der Wichtigkeit einer Aufgabe, sondern an unseren Vorlieben, am Druck anderer und an vielerlei Zufällen. Für den Erfolg ist aber einzig entscheidend, dass wir uns tatsächlich um das Wichtigste zuerst kümmern. Um so vorzugehen, müssen wir bewusst Zeitmanagement betreiben.

Der Vorteil des Eisenhower-Prinzips liegt in dessen Einfachheit begründet. Das Setzen von Präferenzen und die Unterscheidung zwischen wichtigen und weniger wichtigen Aufgaben bildet seit jeher die Grundlage eines funktionierenden Zeitmanagements. Im Eisenhower-Prinzip wird je nach Wichtigkeit zwischen vier verschiedenen Kategorien von Aufgaben unterschieden:

1. Aufgaben **sofort nachgehen**, die wichtig sind und dringend erledigt werden müssen.
2. Aufgaben **in der Zeitplanung berücksichtigen**, die zwar wichtig sind, aber deren Erledigung nicht besonders dringlich ist.
3. Dringend zu erledigende, aber unwichtige Aufgaben **an Mitarbeiter delegieren**.
4. Aufgaben gehören **in den Papierkorb**, die unwichtig sind und nicht dringend erledigt werden müssen.

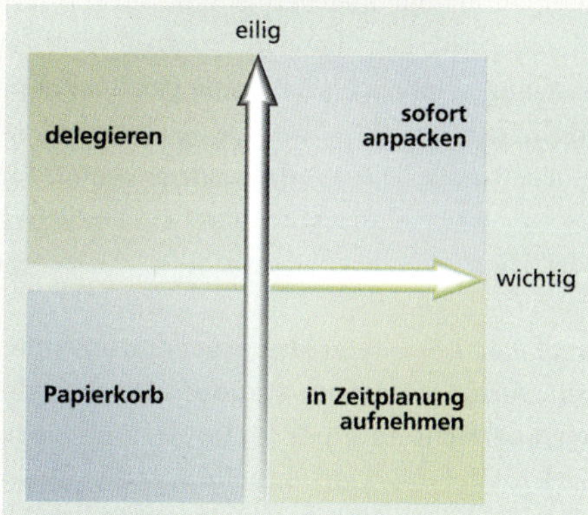

Pareto-Prinzip

Vilfredo Pareto lebte im 19. Jahrhundert und war Professor für politische Ökonomie an der Universität von Lausanne. Er erkannte, dass in vielen Märkten überall auf der Welt ein Großteil der Aktivitäten auf einen Bruchteil der Akteure entfällt. Als Größenordnung stellte er ein Verhältnis von 80 Prozent zu 20 Prozent fest, also das 80/20-Pareto-Prinzip: 80 Prozent des Geschehens entfallen auf 20 Prozent der Beteiligten.
Das Pareto-Prinzip wurde in der Folge auf viele Vorgänge angewendet:

Beispiele:
- 20 Prozent der Verkäufer erbringen 80 Prozent des Umsatzes.
- 20 Prozent der Fischer fangen 80 Prozent der Fische.
- 20 Prozent der Werbeaktionen rufen 80 Prozent der Kundenreaktionen hervor.
- 20 Prozent der Bücher erzielen 80 Prozent des Gewinns.
- 20 Prozent des Gesamtaufwandes entfallen auf die Automatisierung von 80 Prozent einfacher Fälle.

Forschungen wiesen zwar zum Teil andere Verhältnisse nach (z. B. ein 65/35- oder ein 90/10-Verhältnis), stellten aber dieses Prinzip grundsätzlich nicht infrage.
Wenn das Pareto-Prinzip seine Berechtigung hat, so ist bei allen Aktionen unter Wirtschaftlichkeitsüberlegungen zu überprüfen, **welche Maßnahmen** zu treffen sind, denn nach Pareto gilt ja Folgendes:

Pareto-Prinzip: 20 Prozent der Akteure erreichen 80 Prozent der Leistungen.

Es ist ebenfalls zu klären, ob diese 20 Prozent an Akteuren absoluten Vorrang erhalten sollen und ob ein Teil der verbleibenden 80 Prozent an Aktivitäten unterbleiben können, da sie ja nur noch 20 Prozent des Erfolges ausmachen.

Erstellung einer Präsentation für ein Projekt

S Anna hat ein Projekt „E-Marketing bei ACI" durchgeführt und soll nun ihre Projektarbeit präsentieren. Sie hat sich dafür ein Pflichtenheft zur Erstellung einer PowerPoint-Präsentation vorbereitet

Relativ schnell lassen sich Präsentationen mit dem Office-Programm Microsoft PowerPoint (PowerPoint-Präsentationen) erstellen. Hierbei muss zunächst der **Adressatenkreis** festgelegt werden (z.B. Fachleute oder Laien, Präsentation vor Publikum oder im Internet bzw. von einem Speichermedium). Abhängig von der Art der Präsentation müssen auch die **Inhalte** ausgerichtet werden. Für einen Vortrag können Inhalte verbal ergänzt werden, bei einer Präsentation vom Speichermedium müssen Inhalte selbsterklärend sein. Hier können eventuell Links zu weiteren Dokumenten hilfreich sein. Damit das **Design** professionell und einheitlich wirkt, sollten Designvorgaben vorab geklärt werden. Für alle Seiten gemeinsam genutzte Folienelemente können auf der Masterseite hinterlegt werden. Für Farben, Bilder, Hintergründe gilt der Grundsatz: **Weniger ist mehr!**

Damit der Betrachter der Präsentation den Überblick nicht verliert, ist eine ständig eingeblendete **Gliederungsübersicht** an einer Stelle der Seite oder im Top-Bereich sinnvoll. Der aktuelle Gliederungspunkt wird jeweils farblich abgesetzt.

Pflichtenheft und Ablaufplan zur Erstellung einer PowerPoint-Präsentation

1. Zusammenstellung der Inhalte für die Präsentation
2. Festlegung des inhaltlichen Aufbaus der Präsentation
3. Erstellung des Designs (Entwurf)
4. Erstellung einer Masterseite mit den dazugehörenden Grafiken. Festlegung von Hintergrund und Design, Farben, Schriftarten und -größen, eventuell Verwendung interaktiver Schaltflächen
5. Erstellung der einzelnen Folien (Textfelder, Aufzählungen, Bilder, Tabellen, Organigramme, Schaubilder, Animationen usw.)
6. Festlegung des Folienübergangs
7. Kontrolle: Titelseite, Gliederungsseite, Impressum, Quellenverzeichnis, Rechtschreibung, Farb- und Schriftdesign
8. Eventuell Erstellung einer Anleitung zur Nutzung der PowerPoint-Präsentation (Readme-Datei) auf dem Speichermedium.
9. Eventuell automatisches Abspielen der CD nach Einlegen ermöglichen: vgl. im Menü **Datei/Verpacken auf CD** oder Einbeziehung eines Viewers und Autorun-Funktion ergänzen
10. Eventuell Speichermedium passend verpacken, inkl. Booklet und Label
11. Endkontrolle und Generalprobe

Wenn mehrere Personen eine gemeinsame Präsentation erstellen bzw. mehrere Präsentationen zu einer gemeinsamen Präsentation zusammenfügen möchten, sollten sie nicht nur die Schriftgrößen, Farben und das Design absprechen, sondern auch mit der gleichen Version des Präsentationsprogramms arbeiten, z. B. Microsoft Office 365.

Ganz wichtig ist die Überprüfung der Präsentation hinsichtlich Vollständigkeit, Design, Rechtschreibung, Grammatik und Funktionalität.

Arbeits- und Lerntechniken

Zur Verbesserung der Arbeits- und Lerntechniken können folgende Strategien angewendet werden.

Arbeits- und Lernstrategien		
Strategien	**Erläuterungen**	**Arbeits- und Lerntechniken**
Informieren Lesestrategie	Verstehen und Erfassen von situativ notwendigen und geeigneten Informationen	▪ Mitschreiben zu Vorträgen (Lehrer/-in, Gruppensprecher/-in), Lesen von Fachbüchern, Fachtexten, Gesetzestexten u. Ä., zielgerichtetes Markieren, (Rand-)Notizen in Sachtexten ▪ Selektives Lesen, Exzerpieren (Herauslesen und -schreiben)
Informationsbeschaffungsstrategie	Informationsquellen erschließen, bewerten und auswählen, sinnvoll und richtig verwenden	▪ Fachbuchrecherche ▪ Internetrecherche ▪ Bibliotheknutzung ▪ Expertenbefragung
Ressourcenstrategie	Prüfung notwendiger und vorhandener Rahmenbedingungen, Planungen	▪ Arbeitsmittelplanung ▪ Raumplanung ▪ Zeitplanung, Teamplanung, Arbeitsplan ▪ Motivationstechniken
Problemlösungsstrategie	Verfahren zur kreativen und sinnvollen Lösungserarbeitung	▪ Pro- und Kontra-Liste ▪ Ausschlussverfahren (auf mögliche Lösungen untersuchen), Checkliste, Vergleich mit ähnlichen Problemstellungen, Kreativmethoden ▪ Kommunikationstechniken (aktives Zuhören, Feedbacktechnik, Kommunikationsmodelle wie Eisbergmodell, Kopfstandmethode etc.), Diskussion ▪ Planspiel, Szenariomethode, Zukunftswerkstatt
Elaborationsstrategie	Vorwissen und Erkenntnisse aktivieren, in vorhandenes Wissen einordnen und in veränderter Darstellungsform oder mit eigenen Worten wiedergeben	▪ Beispiele dazu nennen, in eigene Worte fassen ▪ Präsentationsfolien, Tabellen, Diagramme, Mindmapping, Listen, Checklisten, Tafelbild, Flipchart-Darstellung o. Ä., Formulare, Merkblätter, Plakate, ▪ Texte, Referate etc., Interview, Rollenspiel nutzen
Reflexionsstrategie	Eigene Arbeit selbstständig und selbstkritisch hinterfragen, konstruktiv bewerten, Defizite erkennen	▪ Alternativen oder Lösungsvorschläge vergleichen ▪ Punktabfrage, Stimmungsbarometer, Spinnennetz ▪ Fragebogen, Interview, Befragung ▪ Ergebnisse von Tests, Klassenarbeiten, Bewertung von Handlungsprodukten und Vorträgen nachvollziehen und nachbereiten, Blitzlicht, Feedback, Diskussion, Protokoll, Lerntagebuch
Regulationsstrategie	Konsequenzen ziehen, Defizite beheben bzw. Kompetenzen weiter verbessern	Lösungen, Korrekturen erstellen, roten Faden, Lernstrategie finden und zur Orientierung hinzuziehen, Zielvereinbarungen, Lernlisten

Methoden zur Förderung der Handlungskompetenz		
Phase	**Methoden/Arbeitstechniken**	**Handlungsprodukte**
Informieren	Recherche, Exzerpieren, selektives Lesen, 5-Schritt-Lesemethode, unvollendeter Tafelanschrieb, Abschaffungsdiskussion, Bildersalat, Brainstorming, Besprechungen, Umfragen, Interview, Erkundung, Meinungslinie, Kugellager-/Karussellgespräch, thematische Fantasiereise, Thesentafel/-papier	▪ Exzerpt, Thesenpapier, Notizen, Skizzen, Präsentation, Tafelanschrieb, Mindmap ▪ Fragebogen, Auswertung/Statistik ▪ Protokoll
Planen	▪ 6-3-5 Methode, Arbeits- und Zeitplanung, Besprechungen ▪ Stärken-/Schwächenanalyse	▪ 6-3-5-Bogen, Arbeitsplan, Zeitplan, Projektplan, Präsentation, Diagramm ▪ Protokoll
Entscheiden	Karten-/Punktabfrage, Nutzwertanalyse, Besprechungen	▪ Entscheidungsmatrix, Checklisten ▪ Flussdiagramm, Struktogramm, Protokoll
Durchführen	▪ Kugellager, Gruppenpuzzle, Stationen-Lernen, Rollenspiel, Ausarbeitungen, Debatte, Szenario-Methode, thematische Zettelgeschichte, Besprechungen ▪ Spickzettel-Methode	Referat, Vortrag, Präsentation, Bilder, Grafiken, Plakate, Verkaufsstand, Pro-/Kontra-Übersichten, Checklisten, Abstimmungsnachweis, Präsentation, Rollenspiel, Zukunftsbilder, Protokoll, Spickzettel
Kontrollieren	▪ Offene-Fragen-Methode ▪ Lernkartei, Bienenkorb, Magische Wand, Sach-/Verfahrensstandabfrage ▪ Prioritätensetzung ▪ Motivationsumfrage ▪ Stärken-/Schwächenanalyse	▪ Offene-Fragen-Liste, Checklisten, Selbstbewertungsbogen, Punktabfrage ▪ Diagramm, Stichwortkarten, Lern-Wiki ▪ Präsentation, Stimmungsbarometer
Bewerten	Schreibgitter/Placemat, Lernpartner-Resümee, Fischernetz und Teich, Spickzettel-Methode	Lernliste, Notizen, Placemat, Spickzettel

DL Zur Erläuterung der Arbeits- und Lerntechniken dient die Methodensammlung im Downloadbereich zu Kapitel 1.

Aufgaben

DL
1. Rufen Sie die „Projektmanagement Formularsammlung“ im Downloadbereich auf oder recherchieren Sie nach Tipps für gute Präsentationen und erstellen Sie eine Präsentation zum Thema „Was muss ich bei Präsentationen beachten?“
2. Entwerfen Sie eine Präsentation zum Thema „E-Marketing“, „Social Media Marketing“ oder „Online-Marketing“.

5.3 Kommunikationsmodell und Kommunikationsarten

S Streit und schlechte Stimmung im Betrieb, in einer Projektgruppe oder in einer Besprechung sind nicht selten durch Kommunikationsstörungen begründet. Bei ACI soll ein Seminar für Kommunikationstraining stattfinden.

Aufgrund der großen Bedeutung gut funktionierender Kommunikation wurden zahlreiche Kommunikationsmodelle entwickelt, um Kommunikationsstörungen zu vermeiden oder zu beheben. Ein bekanntes Kommunikationsmodell wurde von Friedemann Schulz von Thun als Nachrichtenquadrat entwickelt.

W **Kommunikationsmodell nach Schulz von Thun**

	Sachinhalt Worüber informiere ich?	
SENDER → **Selbstoffenbarung** Was gebe ich von mir kund (Absichten, Gefühle usw.)?		**Appell →** **EMPFÄNGER** Wozu möchte ich den Empfänger veranlassen?
	Beziehung Was halte ich vom Empfänger und wie stehen wir zueinander?	

Nach Schulz von Thun benötigt jede Kommunikation vier Ohren, das Selbstoffenbarungsohr, das Sach-Ohr, das Beziehungsohr und das Appell-Ohr. Fehlt in einer Kommunikation eine oder fehlen sogar mehrere dieser vier Beziehungsbotschaften, so kann dies zu Kommunikationsstörungen führen. Allgemein unterscheidet man verschiedene Kommunikationsarten:

W **Kommunikationsarten**

Synchrone Kommunikation	Gegenseitig zeitlich abgestimmte Kommunikation, z. B. beim Computer-Chat oder in einer Diskussion mit Redezeit und genauer Redeliste, Face-to-Face-Kommunikation
Asynchrone Kommunikation	Zeitlich versetzte, nicht abgestimmte Kommunikation, z. B. in der Briefkommunikation, bei E-Mails, Newsgroups usw.
Verbale Kommunikation	Kommunikation in einer angemessenen, verständlichen Sprache
Nonverbale Kommunikation	Kommunikation mit Mimik, Gestik, Körperhaltung, Sprachausdruck, Stimmlage usw.
Hyper-kommunikation	Gemeinsame Arbeit an einem Text, wobei jeder Beteiligte Veränderungen vornehmen kann, z. B. bei Wikipedia
Meta-kommunikation	Wir reden darüber, wie wir miteinander kommunizieren!

Aufgaben

1. Erläutern Sie das Kommunikationsmodell anhand folgender Kommunikationsanlässe:
   a) Sie wollen im Betrieb einen besseren Bürostuhl.
   b) Sie wollen mit der Chefin über eine Gehaltserhöhung sprechen.
   c) Sie wollen auf einen anderen Arbeitsplatz versetzt werden.
2. In welchen Situationen würden Sie als Projektleiter/-in den Sachinhalt, den Beziehungsbereich, den Appell oder die Selbstoffenbarung herausstellen, um damit die Kommunikation zu verbessern? Informieren Sie sich auch in Kapitel 5.5 über Projektmanagement und Konfliktsituationen.
3. Erkundigen Sie sich im Internet nach dem Kommunikationsmodell von Schulz von Thun. Welche Beispiele werden genannt?
4. Nehmen Sie Stellung zu folgender Aussage:

   > **Was** du sagst, **wie** du es sagst und **was du meinst**, ist häufig etwas anderes, als **was verstanden** wird und **auf was** und **wie reagiert** wird!

5. Informieren Sie sich im Internet über andere Kommunikationsmodelle, z. B. das Organon-Modell von Karl Bühler oder die Kommunikationsregeln von Paul Watzlawick.
6. Nennen Sie Situationen, in denen Sie als Gesprächsleiter/-in eine bestimmte Kommunikationsart bevorzugen würden.

5.4 Kreativitätstechniken

S Die Auszubildenden bei ACI wollen Mindmaps zur Nutzung von Kreativitätstechniken erstellen. In einer ersten Recherchephase haben sie Informationen zu Kreativitätstechniken zusammengestellt. Nun wollen sie die Informationen sichten und die Aufgabenverteilung für die Erstellung einzelner Mindmaps festlegen. Eventuell sind weitere Informationen über das Internet einzuholen.

W **Mindmap**

Mit Mindmaps können sowohl Ideen entwickelt als auch Ergebnisse strukturiert festgehalten werden. Ausgehend von einem Begriff, einem Sachverhalt oder einem Problem werden Teilaspekte und Teilprobleme zugeordnet und dargestellt.

Vorgehensweise:

1. DIN-A4- oder DIN-A3-Blatt, Tafel, Flipchart, Visio oder PC-Programm (z. B. Mindmanager) einsetzen.
2. Das **Thema** in die Mitte des Blattes schreiben und kennzeichnen.
3. **Äste** zuordnen und mit Ideen oder Sachverhalten ergänzen.
4. Nach Bedarf weitere Äste und **Zweige** zuordnen.
5. Mit unterschiedlichen Farben, Zeichen und Symbolen die Bedeutung herausstellen.

Besonderer Hinweis:
Mindmaps können auch gut zur Vorbereitung von Veranstaltungen eingesetzt werden.

Aufgaben

1. Präsentieren Sie nach Websuche Bilder von verschiedenen Mindmaps. Diskutieren Sie über deren Inhalt sowie über Vor- und Nachteile von Mindmaps.
2. Recherchieren Sie im Internet nach Anbietern für Software zur Erstellung von Mindmaps. Erstellen Sie über die Ergebnisse ein Exzerpt und eine Mindmap. Arbeiten Sie Vor- und Nachteile dieser beiden Auswertungsmethoden heraus und stellen Sie diese vor.
3. Informieren Sie sich über die folgenden Kreativitätstechniken und legen Sie in einer Gruppensitzung fest, wie viele Mindmaps erstellt werden sollen und welche Personen an der Erstellung und Präsentation beteiligt sein sollen. Protokollieren Sie die Ergebnisse der Gruppensitzung. Erstellen Sie die Mindmaps, integrieren Sie diese Mindmaps anschließend in einer übergreifenden Mindmap „Kreativitätstechniken" und präsentieren Sie deren Inhalt.

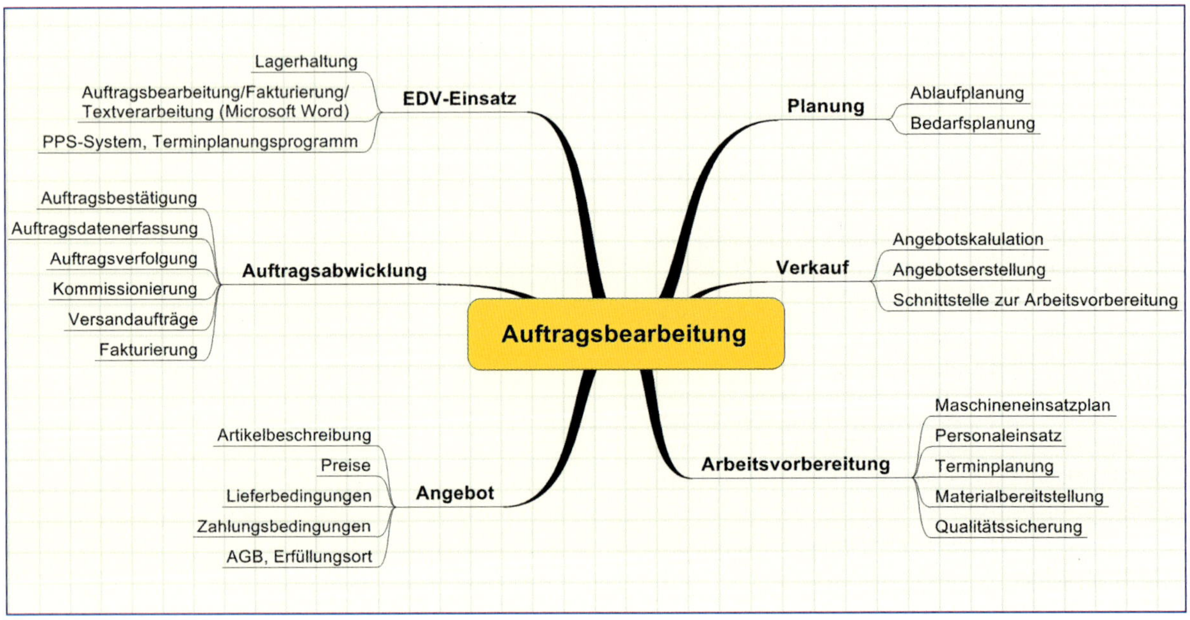

W

Brainstorming

Brainstorming ist eine Methode zur kreativen Ideenfindung zur Lösung eines Problems. Die Teilnehmer sammeln Ideen, die ihnen zum Thema einfallen, um daraus neue Denkanstöße zu gewinnen.

Vorgehensweise:

1. Sammelphase
   - Definieren des Problems
   - Spontanes Sammeln möglichst vieler, auch außergewöhnlicher Ideen (Jegliche Kritik an den Ideen ist zu vermeiden!)
   - Festhalten der Ideen in einer Sammelliste
   - Kurze Pause
2. Auswertungsphase
   - Ordnen der aufgeführten Ideen durch Gruppieren (Clustern) und Gliedern
   - Analysieren und Bewerten der Ideen bezogen auf das zu lösende Problem

Besondere Hinweise:
Brainstorming kann auch über eine Kartenabfrage durchgeführt werden, um Wortführer und eher stille Teilnehmer gleichermaßen zu berücksichtigen. Die Auswertung/Bewertung erfolgt z. B. über eine Punktabfrage.

W

Interview

Das Interview ist eine Methode zur Informationsbeschaffung durch Befragung von Sachkundigen.

Vorgehensweise:

1. Beschaffung von Vorinformationen über den Interviewpartner, über das Thema des Interviews und die jeweilige Institution (z. B. durch Geschäftsberichte, Zeitungsartikel, Werkszeitschriften usw.)
2. Aufstellung eines Fragenkatalogs (schriftlich)
3. Festlegung der Reihenfolge der Fragen
4. Interview möglichst mit einem Diktiergerät aufzeichnen (Interviewpartner vorher um Einwilligung bitten)
5. Auswertung des Interviews

Besondere Hinweise:
Das Interview sollte abwechslungsreich und durch unterschiedliche Fragetypen gestaltet werden. Wenn das Interview veröffentlicht werden soll, muss dem Interviewpartner zuvor die Mitschrift des Interviews mit der Bitte um Durchsicht und Autorisierung (Zustimmung zur Weiterverwendung) zugeleitet werden.

W

Punktabfrage

Mit einer Punktabfrage kann eine Gruppe die Prioritäten oder Rangfolgen unter mehreren Themen oder Vorschlägen erkennen. Die Teilnehmer erhalten Klebepunkte, die sie auf die in einer Liste (Themenspeicher) erfassten Themen verteilen.

Vorgehensweise:

1. Thema oder Problemstellung festlegen
2. Themenspeicher einrichten
3. Verteilung von Klebepunkten an die Teilnehmer
4. Verteilung der Punkte entsprechend ihrer Gewichtung durch die Teilnehmer
5. Anzahl der Punkte pro Thema ermitteln
6. Rangordnung festlegen
7. Entscheidung in der Gruppe, wie die Themen behandelt werden sollen

Besondere Hinweise:
Voraussetzung für eine Punktabfrage ist eine größere Zahl von Themen, z. B. das Ergebnis einer Kartenabfrage, eine Themenliste oder eine Ideensammlung. Jeder Teilnehmer sollte die Punkte möglichst unbeeinflusst von den anderen Teilnehmern verteilen können.

Kartenabfrage

W

Die Kartenabfrage ist eine Methode zur Erfassung offener Fragen, zur Problemerkennung sowie zur Strukturierung und Veranschaulichung von Ergebnissen. Die Teilnehmer halten ihre Aussagen stichwortartig auf Karten fest, die an Pinnwänden befestigt und beliebig umgesteckt werden können.

Vorgehensweise:

1. Leitfrage wird an der Pinnwand, auf einem Flipchart oder an der Tafel notiert.
2. Teilnehmer schreiben Antworten auf die ausgeteilten Karten (höchstens 5 Wörter, gut lesbar, möglichst nur eine Aussage pro Karte).
3. Karten werden eingesammelt, vorgelesen und an der Pinnwand befestigt.
4. Gruppierung und Gliederung der Karten
5. Diskussion der Ergebnisse

Besondere Hinweise:
Prioritäten oder die Bewertungen einzelner Karten können durch Punktabfrage erfolgen.

Szenario-Methode

W

Vorgehensweise:

1. Definieren des Problems
2. Anfertigung einer Problembeschreibung
3. Einflussfaktoren festlegen, die die Probleme in der Zukunft beeinflussen
4. Bildung von Arbeitsgruppen und Diskussion der Zukunftseinschätzungen
5. Entscheidung jeder Gruppe für ein positives oder ein negatives Zukunftsbild
6. Entwicklung von Extremszenarien (Best Case, Worst Case)
7. Entwicklung von Strategien und Maßnahmen zur Problemlösung:
   - Wie kann eine gewünschte Entwicklung verstärkt werden?
   - Wie kann eine unerwünschte Entwicklung verhindert werden?

Besondere Hinweise:
Ausgangslage für ein Szenario ist immer die Gegenwart, die fortzuschreiben ist. Im Anschluss an die Entwicklung von Extremszenarien kann ein Trendszenario als realistischer Mittelweg diskutiert werden. Szenarien sollten schriftlich festgehalten werden. Dabei sollte man sich auf die wichtigsten Einflussfaktoren konzentrieren.

W **6-3-5 Methode**

Die 6-3-5-Methode ist wie das Brainstorming eine Methode zum Sammeln vieler kreativer Ideen zur Lösung eines Problems. Der Name dieser Methode leitet sich daraus ab, dass **6** Teilnehmer je **3** Problemlösungsvorschläge in **5** Minuten entwickeln und diese Lösungsvorschläge von den anderen Teilnehmern weiterentwickelt werden.

Vorgehensweise:
1. Analyse des zu bearbeitenden Problems und Einigung auf eine Problemstellung
2. Übertragung der Problemstellung auf einen 6-3-5-Bogen
3. Jeder Teilnehmer entwickelt innerhalb von 5 Minuten 3 Ideen und trägt diese Ideen nebeneinander in die oberste Tabellenzeile ein.
4. Weitergabe des Blattes an den rechten Nachbarn
5. Gleichzeitig erhält jeder Teilnehmer ein Blatt von links. Der Teilnehmer liest die Ideen und entwickelt sie weiter.
6. Nach dem sechsten Durchgang erhält jeder Teilnehmer seinen eigenen Bogen zurück. Er liest die Ideen und entwickelt sie weiter.
7. Falls einzelne Aussagen nicht verstanden werden, können Verständnisfragen gestellt werden.
8. Diskussion der Lösungsansätze und Einigung auf die fünf erfolgversprechendsten Vorschläge
9. Präsentation der Ergebnisse

Besondere Hinweise:
Halten Sie möglichst die Zeitvorgabe von 5 Minuten je Bearbeitungsphase ein.

5.5 Projektmanagement

S Viele Kundenaufträge werden bei ACI in Projektarbeit erledigt. Neue Mitarbeiter und Auszubildende müssen die Grundlagen der Projektarbeit kennen und anwenden.

5.5.1 Grundlagen

S Stefan hat für sich festgestellt, dass ihm Projektarbeit sehr gut gefällt. Hierbei kann er sich seinen Leistungen entsprechend einbringen und vielseitig arbeiten. In der Projektarbeit kommt er auch mit vielen Menschen zusammen. Bei ACI werden mehrere Projektmanager beschäftigt, da immer größere Aufträge bearbeitet werden, wobei jeder dieser Aufträge von einem Projektmanager oder Projektleiter bzw. einer Projektleiterin geführt werden muss. Projektmanager arbeiten in der Verkaufsabteilung und in der Softwareentwicklung. Auch für eigene Zwecke werden zeitlich befristet Projekte durchgeführt. Für Stefan eröffnet sich dadurch vielleicht eine Chance, nach der Ausbildung als Junior-Projektmanager einzusteigen. Er will die Chance nutzen und sich mit dem Projektmanagement beschäftigen.

In Unternehmen, Organisationen und im Privatbereich wird immer mehr Projektmanagement angewendet. Das liegt daran, dass zunehmend komplexe Leistungen mit unterschiedlich komplexen Rahmenbedingungen verlangt werden, die am besten von einem kleinen, flexiblen Team mit unterschiedlichen Kompetenzen erbracht werden können. Anders als bei einer laufenden, immer wiederkehrenden Aufgabenbearbeitung sind Projektaufgaben individuell und einzigartig auf die Wünsche des Auftraggebers angepasst.

In der Abschlussprüfung ist eine Projektarbeit zu erstellen (vgl. Kapitel 3.9.3.2).

Während eine soziale Gruppe sich einem gemeinschaftlichen Vorhaben angeschlossen hat und dessen Ziele unterstützt, arbeitet eine Arbeitsgruppe konkret an der Erfüllung einer Aufgabe. Anders als bei der Projektarbeit ist bei der Gruppenarbeit diese Aufgabe nicht so komplex, sodass bei der Gruppenarbeit weitgehend auch gemeinschaftlich an der Aufgabe gearbeitet wird. Bei der Projektarbeit sind unterschiedliche Kompetenzen gefragt, die mit viel Interaktion untereinander zum Projekterfolg führen sollen.

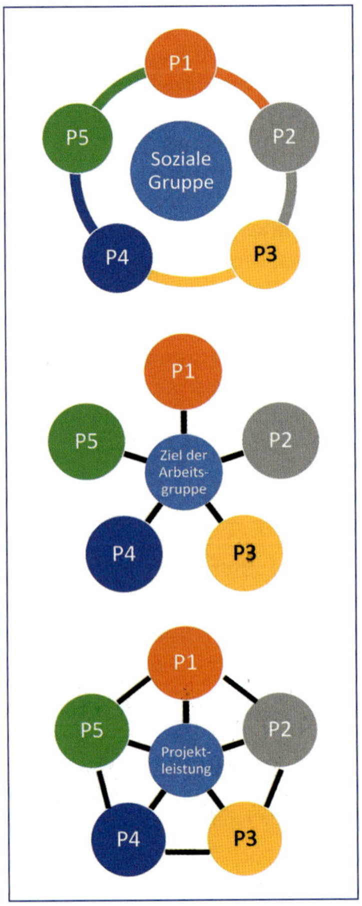

Immer mehr wird in Unternehmen das Projektmanagement eingesetzt, um Kundenaufträge zu bearbeiten. Dies ist dann der Fall, wenn die Aufgabenstellung sehr komplex ist und Mitarbeiter aus unterschiedlichen Abteilungen einbezogen werden. Mit der Zeit können sich daraus feste Projektteams bilden, die je nach Auftragslage zum Einsatz kommen. In der Wirtschaft schließen sich bei größeren Projekten Unternehmen in einer Arbeitsgemeinschaft (ARGE) zusammen, um komplexe Aufträge arbeitsteilig in Projektform zu bearbeiten.

Projekt	
Projekt nach DIN 69901	Als Projekt wird jedes **Einzelvorhaben** mit einem definierbaren **Anfang und Ende** bezeichnet, dass im Wesentlichen durch die **Einmaligkeit der Bedingungen** in ihrer Gesamtheit gekennzeichnet ist, z. B. bzgl. Zielvorgaben, zeitlicher, finanzieller, personeller oder organisatorischer Rahmenbedingungen (insbesondere eine Projektorganisation mit Teammitgliedern aus unterschiedlichen Fachbereichen).
Projektarten	Es gibt Projekte unterschiedlicher **Größe**, man kann Projekte nach dem **Projektträger** in private Projekte (z. B. Hausbauprojekt, Vereinsprojekt), Unternehmensprojekte (z. B. Organisationsprojekt, IT-Projekt, Kundenprojekt), Non-Profit-Projekte von Organisationen und öffentlichen Einrichtungen (z. B. Schulprojekt, Forschungsprojekt) unterscheiden, nach der zu **erstellenden Leistung**, z. B. Investitionsprojekte, Forschungs- und Entwicklungsprojekte, Organisationsprojekte, Kundenprojekte, oder in **interne** und **externe Projekte**.

W

Projektleiter/-innen werden für die Zeit des Projektes mit dem Management des Projektes beauftragt. Während der übrigen Zeit sind sie in der Regel mit Aufgaben in ihren Fachabteilungen und eventuell in anderen Projekten beschäftigt. Unternehmen, die überwiegend mit Projekten beauftragt werden (z. B. Bauunternehmen), schreiben gezielt Stellen mit der Funktion eines Projektleiters aus. In diesem Fall kann ein Projektleiter auch mehrere Projekte parallel managen. Die Organisation des Projektes hängt insbesondere von der Art des Projektes ab (vgl. folgendes Kapitel). Soweit nicht schon ein festes Projektteam besteht oder der Auftraggeber auf die Beteiligung bestimmter Personen im Team Wert legt, kann der Projektleiter auf die Auswahl der Teammitglieder Einfluss nehmen oder sogar die Teammitglieder bestimmen. Nicht selten werden Projekte intern ausgeschrieben und Personen können sich auf die Mitarbeit im Projekt bewerben. Da Projektleiter großes Interesse am Erfolg des Projektes haben, werden sie geeignete Personen darauf ansprechen, in ihrem Team mitzuarbeiten. Interessenkonflikte entstehen nicht selten mit den Fachabteilungen, da die Abteilungsleiter der Fachabteilungen den Mitarbeiter freistellen müssen und somit während der Projektarbeit auf ihn verzichten müssen.

Projektmanagement	
Teammitglieder	Mitglieder eines Unternehmensprojektes gehören i. d. R. zu einer Fachabteilung im Unternehmen und werden für die Mitwirkung im Projekt im angemessenen Umfang von den Aufgaben in der Fachabteilung freigestellt. Eine Mitarbeit kann aufgrund einer Bewerbung für ein ausgeschriebenes Projekt zustande kommen, durch Anweisung eines Dienstvorgesetzten oder durch Anforderung durch den Projektleiter (vgl. auch folgendes Kapitel).
Projektleiter/-in	Projektleiter werden von Auftraggebern (bei Unternehmen häufig die Geschäftsführer oder Abteilungsleiter) mit der Leitung des Projektes beauftragt und sind i. d. R. keine disziplinarischen Vorgesetzten der Teammitglieder. Dies sind i. d. R. die Abteilungsleiter der Fachabteilungen, in denen die Personen eingestellt wurden und in denen sie außerhalb der Projektzeit auch weiter tätig sind.
Projekt-management	Projektmanagement soll sicherstellen, dass vereinbarte Projektziele im Rahmen der komplexen organisatorischen, personellen, technischen, terminlichen und finanziellen Rahmenbedingungen eingehalten werden. Dies bedeutet vor allem, genaue **Absprachen** darüber zu treffen **wer was mit wem in welcher Zeit** und **wie** erledigen soll, damit das Projekt zu einem erfolgreichen Abschluss gebracht wird. Für das Projektmanagement ist in erster Linie der Projektleiter verantwortlich.

W

(Fortsetzung auf folgender Seite)

W

Projektmanagement	
Vorteile der Projektmethode	Durch die **flexible** Projektmethode wird das **Projektziel** ▪ **effizienter** (insbesondere bei komplexen und innovativen Aufgaben), ▪ **schneller** durch ein flexibles Team und kurze Informations- und Entscheidungswege für Projektentscheidungen, ▪ **mit weniger Risiko**, da Schwierigkeiten schnell erkannt und zügig beseitigt werden können, ▪ **mit hoher Motivation der Teammitglieder**, da sie für ihre Leistung im Team verantwortlich sind, dafür bewertet und honoriert werden, **erreicht.**
Nachteile der Projektmethode	▪ Bei **schlechter Zusammenstellung** des **Teams** kann es zum **Scheitern des Projektes** kommen. ▪ Mitarbeiter, die parallel in einer Fachabteilung und im Projekt arbeiten, könnten die Projektarbeit aufgrund der **Höhergewichtung der Fachabteilung** gefährden. ▪ Es kann zu **Aufgaben- und Kompetenzkonflikten** der Projektmitglieder mit **Vorgesetzten** ihrer Linienstelle **und Projektleitern** kommen. ▪ Das **Scheitern** des Projektes **kann lange unentdeckt** bleiben. ▪ Das Team setzt sich zu **geringe Anforderungen in der Teilplanung**, um das Risiko zu minimieren. Der Auftraggeber ist zum Schluss mit dem Ergebnis unzufrieden. ▪ **Konflikte des Teams** werden **nicht bekannt, mindern** aber den **Projekterfolg**.
Erfolgsfaktoren für das Projektmanagement	▪ Im Projektauftrag messbare Ziele (SMART) angeben und möglichst keine nachträglichen Änderungen im Projektauftrag vornehmen. ▪ Die Mitarbeiter im Projektteam müssen fachliche und soziale Kompetenzen mitbringen. ▪ Mitarbeiter sollten projekterfahren sein. ▪ Das Team darf nicht zu homogen zusammengestellt sein, muss verschiedene Teamtypen enthalten, die Rollen müssen klar verteilt sein und die Stärken/Schwächen der Teammitglieder berücksichtigen. ▪ Die Motivation des Teams muss gut, ziel- und ergebnisorientiert sein. ▪ Der Projektleiter muss im Team akzeptiert sein, Projektziele verfolgen und seine Aufgaben gut erfüllen. ▪ Die Vorgesetzten der Fachabteilungen, Auftraggeber, Lenkungsteam und Review-Team (siehe folgende Seiten) müssen sich für die Projektarbeit einsetzen und es positiv unterstützen. ▪ Die Rahmenbedingungen müssen stimmen, notwendige Hilfsmittel müssen zur Verfügung stehen.
Was bringt uns das Erlernen des Projektmanagements?	**Sozialkompetenz:** Bereitschaft und Befähigung zur Gruppenarbeit ausbauen, Teamfähigkeit in der Zusammenarbeit entwickeln, im Team Entscheidungen treffen können und gemeinsam Ziele verfolgen und Aufgaben bewältigen, Kritikfähigkeit für eigene und fremde Arbeit entwickeln **Methodenkompetenz:** Die Notwendigkeit von Arbeitsteilung und den Einsatz von Projektmethoden begreifen, die Wichtigkeit einer intensiven Ist-Analyse und einer genauen Befragung der Wünsche des Auftraggebers einsehen, systematisches, zielorientiertes Arbeitsverhalten mit anerkannten Methoden als wichtig anerkennen, Integration verschiedener Arbeitsergebnisse erlernen, das Organisieren lernen, Zeiteinteilung planen und erproben, Arbeitsergebnisse in verschiedene mediale Formen umsetzen **Selbstkompetenz:** Selbstständig und zuverlässig arbeiten können, Internetsuchmaschinen, Wissensportale und Ist-Aufnahmetechniken zielgerichtet einsetzen, die Bedeutung zuverlässiger Aufgabenerfüllung erkennen, verbindliche Regelungen treffen und Absprachen einhalten, gemeinsam Verantwortung für das Erreichte übernehmen **Kommunikationskompetenz:** Gemeinsame Ziele können nur mit einem stets freundlichen, offenen und den anderen Teampartnern gegenüber positiven Kommunikationsverhalten erreicht werden. **Lernkompetenz:** Die Einsicht, dass man sich selbstständig und schnell neue Kenntnisse aneignen muss, sich gemeinsam auf einen Technologierahmen (Framework) festlegen muss und sich auch schnell in neue Technologien einarbeiten muss

5.5.2 Projektorganisation: Projektaufbau

S Sie wollen sich über die Möglichkeiten einer Aufbauorganisation für Ihr Projekt informieren.

Projekte werden mit unterschiedlichen Aufgabenstellungen von einem **Auftraggeber** initiiert, der eine Person oder auch mehrere Personen sein kann, z. B. in Form eines Ausschusses. In einem Auftrag legt der Auftraggeber fest, was er von dem Projekt erwartet. Um das Projekt fachlich und organisatorisch erfolgreich durchzuführen, muss ein passendes Team zusammengestellt werden. Häufig wird zunächst ein Mitarbeiter mit der Projektleitung beauftragt, der dann auch maßgeblich bei der Zusammenstellung des Projektteams mit weiteren Mitarbeitern mitbestimmen kann.

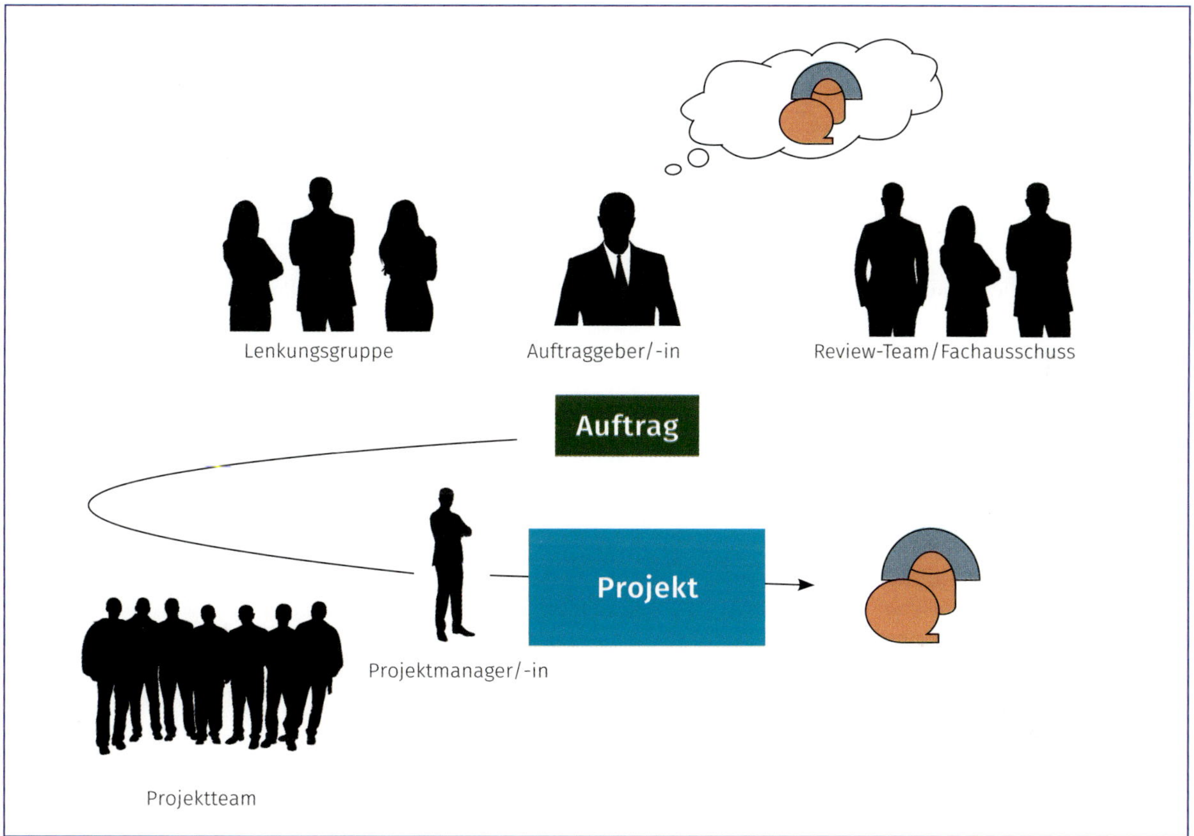

Da bei größeren Projekten in Teilphasen des Projektes wichtige Entscheidungen zu treffen sind, kann der Auftraggeber einen **Lenkungsausschuss** mit wichtigen Entscheidungsträgern bilden. Dieser Lenkungsausschuss soll das Projekt bei wichtigen Entscheidungen in die richtige Richtung steuern. Ergänzend kann der Auftraggeber auch einen **Fachausschuss** berufen. Dieses **Review-Team** sollte fachlich hervorragend besetzt sein, damit es das Projektteam und/oder den Lenkungsausschuss richtig beraten kann. Es kann auch vom Auftraggeber eingesetzt werden, um die Leistungen des Projektteams zum Ende der Arbeitsphasen oder zum Schluss zu kontrollieren und zu bewerten. Bei großen Projekten, z. B. Bauprojekten oder großen IT-Projekten, müssen mehrere Projekte mit unterschiedlichen Teilaufgaben beauftragt werden, um die Gesamtaufgabe zu bewältigen. Es wird dann eine übergreifende Projektleitung geben müssen, die die untergeordneten Projektteams koordiniert und übergreifend leitet.

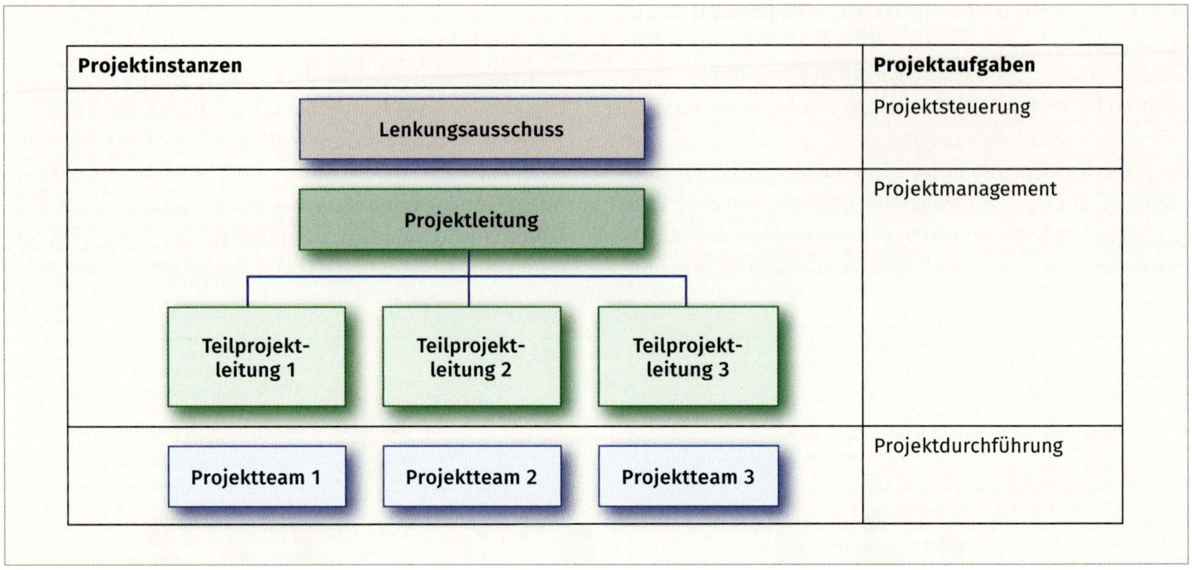

Ganz wichtig ist die Teambildung, d. h. die richtige Zusammenstellung des Teams und die Entwicklung des Teamgeistes während des Projektablaufs. Hier kommt dem Projektleiter eine besondere Verantwortung zu.

W

Aufgaben der Projektbeteiligten	
Auftraggeber	Eine Instanz (z. B. ein Geschäftsführer, Abteilungsleiter) oder ein Leitungsgremium (z. B. Geschäftsleitungskreis) vergibt den Auftrag, ein Projekt durchzuführen. Bei externen Aufträgen (z. B. von Kunden) wird von der Geschäftsleitung oder der Verkaufsleitung ein Mitarbeiter mit dem Projektmanagement beauftragt. **Aufgaben:** ▪ Einsetzen von Lenkungsgruppe, Projektleitung und evtl. Projektteam ▪ Erstellung eines Projektauftrages an die Projektleitung ▪ Entscheidungen von grundsätzlicher (strategischer) Bedeutung, evtl. mit Unterstützung durch einen Lenkungsausschuss ▪ Sicherstellung der notwendigen Ressourcen ▪ Vertretung des Projektes nach außen ▪ Formale Abnahme der Projektergebnisse
Lenkungs-ausschuss	Der Auftraggeber stellt ein Gremium mit wichtigen und möglichst fachkundigen Entscheidungsträgern zusammen, um in entscheidenden Projektsitzungen im Sinne des Auftragsgebers wichtige Entscheidungen zu treffen oder zu empfehlen und das Projekt in die richtige Richtung zu steuern. **Aufgaben:** ▪ Mitwirkung bei Entscheidungen von grundsätzlicher Bedeutung, Erstellung von Entscheidungsvorschlägen an den Auftraggeber ▪ Formale Abnahme von Zwischenberichten und Projektergebnissen ▪ Teilnahme an Meilensteinsitzungen und Feedback an den Auftraggeber (siehe folgendes Kapitel)
Fachausschuss (Review-Team)	Der Auftraggeber kann ein Review-Team einsetzen, damit dieses das Projektteam fachlich begleitet und berät, jedoch im Auftrag des Auftraggebers auch Kontrollen durchführt und fachliche Stellungnahmen erstellt. Der Fachausschuss kann auch mit Überprüfungsaufgaben und der Erstellung von Statusberichten beauftragt werden.

Projektleiter	Der Projektleiter wird vom Auftraggeber mit der Leitung des Projektteams beauftragt und trägt auch die Verantwortung für die erfolgreiche Bewältigung des Projektes. Je nach Projektorganisation erhält er Kompetenzen, muss Rahmenbedingungen prüfen und notwendige Ressourcen anfordern. Er koordiniert das Projekt und vertritt das Projektteam nach außen. **Aufgaben:** ▪ Teambildung, Rollen und Regeln im Projekt festlegen ▪ Planung und Koordination des Projektes ▪ Planung und Leitung der einzelnen Projektphasen und -sitzungen (vgl. folgendes Kapitel) ▪ Controlling und Steuerung des Projektes und seiner Teilprojekte ▪ Entscheidungen zur operativen Umsetzung des Projektes im Rahmen der Vorgaben ▪ Konfliktmanagement ▪ Informationspflicht gegenüber Auftraggeber und evtl. einer Lenkungsgruppe ▪ Unterstützung bei der Außendarstellung des Projektes (Projektmarketing) ▪ Dokumentation und Berichterstellung ▪ Projektabschluss organisieren
Projektteam	Das Projektteam bearbeitet unter Moderation und Leitung des Projektleiters den Projektauftrag und legt im Rahmen der zur Verfügung gestellten Ressourcen auftragsgemäß Teilergebnisse und zum Schluss das Endergebnis vor. **Aufgaben:** ▪ Aufstellung eines Projektstrukturplans, der Arbeitspakete und Terminpläne ▪ Festlegung von Personen, die an den Arbeitspaketen mitarbeiten ▪ Fachliche und termingerechte Bearbeitung der Arbeitspakete ▪ Unterstützung des Projektleiters bei einer auftragsgemäßen Zielerreichung ▪ Unterstützung des Projektleiters bei der Koordination und Berichterstellung

Teambildung und Teamentwicklung

W

Ein Projektteam ist eine Arbeitsgruppe, die zeitlich befristet und kooperativ einen besonderen Auftrag umsetzt. Zur Erfüllung des besonderen Auftrags sollte ein besonderes Gemeinschaftsgefühl vorhanden sein.

Fünf Erfolgsfaktoren für ein gutes Team

1. **Ein klares Ziel:** Damit alle an einem Strang ziehen, braucht es eine Richtung, ein verständliches und konkretes Ziel. Es ist daher wichtig, insbesondere der Zielformulierung viel Aufmerksamkeit und Zeit zu widmen.
2. **Die richtige Teamgröße:** Als **Teamgröße** werden **5–8 Personen** als optimal für eine kreative und intensive Arbeit angesehen. Bei dieser Größe soll es die wenigsten Reibungsverluste und die schnellsten Einigungen bzw. Entscheidungen geben. Bei größeren Projekten sollten somit Teilprojekte gebildet werden.
3. **Unterschiedliche Teampersönlichkeiten:** Die Teamzusammensetzung kann von unterschiedlichen internen und externen Bedingungen begleitet sein. Der Auftraggeber und/oder der Projektleiter können Wert darauf legen, dass bestimmte Personen im Team mitarbeiten. Wichtig ist, dass Teammitglieder fachlich und charakterlich nicht zu homogen/gleich sind.
In homogenen Teams gibt es zwar weniger Reibungspunkte, doch es entstehen auch keine neuen Ideen. Aufgrund des besonderen und komplexen Arbeitsauftrags ist es wichtig, dass unterschiedliche fachliche und persönliche Qualifikationen in das Team eingebracht werden. Projektleiter könnten z. B. die möglichen Teammitglieder danach einschätzen, ob sie, bezogen auf den Projektauftrag, Qualifikationen als „Analytiker“, „Querdenker“, „Kreative“, „Innovatoren“, „Pragmatiker“, „Macher“, „Teamer“, „Organisatoren“ u. a. mitbringen, und nach den Erfordernissen das Team zusammenstellen.
4. **Akzeptierte Projektleitung:** Das Team muss den Projektleiter akzeptieren. Daher sollte derjenige die Position eines Projektleiters erhalten, der Verantwortung übernehmen, das große Ganze im Blick behalten, besonnen und gerecht agieren, moderieren und das Team führen kann.
5. **Funktionierende Kommunikation:** Ein leistungsfähiges Team muss ständig in Kontakt miteinander stehen und Informationen austauschen können. Der Projektleiter sollte dafür Sorge tragen, dass alle Projektbeteiligten gut informiert sind, selbst gut informiert sein und rechtzeitig die richtigen Maßnahmen abstimmen.

(Fortsetzung auf folgender Seite)

W

Teambildung und Teamentwicklung

Teamkonflikte

Der Projektleiter sollte auf die Gruppenphänomene des **sozialen Faulenzens** und des **Trittbrettfahrens** achten (siehe auch Hinweise zur Gruppenarbeit in der Methodensammlung). Wird das Ausruhen auf Kosten anderer von den Teammitgliedern erkannt und bleibt es ohne Folgen, so reduzieren Leistungsträger häufig ebenfalls ihr Engagement, der Projekterfolg gerät in Gefahr. Daher sollten Kooperationsbereitschaft und Teamgeist gefördert werden sowie feste Regeln vereinbart werden, um die Arbeitseffizienz des Teams zu steigern. Zu Konfliktsituationen vgl. auch folgendes Kapitel.

Phasenmodell der Teamentwicklung

Der US-amerikanische Psychologe Bruce Tuckman entwickelte 1965 folgendes Phasenmodell für die **Teamentwicklung**. Projektleiter sollten sich darauf einstellen, dass sich die Teammitglieder im Verlauf des Projektes unterschiedlich verhalten und entsprechend durch Vorgespräche, Regeln und/oder Feedbacksitzungen auf die Entwicklungen im Team eingehen und Maßnahmen für eine innovative, konstruktive und zielgerichtete Arbeit ergreifen.

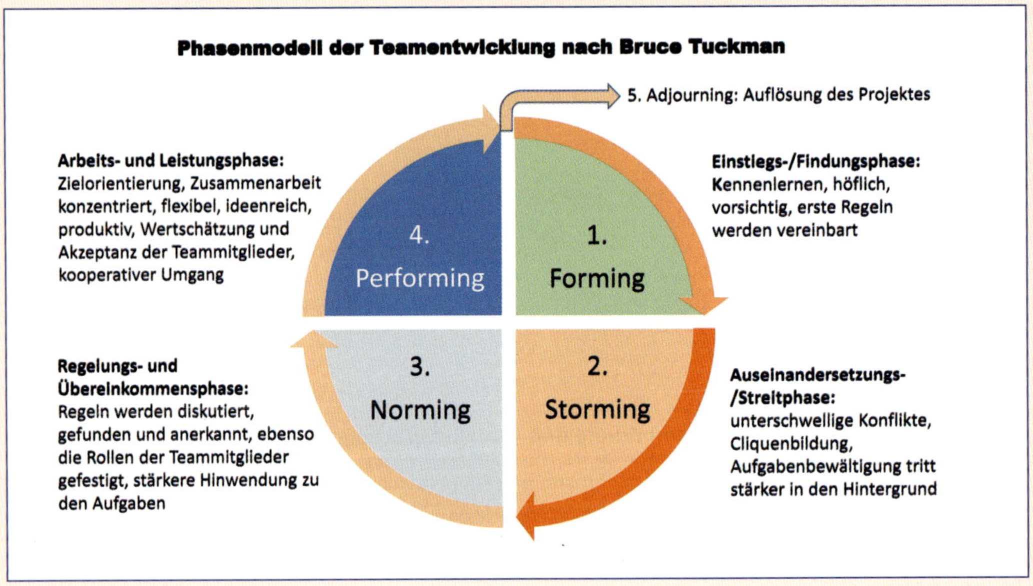

Projektteams werden i. d. R. aus Mitgliedern der Gemeinschaft gebildet, bei Unternehmen aus den Mitarbeitern des Unternehmens. Ein Mitarbeiter kann parallel in mehreren Projekten tätig sein.

Bei größeren, wichtigen oder zeitlich dringenden Projekten werden Mitarbeiter auch gänzlich von ihren laufenden Verpflichtungen am Arbeitsplatz freigestellt und organisatorisch dem Projektteam zugeordnet. Das folgende Schaubild zeigt ein Organigramm, bei dem die Mitarbeiter der mit „A“ bezeichneten Stellen das Team „A“ bilden und der Mitarbeiter über die Stabsstelle die Projektleitung innehat. Diese Projektmitglieder müssen neben den Aufgaben des Projektes ihre stellenbezogenen Aufgaben erledigen. Man spricht bei einer solchen integrierten Projektorganisation von einer „**Stabs-Projektorganisation**“. Anders sieht es aus, wenn die Mitglieder des Projektteams durch Vollabordnung gänzlich von ihren stellenbezogenen Aufgaben befreit werden. Dann müssen andere Mitarbeiter die stellenbezogenen Aufgaben der Projektmitglieder übernehmen. Diese Projektorganisation wird auch als „**Reine Projektorganisation**“ bezeichnet. Im folgenden Schaubild soll diese Organisationsform mit dem Projektteam „B“ angezeigt werden. Je nach Größe des Projektteams müsste ein gesondertes Organigramm entworfen werden.

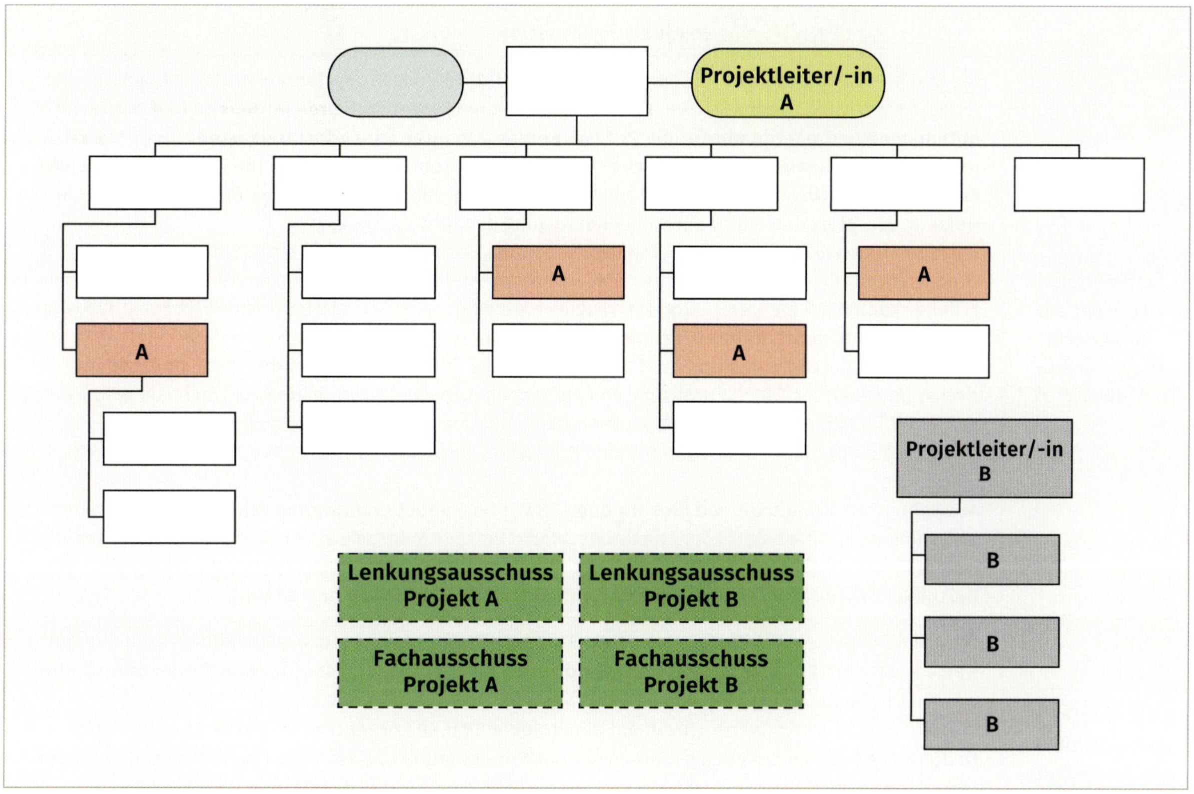

Stabs-Projektorganisation vs. reine Projektorganisation

Insbesondere in Unternehmen, die laufend Bau- oder Entwicklungsprojekte in Auftrag nehmen und damit viele Projekte parallel bearbeiten, bietet sich eine **Matrixorganisation** der Projekte an.

Bei dieser Projektorganisation hat jedes Projekt einen Projektleiter und Mitarbeiter (als Instanzen, z. B. Teamleiter) aus mehreren Fachbereichen. Jeder Fachbereich entsendet Mitarbeiter in unterschiedliche Projekte. Wenn die Projektmitarbeiter nicht in Projekten tätig sind, arbeiten sie für ihren Fachbereich. Der Projektleiter darf projektbezogene Anweisungen an die Projektmitglieder erteilen, der Fachbereichsabteilungsleiter fachliche und disziplinarische Anweisungen.

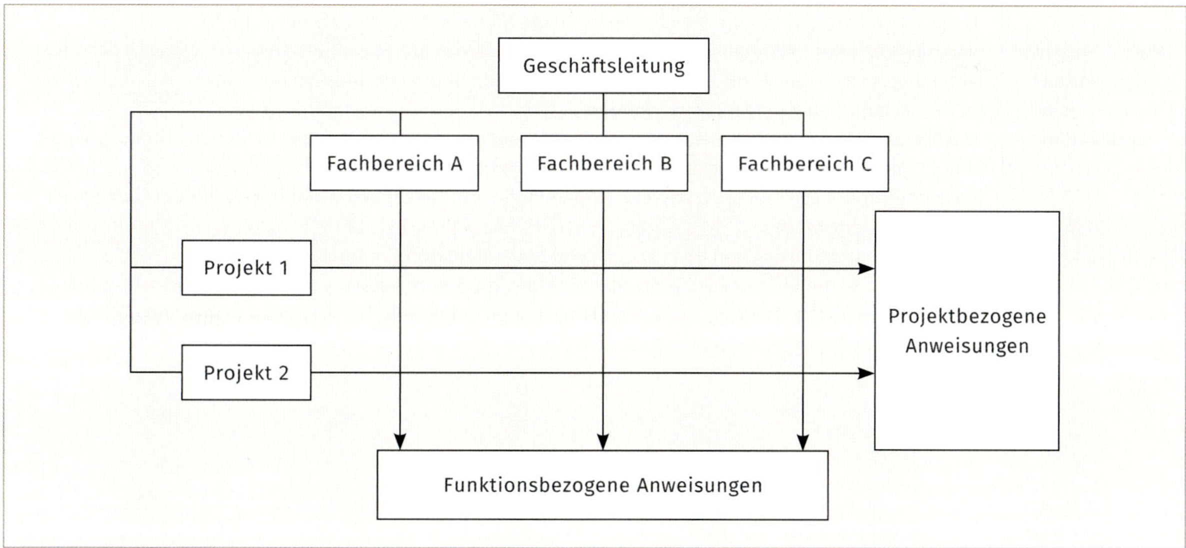

Matrix-Projektorganisation

W

Projektorganisation	
Stabs-Projektorganisation/ Integrierte Projektorganisation	Die Stabs-Projektorganisation ist eine **Minimalausstattung der Projektorganisation** mit dem Projektleiter in einer Linien- oder Stabsstelle. Auch die anderen **Teammitglieder verbleiben in ihren Fachabteilungen** und werden **nur für die Projekttermine** von ihrer Arbeit dort **freigestellt**. Der **Projektleiter** hat **disziplinarisch keine Entscheidungsbefugnis**, sondern nur **beratende** und **koordinierende Funktion**. Der Fachvorgesetzte der Projektmitglieder entscheidet über die jeweilige Freistellung, die Nutzung von Ressourcen und die Kostenbeteiligung der Fachabteilung. **Vorteile:** Hohe Flexibilität hinsichtlich des Personaleinsatzes und schnell einzurichten, geringerer Organisationsaufwand, da Teammitglieder insbesondere Ressourcen der Fachabteilungen nutzen. Mitarbeiter können an mehreren Projekten zugleich beteiligt sein. Geringere Unsicherheit der Mitarbeiter am Projektende, einen neuen Arbeitseinsatz zu finden. **Nachteile:** Schwächere Position des Projektleiters gegenüber Teammitgliedern, da nicht disziplinarischer Vorgesetzter. Durch Zuweisung von Aufgaben durch zwei Vorgesetzte evtl. Über-/Unterforderung und Streit im Mitarbeitereinsatz, größerer Kommunikations- und Koordinierungsaufwand, geringere Identifikation der Teammitglieder mit dem Projekt, da zusätzlich zur laufenden Tätigkeit im Projekt eingesetzt. **Auswahlgrund:** Kreativität und Ideenfindung im Vordergrund, Durchführung des Projektes möglicherweise unsicher, Mitarbeiter können nur beschränkt von der Mitarbeit in der Fachabteilung freigestellt werden. **Beispiele:** Organisation einer Hausmesse, Erstellung einer Unternehmenszeitung
Reine Projektorganisation/Autonome Projektorganisation	Die reine Projektorganisation ist eine **eigenständige Organisation**, vom Projektleiter in voller Verantwortung geleitet. Er hat **disziplinarische und fachliche Entscheidungsbefugnisse. Projektmitarbeiter** werden für die Dauer des Projektes dorthin **versetzt oder abgeordnet.** **Vorteil:** Mitarbeiter können sich voll auf die Projektaufgaben konzentrieren, rasche Entscheidungsfindung durch die Entscheidungsbefugnisse des Projektleiters und ständige Projekttätigkeit. Stärkere Identifikation der Projektmitarbeiter mit dem Projekt, da sie nur in dem Projekt tätig sind. **Nachteil:** Probleme bestehen evtl. bei der Wiedereingliederung der Projektmitglieder in das alte Aufgabengebiet. **Auswahlgrund:** Projekte mit großer Bedeutung für das Unternehmen oder die Organisation, zeitkritische Projekte, Projekte mit großem Umfang und längerer Dauer **Beispiele:** Entwicklung eines neuen Produkts, Erschließung eines neuen Verkaufsgebiets
Matrix-Projektorganisation/ Agile Projektoranisation	Mit dieser Organisationsform wird ein **Mischsystem** fest installiert. Dies ist dann der Fall, wenn ein Unternehmen auch **viele Aufträge in Projektform** bearbeiten lässt, die i. d. R. mit **festen Projektinstanzen** besetzt sind, aber auch Aufträge im laufenden Betrieb erfolgen (z. B. ein Metallbaubetrieb, der neben der Herstellung von Serienprodukten auch größere Einzelaufträge in Projektform bearbeiten lässt). Die **Projektleiter** haben i. d. R. **fachliche Weisungsbefugnisse**, soweit sie sich auf das Projekt beziehen, **disziplinarische Weisungsbefugnis** haben die **Abteilungsleiter der Fachabteilungen**. Mehrere Projektleiter greifen oftmals auf die gleichen Ressourcen (Mitarbeiter, Räume usw.) zurück. **Vorteile:** Flexibler Personaleinsatz je nach Projektanforderung, Mitarbeiter bleiben weiter in der Fachabteilung, sind daher fachlich auf einem gemeinsamen Stand und müssen bei Projektende nicht wieder in der Fachabteilung eingearbeitet werden **Nachteile:** Aufwendige Organisation, evtl. Streit wegen des Arbeitseinsatzes zwischen Abteilungsleiter und Projektleiter, Über-/Unterforderung von Mitarbeitern möglich **Auswahlgrund:** Regelmäßige komplexe Aufgaben, die die Zusammenarbeit unterschiedlicher Fachabteilungen erfordern **Beispiele:** Durchführung von Bau- und Entwicklungsprojekten für Kunden Um Projekte schneller, flexibler, innovativer, emanzipierter und stärker am Bedarf ausgerichtet organisieren zu können, wurden agile Projektmethoden entwickelt. Diese werden insbesondere in der Softwareentwicklung eingesetzt, vgl. S. 246 f.

Aufgaben

1. Wer ist jeweils zuständig bzw. muss die Aufgabe bearbeiten?
   Antwortmöglichkeiten: Auftraggeber, Lenkungsausschuss, Fachausschuss, Projektleiter, Projektteam.
   a) Zur „Meilenstein-Sitzung" soll eingeladen werden.
   b) Es wird entschieden, wie man das Arbeitspaket bearbeiten soll.
   c) Es soll extern geprüft werden, ob das Arbeitspaket den Anforderungen entspricht.
   d) Nach Abschluss eines Arbeitspakets wird geprüft, ob zukünftig mit der Variante A oder B weitergearbeitet werden soll.
   e) Es wird entschieden, dass das Projekt durchgeführt wird.

5.5.3 Projektorganisation: Projektablauf

Das Projektmanagement findet grundsätzlich in den in der folgenden Abbildung dargestellten Projektphasen statt. Jede Projektphase wird durch eine Meilensteinsitzung abgeschlossen. Je nach Notwendigkeit können die Hauptphasen des Projektes in Teilphasen mit entsprechenden Meilensteinen aufgeteilt werden. Agile Projektmethoden sehen insbesondere flexiblere Teilabläufe vor (vgl. S. 505 f.).

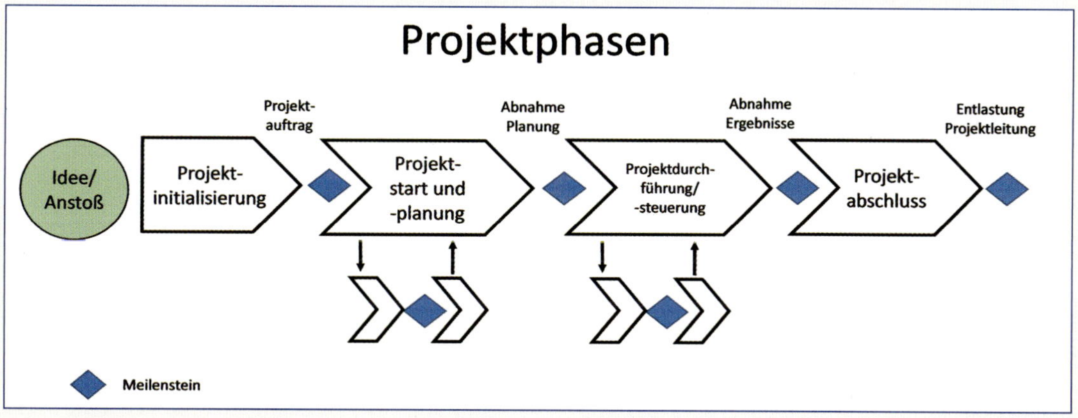

W **Meilenstein im Projektablauf**

Ein Meilenstein ist nach DIN 69900 „ein Ereignis besonderer Bedeutung, i. d. R. die Fertigstellung eines Projektabschnitts oder Teilprojektes". Als Handlungsprodukte der Meilensteintermine können Präsentationen von Ergebnissen des Projektabschnitts, Abnahmeprotokolle, Gutachten eines Fachausschusses o. Ä. dienen. Ein Meilenstein ist immer auch ein Termin, an dem die Erfolgsaussichten des gesamten Projektes zur Sprache kommen können und der Abbruch des Projektes beschlossen werden kann.

Zur Organisation und Verwaltung der Projekte wurde bei ACI eine Formularsammlung angelegt, die Projektleiter bei Bedarf einsetzen oder als Grundlage für eigene Formulare nutzen können.

DL

Projektmanagement-Hilfsmittel im Downloadbereich: Formulare und Vorlagen (Microsoft Word)		
Projektsteckbrief Angebotsschreiben an Auftraggeber Projektbeschreibung Projektauftrag Mitarbeiter Rahmenbedingungen Verzeichnis der Vorgänge und Arbeitspakete Arbeitspaketbeschreibung Risikoanalyse	Schnittstellen Aktionsplan Vorgangsliste (Aktivitäten & Termine) Meilensteine Benötigte Ressourcen Projektablaufplan Balkendiagramm Projektjournal (Projekttagebuch) Wochenbericht	Protokoll Phasenabschluss Statusbericht Kostenübersicht Kostenartenbericht Projektbewertung Bewertungsbogen 1 für eine Präsentation Bewertungsbogen 2 für eine Präsentation Projektreflexion

Die Phase der Projektinitialisierung kann in folgende Teilphasen unterteilt werden. Am Ende dieser Phase steht im Ergebnis der Projektauftrag, der abschließend mit dem Auftraggeber vereinbart wird.

Hilfestellung 1: Lastenheft und Pflichtenheft als Grundlage des Projektauftrags

In vielen wirtschaftlichen Projekten erstellt der Auftraggeber zunächst ein Lastenheft. In diesem beschreibt er mit seinen Worten, was er mit dem Projekt erreichen will und wofür er die Ergebnisse einsetzen will. Der Auftragnehmer erstellt dann auf der Basis des Lastenheftes ein Pflichtenheft, d. h. eine fachliche Spezifikation, in der er fachlich genau beschreibt, wie er die Anforderungen des Lastenheftes erfüllen will und mit welchen Mitteln. Der Projektauftrag kann sich dann auf das Pflichtenheft beziehen und muss darüber hinaus nur noch die Vereinbarungen enthalten, die nicht im Pflichtenheft stehen.

Der Auftragnehmer kann seine Pflichten auch in einem Angebotsschreiben an den Auftraggeber formulieren (siehe Beispielformular im Downloadbereich). DL

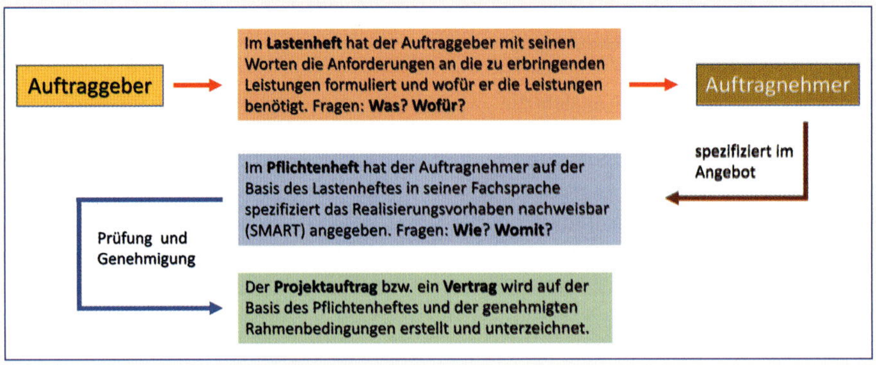

Hilfestellung 2: Projektsteckbrief und andere Formulare

Bei einem Projektsteckbrief handelt es sich um eine übersichtliche Vorstellung eines Projektes, in der Vorlage der ACI GmbH im Umfang einer Seite. Anstelle des Projektsteckbriefes kann auch ein Projektauftrag, eine Projektbeschreibung o. Ä. gefordert werden (siehe Formularsammlung im Downloadbereich).

DL

Diese Handlungsprodukte tragen zu einem gemeinsamen Verständnis zwischen Auftraggeber und Projektteam bei. In späteren Projektphasen helfen sie, sich wieder an die ursprünglichen Vorstellungen und Vorgaben zu erinnern.

Hilfestellung 3: SMARTe Zielformulierung

Ziele im Projektauftrag sollten SMART formuliert sein, damit es später möglichst keine Diskussionen und Meinungsverschiedenheiten geben wird, ob die Ziele erreicht wurden.

W

SMART-Methode	
Bedeutung	Die SMART-Methode dient im Projektmanagement und bei Zielvereinbarungen zur genauen Definition von Zielen.
Begriffserklärung	„SMART" ist ein Akronym für „**S**pecific **M**easurable **A**ccepted **R**ealistic **T**imely": **S = spezifisch:** Ziele eindeutig und präzise, nicht vage formulieren. **M = messbar:** Ziele müssen durch Messwerte überprüfbar sein. **A = ausführbar (erreichbar):** Ziele müssen akzeptiert sein (angemessen, attraktiv). **R = realistisch:** Ziele müssen möglich sein. **T = terminiert:** Für Ziele müssen klare Terminvorgaben gesetzt werden.
Verweise auf Vorwissen	Vgl. Thema Unternehmensziele ab S. 62

Als Ziele für die Hausmesse könnten z. B. formuliert werden:

1. Eine im Vergleich zum Vorjahr um 5 % höhere Anmeldequote der Fachhändler
2. In der Fachhändlerumfrage eine Bewertung des Rahmenprogramms mit der Mindestnote 2,5

Hilfsmittel 4: Nutzeneinschätzung oder Nutzen-Kosten-Vergleich

Es ist evtl. sinnvoll, zusätzlich zur Zielformulierung eine Nutzenformulierung vorzunehmen. Für Projekte könnte es auch sinnvoll sein, dem in Geld ausgedrückten Nutzen die Kosten des Projektes entgegenzustellen und Plan-Ist-Werte später zu vergleichen.

Beispiele für Angaben von Nutzen bei der Hausmesse:

- Werbung und Information neuer Fachhändler
- Kompakte Präsentation des Sortiments und neuer Produkte
- Bessere Bindung der Fachhändler an das Unternehmen

Hilfsmittel 5: SWOT-Analyse (Stärken-/Schwächen- und Chancen-/Risiken-Analyse)

Über eine SWOT-Analyse können die Stärken und Schwächen sowie die Chancen und Risiken des Projekts eingeschätzt und darauf aufbauend die passende Vorgehensweise (Strategie) festgelegt werden (vgl. Kapitel 3.2).

Aufgaben

1. Bilden Sie sechs Arbeitsgruppen für die sechs folgenden Hilfestellungen, erstellen Sie in diesen Gruppen folgende Handlungsprodukte und präsentieren Sie diese im Plenum:
   Hilfestellung 1: Lasten- und Pflichtenheft zur Hausmesse bei ACI
   Hilfestellung 2: Präsentieren Sie die Formulare Projektsteckbrief, Projektauftrag und Projektbeschreibung aus dem Downloadbereich und empfehlen Sie ein Formular (begründet) für das Projekt Hausmesse. DL
   Hilfestellung 3: Formulieren Sie zusätzlich weitere SMARTe Ziele des Projektes Hausmesse.
   Hilfestellung 4: Formulieren Sie weitere Nutzen zum Projekt Hausmesse.
   Hilfestellung 5: Ergänzen Sie die Stärken/Schwächen-Analyse zur Hausmesse mit eigenen internen Faktoren.
   Hilfestellung 6: Ergänzen Sie die Chancen/Risiken-Analyse zur Hausmesse mit eigenen externen Kriterien.
2. Erstellen Sie in Ihren jeweiligen Arbeitsgruppen einen Entwurf des Projektsteckbriefs, Projektauftrags oder einer Projektbeschreibung und präsentieren Sie diese im Plenum (je zwei Arbeitsgruppen wählen ein gleiches Handlungsprodukt).

3. Bei der Projektinitiierung müssen weitere Teilschritte beachtet werden. Nehmen Sie die Formularvorlagen hinzu (insbesondere Rahmenbedingungen, Mitarbeiter, Benötigte Ressourcen, Risikoanalyse, Kostenübersicht) und erstellen Sie für die Planung der Hausmesse eine Fragenliste, die Sie als Projektleiter/-in mit Herrn Kruse (Lenkungsausschuss) noch vorab klären sollten. Machen Sie einen Vorschlag, wie am besten und konfliktfrei andere Mitarbeiter eingebunden werden sollen, da Sie als Projektleiter/-in ja nicht weisungsbefugt gegenüber den anderen Mitarbeitern sind. Auch müsste geklärt werden, inwieweit Sie weisungsbefugt gegenüber anderen Auszubildenden sind.
4. Klären Sie, welche Formulare Sie für die Projektorganisation und die Projektinitiierung in Ihrem Projekthandbuch aufnehmen wollen, und ergänzen Sie das Projekthandbuch.

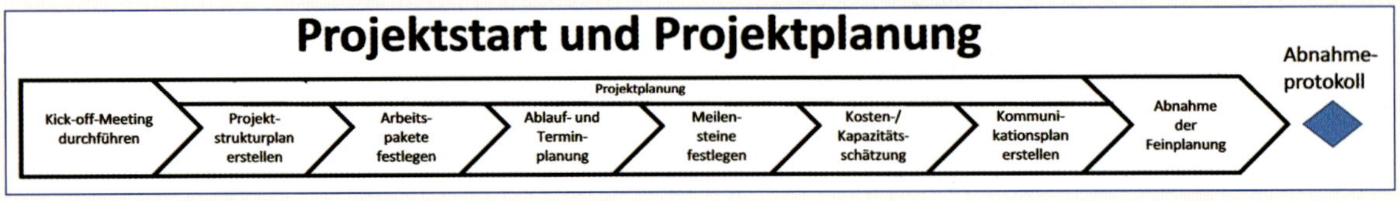

Nach der Projektinitiierung wird der Projektleiter zum ersten Mal sein Team in einem „Kick-off-Meeting" zusammenrufen. In dieser ersten Sitzung werden sich der Projektleiter und andere wichtige Beteiligte vorstellen. Auch werden der Projektauftrag und die in der Projektinitiierung getroffenen Zusatzvereinbarungen besprochen. Der Projektleiter hat die Aufgabe, eine gute Teamentwicklung (vgl. voriges Kapitel) sicherzustellen, er muss daher freundlich, offen und motivierend wirken.

W

Aufgaben im Kick-off-Meeting

- Selbstvorstellung des Projektleiters, evtl. auch der Vorsitzenden von Lenkungs- und Fachausschuss
- Projektauftrag, Zusatz- und Rahmenbedingungen vorstellen
- Zeit fürs Kennenlernen des Teams einplanen
- Regeln der Zusammenarbeit vereinbaren, formelle Rollen und Aufgaben klären
- Infrastruktur (Informations-, Kommunikations- und Dokumentationssystem, Kernzeiten, Besprechungstage, Räume etc. klären)
- Fahrplan (ersten (groben) Terminplan) erstellen

Ein gutes Informations- und Kommunikationssystem ist sehr wichtig für den Projekterfolg und eine gute Teamentwicklung. Jedes Team muss daher sehr früh klären, welche Systeme eingesetzt werden sollen. Eventuell kann man auch Testsysteme einsetzen, die das Team automatisch über Probleme und Fehler informieren, die dann zu bearbeiten sind. Eventuell könnte auch eine Testgruppe eingesetzt werden, die dem Projektteam laufend mitteilt, ob das Team mit den gezeigten Teilergebnissen auf dem richtigen Weg ist.

Informations-, Kommunikations- und Dokumentationssystem		
	Informieren und Kommunizieren	**Dokumentieren**
Automatisch	Durch Überwachungssysteme	
Individuell, persönlich	Direkt, telefonisch, Einzelgespräche, Gruppengespräche, manuell und digital	Manuell und digital
Manuell	Brief, Bericht, Protokoll, Kurzmitteilung, Tafel/Infoboard etc.	
Digital	E-Mail, Soziale Netze, Internetportale (Groupware o. Ä.), Videokonferenzsysteme etc.	E-Mail, digitale Dokumente, Internetportale, Datenbank etc.

In der Projektplanungsphase muss zunächst ein Projektstrukturplan erstellt werden.

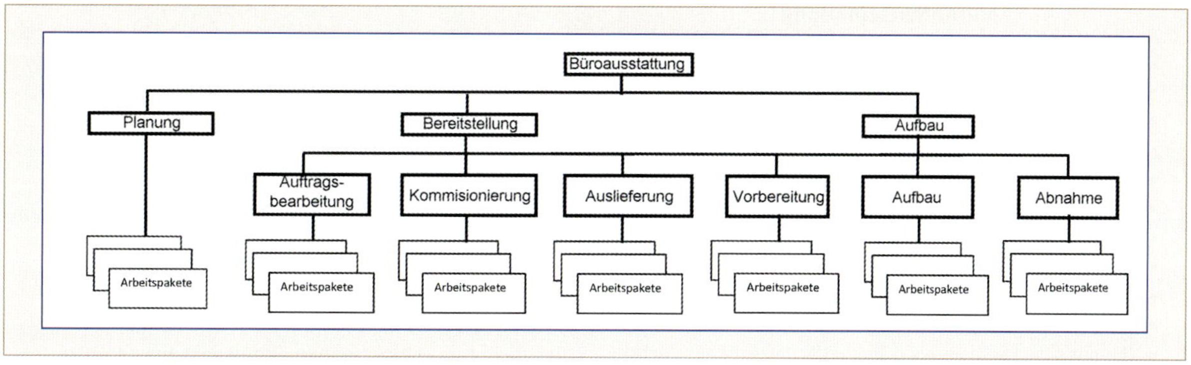

Projektstrukturplan (PSP) „Büroausstattung"

Projektstrukturplan und Arbeitspaketbeschreibungen

W

Mit einem Projektstrukturplan (PSP) wird die **Gesamtaufgabe** in **Hauptaufgaben** und **Teilaufgaben gegliedert**, für die **Teilaufgaben** werden **Arbeitspakete** festgelegt. Der PSP ist die **Grundlage** für den später zu erstellenden **Projektablaufplan.**
Die Aufteilung kann nach folgenden Prinzipien erfolgen:

- **Funktionsorientiert** nach den Funktionen im Unternehmen, z. B. Entwicklung, Produktion, Marketing, Vertrieb, Verwaltung
  Vorteil: Zuordnung der Projektverantwortlichen zu den Arbeitspaketen leichter möglich
- **Objektorientiert** nach den zu bearbeitenden Objekten, z. B. Empfang, Forum, Ausstellungsbereich, Besprechungsbereich, Werksbesichtigung, Events
  Vorteil: Es werden klare Verantwortungsbereiche aus der Sicht der Kunden bestimmt.
- **Phasenorientiert** nach den Entwicklungsphasen, z. B. Vorbereitung, Durchführung, Nachbereitung
  Vorteil: Insbesondere bei Entwicklungsprojekten wird die Bedeutung einer systematischen Entwicklung betont.

Die Arbeitspakete werden verantwortlich einem Teammitglied (Teamleiter/-in) zugeordnet und mit einem Start- und Endtermin versehen, damit die Zuständigkeiten für ein Controlling klar sind. Wie im Beispiel können Farben (Grün: unproblematisch, Rot: problematisch, Schwarz: fertig) eine schnelle Orientierung geben.
In **Arbeitspaketbeschreibungen** werden auch notwendige Ressourcen, Kosten und zu erwartende Teilergebnisse vorgegeben. Bei ACI liegen unterschiedliche Formulare vor, um Arbeitspakete zu beschreiben, z. B. „Verzeichnis der Vorgänge und Arbeitspakete", „Arbeitspaketbeschreibung", „Aktionsplan".
Mit einer **Tafel oder Infowand**, auf der evtl. der PSP und die Arbeitspakete flexibel auf Karten visualisiert werden, ist schnell für alle der Arbeitsstand sichtbar.

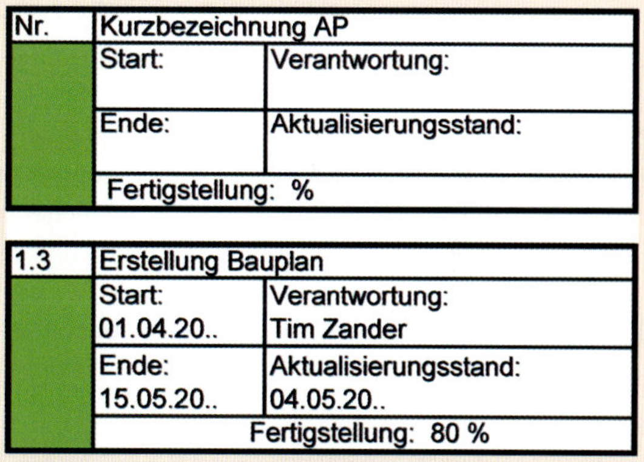

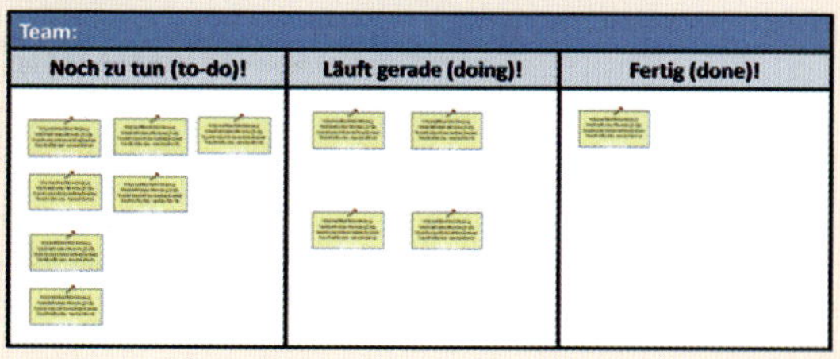

In vielen Projekten ist die Erstellung eines Projektstrukturplans mit den Arbeitspaketen nicht einfach. Problemlösungsstrategien, Aufarbeitungsstrategien und Kreativitätstechniken sind gefragt, um von vornherein die besten Lösungsansätze zu finden. Die schon bekannte Methodensammlung erhält viele Methoden, die hier weiterhelfen können. DL

Kreativitätstechniken aus der Methodensammlung	Sonstige Strategien
▪ 6-3-5-Methode ▪ Abschaffungsdiskussion ▪ Bildersalat ▪ Brainstorming ▪ Brainwriting ▪ Gruppenpuzzle ▪ Kartenabfrage ▪ Meinungslinie ▪ Mind-Mapping ▪ Szenariomethode ▪ Thematische Fantasiereise, Thematische Zettelgeschichte ▪ Thesentafel ▪ Think-Pair-Share, Placemat ▪ Unvollendeter Tafelanschrieb	**Problemlösungsstrategien** Einsatz von Pro- und Kontra-Liste, Ausschlussverfahren (auf mögliche Lösungen untersuchen), Checkliste zum Vergleich mit ähnlichen Problemstellungen, Kommunikationstechniken (aktives Zuhören, Feedbacktechnik, Kommunikationsmodelle wie Eisbergmodell etc.), Diskussion, Planspiel, Szenariomethode, Zukunftswerkstatt **Elaborationsstrategien (Aufarbeitungsstrategien)** Beispiele zum Thema nennen, Problem in eigene Worte fassen, Probleme veranschaulichen, mit Checklisten, Referaten, Interview, Rollenspielen Beteiligte einbeziehen und eigene Erkenntnisse einbringen

Für die einzelnen Arbeitsphasen der Projektplanung hält die ACI GmbH viele Vorlagen und Formulare bereit (siehe Übersicht S. 496).

Aufgaben

1. Sie haben eine Einladung zur Mitwirkung an einem Projekt erhalten und Ihre Zusage zur Mitarbeit erteilt. Geben Sie Ihre Wunschvorstellungen mit eigenen Worten wieder, wie Sie sich ein Kick-off-Meeting vorstellen und was Sie sich als Teammitglied in dieser Sitzung wünschen.
2. Wenn Sie als Projektleiter/-in eingesetzt werden, müssen Sie Teammitglieder im Kick-off-Meeting von dem Projekt überzeugen und sich auch möglicher Kritik stellen. Sammeln Sie dafür Argumente und diskutieren Sie dazu im Plenum.
3. Als Informations-, Kommunikations- und Dokumentationssystem stehen Ihnen vielfältige Möglichkeiten digital und manuell zur Verfügung. Listen Sie die Ihnen zur Verfügung stehenden Möglichkeiten im Einzelnen auf und entscheiden Sie, welche Instrumente Sie wählen würden.
4. Beschreiben Sie die einzelnen Phasen mit eigenen Worten, rufen Sie dazu in Partner- oder Gruppenarbeit die Formulare und Vorlagen im Downloadbereich auf und präsentieren Sie dazu. DL
5. Erstellen Sie einen Projektstrukturplan auf Papier oder mit einem Programm (Excel-Vorlage im Downloadbereich) arbeitsgleich in Partner- oder Gruppenarbeit zum Projekt „Hausmesse“ mit anschließender Präsentation und Diskussion. DL

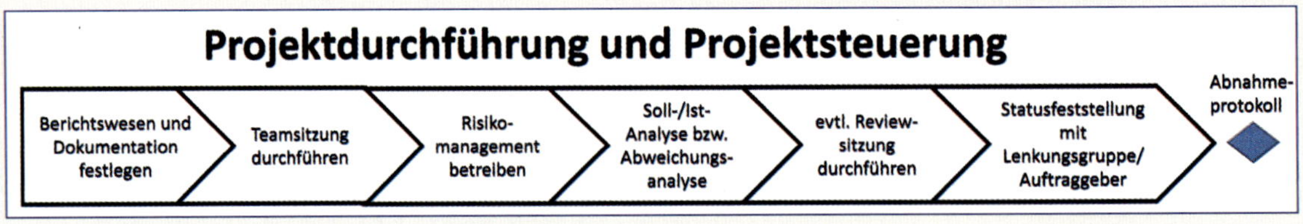

Soweit noch nicht in der Planungsphase geklärt, sind zu Beginn der Projektdurchführung zunächst das **Berichtswesen** und die **Dokumentation** festzulegen. Eine gute Information und Dokumentation im Team sowie mit den anderen Projektbeteiligten sind sehr wichtig für eine gute Abstimmung, ein gutes Arbeitsklima und ein gutes Projektergebnis. Für das ACI-Projekt bedeutet dies, die Formulare und Vorlagen durchzusehen und die passenden auszuwählen, evtl. abzuändern oder eigene Formulare zu erstellen. Auch ist festzulegen, wann Protokolle zu erstellen sind und welche Berichte und Dokumente der Lenkungsausschuss erhalten soll.

Zur Terminplanung und -kontrolle wird **auf der Basis des Projektstrukturplans** ein **Projektablaufplan** erstellt. Alternativ kann auch eine Vorgangsliste oder eine Meilensteinübersicht erstellt werden. Darin sind übersichtlich die Vorgänge bzw. Arbeitspakete mit den Terminen vermerkt und mit einem Zeitbalken versehen.

Projektablaufplan

Projekt:	IT-Ausstattung bei der Gallus AG					Team:	Projektteam 2, PL. Bernd Holler				
ACI Wir machen IT besser.		Monat	06	06	06	06	07	07	07	07	
		Woche (kw)	28	29	30	30	31	32	33	33	
		von/bis	11/14	18/22	25/26	28/28	03/05	08/11	16/17	17/18	
Nr.	Arbeitspaket/Vorgang	Beginn									
1.1	Istanalyse Gallus AG	10.00 Uhr	■								
1.2	Feinplanung Ausstattung	08.00 Uhr		■							
1.3	Terminplanung	08.00 Uhr		■	■						
1.4	Genehmigung Feinplanung	16.00 Uhr				■					
2.1	Herstellung Ausstattung	08.00 Uhr					■	■			
2.2	Lieferung Ausstattung	08.00 Uhr							■		
2.3	Montage Ausstattung	14.00 Uhr								■	

DL Als Formulare für den Projektablauf werden in der Formularsammlung der oben gezeigte „Projektablaufplan" und das ähnliche Formular „Balkendiagramm" angeboten.

Projektbesprechungen und Konfliktsituationen

Zur Teamentwicklung wurden schon Hinweise im vorangegangenen Kapitel (5.5.2) gegeben. Da die Teammitglieder in ihrer Art sehr unterschiedlich sind, muss sich der Projektleiter individuell auf jede Situation einstellen und dafür Sorge tragen, dass das Arbeitsklima gut und konstruktiv bleibt (siehe auch Aufgaben des Projektleiters in Kapitel 5.5.2). Zur Diskussion soll die folgende Infobox dienen.

Zur Konfliktbewältigung sind zunächst die Konfliktursachen herauszufinden. Der Projektleiter sollte als Moderator fungieren. Wenn er selbst Teil des Konfliktes ist, sollte er einen externen Moderator hinzubitten.

Konfliktbewältigung	
Konfliktursachen	**Konfliktgespräche**
▪ Wertekonflikt ▪ Zielkonflikt ▪ Beziehungskonflikt	▪ Gruppen-/Einzelgespräche ▪ Coach/Moderator ▪ Eisbergmodell ▪ Gewaltfreie Kommunikation
Konfliktvermeidung	
▪ Kommunikationsregeln ▪ Gesprächsführung	

Insbesondere können gemeinsam erstellte Regeln und eine gute Gesprächsführung des Projektleiters zur Konfliktbewältigung beitragen. Zusätzlich können auch das Kommunikationsmodell nach Schulz v. Thun und die genannten Kommunikationsarten in Kapitel 5.3 zur Konfliktbewältigung hinzugezogen werden.

Die folgende Übersicht gibt Hinweise, wie man mit Störungen umgehen kann.

Gestaltung von Projektbesprechungen			
Ebene	**Beginn des Projektes**	**Umgang mit Störungen**	**Motivation**
Beziehungsebene	Positive Atmosphäre schaffen	Meinungen und Vorschläge entpersonalisieren	Selbstwertgefühl der Mitglieder erhöhen
Sachebene	Ziele und Ablauf bekanntgeben	Für gleichen Informationsstand der Teilnehmer sorgen, Gruppe bei der Lösung von Störungen einbeziehen	Erstrebenswerte Ziele festlegen, alle Teilnehmer gleich informieren
Geschäftsordnung	Spielregeln vereinbaren	Auf Vereinbarungen hinweisen	Bedeutung von Regeln herausstellen

W

Diskussionstypen	
Typ	**Verhalten gegenüber diesem Typ**
Der Streitsüchtige: aggressive Art, gefällt sich im destruktiven Kritisieren	Sachlich und ruhig bleiben, Seitengespräche vermeiden, zu einem konstruktiven Beitrag ermuntern
Der Positive: sanftmütig, selbstsicher, geht zügig und direkt auf das Ziel zu	In der Diskussion einbeziehen, insbesondere bei strittigen Punkten zur Stellungnahme auffordern
Der Allwissende: weiß alles besser, unterbricht häufig mit Einwänden oder Behauptungen	Nie direkt auf seine Rede eingehen (da er es immer besser weiß), sondern ihn nur mit geschlossenen Fragen (Ja/Nein-Fragen) auffordern
Der Redselige: redet um des Redens willen	Taktvoll unterbrechen, Redezeiten vereinbaren, geschlossene Fragen stellen
Der Träge: uninteressiert, wortkarg, gelangweilt	Direkt nach seiner Meinung fragen oder ihm Erfolgserlebnisse geben (z. B. auffordern, seine Erfahrungen mitzuteilen)
Der Ablehnende: weist alles zurück, übernimmt die Opposition und will sich nicht integrieren	Geduld haben, ihn von seinen Erfahrungen berichten lassen, seine Erfahrungen und Erkenntnisse einbeziehen
Der Schüchterne: enthält sich der Meinung und schweigt lieber	Durch Erfolgserlebnisse sein Selbstvertrauen stärken, Beiträge unter Namensnennung einfließen lassen
Der Erhabene: eingebildet, überheblich, dominierend, empfindlich bei Kritik	„Ja, aber"-Technik anwenden („Er hat recht, aber …"), geschlossene Fragen stellen
Der Schlaue: wartet darauf, den Projektleiter oder Mitglieder aus dem Hinterhalt hereinzulegen	Ruhig und sachlich bleiben, jedoch mitteilen, dass dieses Verhalten Grenzen hat, seine Fragen an andere Mitglieder weitergeben

Controlling und Statusberichte während und zum Schluss des Projektes

Der Projektleiter hat während der Projektdurchführung viele Aspekte des Projektes zu überwachen. Mit der auf S. 499 gezeigten **Tafelversion** und **Karteikarten** (siehe Arbeitspaketbeschreibungen) hat das gesamte Team den aktuellen Status im Blick und kann sich nach Notwendigkeit neu organisieren, um das gemeinsame Ziel zu erreichen. Zur Unterstützung dienen folgende Vorlagen und Formulare aus der Projektsammlung von ACI, z. B.:

- Kostenübersicht
- Kostenartenbericht
- Risikoanalyse

Bei Arbeitssitzungen können auch **Protokolle** erstellt werden, die Grundlage für ein späteres Controlling werden können.

Wurden von Anfang an **Wochenberichte** oder ein **Projektjournal** (Projekttagebuch, siehe Formularsammlung im Downloadbereich) vereinbart, so geben diese ebenfalls den Status wieder und können Grundlage für ein Controlling sein. DL

An den Meilensteinsitzungen werden häufig auch Auftraggeber, Mitglieder des Lenkungsausschusses oder auch Mitglieder des Fachausschusses teilnehmen. Hierfür könnten die Formulare „Phasenabschluss“ oder „Statusbericht“ eingesetzt werden.

Projektakte	**Statusbericht**			
Projektbezeichnung	Phase	Verfasser	Datum	Seite
Berichts-Nr.	Unterschrift			
Ergebnisstatus (erreichte Projektergebnisse und Soll-Ist-Vergleich):				 Rot = kritisch Gelb = Vorsicht Grün = planvoll
Terminstatus (Soll-Ist-Vergleich):				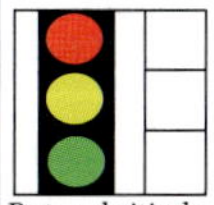 Rot = kritisch Gelb = Vorsicht Grün = planvoll
Kostenstatus (Soll-Ist-Vergleich):				 Rot = kritisch Gelb = Vorsicht Grün = planvoll
Besondere Probleme:	Maßnahmen:			
Verteiler:				
Evtl. Statuskennzeichen: E = Eröffnet, F = Freigegeben, T = Technisch abgeschlossen, A = Abgeschlossen				

Der oben gezeigte **Statusbericht** gibt die wichtigsten Überprüfungskriterien (Ergebnisse, Termine, Kosten) wieder, kann aber auch mit weiteren Kriterien ergänzt werden. Statuskennzeichen wie das Ampelsystem oder das Buchstabensystem sollen das Augenmerk schnell auf kritische Bestandteile lenken. Zusätzlich werden die Beteiligten gezwungen, besondere Probleme und lösende Maßnahmen zu nennen.

Teammitglieder sollten den Statusbericht nicht nur für eine Meilensteinsitzung abgeben, sondern ihn immer dann als „**Problemreport**“ verwenden, wenn sich im Team ein Problem zeigt, z. B. wenn die Ampel an einer Stelle auf „Gelb“ oder „Rot“ wechselt. Das Team wird somit in die Pflicht genommen, Probleme wahrzunehmen und bei der Problemlösung zu unterstützen.

Aufgaben

1. Ordnen Sie in Partnerarbeit die vorliegenden Formulare der Formularsammlung den Phasen der Projektdurchführung und Projektsteuerung zu und entscheiden Sie, welche Formulare Sie für die Hausmesse empfehlen würden. Diskutieren Sie darüber im Plenum.
2. Erstellen Sie eine Liste mit Ursachen von Konflikten. Unterscheiden Sie bei Konflikten die Sach- und Beziehungsebene und geben Sie dazu Beispiele an. Geben Sie in Beispielen an, wie Sie mit Kritik konstruktiv umgehen sollten.

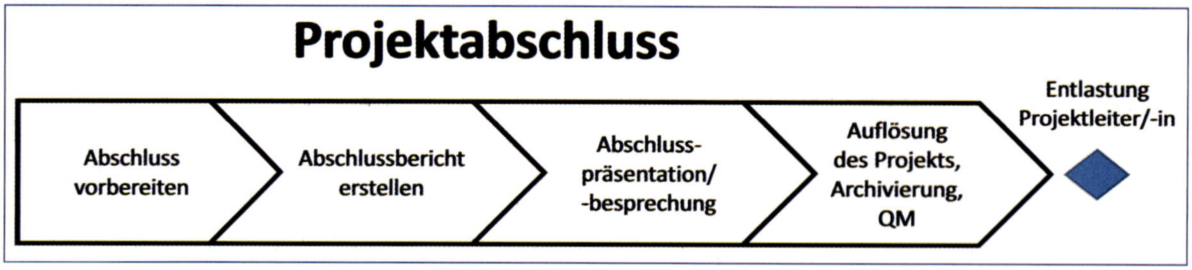

Nur etwa ein Drittel der Projekte verlaufen erfolgreich und so wie es sich der Auftraggeber vorgestellt hat. Etwa 25 % der Projekte scheitern komplett und der Rest der Projekte wird nur mit größeren Mängeln abgeschlossen (vgl. auch Kapitel 3.9.3).

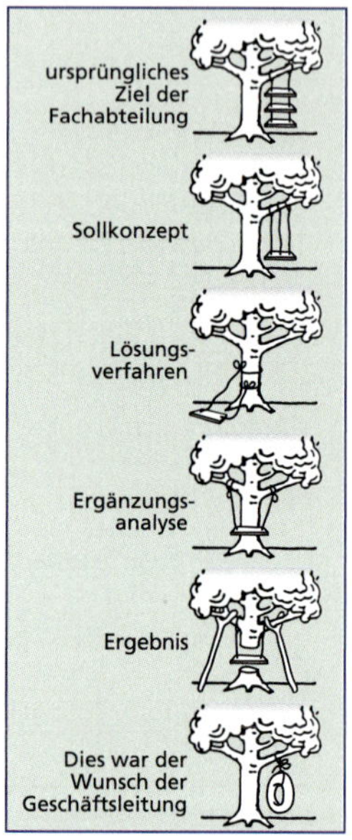

Erfolgsfaktoren zum Projektmanagement

In dieser Phase geht es um die Überprüfung, ob diese Erfolgsfaktoren beachtet wurden. Als **Gründe für das Scheitern der Projekte** werden genannt:

- Mangende Einbeziehung der Kunden/Nutzer
- Unklare Zielformulierungen
- Mangelnde Ressourcen
- Ungeeignete Kompetenzen des Teams
- Entwicklungen im Einsatzbereich
- Unrealistische Erwartungen
- Mangelnde Unterstützung von außen
- Mangelnde Planung, schlechtes Projektmanagement
- Schlechte Information und Kommunikation
- usw.

Projektbewertung

Bewertungskriterien	Teilkriterien	Anteil in %	Note (1 bis 6)	Gesamt (Anteil · Note)
Ergebnisbewertung	Erfüllungsgrad der Projektziele	40 %	1,5	0,6
	erbrachter Aufwand	10 %	2	0,2
	Qualität der erbrachten Leistungen	20 %	2	0,4
Projektdokumentation	Formulare vollständig/formal			
	Formulare inhaltlich			
	Abschlussbericht inhaltlich			
	Abschlussbericht formal			
Projektpräsentation	Präsentationselemente (Folien, Handouts etc.)			
	Präsentationen bei Meilensteinen			
	Abschlusspräsentation und Fachgespräch			
Projektprozess	Termineinhaltung			
	Zusammenarbeit			
	Einsatz der Ressourcen			
	Einsatz des Teams			
	Teamentwicklung/Lernzuwachs			
	Sonstiges			
Gesamt:				
Größte Mängel:				
Zusammenfassende Bewertung:				

Die meisten Auftraggeber und Projektleiter kennen die Gefahren des Scheiterns von Projekten und steuern dagegen, können aber häufig nicht vermeiden, dass ein großer Teil der Projekte nur mit mangelhaften, schlechten, nachzubessernden oder unbefriedigenden Ergebnissen abgeschlossen wird.

Projektteams bzw. Projektleiter neigen daher auch dazu, Projektergebnisse im Abschlussbericht eher geschönt und zu wenig kritisch darzustellen. Eine **kritische Auseinandersetzung** mit den **Projektergebnissen** ist jedoch aus verschiedenen Gründen sehr wichtig. Bei einer rechtzeitigen Erkennung und Mitteilung der Mängel können die folgenschwersten Mängel evtl. noch kurzfristig und vor dem Einsatz beim Kunden behoben werden. Auch wäre evtl. noch Zeit, um das Projekt abzubrechen und das Unternehmen vor größeren Folgeschäden zu bewahren. Eine kritische Auseinandersetzung mit den Projektergebnissen ist auch wichtig, um Teammitglieder für weitere Projekte besser vorzubereiten (**aus Fehlern lernen, *lessons learned*, Projektevaluation / Projektverbesserung**).

Nicht selten wird erkannt, dass sich der Auftraggeber zu spät mit den Ergebnissen des Projektes auseinandergesetzt hat oder dass er zu spät einen Fachausschuss (Review-Team) einbezogen hat.

In der Formularsammlung der ACI GmbH wird eine Projektbewertung angeboten, die nicht nur die Ergebnisse des Projektes berücksichtigt, sondern auch die Dokumentation, die Projektpräsentation und den Projektprozess. Soweit die Prozessbewertung nicht schon im Zusammenhang der vorangegangenen Leistungen deutlich wurde, kann der Projektprozess nur unter Einbeziehung des Projektteams in einem Auswertungsgespräch bewertet werden.

Möglichst vor Projektstart und mit dem Team sollten die Kriterien vorab besprochen werden. Es sollte gemeinsam festgelegt werden, mit welchen Anteilen die Kriterien in die Bewertung eingehen. In betrieblichen Projekten wird das Projektergebnis einen hohen Stellenwert erhalten, in schulischen Projekten aufgrund der Lernziele auch die anderen Kriterien eine größere Bedeutung haben. Für die **Bewertung der Präsentationen** wurden drei Bewertungsbögen zur Auswahl gestellt. Auch bei dem hier vorgestellten Bewertungsbogen muss vorab geklärt werden, wie viele Punkte für die einzelnen Leistungen vergeben werden sollen. Im Beispiel können maximal 50 Punkte vergeben werden, bei geringerer Leistung werden entsprechend weniger Punkte zugeteilt.

Bewertungsbogen für eine Präsentation

Name:
Thema:

Kriterien (Gewichtung Inhalt/Präsentation etwa 60 %/40 %)	Punkte	gegeben
Inhaltliche Bewertung		
- Inhaltlich vollständig, korrekt, interessant, sehr fleißige Recherche	23	
- Inhaltlich vollständig, weitgehend korrekt, noch interessant	16	
- Inhaltlich lückenhaft, inhaltliche Mängel, weniger interessant	11	
- Inhaltlich unvollständig, inhaltliche Mängel, uninteressant	2	
Bewertung der Präsentation		
Vortragsform		
- freie Rede, eigene Formulierungen, alle Fachbegriffe sehr gut erklärt	6	
- flüssiger Vortrag, meist eigene Formulierungen, Fachbegriffe teilw. erklärt	4	
- durchgehend manuskriptabhängig, teilweise unverständlich/umständlich	3	
- völliges Ablesen bzw. undeutlich, unklar, verwirrend	0	
Aufbau		
- logischer Aufbau mit Gliederung vorhanden	5	
- Aufbau und Gliederung gut, mit kleineren Mängeln	4	
- Gesichtspunkte gereiht, größere Gliederungsmängel	2	
- Aspekte unvollständig, kein logischer Aufbau	0	
Medieneinsatz		
- sehr gute zielführende Visualisierung (Karten, Bilder, Handout)	5	
- erkennbare Bemühungen um eine Veranschaulichung	3	
- außer dem Vortrag nur ein weiteres Medium, oder überfrachtet	2	
- keine Veranschaulichung über den Vortrag hinaus	1	
Zuhörerorientierung		
- sehr gute Haltung und Blickkontakt, gutes Sprechtempo,	6	
- Blickkontakt vorhanden, Sprechtempo und Haltung okay	4	
- wenig Kontakt zum Publikum, Vortrag zu langsam oder zu schnell	2	
- Ohne Blickkontakt, zu leiser und langweiliger/unruhiger Vortrag	1	
Mediengestaltung		
- Materialien sehr interessant, übersichtlich und passend gestaltet	5	
- Materialien weniger interessant und übersichtlich gestaltet	3	
- Materialien wirkten uneinheitlich, unübersichtlich oder langweilig	2	
- keine gesonderte Mediengestaltung vorgenommen	1	
	Gesamt	
Note		

Agiles Projektmangement

Agiles Projektmanagement soll eine Entwicklungsumgebung schaffen, damit die Teams schnell und flexibel das benötigte Produkt oder Modell entwickeln können. Die hohe Quote des Scheiterns von Projekten, immer kürzere Produktlebenszyklen und ständige Innovationen an den Produkten und Geschäftsmodellen haben zur Suche nach besseren Vorgehensweisen und Tools im Projektmanagement geführt. Emanzipierte und flexiblere Vorgehensweisen sollen zu schnellen Prozessen und besseren Ergebnissen beitragen. Ursprünglich war der Wunsch nach agilem Projektmanagement in der Software-Entwicklung am größten, wird heute aber in vielen Projektbereichen vorgetragen. Rollen der Projektbeteiligten, Prozesse und Darstellungsformen werden anders als im klassischen Projektmanagement festgelegt. Wie bei jeder Projektmethode müssen die Projektbeteiligten für ihre Projektaufgabe kompetent und teamfähig sein. Der Druck, immer schneller und innovativer zu arbeiten, kann auch zulasten der Qualität gehen und zu großen Konflikten in den Teams führen.

Agiles Projektmanagement W

Methode	Erläuterungen
Design Thinking	Kreative Problemlösungsmethode, die insbesondere als Projekt-, Innovations-, Portfolio- und/oder Entwicklungsmethode eingesetzt wird. Der Projektprozess läuft z. B. von der Bedürfnisanalyse über die Ideenentwicklung bis zum Prototyping. Iteratives (schrittweise annäherndes) Vorgehen soll zu schnellen und innovativen Ergebnissen führen, nutzerzentriertes Denken wird als Basis für die Ideenentwicklung eingesetzt, interdisziplinäre Teamarbeit soll die Kreativität beflügeln. Weitere Informationen z. B. unter de.wikipedia.org/wiki/Design_Thinking oder https://hpi-academy.de bzw. Internetrecherche.
Model Canvas (BMC)	BMC wird als agile Methode bei der Entwicklung und Überarbeitung innovativer und komplexer Geschäftsmodelle eingesetzt, um ein Geschäftsmodell oder eine Start-up-Idee zu visualisieren und darauf zu testen, ob diese auch unternehmerisch sinnvoll ist. Diese Metode kann den Businessplan vorbereiten oder ergänzen, evtl. auch ersetzen. Auf einem großen Papierbogen oder Plakat (z. B. A0-Format) werden Felder mit den Schlüsselfaktoren für ein Geschäftsmodell eingezeichnet und in der Diskussion oder agilen Arbeit nach und nach mit Infos/Zetteln gefüllt.

(Fortsetzung auf folgender Seite)

W

<table>
<tr><th colspan="2">Agiles Projektmanagement</th></tr>
<tr><th>Methode</th><th>Erläuterungen</th></tr>
<tr><td>Lean Start-up</td><td>Diese Methode unterstützt Unternehmen bei der Entwicklung eines neuen (innovativen) Geschäftsmodells. Dabei soll schnell und kostengünstig herausgefunden werden, ob ein Geschäftsmodell am Markt funktioniert. Eines der wichtigsten Lean-Start-up-Prinzipien ist der Build-Measure-Learn-Zyklus (BML oder „Bauen, Messen, Lernen“). Model Canvas wird auch in dieser Methode eingesetzt.</td></tr>
<tr><td>Scrum

Engl. scrum
Gedränge</td><td>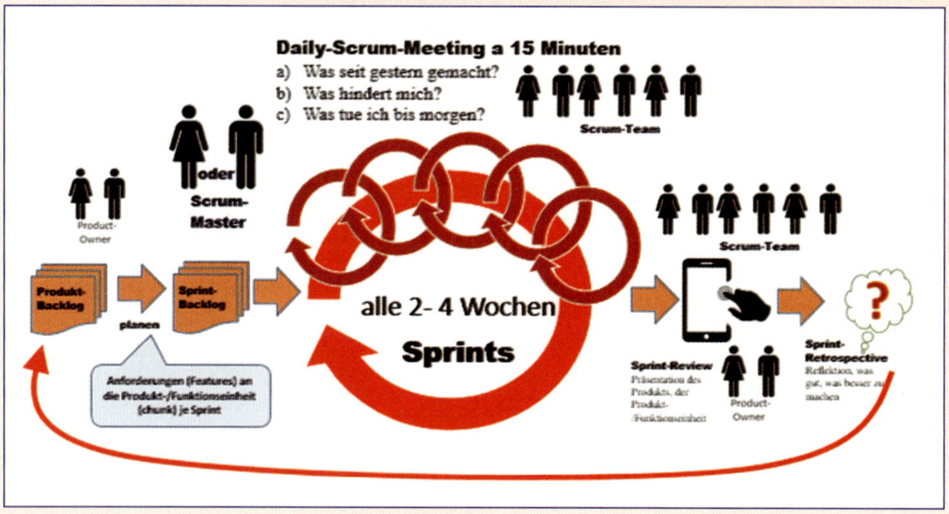

Vorgehensmodell des Projekt- und Produktmanagements, insbesondere zur agilen Softwareentwicklung. Scrum sorgt für Transparenz, Überprüfung und schnelle, flexible Anpassung. Für Bewertung und Umsetzung müssen qualifizierte Teammitglieder berufen werden. Im Scrum Framework arbeiten Product Owner, Entwicklungsteam und Scrum Master als Projektteam flexibel und kreativ zusammen. Sie müssen Anforderungen der Stakeholder beachten. Anstelle von Meetings treten Ereignisse oder Aktivitäten ein: Ein Sprint ist ein Arbeitsabschnitt, beginnt mit einem Sprint Planning und endet mit Sprint Review und Retrospektive. Informationen z. B. unter www.scrum.org, www.dasscrumteam.com oder www.projektmagazin.de</td></tr>
<tr><td>Sonstige</td><td>Kanban, Lean Production, Management 3.0, Extreme Programming</td></tr>
</table>

Aufgaben

1. Übersetzen Sie folgenden Text inhaltlich:
The Scrum framework in 30 seconds:

a. A product owner creates a prioritized wish list called a product backlog.

b. During sprint planning, the team pulls a small chunk from the top of that wish list, a sprint backlog, and decides how to implement those pieces.

c. The team has a certain amount of time — a sprint (usually two to four weeks) — to complete its work, but it meets each day to assess its progress (daily Scrum).

d. Along the way, the ScrumMaster keeps the team focused on its goal.

e. At the end of the sprint, the work should be potentially shippable: ready to hand to a customer, put on a store shelf, or show to a stakeholder.

f. The sprint ends with a sprint review and retrospective.

g. As the next sprint begins, the team chooses another chunk of the product backlog and begins working again. (vgl. z. B. auch mit Suchrecherche „scrum framework in 30 seconds“)

2. Teilen Sie sich in Arbeitsgruppen entsprechend den verschiedenen agilen Projektmanagement-Methoden auf. Erarbeiten Sie eine Präsentation, die a) Einsatzbereich der Methode, b) Wesen der Methode c) Vor- und Nachteile der Methode herausstellt. Einigen Sie sich über die Form der Präsentation, Diskussion und Reflexion der Gruppenarbeit.

Anhang

Grundlagen zum kaufmännischen Rechnen

Dreisatzrechnung

Gerades Verhältnis:
Je mehr ... (hier Meter), desto mehr ... (hier Euro)!

Beispiel: 89 Meter Kabel werden für 254,50 € eingekauft. Wie viel müsste man für 36 Meter zahlen?

89 m kosten	254,50 €	← Bedingungssatz
36 m kosten	x €	← Fragesatz
89 m kosten	254,50 €	→ 254,50 auf dem Bruchstrich!
1 m kostet	89-mal weniger	→ 89 unter dem Bruchstrich!
36 m kosten	36-mal mehr	→ 36 auf dem Bruchstrich!

$$x = \frac{254{,}50 \times 36}{89} = 102{,}94\ €$$ ← Antwortsatz

Aufgaben

1. 960 kg kosten 2.365,80 €. Wie viel kosten 50 kg?
2. 100 Liter kosten 86,90 €. Wie viel kosten 2.300 Liter?
3. Eine Mitarbeiterin erreicht bei der Texteingabe am PC durchschnittlich 180 Anschläge pro Minute. Über einen angeschlossenen Drucker werden ca. 4.800 Zeichen pro Minute ausgedruckt.
   a) Wie viel Zeit wird für einen Text mit 40.000 Zeichen für die Eingabe benötigt?
   b) Wie lange benötigt der Drucker für die Ausgabe?

Ungerades Verhältnis:
Je mehr ... (hier Arbeiter), desto weniger ... (hier Tage)!

Beispiel: 27 Arbeiter benötigen 56 Tage zur Erledigung eines Auftrags. In wie viel Tagen wird der Auftrag mit 24 Arbeitern bei gleicher Leistung je Arbeitnehmer erledigt?

27 Arbeiter benötigen	56 Tage	← Bedingungssatz
24 Arbeiter benötigen	x Tage	← Fragesatz
27 Arbeiter benötigen	56 Tage	→ 56 auf dem Bruchstrich!
1 Arbeiter benötigt	27-mal mehr	→ 27 auf den Bruchstrich!
24 Arbeiter benötigen	24-mal weniger	→ 24 unter den Bruchstrich!

$$x = \frac{56 \times 27}{24} = 63\ \text{Tage}$$ ← Antwortsatz

Aufgaben

1. Dieses Jahr sollen die Inventurarbeiten in 2 Tagen abgeschlossen sein. Wie viele Mitarbeiter müssen dieses Jahr eingesetzt werden, wenn letztes Jahr für die Aufnahme in 3 Tagen 6 Mitarbeiter beschäftigt waren?
2. Wie viele Tage benötigt man für eine Radtour, wenn man bei einer täglichen Fahrzeit von 6 Stunden die 900 km in 9 Tagen fahren kann und nunmehr nur 4 Stunden tägliche Fahrzeit eingeplant werden soll?

Zusammengesetzter Dreisatz

Beispiel: 720 PCs können von 18 Mitarbeitern in 20 Tagen hergestellt werden. Wie viele Mitarbeiter sind nötig, um 1.000 PCs in 30 Tagen herzustellen?

Beachte:
- Bedingungssatz aufstellen
- Fragesatz aufstellen
- Gleiche Einheiten untereinander verwenden
- Zusammengesetzten Satz in einzelne Dreisätze auflösen

720 PC	20 Tage	18 Mitarbeiter
1.000 PC	30 Tage	x Mitarbeiter

2. Dreisatz: ungerades Verhältnis (Tage – Mitarbeiter)

1. Dreisatz: gerades Verhältnis (PC – Mitarbeiter)

$$x = \frac{18 \times 1.000 \times 20}{720 \times 30} = 16{,}66 \text{ (gerundet: 17 Mitarbeiter)}$$

Aufgaben

1. Wie viele Tage müssten zwei Zehntonner bei 15 Fahrten pro Tag fahren, wenn fünf Fünftonner bei 20 Fahrten pro Tag 3 Tage fahren müssen?
2. In einer Buchhaltungsabteilung wurden bisher im Jahr ca. 160.000 Buchungen von 3 Buchhalterinnen bei 40 Wochenstunden Arbeitszeit erfasst. Aufgrund der automatischen Buchung aller Belege über die EDV-Auftragsbearbeitung und das EDV-Kassenbuch sowie die EDV-Lohnabrechnung müssen nur noch 72.000 Buchungen pro Jahr eingegeben werden, die von Teilzeitkräften (18 Wochenstunden) bearbeitet werden sollen. Wie viele Teilzeitkräfte werden benötigt?
3. Eine IT-Abteilung hat bisher für die Neuausstattung einer Filiale 4 Mitarbeiterinnen und Mitarbeiter sechs Tage je 5 Stunden eingesetzt. Wie viele Tage benötigen die Mitarbeiter, wenn ein Mitarbeiter krankheitsbedingt ausgefallen ist und täglich 4 Stunden je Mitarbeiter für diese Arbeit zur Verfügung stehen?

Zinsrechnung

Zinsrechnung mit Formeln und Merkregel

Deutsche Zinsmethode:
- Berechnung der Tage
- Jahr = 360 Tage, voller Monat = 30 Tage
- Der Monat Februar wird auf den Tag genau gerechnet, wenn der Zinsanspruch bis zum Monatsende (28.02/29.02) reicht. Beim Zählen wird der erste Kalendertag mitgezählt, der letzte Kalendertag nicht (§§ 187, 188 BGB).

Grundformel = $z = \frac{k \times p \times t}{100 \times 360}$

oder Merkregel:

k	z
p	100
t	360

Merke zur Formelbestimmung mittels der Aufstellung vorher:
- Die gesuchten Zinsfaktoren werden jeweils abgedeckt.
- Die Angaben der nicht abgedeckten Seite stehen im Zähler.
- Die Angaben der abgedeckten Seite stehen im Nenner.

Daraus ergeben sich:

z = Zinsen
k = Kapital
t = Tage

$$p = \frac{z \times 100 \times 360}{k \times t}$$

$$k = \frac{z \times 100 \times 360}{p \times t}$$

$$t = \frac{z \times 100 \times 360}{k \times p}$$

Aufgaben

1. Berechnen Sie die Zinsen:
   a) 30.000,00 € Kapital, 8 % Zinssatz, 90 Tage Laufzeit
   b) 20.400,00 € Kapital, 8,8 % Zinssatz, Laufzeit 02.02.20.. – 15.06.20..
   c) 64.000,00 € Kapital, 6,3 % Zinssatz, Laufzeit 01.01.20.. – 28.02.20..
2. Welcher Zinssatz ergibt sich bei folgenden Anlagen und Finanzierungen?
   a) 33.000,00 € Kapital, ½ Jahr Laufzeit, 2.062,50 € Zinsen
   b) 485.000,00 € Kapital, 1 Jahr Laufzeit, 46.500,00 € Zinsen
   c) 4.300,00 € Kapital, Laufzeit 20.05.20.. – 22.09.20.., 87,43 € Zinsen
3. Welches Kapital liegt zugrunde, wenn Anna bei einem Zinssatz von 8,2 % in nur 120 Tagen 1.640,00 € Zinsen erhalten soll?

Sachwortverzeichnis

C

D

E

J

K

L

M

N

O

P

Q

R

S

T

U

V

W

Z

Bildquellenverzeichnis

|ACI EDV-Systemhaus GmbH, Lüneburg: 9.1, 10.1, 11.1, 11.2, 11.3, 60.1, 115.1, 157.1, 157.2, 208.1, 287.1, 287.2, 287.3, 313.1, 354.1, 395.1, 470.1, 501.2. |Alamy Stock Photo (RMB), Abingdon/Oxfordshire: Vehbi Koca 9.2. |BC GmbH Verlags- und Medien-, Forschungs- und Beratungsgesellschaft, Ingelheim: 105.1, 106.1, 106.3, 106.4, 106.5, 106.7, 106.8, 106.9, 106.10, 106.12, 106.13. |Bitkom, Berlin: 41.2, 41.3, 42.1, 204.1. |Bitkom e.V, Berlin: 20.3, 20.4, 21.1, 21.2, 21.3, 21.4, 21.5, 21.6, 21.7, 21.8, 21.9, 21.10, 21.11, 21.12, 41.1, 181.1, 220.1, 506.1. |Bundesinstitut für Berufsbildung (BIBB), Bonn: 75.4, 88.1. |Bundesministerium der Finanzen, Berlin: 43.3. |CleverReach GmbH & Co. KG, Rastede: 235.1. |DIHK Deutscher Industrie- und Handelskammertag e.V., Berlin: 75.1, 75.2. |Domke, Franz-Josef, Wunstorf: 20.1, 20.2. |dreamstime.com, Brentwood: Edvard76 489.5. |DTAD GmbH, Berlin: Akquise-Plattform @ DTAD 257.1. |EHI Retail Institute GmbH, Köln: 327.1. |fotolia.com, New York: msanca 489.1, 489.2, 489.3, 489.4; R. Claasen 106.2. |Gratzke, Jürgen, Adendorf: 9.3, 36.1, 67.1, 117.1, 138.1, 138.2, 153.1, 164.1, 164.2, 186.1, 188.1, 189.1, 191.1, 191.2, 208.2, 210.1, 210.2, 215.1, 221.1, 224.1, 259.1, 262.1, 263.2, 289.1, 289.2, 289.3, 290.1, 290.2, 292.1, 293.1, 298.1, 318.1, 321.1, 341.1, 341.2, 341.3, 343.1, 346.1, 387.1, 412.1, 417.1, 418.1, 418.2, 420.1, 421.1, 422.1, 430.1, 430.2, 430.3, 430.4, 430.5, 430.6, 442.1, 473.1, 473.2, 474.1, 479.2, 484.1, 486.1, 486.2, 486.3, 492.1, 493.1, 495.1, 496.1, 496.2, 498.1, 499.1, 499.2, 499.3, 500.1, 501.1, 503.1, 503.2, 503.3, 504.1, 504.3, 505.1. |Haufe-Lexware GmbH & Co. KG, Freiburg: 100.1. |Hempel, Jörg, Aachen: 304.1. |Hild, Claudia, Angelburg: 504.2. |Interfoto, München: Sammlung Rauch/Konrad-Adenauer-Stiftung e.V., Archiv für Christlich-Demokratische Politik, Plakatsammlung 40.2. |iStockphoto.com, Calgary: bjdlzx 17.1; Gaul, Pawel 8.1; traveler1116 479.1. |iwd-Informationsdienst des Instituts der deutschen Wirtschaft Köln, Köln: © 2020, IW Medien · aktiv ZE 7 43.2; © 2021, IW Medien · iwd 25 39.1. |Microsoft Deutschland GmbH, München: 210.5. |Nationale Agentur Bildung für Europa beim Bundesinstitut für Berufsbildung (NA beim BIBB), Bonn: 75.3. |Picture-Alliance GmbH, Frankfurt a.M.: dpa-infografik 40.1, 43.1; Globus Infografik 34.1; Ronald Grant Archive/Mary Evan 213.1; Stache, Sören 15.1; Weißbrod, Bernd 212.1. |Projektgruppe Gemeinschaftsdiagnose: 21.13, 21.14. |Shutterstock.com, New York: DigitalMammoth 210.3; Kalinovsky, Dmitry 405.1; Kreabobek 263.1; r.classen 210.4; wavebreakmedia 105.2. |Software AG, Darmstadt: 160.1, 160.2, 161.1, 161.2, 162.1. |Star Finanz GmbH, Hamburg: 331.1, 331.2. |stock.adobe.com, Dublin: 3d_generator 204.2; Julien Eichinger Titel; Monkey Business 306.1; Natchapon 204.3; thostr 106.6, 106.11. |ViCon GmbH, Hannover: 163.1, 163.2. |wgr-logo, Braunschweig: Titel. |www.sparkasse.de: 98.1.